KB081652

THE MAPS OF BUSINESS INVESTMENT

한발 앞서 시장을 내다보는 눈

2016 업계지도

초판 1쇄 발행 | 2015년 4월 10일
초판 3쇄 발행 | 2016년 1월 25일

지은이 | 한국비즈니스정보
펴낸이 | 이원범
기획 · 편집 | 김은숙
마케팅 | 안오영
표지디자인 | 강선욱
본문디자인 | 김수미

펴낸곳 | 어바웃어북 about a book
출판등록 | 2010년 12월 24일 제2010-000377호
주소 | 서울시 마포구 서교동 394-25 동양한강트레벨 1507호
전화 | (편집팀) 070-4232-6071 (영업팀) 070-4233-6070
팩스 | 02-335-6078
ISBN | 978-89-97382-36-1 03320

2016
THE MAPS OF
BUSINESS
INVESTMENT
권두특집
Global
Top 10
Companies
한발 앞서 시장을 내다보는 눈
| 한국비즈니스정보 지음 |
어바웃어북
nonferrous metal
internet portal
shipbuilding
steel industry
gas energy
game software
door to door delivery service
petrochemical
oil refining
automotive
IT service
department store
insurance
home appliance
construction
entertainment
newspaper
pharmaceutical
autoparts manufacture
convenience store
home shopping mall
cosmetics
furniture
travel
advertising
confectionery
electronic parts
display panel
detergent
machinery
education
synthetic fiber
semiconductor
telecommunication
broadcast
construction

프 롤 로 그 . . .

불확실한 **'현재'** 속에 감추어진 **'미래'**를 발견하라!

지난 몇 년간 증시를 비롯한 투자 환경은 앞이 잘 보이지 않는 안개 낀 날들의 연속이었다. 미국의 출구전략에도 경기는 부진했으며, 처참하게 주저앉은 부동산시장은 회복 기미를 보이지 않았다. 은행은 정기예금 금리를 계속 인하하며 실질금리 마이너스 시대를 열었다. 이러한 상황에서 전문가들도 돈의 흐름을 쉽사리 예측하지 못했다. 안개에 휩싸인 투자자들은 갈 곳을 잃고 헤맬 수밖에 없었다.

그런데 아이러니하게도 안개가 잔뜩 껴 앞 차량을 제대로 보기 힘든 날에는 오히려 교통사고율이 평소에 비해 낮아진다는 통계가 있다. 앞이 잘 보이지 않는 상황에서는 운전자들이 날씨가 맑은 날보다 오히려 더 주의를 기울여 운전하기 때문이라고 한다. 투자에서도 마찬가지다. 시장이 불확실할 때는 돈의 흐름을 섣불리 예단해 투자하기보다는 시장을 연구하고 분석하는 시간으로 삼는 것이 바람직하다. 숨 고르기를 제대로 할 줄 아는 투자자만이 불확실한 '현재' 속에 감추어진 '미래'를 발견할 수 있다.

2007년부터 계속되어온 업계지도 시리즈는 국내 모든 업종을 대표하는 유망기업의 경영실적과 사업영역, 업계 이슈와 전망을 통해 핵심 투자처의 맥을 짚는 비즈니스 조감도 역할을 해왔다. 2016년 판은 업계지도만의 독창적인 틀을 유지하면서 시장을 다각도에서 분석할 수 있는 장치들을 마련하고자 노력했다.

그동안 업계지도가 다양한 정보를 '인포그래픽'info-graphic이라는 그릇 안에 담으려 했던 까닭은 백 마디 설명보다 한 장의 시각정보가 지닌 강력한 힘을 알기 때문이다. 2016년 판은 통신, 반도체, 은행, 증권, 건설, 화학, 유통, 엔터테인먼트 등 총 48개 업종을 다루고 있다. 독자들은 각 업종의 첫 페이지를 펼침과 동시에 해당 업계의 판도를 한눈에 꿰뚫을 수 있을 것이다. 마주 보는 두 페이지 안에는 업계 순위, 경영실적, 출자관계, 계열사, 사업 구성, 업계 주요 이슈 등 많은 비즈니스 정보들이 담겨 있다. 각각의 정보를 담은 그래픽들은 유기적으로 연결되며 시장의 흐름을 압축적으로 보여준다. 여러분이 이 책의 은행업계를 펼쳤다고 가정해보자. 시가총액 8조 원이 넘는 '공룡 지주사' 우리금융지주의 분할과 우리투자증권·우리아비바생명 등 우리금융지주의 주요 계열사들을 인수한 NH금융지주의 거침없는 몸집 불리기, 시중은행·지방은행·특수은행·외국계 시중은행의 역학관계 등을 단 두 페이지 안에서 파악할 수 있다.

48개 업종을 제대로 분석하기 위해서는 얽히고설킨 산업구조와 개념을 동시에 이해하고 있어야 한다. 2016년 판에는 해양 플랜트의 종류와 특성, 글로벌 건설기계업계 M&A 현황, 미디어렙을 중심으로 한 광고 판매 시장 등 업종 이해의 밑바탕이 될 산업구조와 개념을 충실히 설명하고 있다. 또한 반세기를 넘나드는 업계 변천사를 통해 업계의 어제와 오늘 그리고 미래를 한 권의 책에서 만날 수 있다.

이제 국내 시장을 중심으로 경영전략을 세우는 기업은 없다. 현대기아차는 중국 판매량이 국내 판매량을 앞선 지 오래다. 업계 선두 기업들은 대한민국이 아닌 세계를 무대로 싸운다. 세계 경제 흐름에 촉각을 세우고, 시야를 넓혀 글로벌 시장을 파악하는 것은 비즈니스를 위한 필수 덕목이다. 권두 특집에서 새롭게 시도한 주요 업종별 글로벌 톱 10 기업 분석은 세계 경제와 우리 기업의 현황을 글로벌한 관점에서 분석하는 데 도움이 될 것이다.

수년간 업계지도를 만들며 이 책이 비즈니스 현장에서 다양한 형태로 활용되는 모습을 지켜봤다. 그중에서도 해당 업종에 진출하고자 하는 사람들이 시장을 파악하기 위한 교과서로 업계지도를 활용하는 모습은 인상적이었다. 업계지도가 독자의 손에서 이런 쓰임으로 변주되리라고는 아무도 예상치 못했다. 그들이 업계지도에 바라는 바는 압축적이되, 쉽고 상세한 설명이었다. 2016년 판의 새로운 변화가 업계지도의 진화進化를 요구하는 다양한 독자들의 바람에 좀 더 다가갈 수 있는 긍정적인 시도가 되기를 희망한다. 꽃을 일찍 피우기 위해서는 겨우내 쉬지 않고 에너지를 비축해 두어야 한다. 어떤 상황에서도 시장에 대한 분석과 연구를 멈추지 않는 자만이 가장 빠른 통찰을 얻을 수 있다.

한국비즈니스정보

CONTENTS...

권두 특집 | 글로벌 톱 10 기업

Chapter 1 전자·통신·반도체

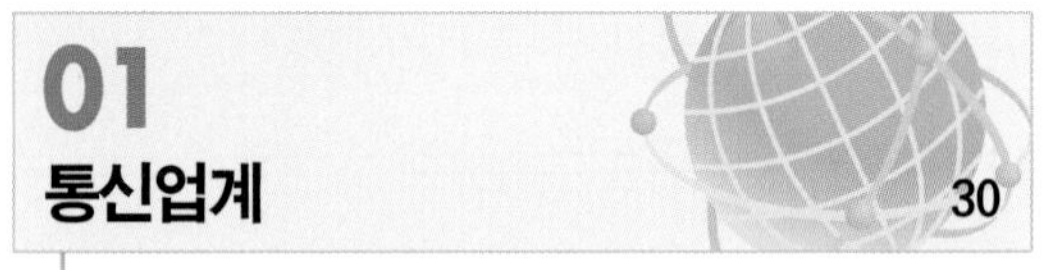

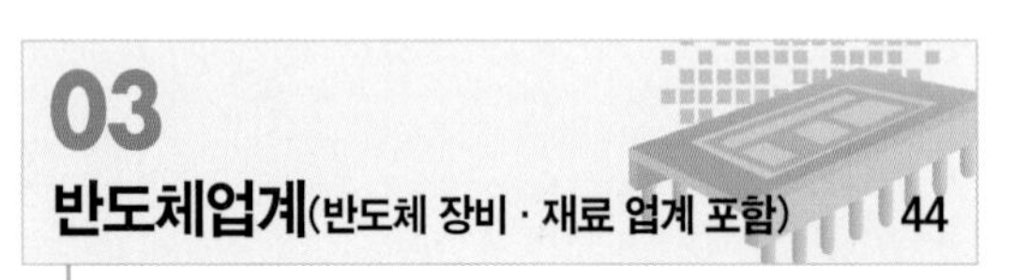

Chapter 2 금융 · 증권

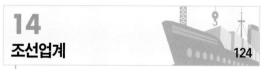

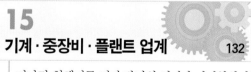

Chapter 3 건설 · 기계 · 중공업

Chapter 4 화학 · 에너지

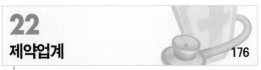

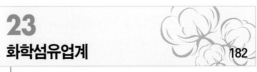

Chapter 5 자동차 · 운송

Chapter 6 유통·상사

Chapter 7 생활

Chapter 8 미디어 · 교육 · 엔터테인먼트

Special Map | 주요 업계 변천 과정

일 러 두 기 . . .

- 회사법인 형태를 나타내는 주식회사, 유한회사 등의 표기는 생략했다.
- 각사의 경영실적은 공시와 IR북 등을 참고하였으며, 경영실적 등 재무제표상의 수치는 별도 표기가 없을 경우 다음을 기준으로 했다.
  ① 상장사 및 비상장사 가운데 분기별 공시보고서 제출회사는 2014년 1~3분기 누계(9월 30일) 실적으로 IFRS 연결 기준.
  ② 그 외 업체는 2013년 12월 말일 실적으로 IFRS 별도 기준.
- 각 업체에 출자한 주요 출자자(주주)의 지분율은 별도 표기가 없으면, 2014년 9월 30일을 기준으로 했다.
- 종속기업, 자회사, 관계사, 투자사 등의 출자 지분율은 별도 표기가 없으면 2014년 9월 30일을 기준으로 했다.
- 매출액, 영업이익률, 시장점유율 등의 수치는 반올림하여 표기했다.
- 다음 표기는 아이콘으로 대신했다.
  KP KOSPI, 유가증권시장
  KQ KOSDAQ, 코스닥시장
  KONEX KONEX, 코넥스
- 일부 국가명은 외래어표기법을 따르지 않고, 간략하고 익숙한 표기법을 따랐다.
  예) 타이완 → 대만, 오스트레일리아 → 호주, 타일랜드 → 태국

• 권두 특집 •

Global Top 10 Companies

글로벌 톱 10 기업

01 글로벌 **반도체업계** 톱 10 기업

• 기준 : 2013 매출액, 파운드리 업체 포함
• 자료 : IHS 등

1위 인텔 469.6억 달러 (미국)
2위 삼성전자 334.6억 달러 (한국)
3위 TSMC 198.5억 달러 (대만)
4위 퀄컴 173.4억 달러 (미국)
5위 마이크론 141.7억 달러 (미국)
6위 SK하이닉스 133.4억 달러 (한국)
7위 도시바세미컨덕터 124.6억 달러 (일본)
8위 텍사스인스트루먼트(TI) 113.8억 달러 (미국)
9위 브로드컴 81.2억 달러 (미국)
10위 ST마이크로일렉트로닉스 80.8억 달러 (프랑스 · 이탈리아)

글로벌 휴대폰업계 톱 10 기업 02

- 기준 : 2013 판매대수, 피처폰 · 스마트폰 포함
- 자료 : Gartner

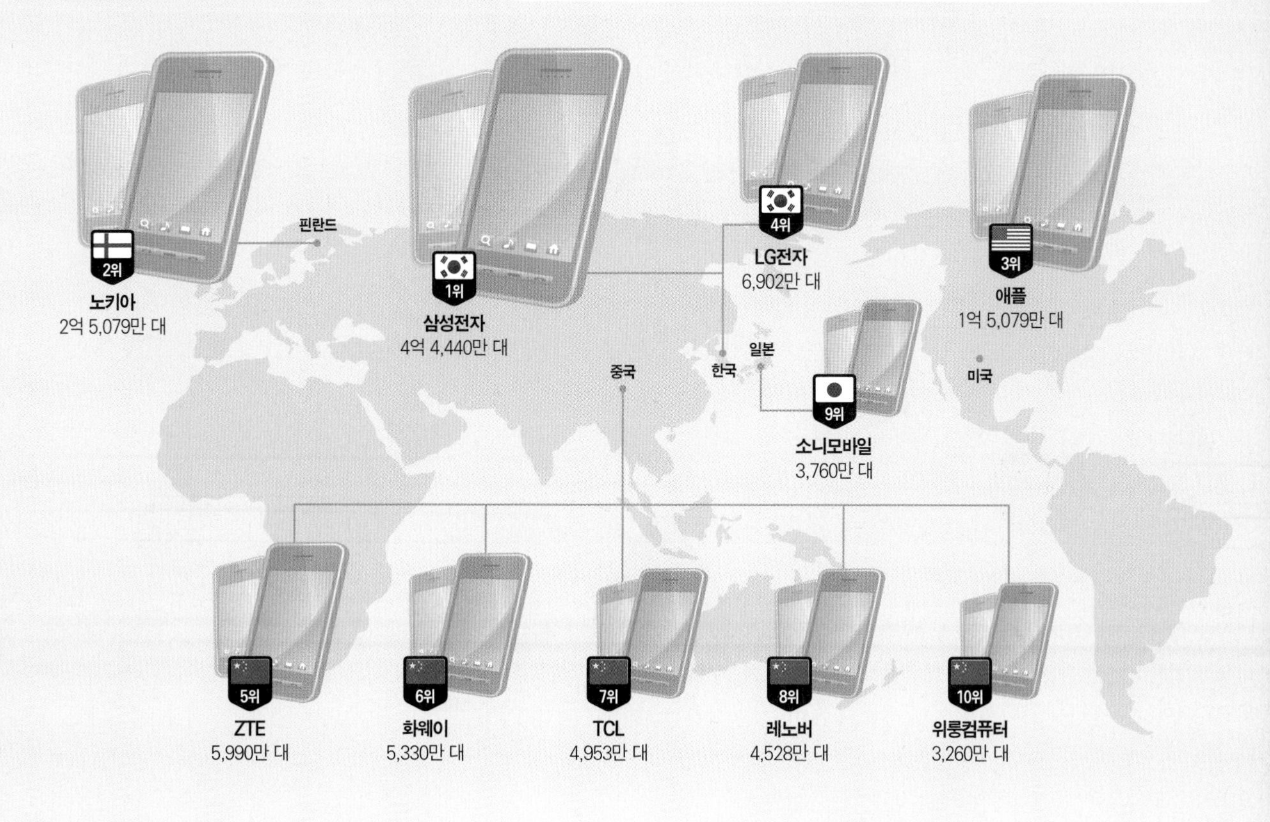

핀란드
2위
노키아
2억 5,079만 대
1위
삼성전자
4억 4,440만 대
4위
LG전자
6,902만 대
3위
애플
1억 5,079만 대
중국
한국
일본
미국
9위
소니모바일
3,760만 대
5위
ZTE
5,990만 대
6위
화웨이
5,330만 대
7위
TCL
4,953만 대
8위
레노버
4,528만 대
10위
위룽컴퓨터
3,260만 대

글로벌 스마트폰업계 톱 10 기업 03

- 기준 : 2014. 2Q 시장점유율
- 자료 : Strategy Analytics

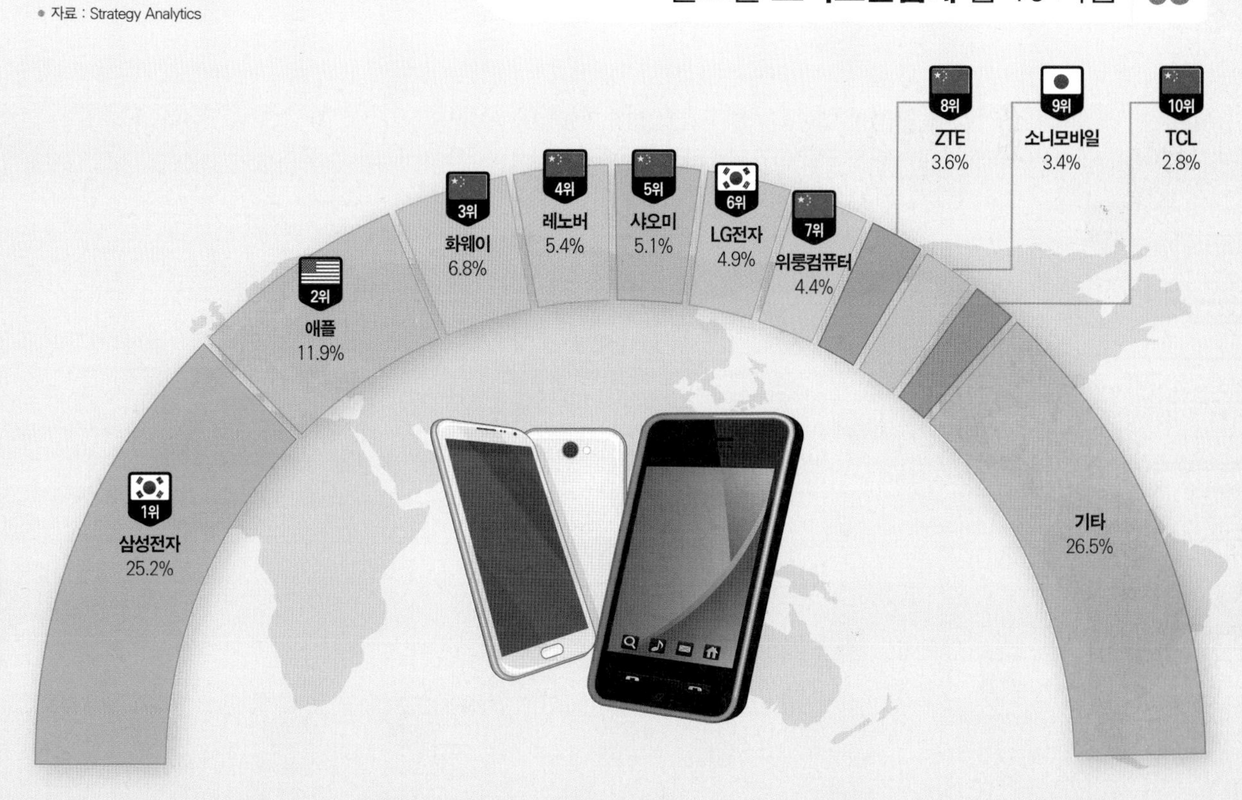

8위
ZTE
3.6%
9위
소니모바일
3.4%
10위
TCL
2.8%
3위
화웨이
6.8%
4위
레노버
5.4%
5위
샤오미
5.1%
6위
LG전자
4.9%
7위
위룽컴퓨터
4.4%
2위
애플
11.9%
1위
삼성전자
25.2%
기타
26.5%

04 글로벌 석유·가스 업계 톱 10 기업

• 기준 : 2013 매출액
• 자료 : 「Forbes」

BP
4위
3,792억 달러
영국

1위
로열더치셸
4,514억 달러
네덜란드

프랑스
6위
토탈
2,279억 달러

이탈리아
10위
에니
1,527억 달러

가스프롬
1,646억 달러
8위
러시아

중국
2위
시노펙
4,453억 달러

5위
페트로차이나
3,285억 달러

한국
22위
SK이노베이션
609억 달러

26위
GS칼텍스
430억 달러

38위
S-Oil
285억 달러

미국
3위
엑슨모빌
3,940억 달러

7위
셰브런
2,118억 달러

9위
필립스석유
1,579억 달러

05 글로벌 화학업계 톱 10 기업

• 기준 : 2013 화학 관련 매출액
• 자료 : 「Chemical & Engineering News」

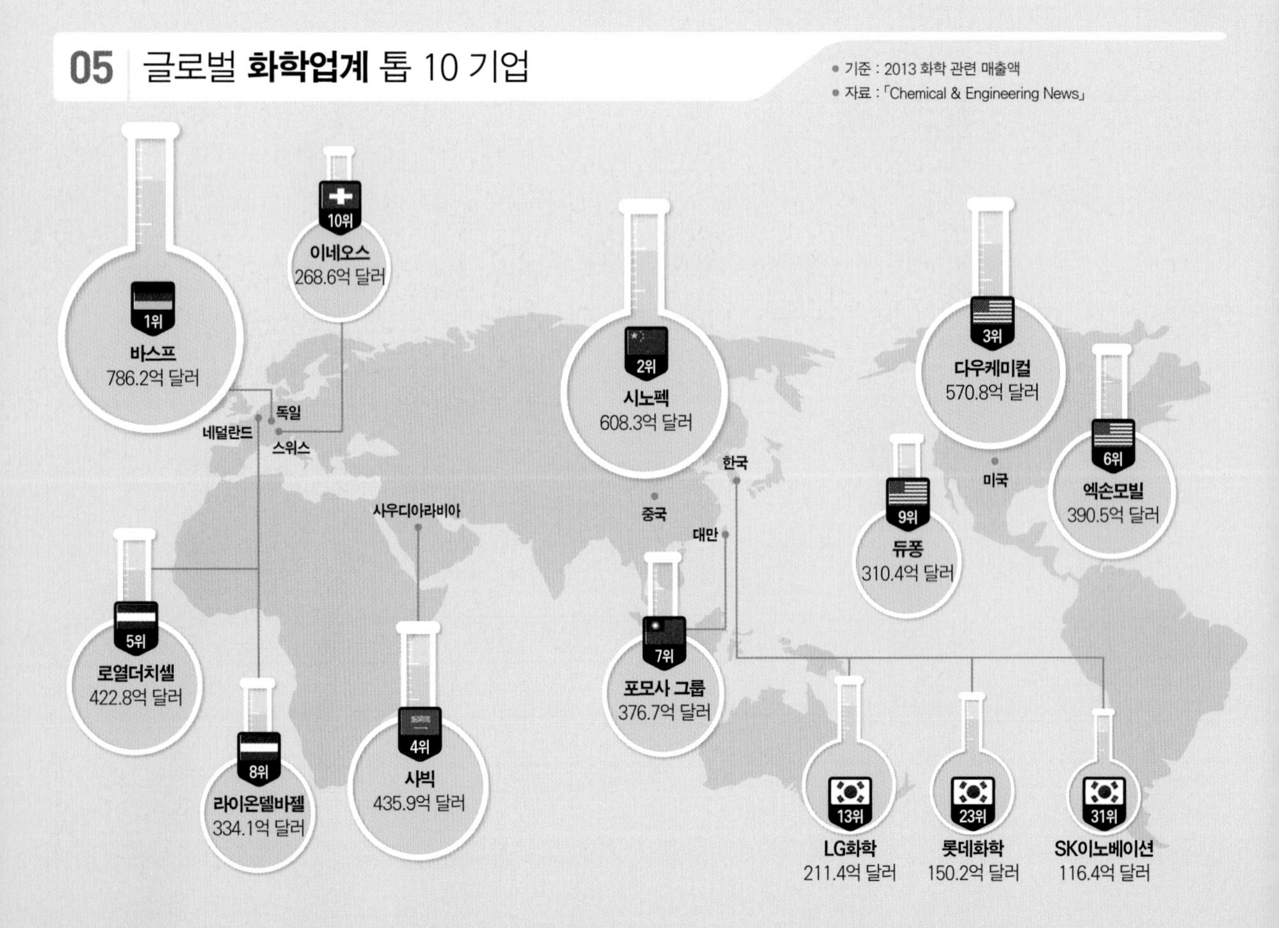

1위
바스프
786.2억 달러
10위
이네오스
268.6억 달러
독일
네덜란드
스위스
5위
로열더치셸
422.8억 달러
8위
라이온델바젤
334.1억 달러
사우디아라비아
4위
사빅
435.9억 달러
2위
시노펙
608.3억 달러
중국
한국
대만
7위
포모사 그룹
376.7억 달러
13위
LG화학
211.4억 달러
23위
롯데화학
150.2억 달러
31위
SK이노베이션
116.4억 달러
3위
다우케미컬
570.8억 달러
미국
9위
듀퐁
310.4억 달러
6위
엑슨모빌
390.5억 달러

글로벌 **제약업계** 톱 10 기업 06

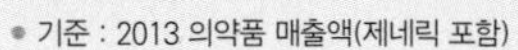
- 기준 : 2013 의약품 매출액(제네릭 포함)
- 자료 : PMLiVE

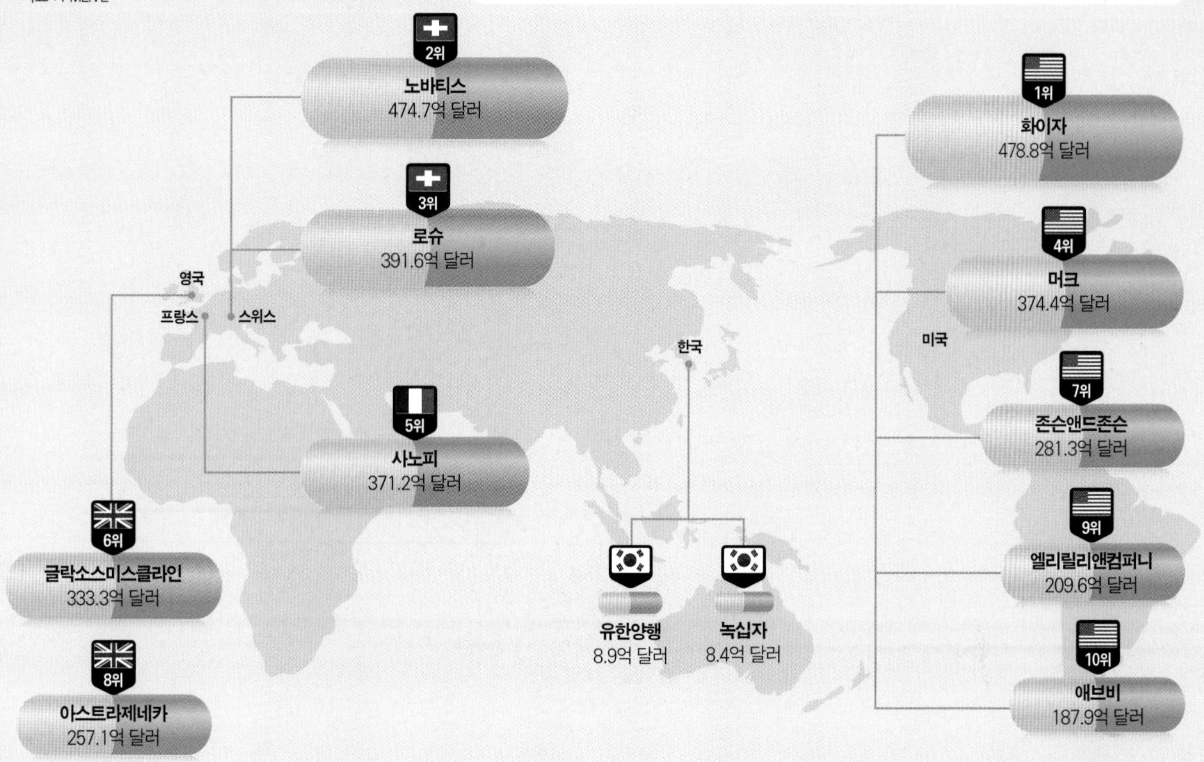

2위
노바티스
474.7억 달러
3위
로슈
391.6억 달러
영국
프랑스
스위스
5위
사노피
371.2억 달러
6위
글락소스미스클라인
333.3억 달러
8위
아스트라제네카
257.1억 달러
한국
유한양행
8.9억 달러
녹십자
8.4억 달러
1위
화이자
478.8억 달러
4위
머크
374.4억 달러
미국
7위
존슨앤드존슨
281.3억 달러
9위
엘리릴리앤컴퍼니
209.6억 달러
10위
애브비
187.9억 달러

글로벌 **은행업계** 톱 10 은행 07

- 기준 : 2013. 7 총자산
- 자료 : 「The Banker」

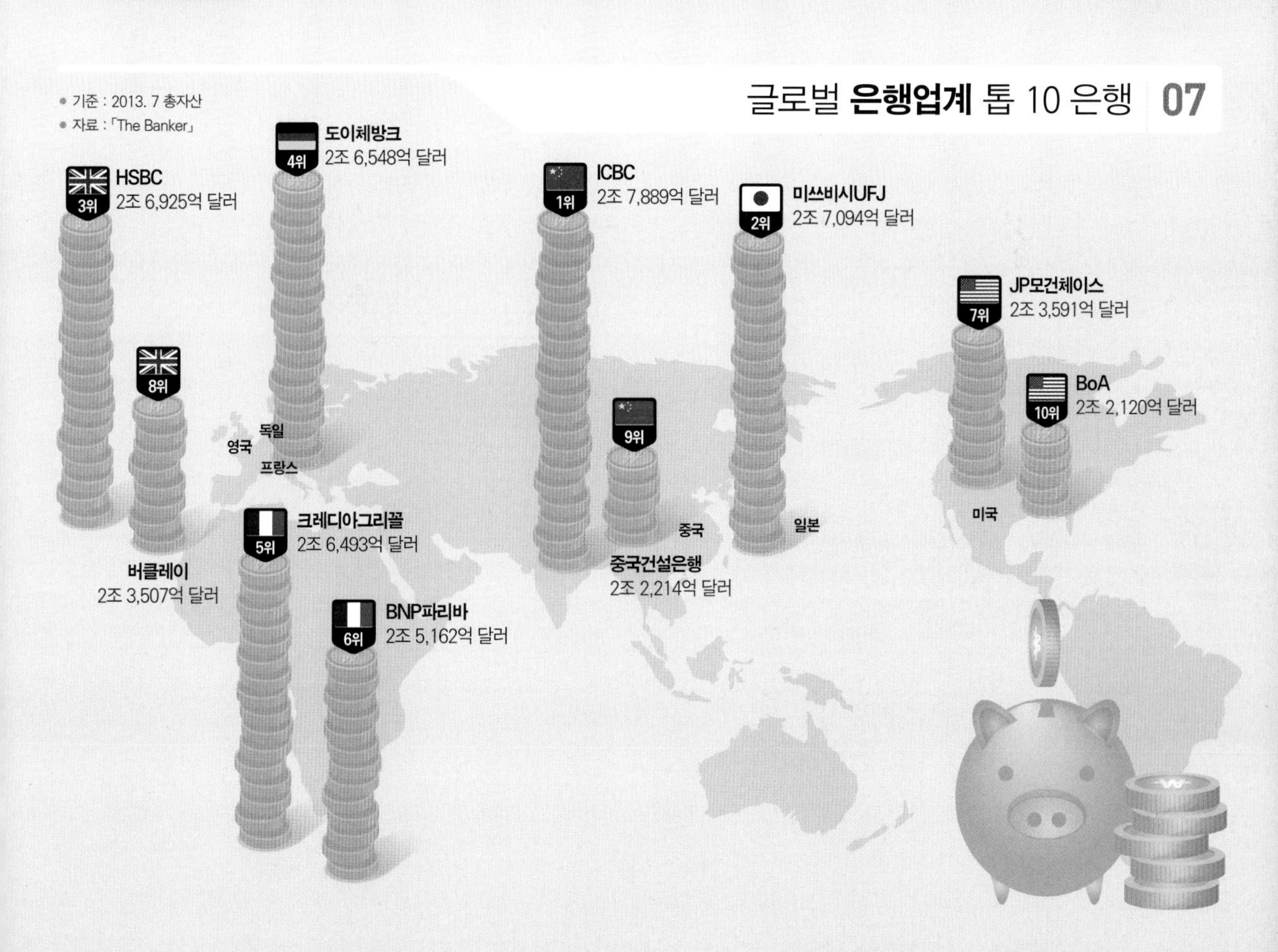

4위
도이체방크
2조 6,548억 달러
3위
HSBC
2조 6,925억 달러
1위
ICBC
2조 7,889억 달러
2위
미쓰비시UFJ
2조 7,094억 달러
7위
JP모건체이스
2조 3,591억 달러
10위
BoA
2조 2,120억 달러
8위
독일
영국
프랑스
9위
중국
일본
미국
5위
크레디아그리꼴
2조 6,493억 달러
버클레이
2조 3,507억 달러
중국건설은행
2조 2,214억 달러
6위
BNP파리바
2조 5,162억 달러

08 글로벌 **보험업계** 톱 10 보험사

- 기준 : 2013 매출액
- 자료 : Insurance Information Institute

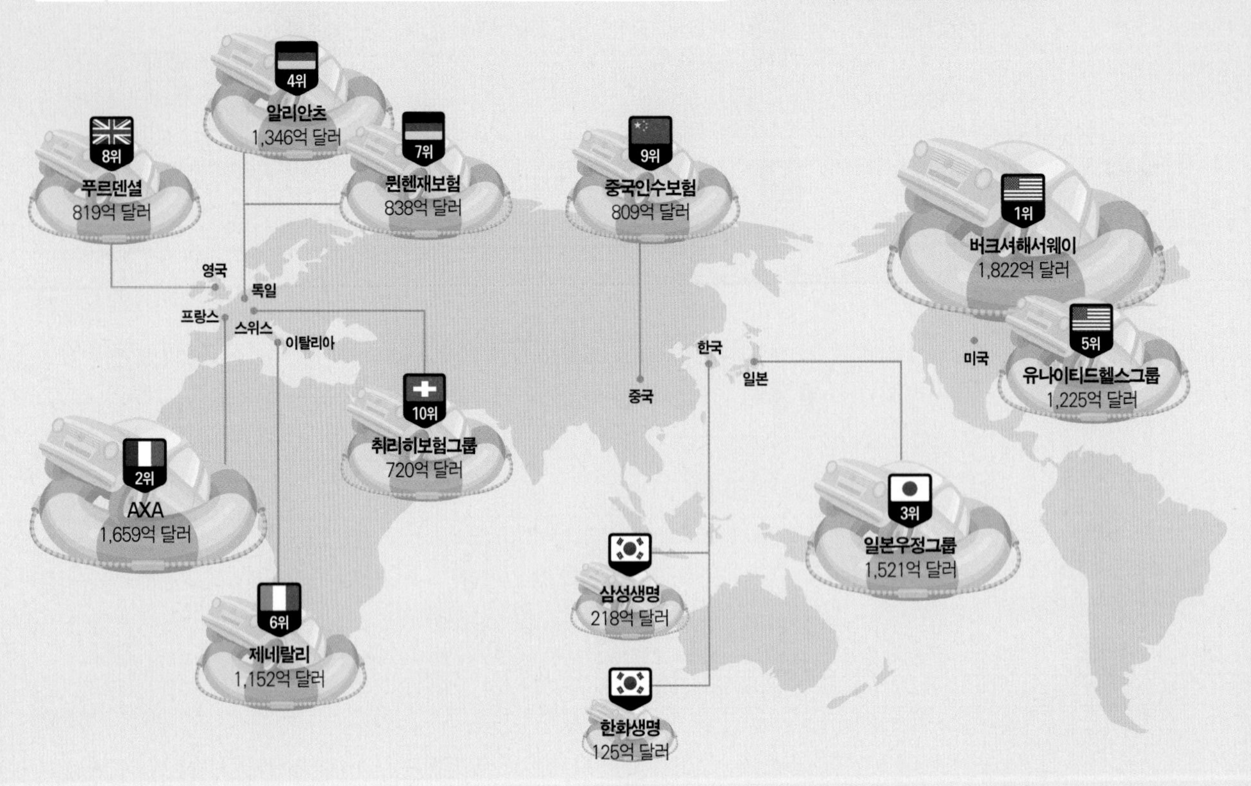

4위
알리안츠
1,346억 달러
8위
푸르덴셜
819억 달러
7위
뮌헨재보험
838억 달러
9위
중국인수보험
809억 달러
1위
버크셔해서웨이
1,822억 달러
영국
독일
프랑스
스위스
이탈리아
한국
일본
중국
미국
5위
유나이티드헬스그룹
1,225억 달러
10위
취리히보험그룹
720억 달러
2위
AXA
1,659억 달러
3위
일본우정그룹
1,521억 달러
삼성생명
218억 달러
6위
제네랄리
1,152억 달러
한화생명
125억 달러

09 글로벌 **신용카드** 브랜드 톱 8

- 기준 : 2012 카드 발행수, BC글로벌카드는 2014. 6 카드 발행수
- 자료 : Nilson Report, 각사

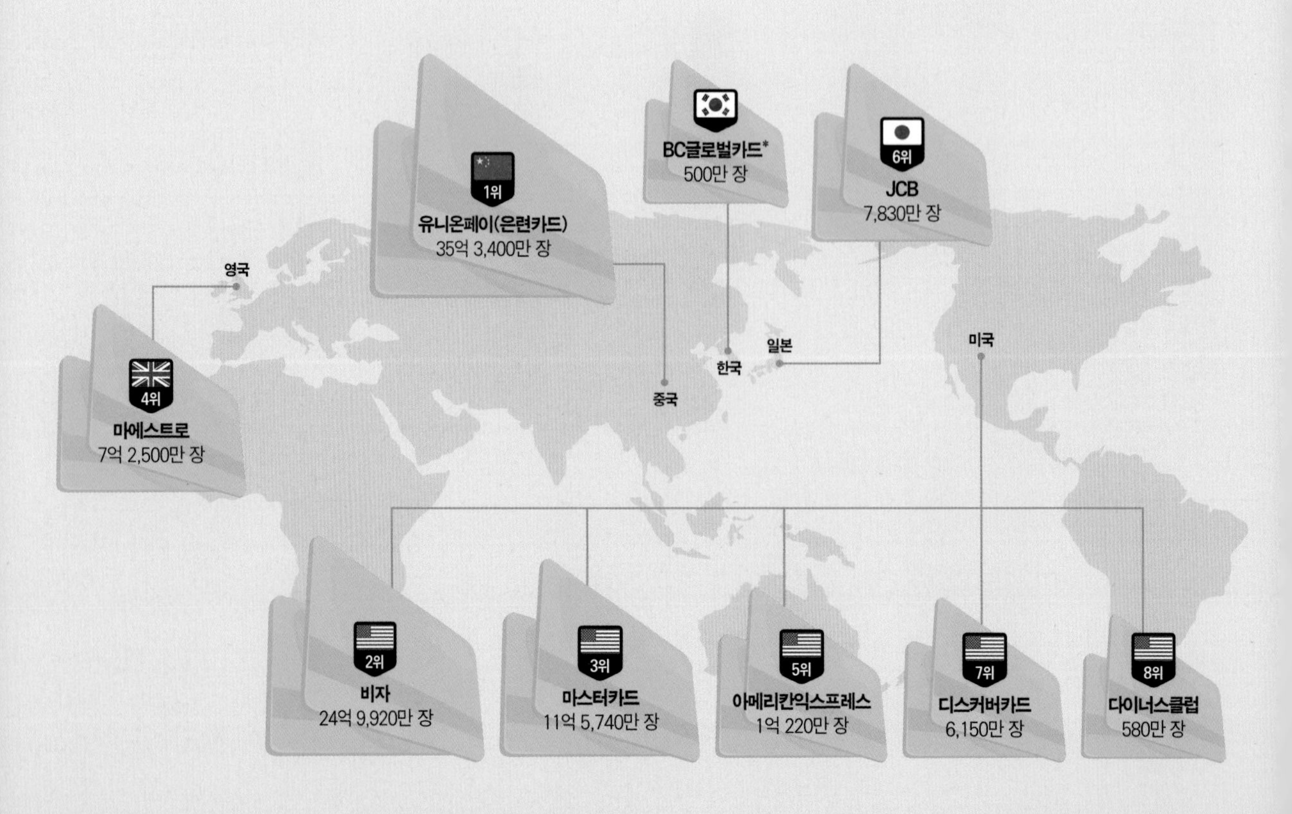

1위
유니온페이(은련카드)
35억 3,400만 장
BC글로벌카드*
500만 장
6위
JCB
7,830만 장
영국
일본
한국
미국
중국
4위
마에스트로
7억 2,500만 장
2위
비자
24억 9,920만 장
3위
마스터카드
11억 5,740만 장
5위
아메리칸익스프레스
1억 220만 장
7위
디스커버카드
6,150만 장
8위
다이너스클럽
580만 장

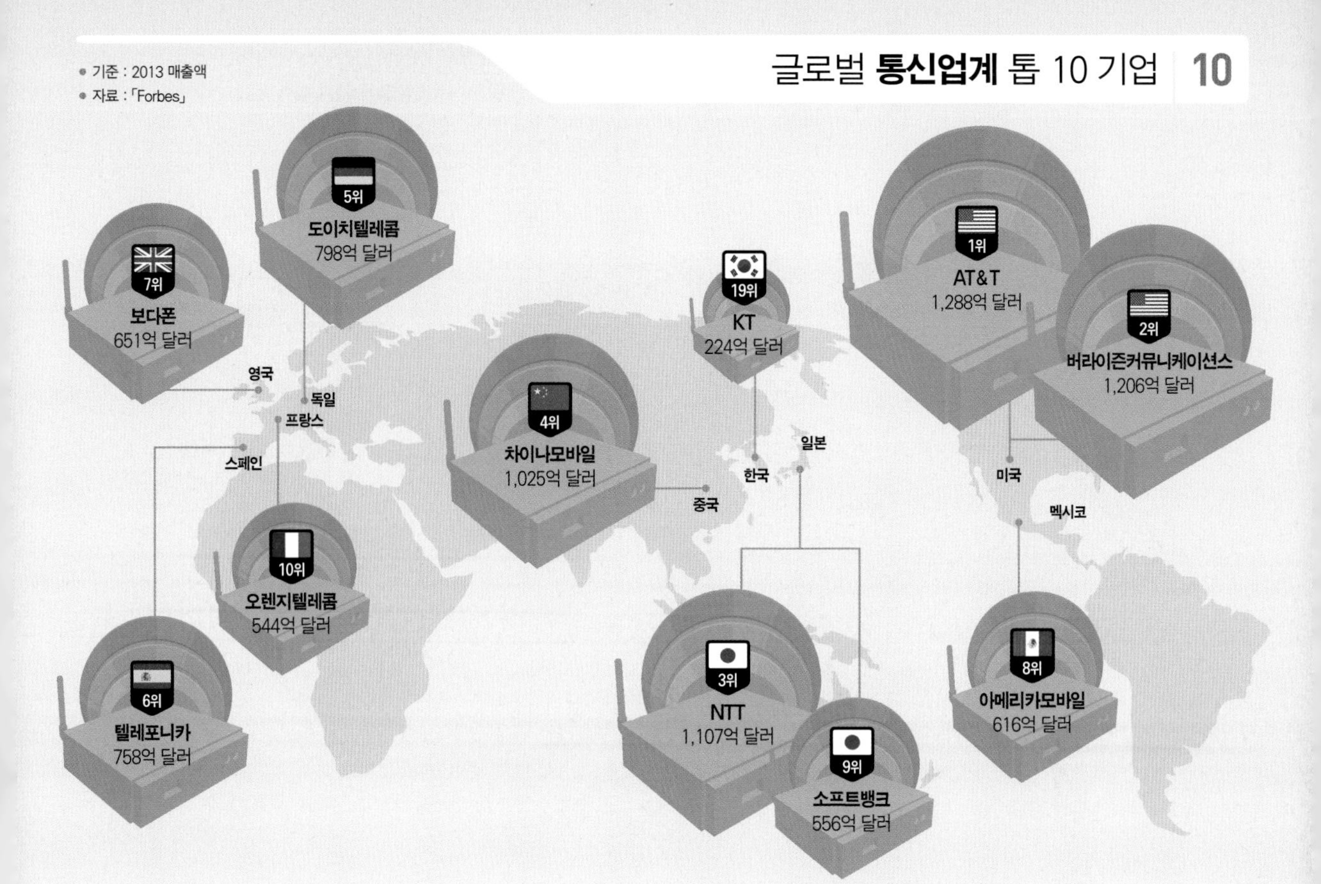
기준 : 2013 매출액
자료 : 「Forbes」
글로벌 통신업계 톱 10 기업
10
5위
도이치텔레콤
798억 달러
7위
보다폰
651억 달러
19위
KT
224억 달러
1위
AT&T
1,288억 달러
2위
버라이즌커뮤니케이션스
1,206억 달러
영국
독일
프랑스
스페인
4위
차이나모바일
1,025억 달러
중국
한국
일본
미국
멕시코
10위
오렌지텔레콤
544억 달러
6위
텔레포니카
758억 달러
3위
NTT
1,107억 달러
9위
소프트뱅크
556억 달러
8위
아메리카모바일
616억 달러

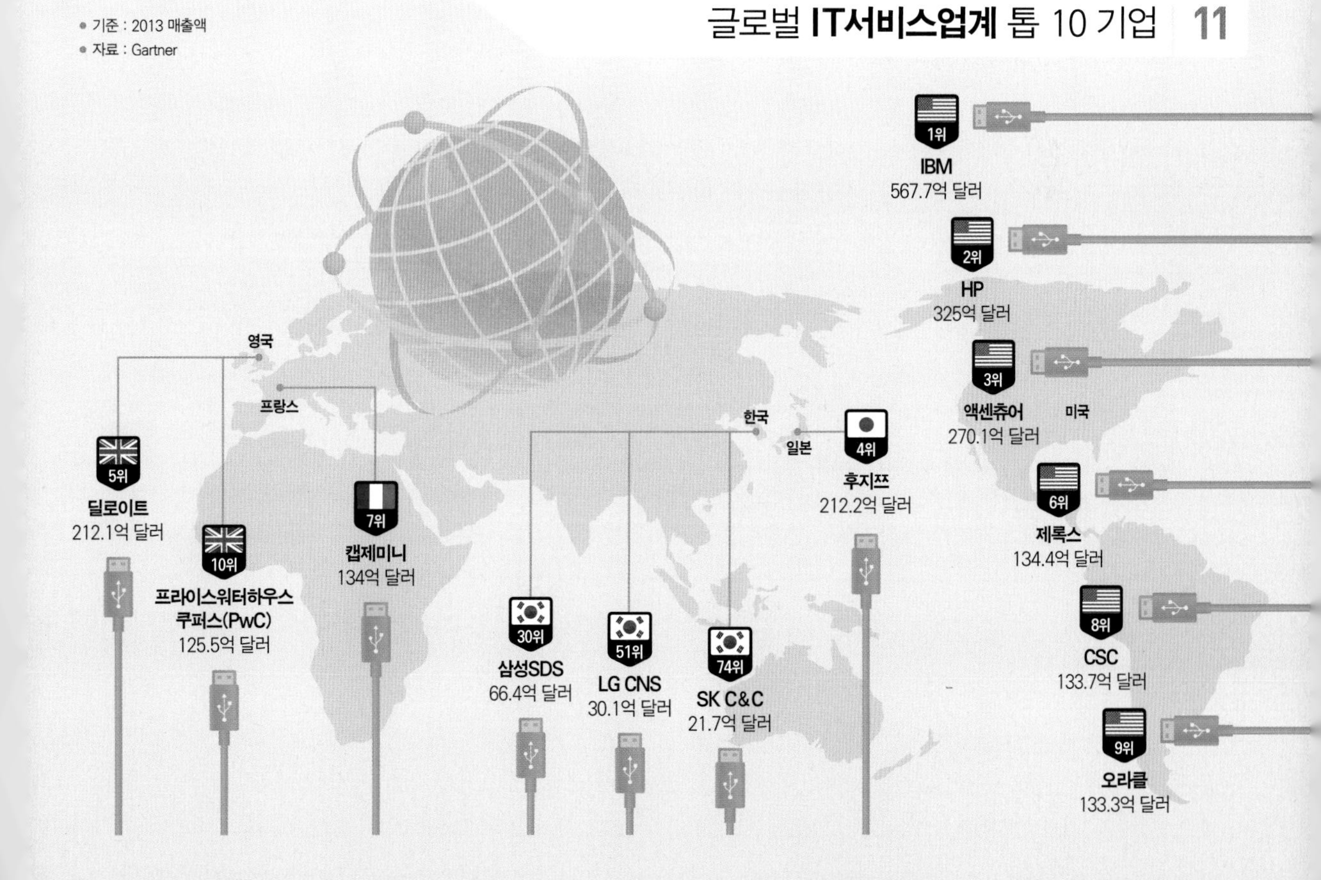
기준 : 2013 매출액
자료 : Gartner
글로벌 IT서비스업계 톱 10 기업
11
1위
IBM
567.7억 달러
2위
HP
325억 달러
3위
액센츄어
270.1억 달러
미국
영국
프랑스
한국
일본
4위
후지쯔
212.2억 달러
5위
딜로이트
212.1억 달러
7위
캡제미니
134억 달러
10위
프라이스워터하우스
쿠퍼스(PwC)
125.5억 달러
6위
제록스
134.4억 달러
30위
삼성SDS
66.4억 달러
51위
LG CNS
30.1억 달러
74위
SK C&C
21.7억 달러
8위
CSC
133.7억 달러
9위
오라클
133.3억 달러

12 글로벌 **조선업계** 톱 10 조선소

- 기준 : 2014. 12 단일 조선소 수주잔량(CGT)
- 자료 : Clarkson Research

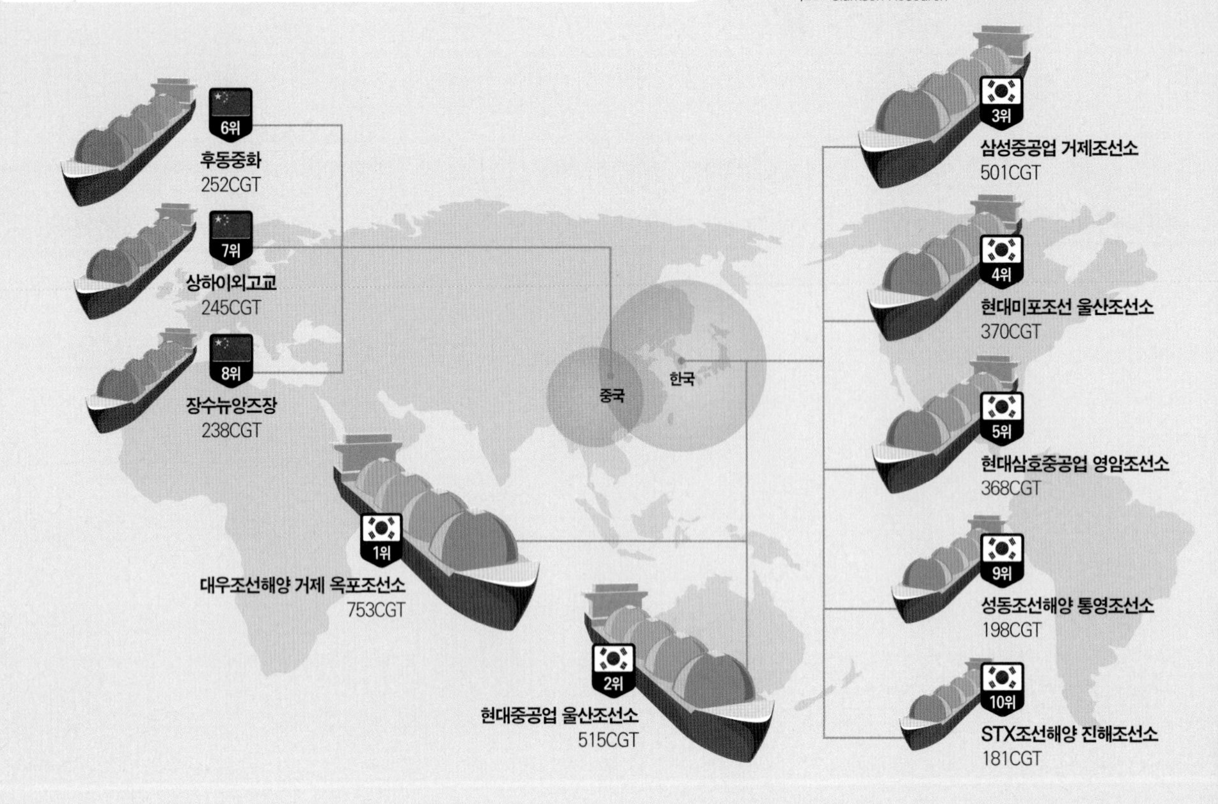

6위
후동중화
252CGT
7위
상하이외고교
245CGT
8위
장수뉴양즈장
238CGT
중국
한국
1위
대우조선해양 거제 옥포조선소
753CGT
2위
현대중공업 울산조선소
515CGT
3위
삼성중공업 거제조선소
501CGT
4위
현대미포조선 울산조선소
370CGT
5위
현대삼호중공업 영암조선소
368CGT
9위
성동조선해양 통영조선소
198CGT
10위
STX조선해양 진해조선소
181CGT

13 글로벌 **철강업계** 톱 10 기업

- 기준 : 2013 매출액
- 자료 : 「Forbes」

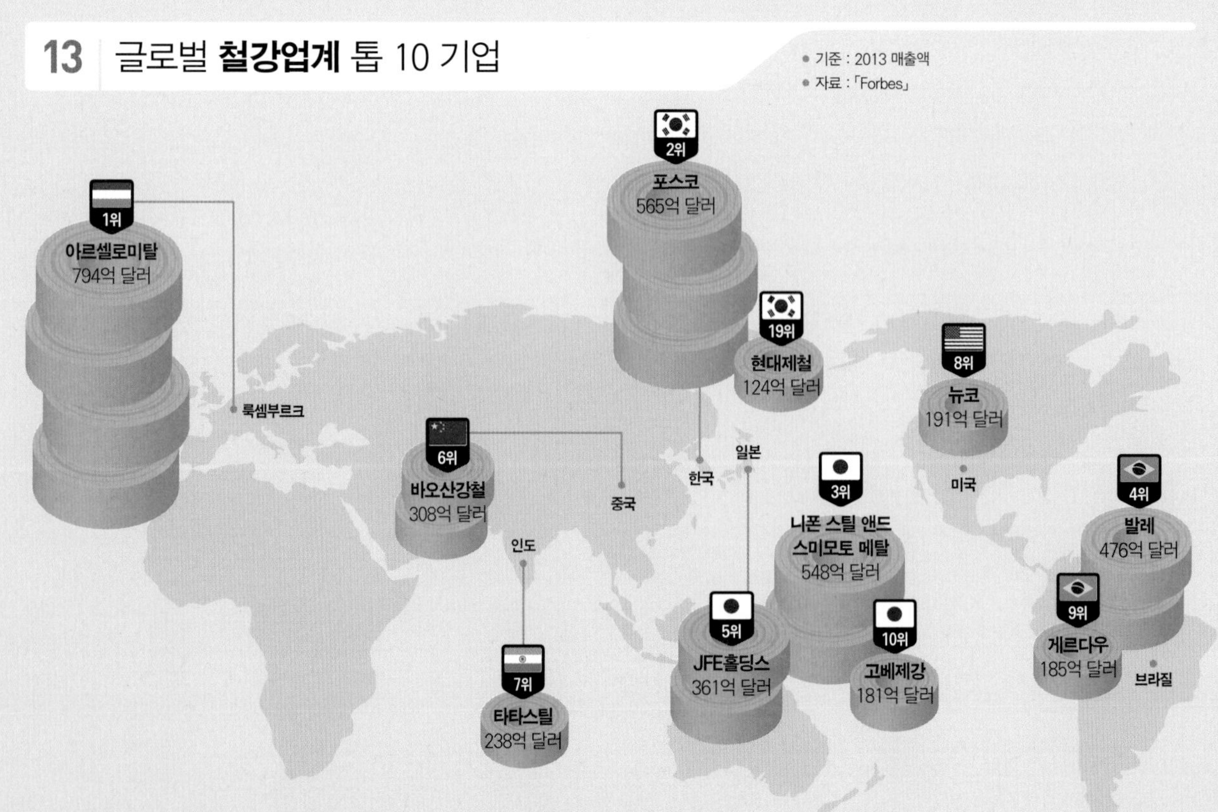

1위
아르셀로미탈
794억 달러
룩셈부르크
2위
포스코
565억 달러
19위
현대제철
124억 달러
한국
8위
뉴코
191억 달러
미국
6위
바오산강철
308억 달러
중국
인도
7위
타타스틸
238억 달러
일본
3위
니폰 스틸 앤드
스미모토 메탈
548억 달러
5위
JFE홀딩스
361억 달러
10위
고베제강
181억 달러
4위
발레
476억 달러
9위
게르다우
185억 달러
브라질

글로벌 **항공업계** 톱 10 항공사 14

- 기준 : 2013 유료여객수송량(RPK)
- 자료 : Airline Business

6위 루프트한자 1,533억 RPK
9위 중국남방항공 1,218억 RPK
8위 영국항공 1,313억 RPK
10위 중국동방항공 1,205억 RPK
1위 델타항공 3,137억 RPK
2위 유나이티드항공 2,873억 RPK
영국
프랑스
독일
한국
중국
미국
UAE
4위 아메리칸항공 2,066억 RPK
7위 에어프랑스 1,364억 RPK
5위 사우스웨스트에어라인 1,681억 RPK
3위 에미레이트항공 2,154억 RPK
21위 대한항공 684억 RPK
45위 아시아나항공 328억 RPK

글로벌 **해운업계** 톱 10 해운사 15

- 기준 : 2014. 12 선복량
- 자료 : Alphaliner

순위	해운사	선복량	국가
1위	머스크라인	296.6만 TEU	덴마크
2위	MSC	254.4만 TEU	스위스
3위	CMA-CGM	166.3만 TEU	프랑스
4위	하팍로이드	98만 TEU	독일
5위	에버그린	95.2만 TEU	대만
6위	중국원양운수공사(COSCO)	81.9만 TEU	중국
7위	차이나쉬핑컨테이너라인(CSCL)	69.6만 TEU	중국
8위	한진해운	61만 TEU	한국
9위	미쓰이상선	60.4만 TEU	일본
10위	APL	56.2만 TEU	싱가포르
···			
16위	현대상선	37.4만 TEU	한국

16 글로벌 **건설업계** 톱 10 건설사

• 기준 : 2013 연간 매출액
• 자료 : ENR 'The Top 250 International Contractors'

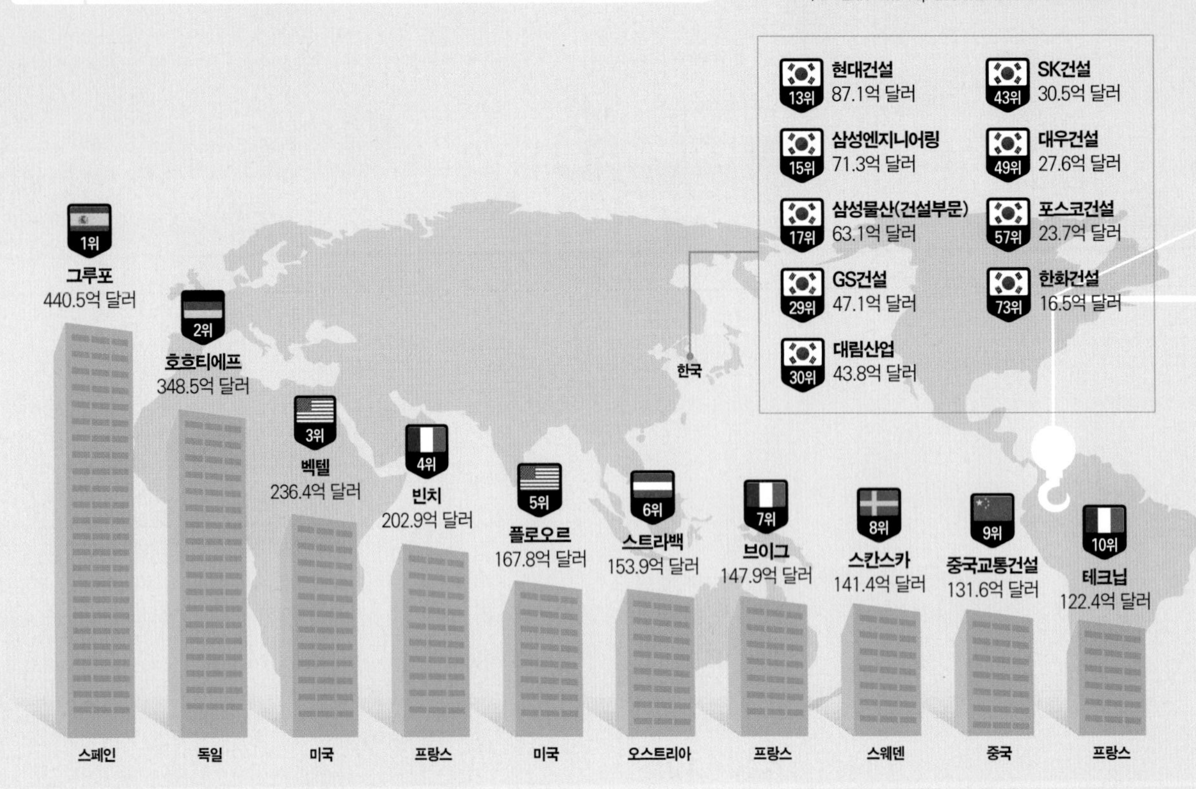

13위 현대건설 87.1억 달러
15위 삼성엔지니어링 71.3억 달러
17위 삼성물산(건설부문) 63.1억 달러
29위 GS건설 47.1억 달러
30위 대림산업 43.8억 달러
43위 SK건설 30.5억 달러
49위 대우건설 27.6억 달러
57위 포스코건설 23.7억 달러
73위 한화건설 16.5억 달러
한국
1위 그루포 440.5억 달러
2위 호흐티에프 348.5억 달러
3위 벡텔 236.4억 달러
4위 빈치 202.9억 달러
5위 플로오르 167.8억 달러
6위 스트라백 153.9억 달러
7위 브이그 147.9억 달러
8위 스칸스카 141.4억 달러
9위 중국교통건설 131.6억 달러
10위 테크닙 122.4억 달러
스페인
독일
미국
프랑스
미국
오스트리아
프랑스
스웨덴
중국
프랑스

17 글로벌 **건축자재업계** 톱 10 기업

• 기준 : 2013 매출액
• 자료 : 「Forbes」

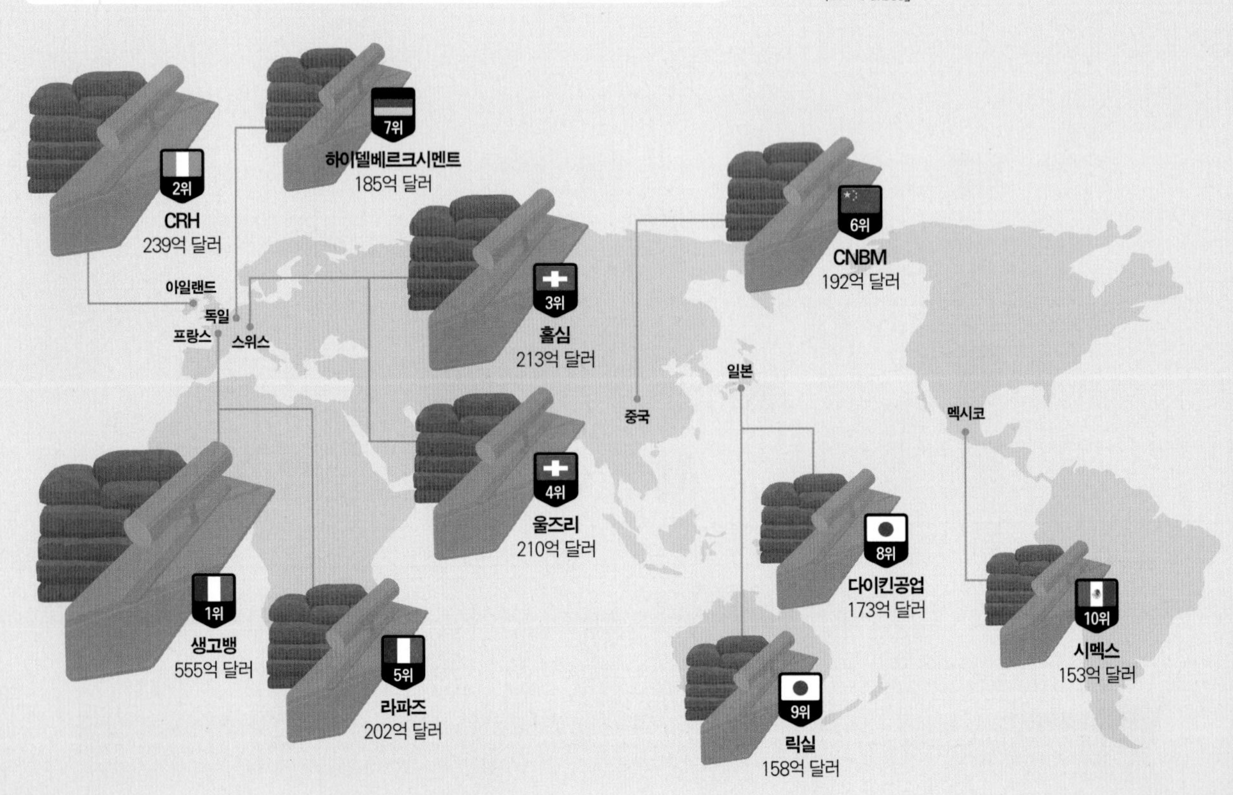

7위 하이델베르크시멘트 185억 달러
2위 CRH 239억 달러
6위 CNBM 192억 달러
3위 홀심 213억 달러
아일랜드
독일
프랑스
스위스
일본
중국
멕시코
4위 울즈리 210억 달러
8위 다이킨공업 173억 달러
1위 생고뱅 555억 달러
5위 라파즈 202억 달러
10위 시멕스 153억 달러
9위 릭실 158억 달러

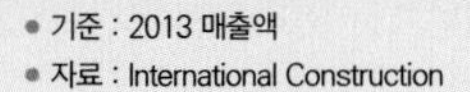
• 기준 : 2013 매출액
• 자료 : International Construction

글로벌 **건설기계업계** 톱 10 기업 18

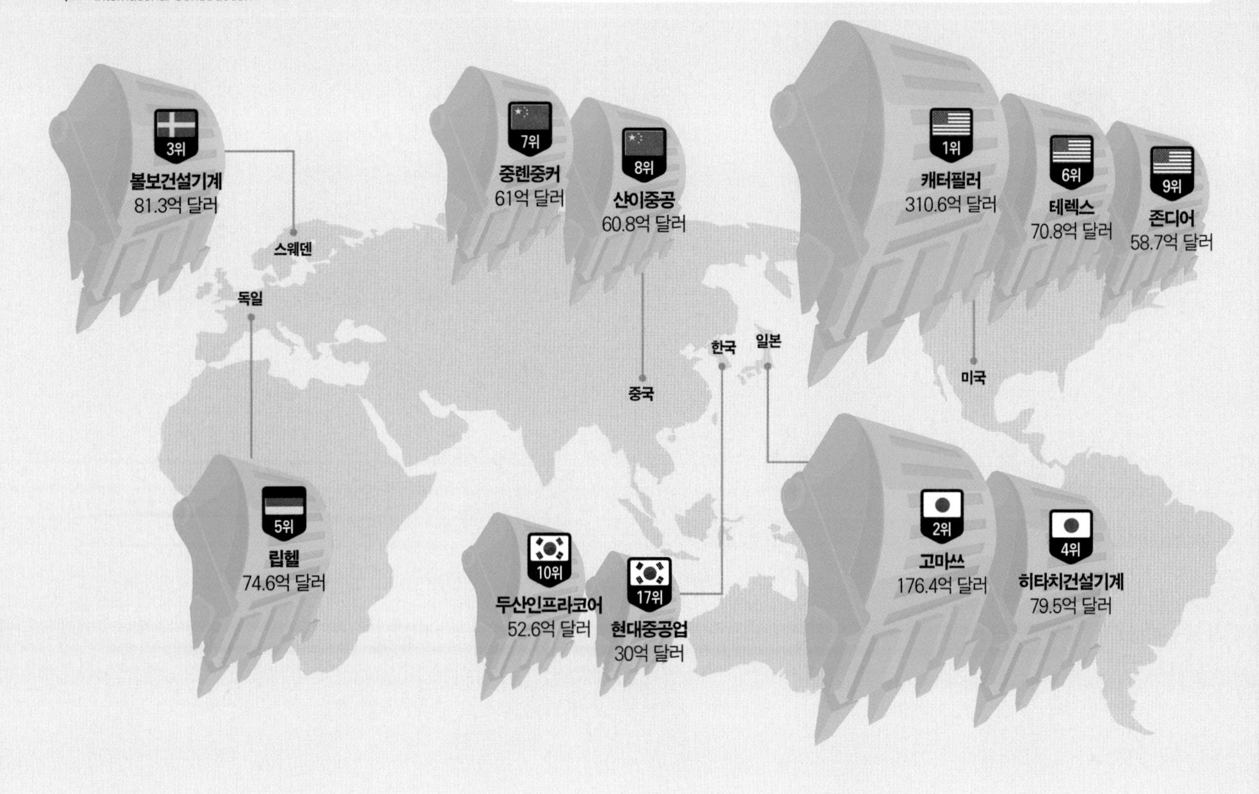

3위
볼보건설기계
81.3억 달러
스웨덴
독일
7위
중롄중커
61억 달러
8위
싼이중공
60.8억 달러
중국
1위
캐터필러
310.6억 달러
6위
테렉스
70.8억 달러
9위
존디어
58.7억 달러
미국
한국
일본
5위
립헬
74.6억 달러
10위
두산인프라코어
52.6억 달러
17위
현대중공업
30억 달러
2위
고마쓰
176.4억 달러
4위
히타치건설기계
79.5억 달러

• 기준 : 2013 매출액
• 자료 : Gartner

글로벌 **공작기계업계** 톱 10 기업 19

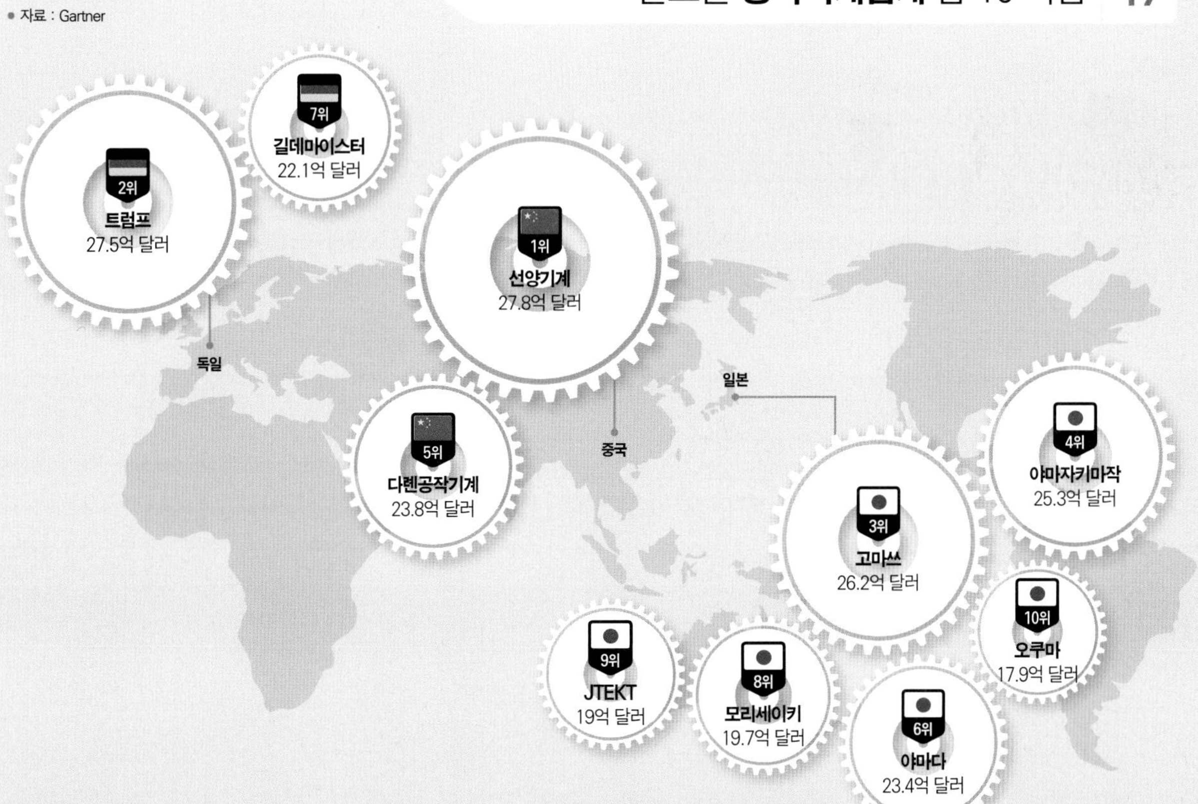

7위
길데마이스터
22.1억 달러
2위
트럼프
27.5억 달러
1위
선양기계
27.8억 달러
독일
일본
중국
5위
다롄공작기계
23.8억 달러
4위
야마자키마작
25.3억 달러
3위
고마쓰
26.2억 달러
10위
오쿠마
17.9억 달러
9위
JTEKT
19억 달러
8위
모리세이키
19.7억 달러
6위
아마다
23.4억 달러

20 글로벌 **자동차업계** 톱 10 기업

- 기준 : 2013 국내외 생산대수
- 자료 : 세계자동차공업협회(OICA), 「Forbes」

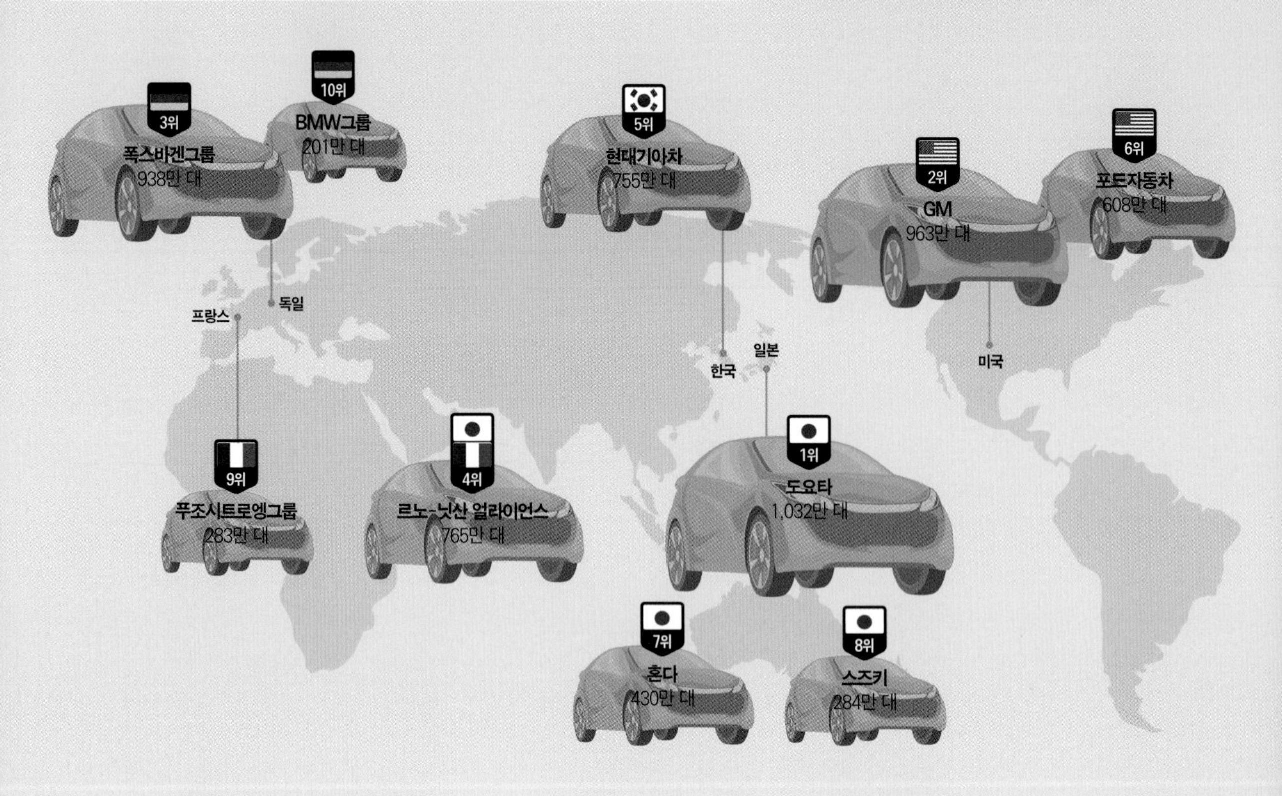

3위
폭스바겐그룹
938만 대
10위
BMW그룹
201만 대
5위
현대기아차
755만 대
2위
GM
963만 대
6위
포드자동차
608만 대
독일
프랑스
한국
일본
미국
9위
푸조시트로엥그룹
283만 대
4위
르노-닛산 얼라이언스
765만 대
1위
도요타
1,032만 대
7위
혼다
430만 대
8위
스즈키
284만 대

21 글로벌 **자동차부품업계** 톱 10 기업

- 기준 : 2013 매출액
- 자료 : Automotive News

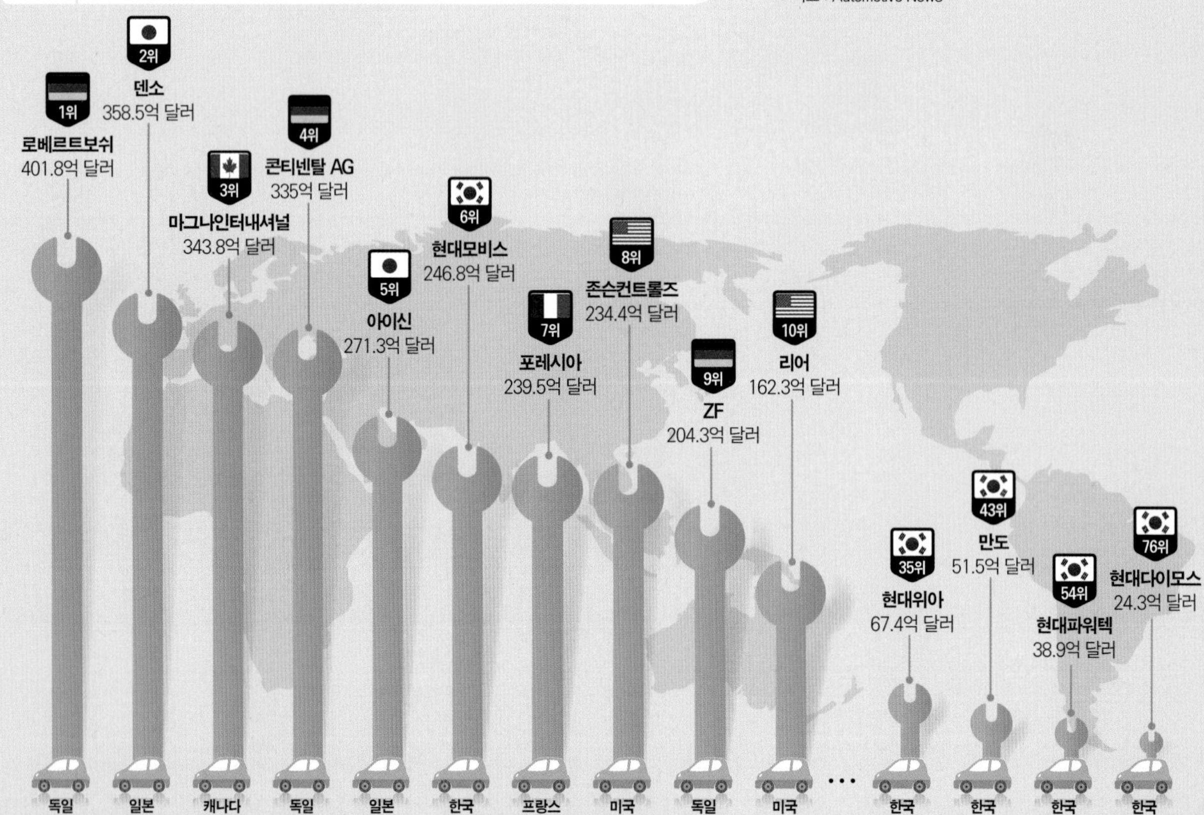

1위
로베르트보쉬
401.8억 달러
2위
덴소
358.5억 달러
3위
마그나인터내셔널
343.8억 달러
4위
콘티넨탈 AG
335억 달러
5위
아이신
271.3억 달러
6위
현대모비스
246.8억 달러
7위
포레시아
239.5억 달러
8위
존슨컨트롤즈
234.4억 달러
9위
ZF
204.3억 달러
10위
리어
162.3억 달러
35위
현대위아
67.4억 달러
43위
만도
51.5억 달러
54위
현대파워텍
38.9억 달러
76위
현대다이모스
24.3억 달러
독일
일본
캐나다
독일
일본
한국
프랑스
미국
독일
미국
…
한국
한국
한국
한국

• 기준 : 2013 매출액
• 자료 : Modern Tire Dealer, Moody's

글로벌 **타이어업계** 톱 10 기업 22

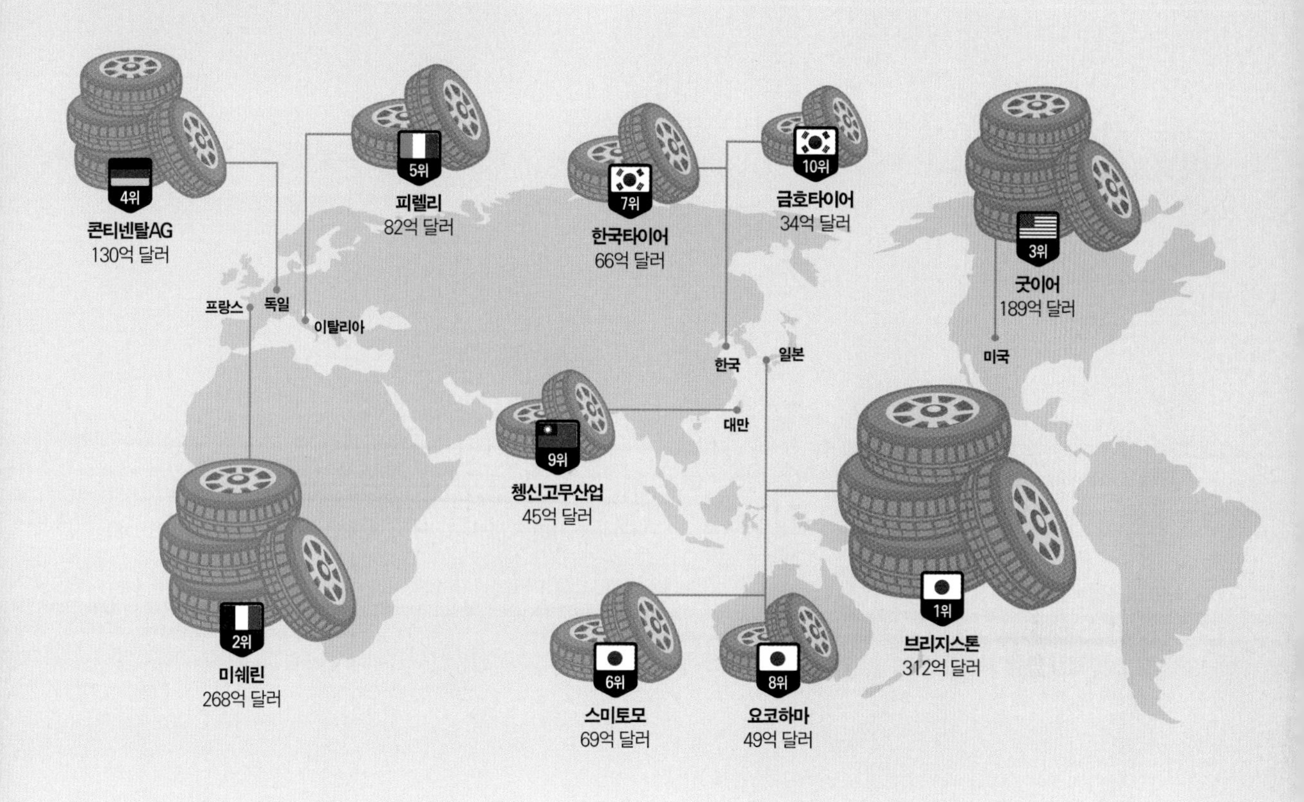

4위
콘티넨탈AG
130억 달러
5위
피렐리
82억 달러
7위
한국타이어
66억 달러
10위
금호타이어
34억 달러
3위
굿이어
189억 달러
프랑스
독일
이탈리아
한국
일본
미국
대만
9위
청신고무산업
45억 달러
2위
미쉐린
268억 달러
1위
브리지스톤
312억 달러
6위
스미토모
69억 달러
8위
요코하마
49억 달러

• 기준 : 2013 물류 관련 매출액
• 자료 : Armstrong & Associates

글로벌 **제3자 물류업계** 톱 10 기업 23

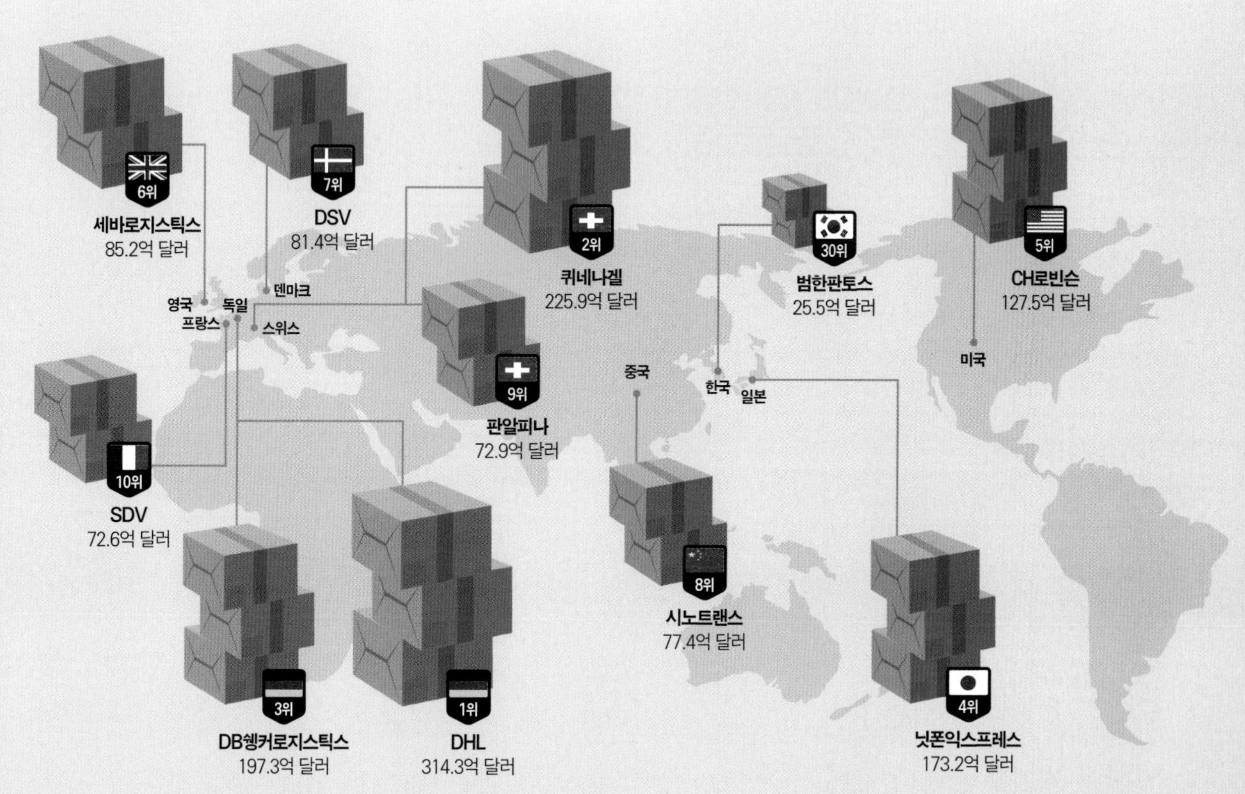

6위
세바로지스틱스
85.2억 달러
7위
DSV
81.4억 달러
2위
퀴네나겔
225.9억 달러
30위
범한판토스
25.5억 달러
5위
CH로빈슨
127.5억 달러
영국
독일
덴마크
프랑스
스위스
9위
판알피나
72.9억 달러
중국
한국
일본
미국
10위
SDV
72.6억 달러
8위
시노트랜스
77.4억 달러
3위
DB솅커로지스틱스
197.3억 달러
1위
DHL
314.3억 달러
4위
닛폰익스프레스
173.2억 달러

24 글로벌 **전력에너지업계** 톱 10 기업

- 기준 : 2013 매출액
- 자료 : 「Forbes」

1위 이온 1,626억 달러

8위 SSE 475억 달러

5위 RWE 그룹 682억 달러

7위 한국전력 494억 달러

영국

독일

프랑스

스페인

이탈리아

한국

일본

9위 이베르드롤라 436억 달러

3위 에넬 1,063억 달러

6위 도쿄전력 660억 달러

10위 간사이전력 325억 달러

2위 GDF수에즈 1,186억 달러

4위 이디에프 1,004억 달러

25 글로벌 **패션소매업계** 톱 10 기업

- 기준 : 2013 매출액
- 자료 : Deloitte, Global Powers of Retailing

1위
TJX컴퍼니
274.2억 달러
2위
인디텍스
222.7억 달러
3위
H&M
헤네스앤모리츠
197.3억 달러
4위
갭
161.5억 달러
5위
패스트리테일링
126.4억 달러
6위
엘브랜즈
(옛 리미티드브랜즈)
107.7억 달러
7위
로스스토어
102.3억 달러
8위
씨앤에이
97.3억 달러
9위
케어링(옛 PPR)
67.3억 달러
10위
프라이마크
66.7억 달러
17위
이랜드월드
49.1억 달러
미국
스페인
스웨덴
미국
일본
미국
미국
벨기에 · 독일
프랑스
영국
한국

글로벌 **방송미디어업계** 톱 10 기업 26

- 기준 : 2013 매출액
- 자료 : 「Forbes」

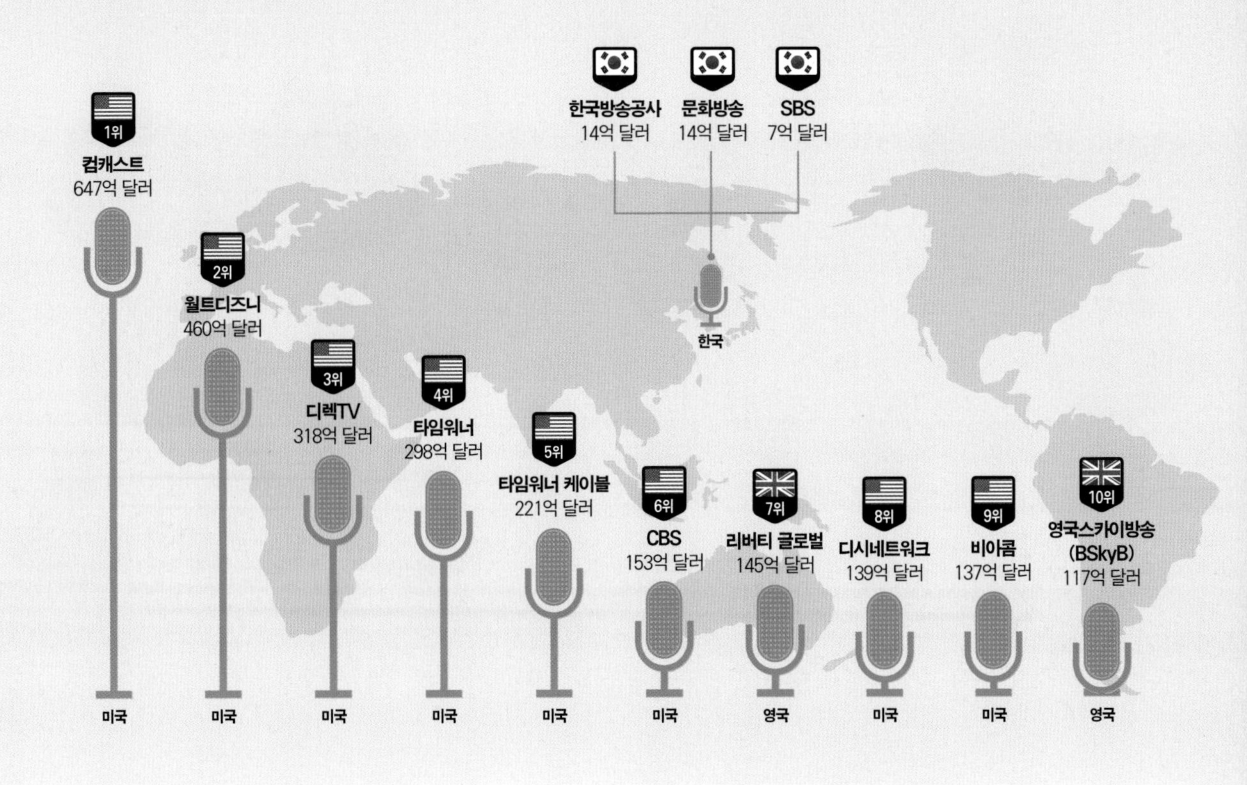

1위
컴캐스트
647억 달러
미국
2위
월트디즈니
460억 달러
미국
3위
디렉TV
318억 달러
미국
4위
타임워너
298억 달러
미국
5위
타임워너 케이블
221억 달러
미국
6위
CBS
153억 달러
미국
7위
리버티 글로벌
145억 달러
영국
8위
디시네트워크
139억 달러
미국
9위
비아콤
137억 달러
미국
10위
영국스카이방송
(BSkyB)
117억 달러
영국
한국방송공사
14억 달러
문화방송
14억 달러
SBS
7억 달러
한국

글로벌 **광고·마케팅 업계** 톱 10 기업 27

- 기준 : 2013 매출총이익
- 자료 : 「AdAge」

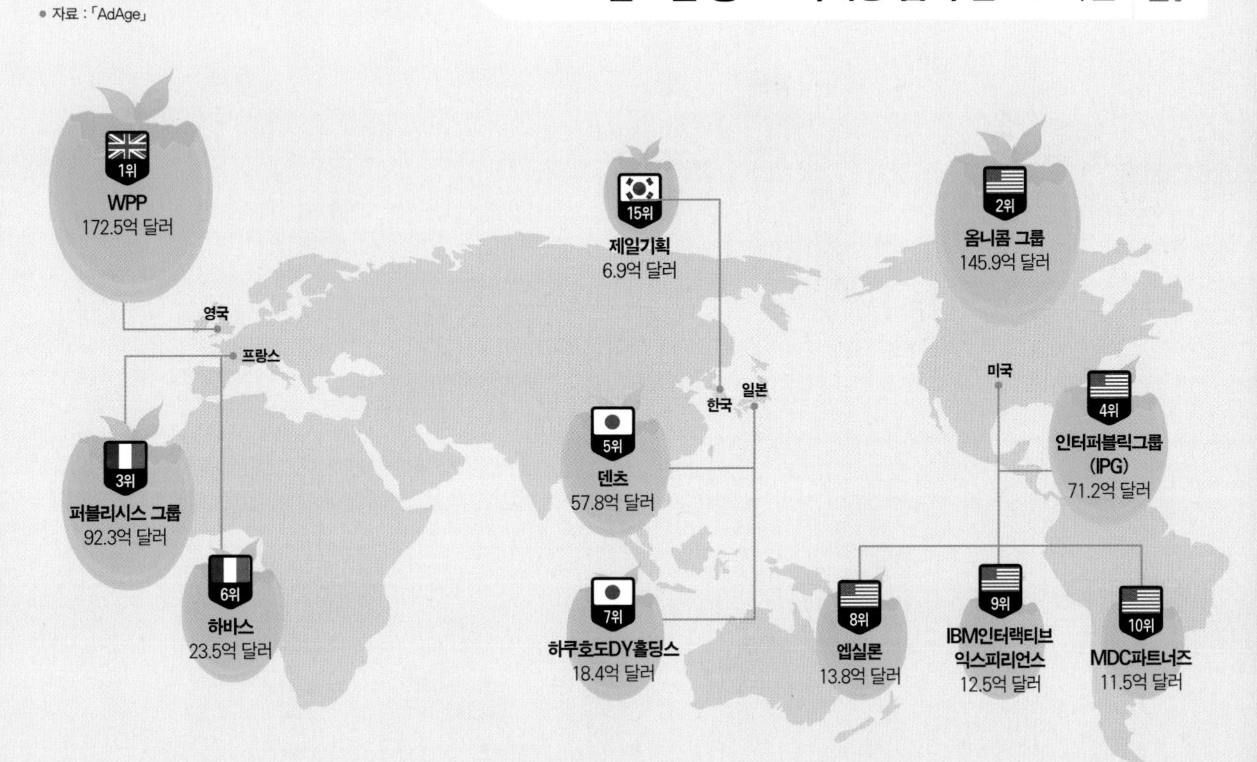

1위
WPP
172.5억 달러
영국
프랑스
3위
퍼블리시스 그룹
92.3억 달러
6위
하바스
23.5억 달러
15위
제일기획
6.9억 달러
한국
일본
5위
덴츠
57.8억 달러
7위
하쿠호도DY홀딩스
18.4억 달러
2위
옴니콤 그룹
145.9억 달러
미국
4위
인터퍼블릭그룹
(IPG)
71.2억 달러
8위
엡실론
13.8억 달러
9위
IBM인터랙티브
익스피리언스
12.5억 달러
10위
MDC파트너즈
11.5억 달러

28 글로벌 **호텔업계** 톱 10 호텔

• 기준 : 2014. 1 산하 호텔 전체 객실수
• 자료 : MKG Hospitality

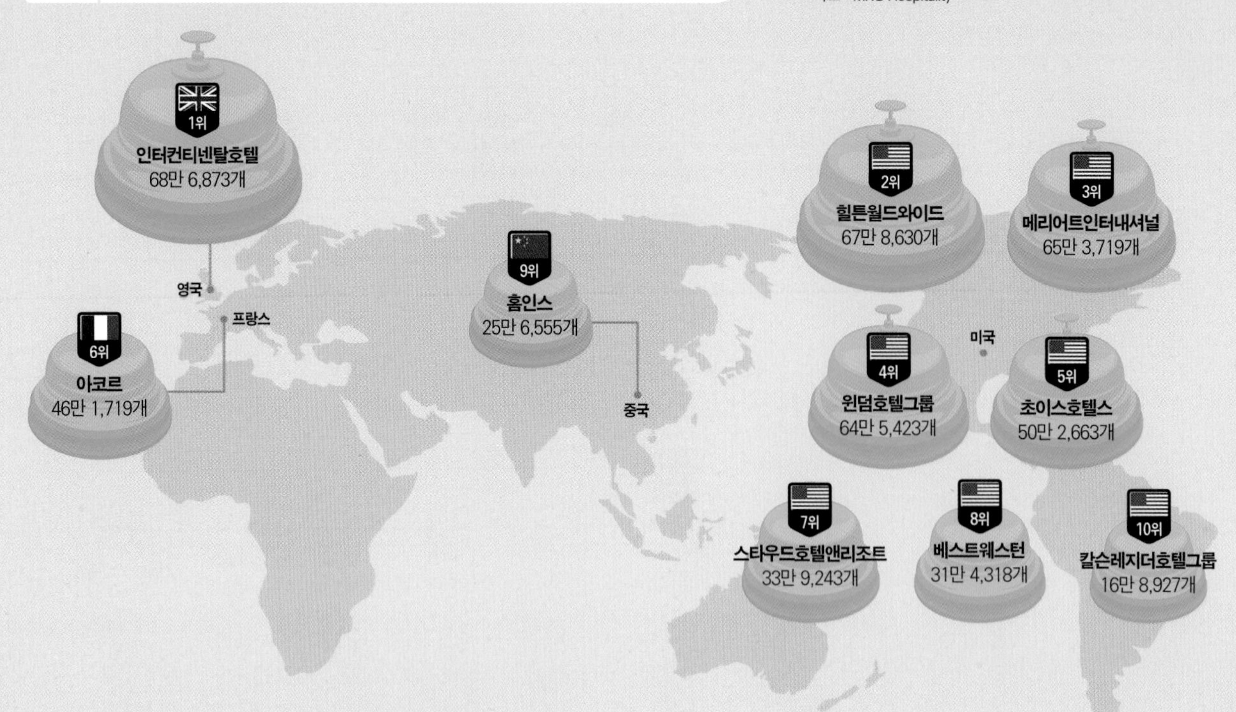

1위
인터컨티넨탈호텔
68만 6,873개
영국
프랑스
6위
아코르
46만 1,719개
9위
홈인스
25만 6,555개
중국
2위
힐튼월드와이드
67만 8,630개
3위
메리어트인터내셔널
65만 3,719개
미국
4위
윈덤호텔그룹
64만 5,423개
5위
초이스호텔스
50만 2,663개
7위
스타우드호텔앤리조트
33만 9,243개
8위
베스트웨스턴
31만 4,318개
10위
칼슨레지더호텔그룹
16만 8,927개

29 글로벌 **소매유통업계** 톱 10 기업

• 기준 : 2013 매출액
• 자료 : NRF

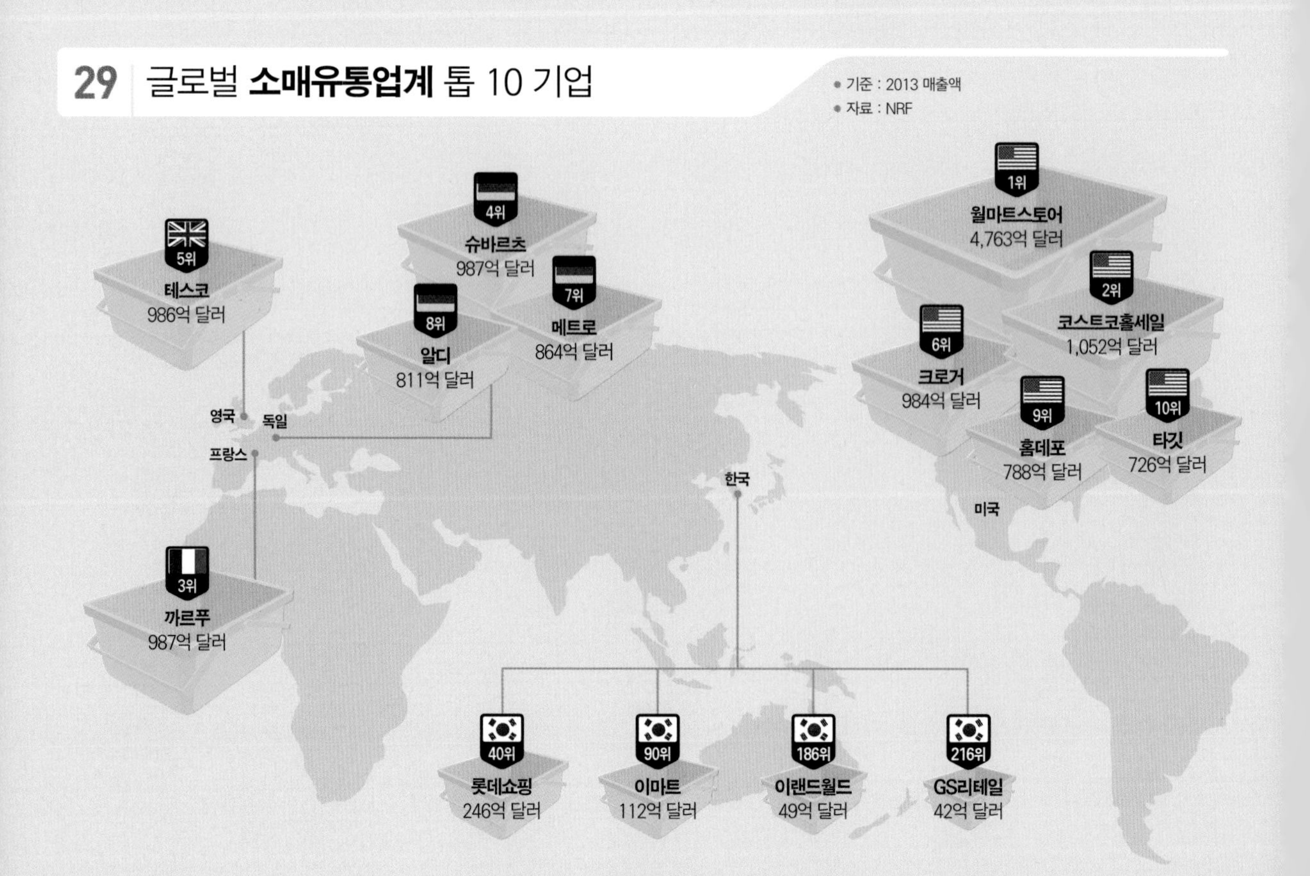

5위
테스코
986억 달러
4위
슈바르츠
987억 달러
8위
알디
811억 달러
7위
메트로
864억 달러
영국
독일
프랑스
3위
까르푸
987억 달러
한국
1위
월마트스토어
4,763억 달러
2위
코스트코홀세일
1,052억 달러
6위
크로거
984억 달러
9위
홈데포
788억 달러
10위
타깃
726억 달러
미국
40위
롯데쇼핑
246억 달러
90위
이마트
112억 달러
186위
이랜드월드
49억 달러
216위
GS리테일
42억 달러

글로벌 식품·음료 업계 톱 10 기업 30

- 기준 : 2013 매출액
- 자료 : 「Forbes」

* 음료업계에서 맥주 등 주류업체는 제외

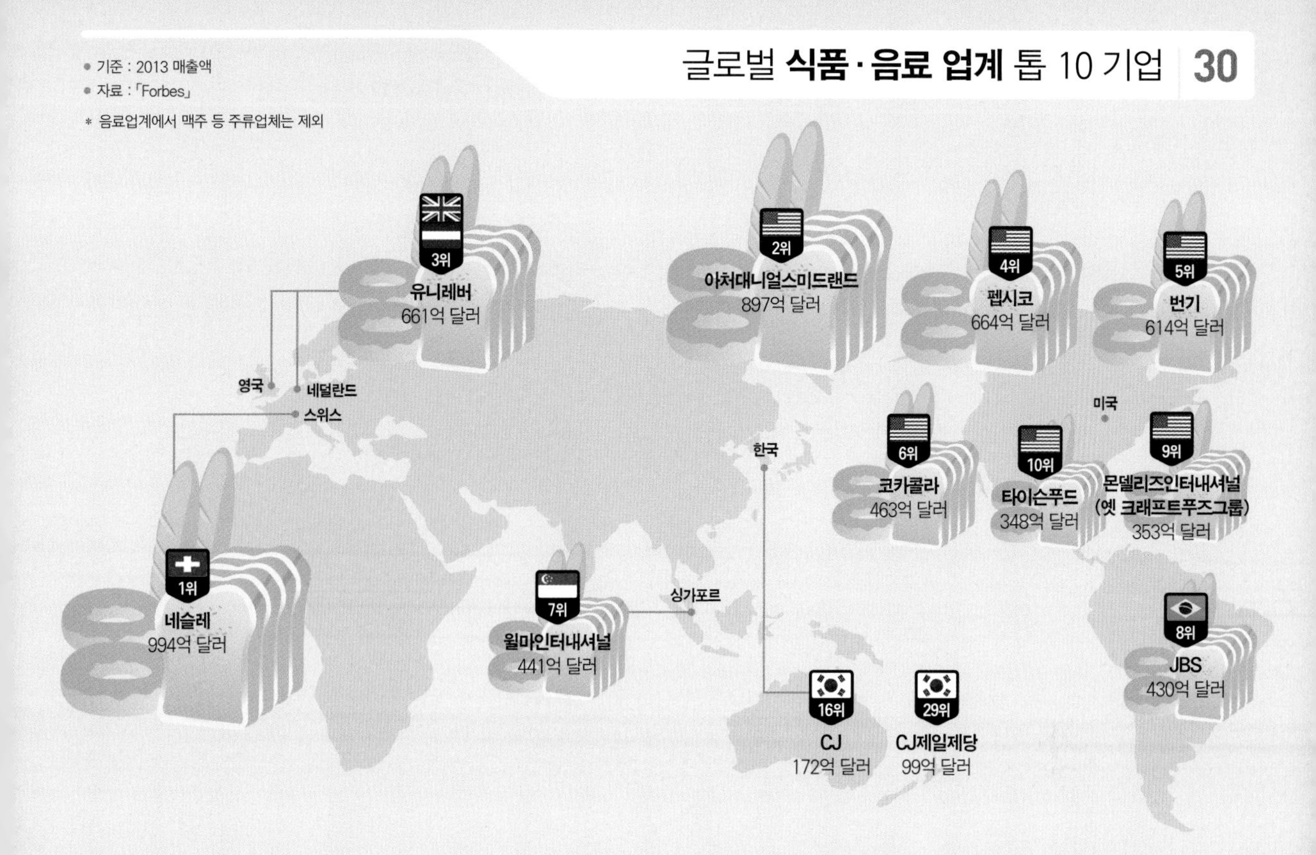

3위
유니레버
661억 달러
2위
아처대니얼스미드랜드
897억 달러
4위
펩시코
664억 달러
5위
번기
614억 달러
영국
네덜란드
스위스
미국
한국
6위
코카콜라
463억 달러
10위
타이슨푸드
348억 달러
9위
몬델리즈인터내셔널
(옛 크래프트푸즈그룹)
353억 달러
1위
네슬레
994억 달러
7위
월마인터내셔널
441억 달러
싱가포르
8위
JBS
430억 달러
16위
CJ
172억 달러
29위
CJ제일제당
99억 달러

글로벌 맥주업계 톱 10 기업 31

- 기준 : 2013 맥주 생산량
- 자료 : Barth-Haas Group

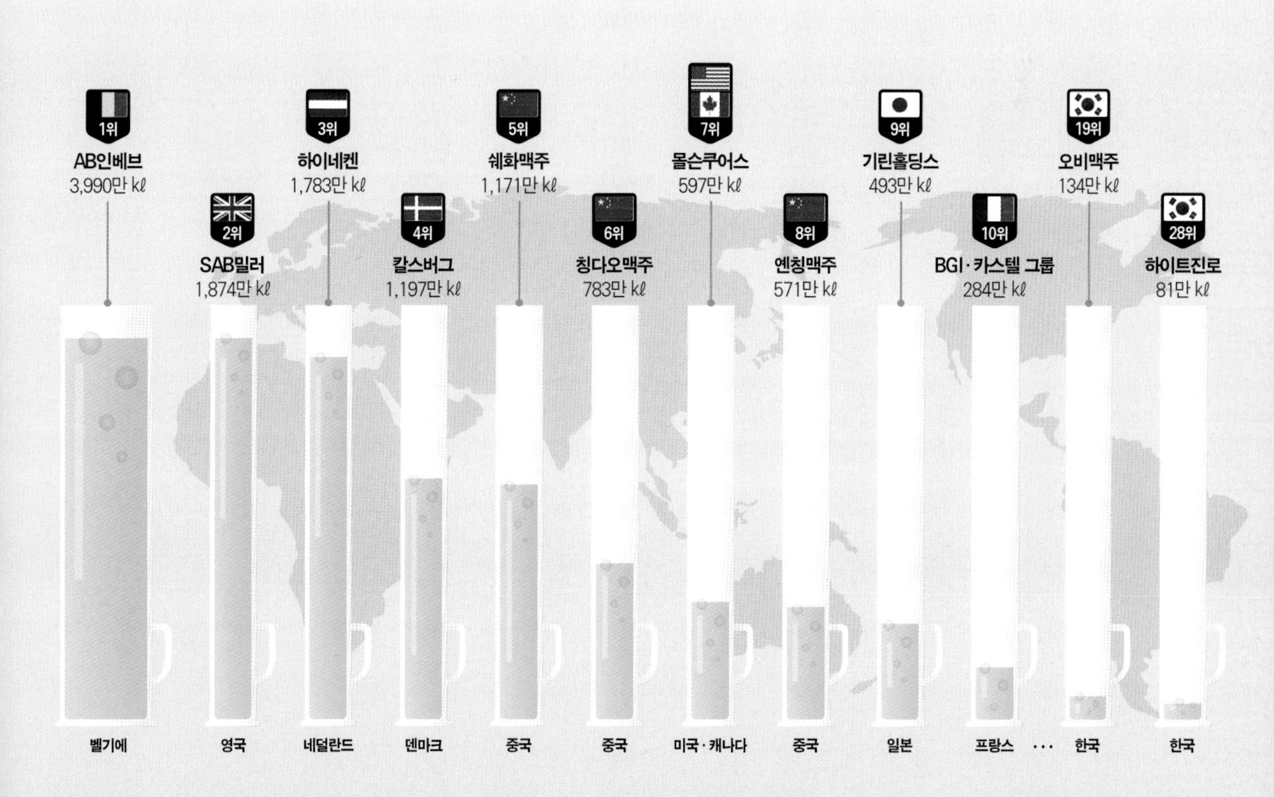

1위
AB인베브
3,990만 kℓ
2위
SAB밀러
1,874만 kℓ
3위
하이네켄
1,783만 kℓ
4위
칼스버그
1,197만 kℓ
5위
쉐화맥주
1,171만 kℓ
6위
칭다오맥주
783만 kℓ
7위
몰슨쿠어스
597만 kℓ
8위
옌칭맥주
571만 kℓ
9위
기린홀딩스
493만 kℓ
10위
BGI·카스텔 그룹
284만 kℓ
19위
오비맥주
134만 kℓ
28위
하이트진로
81만 kℓ
벨기에
영국
네덜란드
덴마크
중국
중국
미국·캐나다
중국
일본
프랑스
…
한국
한국

Chapter 1

전자·통신·반도체

01 | 통신업계

업계 규모

- ■ 이동전화 가입자수 5,721만 명
- ■ 인구 대비 이동전화 가입자 비율 113%
- ■ 스마트폰 가입자수 4,056만 명
- ■ 전체 이동전화 대비 스마트폰 가입자 비율 70.9%

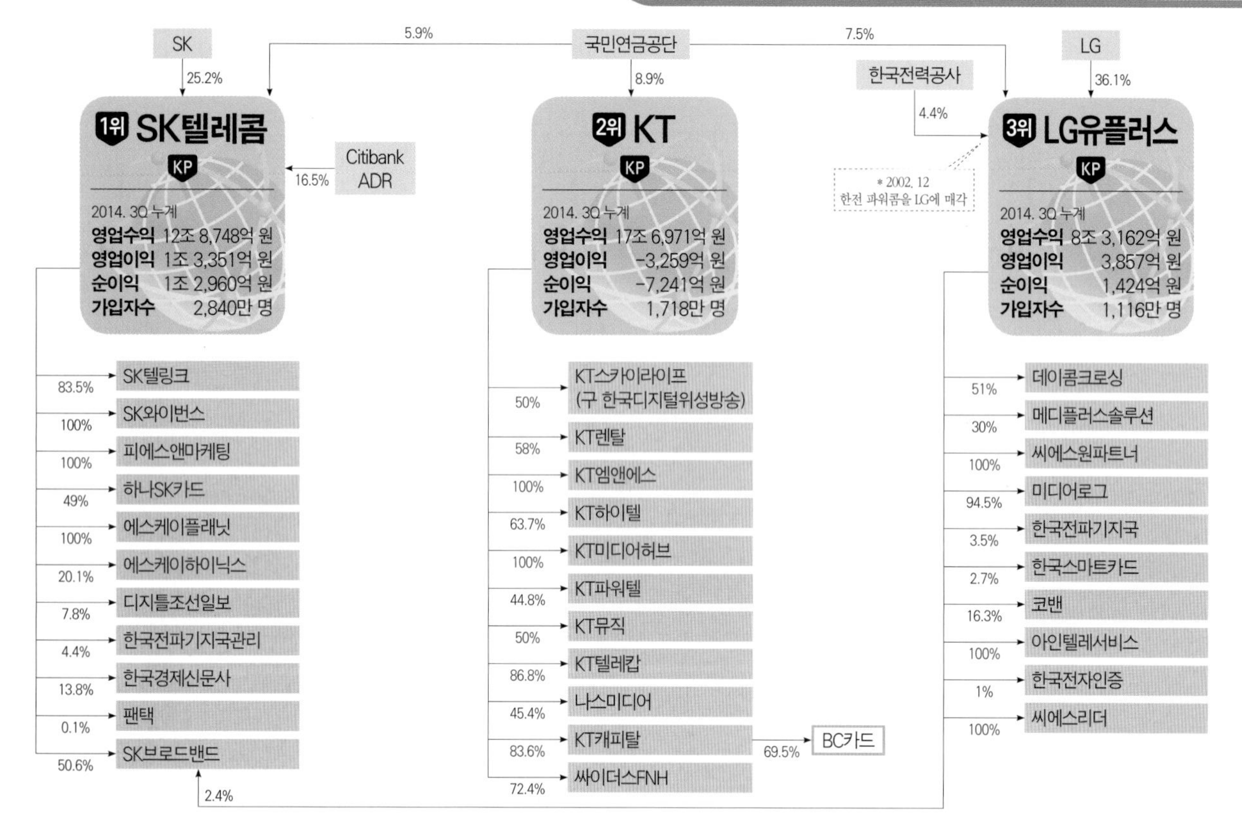

SK
25.2%
5.9%
국민연금공단
8.9%
7.5%
LG
36.1%
한국전력공사
4.4%
Citibank ADR
16.5%
* 2002. 12 한전 파워콤을 LG에 매각
1위 SK텔레콤
KP
2014. 3Q 누계
영업수익 12조 8,748억 원
영업이익 1조 3,351억 원
순이익 1조 2,960억 원
가입자수 2,840만 명
2위 KT
KP
2014. 3Q 누계
영업수익 17조 6,971억 원
영업이익 -3,259억 원
순이익 -7,241억 원
가입자수 1,718만 명
3위 LG유플러스
KP
2014. 3Q 누계
영업수익 8조 3,162억 원
영업이익 3,857억 원
순이익 1,424억 원
가입자수 1,116만 명
83.5% SK텔링크
100% SK와이번스
100% 피에스앤마케팅
49% 하나SK카드
100% 에스케이플래닛
20.1% 에스케이하이닉스
7.8% 디지틀조선일보
4.4% 한국전파기지국관리
13.8% 한국경제신문사
0.1% 팬택
50.6% SK브로드밴드
2.4%
50% KT스카이라이프 (구 한국디지털위성방송)
58% KT렌탈
100% KT엠앤에스
63.7% KT하이텔
100% KT미디어허브
44.8% KT파워텔
50% KT뮤직
86.8% KT텔레캅
45.4% 나스미디어
83.6% KT캐피탈
69.5% BC카드
72.4% 싸이더스FNH
51% 데이콤크로싱
30% 메디플러스솔루션
100% 씨에스원파트너
94.5% 미디어로그
3.5% 한국전파기지국
2.7% 한국스마트카드
16.3% 코밴
100% 아인텔레서비스
1% 한국전자인증
100% 씨에스리더

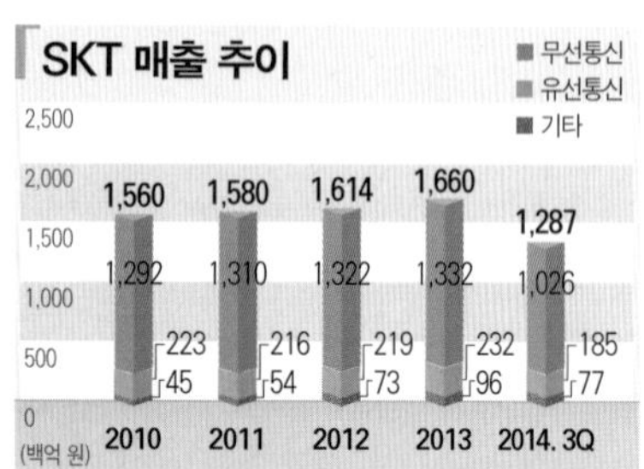

SKT 매출 추이
무선통신
유선통신
기타
2,500
2,000
1,500
1,000
500
0
(백억 원)
1,560 1,580 1,614 1,660 1,287
1,292 1,310 1,322 1,332 1,026
223 216 219 232 185
45 54 73 96 77
2010 2011 2012 2013 2014. 3Q

KT 매출 추이
재화 판매
서비스 제공
2,500
2,000
1,500
1,000
500
0
(백억 원)
1,992 1,932 1,886 1,794 1,328
429 420 430 373 244
1,563 1,512 1,456 1,421 1,083
2010 2011 2012 2013 2014. 3Q

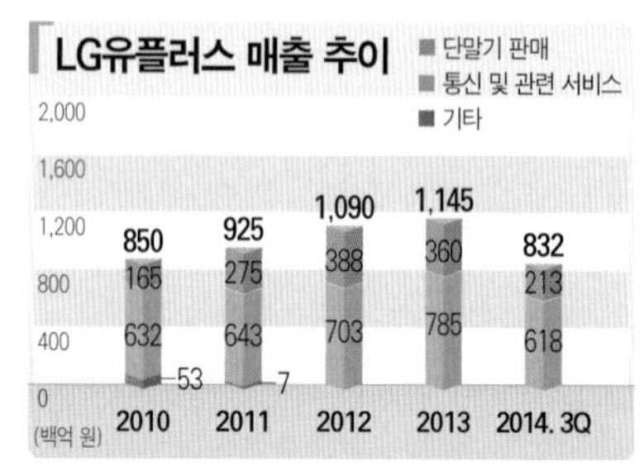

LG유플러스 매출 추이
단말기 판매
통신 및 관련 서비스
기타
2,000
1,600
1,200
800
400
0
(백억 원)
850 925 1,090 1,145 832
165 275 388 360 213
632 643 703 785 618
53 7
2010 2011 2012 2013 2014. 3Q

자료 : 각사

이동통신사업자(MNO) 3사 계열 가상이동통신망사업자(MVNO, 알뜰폰) (기준 : 2013. 12)

SK텔레콤 계열 (9개사)

업체명	서비스 개시	가입자수(명)
SK텔링크	2012년 6월	371,497
유니컴즈	2012년 1월	267,064
아이즈비전	2011년 7월	192,731
KCT	2011년 7월	75,968
이마트	2013년 1월	11,138
한국정보통신	2011년 7월	10,287
큰사람컴퓨터	2012년 12월	3,198
스마텔	2012년 12월	1,014
S1(추정치)	2013년 9월	133,951
계		1,066,848

KT 계열 (12개사)

업체명	서비스 개시	가입자수(명)
CJ헬로비전	2012년 1월	599,304
에넥스텔레콤	2004년 2월	212,698
프리텔레콤	2010년 8월	125,234
에버그린모바일	2008년 4월	102,037
KT파워텔	2009년 1월	43,224
위너스텔	2011년 4월	28,144
온세텔레콤	2012년 5월	12,775
씨앤커뮤니케이션	2010년 9월	3,645
ACN코리아	2013년 1월	5,846
앤알커뮤니케이션	2013년 12월	3,640
KT텔레캅	2013년 1월	3,577
홈플러스(추정치)	2012년 12월	28,675
계		1,168,799

LG유플러스 계열

업체명	서비스 개시	가입자수(명)
스페이스네트	2012년 3월	223,855
머천드코리아	2012년 5월	22,857
몬티스타텔레콤	2005년 7월	5,975
씨엔엠브이엔오(*)	2005년 8월	2,516
비앤에스솔루션(*)	2004년 7월	1,137
인터파크(*)(추정치)	2010년 5월	3,017
계		249,357

* LG유플러스 계열의 씨앤엠브이엔오, 비앤에스솔루션, 인터파크는 MVNO 서비스 중지 협의 중

통신업계 빅 3 실적 비교 (기준 : 2013. 12 연결)

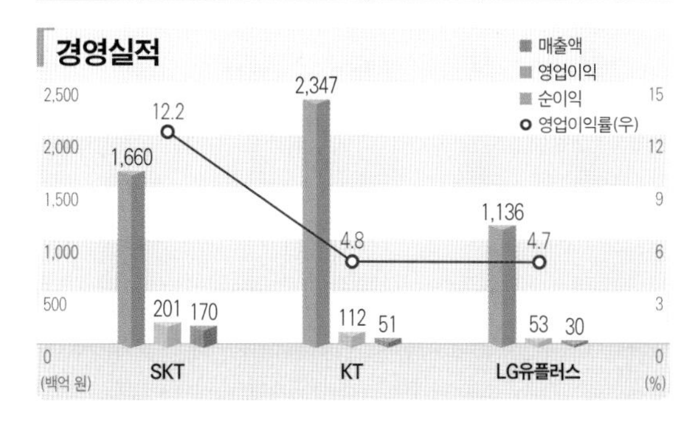

경영실적
매출액
영업이익
순이익
영업이익률(우)
SKT 1,660 201 170 12.2
KT 2,347 112 51 4.8
LG유플러스 1,136 53 30 4.7
(백억 원)
(%)

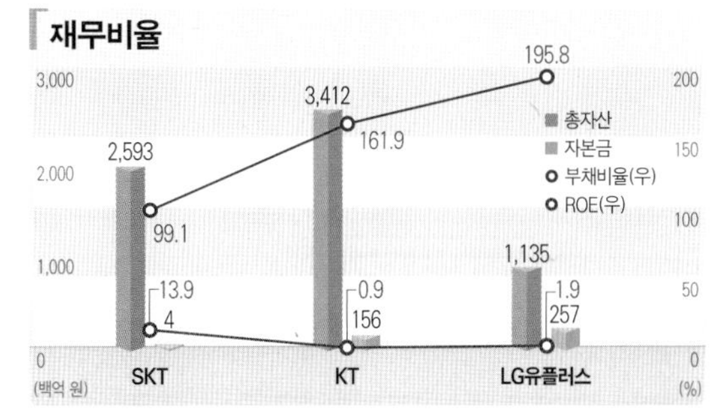

재무비율
총자산
자본금
부채비율(우)
ROE(우)
SKT 2,593 4 99.1 13.9
KT 3,412 156 161.9 0.9
LG유플러스 1,135 257 195.8 1.9
(백억 원)
(%)

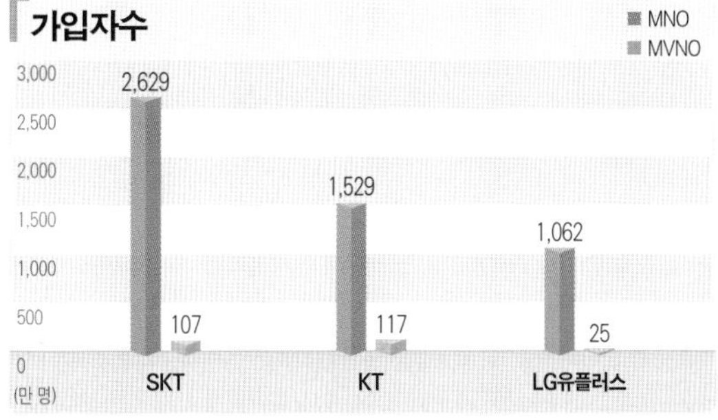

가입자수
MNO
MVNO
SKT 2,629 107
KT 1,529 117
LG유플러스 1,062 25
(만 명)

자료 : 각사

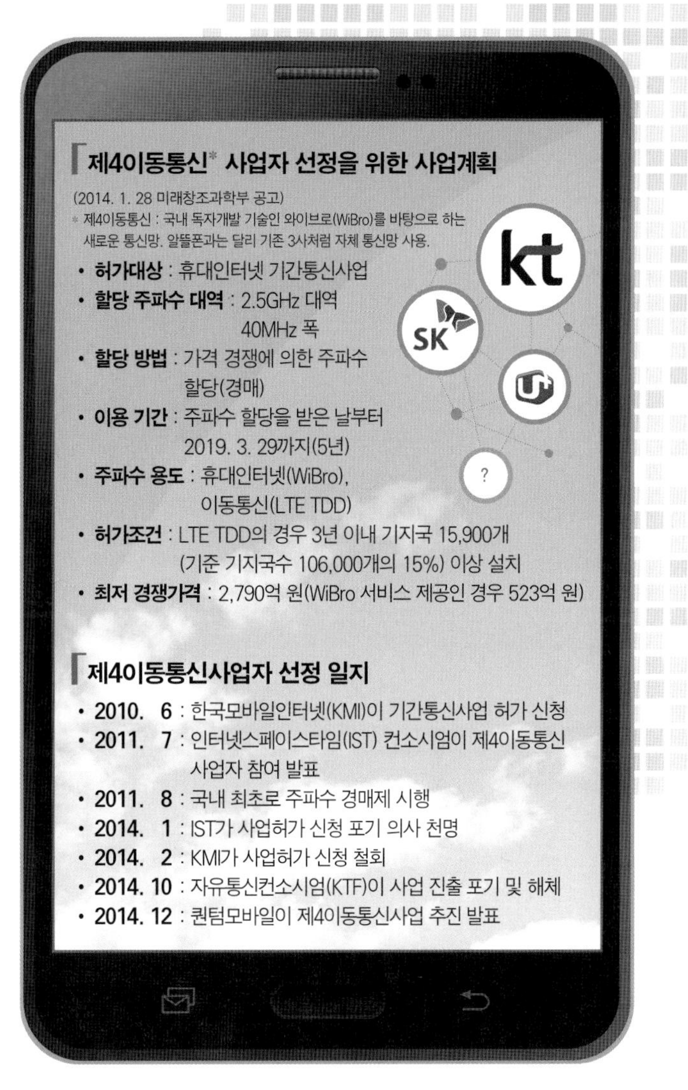

제4이동통신* 사업자 선정을 위한 사업계획

(2014. 1. 28 미래창조과학부 공고)

* 제4이동통신 : 국내 독자개발 기술인 와이브로(WiBro)를 바탕으로 하는 새로운 통신망. 알뜰폰과는 달리 기존 3사처럼 자체 통신망 사용.

- **허가대상** : 휴대인터넷 기간통신사업
- **할당 주파수 대역** : 2.5GHz 대역 40MHz 폭
- **할당 방법** : 가격 경쟁에 의한 주파수 할당(경매)
- **이용 기간** : 주파수 할당을 받은 날부터 2019. 3. 29까지(5년)
- **주파수 용도** : 휴대인터넷(WiBro), 이동통신(LTE TDD)
- **허가조건** : LTE TDD의 경우 3년 이내 기지국 15,900개 (기준 기지국수 106,000개의 15%) 이상 설치
- **최저 경쟁가격** : 2,790억 원(WiBro 서비스 제공인 경우 523억 원)

kt
SK
?

제4이동통신사업자 선정 일지

- **2010. 6** : 한국모바일인터넷(KMI)이 기간통신사업 허가 신청
- **2011. 7** : 인터넷스페이스타임(IST) 컨소시엄이 제4이동통신 사업자 참여 발표
- **2011. 8** : 국내 최초로 주파수 경매제 시행
- **2014. 1** : IST가 사업허가 신청 포기 의사 천명
- **2014. 2** : KMI가 사업허가 신청 철회
- **2014. 10** : 자유통신컨소시엄(KTF)이 사업 진출 포기 및 해체
- **2014. 12** : 퀀텀모바일이 제4이동통신사업 추진 발표

통신 관련 서비스시장 매출액 비중 추이

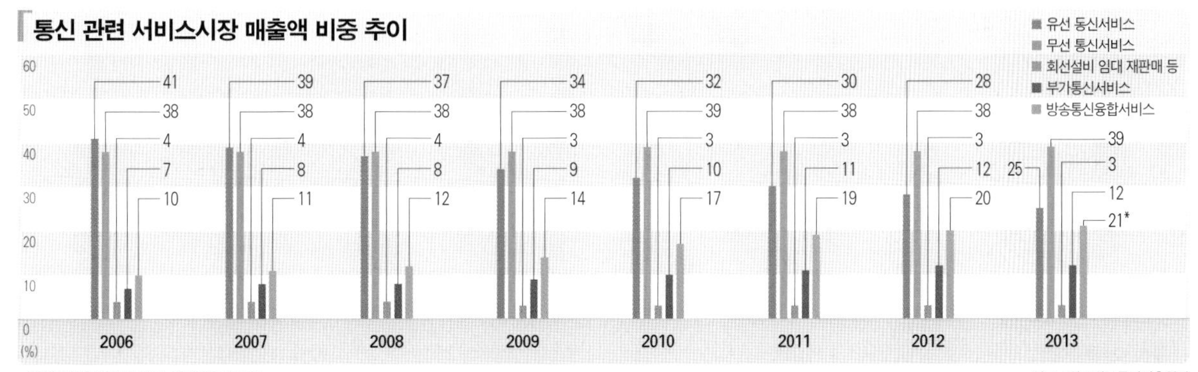

유선 통신서비스
무선 통신서비스
회선설비 임대 재판매 등
부가통신서비스
방송통신융합서비스
2006 41 38 4 7 10
2007 39 38 4 8 11
2008 37 38 4 8 12
2009 34 38 3 9 14
2010 32 39 3 10 17
2011 30 38 3 11 19
2012 28 38 3 12 20
2013 25 39 3 12 21*
(%)

* 2013 방송통신융합서비스 매출액은 추정치

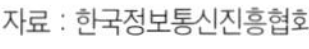

자료 : 한국정보통신진흥협회

통신서비스 가입자 비중 (기준 : 2014. 1)

( ) 안은 가입자수(천 명)

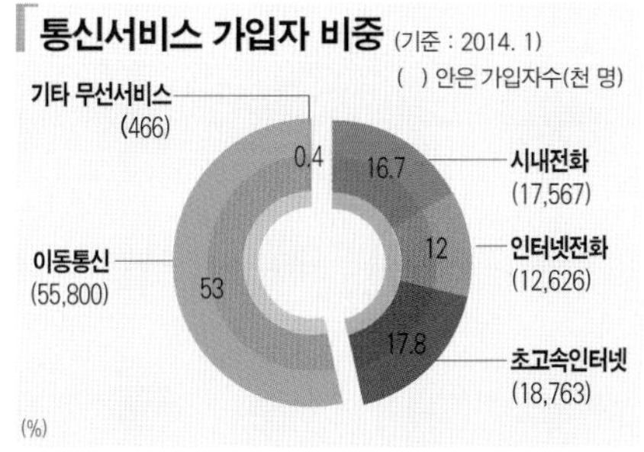

기타 무선서비스 (466) 0.4
시내전화 (17,567) 16.7
인터넷전화 (12,626) 12
초고속인터넷 (18,763) 17.8
이동통신 (55,800) 53
(%)

자료 : 미래창조과학부 ■ 무선 통신서비스 ■ 유선 통신서비스

통신서비스별 주요 업체 시장점유율 (기준 : 2014. 3Q 가입자수)

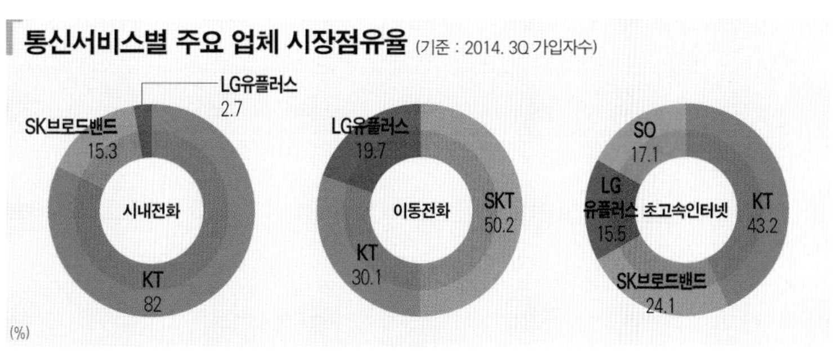

시내전화
LG유플러스 2.7
SK브로드밴드 15.3
KT 82
이동전화
LG유플러스 19.7
SKT 50.2
KT 30.1
초고속인터넷
SO 17.1
LG 유플러스 15.5
KT 43.2
SK브로드밴드 24.1
(%)

* SK브로드밴드 점유율은 SK텔레콤 재판매 포함 자료 : 미래창조과학부

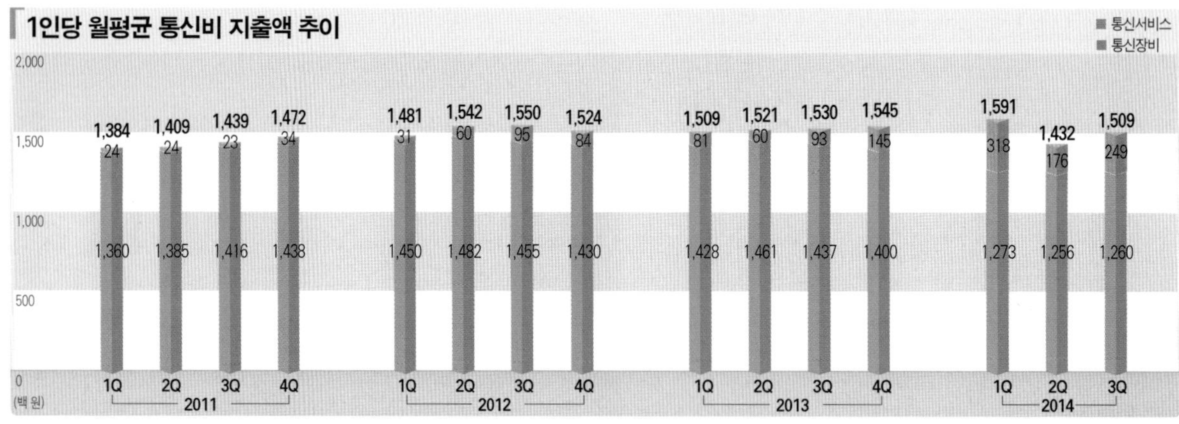
1인당 월평균 통신비 지출액 추이
통신서비스
통신장비
2,000
1,500
1,000
500
0
(백 원)
1,384 1,409 1,439 1,472 1,481 1,542 1,550 1,524 1,509 1,521 1,530 1,545 1,591 1,432 1,509
24 24 23 34 31 60 95 84 81 60 93 145 318 176 249
1,360 1,385 1,416 1,438 1,450 1,482 1,455 1,430 1,428 1,461 1,437 1,400 1,273 1,256 1,260
1Q 2Q 3Q 4Q
2011
1Q 2Q 3Q 4Q
2012
1Q 2Q 3Q 4Q
2013
1Q 2Q 3Q
2014

자료 : 통계청

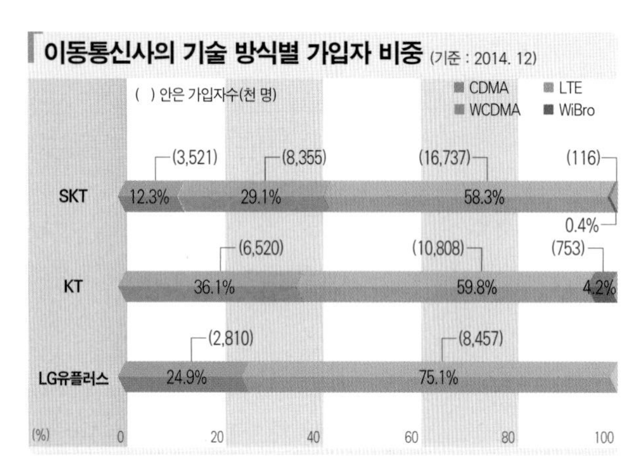
이동통신사의 기술 방식별 가입자 비중 (기준 : 2014. 12)
( ) 안은 가입자수(천 명)
CDMA
WCDMA
LTE
WiBro
SKT
(3,521) (8,355) (16,737) (116)
12.3% 29.1% 58.3% 0.4%
KT
(6,520) (10,808) (753)
36.1% 59.8% 4.2%
LG유플러스
(2,810) (8,457)
24.9% 75.1%
(%) 0 20 40 60 80 100

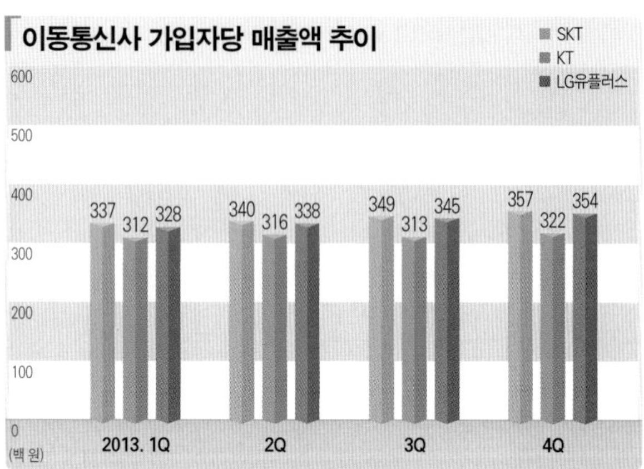
이동통신사 가입자당 매출액 추이
SKT
KT
LG유플러스
600
500
400
300
200
100
0
(백 원)
337 312 328
340 316 338
349 313 345
357 322 354
2013. 1Q 2Q 3Q 4Q

자료 : 각사

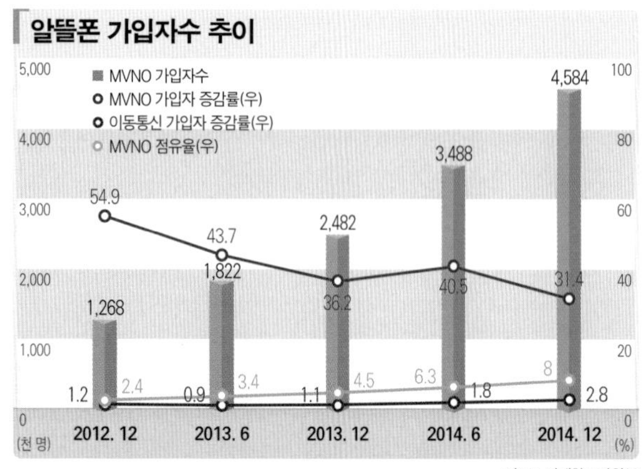
알뜰폰 가입자수 추이
MVNO 가입자수
MVNO 가입자 증감률(우)
이동통신 가입자 증감률(우)
MVNO 점유율(우)
5,000 4,000 3,000 2,000 1,000 0
(천 명)
100 80 60 40 20 0
(%)
1,268 1,822 2,482 3,488 4,584
54.9 43.7 36.2 40.5 31.4
2.4 3.4 4.5 6.3 8
1.2 0.9 1.1 1.8 2.8
2012. 12 2013. 6 2013. 12 2014. 6 2014. 12

자료 : 미래창조과학부

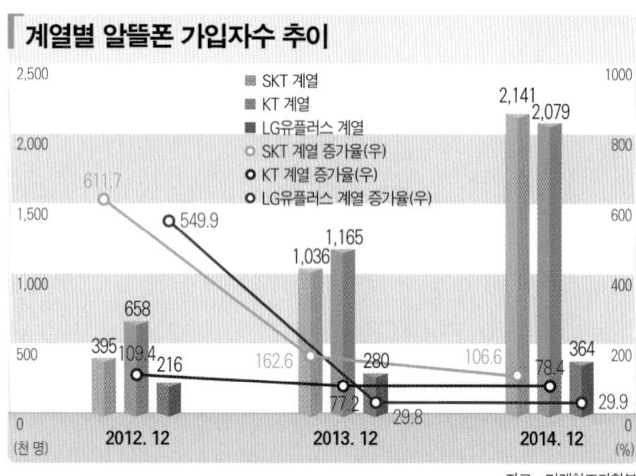
계열별 알뜰폰 가입자수 추이
SKT 계열
KT 계열
LG유플러스 계열
SKT 계열 증가율(우)
KT 계열 증가율(우)
LG유플러스 계열 증가율(우)
2,500 2,000 1,500 1,000 500 0
(천 명)
1000 800 600 400 200 0
(%)
395 658 216
1,036 1,165 280
2,141 2,079 364
611.7 549.9 109.4 162.6 77.2 29.8 106.6 78.4 29.9
2012. 12 2013. 12 2014. 12

자료 : 미래창조과학부

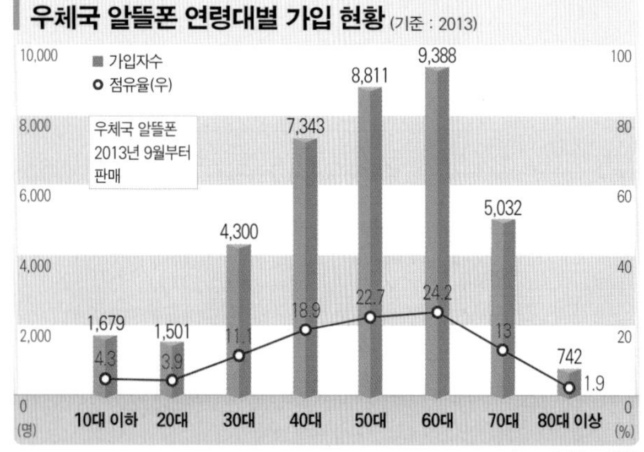
우체국 알뜰폰 연령대별 가입 현황 (기준 : 2013)
가입자수
점유율(우)
우체국 알뜰폰
2013년 9월부터
판매
10,000 8,000 6,000 4,000 2,000 0
(명)
100 80 60 40 20 0
(%)
1,679 1,501 4,300 7,343 8,811 9,388 5,032 742
4.3 3.9 11.1 18.9 22.7 24.2 13 1.9
10대 이하 20대 30대 40대 50대 60대 70대 80대 이상

자료 : 미래창조과학부

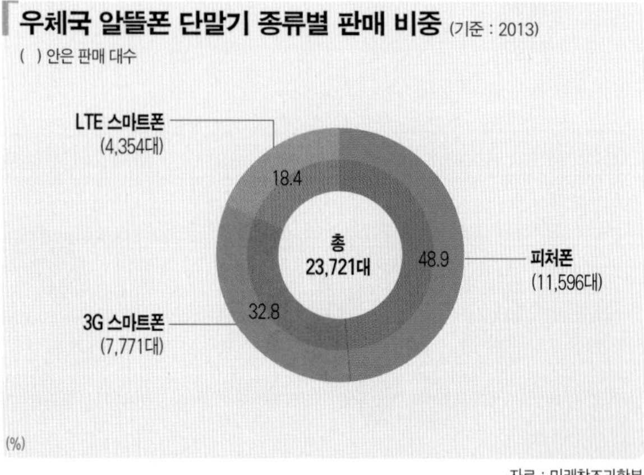
우체국 알뜰폰 단말기 종류별 판매 비중 (기준 : 2013)
( ) 안은 판매 대수
LTE 스마트폰
(4,354대)
18.4
총
23,721대
48.9
피처폰
(11,596대)
3G 스마트폰
(7,771대)
32.8
(%)

자료 : 미래창조과학부

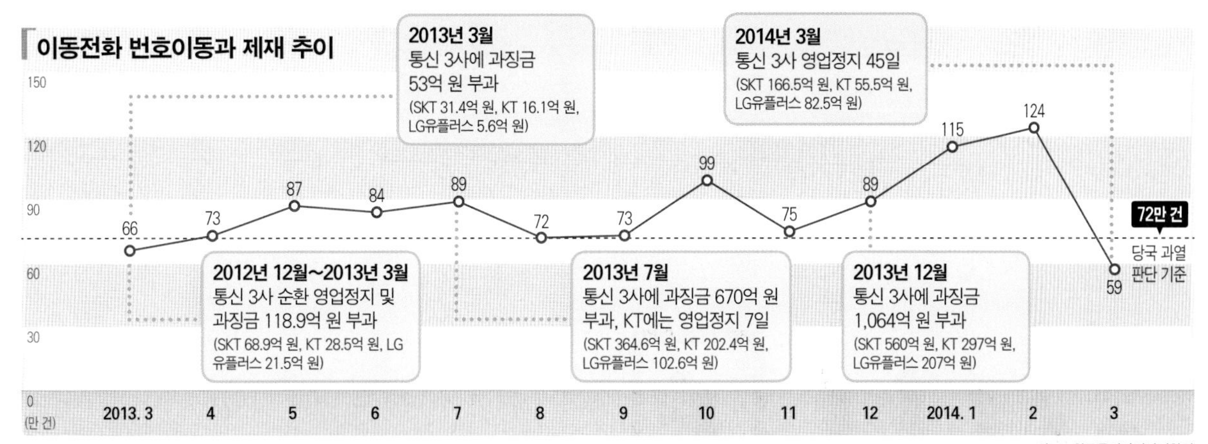
이동전화 번호이동과 제재 추이
2013년 3월
통신 3사에 과징금 53억 원 부과
(SKT 31.4억 원, KT 16.1억 원, LG유플러스 5.6억 원)
2014년 3월
통신 3사 영업정지 45일
(SKT 166.5억 원, KT 55.5억 원, LG유플러스 82.5억 원)
2012년 12월~2013년 3월
통신 3사 순환 영업정지 및 과징금 118.9억 원 부과
(SKT 68.9억 원, KT 28.5억 원, LG 유플러스 21.5억 원)
2013년 7월
통신 3사에 과징금 670억 원 부과, KT에는 영업정지 7일
(SKT 364.6억 원, KT 202.4억 원, LG유플러스 102.6억 원)
2013년 12월
통신 3사에 과징금 1,064억 원 부과
(SKT 560억 원, KT 297억 원, LG유플러스 207억 원)
72만 건
당국 과열 판단 기준
66
73
87
84
89
72
73
99
75
89
115
124
59
150
120
90
60
30
0
(만 건)
2013. 3
4
5
6
7
8
9
10
11
12
2014. 1
2
3

자료 : 한국통신사업자연합회

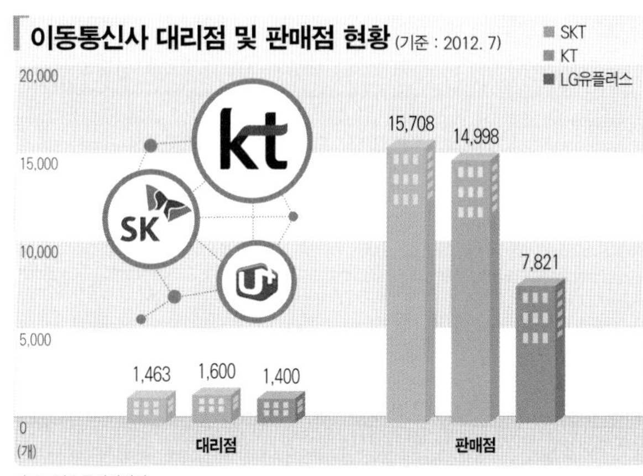
이동통신사 대리점 및 판매점 현황 (기준 : 2012. 7)
SKT
KT
LG유플러스
20,000
15,000
10,000
5,000
0
(개)
kt
SK
1,463
1,600
1,400
15,708
14,998
7,821
대리점
판매점

자료 : 방송통신위원회

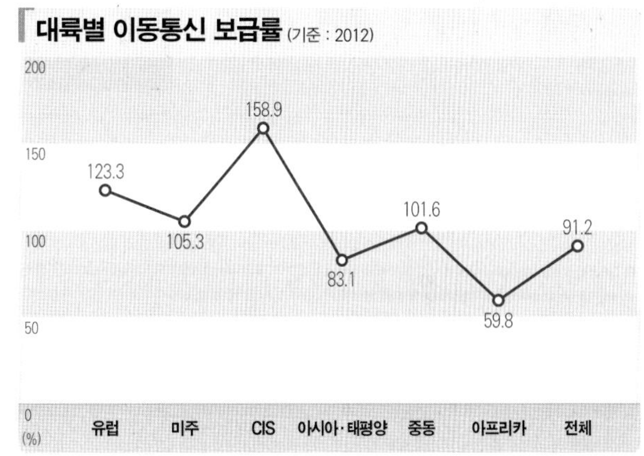
대륙별 이동통신 보급률 (기준 : 2012)
200
150
100
50
0
(%)
123.3
105.3
158.9
83.1
101.6
59.8
91.2
유럽
미주
CIS
아시아·태평양
중동
아프리카
전체

자료 : 정보통신방송해외정보시스템(CONEX)

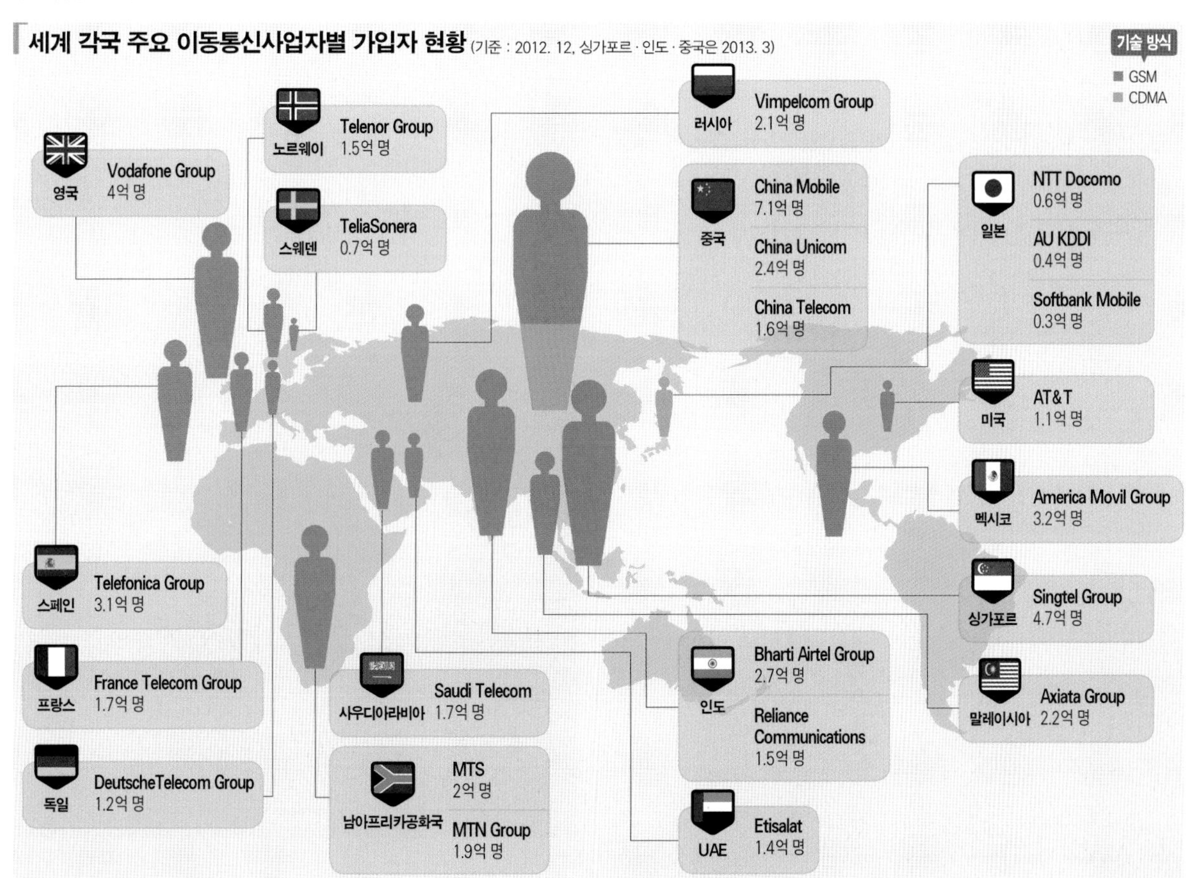
세계 각국 주요 이동통신사업자별 가입자 현황 (기준 : 2012. 12, 싱가포르 · 인도 · 중국은 2013. 3)
기술 방식
GSM
CDMA
영국
Vodafone Group
4억 명
노르웨이
Telenor Group
1.5억 명
스웨덴
TeliaSonera
0.7억 명
러시아
Vimpelcom Group
2.1억 명
중국
China Mobile
7.1억 명
China Unicom
2.4억 명
China Telecom
1.6억 명
일본
NTT Docomo
0.6억 명
AU KDDI
0.4억 명
Softbank Mobile
0.3억 명
미국
AT&T
1.1억 명
멕시코
America Movil Group
3.2억 명
스페인
Telefonica Group
3.1억 명
싱가포르
Singtel Group
4.7억 명
프랑스
France Telecom Group
1.7억 명
사우디아라비아
Saudi Telecom
1.7억 명
인도
Bharti Airtel Group
2.7억 명
Reliance Communications
1.5억 명
말레이시아
Axiata Group
2.2억 명
독일
DeutscheTelecom Group
1.2억 명
남아프리카공화국
MTS
2억 명
MTN Group
1.9억 명
UAE
Etisalat
1.4억 명

신인류 호모스마트쿠스의 탄생

2014년을 기점으로 국내 스마트폰 누적 가입자가 4천만 명을 넘어섰다. 전체 국민의 약 80%가 스마트폰을 이용하는 셈이다. 알뜰폰 가입자도 400만 명을 돌파했다.
스마트폰으로 출근길 지하철에서 아침 뉴스를 확인하고, 점심은 배달 앱 주문으로 해결한다. 식후 커피도 모바일 쿠폰으로 처리한다. 저녁에도 친구들과 카카오톡을 하고 밤에는 모바일TV로 드라마를 본다. 이처럼 스마트폰으로 하루를 시작하고 하루를 마감하는 현대인을 가리켜 '호모스마트쿠스'라 부르기도 한다.
호모스마트쿠스의 등장은 통신 속도의 진화에 기인한다. 2011년 LTE 상용화 이후 데이터 통신 속도가 3G 대비 최대 5배까지 늘어나면서 여러 가지 서비스들이 등장하기 시작했다. 이 뿐만 아니다. 더욱 빨라지는 통신 속도로 인해 새로운 사업 분야들이 스마트폰 안으로 속속 들어오고 있다. 최근에는 모든 디바이스가 연결되는 사물인터넷(Internet Io Thing, IoT)이 대세로 자리 잡았다. 사물인터넷이 상용화되면 단순히 전화와 검색 기능을 넘어서 TV와 냉장고 등 가전제품은 물론 자동차, 헬스케어, 스마트빌딩 등 모든 분야를 네트워크로 연결해 스마트폰으로 컨트롤 할 수 있게 되는 것이다.
이미 통신사들은 사물통신(M2M), IoT 등으로 사업 스펙트럼을 넓히고 있다. 헬스케어와 기업 내 전산망, 주차 관리, 건물 관리, 급식 솔루션 등 그 분야도 다양해지고 있다. 아울러 정부가 창조경제 활성화의 일환으로 ICT 중요성을 강조하면서 非통신 영역에까지 IoT 기술을 접목시켜 나가고 있다.

한편, 스마트폰이 일상화되면서 심지어 '스마트폰 중독'을 호소하는 이들이 많아졌고, 각종 서비스 활용으로 인해 데이터 요금이 추가되면서 스마트폰 사용료 부담도 커지고 있다.
이처럼 호모스마트쿠스 신드롬이 가져올 변화는 무궁무진하다. 이에 맞춰 통신업계에게는 어떤 비즈니스 기회가 찾아오고, 또 어떤 위기에 봉착해 있을까?

기가 인터넷 시대 도래

기존 광랜(100Mbps)에 비해 10배 빠른 1Gbps 속도의 기가 인터넷 서비스가 상용화됨에 따라 드디어 무선인터넷 속도 경쟁이 불붙기 시작됐다. 얼마 전까지 휴대폰 보조금 경쟁으로 치닫던 국내 통신시장의 경쟁 포인트가 속도로 바뀐 것이다.
2014년 말 통신 3사(SK텔레콤, KT, LG유플러스)가 잇달아 '3밴드 LTE-A 서비스'를 시작하면서 단말기 제조사들은 이에 맞는 스마트폰을 공급하기 시작했다. 가장 먼저 포문을 연 곳은 SK텔레콤으로, 전국 1만 2,000곳에 기지국을 구축했다.
'3밴드 LTE-A'란 서로 다른 3개 대역의 주파수를 연결대역처럼 묶는 캐리어 어그리게이션(Carrier Aggregation, CA) 기술을 적용한 초고속 이동통신 서비스를 말한다. 이를테면 SK텔레콤은 800MHz와 1.8GHz, 2.1GHz 대역의 주파수를 각각 LTE용으로 쓰고 있는데, 서로 다른 대역인 주파수를 하나의 대역처럼 묶어서 쓸 수 있도록 하는 것이다. 쉽게 설명해 흩어

져 있던 1차선 고속도로 3개를 묶어 3차선 고속도로의 효과를 내는 것이다.

3밴드 LTE-A에서는 최대 300Mbps 속도로 무선인터넷을 사용할 수 있는데, 이 경우 기존 LTE보다 4배, 3세대(3G)보다는 약 21배 빨라진다. 최고 속도 기준으로 1GB 용량의 영화 1편 다운로드에 기존 LTE는 1분 50초 정도가 걸리지만 3밴드 LTE-A는 단 28초면 충분하다. LTE를 상용화한 전 세계 168개 국 584개 사업자 가운데 상용망을 통해 서비스를 시작한 나라는 우리나라가 처음이다.

새로운 승부처로 떠오른 알뜰폰시장

알뜰폰이 통신시장의 새로운 승부처로 떠오르고 있다. 단말기 제조사와 통신사 자회사뿐 아니라 대형마트까지 알뜰폰 고객 유치를 위해 팔을 걷어붙였다.

알뜰한 당신의 합리적인 선택
알뜰폰
착착~
쌓이는 것이
보여요~

특히 통신사와 대형마트 간의 연합 마케팅이 눈길을 끈다. 이마트는 LG유플러스와 업무 제휴를 맺고 알뜰폰 가입자 유치에 본격 나섰다. SK텔레콤망에 이어 LG유플러스망까지 확보한 이마트는 이번 제휴를 통해 반값 수준의 새로운 요금제를 선보이면서 다양한 부가 서비스까지 준비 중이다.

이처럼 대형마트까지 영업에 뛰어든 알뜰폰시장은 2015년과 2016년을 기점으로 시장규모가 정점에 이를 전망이다. 2014년 3분기 기준 알뜰폰 누적가입자 수는 414만 명에 이른다. 전체 이동통신 시장에서 알뜰폰이 차지하는 비중은 7.4%로 여전히 성장 여지가 남아 있다. 알뜰폰이 고공행진을 이어가는 요인은, '단말기 유통구조 개선법'(단통법) 시행 이후 보조금이 줄어들면서 값이 싼 요금을 찾는 합리적 소비자들이 늘어났기 때문이다. 향후 LTE 가입자 비중이 확대될 경우 알뜰폰 시장은 더욱 커질 전망이다. 이래저래 알뜰폰은 통신사와 단말기 제조사는 물론, 대형마트에게까지도 효자 사업이 되고 있다.

가장 주목할 만한 통신주는?

3밴드 LTE-A 상용화와 알뜰폰시장 성장으로 주식 시장에서 통신주에 대한 관심이 높아지고 있다. 증시 전문가들은 통신 3사 가운데 최선호주(top pick)로 SK텔레콤을 꼽는 데 주저하지 않는다. SK텔레콤은 포스코 지분 매각으로 보유 현금이 늘어났고, 관계사인 SK하이닉스의 실적도 상승세다. 계열사인 SK플래닛은 이커머스시장에서 독보적인 시장점유율을 기록하고 있으며, 기업 가치만 해도 약 3조 원에 달하는 것으로 평가된다. SK텔레콤은 이러한 호재를 등에 업고 2년 동안 잠잠했던 M&A 전략을 가동하는 눈치다.

KT의 경우는 KT렌탈과 KT캐피탈의 매각 문제가 남았다. KT렌탈은 20개가 넘는 업체가 인수 의향서를 제출할 정도로 인기가 뜨거운 반면, KT캐피탈은 생각보다 선호도가 떨어지는 분위기다.

투자자들이 우려하는 부분은 주파수 경쟁 과열로 인한 손실이다. 향후 주파수 경매가 예상되는 바, 최근 트래픽이 굉장히 빠른 속도로 증가하면서 통신 3사의 주파수에 대한 욕구도 함께 커지고 있다. 충분치 못한 주파수가 경매에 나온다면 경쟁이 가열되면서 통신 3사의 현금 흐름에 악영향을 미칠 수도 있다는 분석이다.

한편, 전문가들은 통신 3사의 주가만 바라보지 말고, 오히려 통신부품주에도 관심을 가져볼 것을 권한다. 최선호주인 SK텔레콤에 장비 등을 납품하는 업체들을 눈여겨 볼 필요가 있다는 지적이다.

02 | 휴대폰업계

업계 규모

- ■ **국내 휴대폰 판매 대수** 2,730만 대
- ■ **국내 스마트폰 판매 대수** 2,050만 대
- ■ **국내 스마트폰 판매액** 17조 1,403억 원
- ■ **국내 휴대폰 생산액(수출 포함)** 36조 3,177억 원

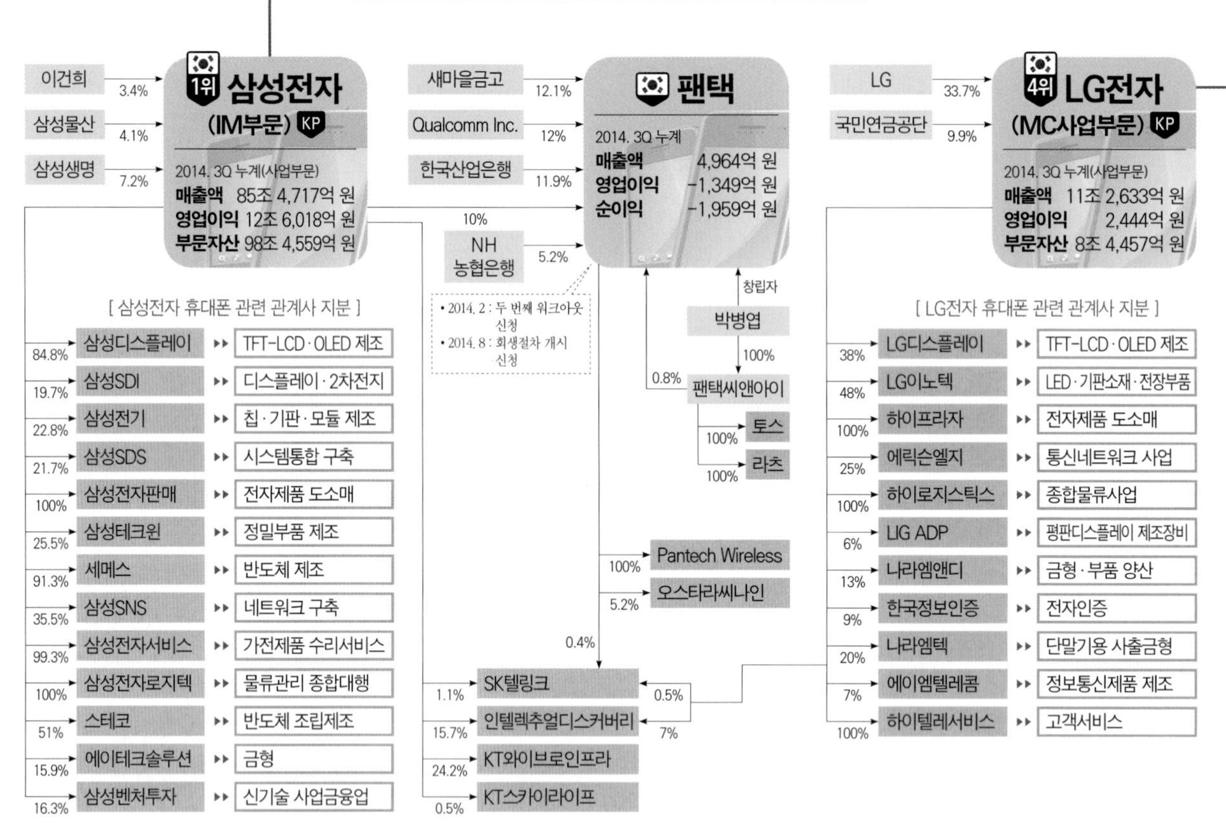

* 순위는 글로벌 순위
애플에 AP 등 공급
이건희 3.4%
삼성물산 4.1%
삼성생명 7.2%
1위 삼성전자 (IM부문) KP
2014. 3Q 누계(사업부문)
매출액 85조 4,717억 원
영업이익 12조 6,018억 원
부문자산 98조 4,559억 원
새마을금고 12.1%
Qualcomm Inc. 12%
한국산업은행 11.9%
10%
NH 농협은행 5.2%
팬택
2014. 3Q 누계
매출액 4,964억 원
영업이익 -1,349억 원
순이익 -1,959억 원
• 2014. 2 : 두 번째 워크아웃 신청
• 2014. 8 : 회생절차 개시 신청
창립자
박병엽
100%
0.8%
팬택씨앤아이
100% 토스
100% 라츠
100% Pantech Wireless
5.2% 오스타라씨나인
0.4%
LG 33.7%
국민연금공단 9.9%
4위 LG전자 (MC사업부문) KP
2014. 3Q 누계(사업부문)
매출액 11조 2,633억 원
영업이익 2,444억 원
부문자산 8조 4,457억 원
[삼성전자 휴대폰 관련 관계사 지분]
84.8% 삼성디스플레이 ▸▸ TFT-LCD · OLED 제조
19.7% 삼성SDI ▸▸ 디스플레이 · 2차전지
22.8% 삼성전기 ▸▸ 칩 · 기판 · 모듈 제조
21.7% 삼성SDS ▸▸ 시스템통합 구축
100% 삼성전자판매 ▸▸ 전자제품 도소매
25.5% 삼성테크윈 ▸▸ 정밀부품 제조
91.3% 세메스 ▸▸ 반도체 제조
35.5% 삼성SNS ▸▸ 네트워크 구축
99.3% 삼성전자서비스 ▸▸ 가전제품 수리서비스
100% 삼성전자로지텍 ▸▸ 물류관리 종합대행
51% 스테코 ▸▸ 반도체 조립제조
15.9% 에이테크솔루션 ▸▸ 금형
16.3% 삼성벤처투자 ▸▸ 신기술 사업금융업
1.1% SK텔링크 0.5%
15.7% 인텔렉추얼디스커버리 7%
24.2% KT와이브로인프라
0.5% KT스카이라이프
[LG전자 휴대폰 관련 관계사 지분]
38% LG디스플레이 ▸▸ TFT-LCD · OLED 제조
48% LG이노텍 ▸▸ LED · 기판소재 · 전장부품
100% 하이프라자 ▸▸ 전자제품 도소매
25% 에릭슨엘지 ▸▸ 통신네트워크 사업
100% 하이로지스틱스 ▸▸ 종합물류사업
6% LIG ADP ▸▸ 평판디스플레이 제조장비
13% 나라엠앤디 ▸▸ 금형 · 부품 양산
9% 한국정보인증 ▸▸ 전자인증
20% 나라엠텍 ▸▸ 단말기용 사출금형
7% 에이엠텔레콤 ▸▸ 정보통신제품 제조
100% 하이텔레서비스 ▸▸ 고객서비스

AP명	A7	A8	A9
출시 시기	2013년 9월	2014년	2015년
적용제품	아이폰5S	아이폰6	아이폰7
미세공정 수준	28 Nano	20 Nano	14 Nano FinFET

국내 휴대폰 빅3 경영 · 재무 비교

(자료 : 2014. 9, 각사)

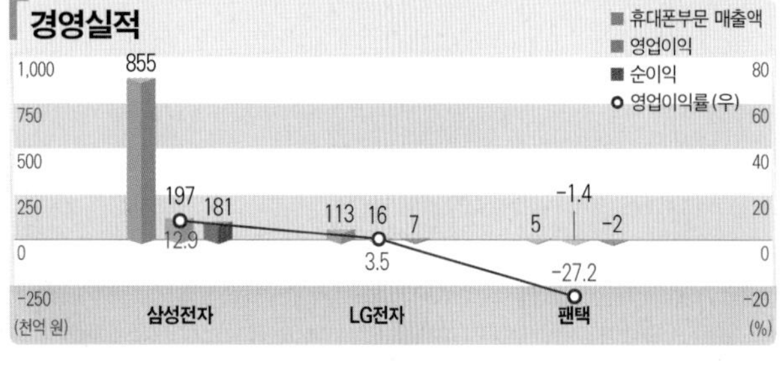

경영실적
■ 휴대폰부문 매출액
■ 영업이익
■ 순이익
○ 영업이익률(우)
1,000
750
500
250
0
-250
(천억 원)
80
60
40
20
0
-20
(%)
855
197
181
12.9
113
16
7
3.5
5
-1.4
-2
-27.2
삼성전자
LG전자
팬택

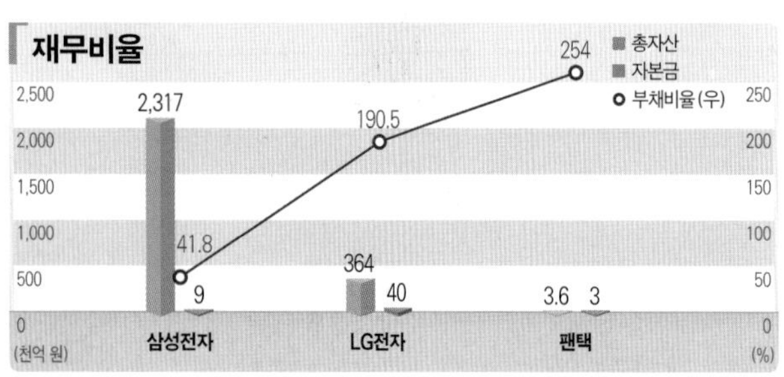

재무비율
■ 총자산
■ 자본금
○ 부채비율(우)
2,500
2,000
1,500
1,000
500
0
(천억 원)
250
200
150
100
50
0
(%)
2,317
41.8
9
364
40
190.5
3.6
3
254
삼성전자
LG전자
팬택

구분		삼성전자 (SAMSUNG)	LG전자 (LG전자)	팬택 (PANTECH)
개요	설립연월	1969. 1	1958. 1	1991. 3
	상장구분	KOSPI	KOSPI	비상장
	기업집단명	삼성	LG	-
	발행주식수(만 주)	17,013	18,083	52,817
	시가총액(억 원)	1,978,230	99,497	-
글로벌 휴대폰 생산능력(만 대)		39,710	6,637	229
글로벌 휴대폰 생산실적(만 대)		33,649	5,840	181
임직원	임원수(명)	1,326	317	23
	직원수(명)	99,556	37,540	1,575
	직원 평균임금(만 원)	6,019	5,259	3,978

- 삼성전자 휴대폰부문에는 통신시스템, 컴퓨터, 디지털카메라 등 포함
- 임원수에는 사외이사 제외, 직원수에는 정규직 · 계약직 포함

2위 Nokia

매출액	127억 유로
영업이익	1.5억 유로
순이익	2.1억 유로
총자산	252억 유로

* 2014. 4 노키아 휴대폰 사업부를 마이크로소프트가 인수(54억 5,000만 유로, 한화 약 7조 8,650억 원)

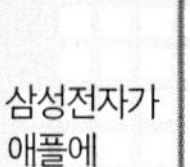

삼성전자가
애플에
AP 등 공급

3위 Apple

FI 2014

매출액	1,828억 달러
영업이익	525억 달러
순이익	395억 달러
총자산	2,318억 달러

5위 ZTE

매출액	752억 위안
영업이익	9.3억 위안
순이익	13.5억 위안
총자산	1,025억 위안

6위 Huawei

매출액	2,390억 위안
영업이익	291억 위안
순이익	210억 위안
총자산	2,315억 위안

7위 TCL Communication

매출액	194억 홍콩달러
영업이익	37억 홍콩달러
순이익	3.2억 홍콩달러
총자산	119억 홍콩달러

레퍼런스폰 Nexus4, Nexus5 제조·공급

8위 Lenovo

2014. 3

매출액	387억 달러
영업이익	10.5억 달러
순이익	8.2억 달러
총자산	184억 달러

* 2014. 10 모토로라 휴대전화 제조부문 모토로라 모빌리티 인수

9위 SONY Mobile Products & Communication

2014. 3 (모바일커뮤니케이션)

매출액	1조 1,918억 엔
영업이익	-126억 엔
고정자산	937억 엔

10위 Yulong (Coolpad Group)

매출액	196억 홍콩달러
영업이익	25억 홍콩달러
순이익	3.5억 홍콩달러
총자산	88억 홍콩달러

Google

매출액	598억 달러
영업이익	140억 달러
순이익	129억 달러
총자산	1,109억 달러

Qualcomm

매출액	249억 달러
영업이익	72억 달러
총자산	455억 달러

11위 BlackBerry

2014. 3

매출액	68억 달러
영업이익	-72억 달러
순이익	-59억 달러
총자산	76억 달러

* 2013. 1 RIM에서 상호 변경

12위 HTC

매출액	68억 달러
영업이익	-1.3억 달러
순이익	-4.4억 달러
총자산	57억 달러

* 글로벌 순위는 2013 기준. 각사 실적은 별도표기가 없을 경우 2013 기준
* 스마트폰 포함 전부문 실적

SK텔레콤
* 2014. 8 최대주주 변경
39.3%
보고리오투자목적회사
(34.5%)
KGF-Rio Ltd.
(5.1%)
* 2014. 8 지분 매각 (295억 원)

아이리버
KQ

2014. 3Q 누계

매출액	369억 원
영업이익	10억 원
순이익	17억 원

100% → 아이리버 씨에스

* 휴대폰 포함 전체 실적

국내 휴대폰 빅2 매출·생산량 추이

삼성전자

세계 시장점유율 추이

2011	2012	2013	2014. 3Q
21.2	25.1	26.8	23.9

(%)

매출 추이 (기준 : 사업부문)

■ 매출액
○ 증감률(우)
2,000
1,500
1,000
500
0
-500
(천억 원)
80
60
40
20
0
-20
(%)
646
22.1
1,058
63.8
1,388
31.2
855
-18.5
2011
2012
2013
2014. 3Q

생산능력·생산실적·가동률 추이

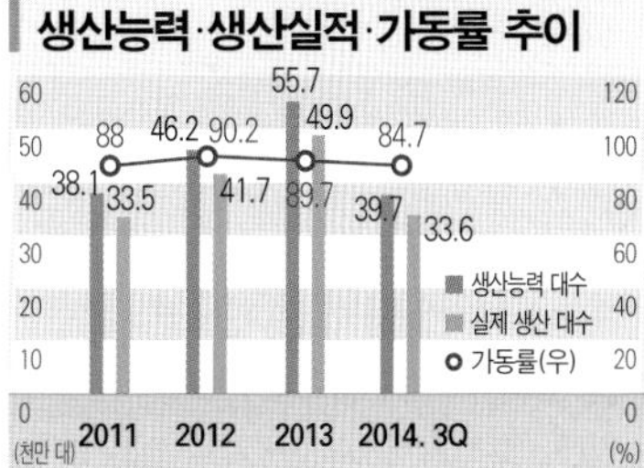

60
50
40
30
20
10
0
(천만 대)
120
100
80
60
40
20
0
(%)
88
38.1
33.5
46.2
90.2
41.7
55.7
49.9
89.7
84.7
39.7
33.6
■ 생산능력 대수
■ 실제 생산 대수
○ 가동률(우)
2011
2012
2013
2014. 3Q

LG전자

세계 시장점유율 추이

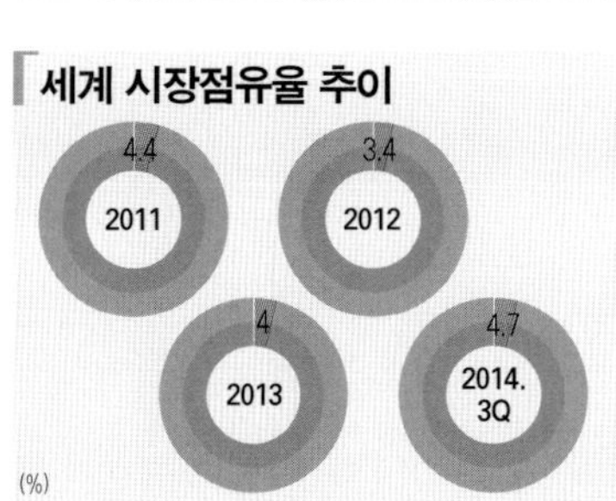

4.4
2011
3.4
2012
4
2013
4.7
2014. 3Q
(%)

매출 추이 (기준 : 사업부문)

■ 매출액
○ 증감률(우)
150
100
50
0
-50
-100
(천억 원)
60
40
20
0
-20
-40
(%)
117
-9.9
99
-15
130
30.4
113
20.2
2011
2012
2013
2014. 3Q

생산능력 · 생산실적 · 가동률 추이

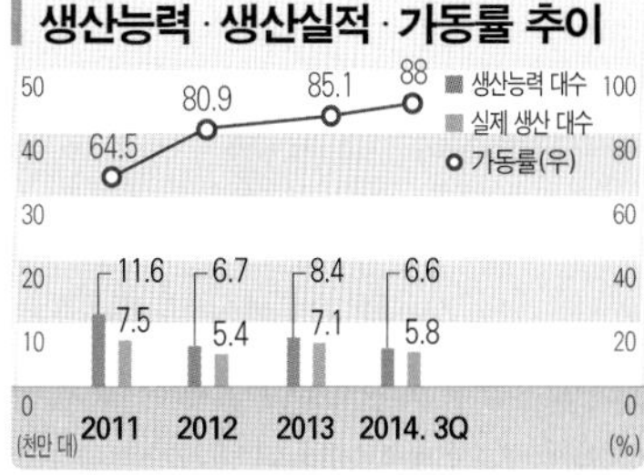

■ 생산능력 대수
■ 실제 생산 대수
○ 가동률(우)
50
40
30
20
10
0
(천만 대)
100
80
60
40
20
0
(%)
64.5
80.9
85.1
88
11.6
7.5
6.7
5.4
8.4
7.1
6.6
5.8
2011
2012
2013
2014. 3Q

국내 휴대폰 생산액 추이

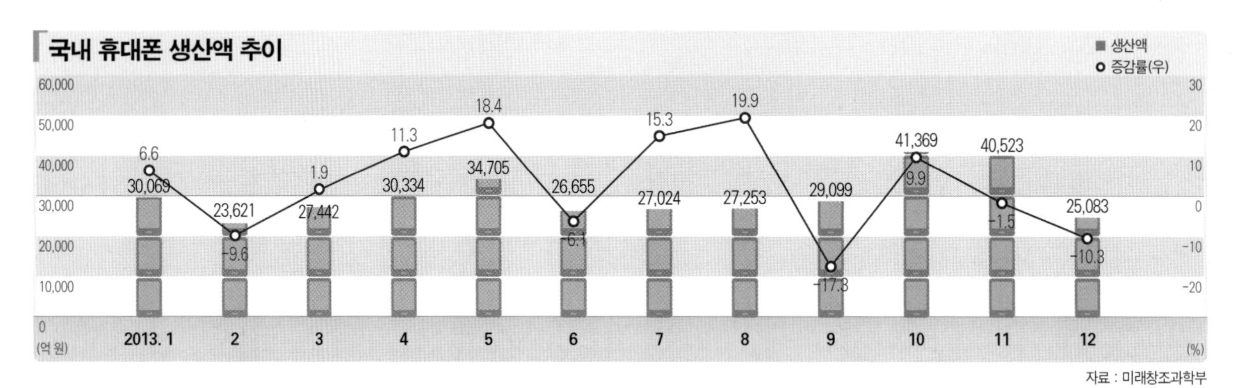

생산액
증감률(우)
60,000
50,000
40,000
30,000
20,000
10,000
0
(억 원)
30
20
10
0
-10
-20
(%)
2013. 1
2
3
4
5
6
7
8
9
10
11
12
30,069
6.6
23,621
-9.6
27,442
1.9
30,334
11.3
34,705
18.4
26,655
-6.1
27,024
15.3
27,253
19.9
29,099
-17.3
41,369
9.9
40,523
-1.5
25,083
-10.8

자료 : 미래창조과학부

국내 스마트폰 가입자 추이

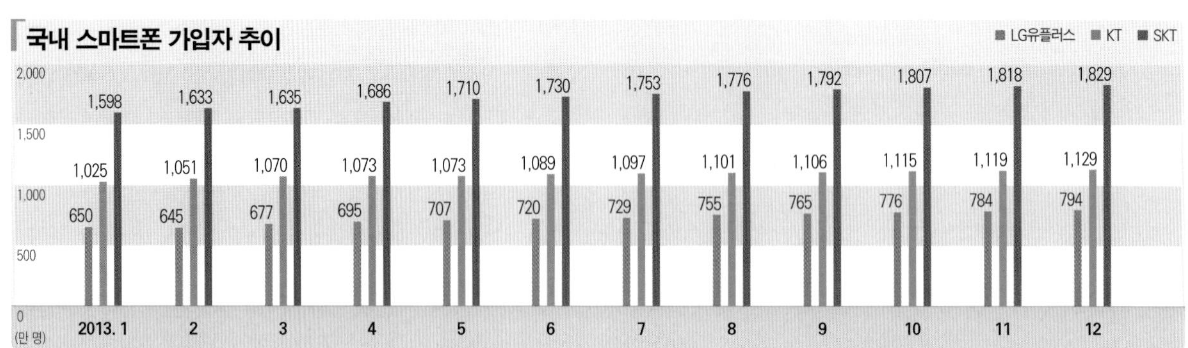

LG유플러스
KT
SKT
2,000
1,500
1,000
500
0
(만 명)
2013. 1
2
3
4
5
6
7
8
9
10
11
12
650
1,025
1,598
645
1,051
1,633
677
1,070
1,635
695
1,073
1,686
707
1,073
1,710
720
1,089
1,730
729
1,097
1,753
755
1,101
1,776
765
1,106
1,792
776
1,115
1,807
784
1,119
1,818
794
1,129
1,829

자료 : 미래창조과학부

한국 휴대폰 지역별 수출 비중

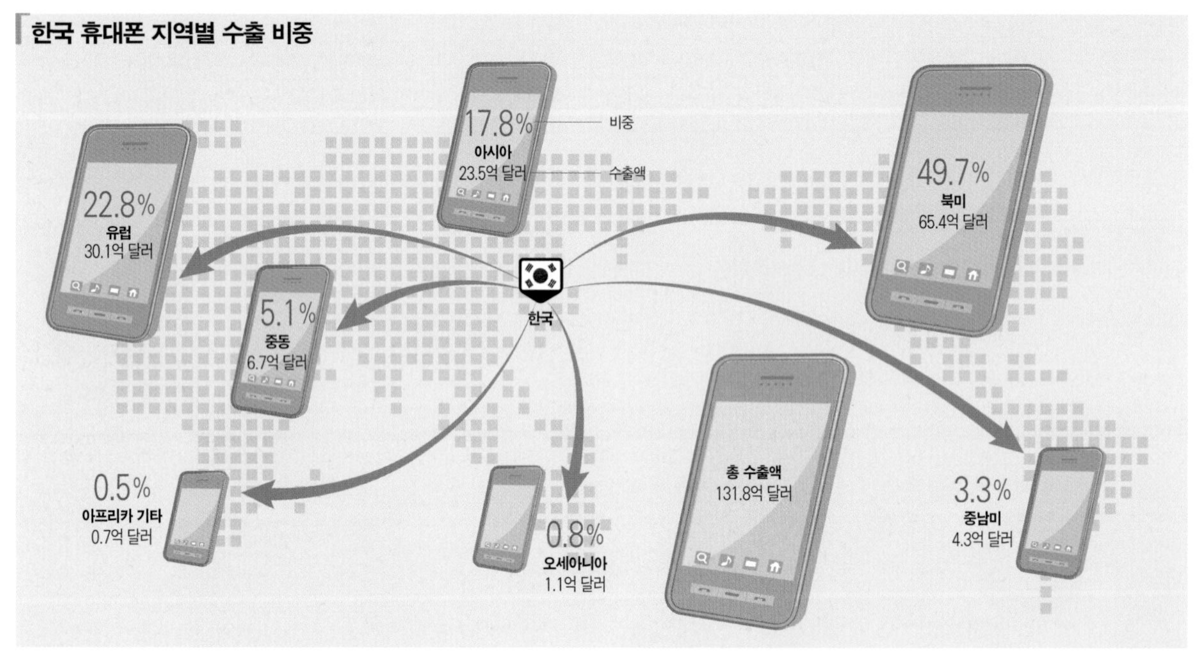

17.8%
아시아
23.5억 달러
비중
수출액
22.8%
유럽
30.1억 달러
49.7%
북미
65.4억 달러
5.1%
중동
6.7억 달러
한국
0.5%
아프리카 기타
0.7억 달러
0.8%
오세아니아
1.1억 달러
총 수출액
131.8억 달러
3.3%
중남미
4.3억 달러

자료 : 미래창조과학부

삼성전자 국내 및 해외 휴대폰 판매량 추이

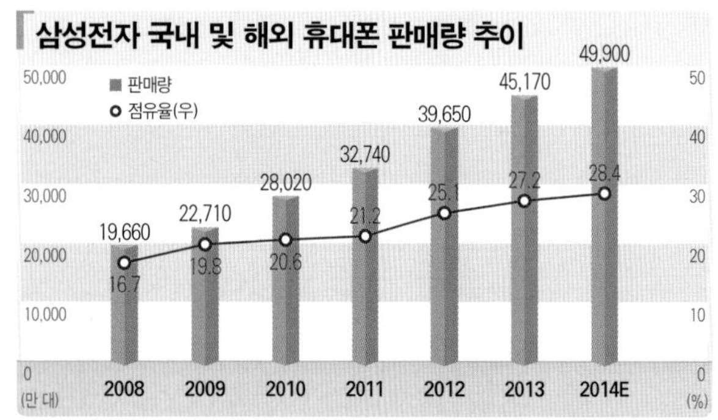

판매량
점유율(우)
50,000
40,000
30,000
20,000
10,000
0
(만 대)
50
40
30
20
10
0
(%)
2008
2009
2010
2011
2012
2013
2014E
19,660
16.7
22,710
19.8
28,020
20.6
32,740
21.2
39,650
25.1
45,170
27.2
49,900
28.4

자료 : Strategy Analytics

삼성전자 국내 및 해외 스마트폰 판매량 추이

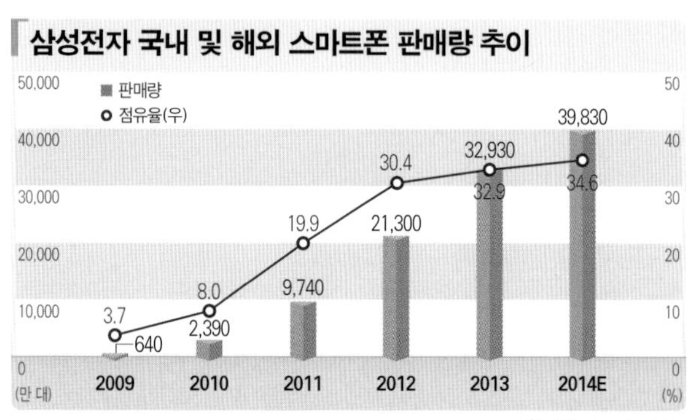

판매량
점유율(우)
50,000
40,000
30,000
20,000
10,000
0
(만 대)
50
40
30
20
10
0
(%)
2009
2010
2011
2012
2013
2014E
640
3.7
2,390
8.0
9,740
19.9
21,300
30.4
32,930
32.9
39,830
34.6

자료 : Strategy Analytics

팬택 워크아웃 일지와 경영실적

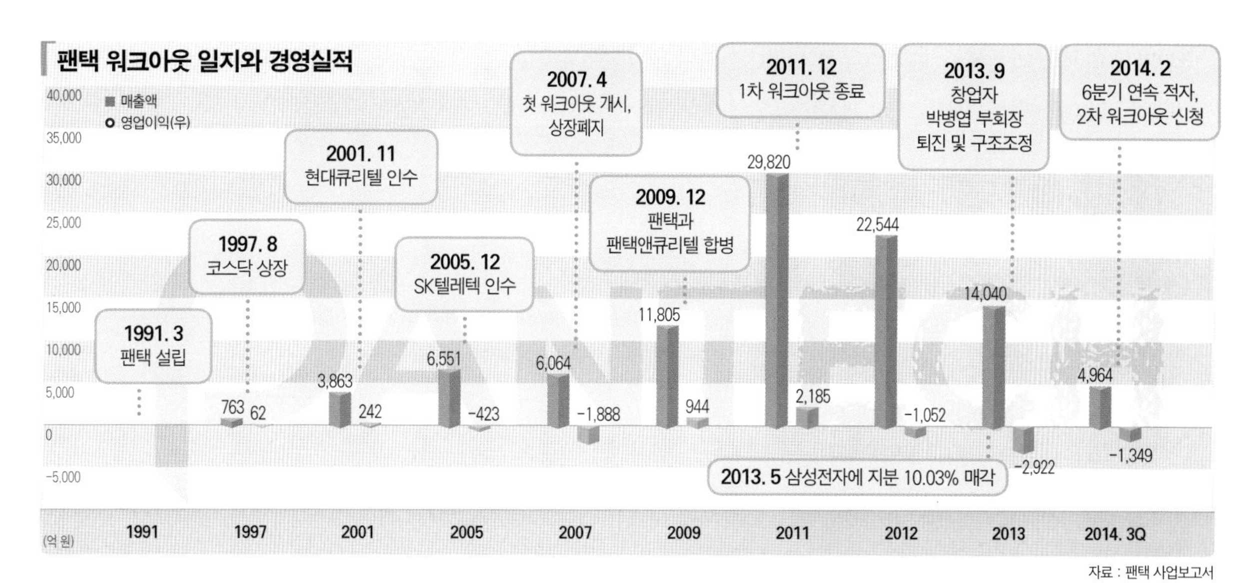

매출액
영업이익(우)
1991. 3
팬택 설립
1997. 8
코스닥 상장
2001. 11
현대큐리텔 인수
2005. 12
SK텔레텍 인수
2007. 4
첫 워크아웃 개시, 상장폐지
2009. 12
팬택과 팬택앤큐리텔 합병
2011. 12
1차 워크아웃 종료
2013. 9
창업자 박병엽 부회장 퇴진 및 구조조정
2014. 2
6분기 연속 적자, 2차 워크아웃 신청
2013. 5 삼성전자에 지분 10.03% 매각
40,000
35,000
30,000
25,000
20,000
15,000
10,000
5,000
0
-5,000
(억 원)
1991
1997
763 62
2001
3,863 242
2005
6,551 -423
2007
6,064 -1,888
2009
11,805 944
2011
29,820 2,185
2012
22,544 -1,052
2013
14,040 -2,922
2014. 3Q
4,964 -1,349

자료 : 팬택 사업보고서

글로벌 휴대폰 시장점유율 추이

( ) 안은 판매량(만 대)

	삼성전자	노키아	애플	LG전자	ZTE	화웨이	TCL	레노버	기타
2012	22.0 (38,416)	19.1 (33,352)	7.5 (13,096)	3.3 (5,762)	3.9 (6,810)	2.7 (4,715)	2.1 (3,667)	1.6 (2,794)	37.8 (66,005)
2013	24.6 (44,451)	13.9 (25,117)	8.3 (14,998)	3.8 (6,866)	3.3 (5,963)	2.9 (5,240)	2.7 (4,879)	2.5 (4,517)	38.0 (68,665)

(%) 0 10 20 30 40 50 60 70 80 90 100

자료 : Gartner

글로벌 스마트폰 시장점유율 추이

( ) 안은 판매량(백만 대)

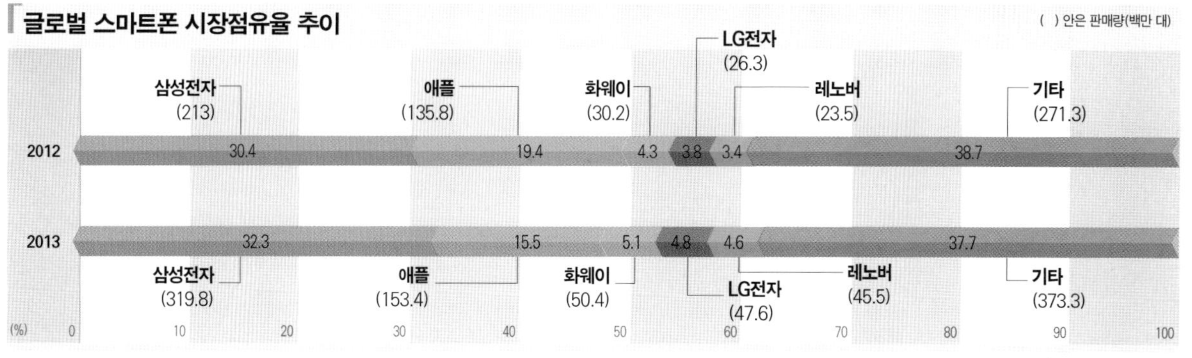

2012
삼성전자 (213) 30.4
애플 (135.8) 19.4
화웨이 (30.2) 4.3
LG전자 (26.3) 3.8
레노버 (23.5) 3.4
기타 (271.3) 38.7
2013
삼성전자 (319.8) 32.3
애플 (153.4) 15.5
화웨이 (50.4) 5.1
LG전자 (47.6) 4.8
레노버 (45.5) 4.6
기타 (373.3) 37.7
(%) 0 10 20 30 40 50 60 70 80 90 100

자료 : Strategy Analytics

글로벌 스마트폰 보급률 추이

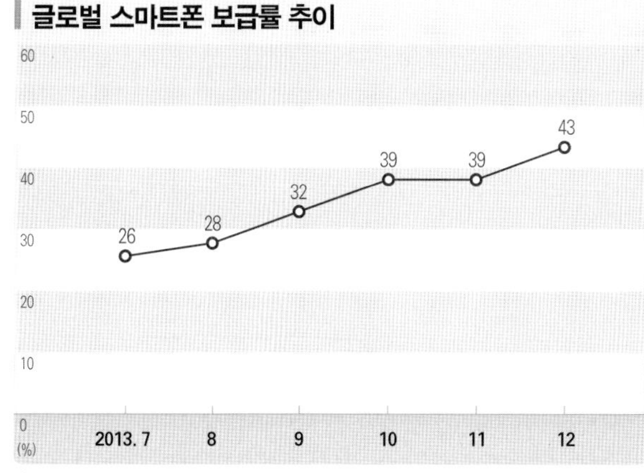

60
50
40
30
20
10
0
(%)
2013. 7 26
8 28
9 32
10 39
11 39
12 43

자료 : The Buzzcity Report 2014

애플 스마트폰 판매량 추이

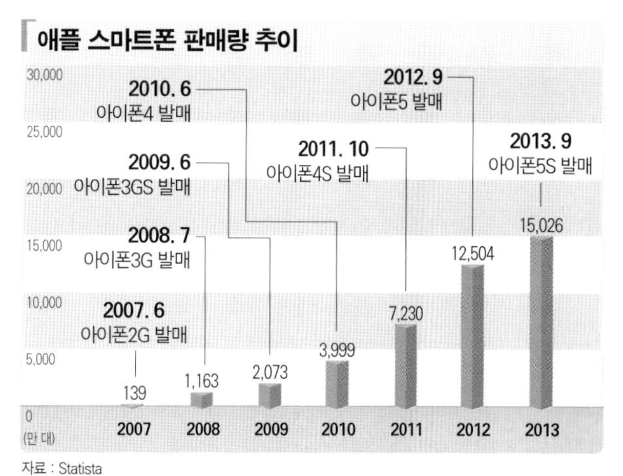

30,000
25,000
20,000
15,000
10,000
5,000
0
(만 대)
2007. 6
아이폰2G 발매
2008. 7
아이폰3G 발매
2009. 6
아이폰3GS 발매
2010. 6
아이폰4 발매
2011. 10
아이폰4S 발매
2012. 9
아이폰5 발매
2013. 9
아이폰5S 발매
2007 139
2008 1,163
2009 2,073
2010 3,999
2011 7,230
2012 12,504
2013 15,026

자료 : Statista

국가별 휴대폰·스마트폰·스마트폰 운영체제(OS) 점유율 (%)

* 노키아 OS에는 심비안, S40 포함
자료 : 미래창조과학부, IDC, Gartner, Strategy Analytics, iCrossing, The BuzzCity Report, Live Mint, NPD, ComScore, Research 'Euroset', Pyramid Research 등

미국

업체명	점유율
노키아	27.0
삼성전자	23.0
White Box제품	22.0
애플	8.0
LG전자	7.0
Alcatel	3.0
화웨이	2.0
기타	8.0

업체명	점유율
애플	45
삼성전자	26
LG전자	8
HTC	6
모토로라	4
기타	11

OS명	점유율
애플 iOS	50.5
안드로이드	40.2
블랙베리 OS	2.6
기타	6.7

■ 휴대폰(기준 : 2013. 12)
■ 스마트폰(기준 : 2013. 12)
■ OS(기준 : 2013. 2)

영국

업체명	점유율
삼성전자	32.6
애플	16.9
노키아	6.6
HTC	5.7
ZTE	5.3
기타	32.9

업체명	점유율
애플 iOS	43.9
안드로이드	29.4
블랙베리 OS	22.0
기타	4.7

■ 스마트폰(기준 : 2012. 7)
■ OS(기준 : 2013. 2)

독일

업체명	점유율
삼성전자	40.2
애플	19.3
노키아	11.4
HTC	8.7
소니	8.2
블랙베리	1.5
기타	10.7

OS명	점유율
안드로이드	54.4
애플 iOS	35.7
노키아 OS	2.0
기타	7.9

■ 스마트폰(기준 : 2013. 7)
■ OS(기준 : 2013. 2)

멕시코

업체명	점유율
노키아	31.0
삼성전자	17.0
LG전자	14.0
White Box제품	11.0
블랙베리	9.0
소니	5.0
기타	13.0

업체명	점유율
안드로이드	24.0
노키아 OS	24.0
블랙베리 OS	11.0
삼성 OS	8.0
윈도우모바일 OS	3.0
애플 iOS	3.0
기타	27.0

■ 스마트폰(기준 : 2013.12)
■ OS(기준 : 2013.12)

브라질

업체명	점유율
삼성전자	47.4
LG전자	13.3
애플	9.1
노키아	8.7
모토로라	8.2
기타	13.3

OS명	점유율
안드로이드	44.4
노키아 OS	23.1
애플 iOS	12.2
기타	20.3

■ 스마트폰(기준 : 2012)
■ OS(기준 : 2013. 2)

업체명	점유율
노키아	66.0
삼성전자	15.0
블랙베리	9.0
White Box제품	4.0
애플	3.0
화웨이	1.0
기타	2.0

OS명	점유율
노키아 OS	65.0
안드로이드	20.0
블랙베리 OS	9.0
애플 iOS	3.0
기타	3.0

■ 스마트폰(기준 : 2013. 12)
■ OS(기준 : 2013. 12)

아르헨티나

업체명	점유율
삼성전자	29.0
애플	21.8
화웨이	4.9
소니	4.5
ZTE	4.3
기타	35.5

OS명	점유율
안드로이드	62.8
노키아 OS	18.5
애플 iOS	7.5
기타	11.2

■ 스마트폰(기준 : 2012. 4Q)
■ OS(기준 : 2013. 2)

남아프리카공화국

업체명	점유율
노키아	62.0
White Box제품	14.0
삼성전자	13.0
블랙베리	7.0
LG전자	1.0
소니	1.0
기타	2.0

OS명	점유율
노키아 OS	51.0
블랙베리 OS	8.0
안드로이드	7.0
삼성 OS	4.0
윈도우모바일 OS	1.0
기타	29.0

■ 스마트폰(기준 : 2013. 12)
■ OS(기준 : 2013. 12)

글로벌 휴대폰시장 전망

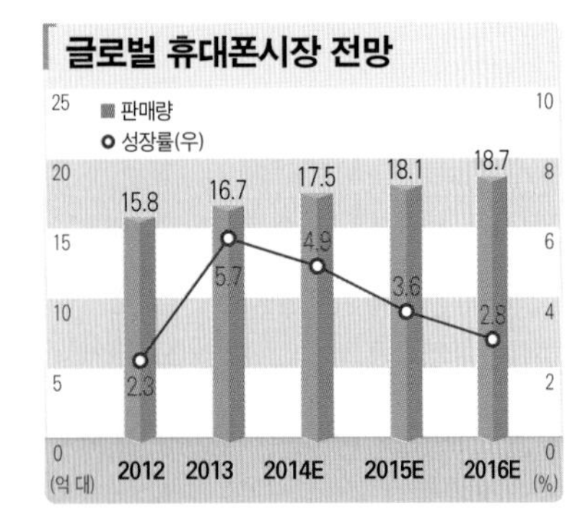

■ 판매량
○ 성장률(우)
(억 대)
(%)
2012
2013
2014E
2015E
2016E
15.8
16.7
17.5
18.1
18.7
2.3
5.7
4.9
3.6
2.8

자료 : Strategy Analytics

글로벌 스마트폰시장 전망

■ 판매량
○ 성장률(우)
(억 대)
(%)
2012
2013
2014E
2015E
2016E
7
9.3
10.7
11.9
12.8
42.7
33.1
15.3
10.6
7.9

자료 : Strategy Analytics

패블릿 사용자 비중(기준 : 2013. 7)

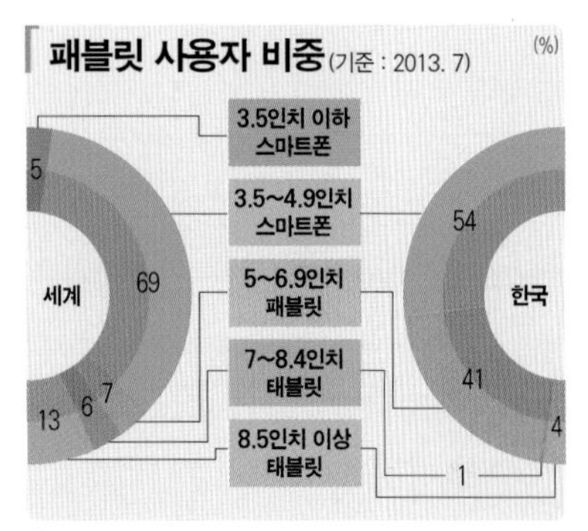

(%)
3.5인치 이하 스마트폰
3.5~4.9인치 스마트폰
5~6.9인치 패블릿
7~8.4인치 태블릿
8.5인치 이상 태블릿
세계
5
69
13
6
7
한국
54
41
4
1

자료 : Flurry Analytics

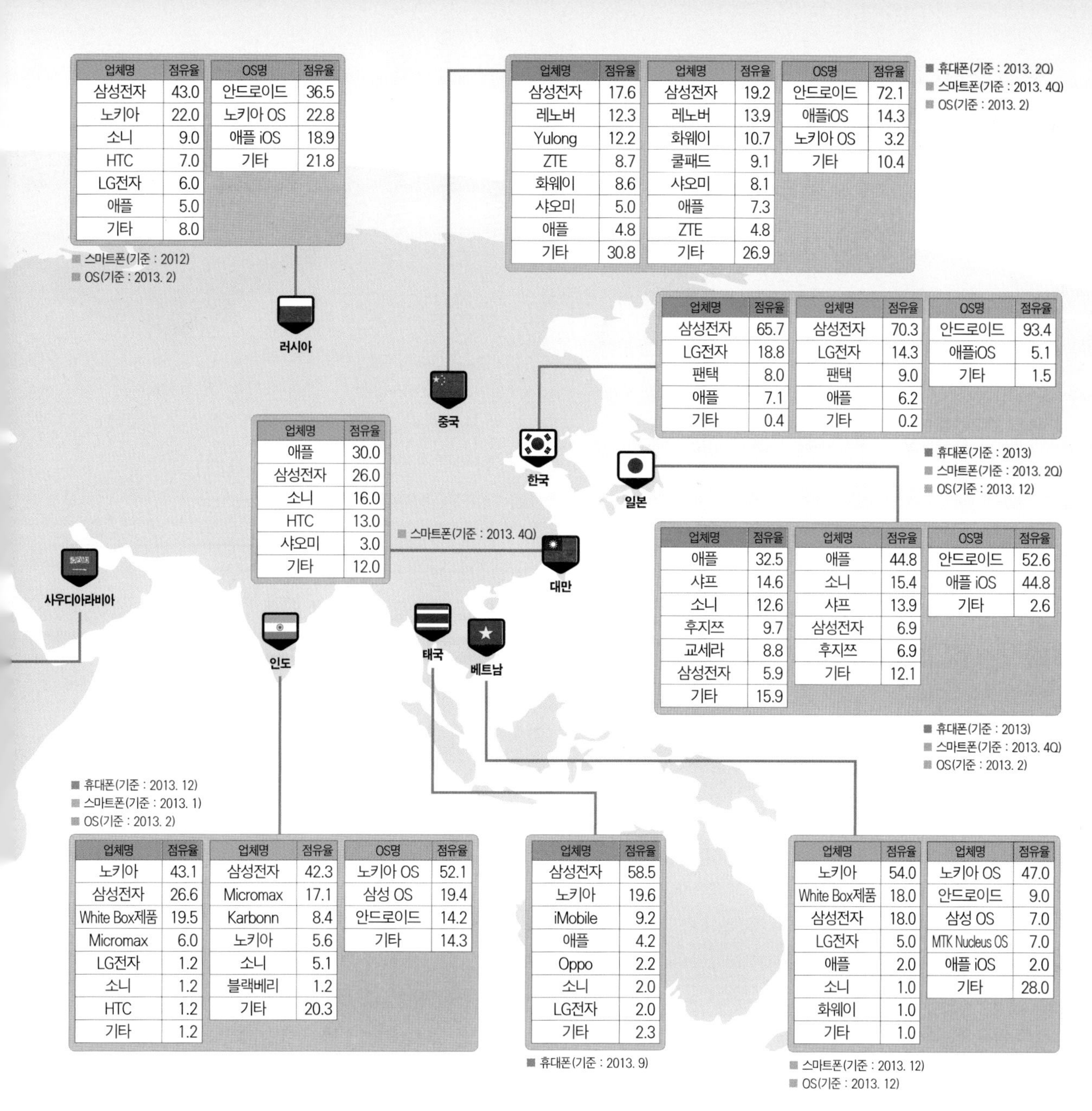

러시아
중국
한국
일본
대만
사우디아라비아
인도
태국
베트남

러시아

업체명	점유율
삼성전자	43.0
노키아	22.0
소니	9.0
HTC	7.0
LG전자	6.0
애플	5.0
기타	8.0

OS명	점유율
안드로이드	36.5
노키아 OS	22.8
애플 iOS	18.9
기타	21.8

■ 스마트폰(기준 : 2012)
■ OS(기준 : 2013. 2)

중국

업체명	점유율
삼성전자	17.6
레노버	12.3
Yulong	12.2
ZTE	8.7
화웨이	8.6
샤오미	5.0
애플	4.8
기타	30.8

업체명	점유율
삼성전자	19.2
레노버	13.9
화웨이	10.7
쿨패드	9.1
샤오미	8.1
애플	7.3
ZTE	4.8
기타	26.9

OS명	점유율
안드로이드	72.1
애플iOS	14.3
노키아 OS	3.2
기타	10.4

■ 휴대폰(기준 : 2013. 2Q)
■ 스마트폰(기준 : 2013. 4Q)
■ OS(기준 : 2013. 2)

한국

업체명	점유율
삼성전자	65.7
LG전자	18.8
팬택	8.0
애플	7.1
기타	0.4

업체명	점유율
삼성전자	70.3
LG전자	14.3
팬택	9.0
애플	6.2
기타	0.2

OS명	점유율
안드로이드	93.4
애플iOS	5.1
기타	1.5

■ 휴대폰(기준 : 2013)
■ 스마트폰(기준 : 2013. 2Q)
■ OS(기준 : 2013. 12)

대만

업체명	점유율
애플	30.0
삼성전자	26.0
소니	16.0
HTC	13.0
샤오미	3.0
기타	12.0

■ 스마트폰(기준 : 2013. 4Q)

일본

업체명	점유율
애플	32.5
샤프	14.6
소니	12.6
후지쯔	9.7
교세라	8.8
삼성전자	5.9
기타	15.9

업체명	점유율
애플	44.8
소니	15.4
샤프	13.9
삼성전자	6.9
후지쯔	6.9
기타	12.1

OS명	점유율
안드로이드	52.6
애플 iOS	44.8
기타	2.6

■ 휴대폰(기준 : 2013)
■ 스마트폰(기준 : 2013. 4Q)
■ OS(기준 : 2013. 2)

인도

■ 휴대폰(기준 : 2013. 12)
■ 스마트폰(기준 : 2013. 1)
■ OS(기준 : 2013. 2)

업체명	점유율
노키아	43.1
삼성전자	26.6
White Box제품	19.5
Micromax	6.0
LG전자	1.2
소니	1.2
HTC	1.2
기타	1.2

업체명	점유율
삼성전자	42.3
Micromax	17.1
Karbonn	8.4
노키아	5.6
소니	5.1
블랙베리	1.2
기타	20.3

OS명	점유율
노키아 OS	52.1
삼성 OS	19.4
안드로이드	14.2
기타	14.3

태국

업체명	점유율
삼성전자	58.5
노키아	19.6
iMobile	9.2
애플	4.2
Oppo	2.2
소니	2.0
LG전자	2.0
기타	2.3

■ 휴대폰(기준 : 2013. 9)

베트남

업체명	점유율
노키아	54.0
White Box제품	18.0
삼성전자	18.0
LG전자	5.0
애플	2.0
소니	1.0
화웨이	1.0
기타	1.0

업체명	점유율
노키아 OS	47.0
안드로이드	9.0
삼성 OS	7.0
MTK Nucleus OS	7.0
애플 iOS	2.0
기타	28.0

■ 스마트폰(기준 : 2013. 12)
■ OS(기준 : 2013. 12)

스마트폰 보급률 세계 톱 15(기준 : 2013. 1Q)

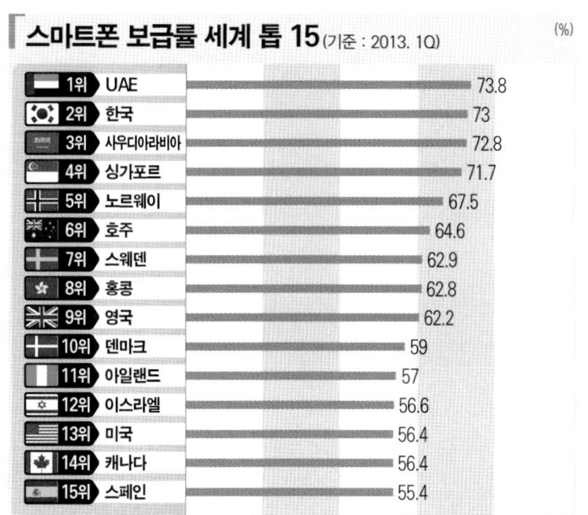

(%)
1위 UAE 73.8
2위 한국 73
3위 사우디아라비아 72.8
4위 싱가포르 71.7
5위 노르웨이 67.5
6위 호주 64.6
7위 스웨덴 62.9
8위 홍콩 62.8
9위 영국 62.2
10위 덴마크 59
11위 아일랜드 57
12위 이스라엘 56.6
13위 미국 56.4
14위 캐나다 56.4
15위 스페인 55.4
0 20 40 60 80 100

자료 : Statista

휴대폰 선택 기준(기준 : 2014. 2)

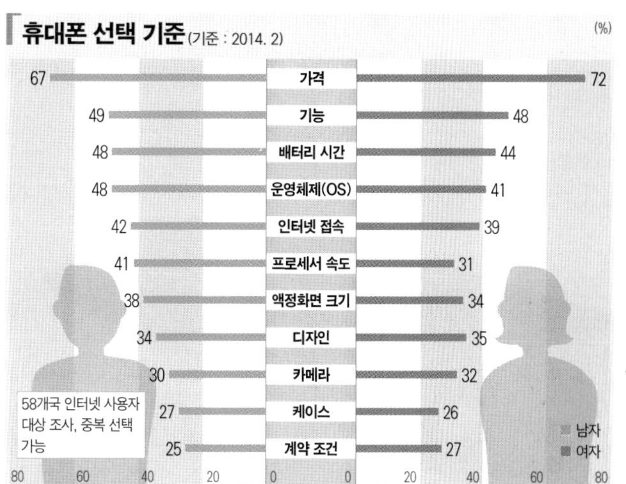

(%)
67 가격 72
49 기능 48
48 배터리 시간 44
48 운영체제(OS) 41
42 인터넷 접속 39
41 프로세서 속도 31
38 액정화면 크기 34
34 디자인 35
30 카메라 32
27 케이스 26
25 계약 조건 27
58개국 인터넷 사용자 대상 조사, 중복 선택 가능
남자
여자
80 60 40 20 0 0 20 40 60 80

자료 : Nielsen, Statista

애플, 삼성, LG……
그리고 중국 로컬들의 2회전

휴대폰시장이 좀처럼 위기에서 벗어나지 못하고 있다. 거칠 것 없이 고공행진을 이어가던 게 불과 몇 년 전 일이다. 상승곡선이 있으면 하강곡선도 있는 게 경제학의 대원칙이자 세상 돌아가는 이치지만, 휴대폰시장에서는 상승 '직선'만 있는 줄 알았다.

지금의 하강곡선이 가장 뼈아픈 존재는 단연 삼성전자일 것이다. 반면, 애플과 LG전자, 중국의 로컬 업체들은 하강곡선의 틈새를 기어올라 선전을 거듭하고 있다.

이들 모바일 플레이어들은 하강국면의 현실을 어떻게 받아들이고 있고, 또 어떤 전략으로 가까운 미래를 준비하고 있을까? 그 속을 찬찬히 들여다보자.

하강곡선이 가장 뼈아픈 플레이어

휴대폰시장의 하강국면은 엄밀히 말해 삼성전자의 몫이다. 경쟁사인 애플은 침체기에도 선전을 거듭하는 데 반해 삼성은 성숙한 청년이 되어 더 이상 덩치를 키우지 못하고 있다. 심지어 지금까지 계속해서 차지해왔던 스마트폰 점유율 1위라는 타이틀마저 2014년 3분기부터 애플에게 내주는 굴욕을 맛봤다.

삼성이 흔들리는 이유는 비단 애플 때문만은 아니다. 다시 말해 애플이 잘했기 때문에 상대적으로 삼성이 밀린 게 아니라는 뜻이다. 삼성의 고전은 중국 로컬 업체들의 선전 탓으로 보는 게 정확하다. 중국 시장에서 삼성이 야심차게 내놓은 고급 스마트폰들이 중국인들의 손을 타지 못한 것이다. 중국인들 입맛에는 고급한 갤럭시 시리즈보다 자국 브랜드인 서민적인(!) 스마트폰이 훨씬 맞았던 것이다.

12:15
SAMSUNG

게다가 하드웨어 기업인 삼성전자를 애플처럼 하드웨어와 소프트웨어를 모두 아우르는 기업으로 탈바꿈 시켜줄 '타이젠' 스마트폰의 출시가 지연되면서 결국 반전의 기회를 놓치고 말았다.

삼성 휴대폰이 재도약할지 지금으로서는 어느 누구도 장담할 수 없지만, 가까운 미래가 어둡지만은 않아 보인다. 삼성은 여전히 애플과 함께 휴대폰시장에서 막대한 이익을 누리는 플레이어이고, 향후 대세로 떠오를 웨어러블 기기 시장에서는 '기어 플랫폼'을 통해 시장 점유율 1위를 영위하고 있기 때문이다. 그룹사가 지원하는 엄청난 자금력과 특허권 보유력 및 브랜드 인지도까지 고려하건대 머지않아 하강곡선을 다시 끌어올리지 않을까 조심스레 관측해 본다.

잡스는 떠났어도 그들은 남아있다

2014년 11월 애플은 시가총액 7,000억 달러(약 770조 원)를 돌파했다. 미국 증시 사상 유례가 없는 놀라운 규모다. 시가총액 2위인 마이크로소프트가 4,000억 달러를 조금 넘는 정도이니 그 성장세를 짐작할 만하다.

애플의 시장점유율과 수익은 더욱 놀랍다. 시장조사기관 스트래티지 애널리틱스(SA)에 따르면, 2014년 3분기 스마트폰시장 전체 매출 가운데 32.3%를 애플이 차지했다. 그 뒤를 24.8%로 삼성이 따랐다. 중요한 것은 애플과 삼성 간의 격차가 7.5%나 벌어졌다는 사실이다. 업계 전문가들은 2014년 3분기에 애플의 영업이익이 업계 전체 이익의 80%가 넘을 것으로 추산하고 있다. 스마트폰시장에서 발생하는 대부분의 이익을 애플이 차지했다는 얘기다. 2위인 삼성전자는 전체 이익의 18%를, 3위인 LG전자는 2%를 차지할 것으로 추산됐다. 다른 스마트폰 제조사들은 적자를 면치 못했다.

애플의 고공행진은 아이폰6와 아이폰6 플러스 덕분이다. 사용자 경험과 환경을 유지하면서 소비자들이 원하는 대화면(각각 4.7, 5.5인치)을 채택한 것이 주효했다는 분석이다. 다만, 태블릿인 아이패드는 다소 주춤하는 분위기다. 여전히 태블릿 시장점유율 1위를 고수하고 있지만 매출 감소가 눈에 띈다.

어쨌거나 스마트폰시장의 승자는 애플이 차지했다. 삼성으로는 지금의 상황이 충격일 것이다. 스마트폰에 이어 2라운드는 웨어러블 기기다. 애플은 아직 정식으로 출시하지 않았지만 애플워치에 크게 기대하고 있는 눈치다.

G가 죽어가는 LG를 살렸다!

LG전자에게 2014년은 회생의 한 해였다. 적자를 면치 못했던 스마트폰 사업이 흑자로 돌아섰기 때문이다. LG전자 MC사업부는 2014년 2분기에 859억 원, 3분기에 1,674억 원의 영업이익을 기록해 흑자전환에 성공했다. LG의 휴대폰 사업이 기사회생한 데는 고급 스마트폰 G시리즈가 있었다. LG는 그동안 중구난방의 스마트폰 모델들을 모두 정리하고, 사용자가 접근하기 쉽게 G시리즈로 일원화했다.

LG 휴대폰 사업에 있어서 2015년과 2016년은 2014년 못지않게 중요한 한 해가 될 전망이다. 상승곡선을 이어갈 지가 이때 판가름 나기 때문이다. LG전자는 자체 개발 모바일 프로세서 등을 통해 스마트폰 수직계열화를 완성한 후 불필요한 지출과 시간낭비를 없앤다는 복안이다. 외향 뿐 아니라 내실까지 챙기겠다는 전략이다.

결국 그들에게 달렸다!

글로벌 스마트폰시장에서 승리하기 위해서는 자기만 잘해서는 곤란하다. 자력 우승이 불가능한 판이 바로 휴대폰시장이다. 그 이유는 샤오미, 화웨이, 레노버, ZTE 등으로 대표되는 중국 로컬 플레이어들 때문이다.

永远相信
美好的事情
即将发生
12:00

특히 샤오미는 회사 설립 4년 만에 글로벌 시장점유율 3위, 중국 시장점유율 1위에 오르는 기염을 토했다. 샤오미는 안드로이드 운영 체제에서 구글의 색깔을 들어내는 대신 자사의 테크놀로지를 도입함으로써 시장점유율을 빠르게 잠식해 나갔다. 다양한 중국 특화 서비스(콘텐츠 장터, 중국 전용 서비스 등)를 추가함으로써 중국인들의 입맛을 사로잡은 것이다. 이처럼 중국 휴대폰 플레이어들은 내수시장이라는 든든한 백그라운드를 보유하고 있다. 한때 중국 시장점유율 1위를 구가했던 삼성 갤럭시의 활약은 이제 전설이 되었다.

가까운 미래에도 중국 휴대폰 플레이어들이 성장을 이어갈 지는 좀 더 두고 볼 일이다. 특허가 관건이다. 특허에 대한 대가를 제대로 지불하고 해외 영업을 진행 중인 화웨이와 레노버는 특허료에 따른 제품 가격 인상 탓에 해외 시장에서 별 다른 힘을 발휘하지 못하고 있다. 반면, 특허료를 지불하지 않는 샤오미는 특허에 막혀 해외 시장에 제대로 진출하지 못하고 있다.

글로벌 시장에서 중국이 나서서 안 되는 건 없다는 게 중국식 자본주의의 구호다. 이 프레임이 얼마나 유효할 지 조만간 휴대폰시장에서 판가름 날 전망이다.

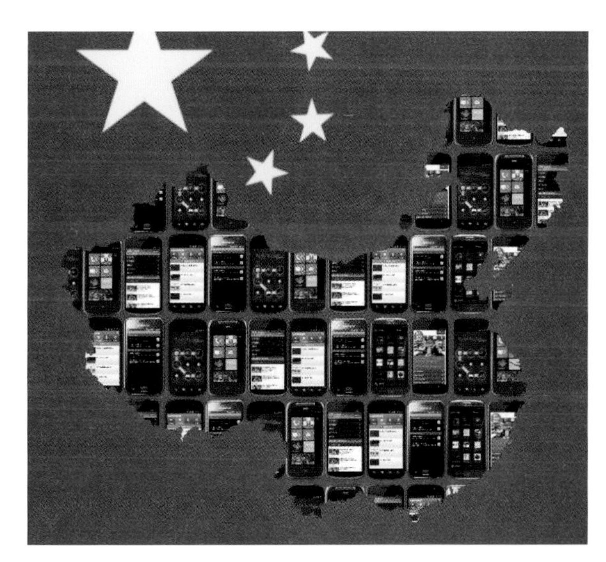

03 | 반도체업계(반도체 장비 · 재료 업계 포함)

업계 규모

- 국내 반도체 생산액 71.4조 원
- 국내 반도체 수출액 571.4억 달러
- 글로벌 시장점유율 16.2%(2위)

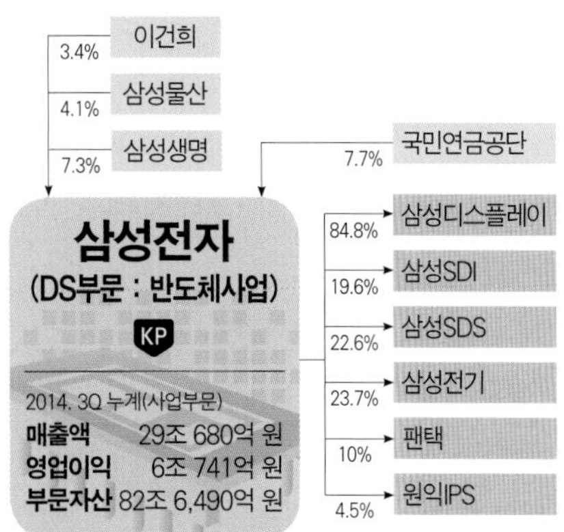

이건희 3.4%
삼성물산 4.1%
삼성생명 7.3%
국민연금공단 7.7%
삼성전자
(DS부문 : 반도체사업)
KP
2014. 3Q 누계(사업부문)
매출액 29조 680억 원
영업이익 6조 741억 원
부문자산 82조 6,490억 원
84.8% 삼성디스플레이
19.6% 삼성SDI
22.6% 삼성SDS
23.7% 삼성전기
10% 팬택
4.5% 원익IPS

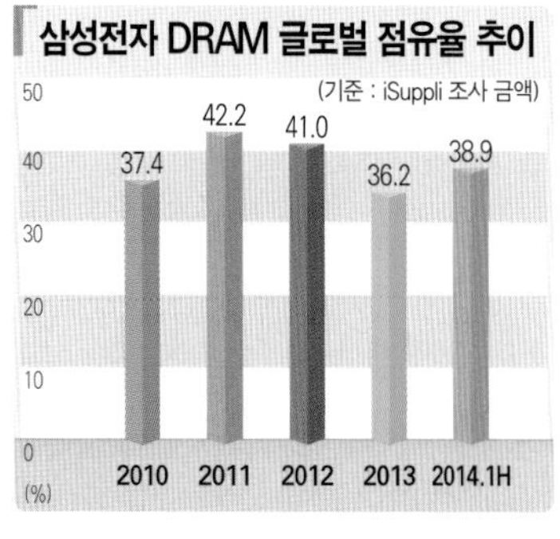

삼성전자 DRAM 글로벌 점유율 추이
(기준 : iSuppli 조사 금액)
37.4 42.2 41.0 36.2 38.9
2010 2011 2012 2013 2014.1H
(%)

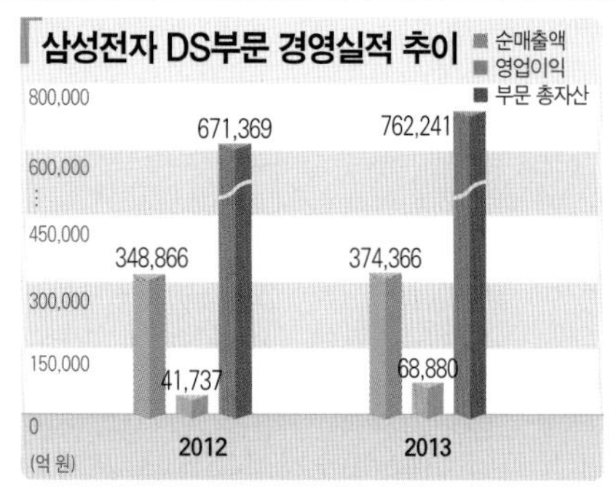

삼성전자 DS부문 경영실적 추이
순매출액
영업이익
부문 총자산
348,866 41,737 671,369
374,366 68,880 762,241
2012 2013
(억 원)

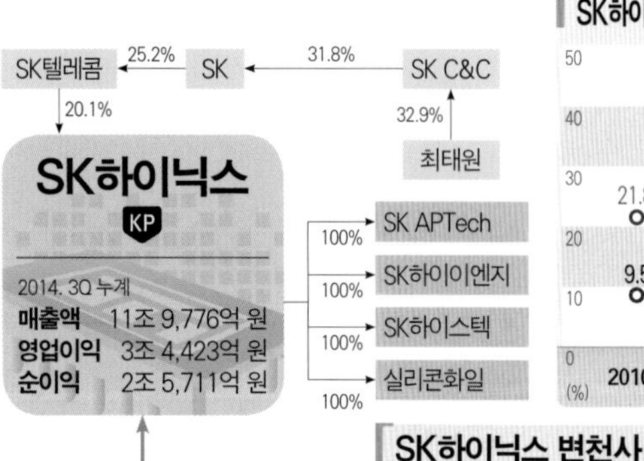

SK텔레콤 25.2% SK 31.8% SK C&C
20.1%
32.9% 최태원
SK하이닉스
KP
2014. 3Q 누계
매출액 11조 9,776억 원
영업이익 3조 4,423억 원
순이익 2조 5,711억 원
100% SK APTech
100% SK하이이엔지
100% SK하이스텍
100% 실리콘화일

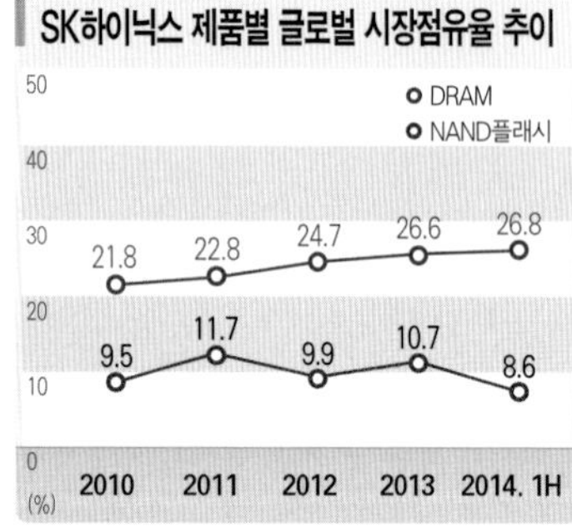

SK하이닉스 제품별 글로벌 시장점유율 추이
DRAM
NAND플래시
21.8 22.8 24.7 26.6 26.8
9.5 11.7 9.9 10.7 8.6
2010 2011 2012 2013 2014. 1H
(%)

SK하이닉스 경영실적 추이
(기준 : IFRS 연결)
매출액
영업이익
순이익
141,651 33,798 28,729
167,478 49,463 37,211
2013. 12 2014. 12E
(억 원)

SK하이닉스 변천사

1949. 10 설립	국도건설
1983. 2 상호 변경	현대전자산업
1999. 10 흡수합병	현대반도체(LG반도체)
2001. 3 상호 변경	하이닉스반도체
2001. 8	현대그룹에서 계열분리
2005. 7	채권금융기관 공동 관리 조기 종료
2012. 2	SK텔레콤 계열사 편입
2012. 3 상호 변경	SK하이닉스

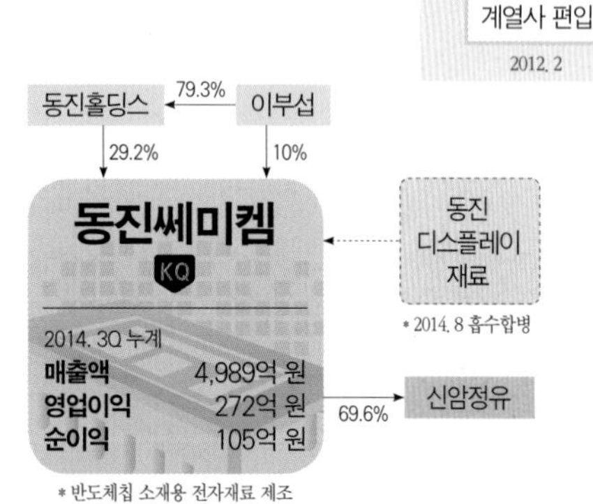

동진홀딩스 79.3% 이부섭
29.2% 10%
동진쎄미켐
KQ
동진 디스플레이 재료
* 2014. 8 흡수합병
2014. 3Q 누계
매출액 4,989억 원
영업이익 272억 원
순이익 105억 원
69.6% 신암정유

* 반도체칩 소재용 전자재료 제조

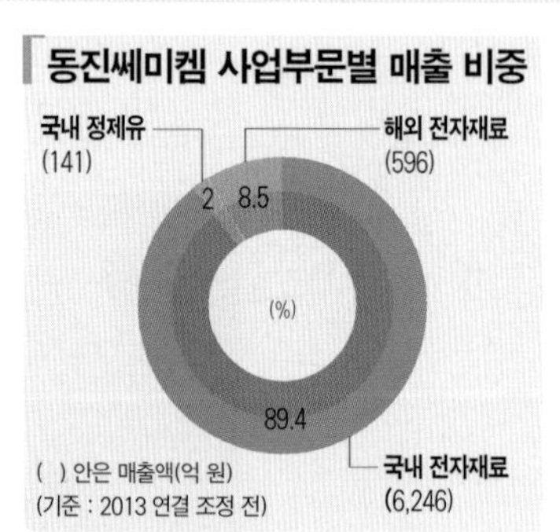

동진쎄미켐 사업부문별 매출 비중
국내 정제유 (141)
해외 전자재료 (596)
2 8.5
(%)
89.4
국내 전자재료 (6,246)
( ) 안은 매출액(억 원)
(기준 : 2013 연결 조정 전)

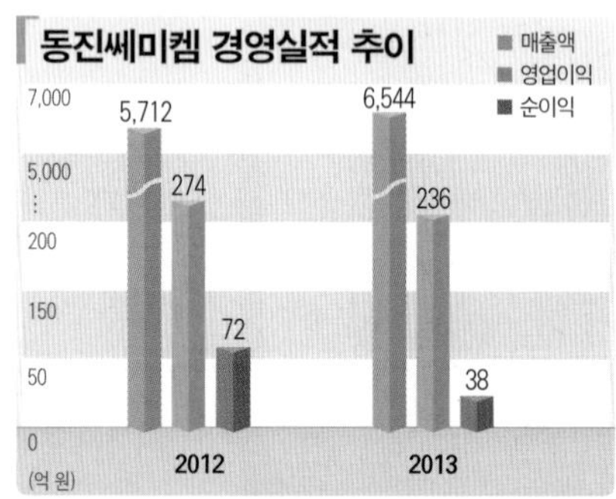

동진쎄미켐 경영실적 추이
매출액
영업이익
순이익
5,712 274 72
6,544 236 38
2012 2013
(억 원)

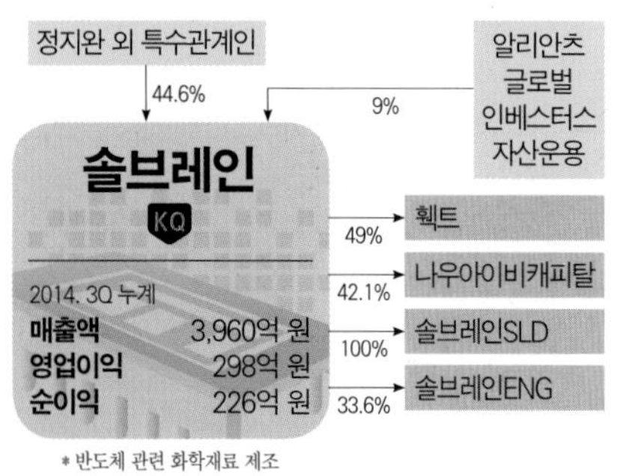

정지완 외 특수관계인
44.6%
알리안츠 글로벌 인베스터스 자산운용
9%
솔브레인
KQ
2014. 3Q 누계
매출액 3,960억 원
영업이익 298억 원
순이익 226억 원
49% 훽트
42.1% 나우아이비캐피탈
100% 솔브레인SLD
33.6% 솔브레인ENG

* 반도체 관련 화학재료 제조

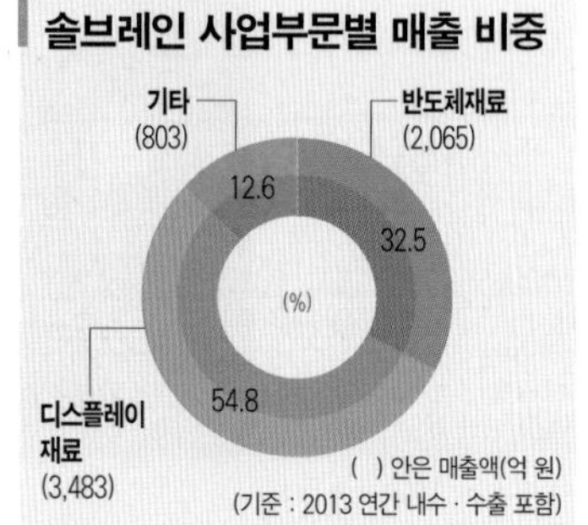

솔브레인 사업부문별 매출 비중
기타 (803)
반도체재료 (2,065)
12.6 32.5
(%)
54.8
디스플레이 재료 (3,483)
( ) 안은 매출액(억 원)
(기준 : 2013 연간 내수 · 수출 포함)

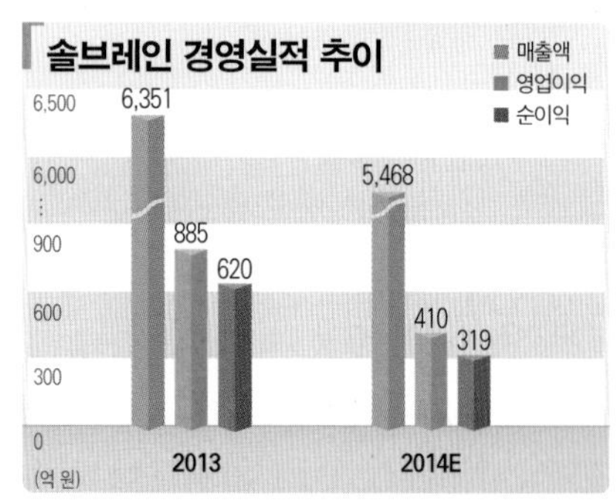

솔브레인 경영실적 추이
매출액
영업이익
순이익
6,351 885 620
5,468 410 319
2013 2014E
(억 원)

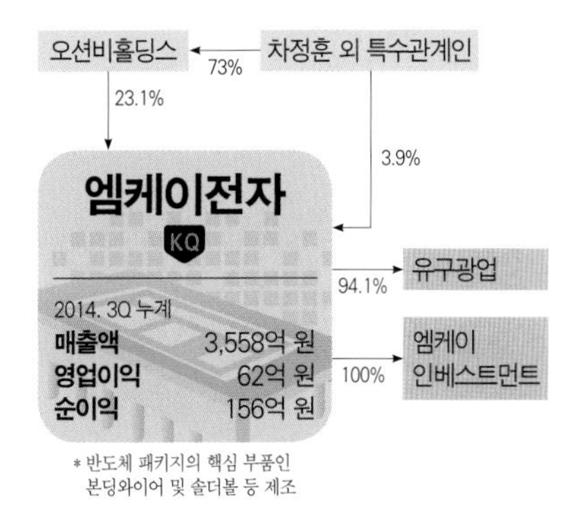

오션비홀딩스
차정훈 외 특수관계인
73%
23.1%
3.9%
엠케이전자
KQ
94.1%
유구광업
2014. 3Q 누계
매출액 3,558억 원
영업이익 62억 원
순이익 156억 원
100%
엠케이 인베스트먼트

* 반도체 패키지의 핵심 부품인 본딩와이어 및 솔더볼 등 제조

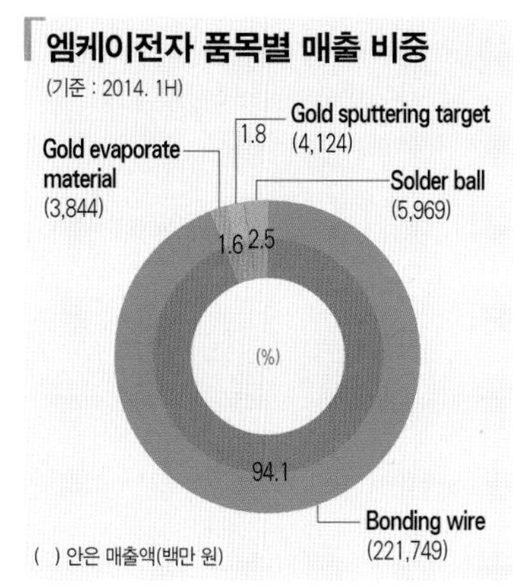

엠케이전자 품목별 매출 비중
(기준 : 2014. 1H)
Gold evaporate material (3,844)
1.8
Gold sputtering target (4,124)
Solder ball (5,969)
1.6 2.5
(%)
94.1
Bonding wire (221,749)
( ) 안은 매출액(백만 원)

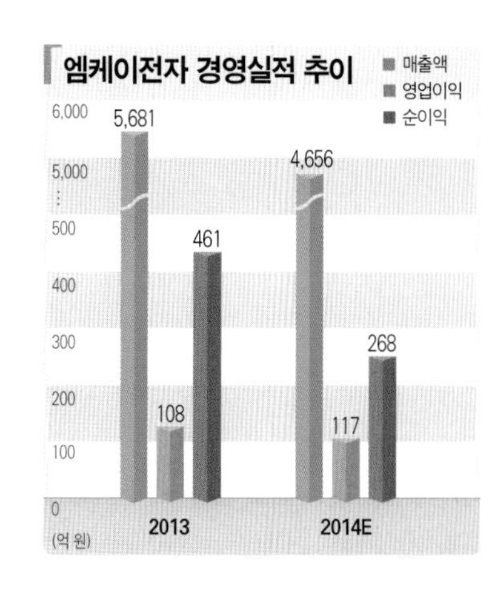

엠케이전자 경영실적 추이
매출액
영업이익
순이익
6,000
5,000
500
400
300
200
100
0
(억 원)
5,681
108
461
4,656
117
268
2013
2014E

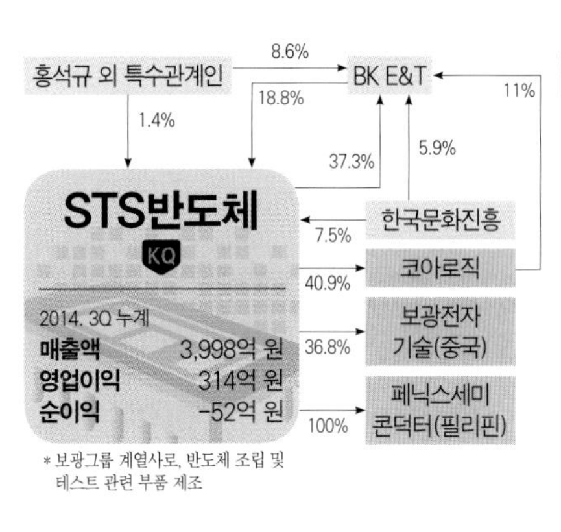

홍석규 외 특수관계인
8.6%
BK E&T
18.8%
11%
1.4%
37.3%
5.9%
STS반도체
KQ
한국문화진흥
7.5%
40.9%
코아로직
2014. 3Q 누계
매출액 3,998억 원
영업이익 314억 원
순이익 -52억 원
36.8%
보광전자 기술(중국)
100%
페닉스세미 콘덕터(필리핀)

* 보광그룹 계열사로, 반도체 조립 및 테스트 관련 부품 제조

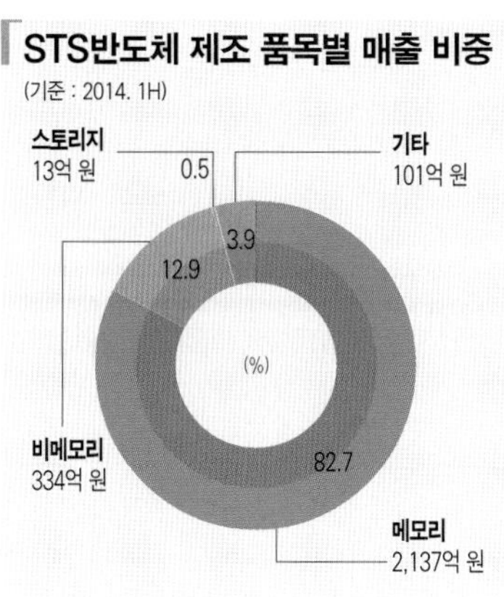

STS반도체 제조 품목별 매출 비중
(기준 : 2014. 1H)
스토리지 13억 원
0.5
기타 101억 원
3.9
12.9
(%)
비메모리 334억 원
82.7
메모리 2,137억 원

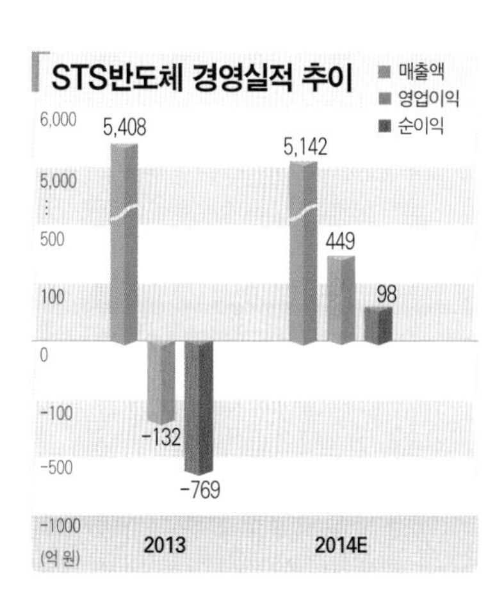

STS반도체 경영실적 추이
매출액
영업이익
순이익
6,000
5,000
500
100
0
-100
-500
-1000
(억 원)
5,408
-132
-769
5,142
449
98
2013
2014E

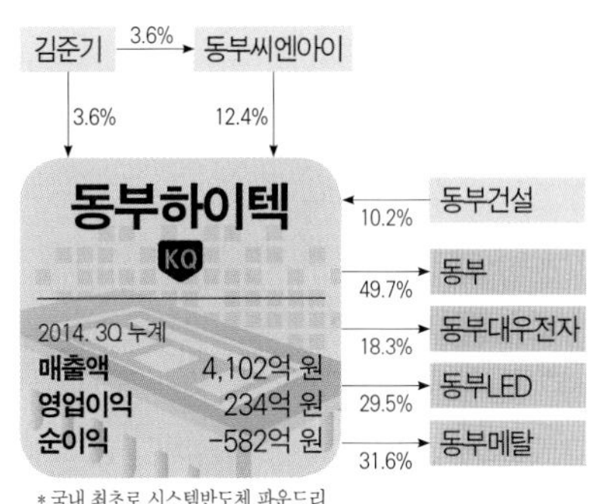

김준기
3.6%
동부씨엔아이
3.6%
12.4%
동부하이텍
KQ
동부건설
10.2%
49.7%
동부
18.3%
동부대우전자
29.5%
동부LED
31.6%
동부메탈
2014. 3Q 누계
매출액 4,102억 원
영업이익 234억 원
순이익 -582억 원

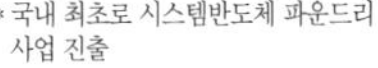

* 국내 최초로 시스템반도체 파운드리 사업 진출

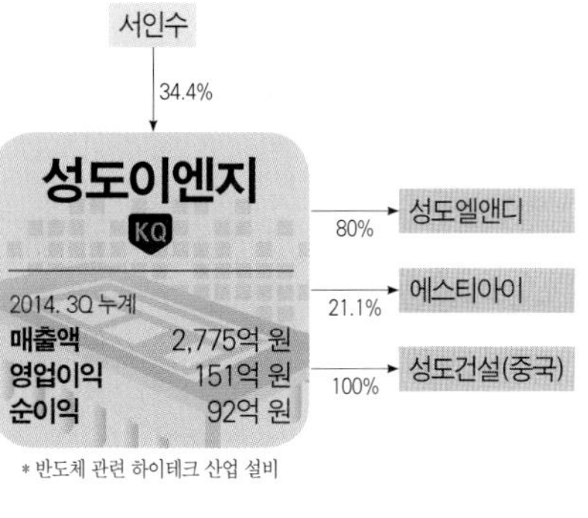

서인수
34.4%
성도이엔지
KQ
80%
성도엘앤디
21.1%
에스티아이
100%
성도건설(중국)
2014. 3Q 누계
매출액 2,775억 원
영업이익 151억 원
순이익 92억 원

* 반도체 관련 하이테크 산업 설비

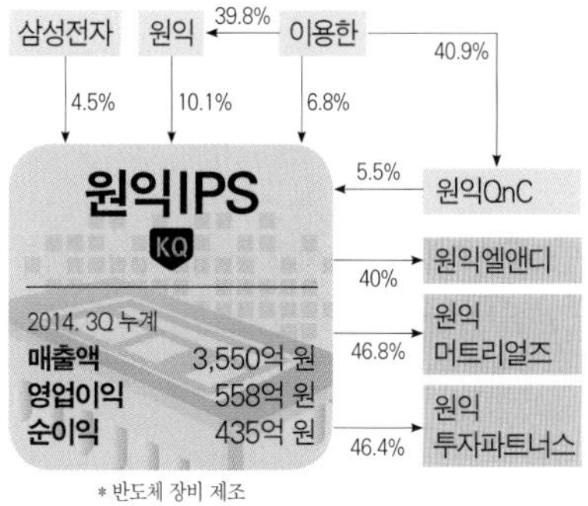

삼성전자
원익
39.8%
이용한
40.9%
4.5%
10.1%
6.8%
원익IPS
KQ
5.5%
원익QnC
40%
원익엘앤디
46.8%
원익 머트리얼즈
46.4%
원익 투자파트너스
2014. 3Q 누계
매출액 3,550억 원
영업이익 558억 원
순이익 435억 원

* 반도체 장비 제조

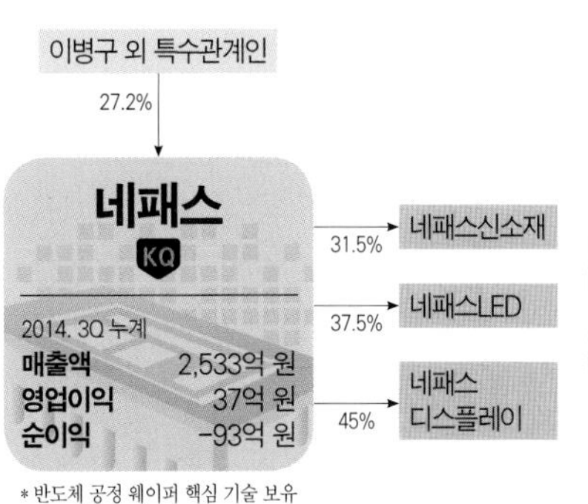

이병구 외 특수관계인
27.2%
네패스
KQ
31.5%
네패스신소재
37.5%
네패스LED
45%
네패스 디스플레이
2014. 3Q 누계
매출액 2,533억 원
영업이익 37억 원
순이익 -93억 원

* 반도체 공정 웨이퍼 핵심 기술 보유

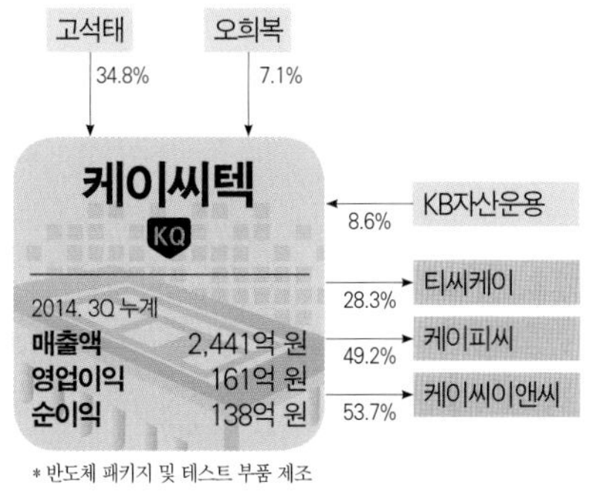

고석태
오희복
34.8%
7.1%
케이씨텍
KQ
KB자산운용
8.6%
28.3%
티씨케이
49.2%
케이피씨
53.7%
케이씨이앤씨
2014. 3Q 누계
매출액 2,441억 원
영업이익 161억 원
순이익 138억 원

* 반도체 패키지 및 테스트 부품 제조

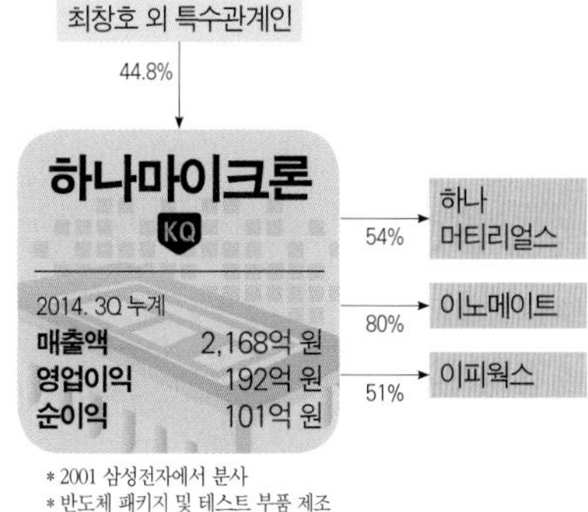

최창호 외 특수관계인
44.8%
하나마이크론
KQ
54%
하나 머티리얼스
80%
이노메이트
51%
이피웍스
2014. 3Q 누계
매출액 2,168억 원
영업이익 192억 원
순이익 101억 원

* 2001 삼성전자에서 분사
* 반도체 패키지 및 테스트 부품 제조

국내 반도체 생산 추이

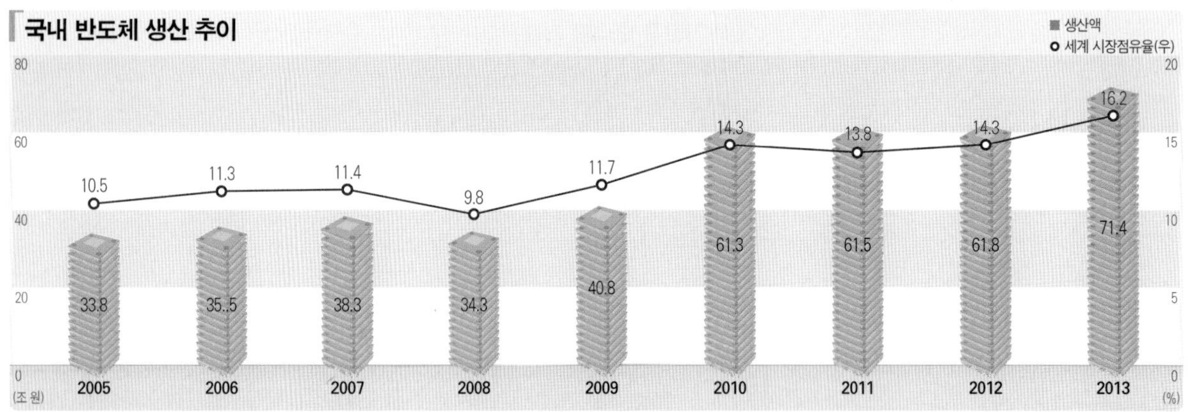
■ 생산액
○ 세계 시장점유율(우)
80
60
40
20
0
(조 원)
20
15
10
5
0
(%)
2005
2006
2007
2008
2009
2010
2011
2012
2013
33.8
35.5
38.3
34.3
40.8
61.3
61.5
61.8
71.4
10.5
11.3
11.4
9.8
11.7
14.3
13.8
14.3
16.2

자료 : 통계청

국내 반도체 수출입 추이

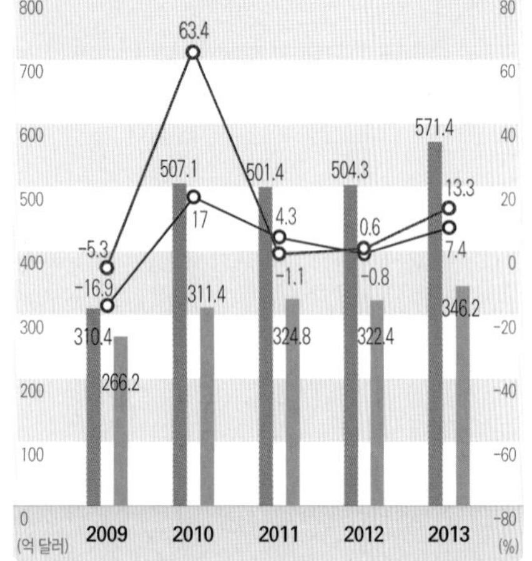
■ 수출 ○ 수출증가율(우)
■ 수입 ○ 수입증가율(우)
800
700
600
500
400
300
200
100
0
(억 달러)
80
60
40
20
0
-20
-40
-60
-80
(%)
2009
2010
2011
2012
2013
310.4
266.2
507.1
311.4
501.4
324.8
504.3
322.4
571.4
346.2
63.4
-5.3
-16.9
17
4.3
-1.1
0.6
-0.8
13.3
7.4

자료 : 통계청

반도체 제조공정별 특성과 주요 업체

구분	공정별	사업특성	주요 업체
일괄 공정	종합 반도체 업체(IDM)	· 기획 · R&D · 설계에서 제조 및 테스트까지 일관공정체계를 구축하여 직접 수행 · 기술력과 규모의 경제를 통한 경쟁 확보 · 대규모 투자의 고위험 고수익 형태	삼성전자, SK하이닉스, Intel, TI, Toshiba, Micron, Fujitsu
전공정 (Front-end)	설계전문 (Fabless)	· 칩 설계만 전문으로 하는 업체 · 높은 기술력과 인력 인프라 요구 · 고도의 시장 예측과 주문 생산 최소 물량 예측 필요	Qualcomm, Mediatek, Broadcom, Xilinx, 코아로직, 엠텍비전
	수탁제조 (Foundry)	· 주문 방식에 의해 웨이퍼 생산만 전문 · 칩을 직접 설계하지 않고, 설계업체로부터 위탁 제조	TSMC, Globalfoundries, 동부하이텍, 매그나칩
후공정 (Back-end)	패키징 · 테스트	· 가공된 웨이퍼의 패키징 및 테스트를 전문적으로 수행 · 축적된 경험과 거래선 확보 필요	ASE, Amkor, SPIL, STATSChipPAC, STS반도체, PSTS, PSPC
설계 · 장비	IP전문 (Chipless)	· 설계기술 R&D 전문 · IDM이나 Fabless에 IP 제공	ARM,Rambus
	공정장비	· 반도체 제조 장비 개발 및 생산	Applied Materials TEL, Advantest

자료 : STS반도체통신

국내 반도체 주요 품목별 생산·출하량 추이

■ 생산량 출하량 : ■ 내수량 ■ 수출량

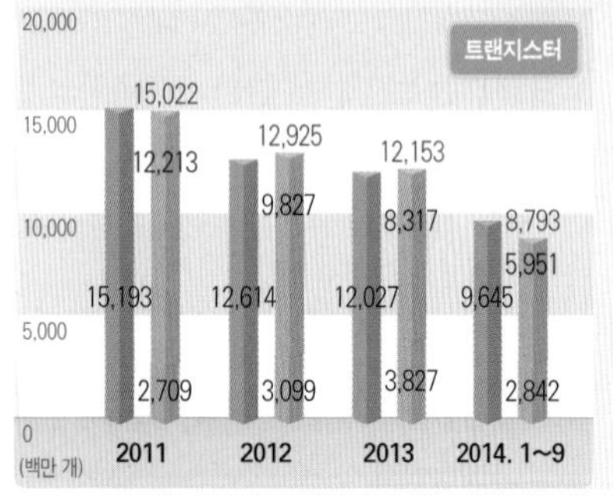
트랜지스터
20,000
15,000
10,000
5,000
0
(백만 개)
2011
2012
2013
2014. 1~9
15,022
12,213
15,193
2,709
12,925
9,827
12,614
3,099
12,153
8,317
12,027
3,827
8,793
5,951
9,645
2,842

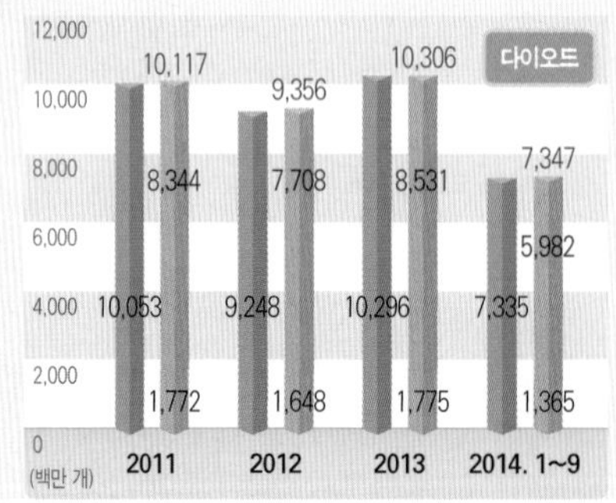
다이오드
12,000
10,000
8,000
6,000
4,000
2,000
0
(백만 개)
2011
2012
2013
2014. 1~9
10,117
8,344
10,053
1,772
9,356
7,708
9,248
1,648
10,306
8,531
10,296
1,775
7,347
5,982
7,335
1,365

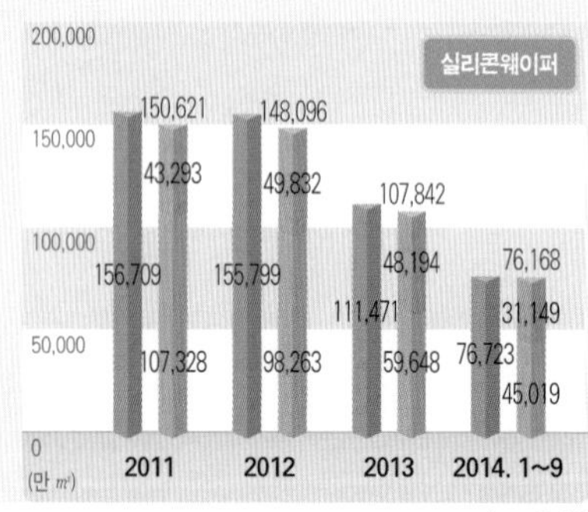
실리콘웨이퍼
200,000
150,000
100,000
50,000
0
(만 ㎡)
2011
2012
2013
2014. 1~9
150,621
43,293
156,709
107,328
148,096
49,832
155,799
98,263
107,842
48,194
111,471
59,648
76,168
31,149
76,723
45,019

자료 : 통계청

DRAM 수급 추이

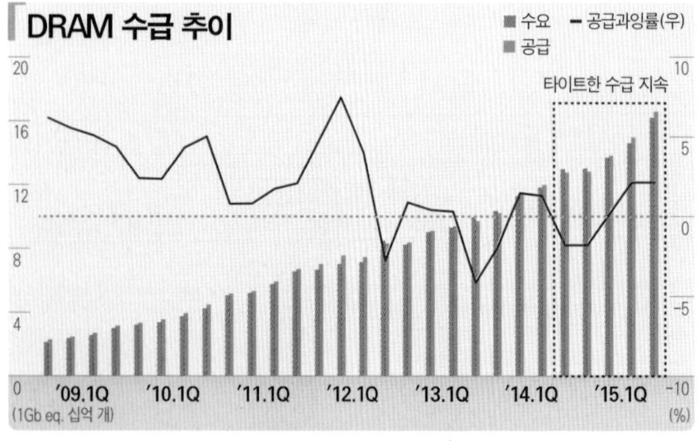
■ 수요 — 공급과잉률(우)
■ 공급
타이트한 수급 지속
20
16
12
8
4
0
(1Gb eq. 십억 개)
10
5
0
-5
-10
(%)
'09.1Q
'10.1Q
'11.1Q
'12.1Q
'13.1Q
'14.1Q
'15.1Q

자료 : DRAM Exchange, Gartner, IDC

NAND플래시메모리 수급 추이

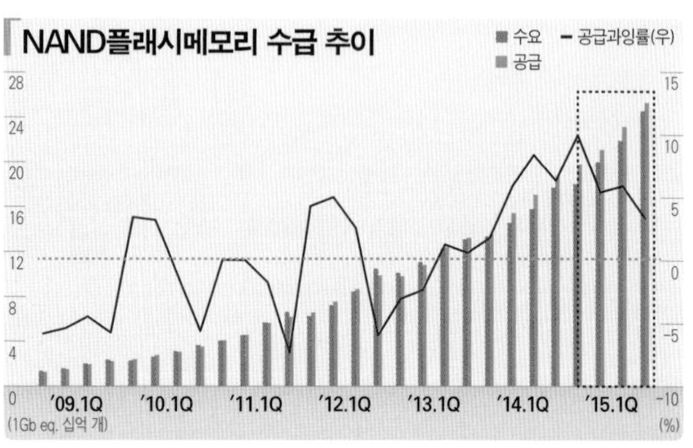
■ 수요 — 공급과잉률(우)
■ 공급
28
24
20
16
12
8
4
0
(1Gb eq. 십억 개)
15
10
5
0
-5
-10
(%)
'09.1Q
'10.1Q
'11.1Q
'12.1Q
'13.1Q
'14.1Q
'15.1Q

자료 : DRAM Exchange, Gartner, IDC

글로벌 DRAM 출하량 제품별 비중 추이

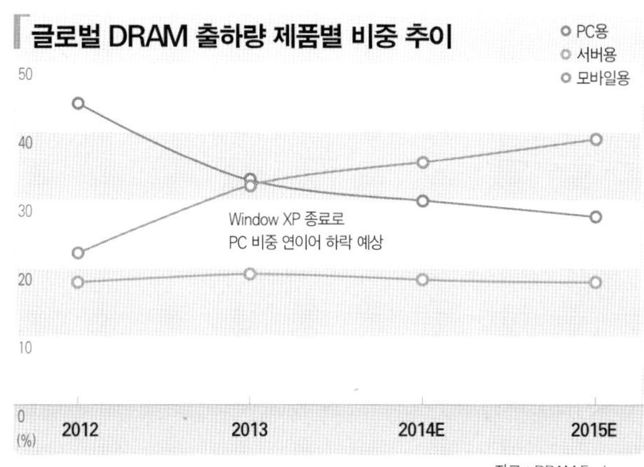
PC용
서버용
모바일용
50
40
30
20
10
0
(%)
Window XP 종료로
PC 비중 연이어 하락 예상
2012
2013
2014E
2015E

자료 : DRAM Exchange

모바일 DRAM 시장규모 추이

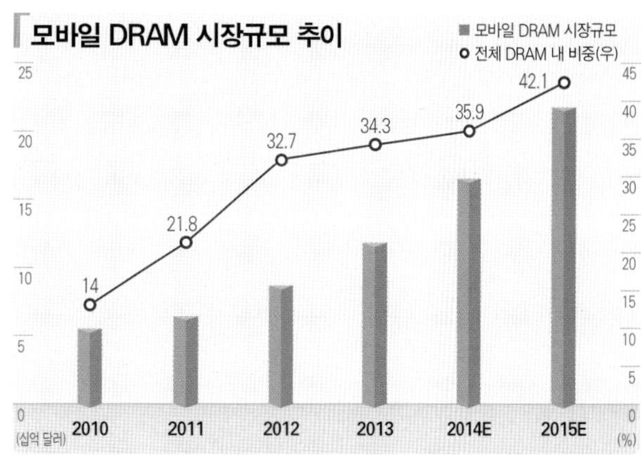
모바일 DRAM 시장규모
전체 DRAM 내 비중(우)
25
20
15
10
5
0
(십억 달러)
45
40
35
30
25
20
15
10
5
0
(%)
14
21.8
32.7
34.3
35.9
42.1
2010
2011
2012
2013
2014E
2015E

자료 : DRAM Exchange

차세대 유망 반도체 분야

분야	주요 품목
그린 IT	전력관리(PM) SoC, 에너지관리(EM) SoC, 배터리관리(BM) SoC, 마이크로 에너지 SoC, 첨단에너지검침인프라(AMI) SoC
자동차용 SoC	안전 및 보안 SoC, 가상평가기술, ESD/Latch-Up 테스트, 인포테인먼트, AMS 플랫폼 SoC, 다중모달리티 사용자 인터페이스 플랫폼 SoC, 플렉스레이-캔 게이트웨이 SoC, 플렉스레이 컨트롤러 및 트랜시버 IC, 파워트레인 IC
커뮤니케이션 · 소비자용 SoC	무선통신 SoC, Mm-Wave CMOS RF 기술, 유선통신 SoC, DTV SoC, 3DTV SoC, 멀티미디어 SoC
차세대 메모리	나노부유게이트 메모리(NFGM), 터널링게이트 메모리(TBM), 폴리머 RAM(PoRAM), 강유전계 메모리(FFM), 저항변화메모리(ReRAM), 상변화메모리(PCRAM), 자기저항메모리(STT-MRAM)
전력소자	트렌치 필드 스톱 IGBT, 수퍼정션 IGBT, 트렌치 파워 MOSFET, 수퍼정션 파워 MOSFET, SiC MOSFET, GaNHeMT, 캐스코우드하이브리드 소자((SiC MOSFET + Si MOSFET), 하이 홀딩 볼티지, Advanced ggNMOS, 실리콘제어정류기(SCR), Advanced LIGBT, LDMOSFET, TDMOSFET

자료 : KOTRA

글로벌 반도체시장 부문별 비중 (기준 : 2013 연간)

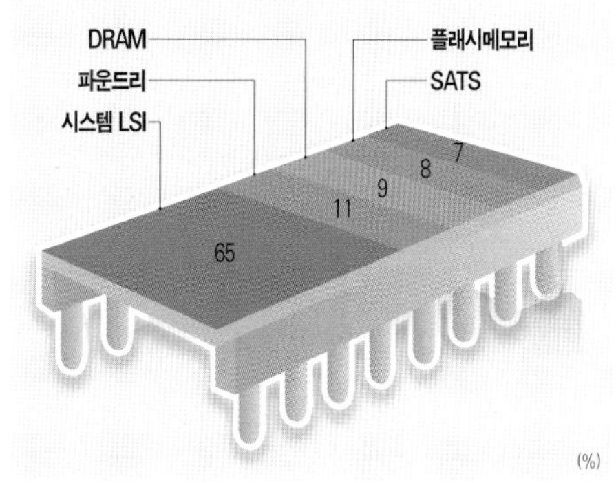
DRAM
파운드리
시스템 LSI
플래시메모리
SATS
65
11
9
8
7
(%)

자료 : Gartner, 메리츠종금증권

국가별 반도체 생산액 추이

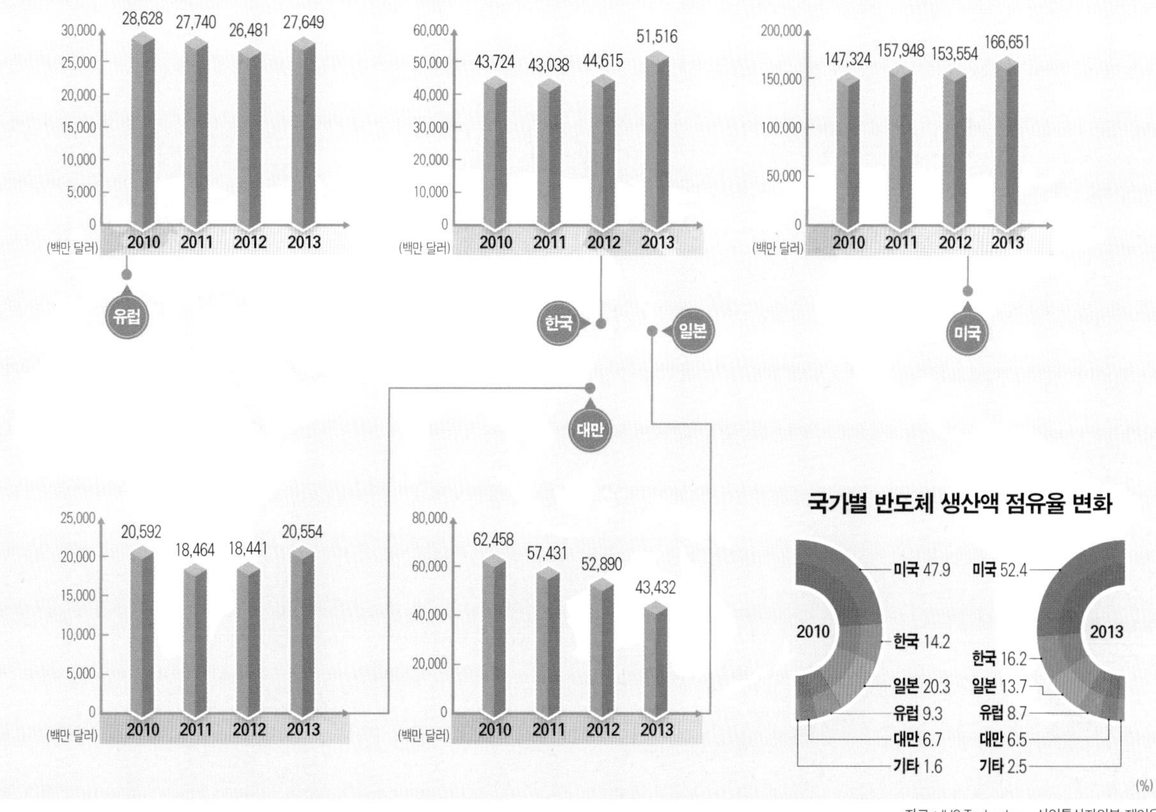
유럽
30,000
25,000
20,000
15,000
10,000
5,000
0
(백만 달러)
28,628
27,740
26,481
27,649
2010
2011
2012
2013
한국
60,000
50,000
40,000
30,000
20,000
10,000
0
(백만 달러)
43,724
43,038
44,615
51,516
2010
2011
2012
2013
미국
200,000
150,000
100,000
50,000
0
(백만 달러)
147,324
157,948
153,554
166,651
2010
2011
2012
2013
일본
대만
25,000
20,000
15,000
10,000
5,000
0
(백만 달러)
20,592
18,464
18,441
20,554
2010
2011
2012
2013
80,000
60,000
40,000
20,000
0
(백만 달러)
62,458
57,431
52,890
43,432
2010
2011
2012
2013
국가별 반도체 생산액 점유율 변화
2010
미국 47.9
한국 14.2
일본 20.3
유럽 9.3
대만 6.7
기타 1.6
2013
미국 52.4
한국 16.2
일본 13.7
유럽 8.7
대만 6.5
기타 2.5
(%)

자료 : IHS Technology, 산업통상자원부 재인용

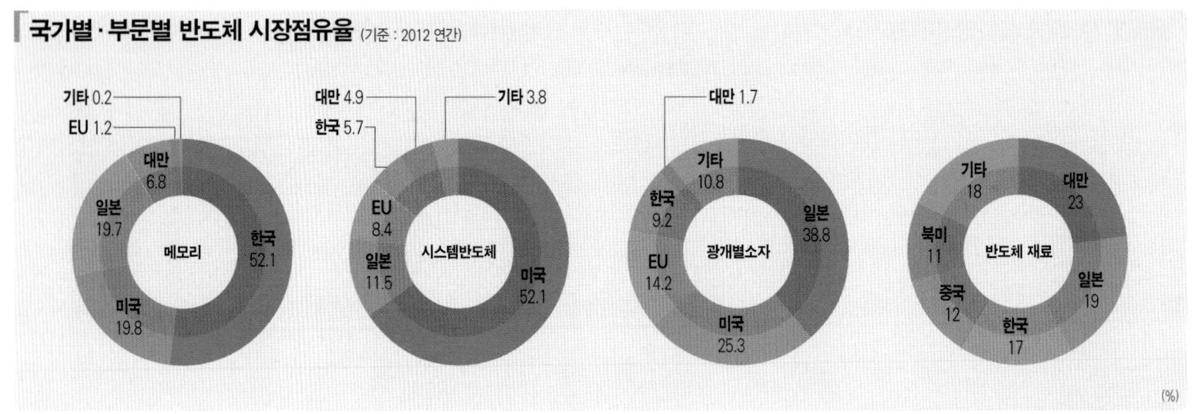
국가별 · 부문별 반도체 시장점유율 (기준 : 2012 연간)
기타 0.2
EU 1.2
대만 6.8
일본 19.7
메모리
한국 52.1
미국 19.8
대만 4.9
한국 5.7
기타 3.8
EU 8.4
일본 11.5
시스템반도체
미국 52.1
대만 1.7
기타 10.8
한국 9.2
EU 14.2
광개별소자
일본 38.8
미국 25.3
기타 18
대만 23
북미 11
반도체 재료
중국 12
일본 19
한국 17
(%)
자료 : 산업통상자원부, SEMI

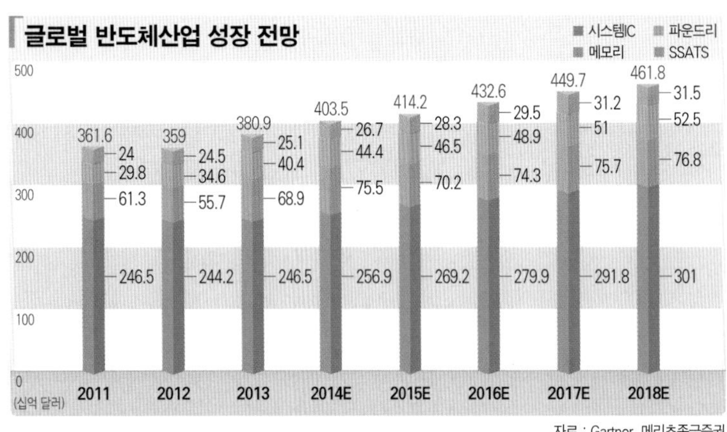
글로벌 반도체산업 성장 전망
시스템IC
파운드리
메모리
SSATS
500
400
300
200
100
0
(십억 달러)
2011 361.6 24 29.8 61.3 246.5
2012 359 24.5 34.6 55.7 244.2
2013 380.9 25.1 40.4 68.9 246.5
2014E 403.5 26.7 44.4 75.5 256.9
2015E 414.2 28.3 46.5 70.2 269.2
2016E 432.6 29.5 48.9 74.3 279.9
2017E 449.7 31.2 51 75.7 291.8
2018E 461.8 31.5 52.5 76.8 301
자료 : Gartner, 메리츠종금증권

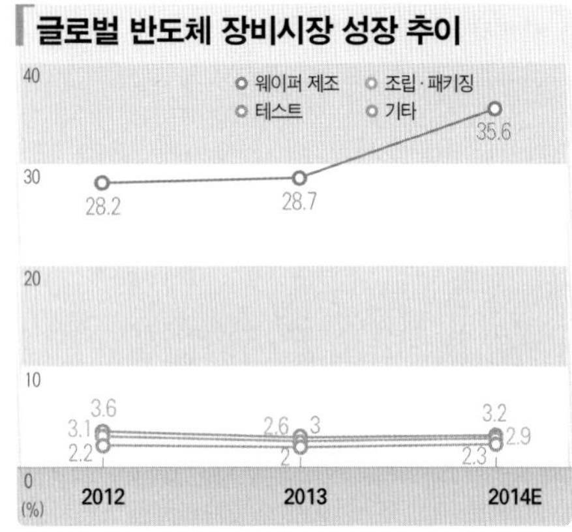
글로벌 반도체 장비시장 성장 추이
웨이퍼 제조
조립 · 패키징
테스트
기타
40
30
20
10
0
(%)
28.2
28.7
35.6
3.6
3.1
2.2
2.6
3
2
3.2
2.9
2.3
2012
2013
2014E
자료 : Equipmet Market Data Subscription (EMDS), SEMI

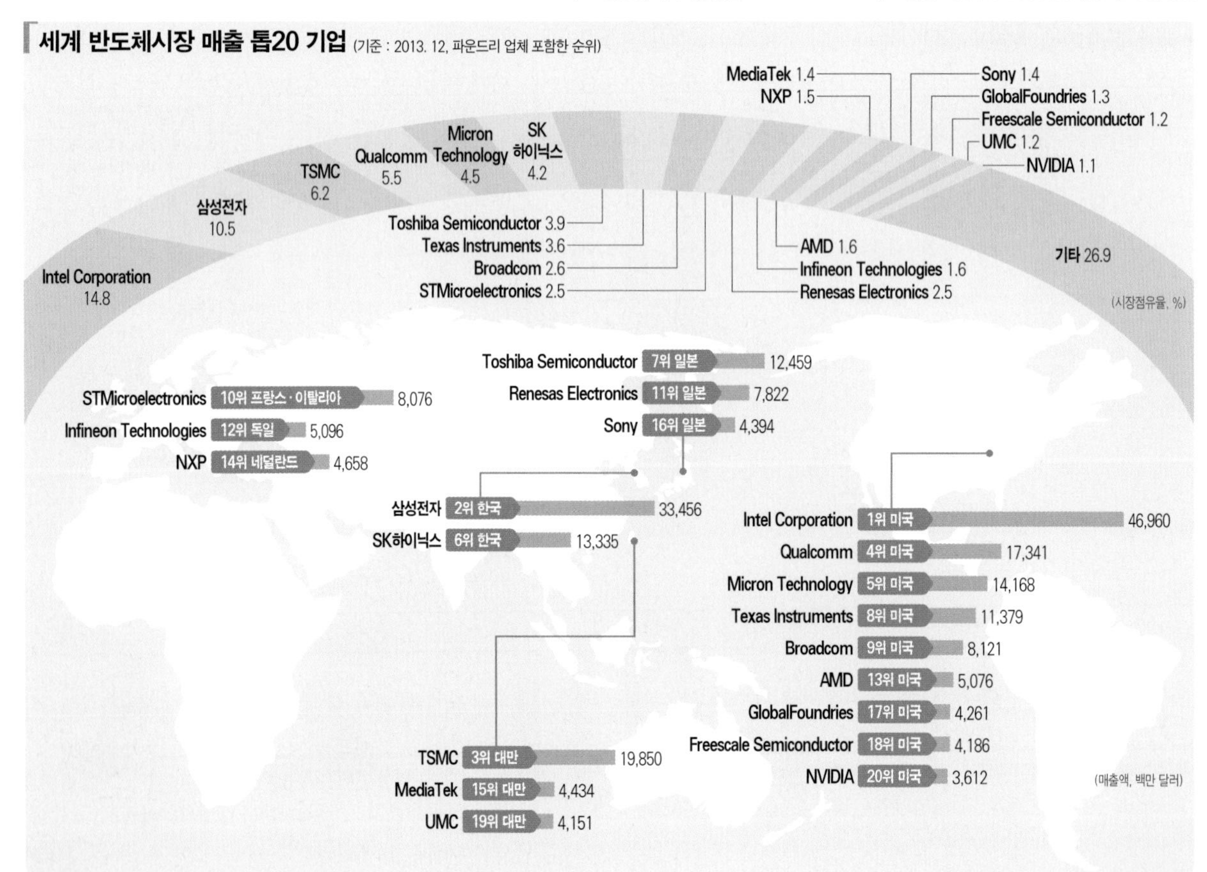
세계 반도체시장 매출 톱20 기업 (기준 : 2013. 12, 파운드리 업체 포함한 순위)
MediaTek 1.4
NXP 1.5
Sony 1.4
GlobalFoundries 1.3
Freescale Semiconductor 1.2
UMC 1.2
NVIDIA 1.1
Micron Technology 4.5
SK 하이닉스 4.2
Qualcomm 5.5
TSMC 6.2
삼성전자 10.5
Intel Corporation 14.8
Toshiba Semiconductor 3.9
Texas Instruments 3.6
Broadcom 2.6
STMicroelectronics 2.5
AMD 1.6
Infineon Technologies 1.6
Renesas Electronics 2.5
기타 26.9
(시장점유율, %)
Toshiba Semiconductor 7위 일본 12,459
Renesas Electronics 11위 일본 7,822
Sony 16위 일본 4,394
STMicroelectronics 10위 프랑스 · 이탈리아 8,076
Infineon Technologies 12위 독일 5,096
NXP 14위 네덜란드 4,658
삼성전자 2위 한국 33,456
SK하이닉스 6위 한국 13,335
Intel Corporation 1위 미국 46,960
Qualcomm 4위 미국 17,341
Micron Technology 5위 미국 14,168
Texas Instruments 8위 미국 11,379
Broadcom 9위 미국 8,121
AMD 13위 미국 5,076
GlobalFoundries 17위 미국 4,261
Freescale Semiconductor 18위 미국 4,186
NVIDIA 20위 미국 3,612
TSMC 3위 대만 19,850
MediaTek 15위 대만 4,434
UMC 19위 대만 4,151
(매출액, 백만 달러)
자료 : IHS 등

중국 반도체시장과 자급률 전망

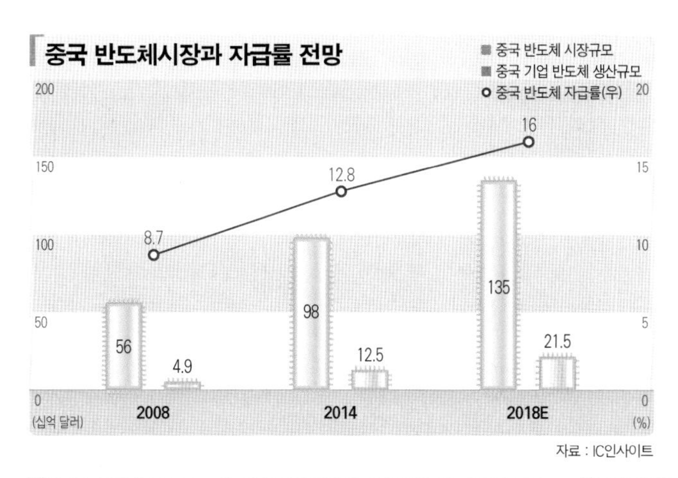

중국 반도체 시장규모
중국 기업 반도체 생산규모
중국 반도체 자급률(우)
200
150
100
50
0
(십억 달러)
20
15
10
5
0
(%)
8.7
12.8
16
56
4.9
98
12.5
135
21.5
2008
2014
2018E

자료 : IC인사이트

NAND플래시메모리 업체별 글로벌 시장점유율

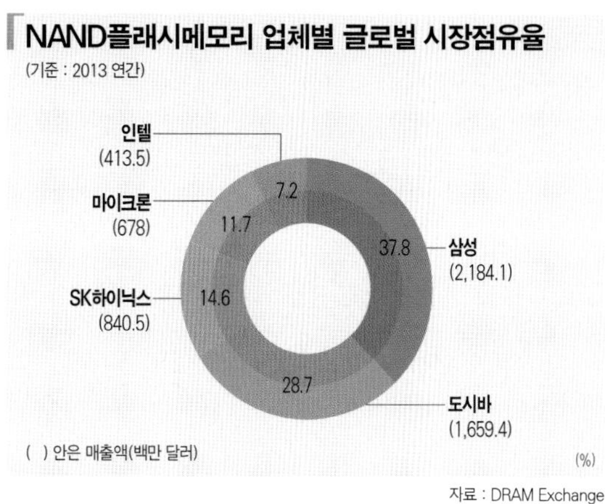

(기준 : 2013 연간)
인텔 (413.5)
마이크론 (678)
SK하이닉스 (840.5)
삼성 (2,184.1)
도시바 (1,659.4)
7.2
11.7
37.8
14.6
28.7
( ) 안은 매출액(백만 달러)
(%)

자료 : DRAM Exchange

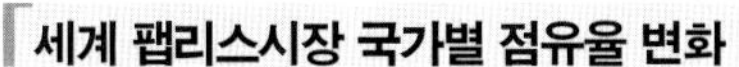

세계 팹리스시장 국가별 점유율 변화

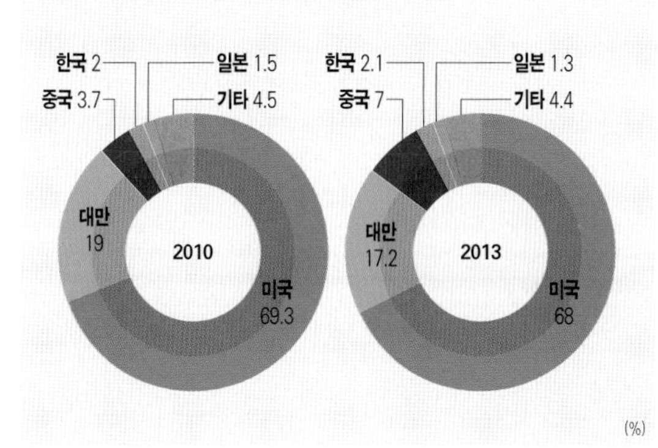

한국 2
일본 1.5
중국 3.7
기타 4.5
대만 19
2010
미국 69.3
한국 2.1
일본 1.3
중국 7
기타 4.4
대만 17.2
2013
미국 68
(%)

자료 : IHS

반도체 파운드리 업체별 시장점유율 (기준 : 2013)

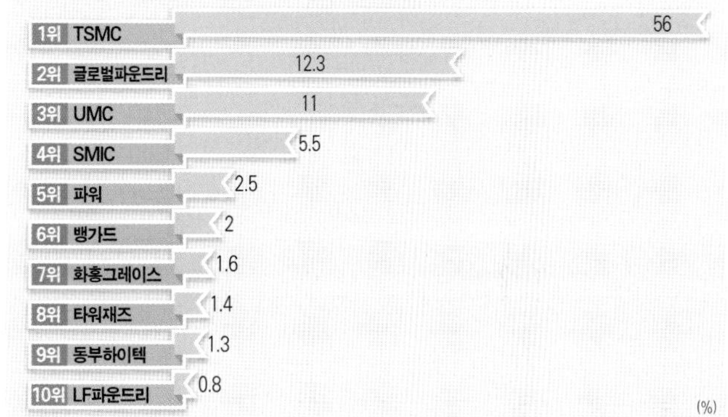

1위 TSMC 56
2위 글로벌파운드리 12.3
3위 UMC 11
4위 SMIC 5.5
5위 파워 2.5
6위 뱅가드 2
7위 화홍그레이스 1.6
8위 타워재즈 1.4
9위 동부하이텍 1.3
10위 LF파운드리 0.8
(%)

자료 : IHS

세계 반도체 생산능력 톱10 기업 (기준 : 2013. 12)

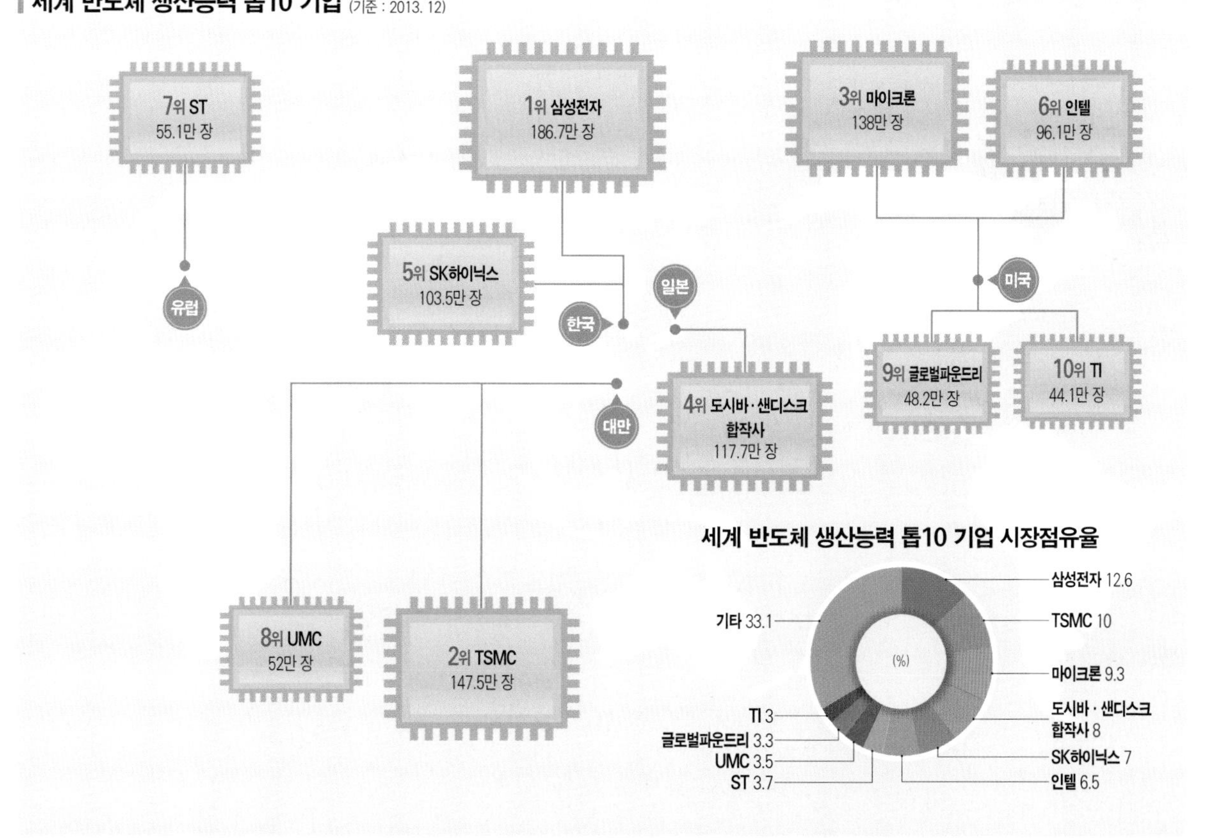

7위 ST 55.1만 장
1위 삼성전자 186.7만 장
3위 마이크론 138만 장
6위 인텔 96.1만 장
5위 SK하이닉스 103.5만 장
유럽
한국
일본
미국
9위 글로벌파운드리 48.2만 장
10위 TI 44.1만 장
대만
4위 도시바·샌디스크 합작사 117.7만 장
8위 UMC 52만 장
2위 TSMC 147.5만 장
세계 반도체 생산능력 톱10 기업 시장점유율
삼성전자 12.6
TSMC 10
마이크론 9.3
도시바·샌디스크 합작사 8
SK하이닉스 7
인텔 6.5
기타 33.1
TI 3
글로벌파운드리 3.3
UMC 3.5
ST 3.7
(%)

자료 : IC Insights

연간 수출 규모 600억 달러, 제2의 전성기 도래!

IT, 디지털, 모바일, 스마트, 인공지능, 센서, 바이오 등을 하나로 묶을 공통분모를 구한다면? 물론 정답은 '반도체'다. 전류가 흐르는 도체와 흐르지 않는 부도체의 중간 영역을 이르는 반도체를 '마법의 돌'로 부르는 이유가 여기에 있다. 도대체가 쓰이지 않는 곳이 없기 때문이다.

반도체시장은 제품 수명 주기가 매우 짧은 반면, 신제품 생산을 위해 대규모 투자가 필요한 장치 산업이다. 그럼에도 불구하고 반도체산업을 둘러싼 환경이 우호적인 이유는 바로 마법의 돌과 같은 반도체의 쓰임새 덕분이다. 반도체는 디지털 기기를 모바일화·스마트화 시키고, 자동차를 비롯한 각종 기계류를 IT화 하는 데 중심 역할을 한다.

과거에는 생산력 강화와 원가 절감이 반도체시장의 중요 경쟁 요소였다면, 최근에는 공정 미세화 및 고도화로 사업 환경이 변하면서 활용 분야를 넓히는 기술력이 승부처로 떠오르고 있다.

다시 불붙은 메모리 반도체시장

세계 반도체시장에 따뜻한 봄볕이 들고 있다. 오랜 터널을 통과한 생존자들이 호황을 누리게 된 것이다. 시장이 공급자 중심으로 재편되면서 삼성전자를 비롯해 반도체 메이커들이 제2의 전성기를 맞을 전망이다.

스마트폰이 최근 몇 년간 모바일시장을 이끈 성장동력이었다면, 이제 그 바통을 이어받을 주자는 D램 메모리 반도체다. 시장조사기관 IC인사이트는, 모바일D램의 경우 마진이 높은 LPDDR4 판매가 확대되면서 용량과 매출 면에서 큰 성장을 예상하고 있다. 아울러 SSD와 3D 낸드 시장의 개화도 긍정적 요소로 꼽힌다. SSD의 경우 대다수 시장조사기관이 2015년에 30%대의 높은 성장을 전망하고 있다. 용량 역시 128GB에서 256GB로의 상향 조정이 확실시된다. 삼성전자가 모든 낸드 제품군에 3D를 적용하기 시작하면서 향후 SK하이닉스와 도시바 등이 가세할 경우 시장이 더욱 커질 전망이다.

D램 메모리 반도체 호황의 최대 수혜자는 단연 삼성전자와 SK하이닉스다. 여기에 미국 마이크론도 가세하고 있다. 증권가에서는 삼성전자 메모리 사업부의 매출이 전년 대비 30% 가량 늘어난 29~30조 원, 영업이익은 40% 이상 상승한 9조 원 안팎을 예상하고 있다. SK하이닉스도 전년 대비 매출 20%, 영업이익 40% 이상 성장할 것으로 전망된다. 삼성전자와 SK하이닉스의 D램 매출이 늘면서 우리나라의 반도체 수출액이 전년 대비 7.6% 늘어난 615억 달러에 이를 전망이다. 연간 수출 규모가 600억 달러를 넘은 품목은 반도체가 처음이다.

일본 엘피다를 인수해 D램 업계 3위로 뛰어오른 미국 마이크론도 상황이 좋다. 마이크론의 2014 회계연도 연간 매출액은 163억 5,800만 달러로 전년 대비 80.2% 성장했다. 연간 영업이익(30억 8,200만 달러)과 순이익(30억 4,500만 달러)의 경우 2013 회계연도 대비 각각 77.4%, 155.8%나 늘었다.

D램 호황은 전체 반도체시장의 성장을 견인했다. 세계반도체무역통계기구(WSTS)는 반도체 소자 시장규모를 전년 대비 9% 성장한 3,331억 5,100만 달러로 예상했다. WSTS는 2015년과 2016년 전망치도 긍정적으로 제시했다. 2015년에는 3.4% 성장한 3,445억 4,700만 달러를, 2016년은 3.1% 성장한 3,552억 7,200만 달러 규모를 형성할 것으로 내다봤다.

사물인터넷을 새로운 먹잇감으로

IT산업 성장을 이끌던 스마트폰 성장세가 한풀 꺾이면서 프리스케일, TI코리아, ST마이크로일렉트로닉스(이하 ST마이크로) 등 반도체업계의 뉴페이스들이 미래 먹잇감으로 사물인터넷(IoT)을 조준하고 나섰다.

사물인터넷이란 사람, 사물, 공간, 데이터 등 모든 것이 인터넷을 통해 서로 연결돼 각종 정보가 생성·활용되는 기술과 서비스를 말한다. 사물인터넷 시대에는 각종 기기를 연결해 데이터를 전송할 수 있는 네트워킹 기술부터, 데이터 관리를 효율적으로 도와주는 임베디드 운영체제(OS)까지 다양한 수요를 창출한다.

시장조사기관 가트너는 2020년에 약 300억 개의 사물인터넷 기기들이 인터넷과 연결되면서, 반도체에 대한 수요가 기하급수적으로 증가할 것으로 전망했다. 이에 따라 반도체 업체마다 사물인터넷 전략 짜기에 골몰하고 있다.

프리스케일은 사물인터넷시장 전략으로 전력 소비량 및 칩 크기를 줄여 소형기기에 활용할 수 있는 마이크로콘트롤러유닛(MCU)에 집중하고 있다. 프리스케일은 ARM 코어텍스(Cortex) M 기반의 초소형 마이크로콘트롤러유닛인 '키네티스 MCU 시리즈'를 이미 공급하고 있다.

TI코리아는 사물인터넷 기술과 첨단운전자지원시스템(ADAS)의 융합을 주요 전략으로 내세우고 있다. 이미 사물인터넷 분야에 대응할 수 있는 MCU부터 센서, 디지털신호처리(DLP), 임베디드 프로세서, 무선 커넥티비티, 전력관리 칩 등 각종 기술력을 보유한 만큼 그 중에서도 특히 수익성이 높은 자동차 애플리케이션시장에 집중하겠다는 계획이다.

ST마이크로는 웨어러블에 활용될 수 있는 각종 솔루션에 힘을 모으고 있다. 특히 미세전자기계시스템(MEMS) 기술을 적극 활용할 계획이다. 사물인터넷에서는 단순히 외부의 환경 요인을 감지하는 센서를 넘어서 각종 기기와 연동돼 데이터를 수집하고 전송할 수 있는 기술이 중요시되기 때문이다.

두 마리 토끼 잡는 사자

최근 세계 반도체업계 초미의 관심사는 삼성전자가 시스템 반도체에서 언제 흑자로 전환할 것인가이다.

삼성전자는 업계 최초로 차세대 14나노 기술(핀펫)을 적용한 애플리케이션 프로세서(AP) 양산에 성공한 뒤 애플 등으로부터 수탁 생산(파운드리) 주문량이 늘고 있다. 갤럭시 스마트폰의 성장이 정체되면서 위축됐던 비메모리 반도체 사업이 한발 빠른 기술력으로 재도약에 나서고 있는 것이다. 이미 자사 갤럭시S6와 애플 아이폰7용 AP 제조를 수주한 상태다. 아울러 세계 최대 팹리스(반도체 설계 전문 업체)인 퀄컴의 수탁 생산 물량을 수주한 것으로 알려져 더욱 기대를 높이고 있다.

핀펫은 반도체를 3차원으로 쌓는 기술이다. 핀펫 공정을 적용한 14나노급 AP를 생산한 업체는 삼성전자가 처음이다. 기존 스마트폰에 들어가는 20나노 평면 AP에 비해 전력 소비가 35% 이상 감소하는 대신 데이터 처리 속도는 20% 빠르다. 또 면적도 14% 가량 작아 더 얇고 가벼운 스마트폰을 만들 수 있다.

반도체시장에서는 그동안 삼성전자의 14나노 핀펫 AP 양산에 회의적이었다. 기존에 없던 기술이어서 대량 생산 과정에서 적잖은 시행착오를 겪게 될 것이라는 판단에서다. 삼성전자에게 있어서 2015년과 2016년은 메모리와 비메모리 두 마리 토끼를 모두 잡는 시기가 될 전망이다.

04 | 가전업계

업계 규모

- **국내 가전 시장규모** 16조 7,751억 원(전년 대비 ▲8.4%)
- **주요 가전(냉장고, 세탁기, 에어컨) 생산액** 9조 5,030억 원

삼성
* 주주 지분율은 보통주 기준
CE부문 : CTV, 모니터, 프린터, 에어컨, 냉장고, 세탁기, 의료기기 등
삼성전자(CE부문)
(종합일반가전)
KP
2014. 3Q 누계 (사업부문)
매출액 35조 9,160억 원
영업이익 1조 45억 원
부문자산 45조 8,124억 원
이건희 3.4%
홍라희 0.7%
이재용 0.6%
삼성생명 7.2%
삼성복지재단 0.1%
삼성화재 1.3%
삼성물산 4.1%
국민연금공단 7.8% 9.9%
삼성디스플레이 84.8% DP 제조 및 판매
스테코 51% 반도체 부품 생산
세메스 91.5% 반도체 · FPD 제조 장비
삼성전자서비스 99.3% 전자제품 수리 서비스
삼성전자판매 100% 전자제품 도소매
삼성전자로지텍 100% 종합물류 대행
삼성메디슨 68.5% 의료기기
삼성전자 경영실적 추이
(기준 : 전사업부문)
매출액
영업이익
순이익
250
200
150
100
50
0
(조 원)
229
37
30
206
25
22
2013
2014E
LG
LG전자(HE·HA·AE 부문)
(종합일반가전)
KP
2014. 3Q 누계 (사업부문)
매출액 27조 1,748억 원
영업이익 1조 357억 원
부문자산 25조 3,437억 원
• HE부문 : TV, 모니터, PC, 보안장비, 오디오, 비디오 등
• HA부문 : 냉장고, 세탁기, 청소기, 전자레인지, 정수기 등
• AE부문 : 에어컨 등
LG 33.7%
구본무 외 특수관계인 48.6%
* LG디스플레이는 연결대상 제외
LG디스플레이* 37.9% 전자제품 생산 · 판매
LG이노텍 40.8% 전기전자 부품 생산 · 판매
하이프라자 100% 전자제품 도소매
하이로지스틱스 100% 물류관리 서비스
LG히타치워터솔루션 51% 수질정화시설 건설
하이엠솔루텍 100% 일반 기계 · 장비 수리
에이스냉동공조 100% 공기조화 장치 제조
하이엔텍 100% 수질환경 엔지니어링
하이텔레서비스 100% 콜센터 · 텔레마케팅 서비스
하누리 100% 청소 용역

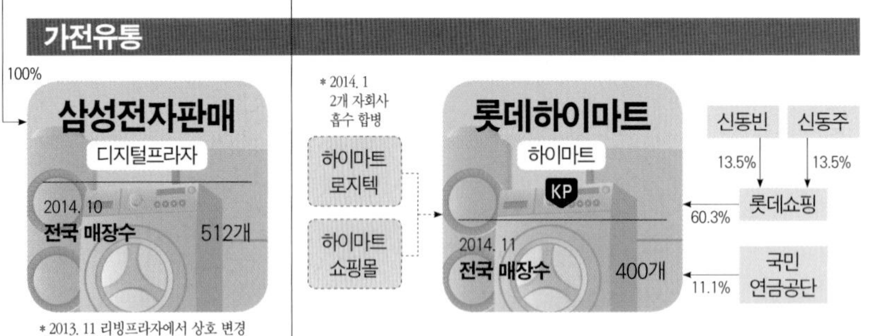
가전유통
100%
삼성전자판매
디지털프라자
2014. 10
전국 매장수 512개
* 2013. 11 리빙프라자에서 상호 변경
* 2014. 1 2개 자회사 흡수 합병
하이마트 로지텍
하이마트 쇼핑몰
롯데하이마트
하이마트
KP
2014. 11
전국 매장수 400개
신동빈 13.5%
신동주 13.5%
롯데쇼핑 60.3%
국민연금공단 11.1%

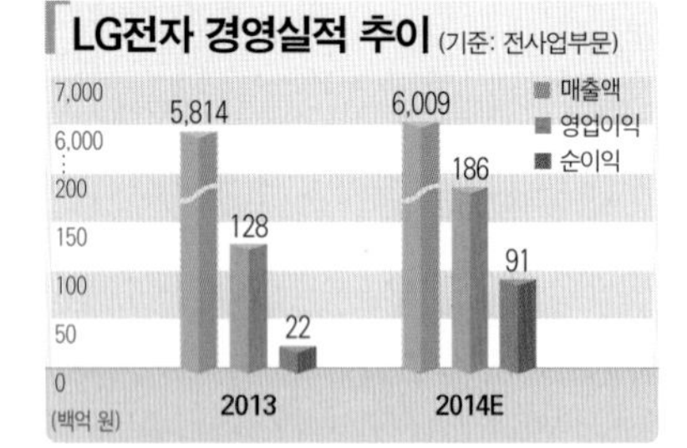
LG전자 경영실적 추이 (기준: 전사업부문)
매출액
영업이익
순이익
7,000
6,000
200
150
100
50
0
(백억 원)
5,814
128
22
6,009
186
91
2013
2014E

하이프라자
베스트샵
2014. 11
전국 매장수 471개
100%

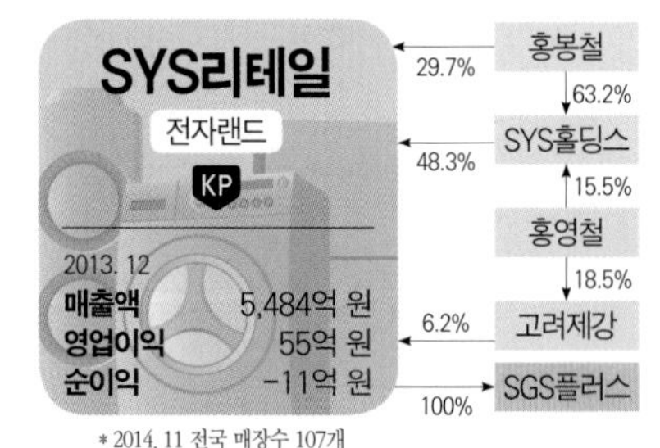
SYS리테일
전자랜드
KP
2013. 12
매출액 5,484억 원
영업이익 55억 원
순이익 -11억 원
홍봉철 29.7%
63.2%
SYS홀딩스 48.3%
15.5%
홍영철
18.5%
고려제강 6.2%
SGS플러스 100%
* 2014. 11 전국 매장수 107개

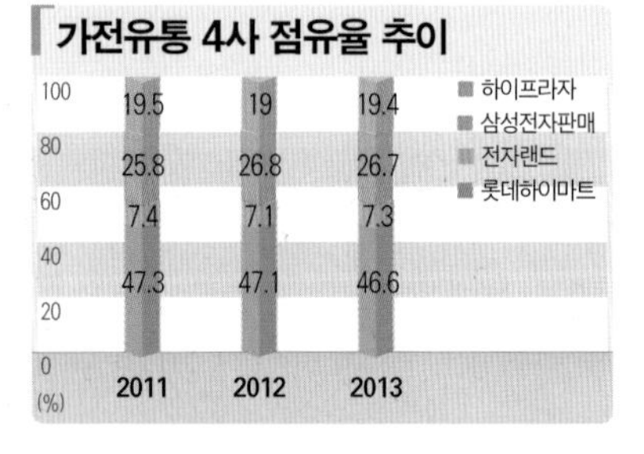
가전유통 4사 점유율 추이
하이프라자
삼성전자판매
전자랜드
롯데하이마트
100
80
60
40
20
0
(%)
19.5 25.8 7.4 47.3
19 26.8 7.1 47.1
19.4 26.7 7.3 46.6
2011
2012
2013

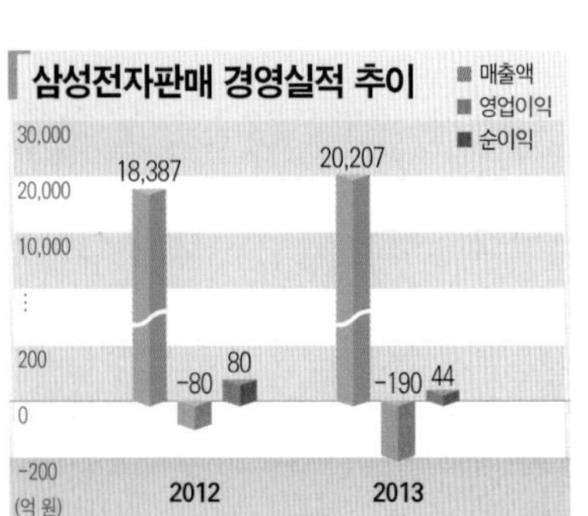
삼성전자판매 경영실적 추이
매출액
영업이익
순이익
30,000
20,000
10,000
200
0
-200
(억 원)
18,387
-80
80
20,207
-190
44
2012
2013

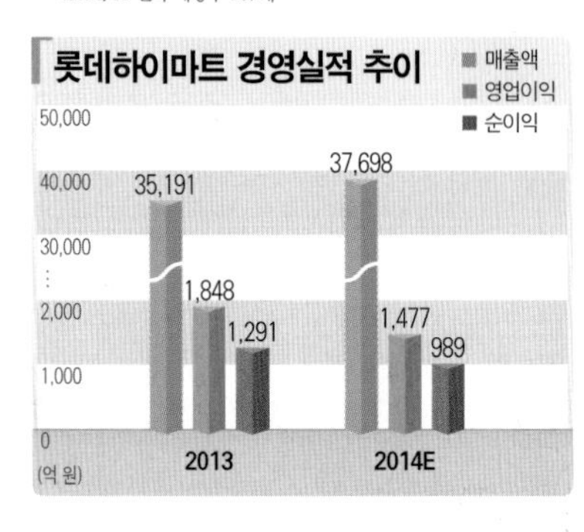
롯데하이마트 경영실적 추이
매출액
영업이익
순이익
50,000
40,000
30,000
2,000
1,000
0
(억 원)
35,191
1,848
1,291
37,698
1,477
989
2013
2014E

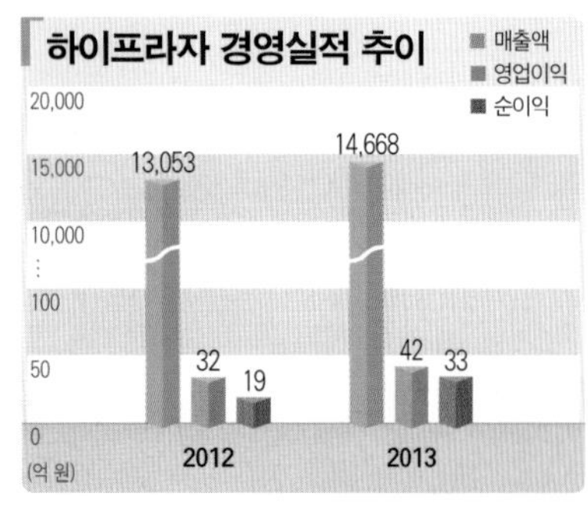
하이프라자 경영실적 추이
매출액
영업이익
순이익
20,000
15,000
10,000
100
50
0
(억 원)
13,053
32
19
14,668
42
33
2012
2013

• 일반가전 : TV, 냉장고, 세탁기 등
• 주방가전 : 전기밥솥, 전기포트, 믹서, 전자레인지 등
• 생활가전 : 에어컨, 청소기, 다리미, 건강기기 등
• 환경가전 : 정수기, 공기청정기, 제습기, 에어워셔 등
• 문화가전 : PC, 오디오, 비디오, 전화기, 가정용팩스기 등
위니아만도
(일반·생활 가전)
2013. 12 IFRS 연결
매출액 4,127억 원
영업이익 168억 원
순이익 111억 원
WiniaMando Holdings B.V
30%
* 2014. 10 지분 70% 매각
위니아대유
70%
* 2014. 10 종속회사 편입
89.1%
대유에이텍
* 2014. 10 최대주주 변경, 대유에이텍 계열사로 편입
한경희생활과학
(주방·생활 가전)
2013. 12
매출액 656억 원
영업이익 25억 원
순이익 11억 원
특수관계인 85.6%
고남석 6.5%
한경희 7.9%
15%
한경희 생활건강
동부씨엔아이
12.4%
동부하이텍
3.6%
김준기
3.6%
18.3%
9.2%
5.5%
동부대우전자
(일반·생활 가전)
2013. 12 IFRS 연결
매출액 1조 7,582억 원
영업이익 19억 원
순이익 15억 원
100%
동부 대우전자 서비스
* 2013. 3 대우일렉트로닉스에서 상호 변경
코웨이홀딩스
30.9%
100%
코웨이
(주방·환경 가전)
KP
2014. 3Q 누계
매출액 1조 6,174억 원
영업이익 2,827억 원
순이익 1,963억 원
MBK파트너스 이호사모투자 등 6개사
100% 그린엔텍
70% 포천맑은물
동양매직
(환경·주방 가전)
2013. 12
매출액 1,985억 원
영업이익 186억 원
순이익 85억 원
* 2014. 3 회생계획 인가
동양
* 2014. 7 100% 지분 매각 (2,799억 원)
매직홀딩스
100%
* NH농협은행, 글랜우드 컨소시엄 SPC
100% 동양매직서비스
정휘동 72.8%
정휘철 10.5%
마이크로필터 10.5%
청호나이스
(환경가전)
2013. 12
매출액 3,117억 원
영업이익 76억 원
순이익 84억 원
이대희 18.3%
이중희 13.9%
부산방직공업 17.7%
리홈쿠첸
(주방가전)
KQ
2014. 3Q 누계
매출액 2,867억 원
영업이익 152억 원
순이익 145억 원
100% 청도부방전자
100% 항주복방전기
구본학 33.1%
구본진 14.4%
구자신 9.3%
쿠쿠전자
(주방가전)
KP
2014. 3Q 누계
매출액 4,144억 원
영업이익 584억 원
순이익 755억 원
* 2014. 8 상장
공모가 : 주당 104,000원
공모총액 : 2,549억 원
신일산업
(주방·생활 가전)
KP
2014. 3Q 누계
매출액 889억 원
영업이익 53억 원
순이익 41억 원
김영 11.4%
특수관계인 2.7%
황귀남 9.1%
* 1959. 7 설립
모뉴엘
(홈미디어·로봇 가전)
• 2004. 4 설립
• 2013 매출 1조 원 돌파
• 2014. 10 사기대출 발각으로 경영자 구속
• 2014. 12 파산 선고
박홍석 94.7%
아남전자
(AV가전)
KP
2014. 3Q 누계
매출액 953억 원
영업이익 -14억 원
순이익 -23억 원
5.9%
4.5%
아남정보기술
15.9%
아남
17.8%
100%
BEI International Inc.
김주채 2.7%
19% 아남디텍
80% 다원엠텍
위닉스
(환경가전)
KQ
2014. 3Q 누계
매출액 2,125억 원
영업이익 72억 원
순이익 54억 원
윤희종 33.4%
위니맥스
* 2014. 8 흡수합병
100% 유원전자(중국)
해외 브랜드
* 수치는 2013 회계연도 매출액
필립스전자
필립스 4,783억 원
파나소닉코리아
파나소닉 752억 원
소니코리아
소니 1조 3,030억 원
도시바일렉트로닉스코리아
도시바 1조 2,593억 원
한국히타치
히타치 457억 원
하이얼전자판매
하이얼 249억 원
샤프전자부품
샤프 1,445억 원
코스모글로벌
다이슨 168억 원
밀레코리아
밀레 176억 원
일렉트로룩스코리아
일렉트로룩스 645억 원
* 2012년 기준
* 국내 공식 수입사

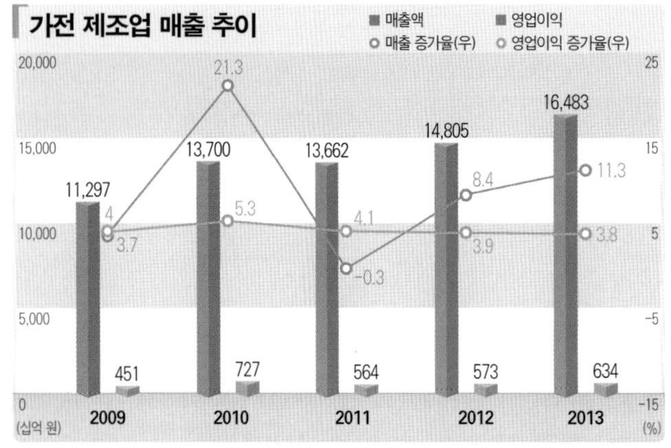
가전 제조업 매출 추이
매출액
영업이익
매출 증가율(우)
영업이익 증가율(우)
20,000
15,000
10,000
5,000
0
(십억 원)
25
15
5
-5
-15
(%)
11,297
13,700
13,662
14,805
16,483
451
727
564
573
634
21.3
4
3.7
5.3
4.1
-0.3
8.4
3.9
11.3
3.8
2009
2010
2011
2012
2013
자료 : 금융감독원, 산업연구원 재인용

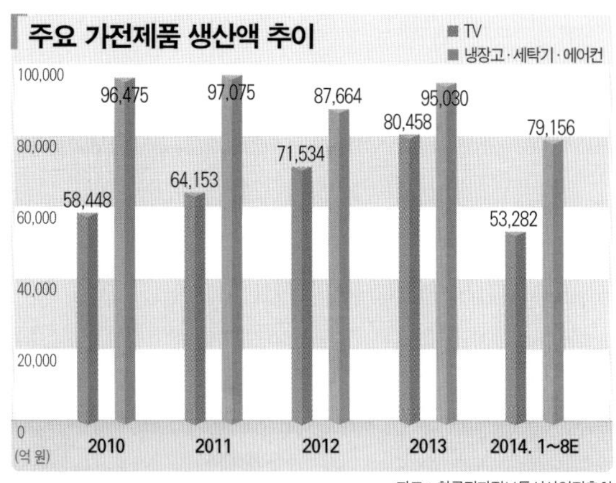
주요 가전제품 생산액 추이
TV
냉장고·세탁기·에어컨
100,000
80,000
60,000
40,000
20,000
0
(억 원)
58,448
96,475
64,153
97,075
71,534
87,664
80,458
95,030
53,282
79,156
2010
2011
2012
2013
2014. 1~8E
자료 : 한국전자정보통신산업진흥회

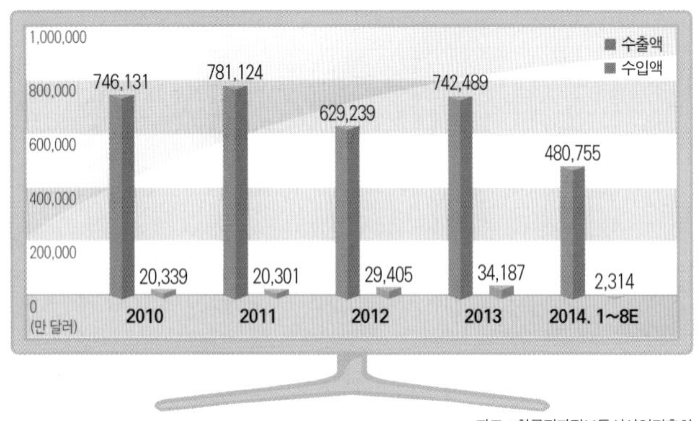
TV 수출입 추이
수출액
수입액
1,000,000
800,000
600,000
400,000
200,000
0
(만 달러)
746,131
20,339
781,124
20,301
629,239
29,405
742,489
34,187
480,755
2,314
2010
2011
2012
2013
2014. 1~8E
자료 : 한국전자정보통신산업진흥회

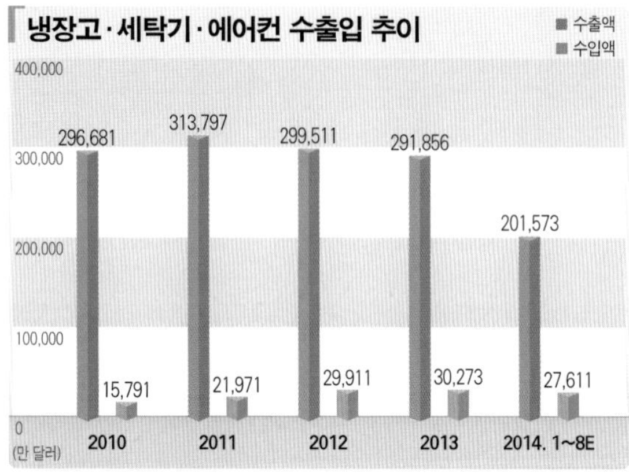
냉장고·세탁기·에어컨 수출입 추이
수출액
수입액
400,000
300,000
200,000
100,000
0
(만 달러)
296,681
15,791
313,797
21,971
299,511
29,911
291,856
30,273
201,573
27,611
2010
2011
2012
2013
2014. 1~8E
자료 : 한국전자정보통신산업진흥회

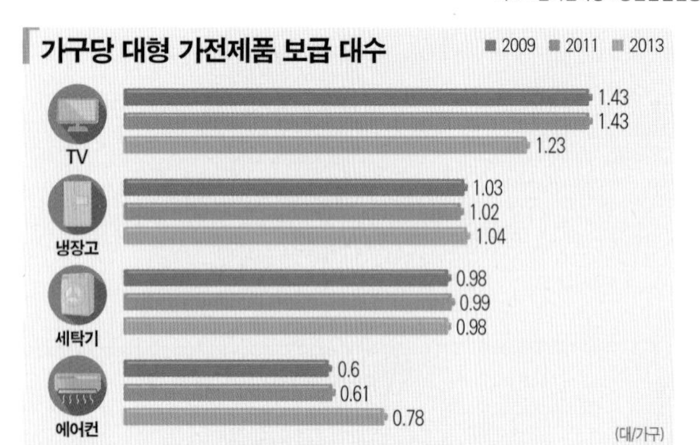
가구당 대형 가전제품 보급 대수
2009
2011
2013
TV
1.43
1.43
1.23
냉장고
1.03
1.02
1.04
세탁기
0.98
0.99
0.98
에어컨
0.6
0.61
0.78
(대/가구)
자료 : 한국전력거래소

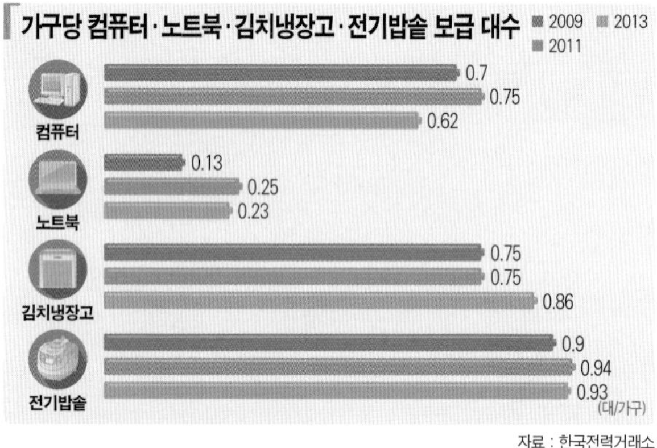
가구당 컴퓨터·노트북·김치냉장고·전기밥솥 보급 대수
2009
2011
2013
컴퓨터
0.7
0.75
0.62
노트북
0.13
0.25
0.23
김치냉장고
0.75
0.75
0.86
전기밥솥
0.9
0.94
0.93
(대/가구)
자료 : 한국전력거래소

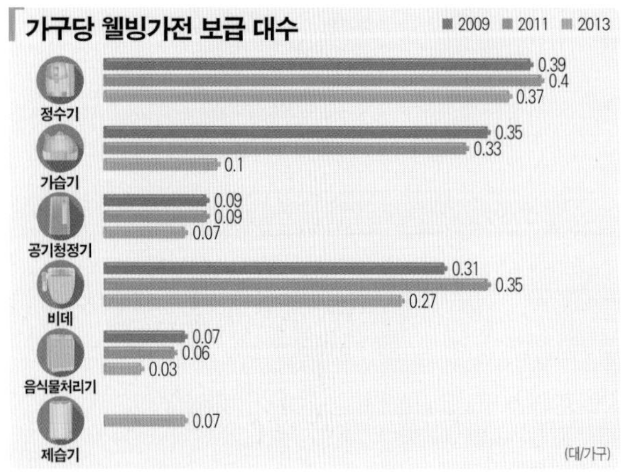
가구당 웰빙가전 보급 대수
2009
2011
2013
정수기
0.39
0.4
0.37
가습기
0.35
0.33
0.1
공기청정기
0.09
0.09
0.07
비데
0.31
0.35
0.27
음식물처리기
0.07
0.06
0.03
제습기
0.07
(대/가구)
자료 : 한국전력거래소

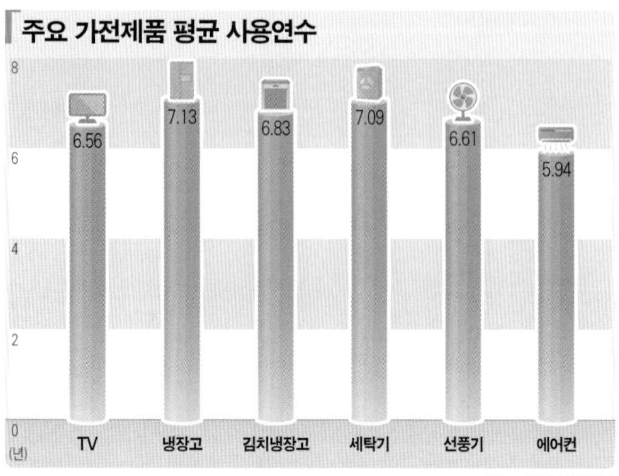
주요 가전제품 평균 사용연수
8
6
4
2
0
(년)
6.56
7.13
6.83
7.09
6.61
5.94
TV
냉장고
김치냉장고
세탁기
선풍기
에어컨
자료 : 한국전력거래소

주요 가전 규격별 보급 현황 (기준 : 2013)

TV: 15~19인치 2.6, 14인치 이하 0.6, 20~24인치 8.7, 25~27인치 4.1, 28~29인치 13, 30~39인치 24.1, 40인치 이상 46.8

냉장고: 199리터 이하 2, 200~299리터 4.3, 300~399리터 4.5, 400~499리터 7.3, 500~599리터 22.3, 600~699리터 22.9, 700리터 이상 36.7

김치냉장고: 99리터 이하 3.1, 100~119리터 1.4, 120~149리터 14.8, 150~169리터 8.7, 170~189리터 17, 190~209리터 24.6, 210리터 이상 30.4

세탁기: 4.6~5.5kg 1.2, 5.6~6.5kg 0.5, 6.6~7.5kg 1.3, 7.6~8.5kg 1.9, 8.6~9.5kg 1.5, 9.6~10.5kg 43.3, 10.6~12.5kg 19.7, 12.6kg 이상 30.7

에어컨: 4평 이하 1.5, 26평 이상 0.3, 5~10평 32.3, 21~25평 6, 16~20평 22.5, 11~15평 37.5

(%)

자료 : 한국전력거래소

삼성전자 사업부문별 매출 비중 (기준 : 2014. 1~9)

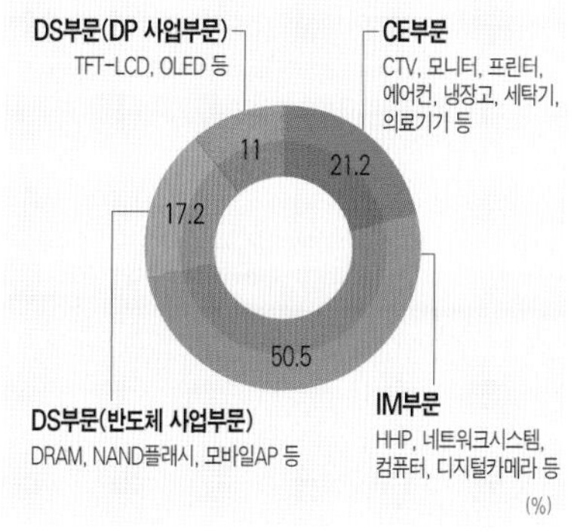

DS부문(DP 사업부문)
TFT-LCD, OLED 등
CE부문
CTV, 모니터, 프린터, 에어컨, 냉장고, 세탁기, 의료기기 등
11
21.2
17.2
50.5
DS부문(반도체 사업부문)
DRAM, NAND플래시, 모바일AP 등
IM부문
HHP, 네트워크시스템, 컴퓨터, 디지털카메라 등
(%)

자료 : 삼성전자

LG전자 사업부문별 매출 비중 (기준 : 2014. 1~9)

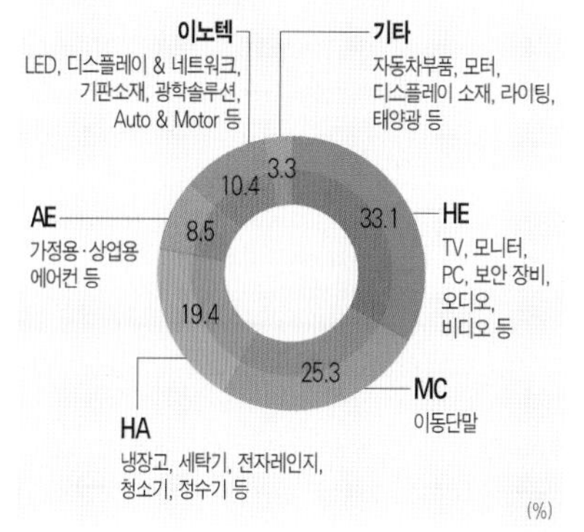

이노텍
LED, 디스플레이 & 네트워크, 기판소재, 광학솔루션, Auto & Motor 등
기타
자동차부품, 모터, 디스플레이 소재, 라이팅, 태양광 등
3.3
10.4
33.1
HE
TV, 모니터, PC, 보안 장비, 오디오, 비디오 등
AE
가정용·상업용 에어컨 등
8.5
19.4
25.3
MC
이동단말
HA
냉장고, 세탁기, 전자레인지, 청소기, 정수기 등
(%)

자료 : LG전자

LG전자 판매 경로별 매출 비중

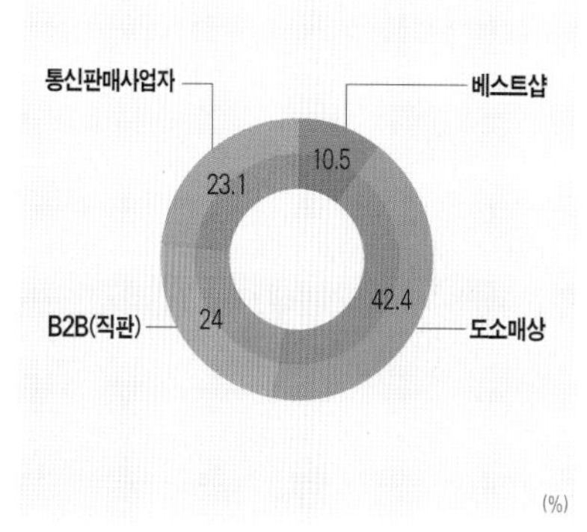

통신판매사업자
베스트샵
23.1
10.5
24
42.4
B2B(직판)
도소매상
(%)

주요 중소형 생활가전 수출 현황 (만 달러)

품목	2008	2009	2010	2011	2012
진공청소기	33,581	30,575	42,409	38,841	34,242
전기면도기	9.9	53	521	627	597
전기이발기	9.6	12	14	7.9	22
모발제거기	0.2	96.8	92.2	173	92
헤어드라이기	1,870	532	716	654	505
전기다리미	269	422	239	247	180
전자레인지	17,862	11,336	10,565	8,403	8,329
커피메이커	87	136	311	267	296
토스터	0.3	2.6	0.5	2.5	3.3
전기믹서	1,764	2,264	3,341	6,810	14,452
전기오븐	5,333	691	1,009	1,074	1,025
전기밥솥	1,554	1,435	1,960	2,292	3,273
공기청정기	601	318	274	417	285
계	62,940	47,872	61,450	59,814	63,300

쿠쿠전자 매출 비중 (기준 : 2013)

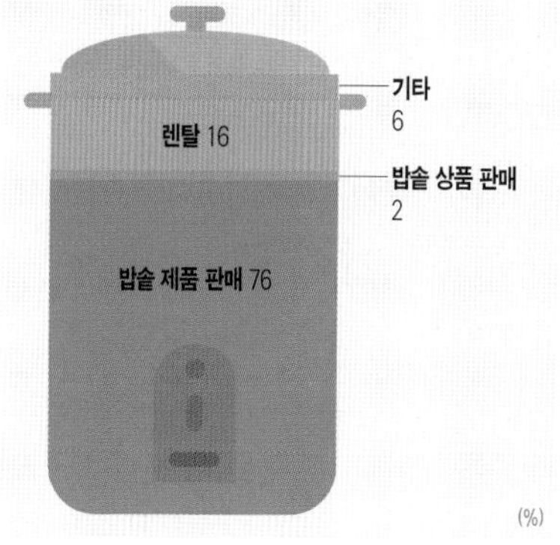

기타
6
렌탈 16
밥솥 상품 판매
2
밥솥 제품 판매 76
(%)

자료 : 쿠쿠전자

주요 중소형 생활가전 연평균 수출 성장률 (기준 : 2008~2012)

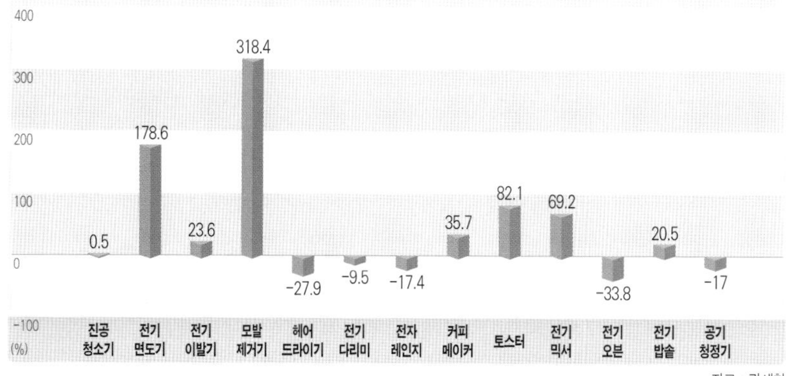

400
300
200
100
0
-100
(%)
0.5
178.6
23.6
318.4
-27.9
-9.5
-17.4
35.7
82.1
69.2
-33.8
20.5
-17
진공 청소기
전기 면도기
전기 이발기
모발 제거기
헤어 드라이기
전기 다리미
전자 레인지
커피 메이커
토스터
전기 믹서
전기 오븐
전기 밥솥
공기 청정기

자료 : 관세청

리홈쿠첸 매출 비중 (기준 : 2013)

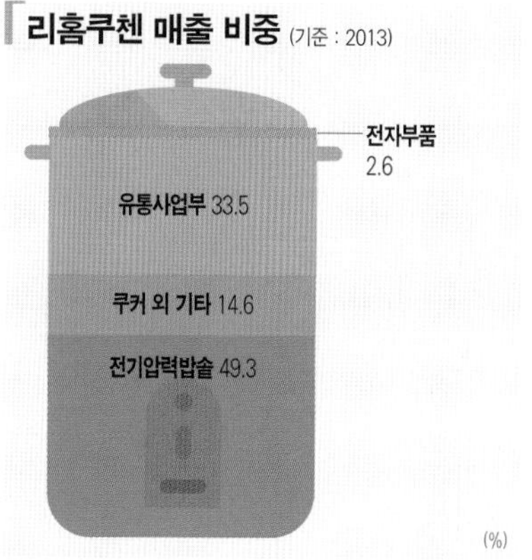

전자부품
2.6
유통사업부 33.5
쿠커 외 기타 14.6
전기압력밥솥 49.3
(%)

자료 : 리홈쿠첸

생존을 위해 그들이 선택한 전략은 무엇인가?

'바람 잘 날 없다'란 말은 가전업계를 두고 하는 말인 듯하다. 얼마 전까지만 해도 촉망 받았던 중견 가전 업체가 하루아침에 파산하는가 하면, 중소 가전 업체들의 법정싸움도 한두 건이 아니다. 주인이 바뀌어 사명이 변경된 회사들도 여기저기 눈에 띈다.

법정에 선 가전 업체들

2015년과 2016년 가전업계는 법원 출입이 하나의 신드롬이 될 전망이다. 로봇청소기와 홈시어터 등으로 소형 가전업계에서 주목받아온 모뉴엘이 파산했다. 은행에 갚아야 할 수출환어음을 결제하지 못해 법정관리를 신청했는데, 법원은 회생가능성이 없다고 파산선고를 내린 것이다. 모뉴엘은 허위로 위조한 수출채권으로 무역보험공사에서 4,928억 원의 신용보증을 받았고 이를 통해 시중은행 10곳에서 3,860억 원을 대출받았다. 수출입은행 역시 2012년 모뉴엘을 '히든챔피언'으로 지정한 뒤 1,000억 원 대의 신용 대출을 허가해 엄청난 손실이 예상된다.

이밖에도 중소 가전 업체 간 법정싸움이 점입가경이다. 시장 주도권을 장악하기 위한 전략적 소송이 주를 이룬다. 코웨이는 동양매직이 정수기 디자인을 도용했다며 디자인 특허 침해금지 가처분 소송을 제기했다가 코웨이가 패소하면서 일단락됐다.

코웨이는 청호나이스와도 법정 싸움이 예정돼 있다. 청호나이스는 얼음정수기 특허 기술을 코웨이가 침해했다며 소송을 제기했다. 청호나이스는 코웨이의 특허 침해로 인한 피해액이 660억 원에 이른다고 밝혔다.

밥솥 업계 라이벌인 쿠쿠전자와 리홈쿠첸도 소송으로 불편한 관계를 이어가고 있다. 쿠쿠전자가 리홈쿠첸을 상대로 특허권 침해금지 가처분 신청을 냈는데, 기각됐다. 쿠쿠전자의 소송에 대응한 리홈쿠첸의 특허무효심판소송(증기배출 장치)에서는 리홈쿠첸이 승소했다.

주인이 바뀐 가전 업체들

NH농협은행, 글랜우드 컨소시엄이 동양과 동양매직의 새 주인이 됐다. 인수 대상은 동양이 보유한 동양매직 주식 100만 주(100%)이며, 동양매직 자회사인 동양매직서비스의 지분 100%도 포함됐다. 총 매매대금은 3,000억 원 수준이다.

SK텔레콤은 음향기기 전문 업체 아이리버를 인수했다. 소유 주식 수는 1,024만 1,722주이며 소유 비율은 39.3%다. SK텔레콤이 아이리버를 인수한 이유는 앱세서리(앱과 연동해 스마트 기기의 기능을 확장하는 주변기기) 사업을 강화하기 위해서다. 아이리버를 품은 SK텔레콤은 '제2의 아스텔앤컨'(아이리버의 고음질 플레이어) 출시를 목표로 삼고 있다.

김치냉장고 제조 업체 위니아만도는 대유그룹의 주력 계열사인 대유에이텍을 새 주인으로 맞이했다. 대유에이텍은 위니아만도 지분 70%를 805억 원에 인수하는 계약을 위니아만도홀딩스와 체결했다.

사물인터넷이 가전제품 안으로 들어가다

사물인터넷이 가전산업의 새로운 성장동력으로 주목받

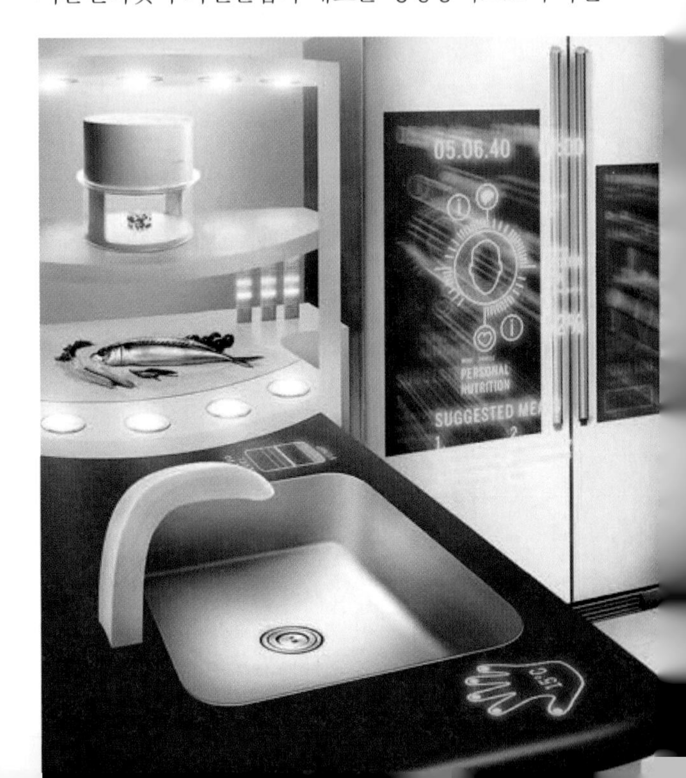
05.06.40
PERSONAL
NUTRITION

고 있다. 사물인터넷(Internet of Things, IoT)이란 IT를 기반으로 모든 사물(가전, 자동차, 가구 등)이 인터넷으로 연결되어 사물과 사물 간에 정보를 교환하고 상호 소통하는(스스로 제어하는) 인프라를 일컫는다. 과거 정보를 수집하고 해석하는 주체가 사람이었던 것을 정보 수집 및 해석의 주체를 사물까지 확산시킨 개념이다.

냉장고 내부를 스마트폰으로 확인하고 부족한 식품을 자동으로 주문하는 등 가전과 결합된 사물인터넷은 기존 가전에서 기대할 수 없었던 새로운 부가가치와 시장을 창출할 전망이다. 사물인터넷 기술은 향후 프리미엄 가전시장을 주도해, 다가오는 2020년에는 500조 원 규모로 성장할 것으로 예상된다.

세탁 코스를 선택할 때 날씨 정보를 반영하는 세탁기, 전력 요금 정보를 수신하여 일정치를 넘어가면 시청을 제한하는 TV, 문손잡이를 통해 체성분·맥박·체온 등 사용자의 건강을 수시로 체크한 뒤 병원으로 전송하는 냉장고, 화재 발생 시에 소방서 또는 사용자에게 화재 신호를 전송해주는 에어컨, 문 열리는 횟수가 비정상적으로 줄어들면 자녀의 휴대전화로 알려주는 실버 케어 냉장고 등이 특허출원 중이다.

사물인터넷 가전시장 선점을 위한 글로벌 메이커들의 합종연횡도 흥미롭다. 구글은 홈오토메이션 기업 네스트(Nest)를 인수했고, 애플도 하이얼, 필립스, 허니콤 등 가전회사들과 제휴에 나섰다. 보쉬는 사물인터넷 자회사 '보쉬 커넥티드 디바이스 앤 솔루션'을 중심으로 스마트 기술을 확장 중이며, GE 역시 IBM, AT&T, 시스코, 인텔과 '산업 인터넷 컨소시엄(IIC)'을 발족시킨 바 있다.

퍼스트 부럽지 않는 세컨드

세컨드(second) 가전이란 양문형 냉장고, 대용량 세탁기 등 메인 가전제품을 구입한 뒤에 필요에 따라 하나 더 사는 작은 제품을 말한다. 세컨드 가전은 실외기 하나로 스탠드용 에어컨과 벽걸이 에어컨을 커버하는 시스템에서 출발했다. 최근에는 사람 손바닥만 한 미니 스팀 다리미, 문 하나짜리 소형 냉장고, 유아용 미니 세탁기 등이 세컨드 가전 범주에 들어간다. 업계는 국내 세컨드 가전 시장이 3조 6,000억 원으로, 전년 대비 7.2% 성장한 것으로 추산했다. 세컨드 가전시장은 중소 업체들이 선도해왔다. 대형 업체들과 정면으로 맞붙기 어렵다고 보고 틈새시장을 개척한 것이다.

세컨드 가전시장에서 가장 각광 받는 제품은 로봇청소기다. 소리가 많이 나는 대형 진공청소기는 아침이나 밤에 사용이 곤란하다. 맞벌이 가정에서는 진공청소기가 있어도 좁은 공간만 간단히 청소하는 로봇청소기를 추가로 구매하는 경우가 많다. 2007년 1만 5,000대에 불과했던 로봇청소기 판매량이 2013년 12만 대를 돌파했다.

소비자들은 TV나 냉장고의 경우 크고 비싼 것을 선호하면서도 동시에 대형 가전을 보완하는 소형 가전을 하나 더 구매하길 원한다. 1인 가구와 독신 남녀가 늘어난 것도 소형 가전시장을 키우는 데 일조했다.

삼성과 LG 같은 공룡 메이커들도 세컨드 가전시장에 본격적으로 뛰어 들었다. 세컨드 가전이 더 이상 틈새시장이 아니게 된 것이다.

05 디스플레이업계

업계 규모
- 국내 시장 생산액 약 43조 4,800억 원
- 세계 시장규모 1,289억 달러(약 137조 원)
- 국내 업체 글로벌 시장점유율 43%

디스플레이패널

* 순위는 2013 매출액 기준 글로벌 순위

제품 공급
84.8%
이건희
3.4%
삼성생명
7.2%
글로벌 1위 삼성디스플레이
(TFT-LCD · OLED 제조)
2014. 3Q 누계
매출액 18조 6,183억 원
영업이익 907억 원
순이익 8,936억 원
삼성 모바일디스플레이
* 2012. 7 흡수합병
LCD 사업부
설립
* 2012. 4 LCD 사업부 분리
* 2012. 7 흡수합병
S-LCD
50%
소니 (일본)
50%
* 2012. 3 지분을 삼성전자에 매각
15.2%
삼성전자
KP
2014. 3Q 누계
매출액 153조 4,759억 원
영업이익 19조 7,366억 원
순이익 18조 476억 원
삼성LED
설립
* 2012. 4 흡수합병
* 2012. 4 삼성전자 LCD사업부를 모체로 설립
7% Corning(미)
50% SUMaterials
10% 에스에프에이
14% COST(중국)
10% Novaled(독일)
제일모직
* 2014. 7 흡수합병
19.6%
삼성SDI
(디스플레이 및 기타 부문, PDP 제조)
KP
2014. 3Q 누계
매출액 3조 5,641억 원
영업이익 146억 원
순이익 485억 원
5.3% 한국투자신탁운용
4.4% Capital Research & Management
7.2% 삼성물산
8% 제일모직
* 2014. 11 PDP 사업부문 영업 중단

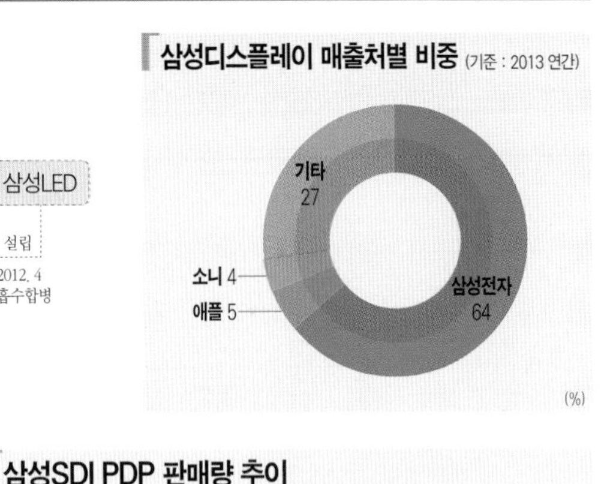

삼성디스플레이 매출처별 비중 (기준 : 2013 연간)
기타 27
소니 4
애플 5
삼성전자 64
(%)

삼성SDI PDP 판매량 추이
800
600
400
200
0
(만 개)
690
710
620
2011
2012
2013

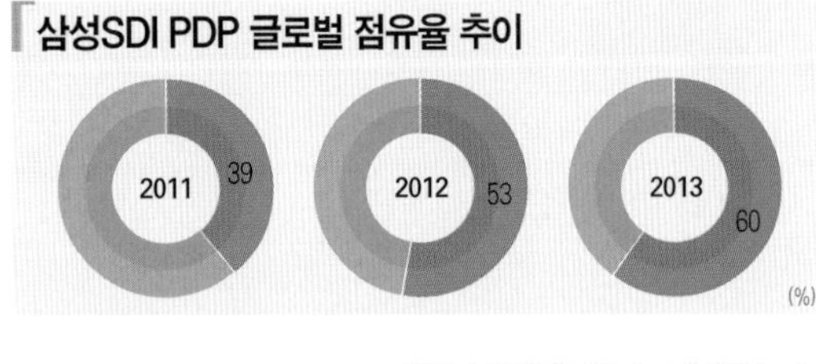

삼성SDI PDP 글로벌 점유율 추이
2011 39
2012 53
2013 60
(%)

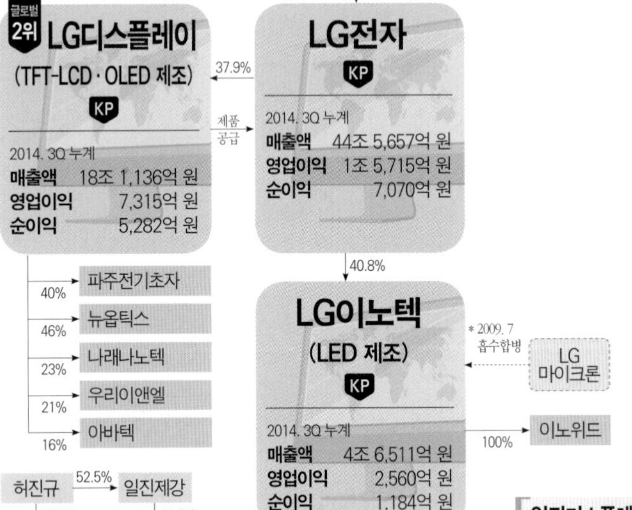

구본무 외 특수관계인
48.6%
LG
33.7%
글로벌 2위 LG디스플레이
(TFT-LCD · OLED 제조)
KP
2014. 3Q 누계
매출액 18조 1,136억 원
영업이익 7,315억 원
순이익 5,282억 원
37.9%
제품 공급
LG전자
KP
2014. 3Q 누계
매출액 44조 5,657억 원
영업이익 1조 5,715억 원
순이익 7,070억 원
40% 파주전기초자
46% 뉴옵틱스
23% 나래나노텍
21% 우리이앤엘
16% 아바텍
40.8%
LG이노텍
(LED 제조)
KP
2014. 3Q 누계
매출액 4조 6,511억 원
영업이익 2,560억 원
순이익 1,184억 원
* 2009. 7 흡수합병
LG 마이크론
100% 이노위드

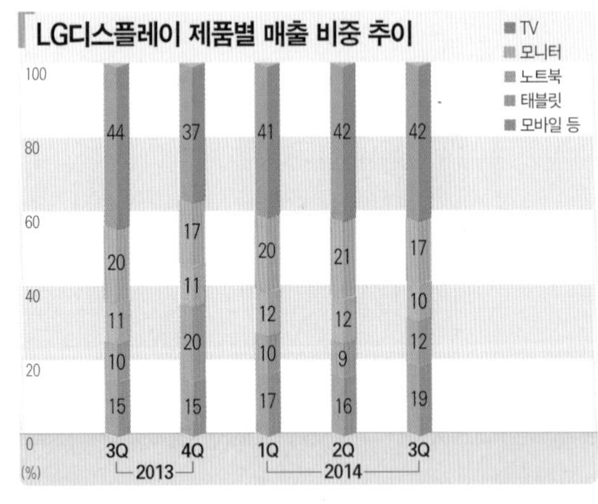

LG디스플레이 제품별 매출 비중 추이
TV
모니터
노트북
태블릿
모바일 등
100
80
60
40
20
0
(%)
44 37 41 42 42
20 17 20 21 17
11 11 12 12 10
10 20 10 9 12
15 15 17 16 19
3Q 4Q 1Q 2Q 3Q
2013
2014

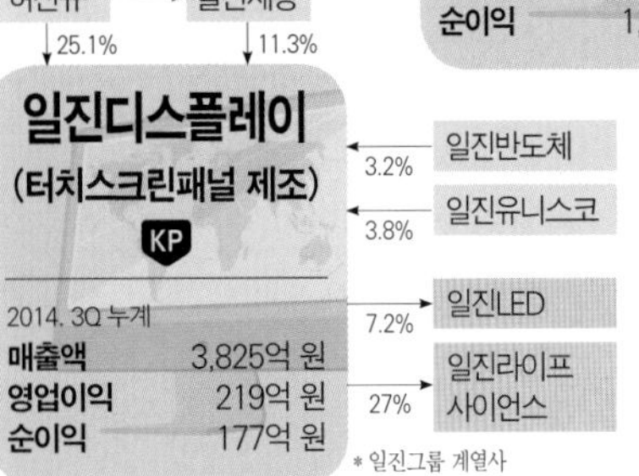

허진규
52.5%
일진제강
25.1%
11.3%
일진디스플레이
(터치스크린패널 제조)
KP
2014. 3Q 누계
매출액 3,825억 원
영업이익 219억 원
순이익 177억 원
3.2% 일진반도체
3.8% 일진유니스코
7.2% 일진LED
27% 일진라이프사이언스
* 일진그룹 계열사

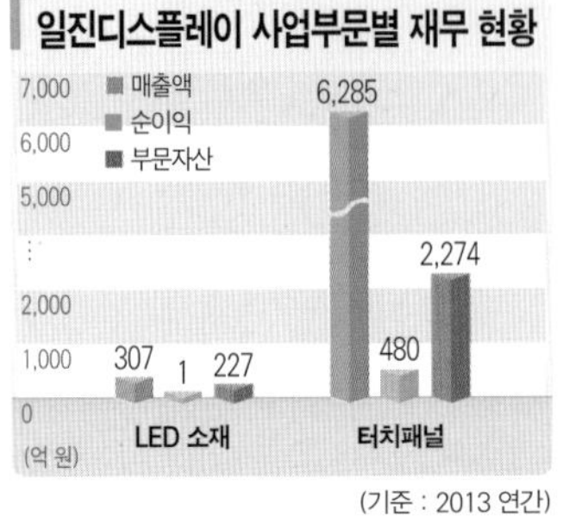

일진디스플레이 사업부문별 재무 현황
7,000
6,000
5,000
2,000
1,000
0
(억 원)
매출액
순이익
부문자산
307
1
227
6,285
480
2,274
LED 소재
터치패널

(기준 : 2013 연간)

일진디스플레이 국내외 매출
6,000
5,000
4,000
3,000
2,000
1,000
0
(억 원)
국내
아시아
218
89
1,283
5,002
LED 소재
터치패널

(기준 : 2013 연간)

디스플레이 부품 · 장비

우리조명지주
24.3%
윤철주
34.2%
3%
우리이티아이
(F-PCB 제조)
KQ
40.9%
우리E&L
54.1%
뉴옵틱스
54.7%
아이엠텍
2014. 3Q 누계
매출액 9,128억 원
영업이익 -89억 원
순이익 -263억 원
이정훈 외 특수관계인
34.2%
Ion Investment B.V
4.8%
서울반도체
(LED 제조)
KQ
모건스탠리 인베스트먼트 매니지먼트
6.7%
34.3%
서울바이오시스
20%
포스코LED
2014. 3Q 누계
매출액 7,267억 원
영업이익 344억 원
순이익 171억 원
KOWA(일본)
34.5%
디아이디
(모바일 LCD패널)
KQ
100%
D.ID Japan
2014. 3Q 누계
매출액 1,397억 원
영업이익 -199억 원
순이익 6억 원
* 1998. 8 한일합작 설립
* 2015. 4. 23 주식 매매 정지
유태경
46%
루멘스홀딩스
22.7%
이경재
9.4%
4.9%
1.3%
루멘스
(LED 제조)
KQ
100%
엘아이씨티
100%
골든바우
18.9%
웨이브닉스 이에스피
2014. 3Q 누계
매출액 3,753억 원
영업이익 174억 원
순이익 146억 원
박윤민 외 특수관계인
100%
온셀텍
25.9%
디스플레이텍
(LCD모듈 제조)
KQ
0.6%
톱텍
2014. 3Q 누계
매출액 3,112억 원
영업이익 137억 원
순이익 107억 원
한솔제지
한솔홀딩스
* 2015. 1 인적분할 후 한솔홀딩스(지주회사) 존속, 한솔제지(사업회사) 분할 새상장 예정
14.8%
한솔테크닉스
(TV BLU 제조)
KP
23.4%
한솔라이팅
2014. 3Q 누계
매출액 4,173억 원
영업이익 68억 원
순이익 -22억 원

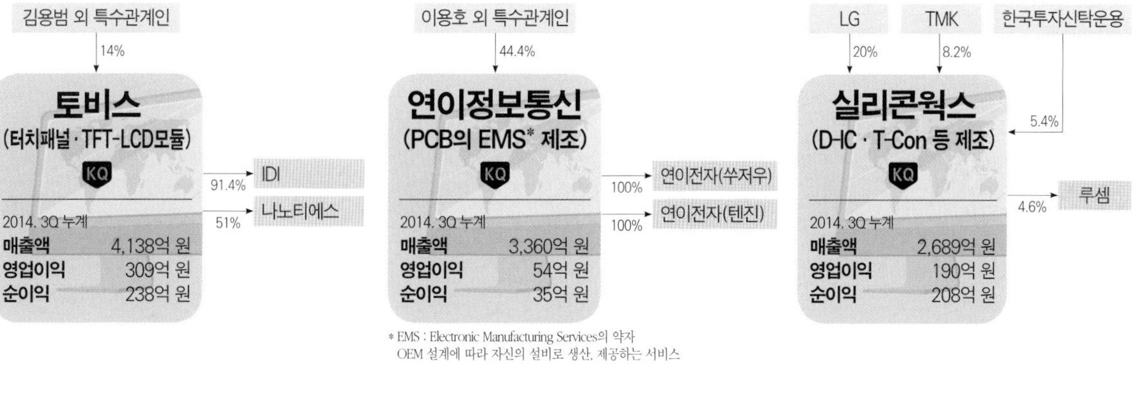
김용범 외 특수관계인
14%
토비스
(터치패널 · TFT-LCD모듈)
KQ
91.4%
IDI
51%
나노티에스
2014. 3Q 누계
매출액 4,138억 원
영업이익 309억 원
순이익 238억 원
이용호 외 특수관계인
44.4%
연이정보통신
(PCB의 EMS* 제조)
KQ
100%
연이전자(쑤저우)
100%
연이전자(텐진)
2014. 3Q 누계
매출액 3,360억 원
영업이익 54억 원
순이익 35억 원
* EMS : Electronic Manufacturing Services의 약자
OEM 설계에 따라 자신의 설비로 생산, 제공하는 서비스
LG
20%
TMK
8.2%
한국투자신탁운용
5.4%
실리콘웍스
(D-IC · T-Con 등 제조)
KQ
4.6%
루셈
2014. 3Q 누계
매출액 2,689억 원
영업이익 190억 원
순이익 208억 원

글로벌 디스플레이업계

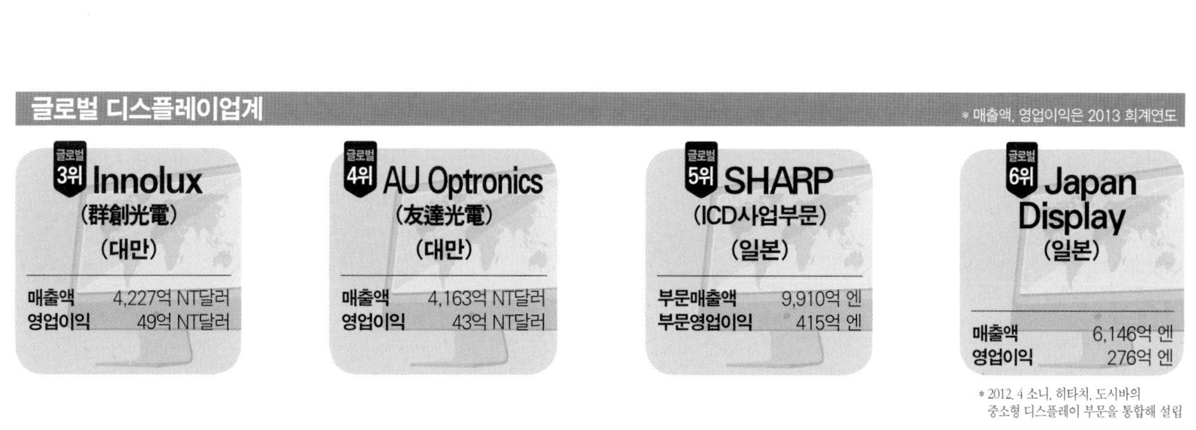
* 매출액, 영업이익은 2013 회계연도
글로벌 3위
Innolux
(群創光電)
(대만)
매출액 4,227억 NT달러
영업이익 49억 NT달러
글로벌 4위
AU Optronics
(友達光電)
(대만)
매출액 4,163억 NT달러
영업이익 43억 NT달러
글로벌 5위
SHARP
(LCD사업부문)
(일본)
부문매출액 9,910억 엔
부문영업이익 415억 엔
글로벌 6위
Japan Display
(일본)
매출액 6,146억 엔
영업이익 276억 엔
* 2012. 4 소니, 히타치, 도시바의 중소형 디스플레이 부문을 통합해 설립

디스플레이의 분류

- 디스플레이
  - 2D
  - 3D
    - 투사형
      - MEMS
      - CRT
      - LCD
    - 직시형
      - CRT
      - FPD
        - 자발광형
          - PDP
          - FED
          - VFD
          - EL
            - OLED
            - 유기EL
          - LED
        - 비발광형
          - LCD
            - 액티브 매트릭스
              - 아몰퍼스 실리콘 TFT
              - 저온 폴리실리콘 TFT
            - 패시브 매트릭스
          - ECD
          - EPD
    - 간접직시형
      - 오픈스크린형
        - HMD
        - 홀로그램

디스플레이 디바이스별 특징

구분	CRT	평판디스플레이				
		TFT-LCD		PDP	OLED	
장점	고화질, 저가격	경박, 저소비전력		박형, 대면적	경량, 박형, 저소비전력, 고선명, 고속응답	
단점	부피, 전자파, 크기 한계	시야각, 대형화 (현재 대부분 극복)		소비전력 저효율, 발열	수명, 크기	
크기 (현 수준)	10~40인치	중소형~대형		32~100인치	10인치 이하	
제품 수명주기	쇠퇴	성숙		쇠퇴	성장	
주요 수요 제품		중소형 (10인치 이하)	대형 (10인치 이상)		수동형 (PM)	능동형 (AM)
	모니터, TV	휴대폰, 디지털카메라, 디지털캠코더, DMB, 게임기, 차량용 내비게이션	노트북, 모니터, 디지털TV, DID(전광판, 광고판)	디지털TV	휴대폰, 게임기, MP3P, PMP, 디지털 카메라, 카오디오, 백색가전	디지털TV, 차량용 내비게이션, 휴대폰, DMB, PMP

자료 : 한국기업평가

글로벌 대형 패널시장 출하량 추이

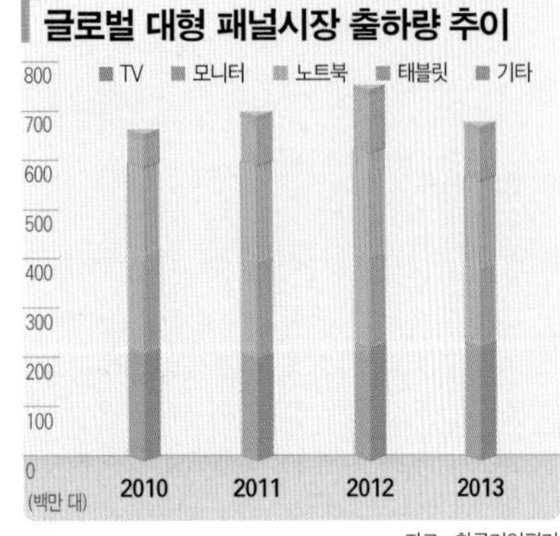
TV
모니터
노트북
태블릿
기타
800
700
600
500
400
300
200
100
0
(백만 대)
2010
2011
2012
2013

자료 : 한국기업평가

글로벌 대형 패널시장 출하액 추이

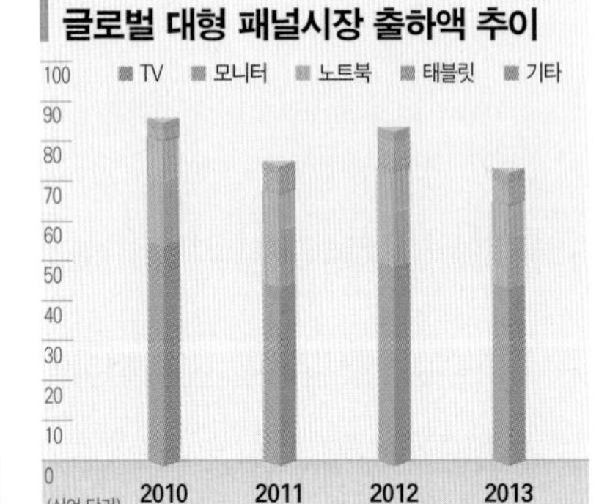
TV
모니터
노트북
태블릿
기타
100
90
80
70
60
50
40
30
20
10
0
(십억 달러)
2010
2011
2012
2013

자료 : 한국기업평가

글로벌 중소형 패널시장 출하액 추이

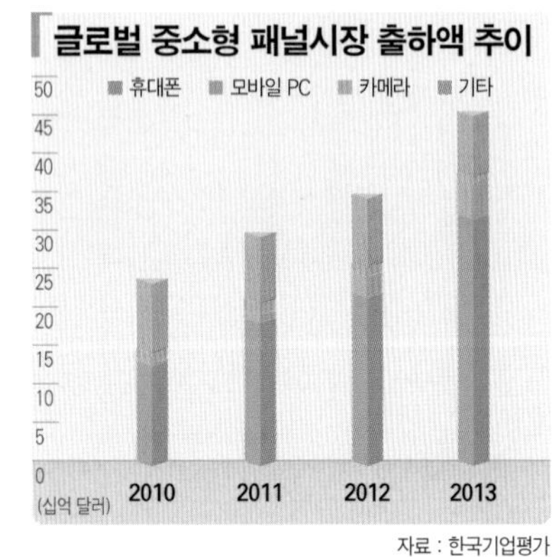
휴대폰
모바일 PC
카메라
기타
50
45
40
35
30
25
20
15
10
5
0
(십억 달러)
2010
2011
2012
2013

자료 : 한국기업평가

글로벌 디스플레이시장 성장률 추이 및 전망

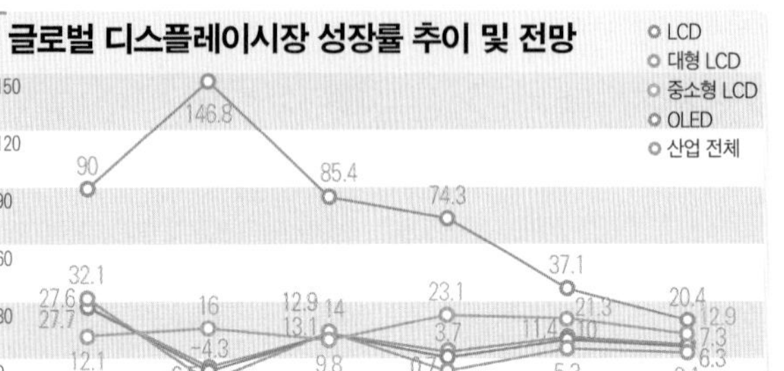
LCD
대형 LCD
중소형 LCD
OLED
산업 전체
150
120
90
60
30
0
-30
(%)
2010
2011
2012
2013
2014E
2015E
90
146.8
85.4
74.3
37.1
20.4
32.1
27.6
27.7
12.1
16
-4.3
-6.5
-12.1
12.9
14
13.1
9.8
23.1
3.7
0.7
-6.5
21.3
11.4
10
5.3
12.9
7.3
6.3
3.1

자료 : 한국디스플레이산업협회, KIET 재인용

주요 국가별 대형 LCD 세계 시장점유율 추이

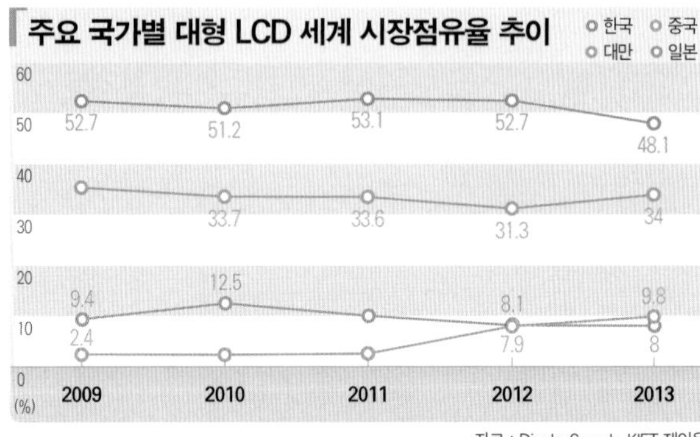
한국
중국
대만
일본
60
50
40
30
20
10
0
(%)
2009
2010
2011
2012
2013
52.7
51.2
53.1
52.7
48.1
33.7
33.6
31.3
34
9.4
12.5
8.1
9.8
2.4
7.9
8

자료 : DisplaySearch, KIET 재인용

국가별 LCD패널 생산능력 비중 추이 및 전망

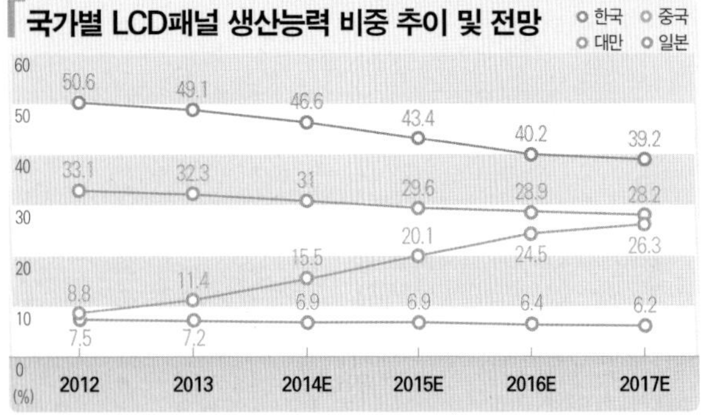
한국
중국
대만
일본
60
50
40
30
20
10
0
(%)
2012
2013
2014E
2015E
2016E
2017E
50.6
49.1
46.6
43.4
40.2
39.2
33.1
32.3
31
29.6
28.9
28.2
8.8
11.4
15.5
20.1
24.5
26.3
7.5
7.2
6.9
6.9
6.4
6.2

자료 : IHS Report, KIET 재인용

주요 업체별 LCD TV패널 출하량 추이

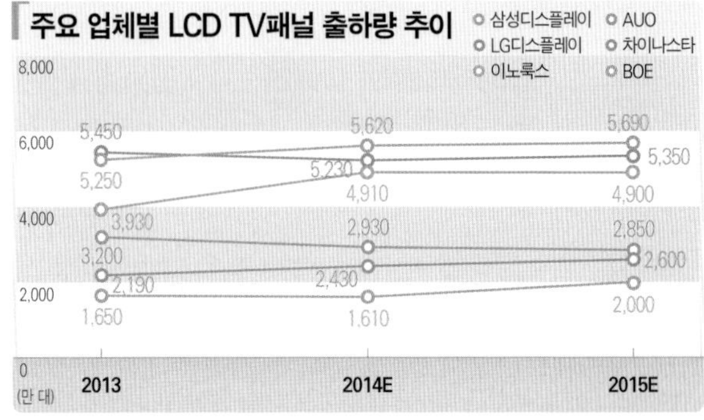
삼성디스플레이
AUO
LG디스플레이
차이나스타
이노룩스
BOE
8,000
6,000
4,000
2,000
0
(만 대)
2013
2014E
2015E
5,450
5,620
5,690
5,250
5,230
5,350
4,910
4,900
3,930
2,930
2,850
3,200
2,600
2,190
2,430
1,650
1,610
2,000

자료 : DisplaySearch

주요 업체별 대형 LCD패널 출하량 점유율 추이

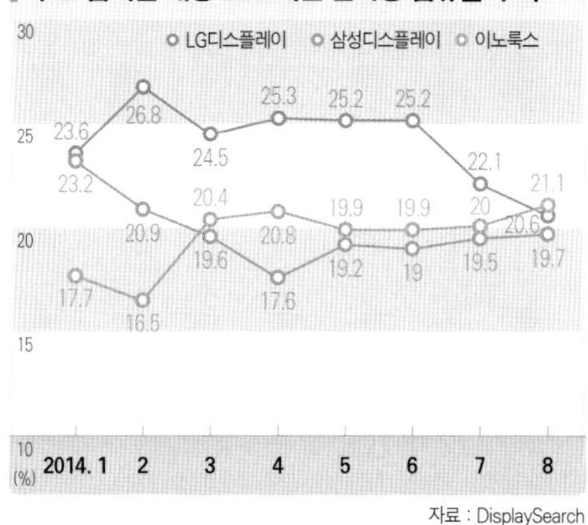

LG디스플레이
삼성디스플레이
이노룩스
30
25
20
15
10
(%)
2014. 1
2
3
4
5
6
7
8
23.6
26.8
24.5
25.3
25.2
25.2
22.1
21.1
23.2
20.9
20.4
20.8
19.9
19.9
20
20.6
19.6
19.2
19
19.5
19.7
17.7
16.5
17.6

자료 : DisplaySearch

LCD패널의 원재료비 구성

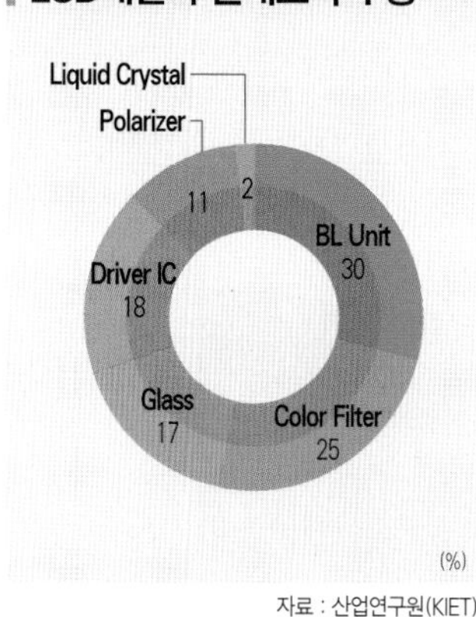

Liquid Crystal
Polarizer
2
11
BL Unit
30
Driver IC
18
Glass
17
Color Filter
25
(%)

자료 : 산업연구원(KIET)

LCD TV 사이즈별 출하량 전망

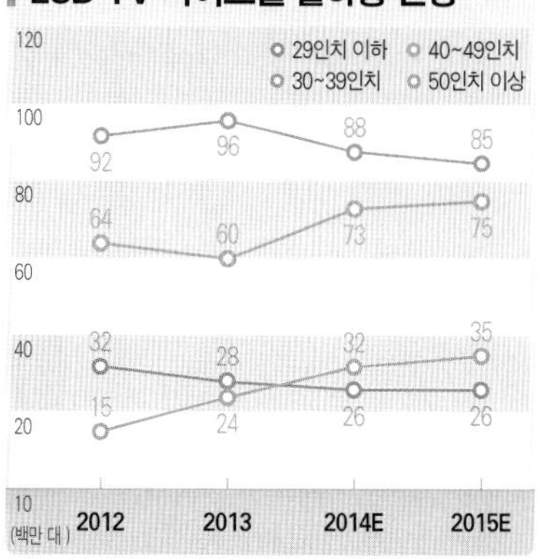

29인치 이하
40~49인치
30~39인치
50인치 이상
120
100
80
60
40
20
10
(백만 대)
2012
2013
2014E
2015E
92
96
88
85
64
60
73
75
32
28
32
35
15
24
26
26

자료 : DisplaySearch

국내 주요 디스플레이 업체 경영실적 비교

삼성디스플레이 경영실적 추이

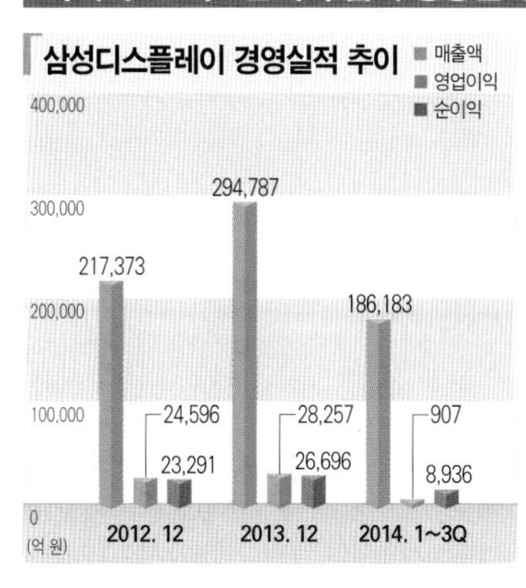

매출액
영업이익
순이익
(억 원)
2012. 12
2013. 12
2014. 1~3Q
217,373
24,596
23,291
294,787
28,257
26,696
186,183
907
8,936

삼성SDI 경영실적 추이

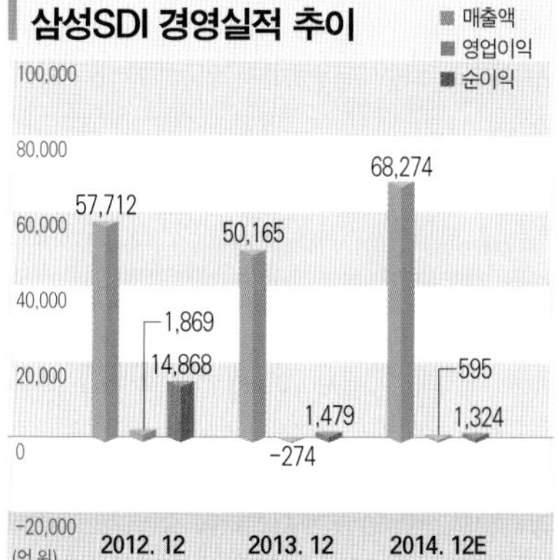

매출액
영업이익
순이익
(억 원)
2012. 12
2013. 12
2014. 12E
57,712
1,869
14,868
50,165
-274
1,479
68,274
595
1,324

LG디스플레이 경영실적 추이

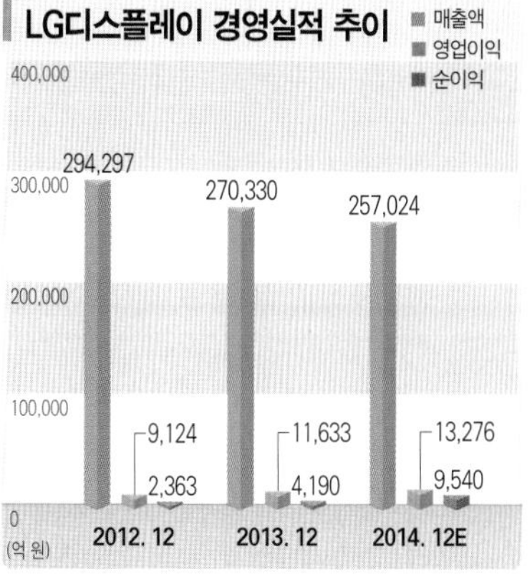

매출액
영업이익
순이익
(억 원)
2012. 12
2013. 12
2014. 12E
294,297
9,124
2,363
270,330
11,633
4,190
257,024
13,276
9,540

LG이노텍 경영실적 추이

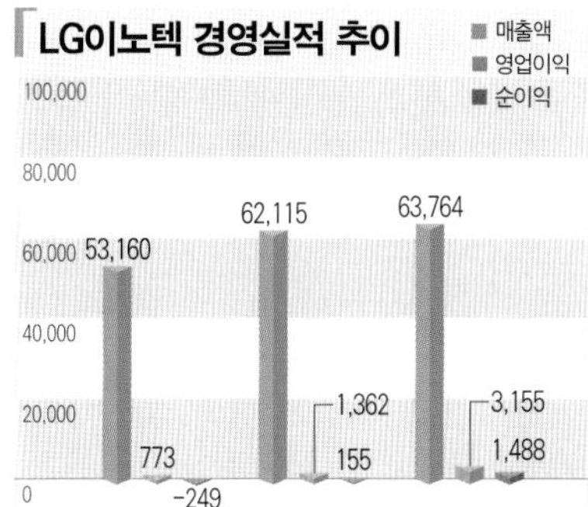

매출액
영업이익
순이익
53,160
773
-249
62,115
1,362
155
63,764
3,155
1,488

(억 원)
2012. 12
2013. 12
2014. 12E

일진디스플레이 경영실적 추이

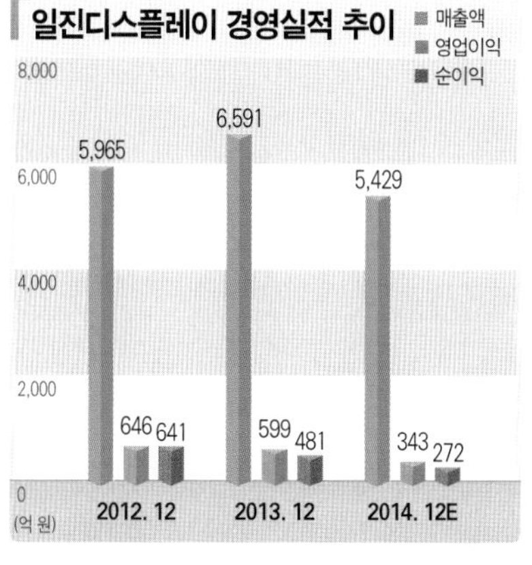

매출액
영업이익
순이익
(억 원)
2012. 12
2013. 12
2014. 12E
5,965
646
641
6,591
599
481
5,429
343
272

우리이티아이 경영실적 추이

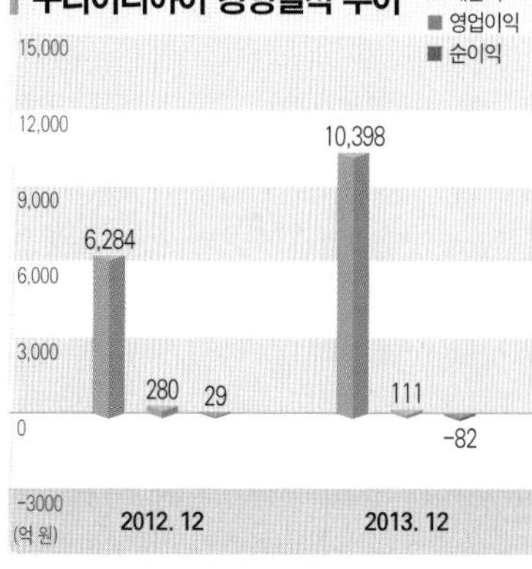

매출액
영업이익
순이익
(억 원)
2012. 12
2013. 12
6,284
280
29
10,398
111
-82

서울반도체 경영실적 추이

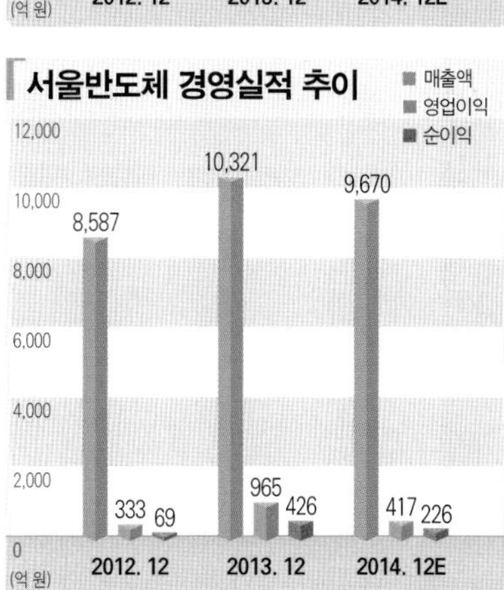

매출액
영업이익
순이익
(억 원)
2012. 12
2013. 12
2014. 12E
8,587
333
69
10,321
965
426
9,670
417
226

디아이디 경영실적 추이

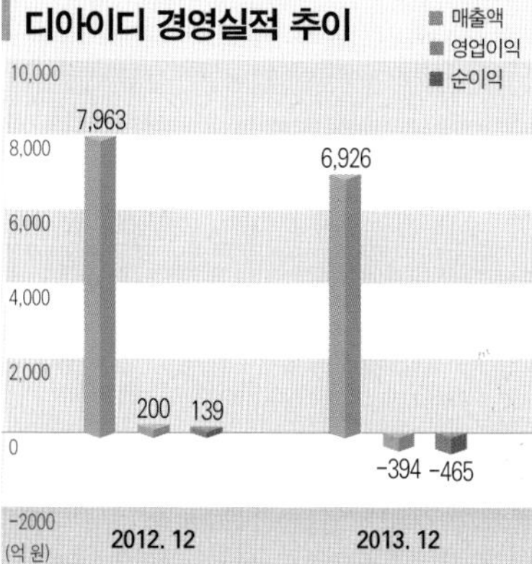

매출액
영업이익
순이익
(억 원)
2012. 12
2013. 12
7,963
200
139
6,926
-394
-465

루멘스 경영실적 추이

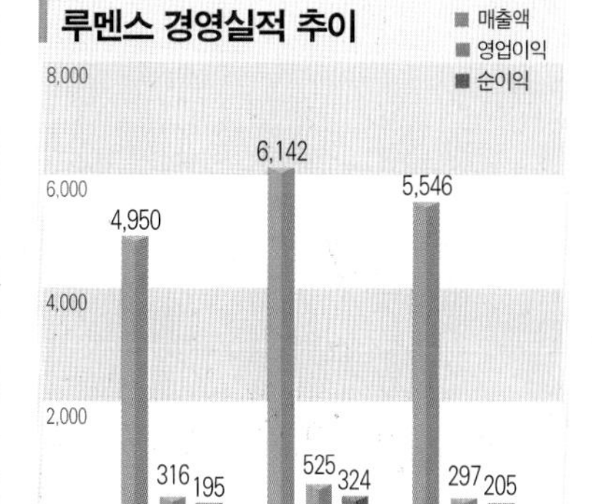

매출액
영업이익
순이익
(억 원)
2012. 12
2013. 12
2014. 12E
4,950
316
195
6,142
525
324
5,546
297
205

기술 전쟁에서 살아남는 최후의 승자는 누가 될까?

"디스플레이의 운명은 TV에 달렸다!" 디스플레이 패널 업계에서 오래 전부터 회자되어온 얘기지만, 결코 틀린 말이 아니다. 지난해에도 마찬가지였다. 디스플레이는 TV의 수급 여파로 가격 강세가 유지됐다. 특히 중국 TV시장 수요 증가로 대형 패널 분야에서 준수한 실적을 거뒀다. 다만 중소형의 경우 애플과 중국 샤오미, 레노버 등의 스마트폰 판매량이 증가하면서 이들 제품에 탑재된 LCD(액정표시장치) 패널 수요는 크게 늘어난 반면, 삼성전자 갤럭시 스마트폰 판매 감소로 AMOLED 패널 판매 실적은 부진했다.

디스플레이산업에 있어서 2015년과 2016년은 특별히 중요한 시기가 될 전망이다. 커브드와 웨어러블, 퀀텀닷 등 신기술의 사업성이 제대로 평가받는 시기이기 때문이다. 몇 가지 키워드를 통해 디스플레이산업의 가까운 미래를 관측해보면 다음과 같다.

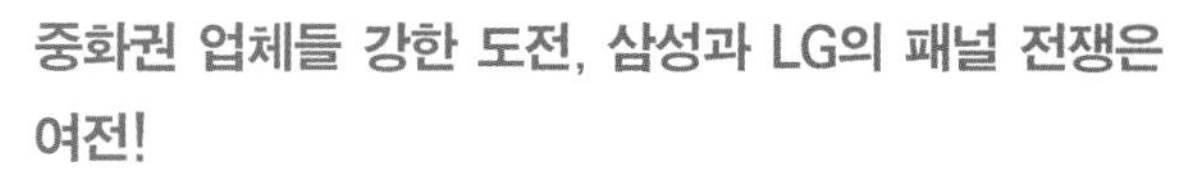

중화권 업체들 강한 도전, 삼성과 LG의 패널 전쟁은 여전!

우선 TV 패널의 고해상도와 대형화 경향은 당분간 이어질 전망이다. 시장조사기관인 디스플레이서치에 따르면, 2015년 UHD 패널 출하량이 3,700만 대로 2014년보다 2배 이상 증가할 것으로 예상됐다. 이에 따라 삼성디스플레이는 중국 시장을 겨냥해 49인치 제품 생산을 늘릴 계획이다.

중화권 업체(이노룩스, BOE, AUO 등)들도 커브드 TV 패널 생산에 돌입할 전망이다. 커브드 TV 패널이 고해상도 하이엔드 TV 플랫폼으로 입지를 굳히면서 수익성 확보를 위한 세트 업체의 수요가 늘어나는 것에 중화권 업체들도 대비하고 나선 것이다. 디스플레이서치는, 커브드 TV 판매량이 2014년 80만 대에서 2015년 500만 대로 급증할 것으로 내다봤다.

LG디스플레이와 삼성디스플레이의 격전은 앞으로도 수그러들지 않을 전망이다. 특히 LG디스플레이는 TV용 OLED 패널에, 삼성은 태블릿용 OLED 패널에 집중할 것으로 보인다. 디스플레이서치는, LG가 2014년 20만 대 수준이었던 OLED 패널 생산량을 2015년 100만 대까지 늘릴 것으로 분석했다. 세계에서 유일하게 대형 OLED TV 패널을 생산 중인 LG디스플레이는 WOLED(화이트 올레드) 기술 연구를 통해 생산수율을 높일 전망이다. LG는 신설한 파주 M2 라인에서 OLED TV 패널 생산을 시작했다. M2 라인은 8세대(2200mm×2500mm) 기판 기준 월 2만 6,000장의 생산능력을 보유하고 있다. 한편, RGB 방식의 대형 OLED 패널을 연구 중인 삼성은 향후 TV 패널을 생산할 가능성이 낮아 보인다. 다만, 태블릿용 OLED 패널은 전년 대비 3배 가량(500만 대 → 1,500만 대) 증산할 것으로 예상된다.

OLED에 도전장 낸 퀀텀닷TV

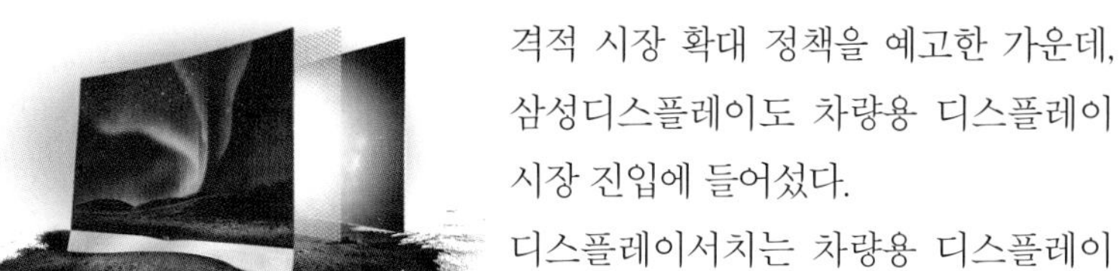

글로벌 TV 패널 전쟁은 퀀텀닷TV에서 정점을 찍을 전망이다. 퀀텀닷(Quantum Dot, 양자점)이란 기존 LCD(액정표시장치)에 양자점 필름을 끼워 넣어 색 재현력을 끌어올린 기술을 말한다. 기존 UHD TV가 표현하는 색 재현율이 70%라면 퀀텀닷 TV는 110%에 달한다.

시장조사기관인 IHD디스플레이뱅크는, 이런 장점 때문에 2013년 1,000만 달러에 머물렀던 글로벌 퀀텀닷 디스플레이 시장규모가 2020년 2억 달러까지 급증할 것으로 내다봤다. 퀀텀닷TV 출하량도 2015년 350만 대에서 2016년 1,000만 대까지 늘어날 것으로 추산된다.

OLED를 이용한 대형 TV 생산이 어려운 중국 업체들과 삼성은 앞으로 다가올 디스플레이시장의 콘셉트를 퀀텀닷TV로 밀어붙일 전망이다. 중국 TCL은 이미 IFA에서 제품을 공개했다. 가격도 OLED보다 낮은 1만 2,999위안(약 229만 원)으로 책정했다. 삼성전자도 미국에서 열리는 전시회 'CES 2015'를 기점으로 퀀텀닷TV 공략에 본격적으로 나설 전망이다. 삼성전자는 프리미엄 라인을 중심으로 55인치부터 105인치까지 평면, 커브드, 플렉시블 등 다양한 형태의 초고해상도(UHD) 퀀텀닷TV를 공개할 전망이다.

LG전자도 퀀텀닷TV 제품을 내놓는다. 다만, LG전자는 퀀텀닷이 OLED를 능가하는 장점보다는 LCD 대비 성능이 뛰어나다는 점과 친환경 비(非)카드뮴계 퀀텀닷을 적용했다는 점을 강조했다. 당분간 시장의 주인공은 'OLED'가 돼야 한다는 입장을 반영한 셈이다.

퀀텀닷과 OLED의 주도권 경쟁의 관건은 가격이 될 전망이다. OLED TV는 생산 초기보다 가격을 1/4까지 줄여 300만 원대로 낮췄다. 퀀텀닷TV는 OLED TV보다는 저렴하지만 기존 하이엔드급 제품보다는 30% 정도 비싸다. 퀀텀닷의 필름 가격이 비싸서 향후 가격 경쟁력을 갖춰나갈지 의문이다.

매년 10% 이상 성장하는 차량용 디스플레이시장

차량용 디스플레이시장이 매년 10%대의 안정적인 성장을 이어갈 전망이다. 이에 따라 LG디스플레이가 공격적 시장 확대 정책을 예고한 가운데, 삼성디스플레이도 차량용 디스플레이 시장 진입에 들어섰다.

디스플레이서치는 차량용 디스플레이 시장이 2014년에 31% 고성장을 기록한 가운데 앞으로도 수년간 10%대의 안정적인 성장을 이어갈 것으로 분석했다. 2014년 8,380만 개였던 차량용 패널 수요도 2015년 9,340만 개로 10% 이상 늘어날 전망이다. 분야별 수요는 모니터 3,090만 개, 중앙정보디스플레이(CID) 3,880만 개, 클러스터(계기판) 3,370만 개로 추산된다(2015년 기준).

자동차의 IT화가 진전되면서 차량 1대에 탑재하는 디스플레이 패널 수가 빠르게 증가하고 있다. 디자인도 다양해지면서 플렉시블과 투명 디스플레이, 헤드업디스플레이 등의 새로운 수요 창출에도 자동차가 기여하고 있다.

디스플레이서치는 LG디스플레이가 2014년 기준 시장 점유율 12%로 업계 4위권을 형성할 것으로 예상했다. 재팬디스플레이가 20% 점유율로 1위를 차지하는 가운데 샤프(17%), AUO(14%), CPT(12%) 등이 뒤를 이을 전망이다.

점차 커지는 시장에 발맞춰 LG디스플레이와 삼성디스플레이의 대응도 관심사다. LG디스플레이는 2018년까지 관련 매출 20억 달러, 시장점유율 30%까지 끌어올린다는 계획이다. 아직은 시장점유율이 미미한 삼성디스플레이는 독일 자동차 메이커 아우디에 플라스틱 OLED를 공급하기 시작하면서 차량용 디스플레이 격전에 뛰어들었다.

자동차 제조사와의 거래는 처음 시작이 어렵지만 신뢰가 쌓이면 장기간 안정적인 매출이 가능하다는 매력이 있다. LG디스플레이와 삼성디스플레이 두 거대 공룡이 글로벌 자동차 메이커들을 상대로 어떠한 마케팅 전략을 펴나갈지 귀추가 주목된다.

06 IT서비스업계

업계
규모

■ 국내 IT서비스 생산액 31조 2,504억 원 (전년 대비 ▲15.3%)

■ IT컨설팅 및 시스템통합(SI) 생산액 16조 8,759억 원 (전년 대비 ▲7.7%)

IT서비스업계 3대 업체

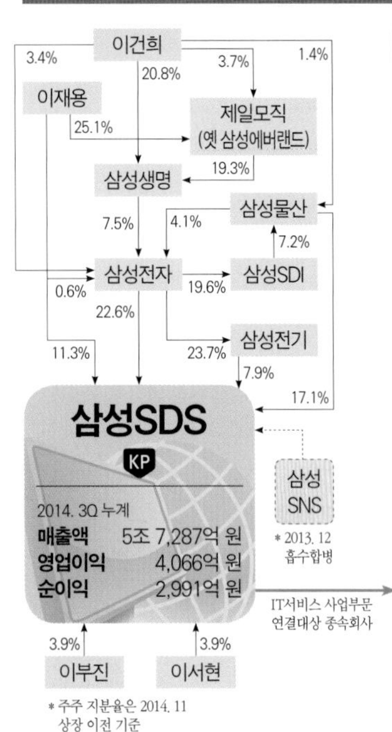

이건희
이재용
3.4%
20.8%
3.7%
1.4%
제일모직
(옛 삼성에버랜드)
25.1%
19.3%
삼성생명
삼성물산
7.5%
4.1%
7.2%
삼성전자
삼성SDI
0.6%
19.6%
22.6%
삼성전기
11.3%
23.7%
7.9%
17.1%
삼성SDS
KP
2014. 3Q 누계
매출액 5조 7,287억 원
영업이익 4,066억 원
순이익 2,991억 원
삼성
SNS
* 2013. 12
흡수합병
IT서비스 사업부문
연결대상 종속회사
3.9%
3.9%
이부진
이서현
* 주주 지분율은 2014. 11
상장 이전 기준

삼성SDS 기업공개 주식공모 내역 (기준 : 2014. 10)

● 주당공모가액 : 190,000원

공모구분	공모대상	주식수 (주)	구성비 (%)	공모총액 (억 원)
일반공모	일반투자자	1,219,921	20%	2,318
	기관투자자	3,659,762	60%	6,954
	소계	4,879,683	80%	9,271
우리사주조합		1,219,921	20%	2,318
합계		6,099,604	100%	11,589

IT서비스 사업부문 연결대상 종속회사 (기준 : 2014. 6)

	회사명	자산총계(억 원)	설립시기
70.2%	오픈타이드코리아	392	2000. 6
94.8%	에스코어	56	2007. 5
100%	오픈핸즈	8	2010. 10
100%	미라콤 아이앤씨	163	1998. 12
47.2%	크레듀	1,251	2000. 5
100%	누리솔루션	89	2000. 1

삼성SDS 경영실적 추이

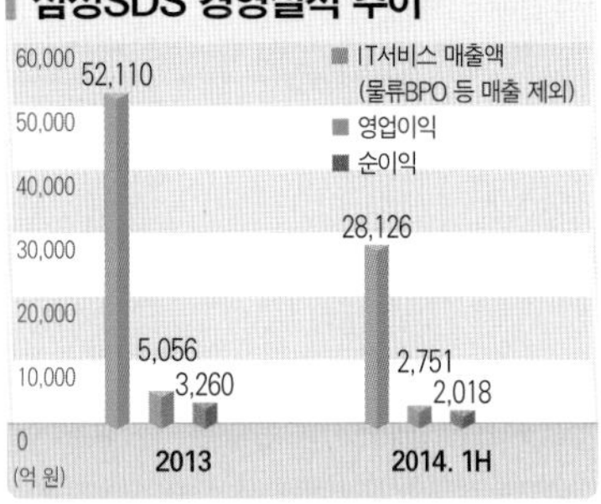

■ IT서비스 매출액 (물류BPO 등 매출 제외)
■ 영업이익
■ 순이익
60,000
50,000
40,000
30,000
20,000
10,000
0
(억 원)
52,110
5,056
3,260
28,126
2,751
2,018
2013
2014. 1H

삼성SDS 수주잔고 등 추이

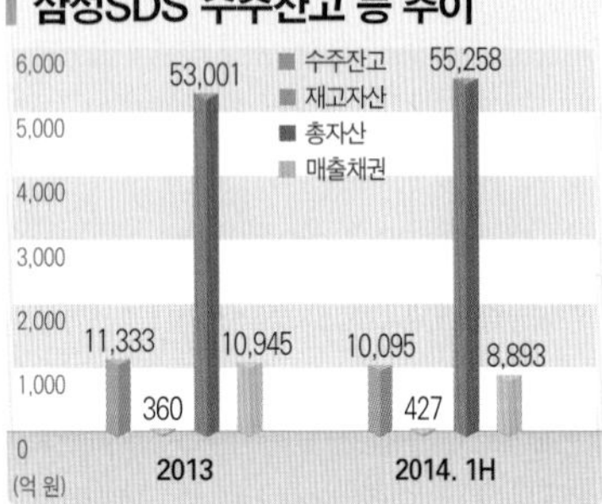

■ 수주잔고
■ 재고자산
■ 총자산
■ 매출채권
6,000
5,000
4,000
3,000
2,000
1,000
0
(억 원)
11,333
360
53,001
10,945
10,095
427
55,258
8,893
2013
2014. 1H

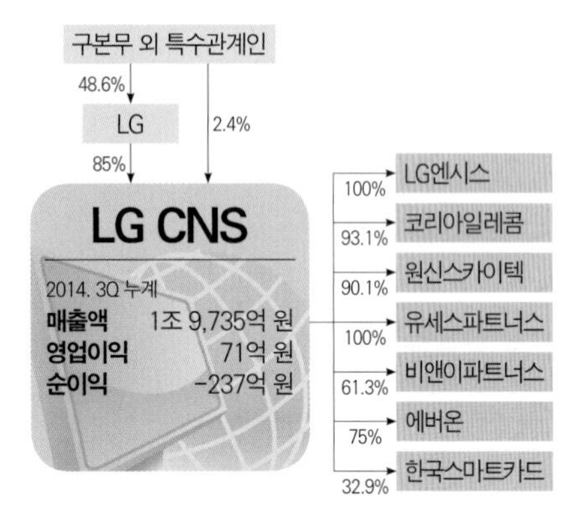

구본무 외 특수관계인
48.6%
LG
2.4%
85%
LG CNS
2014. 3Q 누계
매출액 1조 9,735억 원
영업이익 71억 원
순이익 -237억 원
100% LG엔시스
93.1% 코리아일레콤
90.1% 원신스카이텍
100% 유세스파트너스
61.3% 비앤이파트너스
75% 에버온
32.9% 한국스마트카드

LG CNS 재무현황 (기준 : 2014. 6)

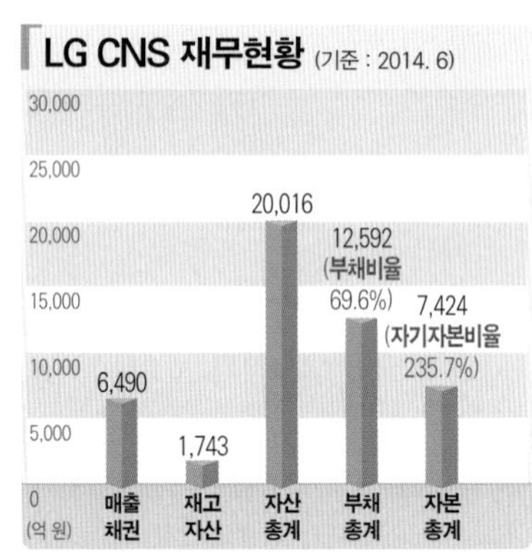

30,000
25,000
20,000
15,000
10,000
5,000
0
(억 원)
6,490
1,743
20,016
12,592
(부채비율
69.6%)
7,424
(자기자본비율
235.7%)
매출
채권
재고
자산
자산
총계
부채
총계
자본
총계

LG CNS 경영실적 추이

■ 매출액
■ 영업이익
■ 순이익
○ 영업이익률(우)
40,000
20,000
1,500
1,000
500
0
-500
(억 원)
60
50
40
30
20
10
0
-10
(%)
31,967
1,479
924
4.6
12,709
19
-51
0.1
2013
2014. 1H

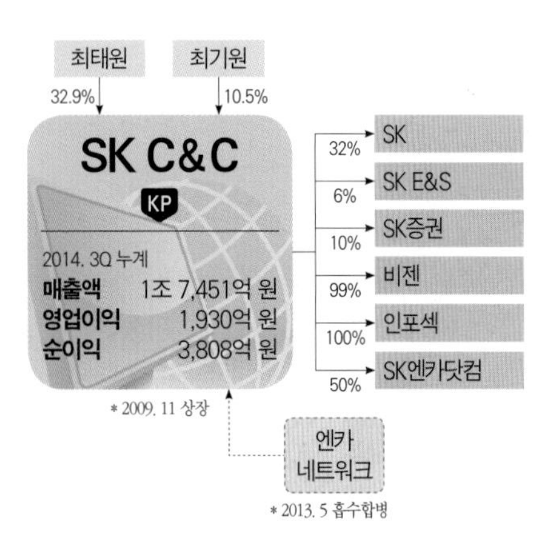

최태원
최기원
32.9%
10.5%
SK C&C
KP
2014. 3Q 누계
매출액 1조 7,451억 원
영업이익 1,930억 원
순이익 3,808억 원
* 2009. 11 상장
32% SK
6% SK E&S
10% SK증권
99% 비젠
100% 인포섹
50% SK엔카닷컴
엔카
네트워크
* 2013. 5 흡수합병

SK C&C 사업부문별 매출 비중

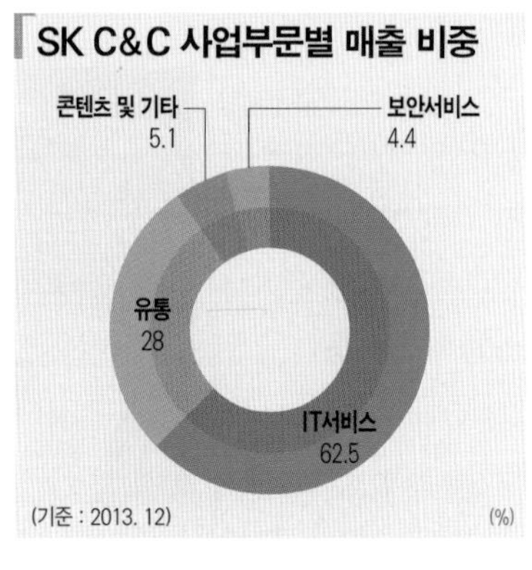

콘텐츠 및 기타
5.1
보안서비스
4.4
유통
28
IT서비스
62.5
(기준 : 2013. 12)
(%)

SK C&C 경영실적 추이

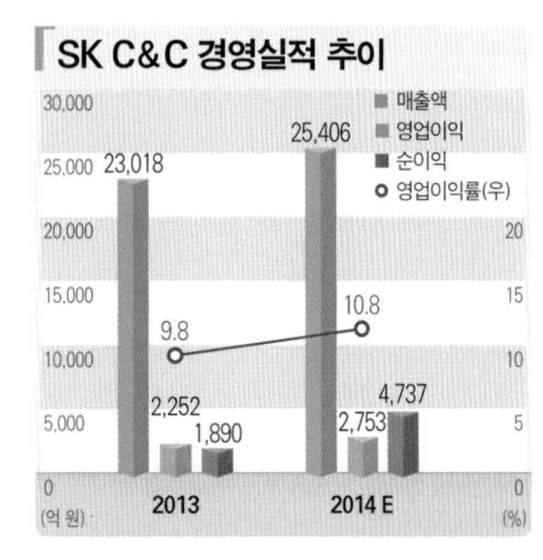

■ 매출액
■ 영업이익
■ 순이익
○ 영업이익률(우)
30,000
25,000
20,000
15,000
10,000
5,000
0
(억 원)
20
15
10
5
0
(%)
23,018
9.8
2,252
1,890
25,406
10.8
4,737
2,753
2013
2014 E

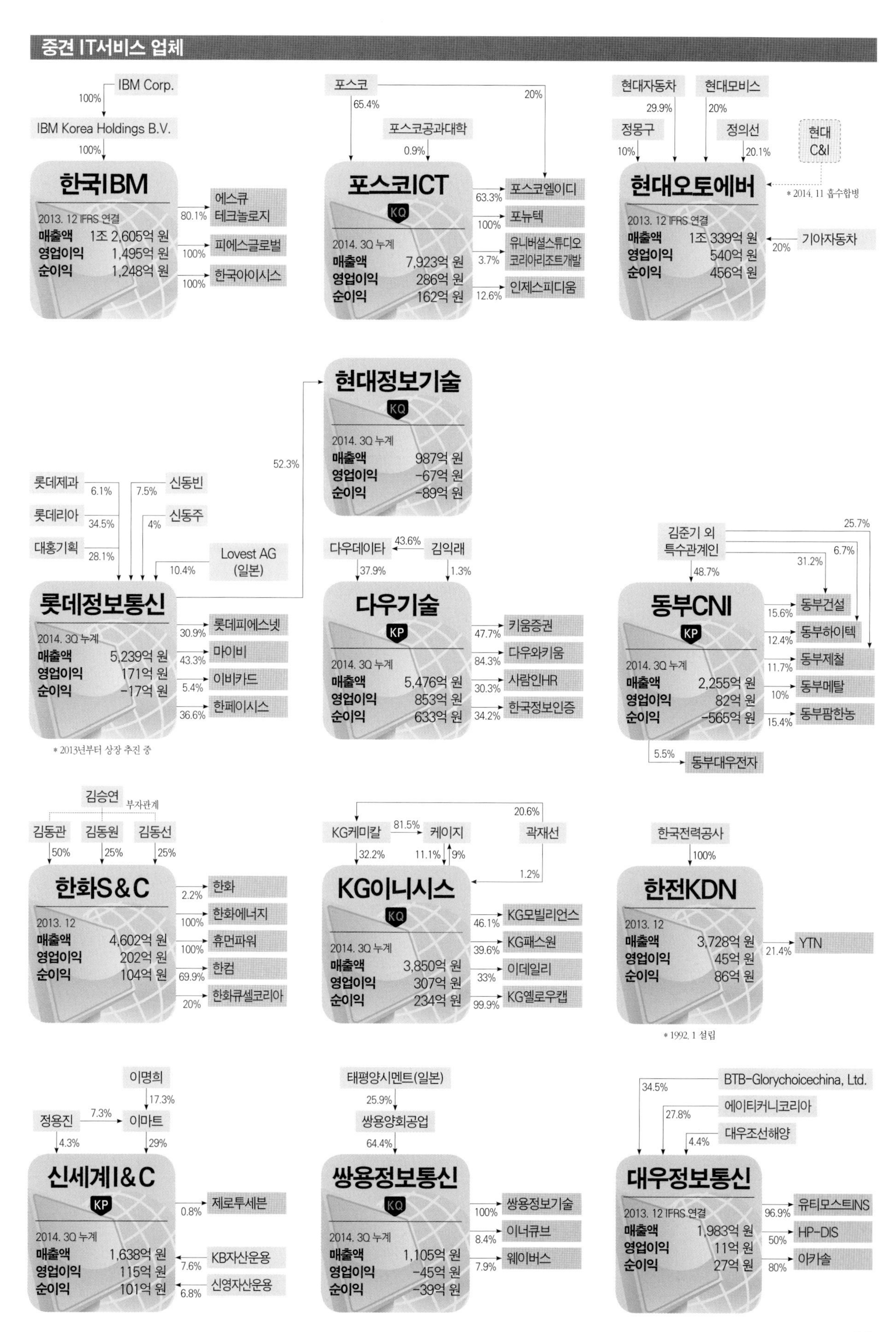

중견 IT서비스 업체
IBM Corp.
100%
IBM Korea Holdings B.V.
100%
한국IBM
2013. 12 IFRS 연결
매출액 1조 2,605억 원
영업이익 1,495억 원
순이익 1,248억 원
80.1% 에스큐 테크놀로지
100% 피에스글로벌
100% 한국아이시스
포스코
65.4%
20%
포스코공과대학
0.9%
포스코ICT
KQ
2014. 3Q 누계
매출액 7,923억 원
영업이익 286억 원
순이익 162억 원
63.3% 포스코엘이디
100% 포뉴텍
3.7% 유니버셜스튜디오 코리아리조트개발
12.6% 인제스피디움
현대자동차
29.9%
현대모비스
20%
정몽구
10%
정의선
20.1%
현대 C&I
* 2014. 11 흡수합병
현대오토에버
2013. 12 IFRS 연결
매출액 1조 339억 원
영업이익 540억 원
순이익 456억 원
20% 기아자동차
현대정보기술
KQ
2014. 3Q 누계
매출액 987억 원
영업이익 -67억 원
순이익 -89억 원
52.3%
롯데제과 6.1%
롯데리아 34.5%
대홍기획 28.1%
신동빈 7.5%
신동주 4%
Lovest AG (일본) 10.4%
롯데정보통신
2014. 3Q 누계
매출액 5,239억 원
영업이익 171억 원
순이익 -17억 원
30.9% 롯데피에스넷
43.3% 마이비
5.4% 이비카드
36.6% 한페이시스
* 2013년부터 상장 추진 중
다우데이타 43.6% 김익래
37.9%
1.3%
다우기술
KP
2014. 3Q 누계
매출액 5,476억 원
영업이익 853억 원
순이익 633억 원
47.7% 키움증권
84.3% 다우와키움
30.3% 사람인HR
34.2% 한국정보인증
김준기 외 특수관계인
48.7%
25.7%
6.7%
31.2%
동부CNI
KP
2014. 3Q 누계
매출액 2,255억 원
영업이익 82억 원
순이익 -565억 원
15.6% 동부건설
12.4% 동부하이텍
11.7% 동부제철
10% 동부메탈
15.4% 동부팜한농
5.5% 동부대우전자
김승연
부자관계
김동관 50%
김동원 25%
김동선 25%
한화S&C
2013. 12
매출액 4,602억 원
영업이익 202억 원
순이익 104억 원
2.2% 한화
100% 한화에너지
100% 휴먼파워
69.9% 한컴
20% 한화큐셀코리아
KG케미칼 81.5% 케이지
곽재선
20.6%
32.2%
11.1%
9%
1.2%
KG이니시스
KQ
2014. 3Q 누계
매출액 3,850억 원
영업이익 307억 원
순이익 234억 원
46.1% KG모빌리언스
39.6% KG패스원
33% 이데일리
99.9% KG옐로우캡
한국전력공사
100%
한전KDN
2013. 12
매출액 3,728억 원
영업이익 45억 원
순이익 86억 원
21.4% YTN
* 1992. 1 설립
이명희
17.3%
정용진 7.3% 이마트
4.3%
29%
신세계I&C
KP
2014. 3Q 누계
매출액 1,638억 원
영업이익 115억 원
순이익 101억 원
0.8% 제로투세븐
7.6% KB자산운용
6.8% 신영자산운용
태평양시멘트(일본)
25.9%
쌍용양회공업
64.4%
쌍용정보통신
KQ
2014. 3Q 누계
매출액 1,105억 원
영업이익 -45억 원
순이익 -39억 원
100% 쌍용정보기술
8.4% 이너큐브
7.9% 웨이버스
BTB-Glorychoicechina, Ltd. 34.5%
에이티커니코리아 27.8%
대우조선해양 4.4%
대우정보통신
2013. 12 IFRS 연결
매출액 1,983억 원
영업이익 11억 원
순이익 27억 원
96.9% 유티모스트INS
50% HP-DIS
80% 아카솔

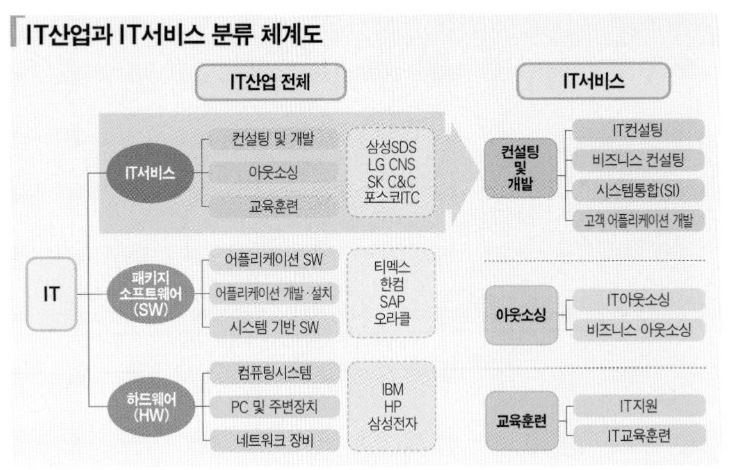
IT산업과 IT서비스 분류 체계도
IT산업 전체
IT서비스
IT
IT서비스
컨설팅 및 개발
아웃소싱
교육훈련
삼성SDS
LG CNS
SK C&C
포스코ITC
패키지 소프트웨어 (SW)
어플리케이션 SW
어플리케이션 개발·설치
시스템 기반 SW
티맥스
한컴
SAP
오라클
하드웨어 (HW)
컴퓨팅시스템
PC 및 주변장치
네트워크 장비
IBM
HP
삼성전자
컨설팅 및 개발
IT컨설팅
비즈니스 컨설팅
시스템통합(SI)
고객 어플리케이션 개발
아웃소싱
IT아웃소싱
비즈니스 아웃소싱
교육훈련
IT지원
IT교육훈련

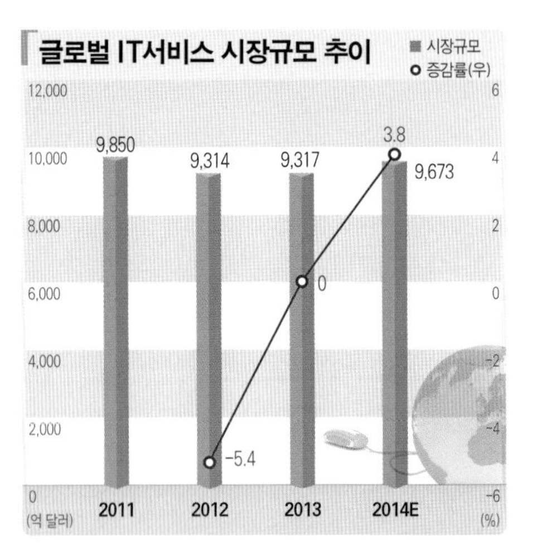
글로벌 IT서비스 시장규모 추이
■ 시장규모
o 증감률(우)
12,000
10,000
8,000
6,000
4,000
2,000
0
(억 달러)
9,850
9,314
9,317
9,673
3.8
0
-5.4
2011
2012
2013
2014E
6
4
2
0
-2
-4
-6
(%)

자료 : 한국IT서비스산업협회

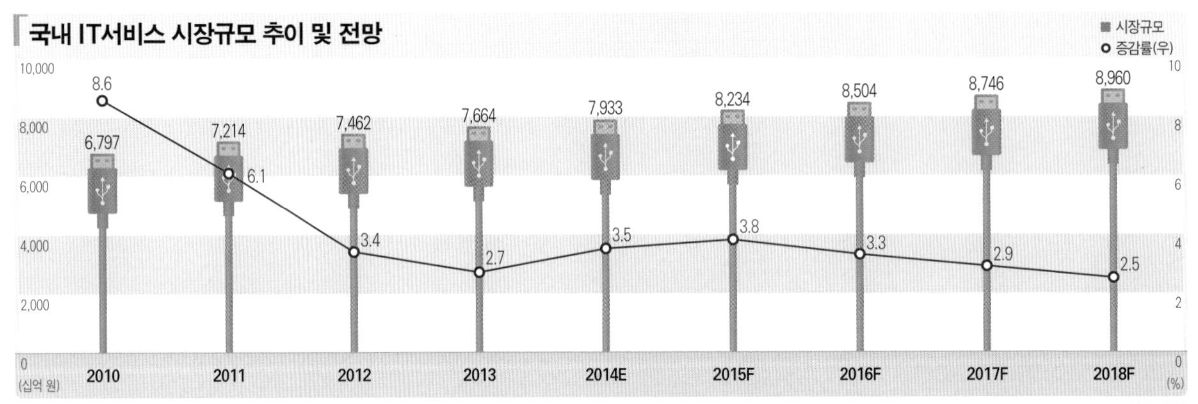
국내 IT서비스 시장규모 추이 및 전망
■ 시장규모
o 증감률(우)
10,000
8,000
6,000
4,000
2,000
0
(십억 원)
6,797
7,214
7,462
7,664
7,933
8,234
8,504
8,746
8,960
8.6
6.1
3.4
2.7
3.5
3.8
3.3
2.9
2.5
2010
2011
2012
2013
2014E
2015F
2016F
2017F
2018F
10
8
6
4
2
0
(%)

자료 : IDC

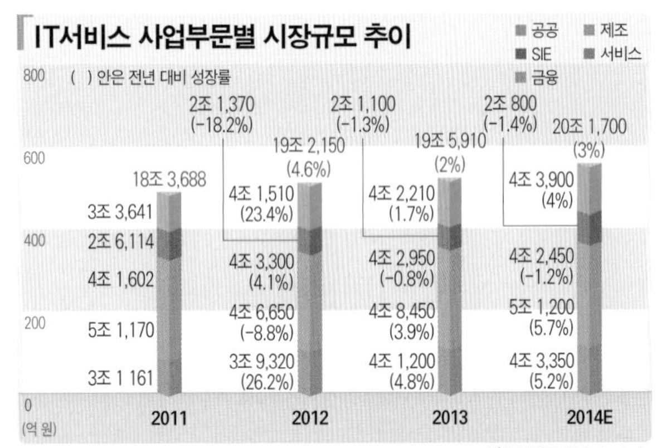
IT서비스 사업부문별 시장규모 추이
■ 공공 ■ 제조
■ SIE ■ 서비스
■ 금융
800
( ) 안은 전년 대비 성장률
600
400
200
0
(억 원)
18조 3,688
3조 3,641
2조 6,114
4조 1,602
5조 1,170
3조 1 161
2조 1,370
(-18.2%)
19조 2,150
(4.6%)
4조 1,510
(23.4%)
4조 3,300
(4.1%)
4조 6,650
(-8.8%)
3조 9,320
(26.2%)
2조 1,100
(-1.3%)
19조 5,910
(2%)
4조 2,210
(1.7%)
4조 2,950
(-0.8%)
4조 8,450
(3.9%)
4조 1,200
(4.8%)
2조 800
(-1.4%)
20조 1,700
(3%)
4조 3,900
(4%)
4조 2,450
(-1.2%)
5조 1,200
(5.7%)
4조 3,350
(5.2%)
2011
2012
2013
2014E

자료 : KRG, SDS Analysis

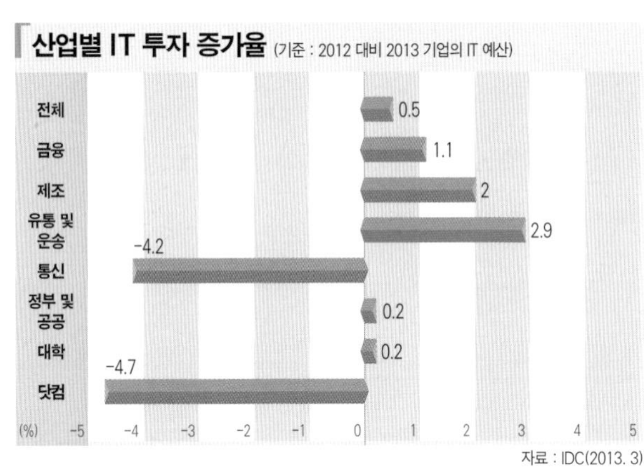
산업별 IT 투자 증가율 (기준 : 2012 대비 2013 기업의 IT 예산)
전체
금융
제조
유통 및 운송
통신
정부 및 공공
대학
닷컴
0.5
1.1
2
2.9
-4.2
0.2
0.2
-4.7
(%)
-5
-4
-3
-2
-1
0
1
2
3
4
5

자료 : IDC(2013. 3)

IT서비스 생산액 추이

■ IT컨설팅 및 시스템통합(SI) ■ 기타 IT서비스
■ IT시스템 관리 및 지원 서비스

* 2013 이후는 잠정치
( ) 안은 증감률(%)

400,000
300,000
200,000
100,000
0
(천 달러)

2010: 235,155 (3.8) / 141,378 (1) / 91,489 (10.4) / 2,288 (-39.1)
2011: 255,264 (8.6) / 153,835 (8.8) / 99,214 (8.4) / 2,215 (-3.2)
2012: 271,054 (6.2) / 156,765 (1.9) / 107,420 (8.3) / 6,869 (210.1)
2013: 312,504 (15.3) / 168,759 (7.7) / 130,646 (21.6) / 13,099 (90.7)
2014. 1~7: 166,192 / 88,878 / 72,876 / 4,438

자료 : 한국전자정보통신산업진흥회(KEA)

IT서비스 수출액 추이
■ IT컨설팅 및 시스템통합(SI) ■ 기타 IT서비스
■ IT시스템 관리 및 지원 서비스
* 2013 이후는 잠정치
( ) 안은 증감률(%)
2,500,000
2,000,000
1,500,000
1,000,000
500,000
0
(천 달러)
1,035,030
(19.9)
714,041
(51.2)
318,877
(-17.1)
2,112
(-66.3)
1,188,426
(14.8)
790,398
(10.7)
396,596
(24.4)
1,432
(-32.2)
1,425,541
(20)
911,584
(15.3)
503,438
(26.9)
10,519
(634.6)
1,961,392
(37.6)
1,297,441
(42.3)
663,951
(31.9)
1,447,966
961,615
486,351
2010
2011
2012
2013
2014. 1~7

자료 : 한국전자정보통신산업진흥회(KEA)

IT서비스 기업 시장점유율 (기준 : 2013 매출액)

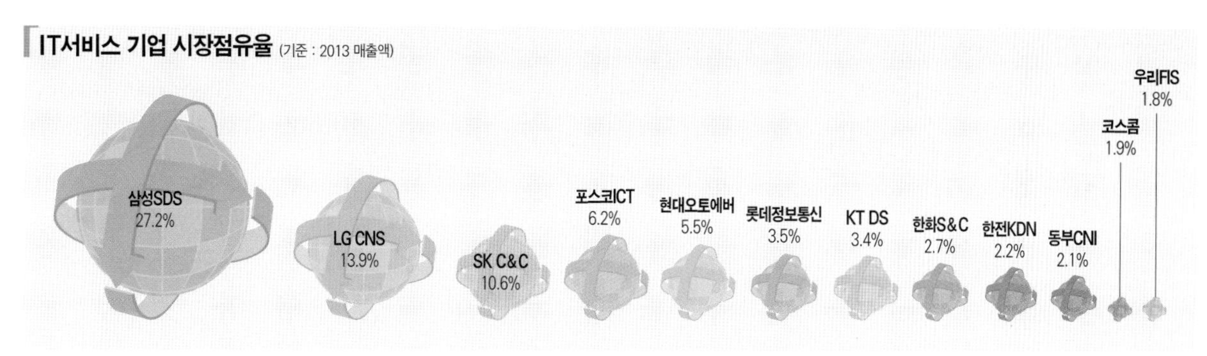

삼성SDS 27.2%
LG CNS 13.9%
SK C&C 10.6%
포스코ICT 6.2%
현대오토에버 5.5%
롯데정보통신 3.5%
KT DS 3.4%
한화S&C 2.7%
한전KDN 2.2%
동부CNI 2.1%
코스콤 1.9%
우리FIS 1.8%

자료 : 각사 재무제표

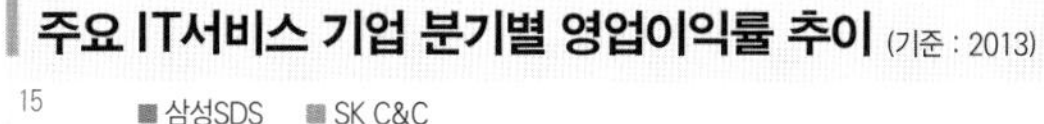

주요 IT서비스 기업 분기별 영업이익률 추이 (기준 : 2013)

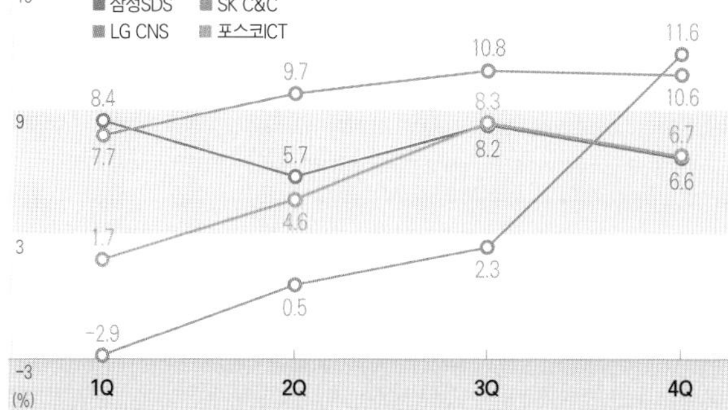

15
9
3
-3
(%)
삼성SDS
SK C&C
LG CNS
포스코ICT
8.4
7.7
1.7
-2.9
9.7
5.7
4.6
0.5
10.8
8.3
8.2
2.3
11.6
10.6
6.7
6.6
1Q
2Q
3Q
4Q

주요 IT서비스 기업 분기별 매출 구성 (기준 : 2013 매출액)

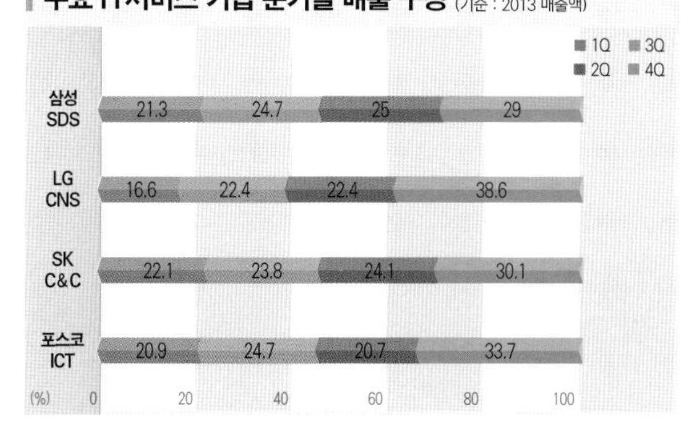

1Q
3Q
2Q
4Q
삼성 SDS 21.3 24.7 25 29
LG CNS 16.6 22.4 22.4 38.6
SK C&C 22.1 23.8 24.1 30.1
포스코 ICT 20.9 24.7 20.7 33.7
(%) 0 20 40 60 80 100

중견 IT서비스 기업 사업부문별 매출 구성 (기준 : 2013 매출액)

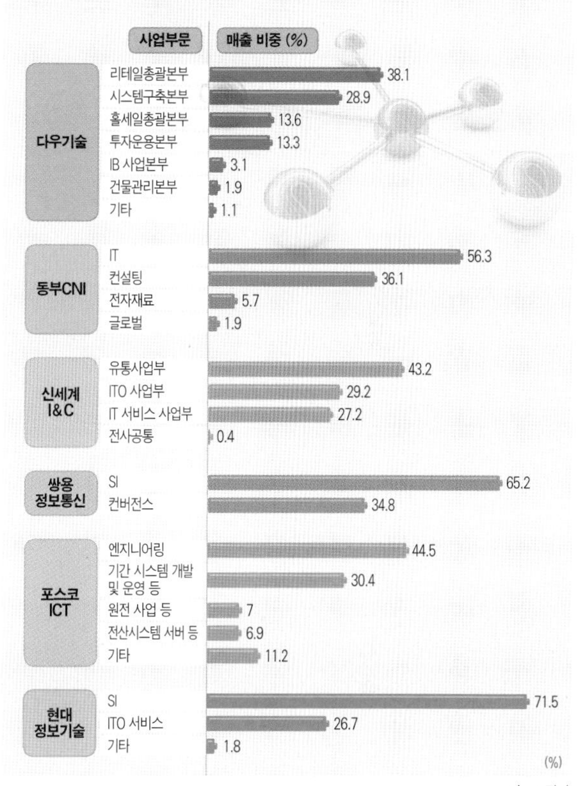

사업부문
매출 비중 (%)
다우기술
리테일총괄본부 38.1
시스템구축본부 28.9
홀세일총괄본부 13.6
투자운용본부 13.3
IB 사업본부 3.1
건물관리본부 1.9
기타 1.1
동부CNI
IT 56.3
컨설팅 36.1
전자재료 5.7
글로벌 1.9
신세계 I&C
유통사업부 43.2
ITO 사업부 29.2
IT 서비스 사업부 27.2
전사공통 0.4
쌍용 정보통신
SI 65.2
컨버전스 34.8
포스코 ICT
엔지니어링 44.5
기간 시스템 개발 및 운영 등 30.4
원전 사업 등 7
전산시스템 서버 등 6.9
기타 11.2
현대 정보기술
SI 71.5
ITO 서비스 26.7
기타 1.8
(%)

자료 : 각사

글로벌 IT서비스 기업 톱 10 (기준 : 2013 시장점유율)

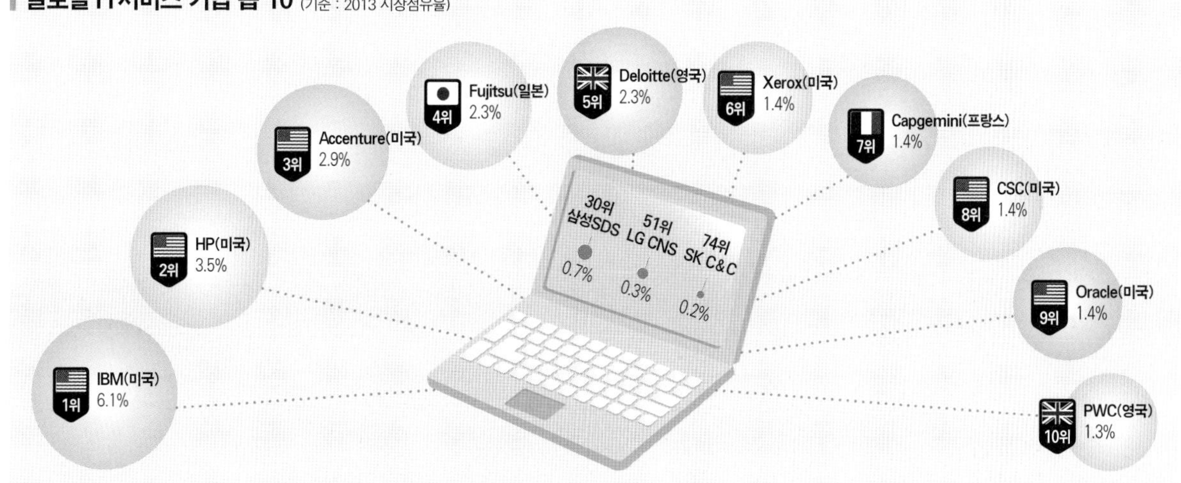

1위 IBM(미국) 6.1%
2위 HP(미국) 3.5%
3위 Accenture(미국) 2.9%
4위 Fujitsu(일본) 2.3%
5위 Deloitte(영국) 2.3%
6위 Xerox(미국) 1.4%
7위 Capgemini(프랑스) 1.4%
8위 CSC(미국) 1.4%
9위 Oracle(미국) 1.4%
10위 PWC(영국) 1.3%
30위 삼성SDS 0.7%
51위 LG CNS 0.3%
74위 SK C&C 0.2%

자료 : Gartner

상장과 인수합병, 약이 될까 독이 될까?

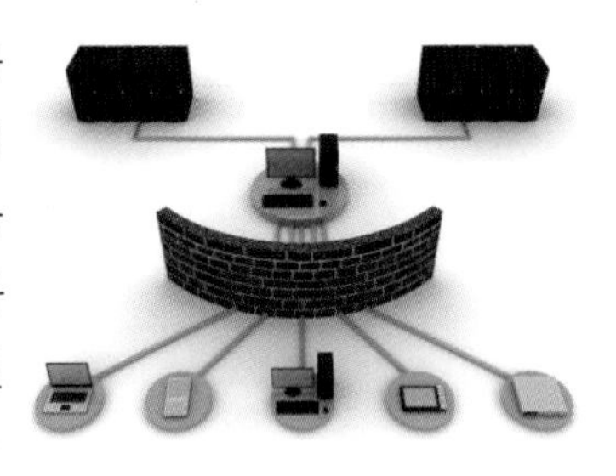

흔히 IT서비스라고 하면, 사용자(고객, 대체로 기업체)에 초점을 맞춰 서비스 제공자와 고객 사이에 합의된 전산 서비스를 제공·운용·관리하는 일체의 산업을 뜻한다. 기존 IT 관리가 시스템 자체의 기능에 초점이 맞춰졌었다면, 최근에는 프로세스와 고객이 사업의 중심으로 자리 잡고 있다.

국내 IT서비스 업황은 2013년 이래 불황이 이어지고 있다. 장기간 계속되는 경기 침체로 기업들이 IT 투자를 줄인 것이 불황의 직접적인 요인이다. 대기업 계열의 IT서비스 업체들도 그룹 내 일감 축소로 어느 때보다 힘겨운 시기를 보내고 있다.

문제는 2015년에 이어 2016년까지도 IT서비스 업황이 나아지지 않을 것이라는 관측이다. 이에 따라 업체들마다 살아남기 위한 전략 구상에 골치가 아프다. '공공 IT' 시장이 가로막힌 대형 IT서비스 업체들은 신사업 발굴과 해외 시장 공략에 집중할 것으로 보인다. 반면, 중견 업체들은 공공 IT시장에서 치열한 수주 전쟁을 벌일 전망이다.

생존을 위해 바다를 건너는 '빅3'

국내 IT서비스산업은 메이저 3사(삼성SDS, SK C&C, LG CNS)와 수십 개의 중소 업체로 양분해 있다. 이 두 개 그룹 간에는 부익부 빈익빈 현상이 뚜렷하다. IT서비스만큼 양극화가 심한 업종도 드물다는 게 전문가들의 공통된 생각이다.

정부는 이러한 양극화를 해소하기 위해 2013년 1월 '소프트웨어산업진흥법'을 개정해 상호 출자 집단에 해당되는 대기업 IT서비스 계열사들의 공공 IT시장 참여를 제한했다. 이에 따라 대형 IT서비스 업체들은 서둘러 신사업 발굴에 나서고 있다.

상장에 성공해 코스피 시가총액 5위로 안착한 삼성SDS는 물류업무프로세스아웃소싱(BPO) 사업을 전면에 내세우며 해외 시장에서 눈에 띄는 성과를 일구고 있다. 이미 해외 사업 매출이 2조 원을 훌쩍 넘어 3조 원을 바라보고 있다. 삼성SDS는 물류서비스를 강화하기 위해 전 세계 각지에 널리 퍼져있는 계열사들과의 관계를 더욱 공고히 해 나간다는 계획이다. 2015년 말까지 삼성전자 전 세계 사업장의 물류통합서비스 체계를 완성하고 2016년까지 현지법인 추가 신설을 통해 글로벌 물류 인프라를 갖춘다는 방침이다.

LG CNS는 대중교통요금자동징수(AFC)와 버스운영관리시스템(BMS) 등 스마트 교통 솔루션 및 스마트 그린 시티, 스마트 팩토리 솔루션 사업을 통해 전 세계 각지에서 가시적인 성과를 거두고 있다. LG CNS는 해외 사업 매출 비중이 과거 10%도 안 되던 것을 15% 이상으로 끌어올렸다. LG CNS는 솔루션 개발 역량을 살려 동남아를 비롯해 급성장하고 있는 중국 택배물류시장 등에도 적극 진출한다는 계획이다.

SK C&C는 중고차매매업, 메모리반도체 모듈 유통 등 非IT 사업을 확대하면서 해외 시장에서 가장 두드러진 실적을 거뒀다. SK C&C는 2012년 5%에 머물던 해외 사업 비중이 16% 가까이 상승했다. SK C&C는 2015년부터 빅데이터를 기반으로 한 프리미엄 IT서비스 기술에 좀 더 집중한다는 계획이다. 아울러 글로벌 자동차시장 진출에 속도를 내고 있고, 새롭게 진출한 반도체 모듈 사업에도 공격적인 투자를 단행한다는 방침이다.

중견 IT서비스 업체들, 공공 IT 수주 경쟁 돌입

상호 출자 제한 집단에 속하지 않는 중견 IT서비스 업체들은 공공 IT시장에서 치열한 접전을 펼치고 있다. 조달청 나라장터에 따르면 2014년 상반기에만 2,791개 사업, 2조 6,214억 원의 공공 IT 용역 사업이 발주됐고, 이 중 60% 가량을 중견 IT서비스 업체들이 차지했다.

중견 IT서비스 업체들 중에서도 대보정보통신, 대우정보시스템, 아이티센의 약진이 눈에 띈다. 대보정보통신은 2014년 상반기 공공 사업 수주 금액만 1,000억 원에 육박한다. 대우정보시스템은 2014년 3분기 누적 1,201억 원의 매출을 올리며 전년 대비 30%에 가까운 성장세를 기록했다. 중소기업 전용 주식시장인 코넥스(KONEX)에서 코스닥으로 이전 상장한 아이티센은 '작은 삼성SDS'로 불릴 만큼 공공시장에서 두각을 나타내고 있다. 클라우드, 빅데이터, 그린IT 등 다양한 기술을 활용해 공공시장에서 사업 영역을 넓혀가는 중이다.

공공 IT시장은 2015년에도 4조 원 규모를 형성할 전망이다.

IT서비스업계에 부는 M&A 돌풍

인수합병을 통한 합종연횡으로 새로운 돌파구를 모색하는 IT서비스 업체들이 여럿 있다.

상장에 성공한 삼성SDS는 삼성SNS 등 IT 연관 사업을 하는 계열사들을 인수해 덩치를 불리고 있다. SK C&C는 2013년 SK엔카 인수에 이어 2014년에 홍콩계 업체 ISD테크놀로지의 메모리 반도체 모듈 사업까지 인수했다. 한화S&C는 삼성그룹의 화학·방산 계열사를 한화그룹이 인수하면서 높아진 위상만큼 수혜를 기대하고 있다. 현대오토에버도 현대차그룹의 SI 업체 통합 작업에 따라 현대건설의 IT서비스 자회사인 현대C&I를 합병해 건설 IT 분야로 사업 외연을 넓히고 있다.

한편, 동양네트웍스는 동양그룹 해체로 직격탄을 맞았다. 그룹 계열사들이 떨어져 나가면서 법정관리에 들어간 뒤 외부 사업 확대에 어려움을 겪고 있다. 대우정보시스템에 IT 사업 부문을 매각하기 위해 협상을 벌이기도 했지만 결국 무산되고 말았다.

동부CNI는 동부그룹 유동성 위기로 인해 금융 IT 사업 부문을 별도 자회사로 분리하는 조치를 단행했다. 하지만 부국증권이 주요 지분을 가지고 있는 사모펀드에 자회사를 매각하면서 금융 IT 사업 부문에 대한 사업 축소가 불가피해졌다.

상장에 나서는 IT서비스 업체들

IT서비스업계에 M&A 돌풍에 이어 상장 태풍까지 불어 닥치고 있다. 2009년 SK C&C 상장에 이어 업계 1위인 삼성SDS가 2014년 11월 상장을 마무리했다. 롯데정보통신도 상장을 추진 중인 가운데 업계 2위인 LG CNS의 상장설도 증권가에서 솔솔 피어나는 중이다. 장기적으로는 한화S&C와 현대오토에버도 상장이 거론된다. 이미 상장된 IT서비스 업체로는 포스코ICT, 현대정보기술, 동부CNI, 쌍용정보통신, 신세계I&C 등이 있다.

Stock Market

삼성SDS 후속 타자로 상장이 가장 확실시되는 IT서비스 업체는 롯데정보통신이다. 롯데정보통신은 그룹 계열사 매출 기반으로 안정적인 성장세를 누리고 있지만 당장은 상장이 어려울 전망이다. 우선 자회사인 현대정보기술의 경영 정상화 문제 등 급한 불부터 꺼야 하기 때문이다.

업계 2위인 LG CNS의 상장설도 여기저기서 흘러나오고 있다. LG CNS는 상장 계획이 없다고 공식적으로 밝혔지만 증권가에서는 아니 땐 굴뚝에 연기가 나겠냐는 분위기다.

07 전기·전선 업계

업계
규모

■ 전기·전선 생산액 43조 6,540억 원 (전년 대비 ▲1.9%)

■ 전기·전선 수출액 150.3억 달러 (세계 시장점유율 3.6%)

LS그룹 전기·전선사업 관련사

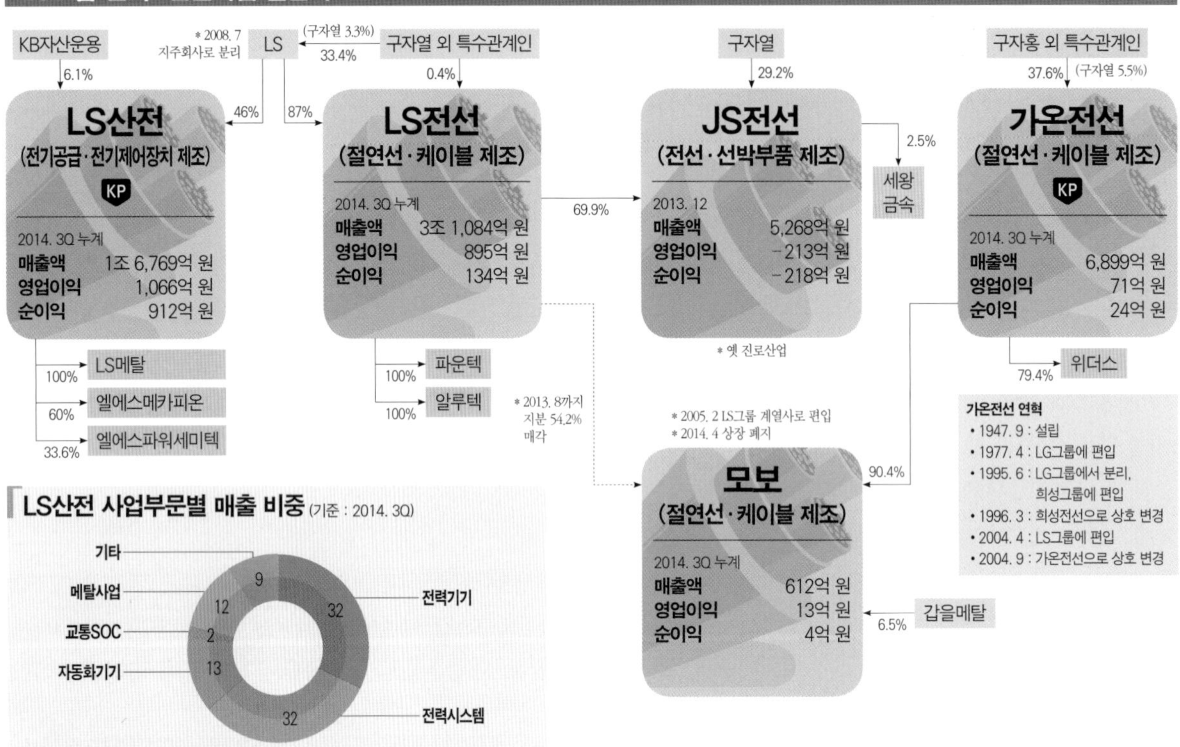

KB자산운용
6.1%
* 2008. 7 지주회사로 분리
LS
(구자열 3.3%)
33.4%
구자열 외 특수관계인
0.4%
46%
87%
LS산전
(전기공급·전기제어장치 제조)
KP
2014. 3Q 누계
매출액 1조 6,769억 원
영업이익 1,066억 원
순이익 912억 원
LS전선
(절연선·케이블 제조)
2014. 3Q 누계
매출액 3조 1,084억 원
영업이익 895억 원
순이익 134억 원
69.9%
구자열
29.2%
JS전선
(전선·선박부품 제조)
2013. 12
매출액 5,268억 원
영업이익 -213억 원
순이익 -218억 원
2.5%
세왕금속
* 옛 진로산업
구자홍 외 특수관계인
37.6%
(구자열 5.5%)
가온전선
(절연선·케이블 제조)
KP
2014. 3Q 누계
매출액 6,899억 원
영업이익 71억 원
순이익 24억 원
79.4%
위더스
100% LS메탈
60% 엘에스메카피온
33.6% 엘에스파워세미텍
100% 파운텍
100% 알루텍
* 2013. 8까지 지분 54.2% 매각
* 2005. 2 LS그룹 계열사로 편입
* 2014. 4 상장 폐지
90.4%
모보
(절연선·케이블 제조)
2014. 3Q 누계
매출액 612억 원
영업이익 13억 원
순이익 4억 원
6.5%
갑을메탈
가온전선 연혁
• 1947. 9 : 설립
• 1977. 4 : LG그룹에 편입
• 1995. 6 : LG그룹에서 분리, 희성그룹에 편입
• 1996. 3 : 희성전선으로 상호 변경
• 2004. 4 : LS그룹에 편입
• 2004. 9 : 가온전선으로 상호 변경

LS산전 사업부문별 매출 비중 (기준 : 2014. 3Q)

기타 9
메탈사업 12
교통SOC 2
자동화기기 13
전력시스템 32
전력기기 32
(%)

자료 : LS산전

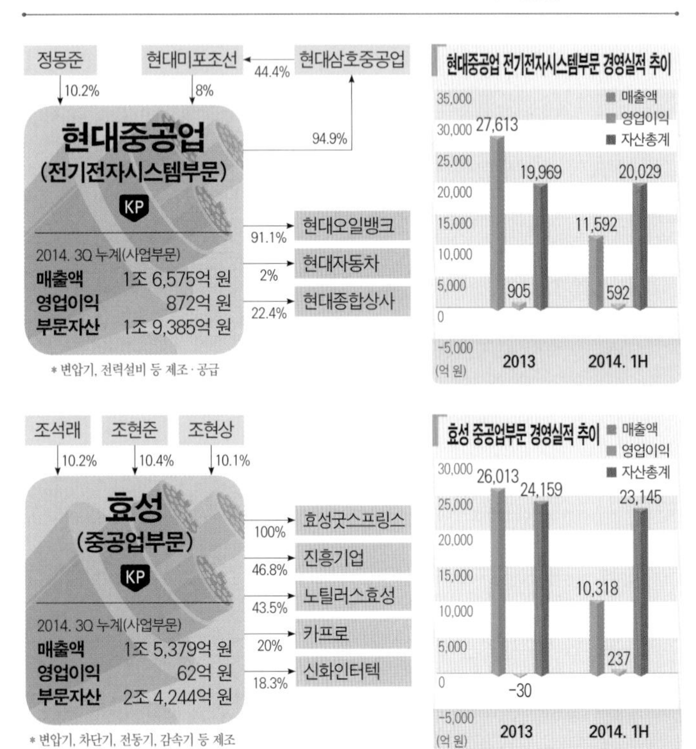

정몽준
10.2%
현대미포조선
8%
44.4%
현대삼호중공업
94.9%
현대중공업
(전기전자시스템부문)
KP
2014. 3Q 누계(사업부문)
매출액 1조 6,575억 원
영업이익 872억 원
부문자산 1조 9,385억 원
* 변압기, 전력설비 등 제조·공급
91.1% 현대오일뱅크
2% 현대자동차
22.4% 현대종합상사
현대중공업 전기전자시스템부문 경영실적 추이
매출액
영업이익
자산총계
2013: 27,613 / 905 / 19,969
2014. 1H: 11,592 / 592 / 20,029
(억 원)
조석래 10.2%
조현준 10.4%
조현상 10.1%
효성
(중공업부문)
KP
2014. 3Q 누계(사업부문)
매출액 1조 5,379억 원
영업이익 62억 원
부문자산 2조 4,244억 원
* 변압기, 차단기, 전동기, 감속기 등 제조
100% 효성굿스프링스
46.8% 진흥기업
43.5% 노틸러스효성
20% 카프로
18.3% 신화인터텍
효성 중공업부문 경영실적 추이
매출액
영업이익
자산총계
2013: 26,013 / -30 / 24,159
2014. 1H: 10,318 / 237 / 23,145
(억 원)

한국전력공사 계열

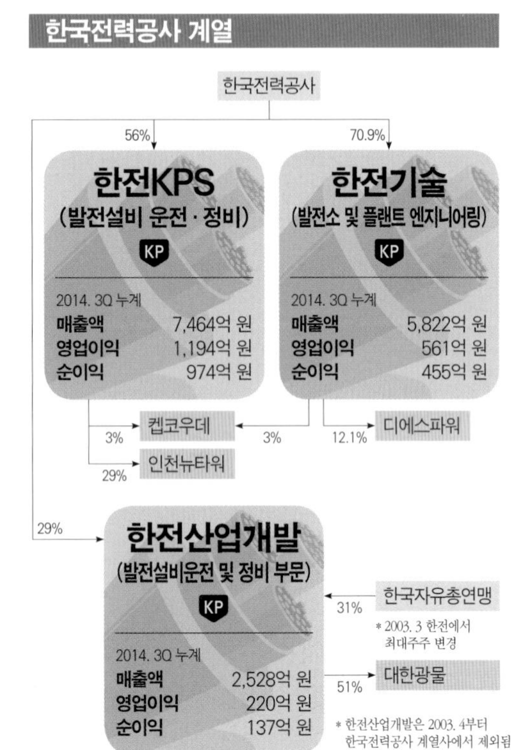

한국전력공사
56%
70.9%
한전KPS
(발전설비 운전·정비)
KP
2014. 3Q 누계
매출액 7,464억 원
영업이익 1,194억 원
순이익 974억 원
한전기술
(발전소 및 플랜트 엔지니어링)
KP
2014. 3Q 누계
매출액 5,822억 원
영업이익 561억 원
순이익 455억 원
3% 켑코우데
3%
12.1% 디에스파워
29% 인천뉴타워
29%
한전산업개발
(발전설비운전 및 정비 부문)
KP
2014. 3Q 누계
매출액 2,528억 원
영업이익 220억 원
순이익 137억 원
31% 한국자유총연맹
* 2003. 3 한전에서 최대주주 변경
51% 대한광물
* 한전산업개발은 2003. 4부터 한국전력공사 계열사에서 제외됨

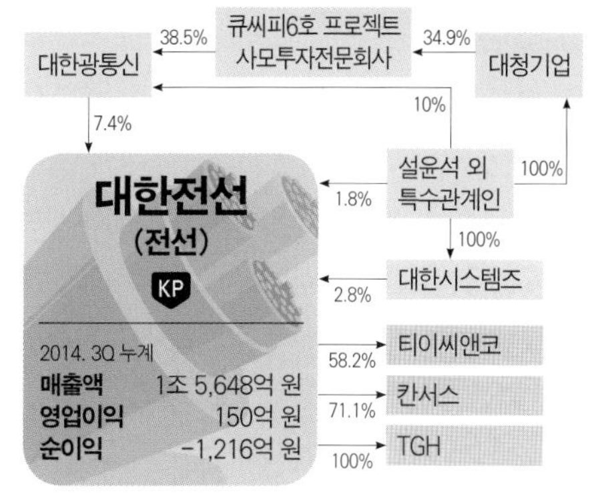

큐씨피6호 프로젝트 사모투자전문회사
대한광통신
대청기업
38.5%
34.9%
10%
7.4%
설윤석 외 특수관계인
100%
1.8%
대한전선
(전선)
KP
100%
대한시스템즈
2.8%
2014. 3Q 누계
매출액 1조 5,648억 원
영업이익 150억 원
순이익 -1,216억 원
58.2%
티이씨앤코
71.1%
칸서스
100%
TGH

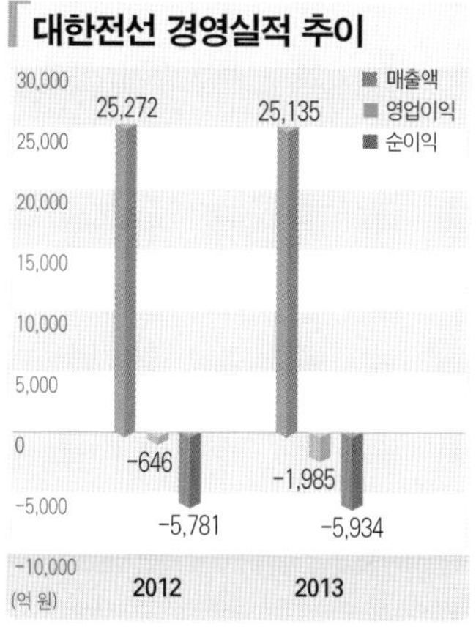

대한전선 경영실적 추이
매출액
영업이익
순이익
30,000
25,000
20,000
15,000
10,000
5,000
0
-5,000
-10,000
(억 원)
25,272
-646
-5,781
25,135
-1,985
-5,934
2012
2013

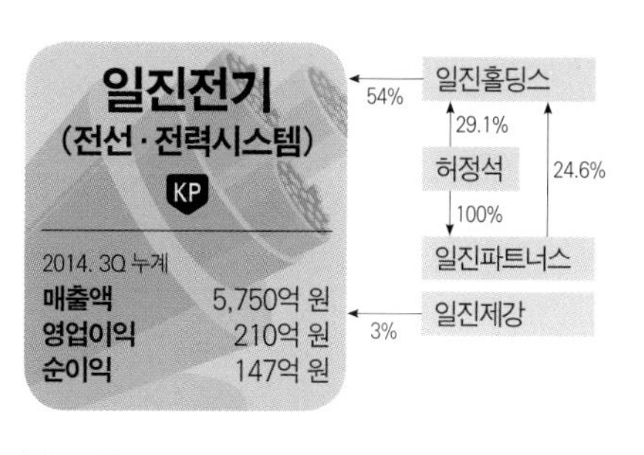

일진전기
(전선·전력시스템)
KP
2014. 3Q 누계
매출액 5,750억 원
영업이익 210억 원
순이익 147억 원
54%
일진홀딩스
29.1%
허정석
24.6%
100%
일진파트너스
3%
일진제강

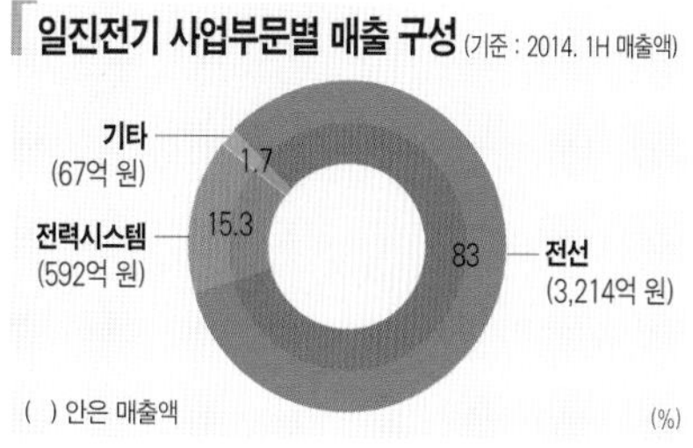

일진전기 사업부문별 매출 구성 (기준 : 2014. 1H 매출액)
기타 (67억 원) 1.7
전력시스템 (592억 원) 15.3
전선 (3,214억 원) 83
( ) 안은 매출액
(%)

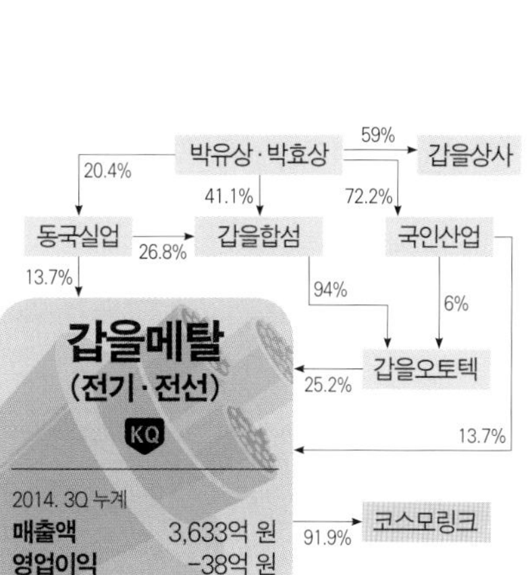

박유상·박효상
59%
갑을상사
20.4%
41.1%
72.2%
동국실업
26.8%
갑을합섬
국인산업
13.7%
94%
6%
갑을메탈
(전기·전선)
KQ
25.2%
갑을오토텍
13.7%
2014. 3Q 누계
매출액 3,633억 원
영업이익 -38억 원
순이익 -57억 원
91.9%
코스모링크

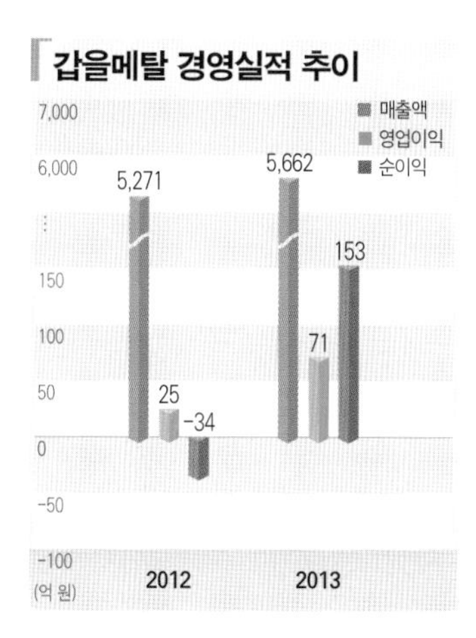

갑을메탈 경영실적 추이
매출액
영업이익
순이익
7,000
6,000
150
100
50
0
-50
-100
(억 원)
5,271
25
-34
5,662
71
153
2012
2013

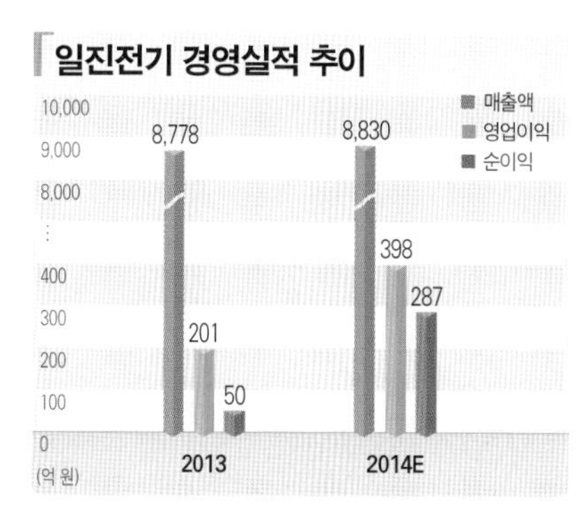

일진전기 경영실적 추이
매출액
영업이익
순이익
10,000
9,000
8,000
400
300
200
100
0
(억 원)
8,778
201
50
8,830
398
287
2013
2014E

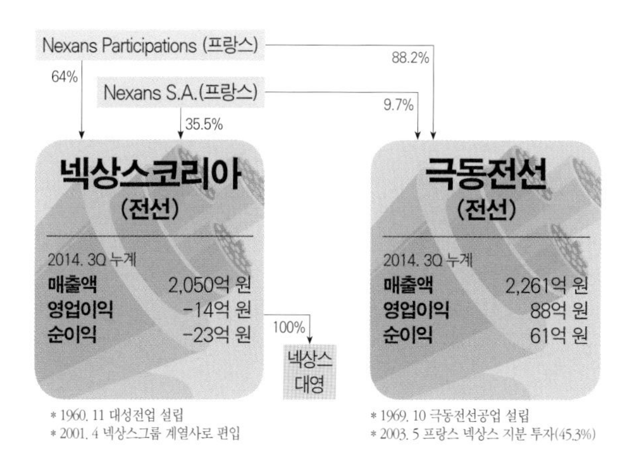

Nexans Participations (프랑스)
64%
88.2%
Nexans S.A.(프랑스)
35.5%
9.7%
넥상스코리아
(전선)
2014. 3Q 누계
매출액 2,050억 원
영업이익 -14억 원
순이익 -23억 원
100%
넥상스 대영
극동전선
(전선)
2014. 3Q 누계
매출액 2,261억 원
영업이익 88억 원
순이익 61억 원

* 1960. 11 대성전업 설립
* 2001. 4 넥상스그룹 계열사로 편입

* 1969. 10 극동전선공업 설립
* 2003. 5 프랑스 넥상스 지분 투자(45.3%)

서명환
85.5%
10.6%
서정석
9.2%
갑도물산
5.8%
23%
대원전선
(전선)
KP
2014. 3Q 누계
매출액 3,093억 원
영업이익 44억 원
순이익 28억 원
100%
대원에코그린
100%
위해금원전선

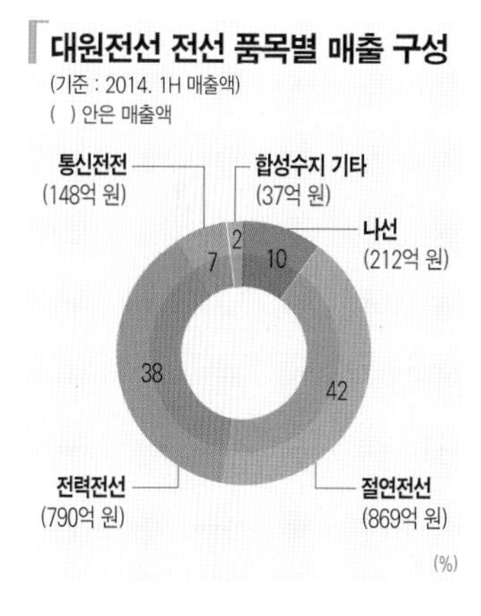

대원전선 전선 품목별 매출 구성
(기준 : 2014. 1H 매출액)
( ) 안은 매출액
통신전선 (148억 원) 7
합성수지 기타 (37억 원) 2
나선 (212억 원) 10
전력전선 (790억 원) 38
절연전선 (869억 원) 42
(%)

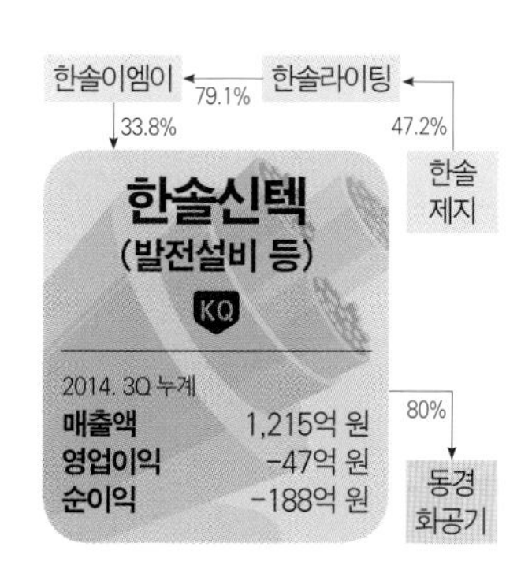

한솔이엠이
79.1%
한솔라이팅
33.8%
47.2%
한솔제지
한솔신텍
(발전설비 등)
KQ
2014. 3Q 누계
매출액 1,215억 원
영업이익 -47억 원
순이익 -188억 원
80%
동경화공기

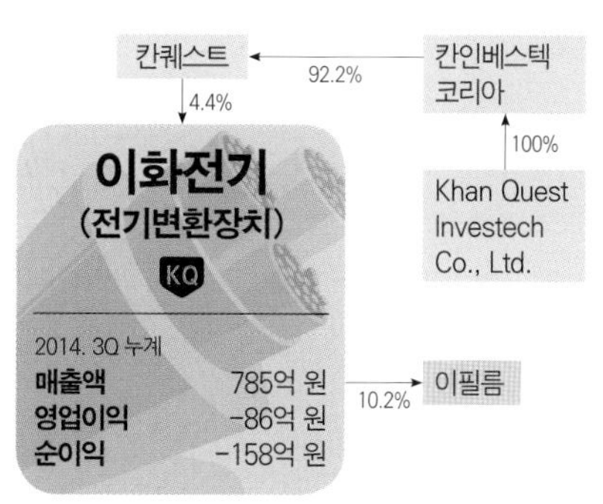

칸퀘스트
92.2%
칸인베스텍 코리아
4.4%
100%
Khan Quest Investech Co., Ltd.
이화전기
(전기변환장치)
KQ
2014. 3Q 누계
매출액 785억 원
영업이익 -86억 원
순이익 -158억 원
10.2%
이필름

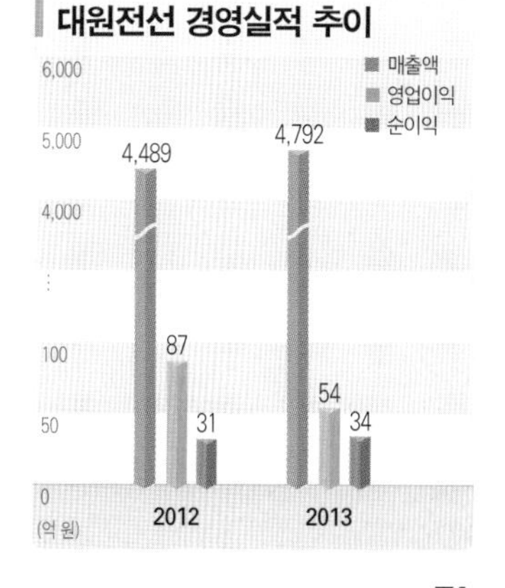

대원전선 경영실적 추이
매출액
영업이익
순이익
6,000
5,000
4,000
100
50
0
(억 원)
4,489
87
31
4,792
54
34
2012
2013

중전기기*산업 개념도

* 중전기기 : 전기에너지의 생산 · 수송 · 변환 · 사용에 필요한 전기기기 중 가정용 전기기기와 조명기기를 제외한 것

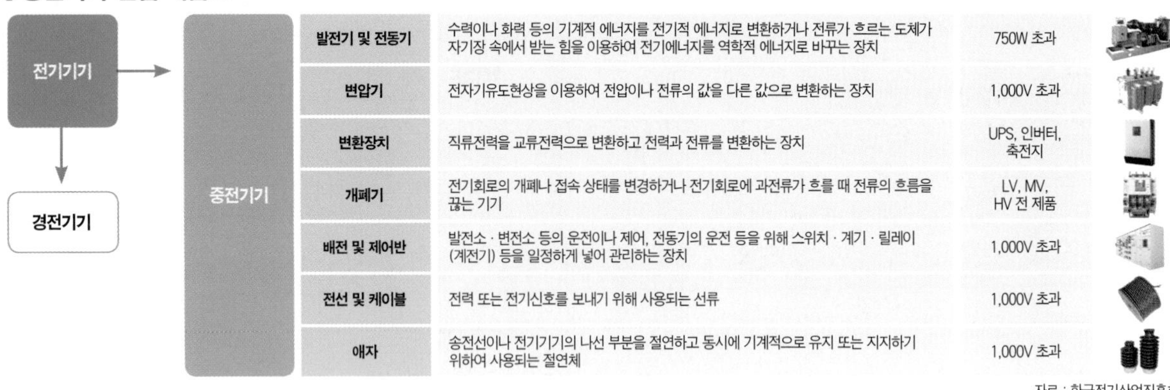

전기기기
경전기기
중전기기
발전기 및 전동기
수력이나 화력 등의 기계적 에너지를 전기적 에너지로 변환하거나 전류가 흐르는 도체가 자기장 속에서 받는 힘을 이용하여 전기에너지를 역학적 에너지로 바꾸는 장치
750W 초과
변압기
전자기유도현상을 이용하여 전압이나 전류의 값을 다른 값으로 변환하는 장치
1,000V 초과
변환장치
직류전력을 교류전력으로 변환하고 전력과 전류를 변환하는 장치
UPS, 인버터, 축전지
개폐기
전기회로의 개폐나 접속 상태를 변경하거나 전기회로에 과전류가 흐를 때 전류의 흐름을 끊는 기기
LV, MV, HV 전 제품
배전 및 제어반
발전소 · 변전소 등의 운전이나 제어, 전동기의 운전 등을 위해 스위치 · 계기 · 릴레이(계전기) 등을 일정하게 넣어 관리하는 장치
1,000V 초과
전선 및 케이블
전력 또는 전기신호를 보내기 위해 사용되는 선류
1,000V 초과
애자
송전선이나 전기기기의 나선 부분을 절연하고 동시에 기계적으로 유지 또는 지지하기 위하여 사용되는 절연체
1,000V 초과

자료 : 한국전기산업진흥회

국내 전기산업 수급 추이

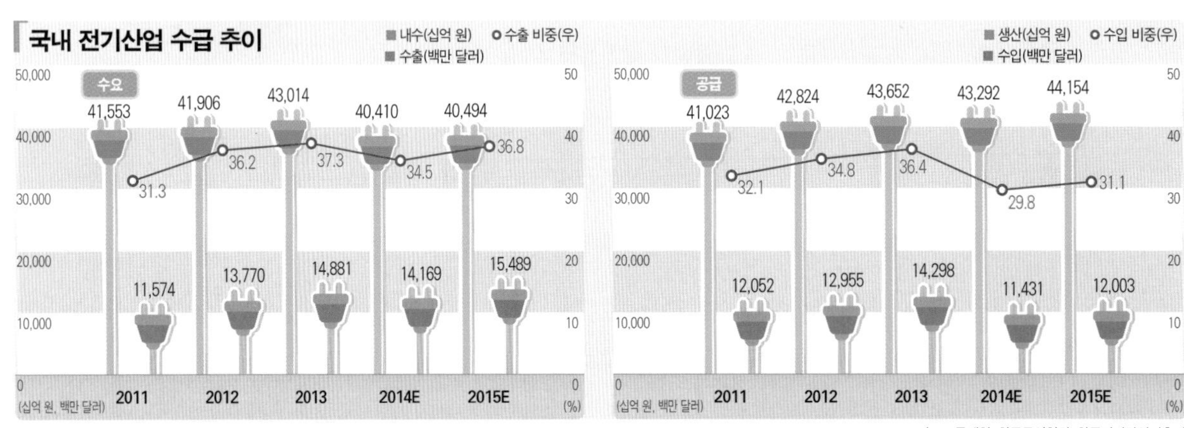

내수(십억 원)
수출 비중(우)
수출(백만 달러)
수요
41,553
41,906
43,014
40,410
40,494
31.3
36.2
37.3
34.5
36.8
11,574
13,770
14,881
14,169
15,489
2011
2012
2013
2014E
2015E
(십억 원, 백만 달러)
(%)
생산(십억 원)
수입 비중(우)
수입(백만 달러)
공급
41,023
42,824
43,652
43,292
44,154
32.1
34.8
36.4
29.8
31.1
12,052
12,955
14,298
11,431
12,003

자료 : 통계청, 한국무역협회, 한국전기산업진흥회

국내 전기산업 품목별 생산 추이

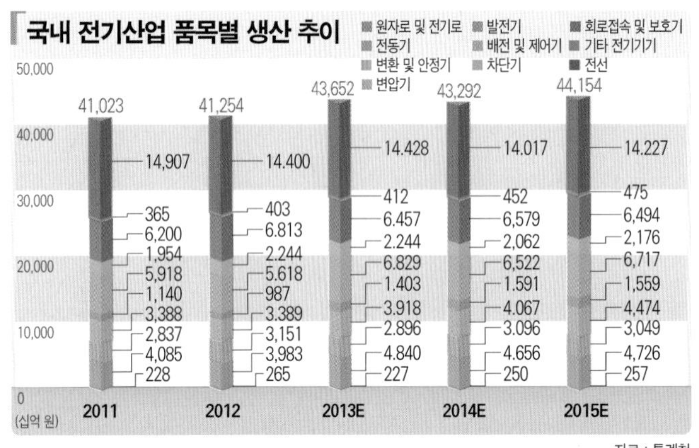

원자로 및 전기로
발전기
회로접속 및 보호기
전동기
배전 및 제어기
기타 전기기기
변환 및 안정기
차단기
전선
변압기
41,023
14,907
365
6,200
1,954
5,918
1,140
3,388
2,837
4,085
228
41,254
14.400
403
6.813
2.244
5.618
987
3.389
3,151
3,983
265
43,652
14.428
412
6.457
2.244
6.829
1.403
3.918
2.896
4.840
227
43,292
14.017
452
6,579
2,062
6,522
1.591
4.067
3.096
4.656
250
44,154
14.227
475
6,494
2,176
6,717
1,559
4,474
3,049
4,726
257
2011
2012
2013E
2014E
2015E
(십억 원)

자료 : 통계청

국내 전기산업 품목별 수출 비중 (기준 : 2013 수출액) ( ) 안은 수출액(백만 달러)

기타 전기장비 4.6(691)
원자로 및 부분품 0.2(28)
자동차용 전기장치 5.9(873)
전동기·발전기·전기변환장치 25.5(3,808)
전선 17.8(2,655)
총 수출액 149억 달러
산업용노(전기로) 등 1.3(192)
공급 및 제어장치 44.7(6,672)
(%)

자료 : 한국무역협회, 한국전기산업진흥회

국내 전기산업 세부 품목별 생산 비중 (기준 : 2012 생산액)

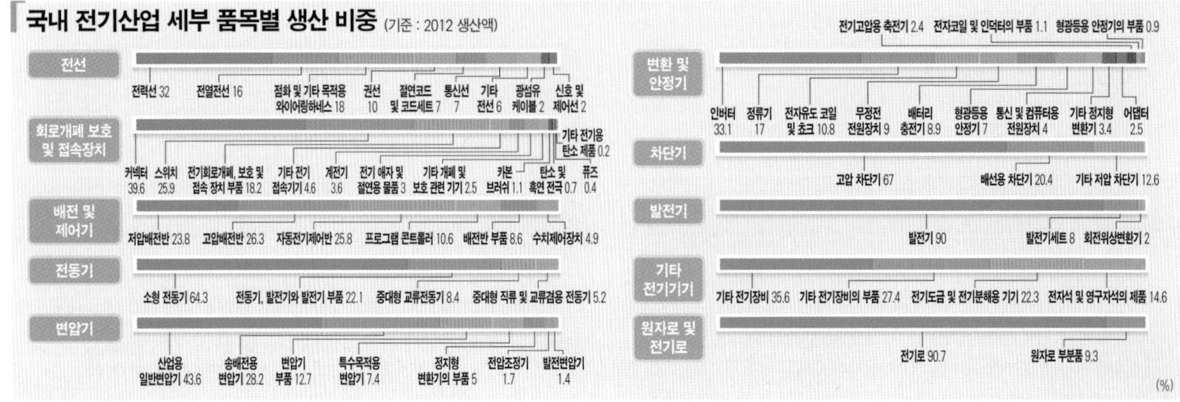

전선
전력선 32
전열전선 16
점화 및 기타 목적용 와이어링하네스 18
권선 10
절연코드 및 코드세트 7
통신선 7
기타 전선 6
광섬유 케이블 2
신호 및 제어선 2
회로개폐 보호 및 접속장치
커넥터 39.6
스위치 25.9
전기회로개폐, 보호 및 접속 장치 부품 18.2
기타 전기 접속기기 4.6
계전기 3.6
전기 애자 및 절연용 물품 3
기타 개폐 및 보호 관련 기기 2.5
카본 브러쉬 1.1
탄소 및 흑연 전극 0.7
퓨즈 0.4
기타 전기용 탄소 제품 0.2
배전 및 제어기
저압배전반 23.8
고압배전반 26.3
자동전기제어반 25.8
프로그램 콘트롤러 10.6
배전반 부품 8.6
수치제어장치 4.9
전동기
소형 전동기 64.3
전동기, 발전기와 발전기 부품 22.1
중대형 교류전동기 8.4
중대형 직류 및 교류겸용 전동기 5.2
변압기
산업용 일반변압기 43.6
송배전용 변압기 28.2
변압기 부품 12.7
특수목적용 변압기 7.4
정지형 변환기의 부품 5
전압조정기 1.7
발전변압기 1.4
변환 및 안정기
전기고압용 축전기 2.4
전자코일 및 인덕터의 부품 1.1
형광등용 안정기의 부품 0.9
인버터 33.1
정류기 17
전자유도 코일 및 쵸크 10.8
무정전 전원장치 9
배터리 충전기 8.9
형광등용 안정기 7
통신 및 컴퓨터용 전원장치 4
기타 정지형 변환기 3.4
어댑터 2.5
차단기
고압 차단기 67
배선용 차단기 20.4
기타 저압 차단기 12.6
발전기
발전기 90
발전기세트 8
회전위상변환기 2
기타 전기기기
기타 전기장비 35.6
기타 전기장비의 부품 27.4
전기도금 및 전기분해용 기기 22.3
전자석 및 영구자석의 제품 14.6
원자로 및 전기로
전기로 90.7
원자로 부분품 9.3
(%)

자료 : 통계청, 한국전기산업진흥회

국내 전기산업 수출입 톱10 국가 (기준 : 2014 수출액 추정치)

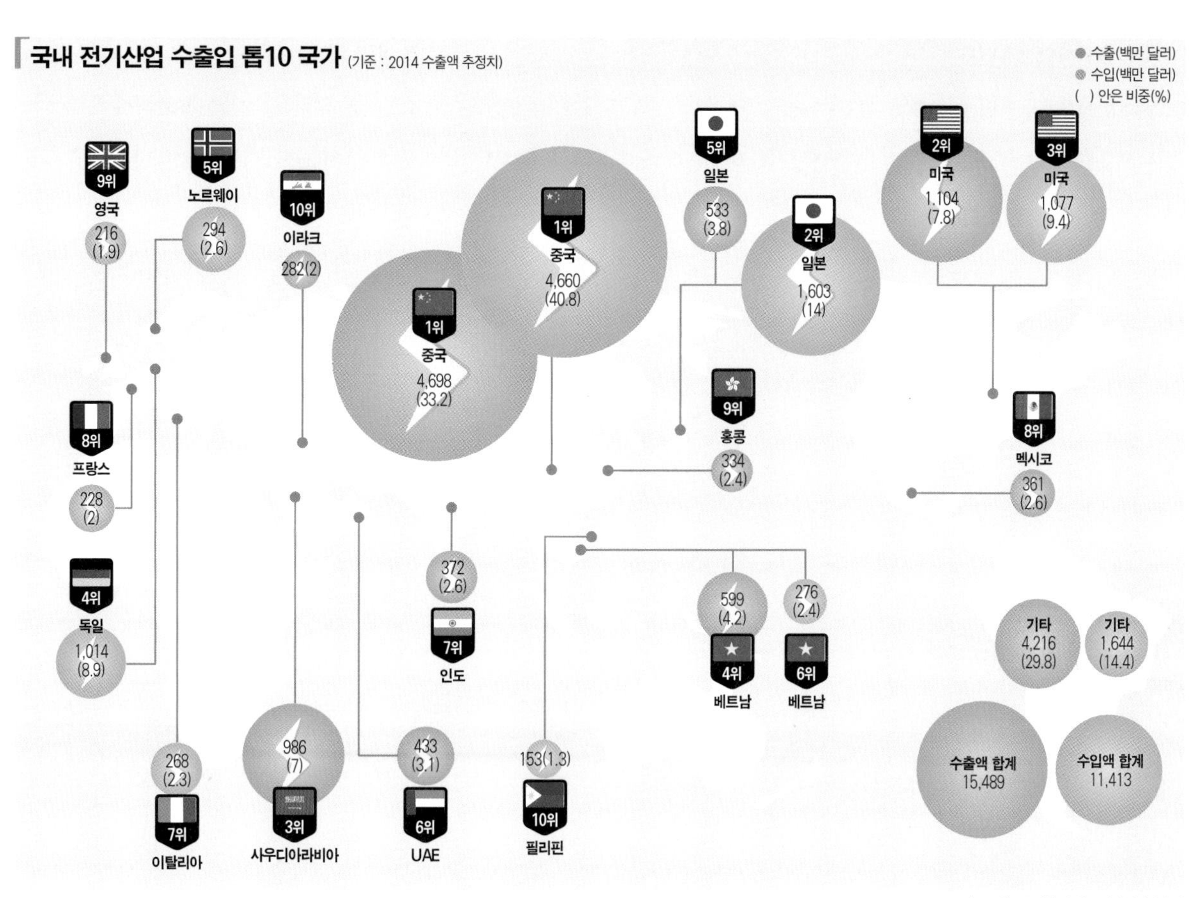

● 수출(백만 달러)
● 수입(백만 달러)
( ) 안은 비중(%)
9위 영국 216 (1.9)
5위 노르웨이 294 (2.6)
10위 이라크 282(2)
1위 중국 4,660 (40.8)
1위 중국 4,698 (33.2)
5위 일본 533 (3.8)
2위 일본 1,603 (14)
2위 미국 1,104 (7.8)
3위 미국 1,077 (9.4)
9위 홍콩 334 (2.4)
8위 멕시코 361 (2.6)
8위 프랑스 228 (2)
4위 독일 1,014 (8.9)
372 (2.6) 7위 인도
599 (4.2) 4위 베트남
276 (2.4) 6위 베트남
기타 4,216 (29.8)
기타 1,644 (14.4)
268 (2.3) 7위 이탈리아
986 (7) 3위 사우디아라비아
433 (3.1) 6위 UAE
153(1.3) 10위 필리핀
수출액 합계 15,489
수입액 합계 11,413

자료 : 한국무역협회, 한국전기산업진흥회

글로벌 전기산업 대륙별 수출입 규모 (기준 : 2014)

( ) 안은 비중(%)

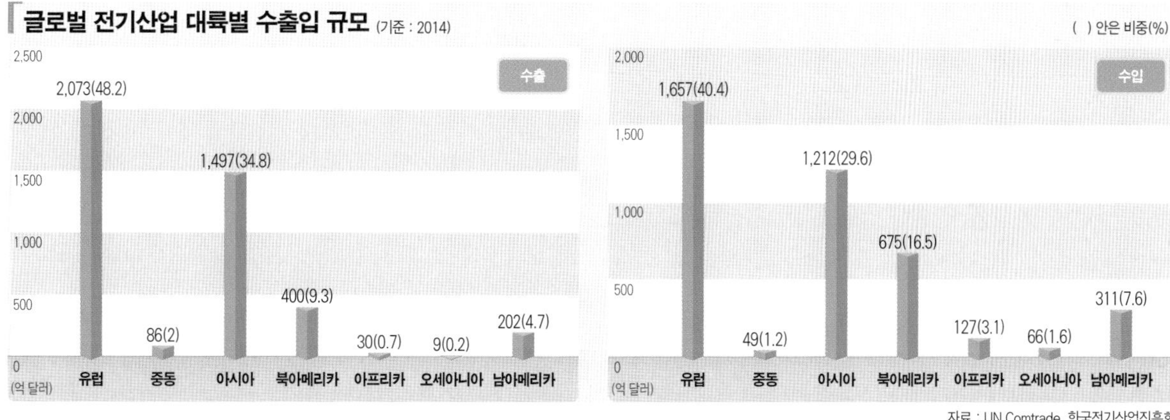

수출
2,500
2,000
1,500
1,000
500
0
(억 달러)
2,073(48.2)
86(2)
1,497(34.8)
400(9.3)
30(0.7)
9(0.2)
202(4.7)
유럽
중동
아시아
북아메리카
아프리카
오세아니아
남아메리카
수입
2,000
1,500
1,000
500
0
(억 달러)
1,657(40.4)
49(1.2)
1,212(29.6)
675(16.5)
127(3.1)
66(1.6)
311(7.6)
유럽
중동
아시아
북아메리카
아프리카
오세아니아
남아메리카

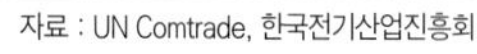

자료 : UN Comtrade, 한국전기산업진흥회

주요 글로벌 중전기기 업체 시장점유율 (기준 : 2011)

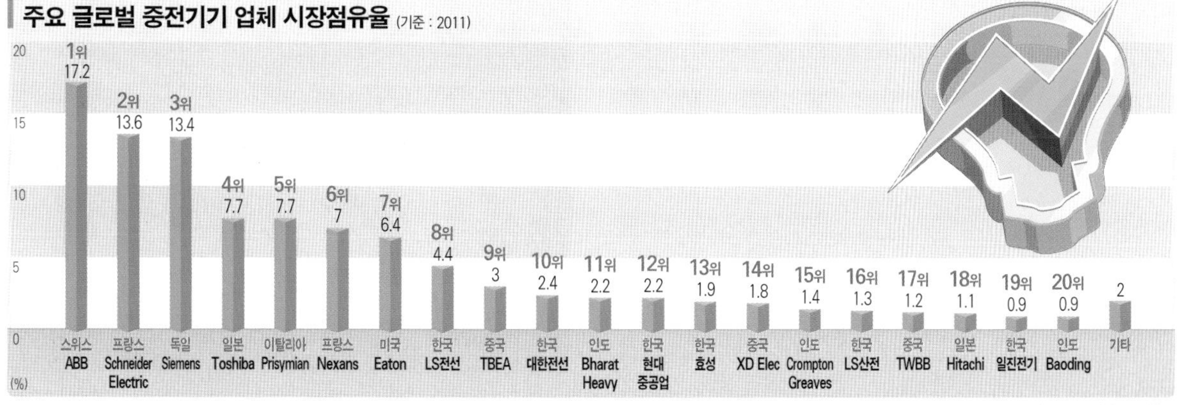

20
15
10
5
0
(%)
1위 17.2 스위스 ABB
2위 13.6 프랑스 Schneider Electric
3위 13.4 독일 Siemens
4위 7.7 일본 Toshiba
5위 7.7 이탈리아 Prisymian
6위 7 프랑스 Nexans
7위 6.4 미국 Eaton
8위 4.4 한국 LS전선
9위 3 중국 TBEA
10위 2.4 한국 대한전선
11위 2.2 인도 Bharat Heavy
12위 2.2 한국 현대중공업
13위 1.9 한국 효성
14위 1.8 중국 XD Elec
15위 1.4 인도 Crompton Greaves
16위 1.3 한국 LS산전
17위 1.2 중국 TWBB
18위 1.1 일본 Hitachi
19위 0.9 한국 일진전기
20위 0.9 인도 Baoding
2 기타

자료 : 한국전기산업진흥회

가시밭길을 무사히 건널 수 있을까?

전기와 전선은 바늘과 실의 관계처럼 밀접하게 연관돼 있다. 전기산업은 넓은 의미로 발전소에서 만들어진 전력을 수용가까지 공급하고 보호하는 제품을 만드는 업종을 말한다. 전기 관련 부품과 소재를 아우르기 때문에 산업의 스펙트럼이 넓고 다양하다. 엄밀히 따지면 전선도 전기산업 안에 포함된다.

전력 수용가 늘고 있지만 민간 설비 투자 감소로 울상

전기산업은 높은 안전성과 신뢰성이 요구되는 기술집약 산업이다. 반도체 및 LCD 등의 대형 사업장과 IT화된 수용가의 증가로 안정적인 전력 공급이 중요해짐에 따라 전기산업의 가치도 함께 상승 중이다.

전기산업은 다른 산업에 비해 필요 규격에 따라 품종이 다양하기 때문에 다품종 소량 성격이 강하다. 고도의 신뢰성을 요하는 특성상 몇몇 선진기업들로 시장이 집중되는 멀티 내셔널 비즈니스(Multi-national Business) 형태를 띤다.

전기의 전방산업은 무수히 많지만 그 가운데서도 특히 건설 경기와 산업 설비 투자에 많은 영향을 받는다. 한동안 지속되어온 부동산 경기 침체 여파로 전기산업에 여전히 먹구름이 가득하다. 업계에서는 전기산업이 정상 궤도에 올라서기 위해서는 정부의 역할이 중요하다고 강조한다. 공공 부문 부양 정책으로 SOC 사업이 활발하게 추진될 때 전기산업이 회복국면으로 접어들 가능성이 높아지기 때문이다. 다행히 2015년과 2016년에 다양한 SOC 프로젝트가 이어질 예정이어서 전기업계를 안심시키고 있다.

한편, 전선은 일정 지점 간의 전기신호 또는 전기에너지를 전달하여 주는 매개체를 총칭한다. 전선산업은 보통 전력선과 통신선 및 전선용 소재 분야로 나뉜다. 거액의 설비 투자가 요구되는 장치산업이자 다품종 다규격 형태의 주문 생산이 주를 이룬다.

전선산업은 최근 선진국의 노후화된 전력망 교체 수요가 증가하고 있고, 중동을 중심으로 대규모 전력 인프라 및 플랜트 프로젝트 사업이 진행됨에 따라 시장규모가 날로 커지고 있다. 국내 전선시장은 2000년 이후 극심한 경기 침체기를 벗어나 회복세를 보였으나, 최근 또다시 전반적인 경기 침체와 민간 기업의 설비투자가 감소세로 돌아서면서 힘겨운 시기를 보내고 있다.

전선업계 투톱의 엇갈린 희비

전선업계에서 오랜 세월 투톱 체제를 이뤄온 LS전선과 대한전선의 희비가 엇갈리고 있다.

먼저 LS전선은 초전도 케이블과 해저 케이블 등 고부가가치 제품의 기술 개발과 투자에 속도를 내면서 2015년과 2016년 전망이 밝다. 반면, 대한전선은 분식회계와 무상감자, 총 부채 비율 급증으로 파산 위기로 내몰리고 있다.

LS전선이 힘을 쏟고 있는 해저 케이블은 기술 장벽이 높아 소수 업체들이 독점적 지위를 차지하는 고부가가치 사업이다. 해저 케이블은 대륙과 대륙, 육지와 섬 등과 같이 바다를 사이에 두고 격리된 두 지점의 전력과 통신의 공급을 위해 해저에 부설되는 케이블이다. 해저 케이블은 고도의 기술력이 집약된 '케이블의 꽃'으로 불리기도 한다.

LS전선은 2009년 11월 강원도 동해시에 1,800억 원을

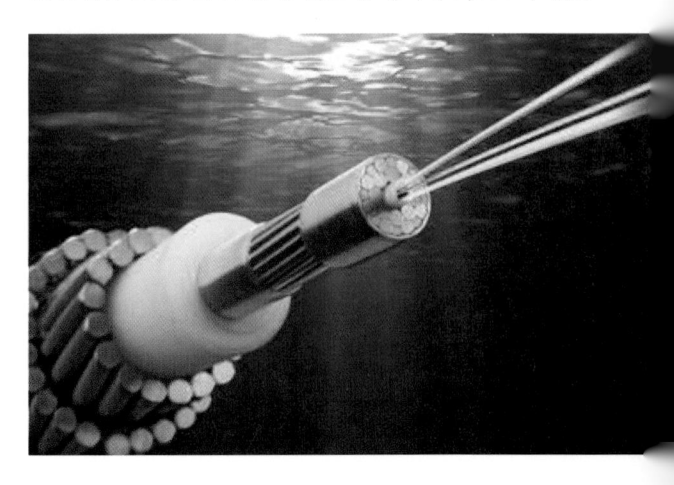

투자해 해저 케이블 전문 공장을 준공했다. 아울러 한 번에 55km 이상의 케이블을 연속으로 생산할 수 있는 대형 구조물 설계 기술을 개발해 세계 시장 진출을 위한 교두보를 마련했다. 최근 해상 풍력단지 건설과 국가 간 전력망 연계, 해상 오일과 가스 개발 등이 활발해지면서 해저 케이블 수요가 증가할 전망이라 LS전선의 수혜가 예상된다.

LS전선은 초전도 케이블에도 집중하고 있다. 초전도 케이블은 영하 196도에서 전기 저항이 사라지는 초전도 현상을 응용해, 송전 중 손실 전기가 거의 없는 케이블이다. 이 때문에 크기는 기존 구리 케이블의 20%에 불과하지만 송전량이 교류는 5배, 직류는 10배에 이른다. 발전소에서 생산된 전력을 전달할 때, 초전도 케이블을 사용하면 전력 설비 비용을 크게 줄일 수 있다. 일반 케이블로 도심까지 전력을 보낼 때 변전소가 최대 5개 필요한 반면, 초전도 케이블로 대체하면 1개로 줄어든다.

LS전선과 달리 대한전선은 여러 악재에 시달리고 있다. 1955년 설립된 대한전선은 2008년까지 54년간 연속 흑자 행진을 벌인 국가대표 전선 업체다. 그러나 2000년대 중반 무분별한 사업 확장으로 경영난에 빠지면서 벼랑 끝으로 몰렸다. 2009년 주채권은행인 하나은행과 재무구조 개선 약정을 맺어 보유자산을 매각하며 정상화 작업을 진행했으나 새 주인을 찾기 위한 작업이 실패로 돌아갔다. 단독 응찰한 한앤컴퍼니는 채권단에 2,000억 원 규모의 추가 출자전환(채권단이 채권 대신 주식을 갖는 것)을 요청한 것으로 알려졌다. 7,000억 원 규모 출자전환을 통해 대한전선 지분 72.7%를 보유하게 된 채권단은 이번 거래를 통해 최소 50% 이상의 구주를 매각할 계획이었다. 채권단은 매각대금으로 1조 5,000억 원 수준을 기대했으나 한앤컴퍼니가 써낸 입찰금액은 이에 턱없이 모자란다.

재계에서 M&A 작업이 무산되는 것은 흔한 일이지만, 대한전선의 상황은 좋지 못하다는 데 입을 모은다. 최근 2,700억 원대 분식회계가 적발되었고, 5대1 무상감자를 추진한 것도 정상화를 어렵게 하는 대목이다.

투톱의 한 축인 대한전선이 기울면서 전체 시장에 어떠한 파급효과를 가져올지 업계가 주목하고 있다.

전력량계 입찰 담합 300억 원 대 소송 예고

2015년 전기·전선 업계는 악재로부터 출발할 듯하다. 한국전력이 전력량계 입찰 담합에 가담한 20개 업체에 손해배상소송을 추진 중이다. 해당 업체들의 담합 관련 매출액이 모두 3,578억 원이어서 한전의 소송액이 최소 300억 원에 달할 전망이다.

피소 업체는 LS산전과 대한전선, 피에스텍, 서창전기통신, 위지트, 옴니시스템, 한전KDN 등 18개사와 전력량계조합 2곳이다.

한전은 입찰 담합을 예방하기 위해 2011년 손해배상예정액제도를 도입하기도 했다. 응찰 기업이 담합행위로 적발됐을 때 피해액에 대해 배상하도록 입찰 조건에 명시하는 것이다. 전력량계 담합은 1993년부터 2010년까지 약 17년 간 이뤄진 것으로서 이 제도에 적용되지는 않는다.

한전은 전력량계 담합 말고 전력선 입찰 담합에 대해서도 계약액(1조 3,200억 원)의 약 15%에 해당하는 1,989억 원을 피해액으로 추정하고 소송을 제기한 바 있다. 업계에서는 담합 관련 매출이 3,500억 원 규모임을 감안할 때 최소 300억 원 이상의 소송이 추진될 것으로 예상하고 있다. 이에 앞서 공정거래위원회는 2014년 8월과 9월 두 차례에 걸쳐 기계식 전력량계와 전자식 전력량계 입찰담합 행위를 적발하고 시정명령과 함께 총 123억 원의 과징금을 부과했다.

이번 입찰 담합 소송은 여러 가지 측면에서 시사하는 바가 많다는 게 업계의 분석이다. 업계 상당수 업체가 연루된 담합의 경우, 소송 전 단계에서 유야무야되는 경우가 많았기 때문이다. 수십 년간 이어온 담합이 이번 소송으로 일단락 될 수 있을지 궁금하다.

Chapter 2

금융·증권

08 | 은행업계

업계 규모

- ■ 국내 은행 원화예수금 잔액 1,034.8조 원 (전년 동기 대비 ▼ 2.1%)
- ■ 국내 은행 당기순이익 4조 원 (전년 동기 대비 ▼ 53.7%)
- ■ 국내 은행 이자이익 34.9조 원 (전년 동기 대비 ▼ 8.3%)

* 순위는 2014. 9 원화예수금액 기준

국내 시중은행

BIS비율 BIS는 국제결제은행(Bank for International Settlements)의 약자로, BIS비율은 1988년 바젤협약을 통해 은행 경영의 건전성, 안정성을 확보하기 위해 마련한 자기자본비율의 국제기준이다. IMF 이후 BIS비율을 최소 8% 이상으로 규정하고 있다.

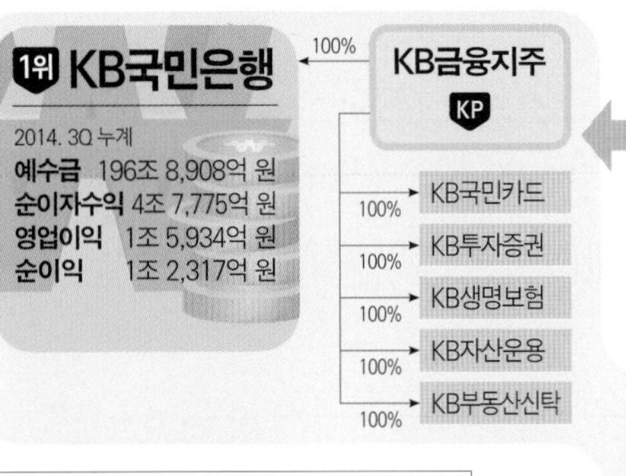

1위 KB국민은행
2014. 3Q 누계
예수금 196조 8,908억 원
순이자수익 4조 7,775억 원
영업이익 1조 5,934억 원
순이익 1조 2,317억 원
100%
KB금융지주
KP
100% KB국민카드
100% KB투자증권
100% KB생명보험
100% KB자산운용
100% KB부동산신탁

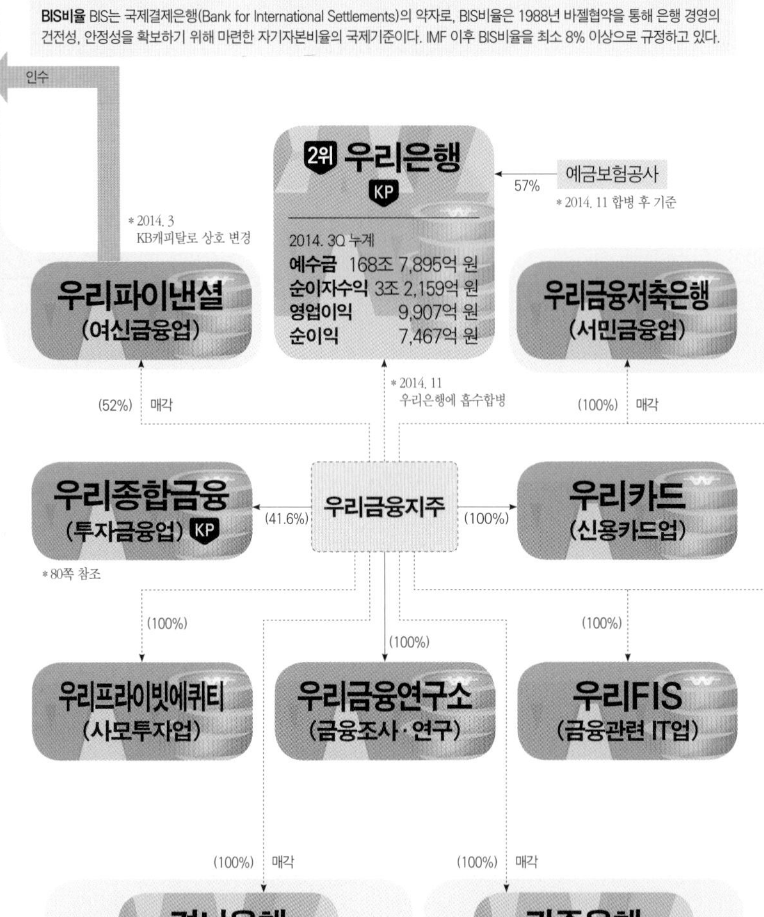

인수
* 2014. 3 KB캐피탈로 상호 변경
우리파이낸셜 (여신금융업)
2위 우리은행
KP
2014. 3Q 누계
예수금 168조 7,895억 원
순이자수익 3조 2,159억 원
영업이익 9,907억 원
순이익 7,467억 원
57%
예금보험공사
* 2014. 11 합병 후 기준
우리금융저축은행 (서민금융업)
(52%) 매각
* 2014. 11 우리은행에 흡수합병
(100%) 매각
우리종합금융 (투자금융업) KP
(41.6%)
우리금융지주
(100%)
우리카드 (신용카드업)
* 80쪽 참조
(100%)
(100%)
(100%)
우리프라이빗에퀴티 (사모투자업)
우리금융연구소 (금융조사·연구)
우리FIS (금융관련 IT업)

3위 신한은행

2014. 3Q 누계
- 예수금 160조 4,953억 원
- 순이자수익 5조 579억 원
- 영업이익 2조 3,445억 원
- 순이익 1조 8,591억 원

신한금융지주 KP → 100% 신한은행
- 100% 신한카드
- 100% 신한금융투자
- 100% 신한생명
- 100% 신한캐피탈
- 65% 신한BNP파리바 자산운용

5위 하나은행
2014. 3Q 누계
예수금 111조 3,125억 원
순이자수익 1조 9,803억 원
영업이익 8,341억 원
순이익 7,421억 원
100%
하나금융지주
KP
* 2015. 3 예정으로 통합(합병) 추진
100%

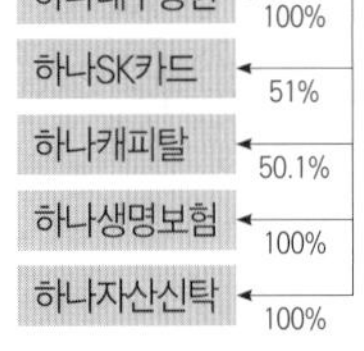

하나대투증권 100%
하나SK카드 51%
하나캐피탈 50.1%
하나생명보험 100%
하나자산신탁 100%

7위 한국외환은행

2014. 3Q 누계
- 예수금 53조 8,157억 원
- 순이자수익 1조 4,212억 원
- 영업이익 5,312억 원
- 순이익 4,584억 원

* 2013. 4 상장 폐지

지방은행

예금보험공사
(16.9% 지분 매각)
68.9%
제주은행 KP
2014. 3Q 누계
순이자수익 591억 원
영업이익 31억 원
순이익 28억 원
DGB금융지주
100%
대구은행
2014. 3Q 누계
순이자수익 7,439억 원
영업이익 2,776억 원
순이익 2,115억 원

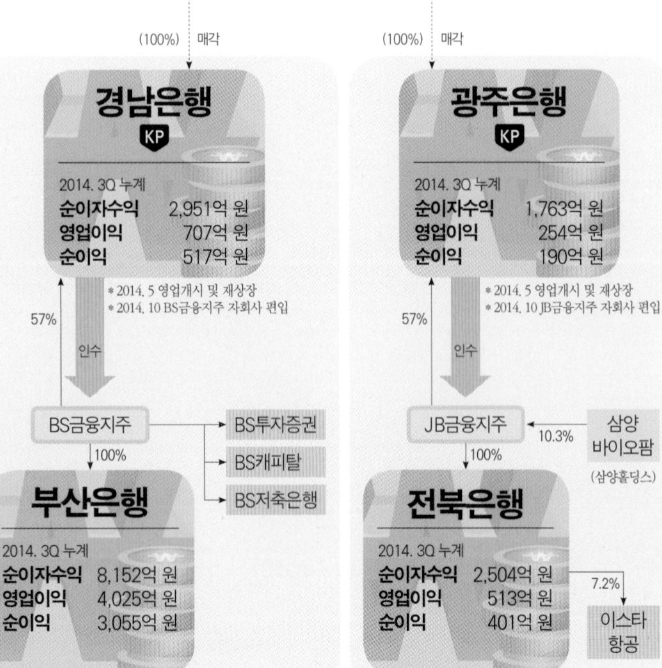

(100%) 매각
경남은행
KP
2014. 3Q 누계
순이자수익 2,951억 원
영업이익 707억 원
순이익 517억 원
* 2014. 5 영업개시 및 재상장
* 2014. 10 BS금융지주 자회사 편입
57%
인수
BS금융지주
BS투자증권
BS캐피탈
BS저축은행
100%
부산은행
2014. 3Q 누계
순이자수익 8,152억 원
영업이익 4,025억 원
순이익 3,055억 원
(100%) 매각
광주은행
KP
2014. 3Q 누계
순이자수익 1,763억 원
영업이익 254억 원
순이익 190억 원
* 2014. 5 영업개시 및 재상장
* 2014. 10 JB금융지주 자회사 편입
57%
인수
JB금융지주
10.3%
삼양 바이오팜 (삼양홀딩스)
100%
전북은행
2014. 3Q 누계
순이자수익 2,504억 원
영업이익 513억 원
순이익 401억 원
7.2%
이스타 항공

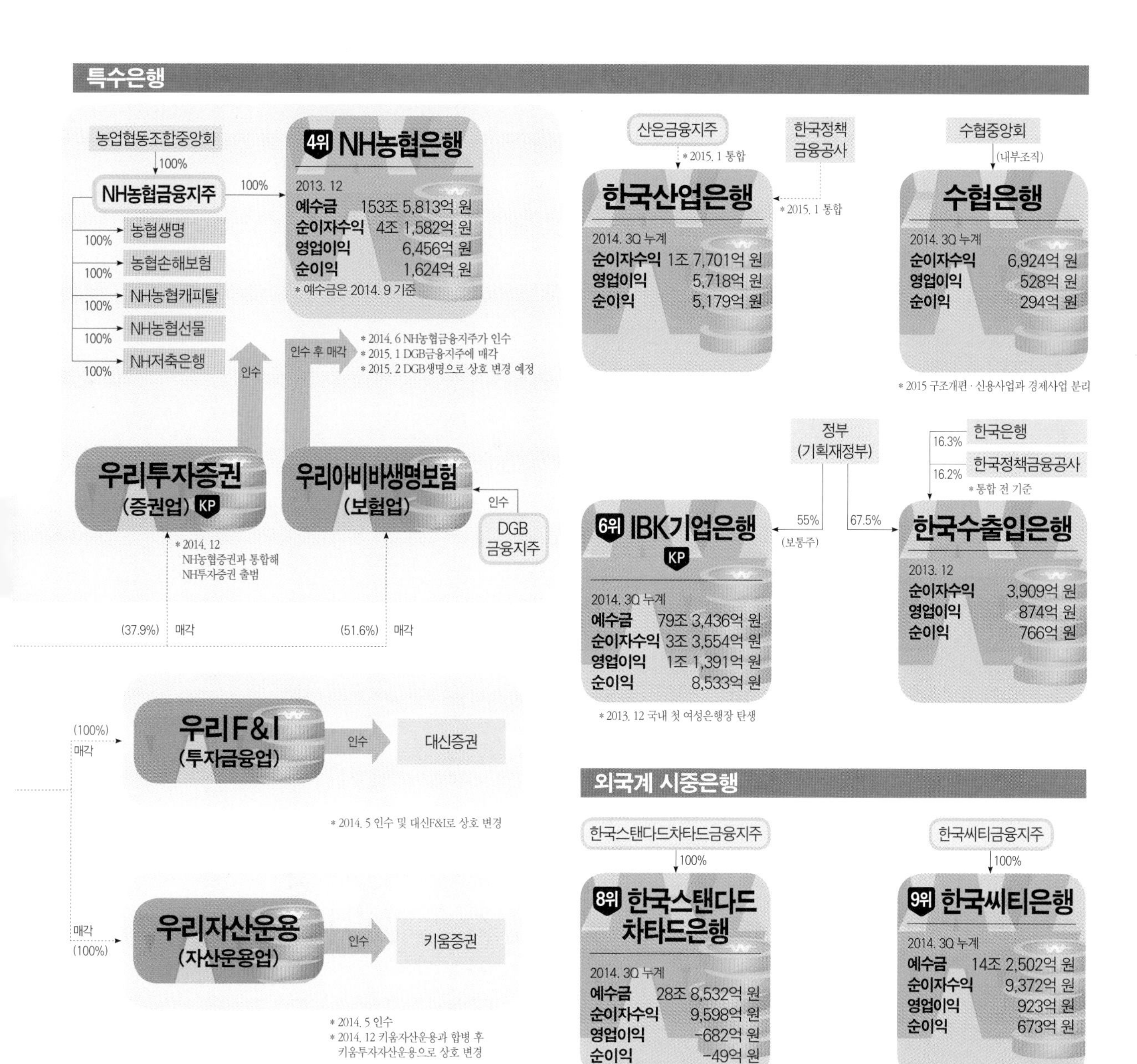

특수은행
농업협동조합중앙회
100%
NH농협금융지주
100%
4위 NH농협은행
2013. 12
예수금 153조 5,813억 원
순이자수익 4조 1,582억 원
영업이익 6,456억 원
순이익 1,624억 원
* 예수금은 2014. 9 기준
100% 농협생명
100% 농협손해보험
100% NH농협캐피탈
100% NH농협선물
100% NH저축은행
인수
인수 후 매각
* 2014. 6 NH농협금융지주가 인수
* 2015. 1 DGB금융지주에 매각
* 2015. 2 DGB생명으로 상호 변경 예정
우리투자증권 (증권업) KP
우리아비바생명보험 (보험업)
인수
DGB 금융지주
* 2014. 12
NH농협증권과 통합해
NH투자증권 출범
(37.9%) 매각
(51.6%) 매각
(100%) 매각
우리F&I (투자금융업)
인수
대신증권
* 2014. 5 인수 및 대신F&I로 상호 변경
매각 (100%)
우리자산운용 (자산운용업)
인수
키움증권
* 2014. 5 인수
* 2014. 12 키움자산운용과 합병 후
키움투자자산운용으로 상호 변경
산은금융지주
* 2015. 1 통합
한국정책 금융공사
* 2015. 1 통합
한국산업은행
2014. 3Q 누계
순이자수익 1조 7,701억 원
영업이익 5,718억 원
순이익 5,179억 원
수협중앙회
(내부조직)
수협은행
2014. 3Q 누계
순이자수익 6,924억 원
영업이익 528억 원
순이익 294억 원
* 2015 구조개편 · 신용사업과 경제사업 분리
정부 (기획재정부)
55% (보통주)
67.5%
16.3% 한국은행
16.2% 한국정책금융공사
* 통합 전 기준
6위 IBK기업은행 KP
2014. 3Q 누계
예수금 79조 3,436억 원
순이자수익 3조 3,554억 원
영업이익 1조 1,391억 원
순이익 8,533억 원
* 2013. 12 국내 첫 여성은행장 탄생
한국수출입은행
2013. 12
순이자수익 3,909억 원
영업이익 874억 원
순이익 766억 원
외국계 시중은행
한국스탠다드차타드금융지주
100%
8위 한국스탠다드 차타드은행
2014. 3Q 누계
예수금 28조 8,532억 원
순이자수익 9,598억 원
영업이익 -682억 원
순이익 -49억 원
한국씨티금융지주
100%
9위 한국씨티은행
2014. 3Q 누계
예수금 14조 2,502억 원
순이자수익 9,372억 원
영업이익 923억 원
순이익 673억 원

외국은행 국내지점

(기준 : 2014. 6)

미주계(6개)

- JP모간체이스은행
- 뱅크오브아메리카
- 뉴욕멜론은행
- 스테이트스트리트 은행
- 웰스파고은행
- 노바스코셔은행

유럽계(15개)

- 도이치은행
- 유비에스은행
- 바클레이즈은행
- 모간스탠리은행
- 골드만삭스 인터내셔날은행
- 아이엔지은행
- 알비에스피엘씨 은행
- 바덴뷔르템베르크 주립은행
- 크레디트스위스 은행
- 빌바오비스까야 아르헨따리아은행
- 홍콩상하이은행
- 소시에테제네랄 은행
- BNP파리바 은행
- 유바프은행
- 크레디 아그리콜 코퍼레이트 앤 인베스트먼트 뱅크

아시아계(18개)

- 미쓰비시도쿄 유에프제이은행
- 미즈호은행
- 중국은행
- 중국공상은행
- 호주뉴질랜드은행
- 미쓰이스미토모 은행
- 야마구찌은행 부산지점
- 중국건설은행
- 중국교통은행
- 중국농업은행주식 유한회사
- 메트로은행
- 맥쿼리은행
- 파키스탄국립은행
- 멜라트은행
- 인도해외은행
- 디비에스은행
- 대화은행
- 오버시차이니스 은행

상호저축은행

1972	1998	2001	2011	2012	2014
350개	211개	121개	97개	93개	86개

- **1972. 8**
  「상호신용금고법」 제정. 상호신용금고 출범.
- **1998. 4**
  개정 「예금자보호법」 시행.
- **2000. 1. 1**
  예금자보호한도 5,000만 원 적용. 1980년대 후반부터 누적된 부실업체 증가와 IMF 외환위기를 계기로 건전성 악화. 강도 높은 구조조정 시행.
- **2001. 3**
  「상호신용금고법」이 「상호저축은행법」으로 명칭 변경 및 개정.
- **2002. 3**
  상호신용금고에서 상호저축은행으로 명칭 변경 시행.
- **2011. 2~8**
  부산저축은행그룹 등 16개 저축은행 영업정지. 예금보험공사가 보유한 부실저축은행의 자산부채를 가교저축은행(임시 저축은행)으로 이전 또는 금융지주사, 증권사 등에 인수.
- **2012. 5**
  솔로몬, 한국, 미래, 한주 등 4개 저축은행 영업정지(타사 이전).
- **2014. 9 현재**
  「저축은행법」 개정안 계류 중. 상호신용금고로 명칭을 되돌리려는 법 개정안이 국회 계류 중.

우체국예금

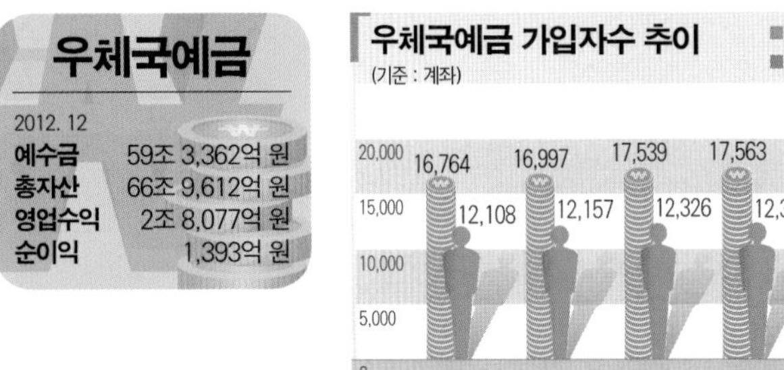

우체국예금

2012. 12

예수금 59조 3,362억 원
총자산 66조 9,612억 원
영업수익 2조 8,077억 원
순이익 1,393억 원

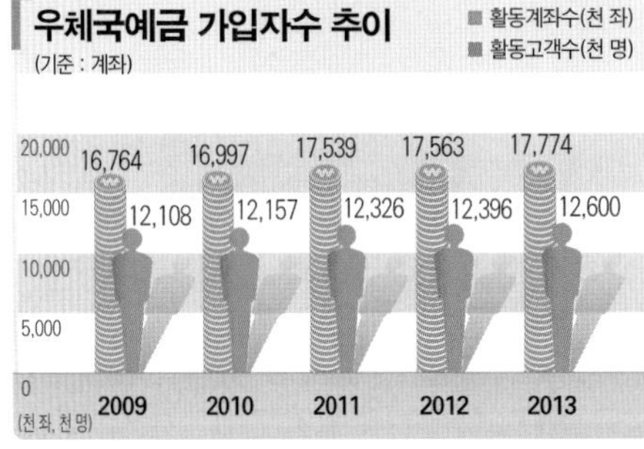

우체국예금 가입자수 추이
(기준 : 계좌)
활동계좌수(천 좌)
활동고객수(천 명)
20,000
15,000
10,000
5,000
0
(천 좌, 천 명)
16,764
12,108
16,997
12,157
17,539
12,326
17,563
12,396
17,774
12,600
2009
2010
2011
2012
2013

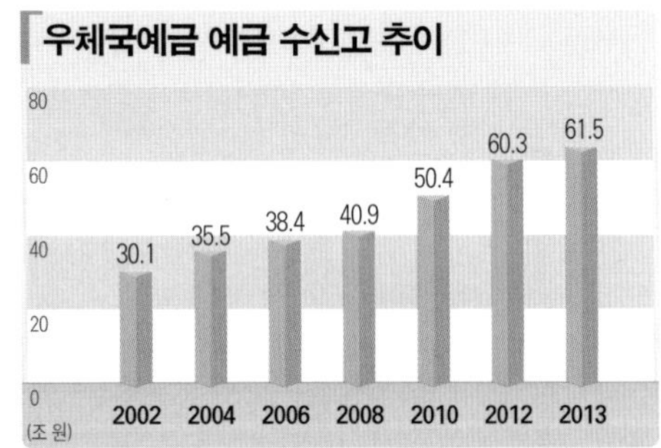

우체국예금 예금 수신고 추이
80
60
40
20
0
(조 원)
30.1
35.5
38.4
40.9
50.4
60.3
61.5
2002
2004
2006
2008
2010
2012
2013

자료 : 우정사업본부

종합금융

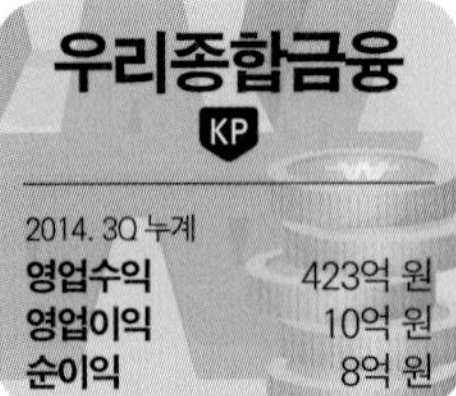

우리종합금융

2014. 3Q 누계

영업수익 423억 원
영업이익 10억 원
순이익 8억 원

* 옛 금호종합금융에서 상호 변경

1975년 제정된 「종합금융회사에 관한 법률」에 따라 설립된 종합금융회사는 한때 30개사가 성업. 그러나 IMF 경제위기 등으로 대부분의 회사가 구조조정 됨. 2014년 6월 기준 「자본시장과 금융투자업에 관한 법률」에 의거 종합금융업무를 영위하고 있는 전업 종합금융회사는 우리종합금융이 유일.

신용협동기구

(기준 : 2013. 12)

새마을금고

금고수 1,402개
총자산 110조 8,102억 원
거래자(회원수) 1,759만 명

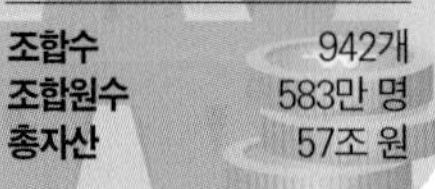

신용협동조합

조합수 942개
조합원수 583만 명
총자산 57조 원

상호금융

조합수 2,337개
(농협 1,162개, 수협 90개, 산림조합 136개)

상호금융 : 농협·수협·산림조합 등이 단위조합 등을 통해 제한된 형태로 제공하는 예금 대출 등의 금융서비스. 각 조합원의 자금을 예탁받아 이를 조합원에게 융자하여 조합원 간의 원활한 자금운용을 꾀함. 농협 및 수협의 중앙회가 운영하는 금융업무는 「은행법」에 따라 각각 농협은행, 수협은행으로 독립되어 단위조합이 운영하는 상호금융과 구별.

비은행 금융기관 지역별 분포

기준
- 상호저축은행은 2013. 11(본점+지점 점포수)
- 우체국은 금융업무 취급점포수에 한하며 무인점인 365자동화코너 제외
- 새마을금고 2013. 12
- 신용협동조합 2013. 11(본점+지점 점포수)

지역	상호저축은행	우체국	새마을금고	신용협동조합
경기·인천권	88	409	172	318
서울권	118	254	269	175
강원권	3	175	59	63
대전·충청권	23	433	161	318
대구·경북권	21	408	247	192
광주·전라권	30	581	171	295
부산·울산·경남권	53	472	297	213
제주권	2	37	44	47

주요국 가계 금융자산 구성 (기준 : 2012)

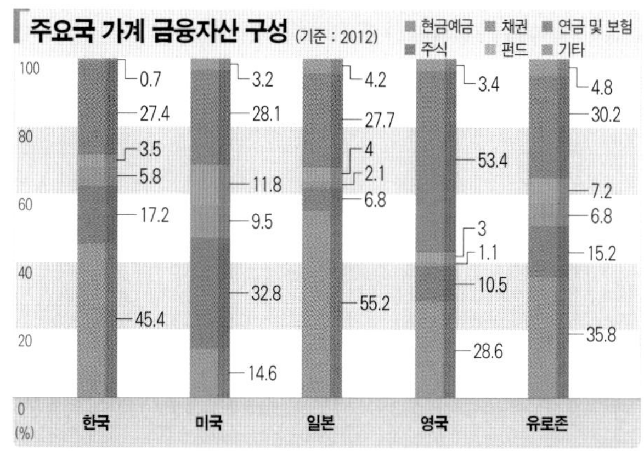

현금예금 채권 연금 및 보험 주식 펀드 기타
100
80
60
40
20
0
(%)
한국 미국 일본 영국 유로존
0.7
27.4
3.5
5.8
17.2
45.4
3.2
28.1
11.8
9.5
32.8
14.6
4.2
27.7
4
2.1
6.8
55.2
3.4
53.4
3
1.1
10.5
28.6
4.8
30.2
7.2
6.8
15.2
35.8

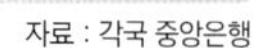
자료 : 각국 중앙은행

가계 순저축률 추이

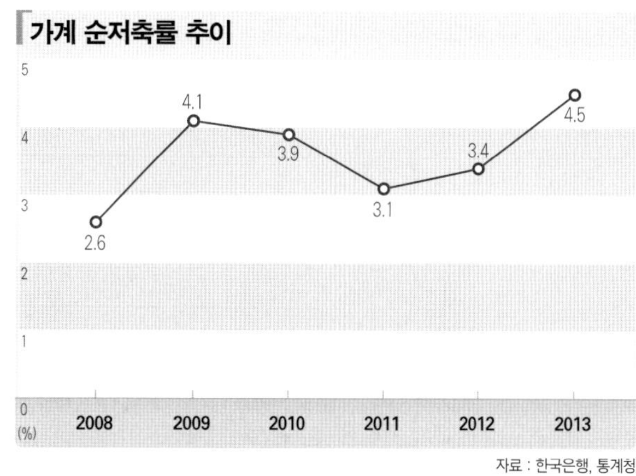

5
4
3
2
1
0
(%)
2008 2009 2010 2011 2012 2013
2.6
4.1
3.9
3.1
3.4
4.5

자료 : 한국은행, 통계청

은행업계 수익성 추이

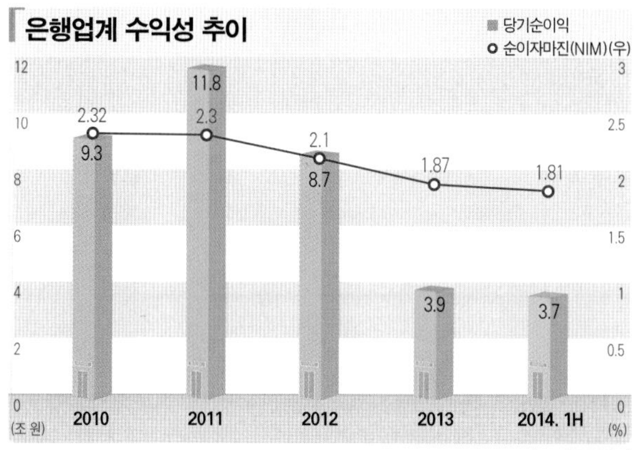

당기순이익
순이자마진(NIM)(우)
12
10
8
6
4
2
0
(조 원)
3
2.5
2
1.5
1
0.5
0
(%)
2010 2011 2012 2013 2014. 1H
2.32
9.3
11.8
2.3
2.1
8.7
1.87
3.9
1.81
3.7

자료 : 금융감독원

은행업계 자산건전성 추이 (기준 : 당해 말)

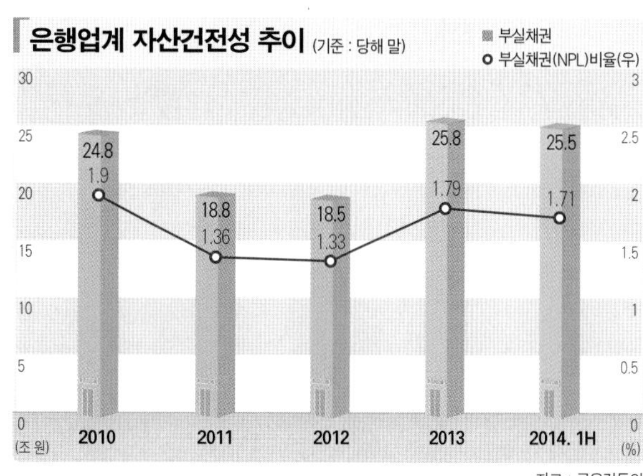

부실채권
부실채권(NPL)비율(우)
30
25
20
15
10
5
0
(조 원)
3
2.5
2
1.5
1
0.5
0
(%)
2010 2011 2012 2013 2014. 1H
24.8
1.9
18.8
1.36
18.5
1.33
25.8
1.79
25.5
1.71

자료 : 금융감독원

국내 은행 BIS비율 현황 (기준 : 2013. 9. 말)

( ) 안은 BIS비율/Tier1
Tier1 비율은 기본자기자본비율

		BIS비율(%)			
		12% 미만	12% 이상	13% 이상	15% 이상
Tier 1 비율(%)	9% 미만		전북(12.64/7.45) 기업(12.20/8.87)	수협(13.49/7.56)	
	9% 이상	수출입(10.69/9.23)	경남(12.83/9.07)	하나(13.95/9.99) 광주(13.61/9.65)	
	10% 이상		외환(12.75/10.42)	농협(14.83/11.75) 산업(13.87/11.71)	제주(16.08/11.82) 대구(15.36/11.49) 국민(15.27/11.60) 부산(15.03/10.78)
	12% 이상				씨티(18.25/15.24) SC(16.23/13.30) 신한(16.10/13.12) 우리(15.27/12.01)

자료 : 금융감독원

주요국 은행 총자산순이익률(ROA) 비교

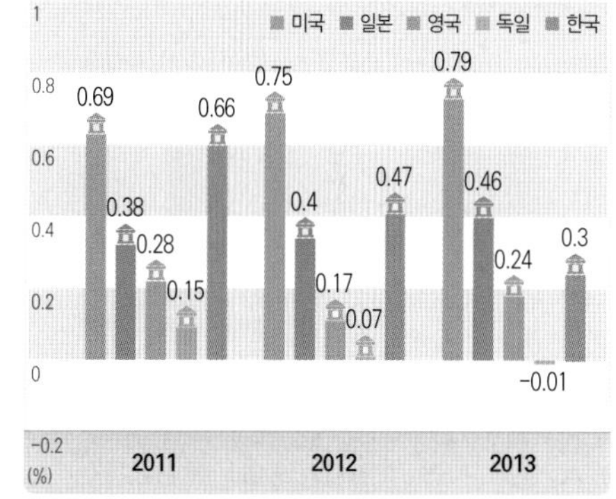

미국 일본 영국 독일 한국
1
0.8
0.6
0.4
0.2
0
-0.2
(%)
2011 2012 2013
0.69
0.38
0.28
0.15
0.66
0.75
0.4
0.17
0.07
0.47
0.79
0.46
0.24
-0.01
0.3

자료 : 금융감독원, 「The Banker」, Bloomberg

일반은행 예대율 추이

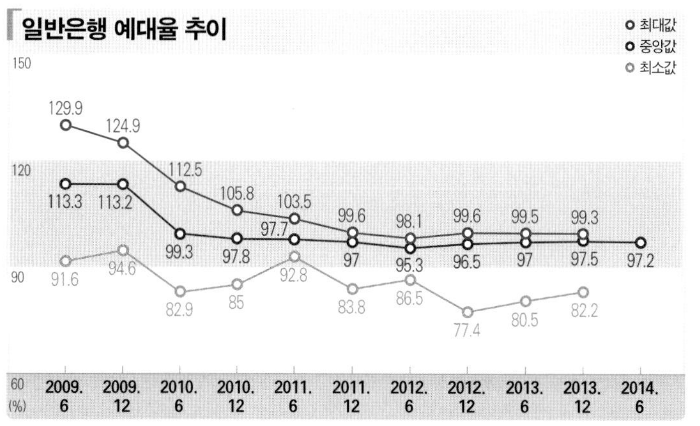

최대값
중앙값
최소값
150
120
90
60
(%)
2009. 6
2009. 12
2010. 6
2010. 12
2011. 6
2011. 12
2012. 6
2012. 12
2013. 6
2013. 12
2014. 6
129.9
124.9
112.5
105.8
103.5
99.6
98.1
99.6
99.5
99.3
113.3
113.2
99.3
97.8
97.7
97
95.3
96.5
97
97.5
97.2
91.6
94.6
82.9
85
92.8
83.8
86.5
77.4
80.5
82.2

자료 : 한국은행

은행 예대금리차 및 시장금리 추이 (기준 : 당해 6월)

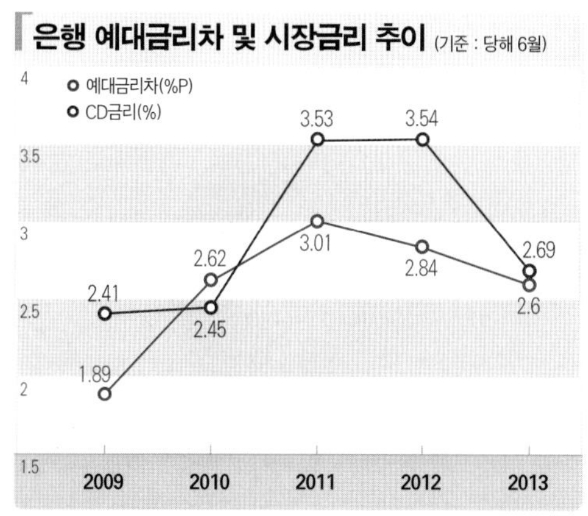

예대금리차(%P)
CD금리(%)
4
3.5
3
2.5
2
1.5
2009 2010 2011 2012 2013
2.41
1.89
2.62
2.45
3.53
3.01
3.54
2.84
2.69
2.6

자료 : 한국은행

일반은행 대출 및 예금 증가율 추이

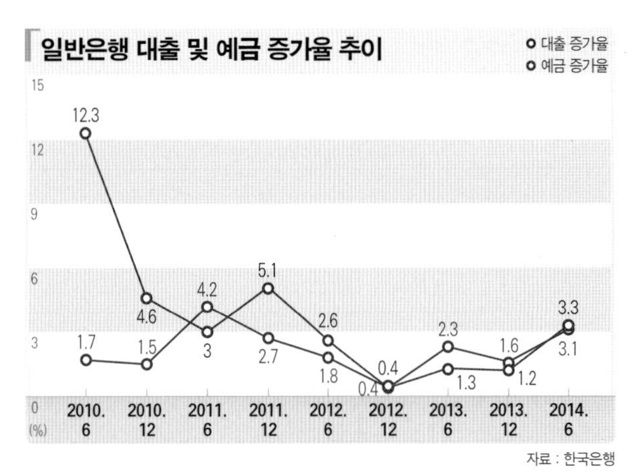

대출 증가율
예금 증가율
15
12
9
6
3
0
(%)
12.3
4.6
1.7
1.5
4.2
3
5.1
2.7
2.6
1.8
0.4
0.4
2.3
1.3
1.6
1.2
3.3
3.1
2010. 6
2010. 12
2011. 6
2011. 12
2012. 6
2012. 12
2013. 6
2013. 12
2014. 6

자료 : 한국은행

은행과 비은행금융기관 가계대출 증가율 추이

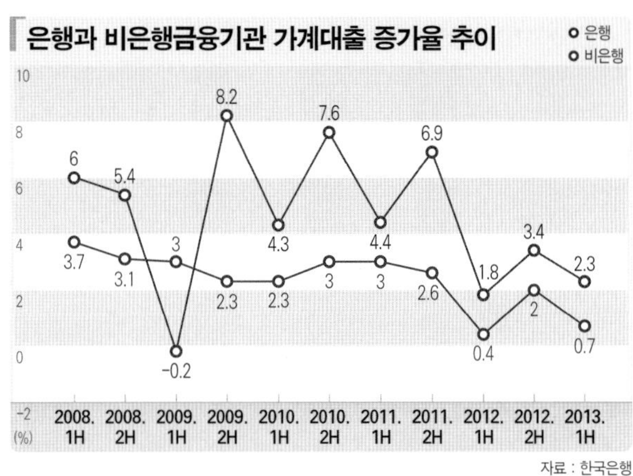

은행
비은행
10
8
6
4
2
0
-2
(%)
6
5.4
3.7
3.1
3
-0.2
8.2
2.3
4.3
2.3
7.6
3
4.4
3
6.9
2.6
1.8
0.4
3.4
2
2.3
0.7
2008. 1H
2008. 2H
2009. 1H
2009. 2H
2010. 1H
2010. 2H
2011. 1H
2011. 2H
2012. 1H
2012. 2H
2013. 1H

자료 : 한국은행

은행별 대출금 현황 (기준 : 2013 말잔)

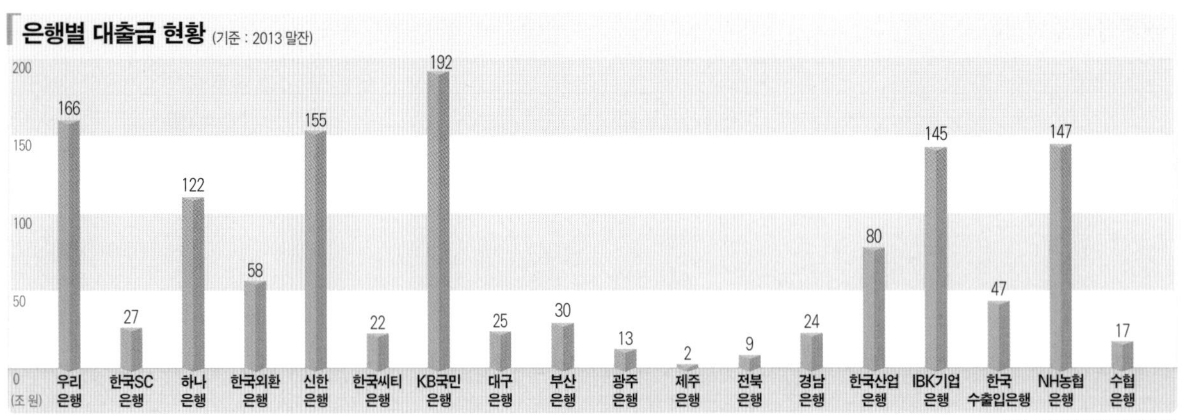

200
150
100
50
0
(조 원)
우리 은행 166
한국SC 은행 27
하나 은행 122
한국외환 은행 58
신한 은행 155
한국씨티 은행 22
KB국민 은행 192
대구 은행 25
부산 은행 30
광주 은행 13
제주 은행 2
전북 은행 9
경남 은행 24
한국산업 은행 80
IBK기업 은행 145
한국 수출입은행 47
NH농협 은행 147
수협 은행 17

자료 : 금융감독원 은행경영통계

은행별 무수익여신(NPL)*과 고정이하여신* 현황 (기준 : 2013. 12)

* 무수익여신(Non Performing Loan) : 부실대출금(장기연체/손실비용)과 부실지급 보증액을 합친 금액.
* 고정이하여신 : 금융기관 여신의 자산건전성 정도에 따라 정상, 요주의, 고정, 회수의문, 추정손실 5단계로 나눌 때, 고정, 회수의문, 추정손실 등에 해당하는 부실 여신.

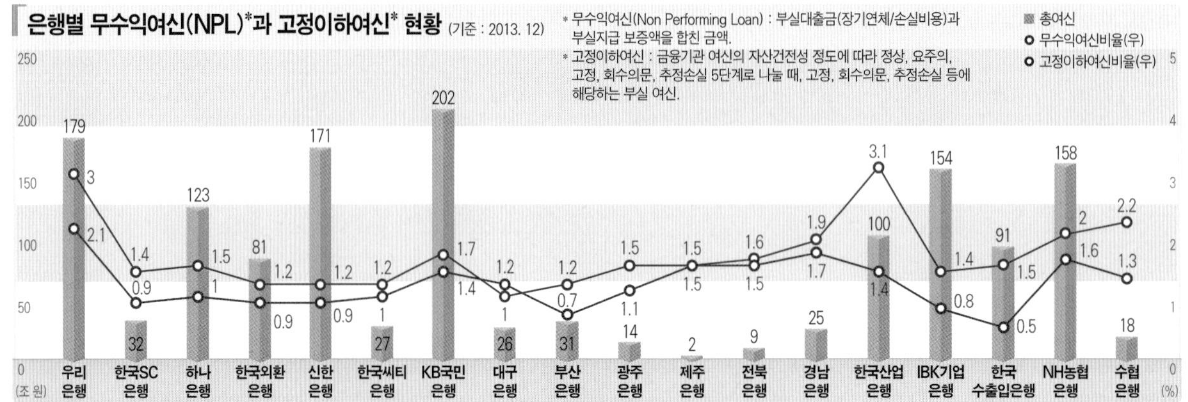

총여신
무수익여신비율(우)
고정이하여신비율(우)
250
200
150
100
50
0
(조 원)
5
4
3
2
1
0
(%)
우리 은행 179 3 2.1
한국SC 은행 32 1.4 0.9
하나 은행 123 1.5 1
한국외환 은행 81 1.2 0.9
신한 은행 171 1.2 0.9
한국씨티 은행 27 1.2 1
KB국민 은행 202 1.7 1.4
대구 은행 26 1.2 1
부산 은행 31 1.2 0.7
광주 은행 14 1.5 1.1
제주 은행 2 1.5 1.5
전북 은행 9 1.6 1.5
경남 은행 25 1.9 1.7
한국산업 은행 100 3.1 1.4
IBK기업 은행 154 1.4 0.8
한국 수출입은행 91 1.5 0.5
NH농협 은행 158 2 1.6
수협 은행 18 2.2 1.3

자료 : 금융감독원 은행경영통계

일반은행 담보별 여신 구성 (기준 : 2013. 12)

( ) 안은 담보대출액

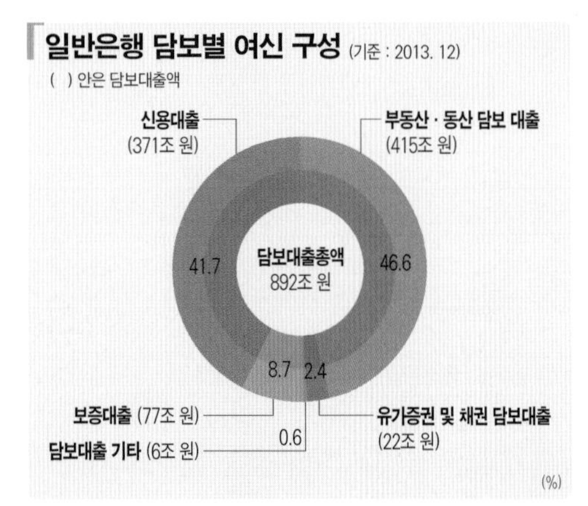

신용대출 (371조 원)
부동산 · 동산 담보 대출 (415조 원)
41.7
46.6
담보대출총액 892조 원
8.7
2.4
0.6
보증대출 (77조 원)
담보대출 기타 (6조 원)
유가증권 및 채권 담보대출 (22조 원)
(%)

자료 : 금융감독원 은행경영통계

기업규모별 대출 비중 추이

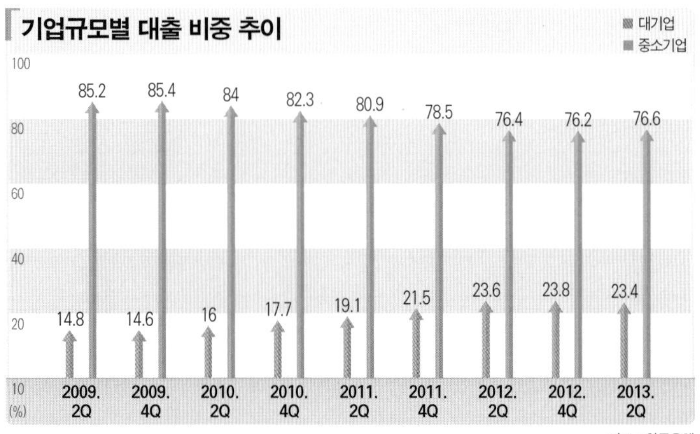

대기업
중소기업
100
80
60
40
20
10
(%)
2009. 2Q 14.8 85.2
2009. 4Q 14.6 85.4
2010. 2Q 16 84
2010. 4Q 17.7 82.3
2011. 2Q 19.1 80.9
2011. 4Q 21.5 78.5
2012. 2Q 23.6 76.4
2012. 4Q 23.8 76.2
2013. 2Q 23.4 76.6

자료 : 한국은행

자영업자 대출규모 및 은행권·비은행권 비중

국내 은행의 대출태도지수* 추이

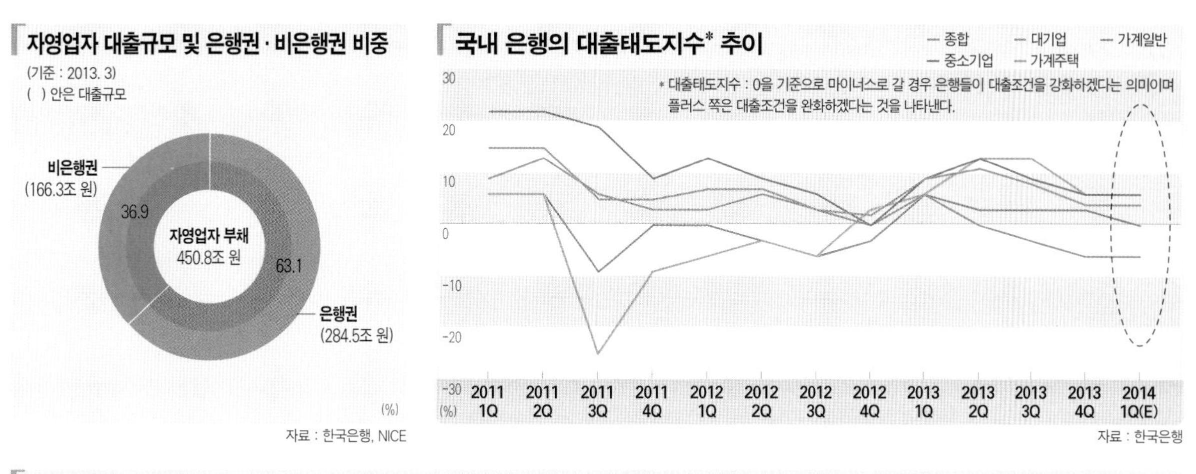
(기준 : 2013. 3)
( ) 안은 대출규모
비은행권
(166.3조 원)
36.9
자영업자 부채
450.8조 원
63.1
은행권
(284.5조 원)
(%)
— 종합
— 대기업
— 가계일반
— 중소기업
— 가계주택
* 대출태도지수 : 0을 기준으로 마이너스로 갈 경우 은행들이 대출조건을 강화하겠다는 의미이며 플러스 쪽은 대출조건을 완화하겠다는 것을 나타낸다.
30
20
10
0
-10
-20
-30
(%)
2011 1Q
2011 2Q
2011 3Q
2011 4Q
2012 1Q
2012 2Q
2012 3Q
2012 4Q
2013 1Q
2013 2Q
2013 3Q
2013 4Q
2014 1Q(E)

자료 : 한국은행, NICE

자료 : 한국은행

글로벌 은행업계 (기준 : 2013. 7)

* G-SIFIs : 세계 주요국으로 구성된 금융안정위원회(FSB, Financial Stability Board)가 2011년 11월부터 글로벌 금융시스템 운영상 중요한 금융기관(G-SIFIs, Global Systemically Important Financial Institutions)을 지정. 매년 11월 재선정해 발표하며 2012년 11월 현재 28개 은행이 해당.

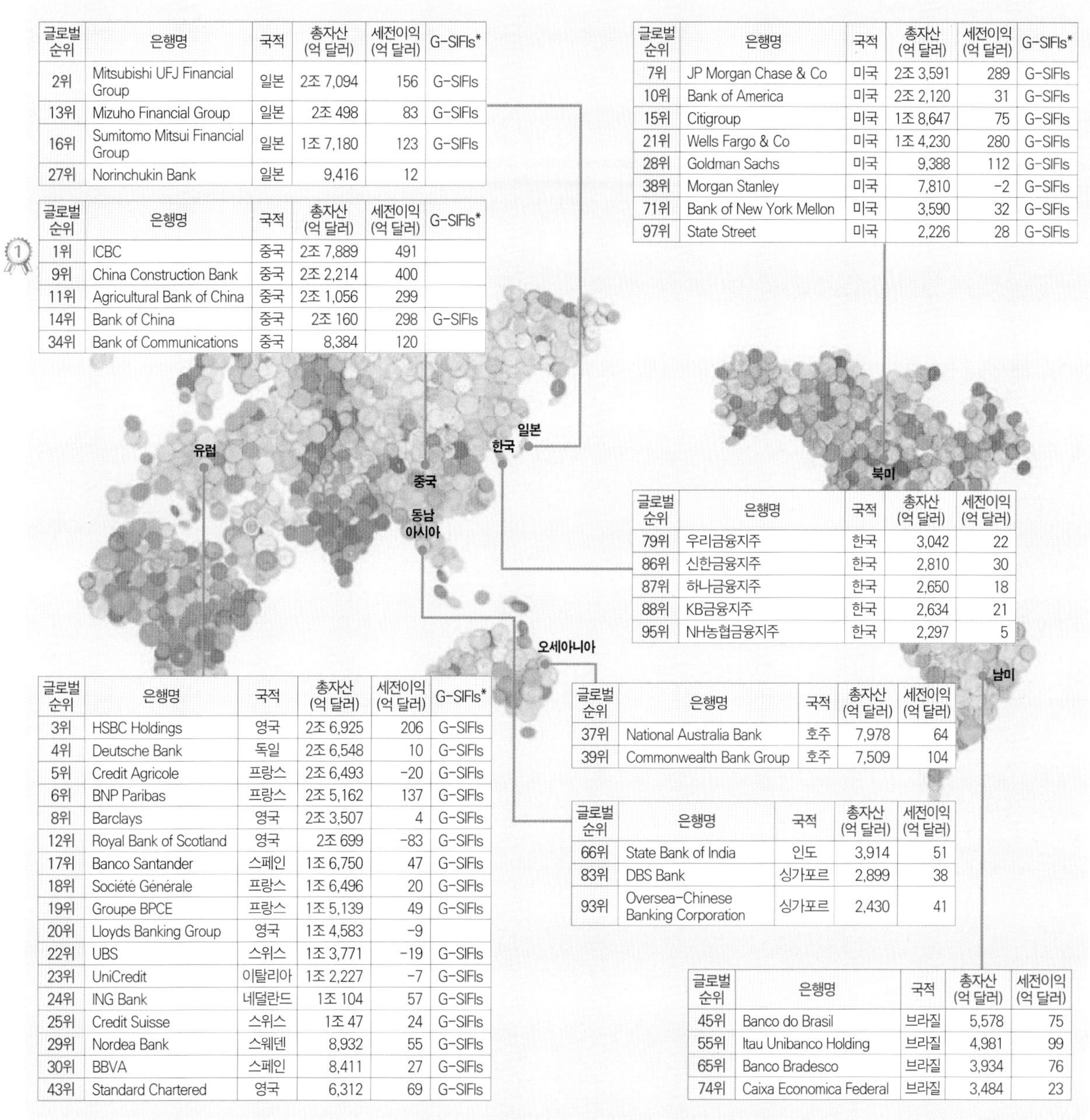
일본
한국
유럽
중국
동남 아시아
북미
오세아니아
남미

글로벌 순위	은행명	국적	총자산 (억 달러)	세전이익 (억 달러)	G-SIFIs*
2위	Mitsubishi UFJ Financial Group	일본	2조 7,094	156	G-SIFIs
13위	Mizuho Financial Group	일본	2조 498	83	G-SIFIs
16위	Sumitomo Mitsui Financial Group	일본	1조 7,180	123	G-SIFIs
27위	Norinchukin Bank	일본	9,416	12	

글로벌 순위	은행명	국적	총자산 (억 달러)	세전이익 (억 달러)	G-SIFIs*
1위	ICBC	중국	2조 7,889	491	
9위	China Construction Bank	중국	2조 2,214	400	
11위	Agricultural Bank of China	중국	2조 1,056	299	
14위	Bank of China	중국	2조 160	298	G-SIFIs
34위	Bank of Communications	중국	8,384	120	

글로벌 순위	은행명	국적	총자산 (억 달러)	세전이익 (억 달러)	G-SIFIs*
7위	JP Morgan Chase & Co	미국	2조 3,591	289	G-SIFIs
10위	Bank of America	미국	2조 2,120	31	G-SIFIs
15위	Citigroup	미국	1조 8,647	75	G-SIFIs
21위	Wells Fargo & Co	미국	1조 4,230	280	G-SIFIs
28위	Goldman Sachs	미국	9,388	112	G-SIFIs
38위	Morgan Stanley	미국	7,810	-2	G-SIFIs
71위	Bank of New York Mellon	미국	3,590	32	G-SIFIs
97위	State Street	미국	2,226	28	G-SIFIs

글로벌 순위	은행명	국적	총자산 (억 달러)	세전이익 (억 달러)
79위	우리금융지주	한국	3,042	22
86위	신한금융지주	한국	2,810	30
87위	하나금융지주	한국	2,650	18
88위	KB금융지주	한국	2,634	21
95위	NH농협금융지주	한국	2,297	5

글로벌 순위	은행명	국적	총자산 (억 달러)	세전이익 (억 달러)	G-SIFIs*
3위	HSBC Holdings	영국	2조 6,925	206	G-SIFIs
4위	Deutsche Bank	독일	2조 6,548	10	G-SIFIs
5위	Credit Agricole	프랑스	2조 6,493	-20	G-SIFIs
6위	BNP Paribas	프랑스	2조 5,162	137	G-SIFIs
8위	Barclays	영국	2조 3,507	4	G-SIFIs
12위	Royal Bank of Scotland	영국	2조 699	-83	G-SIFIs
17위	Banco Santander	스페인	1조 6,750	47	G-SIFIs
18위	Société Générale	프랑스	1조 6,496	20	G-SIFIs
19위	Groupe BPCE	프랑스	1조 5,139	49	G-SIFIs
20위	Lloyds Banking Group	영국	1조 4,583	-9	
22위	UBS	스위스	1조 3,771	-19	G-SIFIs
23위	UniCredit	이탈리아	1조 2,227	-7	G-SIFIs
24위	ING Bank	네덜란드	1조 104	57	G-SIFIs
25위	Credit Suisse	스위스	1조 47	24	G-SIFIs
29위	Nordea Bank	스웨덴	8,932	55	G-SIFIs
30위	BBVA	스페인	8,411	27	G-SIFIs
43위	Standard Chartered	영국	6,312	69	G-SIFIs

글로벌 순위	은행명	국적	총자산 (억 달러)	세전이익 (억 달러)
37위	National Australia Bank	호주	7,978	64
39위	Commonwealth Bank Group	호주	7,509	104

글로벌 순위	은행명	국적	총자산 (억 달러)	세전이익 (억 달러)
66위	State Bank of India	인도	3,914	51
83위	DBS Bank	싱가포르	2,899	38
93위	Oversea-Chinese Banking Corporation	싱가포르	2,430	41

글로벌 순위	은행명	국적	총자산 (억 달러)	세전이익 (억 달러)
45위	Banco do Brasil	브라질	5,578	75
55위	Itau Unibanco Holding	브라질	4,981	99
65위	Banco Bradesco	브라질	3,934	76
74위	Caixa Economica Federal	브라질	3,484	23

자료 : 「The Banker」

은행업계 변천 과정

KB국민은행

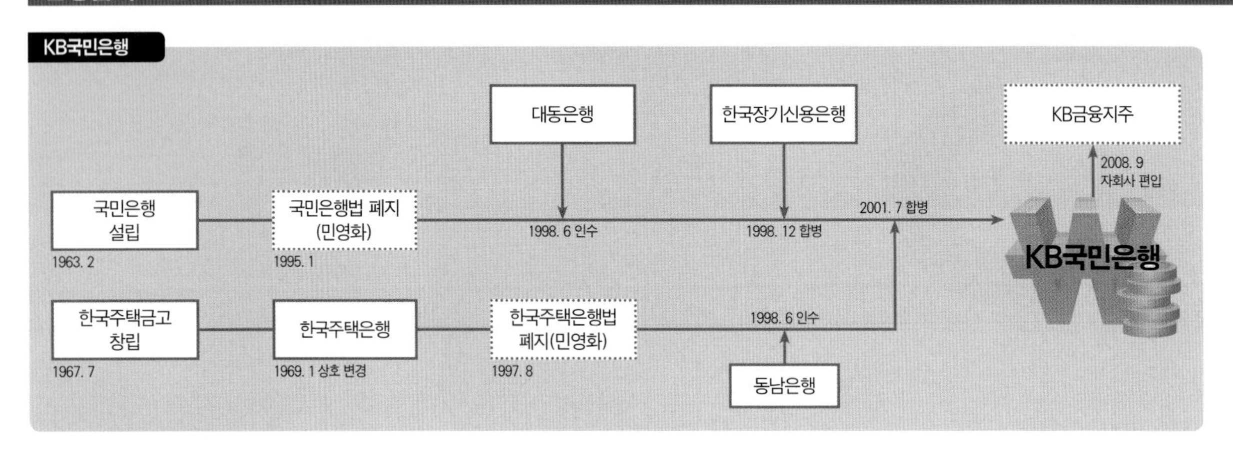
대동은행
한국장기신용은행
KB금융지주
2008. 9
자회사 편입
국민은행
설립
1963. 2
국민은행법 폐지
(민영화)
1995. 1
1998. 6 인수
1998. 12 합병
2001. 7 합병
KB국민은행
한국주택금고
창립
1967. 7
한국주택은행
1969. 1 상호 변경
한국주택은행법
폐지(민영화)
1997. 8
1998. 6 인수
동남은행

우리은행 / 광주은행 / 경남은행

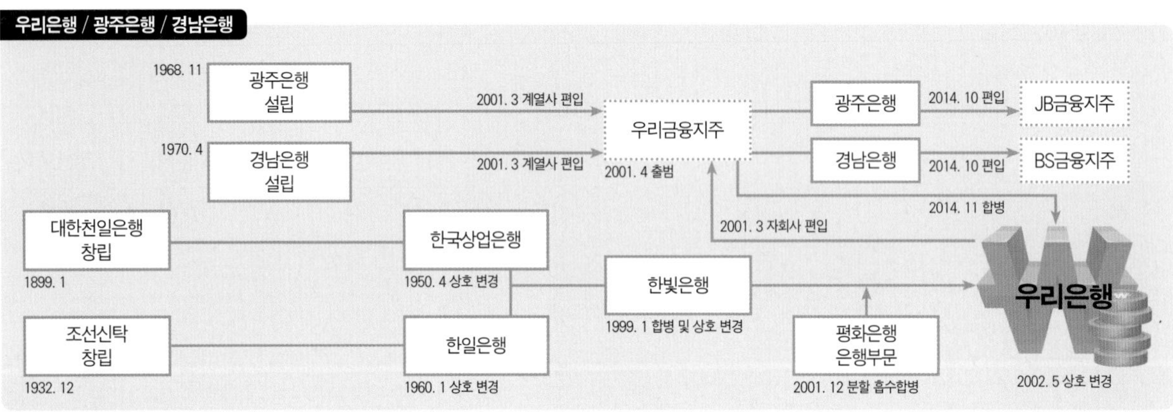
1968. 11
광주은행
설립
2001. 3 계열사 편입
우리금융지주
광주은행
2014. 10 편입
JB금융지주
1970. 4
경남은행
설립
2001. 3 계열사 편입
2001. 4 출범
경남은행
2014. 10 편입
BS금융지주
2014. 11 합병
대한천일은행
창립
1899. 1
한국상업은행
1950. 4 상호 변경
2001. 3 자회사 편입
한빛은행
1999. 1 합병 및 상호 변경
우리은행
조선신탁
창립
1932. 12
한일은행
1960. 1 상호 변경
평화은행
은행부문
2001. 12 분할 흡수합병
2002. 5 상호 변경

하나은행 / 한국외환은행

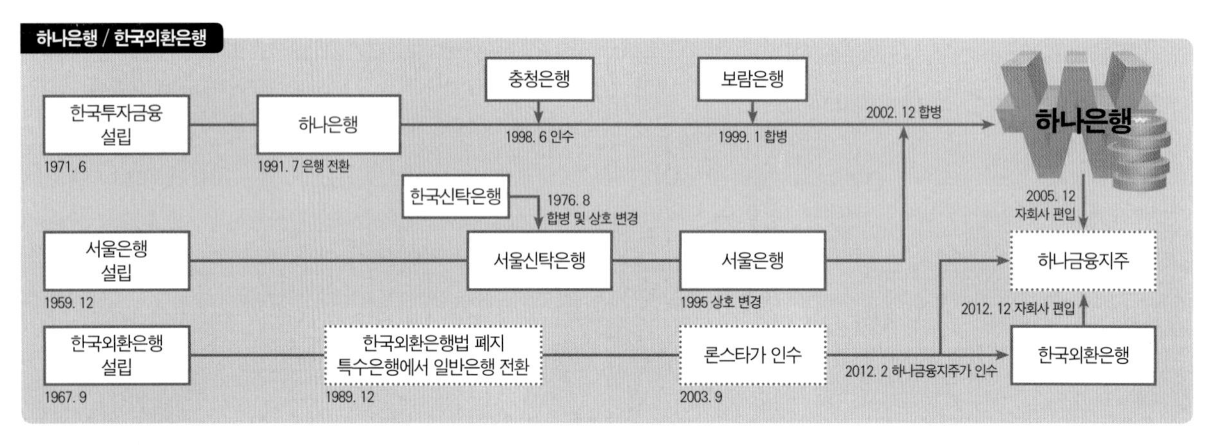
충청은행
보람은행
한국투자금융
설립
1971. 6
하나은행
1991. 7 은행 전환
1998. 6 인수
1999. 1 합병
2002. 12 합병
하나은행
2005. 12
자회사 편입
한국신탁은행
1976. 8
합병 및 상호 변경
서울은행
설립
1959. 12
서울신탁은행
서울은행
1995 상호 변경
하나금융지주
2012. 12 자회사 편입
한국외환은행
설립
1967. 9
한국외환은행법 폐지
특수은행에서 일반은행 전환
1989. 12
론스타가 인수
2003. 9
2012. 2 하나금융지주가 인수
한국외환은행

신한은행 / 제주은행

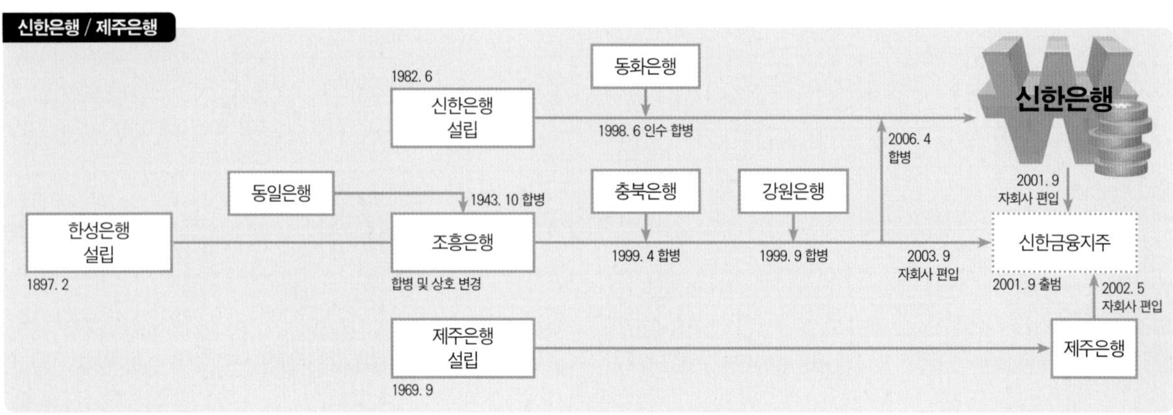
1982. 6
신한은행
설립
동화은행
1998. 6 인수 합병
신한은행
2006. 4
합병
동일은행
1943. 10 합병
충북은행
강원은행
2001. 9
자회사 편입
한성은행
설립
1897. 2
조흥은행
합병 및 상호 변경
1999. 4 합병
1999. 9 합병
2003. 9
자회사 편입
신한금융지주
2001. 9 출범
2002. 5
자회사 편입
제주은행
설립
1969. 9
제주은행

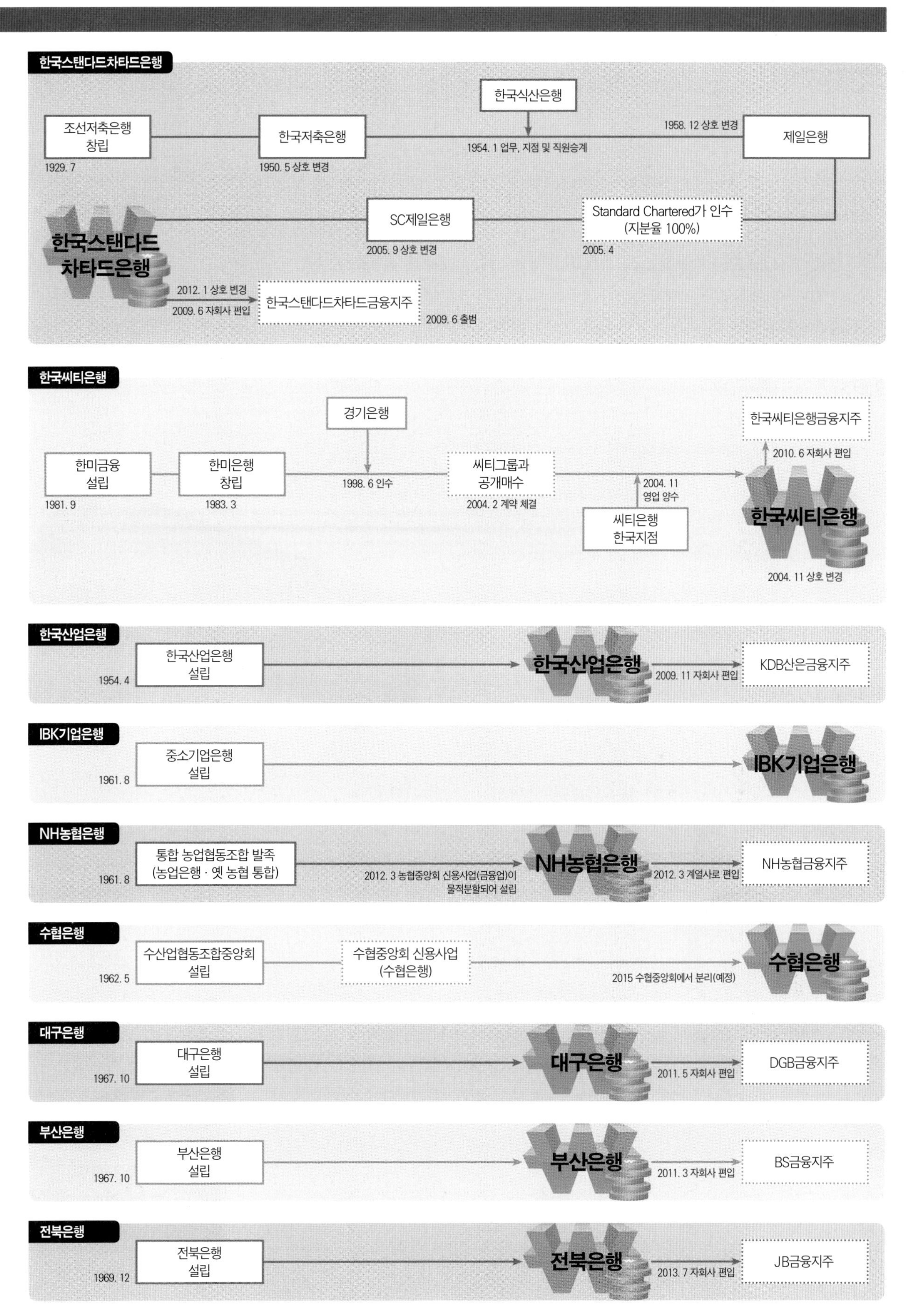

한국스탠다드차타드은행
한국식산은행
조선저축은행
창립
1929. 7
한국저축은행
1950. 5 상호 변경
1954. 1 업무, 지점 및 직원승계
1958. 12 상호 변경
제일은행
SC제일은행
2005. 9 상호 변경
Standard Chartered가 인수
(지분율 100%)
2005. 4
한국스탠다드
차타드은행
2012. 1 상호 변경
2009. 6 자회사 편입
한국스탠다드차타드금융지주
2009. 6 출범
한국씨티은행
경기은행
한국씨티은행금융지주
2010. 6 자회사 편입
한미금융
설립
1981. 9
한미은행
창립
1983. 3
1998. 6 인수
씨티그룹과
공개매수
2004. 2 계약 체결
2004. 11
영업 양수
씨티은행
한국지점
한국씨티은행
2004. 11 상호 변경
한국산업은행
한국산업은행
설립
1954. 4
한국산업은행
2009. 11 자회사 편입
KDB산은금융지주
IBK기업은행
중소기업은행
설립
1961. 8
IBK기업은행
NH농협은행
통합 농업협동조합 발족
(농업은행 · 옛 농협 통합)
1961. 8
2012. 3 농협중앙회 신용사업(금융업)이
물적분할되어 설립
NH농협은행
2012. 3 계열사로 편입
NH농협금융지주
수협은행
수산업협동조합중앙회
설립
1962. 5
수협중앙회 신용사업
(수협은행)
2015 수협중앙회에서 분리(예정)
수협은행
대구은행
대구은행
설립
1967. 10
대구은행
2011. 5 자회사 편입
DGB금융지주
부산은행
부산은행
설립
1967. 10
부산은행
2011. 3 자회사 편입
BS금융지주
전북은행
전북은행
설립
1969. 12
전북은행
2013. 7 자회사 편입
JB금융지주

은행 영업 환경의 대대적인 변화 예고

2015년 은행업 성장률이 총자산 기준 5% 내외에 그칠 것이란 관측이 제기됐다. '저성장' '저수익' 키워드가 여전히 시중은행들의 미래를 어둡게 하고 있는 것이다. 아울러 2015년과 2016년에는 은행 영업 환경의 대대적인 변화가 예고된다. 계좌이동제와 복합점포제 등이 대표적인 예이다. 금융당국은 금융 소비자에 대한 종합 서비스 제공이 용이하도록 다양한 업종의 금융 점포를 한 곳에서 모아 운영할 수 있도록 복합점포 개설을 허용했다. 이로 인해 은행은 물론 보험사와 증권사, 운용사 등이 함께 전략적 제휴를 맺고 지금보다 훨씬 치열한 서비스 경쟁에 돌입하게 된다. 2016년 시행을 앞둔 계좌이동제도 은행들에게는 기회이자 위기가 될 전망이다.

이처럼 은행업계를 긴장시키는 적색 신호가 여전히 곳곳에 산재해 있다. 은행업계로서는 더 이상 정부의 도움에 기대지 말고 스스로 극복해 경쟁력을 키워야 할 때가 도래했다. 미국이나 일본을 살펴보건대, 우리보다 낮은 경제성장률과 저금리에서도 건전한 실적을 이어가는 은행들이 여럿 있기 때문이다. 은행업계의 가까운 미래를 결정지을 키워드로 어떤 것들이 있는지 꼽아보면 다음과 같다.

BANK

핀테크

은행업계에 새로운 경쟁 파트너로 IT 업체들이 대두하고 있다. 이른바 '핀테크'로 불리는 새로운 금융 시스템 때문이다. 핀테크(FinTech)는 금융을 뜻하는 파이낸셜(financial)과 기술(technique)의 합성어다. 모바일을 통한 결제·송금·자산관리·클라우드 펀딩 등 금융과 IT가 융합된 산업을 의미한다. 대표적인 핀테크로 다음카카오의 뱅크월렛카카오가 꼽힌다. 아직까지는 이용 실적이 미미한 수준이지만 간편하다는 장점 때문에 언제 치고 올라올지 모를 일이다. 향후 인터넷 전문 은행이 설립될 경우, 정보통신업계가 소액 대출 시장까지 잠식할 수도 있다.

이에 대비해 은행들은 저마다 핀테크 사업부를 신설하고 나섰다. 우리은행은 스마트금융사업단 내에 핀테크 사업부를, KB국민은행은 핀테크팀을 만들었다. KB국민카드는 스마트금융 총괄 조직인 컨버전스 추진부를 확대 개편하기로 했고, IBK기업은행은 스마트금융플랫폼인 'IBK 원뱅크'를 출범시킬 계획이다.

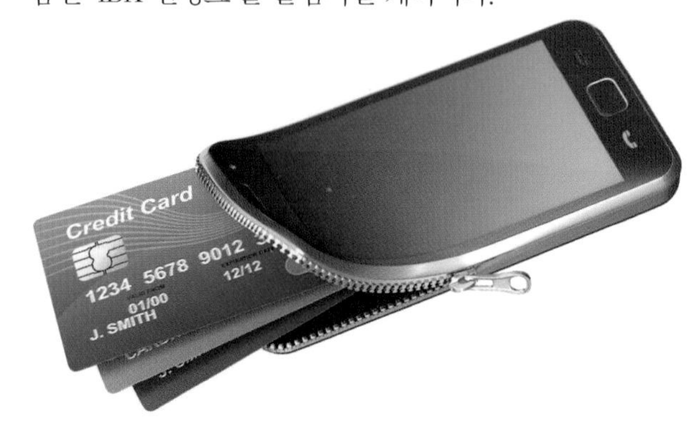
Credit Card
1234 5678 9012
12/12
01/00
J. SMITH

복합점포제

복합점포제는 기존의 은행 점포에 소규모 증권 창구나 보험 창구를 신설해 이와 관련된 거래를 고객이 한곳에서 볼 수 있도록 하는 시스템이다. 금융지주회사제도가 생겨난 뒤부터 계열사 간 시너지 극대화를 위해 복합점포제를 경쟁적으로 도입하기 시작했다. 금융지주사들이 복합점포를 확장하는 이유는 소매 금융 고객 기반이 거의 없는 증권사가 은행 지점과 같이 있을 경우 은행의 고객층을 활용할 수 있기 때문이다. 또 기존 은행 영업점 안에 증권사 점포를 설치하기 때문에 비용도 많이 들지 않는다.

MARKETING AVE
STRATEGY ST

NH농협금융지주는 2015년에만 서울 등지에 10개의 복합점포를 신설할 예정이다. 하나은행도 6개의 복합점포를 마련할 방침이다. 외환은행은 영업점 중 선수촌 WM센터지점을 하나대투증권과 복합점포로 운영하기로 했다.

복합점포가 운영되면 고객은 한 자리에서 여러 가지 금융상품을 살펴본 뒤 가입을 결정할 수 있어 은행 간 경쟁력 차이가 여실히 드러나게 된다. 즉, 복합점포제는 금융회사의 경쟁력을 가늠하게 하는 바로미터가 될 전망이다.

계좌이동제

은행업계가 치열한 고객쟁탈전을 예고하고 있다. 2016년부터 도입될 계좌이동제 때문이다. 계좌이동제는 고객이 주거래 계좌를 다른 은행으로 변경할 경우 기존 계좌에 연결된 카드 대금이나 각종 공과금 자동이체 등이 일괄적으로 이전된다. 지금처럼 고객이 일일이 계좌번호 변경을 신청해야 하는 번거로움이 사라져 고객들이 주거래은행을 다른 은행으로 갈아탈 확률이 높아지는 것이다.

계좌이동제와 맞물려 은행들의 대응책은 결국 단 하나밖에 없다. 차별화된 서비스를 제공해 고객의 이탈 가능성을 미연에 방지하고, 그러한 경쟁력을 바탕으로 다른 은행의 고객을 끌어오는 것이다. 지금까지 은행의 영업이 다른 업종에 비해 얌전하고 소극적이었다면, 계좌이동제를 계기로 공격적으로 바뀔 것으로 업계는 내다보고 있다.

계좌이동제 시행에 따른 비용 상승 요인 비중 (%)

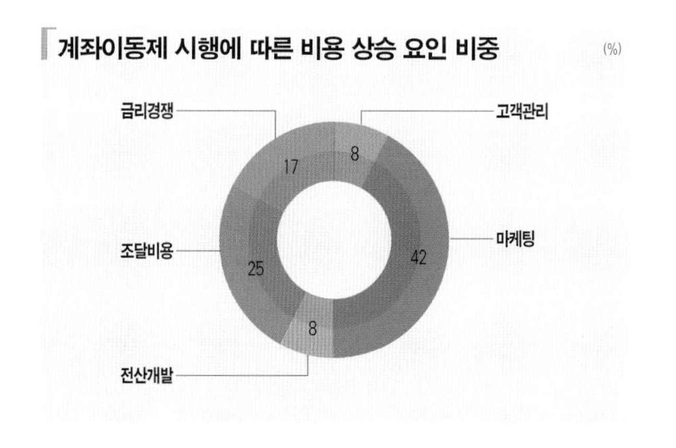

금리경쟁
고객관리
17
8
조달비용
마케팅
25
42
8
전산개발

수익성

PROFIT

은행업계의 생존 전략은 결국 수익성과 직결된다. 가장 큰문제가 저금리 여파다. 해결책은 고객의 기반을 강화해 나가는 것 말고 별다른 방도가 없다. 개인 고객에게는 차별화된 상품을 제공하고, 중소기업 고객을 늘려 새로운 대출처를 넓혀 나가야 한다.

영업실적이 떨어지는 지점수를 꾸준히 줄여나가는 것도 은행들의 수익성 회복을 위한 방안 가운데 하나로 꼽힌다. 이에 따라 시중은행들마다 지점을 통폐합하는데 골몰하고 있다. 우리은행은 2015년 20곳의 지점을 통폐합할 예정이며, KB국민은행도 18개 영업점을 줄이기로 했다. NH농협도 34곳의 영업점을 폐쇄하는 대신 19곳을 신설하기로 했다.

도약하는 저축은행들

저축은행들의 위상이 달라지고 있다. 사상 유례 없는 초저금리시대를 맞아 0.1%의 이율이라도 더 보장받고 싶은 고객들이 시중은행이 아닌 저축은행을 찾고 있다. 새롭게 문을 연 저축은행마다 상대적으로 높은 금리를 제공하는 상품을 공격적으로 출시하고 있다.

저축은행의 경영지표도 개선되고 있다. 금융감독원에 따르면 저축은행업계는 2014회계연도 1분기(2014년 7~9월)에 190억 원의 순이익을 올리며 5년여 만에 분기 단위 흑자전환에 성공했다. 모두 86개 저축은행 중 흑자를 낸 저축은행 수는 59개사로 전년 동기(53개사) 대비 6개사가 증가했다.

저축은행의 경영정상화는 앞으로 더욱 속도를 낼 전망이다. 한국자산관리공사(캠코)에 매각한 프로젝트파이낸싱(PF) 대출에 대한 손실 예상 충당금 적립이 2014년 9월 말로 종료됐기 때문이다. 시중은행들이 수익성 악화에 몸살을 앓는 동안 저축은행들이 새로운 활로를 개척하고 있는 것이다.

09 | 보험업계

업계 규모
- ■ 생명보험업계 수입보험료 77조 2,367억 원
- ■ 손해보험업계 보유보험료 49조 5,743억 원

생명보험

* 수입보험료 등 실적은 2013. 12 기준

삼성그룹 후계 상속의 핵심으로 부상한 삼성생명

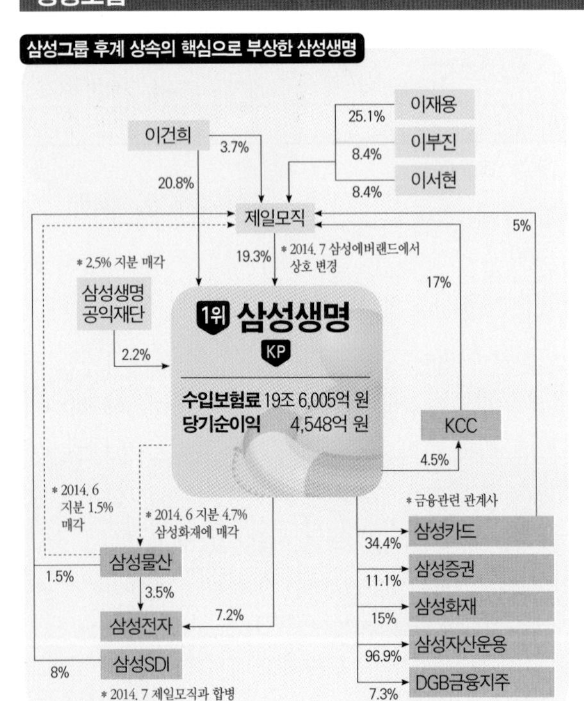

이재용
이부진
이서현
이건희
3.7%
25.1%
8.4%
8.4%
20.8%
제일모직
5%
19.3%
* 2014. 7 삼성에버랜드에서 상호 변경
* 2.5% 지분 매각
삼성생명 공익재단
17%
1위 삼성생명
KP
2.2%
수입보험료 19조 6,005억 원
당기순이익 4,548억 원
KCC
4.5%
* 2014. 6 지분 1.5% 매각
* 2014. 6 지분 4.7% 삼성화재에 매각
* 금융관련 관계사
삼성카드
34.4%
삼성물산
1.5%
삼성증권
11.1%
3.5%
삼성화재
15%
삼성전자
7.2%
삼성자산운용
96.9%
삼성SDI
8%
DGB금융지주
7.3%
* 2014. 7 제일모직과 합병

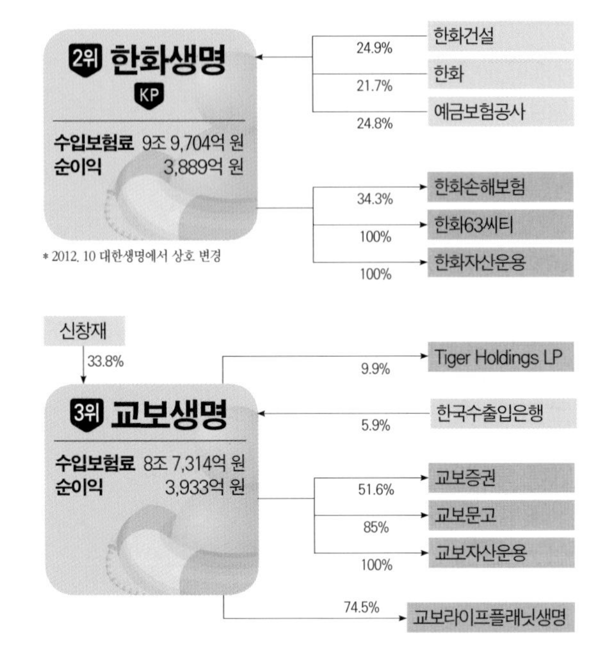

2위 한화생명
KP
수입보험료 9조 9,704억 원
순이익 3,889억 원
한화건설
24.9%
한화
21.7%
예금보험공사
24.8%
한화손해보험
34.3%
한화63씨티
100%
한화자산운용
100%
* 2012. 10 대한생명에서 상호 변경
신창재
33.8%
3위 교보생명
수입보험료 8조 7,314억 원
순이익 3,933억 원
Tiger Holdings LP
9.9%
한국수출입은행
5.9%
교보증권
51.6%
교보문고
85%
교보자산운용
100%
74.5%
교보라이프플래닛생명

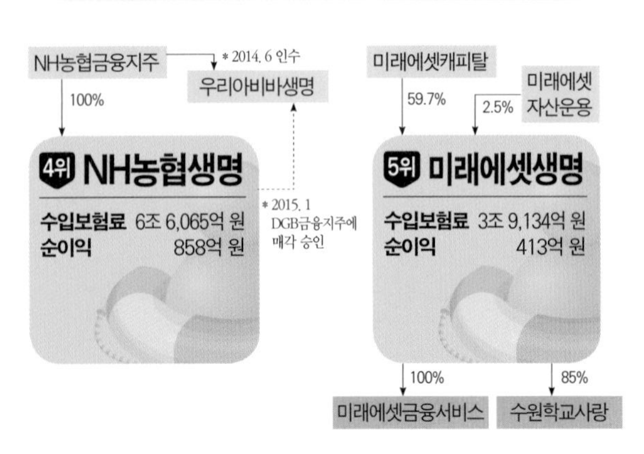

NH농협금융지주
* 2014. 6 인수
우리아비바생명
100%
4위 NH농협생명
수입보험료 6조 6,065억 원
순이익 858억 원
* 2015. 1 DGB금융지주에 매각 승인
미래에셋캐피탈
59.7%
미래에셋 자산운용
2.5%
5위 미래에셋생명
수입보험료 3조 9,134억 원
순이익 413억 원
100%
85%
미래에셋금융서비스
수원학교사랑

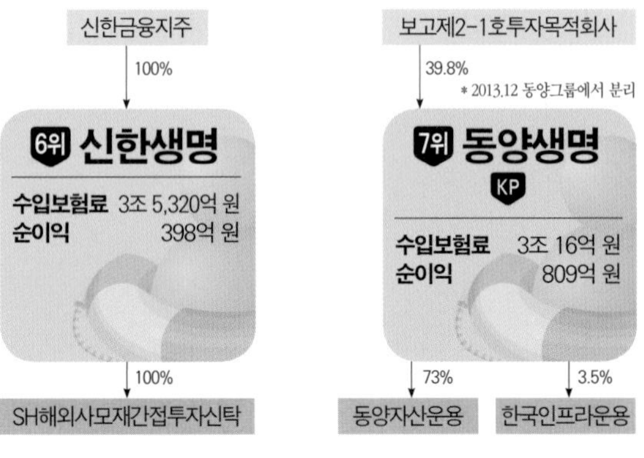

신한금융지주
100%
6위 신한생명
수입보험료 3조 5,320억 원
순이익 398억 원
100%
SH해외사모재간접투자신탁
보고제2-1호투자목적회사
39.8%
* 2013.12 동양그룹에서 분리
7위 동양생명
KP
수입보험료 3조 16억 원
순이익 809억 원
73%
3.5%
동양자산운용
한국인프라운용

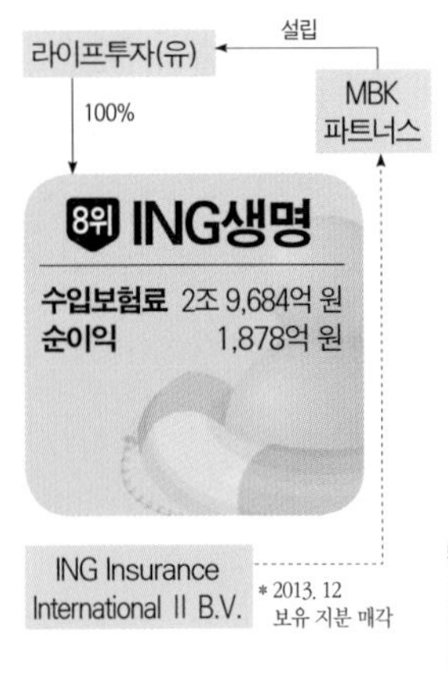

라이프투자(유)
설립
MBK 파트너스
100%
8위 ING생명
수입보험료 2조 9,684억 원
순이익 1,878억 원
ING Insurance International II B.V.
* 2013. 12 보유 지분 매각

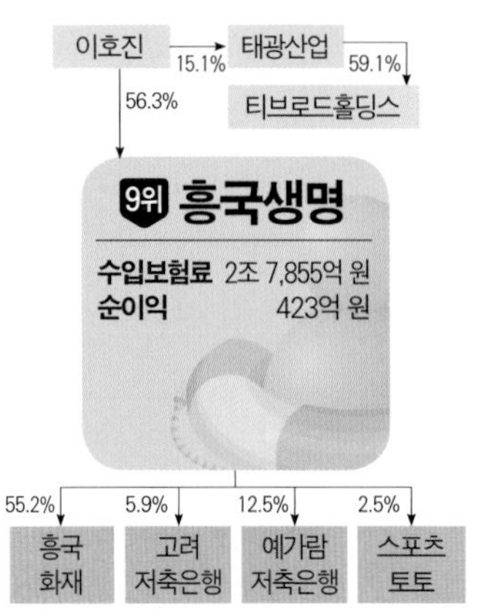

이호진
15.1%
태광산업
59.1%
티브로드홀딩스
56.3%
9위 흥국생명
수입보험료 2조 7,855억 원
순이익 423억 원
55.2%
5.9%
12.5%
2.5%
흥국 화재
고려 저축은행
예가람 저축은행
스포츠 토토

메트로폴리탄 글로벌 매니지먼트
85.4%
10위 메트라이프생명
수입보험료 2조 3,106억 원
순이익 566억 원
14.6%
메트라이프 멕시코

미래창조과학부
소속기관
우정사업본부 보험사업단
우체국보험
수입보험료 8조 2,737억 원
총자산 46조 1,280억 원
순이익 2,733억 원

* 2014년부터 보험금 지급여력비율(RBC) 적용

* 보유보험료 등 실적은 2013. 12 기준

* 2014. 6 지분 15%로 증가
삼성생명
15%
First State Investment Management(UK) Ltd.
6.7%
1위 삼성화재
KP
보유보험료 12조 3,079억 원
순이익 5,052억 원
8%
삼성증권
4.8%
삼성물산
Genesis Asset Managers, LLP
7.2%
20.8%
이건희
7.1%
국민연금공단
정몽윤
21.8%
국민연금공단
9.7%
2위 현대해상
보유보험료 7조 3,013억 원
순이익 1,915억 원
100%
현대C&R
100%
현대하이카 다이렉트 자동차보험
100%
현대인베스트먼트 자산운용
100%
현대하이카손해사정
김남호
14.4%
3위 동부화재
보유보험료 7조 1,702억 원
순이익 3,060억 원
김준기
6.9%
동부문화재단
5%
92.9%
동부생명
19.9%
동부증권
* 2014. 12 KB금융지주에 인수 승인
구본상 외 특수관계인
21.1%
KB금융지주
4위 LIG손해보험
보유보험료 5조 8,699억 원
순이익 1,184억 원
* 2014. 12 KB금융지주에 인수 승인
82.4%
LIG투자증권
100%
LIG자동차 손해사정
* 2015. 2 KB손해보험으로 상호 변경 예정
메리츠금융지주
47.7%
5위 메리츠화재
보유보험료 3조 5,157억 원
순이익 1,353억 원
51%
메리츠코린도
원혁희 외 특수관계인
22.6%
6위 코리안리 재보험
보유보험료 2조 8,972억 원
순이익 1,288억 원
Fidelity Management
6.2%
KB자산운용
6.1%
100%
코리안리 투자자문
* 2014. 6 기준 아시아 1위, 세계 9위의 재보험사

한화생명
34.3%
한화건설
7.3%
한화첨단소재
5.2%
7위 한화손해보험
보유보험료 2조 6,147억 원
순이익 -436억 원
흥국생명
56.3%
이호진
15.1%
태광산업
55.2%
19.6%
8위 흥국화재
보유보험료 1조 8,887억 원
순이익 113억 원
NH농협금융지주
100%
9위 농협손해보험
보유보험료 1조 3,582억 원
순이익 449억 원
신동빈
1.5%
호텔롯데
26.1%
롯데역사
14.2%
대홍기획
11.5%
10위 롯데손해보험
보유보험료 1조 3,227억 원
순이익 49억 원

예금보험공사
78%
11위 서울보증보험
보유보험료 9,139억 원
순이익 1,142억 원
85%
SGI신용정보
AXA.S.A
99.6%
12위 AXA손해보험
보유보험료 3,654억 원
순이익 -218억 원
AIG Asia Pacific Insurance Pte. Ltd.
100%
13위 AIG손해보험
보유보험료 3,586억 원
순이익 164억 원
* 2013. 3 차티스손해보험에서 상호 변경
자베즈제2호(유)
대표투자자
새마을금고
100%
14위 MG손해보험
보유보험료 3,464억 원
순이익 -394억 원
* 2013. 5 출범 및 그린손해보험의 계약 인수

보험업과 보험 종목의 종류

* 제3보험업은 생명보험업 또는 손해보험업 보험 종목의 전부를 허가받은 경우 겸업 가능

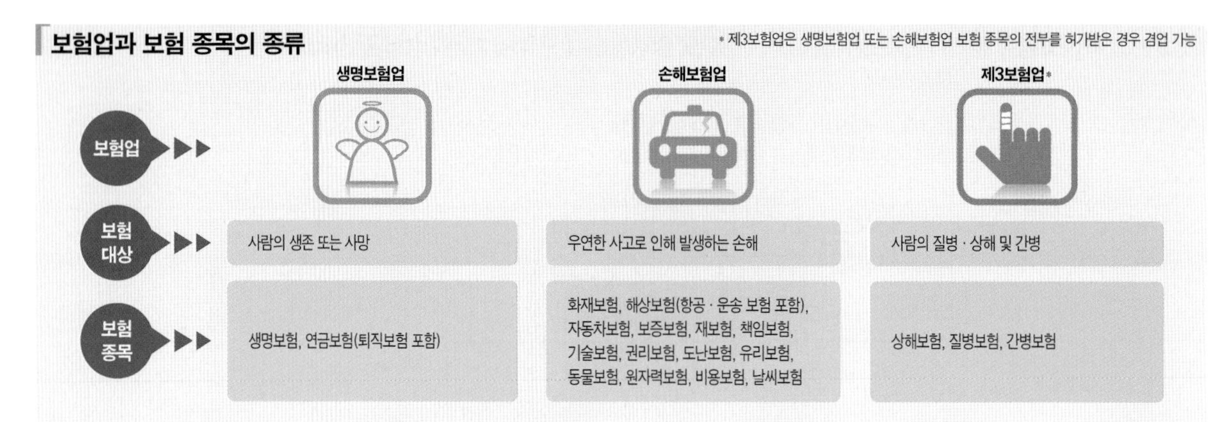

	생명보험업	손해보험업	제3보험업*
보험 대상	사람의 생존 또는 사망	우연한 사고로 인해 발생하는 손해	사람의 질병 · 상해 및 간병
보험 종목	생명보험, 연금보험(퇴직보험 포함)	화재보험, 해상보험(항공 · 운송 보험 포함), 자동차보험, 보증보험, 재보험, 책임보험, 기술보험, 권리보험, 도난보험, 유리보험, 동물보험, 원자력보험, 비용보험, 날씨보험	상해보험, 질병보험, 간병보험

자료 : 금융민원센터

보험업 규모 추이

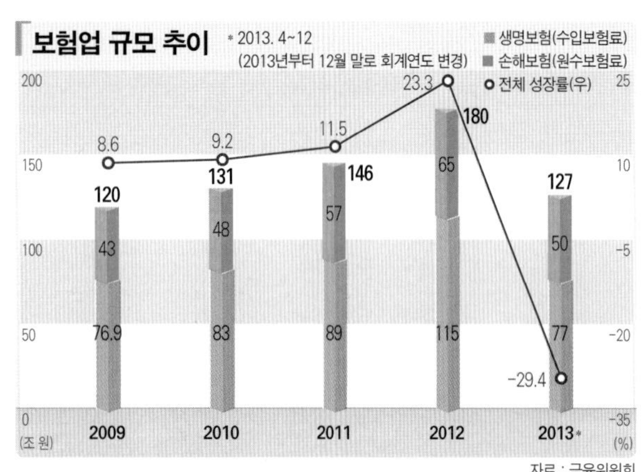

* 2013. 4~12 (2013년부터 12월 말로 회계연도 변경)
생명보험(수입보험료)
손해보험(원수보험료)
전체 성장률(우)
2009: 120 (43, 76.9), 8.6
2010: 131 (48, 83), 9.2
2011: 146 (57, 89), 11.5
2012: 180 (65, 115), 23.3
2013*: 127 (50, 77), -29.4
(조 원)
(%)

자료 : 금융위원회

보험침투도 추이

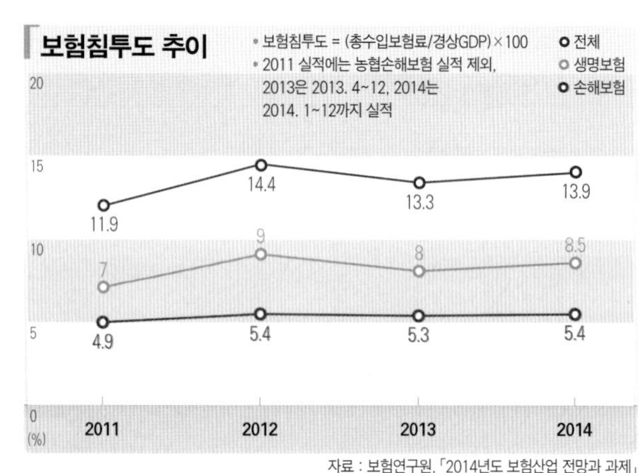

* 보험침투도 = (총수입보험료/경상GDP)×100
* 2011 실적에는 농협손해보험 실적 제외, 2013은 2013. 4~12, 2014는 2014. 1~12까지 실적
전체
생명보험
손해보험
2011: 11.9, 7, 4.9
2012: 14.4, 9, 5.4
2013: 13.3, 8, 5.3
2014: 13.9, 8.5, 5.4
(%)

자료 : 보험연구원, 「2014년도 보험산업 전망과 과제」

보험회사 자산액 추이

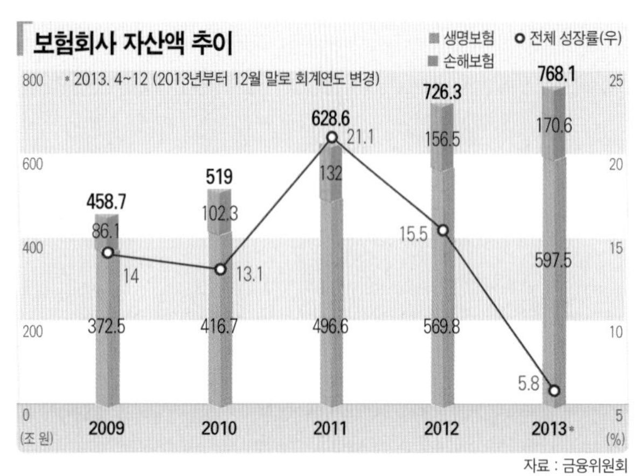

생명보험
손해보험
전체 성장률(우)
* 2013. 4~12 (2013년부터 12월 말로 회계연도 변경)
2009: 458.7 (86.1, 372.5), 14
2010: 519 (102.3, 416.7), 13.1
2011: 628.6 (132, 496.6), 21.1
2012: 726.3 (156.5, 569.8), 15.5
2013*: 768.1 (170.6, 597.5), 5.8
(조 원)
(%)

자료 : 금융위원회

보험회사 수익 구조 (기준 : 2011 생명보험 당기순이익 법인세 차감 전)

( ) 안은 당기순이익

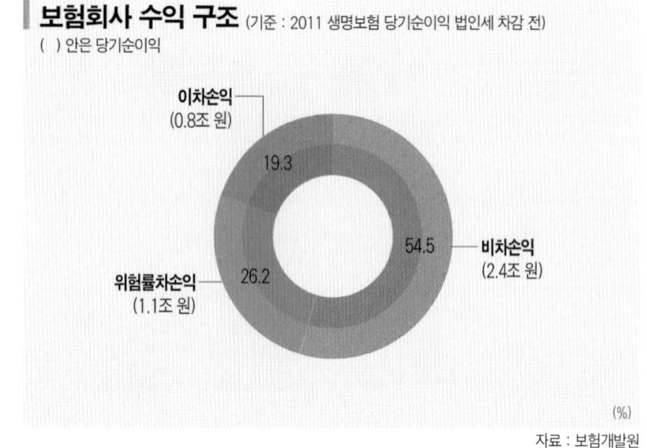

이차손익 (0.8조 원) 19.3
비차손익 (2.4조 원) 54.5
위험률차손익 (1.1조 원) 26.2
(%)

자료 : 보험개발원

보험회사 자산운용 내역 ( ) 안은 비중(%)

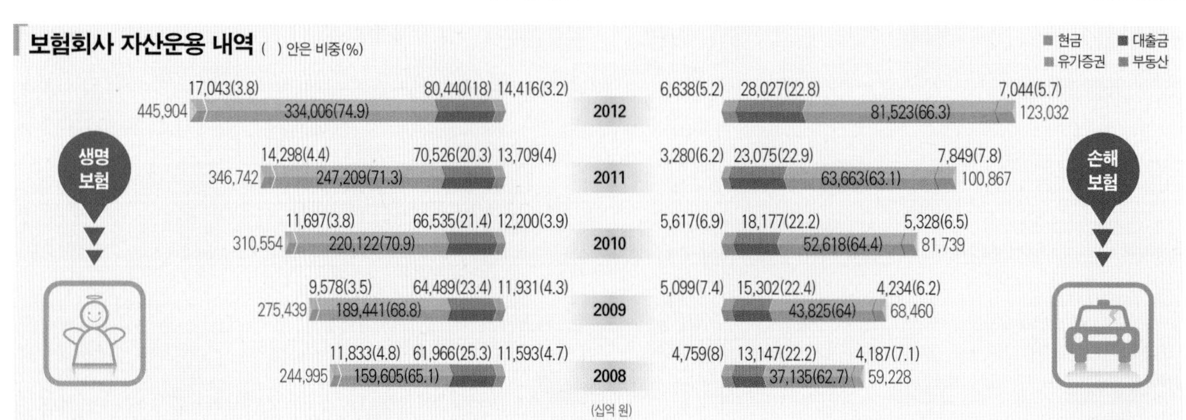

현금
대출금
유가증권
부동산
생명보험
손해보험
(십억 원)

생명보험

연도	합계	현금	유가증권	대출금	부동산
2012	445,904	17,043(3.8)	334,006(74.9)	80,440(18)	14,416(3.2)
2011	346,742	14,298(4.4)	247,209(71.3)	70,526(20.3)	13,709(4)
2010	310,554	11,697(3.8)	220,122(70.9)	66,535(21.4)	12,200(3.9)
2009	275,439	9,578(3.5)	189,441(68.8)	64,489(23.4)	11,931(4.3)
2008	244,995	11,833(4.8)	159,605(65.1)	61,966(25.3)	11,593(4.7)

손해보험

연도	현금	대출금	유가증권	부동산	합계
2012	6,638(5.2)	28,027(22.8)	81,523(66.3)	7,044(5.7)	123,032
2011	3,280(6.2)	23,075(22.9)	63,663(63.1)	7,849(7.8)	100,867
2010	5,617(6.9)	18,177(22.2)	52,618(64.4)	5,328(6.5)	81,739
2009	5,099(7.4)	15,302(22.4)	43,825(64)	4,234(6.2)	68,460
2008	4,759(8)	13,147(22.2)	37,135(62.7)	4,187(7.1)	59,228

(십억 원)

자료 : 보험통계연감

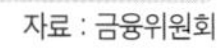

생명보험사 시장점유율 (기준 : 2013 회계연도 수입보험료)

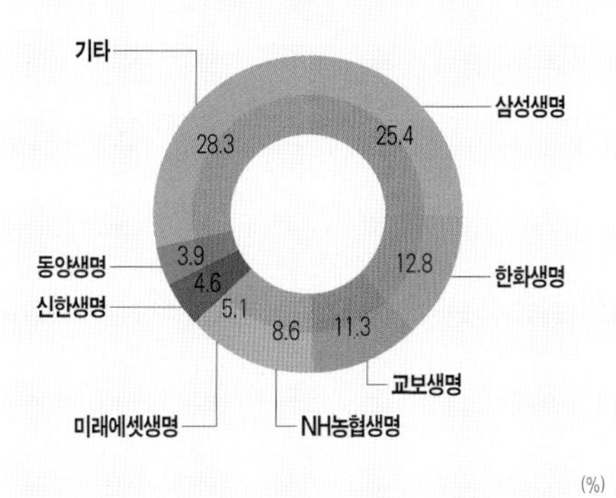

기타
28.3
삼성생명
25.4
한화생명
12.8
교보생명
11.3
NH농협생명
8.6
미래에셋생명
5.1
신한생명
4.6
동양생명
3.9
(%)

자료 : 금융위원회

주요 생명보험사 보험금 지급여력비율(RBC) 추이

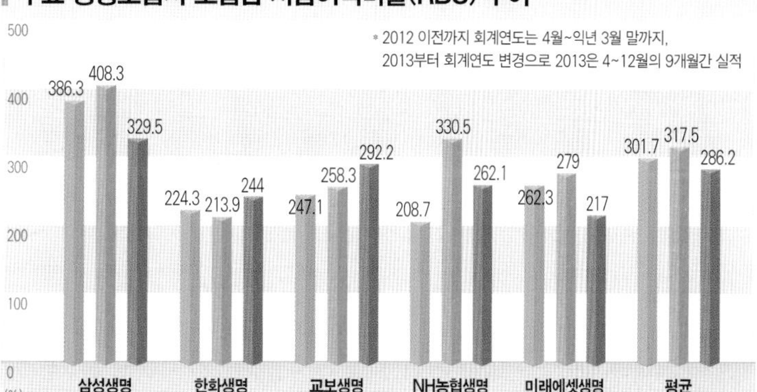

2011
2012
2013
* 2012 이전까지 회계연도는 4월~익년 3월 말까지,
2013부터 회계연도 변경으로 2013은 4~12월의 9개월간 실적
500
400
300
200
100
0
(%)
삼성생명
386.3
408.3
329.5
한화생명
224.3
213.9
244
교보생명
247.1
258.3
292.2
NH농협생명
208.7
330.5
262.1
미래에셋생명
262.3
279
217
평균
301.7
317.5
286.2

자료 : 금융위원회

손해보험사 시장점유율 (기준 : 2013 회계연도 보유보험료)

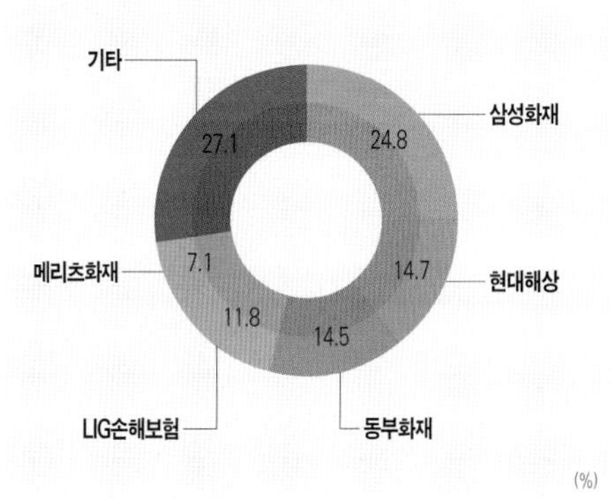

기타
27.1
삼성화재
24.8
현대해상
14.7
동부화재
14.5
LIG손해보험
11.8
메리츠화재
7.1
(%)

자료 : 금융위원회

주요 손해보험사 보험금 지급여력비율(RBC) 추이

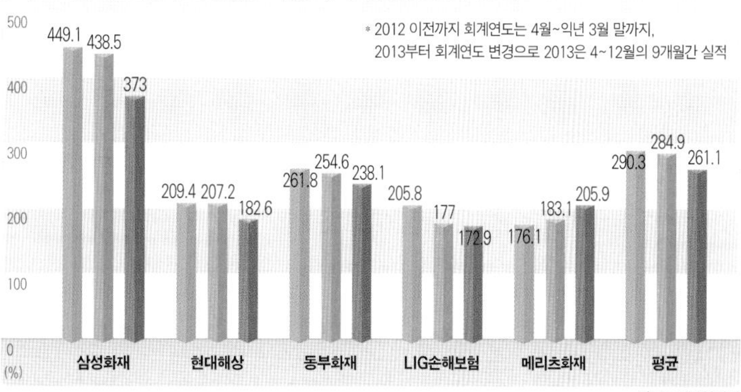

2011
2012
2013
* 2012 이전까지 회계연도는 4월~익년 3월 말까지,
2013부터 회계연도 변경으로 2013은 4~12월의 9개월간 실적
500
400
300
200
100
0
(%)
삼성화재
449.1
438.5
373
현대해상
209.4
207.2
182.6
동부화재
261.8
254.6
238.1
LIG손해보험
205.8
177
172.9
메리츠화재
176.1
183.1
205.9
평균
290.3
284.9
261.1

자료 : 금융위원회

생명보험 해약률 추이

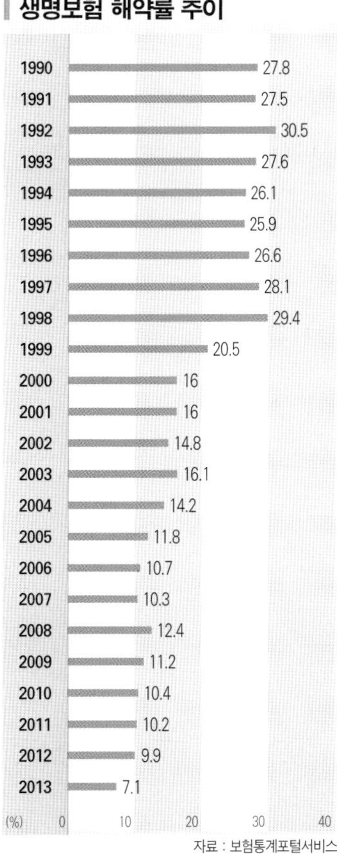

1990 27.8
1991 27.5
1992 30.5
1993 27.6
1994 26.1
1995 25.9
1996 26.6
1997 28.1
1998 29.4
1999 20.5
2000 16
2001 16
2002 14.8
2003 16.1
2004 14.2
2005 11.8
2006 10.7
2007 10.3
2008 12.4
2009 11.2
2010 10.4
2011 10.2
2012 9.9
2013 7.1
(%) 0 10 20 30 40

자료 : 보험통계포털서비스

세계 보험시장 현황 (기준 : 2012)

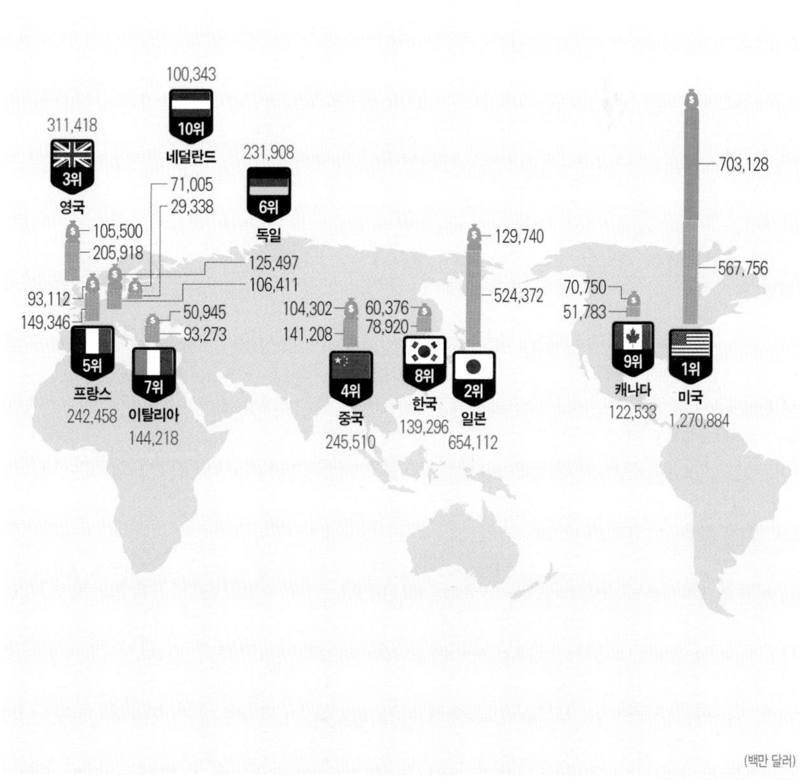

손해보험
생명보험
100,343
10위
네덜란드
71,005
29,338
311,418
3위
영국
105,500
205,918
231,908
6위
독일
125,497
106,411
93,112
149,346
5위
프랑스
242,458
50,945
93,273
7위
이탈리아
144,218
104,302
141,208
4위
중국
245,510
60,376
78,920
8위
한국
139,296
129,740
524,372
2위
일본
654,112
70,750
51,783
9위
캐나다
122,533
703,128
567,756
1위
미국
1,270,884
(백만 달러)

자료 : 보험통계포털서비스

보험업계 변천 과정 - 생명보험업계

삼성생명

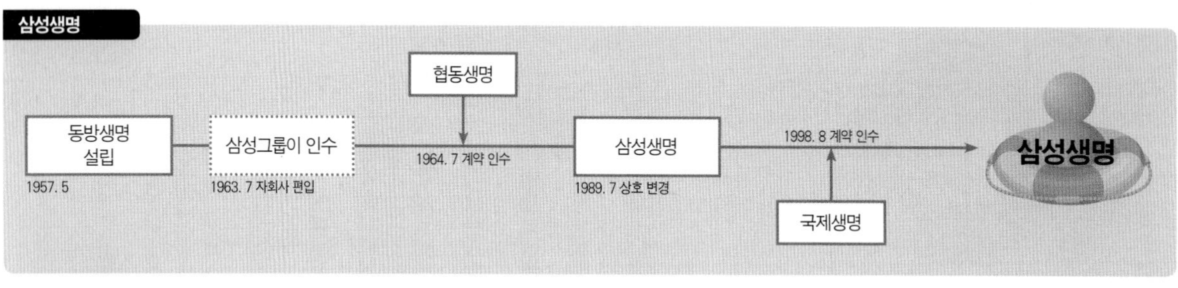
협동생명
동방생명 설립
1957. 5
삼성그룹이 인수
1963. 7 자회사 편입
1964. 7 계약 인수
삼성생명
1989. 7 상호 변경
1998. 8 계약 인수
국제생명
삼성생명

한화생명

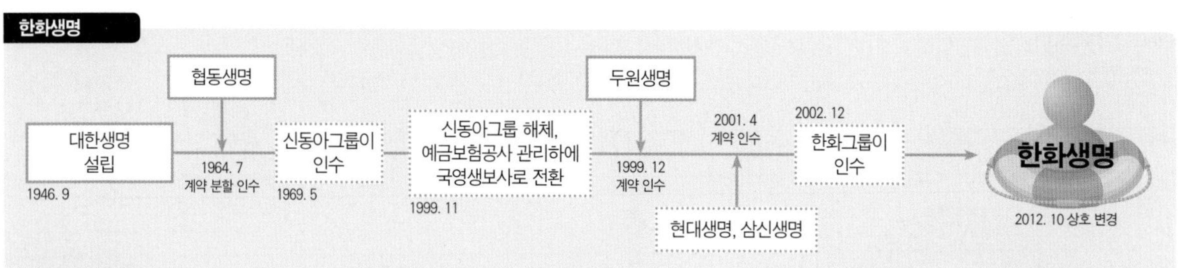
협동생명
대한생명 설립
1946. 9
1964. 7 계약 분할 인수
신동아그룹이 인수
1969. 5
신동아그룹 해체, 예금보험공사 관리하에 국영생보사로 전환
1999. 11
두원생명
1999. 12 계약 인수
2001. 4 계약 인수
현대생명, 삼신생명
2002. 12
한화그룹이 인수
한화생명
2012. 10 상호 변경

교보생명보험

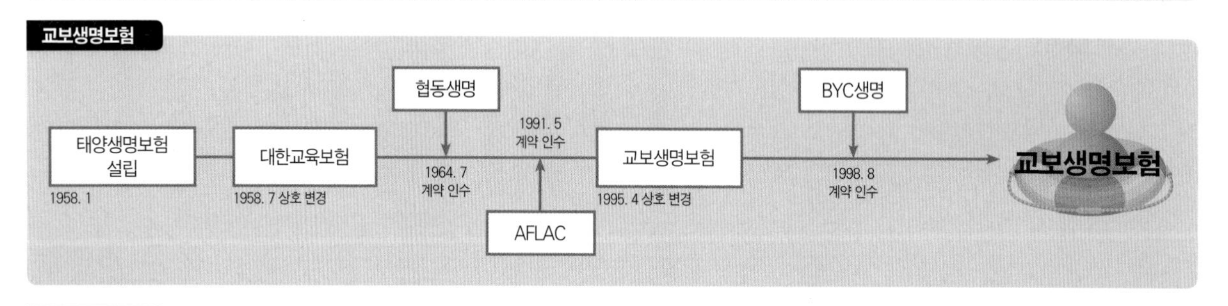
협동생명
태양생명보험 설립
1958. 1
대한교육보험
1958. 7 상호 변경
1964. 7 계약 인수
1991. 5 계약 인수
AFLAC
교보생명보험
1995. 4 상호 변경
BYC생명
1998. 8 계약 인수
교보생명보험

NH농협생명

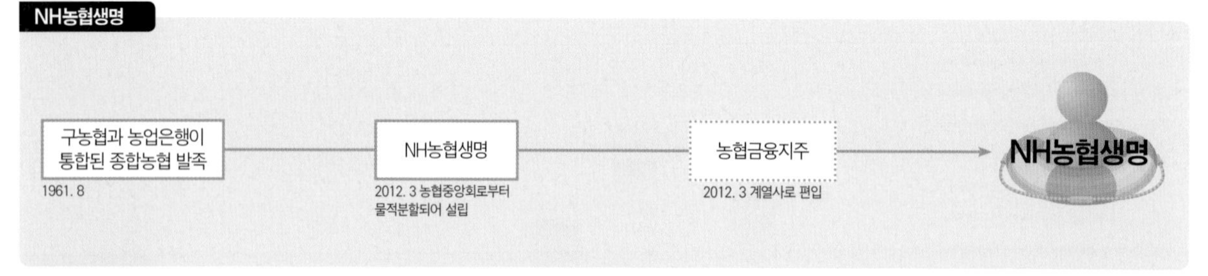
구농협과 농업은행이 통합된 종합농협 발족
1961. 8
NH농협생명
2012. 3 농협중앙회로부터 물적분할되어 설립
농협금융지주
2012. 3 계열사로 편입
NH농협생명

신한생명

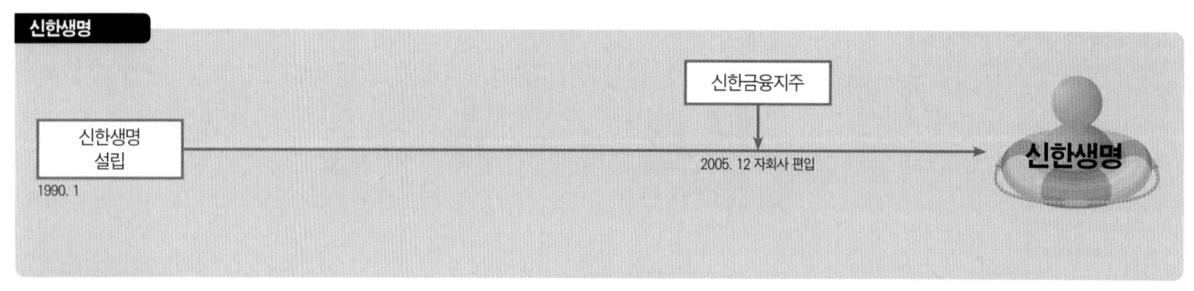
신한생명 설립
1990. 1
신한금융지주
2005. 12 자회사 편입
신한생명

미래에셋생명

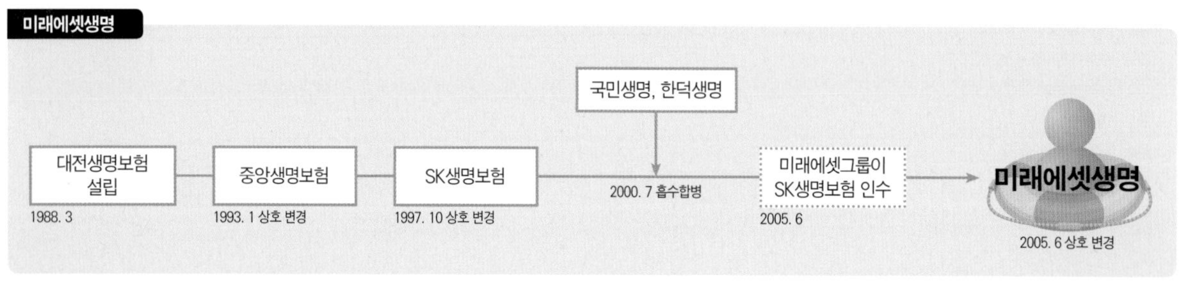
대전생명보험 설립
1988. 3
중앙생명보험
1993. 1 상호 변경
SK생명보험
1997. 10 상호 변경
국민생명, 한덕생명
2000. 7 흡수합병
미래에셋그룹이 SK생명보험 인수
2005. 6
미래에셋생명
2005. 6 상호 변경

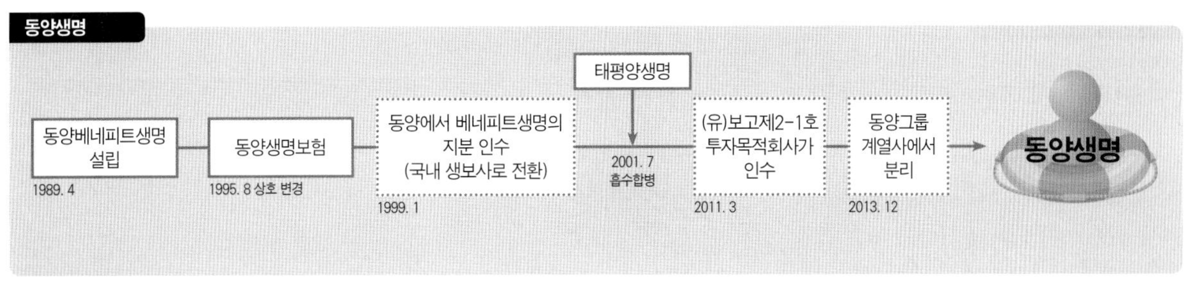
동양생명
동양베네피트생명 설립
1989. 4
동양생명보험
1995. 8 상호 변경
동양에서 베네피트생명의 지분 인수 (국내 생보사로 전환)
1999. 1
태평양생명
2001. 7 흡수합병
(유)보고제2-1호 투자목적회사가 인수
2011. 3
동양그룹 계열사에서 분리
2013. 12
동양생명

흥국생명
흥국생명 설립
1949. 12
영업 재개
1958. 5
태광그룹이 인수
1973. 9
태양생명
1998. 8 계약 인수
흥국생명

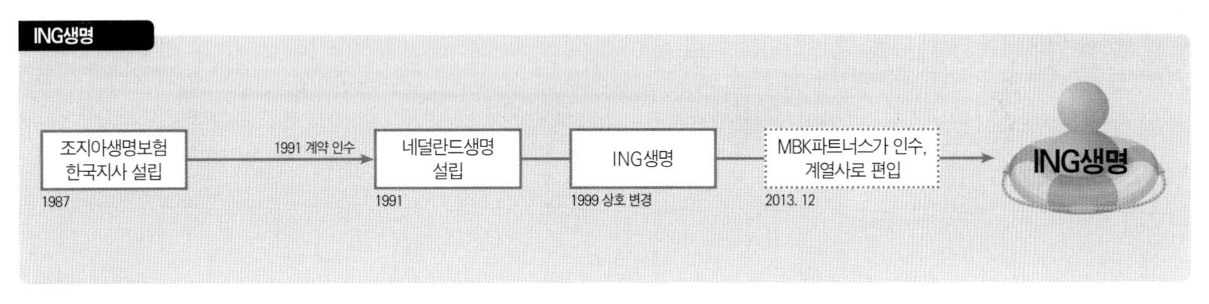
ING생명
조지아생명보험 한국지사 설립
1987
1991 계약 인수
네덜란드생명 설립
1991
ING생명
1999 상호 변경
MBK파트너스가 인수, 계열사로 편입
2013. 12
ING생명

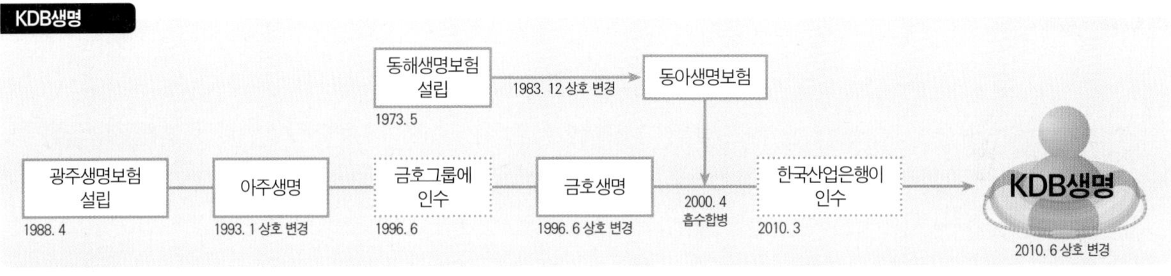
KDB생명
동해생명보험 설립
1973. 5
1983. 12 상호 변경
동아생명보험
광주생명보험 설립
1988. 4
아주생명
1993. 1 상호 변경
금호그룹에 인수
1996. 6
금호생명
1996. 6 상호 변경
2000. 4 흡수합병
한국산업은행이 인수
2010. 3
KDB생명
2010. 6 상호 변경

메트라이프생명
코오롱메트생명 설립
1989. 6
메트라이프 완전 자회사로 전환
1998. 3
메트라이프 생명
1998. 6 상호 변경

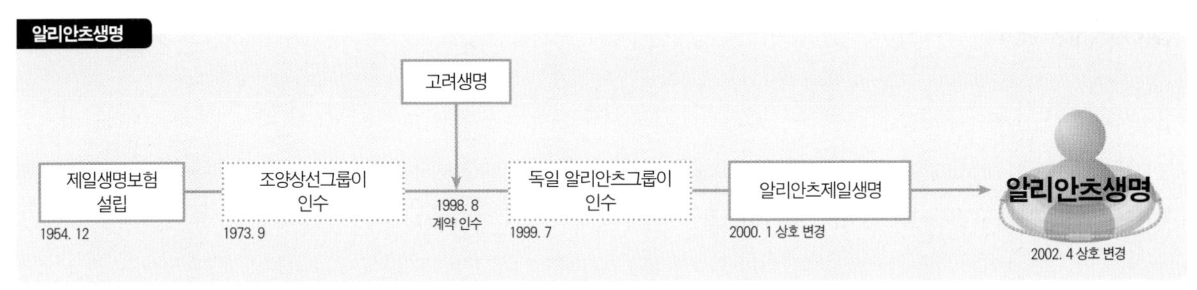
알리안츠생명
고려생명
제일생명보험 설립
1954. 12
조양상선그룹이 인수
1973. 9
1998. 8 계약 인수
독일 알리안츠그룹이 인수
1999. 7
알리안츠제일생명
2000. 1 상호 변경
알리안츠생명
2002. 4 상호 변경

보험업계 변천 과정 - 손해보험업계

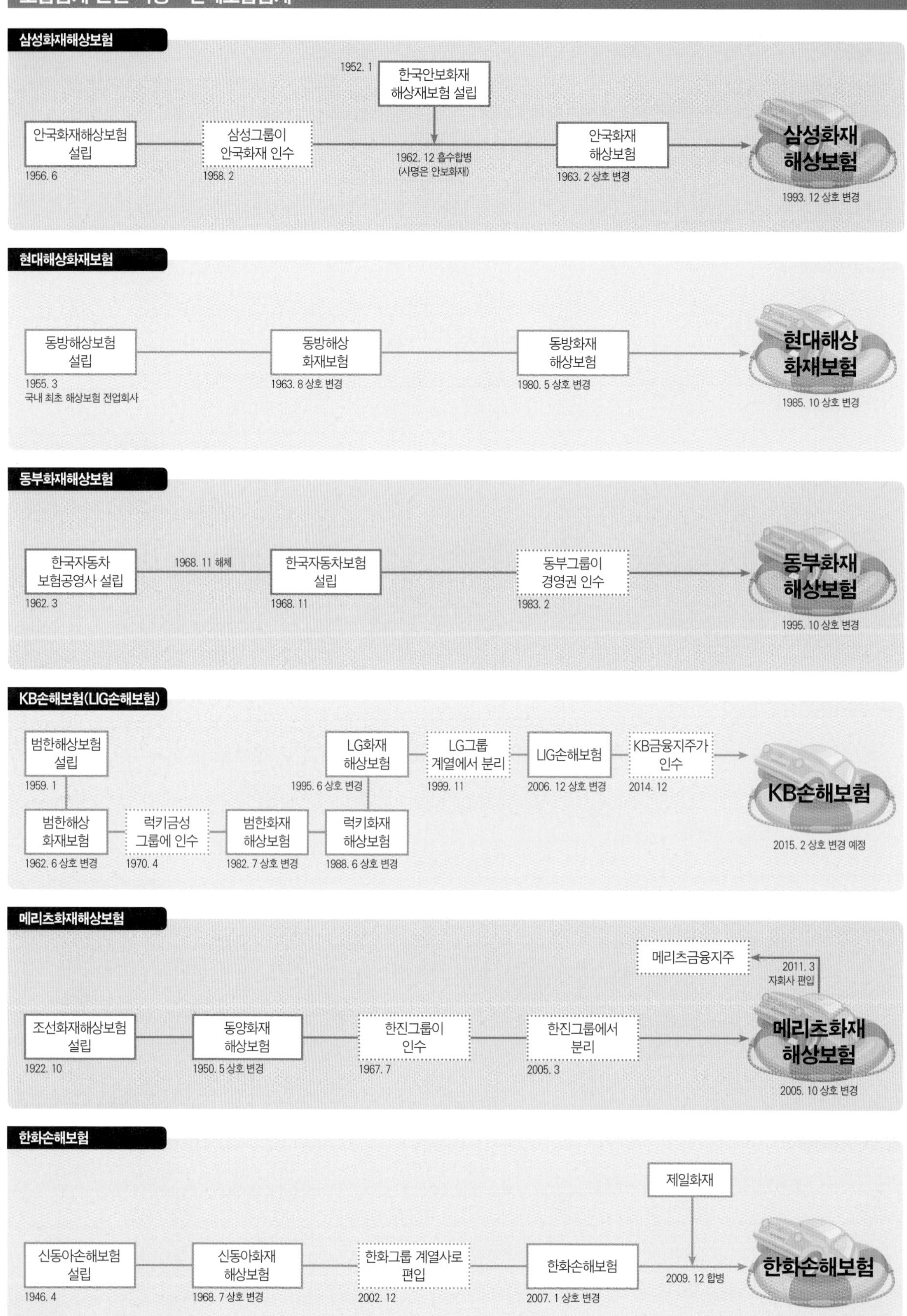

삼성화재해상보험
1952. 1
한국안보화재
해상재보험 설립
안국화재해상보험
설립
1956. 6
삼성그룹이
안국화재 인수
1958. 2
1962. 12 흡수합병
(사명은 안보화재)
안국화재
해상보험
1963. 2 상호 변경
삼성화재
해상보험
1993. 12 상호 변경
현대해상화재보험
동방해상보험
설립
1955. 3
국내 최초 해상보험 전업회사
동방해상
화재보험
1963. 8 상호 변경
동방화재
해상보험
1980. 5 상호 변경
현대해상
화재보험
1985. 10 상호 변경
동부화재해상보험
한국자동차
보험공영사 설립
1962. 3
1968. 11 해체
한국자동차보험
설립
1968. 11
동부그룹이
경영권 인수
1983. 2
동부화재
해상보험
1995. 10 상호 변경
KB손해보험(LIG손해보험)
범한해상보험
설립
1959. 1
범한해상
화재보험
1962. 6 상호 변경
럭키금성
그룹에 인수
1970. 4
범한화재
해상보험
1982. 7 상호 변경
럭키화재
해상보험
1988. 6 상호 변경
LG화재
해상보험
1995. 6 상호 변경
LG그룹
계열에서 분리
1999. 11
LIG손해보험
2006. 12 상호 변경
KB금융지주가
인수
2014. 12
KB손해보험
2015. 2 상호 변경 예정
메리츠화재해상보험
조선화재해상보험
설립
1922. 10
동양화재
해상보험
1950. 5 상호 변경
한진그룹이
인수
1967. 7
한진그룹에서
분리
2005. 3
메리츠금융지주
2011. 3
자회사 편입
메리츠화재
해상보험
2005. 10 상호 변경
한화손해보험
신동아손해보험
설립
1946. 4
신동아화재
해상보험
1968. 7 상호 변경
한화그룹 계열사로
편입
2002. 12
한화손해보험
2007. 1 상호 변경
제일화재
2009. 12 합병
한화손해보험

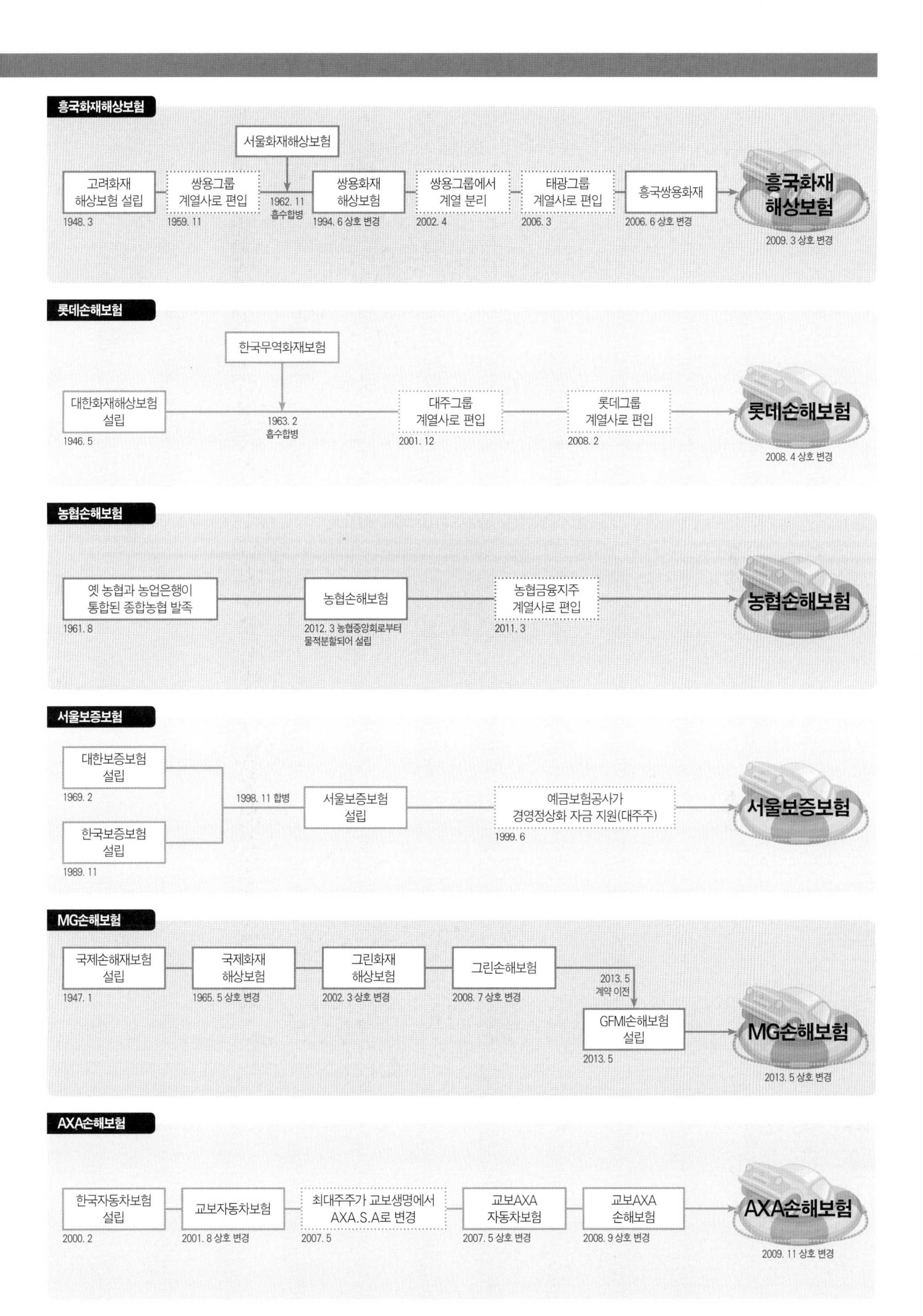
흥국화재해상보험
서울화재해상보험
고려화재 해상보험 설립
1948. 3
쌍용그룹 계열사로 편입
1959. 11
1962. 11 흡수합병
쌍용화재 해상보험
1994. 6 상호 변경
쌍용그룹에서 계열 분리
2002. 4
태광그룹 계열사로 편입
2006. 3
흥국쌍용화재
2006. 6 상호 변경
흥국화재 해상보험
2009. 3 상호 변경
롯데손해보험
한국무역화재보험
대한화재해상보험 설립
1946. 5
1963. 2 흡수합병
대주그룹 계열사로 편입
2001. 12
롯데그룹 계열사로 편입
2008. 2
롯데손해보험
2008. 4 상호 변경
농협손해보험
옛 농협과 농업은행이 통합된 종합농협 발족
1961. 8
농협손해보험
2012. 3 농협중앙회로부터 물적분할되어 설립
농협금융지주 계열사로 편입
2011. 3
농협손해보험
서울보증보험
대한보증보험 설립
1969. 2
한국보증보험 설립
1989. 11
1998. 11 합병
서울보증보험 설립
예금보험공사가 경영정상화 자금 지원(대주주)
1999. 6
서울보증보험
MG손해보험
국제손해재보험 설립
1947. 1
국제화재 해상보험
1965. 5 상호 변경
그린화재 해상보험
2002. 3 상호 변경
그린손해보험
2008. 7 상호 변경
2013. 5 계약 이전
GFMI손해보험 설립
2013. 5
MG손해보험
2013. 5 상호 변경
AXA손해보험
한국자동차보험 설립
2000. 2
교보자동차보험
2001. 8 상호 변경
최대주주가 교보생명에서 AXA.S.A로 변경
2007. 5
교보AXA 자동차보험
2007. 5 상호 변경
교보AXA 손해보험
2008. 9 상호 변경
AXA손해보험
2009. 11 상호 변경

저성장과 저금리를 어떻게 기회로 바꿀 것인가?

'뉴 노멀'이 가장 많이 회자되는 곳은 단연 보험업계다. '뉴 노멀'(New Normal)이란 시대 변화에 따라 새롭게 부상하는 표준으로, 위기 이후 5~10년 간 세계 경제를 특징짓는 현상이다. 지금의 뉴 노멀은 저성장, 저소비, 저금리, 고실업, 고령화 등으로 규정되는 바, 이는 보험업계가 직면한 키워드와 다르지 않다. 보험업계에서는 이미 저금리와 저성장 그리고 고령화라는 뉴 노멀 키워드가 일상적인 것이 되었기 때문이다. 그렇다면 보험업계 전문가들이 내놓는 뉴 노멀 대응 전략에는 어떤 것들이 있을까?

INSURED

뉴 노멀을 기회로 포착하라!

2015년 보험사들의 경영 키워드는 '내실 강화'와 '새 수익원 발굴'로 요약된다. 저금리와 저성장 기조를 극복해야 하기 때문이다. 저금리와 저성장 시대에서 양적 팽창 전략만으로는 성장은커녕 생존도 쉽지 않다는 게 업계 전문가들의 공통된 생각이다.

보험사들은 뉴 노멀의 한계를 극복할 방안으로 세 가지 성장동력을 꼽는다.

첫째, 보험사들은 국내 시장의 성장성 정체와 수익성 악화의 대안으로 해외 시장에 눈을 돌려야 한다는 데 이견이 없다. 보험 선진국인 미국, 영국, 캐나다, 일본 등도 보험산업의 침체를 이미 경험한 적이 있고, 그 대안으로 해외 사업을 선택했기 때문이다. 국내에도 이미 오래 전부터 외국계 보험사들이 대거 진출해 있음은 주지의 사실이다. 우리 보험사들도 중국이나 동남아 등 신흥국에서 새로운 활로를 찾을 필요가 있다.

둘째, 보험사들이 수년 전부터 집중하고 있는 사업 키워드는 '고령화'다. 고령화 키워드는 특히 생보사들에게 중요한 요소가 아닐 수 없다. 급격한 고령화로 인한 복지 지출 증가와 복지 재원의 한계는 민영보험의 시장을 키우는 핵심 요인이 되고 있다. 그럼에도 불구하고 고령자를 대상으로 한 국내 보험사들의 상품 개발은 아직도 미미한 수준에 머물러 있다. 바꿔 말하면, 국내 보험업계에 있어서 고령화 키워드야말로 여전히 먹을거리가 풍부한 블루 오션 시장인 것이다.

셋째, 끊임없이 발생하는 안전사고 및 개인 정보 유출로 손해 배상 책임에 대한 관심이 높아지고 있다. 업계 전문가들은 앞으로 수년간 배상 책임 보험시장이 크게 성장할 것으로 내다보고 있다.

한편, 보험사들은 날로 강화되는 규제에 어떻게 대응해 나갈지도 심사숙고해야 한다. 최근 국내의 금융 규제 환경은 요율 선진화, 재무건전성 강화, 소비자 신뢰 개선 등을 중심으로 변하고 있다. 보험사들은 이러한 규제를 시장의 발목을 잡는 족쇄가 아니라 신뢰를 두텁게 하는 수단으로 활용해야 한다. 외국계 보험사들로부터 규제를 기회로 살리는 운영의 묘를 벤치마킹할 필요가 있는 것이다.

결국 뉴 노멀 기조는 침체와 불황만을 의미하지는 않는다. 보험사마다 어떻게 대응하느냐에 따라 뉴 노멀이 기회가 될 수도 있는 것이다. 물론 그 열쇠는 보험사 스스로가 쥐고 있음은 두말할 나위 없다.

보험업계가 개인 정보 유출 사태를 주목하는 이유

앞에서 언급한 보험산업의 세 가지 핵심 과제 가운데 특히 주목을 끄는 것으로 '정보 유출 배상 책임 보험'이

PASSWORD

있다. 개인 정보 유출 사고가 끊이지 않으면서 관련 배상 책임 보험에 대한 수요가 급증할 전망이다.

지금은 주로 은행, 증권, 카드, 보험사 등 대형 금융기관들이 정보 유출 배상 책임 보험에 가입하고 있으나, 향후 어마어마한 규모의 사업자 수가 정보 유출 배상 책임 보험에 가입하게 될 것으로 업계는 관측하고 있다. 최근 정치권에서 발의한 '개인정보보호법', '신용정보의 이용 및 보호법', '정보통신망 이용 촉진 및 정보보호법' 등의 개정안이 통과될 경우 모든 개인 정보 처리 회사와 신용정보 회사, 그리고 정보통신 서비스 제공사가 배상 책임 보험에 가입해야 하기 때문이다.

정보 유출 사고는 발생 빈도는 낮지만 피해 규모가 엄청나게 큰 특징을 지니고 있다. 외국의 사례를 보더라도 정보 유출 손해 배상으로 기업이 재정적 어려움에 빠지는 경우가 적지 않다.

손해보험사들 입장에서는 거대 알토란 시장을 거머쥘 기회를 맞이하게 되는 것이다. 현재 대부분의 정보 유출 배상 책임 보험 상품은 금융회사를 주 가입자로 하고 있지만, 향후 비금융권 사업자들도 가입이 의무화될 경우 거대한 시장을 형성하게 되기 때문이다.

환경오염 책임 보험 가입 의무화로
손보사들 새로운 시장 기대

환경오염을 유발할 가능성이 큰 기업이 의무적으로 환경 책임 보험에 가입하도록 하는 방안이 도입된다. 이로 인해 기업 입장에서는 배상에 따른 비용 부담을 대비할 수 있고 피해를 입은 쪽에서도 보다 쉽게 배상을 받을 수 있게 되는 것이다.

환경부는 환경오염 위험성이 큰 시설을 환경 책임 보험에 의무적으로 가입하도록 함으로서, 피해자가 신속하게 피해 보상을 받을 수 있도록 하는 내용의 '환경오염 피해 배상 책임 및 피해구제에 관한 법률'을 공포했다. 미국과 독일 등 선진국에서는 1970년대부터 이 제도를 도입해왔다.

의무 가입 대상은 △특정 대기·수질 배출 시설 △지정 폐기물 처리 시설 △대통령령으로 정하는 유해 화학물질 취급 시설 및 특정 토양 오염 관리 대상 시설과 해양 시설이다. 사업자의 배상 책임 한도는 2,000억 원이며 한도 금액은 시설 규모 등을 감안해 시행령으로 규정할 방침이다.

환경 책임 보험은 자동차 소유주가 자동차 책임 보험에 가입하는 것과 같은 논리다. 환경오염을 초래한 기업도 도산 위험 없이 지속가능한 경영이 가능해지며, 환경오염 사고로 인한 재정 투입도 최소화하는 효과를 얻게 되는 것이다.

물론 해당 기업이 고의나 중대한 과실, 법령 위반을 했을 때는 이 보험이 적용되지 않고 환경오염에 대해 직접 책임을 져야 한다. 또 누가 환경을 오염시켰는지 알 수 없어 보험으로 피해 배상이 불가능한 경우에는 국가에서 피해자에게 구제 급여를 지급하게 된다.

법을 통해 인과관계 추정 방식도 분명해진다. 환경오염 유발 시설이 피해 발생의 원인을 제공한 것으로 볼 정도로 상당한 개연성이 있으면 인과관계가 성립한 것으로 추정된다. 다만 사업자가 법령을 준수하고 피해 예방 노력 등 의무를 다했다는 것을 입증하면 책임이 경감된다. 환경 책임 보험이 손보사들에게 어떤 호재로 작용할지 귀추가 주목된다.

10 | 증권업계

업계 규모

- ■ 주식거래량 1,787억 주
- ■ 주식거래대금 1,436조 7,930억 원
- (기준 : 코스피 · 코스닥 · 코넥스 포함)
- ■ 주식투자 인구 502만 명(총인구의 10.0%)

금융(지주) 계열

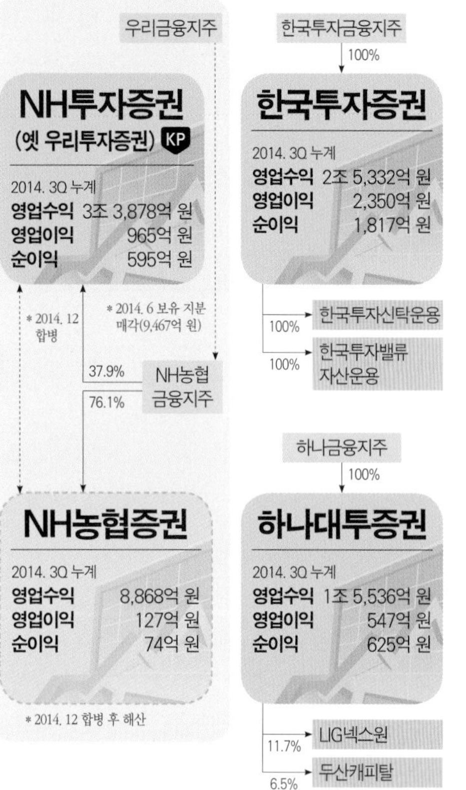

우리금융지주
NH투자증권
(옛 우리투자증권) KP
2014. 3Q 누계
영업수익 3조 3,878억 원
영업이익 965억 원
순이익 595억 원
* 2014. 12 합병
* 2014. 6 보유 지분 매각(9,467억 원)
37.9%
76.1%
NH농협 금융지주
NH농협증권
2014. 3Q 누계
영업수익 8,868억 원
영업이익 127억 원
순이익 74억 원
* 2014. 12 합병 후 해산
한국투자금융지주
100%
한국투자증권
2014. 3Q 누계
영업수익 2조 5,332억 원
영업이익 2,350억 원
순이익 1,817억 원
100% 한국투자신탁운용
100% 한국투자밸류자산운용
하나금융지주
100%
하나대투증권
2014. 3Q 누계
영업수익 1조 5,536억 원
영업이익 547억 원
순이익 625억 원
11.7% LIG넥스원
6.5% 두산캐피탈

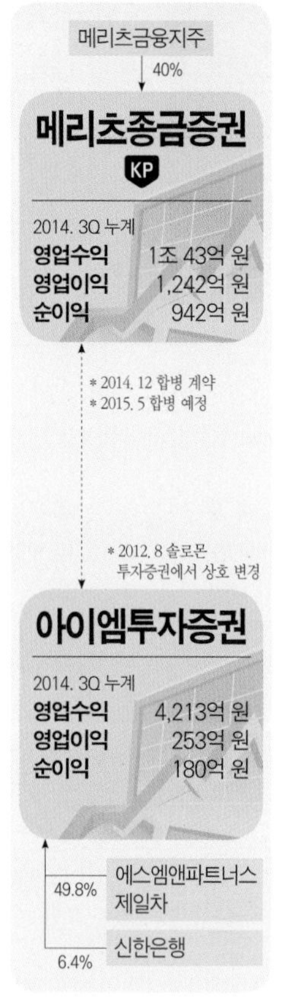

메리츠금융지주
40%
메리츠종금증권
KP
2014. 3Q 누계
영업수익 1조 43억 원
영업이익 1,242억 원
순이익 942억 원
* 2014. 12 합병 계약
* 2015. 5 합병 예정
* 2012. 8 솔로몬 투자증권에서 상호 변경
아이엠투자증권
2014. 3Q 누계
영업수익 4,213억 원
영업이익 253억 원
순이익 180억 원
49.8% 에스엠앤파트너스 제일차
6.4% 신한은행

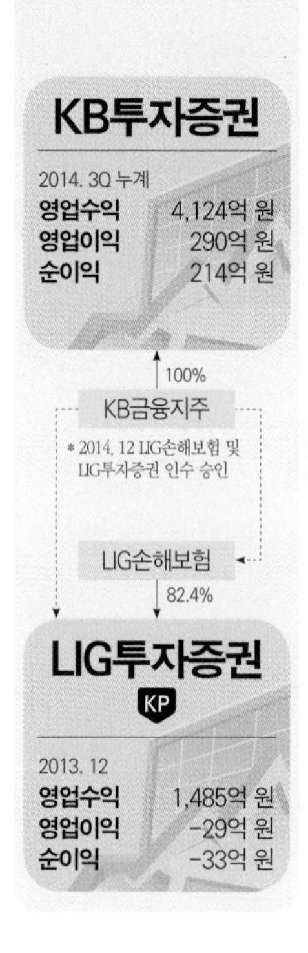

KB투자증권
2014. 3Q 누계
영업수익 4,124억 원
영업이익 290억 원
순이익 214억 원
100%
KB금융지주
* 2014. 12 LIG손해보험 및 LIG투자증권 인수 승인
LIG손해보험
82.4%
LIG투자증권
KP
2013. 12
영업수익 1,485억 원
영업이익 -29억 원
순이익 -33억 원

산은금융지주 43%
믿음자산운용 100%
KDB대우증권
KP
2014. 3Q 누계
영업수익 3조 6,934억 원
영업이익 2,645억 원
순이익 1,960억 원
* 2015 하반기 매각 추진 중
신한 금융지주
10% 이노션
7.1% 신한마리타임
79.6%
신한금융투자
2014. 3Q 누계
영업수익 2조 4,825억 원
영업이익 981억 원
순이익 913억 원

중소기업은행 79.6%

마루투자자문 10%

IBK투자증권

2014. 3Q 누계

영업수익	3,049억 원
영업이익	147억 원
순이익	108억 원

전업 계열

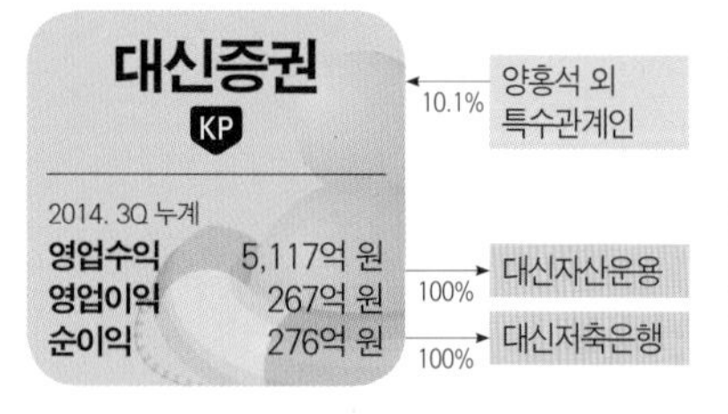

대신증권
KP
2014. 3Q 누계
영업수익 5,117억 원
영업이익 267억 원
순이익 276억 원
10.1% 양홍석 외 특수관계인
100% 대신자산운용
100% 대신저축은행

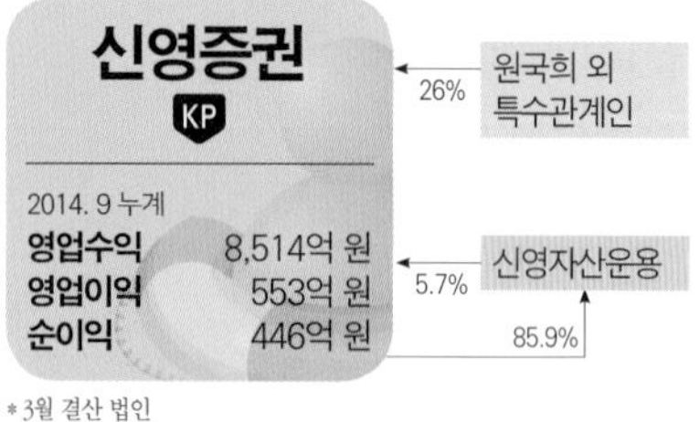

신영증권
KP
2014. 9 누계
영업수익 8,514억 원
영업이익 553억 원
순이익 446억 원
26% 원국희 외 특수관계인
5.7% 신영자산운용
85.9%

* 3월 결산 법인

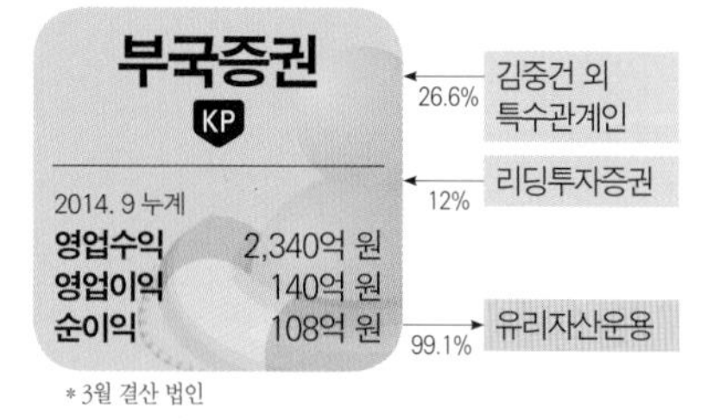

부국증권
KP
2014. 9 누계
영업수익 2,340억 원
영업이익 140억 원
순이익 108억 원
26.6% 김중건 외 특수관계인
12% 리딩투자증권
99.1% 유리자산운용

* 3월 결산 법인

KTB투자증권 KP

2014. 3Q 누계

영업수익	1,654억 원
영업이익	53억 원
순이익	-572억 원

- 24.8% 권성문 외 특수관계인
- 92.4% KTB자산운용
- 100% KTB네트워크

이트레이드증권 KQ

2014. 3Q 누계

영업수익	3,769억 원
영업이익	231억 원
순이익	182억 원

- 84.6% 지앤에이 사모투자

* 2015. 4 이베스트투자증권으로 상호 변경 예정

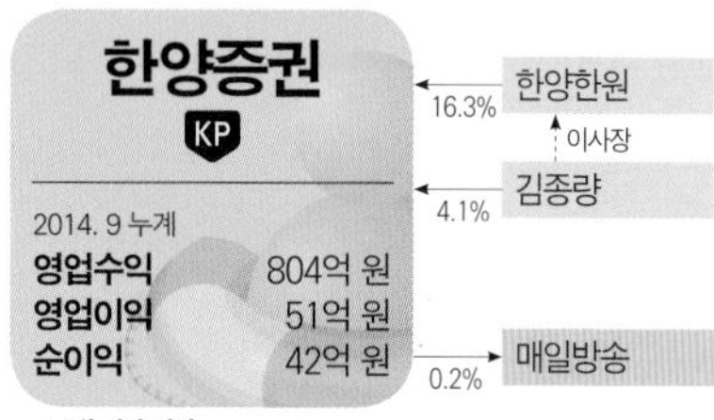

한양증권
KP
2014. 9 누계
영업수익 804억 원
영업이익 51억 원
순이익 42억 원
16.3% 한양학원
이사장
4.1% 김종량
0.2% 매일방송

* 3월 결산 법인

기업집단 계열

삼성화재
15%
19.3%
제일모직(옛 삼성에버랜드)
8%
삼성생명
20.8%
이건희
25.1%
11.1%
이재용
삼성증권
KP
2014. 3Q 누계
영업수익 2조 2,767억 원
영업이익 1,197억 원
순이익 1,997억 원
16.7%
삼성벤처투자
100%
삼성선물

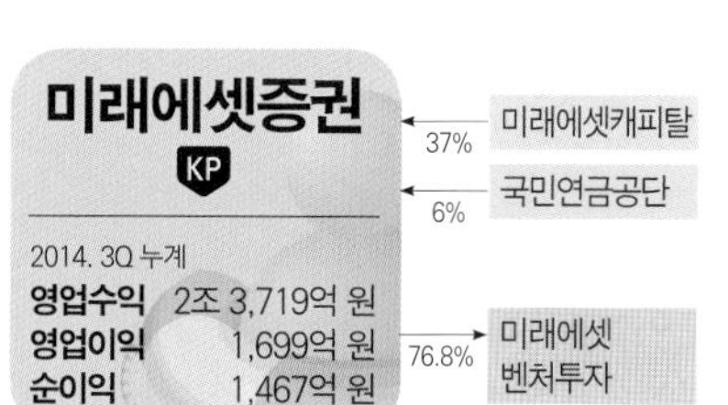

미래에셋증권
KP
2014. 3Q 누계
영업수익 2조 3,719억 원
영업이익 1,699억 원
순이익 1,467억 원
37%
미래에셋캐피탈
6%
국민연금공단
76.8%
미래에셋
벤처투자

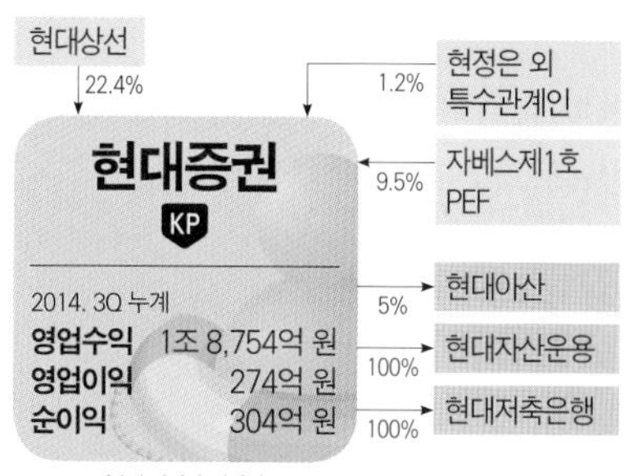

현대상선
22.4%
1.2%
현정은 외
특수관계인
현대증권
KP
9.5%
자베스제1호
PEF
2014. 3Q 누계
영업수익 1조 8,754억 원
영업이익 274억 원
순이익 304억 원
5%
현대아산
100%
현대자산운용
100%
현대저축은행

* 인수우선협상 대상자로 오릭스코퍼레이션(일본) 선정

Yuanta Securities Asia
Financial Services Ltd.
동양그룹
53.1%

* 2014. 6 최대주주 확보

* 2014. 3 신주 인수 계약

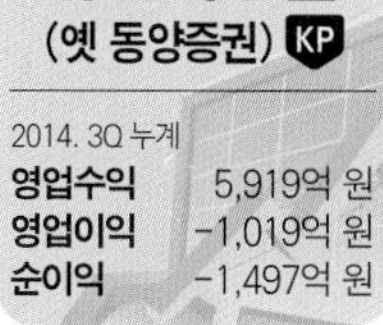

유안타증권
(옛 동양증권) KP
2014. 3Q 누계
영업수익 5,919억 원
영업이익 -1,019억 원
순이익 -1,497억 원

* 2014. 10 동양증권에서 상호 변경

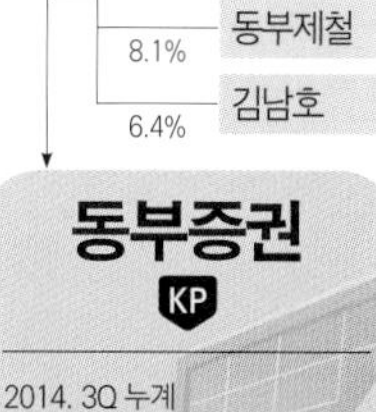

19.9%
동부화재
8.1%
동부제철
6.4%
김남호

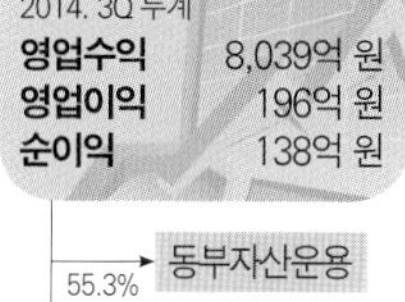

동부증권
KP
2014. 3Q 누계
영업수익 8,039억 원
영업이익 196억 원
순이익 138억 원
55.3%
동부자산운용
50%
동부저축은행

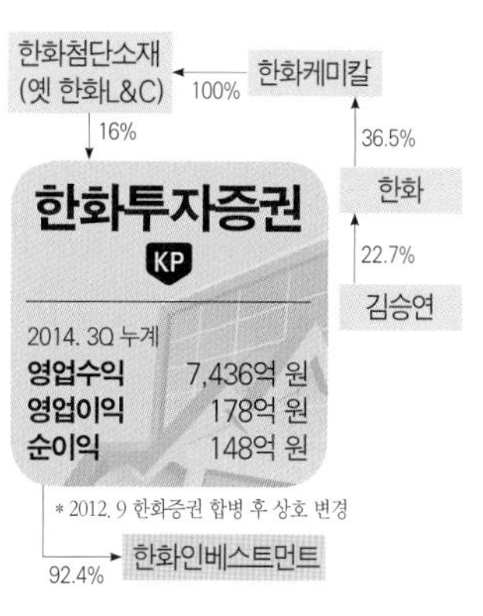

한화첨단소재
(옛 한화L&C)
100%
한화케미칼
16%
36.5%
한화
22.7%
김승연
한화투자증권
KP
2014. 3Q 누계
영업수익 7,436억 원
영업이익 178억 원
순이익 148억 원
92.4%
한화인베스트먼트

* 2012. 9 한화증권 합병 후 상호 변경

교보생명
33.8%
신창재
51.6%
교보증권
KP
2014. 3Q 누계
영업수익 5,218억 원
영업이익 269억 원
순이익 227억 원
5.4%
타우렉스

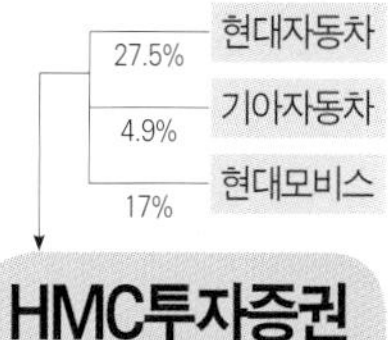

27.5%
현대자동차
4.9%
기아자동차
17%
현대모비스

HMC투자증권
KP
2014. 3Q 누계
영업수익 3,849억 원
영업이익 110억 원
순이익 53억 원
5.7%
현대시멘트

SK C&C
10%
SK증권
KP
2014. 3Q 누계
영업수익 3,942억 원
영업이익 99억 원
순이익 52억 원
10%
일자리창출 중소기업
투자 사모투자
3.6%
아하엠텍

다우기술
47.7%
키움증권
KP
2014. 3Q 누계
영업수익 4,311억 원
영업이익 756억 원
순이익 591억 원
100%
키움저축은행
100%
키움자산운용
100%
우리자산운용

* 2000. 5 온라인기반 증권사로 출범

* 2014. 4 인수

현대미포조선
83.2%
하이투자증권
2014. 3Q 누계
영업수익 4,546억 원
영업이익 269억 원
순이익 182억 원
92.4%
하이자산운용

외국 계열

Nomura Asia
Holding N.V.
100%
노무라금융투자
2014. 9 누계
영업수익 1조 7,833억 원
영업이익 132억 원
순이익 59억 원

* 2009. 11 설립
* 3월 결산법인

JP모간증권
서울지점

* 1999 국내 시장 진출

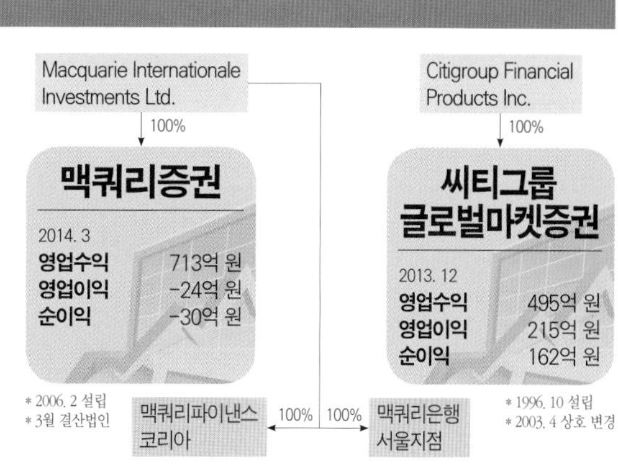

Macquarie Internationale
Investments Ltd.
100%
맥쿼리증권
2014. 3
영업수익 713억 원
영업이익 -24억 원
순이익 -30억 원
맥쿼리파이낸스
코리아
100%
100%
맥쿼리은행
서울지점
Citigroup Financial
Products Inc.
100%
씨티그룹
글로벌마켓증권
2013. 12
영업수익 495억 원
영업이익 215억 원
순이익 162억 원

* 2006. 2 설립
* 3월 결산법인

* 1996. 10 설립
* 2003. 4 상호 변경

종합주가지수 추이

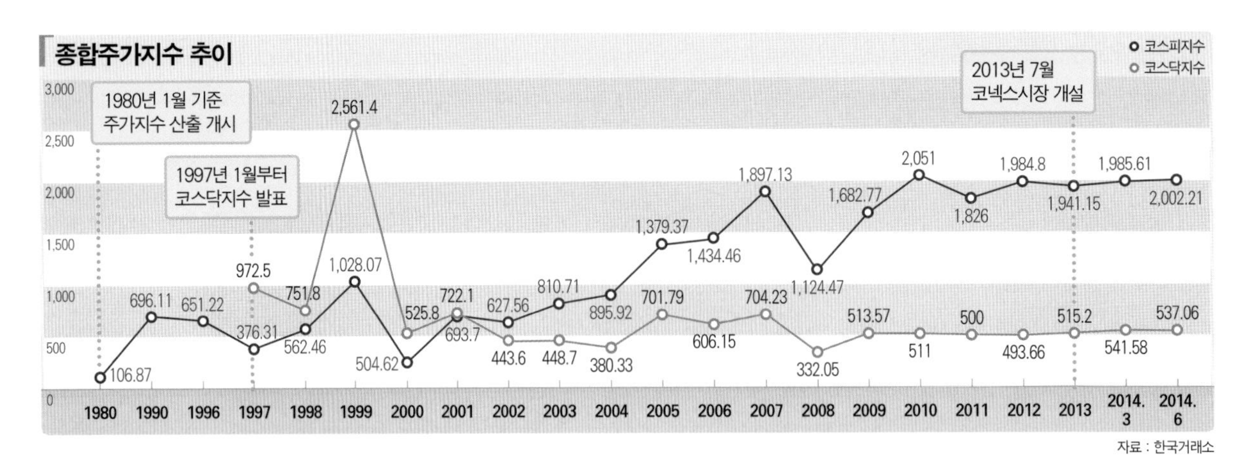

코스피지수
코스닥지수
1980년 1월 기준 주가지수 산출 개시
1997년 1월부터 코스닥지수 발표
2013년 7월 코넥스시장 개설
3,000
2,500
2,000
1,500
1,000
500
0
1980 1990 1996 1997 1998 1999 2000 2001 2002 2003 2004 2005 2006 2007 2008 2009 2010 2011 2012 2013 2014. 3 2014. 6
106.87 696.11 651.22 376.31 562.46 1,028.07 504.62 693.7 627.56 810.71 895.92 1,379.37 1,434.46 1,897.13 1,124.47 1,682.77 2,051 1,826 1,984.8 1,941.15 1,985.61 2,002.21
972.5 751.8 2,561.4 525.8 722.1 443.6 448.7 380.33 701.79 606.15 704.23 332.05 513.57 511 500 493.66 515.2 541.58 537.06

자료 : 한국거래소

상장주식 추이

■ 종목수 ○ 상장주식수(우) ▼ 시가총액(조 원)

코스피

	2010	2011	2012	2013	2014. 7
시가총액(조 원)	1,142	1,042	1,154	1,186	1,242
상장주식수(억 주)	337	354	358	352	354
종목수(개)	927	938	930	918	898

코스닥

	2010	2011	2012	2013	2014. 7
시가총액(조 원)	98	106	109	119	131
종목수(개)	1,035	1,036	1,010	1,014	1,014
상장주식수(억 주)	234	214	210	213	217

자료 : 한국거래소

주식투자인구 추이

■ 주식투자인구 ○ 경제활동인구 대비 주식투자인구 비중(우)

	2008	2009	2010	2011	2012
주식투자인구(천 명)	4,627	4,665	4,787	5,284	5,015
비중(%)	19	19.1	19.5	21.2	19.9

자료 : 한국거래소

주요국 가계 자산 구성

■ 비금융자산 ■ 금융자산

	비금융자산	금융자산
한 국	75.1	24.9
미 국	31.6	68.4
일 본	39.9	60.1
영 국	50.4	49.6
유로존	56.7	43.3
호 주	61.3	38.7

(%)

자료 : 각국 중앙은행

금융투자회사 유형별 총자산 비중 (기준 : 2013)

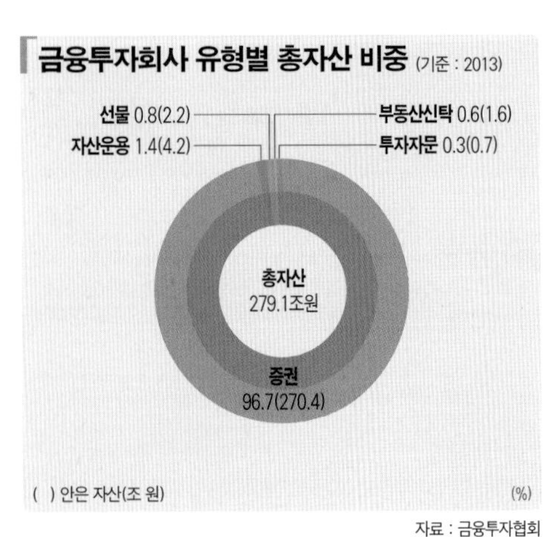

선물 0.8(2.2)
자산운용 1.4(4.2)
부동산신탁 0.6(1.6)
투자자문 0.3(0.7)
총자산 279.1조원
증권 96.7(270.4)
( ) 안은 자산(조 원)
(%)

자료 : 금융투자협회

증권시장 투자자별 주식보유 비중 (기준 : 2012)

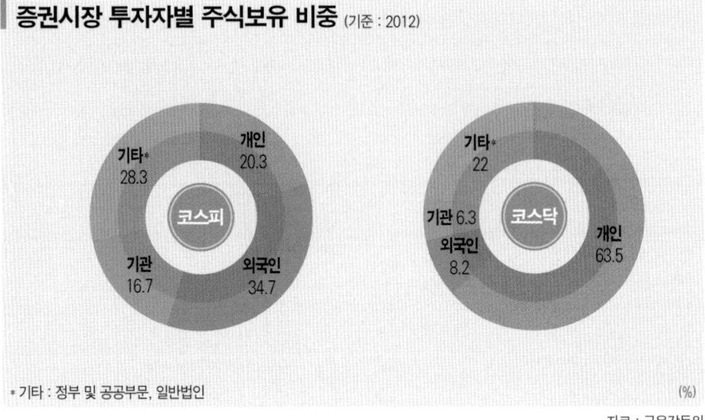

코스피
기타* 28.3
개인 20.3
기관 16.7
외국인 34.7
코스닥
기타* 22
기관 6.3
외국인 8.2
개인 63.5
* 기타 : 정부 및 공공부문, 일반법인
(%)

자료 : 금융감독원

시가총액별 상장회사 분포 (기준 : 2014. 7) ( ) 안은 회사 수

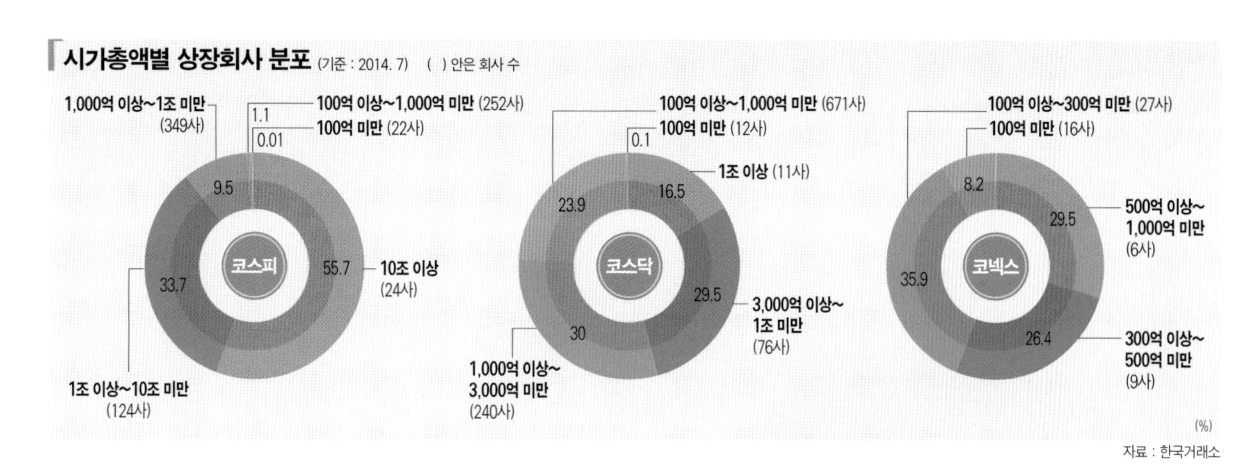

코스피
1,000억 이상~1조 미만 (349사)
1.1
0.01
100억 이상~1,000억 미만 (252사)
100억 미만 (22사)
9.5
33.7
55.7
10조 이상 (24사)
1조 이상~10조 미만 (124사)
코스닥
100억 이상~1,000억 미만 (671사)
0.1
100억 미만 (12사)
1조 이상 (11사)
23.9
16.5
29.5
30
3,000억 이상~ 1조 미만 (76사)
1,000억 이상~ 3,000억 미만 (240사)
코넥스
100억 이상~300억 미만 (27사)
100억 미만 (16사)
8.2
29.5
500억 이상~ 1,000억 미만 (6사)
35.9
26.4
300억 이상~ 500억 미만 (9사)
(%)

자료 : 한국거래소

증권회사 주요 수익구조 추이

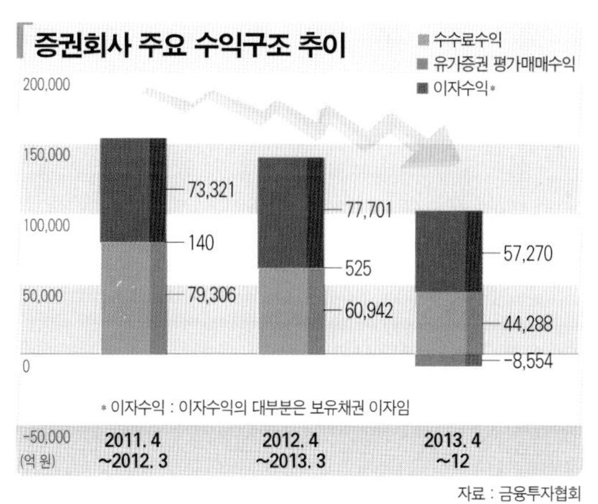

수수료수익
유가증권 평가매매수익
이자수익*
200,000
150,000
100,000
50,000
0
-50,000
(억 원)
73,321
140
79,306
77,701
525
60,942
57,270
44,288
-8,554
* 이자수익 : 이자수익의 대부분은 보유채권 이자임
2011. 4 ~2012. 3
2012. 4 ~2013. 3
2013. 4 ~12

자료 : 금융투자협회

증권회사 당기순이익과 자기자본이익률 추이

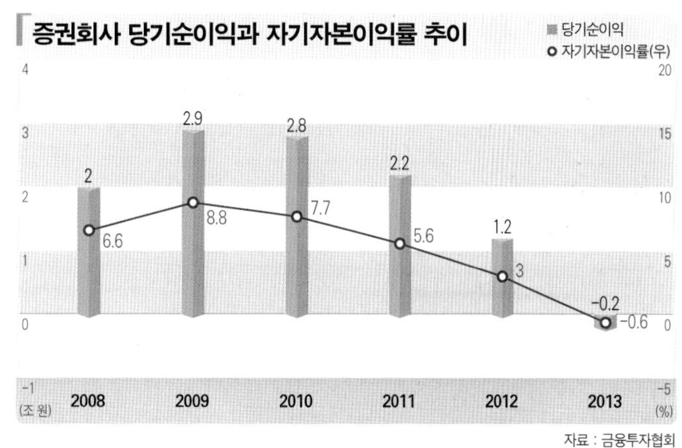

당기순이익
자기자본이익률(우)
4
3
2
1
0
-1
(조 원)
20
15
10
5
0
-5
(%)
2
6.6
2.9
8.8
2.8
7.7
2.2
5.6
1.2
3
-0.2
-0.6
2008
2009
2010
2011
2012
2013

자료 : 금융투자협회

주요 증권사 금융투자상품 위탁매매액과 수수료 (기준 : 2013. 12)

증권사	위탁매매액(조 원)	수수료(억 원)
한국투자증권	1,586	1,833
신한금융투자	1,035	1,525
KTB투자증권	747	172
하나대투증권	746	885
키움증권	981	969
교보증권	488	403
우리투자증권	435	1,745
동양증권	401	1,003
미래에셋증권	101	645
KDB대우증권	354	1,736
삼성증권	315	1,978
유진투자증권	312	327
대신증권	253	1,188
현대증권	204	1,591
신영증권	168	164
한화투자증권	125	686
동부증권	97	371
아이엠투자증권	35	44
HMC투자증권	26	371

자료 : 금융위원회

거래건수 상위 10개사 거래 규모 (기준 : 2014. 1H)

코스피

순위	업체명	거래건수 (만 건)	1거래당 거래대금 (만 원)
1	SK하이닉스	366	464
2	삼성전자	350	1,142
3	기아차	318	251
4	현대차	282	441
5	NAVER	256	584
6	삼성물산	253	221
7	LG전자	244	256
8	한국전력	221	264
9	삼성중공업	219	288
10	LG디스플레이	206	255

코스닥

순위	업체명	거래건수 (만 건)	1거래당 거래대금 (만 원)
1	키이스트	271	99
2	코엔텍	249	96
3	스맥	205	84
4	서울반도체	186	188
5	셀트리온	179	262
6	CJ E&M	174	159
7	오공	171	62
8	한국전자인증	164	82
9	제이씨현시스템	164	63
10	아프리카TV	156	170

코넥스

순위	업체명	거래건수 (만 건)	1거래당 거래대금 (만 원)
1	아이진	1,198	986
2	랩지노믹스	499	315
3	하이로닉	462	1,068
4	메디아나	240	223
5	웹솔루스	196	85
6	태양기계	149	266
7	유비온	148	111
8	테라셈	145	506
9	닉스테크	133	329
10	아이티센	113	732

자료 : 한국거래소

가까운 미래에 유망 투자처는 어떤 종목?

가까운 미래에 어떤 종목이 오를까? 수많은 종목마다 증권사 애널리스트들의 견해가 제각각이니 투자자들로서는 혼란스러울 수밖에 없다. 특히 2015년 주식시장은 예측이 더욱 쉽지 않다.

거시적으로 살펴본다면, 증권업계는 2015년을 단도직입적으로 '상저하고'로 예상한다. 주식시장이 상반기에 부진한 흐름을 보이다가 하반기로 갈수록 상승 추세로 돌아선다는 전망이다. 상반기에는 유가 하락과 엔화 약세, 신흥국 위기 등 대외 악재의 여파가 지속돼 국내 증시에 좋지 않은 영향을 미칠 것으로 내다보고 있다. 하지만, 미국의 금리 인상이 마무리되는 하반기부터 코스피가 본격적인 박스권 탈출의 행보를 보일 것이라는 반가운 전망도 함께 내놓고 있다.

상·하반기를 종합해 고려하건대, 국내 주요 증권사 22곳이 제시한 2015년 코스피 지수 하단 평균은 1,858, 상단 평균은 2,109로 2014년 코스피 지수 변동폭과 크게 다르지 않다(아래 그래프 참조).

M&A와 통합에 따른 지각변동

최근 증권업계에 부는 M&A 바람이 거세다. 그 시발점은 2014년 동양증권이 대만 유안타그룹에 인수돼 유안타증권으로 사명을 바꾼 일이다. 아울러 우리투자증권과 NH농협증권이 통합해 NH투자증권이 출범한 것도 놓칠 수 없는 이슈다. 하나로 합쳐진 NH투자증권은 자산 42조 6,021억 원, 자기자본 4조 3,950억 원으로 국내 1위 증권사로 올라섰다.

2015년에는 NH투자증권에 이어 또 하나의 메가(mega) 증권사 탄생이 기대된다. 산업은행과 정책금융공사가 합쳐 통합 산업은행을 출범시킴에 따라 자회사인 KDB대우증권이 매물로 나올 가능성이 높아졌다. 리테일과 해외 사업 등에서 괄목한 수익을 내고 있는 KDB대우증권이 매물로 나올 경우 자금력이 풍부한 금융지주사들이 인수전에 뛰어들 공산이 크다. 그 가운데 KB금융지주가 가장 적극적인 액션을 취할 것으로 보이고, 신한금융지주와 하나금융지주도 잠재 인수 후보로 꼽힌다. 만

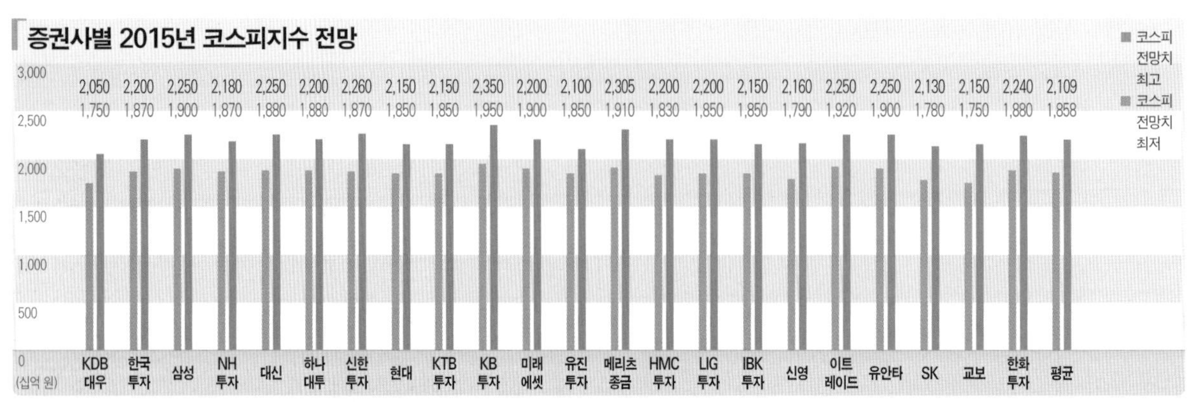
증권사별 2015년 코스피지수 전망
코스피 전망치 최고
코스피 전망치 최저
3,000
2,500
2,000
1,500
1,000
500
0
(십억 원)
2,050 2,200 2,250 2,180 2,250 2,200 2,260 2,150 2,150 2,350 2,200 2,100 2,305 2,200 2,200 2,150 2,160 2,250 2,250 2,130 2,150 2,240 2,109
1,750 1,870 1,900 1,870 1,880 1,880 1,870 1,850 1,850 1,950 1,900 1,850 1,910 1,830 1,850 1,850 1,790 1,920 1,900 1,780 1,750 1,880 1,858
KDB 대우
한국 투자
삼성
NH 투자
대신
하나 대투
신한 투자
현대
KTB 투자
KB 투자
미래 에셋
유진 투자
메리츠 종금
HMC 투자
LIG 투자
IBK 투자
신영
이트 레이드
유안타
SK
교보
한화 투자
평균

자료 : 각사 종합

약 신한금융지주나 하나금융지주가 KDB대우증권을 인수하게 되면 계열 증권사와의 합병으로 NH투자증권을 뛰어넘는 통합 증권사가 탄생하게 된다.

현대상선은 현대그룹의 유동성 위기를 극복하기 위해 KDB산업은행 주도로 현대증권 매각을 진행 중이다. 현대증권의 입찰은 당초 2014년 8월 예정돼 있었지만 헐값에 팔릴 것을 우려해 매각 작업을 잠시 중단한 상태다. 현대증권 인수전에는 일본계 오릭스와 국내 사모펀드인 파인스트리트, 중국 금융그룹인 푸싱그룹 등 3곳이 참여하고 있다.

이밖에 매물 시장에 나온 이트레이드증권, 리딩투자증권, 골든브릿지투자증권 등 중소형 증권사들도 새로운 주인을 찾기에 골몰하고 있다.

한편, M&A에 따른 증권사 통합 작업도 급물살을 탈 전망이다. 이에 따라 증권사 수도 크게 감소할 것으로 보인다. 최근 금융당국으로부터 아이엠투자증권 자회사 편입 승인을 받은 메리츠종금증권은 합병 절차를 거쳐 통합 증권사로 공식 출범한다는 계획이다. KB금융지주도 LIG손해보험 인수를 승인 받게 되면서 조만간 자회사인 KB투자증권과 LIG투자증권 간 합병이 이뤄질 가능성이 높다.

통합과 자진 폐업, 퇴출 등으로 2015년 1월 기준 증권사 수는 58개다. 잠재 매물인 KDB대우증권과 함께 메리츠종금증권·아이엠투자증권, KB투자증권·LIG투자증권이 통합하게 되면 55개로 줄어든다. 그동안 증권업계는 증권사 포화에 따른 수익 창출 한계로 골머리를 앓아왔다. 개체 수 감소로 증권사 난립 문제가 어느 정도 해소될 전망이다.

기관 영업에 집중하는 증권사들

2015년과 2016년 증권사들이 가장 중점을 두는 사업은 '기관 영업'이다. 국내 증시에서 기관 투자자의 역할이 갈수록 확대될 것으로 전망되면서 증권사마다 기관 고객 유치에 힘을 쏟고 있는 것이다.

증권사들은 저마다 조직 개편을 통해 기관 영업 사업부를 강화하고 나섰다. 유진투자증권은 기관 영업을 강화하기 위해 법인 영업 본부와 파생법인 영업 본부를 법인 영업 본부로 통합하는 조직 개편을 단행했다. 미래에셋증권도 퇴직연금 등 기업 대상 토털 마케팅을 강화한다는 목표로 RM 부문을 RM1과 RM2 부문으로 확대 개편했다. NH투자증권도 기관 영업에 초점을 맞춰 라인업을 구성했다. 골드만삭스 등 글로벌 IB(투자은행)를 벤치마킹해 기관 고객을 총괄하는 IC(기관고객) 사업부를 신설한 것이 대표적이다. KDB대우증권도 조직 개편에서 기업투자금융 본부를 신설했다.

이처럼 증권사들이 기관 영업에 공을 들이는 이유는, 주식시장에서 리테일 축소로 인해 기관 투자자의 역할이 갈수록 확대될 것으로 전망되기 때문이다. 특히 2015년에는 금융당국이 주식시장 발전 방안을 통해 기관 투자자를 강화하겠다는 계획을 밝힘에 따라, 기관의 증시 투자 규모가 커질 것으로 예상된다. 금융위원회는 우정사업본부의 주식 투자 한도를 10%에서 20%로 확대하고 중소형 사적 연기금을 대상으로 '연합 연기금 투자풀'을 설립하는 방안을 내놓은 바 있다.

금융투자협회에 따르면 이미 펀드시장에서는 일반 법인과 금융 기관의 투자 비중이 70%를 차지해 30% 안팎인 개인 투자자 비중을 넘어선 상태다. 고령화로 퇴직연금을 포함한 연기금 규모가 지속적으로 증가하고 있는 것만 봐도 기관 투자의 비중이 앞으로 얼마나 커질지 짐작하게 한다.

11 신용카드업계

업계
규모

■ 신용카드 발급수 1억 203만 매
■ 신용카드 이용실적 558.1조 원
■ 신용카드 회원수 7,589만 명

* 순위는 영업이익 기준

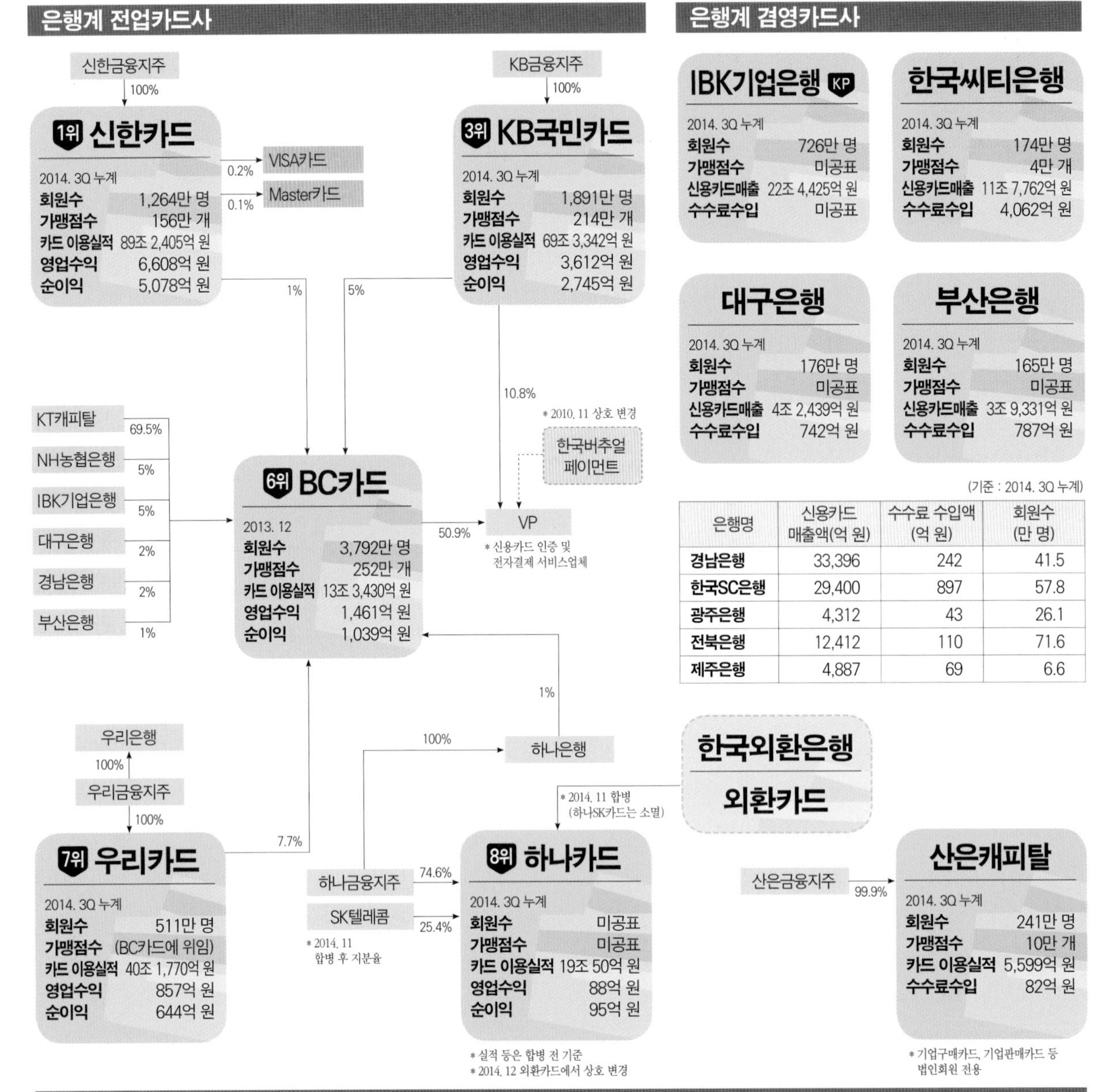

은행계 전업카드사
신한금융지주
100%
1위 신한카드
2014. 3Q 누계
회원수 1,264만 명
가맹점수 156만 개
카드 이용실적 89조 2,405억 원
영업수익 6,608억 원
순이익 5,078억 원
0.2%
VISA카드
0.1%
Master카드
KB금융지주
100%
3위 KB국민카드
2014. 3Q 누계
회원수 1,891만 명
가맹점수 214만 개
카드 이용실적 69조 3,342억 원
영업수익 3,612억 원
순이익 2,745억 원
1%
5%
10.8%
* 2010. 11 상호 변경
한국버추얼 페이먼트
KT캐피탈
69.5%
NH농협은행
5%
IBK기업은행
5%
대구은행
2%
경남은행
2%
부산은행
1%
6위 BC카드
2013. 12
회원수 3,792만 명
가맹점수 252만 개
카드 이용실적 13조 3,430억 원
영업수익 1,461억 원
순이익 1,039억 원
50.9%
VP
* 신용카드 인증 및 전자결제 서비스업체
1%
우리은행
100%
우리금융지주
100%
7위 우리카드
2014. 3Q 누계
회원수 511만 명
가맹점수 (BC카드에 위임)
카드 이용실적 40조 1,770억 원
영업수익 857억 원
순이익 644억 원
7.7%
100%
하나은행
* 2014. 11 합병 (하나SK카드는 소멸)
하나금융지주
74.6%
SK텔레콤
25.4%
* 2014. 11 합병 후 지분율
8위 하나카드
2014. 3Q 누계
회원수 미공표
가맹점수 미공표
카드 이용실적 19조 50억 원
영업수익 88억 원
순이익 95억 원
* 실적 등은 합병 전 기준
* 2014. 12 외환카드에서 상호 변경
은행계 겸영카드사
IBK기업은행 KP
2014. 3Q 누계
회원수 726만 명
가맹점수 미공표
신용카드매출 22조 4,425억 원
수수료수입 미공표
한국씨티은행
2014. 3Q 누계
회원수 174만 명
가맹점수 4만 개
신용카드매출 11조 7,762억 원
수수료수입 4,062억 원
대구은행
2014. 3Q 누계
회원수 176만 명
가맹점수 미공표
신용카드매출 4조 2,439억 원
수수료수입 742억 원
부산은행
2014. 3Q 누계
회원수 165만 명
가맹점수 미공표
신용카드매출 3조 9,331억 원
수수료수입 787억 원
(기준 : 2014. 3Q 누계)
한국외환은행
외환카드
산은금융지주
99.9%
산은캐피탈
2014. 3Q 누계
회원수 241만 명
가맹점수 10만 개
카드 이용실적 5,599억 원
수수료수입 82억 원
* 기업구매카드, 기업판매카드 등 법인회원 전용

은행명	신용카드 매출액(억 원)	수수료 수입액 (억 원)	회원수 (만 명)
경남은행	33,396	242	41.5
한국SC은행	29,400	897	57.8
광주은행	4,312	43	26.1
전북은행	12,412	110	71.6
제주은행	4,887	69	6.6

기업계 전업카드사

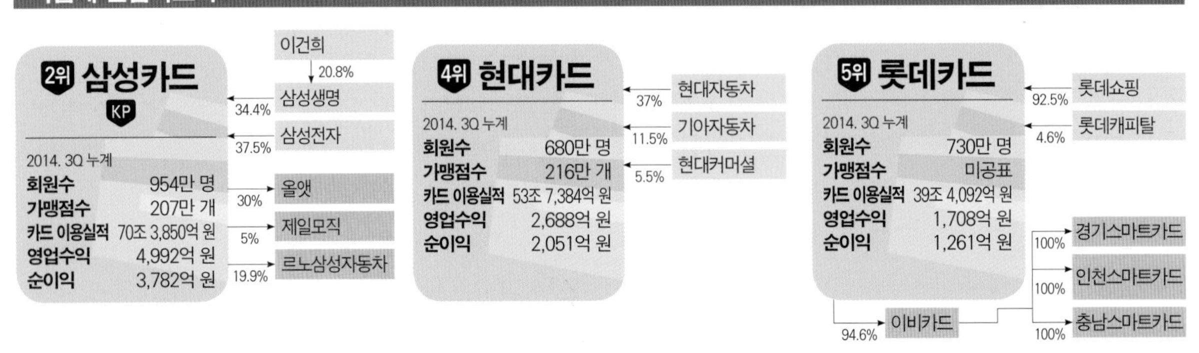

이건희
20.8%
2위 삼성카드
KP
삼성생명
34.4%
삼성전자
37.5%
2014. 3Q 누계
회원수 954만 명
가맹점수 207만 개
카드 이용실적 70조 3,850억 원
영업수익 4,992억 원
순이익 3,782억 원
30%
올앳
5%
제일모직
19.9%
르노삼성자동차
4위 현대카드
2014. 3Q 누계
회원수 680만 명
가맹점수 216만 개
카드 이용실적 53조 7,384억 원
영업수익 2,688억 원
순이익 2,051억 원
현대자동차
37%
기아자동차
11.5%
현대커머셜
5.5%
5위 롯데카드
2014. 3Q 누계
회원수 730만 명
가맹점수 미공표
카드 이용실적 39조 4,092억 원
영업수익 1,708억 원
순이익 1,261억 원
롯데쇼핑
92.5%
롯데캐피탈
4.6%
100%
경기스마트카드
100%
인천스마트카드
100%
충남스마트카드
94.6%
이비카드

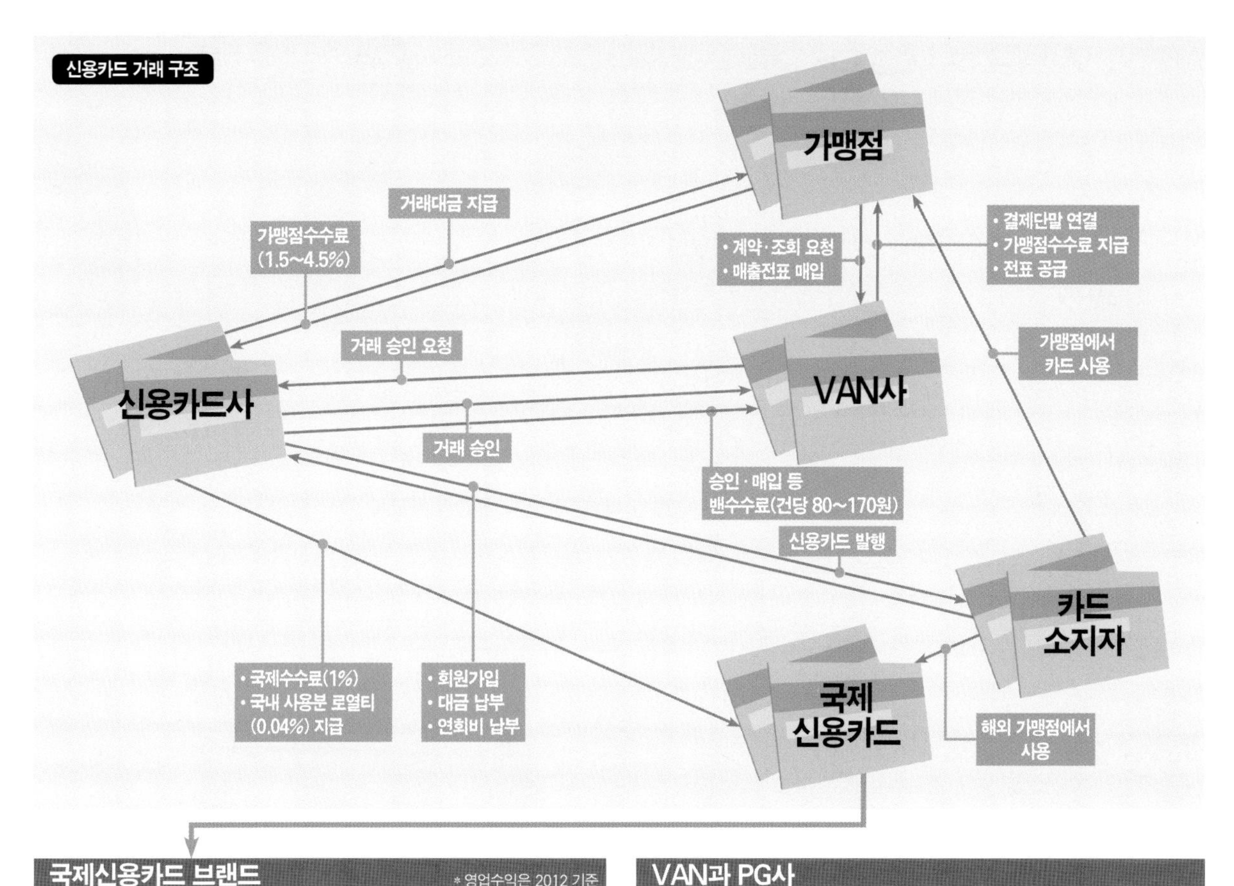

신용카드 거래 구조
가맹점
거래대금 지급
가맹점수수료
(1.5~4.5%)
• 계약·조회 요청
• 매출전표 매입
• 결제단말 연결
• 가맹점수수료 지급
• 전표 공급
거래 승인 요청
가맹점에서
카드 사용
신용카드사
VAN사
거래 승인
승인·매입 등
밴수수료(건당 80~170원)
신용카드 발행
카드
소지자
• 국제수수료(1%)
• 국내 사용분 로열티
(0.04%) 지급
• 회원가입
• 대금 납부
• 연회비 납부
국제
신용카드
해외 가맹점에서
사용

국제신용카드 브랜드

* 영업수익은 2012 기준

• URS(유어스)카드와 BC글로벌카드는 국내 카드사가 발행한 해외에서 사용이 가능한 신용카드이며, 이들은 국제신용카드 브랜드와 제휴하여 카드를 사용할 수 있는 해외 가맹점을 확보하고 있다.

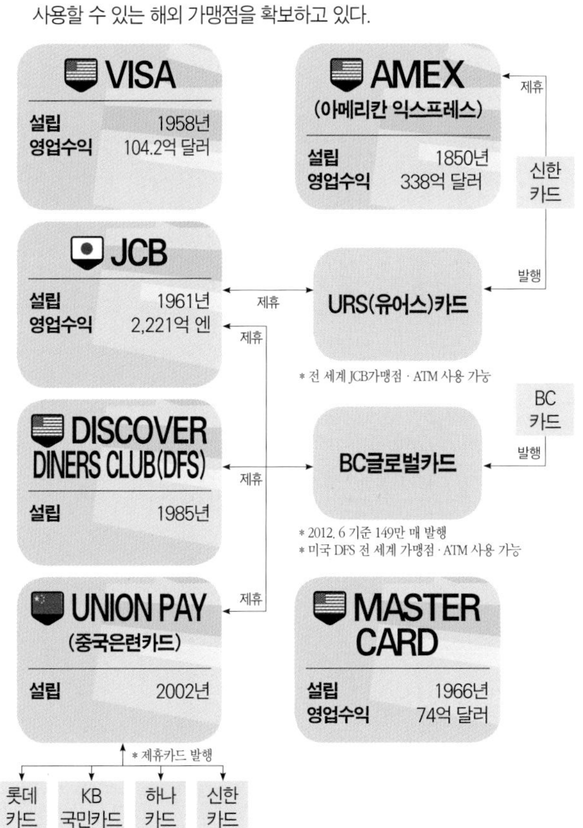

VISA
설립 1958년
영업수익 104.2억 달러
AMEX
(아메리칸 익스프레스)
설립 1850년
영업수익 338억 달러
제휴
신한
카드
발행
JCB
설립 1961년
영업수익 2,221억 엔
제휴
URS(유어스)카드
제휴
* 전 세계 JCB가맹점 · ATM 사용 가능
BC
카드
발행
DISCOVER
DINERS CLUB(DFS)
설립 1985년
제휴
BC글로벌카드
* 2012. 6 기준 149만 매 발행
* 미국 DFS 전 세계 가맹점 · ATM 사용 가능
제휴
UNION PAY
(중국은련카드)
설립 2002년
MASTER
CARD
설립 1966년
영업수익 74억 달러
* 제휴카드 발행
롯데
카드
KB
국민카드
하나
카드
신한
카드

VAN과 PG사

• **VAN(Value Added Network)** 신용카드 단말기를 가맹점에 제공하고, 카드사와 가맹점 사이의 조회승인 업무와 매입 업무를 대행하는 부가통신 사업자

• **PG(Payment Gateway)** 온라인쇼핑몰 등에서 신용카드나 실시간 계좌이체로 상품을 구입할 때 지불을 중계하는 솔루션 제공 업체

VAN 중대형 5개사

업체명	매출액(억 원)	상장 구분	
한국정보통신 (KICC)	1,835	코스닥	
나이스정보통신 (NICE)	1,619	코스닥	NICE홀딩스 42.7%
케이에스넷 (KSNET)	1,350		
KIS정보통신 (KIS)	1,046		NICE홀딩스 70.4%
스마트로 (SMARTRO)	1,330		이니텍스마트로홀딩스 61.2% 비씨카드 19.9%
퍼스트데이터코리아 (FDIF)			
금융결제원 (KFTC)			

VAN 소형 5개사

업체명	매출액(억 원)	상장 구분	
한국신용카드결제 (KOCES)	367		HNC네트워크 15% KB국민카드 15% 삼성카드 14.5% 한국외환은행 14% 신한카드 12.7% 현대카드 7.5% 롯데카드 7.4% 비씨카드 5%
스타밴코리아	330		
코밴 (KOVAN)	305		김상준 43.9% LG유플러스 16.3%
제이티넷 (JTNET)	302		
한국사이버결제 (KCP)	237	코스닥	

주요 PG사

KG 이니시스	LG 유플러스	KCP (한국사이버 결제)	KGTG (옛 티지 코프)	효성 올더 게이트	올앳 (옛 올앳 페이)	페이 게이트	VP

전업카드사별 순이익 추이 (기준 : 2013. 9)

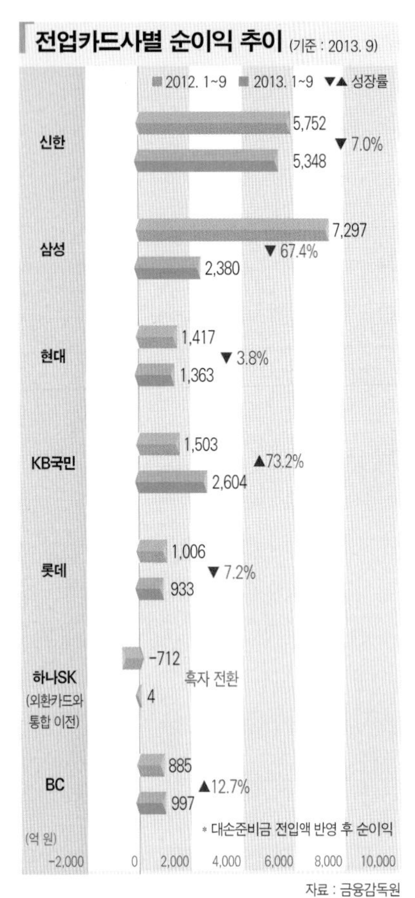

2012. 1~9
2013. 1~9
▼▲ 성장률
신한
5,752
5,348
▼ 7.0%
삼성
7,297
2,380
▼ 67.4%
현대
1,417
1,363
▼ 3.8%
KB국민
1,503
2,604
▲73.2%
롯데
1,006
933
▼ 7.2%
하나SK
(외환카드와 통합 이전)
-712
4
흑자 전환
BC
885
997
▲12.7%
* 대손준비금 전입액 반영 후 순이익
(억 원)
-2,000
0
2,000
4,000
6,000
8,000
10,000

자료 : 금융감독원

신용카드사 시장점유율 (기준 : 2013. 1~9)

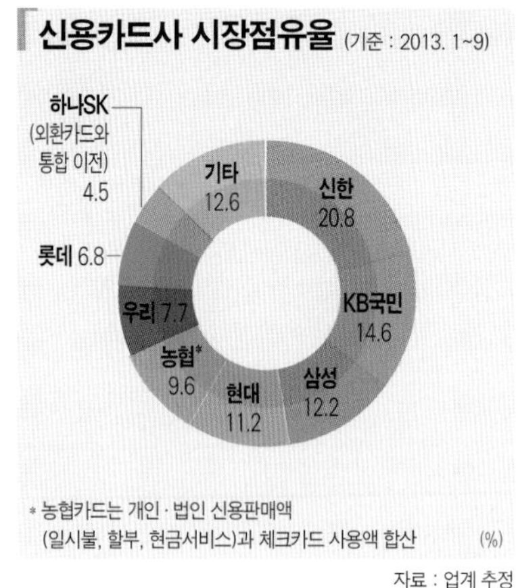

하나SK
(외환카드와 통합 이전)
4.5
기타
12.6
신한
20.8
롯데 6.8
KB국민
14.6
우리 7.7
농협*
9.6
현대
11.2
삼성
12.2
* 농협카드는 개인 · 법인 신용판매액
(일시불, 할부, 현금서비스)과 체크카드 사용액 합산
(%)

자료 : 업계 추정

신용카드 사용 형태

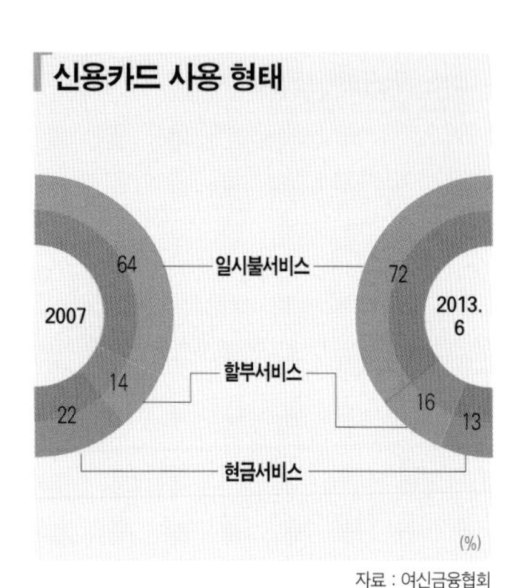

2007
64
14
22
일시불서비스
할부서비스
현금서비스
2013. 6
72
16
13
(%)

자료 : 여신금융협회

신용카드 이용실적 추이(은행계 겸영카드사 실적 포함)

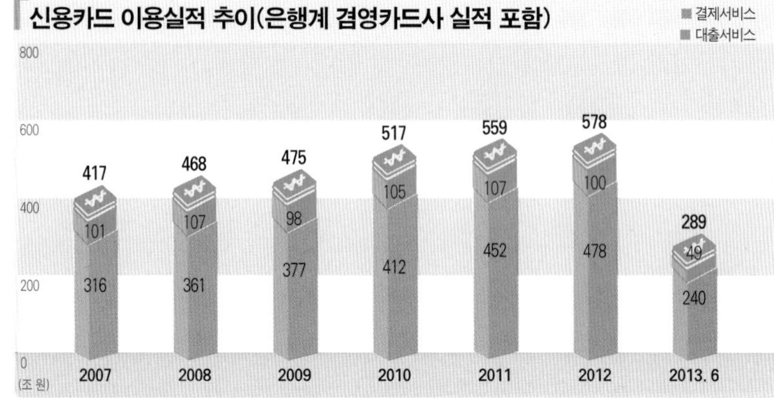

결제서비스
대출서비스
800
600
400
200
0
(조 원)
2007
417
101
316
2008
468
107
361
2009
475
98
377
2010
517
105
412
2011
559
107
452
2012
578
100
478
2013. 6
289
49
240

자료 : 금융감독원 금융통계정보시스템

카드사 신규회원수 추이

* 회원수는 중복계산

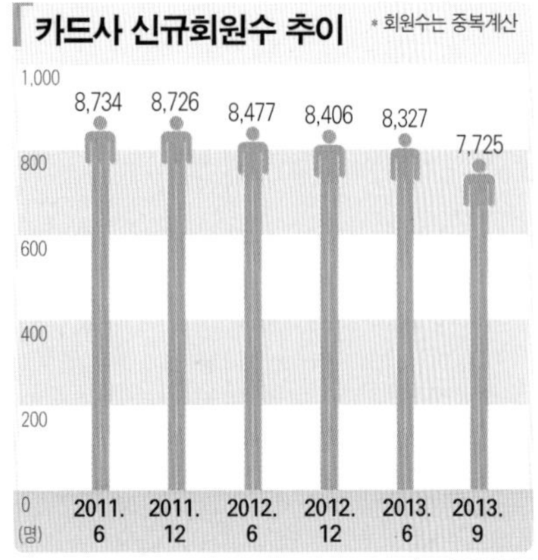

1,000
800
600
400
200
0
(명)
8,734
8,726
8,477
8,406
8,327
7,725
2011. 6
2011. 12
2012. 6
2012. 12
2013. 6
2013. 9

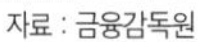
자료 : 금융감독원

카드 발급 추이 (기준 : 2013. 9)

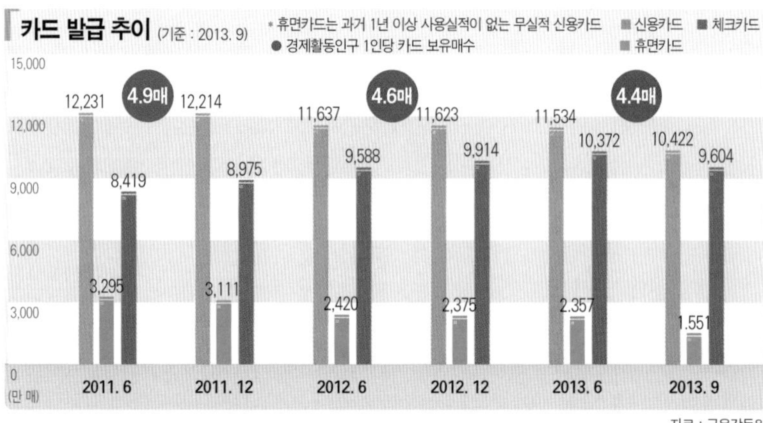

* 휴면카드는 과거 1년 이상 사용실적이 없는 무실적 신용카드
● 경제활동인구 1인당 카드 보유매수
신용카드
체크카드
휴면카드
15,000
12,000
9,000
6,000
3,000
0
(만 매)
4.9매
4.6매
4.4매
2011. 6
12,231
3,295
8,419
2011. 12
12,214
3,111
8,975
2012. 6
11,637
2,420
9,588
2012. 12
11,623
2,375
9,914
2013. 6
11,534
2,357
10,372
2013. 9
10,422
1,551
9,604

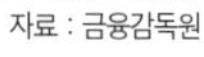
자료 : 금융감독원

카드 대출액 추이 (기준 : 2013. 9)

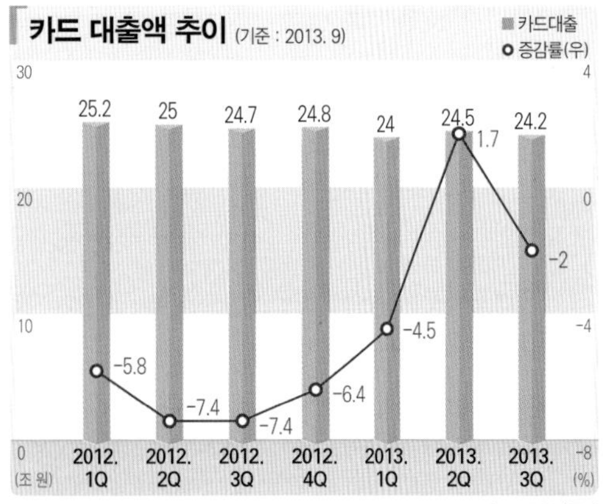

카드대출
증감률(우)
30
20
10
0
(조 원)
4
0
-4
-8
(%)
2012. 1Q
25.2
-5.8
2012. 2Q
25
-7.4
2012. 3Q
24.7
-7.4
2012. 4Q
24.8
-6.4
2013. 1Q
24
-4.5
2013. 2Q
24.5
1.7
2013. 3Q
24.2
-2

자료 : 금융감독원

카드 구매액 추이 (기준 : 2013. 9)

신용카드 구매액
체크카드 구매액
신용카드 증감률(우)
체크카드 증감률(우)
150
120
90
60
30
0
(조 원)
25
20
15
10
5
0
(%)
2012. 1Q
113.4
19.2
23.1
5.7
2012. 2Q
119.7
20.6
22.6
6
2012. 3Q
120.7
21
18.6
5
2012. 4Q
124.2
21.5
16.2
6.8
2013. 1Q
117.3
20.3
5.7
3.5
2013. 2Q
122.5
22.1
7.3
2.3
2013. 3Q
124.5
23.8
13.3
3.2

자료 : 금융감독원

기업구매카드 이용 추이

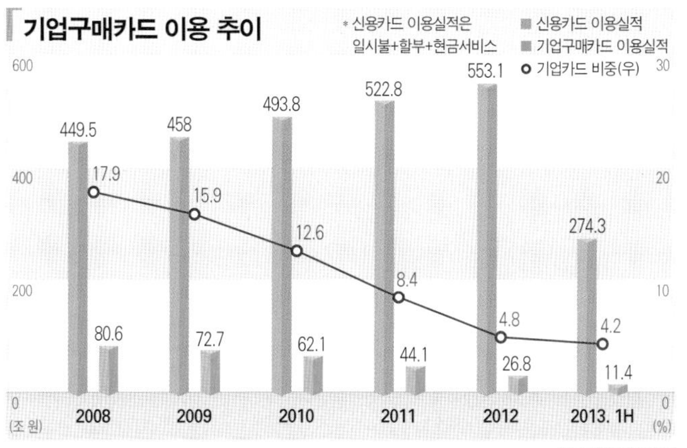

* 신용카드 이용실적은 일시불+할부+현금서비스
■ 신용카드 이용실적
■ 기업구매카드 이용실적
○ 기업카드 비중(우)
600
400
200
0
(조 원)
30
20
10
0
(%)
449.5
458
493.8
522.8
553.1
274.3
80.6
72.7
62.1
44.1
26.8
11.4
17.9
15.9
12.6
8.4
4.8
4.2
2008
2009
2010
2011
2012
2013. 1H

자료 : 여신금융협회

소비 유형별 카드 사용 비중

(기준 : 2013. 1~9)

교육 2.9(76,172)
음료 · 식품 2.3(60,008)
여행 · 교통 2.3(59,940)
오락·문화 4(105,611)
의류·잡화 4.2(111,169)
유통업 27(718,091)
내구 소비재 7.6(201,798)
의료 · 보건 7.8(207,547)
(%)
외식 · 숙박 11.3(299,898)
연료 10(265,491)
용역서비스 10.6(281,498)
금융 · 보험 · 유흥 · 기타 10.3(274,465)
( ) 안은 사용금액(억 원)

자료 : 한국은행

카드사 수익 구성

(기준 : 신한카드, 삼성카드, KB국민카드, 현대카드, 롯데카드 5개사의 2013년 9월 말 누계)

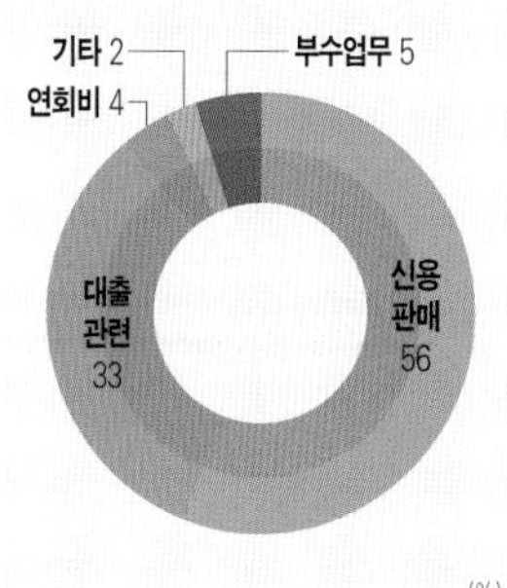

기타 2
부수업무 5
연회비 4
대출 관련 33
신용 판매 56
(%)

자료 : 한국기업평가

지역별 신용카드 사용 비중 (기준 : 2013. 1~9)

( ) 안은 사용금액

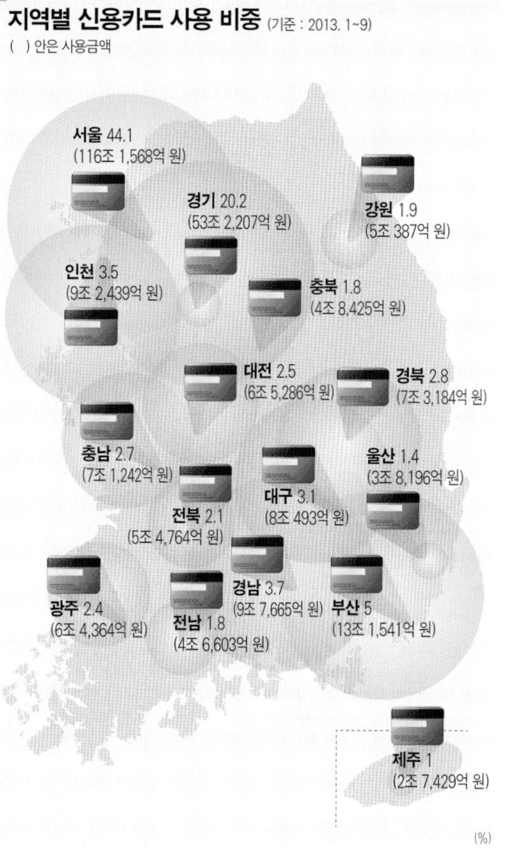

서울 44.1
(116조 1,568억 원)
경기 20.2
(53조 2,207억 원)
강원 1.9
(5조 387억 원)
인천 3.5
(9조 2,439억 원)
충북 1.8
(4조 8,425억 원)
대전 2.5
(6조 5,286억 원)
경북 2.8
(7조 3,184억 원)
충남 2.7
(7조 1,242억 원)
울산 1.4
(3조 8,196억 원)
대구 3.1
(8조 493억 원)
전북 2.1
(5조 4,764억 원)
경남 3.7
(9조 7,665억 원)
부산 5
(13조 1,541억 원)
광주 2.4
(6조 4,364억 원)
전남 1.8
(4조 6,603억 원)
제주 1
(2조 7,429억 원)
(%)

자료 : 금융위원회

신용카드 가맹점수 추이 (기준 : 2012. 12)

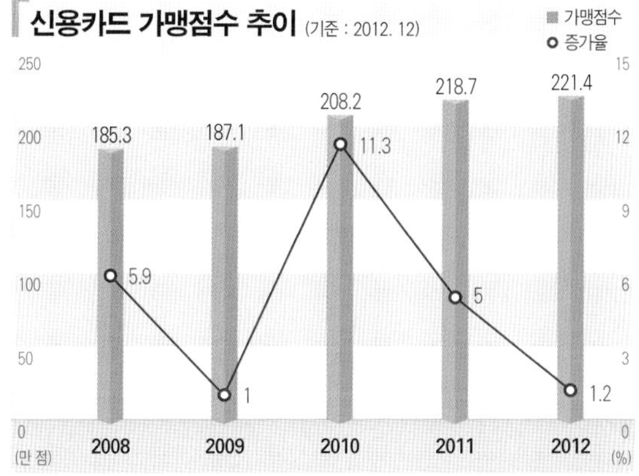

■ 가맹점수
○ 증가율
250
200
150
100
50
0
(만 점)
15
12
9
6
3
0
(%)
185.3
187.1
208.2
218.7
221.4
5.9
1
11.3
5
1.2
2008
2009
2010
2011
2012

자료 : 여신금융협회

해외겸용카드 발급 추이

■ 해외겸용 카드수
■ 비 해외겸용 카드수
○ 해외겸용카드 비중(우)
15,000
12,000
9,000
6,000
3,000
0
(만 매)
100
80
60
40
20
0
(%)
76.2
74.3
69.5
65.7
63.2
5,946
10,196
11,660
12,213
11,636
1,415
2,618
3,552
4,193
4,286
4,531
7,578
8,108
8,020
7,350
2008. 12
2009. 12
2010. 12
2011. 12
2012. 6

자료 : 금융감독원

VAN 시장규모 추이 (기준 : 2012, 상위 4개 VAN사 자료를 기초로 전체 업계 추정)

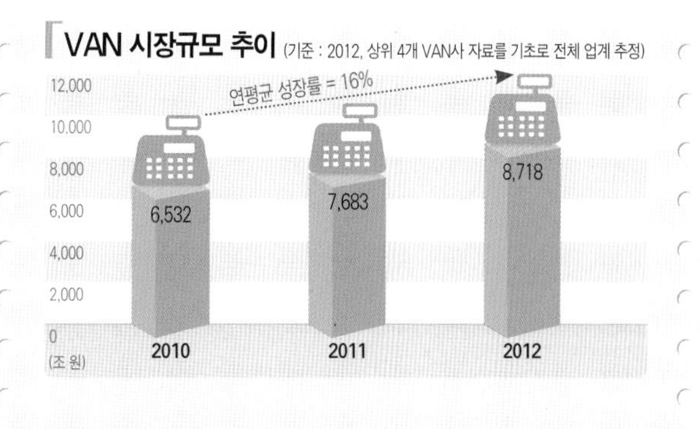

12,000
10,000
8,000
6,000
4,000
2,000
0
(조 원)
연평균 성장률 = 16%
6,532
7,683
8,718
2010
2011
2012

신용카드 VAN시장 구조 (기준 : 2013. 6)

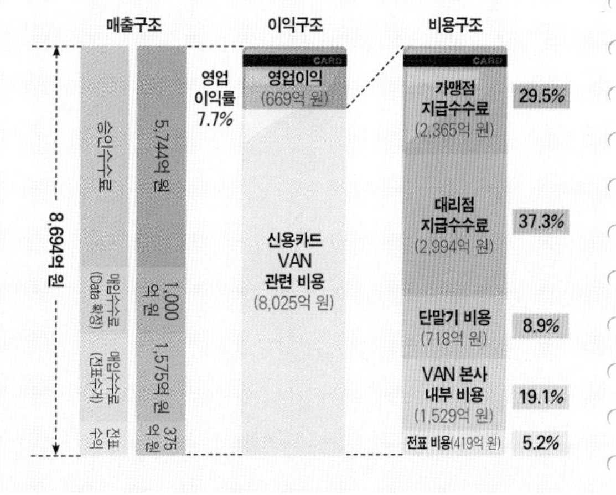

매출구조
이익구조
비용구조
8,694억 원
승인수수료
5,744억 원
매입수수료 (Data 확정)
1,000억 원
매입수수료 (전표수거)
1,575억 원
전표 수익
375억 원
영업 이익률 7.7%
영업이익 (669억 원)
신용카드 VAN 관련 비용 (8,025억 원)
가맹점 지급수수료 (2,365억 원)
29.5%
대리점 지급수수료 (2,994억 원)
37.3%
단말기 비용 (718억 원)
8.9%
VAN 본사 내부 비용 (1,529억 원)
19.1%
전표 비용(419억 원)
5.2%

자료 : 한국개발연구원

폭풍 성장하는 은련카드와 손을 잡아라!

자본주의 사회에서 한 사람의 신뢰도를 평가하는 기준은 단연 '재력'이다. 현금처럼 쓰이는 신용카드의 사용 한도를 등급을 정해 분류하는 기준 역시 소득이기 때문이다.

BC 1000년 경 이집트에서 경제적 신뢰도로 물건을 구매한 기록이 전해지지만, 이것이 신용카드의 기원을 이룬다고는 보기 어렵다. 지금의 신용카드는 1914년 웨스턴 유니온사에서 발급한 것에서 출발한다. 뉴욕의 은행원인 프랭크 맥나마라는 외출 중에 지갑을 잃어버리는 일을 경험한 뒤 신용카드에 대한 아이디어를 생각해 냈다. 맥나마라 덕택에 현금 대신 신용카드로 물건 값을 치를 수 있는 다이너스클럽 카드가 생겨난 것이다.

이후 신용카드는 현금을 뛰어 넘는 거래 규모로 막대한 금융시장을 형성해왔다. 우리나라도 예외는 아니어서 2015년 카드 이용액이 사상 처음 700조 원을 돌파할 전망이다. 2014년 기준 국내 '가계 명목 소비 지출' 대비 신용카드 이용(현금서비스·카드론 제외) 비중은 65.5%다. 이미 현금보다 많이 활용되는 결제 수단으로 신용카드가 자리 잡은 것이다. 국내총생산(GDP) 대비 신용카드 이용액 비중은 세계 1위 수준이다.

신용카드 이용 비중이 늘어나면서 건당 평균 결제액은 상대적으로 감소하는 추세다. 특히 건당 1만 원 이하의 소액 결제 비중이 지난 2000년 4% 수준에서 2014년 42%로 10배 이상 증가했다.

최근 5년간 신용카드 이용이 가장 빈번했던 분야는 택시와 커피전문점, 편의점 등이다. 특히 택시는 2014년 업종별 신용카드 이용 데이터를 5년 전인 2009년과 비교했을 때 이용금액 516%, 이용건수 688% 증가했다. 이어 커피전문점이 이용금액과 이용건수에서 각각 427%, 496%, 편의점은 343%, 498%로 놀라운 성장세를 기록했다.

요우커 앞세운 '은련카드' 급성장!
비자카드 추월할 듯

중국인 90%가 사용한다는 유니온페이(은련카드, UnionPay)가 폭발적으로 불어나는 중국인 관광객(요우커, 遊客)을 기반으로 국내 신용카드시장에서 급성장하고 있다. 국내 신용카드시장에서 부동의 1위를 차지했던 비자카드가 은련카드에 밀리는 등 신용카드업계에 지각변동이 일어나고 있는 것이다.

은련카드는 중국 인민은행과 88개 주요 은행의 공동출자로 설립된 중국 최대 카드연합사다. 우리나라로 치면 한국은행에서 발급하는 카드인 셈이다. 은련카드는 카드 발급 수에서 이미 2011년 비자와 마스터 카드를 제쳤다. 글로벌 기준 은련카드의 발급 수는 2011년 27억 매로 발급량 세계 1위에 올랐다. 비자(24억 매)와 마스터(10억 매)를 훌쩍 넘어선 수치다. 2014년 10월 기준 국내 총 누적 카드 수는 1,000만 장을 돌파했으며, 전 세계적으로 45억 장의 카드가 발급됐다. 은련카드는 현재 30여개 국가 및 지역에서 발행되고 148개 국가 및 지역에서 사용되고 있다. 직불카드 또는 신용카드를 이용한 PIN(비밀번호) 입력식 지불결제 가능 가맹점 수가 120만 개를 상회하며, 전 세계 4만여 개 ATM을 비롯해 국내 ATM 절반 이상에서 원화 인출이 가능하다. 국내 은련카드 가맹점의 거래량은 연평균 100% 증가하는 추세다.

이용 실적을 기준으로 보면 해외 네트워크가 많은 비자와 마스터 카드의 영향력을 여전히 무시할 수 없다. 비자와 마스터 카드의 글로벌 비중은 각각 56.6%와

UnionPay
银联

29%를 영위한다(2014년 3월 말 기준). 하지만 비자나 마스터 카드도 중국에서만큼은 은련카드에 밀리는 형국이다. 중국에서 은련카드 결제액은 한화로 4,700조 원에 달한다.

요우커의 소비력은 이미 세계 최고 수준이다. 중국인 관광객이 연간 해외 관광으로 쓰는 돈은 1,289억 달러(약 143조 원, 세계 1위)에 이른다. 현재 중국 신용카드 시장에 진출할 수 있는 길은 은련카드와의 제휴가 거의 유일하다. 그동안 해외 카드사에 배타적이었던 중국이 점차 문을 열고 있어 세계 카드업계가 주목하고 있다.

국내 신용카드업계, 이른바 '10%대 상륙 작전'! 중위권 쟁탈전 점입가경

해외에서 은련카드가 돌풍을 이어가는 가운데, 국내 신용카드업계에서는 롯데카드, 우리카드, 하나카드 등의 중위권 싸움이 한창이다. 특히 2014년 말 하나SK카드와 외환카드에서 통합 출범한 하나카드의 출현으로 시장점유율 경쟁이 그 어느 때보다 치열할 전망이다. 신용카드업계에 따르면 시장점유율 4%대를 기록하던 하나SK카드는 외환카드와의 통합으로 하나카드로 공식 출범하면서 시장점유율 8%대를 선점하게 됐다. 하나카드는 2014년 3분기 기준 시장점유율 8%대인 우리카드와 6%대를 기록한 롯데카드를 바짝 추격하게 됐다. 이에 따라 해당 카드사들마다 시장점유율 두 자리 수 진입 전략 짜기가 한창이다. 업계에서는 이를 두고 우스갯소리로 '10%대 상륙 작전'으로 부르기도 한다.

롯데카드의 2015년 전략의 핵심은 체크카드 영업 강화다. 최근 체크카드에 대한 수요가 늘어남에 따라 다양한 혜택을 탑재한 체크카드 상품을 구축하는 데 집중하고 있다.

우리카드는 분사 이후 1년여에 걸쳐 수백 종에 달하던 복잡한 상품들을 정리하는 등 대대적으로 라인업을 정비해왔다. 특히 우리은행을 기반으로 하는 강점을 살려 은행권 고객을 신용카드로까지 끌어들이는 데 주력하고 있다.

이들 중위권 플레이어들의 격전이 상위 신용카드사들은 물론 업계 전반에 어떠한 영향을 미칠지 궁금하다.

한국 1인당 신용카드 이용건수 세계 1위

한국의 1인당 신용카드 이용건수가 세계 주요국 중 가장 많고 1인당 이용액도 3위 수준인 것으로 나타났다. 금융결제원이 최근 10년간(2003~2012년) 국제결제은행(BIS) 지급결제제도위원회(CPSS)의 주요 18개 회원국 자료를 정리한 '국내외 지급결제 통계 분석' 보고서에 따르면 한국의 카드 이용건수는 2012년 기준 98억 4,000만 건으로 나타났다. 지난 2003년 18억 8,000만 건을 기록한 후 연평균 20.2% 증가율을 보인 것이다. 이 가운데 신용카드는 연평균 16.3%(18억 8,000만 건 → 73억 5,000만 건), 직불카드는 141.1%(90만 건 → 24억 9,000만 건)의 증가율을 나타냈다.

이에 따라 2012년 기준 한국의 1인당 신용카드 이용건수는 연간 147건으로 조사 대상국 중 가장 많았다. 캐나다(89.8건)와 미국(83.5건)이 그 뒤를 이었다. 연간 1인당 신용카드 이용액도 한국(8,625달러)은 호주(1만 1,000달러)와 캐나다(1만 달러)에 이어 세 번째를 차지했다. 18개국 평균치는 4,056달러다. 직불카드 이용건수의 연평균 증가율은 한국이 18개국 평균(13.4%)의 10배가 넘는 수준을 기록했다.

인구 100만 명당 판매시점관리(POS)단말기 설치대수도 한국이 4만 4,280대로 가장 많았다. 브라질(3만 7,511대), 호주(3만 3,137대) 등이 그 뒤를 이었다. 주요국 평균치는 2만 23대다.

한편, 신용카드 건당 이용액은 주요국 평균치가 98.5달러인데 비해 한국은 58.7달러로 평균에 크게 못 미쳤다. 국가별로는 스위스(152.2달러)가 가장 많고 호주(146.8달러), 네덜란드(128.9달러), 벨기에(120.7달러) 순이다. 직불카드 건당 이용액도 한국(29.6달러)은 평균치(92.7달러)의 3분의 1 수준에 머물렀다.

Chapter 3

건설·기계·중공업

업계 규모

- ■ 국내 건설 수주액 91조 3,069억 원(전년 대비 ▼10.0%)
- ■ 공공부문 수주액 36조 1,702억 원(전년 대비 ▲6.1%)
- ■ 민간부문 수주액 55조 1,367억 원(전년 대비 ▼18.2%)

＊ 순위는 2014년 종합 건설 업체 시공능력평가 기준

삼성그룹

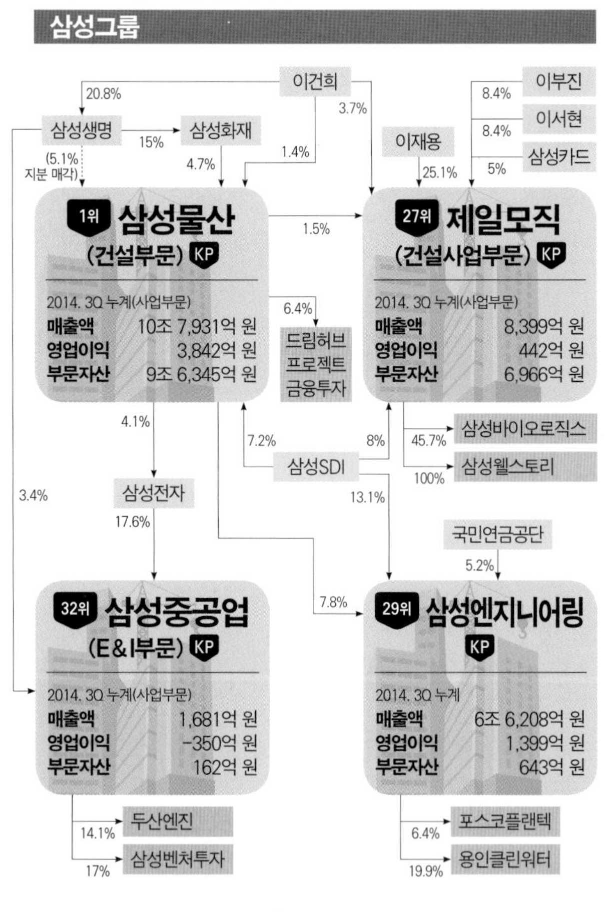
이건희
20.8%
3.7%
삼성생명
15%
삼성화재
1.4%
4.7%
(5.1% 지분 매각)
1위 삼성물산 (건설부문) KP
2014. 3Q 누계(사업부문)
매출액 10조 7,931억 원
영업이익 3,842억 원
부문자산 9조 6,345억 원
1.5%
6.4%
드림허브 프로젝트 금융투자
이부진
이서현
삼성카드
이재용
8.4%
8.4%
25.1%
5%
27위 제일모직 (건설사업부문) KP
2014. 3Q 누계(사업부문)
매출액 8,399억 원
영업이익 442억 원
부문자산 6,966억 원
4.1%
7.2%
8%
45.7%
삼성바이오로직스
삼성SDI
100%
삼성웰스토리
3.4%
삼성전자
13.1%
17.6%
국민연금공단
5.2%
7.8%
32위 삼성중공업 (E&I부문) KP
2014. 3Q 누계(사업부문)
매출액 1,681억 원
영업이익 -350억 원
부문자산 162억 원
29위 삼성엔지니어링 KP
2014. 3Q 누계
매출액 6조 6,208억 원
영업이익 1,399억 원
부문자산 643억 원
14.1%
두산엔진
17%
삼성벤처투자
6.4%
포스코플랜텍
19.9%
용인클린워터

범 현대 계열

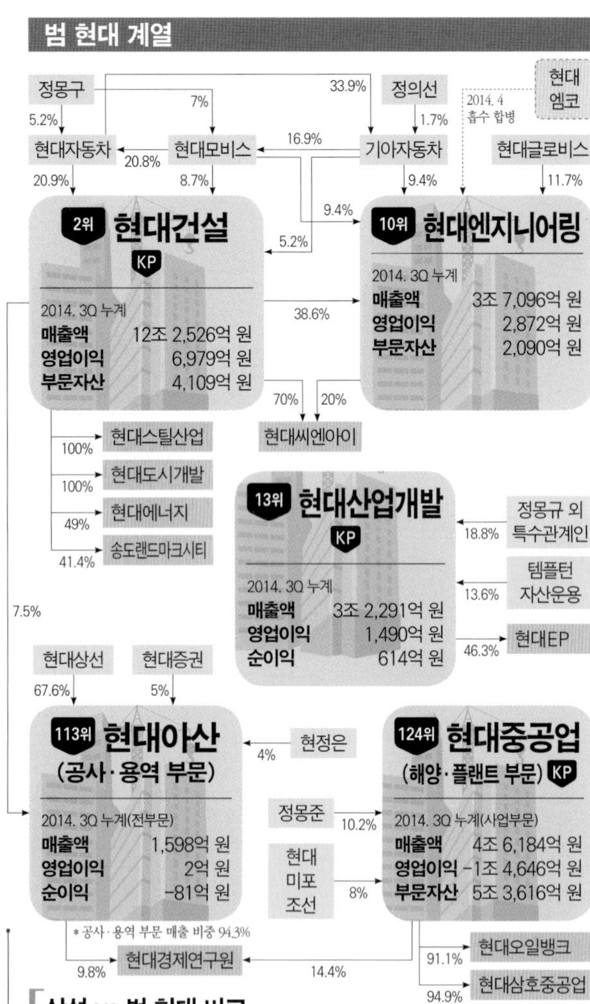
정몽구
5.2%
7%
33.9%
정의선
1.7%
현대 엠코
2014. 4 흡수 합병
현대자동차
20.8%
현대모비스
16.9%
기아자동차
현대글로비스
20.9%
8.7%
9.4%
11.7%
9.4%
2위 현대건설 KP
5.2%
10위 현대엔지니어링
2014. 3Q 누계
매출액 12조 2,526억 원
영업이익 6,979억 원
부문자산 4,109억 원
38.6%
2014. 3Q 누계
매출액 3조 7,096억 원
영업이익 2,872억 원
부문자산 2,090억 원
70%
20%
현대씨엔아이
100%
현대스틸산업
100%
현대도시개발
49%
현대에너지
41.4%
송도랜드마크시티
13위 현대산업개발 KP
정몽규 외 특수관계인
18.8%
템플턴 자산운용
13.6%
2014. 3Q 누계
매출액 3조 2,291억 원
영업이익 1,490억 원
순이익 614억 원
46.3%
현대EP
7.5%
현대상선
현대증권
67.6%
5%
113위 현대아산 (공사·용역 부문)
4%
현정은
124위 현대중공업 (해양·플랜트 부문) KP
2014. 3Q 누계(전부문)
매출액 1,598억 원
영업이익 2억 원
순이익 -81억 원
정몽준
10.2%
현대 미포 조선
8%
2014. 3Q 누계(사업부문)
매출액 4조 6,184억 원
영업이익 -1조 4,646억 원
부문자산 5조 3,616억 원
＊공사·용역 부문 매출 비중 94.3%
9.8%
현대경제연구원
14.4%
91.1%
현대오일뱅크
94.9%
현대삼호중공업

삼성 vs 범 현대 비교 (기준 : 2013)

업체명		경영실적(억 원)			건설공사실적(억 원)		
		자산	매출액	영업이익	토건	토목	건축
삼성	삼성물산(건설부문)	92,120	134,413	3,476	84,885	26,668	58,218
	제일모직(건설사업부문)	9,007	15,467	1,294	6,318	603	5,714
	삼성엔지니어링	59,288	98,063	-10,280	6,737	6,525	211
	삼성중공업(E&I부문)	163	1,965	-69	4,016	1,070	2,946
	계	160,578	249,908	-5,579	101,956	34,866	67,089
범 현대	현대건설	147,332	139,383	7,929	59,068	26,078	32,989
	현대엔지니어링	24,582	26,236	2,655	26,016	4,697	21,319
	현대산업개발	64,208	42,169	-1,479	19,693	4,712	14,981
	현대아산(공사·용역 부문)	2,855	1,603	-92	1,300	492	808
	현대중공업(해양·플랜트 부문)	39,895	59,798	3,438	44	44	-
	계	278,872	269,189	12,451	106,121	36,023	70,097

포스코그룹

포스코건설 사업부문별 매출 비중 (기준 : 2013. 12 연결, 연결 조정 전)

( ) 안은 매출액(억 원)

- 기술용역업(엔지니어링) (12,186) 11.6
- 플랜트사업부문 (30,729) 29.4
- 건축사업부문 (29,347) 28.1
- 에너지사업부문 (21,279) 20.3
- 토목환경사업부문 (9,985) 9.5
- 부동산 관련 서비스 (1,081) 1

(%)

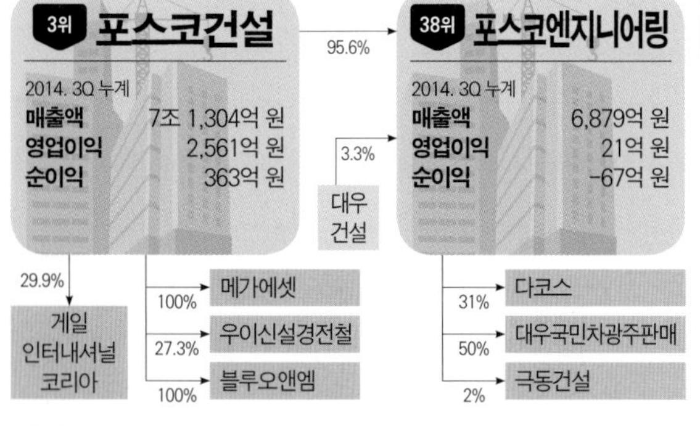
3위 포스코건설
2014. 3Q 누계
매출액 7조 1,304억 원
영업이익 2,561억 원
순이익 363억 원
95.6%
3.3%
대우 건설
38위 포스코엔지니어링
2014. 3Q 누계
매출액 6,879억 원
영업이익 21억 원
순이익 -67억 원
29.9%
게일 인터내셔널 코리아
100%
메가에셋
27.3%
우이신설경전철
100%
블루오앤엠
31%
다코스
50%
대우국민차광주판매
2%
극동건설

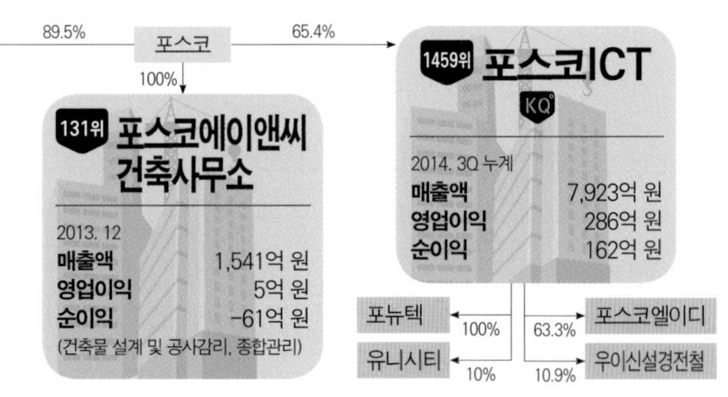
89.5%
포스코
65.4%
100%
131위 포스코에이앤씨 건축사무소
2013. 12
매출액 1,541억 원
영업이익 5억 원
순이익 -61억 원
(건축물 설계 및 공사감리, 종합관리)
1459위 포스코ICT KQ
2014. 3Q 누계
매출액 7,923억 원
영업이익 286억 원
순이익 162억 원
포뉴텍
100%
유니시티
10%
63.3%
포스코엘이디
10.9%
우이신설경전철

이준용
32.1%
이해욱
61%
대림코포레이션
국민연금공단
21.7%
12.8%
4위 대림산업
KP
2014. 3Q 누계
매출액 6조 7,398억 원
영업이익 -476억 원
순이익 -825억 원
100% 오라관광
59% 대림자동차공업
69.8% 대림CNS
한국산업은행
KDB밸류제6호
에스이비티투자
50.8%
12.3%
5위 대우건설
KP
2014. 3Q 누계
매출액 7조 3,175억 원
영업이익 3,379억 원
순이익 976억 원
100% 대우에스티
100% 대우송도호텔
48.6% 천마산터널
그외 특수관계인
허창수
허진수
11.2%
5.5%
12.2%
6위 GS건설
KP
2014. 3Q 누계
매출액 6조 7,117억 원
영업이익 167억 원
순이익 -245억 원
99.5% GLPFV1
67.6% 파르나스호텔
5.8% 제이영동고속도로
롯데케미칼
롯데알미늄
35.2%
10%
호텔롯데
롯데정보통신
43.1%
5.3%
7위 롯데건설
2014. 3Q 누계
매출액 3조 1,954억 원
영업이익 1,211억 원
순이익 306억 원
6.3% 롯데인천개발
11.8% 롯데캐피탈
11.8% 롯데자산개발
39.8% 대구그린파워
SK C&C
최태원
31.8%
32.9%
3.1%
SK
SK케미칼
44.5%
28.3%
10.2%
8위 SK건설
2014. 3Q 누계
매출액 5조 7,618억 원
영업이익 612억 원
순이익 -157억 원
4.5%
최창원
100% 에코맥스
25% TSK Water
4% 알파돔시티
5%
김승연
김동관
22.7%
4.4%
한화
레콘
* 2014. 6 3자배정 유상증자
100%
(우선주 100%)
9위 한화건설
2014. 3Q 누계
매출액 2조 3,595억 원
영업이익 -4,021억 원
순이익 -3,457억 원
38.1% 한화저축은행
24.9% 한화생명보험
7.3% 한화손해보험
박용곤 외 특수관계인
44.8%
두산
2.2%
41.4%
11위 두산건설
KP
2014. 3Q 누계
매출액 1조 7,133억 원
영업이익 796억 원
순이익 -715억 원
59.7%
42.9% 네오트랜스
29% 신분당선
100% 두산큐벡스
12위 두산중공업 (건설부문)
KP
2014. 3Q 누계
매출액 13조 1,189억 원
영업이익 6,791억 원
순이익 440억 원
36.4% 두산인프라코어
42.7% 두산엔진
윤석민 외 특수관계인
한국투자 신탁운용
신영자산 운용
38.2%
7.3%
7.4%
14위 태영건설
KP
2014. 3Q 누계
매출액 1조 3,670억 원
영업이익 257억 원
순이익 121억 원
61.2% SBS미디어홀딩스
40% 에코시티
48.5% 유니시티
김상열
호반비오토
29.1%
12.6%
15위 호반건설
2013. 12 IFRS 연결
매출액 1조 1,935억 원
영업이익 1,358억 원
순이익 1,091억 원
* 1999. 11부터 토목 및 건축공사업 영위
호반주택 100%
호반토건 100%
100% 호반하우징
100% 호반엔지니어링
부영
93.8%
이중근
100%
16위 부영주택
2013. 12
매출액 1조 2,929억 원
영업이익 602억 원
순이익 505억 원
98.4% 무주덕유산리조트
100% BooYoung VINA
7.7%
한라홀딩스
100%
한라마이스터
17.3%
15.9%
정몽원
23.6%
11.7%
KCC
17위 한라
KP
2014. 3Q 누계
매출액 1조 4,437억 원
영업이익 371억 원
순이익 -64억 원
17.5% 만도
100% 한라엔컴
100% 한라세라지오

종합 건설 업체 시공능력평가 18~70위 업체

(기준 : 2014. 7 국토교통부 발표)

(단위 : 억 원)

순위	업체명	건설공사실적
18	코오롱글로벌	23,623
19	쌍용건설**	27,992
20	금호산업*	23,591
21	계룡건설산업	20,375
22	한진중공업	17,885
23	한양	20,512
24	한신공영	25,813
25	동부건설	17,771
26	경남기업*	15,426
28	KCC건설	18,728
30	서희건설	13,322
31	고려개발*	12,311
33	삼환기업	9,550
34	극동건설**	12,771
35	삼부토건	9,051
36	신세계건설	9,628
37	서브원	8,291
39	우미건설	5,154
40	동일	5,683
41	동원개발	4,694
42	효성	6,119
43	울트라건설**	8,843
44	대우조선해양건설	8,676
45	풍림산업	3,732
46	삼호*	10,757
47	화성산업	6,022
48	STX건설**	5,820
49	동아건설산업	5,881
50	남광토건**	5,625
51	진흥기업*	7,378
52	중흥건설	5,151
53	대방건설	4,726
54	대보건설	7,247
55	신동아건설*	8,124
56	KR산업	4,038
57	반도건설	4,903
58	한림건설	4,556
59	경동건설	4,315
60	일성건설	4,236
61	흥화	2,844
62	대명건설	5,562
63	동양건설산업**	3,147
64	금광기업	3,176
65	한일건설**	4,346
66	이테크건설	5,808
67	금성백조주택	3,373
68	라인	2,760
69	아이에스동서	3,939
70	양우건설	5,446

- 건설공사실적은 2013 토건, 토목, 건축 합계 기준
- *은 2014. 10 기준 경영정상화작업(워크아웃) 중인 업체
- **은 2014. 10 기준 기업회생절차(법정관리) 중인 업체, 43위 울트라건설은 2014. 10 법정관리 신청 중

건설업 분류

구분	부문	내용
발주자별	공공공사 부문	- 중앙정부, 지자체 및 정부투자기관이 공사 발주의 주체 - 주로 조달청이 발주 대행
	민간공사 부문	- 민간기업 및 개인이 발주 주체 - 주거용(아파트) 비중이 압도적으로 높음
공종별	토목공사 부문	- 도로, 철도, 항만, 터널, 댐 등 사회간접자본이 공사발주의 주요 대상
	건축공사 부문	- 아파트 등 주거용과 오피스텔, 공장 등 업무용 건축물이 발주 대상

자료 : 신한금융투자

건설산업의 범위

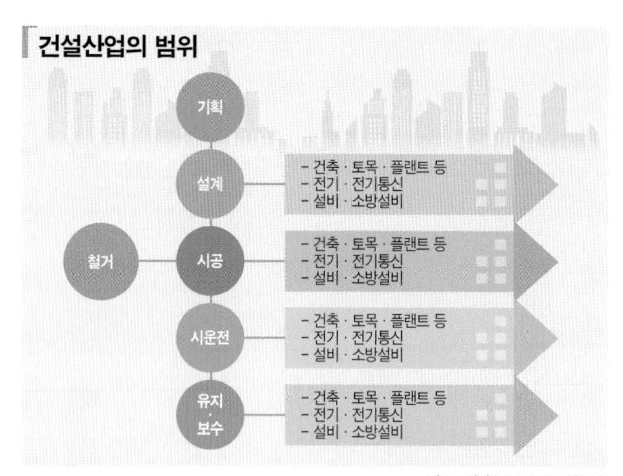

기획
설계
철거
시공
시운전
유지 · 보수
- 건축 · 토목 · 플랜트 등
- 전기 · 전기통신
- 설비 · 소방설비

자료 : 김명수 2001(국토연구원)

국내 건설공사 생산 체계

발주자
(정부, 투자기관, 지자체 등)
발주기관 (조달청)
(조달)
(설계)
설계·엔지니어링 업체
(감리)
감리 업체
(시공)
공사 업체
(원도급자)
(조달)
전문 공사 업체
(하도급자)
(조달)
건설 자재 생산 업체

자료 : 김명수 2001(국토연구원)

국내 건설투자 현황 (기준 : 2013 투자액)

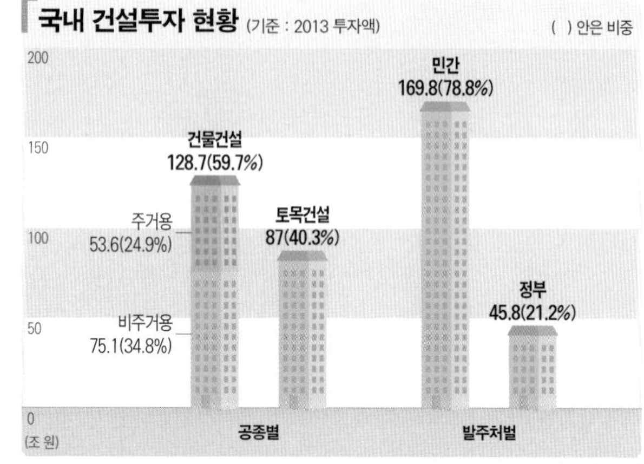

( ) 안은 비중
200
150
100
50
0
(조 원)
건물건설
128.7(59.7%)
주거용
53.6(24.9%)
비주거용
75.1(34.8%)
토목건설
87(40.3%)
민간
169.8(78.8%)
정부
45.8(21.2%)
공종별
발주처별

자료 : 한국은행

국내 건설시장 발주처별 수주 규모 추이

■ 공공 ■ 민간

( ) 안은 증감률(%)

800,000
600,000
400,000
200,000
0
(억 원)

2008: 418,488 (12.8) / 782,363 (-13.9)
2009: 584,875 (39.8) / 602,267 (-23)
2010: 382,368 (-34.6) / 649,930 (7.9)
2011: 366,248 (-4.2) / 740,762 (14)
2012: 340,776 (-7) / 674,284 (-9)
2013: 361,702 (6.1) / 551,367 (-18.2)
2014. 1~8: 260,579 / 412,207

자료 : 대한건설협회

국내 건설시장 공종별 수주 규모 추이

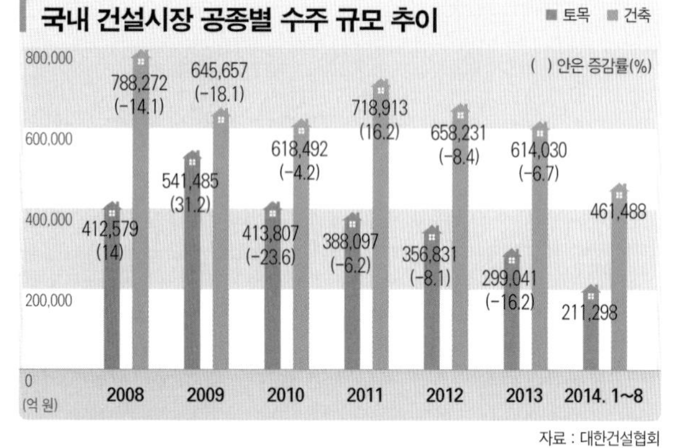

■ 토목 ■ 건축
( ) 안은 증감률(%)
800,000
600,000
400,000
200,000
0
(억 원)
412,579
(14)
788,272
(-14.1)
541,485
(31.2)
645,657
(-18.1)
413,807
(-23.6)
618,492
(-4.2)
388,097
(-6.2)
718,913
(16.2)
356,831
(-8.1)
658,231
(-8.4)
299,041
(-16.2)
614,030
(-6.7)
211,298
461,488
2008
2009
2010
2011
2012
2013
2014. 1~8

자료 : 대한건설협회

건설업 수익성 추이

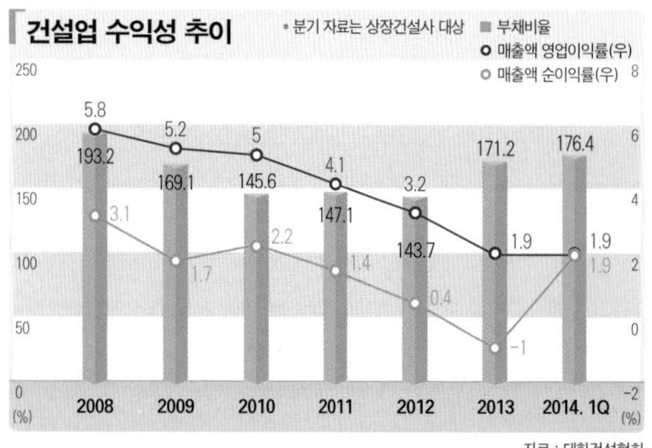

* 분기 자료는 상장건설사 대상
■ 부채비율
매출액 영업이익률(우)
매출액 순이익률(우)
250
200
150
100
50
0
(%)
8
6
4
2
0
-2
(%)
5.8
193.2
3.1
5.2
169.1
1.7
5
145.6
2.2
4.1
147.1
1.4
3.2
143.7
0.4
171.2
1.9
-1
176.4
1.9
1.9
2008
2009
2010
2011
2012
2013
2014. 1Q

자료 : 대한건설협회

종합건설업 평균수주액 추이

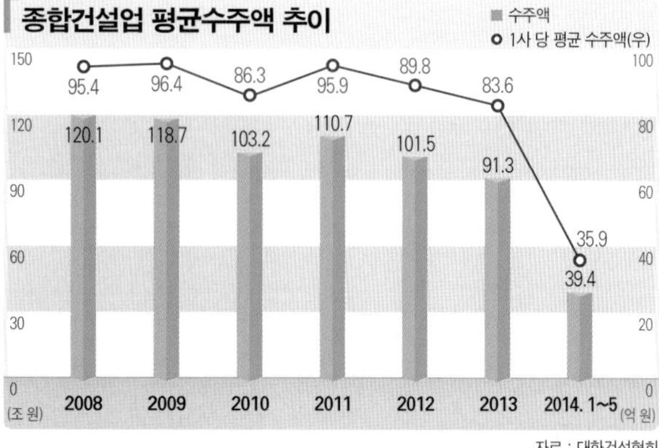

■ 수주액
1사 당 평균 수주액(우)
150
120
90
60
30
0
(조 원)
100
80
60
40
20
0
(억 원)
95.4
120.1
96.4
118.7
86.3
103.2
95.9
110.7
89.8
101.5
83.6
91.3
35.9
39.4
2008
2009
2010
2011
2012
2013
2014. 1~5

자료 : 대한건설협회

국내 주택보급률 추이

* 주택보급률 = 주택수 / 가구수 × 100

120
100
80
60
40
20
0
(%)
100.7
101.2
101.9
102.3
102.7
103
2008
2009
2010
2011
2012
2013

자료 : 국토교통부

미분양 주택 현황

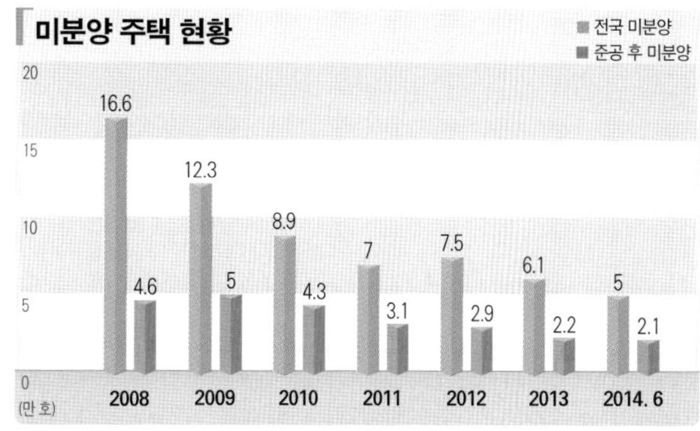

전국 미분양
준공 후 미분양
20
15
10
5
0
(만 호)
16.6
4.6
12.3
5
8.9
4.3
7
3.1
7.5
2.9
6.1
2.2
5
2.1
2008
2009
2010
2011
2012
2013
2014. 6

자료 : 국토교통부

해외건설 수주 추이

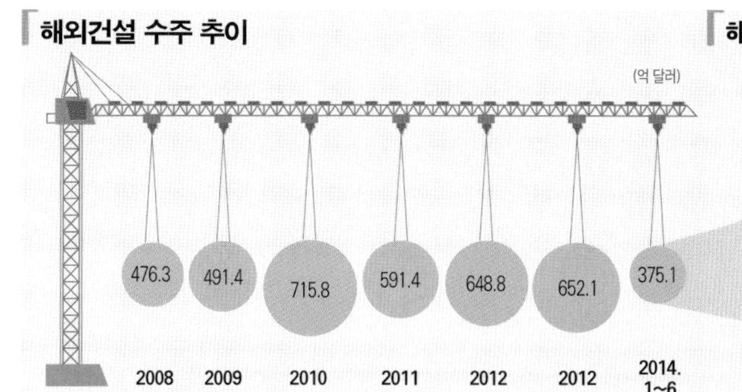

(억 달러)
476.3
491.4
715.8
591.4
648.8
652.1
375.1
2008
2009
2010
2011
2012
2012
2014. 1~6

자료 : 통계청, 국토교통부

해외건설 수주 공종별 비중 (기준 : 2014. 1~6 수주액)

( ) 안은 수주액

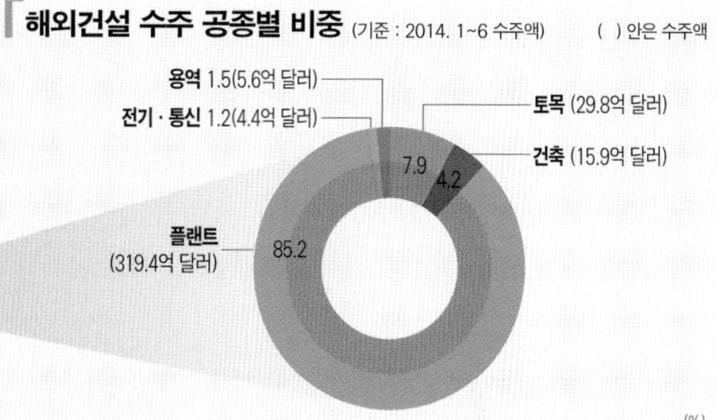

용역 1.5(5.6억 달러)
전기 · 통신 1.2(4.4억 달러)
토목 (29.8억 달러)
건축 (15.9억 달러)
7.9
4.2
플랜트 (319.4억 달러)
85.2
(%)

자료 : 통계청, 국토교통부

해외건설 지역별 수주 구조 (기준 : 2014. 1~6)

( ) 안은 수주 비중

북미 · 태평양
1.2(0.3%)
유럽
4.6(1.2%)
중동
247.4(66%)
아시아
62.1(16.6%)
아프리카
4.9(1.3%)
중남미
54.9(14.6%)
(억 달러)

( ) 안은 수주 건수(건)

국가별 수주 실적
1위 이라크 80.6(12)
2위 쿠웨이트 71.6(4)
3위 베네수엘라 43.3(2)
4위 알제리 42.5(10)
5위 베트남 24.6(38)
6위 사우디아라비아 24.5(8)
7위 필리핀 9.5(8)
8위 이집트 9.4(1)
9위 카타르 9.2(5)
10위 아랍에미리트 8.6(8)
기타 66개국 51.3(227)
총 수주액
375.1억 달러
(억 달러)

자료 : 국토교통부

건설사별 해외수주 실적 순위 (기준 : 2014. 1~6)

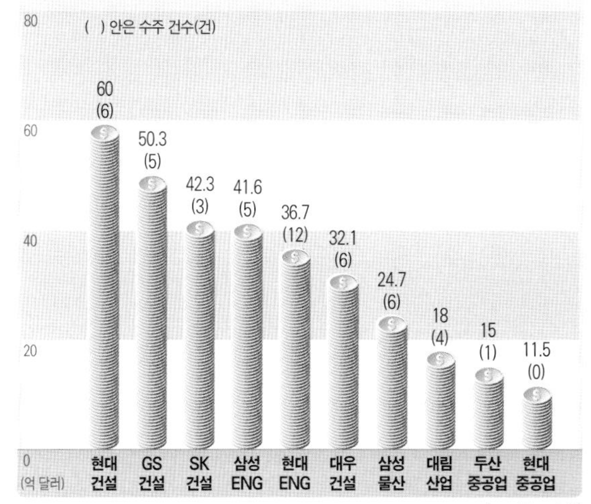

( ) 안은 수주 건수(건)
80
60
40
20
0
(억 달러)
60 (6)
50.3 (5)
42.3 (3)
41.6 (5)
36.7 (12)
32.1 (6)
24.7 (6)
18 (4)
15 (1)
11.5 (0)
현대건설
GS건설
SK건설
삼성ENG
현대ENG
대우건설
삼성물산
대림산업
두산중공업
현대중공업

자료 : 국토교통부

2014년 해외건설 수주 톱 10 (기준 : 2014. 1~6)

순위	국가	업체	공사명	수주액 (백만 달러)
1	쿠웨이트	GS건설+SK건설, 삼성ENG, 대우건설+현대중공업	클린 퓨얼 프로젝트 PKG 1, 2, 3	7,150
2	이라크	현대건설+GS건설+SK건설+현대ENG	카르발라 정유공장	6,040
3	베네수엘라	현대건설+현대ENG	뿌에르또 라크루즈 정유공장 고도화설비 패키지	4,337
4	알제리	현대건설+현대ENG(2), GS건설+대림산업(1), 삼성물산(2)	알제리 복합화력발전소 5개소	3,351
5	베트남	두산중공업	빈탄4 석탄화력발전소	1,498
6	사우디아라비아	한화건설	마덴 PAP 프로젝트	935
7	카타르	대우건설	오비탈 고속도로 및 트럭 루트 신설 공사	920
8	이집트	SK건설	카본 홀딩스 에틸렌 프로젝트	889
9	이라크	삼성ENG	주바이르 유전 개발 프로젝트 - 북부 패키지	840
10	사우디아라비아	대림산업	Umm Wu'al EPC 프로젝트 - 암모니아 플랜트	833

자료 : 국토교통부

드디어 저점을 찍을 것인가?

산업 전망에서 가장 관심이 가는 업종은 아마도 건설과 부동산일 것이다. 건설의 경우, 나라경제를 좌지우지할 만큼 워낙 규모가 크고 부동산은 서민경제와 밀접하게 맞닿아 있기 때문이다.

다행히 2015년 건설 수주액이 2014년에 비해 4.9% 증가한 110조 원을 기록할 전망이다. 부문별 수주액은 공공 40조 3,000억 원, 민간 69조 7,000억 원, 공종별 수주액은 토목 34조 원, 건축 76조 원이다. 민간 수주는 수도권을 중심으로 한 주택 수주 회복과 대기업 설비투자 증가 영향으로 비주거 건축 및 토목 수주가 증가할 전망이다. 건설투자액은 2014년 202조 5,300억 원에서 6조 9,400억 원(3.4%) 증가한 209조 4,700억 원을 기록할 것으로 예상된다.

건설 경기가 2014년부터 회복 국면에 진입해 2015년에는 완만한 회복세를 보이겠지만, 수주액이 110조 원에 그쳐 경기 침체 직전인 2007년 127조 9,000억 원에 비해 여전히 저조할 것으로 보인다. 건설 경기가 정상 수준에 이르기 위해서는 지금의 회복 국면이 앞으로 2년 이상 지속되어야 한다.

특히 국회에 계류된 부동산 활성화 관련 법안의 입법화 여부가 건설 경기 회복세에 중요한 변수로 작용할 전망이다. 다수 법안이 입법화되지 않고 9·11 대책 후속 조치에 의해 입법 예고된 대책들까지 서울시 등의 반대로 시행에 차질을 빚는다면, 정책 효과로 살아나는 주택투자의 회복세가 다시 주춤거릴 수도 있다.

이처럼 건설 경기가 본격적인 회복 국면에 접어들었지만 불확실성 요인은 여전히 존재한다. 또 과거와 달리 회복 국면이 상대적으로 짧은 것도 집고 넘어가야 할 대목이다.

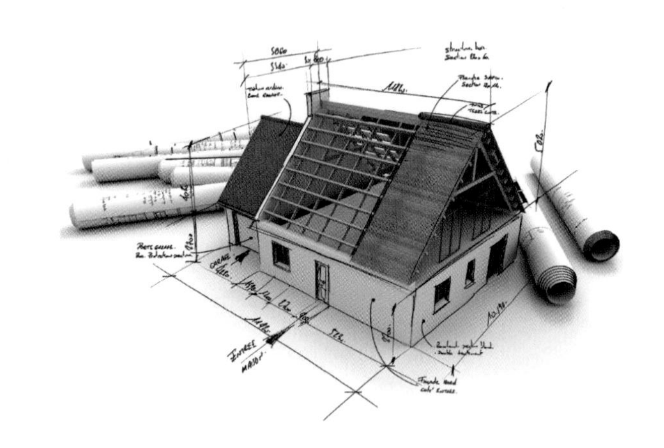

2015년 국내 건설 수주 전망

구분	2012			2013			2014			2015E
	상반기	하반기	연간	상반기	하반기	연간	상반기	하반기	연간	연간
건설 수주액 (조원, 당해년 가격)										
공공	15.2	18.8	34.1	15.0	21.1	36.2	21.7	17.8	39.5	40.3
민간	39.6	27.9	67.4	24.1	31.0	55.1	28.0	37.4	65.4	69.7
토목	21.4	14.3	35.7	14.1	15.8	29.9	18.0	14.5	32.6	34.0
건축	33.4	32.4	65.8	25.0	36.4	61.4	31.6	40.7	72.3	76.0
주거	17.3	17.0	34.3	10.8	18.5	29.3	16.2	22.6	38.8	41.8
비주거	16.1	15.5	31.5	14.2	17.9	32.1	15.4	18.1	33.5	34.2
계	54.8	46.7	101.5	39.2	52.2	91.3	49.7	55.2	104.9	110.0
증감률 (%, 전년 동기비)										
공공	5.2	-14.9	-7.0	-1.4	12.3	6.1	44.4	-15.8	9.2	2.0
민간	11.6	-27.8	-9.0	-39.0	11.3	-18.2	15.9	20.7	18.6	6.6
토목	21.2	-32.6	-8.1	-34.0	10.5	-16.2	27.4	-7.7	8.9	4.4
건축	3.4	-18.1	-8.4	-25.1	12.2	-6.7	26.5	11.8	17.8	5.1
주거	15.5	-28.4	-11.4	-37.6	8.9	-14.6	49.6	22.4	32.5	7.8
비주거	-7.1	-2.7	-5.0	-11.6	15.9	1.9	8.9	0.9	4.4	2.0
계	9.7	-23.1	-8.3	-28.6	11.7	-10.0	26.8	5.9	14.9	4.9

주 : 2014년 하반기 및 2015년은 한국건설산업연구원 전망치. 자료 : 대한건설협회

부동산시장 다시 살아날 것인가?

부동산 경기는 정부의 정책에 가장 큰 영향을 받는다. 2기 내각 출범 이후 다양한 규제 완화 정책이 나오면서 시장 반전 기대감이 커지고 있다. 소비 심리지수가 큰 폭으로 상승하는 것도 긍정적인 요인이다. 2014년에는 실수요와 교체수요가 시장에 진입하면서 주택 수요가 다소 늘어났다. 2015년은 장기적 투자수요 진입이 변수가 될 전망이다.

아파트의 경우, 신규 분양시장과 재건축시장이 재고 주택시장보다 호황을 누리고 있다. 수요자의 관심이 신규 분양에 집중되면서 가격 상승 및 미분양 감소 효과가 동시에 나타나고 있다. 수요가 꿈틀거리면서 금융업계의 대응도 빨라지고 있다. 초저금리 상황에서 금융 투자 상품의 수익률과 안정성이 낮아져 유동성 자금이 부동산시장으로 유입될 가능성이 높아졌기 때문이다.

긍정적인 신호 이면에 남아 있는 부정적인 요인들은 여전히 경계 대상이다. 글로벌 경기가 완전히 회복 국면에 진입했다고 보기 어렵고, 내수경기도 여전히 불안하기 때문이다.

한편, 부동산시장의 열쇠는 서울을 포함한 수도권 아파트와 전세난 문제가 쥐고 있다 해도 과언이 아닐 것이다. 2015년 수도권 주택시장은 완만한 상승세가 이어지나 상승폭은 2014년보다 소폭이어서 2.0%에 그칠 전망이다. 아울러 지방 주택시장 상승폭도 2014년에 비해 둔화되어 1.0% 오를 전망이다.

시공능력평가로 본 건설사 순위 싸움

건설업 시공능력평가 순위는 건설사들의 경영 성적표로 작용한다. 2014년의 경우, 해외 사업과 국내 주택 사업에서 선전한 건설사들 순위가 많이 올랐고, 대규모 적자를 기록했거나 워크아웃 등 경영 상태가 좋지 않은 기업들은 당연히 하락했다.

9년 만에 1위를 탈환한 삼성물산의 저력은 해외 사업에서 비롯했다. 해외에서만 2013년 14조 3,490억 원을 수주(전체 신규 수주액의 73%)했다. 특히 오스트레일리아 로이힐 광산 개발 프로젝트가 컸다. 도급 규모만 5조 5,000억 원으로 2014년 상반기에만 1조 원이 넘는 매출액을 올렸다.

현대자동차그룹의 파워도 두드러진다. 계열사인 현대건설은 2위로 밀리긴 했지만 해외 플랜트 공사 실적이 반영되는 산업 환경 설비 공사 부문에서 사상 처음 10조 원을 돌파했다. 우즈베키스탄 탈리마잔 발전소, 베트남 몽주엉 화력발전소 공사에서 탁월한 성과를 거뒀다. 54위였던 현대엔지니어링은 현대엠코를 합병하면서 단숨에 10위로 올라 '톱10' 건설사 대열에 합류했다.

5위였던 포스코건설은 주택과 건축 부문 약진으로 3위까지 올랐고, 10위였던 한화건설은 이라크 주택 사업 매출에 힘입어 9위로 올라섰다.

지방에서 주택 사업으로 성공한 중소건설사들의 순위 상승도 눈길을 끈다. 모아종합건설은 145위에서 90위로 55계단 뛰었고, 한림건설은 100위에서 58위까지 상승했다. 호반건설(15위)과 부영주택(16위)도 선전했다. 금융위기 직후인 2009년만 해도 호반건설은 77위, 부영주택은 60위였다. 이들은 지방 인기 지역에서 잇달아 분양에 성공하면서 빠르게 성장하고 있다.

한편, 대규모 적자를 내거나 경영 사정이 좋지 않은 건설사들이 순위가 추락한 것은 인지상정이다. 연간 영업 적자를 기록한 대우건설이 3위에서 5위로, 현대산업개발은 9위에서 13위로 내려갔다. 1조 원 가량 적자를 낸 삼성엔지니어링은 11위에서 29위로 18계단이나 곤두박질쳤다.

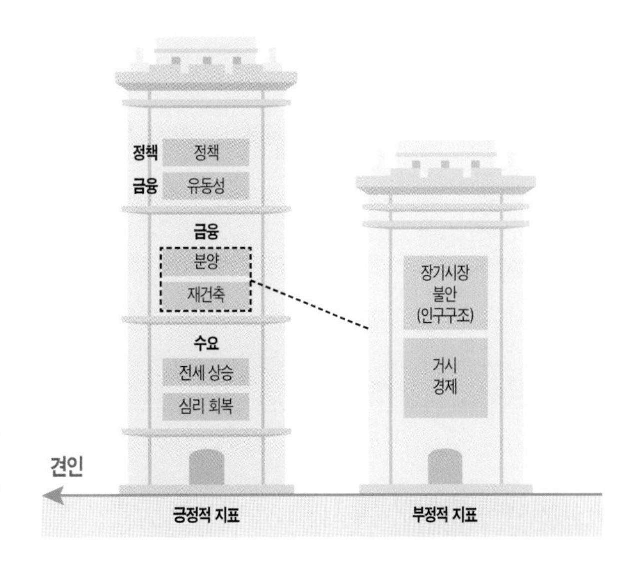
정책
정책
금융
유동성
금융
분양
재건축
수요
전세 상승
심리 회복
장기시장
불안
(인구구조)
거시
경제
견인
긍정적 지표
부정적 지표

13 | 건설자재·가구 업계

업계
규모

- ■ 시멘트 내수 규모 4,517만 톤
- ■ 레미콘 내수 규모 1억 3,839만 m^3
- ■ 페인트 시장규모 3조 1,000억 원
- ■ 주방가구 시장규모 1조 4,000억 원

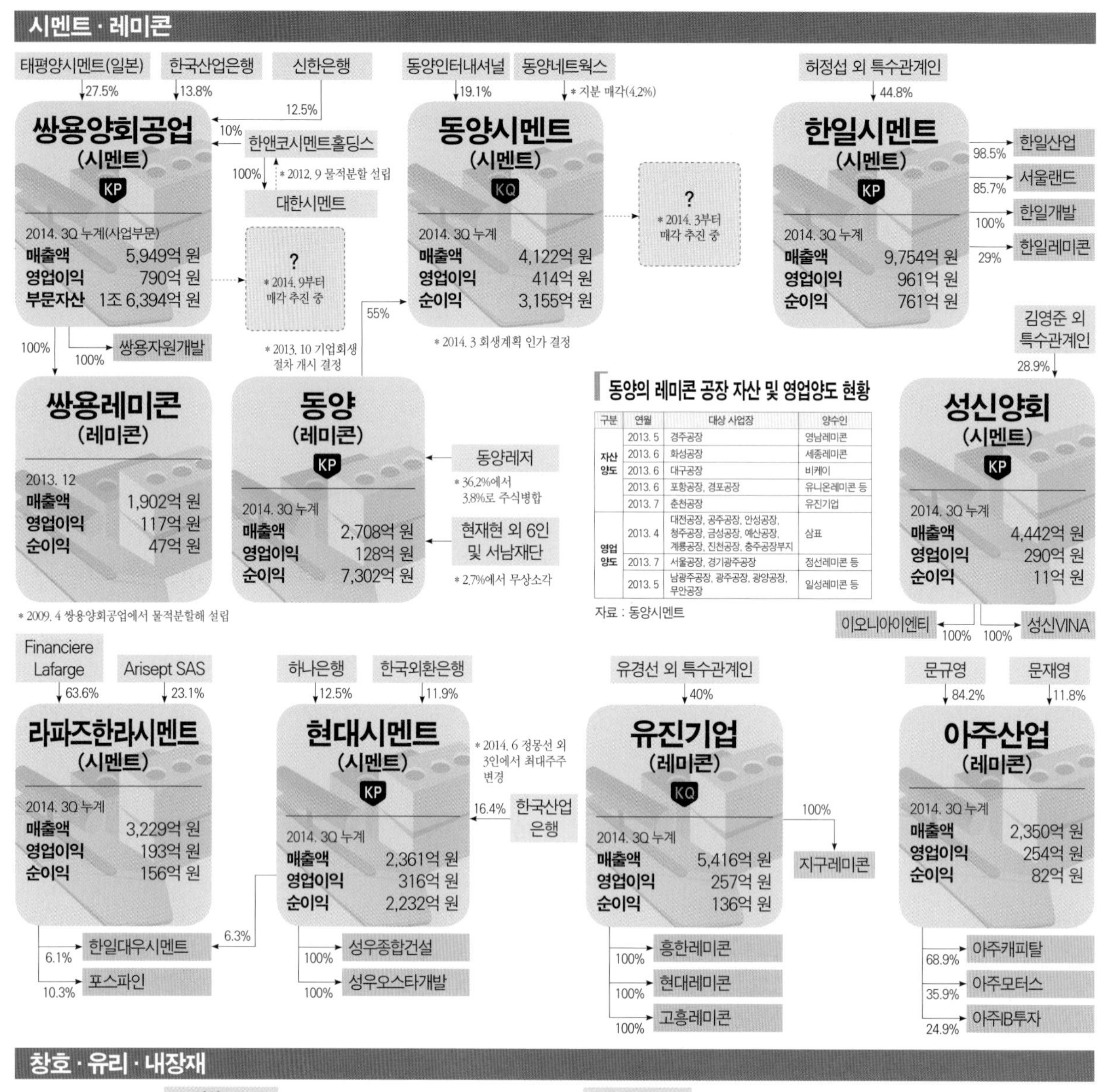

시멘트 · 레미콘
태평양시멘트(일본) 27.5%
한국산업은행 13.8%
신한은행 12.5%
쌍용양회공업 (시멘트) KP
2014. 3Q 누계(사업부문)
매출액 5,949억 원
영업이익 790억 원
부문자산 1조 6,394억 원
10% 한앤코시멘트홀딩스
100% * 2012. 9 물적분할 설립
대한시멘트
? * 2014. 9부터 매각 추진 중
100% 쌍용자원개발
100%
쌍용레미콘 (레미콘)
2013. 12
매출액 1,902억 원
영업이익 117억 원
순이익 47억 원
* 2009. 4 쌍용양회공업에서 물적분할해 설립
동양인터내셔널 19.1%
동양네트웍스 * 지분 매각(4.2%)
동양시멘트 (시멘트) KQ
2014. 3Q 누계
매출액 4,122억 원
영업이익 414억 원
순이익 3,155억 원
* 2014. 3 회생계획 인가 결정
55%
* 2013. 10 기업회생 절차 개시 결정
동양 (레미콘) KP
2014. 3Q 누계
매출액 2,708억 원
영업이익 128억 원
순이익 7,302억 원
동양레저 * 36.2%에서 3.8%로 주식병합
현재현 외 6인 및 서남재단 * 2.7%에서 무상소각
? * 2014. 3부터 매각 추진 중
허정섭 외 특수관계인 44.8%
한일시멘트 (시멘트) KP
2014. 3Q 누계
매출액 9,754억 원
영업이익 961억 원
순이익 761억 원
98.5% 한일산업
85.7% 서울랜드
100% 한일개발
29% 한일레미콘
김영준 외 특수관계인 28.9%
성신양회 (시멘트) KP
2014. 3Q 누계
매출액 4,442억 원
영업이익 290억 원
순이익 11억 원
이오니아이엔티 100%
100% 성신VINA
Financiere Lafarge 63.6%
Arisept SAS 23.1%
라파즈한라시멘트 (시멘트)
2014. 3Q 누계
매출액 3,229억 원
영업이익 193억 원
순이익 156억 원
6.1% 한일대우시멘트
10.3% 포스파인
하나은행 12.5%
한국외환은행 11.9%
현대시멘트 (시멘트) KP
* 2014. 6 정몽선 외 3인에서 최대주주 변경
16.4% 한국산업은행
2014. 3Q 누계
매출액 2,361억 원
영업이익 316억 원
순이익 2,232억 원
6.3%
100% 성우종합건설
100% 성우오스타개발
유경선 외 특수관계인 40%
유진기업 (레미콘) KQ
2014. 3Q 누계
매출액 5,416억 원
영업이익 257억 원
순이익 136억 원
100% 지구레미콘
100% 흥한레미콘
100% 현대레미콘
100% 고흥레미콘
문규영 84.2%
문재영 11.8%
아주산업 (레미콘)
2014. 3Q 누계
매출액 2,350억 원
영업이익 254억 원
순이익 82억 원
68.9% 아주캐피탈
35.9% 아주모터스
24.9% 아주IB투자

동양의 레미콘 공장 자산 및 영업양도 현황

구분	연월	대상 사업장	양수인
자산 양도	2013. 5	경주공장	영남레미콘
	2013. 6	화성공장	세종레미콘
	2013. 6	대구공장	비케이
	2013. 6	포항공장, 경포공장	유니온레미콘 등
	2013. 7	춘천공장	유진기업
영업 양도	2013. 4	대전공장, 공주공장, 안성공장, 청주공장, 금성공장, 예산공장, 계룡공장, 진천공장, 충주공장부지	삼표
	2013. 7	서울공장, 경기광주공장	정선레미콘 등
	2013. 5	남광주공장, 광주공장, 광양공장, 무안공장	일성레미콘 등

자료 : 동양시멘트

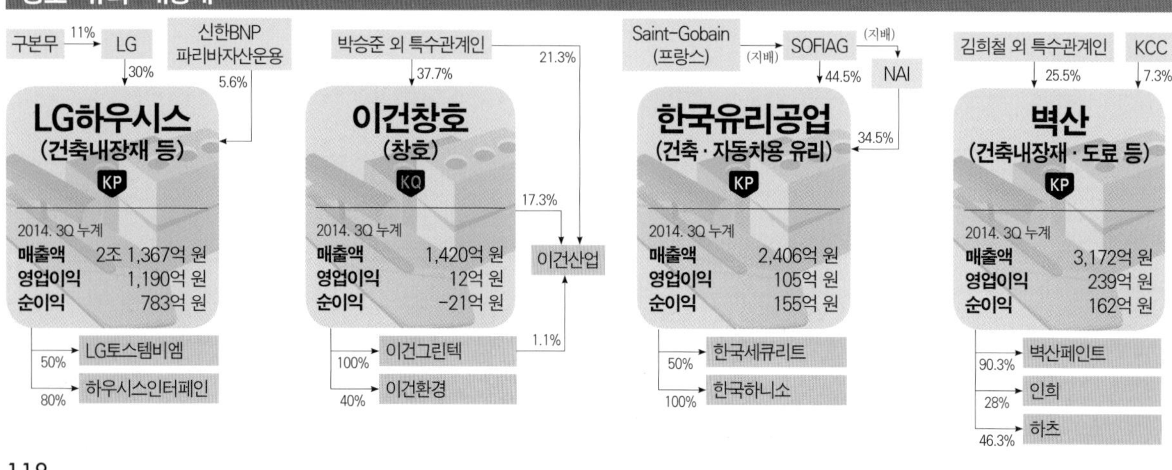

창호 · 유리 · 내장재
구본무 11% LG 30%
신한BNP 파리바자산운용 5.6%
LG하우시스 (건축내장재 등) KP
2014. 3Q 누계
매출액 2조 1,367억 원
영업이익 1,190억 원
순이익 783억 원
50% LG토스템비엠
80% 하우시스인터페인
박승준 외 특수관계인 37.7% 21.3%
이건창호 (창호) KQ
2014. 3Q 누계
매출액 1,420억 원
영업이익 12억 원
순이익 -21억 원
17.3% 이건산업
1.1%
100% 이건그린텍
40% 이건환경
Saint-Gobain (프랑스) (지배) SOFIAG (지배) NAI
44.5% 34.5%
한국유리공업 (건축 · 자동차용 유리) KP
2014. 3Q 누계
매출액 2,406억 원
영업이익 105억 원
순이익 155억 원
50% 한국세큐리트
100% 한국하니소
김희철 외 특수관계인 25.5%
KCC 7.3%
벽산 (건축내장재 · 도료 등) KP
2014. 3Q 누계
매출액 3,172억 원
영업이익 239억 원
순이익 162억 원
90.3% 벽산페인트
28% 인희
46.3% 하츠

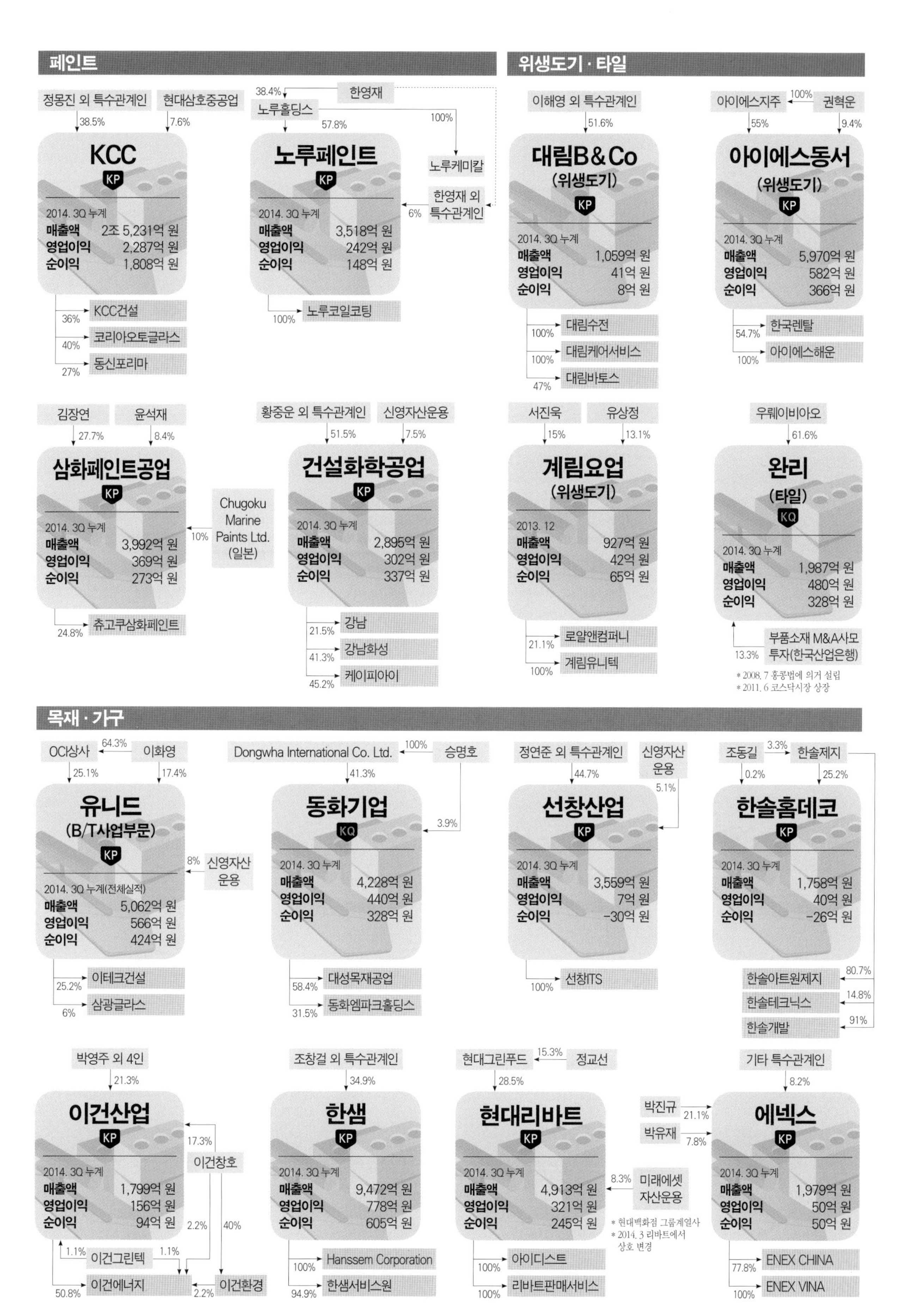
페인트
정몽진 외 특수관계인
38.5%
현대삼호중공업
7.6%
KCC
KP
2014. 3Q 누계
매출액 2조 5,231억 원
영업이익 2,287억 원
순이익 1,808억 원
36%
KCC건설
40%
코리아오토글라스
27%
동신포리마
한영재
38.4%
노루홀딩스
57.8%
100%
노루페인트
KP
2014. 3Q 누계
매출액 3,518억 원
영업이익 242억 원
순이익 148억 원
노루케미칼
한영재 외 특수관계인
6%
100%
노루코일코팅
위생도기·타일
이해영 외 특수관계인
51.6%
대림B&Co
(위생도기)
KP
2014. 3Q 누계
매출액 1,059억 원
영업이익 41억 원
순이익 8억 원
100%
대림수전
100%
대림케어서비스
47%
대림바토스
아이에스지주
100%
권혁운
55%
9.4%
아이에스동서
(위생도기)
KP
2014. 3Q 누계
매출액 5,970억 원
영업이익 582억 원
순이익 366억 원
54.7%
한국렌탈
100%
아이에스해운
김장연
27.7%
윤석재
8.4%
삼화페인트공업
KP
2014. 3Q 누계
매출액 3,992억 원
영업이익 369억 원
순이익 273억 원
Chugoku Marine Paints Ltd. (일본)
10%
24.8%
츄고쿠삼화페인트
황중운 외 특수관계인
51.5%
신영자산운용
7.5%
건설화학공업
KP
2014. 3Q 누계
매출액 2,895억 원
영업이익 302억 원
순이익 337억 원
21.5%
강남
41.3%
강남화성
45.2%
케이피아이
서진욱
15%
유상정
13.1%
계림요업
(위생도기)
2013. 12
매출액 927억 원
영업이익 42억 원
순이익 65억 원
21.1%
로얄앤컴퍼니
100%
계림유니텍
우쾌이비아오
61.6%
완리
(타일)
KQ
2014. 3Q 누계
매출액 1,987억 원
영업이익 480억 원
순이익 328억 원
13.3%
부품소재 M&A사모투자(한국산업은행)
* 2008. 7 홍콩법에 의거 설립
* 2011. 6 코스닥시장 상장
목재·가구
OCI상사
64.3%
이화영
25.1%
17.4%
유니드
(B/T사업부문)
KP
2014. 3Q 누계(전체실적)
매출액 5,062억 원
영업이익 566억 원
순이익 424억 원
8%
신영자산운용
25.2%
이테크건설
6%
삼광글라스
Dongwha International Co. Ltd.
100%
승명호
41.3%
3.9%
동화기업
KQ
2014. 3Q 누계
매출액 4,228억 원
영업이익 440억 원
순이익 328억 원
58.4%
대성목재공업
31.5%
동화엠파크홀딩스
정연준 외 특수관계인
44.7%
신영자산운용
5.1%
선창산업
KP
2014. 3Q 누계
매출액 3,559억 원
영업이익 7억 원
순이익 -30억 원
100%
선창ITS
조동길
3.3%
한솔제지
0.2%
25.2%
한솔홈데코
KP
2014. 3Q 누계
매출액 1,758억 원
영업이익 40억 원
순이익 -26억 원
80.7%
한솔아트원제지
14.8%
한솔테크닉스
91%
한솔개발
박영주 외 4인
21.3%
이건산업
KP
2014. 3Q 누계
매출액 1,799억 원
영업이익 156억 원
순이익 94억 원
17.3%
이건창호
2.2%
40%
1.1%
이건그린텍
1.1%
50.8%
이건에너지
2.2%
이건환경
조창걸 외 특수관계인
34.9%
한샘
KP
2014. 3Q 누계
매출액 9,472억 원
영업이익 778억 원
순이익 605억 원
100%
Hanssem Corporation
94.9%
한샘서비스원
현대그린푸드
15.3%
정교선
28.5%
현대리바트
KP
2014. 3Q 누계
매출액 4,913억 원
영업이익 321억 원
순이익 245억 원
8.3%
미래에셋자산운용
* 현대백화점 그룹계열사
* 2014. 3 리바트에서 상호 변경
100%
아이디스트
100%
리바트판매서비스
기타 특수관계인
8.2%
박진규
21.1%
박유재
7.8%
에넥스
KP
2014. 3Q 누계
매출액 1,979억 원
영업이익 50억 원
순이익 50억 원
77.8%
ENEX CHINA
100%
ENEX VINA

평형대별 인테리어 비용 (기준 : 부가세, 철거비, 공과잡비 미포함)

■ 거실 ■ 현관 ■ 욕실2 ■ 침실2 ■ 침실4
■ 주방 ■ 욕실1 ■ 침실1 ■ 침실3 ■ 침실5
( ) 안은 비중(%)

3,500
3,000
2,500
2,000
1,500
1,000
500
0
(만 원)

25평: 1,687
105(6)
226(13)
129(8)
327(19)
133(8)
490(29)
278(16)

38평: 2,343
95(4)
102(4)
237(10)
155(7)
314(13)
328(14)
128(5)
596(25)
386(16)

49평: 2,706
128(5)
135(5)
285(11)
253(9)
316(12)
331(12)
135(5)
622(23)
502(19)

60평: 3,050
100(3)
135(4)
170(6)
272(9)
309(10)
331(11)
349(11)
139(5)
652(21)
593(19)

자료 : KCC, 삼성증권

노후 건축물 현황 (기준 : 건축물 동수, 2013)

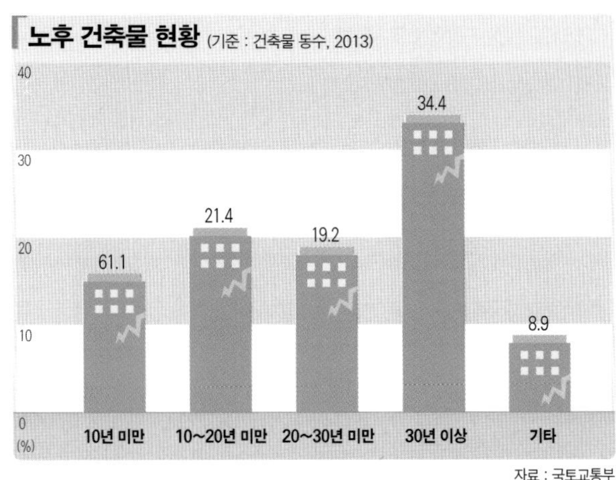

40
30
20
10
0
(%)
61.1
21.4
19.2
34.4
8.9
10년 미만
10~20년 미만
20~30년 미만
30년 이상
기타

자료 : 국토교통부

국내외 건축물 에너지소비증명제도* 시행 이력

* 에너지소비증명제도 : 건축물의 매매 · 임대 시 에너지 소요량과 에너지 사용량이 표시된 '건축물 에너지 평가서'를 거래 계약서에 첨부하도록 하는 제도

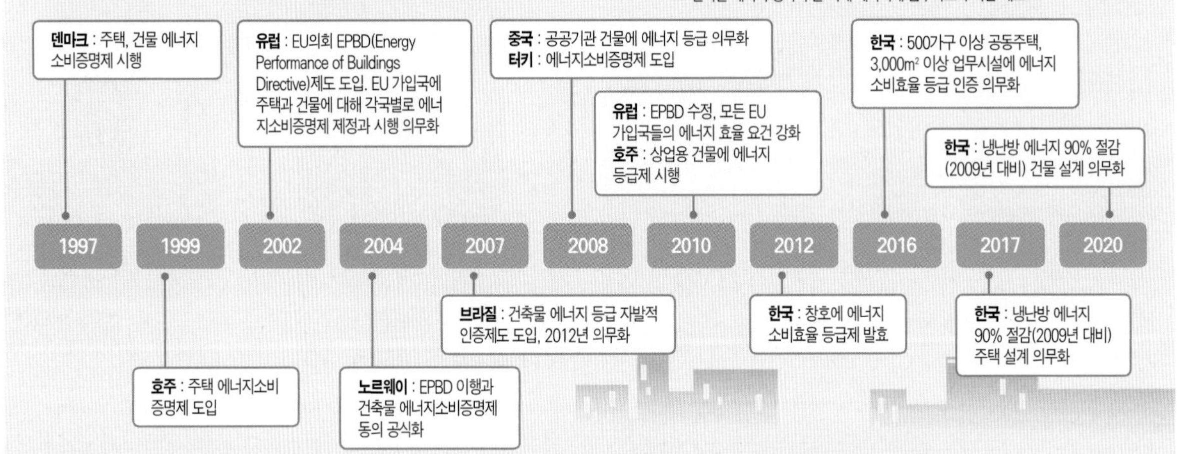

덴마크 : 주택, 건물 에너지 소비증명제 시행
유럽 : EU의회 EPBD(Energy Performance of Buildings Directive)제도 도입. EU 가입국에 주택과 건물에 대해 각국별로 에너지소비증명제 제정과 시행 의무화
중국 : 공공기관 건물에 에너지 등급 의무화
터키 : 에너지소비증명제 도입
유럽 : EPBD 수정, 모든 EU 가입국들의 에너지 효율 요건 강화
호주 : 상업용 건물에 에너지 등급제 시행
한국 : 500가구 이상 공동주택, 3,000m² 이상 업무시설에 에너지 소비효율 등급 인증 의무화
한국 : 냉난방 에너지 90% 절감 (2009년 대비) 건물 설계 의무화
1997
1999
2002
2004
2007
2008
2010
2012
2016
2017
2020
브라질 : 건축물 에너지 등급 자발적 인증제도 도입, 2012년 의무화
한국 : 창호에 에너지 소비효율 등급제 발효
한국 : 냉난방 에너지 90% 절감(2009년 대비) 주택 설계 의무화
호주 : 주택 에너지소비 증명제 도입
노르웨이 : EPBD 이행과 건축물 에너지소비증명제 등의 공식화

자료 : 기사 취합

시멘트산업 시장규모 추이

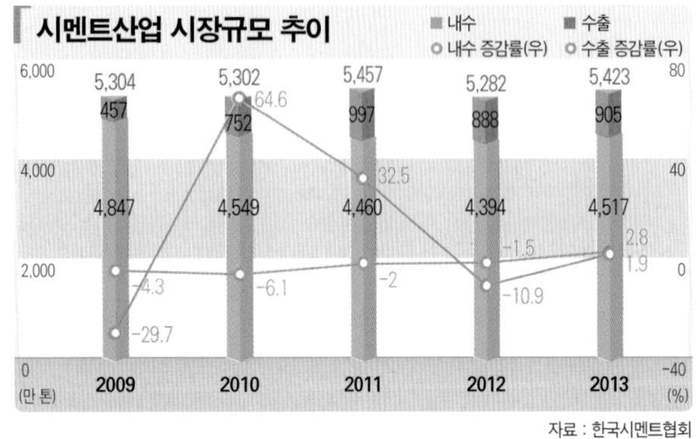

■ 내수
■ 수출
○ 내수 증감률(우)
○ 수출 증감률(우)
6,000
4,000
2,000
0
(만 톤)
80
40
0
-40
(%)
2009: 5,304 / 457 / 4,847 / -4.3 / -29.7
2010: 5,302 / 752 / 4,549 / 64.6 / -6.1
2011: 5,457 / 997 / 4,460 / 32.5 / -2
2012: 5,282 / 888 / 4,394 / -1.5 / -10.9
2013: 5,423 / 905 / 4,517 / 2.8 / 1.9

자료 : 한국시멘트협회

시멘트 내수시장 점유율 (기준 : 2013, 1종 시멘트)

쌍용양회공업 22.2
동양시멘트 12.5
성신양회 13
현대시멘트 10
기타 42.3
(%)

자료 : 한국시멘트협회

레미콘산업 시장규모 추이

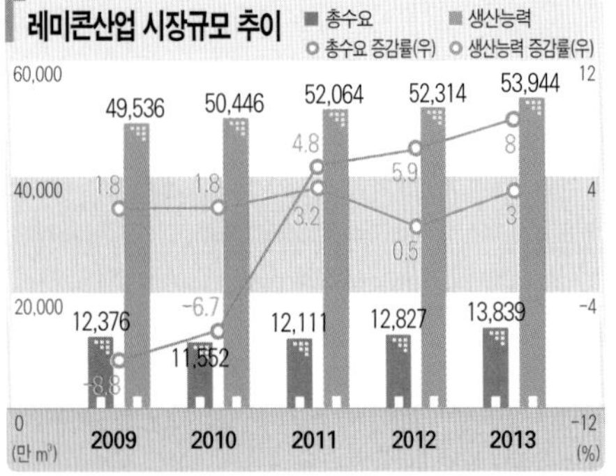

■ 총수요
■ 생산능력
○ 총수요 증감률(우)
○ 생산능력 증감률(우)
60,000
40,000
20,000
0
(만 m³)
12
4
-4
-12
(%)
2009: 49,536 / 12,376 / 1.8 / -8.8
2010: 50,446 / 11,552 / 1.8 / -6.7
2011: 52,064 / 12,111 / 4.8 / 3.2
2012: 52,314 / 12,827 / 5.9 / 0.5
2013: 53,944 / 13,839 / 8 / 3

자료 : 한국레미콘공업협회

레미콘 내수시장 점유율 (기준 : 수도권 출하량)

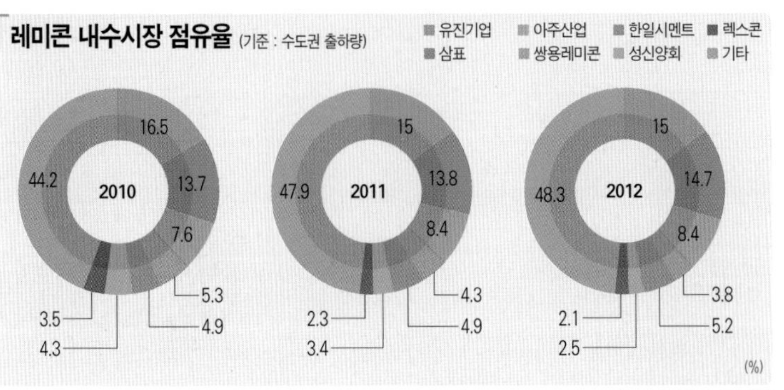

■ 유진기업 ■ 아주산업 ■ 한일시멘트 ■ 렉스콘
■ 삼표 ■ 쌍용레미콘 ■ 성신양회 ■ 기타
2010: 16.5 / 13.7 / 7.6 / 5.3 / 4.9 / 4.3 / 3.5 / 44.2
2011: 15 / 13.8 / 8.4 / 4.3 / 4.9 / 3.4 / 2.3 / 47.9
2012: 15 / 14.7 / 8.4 / 3.8 / 5.2 / 2.5 / 2.1 / 48.3
(%)

자료 : 한국레미콘공업협회

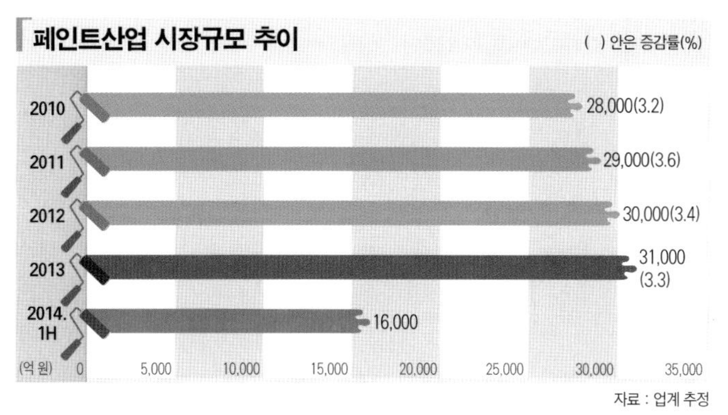
페인트산업 시장규모 추이
( ) 안은 증감률(%)
2010 28,000(3.2)
2011 29,000(3.6)
2012 30,000(3.4)
2013 31,000 (3.3)
2014. 1H 16,000
(억 원) 0 5,000 10,000 15,000 20,000 25,000 30,000 35,000

자료 : 업계 추정

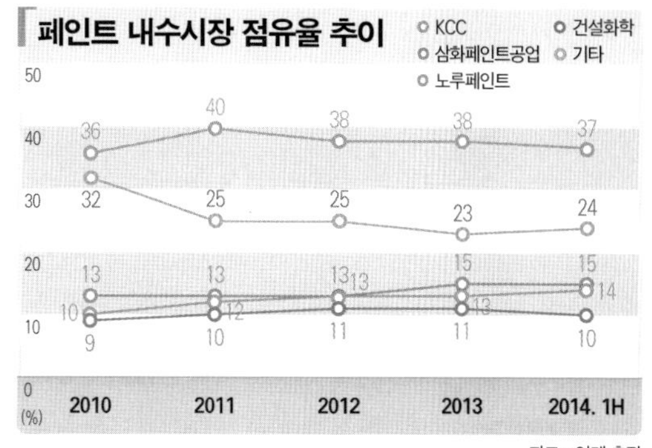
페인트 내수시장 점유율 추이
KCC
건설화학
삼화페인트공업
기타
노루페인트
50
40
30
20
10
0
(%)
36 40 38 38 37
32 25 25 23 24
13 13 13 13 15 15 14
10 12 13
9 10 11 11 10
2010 2011 2012 2013 2014. 1H

자료 : 업계 추정

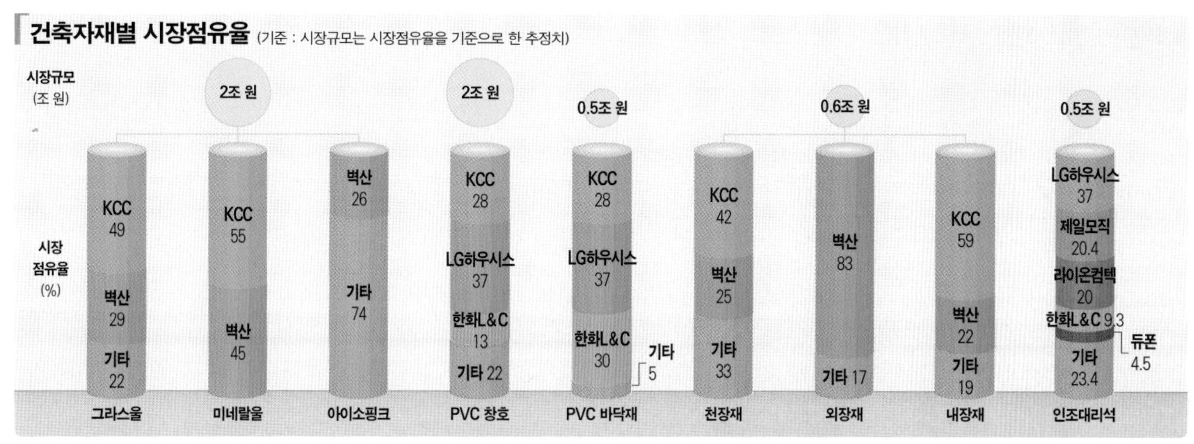
건축자재별 시장점유율 (기준 : 시장규모는 시장점유율을 기준으로 한 추정치)
시장규모 (조 원)
2조 원
2조 원
0.5조 원
0.6조 원
0.5조 원
시장 점유율 (%)
KCC 49
벽산 29
기타 22
그라스울
KCC 55
벽산 45
미네랄울
벽산 26
기타 74
아이소핑크
KCC 28
LG하우시스 37
한화L&C 13
기타 22
PVC 창호
KCC 28
LG하우시스 37
한화L&C 30
기타 5
PVC 바닥재
KCC 42
벽산 25
기타 33
천장재
벽산 83
기타 17
외장재
KCC 59
벽산 22
기타 19
내장재
LG하우시스 37
제일모직 20.4
라이온컴텍 20
한화L&C 9.3
듀폰 4.5
기타 23.4
인조대리석

자료 : 각사, 삼성증권

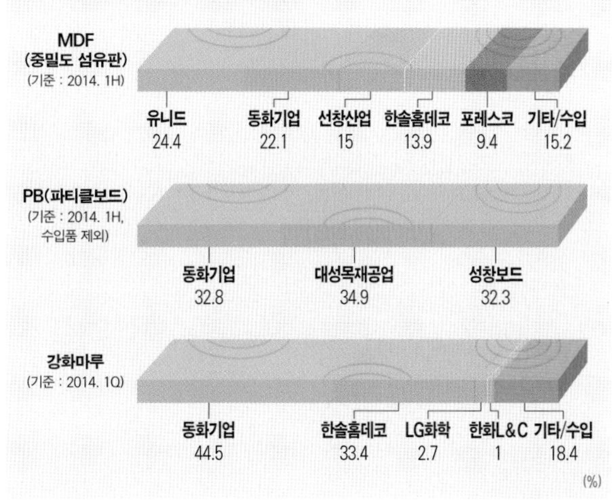
목재류 건축자재 시장점유율
MDF (중밀도 섬유판) (기준 : 2014. 1H)
유니드 24.4
동화기업 22.1
선창산업 15
한솔홈데코 13.9
포레스코 9.4
기타/수입 15.2
PB(파티클보드) (기준 : 2014. 1H, 수입품 제외)
동화기업 32.8
대성목재공업 34.9
성창보드 32.3
강화마루 (기준 : 2014. 1Q)
동화기업 44.5
한솔홈데코 33.4
LG화학 2.7
한화L&C 1
기타/수입 18.4
(%)

자료 : 한국합판보드협회, 동화기업

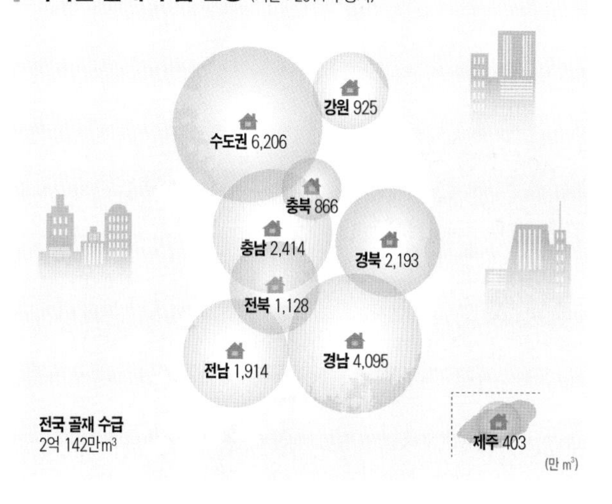
지역별 골재 수급 전망 (기준 : 2014 추정치)
강원 925
수도권 6,206
충북 866
충남 2,414
경북 2,193
전북 1,128
경남 4,095
전남 1,914
전국 골재 수급 2억 142만m³
제주 403
(만 m³)

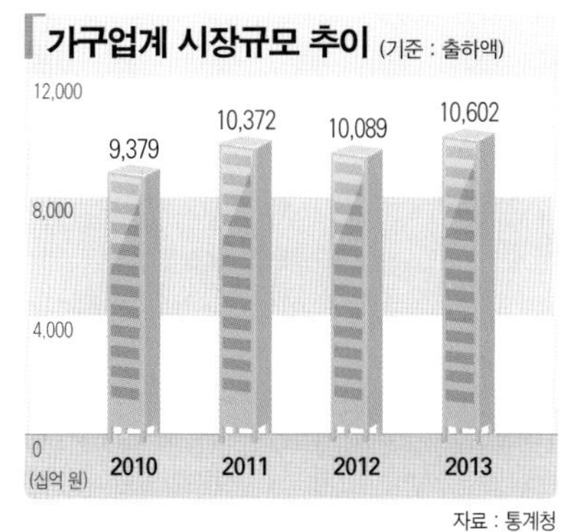
가구업계 시장규모 추이 (기준 : 출하액)
12,000
8,000
4,000
0
(십억 원)
9,379 10,372 10,089 10,602
2010 2011 2012 2013

자료 : 통계청

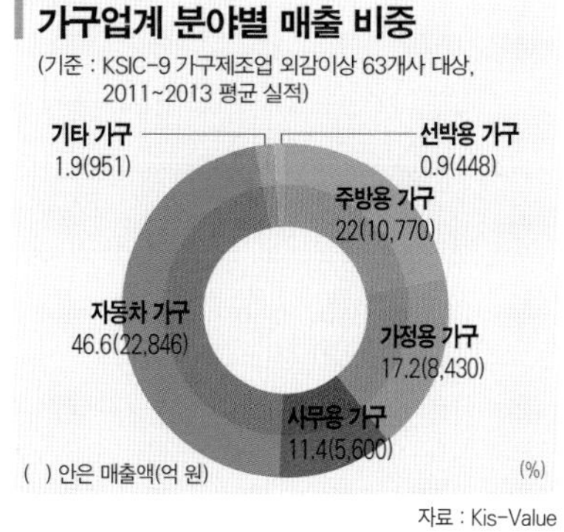
가구업계 분야별 매출 비중
(기준 : KSIC-9 가구제조업 외감이상 63개사 대상, 2011~2013 평균 실적)
기타 가구 1.9(951)
선박용 가구 0.9(448)
주방용 가구 22(10,770)
자동차 가구 46.6(22,846)
가정용 가구 17.2(8,430)
사무용 가구 11.4(5,600)
( ) 안은 매출액(억 원)
(%)

자료 : Kis-Value

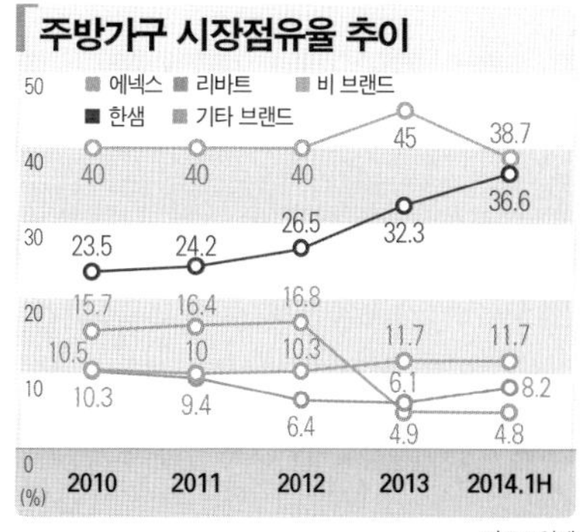
주방가구 시장점유율 추이
에넥스 리바트 비 브랜드
한샘 기타 브랜드
50
40
30
20
10
0
(%)
40 40 40 45 38.7
23.5 24.2 26.5 32.3 36.6
15.7 16.4 16.8 11.7 11.7
10.5 10 10.3 6.1 8.2
10.3 9.4 6.4 4.9 4.8
2010 2011 2012 2013 2014.1H

자료 : 업계

건자재 맑음, 시멘트 비, 가구는 이케아에게 물어봐

건자재와 시멘트를 비롯해 가구(이하 건자재) 업황은 전방산업인 건설 경기에 커다란 영향을 받는다. 지난 수년 동안 부동산시장 침체와 함께 건설 경기가 맥을 못 추면서 건자재산업도 불황의 늪에서 허우적댔다.

최근 건자재 업황이 서서히 회복세를 보이고 있다. 2014년 아파트 분양 가구 수가 33만 5,000가구로 전년보다 19% 늘어나면서, '건설 수주액 증가 → 착공 면적 증가 → 건설 기성액 증가 → 건자재 업체 매출 증가'라는 선순환 구조가 나타나기 시작했다. 건설 수주액이 늘어나면서 평균 공사비도 가구당 6,600만 원에서 7,900만 원으로 19% 증가했다. 이런 추세라면 2015년에는 8,500만 원까지도 기대해볼 수 있을 전망이다.

한·중FTA, 건자재업계에 약될까 독될까?

건자재업계에 건설 경기 다음으로 중차대한 이슈는 한·중FTA다. 한·중FTA 타결 소식에 건자재업계 안에서는 기업 규모에 따라 희비가 엇갈렸다. 바닥재와 창호 등을 생산하는 대형 건자재 업체들은 한·중FTA 체결로 받을 영향이 그다지 크지 않을 전망이다. 중국 내수 시장에 공급되는 건자재는 중국 현지 공장에서 생산해 유통하고 있기 때문이다.

대형 건자재 업체의 경우, 지금까지 중국으로 제품 수출 시 고율의 관세가 부과돼 왔지만 FTA 체결로 관세가 폐지됨에 따라 중국기업들과의 가격 격차가 줄어드는 것은 호재가 아닐 수 없다. 특히 고기능성을 갖춘 국내 건자재가 이미 중국 시장에서 경쟁력을 갖추고 있는 만큼 관련 시장을 더욱 확대해 나갈 수 있을 것으로 기대를 모은다.

한편, 단일 품목을 생산하고 있는 중소 건자재 업체들에게는 한·중FTA가 위협 요소로 작용할 수 있다. 수출보다 내수 비중이 높은 판유리 업체들이나 합판 제조사들은 중국산 공세를 크게 우려하는 눈치다. 중국산 판유리는 막대한 생산력을 무기로 국내 시장에 침투하고 있는 만큼 이번 FTA를 계기로 국내 유리산업 전체의 기반을 흔들 수도 있다. 합판 제조 업계도 판유리와 다르지 않다. 이미 국내에 유통되는 합판 중 절반 이상이 수입산인 바, 저가 중국산 합판 수입이 증가하면 국내 합판업계가 곤란을 겪게 되는 것은 불을 보듯 뻔하다.

시멘트업계 최대 위기! _ 업황 부진에 유해성 논란, 대표 기업들 인수합병 매물로 나오기까지

건설 경기가 회복세에 접어들면서 건자재 업황도 기지개를 펴고 있지만, 유독 시멘트만은 부진의 늪에서 빠져 나오지 못하고 있다. 엎친데 덮친 격으로 국내 시멘트 제품의 유해성 논란이 불거지면서 업계가 이중고를 겪고 있다. 국회 국정감사에서 일본산 석탄재를 활용한 국내 시멘트 제품의 방사능 오염 논란이 일어난데 이어, 폐타이어를 연료로 활용한 시멘트 제품의 유해성 논란까지 제기되고 있다.

아울러 1위와 2위인 쌍용양회와 동양시멘트가 매물로 나오면서 업계 재편이 임박했다는 전망까지 나오고 있다. 쌍용양회 채권단은 출자전환으로 보유하게 된 지분 46.8%를 매각하는 방안을 각 채권단에 안건으로 통보했다. 채권단은 산업은행(13.8%), 신한은행(12.4%), 서울보증보험(10.5%), 한앤컴퍼니(10.0%) 등이다. 동양시멘트도 법원에서 매각 방식이 결정되면 매물로 나오게 된다. 채무 변제를 위해서는 2015년까지 동양시멘트 지분 54.9%를 처분해야 한다. 현재 법원은 동양시멘트 최대주주인 (주)동양과 함께 매각할지 단독으로 매각할지 고민 중이다.

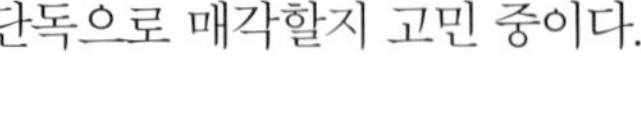

쌍용양회와 동양시멘트 인수에 관심을 보이는 곳은 시멘트업계 M&A로 유명한 사모펀드(PEF) 한앤컴퍼니와 한일시멘트, 아세아시멘트 등이다. 유진기업, 삼표, 아주산업 등 레미콘 업체들도 사업 다각화를 위해 관심을 보이고 있다. 이 가운데 특히 사모펀드인 한앤컴퍼니가 유력한 인수 대상자로 꼽힌다. 시멘트 회사에 관심이 많은 한앤컴퍼니는 이미 쌍용양회 지분 10%를 보유하고 있으며, 2012년에는 대한시멘트와 유진기업 광양 시멘트 공장도 인수했다. 한일시멘트와 아세아시멘트도 인수에 성공하면 당장 업계 1위로 올라설 수 있어 유력한 후보군으로 거론된다.

국내 시멘트산업은 상위 7개사 점유율이 90%에 육박하는 과점 체제다. 건설 콘크리트 공사에서 시멘트를 대체할 자재가 없고, 공사 지연에 따른 비용 부담이 크기 때문에 업계 구조조정이 이뤄지면 시장지배력이 견고해진다. 바람 잘 날 없는 시멘트업계에 2015년과 2016년은 중대한 변곡점이 될 전망이다.

이케아, 한국에서의 성공 확률은?

세계적인 가구 브랜드 이케아가 2014년 12월 경기 광명 일직동에 1호점을 전격 오픈했다. 이케아 광명점은 연면적 13만 1,550m²에 지하 3층 지상 2층 규모로, 이케아 전 세계 매장 중 가장 크다. 이케아는 2020년까지 경기도 고양 일산과 서울 강동 등지에 2호점과 3호점을 오픈할 계획이다. 이케아 3호점까지 문을 연다면 한국 가구산업 전체가 크게 위축될 가능성이 높다는 게 업계의 분석이다.

아직 이케아의 성공을 판단하기에는 섣부르지만 업계에서는 이케아의 국내 진출을 두고 의견이 분분하다. 이케아 국내 진출을 긍정적인 측면에서 바라보는 시각에서는, 오히려 국내 가구업계의 외형을 키울 것으로 전망한다. 대형 가구 전문 업체인 한샘과 현대 리바트 등의 경우는 구매층이 달라 이케아와의 정면 승부에서 밀리지 않을 것으로 보고 있다. 기존 고객들도 단순히 가구만 구매하던 소비 행태에서 벗어나 '홈 퍼니싱'(home furnishing)이라는 새로운 구매 형태를 보이면서 기존 가구 업체의 매출도 함께 늘어날 것으로 예상한다. 아울러 이케아 가구가 국내 소비층에는 적합하지 않다는 주장도 설득력 있다. 주로 가구를 처음 구매하는 소비층이 신혼부부인데, 국내 정서상 신혼살림용으로 이케아와 같은 중저가형 가구는 맞지 않다는 분석이다.

한편, 이케아 진출로 국내 가구 업체들이 큰 타격을 입을 것이라는 분석도 만만치 않게 제기된다. 전세 값이 천정부지로 오르면서 신혼부부들이 결혼을 할 때 집에 투자하는 돈이 많아지면서 상대적으로 가구에 쓰는 비용이 줄어들게 됨에 따라, 이케아와 같은 중저가 업체로 발길을 돌릴 가능성이 높다는 것이다. 특히 국내 가구 업체들이 4인 가족 가구에 주력하는 동안, 이케아는 2년간의 연구 끝에 1~2인 가구와 월세 트렌드를 읽어내고 가구 사이즈와 포장규격을 정형화하는 등 현지화까지 끝마친 상황이다.

이케아가 국내 시장에서 글로벌 성공 신화를 이어갈 수 있을지는 앞으로 2년 정도는 지켜봐야 어느 정도 윤곽이 나올 전망이다. 그 2년이라는 기간은 이케아 뿐만 아니라 국내 가구 업체들에게도 대단히 중요한 시기가 될 것이다.

14 | 조선업계

업계 규모

- ■ **한국 신조선 수주량** 1,608만 CGT(411억 달러)
- ■ **세계 시장 수주 점유율** 33%

* 비교 : 세계 1위 중국(1,991만 CGT, 41%), 3위 일본(720만 CGT, 14.8%)

* 순위는 2014. 3Q 누계 매출액 기준

대형 조선사 빅3, 해양플랜트*로 중심 이동 중

해양플랜트(Offshore) 바닷속에 있는 석유, 가스 등의 주요 자원을 개발하는 데 사용되는 설비

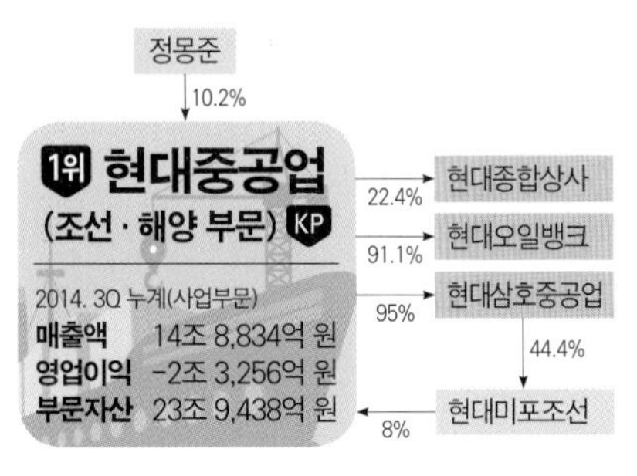

정몽준
10.2%
1위 현대중공업
(조선 · 해양 부문) KP
2014. 3Q 누계(사업부문)
매출액 14조 8,834억 원
영업이익 -2조 3,256억 원
부문자산 23조 9,438억 원
22.4% 현대종합상사
91.1% 현대오일뱅크
95% 현대삼호중공업
44.4%
8% 현대미포조선

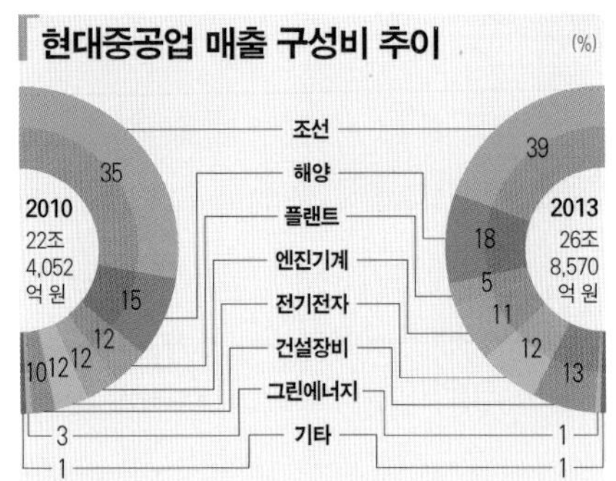

현대중공업 매출 구성비 추이
(%)
2010
22조 4,052 억 원
2013
26조 8,570 억 원
조선
해양
플랜트
엔진기계
전기전자
건설장비
그린에너지
기타
35
15
12
12
12
10
3
1
39
18
5
11
12
13
1
1

해양플랜트의 종류와 특성

1. 드릴십 : Stena IceMAX

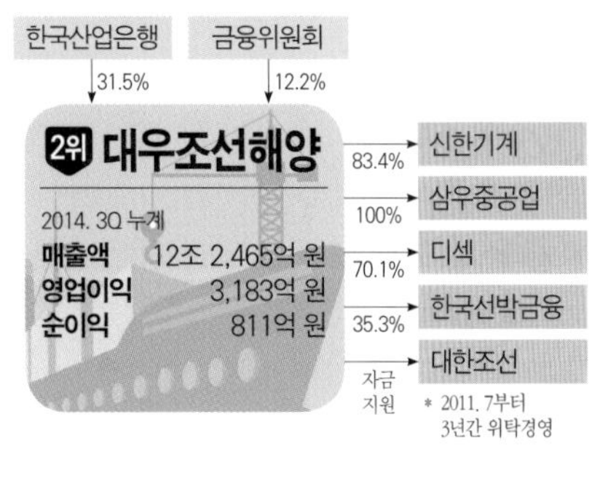

한국산업은행
금융위원회
31.5%
12.2%
2위 대우조선해양
2014. 3Q 누계
매출액 12조 2,465억 원
영업이익 3,183억 원
순이익 811억 원
83.4% 신한기계
100% 삼우중공업
70.1% 디섹
35.3% 한국선박금융
자금 지원 대한조선
* 2011. 7부터 3년간 위탁경영

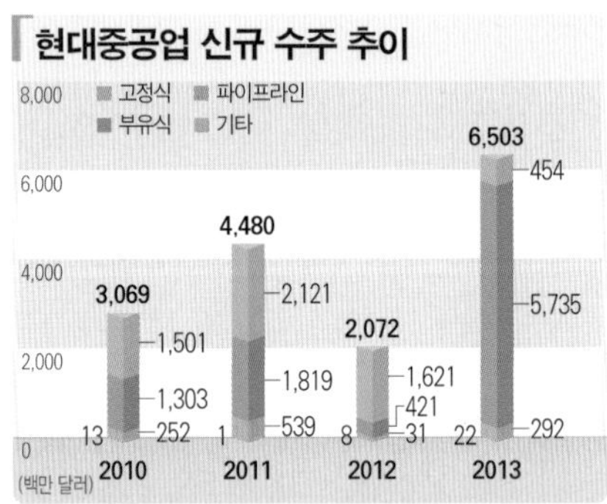

현대중공업 신규 수주 추이
8,000
6,000
4,000
2,000
0
(백만 달러)
■ 고정식 ■ 파이프라인
■ 부유식 ■ 기타
2010
3,069
1,501
1,303
252
13
2011
4,480
2,121
1,819
539
1
2012
2,072
1,621
421
31
8
2013
6,503
454
5,735
292
22

3. 잭업리그 : Ensco 102 잭업리그

5. TLP : TLP Shell's Olympus TLP Oilrig

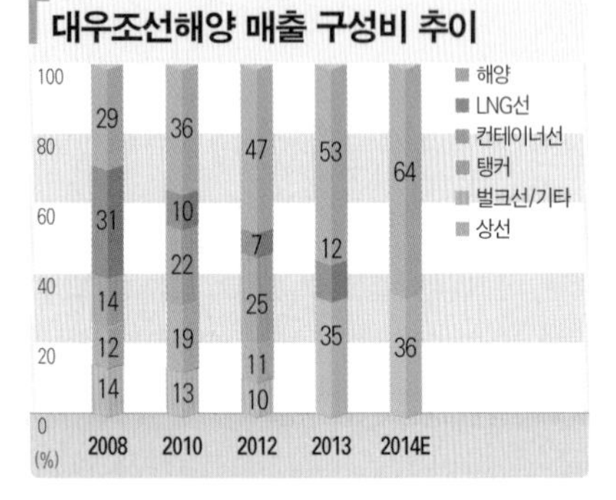

대우조선해양 매출 구성비 추이
100
80
60
40
20
0
(%)
■ 해양
■ LNG선
■ 컨테이너선
■ 탱커
■ 벌크선/기타
■ 상선
2008: 29, 31, 14, 12, 14
2010: 36, 10, 22, 19, 13
2012: 47, 7, 25, 11, 10
2013: 53, 12, 35
2014E: 64, 36

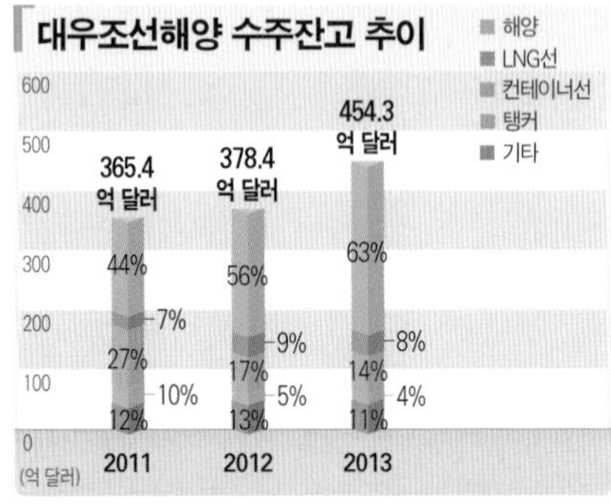

대우조선해양 수주잔고 추이
■ 해양
■ LNG선
■ 컨테이너선
■ 탱커
■ 기타
600
500
400
300
200
100
0
(억 달러)
2011
365.4 억 달러
44%
7%
27%
10%
12%
2012
378.4 억 달러
56%
9%
17%
5%
13%
2013
454.3 억 달러
63%
8%
14%
4%
11%

7. FPSO : 현대중공업 AKPO FPSO

구분		종류	
시추설비		1. 드릴십(Drill-ship : 시추선)	
		2. 세미리그(Semi-submersible Drilling Rig : 반잠수식 시추선)	
		3. 잭업리그(Jack-up Rig : 갑판승강형 리그)	
생산설비	고정식 설비	4. 고정식 플랫폼(Fixed Platform)	
	부유식 설비	FPU(부유식 원유 · 가스 생산설비) : 보통 반잠수식 형태이며 하부구조(Hull) 형상 등에 따라 TLP, SPAR로 구분	5. TLP(반잠수식 시추 플랫폼)
			6. SPAR
		7. FPSO(부유식 원유 생산 · 저장 · 하역 설비)	
		8. LNG-FPSO(일명 FLNG)	

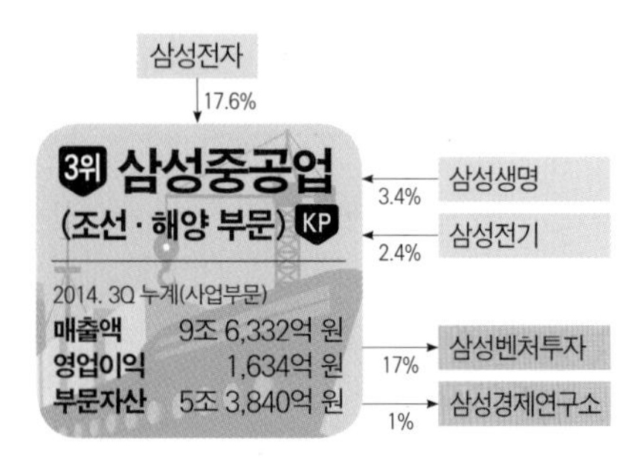

삼성전자
17.6%
3위 삼성중공업
(조선 · 해양 부문) KP
2014. 3Q 누계(사업부문)
매출액 9조 6,332억 원
영업이익 1,634억 원
부문자산 5조 3,840억 원
3.4% 삼성생명
2.4% 삼성전기
17% 삼성벤처투자
1% 삼성경제연구소

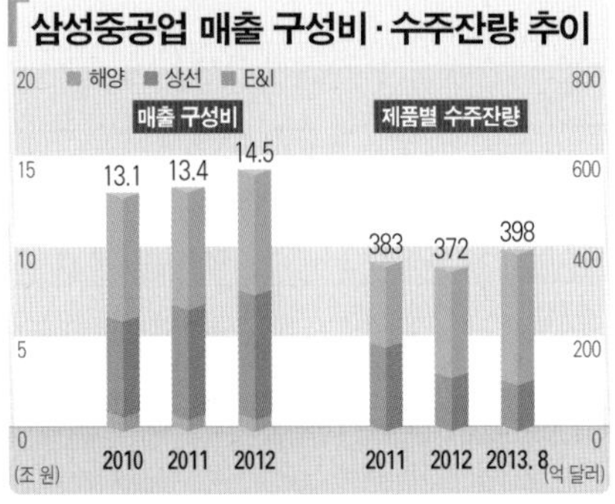

삼성중공업 매출 구성비 · 수주잔량 추이
■ 해양 ■ 상선 ■ E&I
매출 구성비
제품별 수주잔량
20
15
10
5
0
(조 원)
800
600
400
200
0
(억 달러)
13.1
13.4
14.5
2010 2011 2012
383
372
398
2011 2012 2013. 8

2. 세미리그 : 삼성중공업 세미리그

4. 고정식 플랫폼 : 대우조선해양 고정식 플랫폼

6. SPAR : Kikeh Spar Offshore Malaysia, JHA

8. LNG-FPSO : 현대중공업 FLNG

특징
선박 형태이므로 자력 항해가 가능하고 심해유전 시추에 적합
파랑 중에도 운동 성능이 뛰어나 파도가 높은 지역에 유리하고 심해유전 개발 가능
해저 면에 다리를 고정하고 시추를 하므로 비교적 낮은 수심의 유전개발에 사용. 중소형 규모가 대부분
해저 면에 하부구조물(콘크리트, 자켓, 타워 등)을 설치하고 그 위에 상부 생산설비(Topside)를 얹는 방식
반잠수식으로 물 위에 떠서 해저와 연결된 고장력 케이블로 파랑의 영향을 상쇄
기다란 실린더형 하부구조가 특징, 자켓이나 타워를 설치할 수 없는 심해용 생산설비
선박 형태의 원유 생산 · 저장 · 하역 설비
FPSO와 같지만 원유가 아닌 LNG를 처리

현대중공업
95%
4위 현대삼호중공업
2014. 3Q 누계
매출액 5조 7,673억 원
영업이익 -1조 4,206억 원
순이익 -1조 178억 원
44.4%
6.2% 현대상선 투자
7.6% KCC 투자
5위 현대미포조선
KP
2014. 3Q 누계
매출액 2조 8,081억 원
영업이익 -9,377억 원
순이익 -6,984억 원
8% 현대중공업
100% 미포엔지니어링
35% 현대자원개발
83.2% 하이투자증권
한국산업은행 * 2013. 12 최대주주 확보
32.4%
6위 STX조선해양
2014. 3Q 누계
매출액 2조 952억 원
영업이익 -2,223억 원
순이익 3,769억 원
(30.6%) STX
* 최대주주 지위 상실
4.3% 팬오션
10.6% STX중공업
100% 고성조선해양
* 2014. 4 상장 폐지
한진중공업홀딩스
32.2%
7위 한진중공업 (조선부문)
KP
2014. 3Q 누계(사업부문)
매출액 8,098억 원
영업이익 -760억 원
부문자산 2조 2,526억 원
22.3% 대륜발전
50% 별내에너지
91.1% 인천북항운영

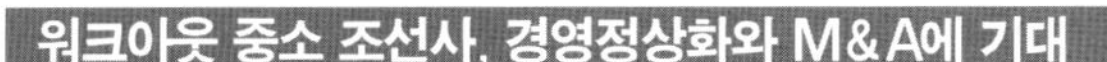
워크아웃 중소 조선사, 경영정상화와 M&A에 기대

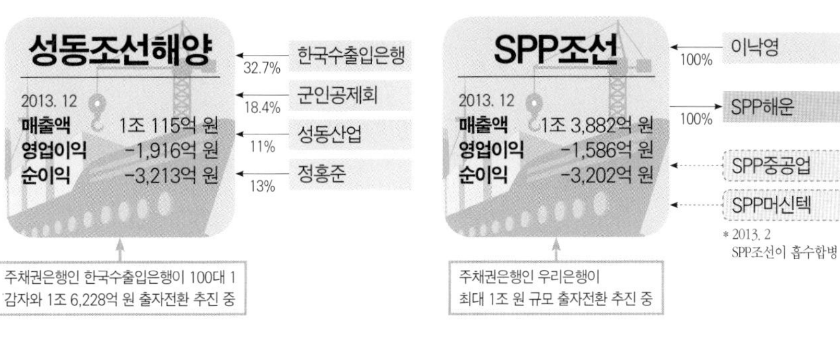
성동조선해양
2013. 12
매출액 1조 115억 원
영업이익 -1,916억 원
순이익 -3,213억 원
32.7% 한국수출입은행
18.4% 군인공제회
11% 성동산업
13% 정홍준
주채권은행인 한국수출입은행이 100대 1 감자와 1조 6,228억 원 출자전환 추진 중
SPP조선
2013. 12
매출액 1조 3,882억 원
영업이익 -1,586억 원
순이익 -3,202억 원
100% 이낙영
100% SPP해운
SPP중공업
SPP머신텍
* 2013. 2 SPP조선이 흡수합병
주채권은행인 우리은행이 최대 1조 원 규모 출자전환 추진 중

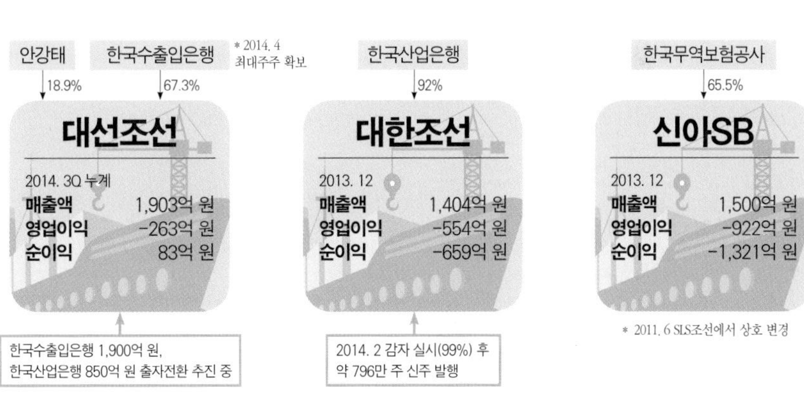
안강태 한국수출입은행 * 2014. 4 최대주주 확보
18.9% 67.3%
대선조선
2014. 3Q 누계
매출액 1,903억 원
영업이익 -263억 원
순이익 83억 원
한국수출입은행 1,900억 원, 한국산업은행 850억 원 출자전환 추진 중
한국산업은행
92%
대한조선
2013. 12
매출액 1,404억 원
영업이익 -554억 원
순이익 -659억 원
2014. 2 감자 실시(99%) 후 약 796만 주 신주 발행
한국무역보험공사
65.5%
신아SB
2013. 12
매출액 1,500억 원
영업이익 -922억 원
순이익 -1,321억 원
* 2011. 6 SLS조선에서 상호 변경

국내 유일의 국제 선박검사 대행기관, 한국선급

한국선급(KR)

2012. 12

설립 연월	1960. 6
매출액	1,258억 원
순이익	104억 원
임직원 수	877명
평균임금	4,964만 원

선급(船級, classification)
각국의 선급협회가 선박의 성능, 구조, 설비 등에 따라 상선(商船)에 매기는 등급. 선급은 선박을 매매 또는 대차할 때 평가기준이 되고, 외국 항로로 항해할 수 있다는 보증이 되기도 함.

부산시 강서구 한국선급 신사옥

국내 조선사 수주잔량 추이

■ 수주잔량(만 CGT)
○ 증감률(우)

연도	수주잔량(만 CGT)	증감률(%)
2009. 12	4,352	-20.6
2010. 12	3,456	-20.6
2011. 12	3,332	-3.6
2012. 12	2,825	-15.2
2013. 12	3,228	14.3
2014. 6	3,367	4.3

자료 : 한국조선해양플랜트협회

국내 조선사 업체별 수주잔량 점유율 추이

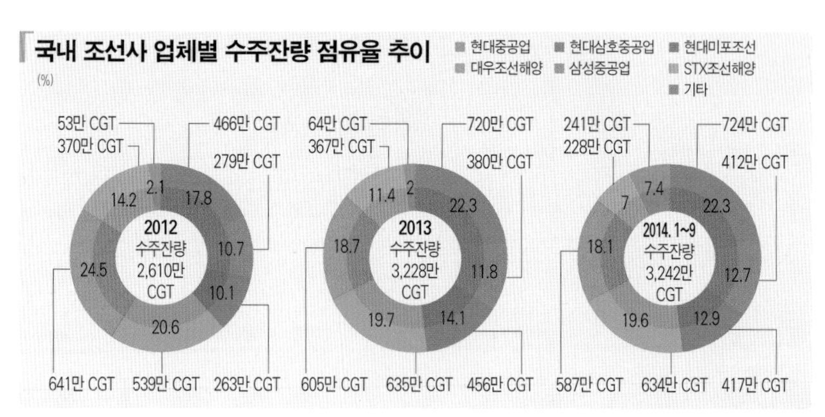

■ 현대중공업 ■ 현대삼호중공업 ■ 현대미포조선
■ 대우조선해양 ■ 삼성중공업 ■ STX조선해양
■ 기타
(%)
2012 수주잔량 2,610만 CGT
53만 CGT 370만 CGT 466만 CGT 279만 CGT
14.2 2.1 17.8 10.7 10.1 20.6 24.5
641만 CGT 539만 CGT 263만 CGT
2013 수주잔량 3,228만 CGT
64만 CGT 367만 CGT 720만 CGT 380만 CGT
11.4 2 22.3 11.8 14.1 19.7 18.7
605만 CGT 635만 CGT 456만 CGT
2014. 1~9 수주잔량 3,242만 CGT
241만 CGT 228만 CGT 724만 CGT 412만 CGT
7 7.4 22.3 12.7 12.9 19.6 18.1
587만 CGT 634만 CGT 417만 CGT

자료 : 한국조선해양플랜트협회

업체별 기본설비 현황 (기준 : 2012)

구분	기본설비(Dock 및 선대)(기)			안벽전장(m)
	B.D	F.D	B.B	
현대중공업	11			7,407
삼성중공업	3	4		7,800
대우조선해양	2	5	1	7,162
현대삼호중공업	2	1	1	2,833
현대미포조선	4			2,260
STX조선해양	1	4	1	3,050
한진중공업	3		2	1,883
대선조선	1	1	2	673
신아에스비	3	1		720

자료 : 한국조선해양플랜트협회

국내 중소조선소 수주액 추이

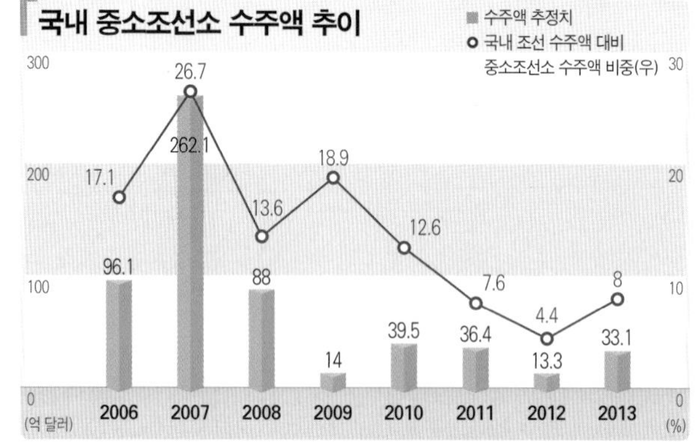

■ 수주액 추정치
○ 국내 조선 수주액 대비 중소조선소 수주액 비중(우)
2006 2007 2008 2009 2010 2011 2012 2013
96.1 262.1 88 14 39.5 36.4 13.3 33.1
17.1 26.7 13.6 18.9 12.6 7.6 4.4 8
(억 달러) (%)

자료 : 해외경제연구소, 한국수출입은행 재인용

세계 조선시장 발주량과 건조량 추이

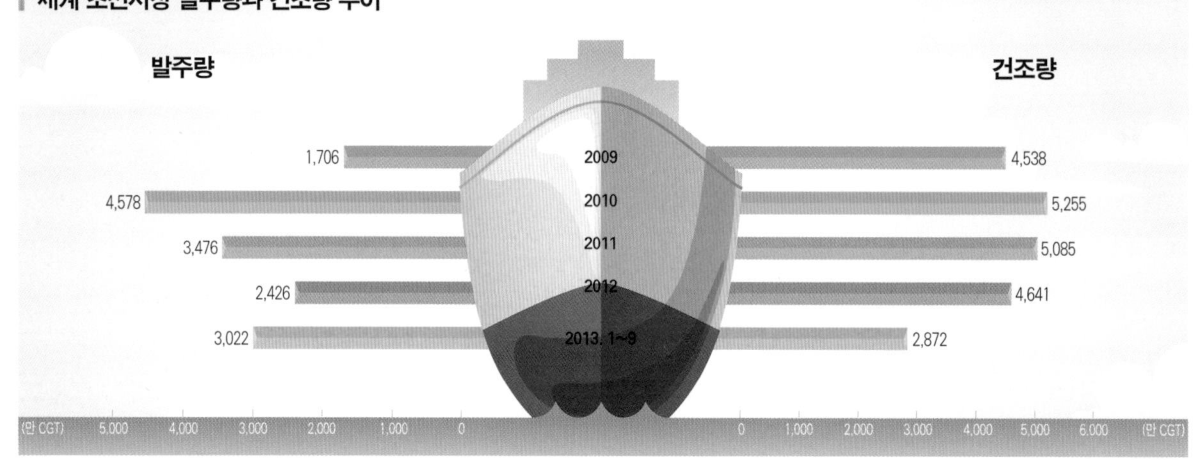

발주량
건조량
2009 1,706 4,538
2010 4,578 5,255
2011 3,476 5,085
2012 2,426 4,641
2013. 1~9 3,022 2,872
(만 CGT)

자료 : 클락슨, 산업통상자원부 재인용

국가별 선박 수주량과 수주액 추이

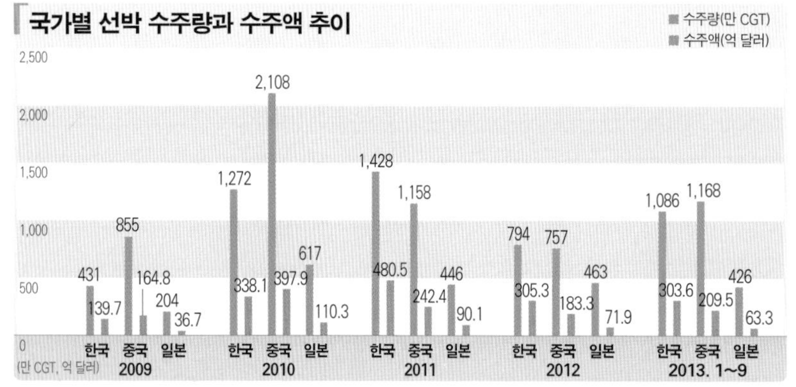

■ 수주량(만 CGT)
■ 수주액(억 달러)
2009 한국 431 139.7 중국 855 164.8 일본 204 36.7
2010 한국 1,272 338.1 중국 2,108 397.9 일본 617 110.3
2011 한국 1,428 480.5 중국 1,158 242.4 일본 446 90.1
2012 한국 794 305.3 중국 757 183.3 일본 463 71.9
2013. 1~9 한국 1,086 303.6 중국 1,168 209.5 일본 426 63.3
(만 CGT, 억 달러)

자료 : 클락슨, 산업통상자원부 재인용

국가별 선박 수주 점유율 추이

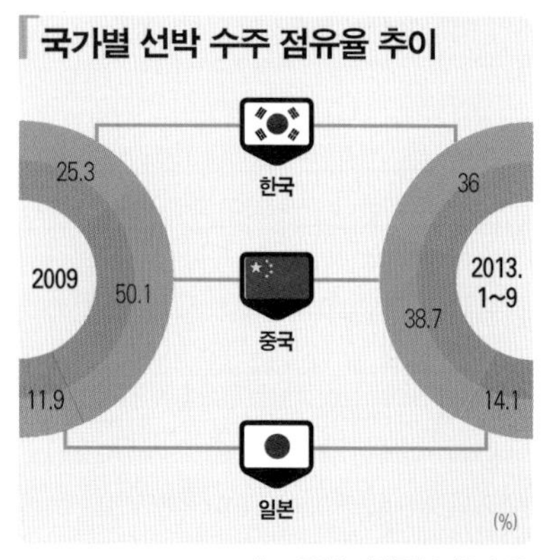

2009
25.3 50.1 11.9
한국
중국
일본
2013. 1~9
36 38.7 14.1
(%)

자료 : 클락슨, 산업통상자원부 재인용

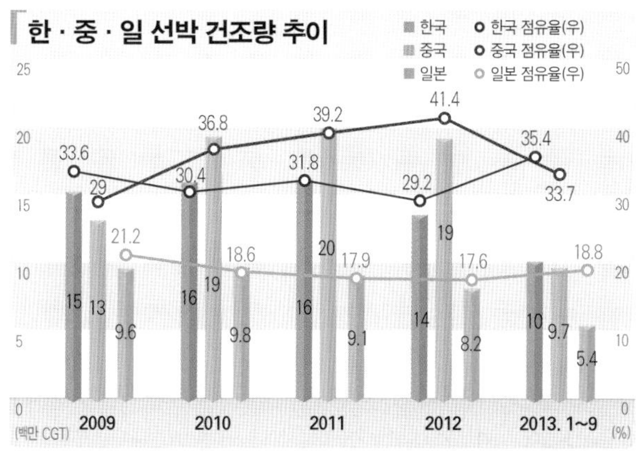
한 · 중 · 일 선박 건조량 추이
한국
중국
일본
한국 점유율(우)
중국 점유율(우)
일본 점유율(우)
(백만 CGT)
(%)
2009
2010
2011
2012
2013. 1~9
33.6
29
21.2
15
13
9.6
36.8
30.4
18.6
16
19
9.8
39.2
31.8
17.9
16
20
9.1
41.4
29.2
17.6
14
19
8.2
35.4
33.7
18.8
10
9.7
5.4

자료 : 클락슨, 산업통상자원부 재인용

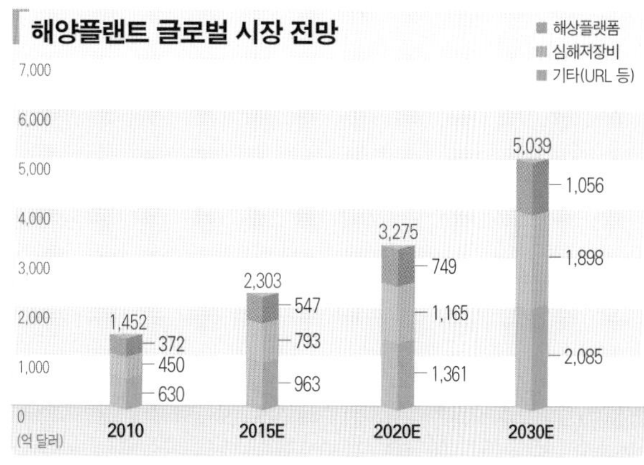
해양플랜트 글로벌 시장 전망
해상플랫폼
심해저장비
기타(URL 등)
(억 달러)
2010
2015E
2020E
2030E
1,452
372
450
630
2,303
547
793
963
3,275
749
1,165
1,361
5,039
1,056
1,898
2,085

자료 : Douglas Westwood, 2012. KISTI 재인용

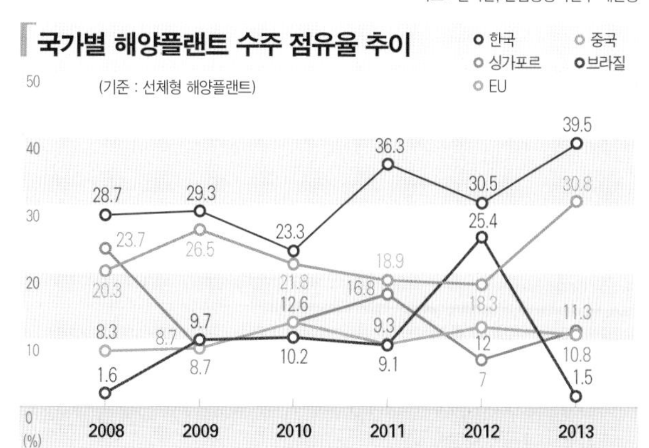
국가별 해양플랜트 수주 점유율 추이
(기준 : 선체형 해양플랜트)
한국
중국
싱가포르
브라질
EU
(%)
2008
2009
2010
2011
2012
2013
28.7
23.7
20.3
8.3
1.6
29.3
26.5
8.7
9.7
8.7
23.3
21.8
12.6
10.2
36.3
18.9
16.8
9.3
9.1
30.5
25.4
18.3
12
7
39.5
30.8
11.3
10.8
1.5

자료 : 클락슨, 산업통상자원부 재인용

해양플랜트 분야별 수주 실적 추이
발전 · 담수
194억 달러 | 175억 달러
해양
218억 달러 | 182억 달러
석유 · 가스
102억 달러 | 183억 달러
석유화학
82억 달러 | 52억 달러
산업시설
49억 달러 | 42억 달러
기자재
3억 달러 | 4억 달러
2012
(%)
29.9
33.6
15.7
12.6
7.6
0.6
2013
(%)
27.5
28.5
28.7
8.2
6.5
0.6

자료 : 산업통상자원부

해양플랜트 수주 국가별 실적과 지역별 수주액 점유율 (기준 : 2013. 12)
( ) 안은 수주액
6위 노르웨이 24
3위 우즈베키스탄 44
7위 투르크메니스탄 23.4
10위 모로코 17.7
5위 UAE 27.1
1위 사우디 67.7
2위 베트남 46.2
8위 나이지리아 22.6
4위 말레이시아 37.8
9위 베네수엘라 20.6
(억 달러)
미주
81억 달러
중동
140억 달러
유럽
98억 달러
아프리카
69억 달러
아시아
248억 달러
지역별 수주액 점유율
12.8
22.4
15.4
10.9
39
(%)

자료 : 산업통상자원부

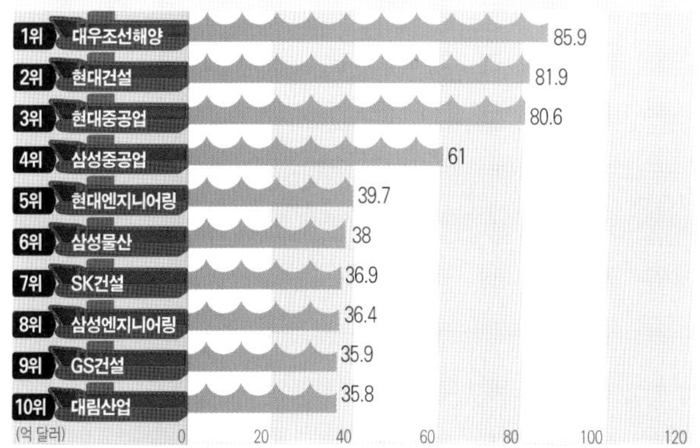
해양플랜트 수주 실적 톱 10 기업 (기준 : 2013. 12)
1위 대우조선해양 85.9
2위 현대건설 81.9
3위 현대중공업 80.6
4위 삼성중공업 61
5위 현대엔지니어링 39.7
6위 삼성물산 38
7위 SK건설 36.9
8위 삼성엔지니어링 36.4
9위 GS건설 35.9
10위 대림산업 35.8
(억 달러)
0
20
40
60
80
100
120

자료 : 산업통상자원부

업체별 대규모 해양플랜트 수주 현황 (기준 : 2013~2014. 3Q)

수주 업체	프로젝트명	발주국	수주금액(억 달러)
현대중공업	FPSO 1기	유럽 선주	18.9
삼성중공업	FPSO 1기	나이지리아	17.3
대우조선해양	고정식 플랫폼 1기	유럽 선주	15.9
삼성중공업	LNG-FPSO 1기	말레이시아	14.7
삼성중공업	Jack-up Rig 2기	노르웨이	13.0
대우조선해양	Drill-ship 2기	아시아 선주	12.7
대우조선해양	Drill-ship 2기	미주 선주	11.1
현대중공업	가스생산 플랫폼	노르웨이	11.0
대우조선해양	고정식 플랫폼 1기	유럽 선주	10.8
삼성중공업	Drill-ship 2기	미주 선주	10.4

자료 : 산업통상자원부

조선업계 변천 과정

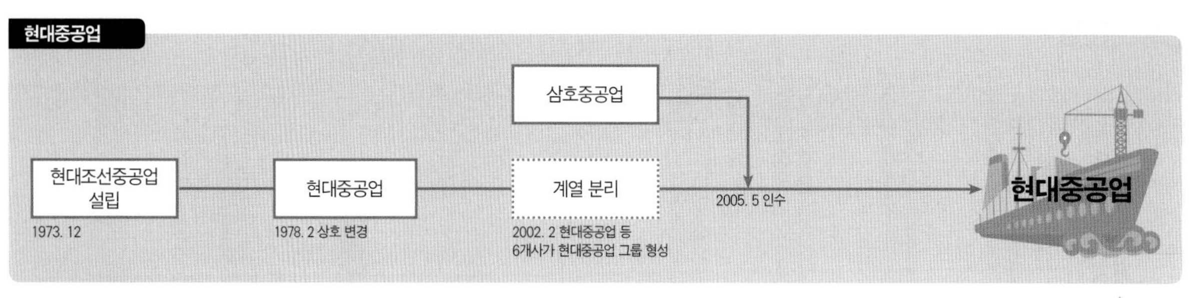
현대중공업
삼호중공업
현대조선중공업 설립
1973. 12
현대중공업
1978. 2 상호 변경
계열 분리
2002. 2 현대중공업 등 6개사가 현대중공업 그룹 형성
2005. 5 인수
현대중공업

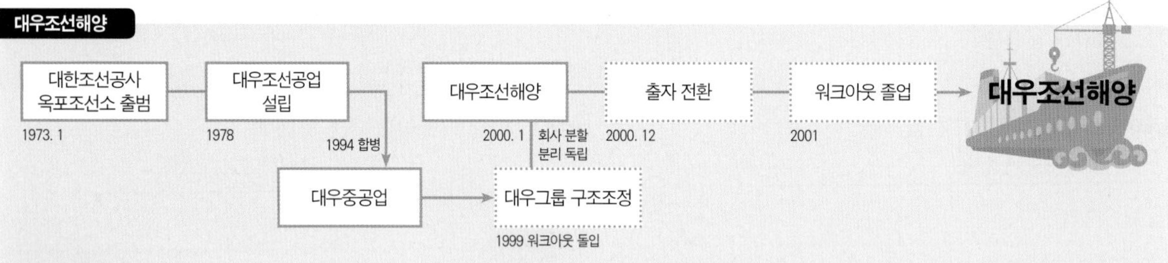
대우조선해양
대한조선공사 옥포조선소 출범
1973. 1
대우조선공업 설립
1978
1994 합병
대우중공업
대우그룹 구조조정
1999 워크아웃 돌입
대우조선해양
2000. 1
회사 분할 분리 독립
출자 전환
2000. 12
워크아웃 졸업
2001
대우조선해양

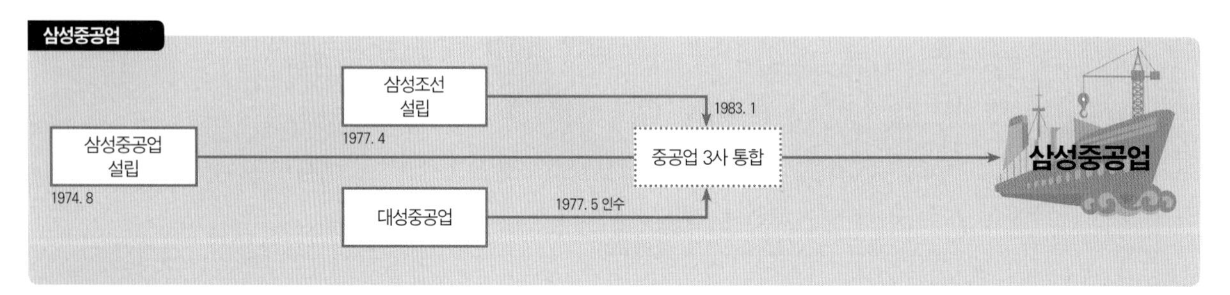
삼성중공업
삼성조선 설립
1977. 4
1983. 1
삼성중공업 설립
1974. 8
중공업 3사 통합
대성중공업
1977. 5 인수
삼성중공업

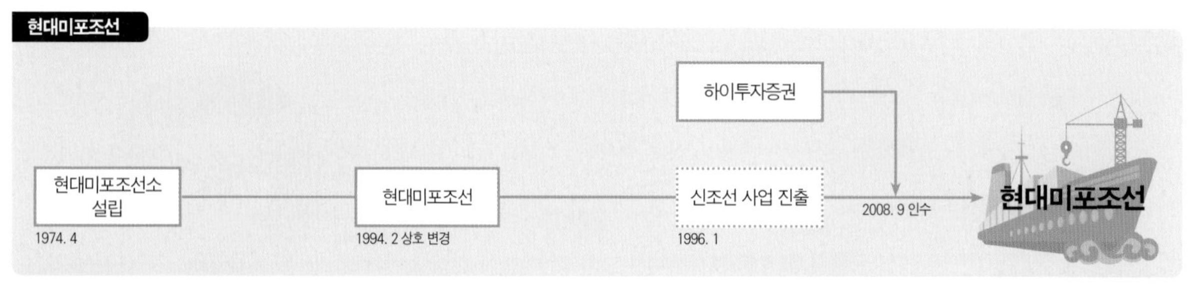
현대미포조선
하이투자증권
현대미포조선소 설립
1974. 4
현대미포조선
1994. 2 상호 변경
신조선 사업 진출
1996. 1
2008. 9 인수
현대미포조선

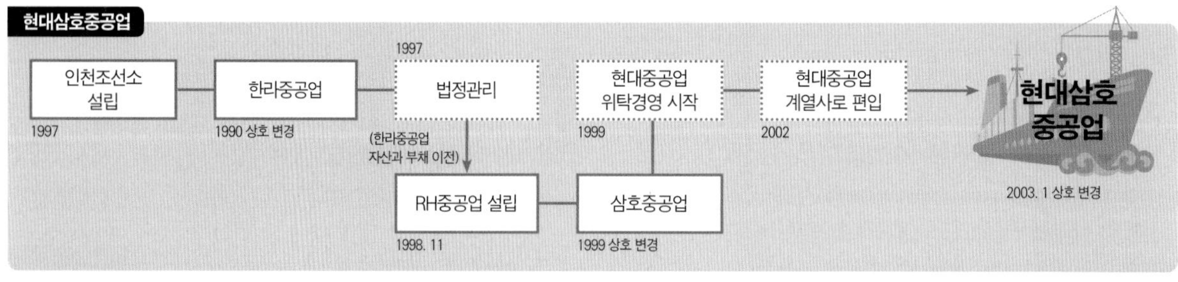
현대삼호중공업
인천조선소 설립
1997
한라중공업
1990 상호 변경
1997
법정관리
(한라중공업 자산과 부채 이전)
RH중공업 설립
1998. 11
현대중공업 위탁경영 시작
1999
삼호중공업
1999 상호 변경
현대중공업 계열사로 편입
2002
현대삼호 중공업
2003. 1 상호 변경

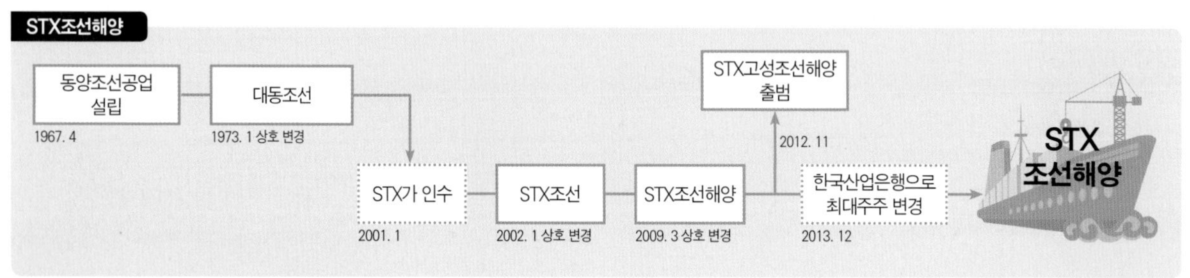
STX조선해양
동양조선공업 설립
1967. 4
대동조선
1973. 1 상호 변경
STX가 인수
2001. 1
STX조선
2002. 1 상호 변경
STX조선해양
2009. 3 상호 변경
STX고성조선해양 출범
2012. 11
한국산업은행으로 최대주주 변경
2013. 12
STX 조선해양

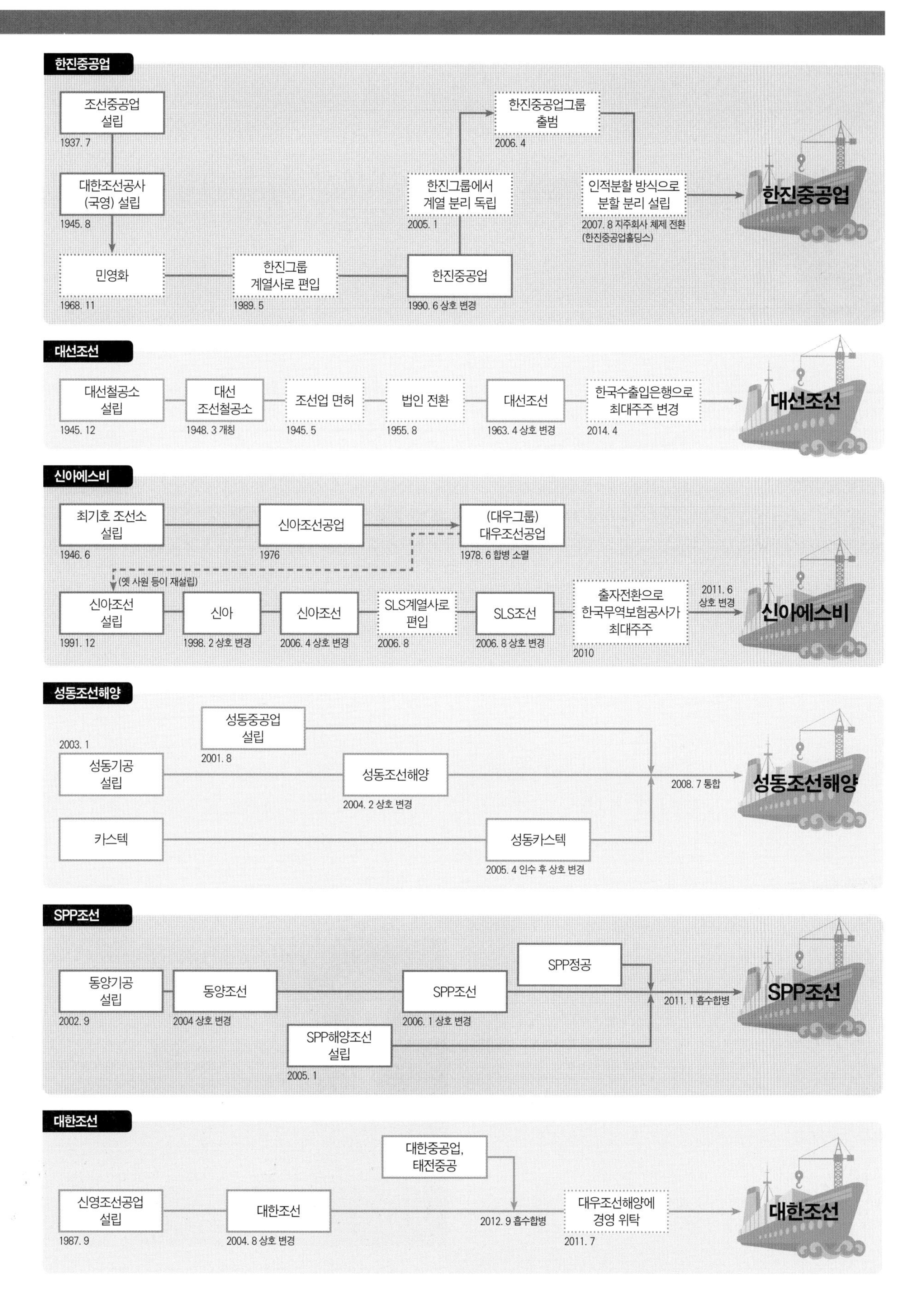

한진중공업
조선중공업 설립
1937. 7
대한조선공사 (국영) 설립
1945. 8
민영화
1968. 11
한진그룹 계열사로 편입
1989. 5
한진중공업
1990. 6 상호 변경
한진그룹에서 계열 분리 독립
2005. 1
한진중공업그룹 출범
2006. 4
인적분할 방식으로 분할 분리 설립
2007. 8 지주회사 체제 전환 (한진중공업홀딩스)
한진중공업
대선조선
대선철공소 설립
1945. 12
대선 조선철공소
1948. 3 개칭
조선업 면허
1945. 5
법인 전환
1955. 8
대선조선
1963. 4 상호 변경
한국수출입은행으로 최대주주 변경
2014. 4
대선조선
신아에스비
최기호 조선소 설립
1946. 6
신아조선공업
1976
(대우그룹) 대우조선공업
1978. 6 합병 소멸
(옛 사원 등이 재설립)
신아조선 설립
1991. 12
신아
1998. 2 상호 변경
신아조선
2006. 4 상호 변경
SLS계열사로 편입
2006. 8
SLS조선
2006. 8 상호 변경
출자전환으로 한국무역보험공사가 최대주주
2010
2011. 6 상호 변경
신아에스비
성동조선해양
성동중공업 설립
2001. 8
2003. 1
성동기공 설립
성동조선해양
2004. 2 상호 변경
카스텍
성동카스텍
2005. 4 인수 후 상호 변경
2008. 7 통합
성동조선해양
SPP조선
동양기공 설립
2002. 9
동양조선
2004 상호 변경
SPP조선
2006. 1 상호 변경
SPP정공
SPP해양조선 설립
2005. 1
2011. 1 흡수합병
SPP조선
대한조선
신영조선공업 설립
1987. 9
대한조선
2004. 8 상호 변경
대한중공업, 태전중공
2012. 9 흡수합병
대우조선해양에 경영 위탁
2011. 7
대한조선

1위 조선국 자리다툼, 최후의 승자는?

2015년과 2016년 조선 업황에 대한 전망이 심하게 갈리고 있다. 2014년 최악의 해를 보낸 조선업계는 컨테이너선과 LNG선 발주가 증가하면서 수주 가뭄이 해소되고 실적 측면에서도 대규모 충당금을 쌓은 조선사들이 적자 규모를 줄여나갈 것이라는 긍정적인 전망이 다소 우세하다. 반면, 유가 하락의 영향으로 탱커와 벌크선 등 범용 선박에 대한 에코십 투자가 위축되면서 조선 업황이 장기적인 불황에 접어들었다는 부정적인 전망도 함께 제기되고 있다.

이렇듯 상반된 전망 속에서 2015년과 2016년 조선 시장을 객관적으로 평가하는 데 도움이 될 만한 내용을 살펴보면 다음과 같다.

한국 조선업계, 중국에 내줬던 세계 1위 자리 되찾기

한국이 중국을 제치고 조선업 세계 1위 자리를 되찾을 것이란 반가운 분석이 나왔다. 2009년 중국에 1위를 내준 뒤 5년 만이다. 국제 해운 및 조선 시황 분석 기관인 클라크슨에 따르면, 한국의 선박 인도 규모는 1,113만CGT(Compensated Gross Tonnage, 표준화물선환산톤)를 기록했다(2014년 기준). 같은 기간 중국의 선박 인도 규모는 1,073만CGT였다.

지난 20년간 중국에서는 선박 건조 경험이 없는 조선사가 수주한 뒤 수주 계약서를 근거로 은행에서 자금을 대출받아 조선소를 짓는 경우가 적지 않았다. 하지만 시장이 포화 상태에 이르고 세계 경기가 부진에 빠지자 그동안 쌓인 부채와 과잉 공급으로 어려움을 겪고 있다. 다롄(大連)과 광저우(廣州) 등의 조선소는 일감이 없어 휴업에 들어갔다.

중국은 조선 경기가 쉽게 회복될 기미를 보이지 않자 정부 지원을 받을 51개 조선사 명단을 발표했다. 일부 업체는 정부의 구조조정 계획에 따라 인수합병까지 고려중이다. 아예 업종을 전환하는 경우도 있다. 중국 최대 민간 조선소인 룽성(熔盛)중공업은 원유 생산으로 주 업종을 전환했다.

클라크슨 자료에 따르면 중국의 신규 수주 물량은 전년 대비 42% 줄었지만 수주 잔량은 오히려 25% 늘어났다. 이는 선사가 선박을 인도받지 않거나 중국 조선소가 인도 날짜를 맞추지 못한 예가 많기 때문이다.

아무튼 조선 세계 1위를 탈환한 데는, 한국이 잘했다기보다는 중국이 잘 못했기 때문이라는 점을 클라크슨은 분석 말미에 사족으로 붙이기도 했다.

왜 해양플랜트가 중요할까?

국내 조선업계의 무게 중심이 상선에서 해양플랜트로 빠르게 이동하고 있다. 글로벌 조선 업황이 침체의 늪에서 헤어 나오지 못하는 가운데 중국이 잠식 중인 상선시장에서 먹을거리를 찾는 게 갈수록 힘들어지고 있다는 분석이다. 반면, 글로벌 경쟁력이 있고 대규모 발주가 이어지는 해양플랜트는 여전히 매력적이다. 즉, 상선의 경우 경기 불황으로 수주량 개선이 쉽지 않은 반면 중국과의 경쟁은 심화되는 상황에서, 국내 조선업계는 해양플랜트 같은 고부가가치 수주에 집중함으로써 위기를 기회로 만들겠다는 복안이다.

해양플랜트 사업이란 바다에서 석유 등 에너지 자원을 발굴하고 시추하는 장비 혹은 운반선 등을 건조하는 것

이다. 세계 각국은 에너지 자원 확보에 있어서 치열한 경쟁을 벌이고 있어 해양플랜트에 대한 수요가 많다. 또 산업의 특성상 석유와 가스 등을 시추하고 저장·운반해야 하기 때문에 그만큼 고도의 기술력이 필요하다. 중국이 무섭게 추격해오고 있지만, 건조능력에서만큼은 한국과의 기술 격차가 크다는 게 글로벌 전문가들의 공통된 생각이다.

현대중공업, 대우조선해양, 삼성중공업 등 국내 조선 '빅3'는 2014년에 이어 2015년에도 해양플랜트 수주에 공격적인 목표치를 설정했다. 빅3의 2015년 수주 목표를 합하면 550억 달러(약 58조 3,000억 원)에 달한다.

현대중공업은 상선과 해양플랜트 분야에서 2015년에 250억 달러를 수주한다는 목표를 세웠다. 전년(238억 달러) 대비 약 5% 증가한 수치다. 아울러 상선과 해양플랜트의 수주 비율을 50 대 50으로 균형을 맞춘다는 계획이다. 한때 주력이었던 상선 대비 해양플랜트의 비중이 매우 커진 것이다.

대우조선해양은 수주 목표를 155억 달러로 책정했다. 전년 목표치(130억 달러)와 비교하면 10% 이상 늘려 잡은 수치다. 대우조선해양의 상선(군함 포함)과 해양플랜트 수주 비율은 2012년 각각 72 대 28에서 2013년 60 대 40으로 급변했다.

삼성중공업은 수주 목표를 150억 달러로 잡을 예정이다. 전년 목표를 130억 달러로 세웠던 삼성중공업은 3사 중 가장 적극적으로 해양플랜트 사업에 집중할 방침이다. 삼성중공업은 2013년에 해양플랜트시장에서 89억 달러를 수주했다. 조선시장에서는 대형 컨테이너선 14척과 LNG(액화천연가스)선 14척 등 44억 달러를 수주했다. 삼성중공업은 2015년 해양플랜트 비율을 70%까지 끌어올려 수주액 100억 달러를 돌파한다는 목표를 세워놓고 있다.

L N G

조선업계에 부는 연료비 감축 바람, LNG 연료선 주목

조선업계에 연료비 줄이기 바람이 거세다. 연료비를 최고 50%가량 아낄 수 있는 액화천연가스(LNG) 연료선에 글로벌 조선사들이 주목하고 있다. 일반적으로 LNG만 연료로 사용하기보다는 석유연료를 함께 쓰는 하이브리드 선박이란 점에 관심이 높다. LNG 가격에 따라 연료별 사용 비중을 달리할 수 있기 때문이다.

글로벌 대형 해운사들이 잇달아 연비 개선을 통한 비용 절감에 나서고 있는 가운데, LNG 연료선은 일반 선박에 비해 20~50%가량 연료비를 줄일 수 있다. 시속 16노트로 운항하는 LNG 운반선을 기준으로 할 때, LNG를 혼합 사용하는 전자제어식 엔진(ME-GI)을 채택하면 일반 석유 대비 20%, 탈황 벙커C유 대비 50%가량 비용을 아낄 수 있다.

환경 규제를 고려할 때도 LNG 연료선은 매력적이다. 2020년부터 황산화물이 많이 나오는 중유(HFO)를 선박 연료로 사용하지 못할 가능성이 높고, 석유연료선은 비싼 디젤유(MDO)를 써야 한다. LNG 가격이 지금도 석유보다 40~60% 저렴한 데다 앞으로 셰일가스 개발이 본격화되면 가격이 안정화될 것이므로 LNG 연료선은 비용 면에서도 탁월하다. 업계에서는 2017~2018년부터 본격적으로 수요가 증가할 것으로 전망하고 있다.

국내 조선 업체들은 LNG 연료선시장이 열리면 중국의 추격을 크게 따돌리고 '세계 1위 조선국' 자리를 굳건히 지켜나갈 수 있게 된다. 기술 차이가 크고 국내 기업들이 관련 특허를 많이 보유하고 있기 때문이다.

한편, LNG 연료선 주문이 활성화되려면 LNG 운반선이 아니어도 LNG를 공급받을 수 있도록 먼저 주요 항구에 LNG 연료 공급(벙커링) 시설이 갖춰져야 한다. 이에 대해 각국 정부마다 LNG 연료 공급 시설을 준비하고 있어 앞으로 2~3년 뒤에는 인프라가 거의 다 갖춰질 전망이다.

15 | 기계·중장비·플랜트 업계

업계
규모

- ■ 총수주액 49조 2,029억 원
- ■ 국내 수요 19조 6,157억 원
- ■ 판매액(수출 포함) 52조 1,042억 원

* 도로주행차량 및 기타 수송용 기계 제외

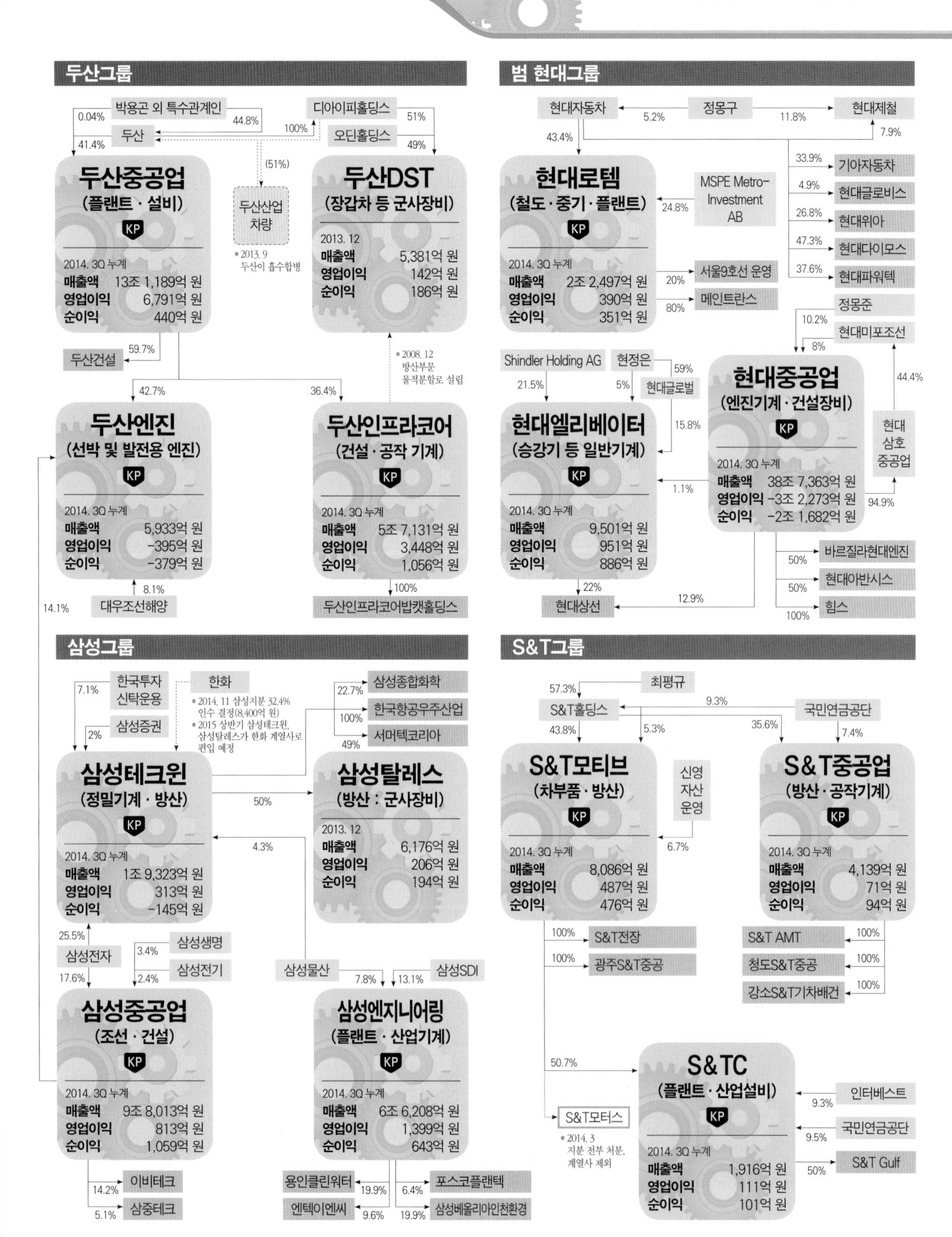

두산그룹
박용곤 외 특수관계인
0.04%
44.8%
두산
41.4%
100%
디아이피홀딩스
51%
오딘홀딩스
49%
(51%)
두산중공업
(플랜트 · 설비)
KP
2014. 3Q 누계
매출액 13조 1,189억 원
영업이익 6,791억 원
순이익 440억 원
두산산업
차량
* 2013. 9
두산이 흡수합병
두산DST
(장갑차 등 군사장비)
2013. 12
매출액 5,381억 원
영업이익 142억 원
순이익 186억 원
두산건설
59.7%
* 2008. 12
방산부문
물적분할로 설립
42.7%
36.4%
두산엔진
(선박 및 발전용 엔진)
KP
2014. 3Q 누계
매출액 5,933억 원
영업이익 -395억 원
순이익 -379억 원
두산인프라코어
(건설 · 공작 기계)
KP
2014. 3Q 누계
매출액 5조 7,131억 원
영업이익 3,448억 원
순이익 1,056억 원
8.1%
대우조선해양
14.1%
100%
두산인프라코어밥캣홀딩스
범 현대그룹
현대자동차
5.2%
정몽구
11.8%
현대제철
43.4%
7.9%
33.9%
기아자동차
4.9%
현대글로비스
26.8%
현대위아
47.3%
현대다이모스
37.6%
현대파워텍
현대로템
(철도 · 중기 · 플랜트)
KP
2014. 3Q 누계
매출액 2조 2,497억 원
영업이익 390억 원
순이익 351억 원
MSPE Metro-
Investment
AB
24.8%
20%
서울9호선 운영
80%
메인트란스
정몽준
10.2%
현대미포조선
8%
Shindler Holding AG
현정은
59%
21.5%
5%
현대글로벌
15.8%
현대중공업
(엔진기계 · 건설장비)
KP
2014. 3Q 누계
매출액 38조 7,363억 원
영업이익 -3조 2,273억 원
순이익 -2조 1,682억 원
44.4%
현대
삼호
중공업
94.9%
현대엘리베이터
(승강기 등 일반기계)
KP
1.1%
2014. 3Q 누계
매출액 9,501억 원
영업이익 951억 원
순이익 886억 원
50%
바르질라현대엔진
50%
현대아반시스
100%
힘스
22%
현대상선
12.9%
삼성그룹
7.1%
한국투자
신탁운용
한화
* 2014. 11 삼성지분 32.4%
인수 결정(8,400억 원)
* 2015 상반기 삼성테크윈,
삼성탈레스가 한화 계열사로
편입 예정
삼성증권
2%
22.7%
삼성종합화학
100%
한국항공우주산업
49%
서머텍코리아
삼성테크윈
(정밀기계 · 방산)
KP
2014. 3Q 누계
매출액 1조 9,323억 원
영업이익 313억 원
순이익 -145억 원
50%
4.3%
삼성탈레스
(방산 : 군사장비)
2013. 12
매출액 6,176억 원
영업이익 206억 원
순이익 194억 원
25.5%
삼성전자
17.6%
3.4%
삼성생명
2.4%
삼성전기
삼성물산
7.8%
13.1%
삼성SDI
삼성중공업
(조선 · 건설)
KP
2014. 3Q 누계
매출액 9조 8,013억 원
영업이익 813억 원
순이익 1,059억 원
삼성엔지니어링
(플랜트 · 산업기계)
KP
2014. 3Q 누계
매출액 6조 6,208억 원
영업이익 1,399억 원
순이익 643억 원
14.2%
이비테크
5.1%
삼중테크
용인클린워터
19.9%
엔텍이엔씨
9.6%
6.4%
포스코플랜텍
19.9%
삼성베올리아인천환경
S&T그룹
최평규
57.3%
S&T홀딩스
9.3%
국민연금공단
43.8%
5.3%
35.6%
7.4%
S&T모티브
(차부품 · 방산)
KP
2014. 3Q 누계
매출액 8,086억 원
영업이익 487억 원
순이익 476억 원
신영
자산
운영
6.7%
S&T중공업
(방산 · 공작기계)
KP
2014. 3Q 누계
매출액 4,139억 원
영업이익 71억 원
순이익 94억 원
100%
S&T전장
100%
광주S&T중공
S&T AMT
100%
청도S&T중공
100%
강소S&T기차배건
100%
50.7%
S&T모터스
* 2014. 3
지분 전부 처분,
계열사 제외
S&TC
(플랜트 · 산업설비)
KP
2014. 3Q 누계
매출액 1,916억 원
영업이익 111억 원
순이익 101억 원
인터베스트
9.3%
국민연금공단
9.5%
50%
S&T Gulf

플랜트
포스코
포스코건설
34.5%
7.4%
포스코플랜텍
(플랜트)
KP
2014. 3Q 누계
매출액 4,774억 원
영업이익 -605억 원
순이익 -1,015억 원
8.6%
한국산업은행
50%
Sungjin Driver Inc.
박은미 외 특수관계인
36.5%
22.4%
우종인
BHI
(플랜트 : 발전설비)
KQ
2014. 3Q 누계
매출액 3,622억 원
영업이익 -17억 원
순이익 -26억 원
남인
19%
대구 그린파워
4.7%
KC코트렐
(플랜트)
KP
2014. 3Q 누계
매출액 1,458억 원
영업이익 -74억 원
순이익 -47억 원
이태영
31.6%
KC그린홀딩스
36.3%
신영자산운용
12.1%
100%
놀텍코리아
100%
KC에어필터텍
스탁세컨더리 제3호사모투자
22.9%
대경기계기술
(플랜트열교환기 등)
KP
2014. 3Q 누계
매출액 1,982억 원
영업이익 -3억 원
순이익 -1억 원
4.3%
국일인토트
대한전선
53.1%
국민연금 07-1 기업구조조정조합 QCP 12호
67.6%
우양HC
(플랜트)
KQ
2014. 3Q 누계
매출액 1,697억 원
영업이익 131억 원
순이익 52억 원
49.8%
포승산단
금형 · 산업장비
태웅에스엔티
55.8%
허용도 외 특수관계인
53.1%
100%
태상
태웅
(금형)
KQ
2014. 3Q 누계
매출액 3,093억 원
영업이익 72억 원
순이익 40억 원
4%
에어부산 투자
13.5%
가야개발 투자
유영목
삼성전자
32%
15.9%
에이테크솔루션
(금형)
KQ
2014. 3Q 누계
매출액 1,668억 원
영업이익 33억 원
순이익 16억 원
13.5%
구미에이테크솔루션
마대열 외 특수관계인
21.3%
티에스엠텍
(산업장비)
KQ
2014. 3Q 누계
매출액 1,811억 원
영업이익 -23억 원
순이익 -75억 원
50%
티이유
30%
TSM-ARABIA
심팩홀딩스
100%
최진식 외
32.4%
8.8%
Fidelity
10%
SIMPAC
(산업장비)
KP
2014. 3Q 누계
매출액 1,878억 원
영업이익 97억 원
순이익 343억 원
99.4%
심팩인더스트리
19.4%
심팩메탈로이

산업기계 · 정밀기계 · 공작기계
조병호
29%
신한BNP 파리바자산운용
6.6%
국민연금공단
11.8%
동양기전
(차부품·산업기계) KP
2014. 3Q 누계
매출액 5,744억 원
영업이익 303억 원
순이익 228억 원
98%
HS테크놀로지
* 2014. 12 3개사로 분할·재상장
디와이
디와이파워
디와이오토
디와이홀딩스
100%
디와이 에셋
33.3%
삼성디스플레이
10.2%
신영자산운영
7.2%
SFA
(정밀기계)
KQ
2014. 3Q 누계
매출액 2,504억 원
영업이익 195억 원
순이익 220억 원
100%
둔포기계
100%
에이디엠
권영열
2.3%
31%
권영두
1.4%
9.2%
화천기계
(공작기계)
KP
2014. 3Q 누계
매출액 2,175억 원
영업이익 70억 원
순이익 68억 원
30%
신영 자산 운영
10.8%
15.6%
화천기공
(공작기계)
KP
2014. 3Q 누계
매출액 1,886억 원
영업이익 201억 원
순이익 188억 원
7.9%
에프앤가이드
7.4%
32.2%
서암기계공업
농기계 · 건설기계 · 공구 등
김준식 외 특수관계인
32%
대동공업
(농기계)
KP
2014. 3Q 누계
매출액 4,528억 원
영업이익 36억 원
순이익 47억 원
31.7%
대동기어
70.1%
대동금속
24.5%
한국체인 공업
셀파씨엔씨
40.7%
김희용 외 특수관계인
24.8%
미츠비시상사
10%
최경애
5.1%
동양물산기업
(농기계)
KP
2014. 3Q 누계
매출액 2,702억 원
영업이익 43억 원
순이익 3억 원
신한제2호사모투자전문회사
* 2010. 11 최대주주 변경
38.8%
에버다임
(건설기계)
KQ
2014. 3Q 누계
매출액 2,397억 원
영업이익 161억 원
순이익 102억 원
6.4%
전병찬
100%
타이포스
100%
한국타워 크레인
Iscar Ltd.
10%
베어링 자산운용
6.6%
송호근 외 특수관계인
44.8%
YG-1
(공구)
KQ
2014. 3Q 누계
매출액 2,290억 원
영업이익 241억 원
순이익 93억 원
* 2014. 6 기준 19개 계열사 보유

기계산업의 분류 (기준 : 통계청 한국표준산업분류(KSIC) 9차 개정)

기계 산업
금속 제품
금속구조물, 보일러, 금속제 탱크 및 용기, 금속 압형 용품, 공구, 기계요소, 무기 · 총포탄
일반 기계
내연기관, 유압기기, 풍수력기계, 밸브, 동력전달장치, 산업용 용광로, 운반하역기계, 냉동공조기계, 액체가스 여과 청정기, 포장 및 충전기, 가공공작기계, 농업용 기계, 건설광산기계, 섬유기계, 반도체 제조용 기계, 금형, 사무용 기계
전기 기계
발전기, 전동기, 전기변환장치, 전기공급 및 제어장치, 전선 및 케이블, 전지, 전구 및 램프, 조명장치, 전기용접기, 가정용 기구
정밀 기계
의료용 기기, 측정분석 · 시험기구, 안경, 사진 및 광학기기, 시계
수송 기계
자동차용 엔진, 자동차, 자동차 차체 및 트레일러, 자동차부품, 자동차용 전기장치, 항공기 및 부품, 이륜자동차, 자전거, 선박, 전투용 차량

자료 : 통계청

국내 기계 수출입 추이 * 조선 제외

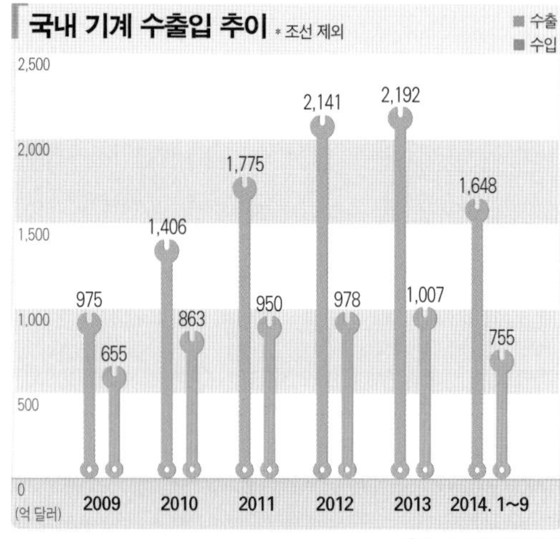

수출
수입
2,500
2,000
1,500
1,000
500
0
(억 달러)
975
655
1,406
863
1,775
950
2,141
978
2,192
1,007
1,648
755
2009
2010
2011
2012
2013
2014. 1~9

자료 : 한국기계산업진흥회

기계종류별 국내 수요

(기준 : 2013 경상금액, 도로주행차량 및 기타 수송용 기계 제외)

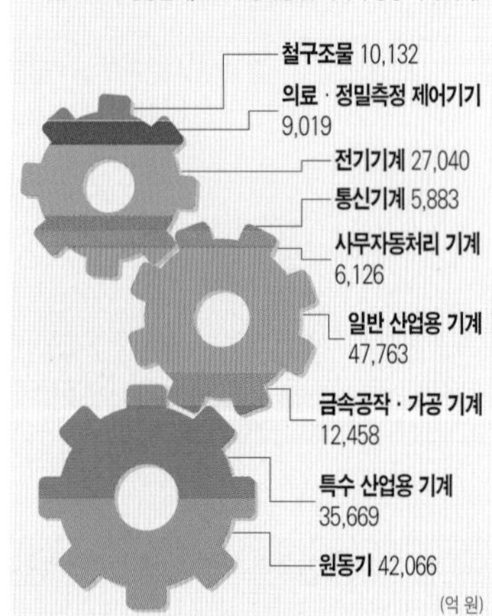

철구조물 10,132
의료 · 정밀측정 제어기기 9,019
전기기계 27,040
통신기계 5,883
사무자동처리 기계 6,126
일반 산업용 기계 47,763
금속공작 · 가공 기계 12,458
특수 산업용 기계 35,669
원동기 42,066
(억 원)

자료 : 통계청

일반기계 생산액 추이

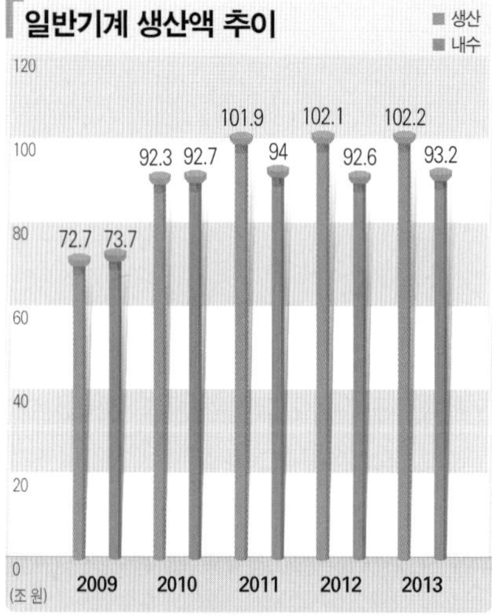

생산
내수
120
100
80
60
40
20
0
(조 원)
72.7
73.7
92.3
92.7
101.9
94
102.1
92.6
102.2
93.2
2009
2010
2011
2012
2013

자료 : 통계청, 관세청

일반기계의 품목별 국산화율 (기준 : 2010)

	품목	국산화율(%)
중간재	내연기관 및 터번	82.8
	일반목적용 기계부품	85.4
	밸브	91.3
	베어링	78.3
	산업용 운반기계	86.5
	펌프 및 압축기	84.3
최종재	공기조절장치 및 냉장 · 냉동 장비	83.8
	보일러 및 난방조리기기	92.5
	보일러	93.0
	난방 및 조리기기	90.9
	기타 일반목적용 기계	90.1
	공기 및 액체 여과청정기	91.2
	금속절삭가공기계	91.2
	금속성형처리기계	88.7
	농업용 기계	81.1
	건설 및 광물처리기계	80.4
	음식품가공기계	92.2
	섬유기계	65.8
	금형 및 주형	96.7
	기타 특수목적용 기계	79.7
	제지 및 인쇄용 기계	83.6
	반도체 제조용 기계	81.6

자료 : 산업연구원(KIET)

해외 플랜트 수주 실적 추이

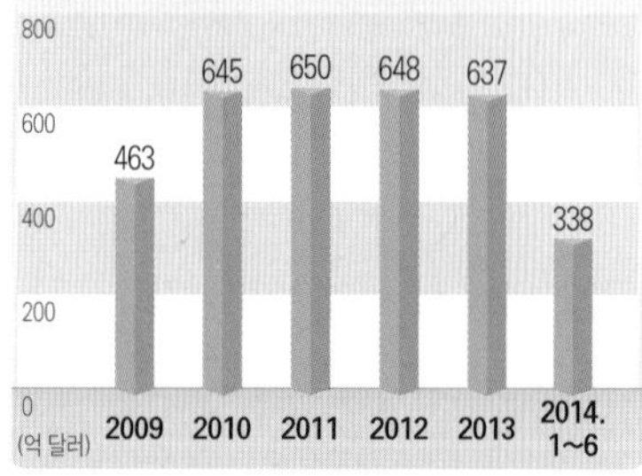

800
600
400
200
0
(억 달러)
463
645
650
648
637
338
2009
2010
2011
2012
2013
2014. 1~6

자료 : 한국플랜트산업협회, KIET

해외 플랜트 설비 수주 분야 비중 (기준 : 2013)

산업시설 (4,184)
석유화학 (5,191)
0.6
기자재 (368)
6.6
8.2
발전 · 담수 27.5(17,504)
오일 · 가스(육상) 28.7(18,263)
해양 28.5(18,166)
( ) 안은 수주 실적 (백만 달러)
(%)

자료 : 산업통상자원부, 한국플랜트산업협회

해외 플랜트 설비 수주 지역 비중 (기준 : 2013)

( ) 안은 수주 실적 (백만 달러)
유럽 15.4(9,778)
아시아 39(24,842)
미주 12.8(8,127)
중동 22(14,017)
아프리카 10.9(6,912)
(%)

자료 : 산업통상자원부

공작기계 생산액과 수출입액 추이

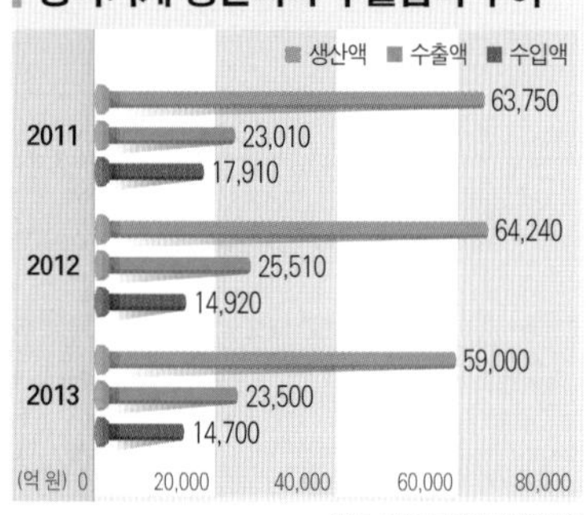

생산액
수출액
수입액
2011
63,750
23,010
17,910
2012
64,240
25,510
14,920
2013
59,000
23,500
14,700
(억 원) 0
20,000
40,000
60,000
80,000

자료 : 한국공작기계산업협회

글로벌 일반기계 생산액 추이

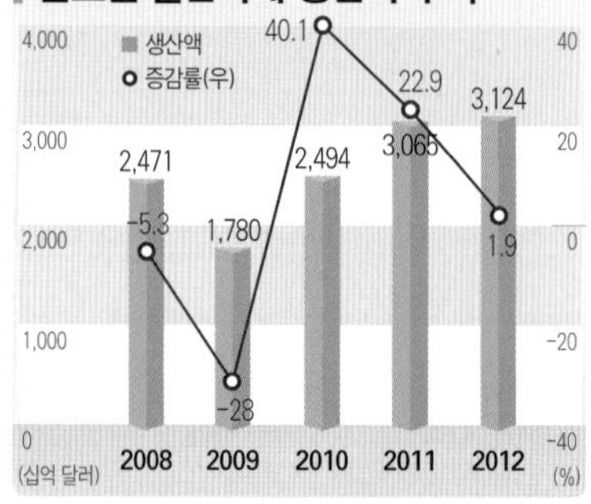

생산액
증감률(우)
4,000
3,000
2,000
1,000
0
(십억 달러)
40
20
0
-20
-40
(%)
2,471
-5.3
1,780
-28
2,494
40.1
3,065
22.9
3,124
1.9
2008
2009
2010
2011
2012

자료 : 한국기계산업진흥회

글로벌 일반기계 생산 국가별 점유율 추이

2000
일본 22.8
미국 20.7
독일 13
기타 19.5
이탈리아 5.8
중국 4.9
영국 4.1
프랑스 3.3
한국 2.5
캐나다 1.9
스페인 1.5
2012
중국 27
일본 14
독일 13.5
미국 10.3
기타 19.6
이탈리아 4.8
한국 2.9
프랑스 2.6
영국 2.3
스페인 1.6
스웨덴 1.4
(%)

자료 : UNIDO, 「International Yearbook of Industrial Statistics 2013」

글로벌 건설기계 주요 업체 사업영역 (기준 : 2012)

건설 기계 부품 / 건설 기계 생산

차대장치 · 유압장치 · 엔진 · 굴삭기 · 로더 · 지게차 · 크레인

해외:
ZF · 이튼 · 캐터필러
다나 · 카야바 · 고마쓰
보쉬 · 볼보
KPM · 립헬 · 히타치 · 립헬
가와사키 · 커민스
린데 · 이스즈

국내:
진성티이씨 · 동양기전
대창단조 · 에버다임
흥국 · 두산모트롤
MS정밀 · 수산중공업 · 두산인프라코어
대일공업 · 삼원테크 · 현대중공업
제일유압

자료 : Deloitte Analysis, 산업연구원(KIET) 재인용

글로벌 건설기계산업 국가별 매출액

(기준 : 세계 50대 건설기계 업체 국가별 보유 업체 매출 합계)

순위	국가명	보유 업체수 (개)	매출액 (백만 달러)	점유율 (%)
1	미국	9	64,868	34.8
2	일본	11	43,050	23.2
3	중국	9	27,868	15.2
4	스웨덴	3	12,730	6.8
5	독일	4	11,967	6.4
6	한국	2	9,088	4.9
7	핀란드	1	4,488	2.4
8	영국	1	4,279	2.3
9	프랑스	3	3,222	1.7
10	오스트리아	1	1,202	0.6

자료 : Intercontinental Statistics Committee, International Construction, 한국건설기계산업협회

글로벌 건설기계 매출 톱 10 기업 (기준 : 2012) ( ) 안은 시장점유율(%)

40,492(21.8)
1위 캐터필러 미국
21,012(11.3)
2위 고마쓰 일본
10,248(5.5)
3위 히타치 일본
9,394(5)
4위 볼보 스웨덴
7,929(4.3)
5위 산이중공 중국
7,746(4.2)
6위 중렌중커 중국
7,456(4)
7위 립헬 독일
7,348(3.9)
8위 테렉스 미국
6,378(3.4)
9위 존디어 미국
5,725(3.1)
10위 두산인프라코어 한국
3,363(1.8)
16위 현대중공업 한국
(백만 달러)

자료 : International Construction, 산업연구원(KIET) 재인용

글로벌 건설기계업계 M&A 현황 (기준 : 2012)

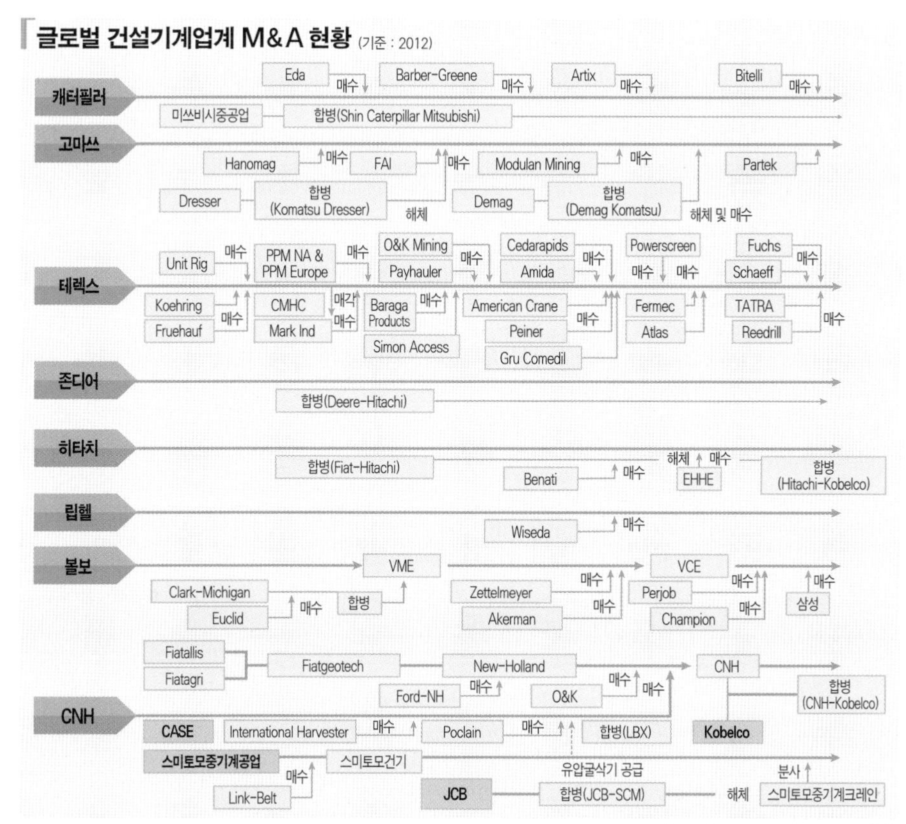

캐터필러
Eda 매수
Barber-Greene 매수
Artix 매수
Bitelli 매수
미쓰비시중공업
합병(Shin Caterpillar Mitsubishi)
고마쓰
Hanomag 매수
FAI 매수
Modulan Mining 매수
Partek
Dresser
합병 (Komatsu Dresser)
해체
Demag
합병 (Demag Komatsu)
해체 및 매수
테렉스
Unit Rig 매수
PPM NA & PPM Europe 매수
O&K Mining
Payhauler 매수
Cedarapids
Amida 매수
Powerscreen
매수 매수
Fuchs
Schaeff 매수
Koehring
Fruehauf 매수
CMHC
Mark Ind 매각 매수
Baraga Products 매수
Simon Access
American Crane
Peiner 매수
Gru Comedil
Fermec
Atlas
TATRA
Reedrill 매수
존디어
합병(Deere-Hitachi)
히타치
합병(Fiat-Hitachi)
Benati 매수
해체 매수
EHHE
합병 (Hitachi-Kobelco)
립헬
Wiseda 매수
볼보
VME
Clark-Michigan
Euclid 매수 합병
Zettelmeyer 매수
Akerman 매수
VCE
Perjob 매수
Champion 매수
매수 삼성
Fiatallis
Fiatagri
Fiatgeotech
New-Holland
Ford-NH 매수
O&K 매수 매수
CNH
합병 (CNH-Kobelco)
CASE
International Harvester 매수
Poclain 매수
합병(LBX)
Kobelco
스미토모중기계공업
스미토모건기
Link-Belt 매수
유압굴삭기 공급
JCB
합병(JCB-SCM)
해체
분사
스미토모중기계크레인

자료 : Off-highway Research, KIET 재인용

플랜트시장 국가별 점유율

(기준 : 2011 매출액)

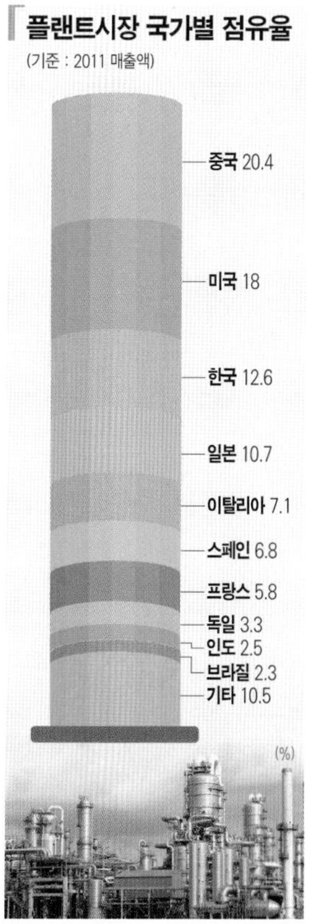

중국 20.4
미국 18
한국 12.6
일본 10.7
이탈리아 7.1
스페인 6.8
프랑스 5.8
독일 3.3
인도 2.5
브라질 2.3
기타 10.5
(%)

자료 : Kopia Research & PwC Analysis

기나긴 침체기를 지나 반전의 시기가 머지않았다!

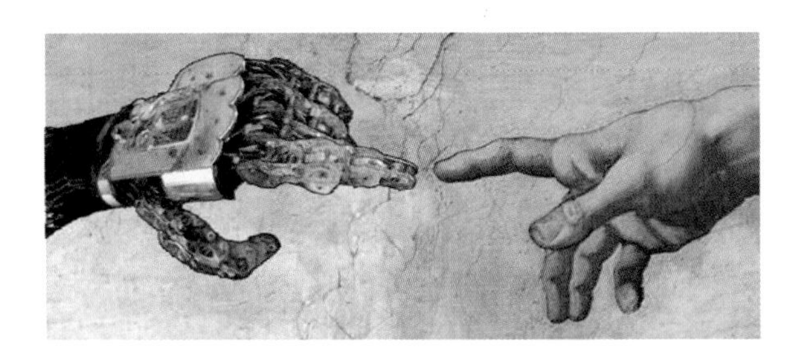

기계란 무엇인가? 산업을 진단하는 업계지도에서 다루는 질문치고는 꽤 원론적이다. 기계에 대한 정의는 분야와 관점에 따라 다르지만, 저항이 있는 물체의 조합에 의해 역학적인 운동이나 작업을 행하는 것이라는 개념 설명이 일반적이다. 독일의 사회학자 칼 마르크스는 제조 과정에서 직공이 도구를 써서 하던 작업을 대체한 것이 기계라고 여겼다.

역사적으로 살펴보건대, 기계야말로 산업화에서 가장 중요한 역할을 해온 장본인이지만, 다른 한편으로는 노동의 가치와 노동자의 지위를 위협해온 존재이기도 하다.

20세기에서 21세기를 넘어오면서 대량생산사회에서 무서울 게 없었던 기계가 '디지털'이라는 테크놀로지와 '금융'이라는 경제 시스템에 눌려 그 존재의의를 잃어가고 있다. 기계산업의 침체는 이제 전 세계적인 추세가 된 듯하다.

전문가들은 기계산업의 미래를 어떻게 진단하고 있을까? 국내 시장을 중심으로 살펴보면 다음과 같다.

오랜만에 들리는 반가운 소식

2015년과 2016년, 기계산업은 미국과 유럽, 일본 등 선진국 경기 회복의 영향으로 수출과 생산이 완만한 성장세를 보일 전망이다. 반면, 엔저 지속과 중동 투자 위축 가능성, 중국 경기회복 미흡 등은 기계산업에 여전히 잔재하는 불안 요소로 꼽힌다.

한국기계산업진흥회가 개최한 '기계산업동향연구회'에 따르면, 2015년 5대 기계산업(선박 제외)의 생산은 467조 4,000억 원(4.8%), 수출은 1,944억 달러(5.2%), 수입은 1,077억 4,000만 달러(9.6%), 무역수지 흑자는 866억 6,000만 달러를 기록할 것으로 분석됐다.

5대 기계산업 가운데 하나인 일반기계의 생산은 104조 6,000억 원(3.0%), 수출은 474억 8,000만 달러(4.9%), 수입은 375억 4,000만 달러(9.7%), 무역수지 흑자는 99억 4,000만 달러를 기록할 전망이다.

수출 동향을 살펴보면, 미국과 유럽, 일본 등 선진국에서 양호한 흐름을 나타낼 것으로 예상된다. 하지만 엔저가 장기화되면 해외 시장에서 일본 제품과의 경쟁 심화가 불가피하다. 최근 급격한 국제유가 하락은 중동 산유국의 투자를 위축시킬 수도 있다. 한국기계산업진흥회의 계량분석에 따르면, 다른 요인이 없을 때 국제유가가 20% 하락하면 일반기계 수출은 당초 전망 475억 달러에서 463억 달러까지 떨어지고, 엔/달러 환율이 20% 상승하면 수출이 422억 달러까지 위축될 수 있다.

품목별로 살펴보면, 수출에서는 베어링, 가스연소기, 전기기기 등이 호조를 보일 전망이다. 반면 공작기계와 건설광산기계 등은 전년 수준을 유지할 것으로 예상된다. 생산에서도 대부분 업종의 경기가 전년 수준에 머물 것으로 보인다.

부문별로 살펴본 기계산업의 가까운 미래

- 건설광산기계 : 생산은 내수 판매 위축이 지속되고 수출 진작 효과 부재로 전년 수준에 머물 전망이며, 수출도 미국을 제외한 수출 경기가 전년 수준에 그칠 것으로 예상된다.
- 공작기계 : 국내 자동차 생산 감소와 신차 개발 계획 축소는 생산 위축 요인이지만 휴대폰 케이스 메탈 가공 관련 수요는 증가 요인이 될 전망이다. 수출은 미국 등 선진국의 회복국면으로 상승세를 이어가겠지만 엔저에 따른 일본과의 경쟁 심화는 우려되는 부분이다. 아울러 중국 등 신흥국의 경기 둔화, 환율 하락으로 인한 수출채산성 악화 역시 걱정스런 요인

이 아닐 수 없다.

- **금형** : 생산은 대기업 수요 물량이 지속적으로 둔화되고 엔저 장기화 등으로 수출기업의 대응력이 떨어질 것으로 전망된다. 멕시코와 미국 등의 잠재 수요가 상존하고 있으나 자동차 등 수요산업의 신규 개발이 둔화될 가능성이 크다.
- **냉동공조** : 민간 설비 투자 기대에 따른 중앙 공조시장 회복이 기대된다. 삼성전자 평택반도체 공장 증설로 각종 냉동기 생산이 호전될 전망이다. 수출은 미국과 유럽의 소비 시장 및 중동과 동남아 건설 경기 회복 여부가 관건이다.
- **섬유기계** : 글로벌 섬유시장 침체의 영향으로 2015년 상반기까지는 생산이 저조할 것으로 관측된다. 수출은 인도, 인도네시아 등 신흥국의 경기 부양으로 수요가 증가할 것으로 예상되지만 환율 변동으로 인한 가격경쟁력 하락은 위험 요인이다.
- **베어링** : 국산 베어링의 품질 향상으로 수출이 호전될 전망이다. 수요 업체들의 마케팅 강화 등은 베어링 수요 증가 요인으로 작용할 것으로 보인다. 수출 주력시장에서 수요가 지속될 것으로 예상되는 반면, 환율 변동은 회복에 제약 요인이 될 가능성이 크다.
- **가스연소기** : 소화안전장치 부착 의무화 영향으로 가스조리기기 생산량이 감소할 것으로 예상된다. 카자흐스탄, 캐나다 등 주요국을 대상으로 마케팅을 강화하고 다기능 제품의 시장 공략으로 수출이 호전될 전망이다.
- **농기계** : 주요 수출국인 미국의 경기지표가 호전을 이어갈 것으로 보이지만, 엔저 장기화로 인한 약화와 다양성 부족으로 수출과 생산이 크게 늘지 못하고 전년 수준을 유지할 전망이다.

엘리베이터산업, 더 이상 찬밥 아니다

기계산업을 다루면서 흔히 간과해온 사업 분야가 엘리베이터다. 엘리베이터는 과거에서부터 지금까지 국내 기계업계에서는 별 관심을 두지 않는 찬밥 신세였다. 국내 엘리베이터 업체(현대엘리베이터)가 현재 하나밖에 없기 때문이기도 하겠지만, 여전히 기계 업종의 관점을 건설기계나 공작기계, 플랜트 등에만 두는 것은 글로벌 기계 트렌드와도 맞지 않는다.

약 500억 달러 규모로 전망되는 글로벌 엘리베이터 산업은 지금도 두 자리대 성장을 이루는 알토란 시장이다. 기계업계의 홀대와 무관심에도 불구하고 국내 유일한 엘리베이터 기업이 세계무대에서 의미 있는 실적을 이어가는 사실은 놀라운 일이다. 그동안 방치해왔던 국내 엘리베이터산업을 지금이라도 관심 있게 지켜봐야 할 이유가 여기에 있다.

글로벌 엘리베이터시장의 성장은 현재 각 업체들의 매출에서도 확인할 수 있다. 매년 꾸준히 성장 중인 엘리베이터시장에서 빠른 성장세를 보이고 있는 업체는 Kone(핀란드)와 Fujitec(일본), 그리고 한국의 현대엘리베이터이다.

국내 엘리베이터산업이 가까운 미래에 좀 더 기대감을 갖게 하는 이유는 부동산시장의 회복세와 맞물려 있다. 아파트든 상가든 빌딩이든 오피스텔이든 신축 건물에 엘리베이터 설치가 빠질 수 없기 때문이다. 눈치 빠른 투자자들이 엘리베이터시장의 향방에 촉수를 기울이고 있는 데는 다 그만한 이유가 있는 것이다.

16 | 철강업계

업계 규모

- ■ 국내 조강생산량 6,606만 톤
  (전로 4,029만 톤, 전기로 2,577만 톤, 전년 대비 ▼ 4.4%)
- ■ 철강재 생산량 8,047만 톤
- ■ 철강재 출하량 8,056만 톤

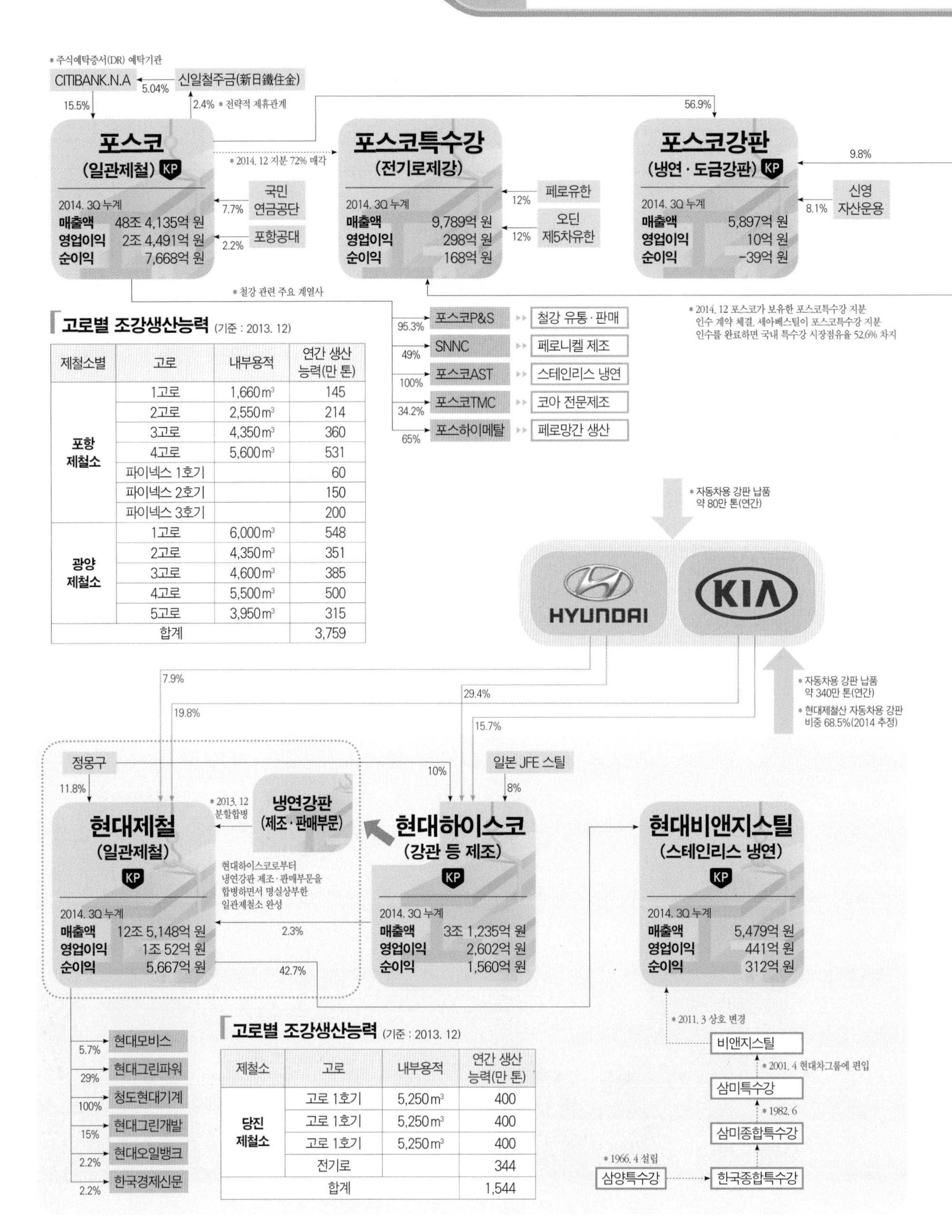

* 주식예탁증서(DR) 예탁기관
CITIBANK.N.A
5.04%
신일철주금(新日鐵住金)
15.5%
2.4% * 전략적 제휴관계
56.9%
포스코 (일관제철) KP
2014. 3Q 누계
매출액 48조 4,135억 원
영업이익 2조 4,491억 원
순이익 7,668억 원
* 2014. 12 지분 72% 매각
국민 연금공단 7.7%
포항공대 2.2%
포스코특수강 (전기로제강)
2014. 3Q 누계
매출액 9,789억 원
영업이익 298억 원
순이익 168억 원
페로유한 12%
오딘 제5차유한 12%
포스코강판 (냉연·도금강판) KP
2014. 3Q 누계
매출액 5,897억 원
영업이익 10억 원
순이익 -39억 원
9.8%
신영 자산운용 8.1%
* 철강 관련 주요 계열사
95.3% 포스코P&S 철강 유통·판매
49% SNNC 페로니켈 제조
100% 포스코AST 스테인리스 냉연
34.2% 포스코TMC 코아 전문제조
65% 포스하이메탈 페로망간 생산
* 2014. 12 포스코가 보유한 포스코특수강 지분 인수 계약 체결. 세아베스틸이 포스코특수강 지분 인수를 완료하면 국내 특수강 시장점유율 52.6% 차지
* 자동차용 강판 납품 약 80만 톤(연간)
HYUNDAI
KIA
* 자동차용 강판 납품 약 340만 톤(연간)
* 현대제철산 자동차용 강판 비중 68.5%(2014 추정)
7.9%
19.8%
29.4%
15.7%
정몽구 11.8%
10%
일본 JFE 스틸 8%
현대제철 (일관제철) KP
2014. 3Q 누계
매출액 12조 5,148억 원
영업이익 1조 52억 원
순이익 5,667억 원
* 2013. 12 분할합병
냉연강판 (제조·판매부문)
현대하이스코로부터 냉연강판 제조·판매부문을 합병하면서 명실상부한 일관제철소 완성
2.3%
42.7%
현대하이스코 (강관 등 제조) KP
2014. 3Q 누계
매출액 3조 1,235억 원
영업이익 2,602억 원
순이익 1,560억 원
현대비앤지스틸 (스테인리스 냉연) KP
2014. 3Q 누계
매출액 5,479억 원
영업이익 441억 원
순이익 312억 원
* 2011. 3 상호 변경
비앤지스틸
* 2001. 4 현대차그룹에 편입
삼미특수강
* 1982. 6
삼미종합특수강
* 1966. 4 설립
삼양특수강
한국종합특수강
5.7% 현대모비스
29% 현대그린파워
100% 청도현대기계
15% 현대그린개발
2.2% 현대오일뱅크
2.2% 한국경제신문

고로별 조강생산능력 (기준 : 2013. 12)

제철소별	고로	내부용적	연간 생산 능력(만 톤)
포항 제철소	1고로	1,660m³	145
	2고로	2,550m³	214
	3고로	4,350m³	360
	4고로	5,600m³	531
	파이넥스 1호기		60
	파이넥스 2호기		150
	파이넥스 3호기		200
광양 제철소	1고로	6,000m³	548
	2고로	4,350m³	351
	3고로	4,600m³	385
	4고로	5,500m³	500
	5고로	3,950m³	315
합계			3,759

고로별 조강생산능력 (기준 : 2013. 12)

제철소	고로	내부용적	연간 생산 능력(만 톤)
당진 제철소	고로 1호기	5,250m³	400
	고로 1호기	5,250m³	400
	고로 1호기	5,250m³	400
	전기로		344
합계			1,544

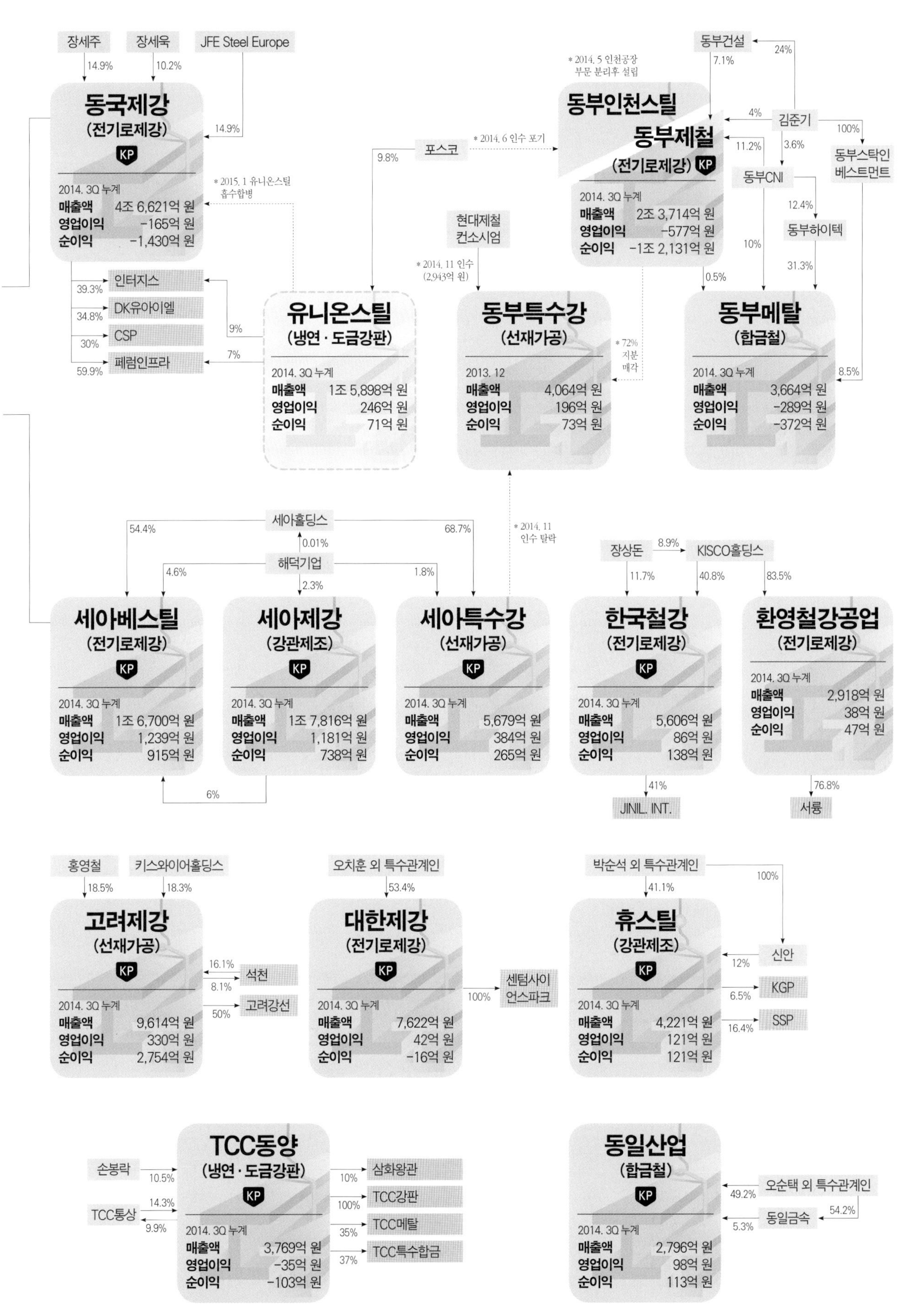

장세주
장세욱
JFE Steel Europe
14.9%
10.2%
14.9%
동국제강
(전기로제강)
KP
2014. 3Q 누계
매출액 4조 6,621억 원
영업이익 -165억 원
순이익 -1,430억 원
* 2015. 1 유니온스틸 흡수합병
39.3% 인터지스
34.8% DK유아이엘
30% CSP
59.9% 페럼인프라
9%
7%
포스코
9.8%
* 2014. 6 인수 포기
유니온스틸
(냉연 · 도금강판)
2014. 3Q 누계
매출액 1조 5,898억 원
영업이익 246억 원
순이익 71억 원
현대제철 컨소시엄
* 2014. 11 인수 (2,943억 원)
동부특수강
(선재가공)
2013. 12
매출액 4,064억 원
영업이익 196억 원
순이익 73억 원
* 72% 지분 매각
* 2014. 5 인천공장 부문 분리후 설립
동부인천스틸
동부제철
(전기로제강) KP
2014. 3Q 누계
매출액 2조 3,714억 원
영업이익 -577억 원
순이익 -1조 2,131억 원
동부건설
7.1%
24%
김준기
4%
11.2%
3.6%
100%
동부CNI
동부스탁인 베스트먼트
12.4%
동부하이텍
10%
31.3%
0.5%
8.5%
동부메탈
(합금철)
2014. 3Q 누계
매출액 3,664억 원
영업이익 -289억 원
순이익 -372억 원
세아홀딩스
54.4%
68.7%
0.01%
해덕기업
4.6%
1.8%
2.3%
* 2014. 11 인수 탈락
세아베스틸
(전기로제강)
KP
2014. 3Q 누계
매출액 1조 6,700억 원
영업이익 1,239억 원
순이익 915억 원
세아제강
(강관제조)
KP
2014. 3Q 누계
매출액 1조 7,816억 원
영업이익 1,181억 원
순이익 738억 원
6%
세아특수강
(선재가공)
KP
2014. 3Q 누계
매출액 5,679억 원
영업이익 384억 원
순이익 265억 원
장상돈
8.9%
KISCO홀딩스
11.7%
40.8%
83.5%
한국철강
(전기로제강)
KP
2014. 3Q 누계
매출액 5,606억 원
영업이익 86억 원
순이익 138억 원
41%
JINIL. INT.
환영철강공업
(전기로제강)
2014. 3Q 누계
매출액 2,918억 원
영업이익 38억 원
순이익 47억 원
76.8%
서륭
홍영철
키스와이어홀딩스
18.5%
18.3%
고려제강
(선재가공)
KP
2014. 3Q 누계
매출액 9,614억 원
영업이익 330억 원
순이익 2,754억 원
16.1%
석천
8.1%
50%
고려강선
오치훈 외 특수관계인
53.4%
대한제강
(전기로제강)
KP
2014. 3Q 누계
매출액 7,622억 원
영업이익 42억 원
순이익 -16억 원
100%
센텀사이언스파크
박순석 외 특수관계인
41.1%
100%
휴스틸
(강관제조)
KP
2014. 3Q 누계
매출액 4,221억 원
영업이익 121억 원
순이익 121억 원
신안
12%
KGP
6.5%
SSP
16.4%
손봉락
10.5%
TCC통상
14.3%
9.9%
TCC동양
(냉연 · 도금강판)
KP
2014. 3Q 누계
매출액 3,769억 원
영업이익 -35억 원
순이익 -103억 원
10% 삼화왕관
100% TCC강판
35% TCC메탈
37% TCC특수합금
동일산업
(합금철)
KP
2014. 3Q 누계
매출액 2,796억 원
영업이익 98억 원
순이익 113억 원
오순택 외 특수관계인
49.2%
동일금속
54.2%
5.3%

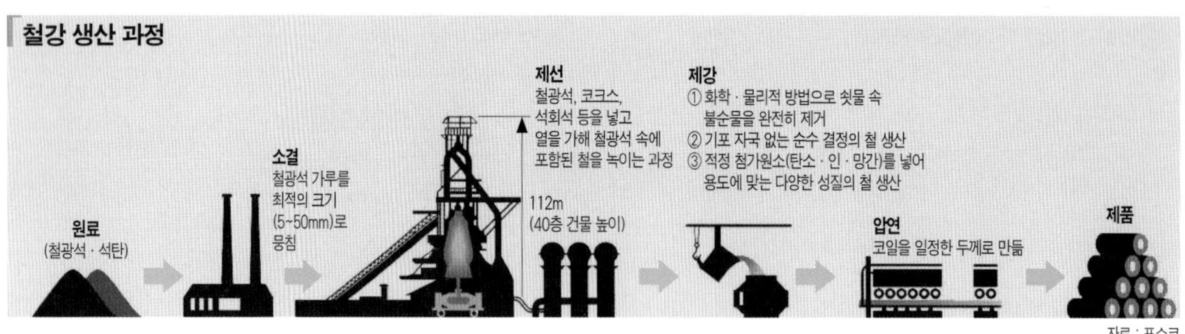
철강 생산 과정
원료
(철광석 · 석탄)
소결
철광석 가루를
최적의 크기
(5~50mm)로
뭉침
제선
철광석, 코크스,
석회석 등을 넣고
열을 가해 철광석 속에
포함된 철을 녹이는 과정
112m
(40층 건물 높이)
제강
① 화학 · 물리적 방법으로 쇳물 속
불순물을 완전히 제거
② 기포 자국 없는 순수 결정의 철 생산
③ 적정 첨가원소(탄소 · 인 · 망간)를 넣어
용도에 맞는 다양한 성질의 철 생산
압연
코일을 일정한 두께로 만듦
제품

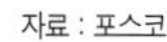

자료 : 포스코

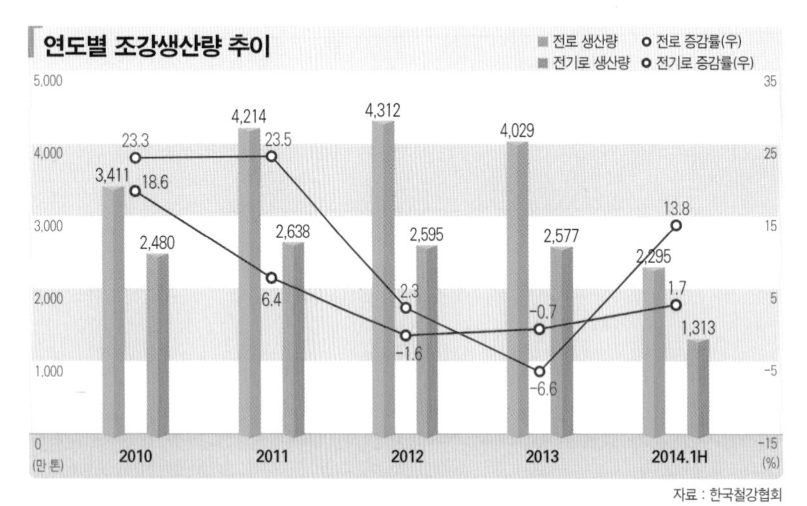
연도별 조강생산량 추이
전로 생산량
전기로 생산량
전로 증감률(우)
전기로 증감률(우)
5,000
4,000
3,000
2,000
1,000
0
(만 톤)
35
25
15
5
-5
-15
(%)
3,411
2,480
23.3
18.6
4,214
2,638
23.5
6.4
4,312
2,595
2.3
-1.6
4,029
2,577
-0.7
-6.6
2,295
1,313
13.8
1.7
2010
2011
2012
2013
2014.1H

자료 : 한국철강협회

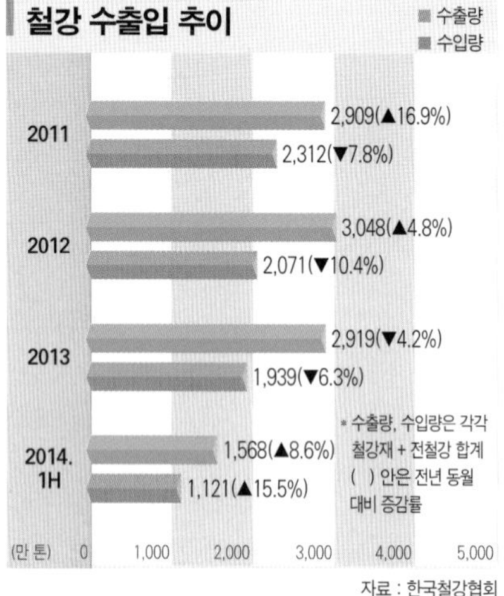
철강 수출입 추이
수출량
수입량
2011
2,909(▲16.9%)
2,312(▼7.8%)
2012
3,048(▲4.8%)
2,071(▼10.4%)
2013
2,919(▼4.2%)
1,939(▼6.3%)
2014.
1H
1,568(▲8.6%)
1,121(▲15.5%)
* 수출량, 수입량은 각각
철강재 + 전철강 합계
( ) 안은 전년 동월
대비 증감률
(만 톤)
0
1,000
2,000
3,000
4,000
5,000

자료 : 한국철강협회

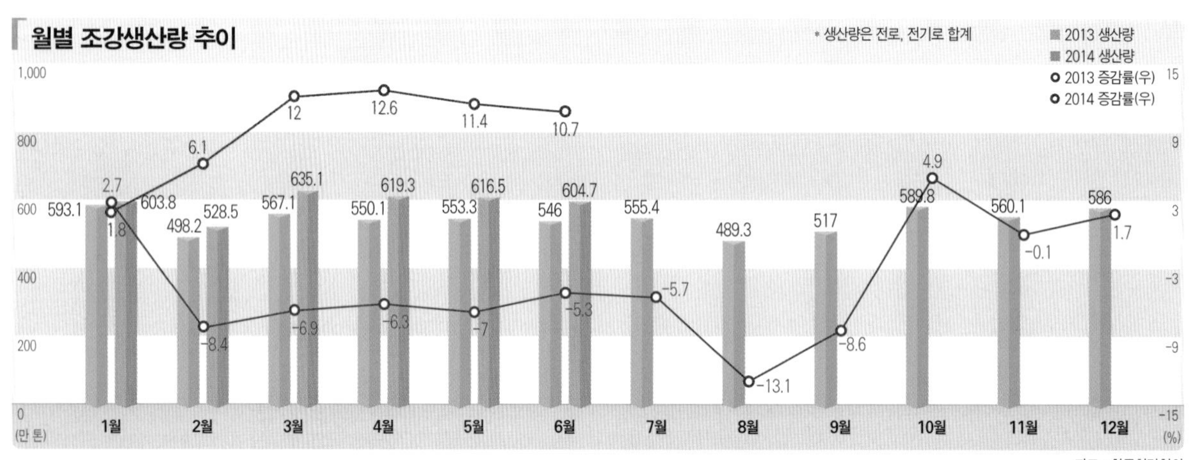
월별 조강생산량 추이
* 생산량은 전로, 전기로 합계
2013 생산량
2014 생산량
2013 증감률(우)
2014 증감률(우)
1,000
800
600
400
200
0
(만 톤)
15
9
3
-3
-9
-15
(%)
593.1
603.8
2.7
1.8
498.2
528.5
6.1
-8.4
567.1
635.1
12
-6.9
550.1
619.3
12.6
-6.3
553.3
616.5
11.4
-7
546
604.7
10.7
-5.3
555.4
-5.7
489.3
-13.1
517
-8.6
589.8
4.9
560.1
-0.1
586
1.7
1월
2월
3월
4월
5월
6월
7월
8월
9월
10월
11월
12월

자료 : 한국철강협회

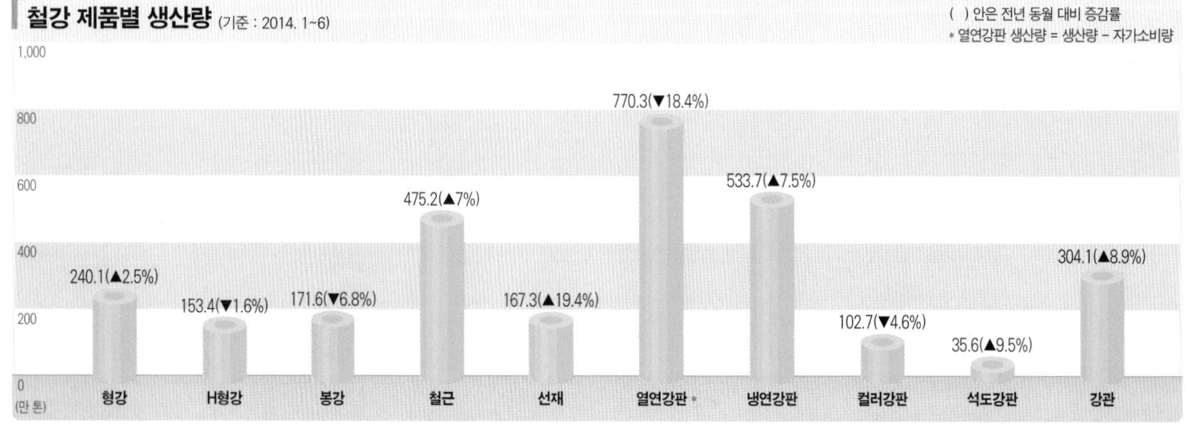
철강 제품별 생산량 (기준 : 2014. 1~6)
( ) 안은 전년 동월 대비 증감률
* 열연강판 생산량 = 생산량 - 자가소비량
1,000
800
600
400
200
0
(만 톤)
240.1(▲2.5%)
153.4(▼1.6%)
171.6(▼6.8%)
475.2(▲7%)
167.3(▲19.4%)
770.3(▼18.4%)
533.7(▲7.5%)
102.7(▼4.6%)
35.6(▲9.5%)
304.1(▲8.9%)
형강
H형강
봉강
철근
선재
열연강판 *
냉연강판
컬러강판
석도강판
강관

자료 : 한국철강협회

주요 철강 제품 가격변동 추이

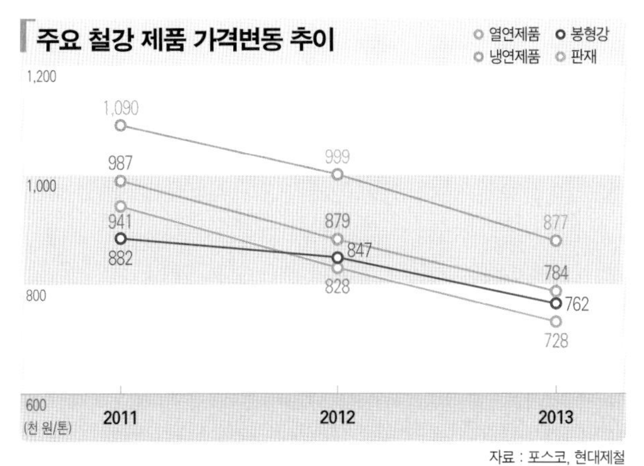

열연제품
봉형강
냉연제품
판재
1,200
1,000
800
600
(천 원/톤)
1,090
999
877
987
879
784
941
847
762
882
828
728
2011
2012
2013

자료 : 포스코, 현대제철

철강 원료 가격 추이

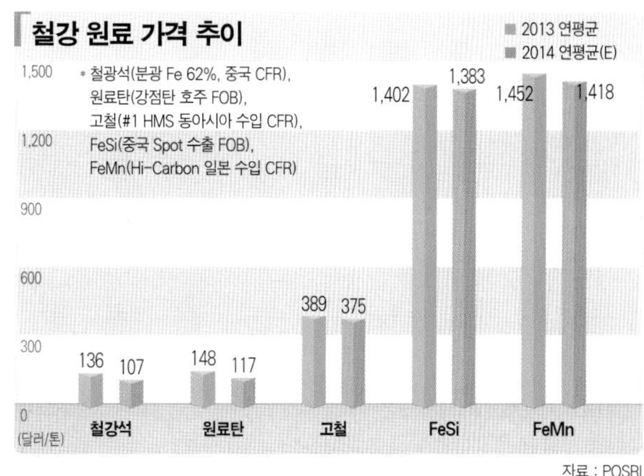

2013 연평균
2014 연평균(E)
* 철광석(분광 Fe 62%, 중국 CFR),
원료탄(강점탄 호주 FOB),
고철(#1 HMS 동아시아 수입 CFR),
FeSi(중국 Spot 수출 FOB),
FeMn(Hi-Carbon 일본 수입 CFR)
1,500
1,200
900
600
300
0
(달러/톤)
136
107
148
117
389
375
1,402
1,383
1,452
1,418
철강석
원료탄
고철
FeSi
FeMn

자료 : POSRI

포스코 철강 품목별 매출 비중 (기준 : 2013. 12)

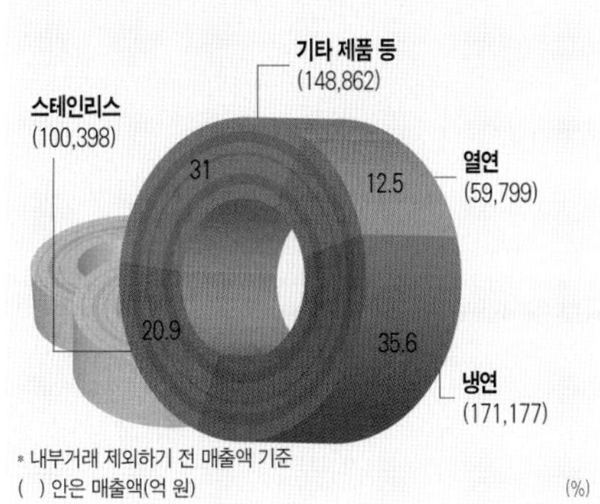

기타 제품 등
(148,862)
스테인리스
(100,398)
열연
(59,799)
냉연
(171,177)
31
12.5
20.9
35.6
(%)

* 내부거래 제외하기 전 매출액 기준
( ) 안은 매출액(억 원)

자료 : 포스코

포스코 조강 생산량 추이

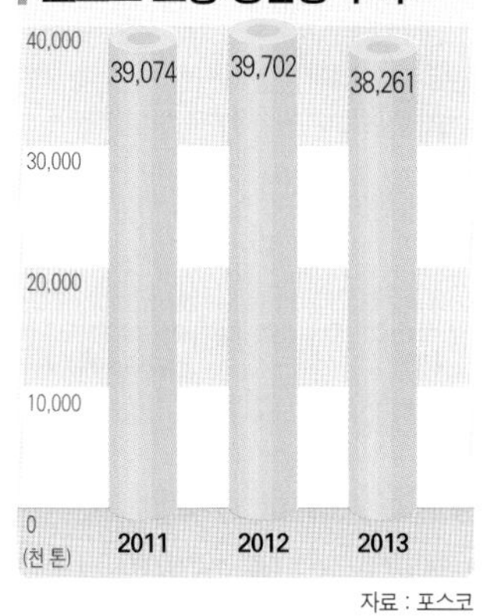

40,000
30,000
20,000
10,000
0
(천 톤)
39,074
39,702
38,261
2011
2012
2013

자료 : 포스코

포스코 품목별 제품 생산량 비중

* 포스코 및 포스코특수강, 장가항 등 주요 종속회사 포함
제품 생산량은 계열사 간 내부거래 상계 전 수치

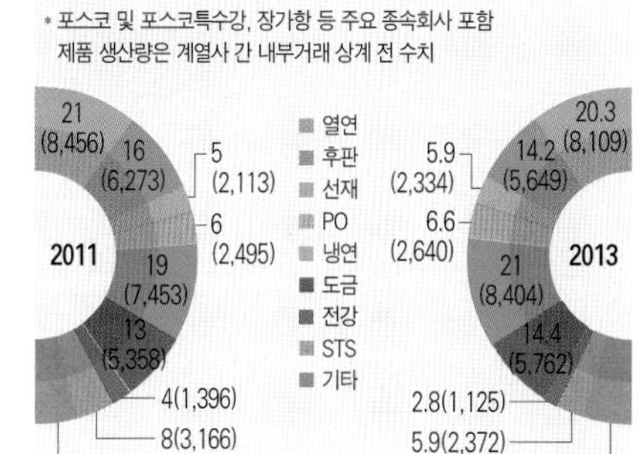

2011
21
(8,456)
16
(6,273)
5
(2,113)
6
(2,495)
19
(7,453)
13
(5,358)
4(1,396)
8(3,166)
8(3,150)
열연
후판
선재
PO
냉연
도금
전강
STS
기타
2013
20.3
(8,109)
14.2
(5,649)
5.9
(2,334)
6.6
(2,640)
21
(8,404)
14.4
(5,762)
2.8(1,125)
5.9(2,372)
8.9(3,566)
(%, 천 톤)

자료 : 포스코

현대제철 철강 품목별 매출 비중 (기준 : 2013 연간)

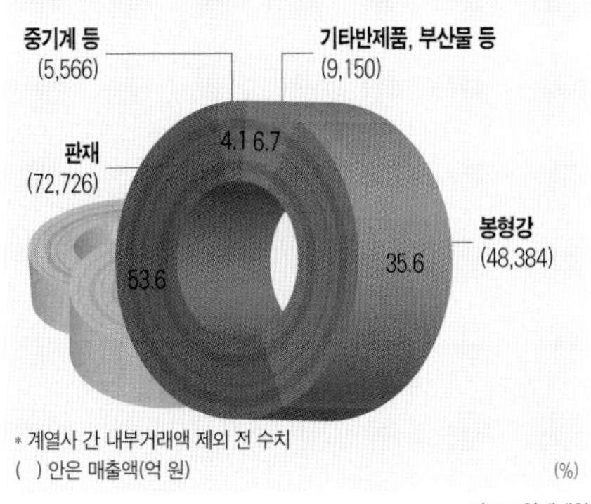

중기계 등
(5,566)
기타반제품, 부산물 등
(9,150)
판재
(72,726)
봉형강
(48,384)
4.1
6.7
53.6
35.6
(%)

* 계열사 간 내부거래액 제외 전 수치
( ) 안은 매출액(억 원)

자료 : 현대제철

현대제철의 연도별 철강 생산능력

봉형강 후판
열연 STS 및 기타

25,000
20,000
15,000
10,000
5,000
0
(천 톤)

1998: 4,760 (290, 4,470)
2000: 8,235 (445, 7,790)
2005: 10,800 (527, 1,800, 8,473)
2010: 14,794 (783, 1,125, 4,800, 8,086)
2014E: 22,735 (849, 3,200, 10,600, 8,086)

자료 : 현대제철, KDB대우증권 리서치센터

현대차그룹의 차강판 수요 중 현대제철 비중 추이

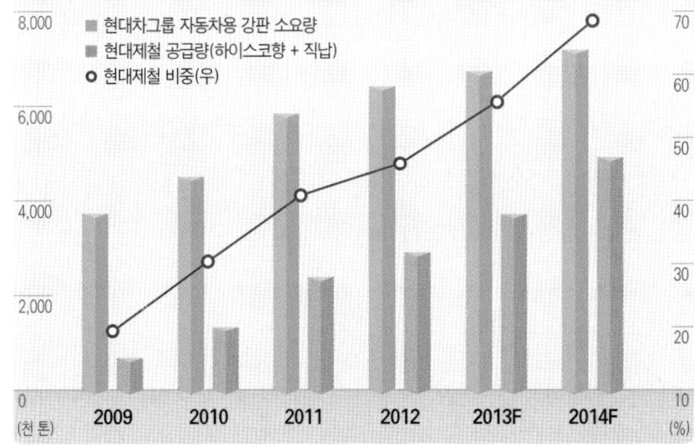

현대차그룹 자동차용 강판 소요량
현대제철 공급량(하이스코향 + 직납)
현대제철 비중(우)
8,000
6,000
4,000
2,000
0
(천 톤)
70
60
50
40
30
20
10
(%)
2009
2010
2011
2012
2013F
2014F

자료 : 현대제철, 현대하이스코, KDB대우증권 리서치센터

현대제철 · 현대하이스코 냉연 부문 합병 후 예상 매출 구성

* 수치는 추정치

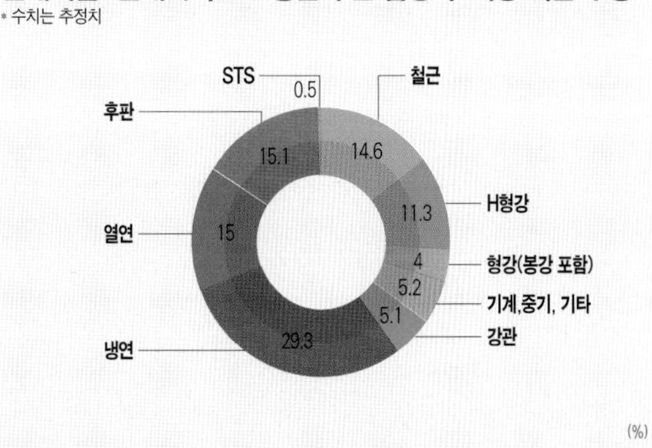

STS
0.5
철근
14.6
후판
15.1
H형강
11.3
열연
15
형강(봉강 포함)
4
기계,중기, 기타
5.2
강관
5.1
냉연
29.3
(%)

자료 : 현대제철, 현대하이스코, KDB대우증권 리서치센터

안팎으로 속출하는 악재들에 숨죽이는 Steelers

"소리 없이 세상을 움직인다!" "세상의 베이스가 되다!" 이 구호는 모두 국내 굴지의 철강 회사 광고에 등장했던 말이다. 철강 회사들은 대표적인 B-to-B 기업이기 때문에 개인 소비자와 직접 부딪치는 일은 드물다. 하지만 항공기, 배, 자동차, 기계 등등 가만히 생각해보면 우리 주변에는 철이 소재로 쓰이는 물건 투성이다. 투자자나 관련 업계 종사자가 아닌 이상 철강산업에 관심을 두기가 쉽지 않지만 나라경제를 지탱하는 데 없어서는 안 될 기간산업이 바로 철강인 것이다.

소리 없이 나라경제를 움직이는 철강산업이 요즘 매우 힘들다. 철강산업의 침체기는 비단 어제오늘의 일은 아니다. 과거 10년간 철강업계의 수익성이 계속 감소해왔기 때문이다. 가까운 미래 역시 그리 밝지 못하다. 전 세계 철강산업에 지대한 영향을 미치는 중국의 경제성장률이 둔화하고 있고, 철강 공급 과잉 기조가 계속 이어지고 있기 때문이다.

철강은 다시 과거의 영광을 재현할 수 있을까? 업계 안팎의 핵심 사안들을 바탕으로 철강산업의 가까운 미래를 진단해 보자.

중국 철강 공급 과잉에 몸살 난 국내 철강사들

중국 철강시장이 구조조정 여파로 몸살을 앓고 있다. 중국의 철강산업은 공격적인 설비 투자로 2000년대 중반 들어 공급이 수요를 현격히 초과해 버리는 지경에 빠지고 말았다. 중국정부는 공급 과잉을 해소하기 위해 2005년부터 비효율적인 설비 폐쇄를 단행하고 있다. 그러나 상위권 철강 업체의 낮은 산업 집중도에 따른 통제력 제한, 고용 및 세수 확보 목표 달성을 위해 설비 감축에 소극적인 지방정부의 태도 등으로 공급 과잉 문제가 해결될 조짐은 보이지 않고 있다.

중국 내 과잉 설비 규모는 약 3억 톤에 이르고 있으며, 이러한 공급 과잉은 중국의 수출 물량 확대(2013년 중국의 철강재 수출량은 전년보다 700만 톤이 증가한 6,200만 톤 수준)를 유발하여 한국을 비롯한 아시아 지역 철강 시장에까지 악영향을 미치고 있다.

최근 중국정부는 강력한 정책을 내놓으며 철강산업 구조조정의 의지를 펼치고 있다. 국무원은 지방정부에 신규 설비 투자 승인을 중단할 것과 비효율 설비를 폐쇄할 것을 지시했다. 아울러 지방정부로 하여금 비효율적인 설비에 대해 벌칙적 규제(전력요금 패널티, 은행차입 제한, 지방보조금 삭감 등)를 도입하도록 했다. 이어 전국인민대표회의에서도 2017년까지 1억 톤 규모의 경쟁력 없는 설비를 폐쇄할 것임을 발표했다.

중국 철강 업체의 재무구조 악화, 지방정부의 부채 확대에 따른 부실기업 지원 여력 축소, 환경 규제 대응 비용 급증, 비효율 설비에 대한 각종 벌칙적 규제 도입 등을 고려하면 최근 중국정부의 철강 구조조정 방안은 과거에 비해 어느 정도 성과를 낼 것으로 전망된다. 600만 톤 조강능력을 갖춘 하이신철강의 디폴트 선언은 구조조정이 본격화되고 있음을 알리는 신호라 하지 않을 수 없다.

이처럼 중국정부의 철강 구조조정이 현실화될 경우 중장기적으로 아시아 철강시장의 공급 과잉을 완화하는 데 긍정적으로 작용할 전망이다. 다만, 구조조정이 주로 중국 내 비효율적인 설비를 보유한 중소 철강사에 집중되는 것은 우려스럽다. 이로 인해 중국 내 메이저 철강사들이 반사이익을 누려 가동률을 늘리는 부조리를 초래할 수도 있기 때문이다.

철강 원재료비 가력 하락에 따른 이해득실 따져봐야

세계적인 철강 수요 둔화 추세와 중국과 오스트레일리아 등 일부 지역의 광산 증산에 따른 공급 과잉으로 철강 기초 원재료인 철광석 및 원료탄 가격이 계속 떨어지고 있다. 철광석 최대 소비국인 중국의 조강 생산 증가세는 둔화하는 반면, 메이저 철광석 업체의 생산능력 확대에 따른 증산으로 당분간 철광석 가격은 하락세를 이어갈 전망이다. 원료탄의 경우에도 공급 과잉 상황에서 중국의 수입 수요 감소로 당분간 가격 상승이 쉽지 않을 전망이다.

철강 생산에서 원재료비가 제조원가의 65% 이상을 차지하고 있어 원재료 가격 변동은 원가 측면에서 매우 중요하다. 상공정 업체의 원재료는 철광석, 원료탄, 철스크랩이 주를 이룬다. 하공정 업체가 상공정에서 생산한 중간재(열연, 슬라브, 빌렛 등)를 공급받는 구조를 감안하면, 최근 원재료 가격 하락은 원가 부담 완화 측면에서 긍정적이다.

하지만 원재료 가격 하락이 관련 제품인 열연 및 냉연 가격을 연쇄적으로 떨어뜨리는 요인이 되기도 한다. 원재료 가격 하락만으로 무조건 수익성이 개선되는 건 아니라는 얘기다. 철강 경기 침체기에 원재료 및 제품 가격이 동시에 떨어지더라도 하락 속도와 폭에 따라 롤마진(제품 가격과 원재료 가격 차이)은 확대되거나 축소될 수도 있다.

어쨌거나 원재료 가격 하락은 원가 부담 완화 측면에서 긍정적인 건만은 사실이다. 생산자 주도의 cost-push에 따른 제품 가격 상승이 제한적인 상황에서 철광석과 원료탄 공급 과잉으로 고로 업체의 구매교섭력이 개선되고, 열연 공급 과잉으로 하공정 업체(냉연, 강관)의 구매교섭력도 강화되고 있기 때문이다.

탄소배출권이 철강업계를 쓰러뜨리는 직격탄 될 수도

철강업계가 조강 생산량을 낮춰야 하는 이유는 단지 공급 과잉 때문만은 아니다. 2015년부터 시행되는 탄소배출권 거래제로 수천억 원대 과징금 폭탄이 철강사들을 덮칠 거라는 경고음이 제기되고 있기 때문이다.

철강업계는 탄소배출권 거래제 1차 기간인 2017년까지 총 3억 576만 톤의 배출권을 할당 받았다. 이는 당초 업계가 요구했던 3억 2,700만 톤에 비해 6.5% 가량 줄어든 수치다. 배출권 거래제가 적용되는 국내 기업은 525곳으로, 이 가운데 철강 업체는 포스코, 현대제철, 동국제강, 동부제철, 세아제강, 현대하이스코 등 40곳에 달한다. 탄소배출권 거래 시장에서는 철강업계 예상 배출량 기준보다 적게 할당한 과소할당 비율이 10.7%에 달하는 것으로 보고 있다. 이로 인해 업계 추산 1조 958억 원의 과징금이 예상되며, 2015년에 당장 3,000억 원이 넘는 과징금이 부과될 것이라는 우려가 나오고 있다.

환경부는 배출량이 할당되기 이전에 "국내 기업 전체의 추가 탄소 배출 부담 금액이 1조 1,000억 원 수준에 머물 것"이라고 분석했지만, 철강업계만으로도 이 금액에 이를 전망이다.

포스코는 2013년에만 7,163만 톤의 탄소를 배출했으며, 현대제철은 1,621만 톤을 배출했다. 이는 각각 업계 예상 배출량 대비 63%, 14.3%에 해당하는 수준이다. 두 업체만으로도 77.3%의 탄소 배출량이 소진되는 것을 감안할 때 업계 내에서의 배출권 거래는 없을 전망이다.

철강업계에서는 다른 업종과의 배출권 거래 역시 불가능할 것으로 보고 있다. 산업통상자원부, 환경부 등에 따르면 1차 기간 배출권 할당량은 전체 산업계의 신청량 대비 79.1% 수준이다. 기업 5곳 중 1곳은 신청한 배출권을 할당받지 못했다는 의미다.

결국 철강업계에서는 과징금을 피하기 위해서라도 조강 생산량을 줄이는 것을 심각하게 고민하고 있다. 할당량 재조정이 현실화되지 않는 한 철강사마다 달궈진 고로를 다시 식혀야 할지 모른다는 우려가 업계를 한층 어둡게 한다. 탄소배출권이 철강업계를 쓰러뜨릴 수도 있다는 경고는 결코 과장이 아니다.

17 비철금속업계

업계 규모

■ 제련 생산량	191만 톤(세계 8위)
■ 국내 비철금속 소비량	309만 톤(세계 6위)
■ 비철금속업계 매출 규모	44.9조 원

동

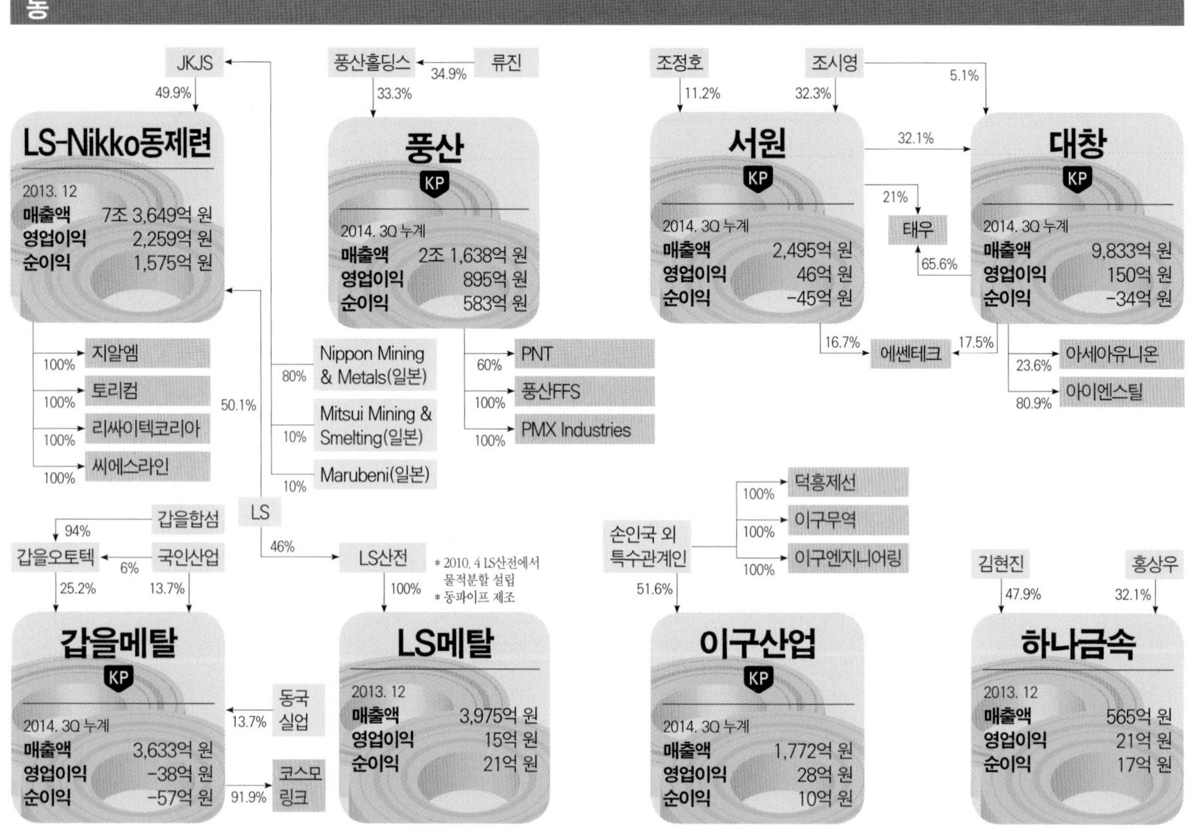

JKJS
49.9%
LS-Nikko동제련
2013. 12
매출액 7조 3,649억 원
영업이익 2,259억 원
순이익 1,575억 원
100% 지알엠
100% 토리컴
100% 리싸이텍코리아
100% 씨에스라인
50.1%
80% Nippon Mining & Metals(일본)
10% Mitsui Mining & Smelting(일본)
10% Marubeni(일본)
풍산홀딩스
34.9%
류진
33.3%
풍산
KP
2014. 3Q 누계
매출액 2조 1,638억 원
영업이익 895억 원
순이익 583억 원
60% PNT
100% 풍산FFS
100% PMX Industries
조정호
11.2%
조시영
32.3%
5.1%
서원
KP
2014. 3Q 누계
매출액 2,495억 원
영업이익 46억 원
순이익 -45억 원
32.1%
21%
태우
65.6%
대창
KP
2014. 3Q 누계
매출액 9,833억 원
영업이익 150억 원
순이익 -34억 원
16.7%
에쎈테크
17.5%
23.6% 아세아유니온
80.9% 아이엔스틸
갑을합섬
94%
갑을오토텍
6%
국인산업
25.2%
13.7%
LS
46%
LS산전
* 2010. 4 LS산전에서 물적분할 설립
* 동파이프 제조
100%
갑을메탈
KP
2014. 3Q 누계
매출액 3,633억 원
영업이익 -38억 원
순이익 -57억 원
13.7% 동국실업
91.9% 코스모링크
LS메탈
2013. 12
매출액 3,975억 원
영업이익 15억 원
순이익 21억 원
손인국 외 특수관계인
100% 덕흥제선
100% 이구무역
100% 이구엔지니어링
51.6%
이구산업
KP
2014. 3Q 누계
매출액 1,772억 원
영업이익 28억 원
순이익 10억 원
김현진
47.9%
홍상우
32.1%
하나금속
2013. 12
매출액 565억 원
영업이익 21억 원
순이익 17억 원

연(납)·아연

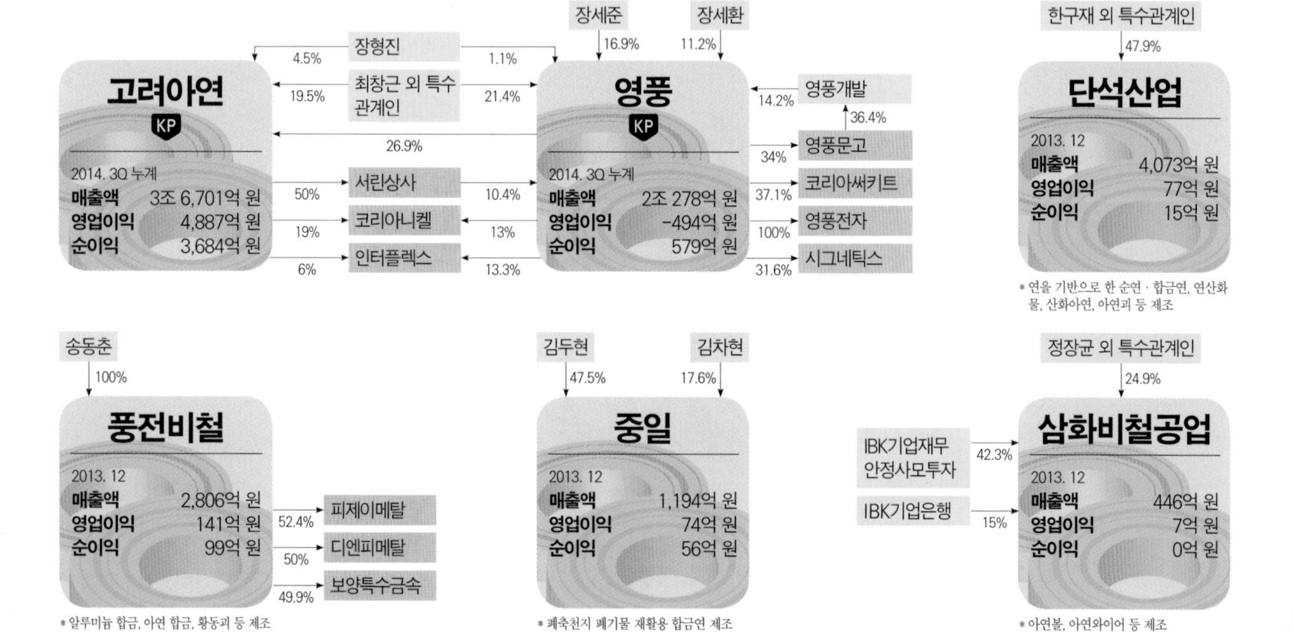

장형진
4.5%
1.1%
최창근 외 특수관계인
19.5%
21.4%
고려아연
KP
2014. 3Q 누계
매출액 3조 6,701억 원
영업이익 4,887억 원
순이익 3,684억 원
26.9%
50% 서린상사 10.4%
19% 코리아니켈 13%
6% 인터플렉스 13.3%
장세준
16.9%
장세환
11.2%
영풍
KP
2014. 3Q 누계
매출액 2조 278억 원
영업이익 -494억 원
순이익 579억 원
14.2% 영풍개발
36.4%
34% 영풍문고
37.1% 코리아써키트
100% 영풍전자
31.6% 시그네틱스
한구재 외 특수관계인
47.9%
단석산업
2013. 12
매출액 4,073억 원
영업이익 77억 원
순이익 15억 원
* 연을 기반으로 한 순연 · 합금연, 연산화물, 산화아연, 아연괴 등 제조
송동춘
100%
풍전비철
2013. 12
매출액 2,806억 원
영업이익 141억 원
순이익 99억 원
52.4% 피제이메탈
50% 디엔피메탈
49.9% 보양특수금속
* 알루미늄 합금, 아연 합금, 황동괴 등 제조
김두현
47.5%
김차현
17.6%
중일
2013. 12
매출액 1,194억 원
영업이익 74억 원
순이익 56억 원
* 폐축전지 폐기물 재활용 합금연 제조
정장균 외 특수관계인
24.9%
IBK기업재무안정사모투자
42.3%
IBK기업은행
15%
삼화비철공업
2013. 12
매출액 446억 원
영업이익 7억 원
순이익 0억 원
* 아연볼, 아연와이어 등 제조

알루미늄

4260856 Canada Inc. → 40.7% → 노벨리스코리아
Novelis Inc. → 100% → 4260856 Canada Inc.
Hindalco Industries Ltd. → Novelis Inc.

노벨리스코리아
2013. 12
매출액 1조 8,561억 원
영업이익 1,355억 원
순이익 1,129억 원

* 1999. 9 대한전선에서 분할 설립

L제2투자회사(일본) 34.9%, 광윤사 22.8%, 호텔롯데 13%, 롯데케미칼 13.2%, 롯데쇼핑 12.1%

롯데알미늄
2014. 3Q 누계
매출액 7,986억 원
영업이익 179억 원
순이익 81억 원

→ 롯데제과 15.3%
→ 롯데자이언츠 5%

* 공익법인 출연: 포스코 → 포스텍
포스코 48.9%, 포스텍 4.7%
→ 포스하이알 51%

포스코엠텍
KQ
2014. 3Q 누계
매출액 3,370억 원
영업이익 -119억 원
순이익 -720억 원

나인디지트, 리코금속
* 2013. 1 흡수합병

김남정 68%, 김재철 24.5% → 동원엔터프라이즈
동원엔터프라이즈 → 동원산업 59.2%, 동원F&B 71.3%, 동원냉장 61.1%
동원엔터프라이즈 → 동원시스템즈 80.7%

동원시스템즈
KP
2014. 3Q 누계
매출액 4,852억 원
영업이익 162억 원
순이익 28억 원

→ 한진피앤씨 69%
→ 동원건설산업 100%
→ 동원티앤아이 100%

박도봉 → 케이피티유 50.4%, 알루텍 42.9%
케이피티유 25.6%, 박도봉 8%, 알루텍 20.9%

동양강철
KP
2014. 3Q 누계
매출액 2,734억 원
영업이익 164억 원
순이익 70억 원

→ 고강알루미늄 100%
→ 현대알루미늄 100%

이영호 31.7%, 이재섭 13.7%, 조광 18.5%
* 지배: 이영호 → 조광

조일알미늄
KP
2014. 3Q 누계
매출액 2,312억 원
영업이익 -21억 원
순이익 -8억 원

→ 엠에스상호저축은행 5.8%

서민석 외 → 동일방직 21.9%
동일방직 90.2%, KB국민은행 9.4%

동일알미늄
2013. 12
매출액 1,728억 원
영업이익 59억 원
순이익 51억 원

→ DIA-INDIA 50%

동양알미늄(일본) 33.4%, 한남희 8.5%, 한갑희 7.3%

삼아알미늄
KP
2014. 3Q 누계
매출액 953억 원
영업이익 9억 원
순이익 3억 원

→ 퀀텀인더스트리 33%
→ JTBC 0.2%

이현도 → 대호차량 62%
대호차량 33%

대호에이엘
KP
2014. 3Q 누계
매출액 1,096억 원
영업이익 12억 원
순이익 -47억 원

→ 대호하이텍 100%

오병훈 → 루튼 90%
루튼 → 루튼인베스트먼트 100%
루튼 60%, 루튼인베스트먼트 40%

한국알미늄
KQ
2013. 12
매출액 595억 원
영업이익 15억 원
순이익 13억 원

* 은박지 및 포일(Foil)제조

풍전비철 52.4%, PJ켐텍 6.5%, 송동춘 7.8%

피제이메탈
KQ
2014. 3Q 누계
매출액 885억 원
영업이익 49억 원
순이익 34억 원

대한전선 64.6%
* 2010. 12 풍전비철 등에 매각

이제훈 17%, 오종철 14.2%

파버나인
KQ
2014. 3Q 누계
매출액 674억 원
영업이익 51억 원
순이익 41억 원

→ 파버나인코리아 19.7%

기타 비금속

세아홀딩스 → 세아베스틸 54.4%
세아홀딩스 83.9%

세아엠앤에스
2013. 12
매출액 1,743억 원
영업이익 -30억 원
순이익 -24억 원

* 산화몰리브덴 등 제조

김상백 외 특수관계인 → 스탠다드글로벌 100%
김상백 외 특수관계인 94.1%

스탠다드펌
KONEX
2014. 3Q 누계
매출액 609억 원
영업이익 32억 원
순이익 23억 원

* 알루미늄 빌레트 제조

→ 스탠다드미디어 30%, 40%
→ 디로그비주얼 30%

강호길 46.9%, 조정섭 34.4%

에너텍
2013. 12
매출액 910억 원
영업이익 -85억 원
순이익 -99억 원

* 니켈 브리켓 제조

→ 에너켐 45%

Societe Miniere du Sud Pacifique(프랑스) 51%, 포스코 49%

에스엔엔씨
2013. 12
매출액 4,054억 원
영업이익 140억 원
순이익 85억 원

* 페로니켈 제조

Vale Canada Ltd. 25%, 고려아연 19%, 포스코피앤에스 14%

코리아니켈
2013. 12
매출액 1,378억 원
영업이익 -12억 원
순이익 -94억 원

* 유틸리티 니켈 제조

→ 알란텀 18%
→ 엑스메텍 10%

비철금속의 종류

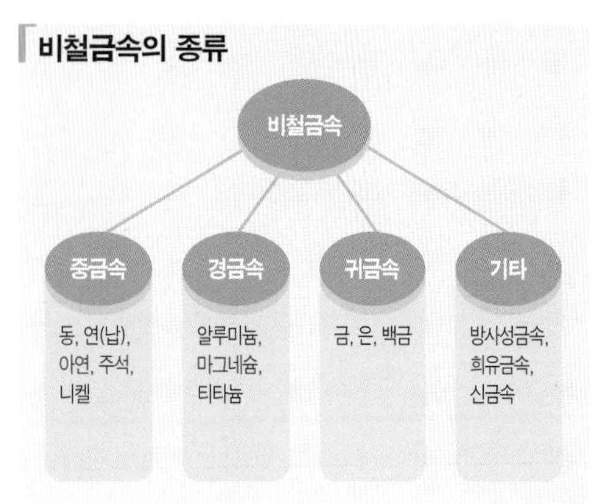

비철금속
중금속
경금속
귀금속
기타
동, 연(납), 아연, 주석, 니켈
알루미늄, 마그네슘, 티타늄
금, 은, 백금
방사성금속, 희유금속, 신금속

자료 : 산업자원부

6대 비철금속의 용도

동(Cu)	알루미늄(Al)	아연(Zn)	연(Pb)	주석(Sn)	니켈(Ni)
• 전기전자제품 : 전선, 동선, 동판 등 • 합금소재(황동, 청동, 백동 등), 동파이프 • 기타 : 화폐(소전), 황산동 · 염화동 등 화합물로 농약과 안료에 이용	• 항공기기체, 철도차량, 자동차 부품 • 포장재 : 알루미늄박 • 저장용기 : 탱크, 컨테이너, 캔 등 • 전선 및 통신기기 부품 등	• 도금(아연도강판 및 강관) 및 피복재 • 기타 : 기계부품의 다이캐스트 재료, 도료, 염색 및 착색제 원료, 농약 등	• 축전지 : 자동차 및 각종 기계용 배관용 관이나 통신장비용 피복 전선 • 핵폐기물 포장, 핵물질 보관용	• 식품 제조 공업 설비 도금 및 합금 재료	• 스테인리스 등 특수강 첨가제 • 전기통신기기, 촉매, 화폐 등

자료 : 산업자원부

국내 광물자원 매장량 현황 (기준 : 2012)

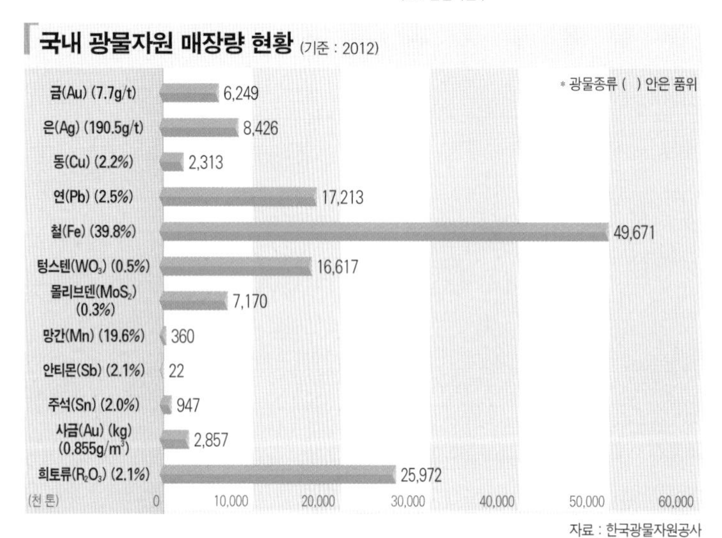

* 광물종류 ( ) 안은 품위
금(Au) (7.7g/t) 6,249
은(Ag) (190.5g/t) 8,426
동(Cu) (2.2%) 2,313
연(Pb) (2.5%) 17,213
철(Fe) (39.8%) 49,671
텅스텐(WO3) (0.5%) 16,617
몰리브덴(MoS2) (0.3%) 7,170
망간(Mn) (19.6%) 360
안티몬(Sb) (2.1%) 22
주석(Sn) (2.0%) 947
사금(Au) (kg) (0.855g/m3) 2,857
희토류(R2O3) (2.1%) 25,972
(천 톤) 0 10,000 20,000 30,000 40,000 50,000 60,000

자료 : 한국광물자원공사

비철금속 지금* 수급 추이

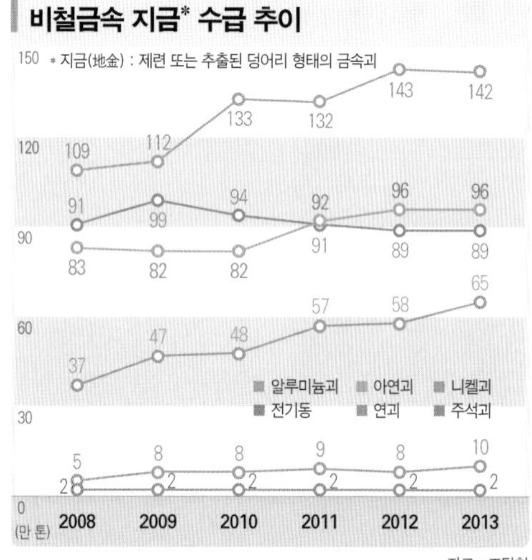

* 지금(地金) : 제련 또는 추출된 덩어리 형태의 금속괴
150 120 90 60 30 0
(만 톤)
109 112 133 132 143 142
91 99 94 92 96 96
83 82 82 91 89 89
37 47 48 57 58 65
5 8 8 9 8 10
2 2 2 2 2 2
알루미늄괴 아연괴 니켈괴
전기동 연괴 주석괴
2008 2009 2010 2011 2012 2013

자료 : 조달청

비철금속 생산 · 출하 실적 추이

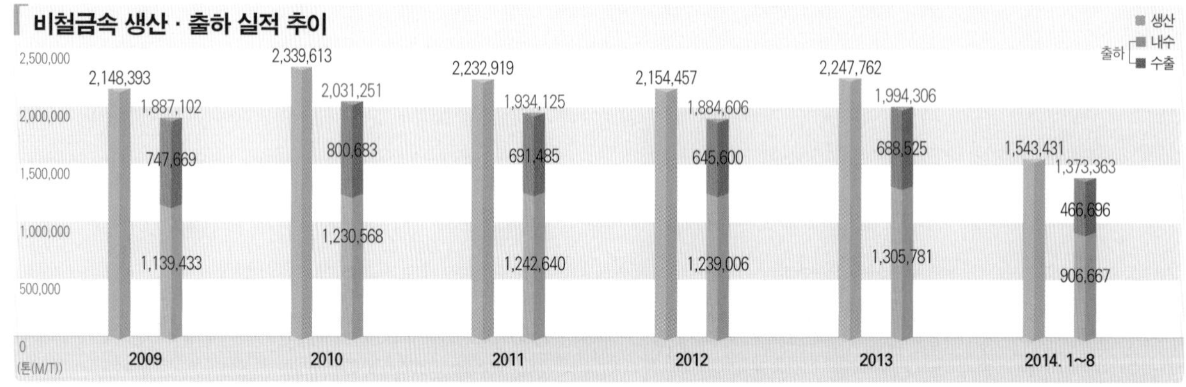

생산
출하 내수 수출
2,500,000 2,000,000 1,500,000 1,000,000 500,000 0
(톤(M/T))
2009 2,148,393 1,887,102 747,669 1,139,433
2010 2,339,613 2,031,251 800,683 1,230,568
2011 2,232,919 1,934,125 691,485 1,242,640
2012 2,154,457 1,884,606 645,600 1,239,006
2013 2,247,762 1,994,306 688,525 1,305,781
2014. 1~8 1,543,431 1,373,363 466,696 906,667

자료 : 통계청 광업제조업동향조사

비철금속 국제 거래가격 추이 (기준 : LME(런던금속거래소) 현물 가격)

동괴
10,000 8,000 6,000 4,000 2,000 0
(달러/MT)
3,678.13 6,720.79 7,177.23 6,955 5,149.04 7,534.18 8,820.53 7,949.44 7,325.74 6,938.75
2005 2006 2007 2008 2009 2010 2011 2012 2013 2014. 1~9

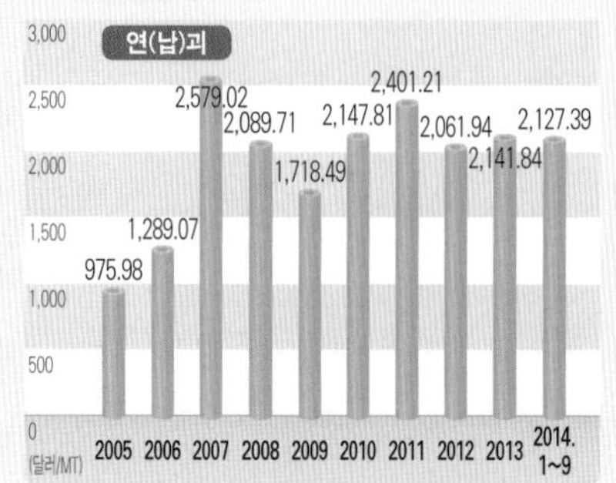

연(납)괴
3,000 2,500 2,000 1,500 1,000 500 0
(달러/MT)
975.98 1,289.07 2,579.02 2,089.71 1,718.49 2,147.81 2,401.21 2,061.94 2,141.84 2,127.39
2005 2006 2007 2008 2009 2010 2011 2012 2013 2014. 1~9

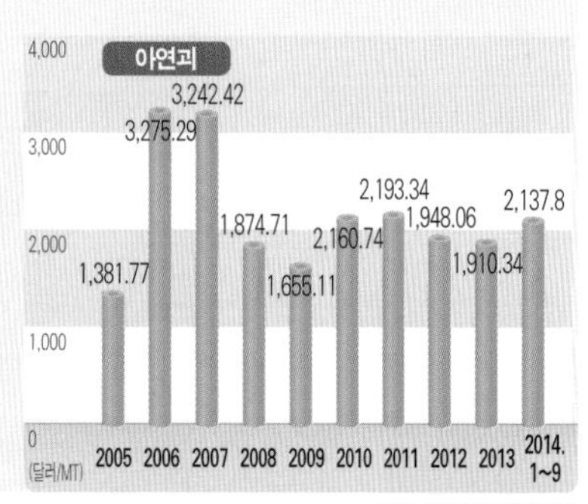

아연괴
4,000 3,000 2,000 1,000 0
(달러/MT)
1,381.77 3,275.29 3,242.42 1,874.71 1,655.11 2,160.74 2,193.34 1,948.06 1,910.34 2,137.8
2005 2006 2007 2008 2009 2010 2011 2012 2013 2014. 1~9

자료 : 한국비철금속협회

비철금속 국제 거래가격 추이 (기준 : LME(런던금속거래소) 현물 가격)

알루미늄괴
(달러/MT)
2005 1,898.12
2006 2,569.43
2007 2,637.8
2008 2,572.35
2009 1,664.45
2010 2,172.7
2011 2,397.89
2012 2,019.15
2013 1,845.62
2014. 1~9 1,831.39

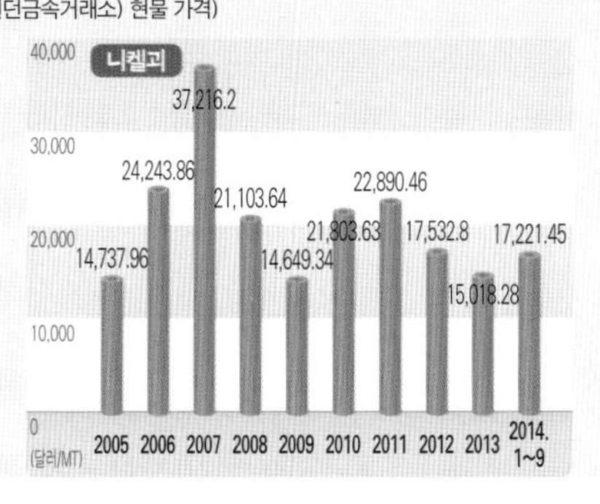

니켈괴
40,000
30,000
20,000
10,000
0
(달러/MT)
14,737.96
24,243.86
37,216.2
21,103.64
14,649.34
21,803.63
22,890.46
17,532.8
15,018.28
17,221.45
2005 2006 2007 2008 2009 2010 2011 2012 2013 2014. 1~9

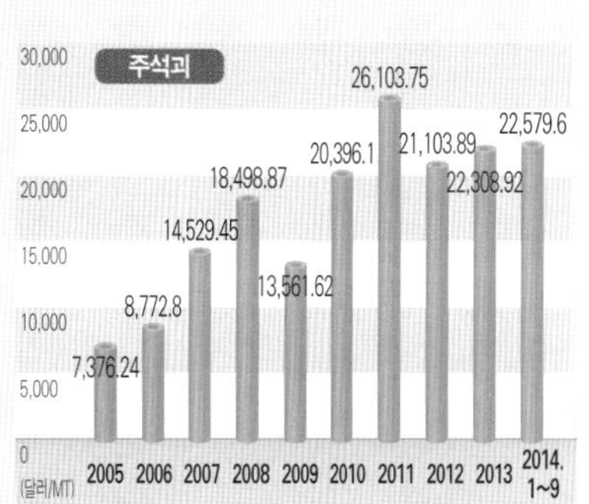

주석괴
30,000
25,000
20,000
15,000
10,000
5,000
0
(달러/MT)
7,376.24
8,772.8
14,529.45
18,498.87
13,561.62
20,396.1
26,103.75
21,103.89
22,308.92
22,579.6
2005 2006 2007 2008 2009 2010 2011 2012 2013 2014. 1~9

자료 : 한국비철금속협회

주요 비철금속 제품별 제조 업체 현황 (기준 : 2014. 6)

구분	품목	주요 생산제품	업체명
제련	동	전기동	LS-Nikko동제련
	아연	아연괴	고려아연
			영풍
		아연 및 알루미늄 합금괴	풍전비철
	연	전기연괴	고려아연
		재생연괴	단석산업
			중일
	알루미늄	빌레트	스탠다드펌
	니켈	니켈 브리켓	에너텍
		니켈괴	코리아니켈
	마그네슘	재생괴	에치엠케이
	몰리브덴	산화몰리브덴, 페로몰리브덴	세아엠앤에스
		산화몰리브덴 브리켓	포스코엠텍
	백금계	백금계 금속 재생	희성피엠텍
가공	동	판, 관, 봉, 소전	풍산
		판	이구산업
		황동봉	대창
		판, 부스바, 코일 등	하나금속
		롯드, 선	갑을메탈
	알루미늄	판	노벨리스코리아
			뉴알텍
			조일알미늄
		박	동원시스템즈
			동일알미늄
			롯데알미늄
			삼아알미늄
		압출	동양강철
			우일금속
			동양A.K.코리아
	아연	아연볼, 아연선, 솔드와이어	삼화비철공업
철강제품	철강	페로니켈	에스엔엔씨
		마그네슘판, 스테인리스, 철강	포스코

자료 : 한국비철금속협회

알루미늄 압연 업체 시장점유율 추이 (기준 : 판매량)

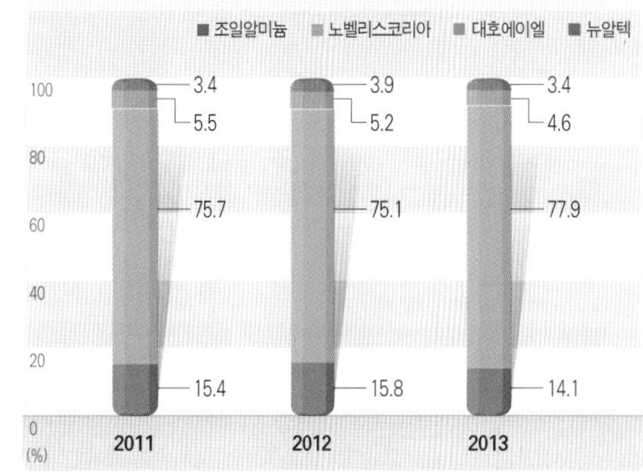

조일알미늄
노벨리스코리아
대호에이엘
뉴알텍
100
80
60
40
20
0
(%)
3.4
5.5
75.7
15.4
3.9
5.2
75.1
15.8
3.4
4.6
77.9
14.1
2011
2012
2013

자료 : 업계 추정 자료

알루미늄박 업체별 시장점유율 추이

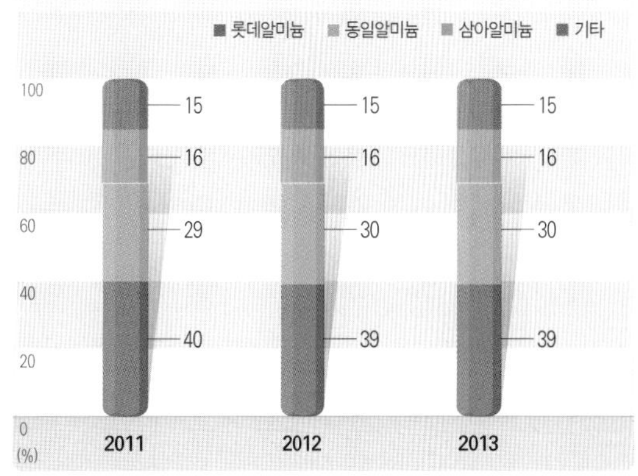

롯데알미늄
동일알미늄
삼아알미늄
기타
100
80
60
40
20
0
(%)
15
16
29
40
15
16
30
39
15
16
30
39
2011
2012
2013

자료 : 업계 추정 자료

풍산 제품별 매출 비중 (기준 : 2014. 1H 매출)

( ) 안은 매출액(억 원)

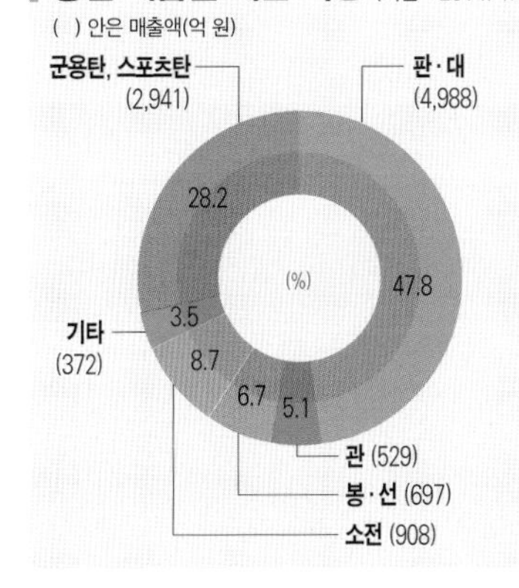

군용탄, 스포츠탄
(2,941)
판·대
(4,988)
28.2
(%)
47.8
기타
(372)
3.5
8.7
6.7
5.1
관 (529)
봉·선 (697)
소전 (908)

제품	용도
판·대	산업용소재 (반도체소재 포함)
관	산업·건축용
봉·선	산업·건축용
소전	주화제조용
기타	주조, 기와, 스크랩 등
군용탄, 스포츠탄	국가방위산업, 레저용 등

자료 : 사업보고서

고려아연 제품별 매출 비중 (기준 : 2014. 1H 매출)

( ) 안은 매출액(억 원)

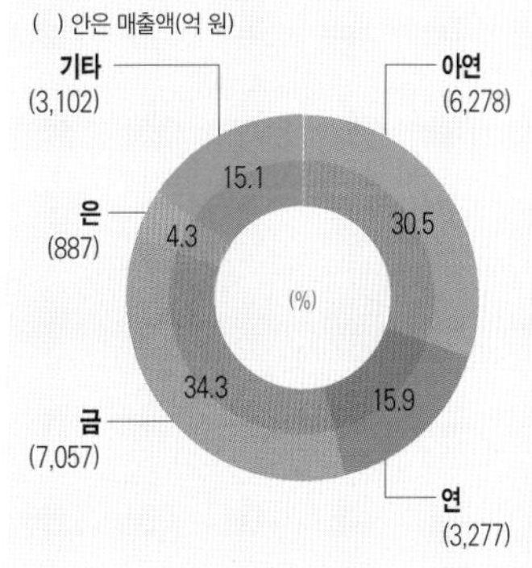

기타
(3,102)
아연
(6,278)
15.1
은
(887)
4.3
30.5
(%)
34.3
15.9
금
(7,057)
연
(3,277)

제품	용도
아연	용융아연도금, 다이캐스팅 합금, 전기아연도금, 신동, 금속화학 등
연	축전기전극, 안료, 납땜, 활자합금, 전선피복용, 베어링 합금 등
금	전기도금, 화폐, 전기접점, 장식품, 치과 재료 등
은	사진감광 재료, 전기도금, 전기접점, 치과 재료 등

자료 : 사업보고서

중국과 인도네시아의 비철금속 수급 정책을 주목하라

비철금속(非鐵金屬)은 말 그대로 철과 철을 주성분으로 하는 합금(철강재료)을 제외한 모든 금속을 가리키는 말이다. 구리, 아연, 금, 은, 알루미늄, 티타늄, 텅스텐, 니켈, 몰리브덴, 코발트, 마그네슘, 하이드로날륨, 두랄루민 등이 대표적인 비철금속이다. 이밖에 비철금속이 혼합된 합금(알루미늄 합금, 티타늄 합금 등)도 비철금속의 범주에 포함된다.

비철금속도 철강과 마찬가지로 다양한 제조업에 기초소재로 활용되는, 이른바 '산업의 쌀'과 같은 존재다. 따라서 비철금속의 수요와 공급은 글로벌 경제 변동에 민감하게 반응한다.

비철금속은 산업의 특성상 각각의 금속이 시장 상황을 달리 한다. 따라서 비철금속시장 전체를 포괄해서 분석하는 것은 현실적으로 불가능하다. 전기동, 알루미늄, 아연, 납, 니켈, 주석 등 주요 비철금속의 시장 상황을 개별적으로 살펴보면 다음과 같다.

전기동

전기동(電氣銅, electrolytic copper)은 말 그대로 전선이나 인쇄 배선 등에 사용하는 구리를 말한다. 도전율을 좋게 하기 위해 불순물이 적어야 하므로 전기 분해에 의해서 정련한 구리를 사용한다. 순도가 99.8% 이상이어야 한다.

업계 전문가들은 비철금속 수급 전망 가운데 전기동을 가장 부정적으로 평가하고 있다. 그 이유는 글로벌 구리 광산의 생산 확대 때문이다. 2015년 글로벌 광산 생산이 6.7%yoy 늘어나는데 이어 2016년에는 9.7%yoy까지 증가할 전망이다. 중국이 대부분의 신규 생산 증가분을 주도할 것으로 예상된다.

알루미늄

알루미늄은 단기보다 중장기적인 가격 전망이 매력적인 비철금속이다. LME 등 글로벌 거래소 재고 감소세와 실물 프리미엄 인상 효과가 2015년에도 여전할 전망이다. 특히, 차량 경량화 추세가 알루미늄 수요를 해마다 5% 이상 증가시킬 것으로 보인다.

중국 이외 지역에서의 알루미늄 생산은 주요 생산 업체의 감산에 힘입어 여전히 둔화 추세를 보이겠지만, 중국 알루미늄 제련소들에게는 마진 개선이 오히려 반가울 따름이다. 아울러 중국산 알루미늄의 저가 효과는 알루미늄 가격의 하방 요인으로 작용할 전망이다.

하지만 중장기적으로 봤을 때 중국의 알루미늄 과잉생산은 지속되기 어려워 보인다. 글로벌 니켈 시장을 긴장시킨 인도네시아 '新광업법'이 알루미늄 원료인 보크사이트시장에도 영향을 미치기 때문이다. 2013년 글로벌 보크사이트의 19%를 생산했던 인도네시아의 보크사이트 금수 조치는 알루미나(alumina) 가격을 상승시켰다. 중국의 높은 인도네시아산 보크사이트 의존도 역시 간과하지 말아야 한다. 중국 내 보크사이트와 알루미나 재고가 머지않아 감소세로 돌아섬에 따라 알루미늄 생산 원가가 오를 전망이다. 생산 원가 상승은 결국 생산량 축소 또는 알루미늄 가격 상승을 견인할 것으로 보인다.

아연

아연은 비철금속 중에서 수익률이 가장 좋은 금속이다. 50% 이상 글로벌 소비를 담당하는 아연 도금 강판

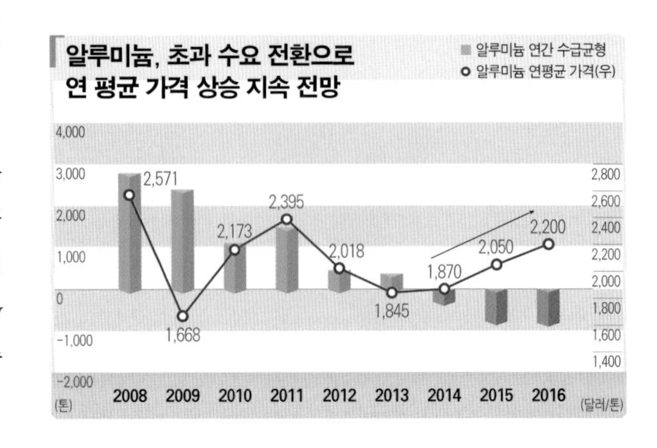

알루미늄, 초과 수요 전환으로
연 평균 가격 상승 지속 전망
알루미늄 연간 수급균형
알루미늄 연평균 가격(우)
4,000
3,000
2,000
1,000
0
-1,000
-2,000
(톤)
2,800
2,600
2,400
2,200
2,000
1,800
1,600
1,400
(달러/톤)
2,571
1,668
2,173
2,395
2,018
1,845
1,870
2,050
2,200
2008
2009
2010
2011
2012
2013
2014
2015
2016

생산이 중국 주도로 여전히 성장세를 보이는 데다, 초과 수요(deficit) 전망에 따라 감소세를 지속하는 LME 및 SHFE 재고가 아연 가격 상승을 이끌고 있다.

글로벌 아연 가격의 상승 흐름은 당분간 이어질 전망이다. 2015년 하반기부터 53만 톤 규모의 Century 광산(MMG)과 18만 톤 규모의 Lisheen 광산(Vedanta) 등 주요 아연 광산들이 폐광을 앞두고 있기 때문이다. 반면, 신규 광산 투자는 소극적이어서 2016년 이후부터 글로벌 아연 광산 생산이 감소세로 전환하는 게 아니냐는 관측이 제기되기도 한다.

납

2013년 말 미국의 마지막 납 생산 업체인 Herculaneum 제련소(Do Run社)의 폐쇄로 2014년 글로벌 납시장은 초과 수요(Deficit) 수혜를 기대했다. 환경 규제에 따른 제한적 신규 투자로 중국 내수 광산까지 감소세로 돌아서면서 글로벌 납 가격이 상승세로 접어들었다.

하지만, 가격 상승에 따른 대량 스크랩 물량 출현이 최대 악재로 출현하면서 다시 납 가격을 떨어뜨렸다. 공급 부문의 절반을 담당하는 재생 납 생산의 증가도 가격 하락에 한몫 했다.

향후 글로벌 납 가격의 추가 하락은 제한적일 것으로 전망된다. 최대 납 수요처인 글로벌 자동차산업이 납의 대량 소비를 이끌 것이기 때문이다.

니켈

2013년 글로벌 니켈 원광의 31%를 생산했던 인도네시아의 금수 조치로 80% 이상 원광을 수입에 의존하며 과잉을 조장해 온 중국 니켈 생산에 제동이 걸렸다. 아울러 글로벌 공급 과잉의 주된 요인인 중국 니켈선철(NPI, 인도네시아산 원광 기반) 공급은 2015년에도 여전히 감소할 전망이다. 일각에서는 인도네시아산 NPI 상업 생산도 빨라야 2018년은 되어야 가능하다고 전망한다.

2014년 평균 17,500달러인 글로벌 니켈 가격은 2015년 평균 20,000달러까지 상승할 전망이다. 글로벌 수급 상황도 초과 수요로 전환됨에 따라 투자자들의 확신은 더욱 강해질 듯하다.

주석

글로벌 주석 가격은 지금까지 2위 생산국인 인도네시아의 주요 광업정책에 맞춰 등락을 보여 왔다. 최대 생산국이면서 소비국인 중국이 여전히 순수입국인 관계로 2위 생산국에 글로벌 수급 조절의 통제권을 내줬기 때문이다.

최대 주석 소비국이자 순수입국인 중국이 서서히 리더로서의 위상을 드러내고 있다. 2013년 하반기부터 주석 정광 수입을 꾸준히 늘리며 내수 주석 생산량을 증대시키고 있기 때문이다. 2012년 초 월간 4,000톤 수준을 수입했던 중국의 주석은 최근 1,000톤 이내까지 감소했다. 이로 인해 초과 수요를 보인 글로벌 주석 수급 상황이 2015년부터 공급 과잉으로 돌아설 전망이다. 이런 추세라면 2위 인도네시아의 영향력이 위축될 수밖에 없다. 중국과 인도네시아의 주석 전쟁이 어떤 형국으로 전개될지 귀추가 주목된다.

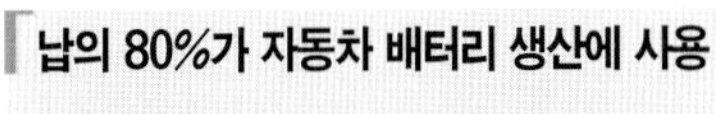
납의 80%가 자동차 배터리 생산에 사용

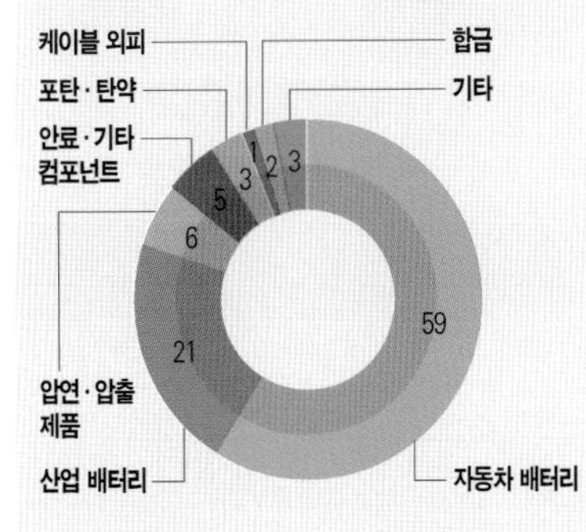
케이블 외피
포탄·탄약
안료·기타 컴포넌트
압연·압출 제품
산업 배터리
합금
기타
자동차 배터리
1
3
2
3
5
6
21
59

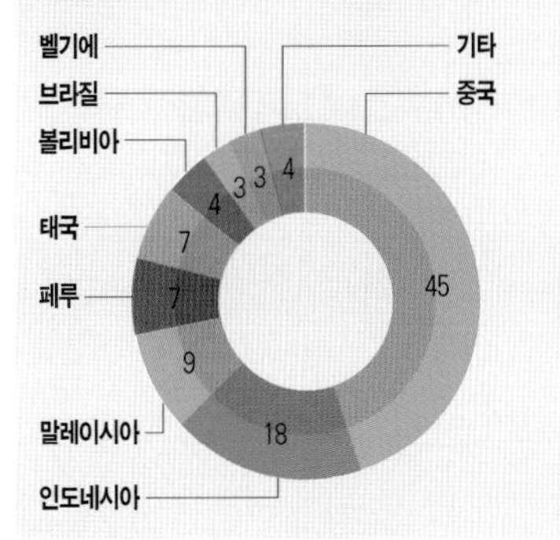
글로벌 정련 주석 생산국 (기준: 2013)
벨기에
브라질
볼리비아
태국
페루
말레이시아
인도네시아
기타
중국
3
3
4
4
7
7
9
18
45

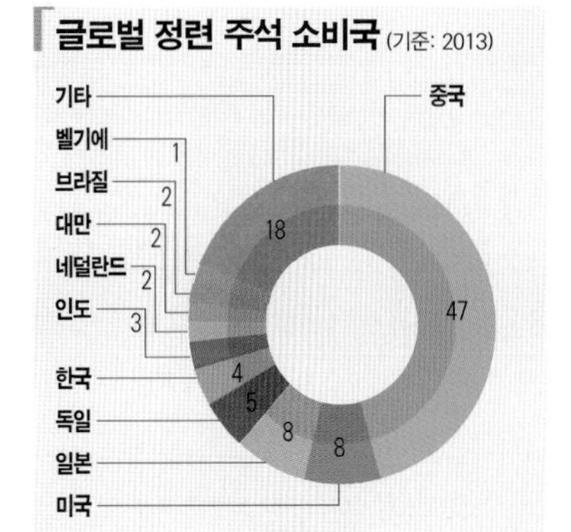
글로벌 정련 주석 소비국 (기준: 2013)
기타
벨기에
브라질
대만
네덜란드
인도
한국
독일
일본
미국
중국
1
2
2
2
3
4
5
8
8
18
47

Chapter 4

화학·에너지

18 | 석유화학업계

업계 규모

- ■ 석유화학제품 연간 생산량 2,175만 톤
- ■ 석유화학제품 국내 수요량 1,088만 톤

(기준 : 3대 석유화학제품 - 합성수지, 합섬원료, 합성고무)

석유화학산업 계통도

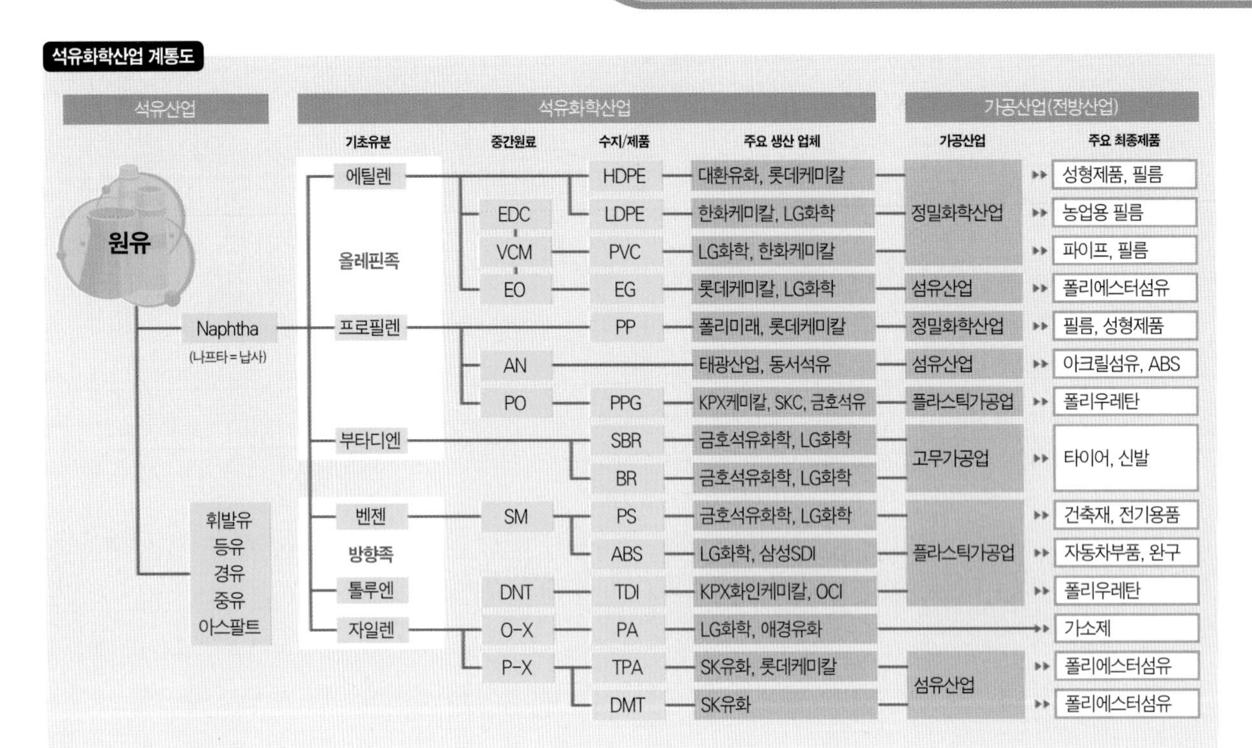

석유산업
석유화학산업
가공산업(전방산업)
기초유분
중간원료
수지/제품
주요 생산 업체
가공산업
주요 최종제품
원유
Naphtha
(나프타=납사)
휘발유
등유
경유
중유
아스팔트
에틸렌
올레핀족
프로필렌
부타디엔
벤젠
방향족
톨루엔
자일렌
EDC
VCM
EO
AN
PO
SM
DNT
O-X
P-X
HDPE
LDPE
PVC
EG
PP
PPG
SBR
BR
PS
ABS
TDI
PA
TPA
DMT
대한유화, 롯데케미칼
한화케미칼, LG화학
LG화학, 한화케미칼
롯데케미칼, LG화학
폴리미래, 롯데케미칼
태광산업, 동서석유
KPX케미칼, SKC, 금호석유
금호석유화학, LG화학
금호석유화학, LG화학
금호석유화학, LG화학
LG화학, 삼성SDI
KPX화인케미칼, OCI
LG화학, 애경유화
SK유화, 롯데케미칼
SK유화
정밀화학산업
섬유산업
정밀화학산업
섬유산업
플라스틱가공업
고무가공업
플라스틱가공업
섬유산업
성형제품, 필름
농업용 필름
파이프, 필름
폴리에스터섬유
필름, 성형제품
아크릴섬유, ABS
폴리우레탄
타이어, 신발
건축재, 전기용품
자동차부품, 완구
폴리우레탄
가소제
폴리에스터섬유
폴리에스터섬유

자료 : 한국석유화학협회 자료를 토대로 일부 재구성

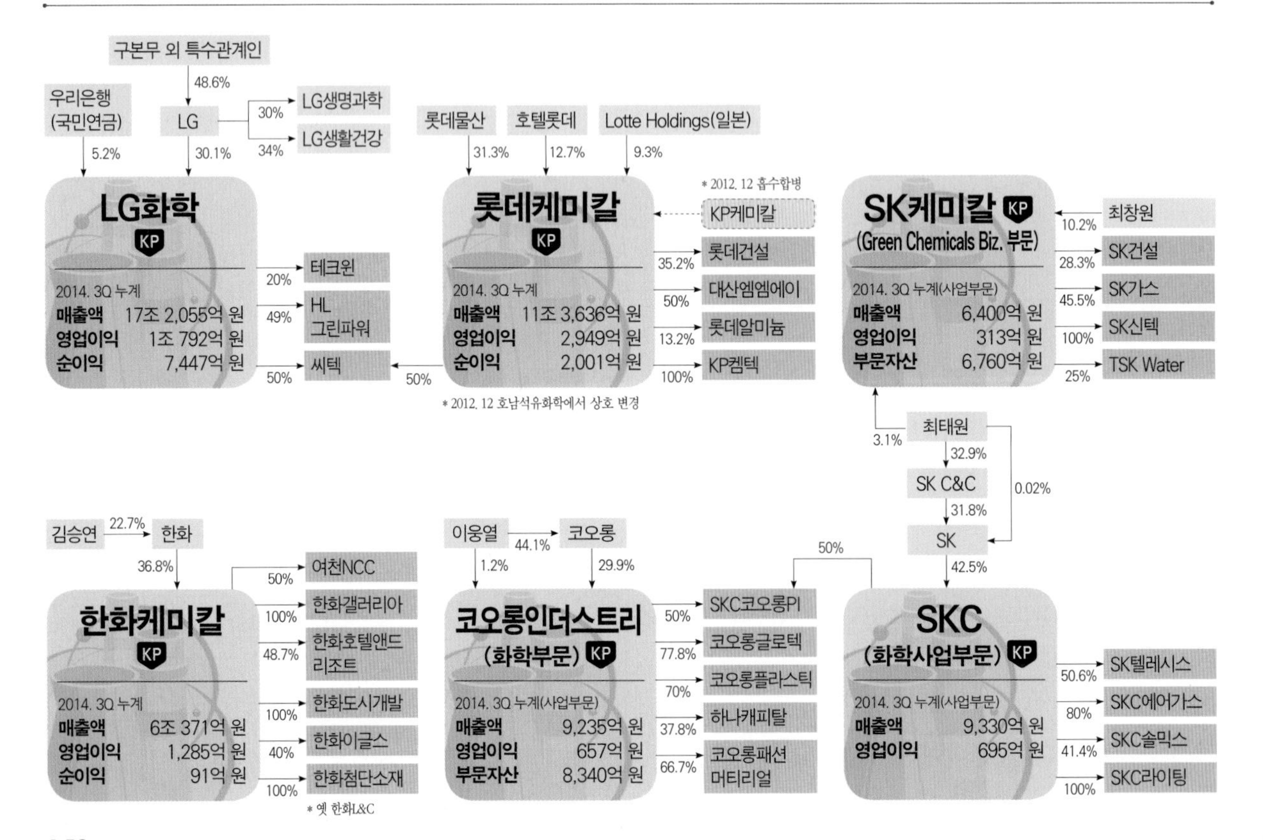

구본무 외 특수관계인
48.6%
우리은행 (국민연금)
5.2%
LG
30.1%
30%
LG생명과학
34%
LG생활건강
LG화학
KP
2014. 3Q 누계
매출액 17조 2,055억 원
영업이익 1조 792억 원
순이익 7,447억 원
20%
테크윈
49%
HL 그린파워
50%
씨텍
50%
롯데물산
31.3%
호텔롯데
12.7%
Lotte Holdings(일본)
9.3%
* 2012. 12 흡수합병
KP케미칼
롯데케미칼
KP
2014. 3Q 누계
매출액 11조 3,636억 원
영업이익 2,949억 원
순이익 2,001억 원
* 2012. 12 호남석유화학에서 상호 변경
35.2%
롯데건설
50%
대산엠엠에이
13.2%
롯데알미늄
100%
KP켐텍
SK케미칼
KP
(Green Chemicals Biz. 부문)
2014. 3Q 누계(사업부문)
매출액 6,400억 원
영업이익 313억 원
부문자산 6,760억 원
최창원
10.2%
SK건설
28.3%
SK가스
45.5%
SK신텍
100%
TSK Water
25%
최태원
3.1%
32.9%
SK C&C
31.8%
SK
0.02%
42.5%
김승연
22.7%
한화
36.8%
한화케미칼
KP
2014. 3Q 누계
매출액 6조 371억 원
영업이익 1,285억 원
순이익 91억 원
50%
여천NCC
100%
한화갤러리아
48.7%
한화호텔앤드 리조트
100%
한화도시개발
40%
한화이글스
100%
한화첨단소재
* 옛 한화L&C
이웅열
44.1%
코오롱
1.2%
29.9%
코오롱인더스트리 (화학부문)
KP
2014. 3Q 누계(사업부문)
매출액 9,235억 원
영업이익 657억 원
부문자산 8,340억 원
50%
SKC코오롱PI
77.8%
코오롱글로텍
70%
코오롱플라스틱
37.8%
하나캐피탈
66.7%
코오롱패션 머티리얼
50%
SKC
(화학사업부문)
KP
2014. 3Q 누계(사업부문)
매출액 9,330억 원
영업이익 695억 원
50.6%
SK텔레시스
80%
SKC에어가스
41.4%
SKC솔믹스
100%
SKC라이팅

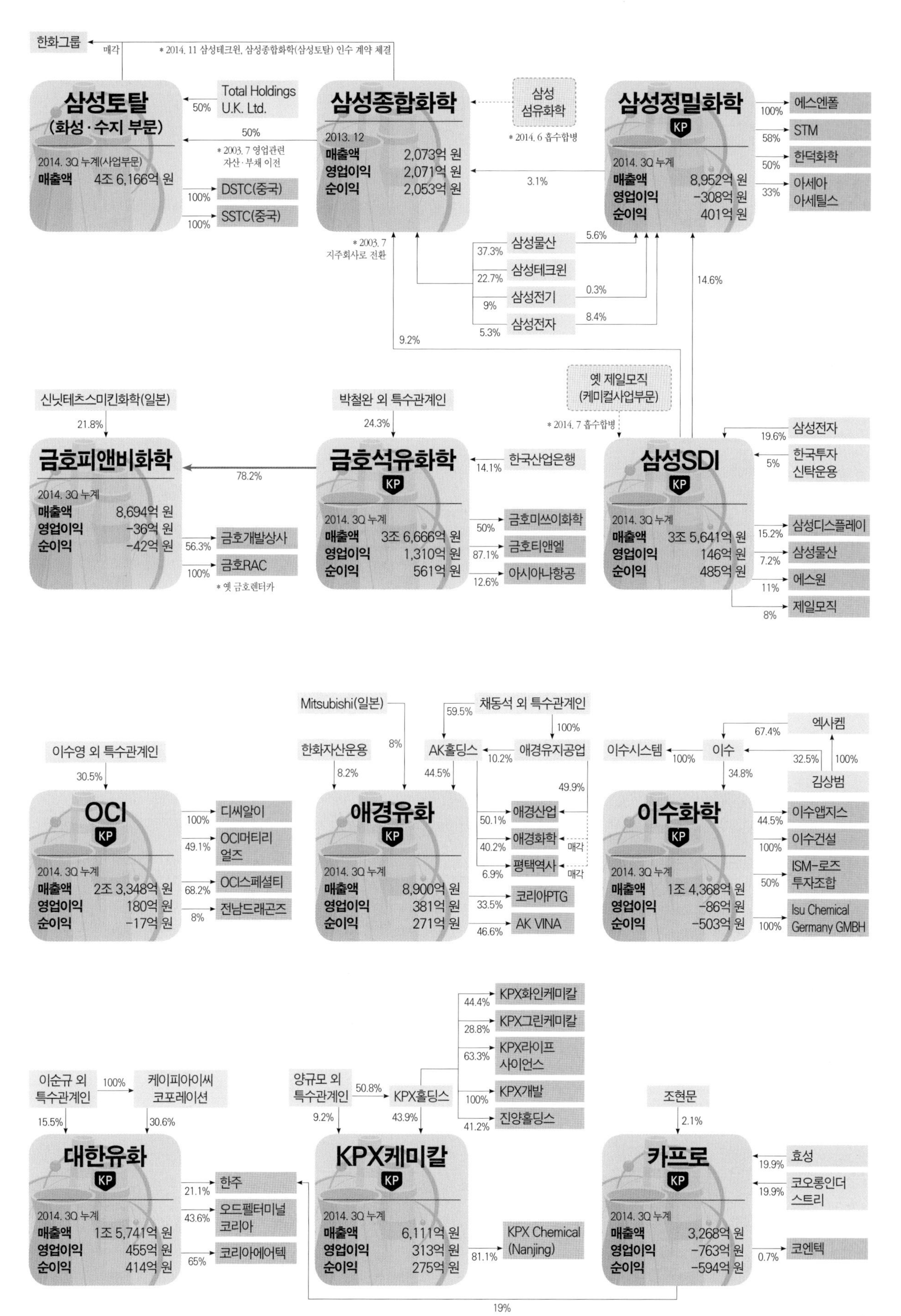

한화그룹
매각
* 2014. 11 삼성테크윈, 삼성종합화학(삼성토탈) 인수 계약 체결
삼성토탈
(화성·수지 부문)
2014. 3Q 누계(사업부문)
매출액 4조 6,166억 원
Total Holdings
U.K. Ltd.
50%
50%
* 2003. 7 영업관련
자산·부채 이전
DSTC(중국)
100%
SSTC(중국)
100%
삼성종합화학
2013. 12
매출액 2,073억 원
영업이익 2,071억 원
순이익 2,053억 원
* 2003. 7
지주회사로 전환
삼성
섬유화학
* 2014. 6 흡수합병
삼성정밀화학
KP
2014. 3Q 누계
매출액 8,952억 원
영업이익 -308억 원
순이익 401억 원
3.1%
에스엔폴
100%
STM
58%
한덕화학
50%
아세아
아세틸스
33%
삼성물산
37.3%
5.6%
삼성테크윈
22.7%
삼성전기
9%
0.3%
삼성전자
5.3%
8.4%
14.6%
9.2%
신닛테츠스미킨화학(일본)
21.8%
금호피앤비화학
2014. 3Q 누계
매출액 8,694억 원
영업이익 -36억 원
순이익 -42억 원
금호개발상사
56.3%
금호RAC
100%
* 옛 금호렌터카
78.2%
박철완 외 특수관계인
24.3%
금호석유화학
KP
2014. 3Q 누계
매출액 3조 6,666억 원
영업이익 1,310억 원
순이익 561억 원
한국산업은행
14.1%
금호미쓰이화학
50%
금호티앤엘
87.1%
아시아나항공
12.6%
옛 제일모직
(케미컬사업부문)
* 2014. 7 흡수합병
삼성SDI
KP
2014. 3Q 누계
매출액 3조 5,641억 원
영업이익 146억 원
순이익 485억 원
삼성전자
19.6%
한국투자
신탁운용
5%
삼성디스플레이
15.2%
삼성물산
7.2%
에스원
11%
제일모직
8%
이수영 외 특수관계인
30.5%
OCI
KP
2014. 3Q 누계
매출액 2조 3,348억 원
영업이익 180억 원
순이익 -17억 원
디씨알이
100%
OCI머티리
얼즈
49.1%
OCI스페셜티
68.2%
전남드래곤즈
8%
Mitsubishi(일본)
8%
한화자산운용
8.2%
채동석 외 특수관계인
59.5%
100%
AK홀딩스
10.2%
애경유지공업
44.5%
49.9%
애경유화
KP
2014. 3Q 누계
매출액 8,900억 원
영업이익 381억 원
순이익 271억 원
애경산업
50.1%
애경화학
40.2%
매각
평택역사
6.9%
매각
코리아PTG
33.5%
AK VINA
46.6%
이수시스템
100%
이수
67.4%
엑사켐
32.5%
100%
김상범
34.8%
이수화학
KP
2014. 3Q 누계
매출액 1조 4,368억 원
영업이익 -86억 원
순이익 -503억 원
이수앱지스
44.5%
이수건설
100%
ISM-로즈
투자조합
50%
Isu Chemical
Germany GMBH
100%
KPX화인케미칼
44.4%
KPX그린케미칼
28.8%
KPX라이프
사이언스
63.3%
KPX개발
100%
진양홀딩스
41.2%
이순규 외
특수관계인
100%
케이피아이씨
코포레이션
15.5%
30.6%
대한유화
KP
2014. 3Q 누계
매출액 1조 5,741억 원
영업이익 455억 원
순이익 414억 원
한주
21.1%
오드펠터미널
코리아
43.6%
코리아에어텍
65%
양규모 외
특수관계인
50.8%
KPX홀딩스
9.2%
43.9%
KPX케미칼
KP
2014. 3Q 누계
매출액 6,111억 원
영업이익 313억 원
순이익 275억 원
KPX Chemical
(Nanjing)
81.1%
19%
조현문
2.1%
카프로
KP
2014. 3Q 누계
매출액 3,268억 원
영업이익 -763억 원
순이익 -594억 원
효성
19.9%
코오롱인더
스트리
19.9%
코엔텍
0.7%

화학산업과 석유화학산업의 범위

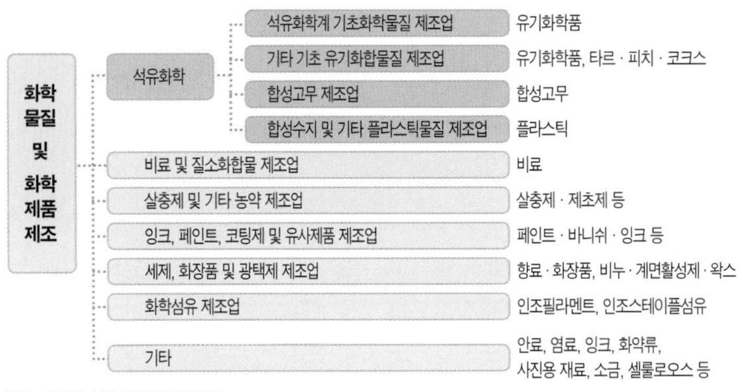

화학
물질
및
화학
제품
제조
석유화학
석유화학계 기초화학물질 제조업
유기화학품
기타 기초 유기화합물질 제조업
유기화학품, 타르 · 피치 · 코크스
합성고무 제조업
합성고무
합성수지 및 기타 플라스틱물질 제조업
플라스틱
비료 및 질소화합물 제조업
비료
살충제 및 기타 농약 제조업
살충제 · 제초제 등
잉크, 페인트, 코팅제 및 유사제품 제조업
페인트 · 바니쉬 · 잉크 등
세제, 화장품 및 광택제 제조업
향료 · 화장품, 비누 · 계면활성제 · 왁스
화학섬유 제조업
인조필라멘트, 인조스테이플섬유
기타
안료, 염료, 잉크, 화약류,
사진용 재료, 소금, 셀룰로오스 등

자료 : 통계청 제9차 한국표준산업분류

한국 5대 수출 품목과 수출액

(기준 : 2013)
( ) 안은 수출 비중(%)

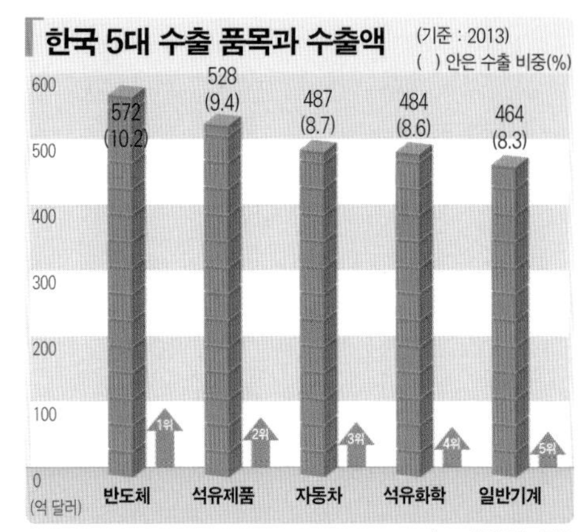

600
500
400
300
200
100
0
(억 달러)
572 (10.2)
528 (9.4)
487 (8.7)
484 (8.6)
464 (8.3)
1위
2위
3위
4위
5위
반도체
석유제품
자동차
석유화학
일반기계

자료 : 산업통산자원부

석유화학제품 수출입 추이

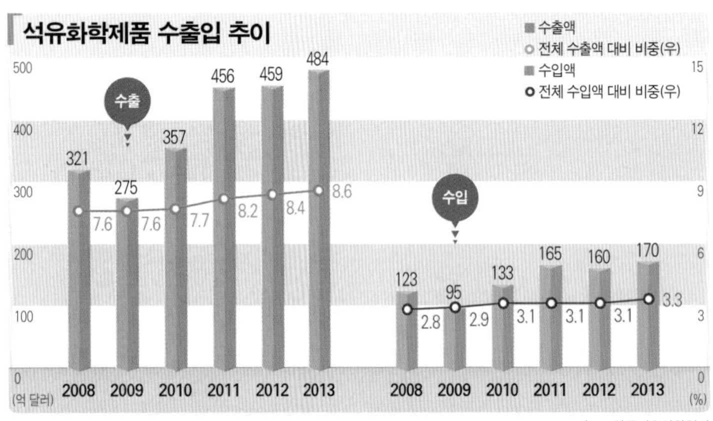

수출액
전체 수출액 대비 비중(우)
수입액
전체 수입액 대비 비중(우)
수출
수입
321
275
357
456
459
484
7.6
7.6
7.7
8.2
8.4
8.6
123
95
133
165
160
170
2.8
2.9
3.1
3.1
3.1
3.3
500
400
300
200
100
0
(억 달러)
15
12
9
6
3
0
(%)
2008
2009
2010
2011
2012
2013
2008
2009
2010
2011
2012
2013

자료 : 한국석유화학협회

석유화학제품 지역별 수출 비중

( ) 안은 수출액(억 달러)

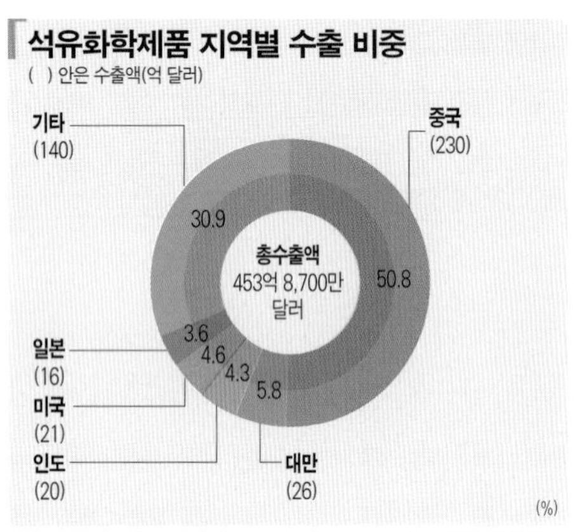

기타 (140)
중국 (230)
30.9
50.8
총수출액
453억 8,700만 달러
3.6
4.6
4.3
5.8
일본 (16)
미국 (21)
인도 (20)
대만 (26)
(%)

자료 : 한국석유화학협회

석유화학제품 부문별 국내 수요 추이

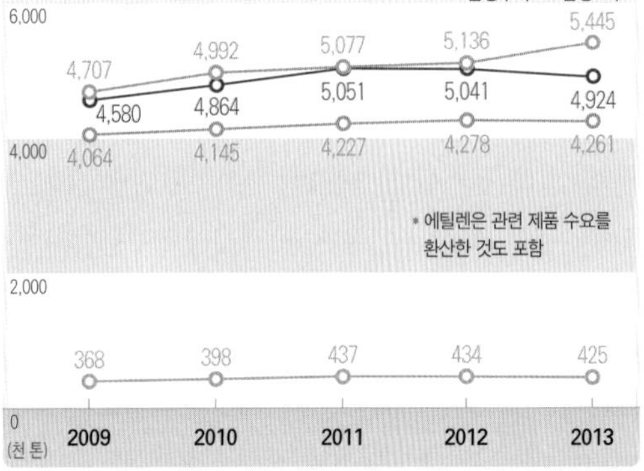

에틸렌
합섬원료
합성수지
합성고무
6,000
4,000
2,000
0
(천 톤)
4,707
4,992
5,077
5,136
5,445
4,580
4,864
5,051
5,041
4,924
4,064
4,145
4,227
4,278
4,261
* 에틸렌은 관련 제품 수요를
환산한 것도 포함
368
398
437
434
425
2009
2010
2011
2012
2013

자료 : 한국석유화학협회

국내 석유화학제품 설비 투자액 추이

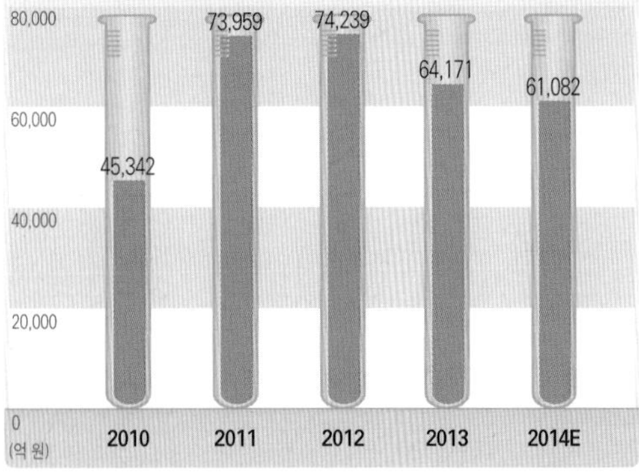

80,000
60,000
40,000
20,000
0
(억 원)
45,342
73,959
74,239
64,171
61,082
2010
2011
2012
2013
2014E

자료 : 한국정책금융공사

석유화학제품 부문별 국내 수급 추이

(천 톤)

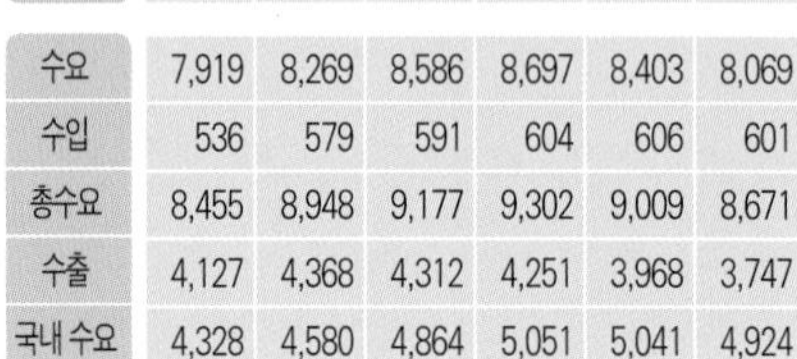

부문	구분	2008	2009	2010	2011	2012	2013
합성수지 (LDPE, HDPE, PP, PS, ABS, PVC)	수요	10,722	11,797	11,759	11,572	11,966	12,730
	수입	138	135	190	257	298	306
	총수요	10,860	11,932	11,950	44,847	12,264	13,036
	수출	6,243	7,224	6,958	6,771	7,127	7,592
	국내 수요	4,616	4,707	4,992	5,077	5,137	5,445
합섬원료 (AN, CPLM, TPA, DMT, EG)	수요	7,919	8,269	8,586	8,697	8,403	8,069
	수입	536	579	591	604	606	601
	총수요	8,455	8,948	9,177	9,302	9,009	8,671
	수출	4,127	4,368	4,312	4,251	3,968	3,747
	국내 수요	4,328	4,580	4,864	5,051	5,041	4,924
합성고무 (SBR, BR)	수요	749	829	878	988	1,006	1,037
	수입	55	62	72	62	70	84
	총수요	804	891	949	1,050	1,076	1,121
	수출	477	524	552	613	642	697
	국내 수요	327	368	398	437	434	425
합 계	수요	19,389	20,995	21,223	21,517	21,375	21,837
	수입	729	777	852	942	974	991
	총수요	20,118	21,772	22,075	22,199	22,349	22,829
	수출	10,847	12,117	11,822	11,635	11,727	12,035
	국내 수요	9,271	9,655	10,254	10,564	10,612	10,793
	자급률(%)	209	217	207	204	201	202

자료 : 한국석유화학협회

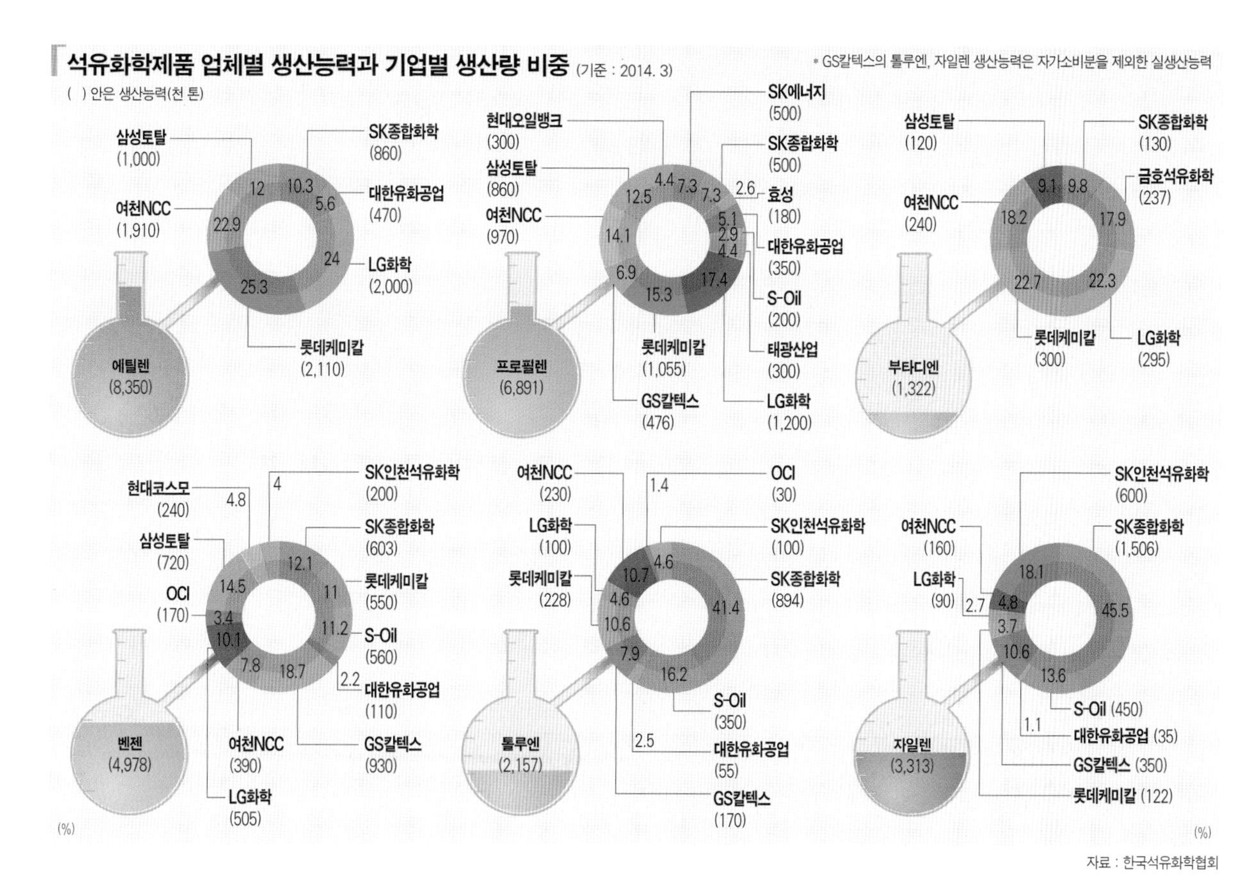

석유화학제품 업체별 생산능력과 기업별 생산량 비중 (기준 : 2014. 3)
＊GS칼텍스의 톨루엔, 자일렌 생산능력은 자가소비분을 제외한 실생산능력
( ) 안은 생산능력(천 톤)
에틸렌 (8,350)
삼성토탈 (1,000) 12
SK종합화학 (860) 10.3
대한유화공업 (470) 5.6
LG화학 (2,000) 24
롯데케미칼 (2,110) 25.3
여천NCC (1,910) 22.9
프로필렌 (6,891)
현대오일뱅크 (300) 4.4
SK에너지 (500) 7.3
SK종합화학 (500) 7.3
효성 (180) 2.6
대한유화공업 (350) 5.1
S-Oil (200) 2.9
태광산업 (300) 4.4
LG화학 (1,200) 17.4
롯데케미칼 (1,055) 15.3
GS칼텍스 (476) 6.9
여천NCC (970) 14.1
삼성토탈 (860) 12.5
부타디엔 (1,322)
삼성토탈 (120) 9.1
SK종합화학 (130) 9.8
금호석유화학 (237) 17.9
LG화학 (295) 22.3
롯데케미칼 (300) 22.7
여천NCC (240) 18.2
벤젠 (4,978)
SK인천석유화학 (200) 4
SK종합화학 (603) 12.1
롯데케미칼 (550) 11
S-Oil (560) 11.2
대한유화공업 (110) 2.2
GS칼텍스 (930) 18.7
여천NCC (390) 7.8
LG화학 (505) 10.1
OCI (170) 3.4
삼성토탈 (720) 14.5
현대코스모 (240) 4.8
톨루엔 (2,157)
OCI (30) 1.4
SK인천석유화학 (100) 4.6
SK종합화학 (894) 41.4
S-Oil (350) 16.2
대한유화공업 (55) 2.5
GS칼텍스 (170) 7.9
롯데케미칼 (228) 10.6
LG화학 (100) 4.6
여천NCC (230) 10.7
자일렌 (3,313)
SK인천석유화학 (600) 18.1
SK종합화학 (1,506) 45.5
S-Oil (450) 13.6
대한유화공업 (35) 1.1
GS칼텍스 (350) 10.6
롯데케미칼 (122) 3.7
LG화학 (90) 2.7
여천NCC (160) 4.8
(%)
(%)
자료 : 한국석유화학협회

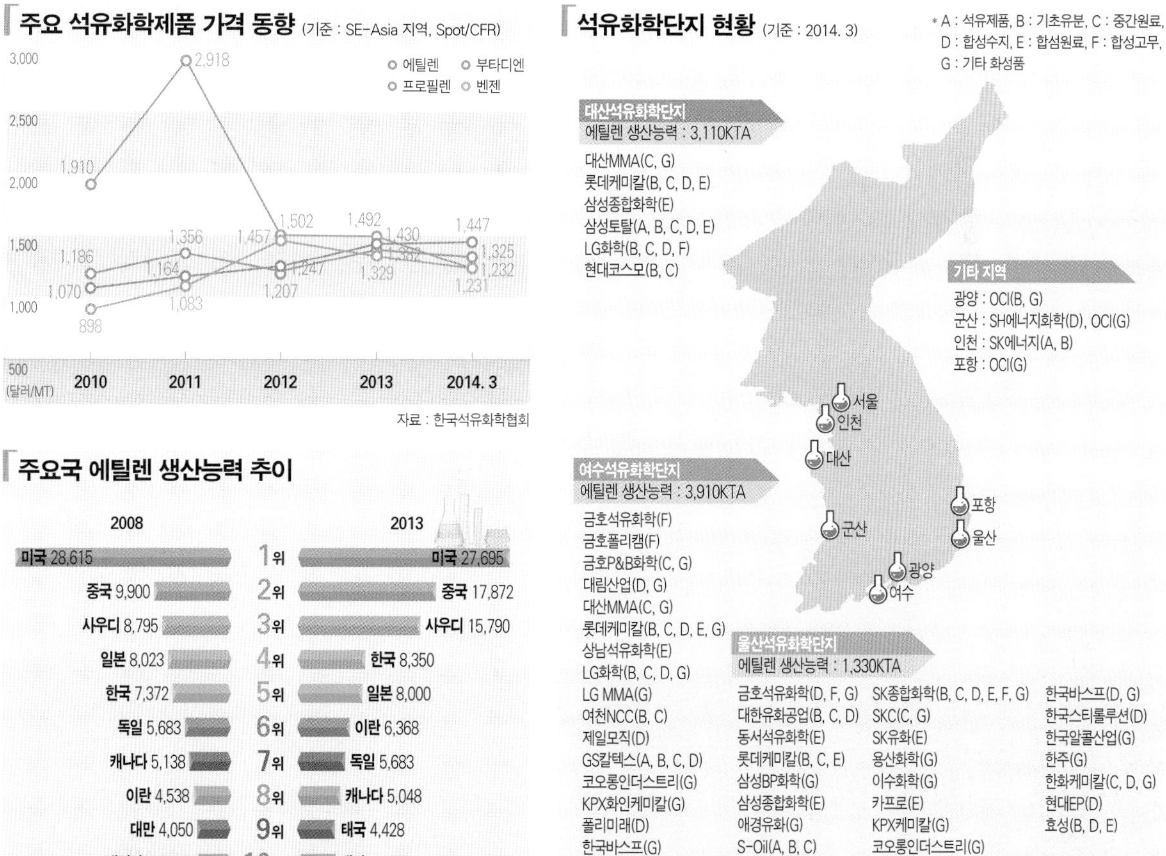

주요 석유화학제품 가격 동향 (기준 : SE-Asia 지역, Spot/CFR)
에틸렌
부타디엔
프로필렌
벤젠
3,000
2,500
2,000
1,500
1,000
500 (달러/MT)
2010
2011
2012
2013
2014. 3
1,910
2,918
1,502
1,492
1,447
1,186
1,356
1,457
1,430
1,325
1,164
1,247
1,362
1,232
1,070
1,083
1,207
1,329
1,231
898
자료 : 한국석유화학협회
주요국 에틸렌 생산능력 추이
2008
2013
미국 28,615 1위 미국 27,695
중국 9,900 2위 중국 17,872
사우디 8,795 3위 사우디 15,790
일본 8,023 4위 한국 8,350
한국 7,372 5위 일본 8,000
독일 5,683 6위 이란 6,368
캐나다 5,138 7위 독일 5,683
이란 4,538 8위 캐나다 5,048
대만 4,050 9위 태국 4,428
네덜란드 3,935 10위 대만 4,420
(천 톤)
자료 : 한국석유화학협회
석유화학단지 현황 (기준 : 2014. 3)
＊A : 석유제품, B : 기초유분, C : 중간원료, D : 합성수지, E : 합성원료, F : 합성고무, G : 기타 화성품
대산석유화학단지
에틸렌 생산능력 : 3,110KTA
대산MMA(C, G)
롯데케미칼(B, C, D, E)
삼성종합화학(E)
삼성토탈(A, B, C, D, E)
LG화학(B, C, D, F)
현대코스모(B, C)
기타 지역
광양 : OCI(B, G)
군산 : SH에너지화학(D), OCI(G)
인천 : SK에너지(A, B)
포항 : OCI(G)
서울
인천
대산
포항
군산
울산
광양
여수
여수석유화학단지
에틸렌 생산능력 : 3,910KTA
금호석유화학(F)
금호폴리캠(F)
금호P&B화학(C, G)
대림산업(D, G)
대산MMA(C, G)
롯데케미칼(B, C, D, E, G)
상남석유화학(E)
LG화학(B, C, D, G)
LG MMA(G)
여천NCC(B, C)
제일모직(D)
GS칼텍스(A, B, C, D)
코오롱인더스트리(G)
KPX화인케미칼(G)
폴리미래(D)
한국바스프(G)
한화케미칼(C, D, G)
울산석유화학단지
에틸렌 생산능력 : 1,330KTA
금호석유화학(D, F, G)
대한유화공업(B, C, D)
동서석유화학(E)
롯데케미칼(B, C, E)
삼성BP화학(G)
삼성종합화학(E)
애경유화(G)
S-Oil(A, B, C)
SK에너지(A, B)
SK종합화학(B, C, D, E, F, G)
SKC(C, G)
SK유화(E)
용산화학(G)
이수화학(G)
카프로(E)
KPX케미칼(G)
코오롱인더스트리(G)
태광산업(B, E)
한국바스프(D, G)
한국스티롤루션(D)
한국알콜산업(G)
한주(G)
한화케미칼(C, D, G)
현대EP(D)
효성(B, D, E)
자료 : 한국석유화학협회

불황에서 벗어나지 못하는 한국 석유화학

석유화학이 산업계에서 차지하는 비중은 어마어마하지만, 그 실체에 대해서 정확하게 알고 있는 이는 드물다. '석유화학'이라는 말은 수단과 방법의 조합이다. 석유의 성분인 탄화수소 등을 '수단' 삼아 화학적인 '방법'으로 각종 유기화합물을 만들어내는 공업이 석유화학이기 때문이다.

석유화학은 고도의 이학 원리가 필요한 분야이기도 하다. 여러 가지 탄화수소의 혼합물을 분해하고 여기에서 생긴 온갖 생성물을 정류(精溜) 공법을 통해 각 성분들을 나눈다. 그리고 성분 하나하나마다 다양한 합성법을 적용해 수많은 종류의 제품으로 만드는 일관된 공정(工程)을 적용한다. 이러한 이유로 석유화학은 원료의 공급과 수요의 균형이 항상 중요한 문제로 대두되는 산업이기도 하다.

석유화학 원료는 액체나 기체인 점에서 파이프 수송 방식이 주로 이용된다. 따라서 이 분야의 제1차 제품인 에틸렌·프로필렌 등의 제조공장, 그것을 원료로 하는 제2차 제품인 폴리에틸렌·합성고무 등의 합성공장, 그리고 기초 원료를 만드는 석유정제 공장 등이 하나의 커다란 집단으로 모여 있는 경우가 많다. 이 같은 형태를 가리켜 '콤비나트'(combinat)라고 부른다.

석유화학에서 가장 중요한 위치를 차지하는 것은 에틸렌이며, 유전이 많은 미국에서는 석유와 함께 채취한 천연가스를 에틸렌의 원료로 하고 있으나 유전이 없는 지역에서는 나프타 유분을 열분해하여 에틸렌을 만드는 것이 보통이다.

석유화학산업은 한정된 소재와 고도의 기술, 엄청난 비용이 드는 생산시설 때문에 진입장벽이 높다. 아울러 후방산업의 실적과 경기 변동에 영향을 많이 받는다. 글로벌 금융위기 이후 장기 침체로 접어든 세계 경기 탓에 석유화학산업에 불황이 가시질 않는 것도 이 때문이다. 한국의 석유화학도 다르지 않다. 유가 하락 등 업황 개선 요인에도 불구하고 나아질 기미를 보이지 않고 있다. 가까운 미래에 석유화학업계는 회복의 반전을 꾀할 수 있을까?

한국의 석유화학 하늘은 여전히 흐림

한국의 석유화학산업은 중국의 수입 감소 등으로 불황 국면이 쉽게 진정되지 않을 전망이다. 경기 부양 등에 따른 내수 진작 효과로 업황이 소폭 개선될 여지가 있으나 본격적인 성장세는 기대하기 어렵다는 분석이다.

국내 경기의 완만한 회복세로 주요 전방산업들이 석유화학 제품 수요를 어느 정도 늘릴 것으로 업계는 예상하고 있다. 다만, 수년간 석유화학 제품 내수 확대에 큰 역할을 해온 IT와 자동차산업 성장세가 정체될 것이라는 소식은 악재가 아닐 수 없다. 특히, 일본의 양적완화 확대에 따른 엔저 현상 지속은, 석유화학제품을 기본 소재로 활용하는 자동차와 IT산업의 부진을 가중시킬 전망이다.

한편, 한국 석유화학산업은 원유에서 추출한 나프타를 주원료로 사용하고 있기 때문에 유가 하락은 원가경쟁력 향상에 어느 정도 도움을 줄 것으로 예상된다.

차이나 리스크와 원료 다변화, 친환경 산업과의 융합

한국의 석유화학은 對중국 수출 비중이 매우 큰 산업이다. 최근 중국이 석유화학 제품 수입을 줄이는 대신 자국 기업들을 키우는 데 힘을 쏟으면서 한국 석유화학업계에 비상이 걸렸다. 이른바 '차이나 리스크'가 석유화학업계에도 불어 닥친 것이다.

중국의 석유화학 제품 수입은 경제성장률 둔화, 중동에서 생산한 저가 제품의 공급 확대, 자급률 상승 노력이 맞물리면서 갈수록 줄어들 전망이다. 이에 따라 한국 석유화학업계는 중국과 중동 석유화학 업체들이 모방하기 쉬운 범용 제품 생산에서 벗어나 고부가가치 석유화학 제품 사업에 집중하는 노력이 필요하다. 아울러 아세안(ASEAN) 등 성장 여력이 충분한 시장을 발굴하여 중국에 대한 수출 의존도를 점차적으로 낮추고 수출 지역을 다변화하는 전략도 시급하다.

차이나 리스크 대응 못지않게 중요한 숙제가 원료 다변화다. 석유화학 제품 생산에 필요한 주원료가 원유 중심에서 천연가스와 석탄 등으로 점차 다양화되고 있는 만큼 이에 대한 대응 방안을 하루 빨리 찾아야 한다. 이미 중동 국가들은 자원 수출에 의존하는 산업 구조에서 벗어나 산업 다각화를 달성하기 위해 천연가스 등을 원료로 사용하는 석유화학산업을 전략적으로 육성하고 있다. 북미 석유화학 기업들은 천연가스의 일종인 셰일가스 개발을 통해, 중국 기업들은 자국에 풍부하게 매장되어 있는 석탄을 사용하는 석탄화학을 통해 경쟁력 확보에 나섰다.

한국의 석유화학은 신기술과의 다양한 융합을 통해 돌파구를 찾을 필요가 있다. 즉, 바이오 및 나노 기술 등과 융합하여 친환경, 고부가가치 제품 개발에 나서는 것은 이미 세계적인 추세가 됐다. 특히 환경오염에 취약한 석유화학산업의 태생적 난점을 극복하기 위해 그린 산업 쪽으로의 전환을 모색하는 것은, 앞으로 선택이 아닌 필수 과제가 될 전망이다.

석유화학산업 전망

(단위: 만 톤)

	2013	2014	2015E
생산	2,172	2,190	2,240
	(1%)	(1%)	(2%)
수출	1,204	1,210	1,240
	(3%)	(1%)	(2%)
수입	99	101	104
	(2%)	(2%)	(3%)
내수	1,080	1,090	1,110
	(2%)	(1%)	(2%)

주 : 1. ( ) 안은 전년 대비 증감률. 2. 석유화학산업 전망은 합성수지, 합성원료, 합성고무의 합으로 산출함.
자료 : 실적치는 한국석유화학협회, 전망치는 현대경제연구원

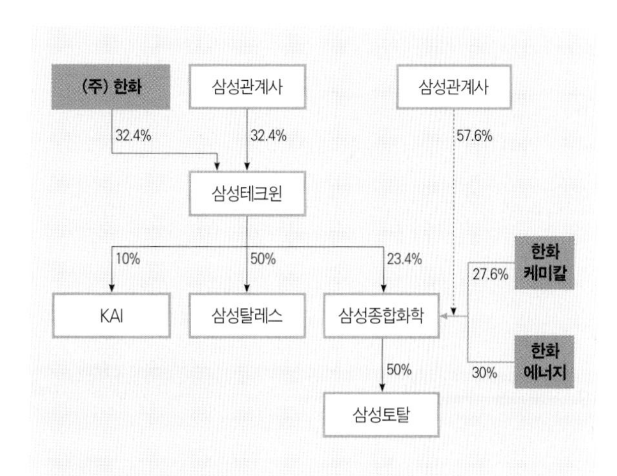
(주) 한화
삼성관계사
삼성관계사
32.4%
32.4%
57.6%
삼성테크윈
10%
50%
23.4%
27.6%
한화 케미칼
KAI
삼성탈레스
삼성종합화학
50%
30%
한화 에너지
삼성토탈

삼성테크윈 지분 32.4% 인수
KAI(10%), 삼성탈레스(50%) 및 삼성종합화학(22.7%) 지분 포함

삼성종합화학 지분 57.6%(자사주 제외) 인수
삼성테크윈 보유 지분 23.4%를 더해 81%(자사주 제외) 확보, 삼성토탈(50%) 지분 포함

한화-삼성, 화학 사업 빅딜!

한국 석유화학업계에 1위가 뒤바뀌는 거대 인수합병이 단행됐다. 한화케미칼이 삼성종합화학과 삼성토탈을 인수하는 '빅딜'을 단행하면서 업계에 큰 파장을 일으켰다. 한화케미칼은 이번 인수로 매출이 18조 원대로 늘어나 LG화학을 꺾고 단숨에 업계 1위로 올라섰다. 삼성종합화학의 지분 23.4%를 보유한 삼성테크윈도 (주)한화가 인수하게 되면서 한화그룹이 거머쥐게 되는 삼성종합화학 지분은 81%가 됐다.

이번 빅딜로 한화케미칼이 취급하는 제품군도 다양해졌다. 한화는 기존 에틸렌 일변도의 제품군에서 탈피해 폴리프로필렌·파라자일렌·스티렌모노머 뿐만 아니라 경유와 항공유 등 에너지 제품 등으로 사업을 다각화할 수 있게 됐다.

19
정유업계

업계 규모

■ 국내 정유업계 매출액	129조 1,870억 원
■ 국내 석유제품 연간 소비량	8억 2,684만 배럴
■ 국내 정유사 정제능력	합계 288.7만 배럴/일(세계 6위)

* 옛 STX에너지
* 2014. 2 최대주주 → GS이앤알 64.4%
허창수 외 → GS 46.2%
GS → GS에너지 100%
GS에너지 → GS칼텍스 50%
Chevron Holdings Ltd. → GS칼텍스 40%

GS칼텍스

2014. 3Q 누계

매출액	31조 2,501억 원
영업이익	-40억 원
순이익	-1,606억 원

지분	자회사	사업
100%	GS엠비즈	석유제품판매
100%	이노폴리텍	복합수지제조
100%	GS에코메탈	폐촉매재활용
100%	GS바이오	바이오디젤
20%	삼남석유화학	TPA생산
2.9%	예스코	도시가스공급
29%	대한송유관공사	송유관

GS칼텍스 사업부문별 비중 (기준 : 2013 연간)

윤활유사업 (1조 5,527)
기타 (684)
0.1
3.4
15
(%)
81.4
석유화학사업 (6조 8,517)
정유사업 (37조 1,870)
( ) 안은 매출액(억 원)

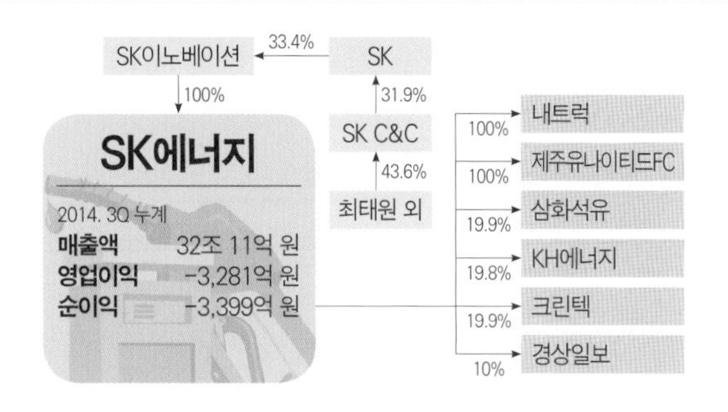

SK이노베이션
33.4%
SK
100%
31.9%
SK C&C
43.6%
최태원 외
SK에너지
2014. 3Q 누계
매출액 32조 11억 원
영업이익 -3,281억 원
순이익 -3,399억 원
100% 내트럭
100% 제주유나이티드FC
19.9% 삼화석유
19.8% KH에너지
19.9% 크린텍
10% 경상일보

GS칼텍스 석유사업 품목별 매출 비중 (기준 : 2013 연간) (%)

( ) 안은 매출액(억 원)

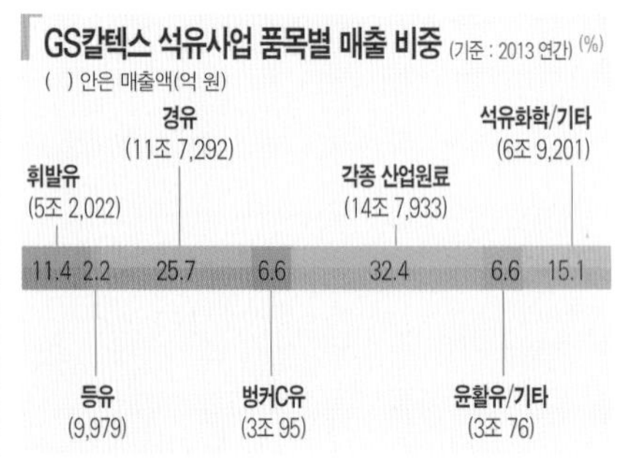

휘발유 (5조 2,022)
경유 (11조 7,292)
각종 산업원료 (14조 7,933)
석유화학/기타 (6조 9,201)
11.4 2.2 25.7 6.6 32.4 6.6 15.1
등유 (9,979)
벙커C유 (3조 95)
윤활유/기타 (3조 76)

SK에너지 석유사업 품목별 매출 비중

(기준 : 2013 연간, 매출 합계는 연결 조정 전 수치)

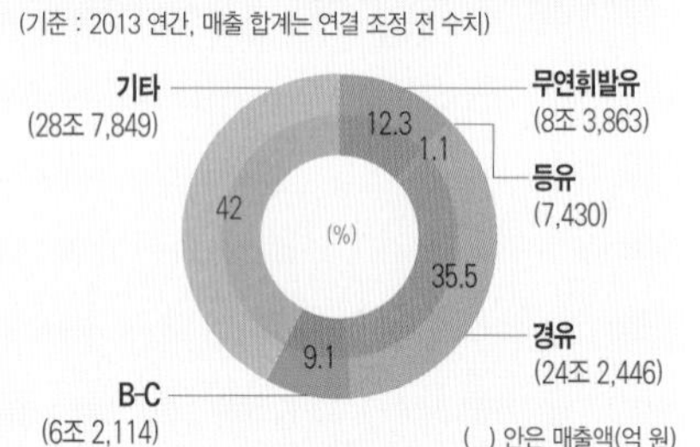

기타 (28조 7,849)
무연휘발유 (8조 3,863)
12.3
1.1
등유 (7,430)
42
(%)
35.5
9.1
경유 (24조 2,446)
B-C (6조 2,114)
( ) 안은 매출액(억 원)

정유업계 시장점유율 (기준 : 2013 연간)

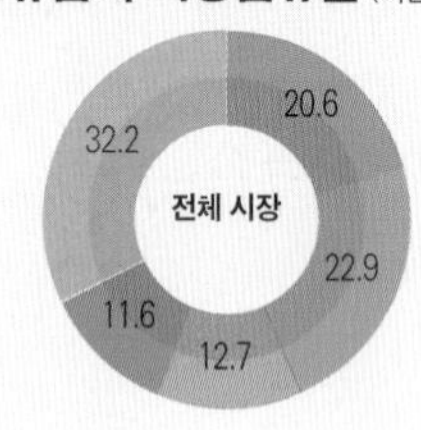

32.2
20.6
전체 시장
22.9
11.6
12.7

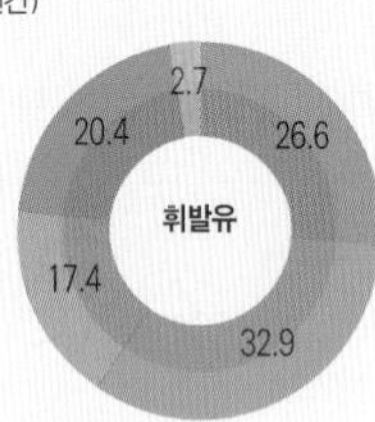

2.7
20.4
26.6
휘발유
17.4
32.9

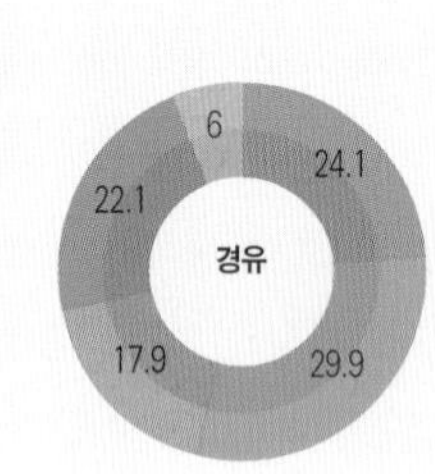

6
22.1
24.1
경유
17.9
29.9

(%)

GS칼텍스
SK에너지
S-Oil
현대오일뱅크
기타 수입사 등

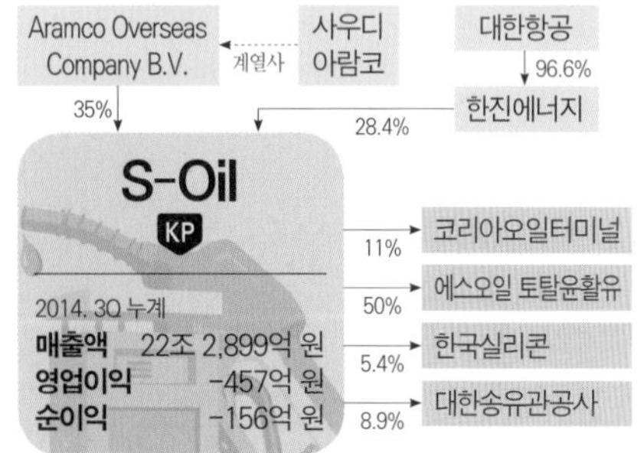

Aramco Overseas Company B.V.
계열사
사우디 아람코
대한항공
96.6%
35%
28.4%
한진에너지
S-Oil
KP
2014. 3Q 누계
매출액 22조 2,899억 원
영업이익 -457억 원
순이익 -156억 원
11% 코리아오일터미널
50% 에쓰오일 토탈윤활유
5.4% 한국실리콘
8.9% 대한송유관공사

* 1999. 12 쌍용에서 분리 후 2000. 3 쌍용정유에서 상호 변경

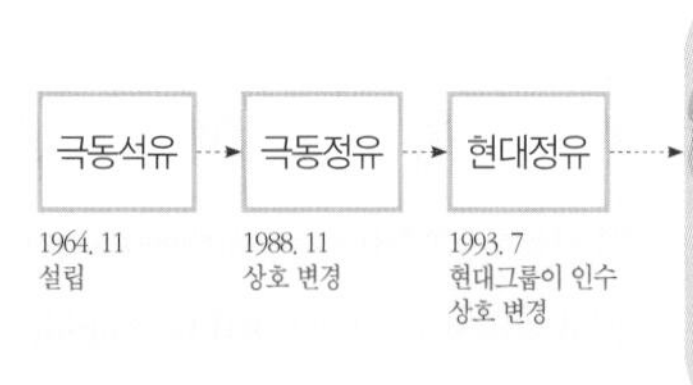

극동석유
극동정유
현대정유
1964. 11 설립
1988. 11 상호 변경
1993. 7 현대그룹이 인수 상호 변경

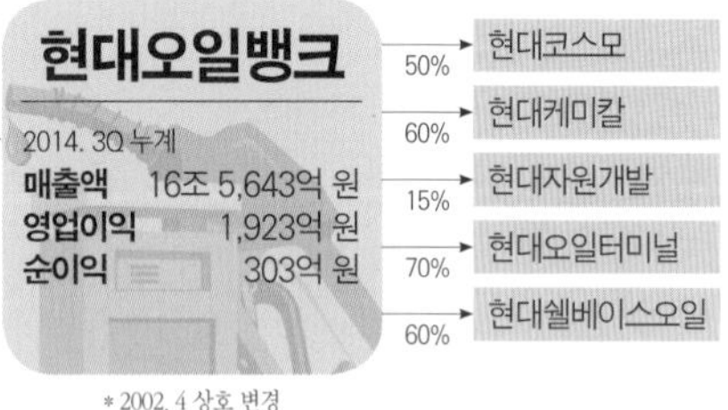

현대중공업
10.2%
정몽준
91.1%
현대오일뱅크
2014. 3Q 누계
매출액 16조 5,643억 원
영업이익 1,923억 원
순이익 303억 원
50% 현대코스모
60% 현대케미칼
15% 현대자원개발
70% 현대오일터미널
60% 현대쉘베이스오일

* 2002. 4 상호 변경

S-Oil 사업부문별 비중 (기준 : 2013 연간)

( ) 안은 매출액(억 원)

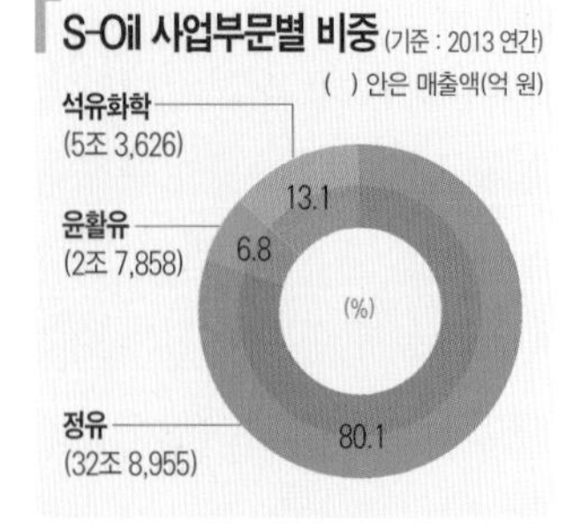

석유화학 (5조 3,626)
13.1
윤활유 (2조 7,858)
6.8
(%)
정유 (32조 8,955)
80.1

S-Oil 석유사업 품목별 매출 비중 (기준 : 2013 연간)

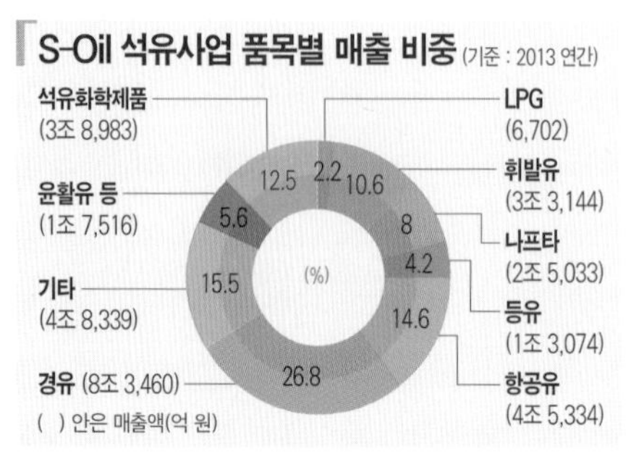

석유화학제품 (3조 8,983)
LPG (6,702)
12.5
2.2
10.6
휘발유 (3조 3,144)
윤활유 등 (1조 7,516)
5.6
8
나프타 (2조 5,033)
4.2
기타 (4조 8,339)
15.5
(%)
14.6
등유 (1조 3,074)
26.8
경유 (8조 3,460)
항공유 (4조 5,334)
( ) 안은 매출액(억 원)

현대오일뱅크 석유사업 품목별 매출 비중

(기준 : 2013 연간) ( ) 안은 매출액(억 원)

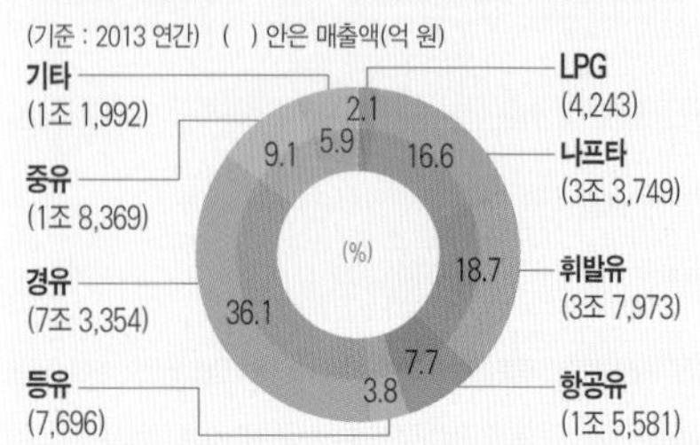

기타 (1조 1,992)
LPG (4,243)
2.1
9.1
5.9
16.6
나프타 (3조 3,749)
중유 (1조 8,369)
(%)
18.7
휘발유 (3조 7,973)
경유 (7조 3,354)
36.1
7.7
3.8
등유 (7,696)
항공유 (1조 5,581)

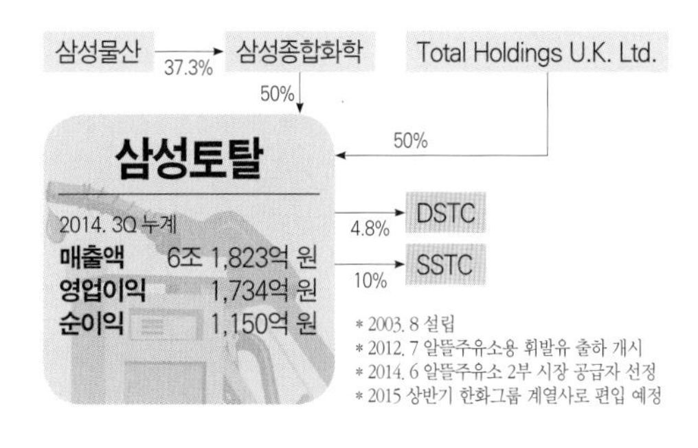

삼성물산
37.3%
삼성종합화학
Total Holdings U.K. Ltd.
50%
50%
삼성토탈
2014. 3Q 누계
매출액 6조 1,823억 원
영업이익 1,734억 원
순이익 1,150억 원
4.8%
DSTC
10%
SSTC
* 2003. 8 설립
* 2012. 7 알뜰주유소용 휘발유 출하 개시
* 2014. 6 알뜰주유소 2부 시장 공급자 선정
* 2015 상반기 한화그룹 계열사로 편입 예정

삼성토탈 사업부문별 매출 비중 (기준 : 2013 연간)

( ) 안은 매출액(억 원)

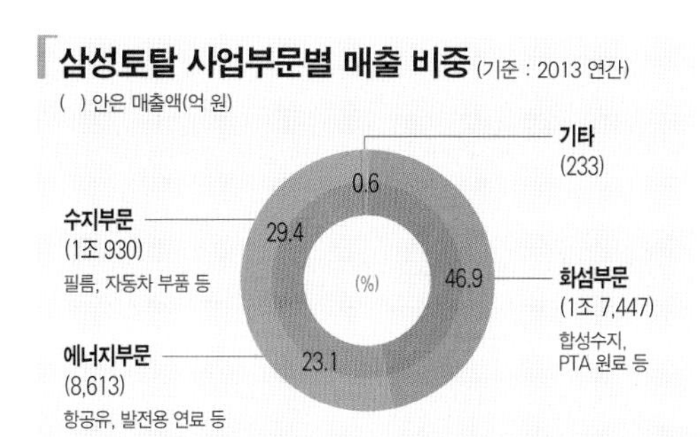

기타
(233)
0.6
수지부문
(1조 930)
필름, 자동차 부품 등
29.4
(%)
46.9
화섬부문
(1조 7,447)
합성수지, PTA 원료 등
에너지부문
(8,613)
항공유, 발전용 연료 등
23.1

석유 유통

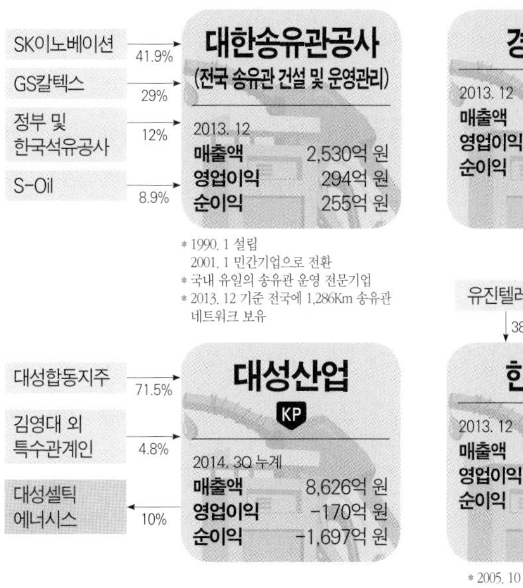

SK이노베이션
41.9%
GS칼텍스
29%
정부 및 한국석유공사
12%
S-Oil
8.9%
대한송유관공사
(전국 송유관 건설 및 운영관리)
2013. 12
매출액 2,530억 원
영업이익 294억 원
순이익 255억 원
* 1990. 1 설립
2001. 1 민간기업으로 전환
* 국내 유일의 송유관 운영 전문기업
* 2013. 12 기준 전국에 1,286Km 송유관 네트워크 보유
대성합동지주
71.5%
김영대 외 특수관계인
4.8%
대성셀틱 에너시스
10%
대성산업
KP
2014. 3Q 누계
매출액 8,626억 원
영업이익 -170억 원
순이익 -1,697억 원

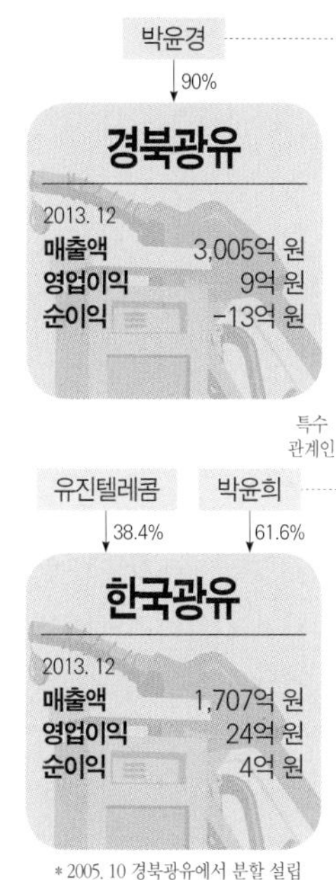

박윤경
90%
경북광유
2013. 12
매출액 3,005억 원
영업이익 9억 원
순이익 -13억 원
특수 관계인
유진텔레콤
박윤희
38.4%
61.6%
한국광유
2013. 12
매출액 1,707억 원
영업이익 24억 원
순이익 4억 원
* 2005. 10 경북광유에서 분할 설립

윤활유 제조

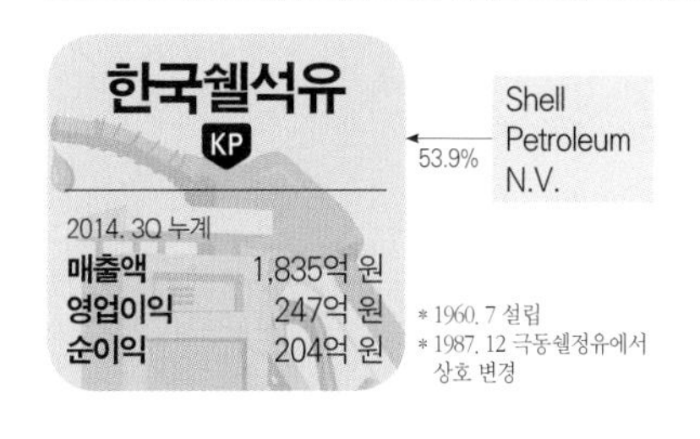

한국쉘석유
KP
Shell Petroleum N.V.
53.9%
2014. 3Q 누계
매출액 1,835억 원
영업이익 247억 원
순이익 204억 원
* 1960. 7 설립
* 1987. 12 극동쉘정유에서 상호 변경

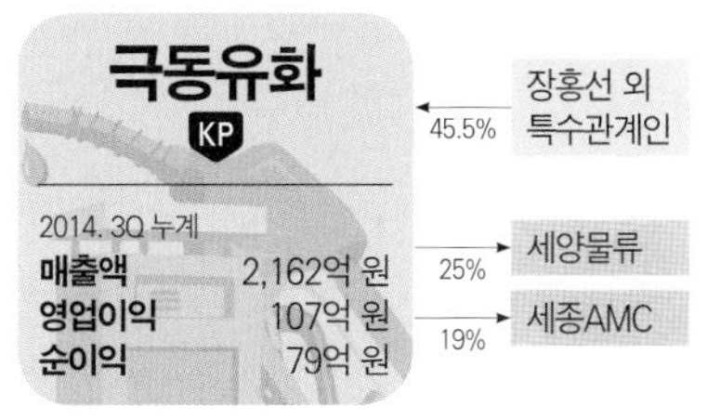

극동유화
KP
장홍선 외 특수관계인
45.5%
2014. 3Q 누계
매출액 2,162억 원
영업이익 107억 원
순이익 79억 원
25%
세양물류
19%
세종AMC

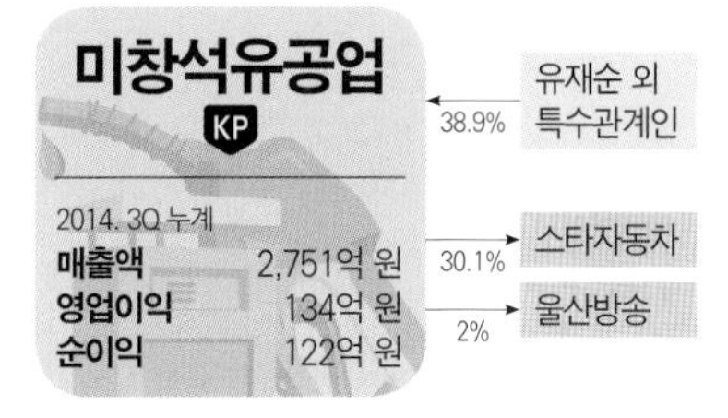

미창석유공업
KP
유재순 외 특수관계인
38.9%
2014. 3Q 누계
매출액 2,751억 원
영업이익 134억 원
순이익 122억 원
30.1%
스타자동차
2%
울산방송

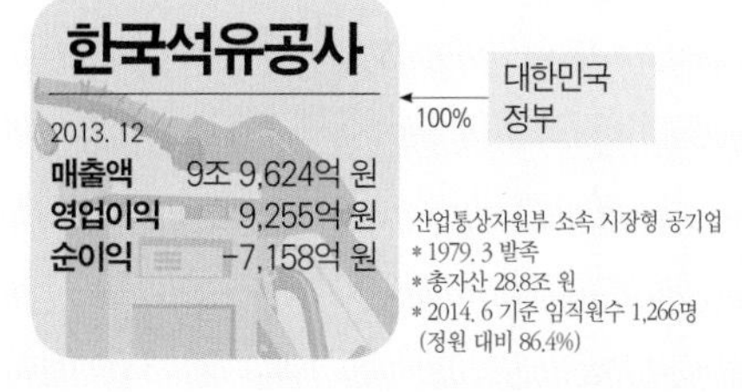

한국석유공사
대한민국 정부
100%
2013. 12
매출액 9조 9,624억 원
영업이익 9,255억 원
순이익 -7,158억 원
산업통상자원부 소속 시장형 공기업
* 1979. 3 발족
* 총자산 28.8조 원
* 2014. 6 기준 임직원수 1,266명
(정원 대비 86.4%)

한국석유공사

한국석유공사 주요 사업 현황 (기준 : 2013. 12)

석유탐사·개발·생산
- 국내 포함 24개국 57개 사업 진행 중
- 일 평균 생산량 22만 배럴/일
- 원유매장량 13.3억 배럴

석유비축
- 비축유 확보량 1억 3,500만 배럴
- 전국 9개 비축기지 시설용량 1억 4,600만 배럴 규모

시추선
- 국내 유일 반잠수식 시추선 두성호 총 115공 시추(누적)

알뜰주유소
- 전국에 1,031개소 운영(2011. 12 첫 도입)

석유 정보 서비스
- 주유소 종합 정보서비스 오피넷(Opinet) 및 인터넷 석유정보망 페트로넷 운영
- 오피넷 연간 이용자 수 약 5,213만 명

석유제품 유통체계

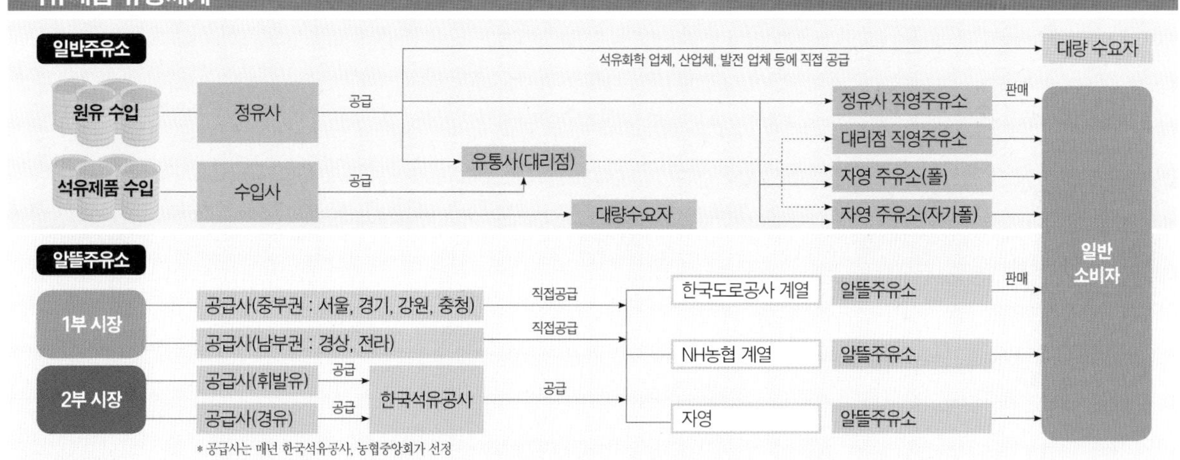

일반주유소
석유화학 업체, 산업체, 발전 업체 등에 직접 공급
대량 수요자
원유 수입
정유사
공급
정유사 직영주유소
판매
대리점 직영주유소
유통사(대리점)
자영 주유소(폴)
석유제품 수입
수입사
공급
대량수요자
자영 주유소(자가폴)
일반 소비자
알뜰주유소
1부 시장
공급사(중부권 : 서울, 경기, 강원, 충청)
직접공급
한국도로공사 계열
알뜰주유소
판매
공급사(남부권 : 경상, 전라)
직접공급
NH농협 계열
알뜰주유소
2부 시장
공급사(휘발유)
공급
한국석유공사
공급
공급사(경유)
공급
자영
알뜰주유소
* 공급사는 매년 한국석유공사, 농협중앙회가 선정

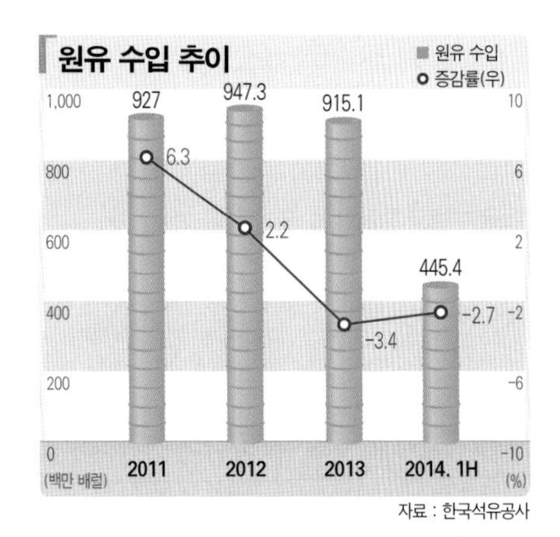

원유 수입 추이
원유 수입
증감률(우)
1,000
800
600
400
200
0
(백만 배럴)
10
6
2
-2
-6
-10
(%)
927
947.3
915.1
445.4
6.3
2.2
-3.4
-2.7
2011
2012
2013
2014. 1H

자료 : 한국석유공사

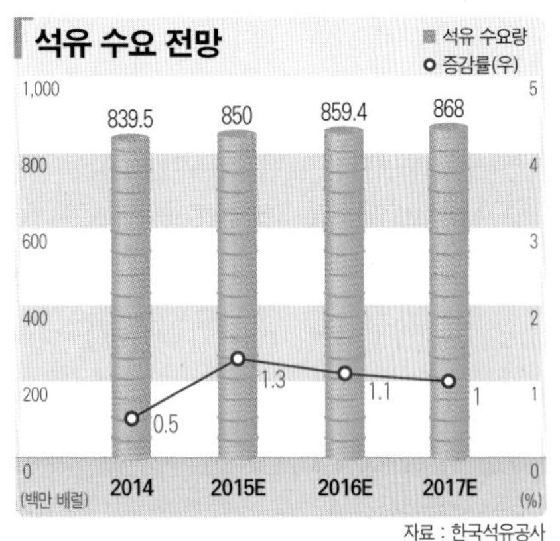

석유 수요 전망
석유 수요량
증감률(우)
1,000
800
600
400
200
0
(백만 배럴)
5
4
3
2
1
0
(%)
839.5
850
859.4
868
0.5
1.3
1.1
1
2014
2015E
2016E
2017E

자료 : 한국석유공사

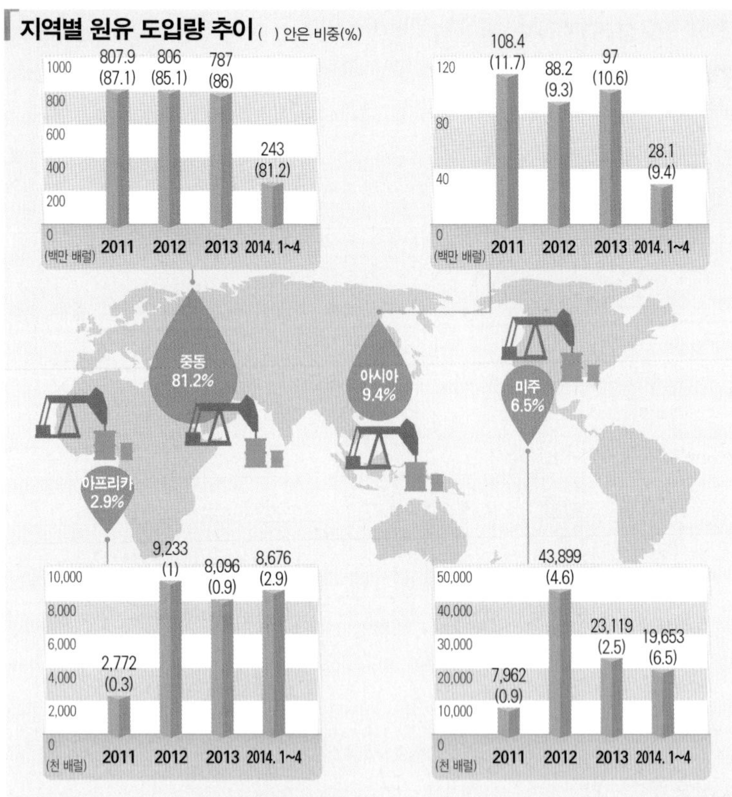

지역별 원유 도입량 추이 ( ) 안은 비중(%)
1000
800
600
400
200
0
(백만 배럴)
807.9 (87.1)
806 (85.1)
787 (86)
243 (81.2)
2011
2012
2013
2014. 1~4
120
80
40
0
(백만 배럴)
108.4 (11.7)
88.2 (9.3)
97 (10.6)
28.1 (9.4)
2011
2012
2013
2014. 1~4
중동 81.2%
아시아 9.4%
미주 6.5%
아프리카 2.9%
10,000
8,000
6,000
4,000
2,000
0
(천 배럴)
2,772 (0.3)
9,233 (1)
8,096 (0.9)
8,676 (2.9)
2011
2012
2013
2014. 1~4
50,000
40,000
30,000
20,000
10,000
0
(천 배럴)
7,962 (0.9)
43,899 (4.6)
23,119 (2.5)
19,653 (6.5)
2011
2012
2013
2014. 1~4

자료 : 한국석유공사

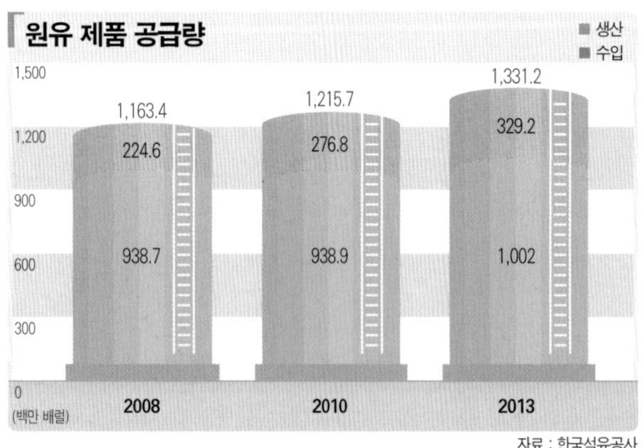

원유 제품 공급량
생산
수입
1,500
1,200
900
600
300
0
(백만 배럴)
1,163.4
224.6
938.7
1,215.7
276.8
938.9
1,331.2
329.2
1,002
2008
2010
2013

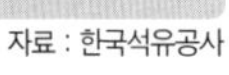
자료 : 한국석유공사

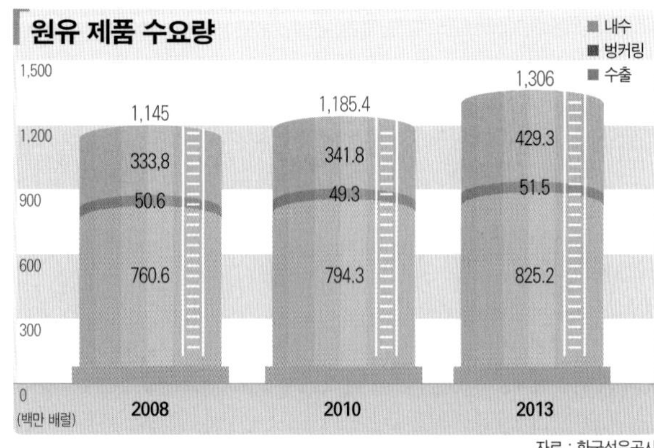

원유 제품 수요량
내수
벙커링
수출
1,500
1,200
900
600
300
0
(백만 배럴)
1,145
333.8
50.6
760.6
1,185.4
341.8
49.3
794.3
1,306
429.3
51.5
825.2
2008
2010
2013

자료 : 한국석유공사

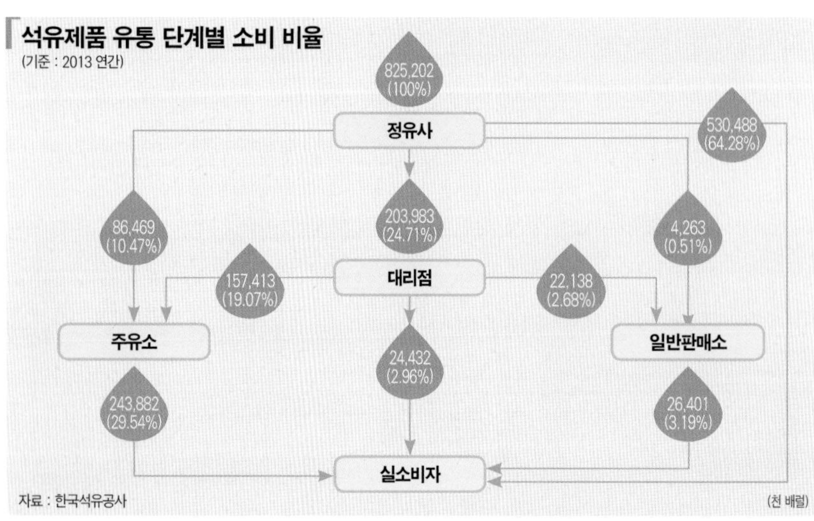

석유제품 유통 단계별 소비 비율
(기준 : 2013 연간)
825,202 (100%)
정유사
530,488 (64.28%)
86,469 (10.47%)
203,983 (24.71%)
4,263 (0.51%)
157,413 (19.07%)
대리점
22,138 (2.68%)
주유소
일반판매소
24,432 (2.96%)
243,882 (29.54%)
26,401 (3.19%)
실소비자
자료 : 한국석유공사
(천 배럴)

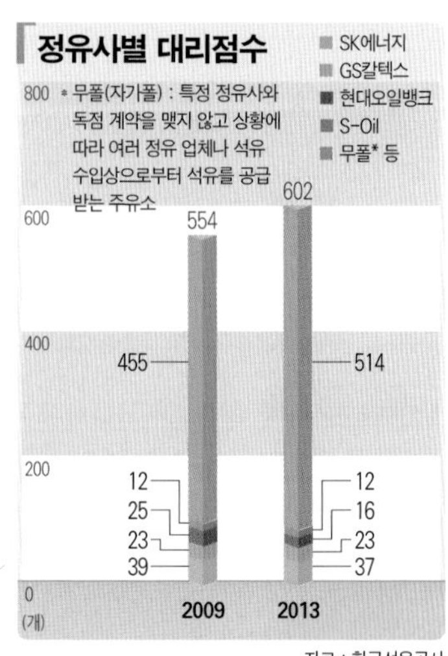

정유사별 대리점수
SK에너지
GS칼텍스
현대오일뱅크
S-Oil
무폴* 등
800
* 무폴(자가폴) : 특정 정유사와 독점 계약을 맺지 않고 상황에 따라 여러 정유 업체나 석유 수입상으로부터 석유를 공급 받는 주유소
600
400
200
0
(개)
554
455
12
25
23
39
602
514
12
16
23
37
2009
2013

자료 : 한국석유공사

전국 주유소수 추이 (기준 : 등록 업체수)

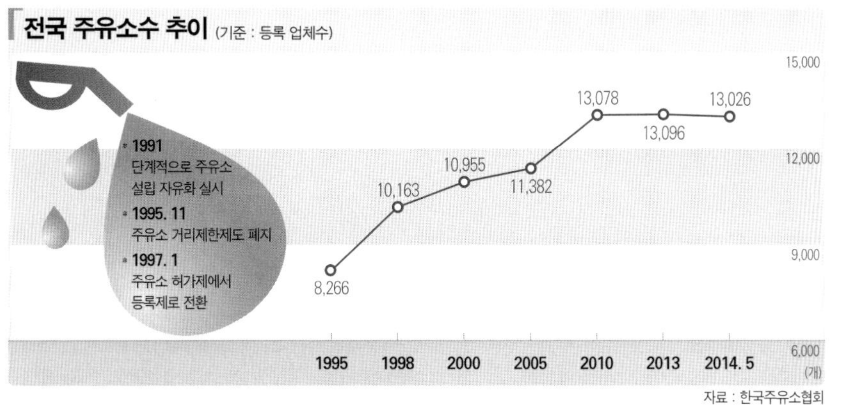

1991
단계적으로 주유소 설립 자유화 실시
1995. 11
주유소 거리제한제도 폐지
1997. 1
주유소 허가제에서 등록제로 전환
8,266
10,163
10,955
11,382
13,078
13,096
13,026
1995
1998
2000
2005
2010
2013
2014. 5
15,000
12,000
9,000
6,000
(개)

자료 : 한국주유소협회

정유사별 주유소 현황

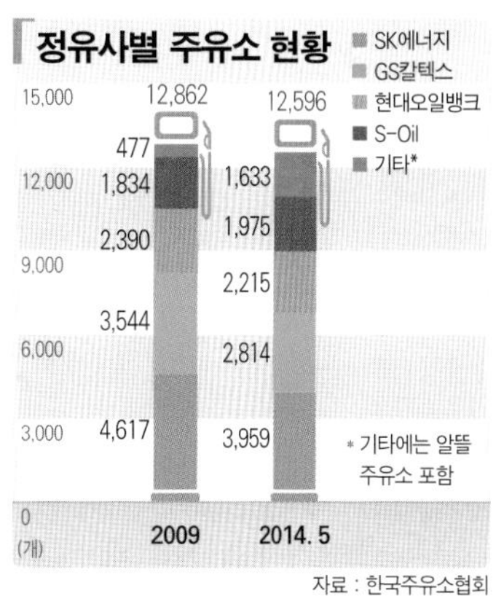

SK에너지
GS칼텍스
현대오일뱅크
S-Oil
기타*
12,862
12,596
477
1,834
2,390
3,544
4,617
1,633
1,975
2,215
2,814
3,959
15,000
12,000
9,000
6,000
3,000
0
(개)
2009
2014. 5
* 기타에는 알뜰 주유소 포함

자료 : 한국주유소협회

4대 정유사 석유제품 가격 (기준 : 2014. 8. 4주 차)

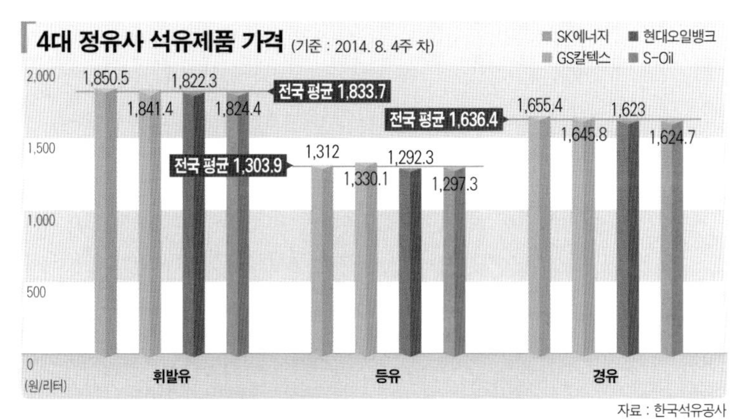

SK에너지
현대오일뱅크
GS칼텍스
S-Oil
1,850.5
1,841.4
1,822.3
1,824.4
전국 평균 1,833.7
1,312
1,330.1
1,292.3
1,297.3
전국 평균 1,303.9
1,655.4
1,645.8
1,623
1,624.7
전국 평균 1,636.4
2,000
1,500
1,000
500
0
(원/리터)
휘발유
등유
경유

자료 : 한국석유공사

알뜰주유소 현황 (기준 : 2014. 6)

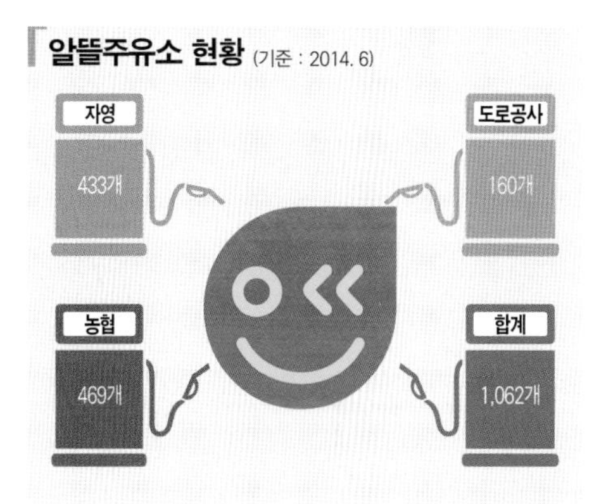

자영
433개
도로공사
160개
농협
469개
합계
1,062개

자료 : 한국자영알뜰주유소협회

석유제품 지역별 소비 비중 (기준 : 2014. 1~7)

( ) 안은 소비량(만 배럴)

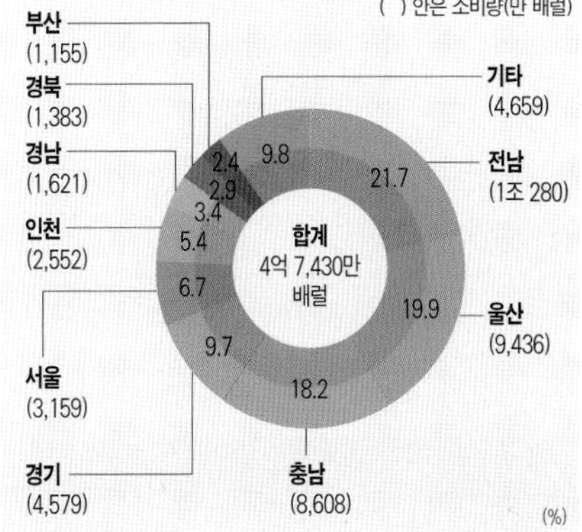

부산 (1,155)
경북 (1,383)
경남 (1,621)
인천 (2,552)
서울 (3,159)
경기 (4,579)
충남 (8,608)
울산 (9,436)
전남 (1조 280)
기타 (4,659)
9.8
21.7
19.9
18.2
9.7
6.7
5.4
3.4
2.9
2.4
합계
4억 7,430만 배럴
(%)

자료 : 한국석유공사

석유제품별 소비 비중 (기준 : 2014. 1H)

( ) 안은 소비량(만 배럴)

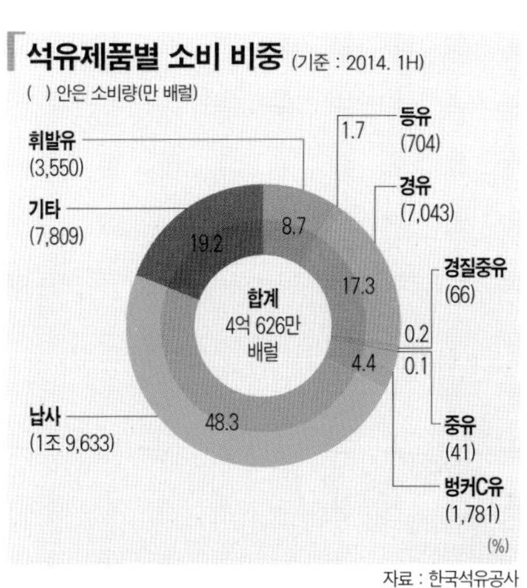

휘발유 (3,550)
기타 (7,809)
납사 (1조 9,633)
등유 (704)
경유 (7,043)
경질중유 (66)
중유 (41)
벙커C유 (1,781)
1.7
8.7
17.3
0.2
0.1
4.4
48.3
19.2
합계
4억 626만 배럴
(%)

자료 : 한국석유공사

지역별 석유 가격 비교 (기준 : 2014. 8. 4주 차 휘발유)

가격이 높은 지역
가격이 중간인 지역
가격이 낮은 지역
강원 1,841.46
서울 1,924.71
인천 1,829.94
경기 1,838.43
충남 1,844.95
충북 1,835.3
대전 1,821.29
세종 1,834.45
경북 1,816.63
대구 1,801.01
전북 1,822.29
경남 1,825.80
울산 1,814.29
부산 1,824.1
광주 1,820.55
전남 1,829.41
제주 1,805.69
(원/리터)

자료 : 한국석유공사

유가 리스크에 정유사들 영업적자만 1조 원 추산

2014년 들어 배럴당 60달러선이 무너졌다. 정유업계에 사상 초유의 위기가 닥쳐온 것이다. 국제유가가 끝없이 바닥을 치고 있기 때문이다. 주된 원인은 셰일가스 때문이다. 중동 산유국들이 석유 제품에 대한 수출 가격 인하와 생산량 유지라는 초강수를 둔 탓에 유가 급락을 부추겼다. 미국산 셰일가스를 압박하기 위해서다. 사우디아라비아를 필두로 중동 산유국들은 석유 제품 수요 부진과 공급 과잉에도 아랑곳하지 않고 출혈을 감내하겠다는 입장이다. 저유가 공략을 통해 생산원가가 70달러 내외인 셰일가스의 가격경쟁력을 무너뜨리겠다는 게 산유국들의 복안이다.

원유를 전적으로 수입에 의존해야 하는 국내 정유사들은 당장 재고 평가 손실을 걱정해야 할 처지다. 원유 도입과 석유 제품 판매 시기의 시차가 평균 한 달 정도 되기 때문에 비축해 둔 원유에서 막대한 손실이 불가피하다. 2015년 국내 정유업계에 혹한이 닥친 것이다.

국제유가 쇼크로 정유 4사 사상 최악 실적

유가 리스크가 최고조에 이른 시점에서 정유업계는 내부적으로 기준 유가에 대한 결론을 내리지 못하고 있다. 국제유가에 대해서 전망치를 정하는 것 자체가 무의미해 진 것이다. 상황이 이러하다보니 글로벌 금융기관들도 유가 전망에 대해 엇갈린 보고서를 내놓고 있다. 얼마 전까지 유가가 바닥을 친 게 아니냐는 관측이 확산되기도 했지만, 얼마 지나지 않아 수그러들고 말았다.

정유사들마다 유가 리스크를 최소화하기 위해 비상 계획을 짜고 있지만 뾰족한 수가 없어 보인다. 구조조정이나 원가 절감이 최선이다. 허리띠를 졸라매는 것 말고는 다른 방도가 없다는 입장이다. 업계에서는 원유 가격 하락으로 4,000억 원이 넘는 재고 평가 손실이 발생할 것으로 추산하고 있다.

SK에너지는 그동안 실적이 미미했던 아프리카산 원유 도입 비중을 크게 늘리는 등 거래선을 다변화한다는 방침이다. 이로 인해 2% 수준을 밑돌던 SK에너지의 아프리카 원유 도입 비중이 7% 수준으로 크게 늘어났다. 중동산 비중은 여전히 70%를 웃돈다.

GS칼텍스는 고도화 설비를 통해 조금이라도 손실을 복원한다는 방침이다. GS칼텍스는 수년간 대규모 투자를 통해 고도화율을 국내 최고 수준으로 끌어 올렸다.

2014년에 정유 4사 중 유일하게 흑자를 내며 선전한 현대오일뱅크는 '비(非)정유 사업'을 통해 유가 리스크에 대비하고 있다. 현대오일뱅크는 국내 정유사 가운데 처음으로 카본블랙 사업에 진출한다. 원유 정제 과정에서 나오는 부산물을 통해 카본블랙을 생산해, 이를 합작사인 독일 회사를 거쳐 해외 시장에 판매할 계획이다.

에쓰오일은 대주주인 아람코가 원유의 평균 단가 격차(OSP differentials)를 인하하면서 그나마 숨통이 트였다. 업계에 따르면 아람코의 판매 가격이 배럴당 1달러 낮아지면, 에쓰오일의 정유 부문 영업이익은 약 2,170억 원 늘어난다.

정유 4사가 내놓은 대응 방안을 살펴보면 대체로 미봉책 수준이다. 근본적인 해결 방안을 제시하는 곳은 없다. 정유산업은 다른 업종과 달리 위기관리능력이 중요하다. 유가 리스크는 정도의 차이는 있지만 언제든지

NYMEX
ClearPort
NYMEX
NEW YORK MERCANTILE EXCHANGE
miNY
NYMEX
NYMEX

발생할 수 있는 위험 요소다. 지금처럼 정유사들의 위기관리능력이 도마 위에 드러난 적은 그리 많지 않았다. 지금의 현실이 정유사들마다 당혹스러울 수밖에 없는 이유다.

좋지 않은 시기에 정유업에 재진출한 한화의 고민

한화그룹이 삼성토탈 인수를 통해 15년 만에 정유 사업에 재진출했다. 삼성토탈은 그동안 납사를 가공해 나오는 부산물로 휘발유와 경유를 생산해, 한국석유공사를 통해 알뜰주유소에 공급해왔다. 삼성토탈이 연간 생산하게 될 휘발유와 경유는 각각 50만 톤, 100만 톤 수준이다. 항공유 생산량도 200만 톤에 이른다.

한화그룹은 삼성토탈과 함께 삼성종합화학까지 인수했다. 이를 통해 한화는 향후 석유화학 제품 포트폴리오가 탄탄해 질 것을 기대하고 있다. 삼성종합화학은 고순도테레프탈산(PTA)을 생산해왔고, 삼성토탈은 휘발유와 경유 등 석유 제품과 폴리에틸렌, 폴리프로필렌, 파라자일렌 등 석유화학 제품을 함께 생산해왔다.

업계에서는 한화의 공격적인 행보를 바라보는 시선이 긍정적이지만은 않다. 정유업은 소비재산업과는 달리 국제유가나 환율 등 매크로 변수들의 영향을 크게 받는다. 최근 사상 초유의 유가 리스크를 견뎌야 하는 시점에 시장에 재진입한 것이 못내 걱정스럽다.

아울러 한화의 기대처럼 납사 등 기초 원료의 대량 구매를 통해 원가 경쟁력을 확보하는 것도 현실적으로 쉽지 않을 전망이다. 과거 삼성토탈이 정제 설비를 보유하고 있지 않은 만큼 납사 부산물을 이용한 기존 알뜰주유소 납품분을 제외하면 추가로 사업 저변을 확대하기가 어렵기 때문이다. 한화로서는 이래저래 고민스런 상황이 아닐 수 없다.

알뜰주유소 사업권이 매력적인 이유

현대오일뱅크와 SK에너지가 알뜰주유소 1부 시장 공급사로 결정되면서 정유사 간 내수 시장점유율 경쟁이 한층 치열해질 전망이다. 현재 국내 정유 4사의 점유율 순위는 SK에너지, GS칼텍스, 현대오일뱅크, 에쓰오일 순이다. 앞으로 이들 순위에 변화가 생길지 주목된다.

알뜰주유소

현대오일뱅크는 3년 연속 알뜰주유소 공급권을 획득했고, SK에너지는 처음으로 공급권을 따냈다. 이들은 앞으로 자영 알뜰주유소 433개, 고속도로 알뜰주유소 160개, 농협알뜰주유소 469개 중 중부권(서울·경기·강원·충청)과 남부권(영남·호남)을 각각 맡아 공급하게 된다.

그동안 정유 4사는 싼 가격에 기름을 공급해야 하는 알뜰주유소 사업에 시큰둥한 반응을 보여 왔다. 그러나 알뜰주유소가 도입된 지 3년 만에 시장에서 10% 비중을 차지할 만큼 성장하면서 전체 시장점유율에까지 영향을 미치자, 정유 4사가 사활을 걸고 경쟁 입찰에 나선 것이다.

이번 경쟁 입찰에서 가장 공격적으로 가격을 써낸 곳은 현대오일뱅크다. 2013년 말에 GS칼텍스가 STX에너지를 인수하면서 STX에너지가 자체 보유한 주유소 50여개와 거래처 400여개 주유소가 현대오일뱅크에서 GS칼텍스로 거래처를 바꾸자 현대오일뱅크가 알뜰주유소 공급권을 잡는데 총력을 기울인 것이다.

알뜰주유소는 향후 정유업계의 시장점유율 판도에 어느 정도 영향을 줄 것으로 보인다. 정유사들의 점유율이 지난 몇 년간 알뜰주유소 공급권 확보 여부에 따라 영향을 받아왔기 때문이다. 알뜰주유소는 이윤 측면에서는 큰 도움이 되지 않지만, 공장을 계속 돌아가게 하는 안정적인 물량 공급처로서는 나름 의미가 있다. 향후 업황이 좋아졌을 때를 대비해 미리 판로를 확보해두기 위해서도 알뜰주유소는 중요한 마켓 포인트가 아닐 수 없다.

20 | 전력에너지업계

업계 규모

- **국내 총 전력생산** 513,223GWh(자가발전량 제외)
- **연간 전력거래량** 4,795억kWh(전년 대비 ▲1.6%)
- **연간 전력 거래금액** 42조 1,104억 원(전년 대비 ▼1.0%)

발전공기업

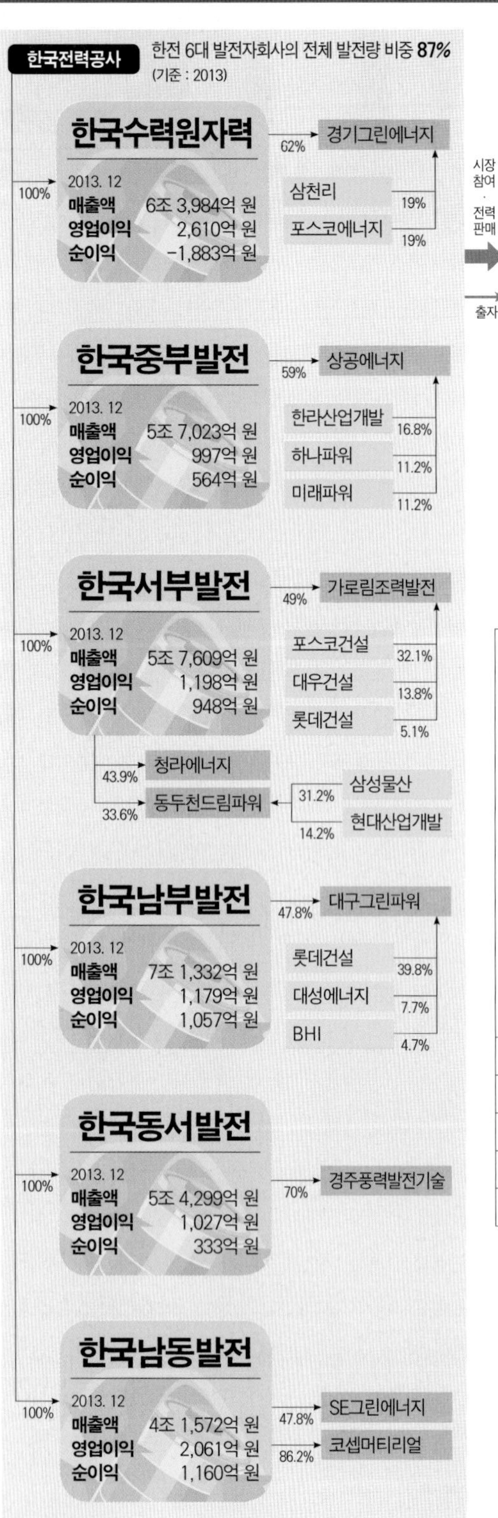

한국전력공사
한전 6대 발전자회사의 전체 발전량 비중 87%
(기준 : 2013)
100%
한국수력원자력
2013. 12
매출액 6조 3,984억 원
영업이익 2,610억 원
순이익 -1,883억 원
62%
경기그린에너지
삼천리 19%
포스코에너지 19%
100%
한국중부발전
2013. 12
매출액 5조 7,023억 원
영업이익 997억 원
순이익 564억 원
59%
상공에너지
한라산업개발 16.8%
하나파워 11.2%
미래파워 11.2%
100%
한국서부발전
2013. 12
매출액 5조 7,609억 원
영업이익 1,198억 원
순이익 948억 원
49%
가로림조력발전
포스코건설 32.1%
대우건설 13.8%
롯데건설 5.1%
43.9%
청라에너지
33.6%
동두천드림파워
31.2%
삼성물산
14.2%
현대산업개발
100%
한국남부발전
2013. 12
매출액 7조 1,332억 원
영업이익 1,179억 원
순이익 1,057억 원
47.8%
대구그린파워
롯데건설 39.8%
대성에너지 7.7%
BHI 4.7%
100%
한국동서발전
2013. 12
매출액 5조 4,299억 원
영업이익 1,027억 원
순이익 333억 원
70%
경주풍력발전기술
100%
한국남동발전
2013. 12
매출액 4조 1,572억 원
영업이익 2,061억 원
순이익 1,160억 원
47.8%
SE그린에너지
86.2%
코셉머티리얼
시장 참여 · 전력 판매
출자

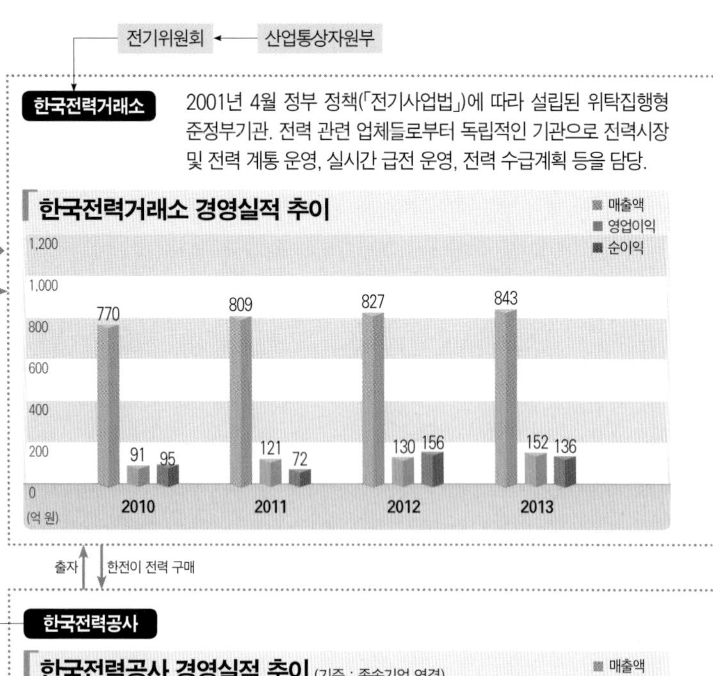

전기위원회
산업통상자원부
한국전력거래소
2001년 4월 정부 정책(「전기사업법」)에 따라 설립된 위탁집행형 준정부기관. 전력 관련 업체들로부터 독립적인 기관으로 전력시장 및 전력 계통 운영, 실시간 급전 운영, 전력 수급계획 등을 담당.
한국전력거래소 경영실적 추이
매출액
영업이익
순이익
1,200
1,000
800
600
400
200
0
(억 원)
770
91
95
809
121
72
827
130
156
843
152
136
2010
2011
2012
2013
출자
한전이 전력 구매

한국전력공사
한국전력공사 경영실적 추이 (기준 : 종속기업 연결)
매출액
영업이익
순이익
8,000
6,000
4,000
600
400
200
0
-200
-400
(백억 원)
4,346
-102
-329
4,942
-82
-308
5,404
152
17
5,725
600
278
2011
2012
2013
2014E

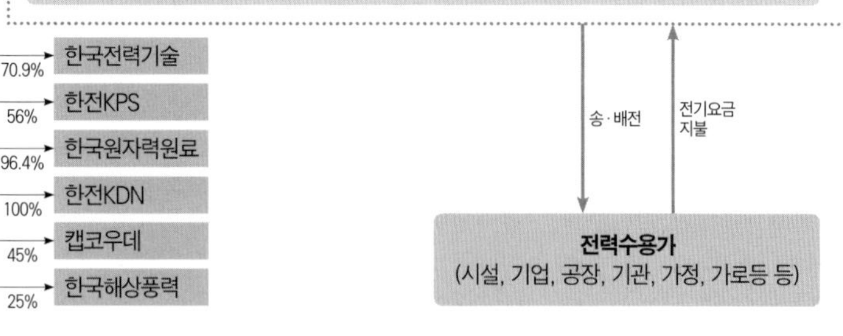

70.9% 한국전력기술
56% 한전KPS
96.4% 한국원자력원료
100% 한전KDN
45% 캡코우데
25% 한국해상풍력
송·배전
전기요금 지불
전력수용가
(시설, 기업, 공장, 기관, 가정, 가로등 등)

발전자회사 발전용량 비교 (기준 : 발전설비용량은 2014. 4, 발전실적은 2012 연간)
발전설비용량(MW)
발전실적(만 MWh)
26,039
15,536
한수원
8,934
5,238
중부
8,896
5,609
서부
9,617
6,339
남부
9,348
5,764
동서
8,228
6,341
남동

자료 : 각사 사업보고서

한국전력거래소 회원사 현황 (기준 : 2014. 6)

구분		회원사수(개)	설비용량(MW)
판매사업자		1	-
발전사업자	한전 자회사	6	71,679
	일반발전사업자	12	9,184
	신재생에너지발전사업자	611	2,833
집단에너지사업자		24	4,680
구역전기사업자		9	268
자가용설비설치자		19	2,586
계		682	91,230

한국전력거래소 출자자 구성 (기준 : 2013. 12. 31)

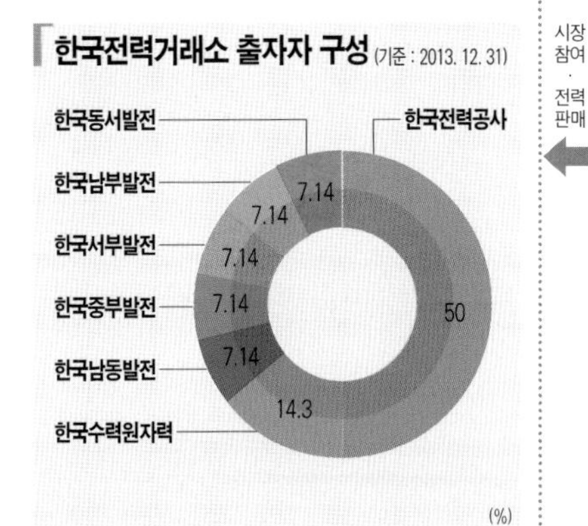

한국동서발전
한국전력공사
한국남부발전
한국서부발전
한국중부발전
한국남동발전
한국수력원자력
7.14
7.14
7.14
7.14
7.14
14.3
50
(%)

시장 참여 · 전력 판매

한전 그룹 사업부문별 매출 구성

(기준 : 2014. 3Q)

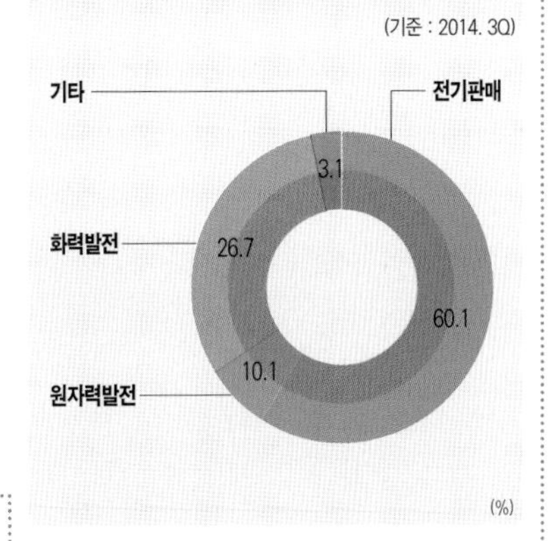

기타
전기판매
화력발전
원자력발전
3.1
26.7
60.1
10.1
(%)

한전 주주 구성 (기준 : 2013. 12. 31)

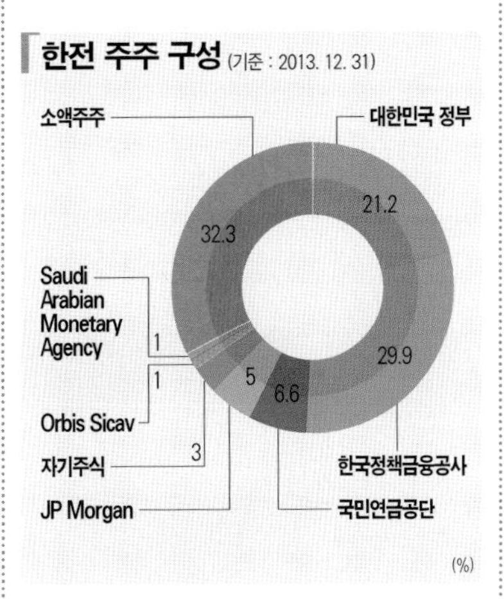

소액주주
대한민국 정부
Saudi Arabian Monetary Agency
Orbis Sicav
자기주식
JP Morgan
한국정책금융공사
국민연금공단
32.3
21.2
29.9
6.6
5
3
1
1
(%)

주요 민간 발전사업자

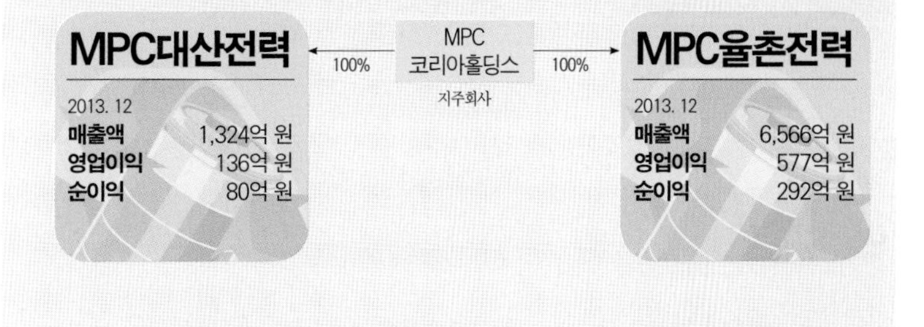

MPC 코리아홀딩스
지주회사
100%
100%
MPC대산전력
2013. 12
매출액 1,324억 원
영업이익 136억 원
순이익 80억 원
MPC율촌전력
2013. 12
매출액 6,566억 원
영업이익 577억 원
순이익 292억 원

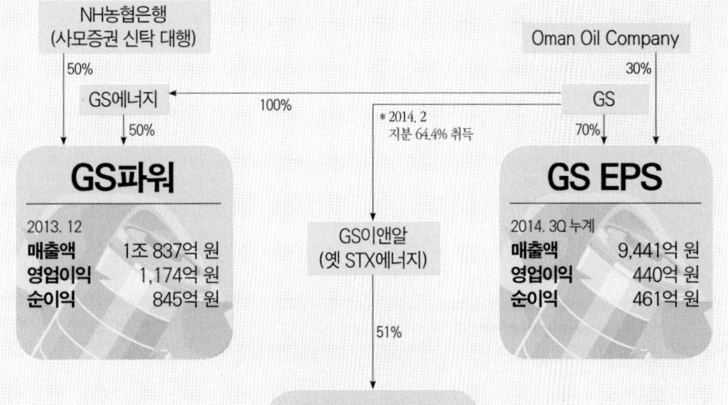

NH농협은행
(사모증권 신탁 대행)
50%
GS에너지
50%
100%
Oman Oil Company
30%
GS
70%
* 2014. 2
지분 64.4% 취득
GS파워
2013. 12
매출액 1조 837억 원
영업이익 1,174억 원
순이익 845억 원
GS EPS
2014. 3Q 누계
매출액 9,441억 원
영업이익 440억 원
순이익 461억 원
GS이앤알
(옛 STX에너지)
51%

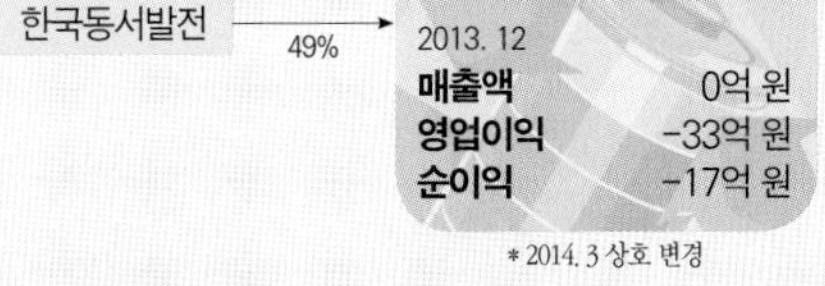

GS동해전력
(옛 STX전력)
2013. 12
매출액 0억 원
영업이익 -33억 원
순이익 -17억 원

한국동서발전

40%

49%

* 2011. 8 북평화력발전소 건설 및 운영을 목적으로 설립
* 2016년 북평화력발전소 완공 예정

* 2014. 3 상호 변경

포스코

77.6%

포스코에너지

2014. 3Q 누계
매출액 1조 9,189억 원
영업이익 1,517억 원
순이익 762억 원

12.9% 스카이레이크 제5호사모투자전문

19% 경기그린에너지

64% 탐라해상풍력발전

SK 94.1%

SK C&C 5.9%

SK E&S

2014. 3Q 누계
매출액 4조 7,209억 원
영업이익 4,142억 원
순이익 3,456억 원

100% 코원에너지서비스
67% 부산도시가스
100% 충청에너지서비스
100% 영남에너지서비스
100% 전남도시가스
100% 강원도시가스
100% 전북에너지서비스
100% 평택에너지서비스

동부건설 ← 동부그룹 → 동부메탈

(60%) * 2014. 12 지분 전량 매각

100%

당진에코파워 (옛 동부발전당진)

2013. 12
매출액 0억 원
영업이익 -36억 원
순이익 -33억 원

* 2014. 12 SK가스 등이 인수 (2,010억 원)
* 동부발전당진에서 상호 변경

SK가스(45%)
한국산업은행(15%)

동부발전삼척

2013. 12
매출액 0억 원
영업이익 -12억 원
순이익 -12억 원

전력시장 발전설비용량 추이

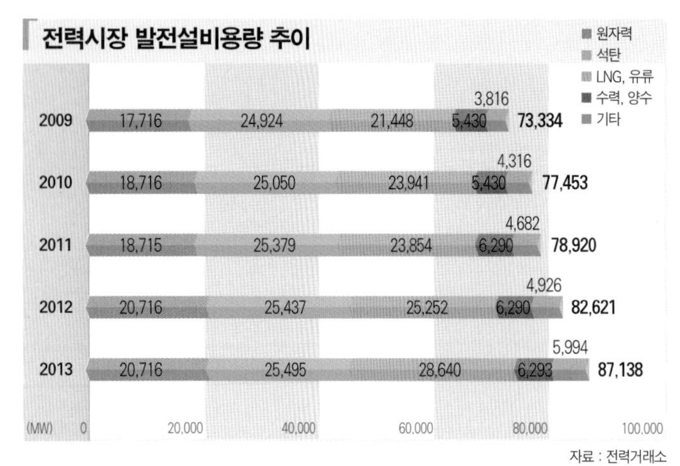

원자력
석탄
LNG, 유류
수력, 양수
기타
2009 17,716 24,924 21,448 5,430 3,816 73,334
2010 18,716 25,050 23,941 5,430 4,316 77,453
2011 18,715 25,379 23,854 6,290 4,682 78,920
2012 20,716 25,437 25,252 6,290 4,926 82,621
2013 20,716 25,495 28,640 6,293 5,994 87,138
(MW) 0 20,000 40,000 60,000 80,000 100,000

자료 : 전력거래소

전력시장 거래량과 거래액 추이

전력거래량(GWh)
전력거래액(억 원)
600,000
500,000
400,000
300,000
200,000
100,000
0
405,692
269,118
440,868
322,243
462,343
367,784
471,795
425,397
479,536
421,080
2009
2010
2011
2012
2013

자료 : 전력거래소

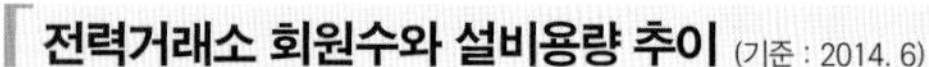

전력거래소 회원수와 설비용량 추이 (기준 : 2014. 6)

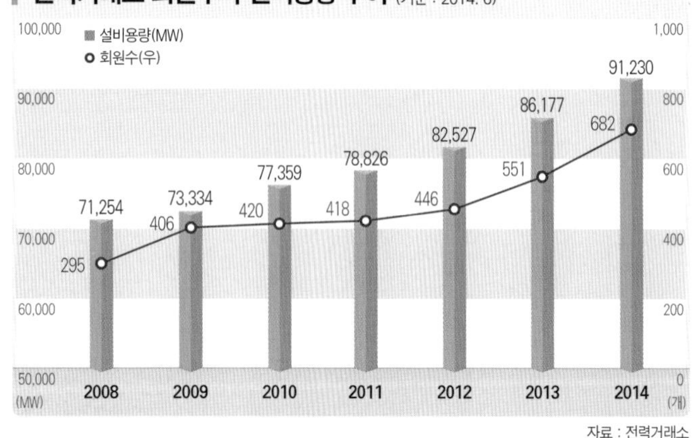

설비용량(MW)
회원수(우)
100,000
90,000
80,000
70,000
60,000
50,000 (MW)
1,000
800
600
400
200
0 (개)
2008 71,254 295
2009 73,334 406
2010 77,359 420
2011 78,826 418
2012 82,527 446
2013 86,177 551
2014 91,230 682

자료 : 전력거래소

발전사업자별 설비용량 및 점유율 (기준 : 2014. 6)

( ) 안은 설비용량(만 kW)

사업자	점유율(%)
민간발전사업자 (1,955)	21.4
동서 (904)	9.9
남부 (922)	10
서부 (900)	9.9
중부 (843)	9.3
남동 (995)	10.9
한수원 (2,604)	28.5

• 민간발전사업자는 GS파워, SK E&S, 포스코, 지역난방공사, 포스코에너지 등

(%)

자료 : 전력거래소

연료원별 설비용량 및 점유율 (기준 : 2014. 6)

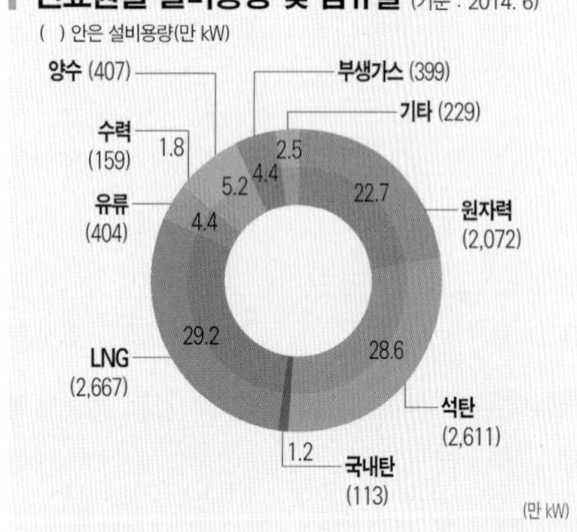

( ) 안은 설비용량(만 kW)
양수 (407) 5.2
부생가스 (399) 4.4
기타 (229) 2.5
수력 (159) 1.8
유류 (404) 4.4
원자력 (2,072) 22.7
LNG (2,667) 29.2
석탄 (2,611) 28.6
국내탄 (113) 1.2
(만 kW)

자료 : 전력거래소

원료별 발전 단가

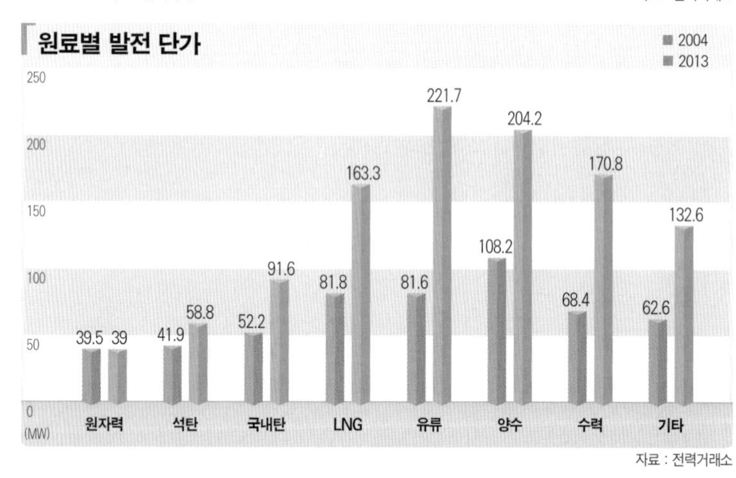

2004
2013
250
200
150
100
50
0 (MW)
원자력 39.5 39
석탄 41.9 58.8
국내탄 52.2 91.6
LNG 81.8 163.3
유류 81.6 221.7
양수 108.2 204.2
수력 68.4 170.8
기타 62.6 132.6

자료 : 전력거래소

연료원별 발전량 및 점유율 (기준 : 2014. 7)

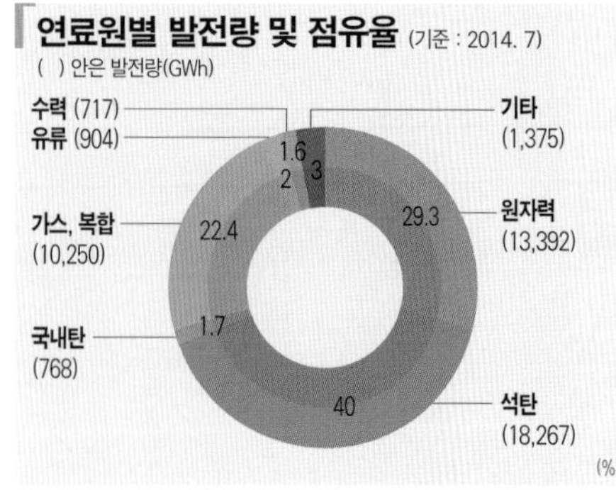

( ) 안은 발전량(GWh)
수력 (717) 1.6
유류 (904) 2
기타 (1,375) 3
가스, 복합 (10,250) 22.4
원자력 (13,392) 29.3
국내탄 (768) 1.7
석탄 (18,267) 40
(%)

자료 : 전력거래소

신재생에너지 연료원별 점유율 (기준 : 2013)

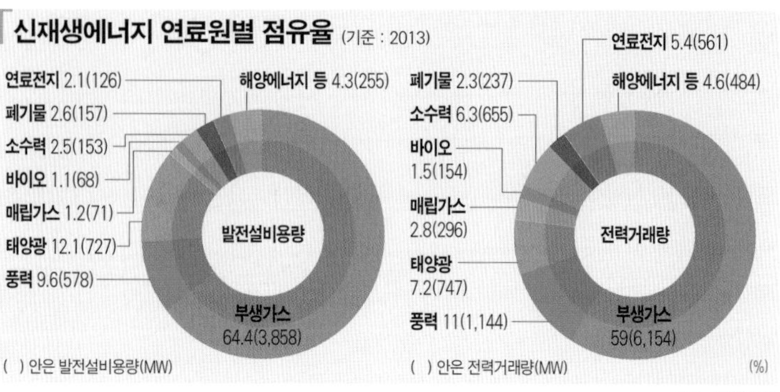

발전설비용량
연료전지 2.1(126)
폐기물 2.6(157)
소수력 2.5(153)
바이오 1.1(68)
매립가스 1.2(71)
태양광 12.1(727)
풍력 9.6(578)
해양에너지 등 4.3(255)
부생가스 64.4(3,858)
( ) 안은 발전설비용량(MW)
전력거래량
연료전지 5.4(561)
해양에너지 등 4.6(484)
폐기물 2.3(237)
소수력 6.3(655)
바이오 1.5(154)
매립가스 2.8(296)
태양광 7.2(747)
풍력 11(1,144)
부생가스 59(6,154)
( ) 안은 전력거래량(MW)
(%)

자료 : 전력거래소

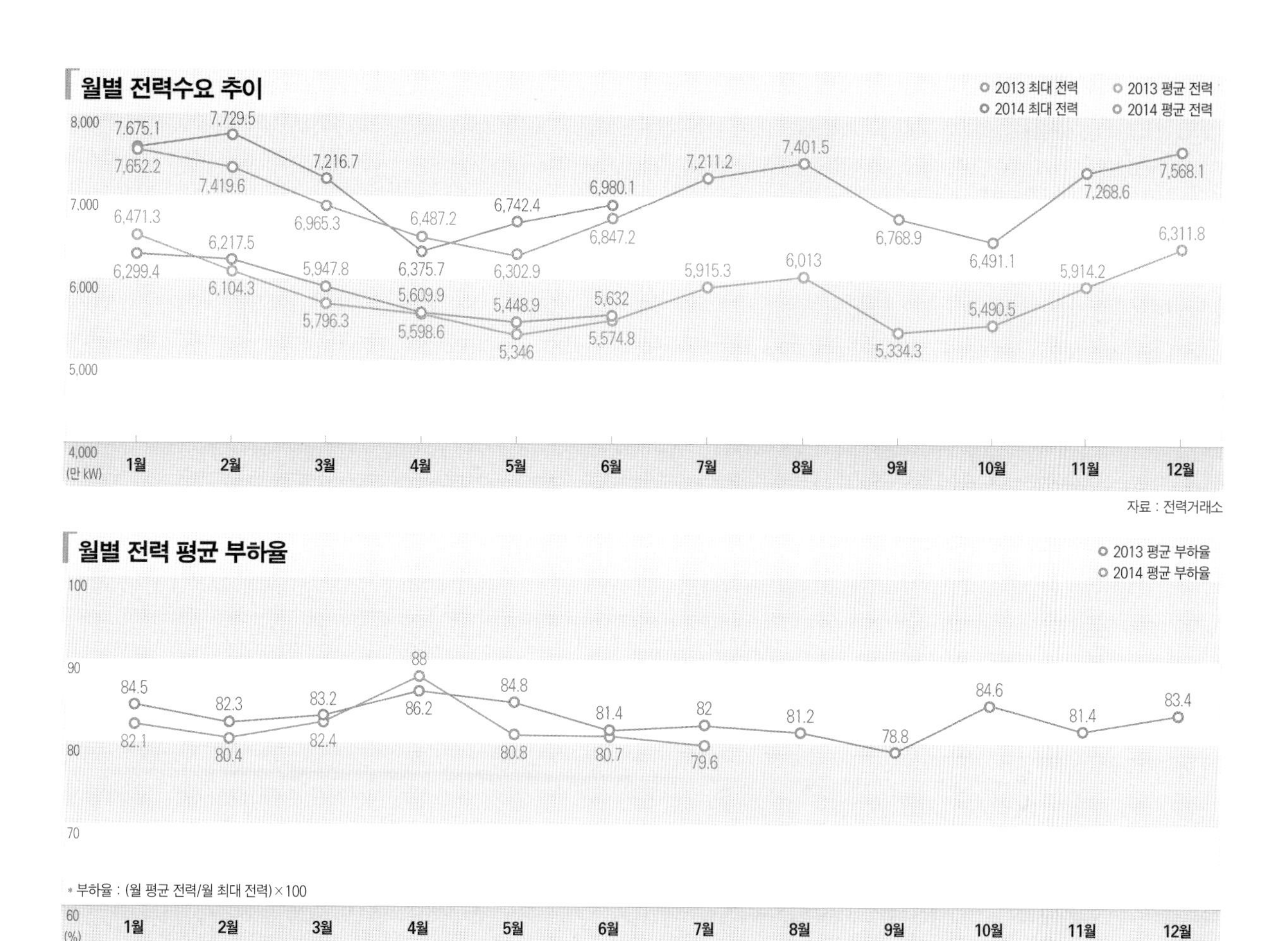

월별 전력수요 추이
2013 최대 전력
2013 평균 전력
2014 최대 전력
2014 평균 전력
8,000
7,000
6,000
5,000
4,000
(만 kW)
7,675.1
7,729.5
7,652.2
7,419.6
7,216.7
6,965.3
6,487.2
6,375.7
6,742.4
6,302.9
6,980.1
6,847.2
7,211.2
7,401.5
6,768.9
6,491.1
7,268.6
7,568.1
6,471.3
6,299.4
6,217.5
6,104.3
5,947.8
5,796.3
5,609.9
5,598.6
5,448.9
5,346
5,632
5,574.8
5,915.3
6,013
5,334.3
5,490.5
5,914.2
6,311.8
1월
2월
3월
4월
5월
6월
7월
8월
9월
10월
11월
12월
자료 : 전력거래소
월별 전력 평균 부하율
2013 평균 부하율
2014 평균 부하율
100
90
80
70
60
(%)
84.5
82.1
82.3
80.4
83.2
82.4
88
86.2
84.8
80.8
81.4
80.7
82
79.6
81.2
78.8
84.6
81.4
83.4
* 부하율 : (월 평균 전력/월 최대 전력)×100
1월
2월
3월
4월
5월
6월
7월
8월
9월
10월
11월
12월

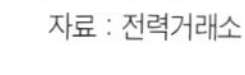

자료 : 전력거래소

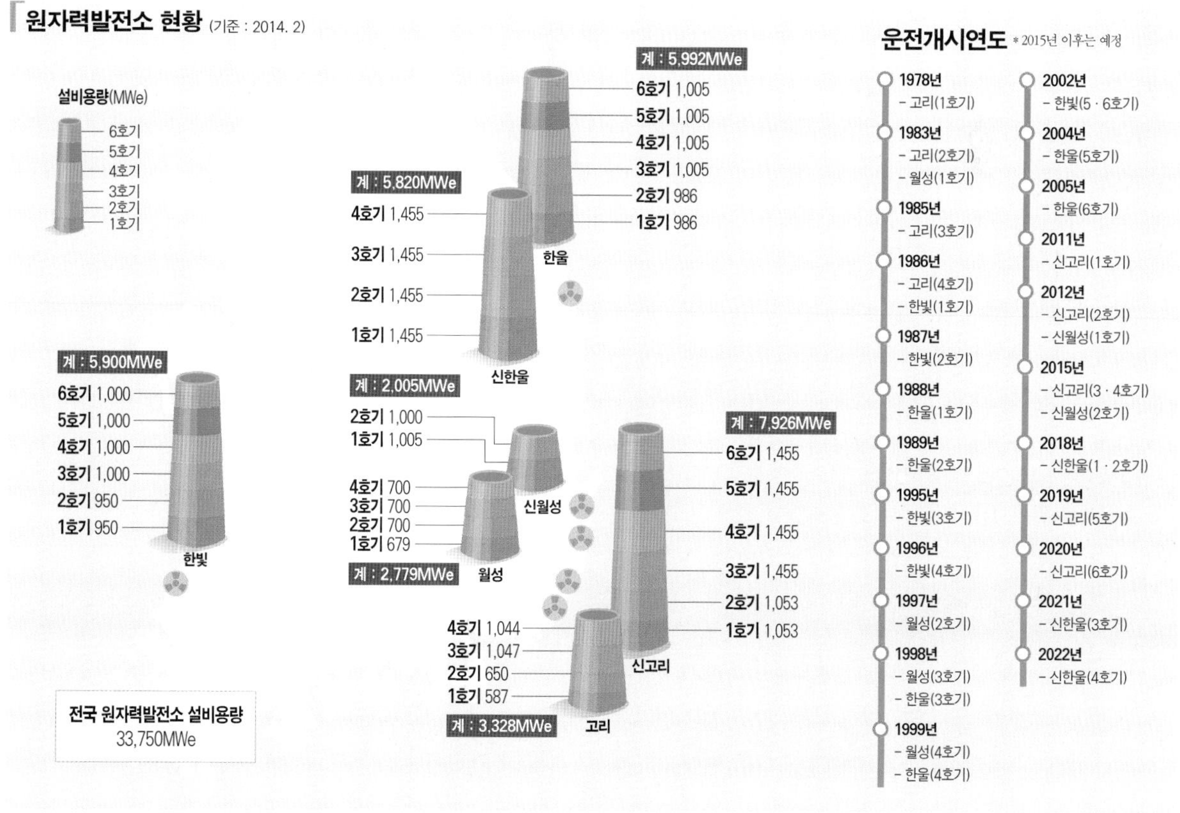

원자력발전소 현황 (기준 : 2014. 2)
설비용량(MWe)
6호기
5호기
4호기
3호기
2호기
1호기
계 : 5,992MWe
6호기 1,005
5호기 1,005
4호기 1,005
3호기 1,005
2호기 986
1호기 986
한울
계 : 5,820MWe
4호기 1,455
3호기 1,455
2호기 1,455
1호기 1,455
신한울
계 : 5,900MWe
6호기 1,000
5호기 1,000
4호기 1,000
3호기 1,000
2호기 950
1호기 950
한빛
계 : 2,005MWe
2호기 1,000
1호기 1,005
신월성
4호기 700
3호기 700
2호기 700
1호기 679
계 : 2,779MWe
월성
계 : 7,926MWe
6호기 1,455
5호기 1,455
4호기 1,455
3호기 1,455
2호기 1,053
1호기 1,053
신고리
4호기 1,044
3호기 1,047
2호기 650
1호기 587
계 : 3,328MWe
고리
전국 원자력발전소 설비용량
33,750MWe
운전개시연도 * 2015년 이후는 예정
1978년
- 고리(1호기)
1983년
- 고리(2호기)
- 월성(1호기)
1985년
- 고리(3호기)
1986년
- 고리(4호기)
- 한빛(1호기)
1987년
- 한빛(2호기)
1988년
- 한울(1호기)
1989년
- 한울(2호기)
1995년
- 한빛(3호기)
1996년
- 한빛(4호기)
1997년
- 월성(2호기)
1998년
- 월성(3호기)
- 한울(3호기)
1999년
- 월성(4호기)
- 한울(4호기)
2002년
- 한빛(5 · 6호기)
2004년
- 한울(5호기)
2005년
- 한울(6호기)
2011년
- 신고리(1호기)
2012년
- 신고리(2호기)
- 신월성(1호기)
2015년
- 신고리(3 · 4호기)
- 신월성(2호기)
2018년
- 신한울(1 · 2호기)
2019년
- 신고리(5호기)
2020년
- 신고리(6호기)
2021년
- 신한울(3호기)
2022년
- 신한울(4호기)

자료 : 한국수력원자력

전력산업에 부는 시장경제 원리

고대 그리스 철학자이자 과학자인 탈레스는 BC 600년경 호박(琥珀)을 모피에 문지르면 전하를 띠게 되어 가벼운 물체를 잡아당기는 현상이 발생한다는 사실을 알아냈다. 인류가 최초로 발견한 '전기현상'이다. 전기를 뜻하는 '일렉트리시티'(electricity)가 호박을 의미하는 그리스어 '엘렉트론'에서 유래한 것은 이 때문이다. 이후 전기에 대한 연구가 끊임없이 이어졌지만, 토머스 에디슨이 백열등을 상용화하기 전까지 이렇다할만한 성과를 내진 못했다.

불이 인간을 만물의 영장 반열에 올려놓았다면, 전기는 '산업'이라는 새로운 생태계를 건설하는 데 결정적인 기여를 했다. 전기는 분명 인류의 삶에 풍요를 가져왔지만, 다른 한편으로 수급의 불균형과 심각한 환경문제를 초래하기도 했다. 유틸리티(utility) 산업에서 여전히 중요한 지위를 차지하는 전기는, 자원으로서 한계문제에 봉착하면서 해마다 실험대에 오르곤 한다. 각 나라마다 전력 수급 문제가 심각하다.

최근 전기가 공공재에서 산업재로의 변신을 꾀하고 있다. 이에 대한 찬반 논쟁이 뜨겁다. 가까운 미래에 전기는 과연 어떤 모습으로 변모할 것인가?

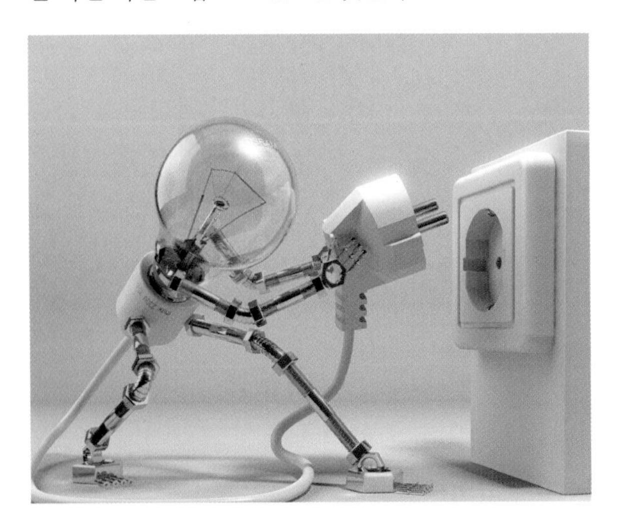

전력 수급 안정화 모드

전 세계 어느 나라를 막론하고 전력 부족에서 자유로운 곳은 없다. 전기를 활용하는 물건들이 무수히 쏟아져 나오면서 그만큼 전력 사용량도 기하급수적으로 늘고 있기 때문이다. 특히 대량생산 체제가 야기한 폭발적인 산업전력 소모량은 전력 부족의 가장 직접적인 요인으로 꼽힌다.

한국도 지난 몇 년간 여름과 겨울을 가리지 않고 블랙아웃의 위협에 시달렸다. 다행히 2014년부터 전력 수급에 숨통이 트이는 분위기다. 2013년까지 동·하절기 내내 5% 미만의 예비율 수준을 기록하며 수시로 비상단계가 발령됐던 전력 상황이 조금씩 개선되고 있기 때문이다.

일단 25기에 달하는 신규 발전소가 들어서면서 단 한 차례의 전력 비상 없이 지난 여름을 무사히 넘겼다. 공급이 늘어난 만큼 수요도 늘면서 한때 역대 최고치의 전력 사용량을 기록하기도 했지만, 예비율이 10% 이상의 안정권을 유지하고 있다.

이로 인해 발전시장이 역전됐다. 전력이 부족했을 당시 전력 도매가격 폭등으로 높은 영업이익을 기록했던 발전사들은 이제 반대로 수익성 하락에 고민하고 있다. 특히 첨두부하를 담당하고 있는 LNG 발전소들은 가동 횟수까지 줄어들면서 정부에 대책을 요구하는 상황까지 벌어졌다.

제도 차원에서는 수요 자원 거래시장 개설과 정부 승인 차액 계약 도입이 가장 큰 변수가 될 전망이다. 특히 2014년 11월 개설된 수요 자원 거래는 ICT와 전력을 융합한 새로운 시장으로 전력 분야에 민간 참여의 길을 넓혀 그 의미가 남다르다. 그동안 수요 관리는 전력 피크 시 사용량을 줄이기 위한 절전 조치로 한국전력과 전력거래소가 별도 보조금을 통해 운영해 왔다. 하지만 이번에 도입된 제도는 민간 사업자들이 한전과 전력거래소의 역할을 대신해 비상 시 절전 고객을 모집하고 이들이 감축한 전력을 시장에서 거래한다. 그동안 절전은 사용자들에게 전기요금을 낮추는 효과만 줬지만, 이제는 더 나아가 수익 사업으로 변모하게 된 셈이다. 바야흐로 전기가 투자와 거래의 수단이 된 것이다.

전력거래소, 수요 자원 거래시장 문 열다

전력거래소는 2014년 12월 18일부터 수요 자원 거래시장을 가동해 동시간대 대비 최대 석탄 발전소 3기에 해당하는 166만KW(12시)의 전력 수요를 감축했다고 밝혔다. 당시는 계속된 한파의 절정을 보인 날로 수요 감축이 없었던 전날 전력 수요가 7,962만KW를 기록한 데 비해, 수요 자원 거래시장이 열린 18일 전력 수요는 7,796만KW까지 줄어든 것이다.

앞에서 설명했던 대로 전력 수요 거래시장은 아낀 전기를 모아 거래하는 방식으로, 수요 관리 사업자가 수용가의 전력 감축량을 모아 시장에서 되파는 시스템이다. 실제로 전력을 생산하지 않지만, 아낀 전기로 발전 자원의 가치를 부여받는다.

한편, KT와 GS칼텍스가 전력 수요 자원 거래시장에 진출했다. 한국전력 발전자회사와 민간 발전사만 존재했던 전력 거래시장에 비전력 분야 기업이 진출한 것은 이번이 처음이다. 향후 정보통신 기술의 발달로 비전력 분야 기업들의 시장 참여가 점차 확대될 전망이다.

전력거래소가 개설한 전력 수요 거래시장에는 KT와 GS칼텍스 이외에 벽산파워, 삼천리ES 등 12개 기업들이 수요 관리 사업자로 참여했다. 전기 에너지 효율을 높이는 기업들이 전기를 판매(거래)하는 에너지 신사업에 진출한 사례다. SK텔레콤과 포스코ICT 등도 전력 수요 거래시장 진출을 검토 중인 것으로 알려졌다.

시장에 참여한 사업자는 최소 10개 이상의 전기사용자(수용가)로부터 10MW의 전력을 동원할 수 있는 용량을 확보해 사업 자격을 획득하게 된다. 이들 12개 사업자의 수요 자원을 합치면 954개 참여 고객으로부터 약 155만KW의 전력을 확보한 양이 된다. 이는 LNG발전소(50만KW급) 3기에서 생산된 전력량과 맞먹는다. 전력거래소는 2017년까지 약 190만KW를 거래할 계획이다. 이로써 시장규모가 1,000억 원에 달할 전망이다.

한국의 전력시장에서 판매 경쟁 시스템이 과연 성공할 수 있을까?

전력산업에서 경쟁 효과를 충분히 달성하려면 판매 경쟁 도입이 필수적이라는 주장이 업계에서 주목을 끌고 있다. 즉, 전력산업에서 판매 경쟁이 없으면 요금의 경직성, 소비자 수요 반응 미흡, 수요 자원 개발 유인 부족 등을 초래함으로써 결국 총체적 비효율성을 야기한다는 지적이다.

OECD 국가 대다수가 전력산업에 경쟁을 도입해 성공적으로 운영 중이며, 최근에는 가까운 일본에서도 76조 원 규모의 전기 판매시장을 개방해 토요타와 소프트뱅크 등 200여 기업이 진입을 준비하고 있다.

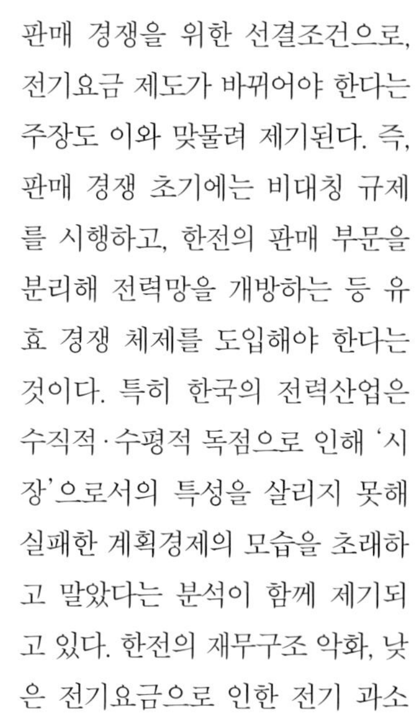

판매 경쟁을 위한 선결조건으로, 전기요금 제도가 바뀌어야 한다는 주장도 이와 맞물려 제기된다. 즉, 판매 경쟁 초기에는 비대칭 규제를 시행하고, 한전의 판매 부문을 분리해 전력망을 개방하는 등 유효 경쟁 체제를 도입해야 한다는 것이다. 특히 한국의 전력산업은 수직적·수평적 독점으로 인해 '시장'으로서의 특성을 살리지 못해 실패한 계획경제의 모습을 초래하고 말았다는 분석이 함께 제기되고 있다. 한전의 재무구조 악화, 낮은 전기요금으로 인한 전기 과소비, 원전 비리 등도 국영 독점 기업에 따른 전형적인 부패와 도덕적 해이에서 비롯됐다는 주장이다.

다만, 공공재로서의 성격이 강한 전기의 정체성을 한순간에 바꾸는 것은 쉬운 일이 아니다. 법제도적으로 보완해야 할 부분도 한두 가지가 아니다. 다른 나라의 성공 사례가 있다고 해서 한국에서도 반드시 성공한다고 단언할 수도 없다. 특히 전기요금 인상 문제는 국민적 공감대를 형성하는 데 매우 민감하게 작용할 가능성이 높다. 여기에 정치권의 입김이 미치는 영향력도 감안하지 않을 수 없다. 전력산업에 시장경제 원리를 바로 적용하기에는 넘어야 할 산이 여전히 많다.

21 | 가스에너지업계

업계
규모

- 천연가스 도입량 3,933만 톤(도시가스용 49.8%, 발전용 48.5%)
- 국내 LPG 판매량 746만 톤(정유사 간접판매분 제외)
- 전국 도시가스 보급률 77.9%

액화천연가스(LNG)

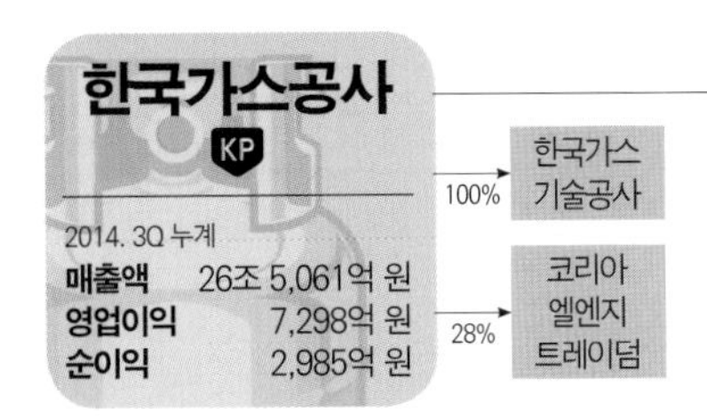

한국가스공사
KP
2014. 3Q 누계
매출액 26조 5,061억 원
영업이익 7,298억 원
순이익 2,985억 원
100%
한국가스 기술공사
28%
코리아 엘엔지 트레이딩

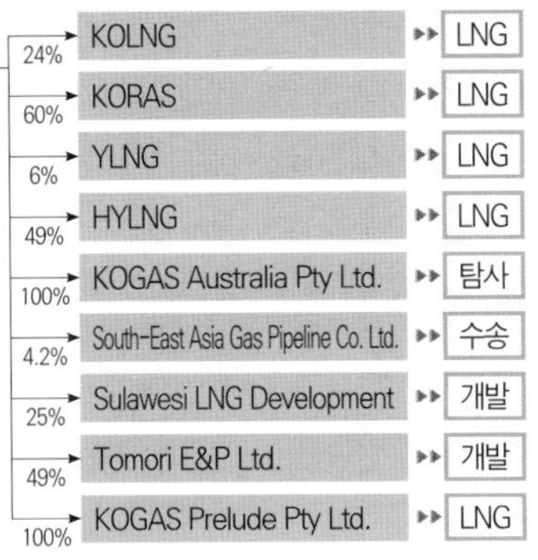

24% KOLNG ▸▸ LNG
60% KORAS ▸▸ LNG
6% YLNG ▸▸ LNG
49% HYLNG ▸▸ LNG
100% KOGAS Australia Pty Ltd. ▸▸ 탐사
4.2% South-East Asia Gas Pipeline Co. Ltd. ▸▸ 수송
25% Sulawesi LNG Development ▸▸ 개발
49% Tomori E&P Ltd. ▸▸ 개발
100% KOGAS Prelude Pty Ltd. ▸▸ LNG

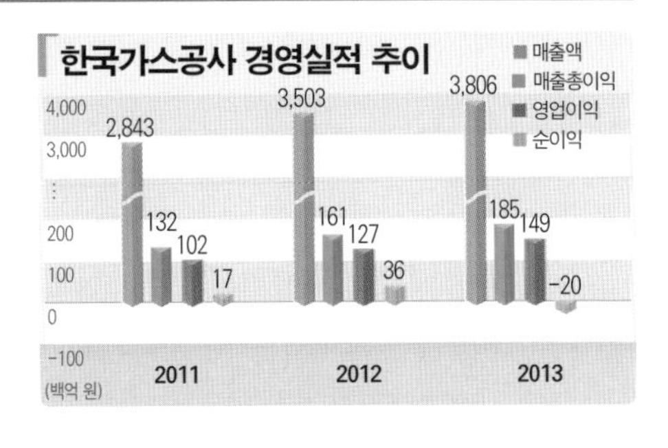

한국가스공사 경영실적 추이
매출액
매출총이익
영업이익
순이익
4,000
3,000
200
100
0
-100
(백억 원)
2011: 2,843 132 102 17
2012: 3,503 161 127 36
2013: 3,806 185 149 -20

한국가스공사 주주 구성 (기준 : 2013. 12)

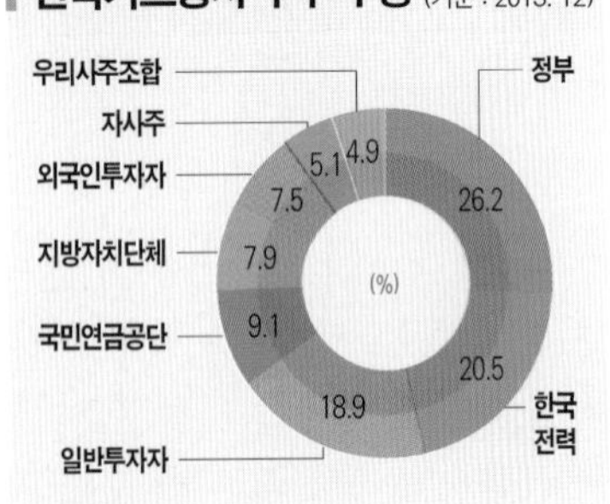

우리사주조합
자사주
외국인투자자
지방자치단체
국민연금공단
일반투자자
정부
한국전력
4.9
5.1
7.5
26.2
7.9
(%)
9.1
20.5
18.9

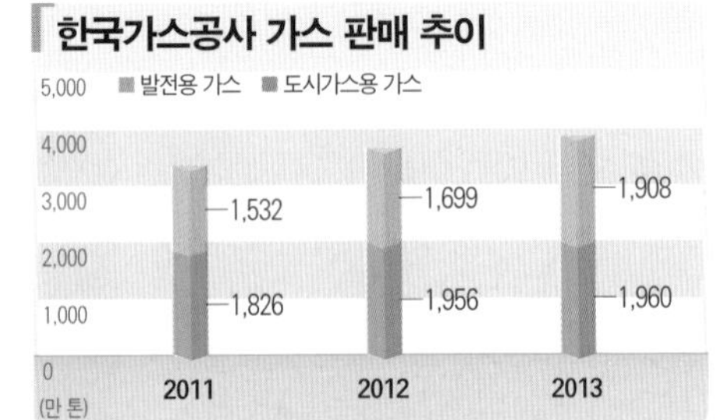

한국가스공사 가스 판매 추이
5,000
발전용 가스
도시가스용 가스
4,000
3,000
2,000
1,000
0
(만 톤)
2011: 1,532 1,826
2012: 1,699 1,956
2013: 1,908 1,960

한국가스공사 개요 (기준 : 2013. 12)

설립연월	1983. 8
총자산	43조 6,663억 원
저장설비	총 60기(886만kl)
주배관 길이	4,065km
연간 LNG 도입량	3,933만 톤
연간 LNG 판매량	3,867만 톤
해외사업 현황	12개국 26개 프로젝트
해외신용등급	A1(Moody's), A+(S&P), AA-(Fitch)

LNG 도입 국가별 비중 (기준 : 2013)

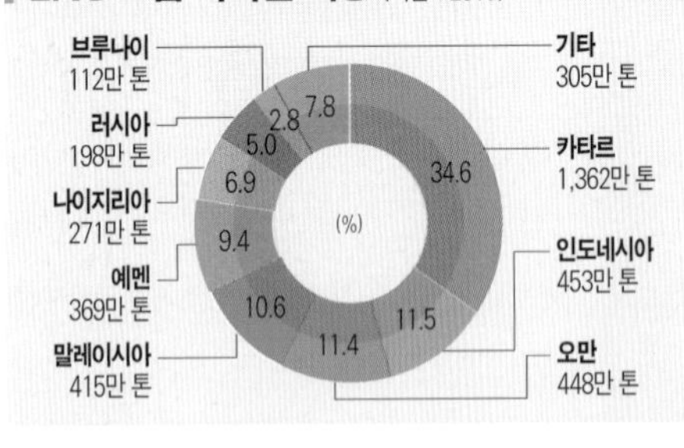

브루나이 112만 톤
러시아 198만 톤
나이지리아 271만 톤
예멘 369만 톤
말레이시아 415만 톤
기타 305만 톤
카타르 1,362만 톤
인도네시아 453만 톤
오만 448만 톤
2.8
7.8
5.0
6.9
34.6
9.4
(%)
10.6
11.5
11.4

국내 천연가스 도매사업자 현황

SK E&S
(자가소비용 직수입)
2.0
포스코
(자가소비용 직수입)
1.4
(%)
한국가스공사
(도매사업 독점)
96.6
(기준 : 2013. 12)

* 2015년 이후 GS칼텍스, 한국중부발전이 직수입 부문에 진출할 예정

생산기지 현황 (단위: 만 톤)

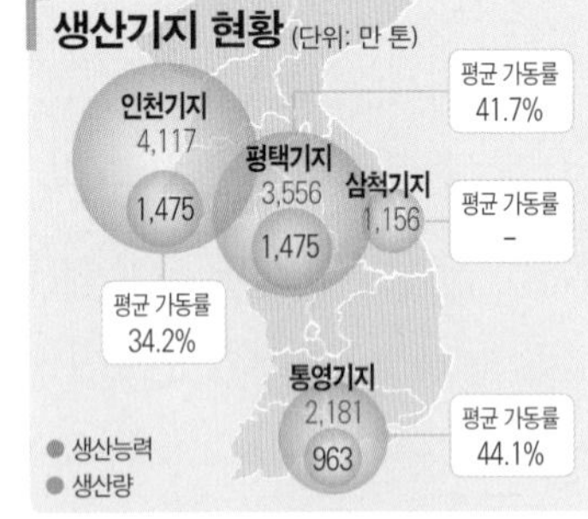

인천기지
4,117
1,475
평균 가동률 34.2%
평택기지
3,556
1,475
평균 가동률 41.7%
삼척기지
1,156
평균 가동률 -
통영기지
2,181
963
평균 가동률 44.1%
생산능력
생산량

* 삼척기지는 2014. 7. 1단계 송출, 2017 최종 완성 예정

액화프로판가스(LPG)

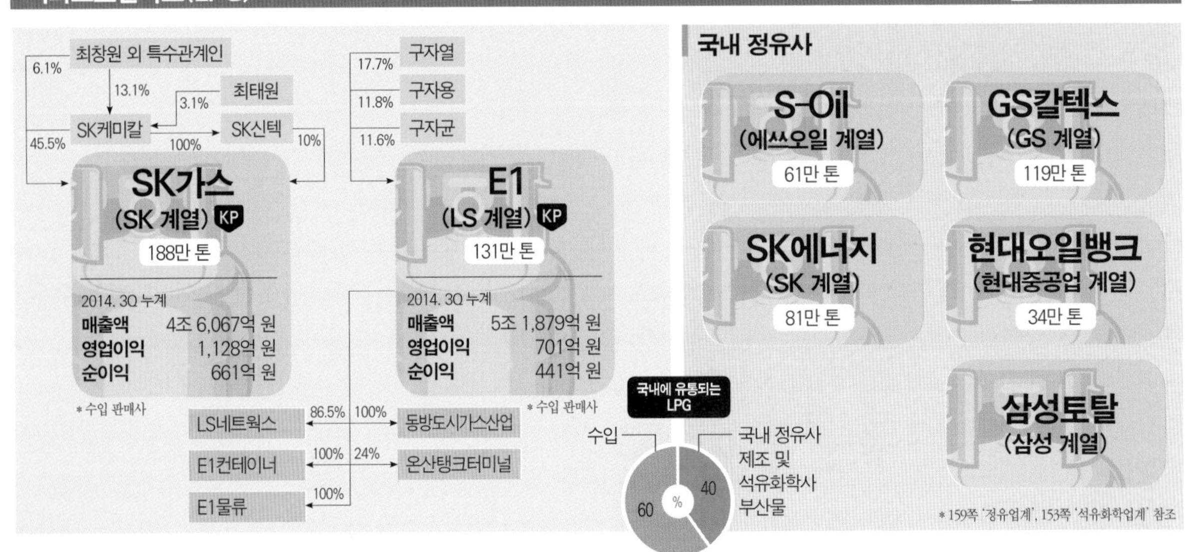

* 안은 2013 연간 판매량
최창원 외 특수관계인
6.1%
13.1%
최태원
3.1%
SK케미칼
100%
SK신텍
10%
45.5%
SK가스
(SK 계열) KP
188만 톤
2014. 3Q 누계
매출액 4조 6,067억 원
영업이익 1,128억 원
순이익 661억 원
* 수입 판매사
구자열
17.7%
구자용
11.8%
구자균
11.6%
E1
(LS 계열) KP
131만 톤
2014. 3Q 누계
매출액 5조 1,879억 원
영업이익 701억 원
순이익 441억 원
* 수입 판매사
LS네트웍스
86.5%
100%
동방도시가스산업
E1컨테이너
100%
24%
온산탱크터미널
E1물류
100%
국내에 유통되는 LPG
수입
60
%
40
국내 정유사 제조 및 석유화학사 부산물
국내 정유사
S-Oil
(에쓰오일 계열)
61만 톤
GS칼텍스
(GS 계열)
119만 톤
SK에너지
(SK 계열)
81만 톤
현대오일뱅크
(현대중공업 계열)
34만 톤
삼성토탈
(삼성 계열)
* 159쪽 '정유업계', 153쪽 '석유화학업계' 참조

전국 지역별 도시가스 공급 업체

(기준 : 경영실적은 상장사, 비상장사 모두 2013)

대성 계열
김영훈
39.9%
대성홀딩스
서울도시개발
40%
50%
22.6%
26.3%
대성청정에너지
2013. 12
매출액 1,011억 원
영업이익 73억 원
순이익 57억 원
* 2013. 3 경북도시가스에서 상호 변경
서울도시가스
KP
2013. 12
매출액 2조 1,397억 원
영업이익 148억 원
순이익 693억 원
63.6%
11.5%
김영민
97.8%
대성에너지
KP
2013. 12
매출액 1조 195억 원
영업이익 127억 원
순이익 125억 원
* 2011. 3 대구도시가스에서 상호 변경
SK 계열
하남ES
100%
SK
94.1%
SK E&S
5.9%
SK C&C
31.5%
코원ES
2013. 12
매출액 1조 5,837억 원
영업이익 56억 원
순이익 93억 원
강원도시가스
2013. 12
매출액 1,276억 원
영업이익 43억 원
순이익 38억 원
100%
전북ES
2013. 12
매출액 1,638억 원
영업이익 115억 원
순이익 98억 원
100%
100%
충남도시가스
2013. 12
매출액 7,234억 원
영업이익 167억 원
순이익 177억 원
황인규
66.8%
충청ES
2013. 12
매출액 5,891억 원
영업이익 231억 원
순이익 188억 원
100%
전남도시가스
2013. 12
매출액 1,820억 원
영업이익 60억 원
순이익 55억 원
5.8%
100%
67.3%
부산도시가스
KP
김천에너지
80%
위례ES
89%
평택ES
77%
2013. 12
매출액 1조 2,099억 원
영업이익 374억 원
순이익 368억 원
100%
영남ES
2013. 12
매출액 9,337억 원
영업이익 333억 원
순이익 286억 원
GS 계열
GS
100%
GS에너지
100%
50%
100%
해양도시가스
2013. 12
매출액 6,305억 원
영업이익 160억 원
순이익 164억 원
서라벌도시가스
2013. 12
매출액 1,518억 원
영업이익 93억 원
순이익 80억 원
보령LNG터미널
50%
참빛 계열
참빛도시가스공업
LPG
2013. 12
매출액 190억 원
영업이익 11억 원
순이익 8억 원
51%
이대봉 외
62.5%
참빛영동도시가스공업
LPG
2013. 12
매출액 347억 원
영업이익 18억 원
순이익 11억 원
(부자 관계)
참빛충북도시가스공업
2013. 12
매출액 854억 원
영업이익 30억 원
순이익 19억 원
64.5%
이대만 외
47%
참빛원주도시가스공업
2013. 12
매출액 1,258억 원
영업이익 64억 원
순이익 47억 원
미래엔 계열
9.9%
미래엔
14.3%
김영진
49.9%
17.9%
10.3%
서해도시가스
2013. 12
매출액 6,622억 원
영업이익 224억 원
순이익 149억 원
22.9%
전북도시가스
2013. 12
매출액 3,673억 원
영업이익 72억 원
순이익 68억 원
한진중공업 계열
대륜E&S
2013. 12
매출액 8,951억 원
영업이익 159억 원
순이익 156억 원
100%
한진중공업 홀딩스
* 2010 한진도시가스에서 상호 변경
기타 · 독립 · 중소기업형 도시가스 공급 업체
강남 도시가스
중부 도시가스
인천 도시가스
목포 도시가스
대화 도시가스
군산 도시가스
GSE
제주 도시가스
경남에너지 KP
2013. 12
매출액 8,308억 원
영업이익 174억 원
순이익 173억 원
상원컨트루
69.3%
9.6%
경남테크
34.3%
LS 계열
예스코
KP
구자은 등
38.8%
2013. 12
매출액 1조 5,072억 원
영업이익 163억 원
순이익 140억 원
70%
대한가스기기
100%
예스코서비스
삼천리 계열
삼천리 (도시가스부문) KP
유상덕
12.3%
이만득
8.3%
2013. 12(전사업부문)
매출액 3조 6,581억 원
영업이익 525억 원
순이익 403억 원
100%
삼천리ENG
71.9%
삼천리ES
* 도시가스부문 매출 비중 95%
경동 계열
경동도시가스
KP
7.5%
경동나비엔
1.7%
2013. 12
매출액 2조 7,883억 원
영업이익 505억 원
순이익 498억 원
32.2%
경동홀딩스
7%
손경호

LNG 수급 동향

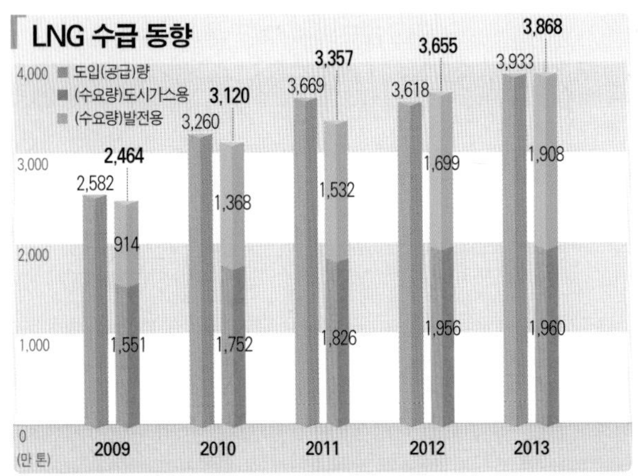

■ 도입(공급)량
■ (수요량)도시가스용
■ (수요량)발전용
4,000
3,000
2,000
1,000
0
(만 톤)
2009 2010 2011 2012 2013
2,582 2,464 914 1,551
3,260 3,120 1,368 1,752
3,669 3,357 1,532 1,826
3,618 3,655 1,699 1,956
3,933 3,868 1,908 1,960

자료 : 산업통상자원부

도시가스용 천연가스 수요 추이

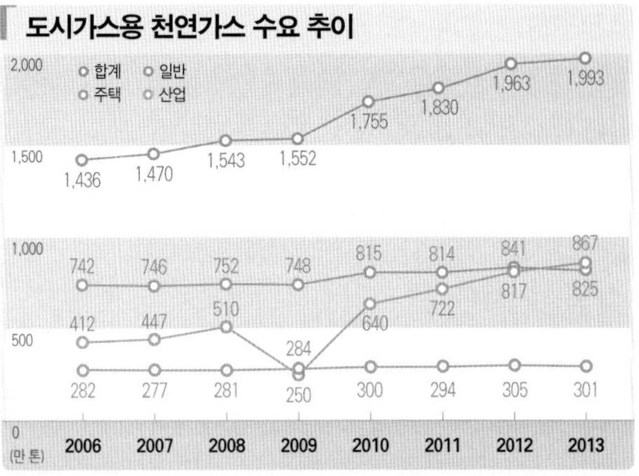

○ 합계 ○ 일반
○ 주택 ○ 산업
2,000
1,500
1,000
500
0
(만 톤)
2006 2007 2008 2009 2010 2011 2012 2013
1,436 1,470 1,543 1,552 1,755 1,830 1,963 1,993
742 746 752 748 815 814 841 867
412 447 510 284 640 722 817 825
282 277 281 250 300 294 305 301

자료 : 한국가스공사

LNG 용도별 공급량 구성 (기준 : 2014. 5)

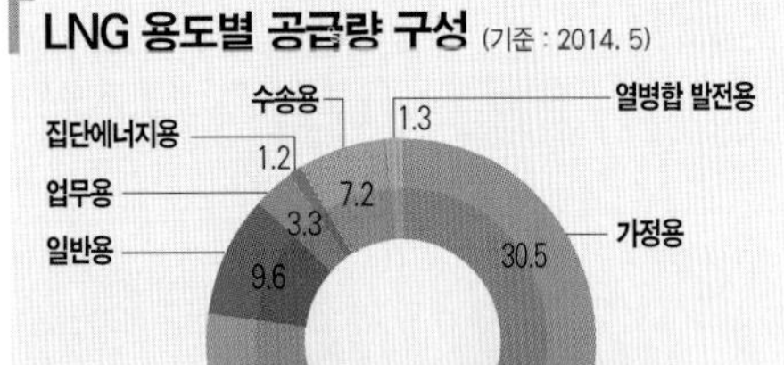

수송용
열병합 발전용
집단에너지용
업무용
일반용
가정용
산업용
1.3
1.2
7.2
3.3
9.6
30.5
46.9
(%)

자료 : 한국가스공사

도시가스 소매공급 업체 현황 (기준 : 수요 가구수는 2014. 5, 공급량은 2013 연간)

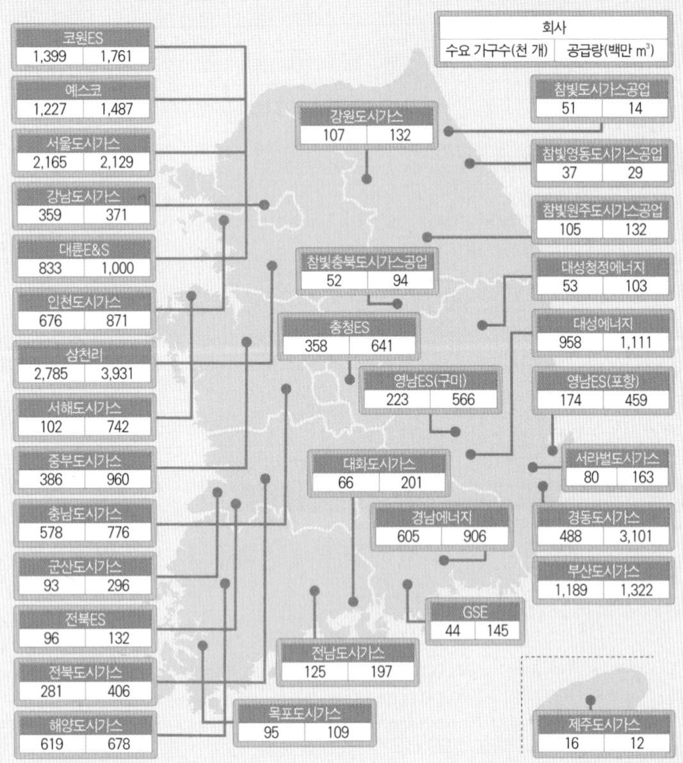

회사
수요 가구수(천 개) 공급량(백만 m³)
코원ES 1,399 1,761
예스코 1,227 1,487
서울도시가스 2,165 2,129
강남도시가스 359 371
대륜E&S 833 1,000
인천도시가스 676 871
삼천리 2,785 3,931
서해도시가스 102 742
중부도시가스 386 960
충남도시가스 578 776
군산도시가스 93 296
전북ES 96 132
전북도시가스 281 406
해양도시가스 619 678
강원도시가스 107 132
참빛충북도시가스공업 52 94
충청ES 358 641
영남ES(구미) 223 566
대화도시가스 66 201
경남에너지 605 906
GSE 44 145
전남도시가스 125 197
목포도시가스 95 109
참빛도시가스공업 51 14
참빛영동도시가스공업 37 29
참빛원주도시가스공업 105 132
대성청정에너지 53 103
대성에너지 958 1,111
영남ES(포항) 174 459
서라벌도시가스 80 163
경동도시가스 488 3,101
부산도시가스 1,189 1,322
제주도시가스 16 12

자료 : 한국도시가스협회

도시가스 공급실적과 전망

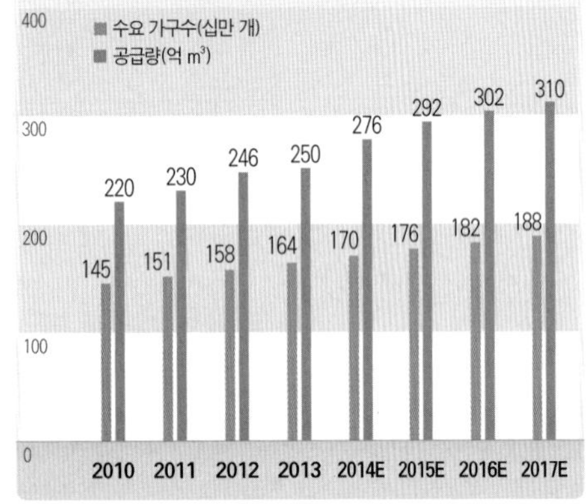

■ 수요 가구수(십만 개)
■ 공급량(억 m³)
400
300
200
100
0
2010 2011 2012 2013 2014E 2015E 2016E 2017E
145 151 158 164 170 176 182 188
220 230 246 250 276 292 302 310

자료 : 한국도시가스협회

도시가스 소매공급 매출액 및 자산 추이

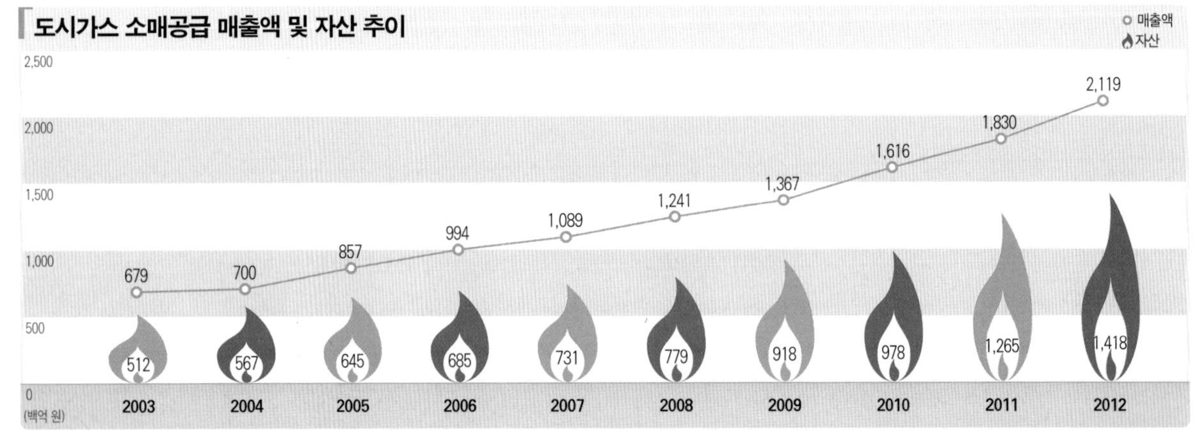

○ 매출액
자산
2,500
2,000
1,500
1,000
500
0
(백억 원)
2003 2004 2005 2006 2007 2008 2009 2010 2011 2012
679 700 857 994 1,089 1,241 1,367 1,616 1,830 2,119
512 567 645 685 731 779 918 978 1,265 1,418

자료 : 한국도시가스협회

LPG 관련 사업별 구분

구분		사업자	승인(허가)권자
LPG 충전사업	저장시설의 LPG를 용기 또는 자동차의 고정된 탱크에 충전(배관으로 저장탱크에 이송하는 것 포함)해 공급하는 사업	LPG 충전사업자	시 · 도지사
LPG 충전영업소	충전사업자가 용기로 LPG를 공급하는 영업소		시장 · 군수 또는 구청장
LPG 집단공급사업	LPG를 일반 수요가구에 배관을 통해 공급하는 사업	LPG 집단공급사업자	시장 · 군수 또는 구청장
LPG 판매사업	용기에 충전된 LPG를 판매하거나 자동차에 고정된 탱크(저장능력 10톤 이하)에 충전된 LPG를 저장설비(3톤 미만 소형저장탱크)에 공급하는 사업	LPG 판매사업자	시장 · 군수 또는 구청장
가스용품 제조사업	연료용 가스를 사용하기 위한 기기를 제조하는 사업	가스용품 제조사업자	시 · 도지사
LPG저장소	일정량 이상의 LPG를 용기 또는 저장탱크에 저장하는 일정한 장소(산업통상자원부령에 규정)	LPG저장자	시장 · 군수 또는 구청장

자료 : 한국LPG산업협회

LPG 용도별 수요 구성 (기준 : 2013. 12)

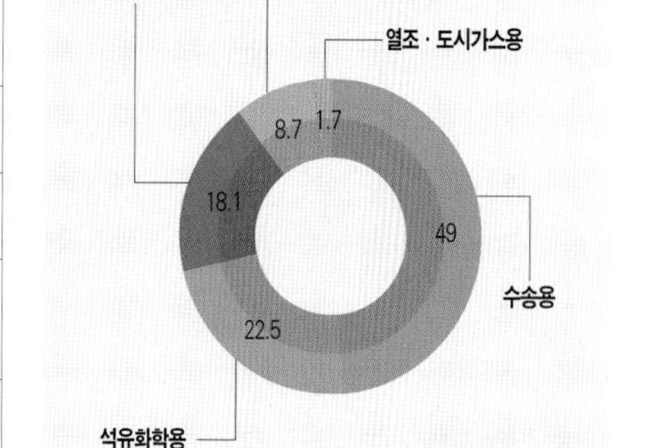

가정상업용
산업용
열조 · 도시가스용
8.7
1.7
18.1
49
수송용
22.5
석유화학용
(%)

자료 : SK가스

LPG 업체 국내 시장점유율 추이 (기준 : 판매량) ( ) 안은 판매량

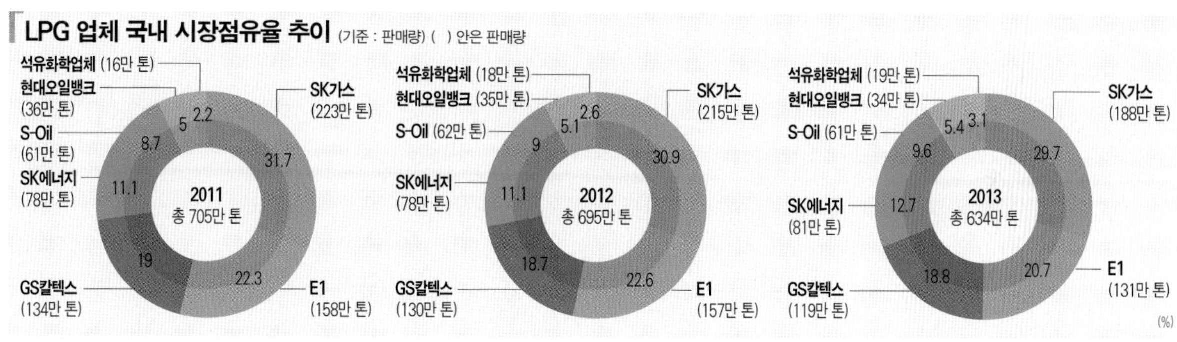

석유화학업체 (16만 톤)
현대오일뱅크 (36만 톤)
S-Oil (61만 톤)
SK에너지 (78만 톤)
GS칼텍스 (134만 톤)
SK가스 (223만 톤)
E1 (158만 톤)
2.2
5
8.7
11.1
19
22.3
31.7
2011
총 705만 톤
석유화학업체 (18만 톤)
현대오일뱅크 (35만 톤)
S-Oil (62만 톤)
SK에너지 (78만 톤)
GS칼텍스 (130만 톤)
SK가스 (215만 톤)
E1 (157만 톤)
2.6
5.1
9
11.1
18.7
22.6
30.9
2012
총 695만 톤
석유화학업체 (19만 톤)
현대오일뱅크 (34만 톤)
S-Oil (61만 톤)
SK에너지 (81만 톤)
GS칼텍스 (119만 톤)
SK가스 (188만 톤)
E1 (131만 톤)
3.1
5.4
9.6
12.7
18.8
20.7
29.7
2013
총 634만 톤
(%)

자료 : 업계 자료, 추정치

주요 가스 수입 업체 저장능력 (기준 : 2013. 12)

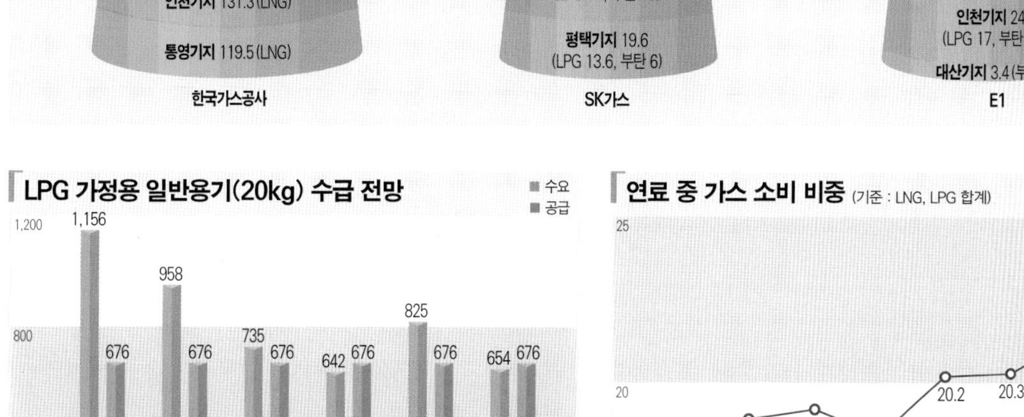

세계 1위
합계 : 404만 톤
평택기지 153.2(LNG)
인천기지 131.3(LNG)
통영기지 119.5(LNG)
한국가스공사
합계 : 46.6만 톤
울산기지 27
(LPG 14, 부탄 13)
평택기지 19.6
(LPG 13.6, 부탄 6)
SK가스
합계 : 42.7만 톤
여수기지 15.3
(LPG 8.4, 부탄 6.9)
인천기지 24
(LPG 17, 부탄 7)
대산기지 3.4(부탄)
E1
(만 톤)

LPG 가정용 일반용기(20kg) 수급 전망

(천 개)	2014	2015E	2016E	2017E	2018E	2019E
수요	1,156	958	735	642	825	654
공급	676	676	676	676	676	676

자료 : 대유SE

연료 중 가스 소비 비중 (기준 : LNG, LPG 합계)

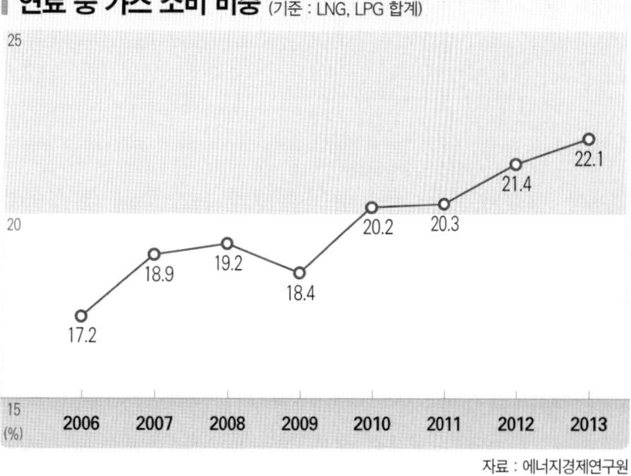

25
20
15
(%)
17.2
18.9
19.2
18.4
20.2
20.3
21.4
22.1
2006
2007
2008
2009
2010
2011
2012
2013

자료 : 에너지경제연구원

에너지원으로서의 자격을 지키려면 경쟁에서 살아남아야

"연료로 사용되는 기체!" 가스(gas)에 대한 개념 설명 중 가장 명확하고 간결한 정의가 아닐까?

사실 공기 중 3태(고체, 액체, 기체) 가운데 하나인 기체를 연료로 활용하게 된 건 그리 오래된 일이 아니다. 과거에 가스는 강이나 늪지대에서 볼 수 있는 메테인가스나 석탄에서 나오는 기체 정도로 인식되었다. 17세기 말엽 R. 보일이 석탄이나 식물성 물질을 건류하면, 가연성 가스가 발생한다는 사실을 알아냈고, 그로부터 얼마 지나지 않아 W. 머독은 가스를 조명 연료로 이용하는 데 성공했다. 이를 기화로 1812년에 영국 런던에 가스회사가 설립되면서 산업화로 이어졌다. 유럽 각 도시에 가스 사업체가 들어서기 시작한 것이다.

가스가 난방과 산업용 에너지로 활용 영역을 넓혀 나가는 데도 그리 긴 시간이 걸리지 않았다. 1885년 독일의 R. 분젠이 분젠버너에 의한 가스 연소 방법을 고안하면서 가스의 불꽃 온도를 크게 상승시킬 수 있는 단초를 제공했다. 도시가스의 기원을 이루게 된 것이다.

가스는 짧은 역사 속에서 중요한 에너지원으로 자리매김하면서 전기와 석유 못지않는 존재감을 발휘하게 되었다. 가스는 그 소비 폭이 다양해지면서, 수요와 공급의 함수 관계에 민감하게 반응하며 경기 변동에 따른 붙임 현상도 심하다. 산업계는 물론 금융권에서도 촉수를 곤두세우며 급변하는 가스 시황을 예의주시하게 된 것이다.

에너지원으로서 가스의 존재감에도 불구하고 국내 가스업계는 최근 녹록치 않은 시기를 보내고 있다. 특히 경쟁에 익숙하지 않던 도시가스사들은 지역난방, 벙커C유, 전기 등 다른 연료와의 경쟁에서 밀리며 고전을 면치 못하고 있다. 수도권의 경우 보급률이 이미 포화 상태에서 지역난방 공급은 갈수록 확대되고 있다. 지방 도시가스사의 먹을거리 중 하나인 산업용까지 서서히 다른 연료로 대체되고 있는 것이다.

이처럼 내홍을 겪고 있는 국내 가스업계에 또 한 차례 광풍이 휘몰아칠 전망이다. 바로 셰일가스 열풍이다.

업계마다 희비 갈리는 '셰일가스' 열풍

셰일가스는 진흙이 수평으로 퇴적하여 굳어진 암석층(혈암, shale)에 함유된 천연가스를 말한다. 넓은 지역에 분포되어 있고 추출이 어렵다는 기술적 문제를 안고 있었으나, 1998년 미국 채굴업자 조지 미첼이 프래킹(fracking, 수압파쇄) 공법을 통해 상용화에 성공했다. 이는 모래와 화학 첨가물을 섞은 물을 시추관을 통해 지하 2~4km 밑의 바위에 5백~1천 기압으로 분사시켜, 바위 속에 갇혀 있던 천연가스가 바위 틈새로 모이면 장비를 이용해 뽑아내는 방식이다. 셰일가스는 확인된 매장량만 187조 5,000억m²에 이른다. 전 세계 인구가 60년간 사용할 수 있는 규모이다. 열량으로 환산하면 1,687억TOE(Tonnage of Oil Equivalent, 연료 간 비교를 위해 석유 기준으로 환산한 단위)로 석유매장량(1,888억TOE)과 비슷하다.

미국발 셰일가스 열풍으로 국내외 에너지업계와 유관 산업이 요동치고 있다. 미국이 셰일가스 생산량 증대로 세계 최대 가스 생산국이자 세계 2위 원유 생산국으로 급부상하면서 에너지업계의 지형이 일대 전환기를 맞게 된 것이다.

셰일가스 혁명에 가장 떨고 있는 동네는 정유업계다. 중동 산유국들은 그간 틀어쥐고 있던 독과점 공급 체제

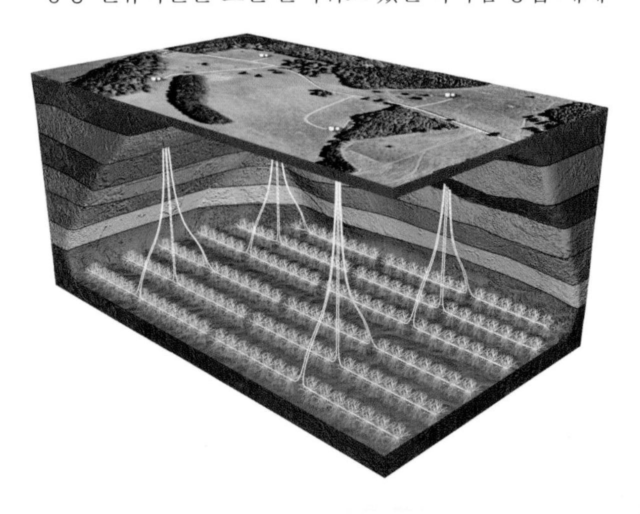

가 균열될 조짐을 보이자 셰일가스 방어에 힘을 모으고 나섰다. 석유시장의 주도권을 둘러싸고 전통 자원과 비전통 자원 간의 헤게모니 싸움이 시작된 것이다.

셰일가스 열풍은 유관 산업에도 차례로 영향을 미치고 있다. 대표적인 예가 조선업계다. 셰일가스 개발이 본격적으로 진행되면서 LNG(액화천연가스)와 LPG(액화석유가스) 운반선의 수요는 급증했지만, 대규모 해양 프로젝트가 줄줄이 지연되면서 해양 수주가 크게 줄고 말았다. 조선업계로서는 웃어야 할지 울어야 할지 난처한 형국이다.

가스업계는 셰일가스 열풍을 위기 보다는 기회로 보고 있다. 한국과 중국, 일본은 전 세계 천연가스 소비량의 75%를 차지하는 막대한 시장이다. 하지만, 공급선이 제한된 탓에 중동에서 부르는 게 값으로 마음고생이 심했다. 이에 따라 업계 안팎에서는 셰일가스 혁명을 계기로 시장 가격을 정상화시켜야 한다는 데 입을 모으고 있다.

국내 가스 업체들 역시 셰일가스 도입 및 활용에 발 빠르게 나서고 있다. SK E&S는 북미 현지에 설립한 손자회사 듀블레인에너지를 통해 미국 콘티넨탈리소스와 약 3억 6,000만 달러에 현지 셰일가스전 지분 49.9%를 인수하는 계약을 체결했다. 이에 따라 SK E&S는 3년 동안의 시추를 거쳐 오는 2017년부터 생산을 본격화한다는 계획이다. LPG 수입 업체인 SK가스는 PDH 사업에 뛰어들었다. 셰일가스 혁명으로 LPG 가격이 하향 안정화된다고 보고, LPG를 원료로 프로필렌 제조에 나선 것이다. E1은 2014년부터 미국 가스 업체 엔터프라이즈에서 구매한 셰일가스를 북미 인접 국가에 직접 판매하고 있다. 또 미국 내 셰일가스 운송·서비스 업체인 카디널가스서비스의 지분 34%를 사들이기도 했다.

셰일가스 자체에 대한 우려의 목소리도 작지 않다. 셰일가스는 약 50달러의 손익분기점에 이르기 전까지는 석유보다 경제성이 뛰어나지만, 결국 추출하는 데 드는 고비용에 발목을 잡힐 수 있다는 분석이 보고된 바 있다. 아울러 채굴 중 새어나가는 셰일가스에 의해 지구온난화가 악화될 수 있다는 주장도 제기된다. 셰일가스 논란은 기대감만큼 좀처럼 수그러들지 않을 전망이다.

도시가스업계 여전히 힘들다는 푸념! 보급세대수 꾸준히 증가하는데?

도시가스 수요가 줄고 있다는 업계의 볼멘소리와는 달리 해마다 도시가스 사용세대가 늘고 있는 것으로 나타났다. 도시가스 보급세대수는 2014년을 기점으로 전국에 걸쳐 1,590만 호를 넘어선 것으로 집계됐다. 이 같은 추세라면 2015년 말에는 전국에 도시가스를 사용하는 가정용 세대수가 1,600만 호를 넘어 1,620만 호까지 돌파할 전망이다. 한국도시가스협회와 산업지원부가 집계한 자료에 따르면, 2014년 9월 말까지 전국에 도시가스를 사용하는 세대(가정용)수는 1,585만 5,556호에 이른다. 이는 전체 세대수인 2,065만 5,145호 중 76.8%에 해당한다.

도시가스 보급률은 2000년대 들어서면서 꾸준한 증가세를 보이고 있다. 특히 성숙기에 접어든 2010년 이후에도 줄지 않고 있다(2010년 69.4%, 2011년 72.3%, 2012년 74.3%, 2013년 76.4%). 전국 도시가스 공급세대수 중 수도권은 900만 6,667호로 전체 보급세대 중 56.8%에 이른다. 지방권은 684만 8,889세대로 43.2%를 차지하고 있다. 해를 거듭할수록 수도권과 지방권의 도시가스 보급세대수 편차가 좁혀지고 있는 데, 이는 도시가스 보급률 상승을 이끄는 주된 요인으로 꼽힌다. 업계에서는 도시가스의 산업 규모를 늘리기 위해서는 가정용에 편중된 수요처를 산업용으로까지 확대해야 한다고 주장한다. 하지만, 시장의 확대를 위해서는 다른 연료와의 경쟁이 불가피하다. 지금까지 별다른 경쟁 없이 독과점의 호사를 누려온 도시가스업계가 다른 에너지업계와의 피 말리는 경쟁을 어떻게 펼쳐나갈지 궁금하다.

22 | 제약업계

업계
규모

■ 의약품 시장규모 19조 292억 원
(전년 대비 ▲0.3%)
(시장규모는 생산 - 수출 + 수입)

■ 의약품 생산액 16조 1,918억 원

목암연구소
이사장
허일섭
특수관계인
9.5%
10.6%
19.6%
50.1%
녹십자홀딩스
(지주회사)
KP
2014. 3Q 누계
매출액 7,707억 원
영업이익 1,012억 원
순이익 981억 원
녹십자
(의약품제조)
KP
2014. 3Q 누계
매출액 7,173억 원
영업이익 849억 원
순이익 880억 원
* 녹십자그룹이 일동제약 M&A 공세
22.2%
* 2012. 8 유상증자 인수
27.5%
녹십자셀
* 2013. 4 이노셀에서 상호 변경
* 2012. 3부터 지분 확보 개시
1%
0.9%
일동제약
(의약품제조)
2014. 3Q 누계
매출액 3,021억 원
영업이익 113억 원
순이익 101억 원
6.4%
17.7%
윤원영
특수관계인
8.3%
100%
씨엠제이씨
강정석 외 특수관계인
15.1%
Glaxo Group Ltd.
7.5%
오츠카제약 외
5.3%
9.4%
4.6%
16.1%
동아에스티
(의약품제조)
KP
2014. 3Q 누계
매출액 4,330억 원
영업이익 368억 원
순이익 260억 원
동아쏘시오홀딩스
(지주회사)
KP
2014. 3Q 누계
매출액 4,520억 원
영업이익 150억 원
순이익 22억 원
100%
동아제약
(의약품제조)
2013. 12
매출액 2,897억 원
영업이익 373억 원
당기순이익 276억 원
* 2013. 3 동아제약에서 분할 설립
10%
에스티팜
99%
엠아이텍
50%
동아오츠카
이장한 외 특수관계인
28.9%
20.2%
20.2%
종근당 고촌재단
3.1%
종근당홀딩스
(지주회사)
KP
2014. 3Q 누계
매출액 1,327억 원
영업이익 256억 원
순이익 246억 원
6.7%
6.8%
7.7%
종근당바이오
(원료의약품제조)
KP
2014. 3Q 누계
매출액 814억 원
영업이익 -16억 원
순이익 -9억 원
종근당
(의약품제조)
KP
2014. 3Q 누계
매출액 4,029억 원
영업이익 457억 원
순이익 315억 원
* 2013. 11 종근당에서 인적분할 설립
59%
경보제약
0.6%
윤재승 외 특수관계인
대웅 재단
43.7%
10%
대웅
(지주회사)
KP
2014. 3Q 누계
매출액 6,596억 원
영업이익 657억 원
순이익 348억 원
100%
대웅바이오
알피코프
64.8%
대웅생명과학
76.8%
40.7%
8.6%
강정석 외 특수관계인
중외학술 복지재단
43.2%
8%
48%
35.7%
JW홀딩스
(지주회사)
KP
2014. 3Q 누계
매출액 4,095억 원
영업이익 178억 원
순이익 -63억 원
JW중외제약
(의약품제조)
KP
2014. 3Q 누계
매출액 2,935억 원
영업이익 116억 원
순이익 -28억 원
JW중외신약
(의약품제조)
KP
2014. 3Q 누계
매출액 557억 원
영업이익 36억 원
순이익 3억 원
최성원 외 특수관계인
피델리티퓨리탄 트러스트 외1인
한승수, 한응수 외 특수관계인
17.8%
10.5%
50%
광동제약
(의약품제조)
KP
2014. 3Q 누계
매출액 3,936억 원
영업이익 386억 원
순이익 274억 원
제일약품
(의약품제조)
KP
2014. 3Q 누계
매출액 3,839억 원
영업이익 71억 원
순이익 48억 원
대웅제약
(의약품제조)
KP
2014. 3Q 누계
매출액 5,482억 원
영업이익 472억 원
순이익 205억 원
30%
JW생명과학
100%
JW중외메디칼
50%
C&C 신약연구소
99.4%
JW크레아젠
10.4%
바이넥스홀딩스
12%
씨엘팜
22.5%
한국오츠카 제약
김영진 외 특수관계인
파이안 (유)
47.1%
24.1%
* 2014. 2 태평양제약 제약사업부문(일부) 영업양도(575억 원)
한독
(의약품제조)
KP
2013. 12
매출액 2,608억 원
영업이익 71억 원
순이익 27억 원
(제약사업부문)
태평양제약
2013. 12
매출액 1,254억 원
영업이익 43억 원
순이익 87억 원
100%
아모레퍼시픽그룹
29.9%
제넥신
* 2013. 7 한독약품에서 상호 변경
김은정
29.8%
보령메디앙스
김은선
5.3%
보령
12.2%
29.4%
보령제약
(의약품제조)
KP
2014. 3Q 누계
매출액 2,698억 원
영업이익 165억 원
순이익 151억 원
93.9%
셀트리온홀딩스
서정진
20.1%
셀트리온
(바이오의약품제조)
KQ
2014. 3Q 누계
매출액 3,712억 원
영업이익 1,696억 원
순이익 1,046억 원
32%
53.9%
셀트리온헬스케어
68.4%
셀트리온지에스씨
62.1%
셀트리온에스티
셀트리온제약
(의약품제조)
KQ
2014. 3Q 누계
매출액 508억 원
영업이익 54억 원
순이익 42억 원
100%
셀트리온화학연구소

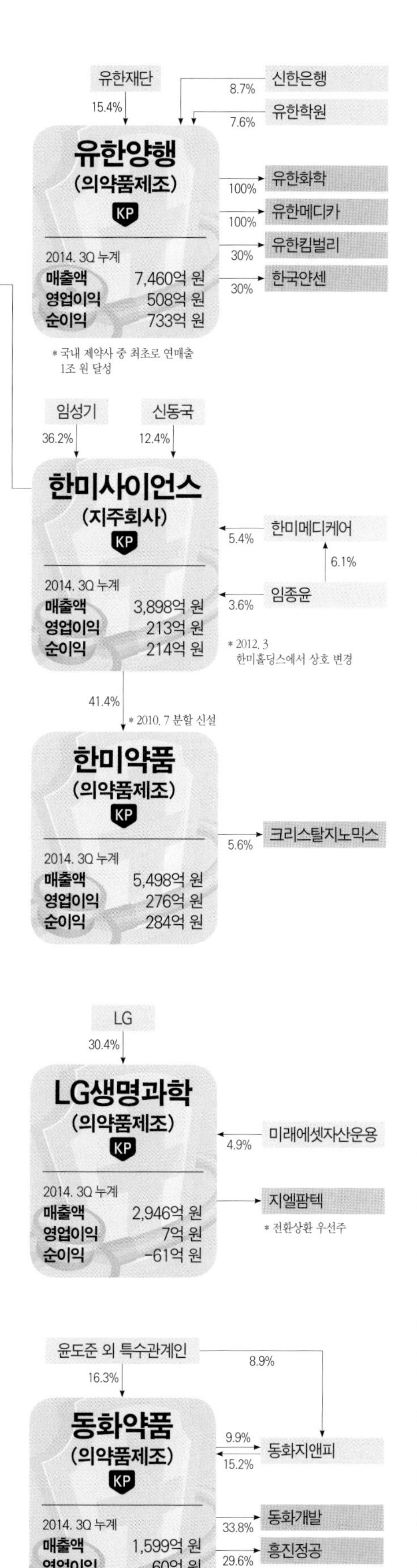

유한재단
15.4%
신한은행
8.7%
유한학원
7.6%
유한양행
(의약품제조)
KP
2014. 3Q 누계
매출액 7,460억 원
영업이익 508억 원
순이익 733억 원
100%
유한화학
100%
유한메디카
30%
유한킴벌리
30%
한국얀센
* 국내 제약사 중 최초로 연매출 1조 원 달성
임성기
36.2%
신동국
12.4%
한미사이언스
(지주회사)
KP
2014. 3Q 누계
매출액 3,898억 원
영업이익 213억 원
순이익 214억 원
5.4%
한미메디케어
6.1%
3.6%
임종윤
* 2012. 3 한미홀딩스에서 상호 변경
41.4%
* 2010. 7 분할 신설
한미약품
(의약품제조)
KP
2014. 3Q 누계
매출액 5,498억 원
영업이익 276억 원
순이익 284억 원
5.6%
크리스탈지노믹스
LG
30.4%
LG생명과학
(의약품제조)
KP
2014. 3Q 누계
매출액 2,946억 원
영업이익 7억 원
순이익 -61억 원
4.9%
미래에셋자산운용
지엘팜텍
* 전환상환 우선주
윤도준 외 특수관계인
16.3%
8.9%
동화약품
(의약품제조)
KP
2014. 3Q 누계
매출액 1,599억 원
영업이익 60억 원
순이익 36억 원
9.9%
15.2%
동화지앤피
33.8%
동화개발
29.6%
흥진정공

제약업계 단체 주요 연혁

한국제약협회
- 1945. 10 : 조선약품공업협회 창립
- 1964. 1 : 대한의약품공업협동조합 결성
- 1988. 2 : 한국제약협회로 명칭 변경

대한약사회
- 1945. 10 : 조선약제사회 창립
- 1949. 4 : 대한약제사회로 개칭
- 1955. 11 : 대한약사회 설립 인가

대한한약사회
- 2000. 2 : 제1회 한약사 국가시험
- 2000. 5 : 제1회 한약사 면허 발급
- 2000. 10 : 대한한약사회 설립 인가

한국병원약사회
- 1981. 10 : 한국병원약사회 창립총회
- 2003. 11 : 한국병원약사회 사단법인 인가
- 2013. 12 : 회원수 약 700개 병원, 약 3,100명

대한의사협회
- 1930. 2 : 조선의사협회 발족
- 1947. 5 : 조선의학협회 전국의사회의 중앙회 창립
- 1948. 9 : 대한의학협회로 개칭
- 1995. 5 : 대한의사협회로 개칭

한국의약품유통협회
- 1963. 7 : 대한의약품도매협회 사단법인 인가
- 1997. 2 : 한국의약품도매협회로 명칭 변경
- 2014. 7 : 한국의약품유통협회로 명칭 변경

의약품 유통

도매 기준 : 2013. 12 연결 기준 매출액 상위 1~10위 업체 (단위 : 억 원)

순위	업체명	총자산	매출액	영업이익	순이익
1	지오영*	4,277	7,641	284	158
2	백제약품	2,467	6,065	46	40
3	지오영네트웍스	1,198	5,934	3	14
4	비아다빈치	1,900	3,786	521	417
5	MJ팜	1,295	3,543	35	19
6	신성약품	1,405	3,036	73	13
7	복산나이스팜	1,205	2,909	46	33
8	남양약품	1,350	2,880	33	24
9	케어캠프	1,596	2,718	13	4
10	경동사	816	2,327	9	-20

* 지오영은 연결종속기업인 지오영네트웍스와 별도

소매 (기준 : 매출액은 2013, 점포수는 2014. 5)

H&B(헬스 & 뷰티) 체인

업체명(브랜드명)	매출액(억 원)	점포수(개)
GS왓슨스(왓슨스)	911	98
CJ오쇼핑(올리브영)	4,578	397
코오롱웰케어(더블유스토어)	62	155
롯데쇼핑 H&B사업부(롭스)	48	19
메가마트(농심)(판도라)	24	11
이마트(분스)	92	6
카페베네(디셈버24)	2013. 2 사업 철수	

약국 체인

업체명(브랜드명)	점포수(개)
온누리체인	1,637
메디팜	1,136
리드팜	750
옵티마케어	590

업체명(브랜드명)	점포수(개)
마더스팜	56
위드팜	23
모피어스엠(m약국)	16
해든메디머스	11

가구당 월평균 의약품 소비지출액 추이

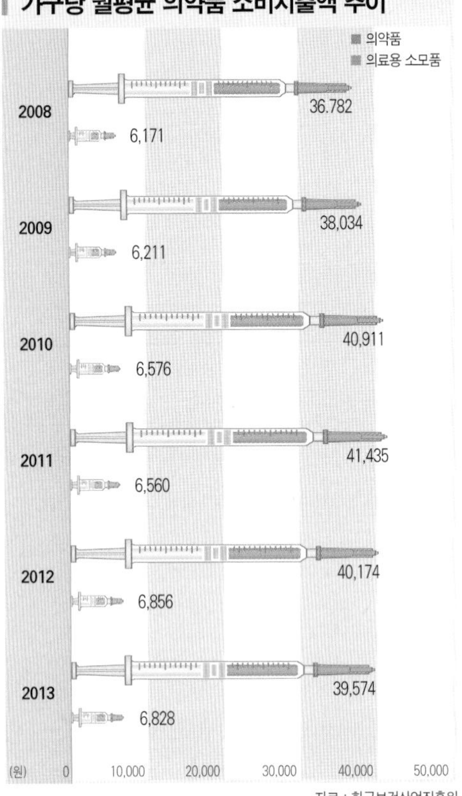

의약품
의료용 소모품
2008
36.782
6,171
2009
38,034
6,211
2010
40,911
6,576
2011
41,435
6,560
2012
40,174
6,856
2013
39,574
6,828
(원) 0 10,000 20,000 30,000 40,000 50,000

자료 : 한국보건산업진흥원

의약품산업 시장규모 추이

시장규모 시장성장률

2008 2009 2010 2011 2012 2013

17 18 18.9 18.9 19 19

12.6 6 5.2 0.2 0.2 0.3

0 5 10 15 20 (조 원)

0 5 10 15 20 (%)

자료 : 한국보건산업진흥원

의약품 분류별 품목수 (기준 : 2013. 1)

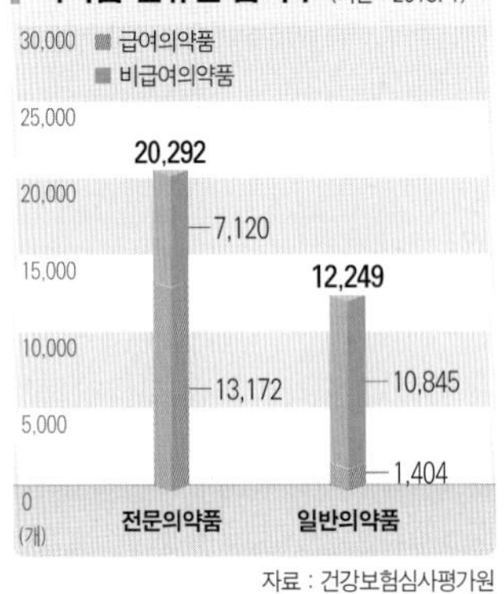

30,000
급여의약품
비급여의약품
25,000
20,292
20,000
7,120
15,000
12,249
10,000
13,172
10,845
5,000
1,404
0
(개)
전문의약품
일반의약품

자료 : 건강보험심사평가원

제네릭 의약품 규모와 비중 전망

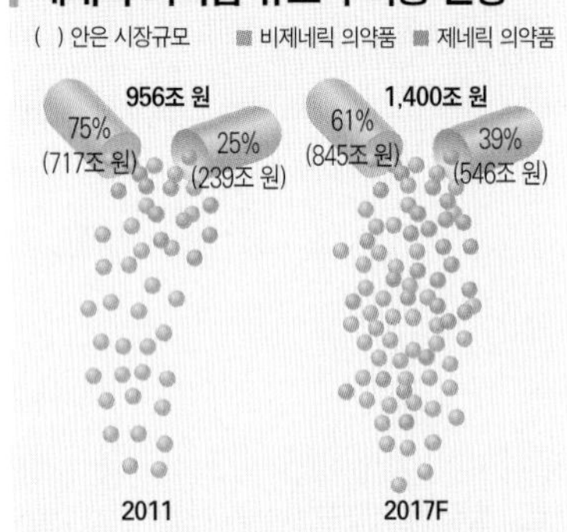

( ) 안은 시장규모
비제네릭 의약품
제네릭 의약품
956조 원
75%
(717조 원)
25%
(239조 원)
1,400조 원
61%
(845조 원)
39%
(546조 원)
2011
2017F

자료 : IMS Health, 한국보건산업진흥원

제약업계 경영실적 추이 (기준 : 상장사)

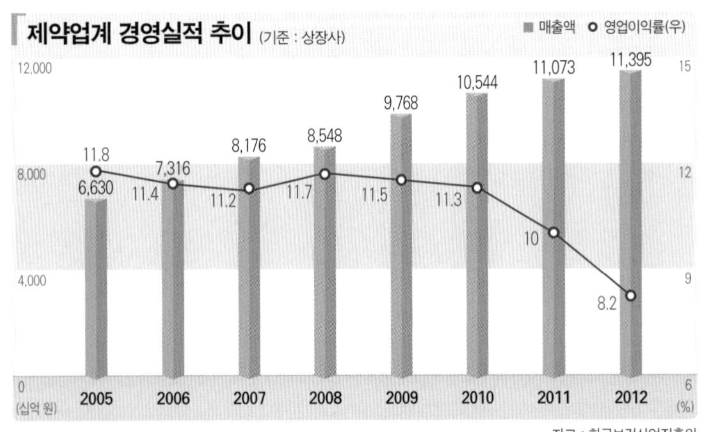

매출액
영업이익률(우)
12,000
8,000
4,000
0
(십억 원)
15
12
9
6
(%)
2005 6,630 11.8
2006 7,316 11.4
2007 8,176 11.2
2008 8,548 11.7
2009 9,768 11.5
2010 10,544 11.3
2011 11,073 10
2012 11,395 8.2

자료 : 한국보건산업진흥원

제약업계 R&D 투자 추이 (기준 : 상장사)

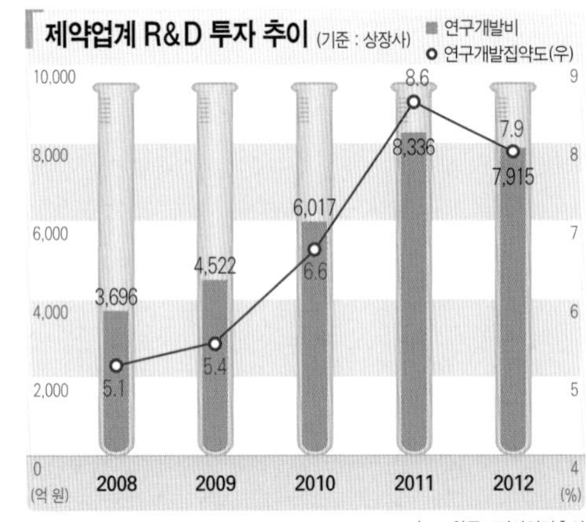

연구개발비
연구개발집약도(우)
10,000
8,000
6,000
4,000
2,000
0
(억 원)
9
8
7
6
5
4
(%)
2008 3,696 5.1
2009 4,522 5.4
2010 6,017 6.6
2011 8,336 8.6
2012 7,915 7.9

자료 : 한국보건산업진흥원

신약 개발 프로세스

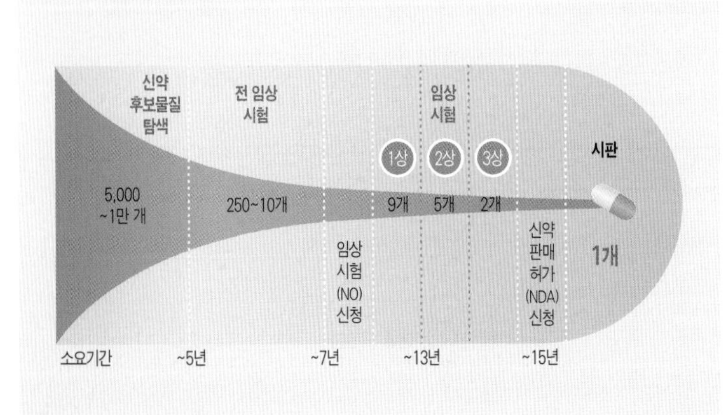

신약
후보물질
탐색
전 임상
시험
임상
시험
1상
2상
3상
시판
5,000
~1만 개
250~10개
9개
5개
2개
1개
임상
시험
(NO)
신청
신약
판매
허가
(NDA)
신청
소요기간
~5년
~7년
~13년
~15년

자료 : 한국제약협회

국내 주요 신약 개발 역사

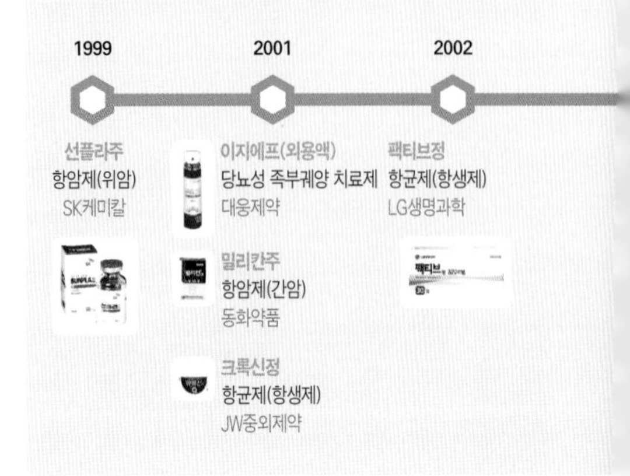

1999
2001
2002
선플라주
항암제(위암)
SK케미칼
이지에프(외용액)
당뇨성 족부궤양 치료제
대웅제약
팩티브정
항균제(항생제)
LG생명과학
밀리칸주
항암제(간암)
동화약품
큐록신정
항균제(항생제)
JW중외제약

의약품 수출입 추이

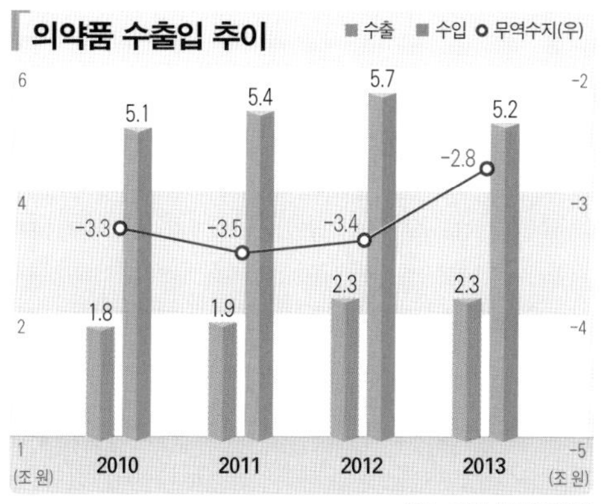

■ 수출 ■ 수입 ○ 무역수지(우)
6
4
2
1
(조 원)
-2
-3
-4
-5
(조 원)
2010
1.8
5.1
-3.3
2011
1.9
5.4
-3.5
2012
2.3
5.7
-3.4
2013
2.3
5.2
-2.8

자료 : 한국보건산업진흥원

세계 바이오의약품 시장규모 추이

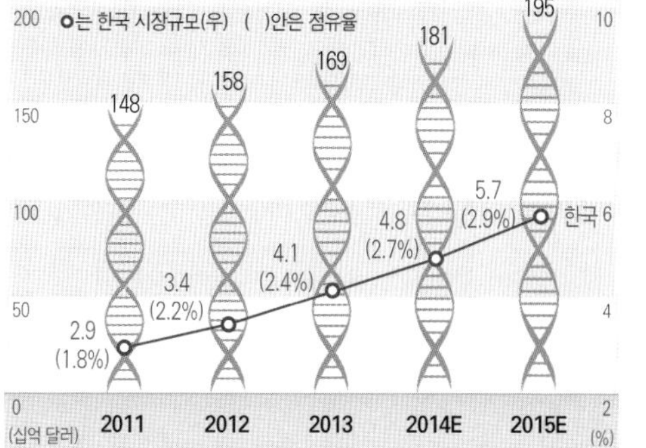

○는 한국 시장규모(우) ( )안은 점유율
200
150
100
50
0
(십억 달러)
10
8
6
4
2
(%)
2011
148
2.9
(1.8%)
2012
158
3.4
(2.2%)
2013
169
4.1
(2.4%)
2014E
181
4.8
(2.7%)
2015E
195
5.7
(2.9%)
한국

자료 : 식품의약품안전처

약가 수준 추이 (기준 : 2010년=100%)

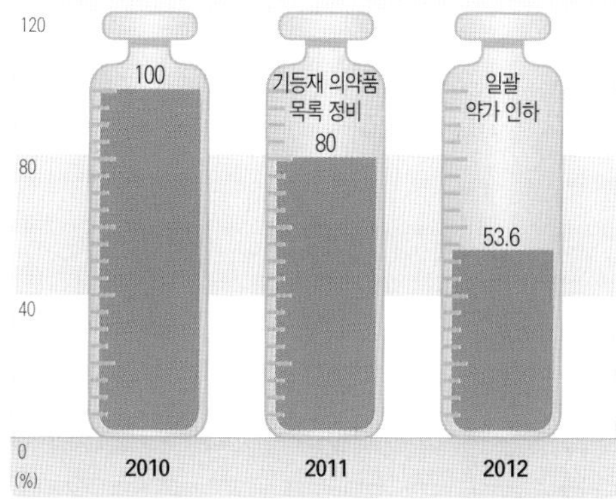

120
80
40
0
(%)
2010
100
2011
기등재 의약품
목록 정비
80
2012
일괄
약가 인하
53.6

자료 : 한국제약협회

글로벌 10대 제약기업 매출액 (기준 : 2012 매출액)

1위 스위스 NOVARTIS 50,761

2위 미국 PFIZER 46,930

3위 미국 MERCK & CO 40,115

4위 프랑스 SANOFI-AVENTIS 37,780

5위 스위스 ROCHE 35,069

6위 영국 GLAXOSMITHKLINE 32,714

7위 영국 ASTRAZENECA 31,983

8위 미국 JOHNSON & JOHNSON 27,933

9위 미국 ABBOTT 26,715

10위 이스라엘 TEVA 24,846

(백만 달러)

글로벌 제약기업 매출 합계
8,561억 달러

자료 : IMS Health, 한국보건산업진흥원

주요 완제의약품 약효군별 생산 실적 (기준 : 2012)

순위	분류번호	약효군	생산실적(억 원)
1	618	주로 그람(gram)양성 · 음성균에 작용하는 것	11,179
2	214	혈압강하제	9,767
3	114	해열 · 진통 · 소염제	8,701
4	218	동맥경화용제	7,833
5	232	소화성궤양용제	7,647
6	634	혈액제제류	5,415
7	219	기타 순환계용약	4,920
8	629	기타 화학요법제	4,106
9	399	따로 분류되지 않는 대사성 의약품	3,843
10	631	백신류	3,735
11	239	기타 소화기관용약	3,420
12	119	기타 중추신경용약	3,413
13	259	기타 비뇨생식기관 및 항문용약	3,215
14	222	진해거담제	2,960
15	396	당뇨병용제	2,851
16	421	항악성종양제	2,767
17	117	정신신경용제	2,760
18	131	안과용제	2,451
19	264	진통 · 진양 · 수렴 · 소염제	2,249
20	391	간장질환용제	2,049

자료 : 한국보건산업진흥원

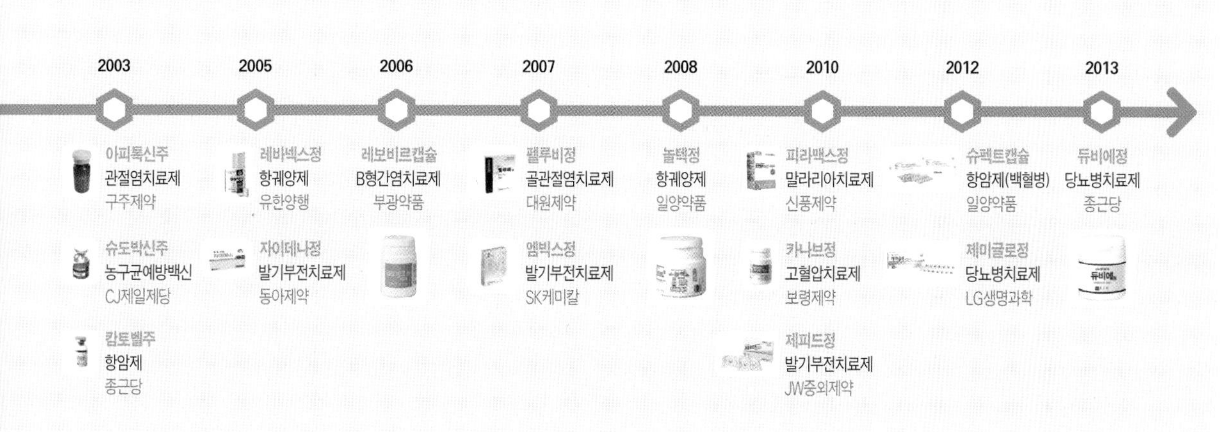

2003
아피톡신주
관절염치료제
구주제약
슈도박신주
농구균예방백신
CJ제일제당
캄토벨주
항암제
종근당
2005
레바넥스정
항궤양제
유한양행
자이데나정
발기부전치료제
동아제약
2006
레보비르캡슐
B형간염치료제
부광약품
2007
펠루비정
골관절염치료제
대원제약
엠빅스정
발기부전치료제
SK케미칼
2008
놀텍정
항궤양제
일양약품
2010
피라맥스정
말라리아치료제
신풍제약
카나브정
고혈압치료제
보령제약
제피드정
발기부전치료제
JW중외제약
2012
슈펙트캡슐
항암제(백혈병)
일양약품
제미글로정
당뇨병치료제
LG생명과학
2013
듀비에정
당뇨병치료제
종근당

자료 : 한국제약협회

'복제약업계'라는 오명에서 벗어날 수 있을까?

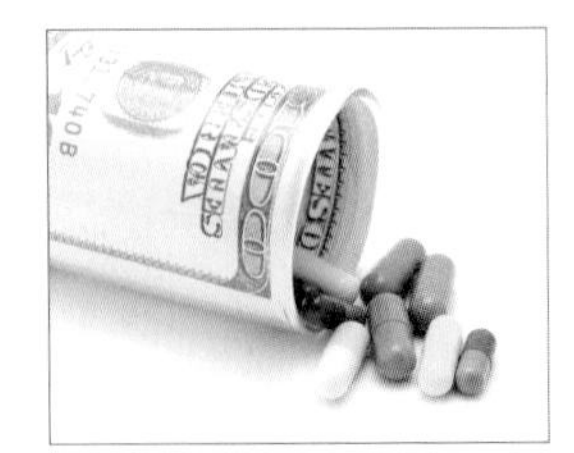

제약만큼 규제가 깐깐한 산업도 드물다. 연구 개발에서부터 임상실험·인허가·제조·유통 등 모든 과정이 정부당국으로부터 엄격히 관리되고 있으며, 약가규제와 같은 정책 사슬도 견고하다. 규제 부담은 인간의 생명과 직결되는 산업의 특성상 제약업계로서는 운명이기도 하다.

국내 제약업계를 살펴보면, 완제의약품을 생산하는 제약사는 250여 곳이 있고, 이 가운데 연매출액 1,000억 원 이상이 40곳 가량 포진해 있다. 국내 제약시장의 전체 생산실적은 14조 8,000억 원으로, 연매출액 1,000억 원 이상인 제약사가 전체 의약품 생산실적에서 차지하는 비중이 70%를 웃돈다.

국내 제약산업은 연구개발능력이나 투자가 선진국에 비해 크게 떨어진다. 대부분의 제약사들이 특허 만료 오리지널 제품에 대해 수십 개의 같은 성분의 제네릭약(generic, 복제약)으로 경쟁하고 있다. 따라서 어느 한 제약사가 제품을 과점하지 못하고, 다수의 제약사가 시장을 분할점유하기 때문에 업체 간 경쟁도 치열하다. 제네릭약의 특성상 제품 간 효능 차이가 크지 않아 영업력이 매출에 중요하게 작용한다.

세계 의약품 시장규모는 9,590억 달러(2012년 기준)로, 북미 36%, 유럽 23%, 일본 12%, 남미 7% 등으로 편재되어 있다. 이 가운데 한국의 비중은 1.5%에 불과하다. 가까운 일본에 10분의 1에도 미치지 못하는 수준이다.

국내 제약업계는 해마다 적지 않게 쏟아지는 정책적 이슈에 몸살을 앓는다. 근거 없는 풍문들에도 쉽게 흔들릴 만큼 시장이 허약하다. 가십성 이슈들을 걷어내고 제약업계의 향방을 가늠해보는데 도움이 될 만한 쟁점들을 골라보면 다음과 같다.

신약 출시, 과연 몇 건이나 성공할까?

제약업계에서 가장 기다리는 소식은 단연 신약 출시다. '복제약업계'라는 불명예에서 하루빨리 졸업하려면 신약 출시를 늘리는 길이 유일하다. 2015년에는 국내 제약사들의 신약 출시 소식이 3건 이상은 발표될 전망이다. 최근 의약 전문 유력 보도기관의 조사에 따르면, 동아제약, 녹십자, 한미약품, SK케미칼, JW크레아젠, 코오롱생명과학 등이 적게는 1개에서 많게는 3개까지 신약 출시 목록을 보유한 것으로 확인됐다.

가장 먼저 제품 출시가 기대되는 신약은 녹십자의 호중구 감소증 치료제인 '뉴라펙'이다. 뉴라펙은 2014년 3분기에 임상을 완료한 뒤 약가 협상을 진행 중이다. 출시 예정 시기는 2015년 상반기가 될 듯하다. 동아ST는 가장 많은 3개 물질을 신약 출시 대기 라인에 올려놓았다. 이미 미국 허가를 받은 슈퍼항생제 '테디졸리드'는 국내 허가를 위한 작업을 진행 중이며 당뇨 치료제인 'DA-1129'와 위염 치료제인 'DA-6034'가 임상 3상을 진행 중이다. 동아ST는 테디졸리드의 국내 허가 시점을 2015년 3분기로 보고 있으며, 당뇨 치료제는 2016년, 위염 치료제는 임상 결과 이후 출시 예정일을 확정한다는 방침이다. SK케미칼도 2개 신약 출시를 앞두고 있다. 국내 첫 세포 배양 독감백신(인플루엔자)과 혈우병 치료제 'NBP601'이 2015년 출시를 앞두고 있다. 한미약품은 복부 비만 치료제 임상 3상을 진행 중이다. 임상 3상에 돌입한 천연물 신약 'ALS-L1023'는 서울대병원과 서울아산병원 등 5개 의료기관에서 16주간 400명을 대상으로 임상을 진행했다. 코오롱생명과학은 퇴행성관절염 치료제인 '티슈진-C'에 대한 임상

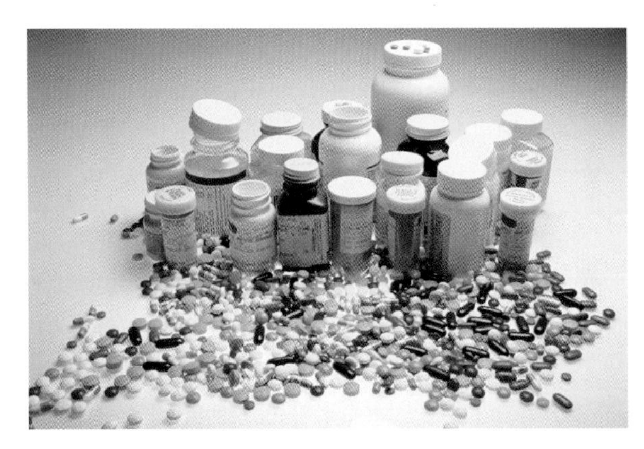

3상을 진행 중이다. 이르면 2015년 4분기에 식약처 승인을 받을 것으로 예상된다. JW크레아젠이 개발 중인 간암 치료제 '크레아박스-HCC주' 역시 3상 임상을 진행 중이다. 크레아박스-HCC주는 임상에만 3년 정도의 기간이 소요될 전망이다.

의약 선진국과 비교해보면 턱 없이 부족한 수준이지만 신약 출시가 3건 이상 성공한다면 국내 제약산업의 대외 위상이 어느 정도 달라질 것으로 업계 전문가들은 진단하고 있다.

매출 '1조 원 클럽' 가입 제약사는?

유한양행이 국내 제약사 중 처음으로 매출 1조 원을 달성했다. 업계 전문가들은 국내 제약사들이 해외 시장에 진출해 다국적 제약사들과 경쟁하려면 질적인 성장만큼 양적 성장도 중요하다고 말한다.

업계의 관심은 유한양행에 이어 두 번째로 1조 원 클럽에 가입할 제약사에 쏠리고 있다. 지금까지 가장 유력한 후보로 거론되는 제약사는 녹십자다. 2013년 8,882억 원의 매출을 기록한 녹십자는 2014년 이보다 1,000억 원 이상 늘어난 9,771억 원대의 매출을 올릴 것으로 보인다. 녹십자는 혈액제제와 백신의 중남미 및 중동 수출이 호조를 보이면서 매출이 크게 늘었다. 두 품목이 전체 매출에서 차지하는 비중은 70%에 이른다. 특히 혈액제제는 유전질환이나 면역질환 치료에 널리 쓰인다. 전 세계적으로 20조 원 규모의 시장이 형성돼 있고, 규모가 계속 커지고 있다. 백신시장의 성장세도 녹십자에게는 반갑다. 글로벌 백신시장은 2020년까지 매년 7.1%씩 성장해 413억 달러(약 45조 3,600억 원) 규모를 이루면서 5대 의약품 가운데 하나로 성장할 것으로 예상된다.

한편, 유한양행과 녹십자 이외에 매출 성장이 기대되는 제약사가 눈에 띄지 않는 것은 국내 제약업계 전체를 놓고 봤을 때 걱정스런 부분이다.

최고 고령화 종목은 단연 제약과 바이오

증권가에서 고령화를 바라보는 시각은 단연 투자에 집중해 있다. 고령화 사회에 접어든 일본의 경우, 실버 산업을 영위하는 기업들의 주가가 크게 올랐다. 국내 증시에서도 고령화 키워드는 더 이상 다른 나라 이야기가 아니다. 실제로 2014년 동안 고령화 수혜 업종으로 분류되는 22개 종목의 주가 상승률은 무려 94.9%에 달했다.

경제협력개발기구(OECD) 건강정보(Health Data) 발표에 따르면, 한국 전체 인구 가운데 65세 이상 고령자가 차지하는 비중이 오는 2018년에 14.3%, 2026년에 20.8%를 넘어 2026년에 초고령사회로 진입할 전망이다. 한국은 OECD 국가 중 고령화 속도가 가장 빠르다. 고령인구의 증가는 전체의료비의 급속한 증가로 이어진다. 증권사마다 이러한 추세를 반영해 고령화 관련 산업에 투자해야 한다는 분석을 잇달아 내놓고 있다.

고령화 관련 주요 업종으로는 제약·바이오, 의료기기, 건강기능식품, 미디어·엔터, 생활 및 신소비재, 친환경, 화장품 등 7개 섹터로 분류된다. 제약·바이오 업체 중에서는 안과질환 치료제를 생산하는 삼천당제약(126.7%), 인공눈물 생산량이 국내 1위인 디에치피코리아(108.8%) 등이 크게 올랐다. 의료기기 업체 중에서는 체성분분석기 국내 1위 업체 인바디(264.4%)와 치과용 엑스레이 국내 1위 업체 바텍(140.4%) 등이 급등했다. 이밖에 건강기능식품 회사인 쎌바이오텍(174.6%)도 급등세를 기록했다.

고령화 업종 중에서 단연 돋보이는 섹터는 제약이다. 과거 제약은 주식시장에서 그다지 인기 있는 분야가 아니었지만 시대가 변한 것이다. 앞에서 다룬 신약 출시와 매출 신장 이슈는 제약사의 주가 상승에 가장 큰 영향을 끼칠 호재거리로 작용할 전망이다.

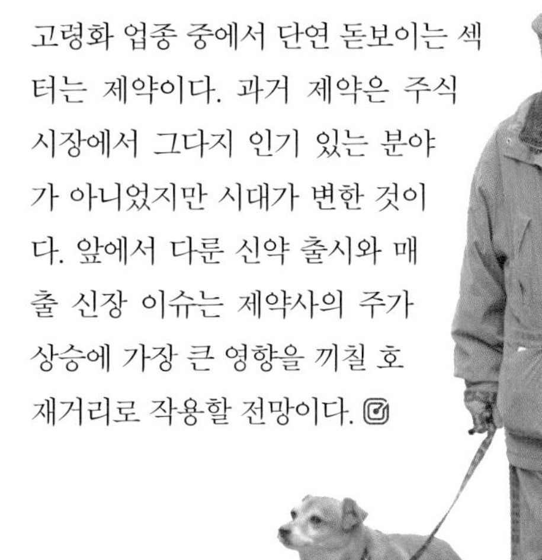

23 | 화학섬유업계

업계
규모

■ 국내 화학섬유 생산량 146만 톤
(세계 화학섬유 생산량 576만 톤의 2.5%)
■ 국내 화학섬유 소비량 84만 톤

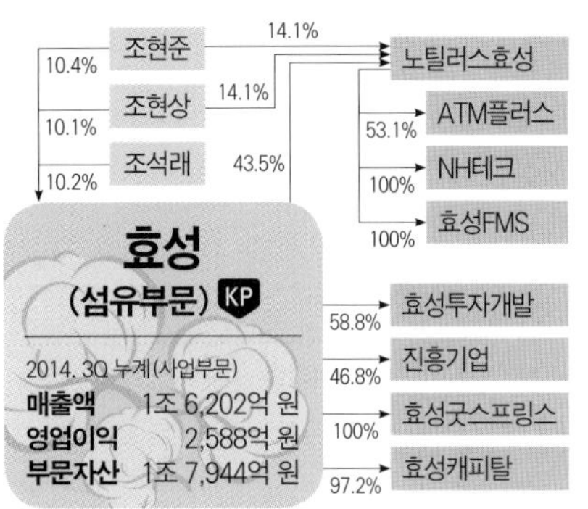

조현준
14.1%
10.4%
조현상
14.1%
10.1%
조석래
43.5%
10.2%
노틸러스효성
53.1%
ATM플러스
100%
NH테크
100%
효성FMS
효성
(섬유부문)
KP
2014. 3Q 누계(사업부문)
매출액 1조 6,202억 원
영업이익 2,588억 원
부문자산 1조 7,944억 원
58.8%
효성투자개발
46.8%
진흥기업
100%
효성굿스프링스
97.2%
효성캐피탈

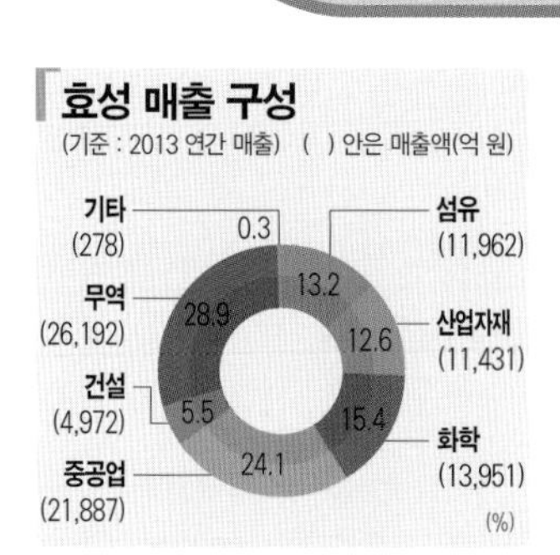

효성 매출 구성
(기준 : 2013 연간 매출) ( ) 안은 매출액(억 원)
기타
(278)
0.3
무역
(26,192)
28.9
건설
(4,972)
5.5
중공업
(21,887)
24.1
섬유
(11,962)
13.2
산업자재
(11,431)
12.6
화학
(13,951)
15.4
(%)

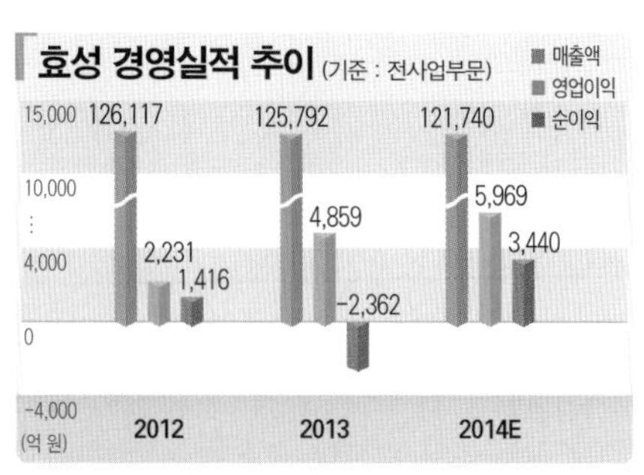

효성 경영실적 추이 (기준 : 전사업부문)
■ 매출액
■ 영업이익
■ 순이익
15,000
10,000
4,000
0
-4,000
(억 원)
126,117
2,231
1,416
125,792
4,859
-2,362
121,740
5,969
3,440
2012
2013
2014E

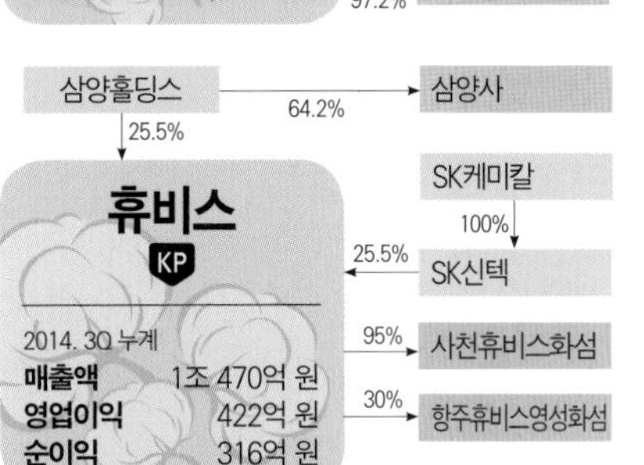

삼양홀딩스
64.2%
삼양사
25.5%
휴비스
KP
SK케미칼
100%
25.5%
SK신텍
2014. 3Q 누계
매출액 1조 470억 원
영업이익 422억 원
순이익 316억 원
95%
사천휴비스화섬
30%
항주휴비스영성화섬

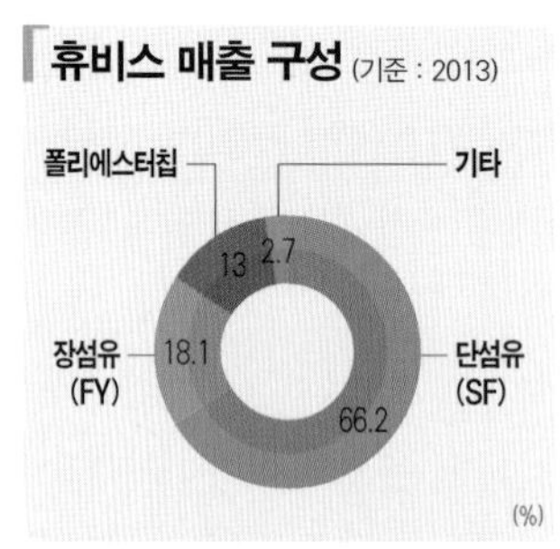

휴비스 매출 구성 (기준 : 2013)
폴리에스터칩
13
기타
2.7
장섬유
(FY)
18.1
단섬유
(SF)
66.2
(%)

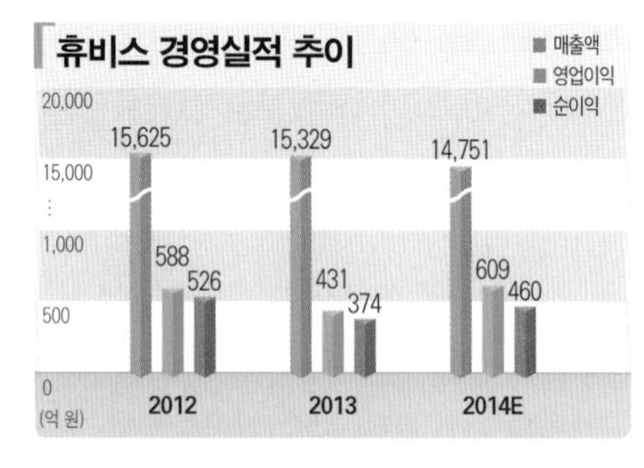

휴비스 경영실적 추이
■ 매출액
■ 영업이익
■ 순이익
20,000
15,000
1,000
500
0
(억 원)
15,625
588
526
15,329
431
374
14,751
609
460
2012
2013
2014E

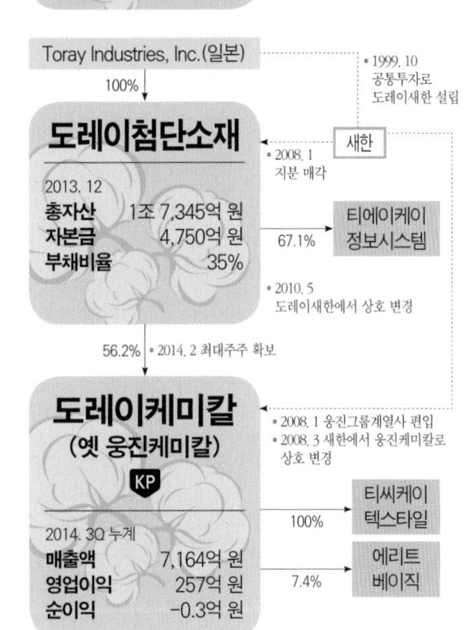

Toray Industries, Inc.(일본)
100%
• 1999. 10
공동투자로
도레이새한 설립
도레이첨단소재
새한
• 2008. 1
지분 매각
2013. 12
총자산 1조 7,345억 원
자본금 4,750억 원
부채비율 35%
67.1%
티에이케이
정보시스템
• 2010. 5
도레이새한에서 상호 변경
56.2%
• 2014. 2 최대주주 확보
도레이케미칼
(옛 웅진케미칼)
KP
• 2008. 1 웅진그룹계열사 편입
• 2008. 3 새한에서 웅진케미칼로
상호 변경
100%
티씨케이
텍스타일
2014. 3Q 누계
매출액 7,164억 원
영업이익 257억 원
순이익 -0.3억 원
7.4%
에리트
베이직
• 2014. 3 웅진케미칼에서 상호 변경

도레이첨단소재 매출 구성
(기준 : 2013 연간 매출) ( ) 안은 매출액(억 원)
시트 소재
(91)
0.7
폴리에스터칩
(1,512)
11.7
IT
(2,823)
21.9
원사
(1,445)
11.2
MTL
(483)
3.2
탄소섬유
(417)
3.7
FILM
(4,469)
34.6
부직포
(1,657)
12.8
(%)

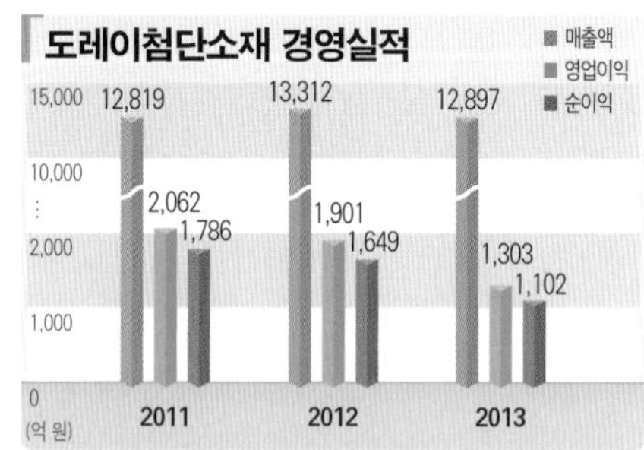

도레이첨단소재 경영실적
■ 매출액
■ 영업이익
■ 순이익
15,000
10,000
2,000
1,000
0
(억 원)
12,819
2,062
1,786
13,312
1,901
1,649
12,897
1,303
1,102
2011
2012
2013

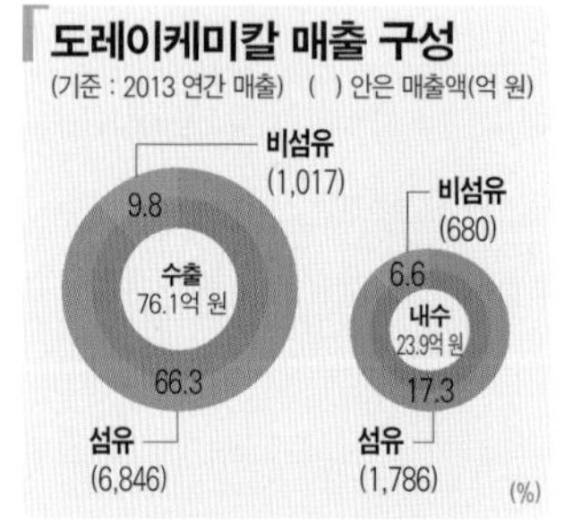

도레이케미칼 매출 구성
(기준 : 2013 연간 매출) ( ) 안은 매출액(억 원)
비섬유
(1,017)
9.8
수출
76.1억 원
66.3
섬유
(6,846)
비섬유
(680)
6.6
내수
23.9억 원
17.3
섬유
(1,786)
(%)

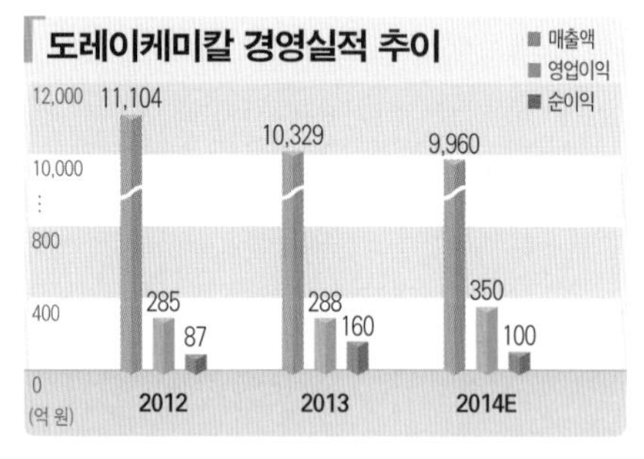

도레이케미칼 경영실적 추이
■ 매출액
■ 영업이익
■ 순이익
12,000
10,000
800
400
0
(억 원)
11,104
285
87
10,329
288
160
9,960
350
100
2012
2013
2014E

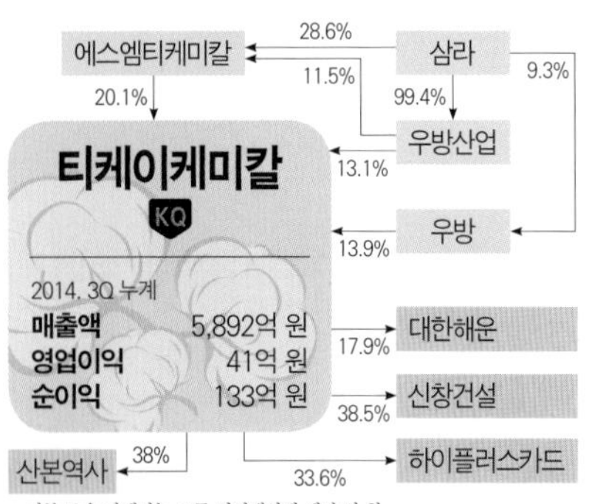

에스엠티케미칼
28.6%
삼라
11.5%
9.3%
20.1%
99.4%
우방산업
티케이케미칼
KQ
13.1%
우방
13.9%
2014. 3Q 누계
매출액 5,892억 원
영업이익 41억 원
순이익 133억 원
17.9%
대한해운
38.5%
신창건설
산본역사
38%
33.6%
하이플러스카드

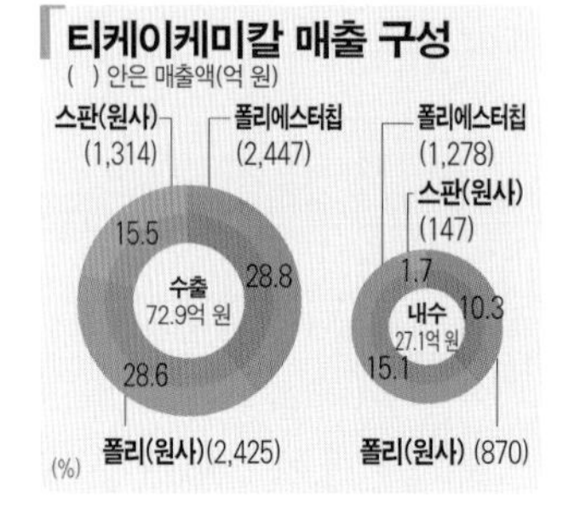

티케이케미칼 매출 구성
( ) 안은 매출액(억 원)
스판(원사)
(1,314)
폴리에스터칩
(2,447)
15.5
수출
72.9억 원
28.8
28.6
폴리(원사)(2,425)
폴리에스터칩
(1,278)
스판(원사)
(147)
1.7
내수
27.1억 원
10.3
15.1
폴리(원사) (870)
(%)

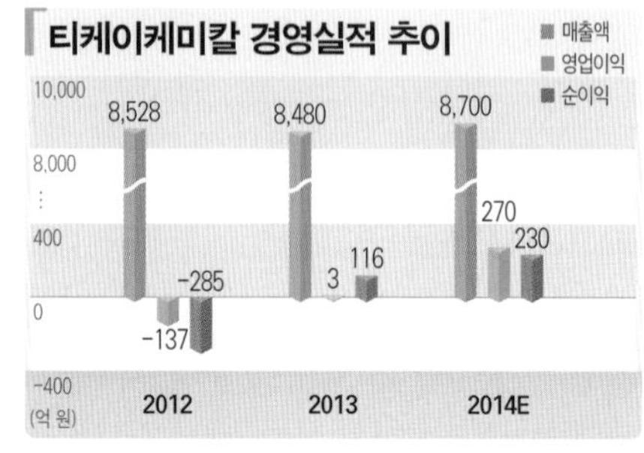

티케이케미칼 경영실적 추이
■ 매출액
■ 영업이익
■ 순이익
10,000
8,000
400
0
-400
(억 원)
8,528
-285
-137
8,480
3
116
8,700
270
230
2012
2013
2014E

• 지분 보유 관계사는 모두 연결대상에 해당 안 함

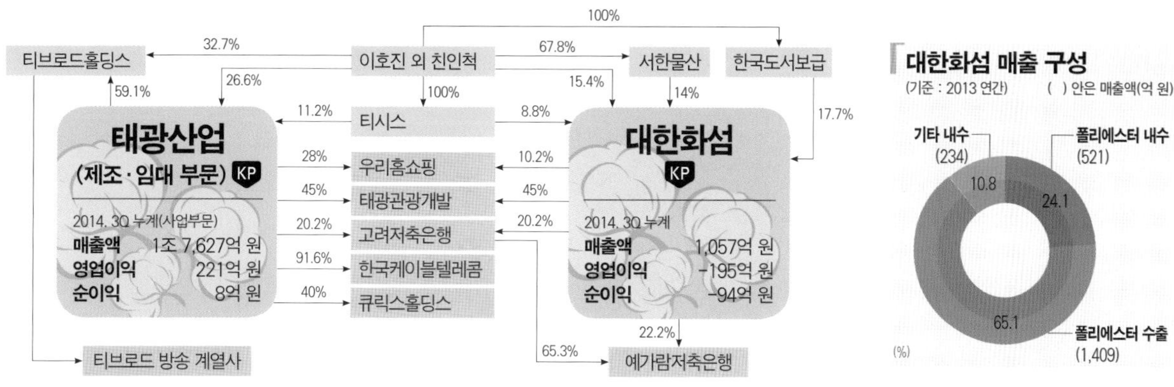

100%
티브로드홀딩스
32.7%
이호진 외 친인척
67.8%
서한물산
한국도서보급
59.1%
26.6%
100%
15.4%
14%
17.7%
11.2%
티시스
8.8%
태광산업
(제조·임대 부문)
KP
28%
우리홈쇼핑
10.2%
대한화섬
KP
45%
태광관광개발
45%
2014. 3Q 누계(사업부문)
매출액 1조 7,627억 원
영업이익 221억 원
순이익 8억 원
20.2%
고려저축은행
20.2%
91.6%
한국케이블텔레콤
40%
큐릭스홀딩스
2014. 3Q 누계
매출액 1,057억 원
영업이익 -195억 원
순이익 -94억 원
22.2%
65.3%
티브로드 방송 계열사
예가람저축은행
대한화섬 매출 구성
(기준 : 2013 연간) ( ) 안은 매출액(억 원)
기타 내수
(234)
10.8
폴리에스터 내수
(521)
24.1
65.1
폴리에스터 수출
(1,409)
(%)

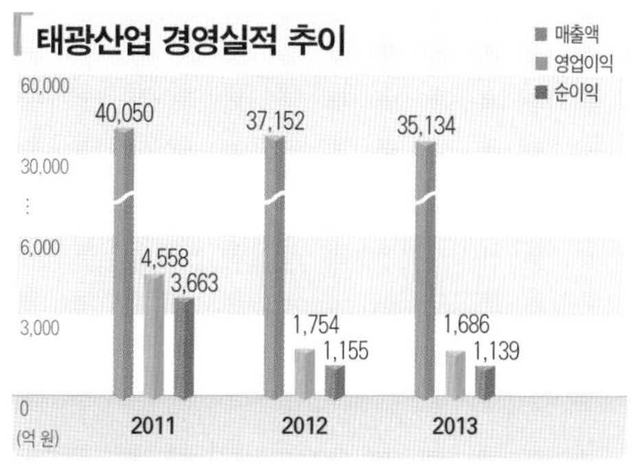

태광산업 경영실적 추이
매출액
영업이익
순이익
60,000
30,000
6,000
3,000
0
(억 원)
40,050
4,558
3,663
37,152
1,754
1,155
35,134
1,686
1,139
2011
2012
2013

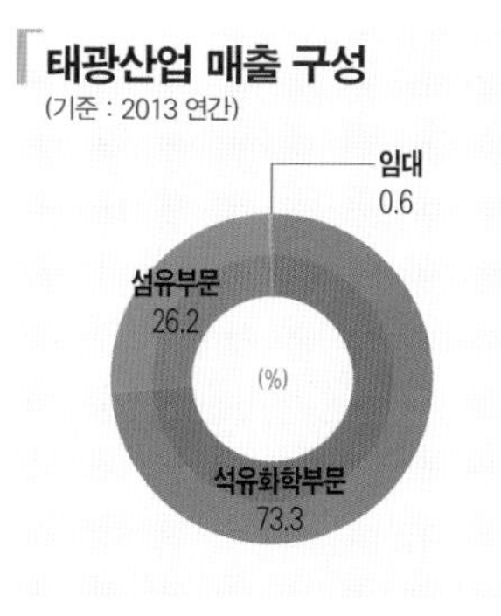

태광산업 매출 구성
(기준 : 2013 연간)
임대
0.6
섬유부문
26.2
(%)
석유화학부문
73.3

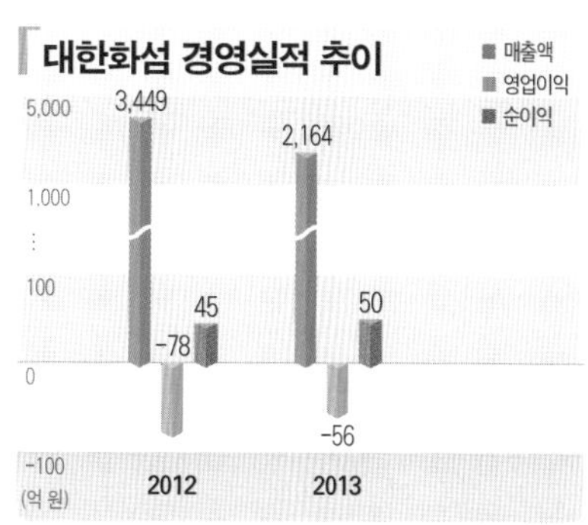

대한화섬 경영실적 추이
매출액
영업이익
순이익
5,000
1,000
100
0
-100
(억 원)
3,449
-78
45
2,164
-56
50
2012
2013

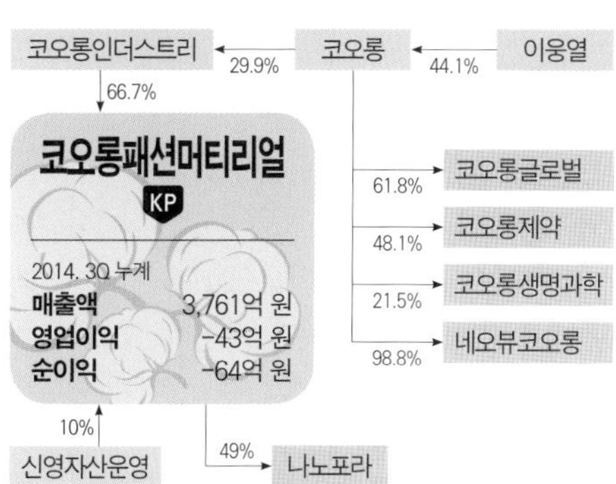

코오롱인더스트리
29.9%
코오롱
44.1%
이웅열
66.7%
코오롱패션머티리얼
KP
61.8%
코오롱글로벌
48.1%
코오롱제약
21.5%
코오롱생명과학
98.8%
네오뷰코오롱
2014. 3Q 누계
매출액 3,761억 원
영업이익 -43억 원
순이익 -64억 원
10%
신영자산운용
49%
나노포라

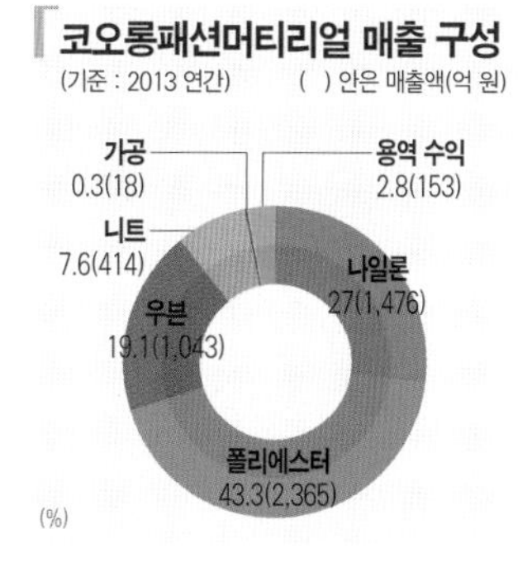

코오롱패션머티리얼 매출 구성
(기준 : 2013 연간) ( ) 안은 매출액(억 원)
가공
0.3(18)
용역 수익
2.8(153)
니트
7.6(414)
나일론
27(1,476)
우븐
19.1(1,043)
폴리에스터
43.3(2,365)
(%)

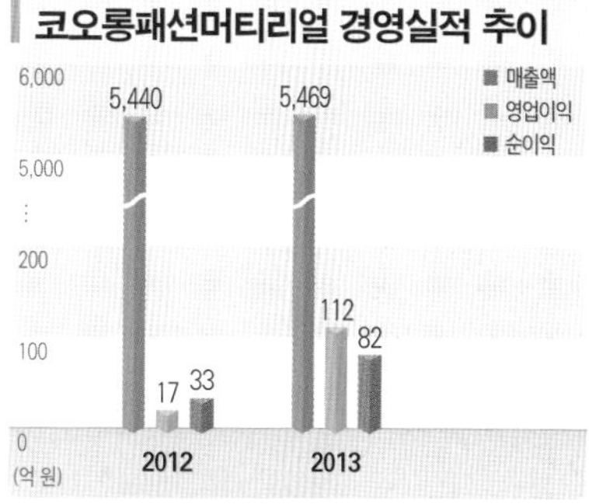

코오롱패션머티리얼 경영실적 추이
매출액
영업이익
순이익
6,000
5,000
200
100
0
(억 원)
5,440
17
33
5,469
112
82
2012
2013

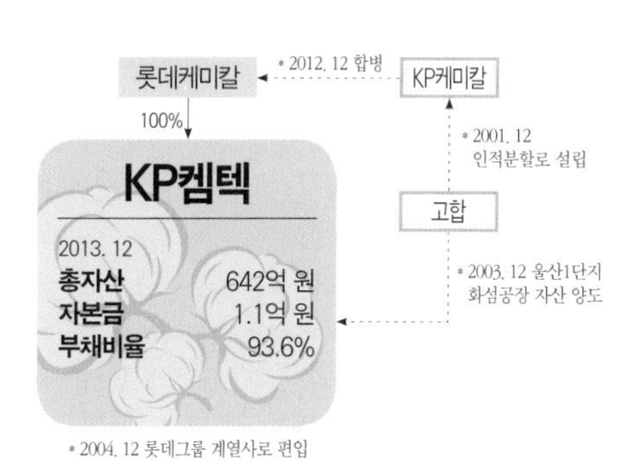

롯데케미칼
2012. 12 합병
KP케미칼
100%
2001. 12
인적분할로 설립
KP켐텍
고합
2013. 12
총자산 642억 원
자본금 1.1억 원
부채비율 93.6%
2003. 12 울산1단지
화섬공장 자산 양도
2004. 12 롯데그룹 계열사로 편입

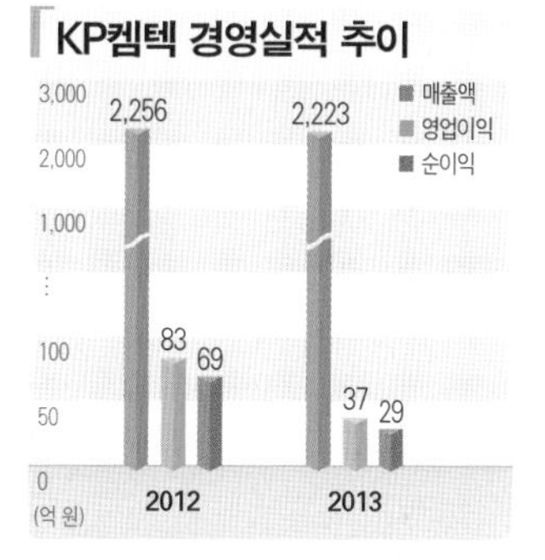

KP켐텍 경영실적 추이
매출액
영업이익
순이익
3,000
2,000
1,000
100
50
0
(억 원)
2,256
83
69
2,223
37
29
2012
2013

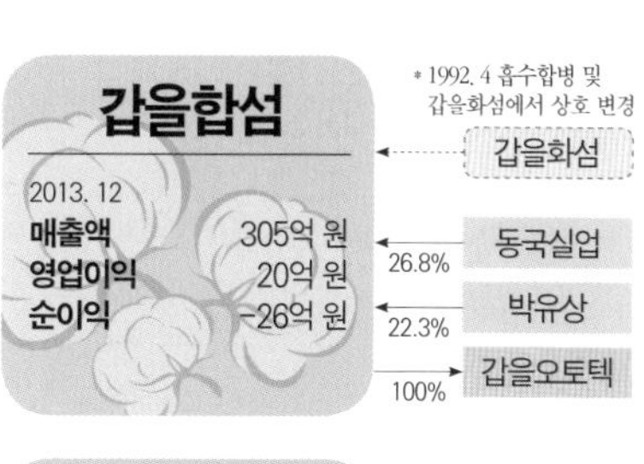

갑을합섬
1992. 4 흡수합병 및
갑을화섬에서 상호 변경
갑을화섬
2013. 12
매출액 305억 원
영업이익 20억 원
순이익 -26억 원
동국실업
26.8%
박유상
22.3%
100%
갑을오토텍

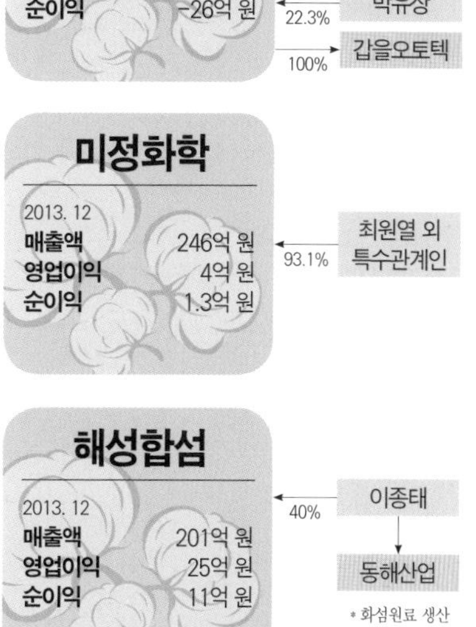

미정화학
2013. 12
매출액 246억 원
영업이익 4억 원
순이익 1.3억 원
93.1%
최원열 외
특수관계인
해성합섬
2013. 12
매출액 201억 원
영업이익 25억 원
순이익 11억 원
40%
이종태
동해산업
화섬원료 생산

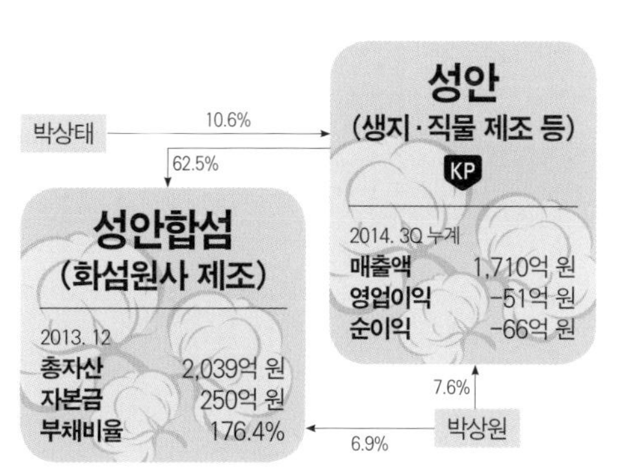

박상태
10.6%
성안
(생지·직물 제조 등)
KP
62.5%
성안합섬
(화섬원사 제조)
2014. 3Q 누계
매출액 1,710억 원
영업이익 -51억 원
순이익 -66억 원
2013. 12
총자산 2,039억 원
자본금 250억 원
부채비율 176.4%
7.6%
6.9%
박상원

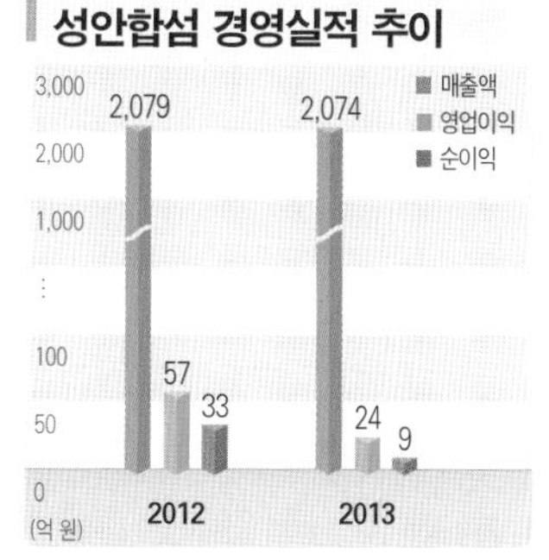

성안합섬 경영실적 추이
매출액
영업이익
순이익
3,000
2,000
1,000
100
50
0
(억 원)
2,079
57
33
2,074
24
9
2012
2013

섬유의 분류

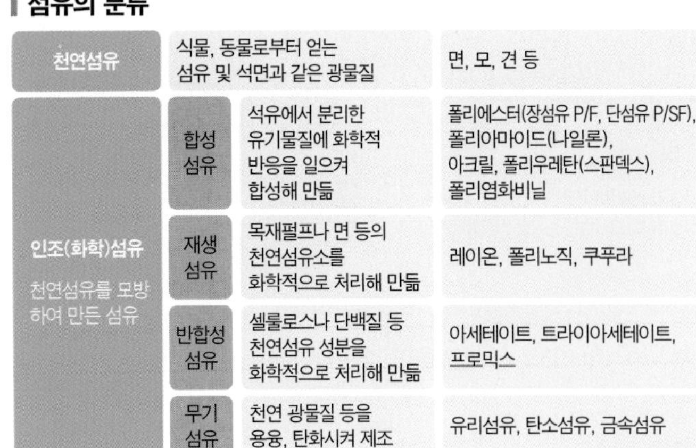

구분		설명	예
천연섬유		식물, 동물로부터 얻는 섬유 및 석면과 같은 광물질	면, 모, 견 등
인조(화학)섬유 천연섬유를 모방하여 만든 섬유	합성섬유	석유에서 분리한 유기물질에 화학적 반응을 일으켜 합성해 만듦	폴리에스터(장섬유 P/F, 단섬유 P/SF), 폴리아마이드(나일론), 아크릴, 폴리우레탄(스판덱스), 폴리염화비닐
	재생섬유	목재펄프나 면 등의 천연섬유소를 화학적으로 처리해 만듦	레이온, 폴리노직, 쿠푸라
	반합성섬유	셀룰로스나 단백질 등 천연섬유 성분을 화학적으로 처리해 만듦	아세테이트, 트라이아세테이트, 프로믹스
	무기섬유	천연 광물질 등을 용융, 탄화시켜 제조	유리섬유, 탄소섬유, 금속섬유

자료 : 한국화섬협회

산업용 섬유의 분류

건축용 소재	인테리어 소재	일반공업 소재	의료용 소재
단열·방음재, 인조 건축자재, 보강재 등	커튼, 벽지, 바닥재, 천장재, 의자소재 등	전선 피복재, 전기 절연재 등	봉합사, 인공혈관, 인공근육, 보호대, 기저귀, 생리대 등
보호용 소재	**포장용 소재**	**자동차용 소재**	**광학용 소재**
방탄소재, 소방복 등	일반 포장재, 컨베이어벨트 등	타이어코드(Tire Cord), 에어백, 벨트 등	LED 디스플레이 패널 소재(확산필름, 프리즘필름, 베이스필름 등)

자료 : 업계 자료 취합

섬유 소재의 강도 변화

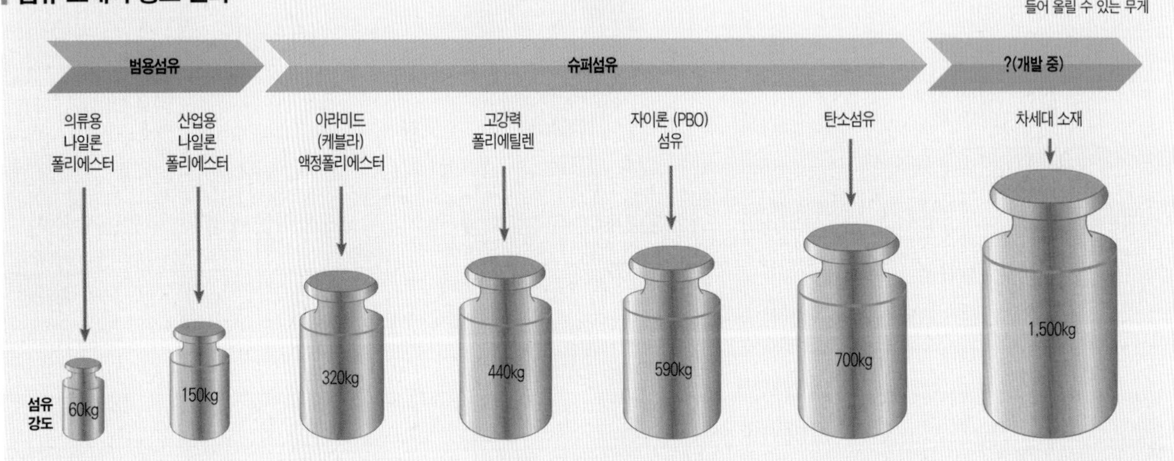

* 섬유 강도 : 섬유 1mm² 당 들어 올릴 수 있는 무게
범용섬유
슈퍼섬유
?(개발 중)
의류용 나일론 폴리에스터
산업용 나일론 폴리에스터
아라미드 (케블라) 액정폴리에스터
고강력 폴리에틸렌
자이론 (PBO) 섬유
탄소섬유
차세대 소재
섬유 강도
60kg
150kg
320kg
440kg
590kg
700kg
1,500kg

자료 : 성장동력산업연구센터

세계 섬유 수출국 순위 (기준 : 수출액)

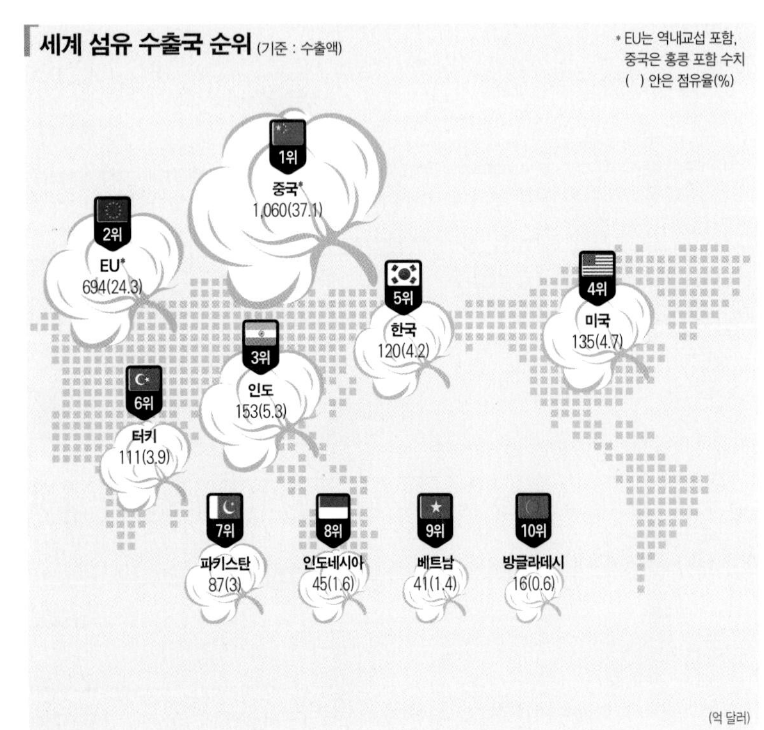

* EU는 역내교섭 포함, 중국은 홍콩 포함 수치
( ) 안은 점유율(%)
1위 중국* 1,060(37.1)
2위 EU* 694(24.3)
3위 인도 153(5.3)
4위 미국 135(4.7)
5위 한국 120(4.2)
6위 터키 111(3.9)
7위 파키스탄 87(3)
8위 인도네시아 45(1.6)
9위 베트남 41(1.4)
10위 방글라데시 16(0.6)
(억 달러)

자료 : 「WTO International Trade Statistics 2013」, 통계청

한국과 중국의 합성섬유 생산량 추이

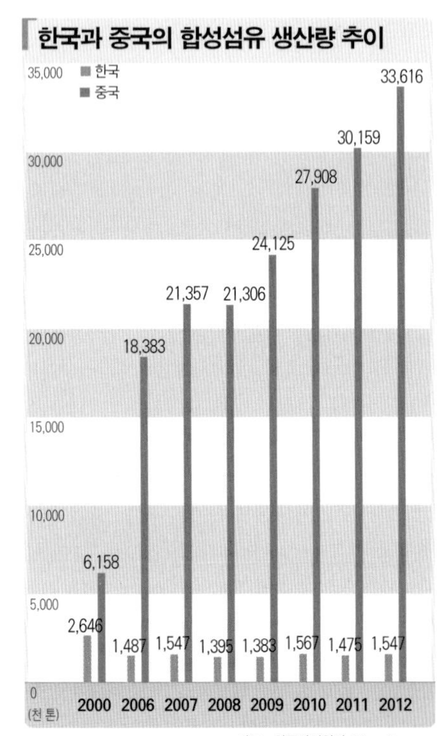

한국
중국
35,000
30,000
25,000
20,000
15,000
10,000
5,000
0
(천 톤)
2,646
6,158
1,487
18,383
1,547
21,357
1,395
21,306
1,383
24,125
1,567
27,908
1,475
30,159
1,547
33,616
2000
2006
2007
2008
2009
2010
2011
2012

자료 : 한국화섬협회, Fiber Organon

섬유류 품목별 수출 동향

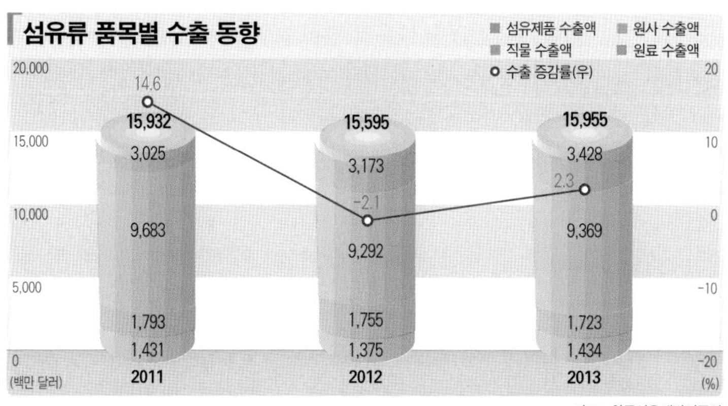

섬유제품 수출액
원사 수출액
직물 수출액
원료 수출액
수출 증감률(우)
20,000
15,000
10,000
5,000
0
(백만 달러)
20
10
0
-10
-20
(%)
14.6
15,932
3,025
9,683
1,793
1,431
2011
15,595
3,173
-2.1
9,292
1,755
1,375
2012
15,955
3,428
2.3
9,369
1,723
1,434
2013

자료 : 한국섬유개발연구원

섬유류 수출국 비중 (기준 : 2013 수출액)

( ) 안은 수출액(백만 달러)

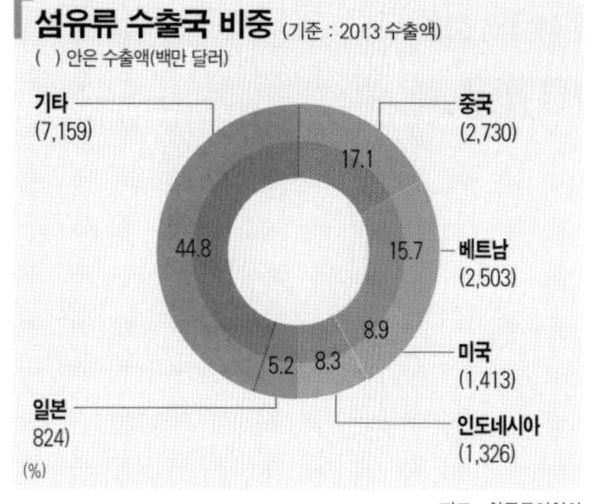

기타
(7,159)
중국
(2,730)
베트남
(2,503)
미국
(1,413)
인도네시아
(1,326)
일본
824)
17.1
15.7
8.9
8.3
5.2
44.8
(%)

자료 : 한국무역협회

섬유류 품목별 수입 동향

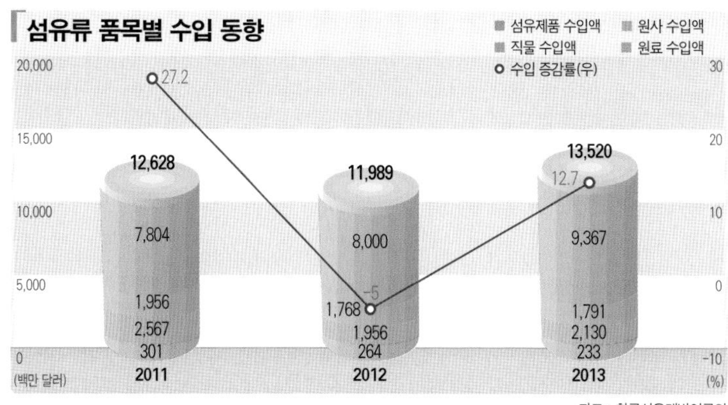

섬유제품 수입액
원사 수입액
직물 수입액
원료 수입액
수입 증감률(우)
20,000
15,000
10,000
5,000
0
(백만 달러)
30
20
10
0
-10
(%)
27.2
12,628
7,804
1,956
2,567
301
2011
11,989
8,000
-5
1,768
1,956
264
2012
13,520
12.7
9,367
1,791
2,130
233
2013

자료 : 한국섬유개발연구원

섬유류 수입국 비중 (기준 : 2013 수입액)

( ) 안은 수입액(백만 달러)

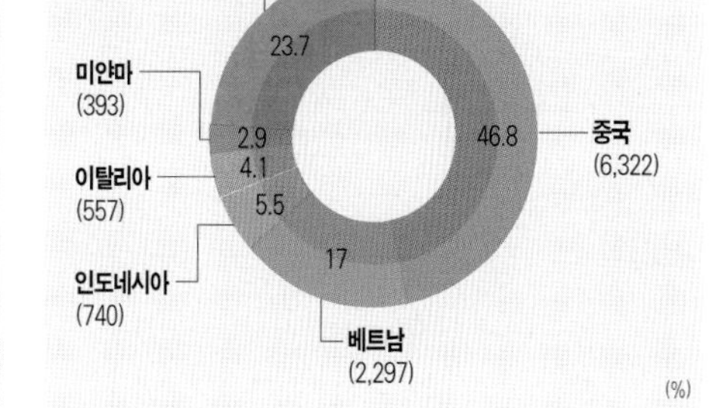

기타
(3,211)
미얀마
(393)
이탈리아
(557)
인도네시아
(740)
베트남
(2,297)
중국
(6,322)
23.7
2.9
4.1
5.5
17
46.8
(%)

자료 : 한국무역협회

국내 화섬산업 구조조정 역사

시기	1990년대 초	1990년대 중반	1990년대 말~1999년	2000~2013년
단계	중국 특수	대규모 증설 및 신규 참여	구조조정	핵심사업 강화
주요 내용	- 중국, 개혁 · 개방 시장경제 도입 - 중국, 원사 및 직물시장 특수 - 대중국 수출액 급증	- 한국, 대만 경쟁적 설비 증설 - 원사, 직물 호황 지속 - 후발 신규 참여 업체 등장	- 구조조정 대상 업종 선정 - 중국의 화섬 자급률 향상 - 중국 공급과잉 수습 불균형 - 과당경쟁으로 덤핑 판매 - 수익성 악화 - 부실기업 속출	- SK케미칼, 삼양사 폴리에스터 통합 법인 휴비스 탄생 - 설비능력 및 생산 본격적으로 감소 시작 - 부실기업 매각 및 청산 - 글로벌 투자를 통한 핵심사업 강화 - 노후설비 및 경쟁력 없는 설비 폐기 및 사업 철수 - 강도 높은 구조조정

자료 : 패션저널

화학섬유 품목별 생산 비중 (기준 : 2013 생산량)

( ) 안은 생산량(천 톤)

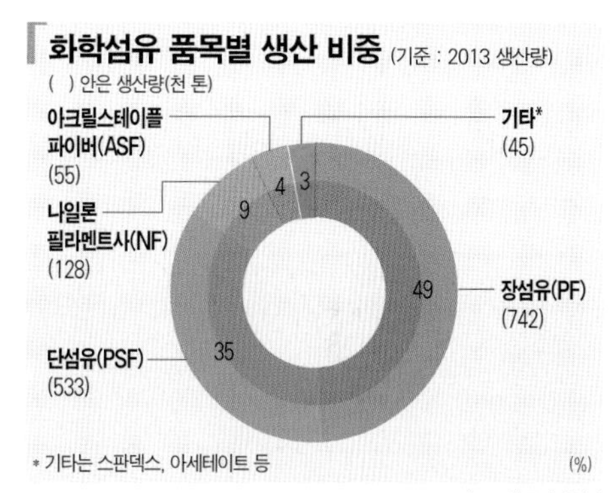

아크릴스테이플 파이버(ASF)
(55)
나일론 필라멘트사(NF)
(128)
단섬유(PSF)
(533)
기타*
(45)
장섬유(PF)
(742)
4
3
9
49
35
(%)

* 기타는 스판덱스, 아세테이트 등

자료 : 한국화섬협회

폴리에스터 장섬유 업체별 연간 생산능력 변화

( ) 안은 생산능력(톤)

효성
휴비스
도레이케미칼
TK케미칼
코오롱패션머티리얼
도레이첨단소재
대한화섬
성안합섬
KP켐텍
2010
4(32,898)
5.4(44,280)
7.9(64,678)
9.3(75,800)
9.7(79,200)
12.6(103,320)
7.7(63,000)
19.1(156,695)
24.3(199,000)
2012
3.8(32,898)
4.9(42,626)
6.9(60,751)
8.7(75,800)
9.1(79,200)
11.8(103,320)
11.9(104,400)
17.1(149,760)
25.8(226,000)
(%)

자료 : 한국화섬협회, 각사

폴리에스터 단섬유 주요 업체별 시장점유율 추이

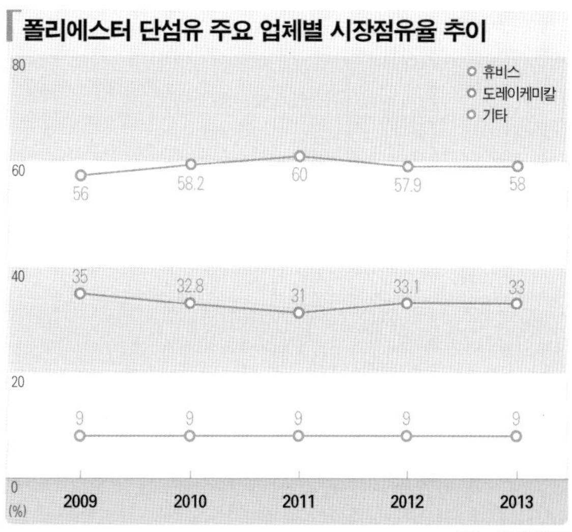

휴비스
도레이케미칼
기타
80
60
40
20
0
(%)
56
58.2
60
57.9
58
35
32.8
31
33.1
33
9
9
9
9
9
2009
2010
2011
2012
2013

자료 : 한국화섬협회

화학섬유업계 변천 과정

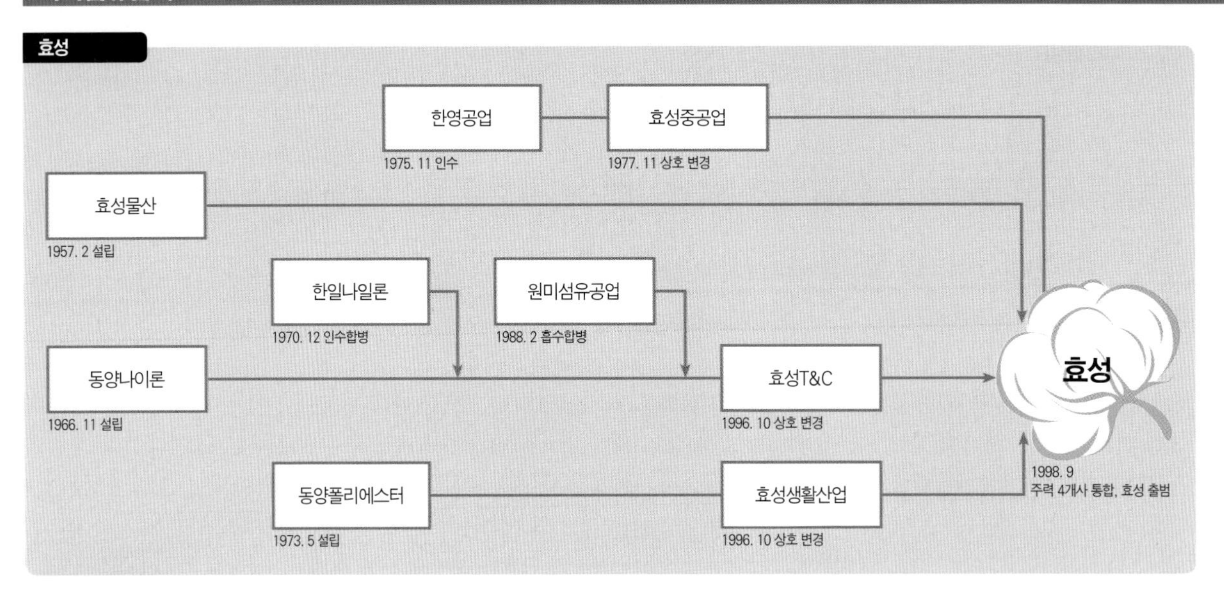
효성
한영공업
1975. 11 인수
효성중공업
1977. 11 상호 변경
효성물산
1957. 2 설립
한일나일론
1970. 12 인수합병
원미섬유공업
1988. 2 흡수합병
동양나이론
1966. 11 설립
효성T&C
1996. 10 상호 변경
효성
동양폴리에스터
1973. 5 설립
효성생활산업
1996. 10 상호 변경
1998. 9
주력 4개사 통합, 효성 출범

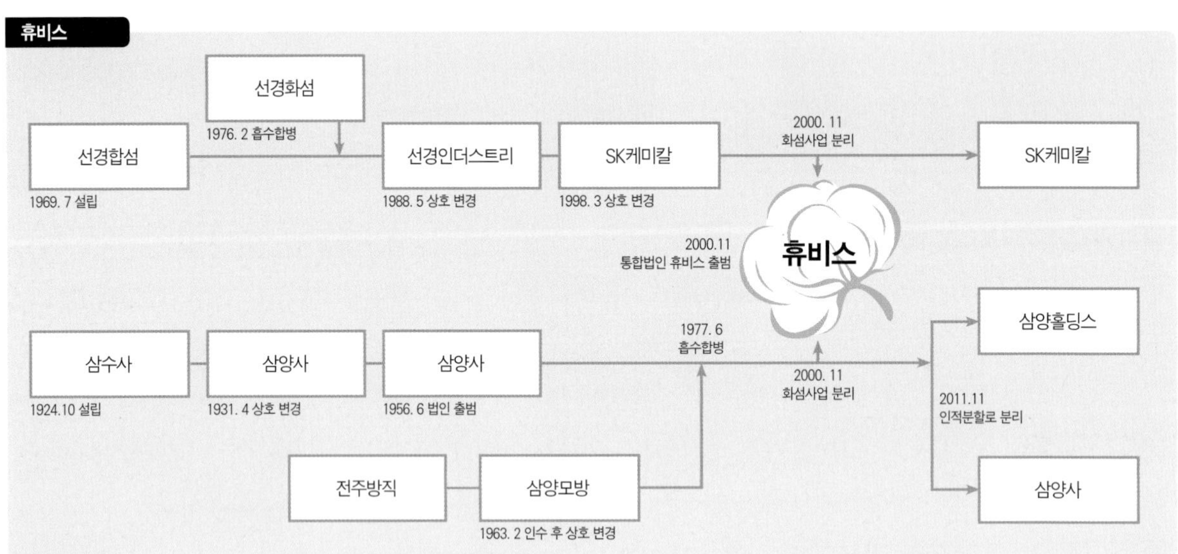
휴비스
선경화섬
1976. 2 흡수합병
선경합섬
1969. 7 설립
선경인더스트리
1988. 5 상호 변경
SK케미칼
1998. 3 상호 변경
2000. 11
화섬사업 분리
SK케미칼
2000.11
통합법인 휴비스 출범
휴비스
1977. 6
흡수합병
삼수사
1924.10 설립
삼양사
1931. 4 상호 변경
삼양사
1956. 6 법인 출범
2000. 11
화섬사업 분리
삼양홀딩스
2011.11
인적분할로 분리
삼양사
전주방직
삼양모방
1963. 2 인수 후 상호 변경

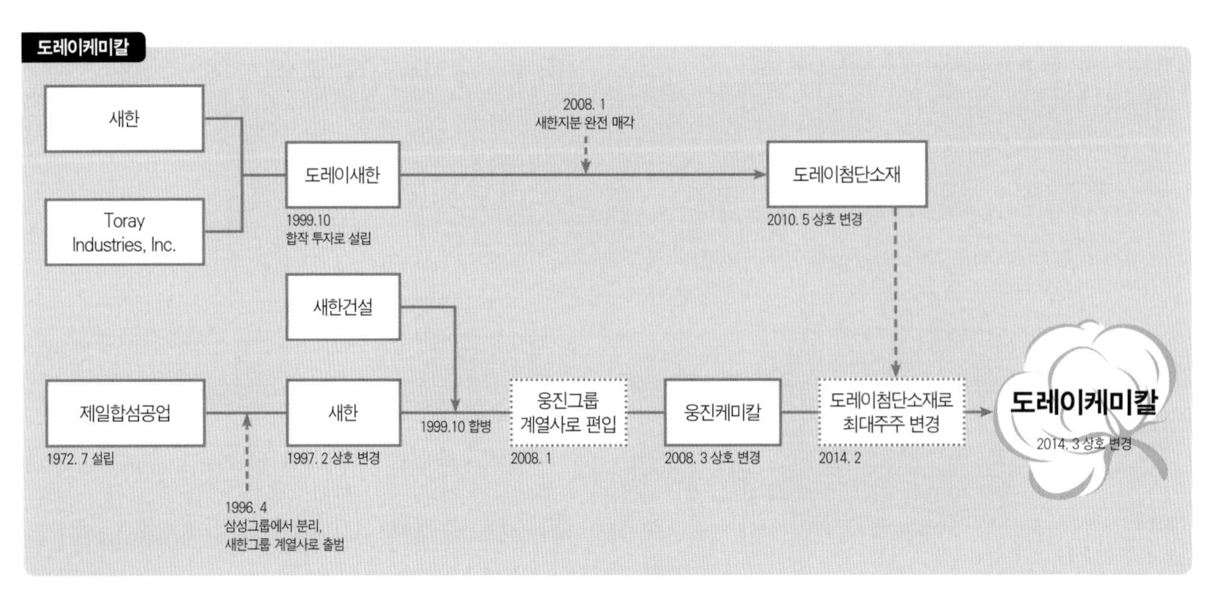
도레이케미칼
새한
Toray Industries, Inc.
도레이새한
1999.10
합작 투자로 설립
2008. 1
새한지분 완전 매각
도레이첨단소재
2010. 5 상호 변경
새한건설
제일합섬공업
1972. 7 설립
새한
1997. 2 상호 변경
1999.10 합병
웅진그룹 계열사로 편입
2008. 1
웅진케미칼
2008. 3 상호 변경
도레이첨단소재로 최대주주 변경
2014. 2
도레이케미칼
2014. 3 상호 변경
1996. 4
삼성그룹에서 분리,
새한그룹 계열사로 출범

티케이케미칼

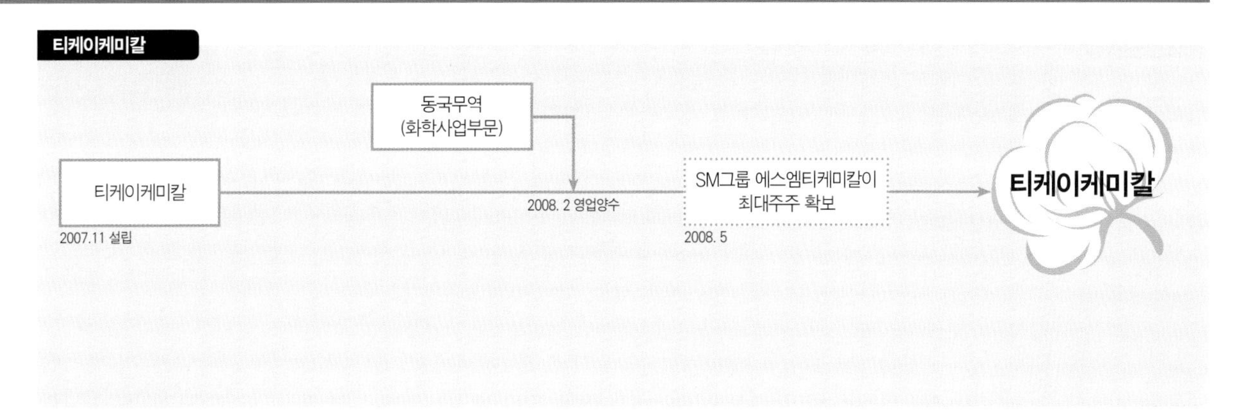
동국무역
(화학사업부문)
티케이케미칼
2007.11 설립
2008. 2 영업양수
SM그룹 에스엠티케미칼이
최대주주 확보
2008. 5
티케이케미칼

태광산업/대한화섬

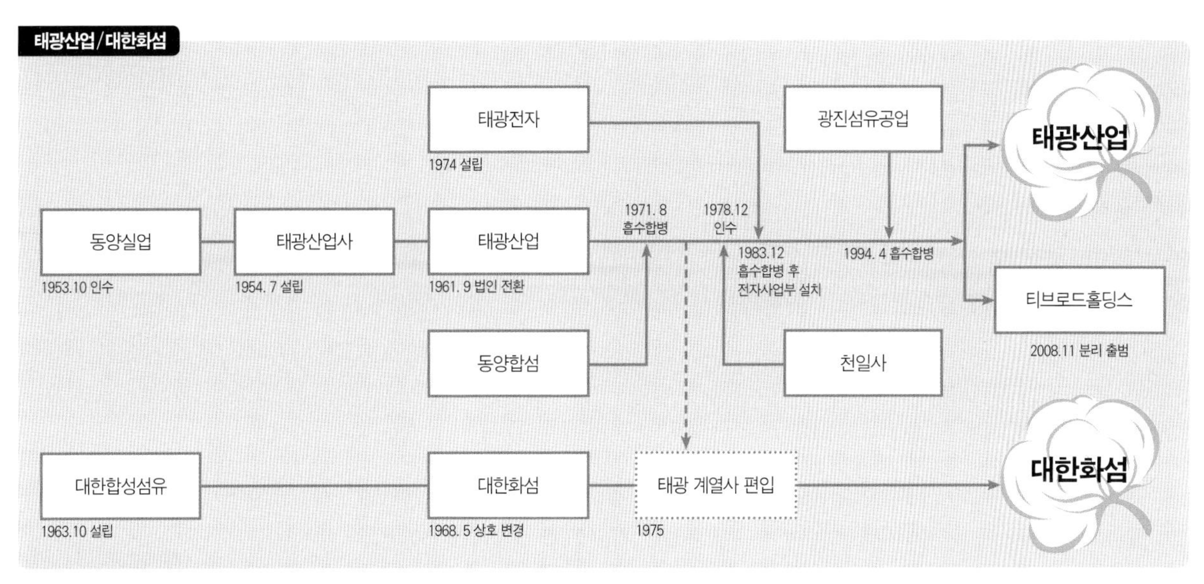
태광전자
1974 설립
광진섬유공업
태광산업
동양실업
1953.10 인수
태광산업사
1954. 7 설립
태광산업
1961. 9 법인 전환
1971. 8
흡수합병
1978.12
인수
1983.12
흡수합병 후
전자사업부 설치
1994. 4 흡수합병
티브로드홀딩스
2008.11 분리 출범
동양합섬
천일사
대한합성섬유
1963.10 설립
대한화섬
1968. 5 상호 변경
태광 계열사 편입
1975
대한화섬

코오롱

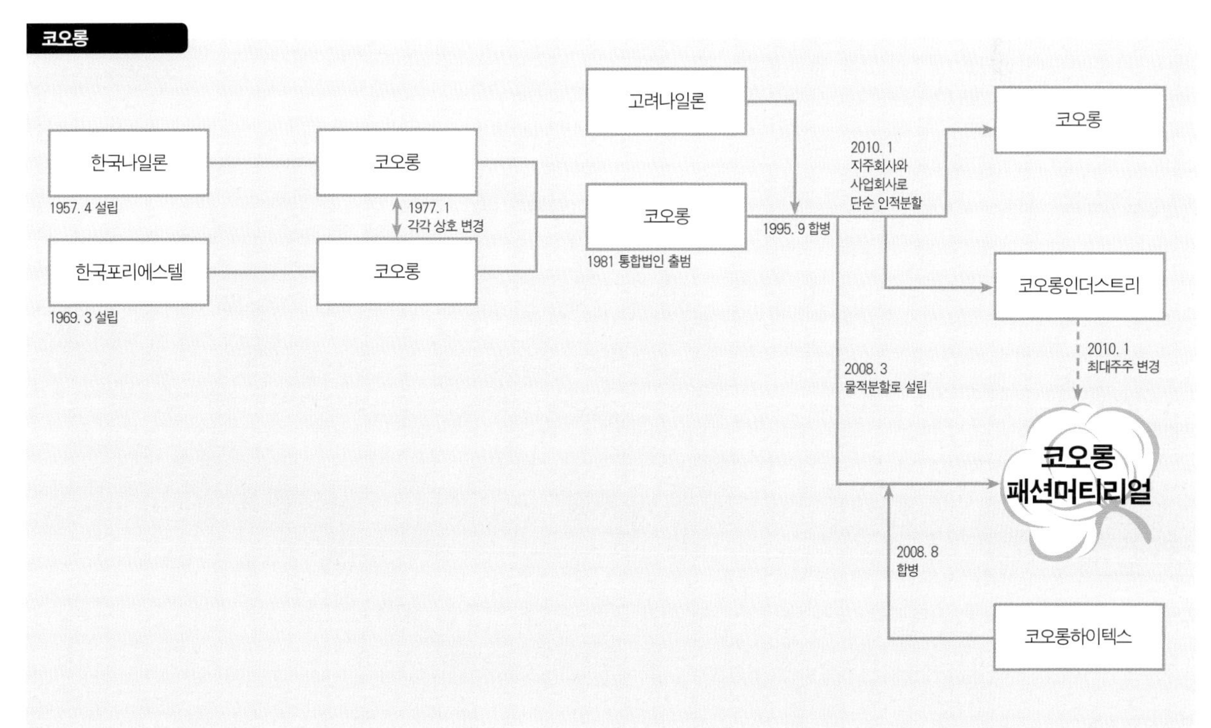
고려나일론
한국나일론
1957. 4 설립
코오롱
1977. 1
각각 상호 변경
코오롱
1981 통합법인 출범
1995. 9 합병
2010. 1
지주회사와
사업회사로
단순 인적분할
코오롱
한국포리에스텔
1969. 3 설립
코오롱
코오롱인더스트리
2010. 1
최대주주 변경
2008. 3
물적분할로 설립
코오롱
패션머티리얼
2008. 8
합병
코오롱하이텍스

21세기 화학섬유를 이끄는 키워드는 '탄소'

화학섬유는 쉽게 말해 화학적(인공적) 방법으로 섬유 소재를 만드는 산업이다. 자연에서 추출하는 천연섬유와 대응하는 개념이다. 천연섬유가 농업의 카테고리에 포함되는 데 반해, 화학섬유는 공업에 속하는 것이다.

화학섬유의 대표적인 전방산업으로는 의류(패션)가 꼽히지만, 최근 들어 화학섬유 소재의 용도가 한층 넓어지고 있다. 예를 들어 근래 자주 회자되는 탄소섬유는 자동차 제조 과정에서 중요한 소재로 활용되면서 전 세계적으로 각광 받는 신사업으로 꼽힌다.

화학섬유는 다양한 사용처만큼 해마다 갖가지 이슈들을 쏟아낸다. 화학섬유업계에서 벌어지는 이슈들을 들여다보면, 전체 경기 상황이 어떻게 돌아가는지 가늠할 수 있다. 화학섬유는 이제 더 이상 과거의 영세한 방직업이 아닌 것이다. 2015년을 넘어 2016년까지 화학섬유산업에 막대한 영향을 끼칠 이슈에는 어떤 것들이 있을까?

자동차용 탄소섬유가 몰려온다!

'미래 산업의 쌀'이자 '꿈의 신소재'로 불리는 탄소섬유를 둘러싼 총성 없는 전쟁이 시작됐다. 탄소섬유란 유기섬유를 비활성 기체 속에서 가열·탄화하여 만든 소재다. 탄소섬유는 열과 충격에 강하고, 화학약품과 해충에 대한 저항도 높다. 가열 과정에서 산소, 수소, 질소 등이 빠져나가 중량이 줄어들어 알루미늄보다 가벼우면서도 철에 비해 탄성과 강도가 뛰어나다. 탄소섬유가 처음 알려진 것은 약 100년 전 토머스 에디슨이 대나무 섬유를 탄화하여 전구의 필라멘트로 사용하면서부터다.

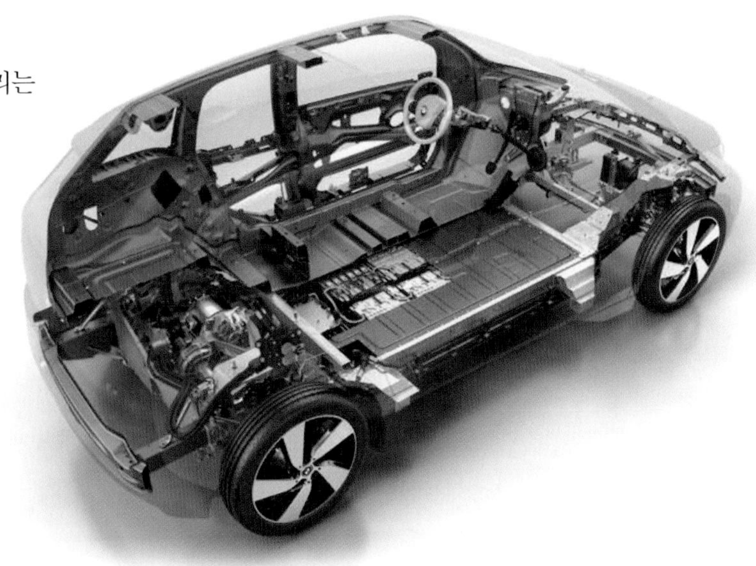

탄소섬유의 글로벌 시장규모는 현재 20억 달러 수준이고, 2020년에는 100억 달러 이상이 될 전망이다. 각 국가별 탄소섬유 점유율은 일본 45%, 미국 24%, 중국 11%, 대만 8.4%, 독일 7.2%, 한국 3.4% 순이다. 기업으로는 도레이, 미쓰비시 등 일본 기업과 헥셀, 사이텍 등 미국 기업이 양분하고 있다.

30년 동안 일본과 미국 기업들이 독점해온 탄소섬유 시장에 효성과 태광산업 등 국내 업체들이 도전장을 내고 나섰다. 효성은 전주에 탄소섬유 공장을 준공하고 2020년까지 1조 2,000억 원을 투자해 약 1만 4,000톤의 연산능력을 확보할 계획이다.

글로벌 화섬업계 1위 도레이는 구미공장에 연산 2,500톤 규모의 탄소섬유 2공장을 증설하고 본격 상업생산에 나섰다. 기존 1공장을 포함해 총 4,700톤 규모의 국내 최대 탄소섬유 공급체제를 구축한 것이다. 도레이는 미국 보잉사에 탄소섬유를 10년간 독점 공급하는 계약을 체결하기도 했다. 이로써 2015년에만 탄소섬유 사업 부문 매출이 전년보다 46% 늘어난 1,650억 엔에 달할 전망이다. 이는 도레이 전체 매출의 약 8%에 해당하는 규모다.

태광산업은 1990년대 초 탄소섬유를 개발했으나 성능과 가격 경쟁에서 일본 업체에 밀리면서 10년 넘게 생산을 중단해왔다. 그러다 아크릴섬유에서 집적한 기술로 2009년 PAN계 탄소섬유 프리커서(precursor) 개발에 성공해, 2012년 3월부터 국내 최초로 프리커서 연 3,000톤(탄소섬유 연 1,500톤) 규모로 상업생산을 시작했다. 태광산업은 '프로필렌(AN의 주원료) → AN(프리커서의 주원료) → 프리커서 공정(탄소섬유 핵심 기술) → 탄소섬유'로 연결되는 수직계열화를 통해 글로벌 경쟁력을 갖춰나가고 있다.

탄소섬유는 특히 자동차산업에서 돋보인다. 차량 경량화 및 친환경 수요가 늘면서 탄소섬유가 자동차산업에서 중요한 소재로 급부상한 것이다. BMW는 제휴사와 함께 미국 모스레이크 탄소섬유 공장에 2억 달러를 투자해, 연 생산량을 기존 3,000톤에서 9,000톤까지 증가시켰다. BMW는 친환경차인 i시리즈 차체에 탄소섬유 강화플라스틱(CFRP)을 적용하고 있다.

자동차용 섬유시장은 2013년 24억 6,000만 달러(약 2조 7,065억 원)에서 2020년 40억 2,000만 달러(약 4조 4,228억 원) 수준으로 63%가량 늘어날 전망이다.

범용 섬유수지산업을 중국에 내주고 있는 형국에서 탄소섬유야말로 국내 화섬 업체들에게는 새로운 기회로 떠오르고 있다.

국내 화섬업계를 뒤흔든 삼성의 후계 구도 작업

옛 삼성에버랜드가 삼성그룹의 화학 사업을 비롯한 제조 부문 모태격인 '제일모직' 사명을 계승하며 새롭게 출발했다. 제일모직은 1954년 故이병철 창업주가 설립한 삼성그룹의 모태기업이다. 1990년대부터 화학과 전자재료 사업에 뛰어든 이후 사실상 소재 위주의 기업으로 변신했다. 제일모직은 2013년 12월에 패션 사업을 삼성에버랜드로 이관했고, 2014년 7월 화학 사업을 삼성SDI로 매각했다. 이후 삼성에버랜드가 다시 사명을 '제일모직주식회사'로 바꿔 그 정통성을 이어가게 됐다.

제일모직이 우여곡절을 겪은 이면에는 이건희 삼성그룹 회장의 건강 악화가 있다. 삼성은 이 회장을 대신해 그의 외아들 이재용 부회장 체제로 경영 개편 작업을 본격화하는 양상이다. 삼성SDI와 제일모직의 유가증권 상장과 화학·방위 산업을 한화에 매각한 것도 같은 맥

SDI
제일
모직

락이다. 삼성 후계 구도 작업이 화섬업계에까지 막대한 영향을 끼치고 있는 것이다.

도레이·휴비스·효성 등 대표 화섬 업체들, 공격적 M&A

국내 화섬업계에 인수합병 바람이 그치지 않고 있다. 티케이케미칼은 재무구조 개선을 위해 대한해운 지분을 그룹 내 계열사인 삼라와 경남모직에 매각했다. 이를 통해 티케이케미칼은 약 372억 원의 현금을 확보하게 됐다. 효성그룹 역시 알짜 사업으로 평가받는 패키징 사업부 매각에 나서며 재무구조 개선에 힘을 쏟았다. 효성그룹은 패키징 사업 부문을 스탠다드차타드(SC)사모펀드(PE) 자회사인 '아셉시스 글로벌 주식회사'에 매각했다. 매각 금액은 4,150억 원이다. 휴비스는 한국정수공업 지분 95.3%를 1,318억 원에 인수하며 자회사로 편입했다. 이어 한국정수공업 사명을 '휴비스워터'로 변경했다. 도레이첨단소재는 웅진홀딩스가 보유한 도레이케미칼 지분 56.2%를 인수하면서 최대주주가 됐다. 도레이케미칼은 주력 사업인 화섬과 필터 부문을 더욱 강화할 계획이다.

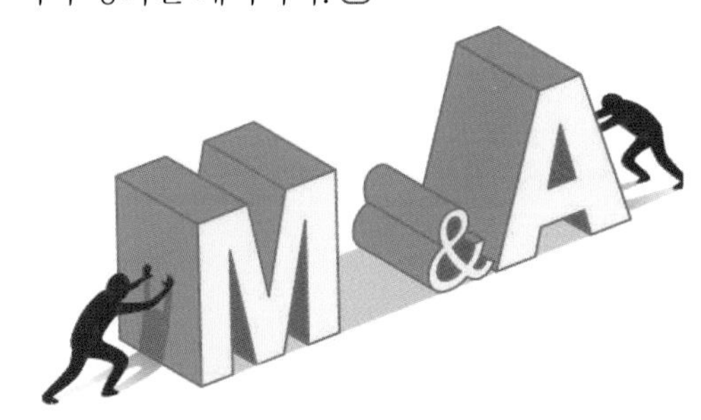
M
&
A

Chapter 5

자동차·운송

24 | 자동차업계

업계 규모
- ■ 국내 자동차 생산 452만 4,661대
- ■ 국내 자동차 판매 165만 7,532대 (수입차 포함)

현대·기아차의 자동차 관련 기업군

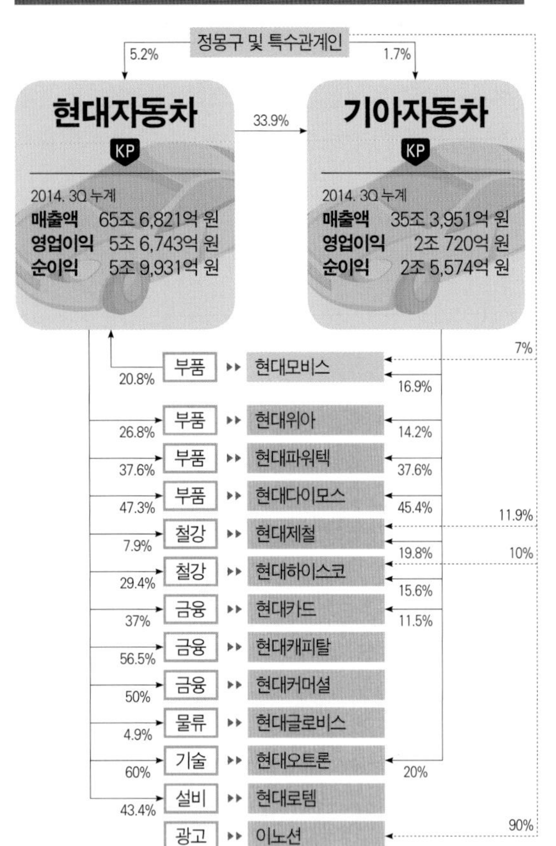

정몽구 및 특수관계인
5.2%
1.7%
현대자동차
KP
2014. 3Q 누계
매출액 65조 6,821억 원
영업이익 5조 6,743억 원
순이익 5조 9,931억 원
33.9%
기아자동차
KP
2014. 3Q 누계
매출액 35조 3,951억 원
영업이익 2조 720억 원
순이익 2조 5,574억 원
20.8% 부품 현대모비스 16.9% 7%
26.8% 부품 현대위아 14.2%
37.6% 부품 현대파워텍 37.6%
47.3% 부품 현대다이모스 45.4%
7.9% 철강 현대제철 19.8% 11.9%
29.4% 철강 현대하이스코 15.6% 10%
37% 금융 현대카드 11.5%
56.5% 금융 현대캐피탈
50% 금융 현대커머셜
4.9% 물류 현대글로비스
60% 기술 현대오트론 20%
43.4% 설비 현대로템
광고 이노션 90%

현대·기아차의 글로벌 생산·판매 추이

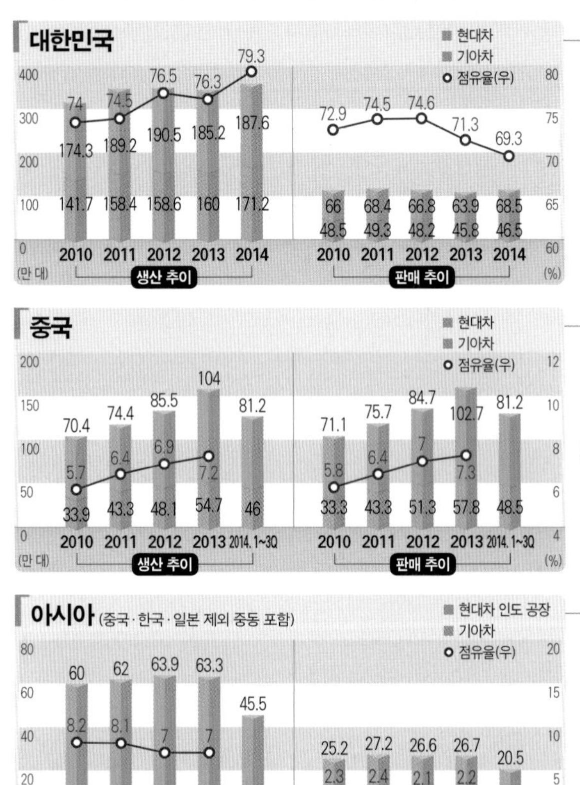

대한민국
현대차
기아차
점유율(우)
생산 추이
2010 2011 2012 2013 2014
현대차 174.3 189.2 190.5 185.2 187.6
기아차 141.7 158.4 158.6 160 171.2
점유율 74 74.5 76.5 76.3 79.3
판매 추이
2010 2011 2012 2013 2014
현대차 66 68.4 66.8 63.9 68.5
기아차 48.5 49.3 48.2 45.8 46.5
점유율 72.9 74.5 74.6 71.3 69.3
(만 대)
(%)
중국
생산 추이
2010 2011 2012 2013 2014.1~3Q
70.4 74.4 85.5 104 81.2
33.9 43.3 48.1 54.7 46
5.7 6.4 6.9 7.2
판매 추이
2010 2011 2012 2013 2014.1~3Q
71.1 75.7 84.7 102.7 81.2
33.3 43.3 51.3 57.8 48.5
5.8 6.4 7 7.3
아시아 (중국·한국·일본 제외 중동 포함)
현대차 인도 공장
생산 추이
2010 2011 2012 2013 2014.1~3Q
60 62 63.9 63.3 45.5
8.2 8.1 7 7
판매 추이
2010 2011 2012 2013 2014.1~3Q
25.2 27.2 26.6 26.7 20.5
2.3 2.4 2.1 2.2

국내도 전기차(EV) 본격 경쟁시대 (차종 상세 비교)

급속충전방식

차데모(CHAdeMO)
- 교류용(완속)과 직류용(급속) 충전 소켓을 분리.
- 토요타·닛산·혼다 등 일본 자동차 업체, 기아 레이 EV 등 채용.

DC(직류)콤보
- 하나의 충전 소켓으로 완속 및 급속 충전 모두 가능.
- GM·BMW·폭스바겐 등 미국과 독일 업체 채용.

AC(교류)3상
- 하나의 충전 소켓으로 급속과 완속 충전이 모두 가능하나, 충전 효율이 높은 교류 3상을 사용.
- 프랑스 르노, 르노삼성 등 채용.

	기아 레이 EV	기아 쏘울 EV*

제원		
출시시기	2011. 12	2014. 4
전장×전폭×전고(mm)	3,595×1,595×1,710mm	4,140×1,800×1,600mm
축거(mm)	2,520mm	2,570mm
공차중량(kg)	1,185kg	1,508kg
모터 최대출력(kW)	50kW(약 67마력)	81.4kW(약 111마력)
모터 최대토크(kg.m)	17kg.m(167Nm)	29kg.m(285Nm)
최고속도(km/h)	135km/h	145km/h
1회 충전 주행거리(km)	91km(도심주행 : 139km)	148km
배터리용량(kWh)	16.4kWh	27kWh
타이어(타이어/휠)	P175/60 R14	205/60 R16
완속 충전시간	6시간	4.5시간
급속 충전시간(80% 충전 시)	25분	25분
에너지효율(km/kWh)	5.0km/kWh(도심주행 : 5.4km/kWh, 고속도로주행 : 4.6km/kWh)	5.0km/kWh(도심주행 : 5.6km/kWh, 고속도로주행 : 4.4km/kWh)
승차인원(명)	4	5
급속 충전방식	차데모	DC콤보/차데모(*주)
가격(만 원) * 변동 가능	3,500	4,250

미국
현대차 기아차 점유율(우)
200 150 100 50 0 (만 대)
2010 2011 2012 2013 2014. 1~3Q
생산 추이
5.9 7.1 7 7
30.1 15.4
33.8 27.4
36.1 35.8
40 37
30.2 28.4
2010 2011 2012 2013 2014. 1~3Q
판매 추이
8.1 9.2 9 8.4
53.8 41
64.6 55.1
70.3 63.5
72.1 60.8
55.7 50.1
12 10 8 6 4 (%)

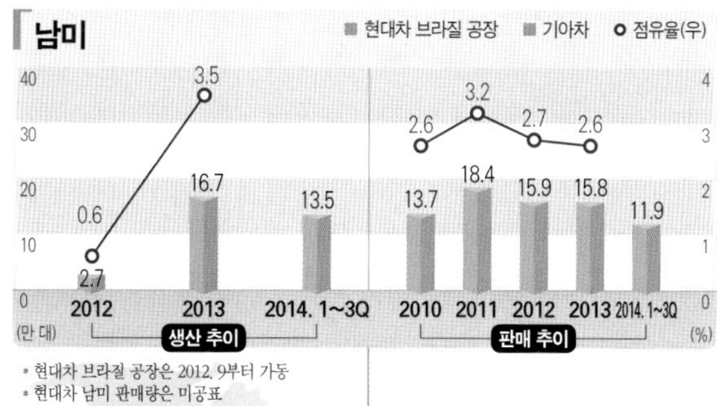
남미
현대차 브라질 공장 기아차 점유율(우)
40 30 20 10 0 (만 대)
2012 2013 2014. 1~3Q
생산 추이
0.6 2.7 3.5 16.7 13.5
2010 2011 2012 2013 2014. 1~3Q
판매 추이
2.6 3.2 2.7 2.6
13.7 18.4 15.9 15.8 11.9
4 3 2 1 0 (%)

* 현대차 브라질 공장은 2012. 9부터 가동
* 현대차 남미 판매량은 미공표

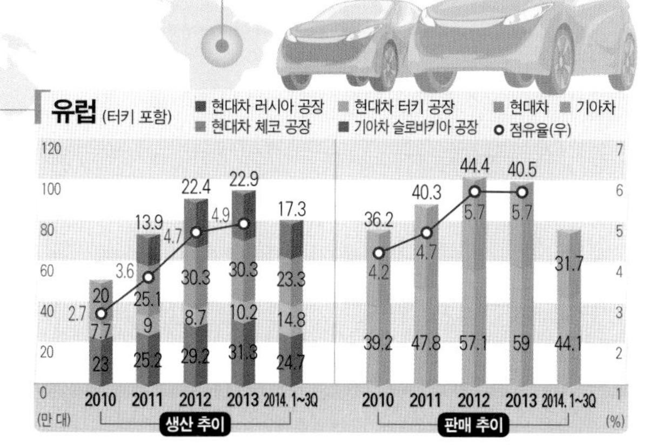
유럽 (터키 포함)
현대차 러시아 공장 현대차 터키 공장 현대차 기아차
현대차 체코 공장 기아차 슬로바키아 공장 점유율(우)
120 100 80 60 40 20 0 (만 대)
2010 2011 2012 2013 2014. 1~3Q
생산 추이
2.7 3.6 4.7 4.9
20 7.7 23
13.9 25.1 9 25.2
22.4 30.3 8.7 29.2
22.9 30.3 10.2 31.3
17.3 23.3 14.8 24.7
2010 2011 2012 2013 2014. 1~3Q
판매 추이
4.2 4.7 5.7 5.7
36.2 39.2
40.3 47.8
44.4 57.1
40.5 59
31.7 44.1
7 6 5 4 3 2 1 (%)

GM Investment 48.2%
GM Asia Pacific Holdings 9.6%
GM Automotive Holdings 19.2%
한국지엠
2013. 12 IFRS 연결
매출액 18조 3,783억 원
영업이익 9,262억 원
순이익 556억 원
상하이 기차 6%
한국 산업은행 17%

Renaut Group BV 79.7%
삼성카드 19.9%
르노삼성
2013. 12
매출액 3조 3,336억 원
영업이익 445억 원
순이익 171억 원
닛산(일본)
* 기술 제휴

Mahindra & Mahindra 72.9%
쌍용자동차
KP
2014. 3Q 누계
매출액 2조 4,961억 원
영업이익 -448억 원
순이익 -340억 원

자일상용차 93.8% 백성학 외 3명
100%
자일대우버스
2013. 12
매출액 4,617억 원
영업이익 72억 원
순이익 57억 원

Tata Motors 100% TML Holdings Pte Ltd.
100%
타타대우상용차
2014. 3(3월 결산법인)
매출액 8,841억 원
영업이익 320억 원
순이익 235억 원

* 2013. 8 대우버스에서 상호 변경

* 기아 쏘울 EV는 미국 출시모델에는 DC콤보, 내수용에는 차데모 방식 채용

르노삼성 SM3 Z.E	쉐보레 스파크 EV	BMW i3	닛산 리프(LEAF)	폭스바겐 e골프

2013. 7	2013. 10	2014. 4	2014. 4	2015년 초
4,750×1,810×1,460mm	3,720×1,630×1,520mm	3,999×1,775×1,578mm	4,445×1,770×1,550mm	4,255×1,800×1,450mm
2,700mm	2,375mm	2,570mm	2,700mm	2,640mm
1,580kg	1,280kg	1,300kg	1,535kg	1,510kg
70kW(약 95마력)	105kW(약 143마력)	125kW(약 170마력)	80kW(약 109마력)	85kW(약 115마력)
23kg.m	57.4kg.m	25.5kg.m(250Nm)	25.9kg.m(254Nm)	27.6kg.m(270Nm)
135km/h	145km/h	150km/h	145km/h	140km/h
135km	135km(도심 : 144km, 고속도로 : 125km)	132km	135km	최대 190km
22kWh	21.4kWh	18.8kWh	24kWh	24.2kWh
205/55 R16	185/55 R15(앞), 195/55 R15(뒤)	155/70 R19	215/50 R17	225/45 R17
3~4시간	6~8시간	3시간	7~8시간	8시간
30분~1시간	20~30분	30분	30분	35분
4.4km/kWh(도심주행 : 4.8km/kWh, 고속도로주행 : 4.0km/kWh)	복합 : 5.6km/kWh(도심주행 : 6.0km/kWh, 고속도로주행 : 5.2km/kWh)	복합 : 5.9km/kwh(도심주행 : 6.4km/kwh, 고속도로주행 : 5.3km/kwh)	복합 : 5.4km/kWh(도심주행 : 5.9km/kWh, 고속도로주행 : 4.8km/kWh)	-
4	4	4	5	5
AC3상	DC콤보	DC콤보	차데모	DC콤보
4,300(SE Plus 기준)	3,990	i3 룩스(LUX) 5,800, 솔(SOL) 6,400, i3 비스(VIS) 6,900	5,480	미정(34,900유로)

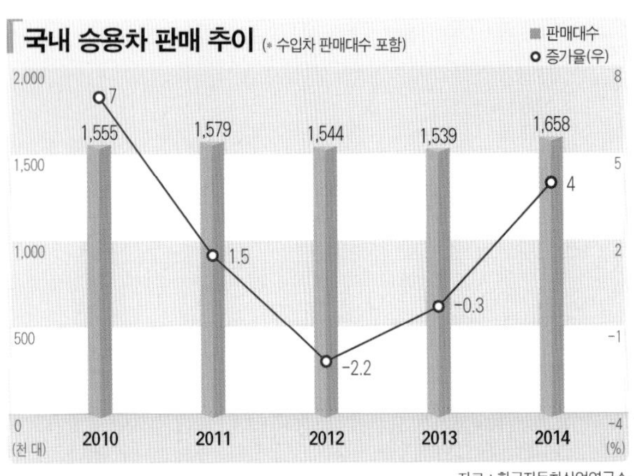
국내 승용차 판매 추이 (* 수입차 판매대수 포함)
판매대수
증가율(우)
2,000
1,500
1,000
500
0
(천 대)
8
5
2
-1
-4
(%)
2010 2011 2012 2013 2014
1,555 1,579 1,544 1,539 1,658
7 1.5 -2.2 -0.3 4

자료 : 한국자동차산업연구소

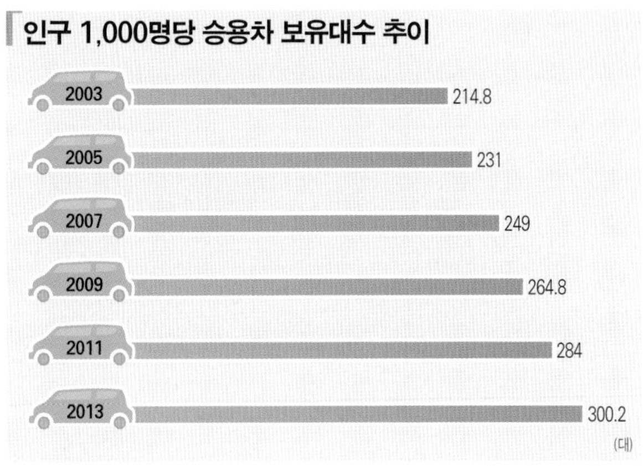
인구 1,000명당 승용차 보유대수 추이
2003 214.8
2005 231
2007 249
2009 264.8
2011 284
2013 300.2
(대)

자료 : 한국자동차산업협회

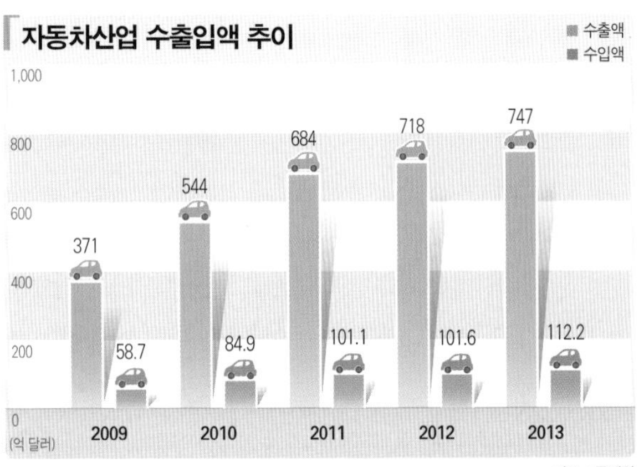
자동차산업 수출입액 추이
수출액
수입액
1,000
800
600
400
200
0
(억 달러)
2009 2010 2011 2012 2013
371 544 684 718 747
58.7 84.9 101.1 101.6 112.2

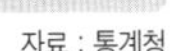
자료 : 통계청

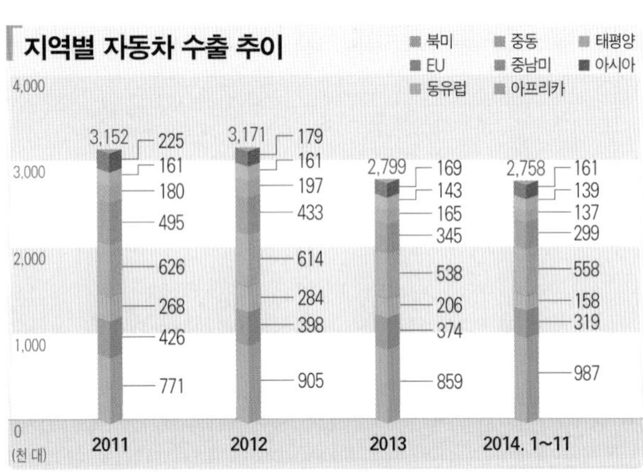
지역별 자동차 수출 추이
북미 EU 동유럽 중동 중남미 아프리카 태평양 아시아
4,000
3,000
2,000
1,000
0
(천 대)
2011 2012 2013 2014. 1~11
3,152 225 161 180 495 626 268 426 771
3,171 179 161 197 433 614 284 398 905
2,799 169 143 165 345 538 206 374 859
2,758 161 139 137 299 558 158 319 987

자료 : 산업통상자원부

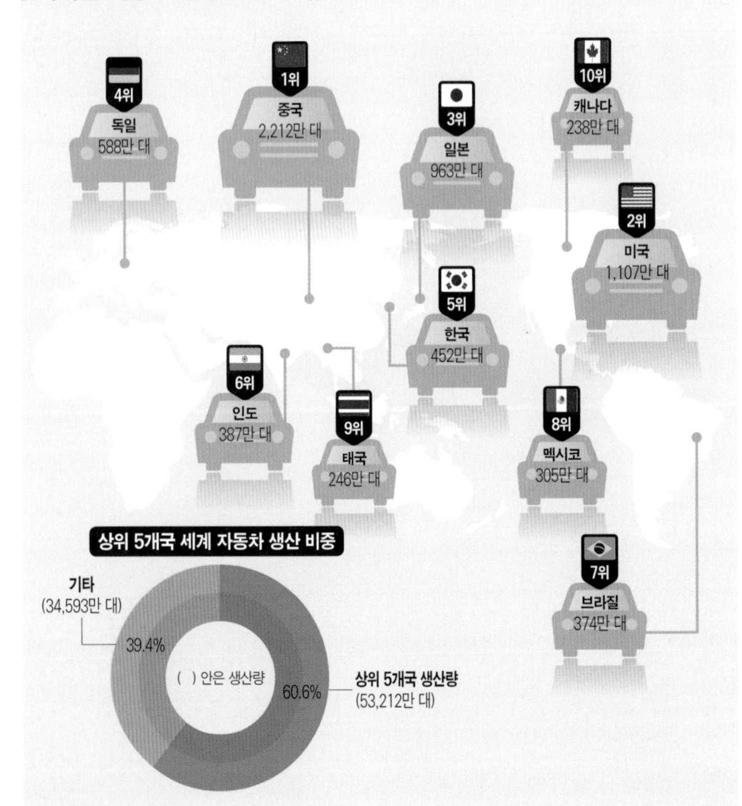
국가별 자동차 생산량 순위 (기준 : 2013)
4위 독일 588만 대
1위 중국 2,212만 대
3위 일본 963만 대
10위 캐나다 238만 대
2위 미국 1,107만 대
5위 한국 452만 대
6위 인도 387만 대
9위 태국 246만 대
8위 멕시코 305만 대
7위 브라질 374만 대
상위 5개국 세계 자동차 생산 비중
기타 (34,593만 대) 39.4%
( ) 안은 생산량
상위 5개국 생산량 (53,212만 대) 60.6%

자료 : 한국자동차산업협회

세계 승용차 판매 대수와 현대 · 기아차의 시장 지위

(기준 : 판매대수, 시장점유율은 2014, 시장지위는 2013)

● 현대·기아차 시장지위 / ( ) 안은 시장점유율 / (만 대)

구분	판매대수 (시장점유율)	현대·기아차 시장지위
전 세계	8,981 (8.9%)	5위
미국	1,591 (8%)	6위
유럽	1,292 (6.1%)	6위
중국	1,928 (9%)	3위
인도	241 (15.4%)	2위
브라질	354 (6%)	6위
러시아	275 (13.6%)	2위

자료 : 한국자동차산업연구소

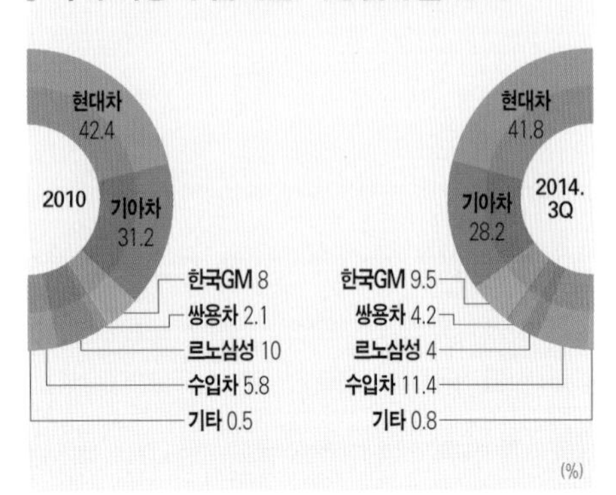
국내 자동차 업체별 시장점유율 변화
2010
현대차 42.4
기아차 31.2
한국GM 8
쌍용차 2.1
르노삼성 10
수입차 5.8
기타 0.5
2014. 3Q
현대차 41.8
기아차 28.2
한국GM 9.5
쌍용차 4.2
르노삼성 4
수입차 11.4
기타 0.8
(%)

자료 : 한국자동차산업연구소, 한국수입자동차협회

중국 승용차 판매 추이
판매대수
증감률
1,354
1,409
1,491
1,737
1,928
32.5
4
5.8
16.5
11
(만 대, %)
2010
2011
2012
2013
2014E
중국 자동차시장 상위 3개사 시장점유율 추이
폭스바겐
GM
현대·기아차
16
17.2
17.8
17.5
18.9
13.8
15.6
17.5
16.9
7.6
8.3
9
9.1
9.2
2010
2011
2012
2013
2014E
(%)

자료 : 중국승용차연석회

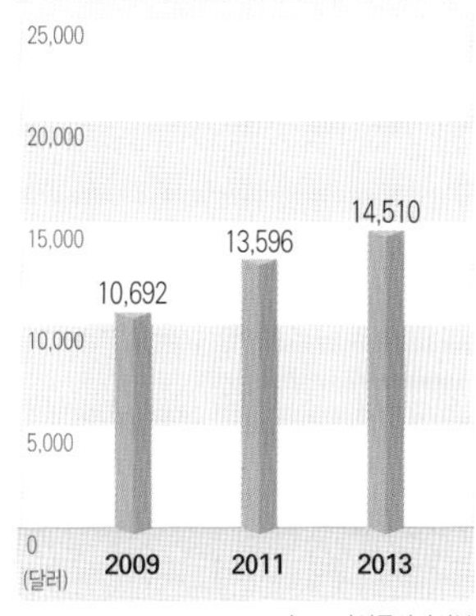

완성차 평균 수출가격 추이
25,000
20,000
15,000
10,000
5,000
0
(달러)
10,692
13,596
14,510
2009
2011
2013

자료 : 산업통상자원부

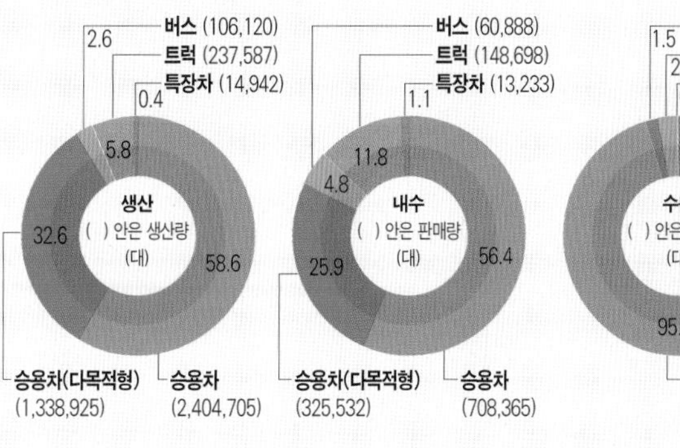

차종별 현황 (기준 : 2013. 1~11)
버스 (106,120)
트럭 (237,587)
특장차 (14,942)
2.6
0.4
5.8
32.6
58.6
생산
( ) 안은 생산량
(대)
승용차(다목적형)
(1,338,925)
승용차
(2,404,705)
버스 (60,888)
트럭 (148,698)
특장차 (13,233)
1.1
11.8
4.8
25.9
56.4
내수
( ) 안은 판매량
(대)
승용차(다목적형)
(325,532)
승용차
(708,365)

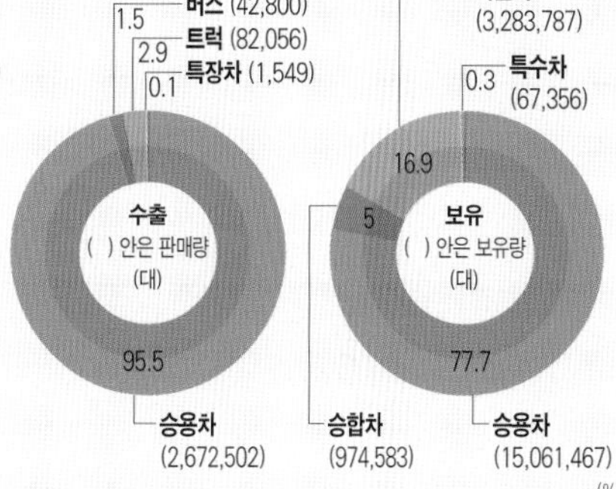

버스 (42,800)
트럭 (82,056)
특장차 (1,549)
1.5
2.9
0.1
95.5
수출
( ) 안은 판매량
(대)
승용차
(2,672,502)
화물차
(3,283,787)
특수차
(67,356)
0.3
16.9
5
77.7
보유
( ) 안은 보유량
(대)
승합차
(974,583)
승용차
(15,061,467)
(%)

자료 : 한국자동차산업협회

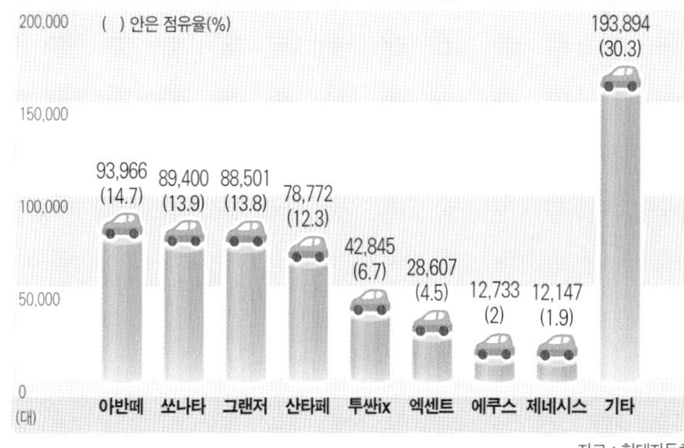

현대차 승용차 차종별 국내 판매량 (기준 : 2013. 1~12)
( ) 안은 점유율(%)
200,000
150,000
100,000
50,000
0
(대)
93,966 (14.7)
89,400 (13.9)
88,501 (13.8)
78,772 (12.3)
42,845 (6.7)
28,607 (4.5)
12,733 (2)
12,147 (1.9)
193,894 (30.3)
아반떼
쏘나타
그랜저
산타페
투싼ix
엑센트
에쿠스
제네시스
기타

자료 : 현대자동차

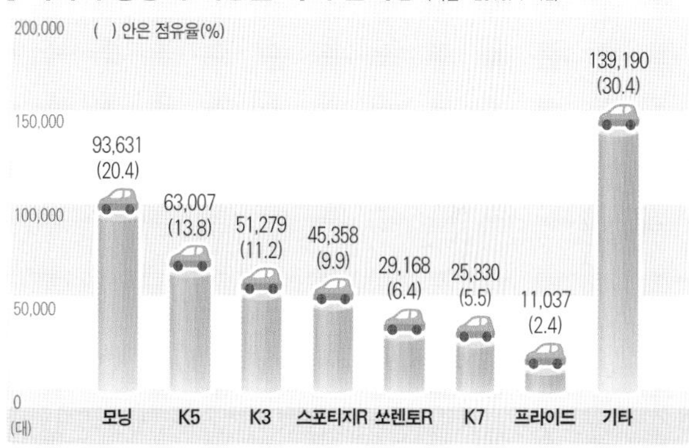

기아차 승용차 차종별 국내 판매량 (기준 : 2013. 1~12)
( ) 안은 점유율(%)
200,000
150,000
100,000
50,000
0
(대)
93,631 (20.4)
63,007 (13.8)
51,279 (11.2)
45,358 (9.9)
29,168 (6.4)
25,330 (5.5)
11,037 (2.4)
139,190 (30.4)
모닝
K5
K3
스포티지R
쏘렌토R
K7
프라이드
기타

자료 : 기아자동차

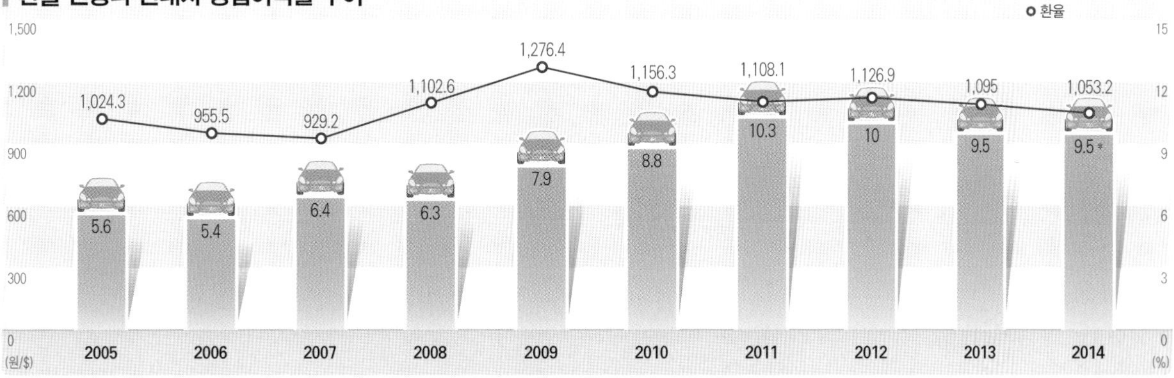

환율 변동과 현대차 영업이익률 추이
* 2014년 영업이익률은 전망치
현대차영업이익률(우)
환율
1,500
1,200
900
600
300
0
(원/$)
15
12
9
6
3
0
(%)
1,024.3
955.5
929.2
1,102.6
1,276.4
1,156.3
1,108.1
1,126.9
1,095
1,053.2
5.6
5.4
6.4
6.3
7.9
8.8
10.3
10
9.5
9.5*
2005
2006
2007
2008
2009
2010
2011
2012
2013
2014

자료 : 현대차

자동차의 진화 트렌드

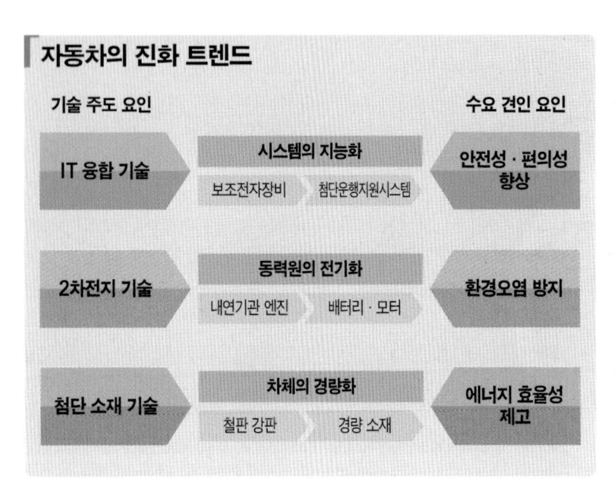

기술 주도 요인
수요 견인 요인
IT 융합 기술
시스템의 지능화
보조전자장비
첨단운행지원시스템
안전성 · 편의성 향상
2차전지 기술
동력원의 전기화
내연기관 엔진
배터리 · 모터
환경오염 방지
첨단 소재 기술
차체의 경량화
철판 강판
경량 소재
에너지 효율성 제고

전기차 진화도

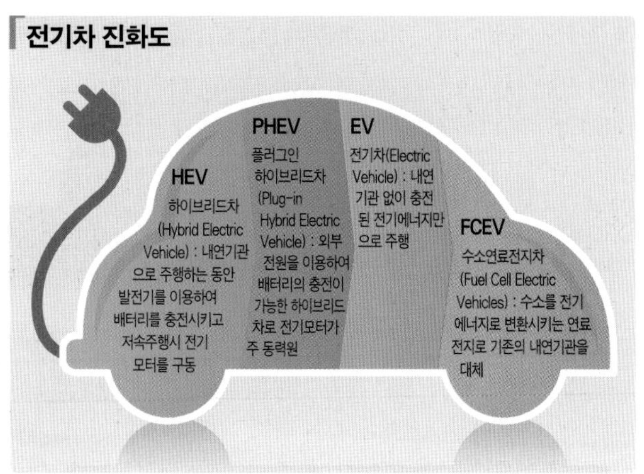

HEV
하이브리드차 (Hybrid Electric Vehicle) : 내연기관으로 주행하는 동안 발전기를 이용하여 배터리를 충전시키고 저속주행시 전기 모터를 구동
PHEV
플러그인 하이브리드차 (Plug-in Hybrid Electric Vehicle) : 외부 전원을 이용하여 배터리의 충전이 가능한 하이브리드 차로 전기모터가 주 동력원
EV
전기차(Electric Vehicle) : 내연기관 없이 충전된 전기에너지만으로 주행
FCEV
수소연료전지차 (Fuel Cell Electric Vehicles) : 수소를 전기에너지로 변환시키는 연료전지로 기존의 내연기관을 대체

동력원별 세계 자동차 판매 대수 전망

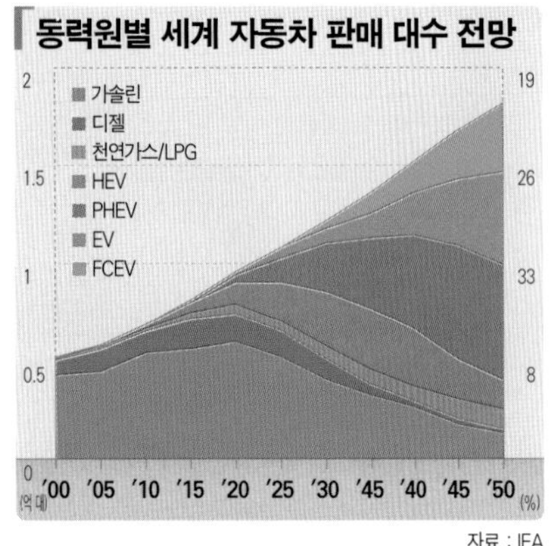

기솔린
디젤
천연가스/LPG
HEV
PHEV
EV
FCEV
2
1.5
1
0.5
0
(억 대)
19
26
33
8
'00 '05 '10 '15 '20 '25 '30 '45 '40 '45 '50
(%)

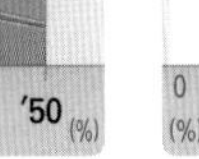

자료 : IEA

미국 자동차용 소재의 비중 변화 전망

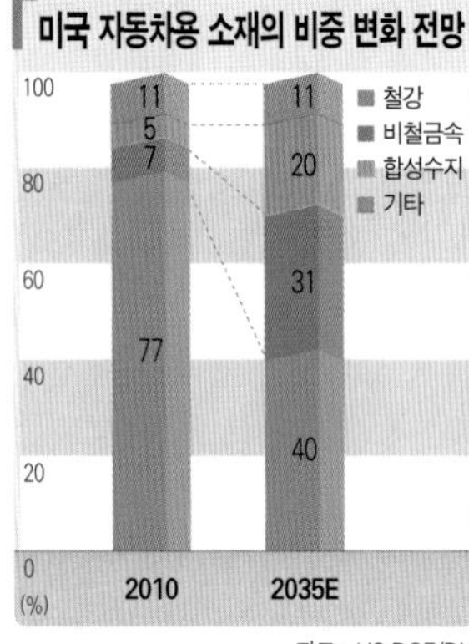

철강
비철금속
합성수지
기타
100
80
60
40
20
0
(%)
2010
2035E
11
5
7
77
11
20
31
40

자료 : US DOE/DIA

자동차 제조원가 중 전자부품 및 소프트웨어 비중 전망

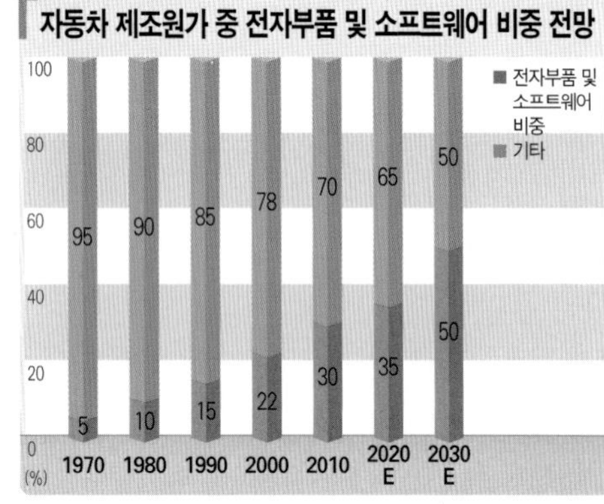

전자부품 및 소프트웨어 비중
기타
100
80
60
40
20
0
(%)
1970 1980 1990 2000 2010 2020 E 2030 E
95 90 85 78 70 65 50
5 10 15 22 30 35 50

자료 : Strategy Analytics

세계 차량 판매 중 전기차 비중

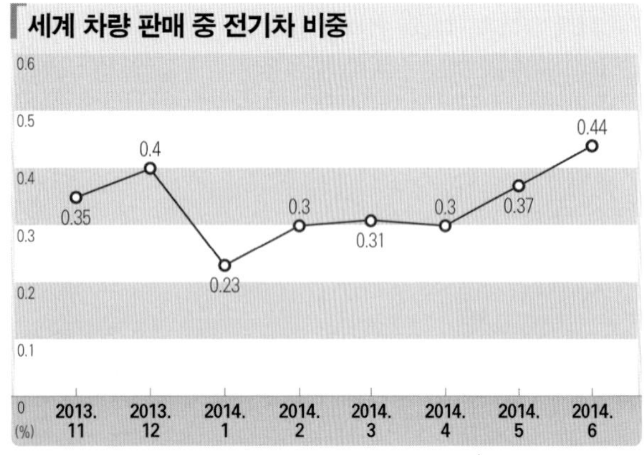

0.6
0.5
0.4
0.3
0.2
0.1
0
(%)
2013. 11
2013. 12
2014. 1
2014. 2
2014. 3
2014. 4
2014. 5
2014. 6
0.35
0.4
0.23
0.3
0.31
0.3
0.37
0.44

자료 : Bloomberg, EV Sales

세계 전기차 모델별 누적 판매량 (기준 : 2010~2014. 7) ( ) 안은 점유율(%)

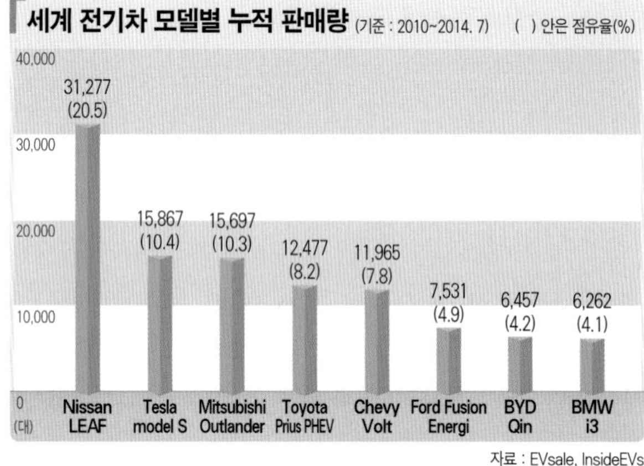

40,000
30,000
20,000
10,000
0
(대)
31,277 (20.5)
15,867 (10.4)
15,697 (10.3)
12,477 (8.2)
11,965 (7.8)
7,531 (4.9)
6,457 (4.2)
6,262 (4.1)
Nissan LEAF
Tesla model S
Mitsubishi Outlander
Toyota Prius PHEV
Chevy Volt
Ford Fusion Energi
BYD Qin
BMW i3

자료 : EVsale, InsideEVs

전국 지역별 전기차 충전소 현황 (기준 : 급속충전소는 2014. 11, 완속충전소는 2014. 1)

* 일부 특수지역(군부대 등) 설치 충전소는 제외

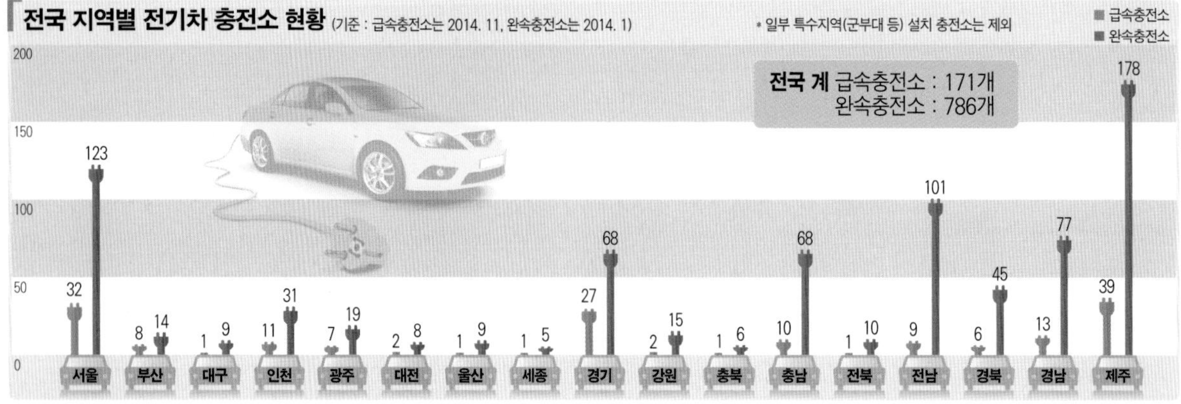

급속충전소
완속충전소
전국 계 급속충전소 : 171개
완속충전소 : 786개
200
150
100
50
0
서울 32 123
부산 8 14
대구 1 9
인천 11 31
광주 7 19
대전 2 8
울산 1 9
세종 1 5
경기 27 68
강원 2 15
충북 1 6
충남 10 68
전북 1 10
전남 9 101
경북 6 45
경남 13 77
제주 39 178

자료 : 환경부 충전인프라 정보시스템

글로벌 자동차회사 그룹 계열 및 브랜드 현황 (기준 : 2013)

유럽

Volkswagen Group AG (독일)

Volkswagen	독일
Volkswagen Commercial Vehicles	독일
Audi	독일
MAN	독일
Porsche	독일
Bentley	영국
Bugatti	프랑스
Lamborghini	이탈리아
Ducati	이탈리아
Scania	스웨덴
SEAT	스페인
Škoda	체코

AB Volvo (스웨덴)

Volvo Trucks	스웨덴
UD Trucks	일본
Renault Trucks	프랑스
Mack	미국
NovaBus	캐나다
Prevost	캐나다

Daimler AG (독일)

Mercedes-Benz	독일
Smart	독일
Setra	독일
BharatBenz	인도
Freightliner	미국
Master	파키스탄
Mitsubishi Fuso	일본
Thomas Built	미국
Western Star	미국
Denza	중국

PSA Peugeot Citroën S.A. (프랑스)

Citroën	프랑스
Peugeot	프랑스

Renault (프랑스)

Renault	프랑스
Renault Samsung	대한민국
Dacia	루마니아

Fiat S.p.A (이탈리아)

Fiat	이탈리아
Fiat Professional	이탈리아
Chrysler	미국
Dodge	미국
Jeep	미국
Ram	미국
SRT	미국
Abarth	이탈리아
Alfa Romeo	이탈리아
Ferrari	이탈리아
Lancia	이탈리아
Maserati	이탈리아
Zastava Trucks	세르비아

BMW AG (독일)

BMW	독일
MINI	영국
Rolls-Royce	영국

미국

General Motors Company

Cadillac	미국
Chevrolet	미국
GMC	미국
Holden	호주
HSV	호주
Opel	독일
Vauxhall	영국
UzDaewoo	우즈베키스탄
Jie Fang	중국
Baojun	중국
Wuling	중국
한국GM	대한민국

Ford Motor Company

Ford	미국
Lincoln	미국
FPV	호주
Troller	브라질

대한민국

현대·기아차

현대자동차	대한민국
기아자동차	대한민국

인도

Tata Motors, Ltd

Tata	인도
Jaguar	영국
Land Rover	영국
Hispano	스페인
Tata Daewoo	대한민국

Mahindra & Mahindra, Ltd

Mahindra	인도
REVA	인도
SsangYong	대한민국

중국

SAIC Motor

Maxus	중국
Roewe	중국
Soyat	중국
Yuejin	중국
MG Motor	영국
Baojun	중국
Wuling	중국

FAW Group

Besturn	중국
Hongqi	중국
Freewind	중국
Haima	중국
Jiaxing	중국
Vita	중국

Dongfeng Motor Corporation

Fengshen	중국
Venucia	중국

Changan Automobile Company

Changan	중국
Changhe	중국
Hafei	중국
Tiger Truck	미국

Chery Automobile Company

Chery	중국
Rely	중국
Riich	중국
Qoros	중국
Chery Jaguar Land Rover	중국

BAIC Group

BAW	중국
Foton	중국
Beijing Benz	중국
Beijing Hyundai	중국

BYD Auto

BYD	중국
Denza	중국

Geely Automobile

Geely	중국
Emgrand	중국
Gleagle	중국
Maple	중국
Volvo (승용차)	스웨덴

일본

Toyota Motor Corporation

Toyota	일본
Lexus	일본
Scion	미국
Daihatsu	일본
Hino	일본
Ranz	중국

Nissan Motor Company

Nissan	일본
Datsun	일본
Infiniti	홍콩
Venucia	중국

Honda Motor Company

Honda	일본
Acura	미국
Everus	중국

Suzuki Motor Corporation

Suzuki	일본
Maruti Suzuki	인도

Mazda Motor Corporation

Mazda	일본

Mitsubishi Motors Corporation

Mitsubishi	일본
Ralliart	일본

Fuji Heavy Industries, Ltd

Subaru	일본

디젤, SUV, 수입차, 모빌리티에 주목

자동차는 기술과 비즈니스에 있어서 스펙트럼이 대단히 넓은 시장을 형성한다. 따라서 다른 업종에 비해 전후방산업과의 연관 효과가 매우 크다. 자동차 제조 분야에서는 철강, 화학, 비철금속, 전기, 전자, 고무, 유리, 플라스틱 등의 산업과 2만여 개의 부품을 만드는 업체들이 복잡한 사슬을 이루고 있다. 유통에서는 완성차 업체의 직영 영업소나 대리점, 할부금융, 탁송회사 등이 유기적으로 얽혀 있다. 아울러 운행에서는 정비, 부품, 주유, 보험 업종이 관여하고 있다.

자동차시장은 경기 변동에 민감하게 반응한다. 자동차 보급이 일정 수준에 도달해 수요 증가세가 둔화하는 시점에서는 경기 변동에 더욱 민감해 진다. 자동차는 거대 자본이 투입되는 장치산업이라는 특성상 나라마다 소수 업체 위주의 과점체제를 형성하고 있다. 일정 규모의 양산 설비를 구축하는 데 막대한 비용이 들어가고 진입 결정 이후 제품 출시까지 최소한 4~5년이 소요되기 때문에 자금력을 갖춘 대기업이라도 진입에 성공할 가능성이 낮다.

아울러 자동차 업체는 종업원이 수만 명에 이르고 협력업체가 수천 개에 달하기 때문에 부실 경영이 장기화되는 경우 나라경제에 미치는 파장이 엄청나게 크다. 우리나라도 1998년 구제금융 당시 기아와 대우 사태를 경험한 바 있다.

이처럼 수많은 산업이 유기적으로 얽혀 있는 자동차 산업의 가까운 미래는 어떻게 펼쳐질까? 한국자동차산업연구소가 발표한 '세계 자동차산업 이슈'를 중심으로 살펴보도록 하자.

디젤 승용차시장, 이보다 더 좋을 순 없다

최근 국내 자동차시장에서 전체 승용차 판매는 감소하고 있음에도 디젤 승용차 판매는 크게 증가하고 있다. 2013년 전년 대비 33.4% 증가한데 이어 2014년 상반기에는 51.3%나 늘었다. 연비 효율성, 성능 향상, 신차 효과 등으로 디젤 승용차에 대한 수요가 앞으로도 지속적으로 늘어날 전망이다. 특히 환경 규제 강화로 가솔린 차량에 배기정화장치(GPF) 부착을 의무화할 경우 디젤 차량의 경제성은 더욱 부각될 것으로 보인다.

V6
3.0 VGT

SUV, 레저 문화 확산 수혜

전체 자동차시장에서 SUV가 차지하는 비중이 20%를 넘어서는 등 3년 연속 성장세가 이어지고 있다. SUV 중에서도 특히 수입 브랜드 강세가 두드러진다. 2015년부터는 현대차 투싼과 기아차 스포티지의 완전 변경 모델이 출시되고, 쌍용차의 소형 SUV 티볼리가 모습을 드러낼 전망이다. 여기에 닛산 캐시카이와 푸조 2008 등 수입차들이 가세하면서 SUV의 호조세는 당분간 지속될 전망이다.

Audi

TOYOTA

HONDA

OPEL

SEAT

SUZUKI

LANCIA

SAAB

VOLVO

FIAT

mazda

NISSAN

BMW

JAGUAR

CHRYSLER

Mercedes-Benz

수입차, 꺾일 줄 모르는 성장세

수입차는 5년 연속 두 자릿수 증가세를 이어가고 있다. 2014년에는 전년 대비 무려 25%나 증가해 19만 대를 상회하는 판매 실적을 기록했다. 자동차시장 안에서의 점유율도 2013년 10%에서 2014년 12%로 증가해 5년 연속 최고 실적을 경신하고 있다.

수입차 판매 업체들은 2015년과 2016년에도 새로운 모델을 계속 출시해 상승 모드를 이어간다는 계획이다. 아울러 플러그인 하이브리드(plug in hybrid) 등 친환경차 출시도 확대할 방침이다.

자동차 등록 2000만 대 돌파, 1가구 당 1대 이상 보유

국내 자동차 등록대수가 전 세계에서 15번째, 아시아에서 4번째로 2,000만 대를 돌파했다. 국내 자동차 1대당 인구수는 1995년 5.41명에서 2014년 2.56명으로 감소한 반면, 가구당 보유대수는 0.65대에서 1.14대로 증가했다.

승용차는 국산차가 93.4%, 수입차가 6.6%를 차지했으며, 업체별로 살펴보면, 국내 브랜드에서는 현대자동차가, 수입차는 BMW가 각각 1위를 영위했다. 연령별로는 20~30대가 현대차 아반떼, 40대 이상은 현대차 쏘나타를 주로 보유하는 것으로 나타났다.

GM의 대규모 리콜 사태

2014년 GM은 사상 최대 규모인 약 3,000만 대의 리콜을 실시했다. 시동 장치의 점화 스위치, 에어백 인플레이터 등 소형 부품의 결함이 문제였다. 점화 스위치의 경우에는 GM이 결함을 인지했음에도 조직적으로 은폐했다는 의혹이 제기되면서 도덕성 논란까지 일었다. 이번 대규모 리콜 사태로 향후 완성차 업체들은 구매 전략을 바꿀 것으로 보인다. 무리한 원가 절감이 천문학적인 리콜 비용 부담과 브랜드 이미지 훼손으로 연결되고 있기 때문이다.

진화하는 모빌리티 서비스

공유경제의 한 형태로 주목 받은 카셰어링(car sharing)은 글로벌 금융위기를 거치면서 미국과 유럽을 중심으로 급속하게 확산되었다. 최근에는 중국 등 신흥 국가로 서비스 지역을 확대하며 모빌리티 서비스의 중심으로 부상하고 있다. 모빌리티 서비스는 이에 그치지 않고 정보통신 인프라와 스마트 기기를 활용해 고급화, 마이크로화 방향으로 발전을 거듭하고 있다.

모빌리티 기업 중에서 특히 우버가 주목을 받고 있다. 우버는 차량 운전기사와 승객을 모바일 애플리케이션으로 연결해주는 서비스로, 기사가 고급 승용차를 이용해 서비스를 제공하고 결제도 미리 등록된 회원정보를 바탕으로 자동으로 처리돼 소비자들로부터 각광받고 있다. 우버는 세계 각지에서 '불법 콜택시'라는 비난을 받으며 많은 갈등을 일으키기도 했지만, 2013년 구글로부터 2억 6,000만 달러의 투자를 유치한데 이어 2014년에도 12억 달러를 추가로 유치했다.

UBER
+
Google Wallet
RIDE WITH UBER
PAY WITH GOOGLE
Pay with Google Wallet and score
a deal on your next trip
NEW USERS
$20 OFF
EXISTING USERS
$10 OFF

25 | 차부품·타이어 업계

업계 규모

- ■ 차부품산업 총매출액(수출 포함) 74.8조 원 (전년 대비 ▼0.3%)
- ■ 국내 타이어 생산수량 9,764만 본
- ■ 국내 타이어 생산액 7조 8,536억 원

차부품

글로벌 차부품 업체 순위

(기준 : 2013 매출액, ( ) 안은 전년 대비 순위 변동)

업체 / 매출액(백만 달러)

순위	국가	업체	매출액
1위(-)	독일	Robert Bosch GmbH	40,183
2위(-)	일본	Denso Corp.	35,849
3위(▲1)	캐나다	Magna International Inc.	34,375
4위(▼1)	독일	Continental AG	33,500
5위(-)	일본	Aisin Seiki Co.	27,125
6위(▲2)	한국	현대모비스	24,677
7위(-)	프랑스	Faurecia	23,950
8위(▼2)	미국	Johnson Controls Inc.	23,440
9위(-)	독일	ZF Friedrichshafen AG	20,434
10위(▲1)	미국	Lear Corp.	16,234
11위(▲2)	미국	TRW Automotive Holdings Corp.	16,147
12위(▼2)	일본	Yazaki Corp.	15,600
13위(▼2)	미국	Delphi Automotive PLC	15,475
14위(▼1)	프랑스	Valeo SA	13,666
15위(▲1)	일본	Sumitomo Electric Industries	12,851
16위(▼2)	독일	BASF SE	12,351
17위(▲1)	일본	JTEKT Corp.	11,351
18위(▲1)	일본	Toyota Boshoku Corp.	9,462
19위(▲3)	스웨덴	Autoliv Inc.	8,803
20위(▲1)	일본	Hitachi Automotive Systems	8,760
21위(▼2)	일본	CalsonicKansei Corp.	8,580
22위(▲8)	독일	Mahle GmbH	8,506
23위	일본	Panasonic Automotive Systems	8,307
24위(▼3)	독일	Schaeffler AG	8,165
25위(▼5)	미국	Cummins Inc.	7,900
⋮			
35위(▲3)	한국	현대위아	6,741
43위(▲3)	한국	만도	5,145
54위(▲16)	한국	현대파워텍	3,885
76위(▲14)	한국	현대다이모스	2,434

자료 : 「Automotive News」(2014. 6. 16)

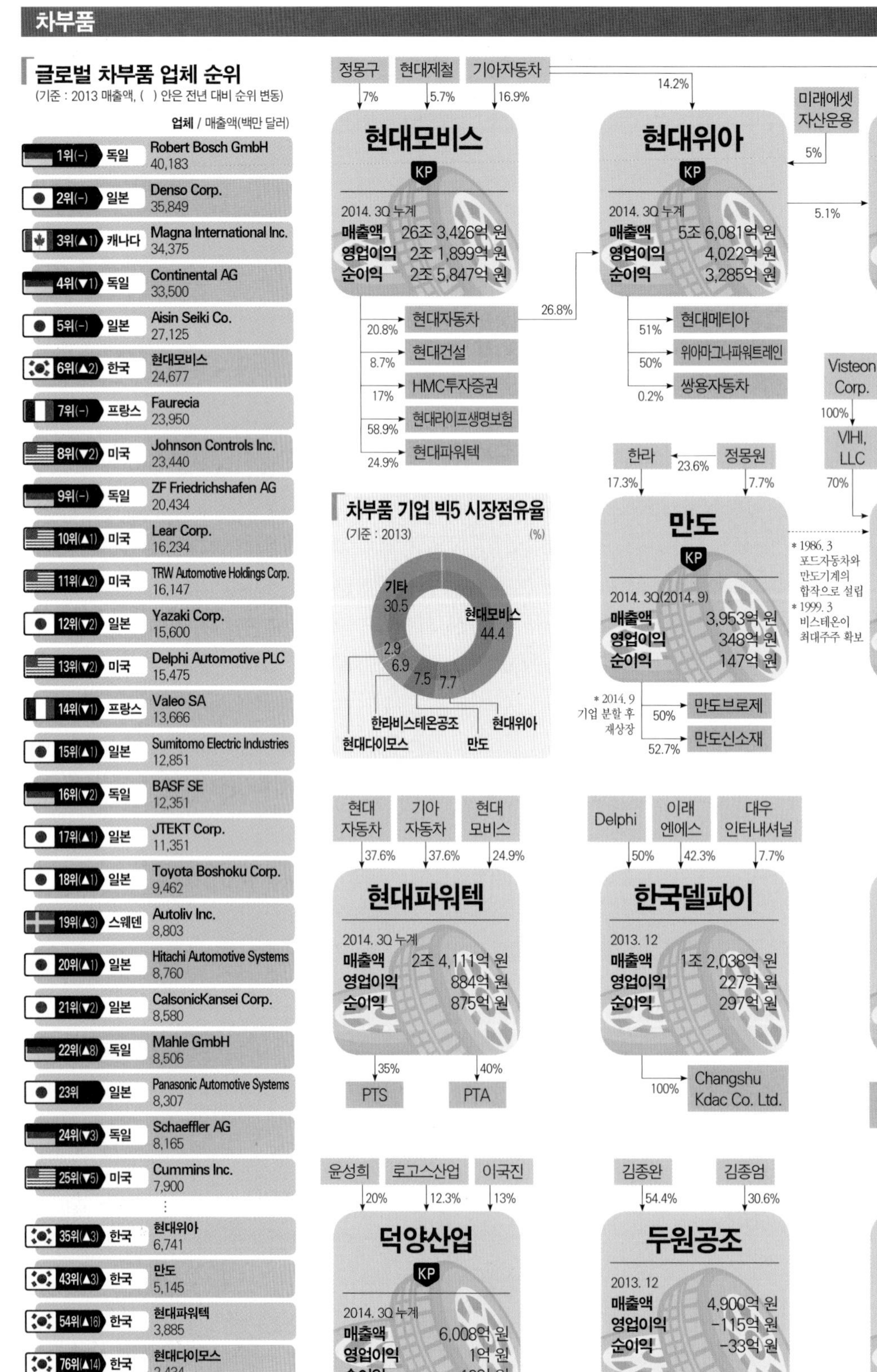

정몽구 7%
현대제철 5.7%
기아자동차 16.9%
14.2%
45.4%
현대자동차 47.3%
미래에셋 자산운용 5%
현대모비스
2014. 3Q 누계
매출액 26조 3,426억 원
영업이익 2조 1,899억 원
순이익 2조 5,847억 원
20.8% 현대자동차
8.7% 현대건설
17% HMC투자증권
58.9% 현대라이프생명보험
24.9% 현대파워텍
26.8%
현대위아
2014. 3Q 누계
매출액 5조 6,081억 원
영업이익 4,022억 원
순이익 3,285억 원
51% 현대메티아
50% 위아마그나파워트레인
0.2% 쌍용자동차
5.1%
현대다이모스
2014. 3Q 누계
매출액 1조 8,283억 원
영업이익 466억 원
순이익 326억 원
100% 현대엠시트
Visteon Corp.
100%
VIHI, LLC
70%
* 2014. 12 VIHI의 지분 70% 매각 계약 체결 (3조 9,400억 원)
한앤컴퍼니 한국타이어
인수 참여 (19.5%)
* 2015 상반기 인수 완료 예정
차부품 기업 빅5 시장점유율
(기준 : 2013) (%)
기타 30.5
현대모비스 44.4
2.9
6.9
7.5
7.7
한라비스테온공조
현대위아
현대다이모스
만도
한라 17.3%
23.6%
정몽원 7.7%
만도
2014. 3Q(2014. 9)
매출액 3,953억 원
영업이익 348억 원
순이익 147억 원
* 1986. 3 포드자동차와 만도기계의 합작으로 설립
* 1999. 3 비스테온이 최대주주 확보
* 2014. 9 기업 분할 후 재상장
50% 만도브로제
52.7% 만도신소재
한라비스테온공조
2014. 3Q 누계
매출액 4조 341억 원
영업이익 2,754억 원
순이익 2,244억 원
* 2013. 3 한라공조에서 상호 변경
100% VASI
현대 자동차 37.6%
기아 자동차 37.6%
현대 모비스 24.9%
현대파워텍
2014. 3Q 누계
매출액 2조 4,111억 원
영업이익 884억 원
순이익 875억 원
35% PTS
40% PTA
Delphi 50%
이래 엔에스 42.3%
대우 인터내셔널 7.7%
한국델파이
2013. 12
매출액 1조 2,038억 원
영업이익 227억 원
순이익 297억 원
100% Changshu Kdac Co. Ltd.
윤성희 20%
로고스산업 12.3%
이국진 13%
덕양산업
2014. 3Q 누계
매출액 6,008억 원
영업이익 1억 원
순이익 13억 원
김종완 54.4%
김종엄 30.6%
두원공조
2013. 12
매출액 4,900억 원
영업이익 -115억 원
순이익 -33억 원

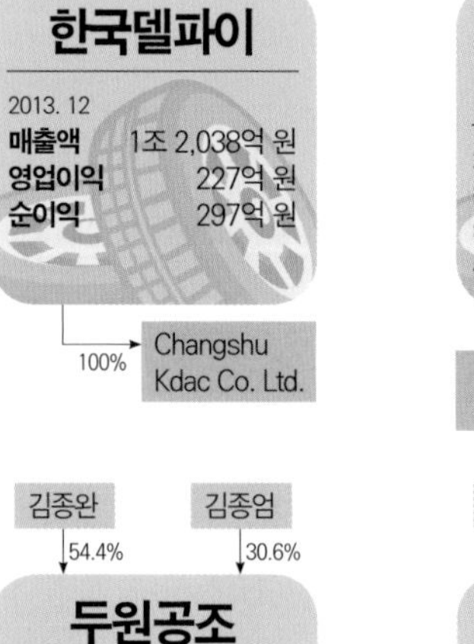

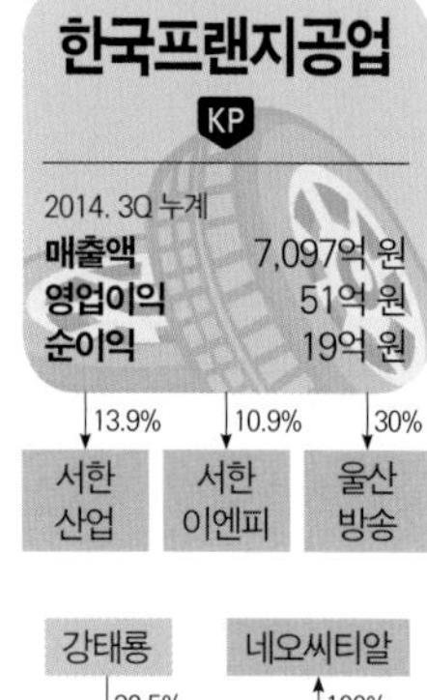

김윤수 외 특수관계인 42.9%
한국프랜지공업
2014. 3Q 누계
매출액 7,097억 원
영업이익 51억 원
순이익 19억 원
13.9% 서한 산업
10.9% 서한 이엔피
30% 울산 방송
강태룡 32.5%
네오씨티알 100%
센트랄
2013. 12
매출액 3,319억 원
영업이익 99억 원
순이익 78억 원

타이어

* 각사 유통체계는 2014. 8 교체용(RE) 타이어 판매유통점포수 기준, 중복기능점포 포함

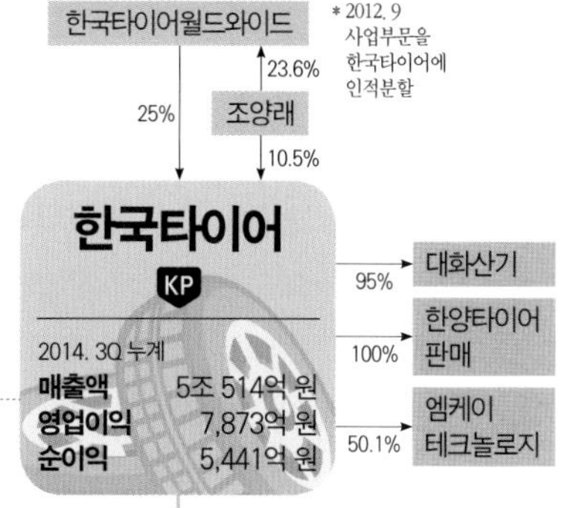

한국타이어월드와이드
* 2012. 9 사업부문을 한국타이어에 인적분할
23.6%
25%
조양래
10.5%

한국타이어

KP

2014. 3Q 누계

매출액	5조 514억 원
영업이익	7,873억 원
순이익	5,441억 원

- 95% → 대화산기
- 100% → 한양타이어판매
- 50.1% → 엠케이테크놀로지

유통체계

T'station	541개
TBX	191개
일반대리점	1,772개
A/S지정점	123개

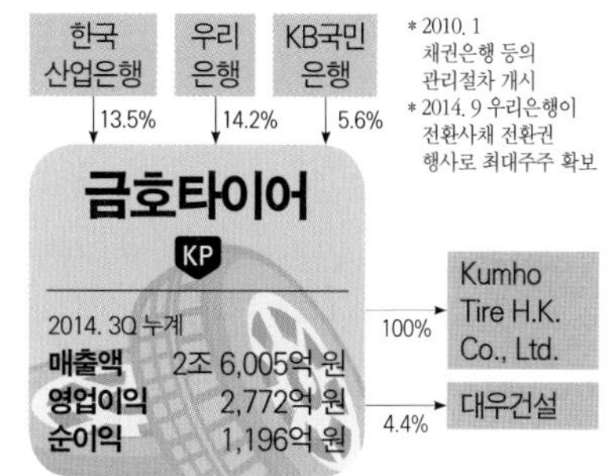

한국산업은행
우리은행
KB국민은행
13.5%
14.2%
5.6%
* 2010. 1 채권은행 등의 관리절차 개시
* 2014. 9 우리은행이 전환사채 전환권 행사로 최대주주 확보

금호타이어

KP

2014. 3Q 누계

매출액	2조 6,005억 원
영업이익	2,772억 원
순이익	1,196억 원

- 100% → Kumho Tire H.K. Co., Ltd.
- 4.4% → 대우건설

유통체계

타이어프로	496개
타이어365+	90개
일반대리점	584개
A/S지정점	337개

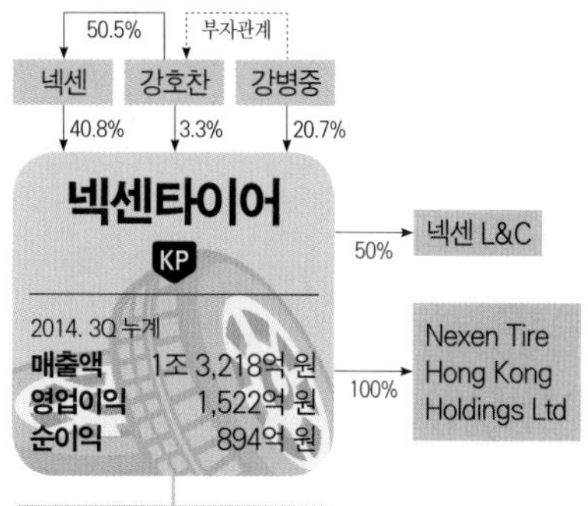

50.5%
부자관계
넥센
강호찬
강병중
40.8%
3.3%
20.7%

넥센타이어

KP

2014. 3Q 누계

매출액	1조 3,218억 원
영업이익	1,522억 원
순이익	894억 원

- 50% → 넥센 L&C
- 100% → Nexen Tire Hong Kong Holdings Ltd

유통체계

타이어테크	188개
타이어테크 플러스	259개
판매점	367개
A/S지정점	83개

튜브 · 타이어 후렙 제조

정성원
정용완
33.6%
31.2%

흥아

2013. 12

매출액	2,265억 원
영업이익	267억 원
순이익	86억 원

- 97.5% → 에이치에이텍

박종익 외 특수관계인
43.7%

삼익

2013. 12

매출액	364억 원
영업이익	-5억 원
순이익	-6억 원

김만수
부자관계
김상헌
28.6%
22.4%

동아타이어공업

KP

2014. 3Q 누계

매출액	5,063억 원
영업이익	358억 원
순이익	338억 원

- 100% → 동아전지
- 100% → 디티알

외국 타이어 업체

BRIDGESTONE
브리지스톤타이어세일즈코리아
2001. 8 설립

MICHELIN
미쉐린코리아
1991. 12 설립

GOOD YEAR
굿이어코리아
1991. 10 설립

CONTINENTAL
콘티넨탈타이어코리아
2014. 8 설립

PIRELLI
(국내 수입사) 쌍성트레이딩, 코르세모토트레이딩

SUMITOMO RUBBER DUNLOP, FALKEN 등
국내 공식 거점 없음

YOKOHAMA
요코하마타이어코리아
2005. 1 설립

타이어 전문유통

김정규 외 특수관계인
100%

타이어뱅크

2013. 12

총자산	1,450억 원
총자본	620억 원

2015. 1

전국 점포수	358개

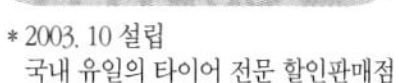
* 2003. 10 설립
국내 유일의 타이어 전문 할인판매점

타이어뱅크 경영실적 추이

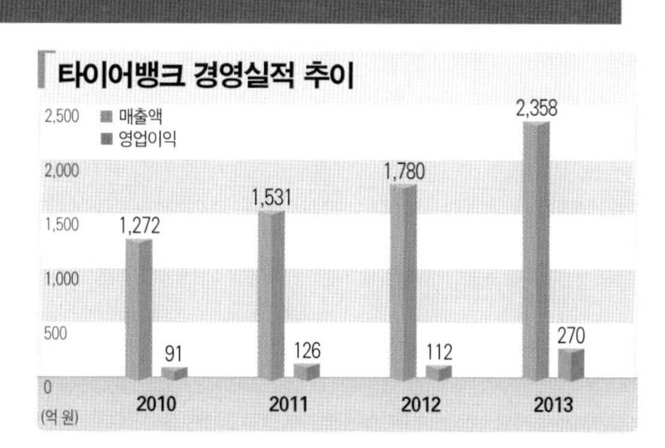

2,500
2,000
1,500
1,000
500
0
(억 원)
매출액
영업이익
1,272
91
1,531
126
1,780
112
2,358
270
2010
2011
2012
2013

타이어뱅크 전국 지역별 판매점 분포 (기준 : 2015. 1)

( ) 안은 구성비(%)

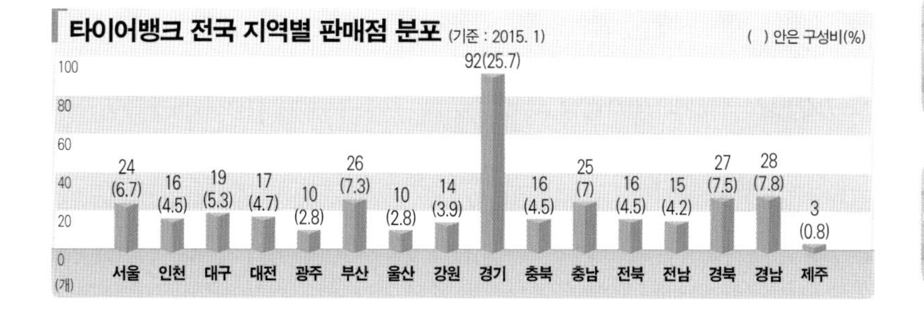

100
80
60
40
20
0
(개)
서울 24 (6.7)
인천 16 (4.5)
대구 19 (5.3)
대전 17 (4.7)
광주 10 (2.8)
부산 26 (7.3)
울산 10 (2.8)
강원 14 (3.9)
경기 92(25.7)
충북 16 (4.5)
충남 25 (7)
전북 16 (4.5)
전남 15 (4.2)
경북 27 (7.5)
경남 28 (7.8)
제주 3 (0.8)

차부품 생산 업체 현황

엔진 · 배터리
- 엔진 : 현대차, 기아차, 현대위아
- 엔진마운트 : 구영테크
- 엔진부품 : 나라엠엔디, 대동금속, 화천기계
- 실린더헤드 부품 : 지코, 화천기계
- 엔진워터펌프 : 지코, 지엠비코리아, 태원물산
- 엔진오일팬 · 리어엑슬 : 체시스
- 챔버 · 로커암 : 청보산업
- 온도조절기 · 연료압력조절기 : 인지컨트롤스
- 피스턴링 · 캠샤프트 : 유성기업
- 흡기계 · 오일펌프 : 모토닉
- 벨트 : 동일고무벨트
- 배터리 : 아트라스BX, 세방전지
- 주물 : 캐스텍코리아

모터 · 케이블 · 호스
- 조향 · 구동모터 : S&T모티브, 계양전기
- 와이퍼 · 윈도우 · 팬 모터 : 동양기전, KCW
- 와이어 배선 : 유라테크, 티에이치엔, 넥센테크
- 커넥터 : 한국단자공업
- 호스 · 가스켓 : 동아화성, 화승알앤에이
- 케이블 : 인팩, 경창산업
- 고무부품 : 동아화성, 화승알앤에이
- 전장품 · 센서 : 현대모비스, 만도, 대우부품, 트루윈

의장
- 시트 : 대원산업, 한일이화, 대유에이텍
- 우드그레인 : 화진, 한국큐빅
- 칵핏 · 크래쉬패드 : 덕양산업, 한일이화, 동국실업, 탑금속
- 암레스트 : 현대공업
- 범퍼 : 현대모비스, 에코플라스틱
- 헤드라이너 : 엔브이에이치코리아

차체 · 페인트
- 차체 : 세원물산, 일지테크, 성우하이텍, 이젠텍, 세원정공, MS오토텍, 오스템
- 섀시 및 바디부품 : 화신, 화신정공
- 페인트 : KCC

소음 · 배기
- 벨루우즈 : SJM
- 소음기 : 세종공업, 디젠스

공조
- 시스템 · 컴푸레셔 : 한라비스테온공조
- 공조부품 : 우리산업, 성창오토텍

연료계통
- 필러넥 : 코리아에프티, 삼보모터스
- 캐니스터 : 코리아에프티

섀시 · 기타
- 브레이크 · 스티어링 · 서스펜션 : 만도, 현대모비스
- 엔진 · 조향 · 변속기 부품 : 우수AMS
- 등속조인트 · 액슬 : 한국프랜지공업, 현대위아
- 스프링 · 스테빌라이저 : 대원강업, 삼목강업, 삼원강재
- 램프 : 에스엘, 현대모비스
- 에어백 : 현대모비스, S&T모티브
- 방진부품 : 평화산업, 동아타이어
- 주물제품 : 부산주공, 영화금속

변속기 관련
- 변속기 : 현대차, 기아차, 현대위아, 현대파워텍, 현대다이모스
- 변속기 기어 · 클러치 : 경창산업, 디아이씨, 서진오토모티브
- 밸브바디 : 삼기오토모티브, 코다코
- 변속기 플레이트 : 삼보모터스
- 스풀밸브 : 지엠비코리아
- 유압솔레노이드 밸브 : 유니크

도어, 키 관련
- 도어락 · 도어 래취 : 평화정공, 대동
- 도어트림 : 한일이화, 탑금속
- 키셋, 스위치 : 대동
- 도어 프레임 : 동원금속
- 시가라이터 · 시계 : 유니크

타이어 · 휠 · 브레이크패드
- 브레이크패드 : 상신브레이크, KB오토시스, 새론오토모티브
- 타이어 : 한국타이어, 금호타이어, 넥센타이어
- 타이어 튜브 : 넥센, 동아타이어
- 타이어휠 : 대유신소재

국내 차부품산업 시장규모 추이 (기준 : 매출)

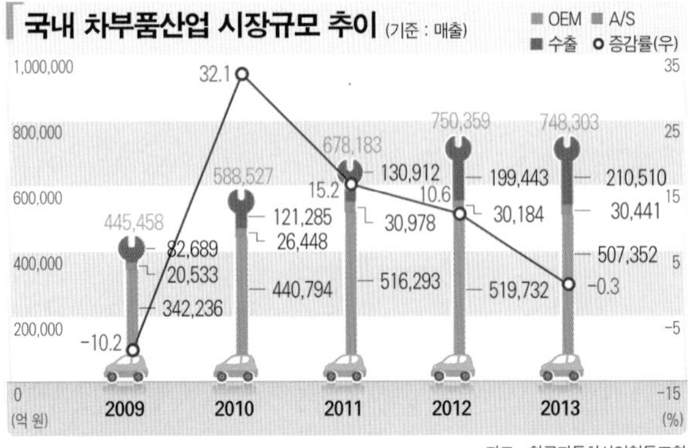

OEM A/S 수출 증감률(우)
1,000,000
800,000
600,000
400,000
200,000
0
(억 원)
35
25
15
5
-5
-15
(%)
2009 2010 2011 2012 2013
445,458
82,689
20,533
342,236
-10.2
588,527
32.1
121,285
26,448
440,794
678,183
15.2
130,912
30,978
516,293
750,359
10.6
199,443
30,184
519,732
748,303
210,510
30,441
507,352
-0.3

자료 : 한국자동차산업협동조합

국내 차부품 업체수 추이

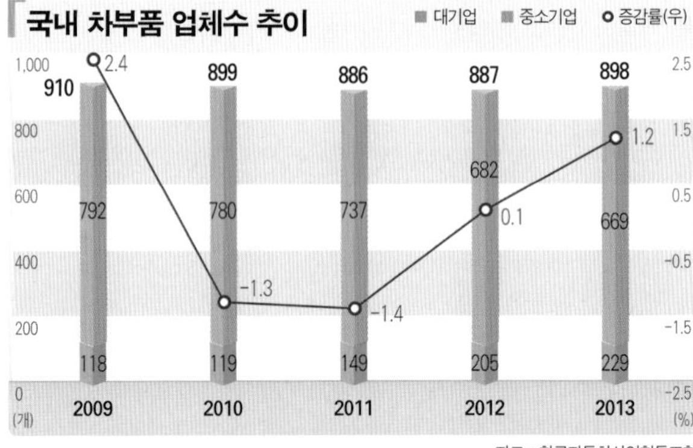

대기업 중소기업 증감률(우)
1,000
800
600
400
200
0
(개)
2.5
1.5
0.5
-0.5
-1.5
-2.5
(%)
2009 2010 2011 2012 2013
910
2.4
792
118
899
780
119
-1.3
886
737
149
-1.4
887
682
205
0.1
898
669
229
1.2

자료 : 한국자동차산업협동조합

주요 부품군의 완성차 내 비중 (기준 : 북미)

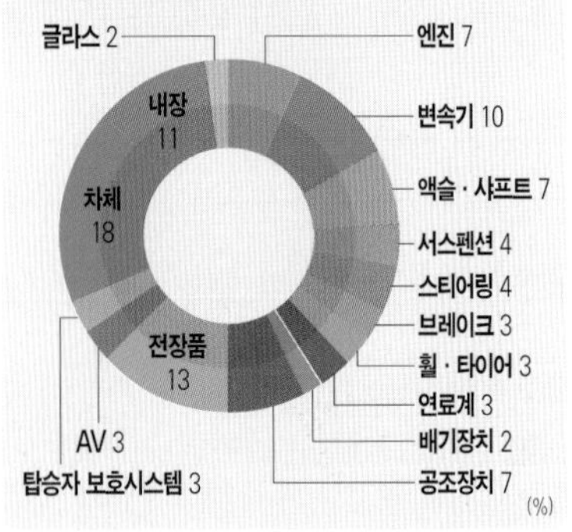

글라스 2
엔진 7
내장 11
변속기 10
차체 18
액슬 · 샤프트 7
서스펜션 4
스티어링 4
브레이크 3
전장품 13
휠 · 타이어 3
연료계 3
AV 3
배기장치 2
탑승자 보호시스템 3
공조장치 7
(%)

자료 : 글로벌자동차산업경영사

완성차 업체별 차부품 납품 업체수

(기준 : 2013)

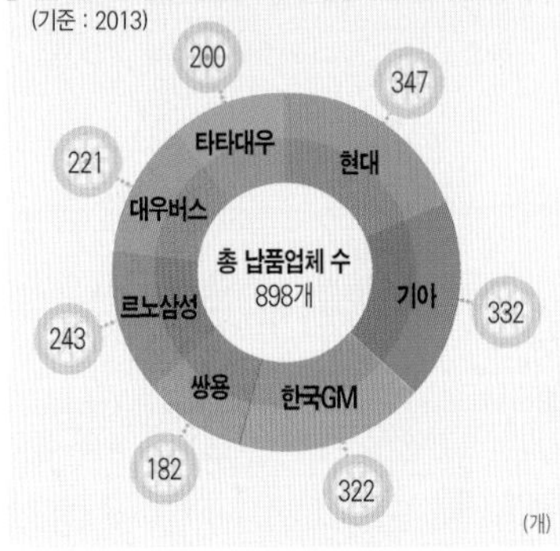

200
347
221
타타대우
현대
대우버스
총 납품업체 수
898개
기아
332
르노삼성
243
쌍용
한국GM
182
322
(개)

자료 : 한국자동차산업협동조합

완성차 업체별 매출액 대비 차부품 업체 납품액 비중 (기준 : 2013)

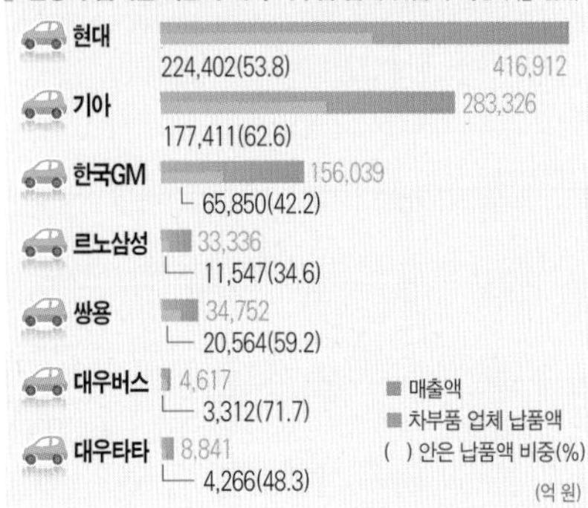

현대
224,402(53.8)
416,912
기아
283,326
177,411(62.6)
한국GM
156,039
65,850(42.2)
르노삼성
33,336
11,547(34.6)
쌍용
34,752
20,564(59.2)
대우버스
4,617
3,312(71.7)
대우타타
8,841
4,266(48.3)
매출액
차부품 업체 납품액
( ) 안은 납품액 비중(%)
(억 원)

자료 : 한국자동차산업협동조합

완성차 업체별 차부품 납품액 추이

(억 원)

	2011	2012	2013
현대	223,289	228,578	224,402
기아	173,237	174,812	177,411
한국GM	76,595	78,697	65,850
르노삼성	14,828	15,247	11,547
쌍용	21,507	16,479	20,564
대우버스	3,028	2,231	3,312
타타대우	3,809	3,688	4,266

자료 : 한국자동차산업협동조합

현대모비스 경영실적 추이 (기준 : 차부품 사업 포함 전체 매출액)

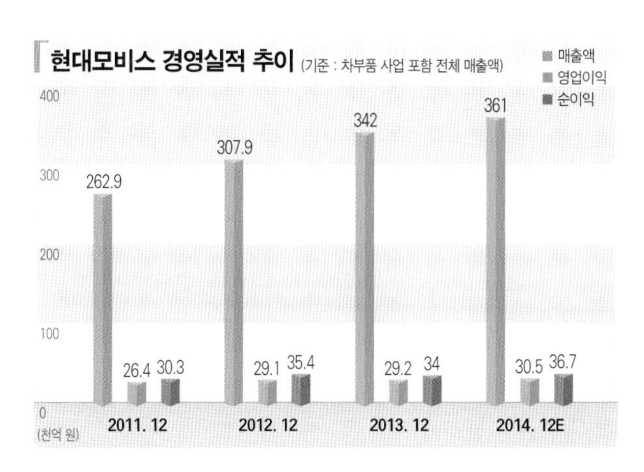

매출액
영업이익
순이익
400
300
200
100
0
(천억 원)
262.9
26.4
30.3
307.9
29.1
35.4
342
29.2
34
361
30.5
36.7
2011. 12
2012. 12
2013. 12
2014. 12E

현대위아 경영실적 추이 (기준 : 차부품 사업 포함 전체 매출액)

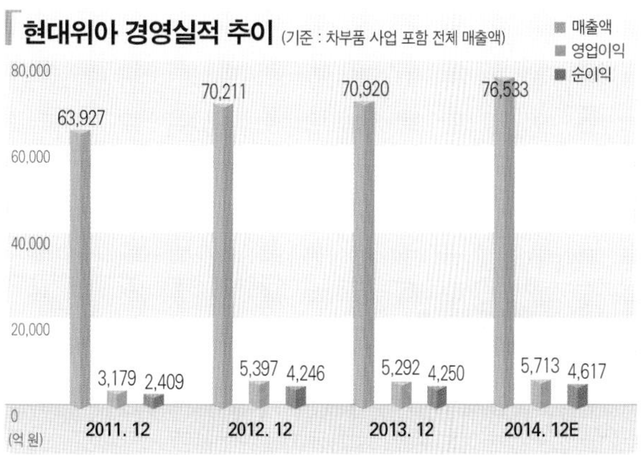

매출액
영업이익
순이익
80,000
60,000
40,000
20,000
0
(억 원)
63,927
3,179
2,409
70,211
5,397
4,246
70,920
5,292
4,250
76,533
5,713
4,617
2011. 12
2012. 12
2013. 12
2014. 12E

만도 경영실적 추이 (기준 : 차부품 사업 포함 전체 매출액)

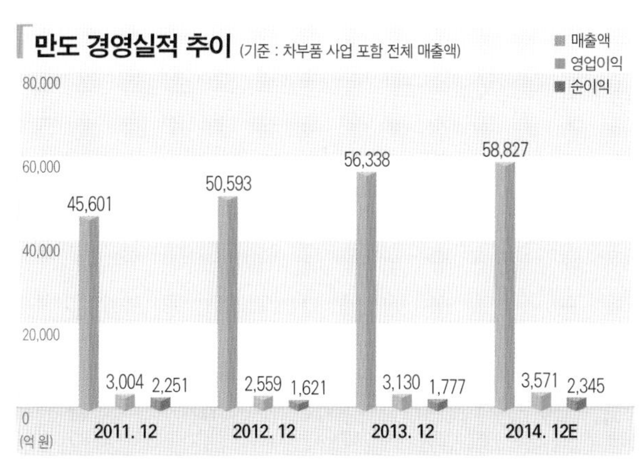

매출액
영업이익
순이익
80,000
60,000
40,000
20,000
0
(억 원)
45,601
3,004
2,251
50,593
2,559
1,621
56,338
3,130
1,777
58,827
3,571
2,345
2011. 12
2012. 12
2013. 12
2014. 12E

한라비스테온공조 경영실적 추이 (기준 : 차부품 사업 포함 전체 매출액)

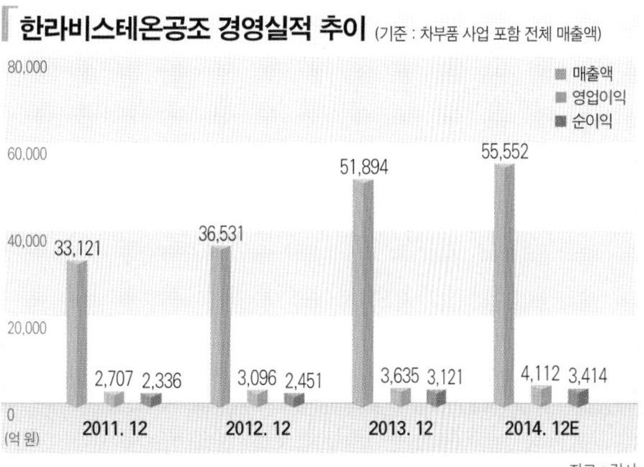

매출액
영업이익
순이익
80,000
60,000
40,000
20,000
0
(억 원)
33,121
2,707
2,336
36,531
3,096
2,451
51,894
3,635
3,121
55,552
4,112
3,414
2011. 12
2012. 12
2013. 12
2014. 12E

자료 : 각사

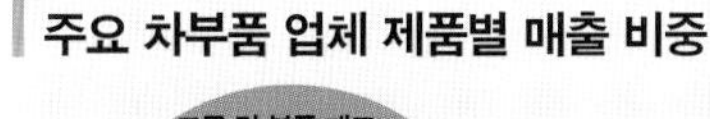

주요 차부품 업체 제품별 매출 비중

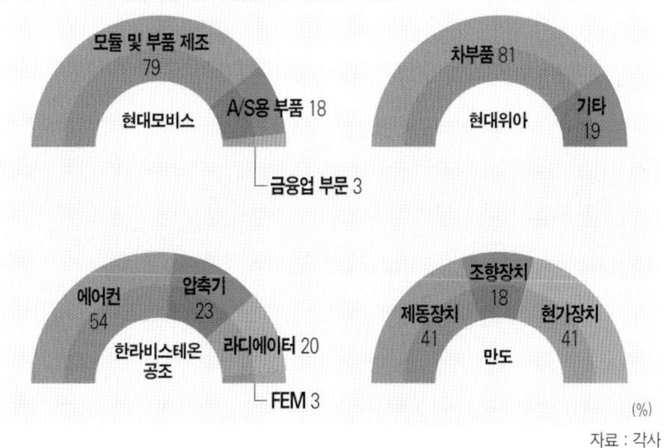

모듈 및 부품 제조 79
A/S용 부품 18
현대모비스
금융업 부문 3
차부품 81
기타 19
현대위아
에어컨 54
압축기 23
라디에이터 20
한라비스테온 공조
FEM 3
조향장치 18
제동장치 41
현가장치 41
만도
(%)

자료 : 각사

주요 차부품 업체 지역별 매출 비중

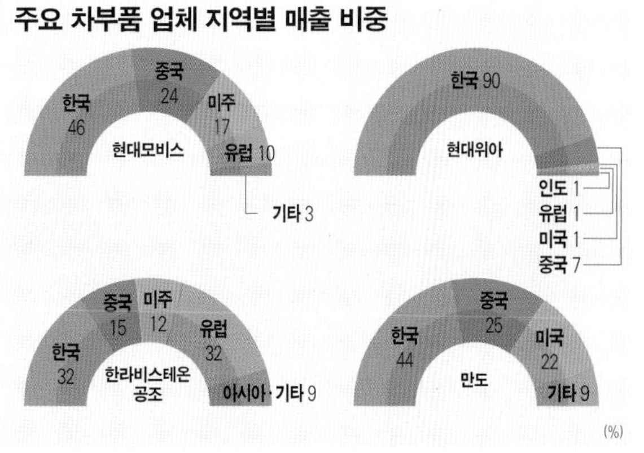

한국 46
중국 24
미주 17
유럽 10
현대모비스
기타 3
한국 90
현대위아
인도 1
유럽 1
미국 1
중국 7
중국 15
미주 12
유럽 32
한국 32
한라비스테온 공조
아시아·기타 9
중국 25
한국 44
미국 22
만도
기타 9
(%)

자료 : 각사

국내 타이어업계 생산 추이

12,000
10,000
8,000
6,000
4,000
2,000
0
(만 본)
7,547
9,533
9,721
9,764
2009
2010
2011
2012

자료 : 대한타이어공업협회

국내 타이어업계 판매 추이

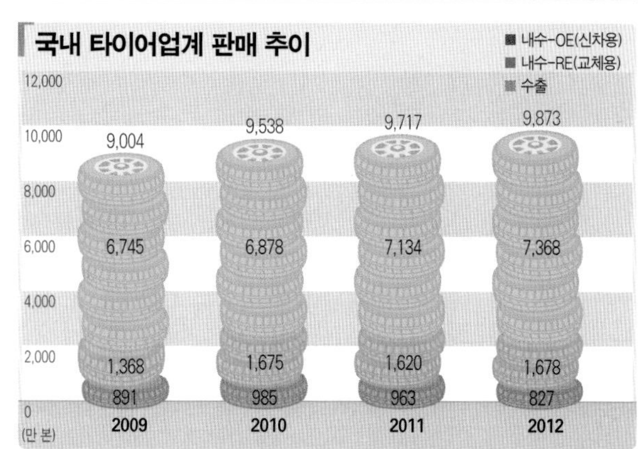

내수-OE(신차용)
내수-RE(교체용)
수출
12,000
10,000
8,000
6,000
4,000
2,000
0
(만 본)
9,004
9,538
9,717
9,873
6,745
6,878
7,134
7,368
1,368
1,675
1,620
1,678
891
985
963
827
2009
2010
2011
2012

자료 : 대한타이어공업협회

글로벌 완성차 수요 성장률 VS 타이어 판매 성장 (기준 : 타이어 판매는 승용차 및 경트럭)

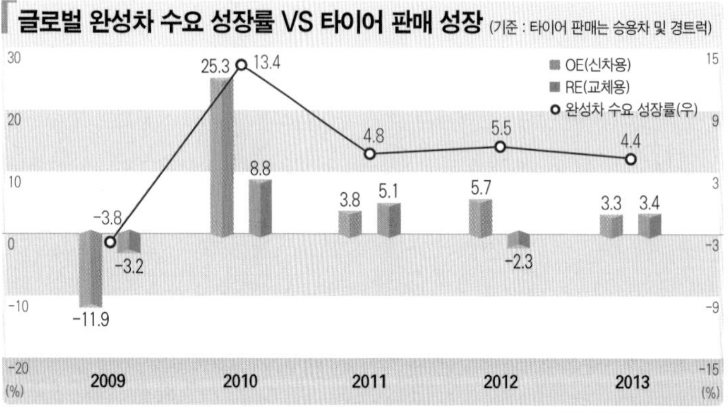

OE(신차용)
RE(교체용)
완성차 수요 성장률(우)
30
20
10
0
-10
-20
(%)
15
9
3
-3
-9
-15
(%)
-11.9
-3.8
-3.2
25.3
13.4
8.8
3.8
5.1
4.8
5.7
-2.3
5.5
3.3
3.4
4.4
2009
2010
2011
2012
2013

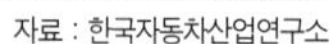
자료 : 한국자동차산업연구소

국내 타이어시장 업체별 점유율

(기준 : 2013 연간 승용차, SUV 교체용(RE) 타이어)

기타
5
넥센타이어
19
한국타이어
44
금호타이어
32
(%)

자료 : 하나대투증권

고무가격 VS 국내 타이어 3사 분기별 영업이익률

천연고무가격
합성고무(SBR)가격
영업이익률(우)
6,000
5,000
4,000
3,000
2,000
16
14
12
10
8
6
4
(%)
11.6
9.8
10.8
5.2
10
6.6
7.6
5.9
11.5
12.3
11.1
11.1
12.8
12.7
11.6
12.8
'00.3
6
9
12
'11.3
6
9
12
'12.3
6
9
12
'13.3
6
9
12

자료 : 한국무역협회(KITA)

국내 타이어 3사 생산능력 추이 및 전망

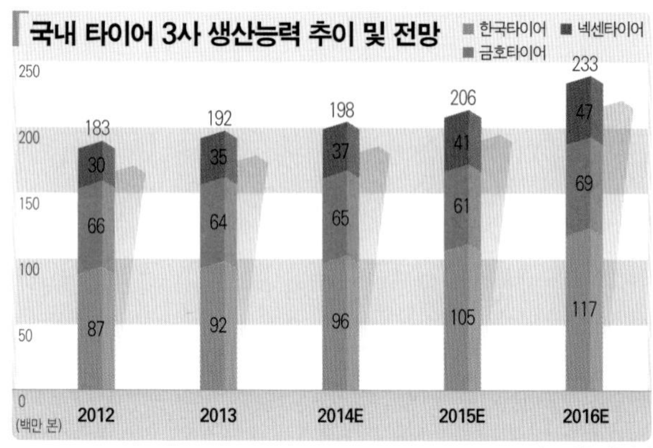

한국타이어
넥센타이어
금호타이어
250
200
150
100
50
0
(백만 본)
183
30
66
87
192
35
64
92
198
37
65
96
206
41
61
105
233
47
69
117
2012
2013
2014E
2015E
2016E

자료 : 한국신용평가

국내 타이어 지역별 수출액 추이

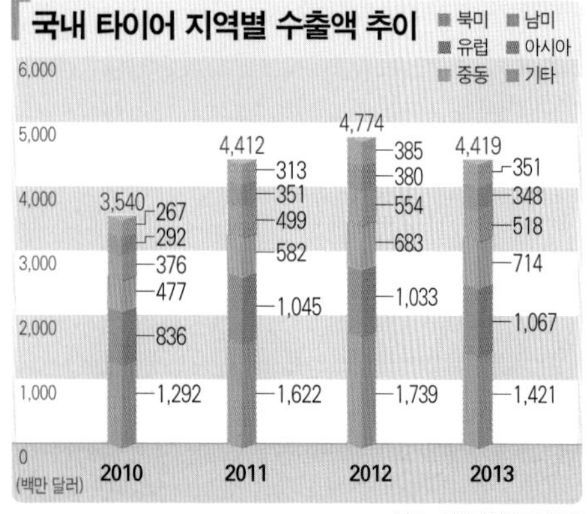

북미
남미
유럽
아시아
중동
기타
6,000
5,000
4,000
3,000
2,000
1,000
0
(백만 달러)
3,540
267
292
376
477
836
1,292
4,412
313
351
499
582
1,045
1,622
4,774
385
380
554
683
1,033
1,739
4,419
351
348
518
714
1,067
1,421
2010
2011
2012
2013

자료 : 대한타이어공업협회

타이어 3사 지역별 매출 비중

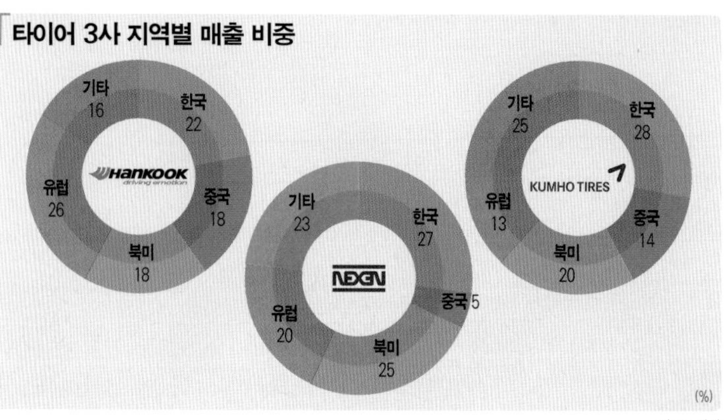

HANKOOK
driving emotion
기타 16
한국 22
중국 18
북미 18
유럽 26
NEXEN
기타 23
한국 27
중국 5
북미 25
유럽 20
KUMHO TIRES
기타 25
한국 28
중국 14
북미 20
유럽 13
(%)

자료 : 각사

타이어 3사 지역별 생산 비중

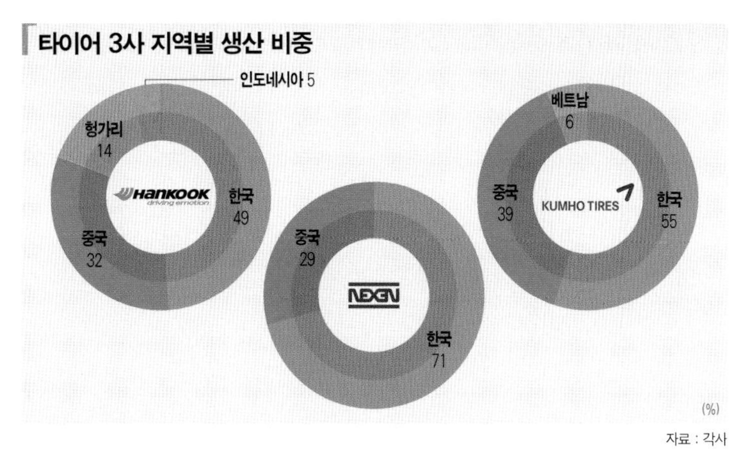
Hankook driving emotion
한국 49
중국 32
헝가리 14
인도네시아 5
NEXEN
한국 71
중국 29
KUMHO TIRES
한국 55
중국 39
베트남 6
(%)

자료 : 각사

타이어 3사 중국공장 매출 비중

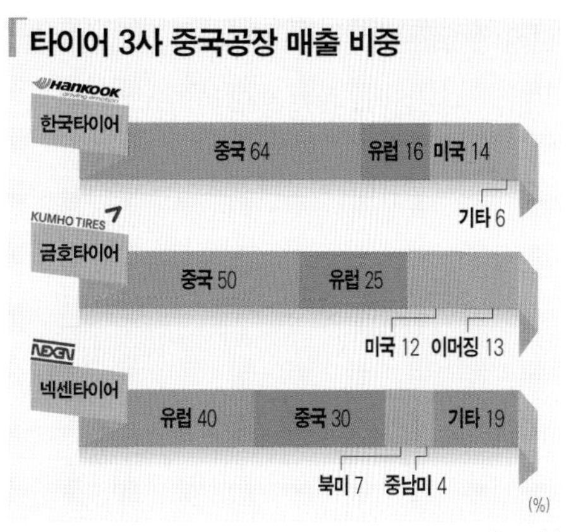
Hankook driving emotion
한국타이어
중국 64
유럽 16
미국 14
기타 6
KUMHO TIRES
금호타이어
중국 50
유럽 25
미국 12
이머징 13
NEXEN
넥센타이어
유럽 40
중국 30
기타 19
북미 7
중남미 4
(%)

자료 : 각사

타이어 3사 고성능타이어(UHPT) 매출 추이

■ 매출액
○ 매출 비중(우)

Hankook driving emotion
2010 976 19
2011 1,413 22.1
2012 1,779 25.6
2013 1,839 26.5
(십억 원) (%)

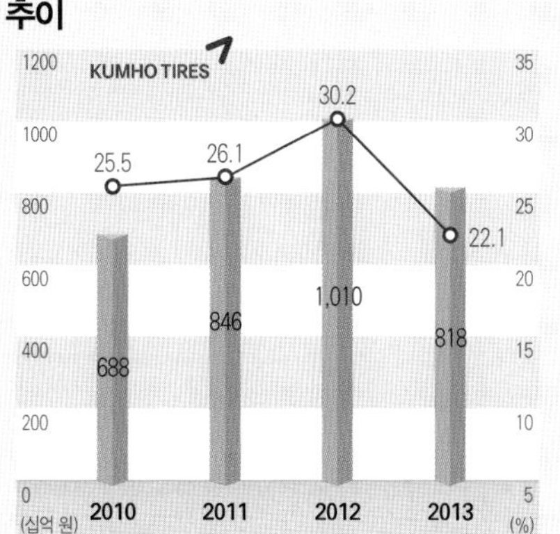
KUMHO TIRES
2010 688 25.5
2011 846 26.1
2012 1,010 30.2
2013 818 22.1
(십억 원) (%)

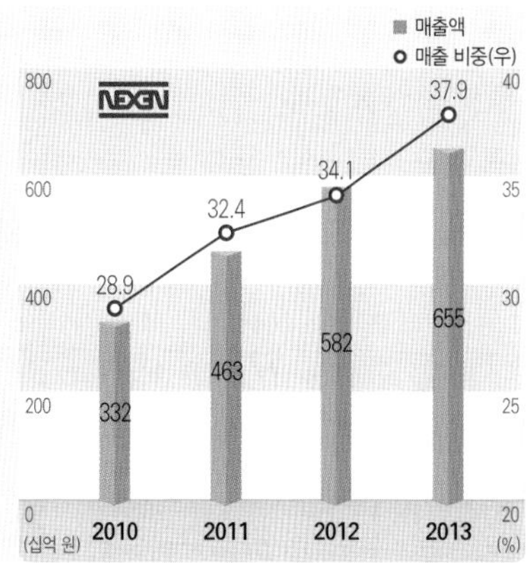
NEXEN
2010 332 28.9
2011 463 32.4
2012 582 34.1
2013 655 37.9
(십억 원) (%)

자료 : 한국신용평가

주요 지역 타이어 수요 전망

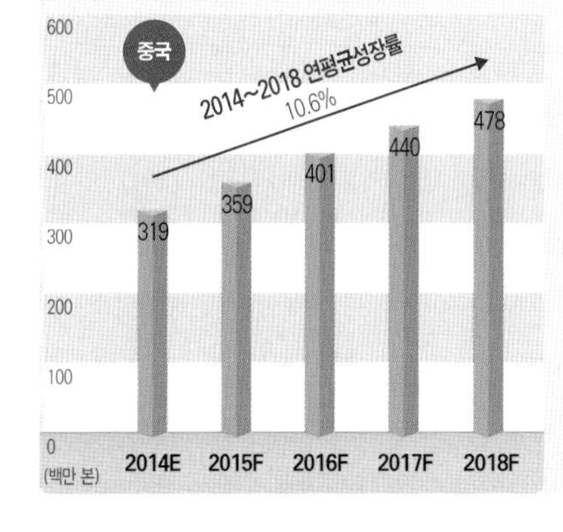
중국
2014~2018 연평균성장률
10.6%
2014E 319
2015F 359
2016F 401
2017F 440
2018F 478
(백만 본)

북미
2014~2018 연평균성장률
2.1%
2014E 326
2015F 336
2016F 345
2017F 350
2018F 354
(백만 본)

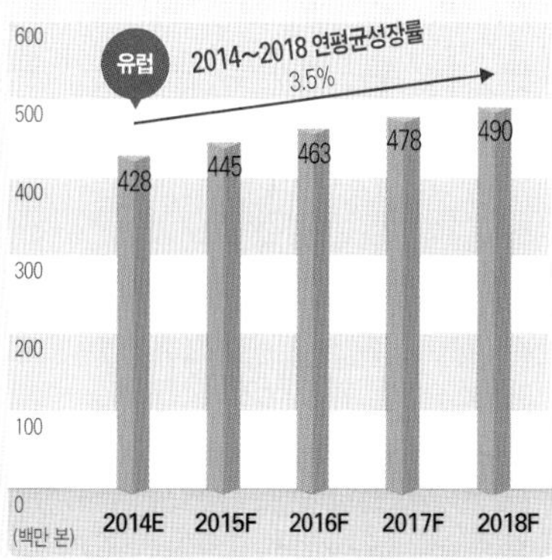
유럽
2014~2018 연평균성장률
3.5%
2014E 428
2015F 445
2016F 463
2017F 478
2018F 490
(백만 본)

자료 : 한국신용평가

글로벌 타이어 업체 톱10 (기준 : 2013 매출액)

1위 일본 31.2 브리지스톤
2위 프랑스 26.8 미쉐린
3위 미국 18.9 굿이어
4위 독일 13 콘티넨탈
5위 이탈리아 8.2 피렐리
6위 일본 6.9 스미토모
7위 한국 6.6 한국타이어
8위 일본 4.9 요코하마
9위 대만 4.5 챙신
10위 한국 3.4 금호타이어
(십억 달러)

자료 : Modern Tire Dealer, Moody's

더 이상 완성차 메이커의 하청 업체가 아니다!

사람이 심장과 팔 다리 없이 온전히 살아갈 수 없듯이 엔진과 타이어 없는 자동차를 상상할 수 없다. 타이어를 포함한 부품은 자동차의 본질 그 자체다. 과거에는 차 부품과 타이어 업체가 자동차 회사의 하청 업체로 여겨진 적도 있었지만 지금은 사정이 달라졌다. 차부품과 타이어 시장이 자동차시장에 영향을 받는 것은 사실이지만, 반대로 자동차시장 역시 차부품과 타이어 시장에 많은 영향을 받는다. 이들 산업은 마치 톱니바퀴처럼 한데 맞물려 유기적으로 돌아가며 공생한다.

2015년과 2016년, 차부품과 타이어 업계에는 어떤 일들이 펼쳐질까? 업계 종사자들과 투자자들이 유독 주목하는 이슈 중 3가지만 꼽는다면 다음과 같다.

대체부품제 명암, 부품 업체들 수혜
수입차와 완성차 업체들 악재

2015년부터 본격적으로 시행되는 대체부품제의 핵심은 연간 20만 대 가량 판매되는 수입차의 부품 가격이 지금보다 40~50% 싸진다는 데 있다. 경미한 사고가 났을 때 고가의 정품 범퍼나 사이드미러 대신 대체부품을 장착할 수 있게 되는 것이다. 소비자와 대체부품 업체는 들떠 있지만, 정품 판매로 그동안 상당한 수익을 올려온 수입차업계는 울상이다.

대체부품제 시행은 수입차 수리비 절감을 통한 소비자 권익 보호, 비싼 보험료 절감, 자동차 부품 및 정비 시장 활성화 등 긍정적인 요소가 참 많다. 우선 수입차 수리용 부품 가격이 절반으로 떨어질 것으로 예상된다. 아울러 수리비 상당수를 차지하는 공임과 공임 산정 근거인 표준 정비 시간 공개가 의무화 되면서 소비자 입장에서 전체 수리비 부담이 크게 줄어들 전망이다. 보험업계는 대체부품을 사용하면 부품 가격의 20%를 소비자에게 돌려주는 방안을 추진하고 있다. 고가의 수입차가 사고 났을 때 정품의 절반 정도 가격인 대체부품을 사용해 부품 가격 일부까지 돌려받으면 소비자가 부담하는 수리비는 국산차와 비슷해질 수도 있다.

국산차도 법규상으로는 대체부품 시행 대상이지만 본격적인 시행은 현실적으로 쉽지 않아 보인다. 유럽이나 미국에서는 외관 부품 디자인을 따로 등록하지 않고 같은 부품을 다른 업체가 생산해도 큰 무리가 없다. 특히 유럽연합에서는 부품산업 경쟁력 강화를 위해 20년 전부터 외관 보수용 부품에 대해 디자인권 보호 예외를 인정하는 논의가 진행돼 왔고, 영국에서는 아예 외관용 부품 교체는 디자인권 침해 예외로 규정해 놓고 있다. 하지만 국내는 사정이 다르다. 현대·기아차의 경우 외관 디자인을 등록한 품목만 1만 여 가지 정도인데, 디자인보호법상 다른 업체가 같은 부품을 생산하면 소송 대상이다.

이번 대체부품제 시행으로 업계 내부에서 명암이 갈릴 전망이다. 수입차업계는 당장 정품 판매 하락으로 겪게 될 수익성 악화를 우려하고 있다. 수입차업계는 신차 판매보다 수리비로 먹고 산다고 해도 과언이 아니다. 현대·기아차를 위시한 국내 완성차 업계는 당장 디자인보호법으로 대체부품에 따른 수익성 악화를 겪을 일은

없다. 하지만 수입차 수리비가 낮아지면서 소비자들로부터 수입차 선호도가 높아질 경우 시장점유율에 타격을 입을 수도 있다. 이와 반대로 수입차업계로서는 대체부품제가 악재만도 아니다. 대체부품제가 지금보다 수입차 수요를 늘리는 요인이 될 수도 있기 때문이다.

한국타이어, 부품 사업 진출로 업계 뜨거운 감자

2015년과 2016년, 한국타이어의 거침없는 행보가 주목을 끌 전망이다. 새 브랜드 론칭에 이어 대형 인수합병도 서슴지 않고 있다.
한국타이어는 세컨드 브랜드인 '라우펜'을 론칭했다. 해외 중저가 시장을 공략하기 위한 것이다. 한국타이어 브랜드는 프리미엄 시장에, 라우펜은 중국 등 중저가 시장에 포커스를 맞추고 있다.
아울러 타이어 사업 수직계열화를 강화하고, 非타이어 사업은 수평계열화를 통해 사업 다각화를 모색하고 있다. 그 첫 단추가 자동차 공조 시스템을 만드는 한라비스테온공조 지분 인수다. 한국타이어는 미국에서 한라비스테온공조 주식 2,080만 6,200주를 취득하는 주식매매계약(SPA)을 체결했다. 지분 19.49%를 1조 819억 원(주당 5만 2,000원)에 인수하기로 한 것이다. 이로써 한국타이어는 한앤컴퍼니(50.5%)에 이어 한라비스테온공조의 2대 주주로 올라서게 됐다. 증권가에서는 이번 인수가 두 회사 주가에 장기적 호재로 작용할 것으로 분석한다. 한국타이어가 공동 인수에 참여한 한앤컴퍼니로부터 향후 우선매수권을 행사할 경우 경영권 확보도 가능해 사업적 시너지 효과가 뚜렷할 것이란 판단에서다.
이번 지분 인수로 한국타이어와 비교가 될 수 있는 기업으로 업계에서는 독일의 컨티넨탈사를 꼽고 있다. 컨티넨탈사는 타이어 회사로 출발해 섀시, 파워트레인 등의 부품 사업에 진출해 2013년 매출액 333억 유로의 거대 기업으로 거듭났다.

타이어 '빅3', 해외 공장 대대적인 증설 왜?

한국타이어, 넥센타이어, 금호타이어 등 토종 타이어 '빅3'가 해외 공장 증설 경쟁에 나섰다. 특히 한국타이어는 자동차 종합부품 회사로의 도약을 선언했으며 금호타이어는 워크아웃을 졸업하고 독자 경영 체제에 돌입했다.
이 중에서 한국타이어의 행보가 가장 도드라진다. 2,263억 원을 투자한 헝가리 공장은 현재 3단계 증설 중이며, 2015년 상반기에 연산 1,800만 개 규모 공장으로 재탄생한다. 하반기에는 중국 충칭과 인도네시아 공장 증설이 완료돼 각각 180만 개, 1,200만 개를 더 생산할 수 있게 된다. 2016년에는 8,558억 원을 투입한 미국 테네시 신공장도 완공된다. 테네시 공장이 연간 550만 개로 양산을 본격화하면 한국타이어의 글로벌 생산량은 1억 2,000만 개를 돌파할 전망이다.
넥센타이어 역시 체코 자테츠 지역에 약 65만㎡(20만평) 규모로 연산 1,200만 개 규모의 신공장을 짓고 있다. 1조 2,000억 원을 투자한 체코 공장은 유럽 시장을 공략하기 위한 생산 기지로 활용할 예정이다. 이와 함께 중국 칭다오 공장 증설도 검토 중이다. 넥센타이어는 현재 국내외 생산 규모가 연간 3,500만 개 수준인데 2018년까지 6,000만 개로 늘린다는 계획이다.
금호타이어는 6년 만에 워크아웃을 졸업하며 독자 경영 체제에 돌입한다. 특히 요코하마타이어와 협력 관계를 통해 해외 시장에서 입지를 굳힌 뒤 2016년 완공되는 미국 조지아 공장을 기점으로 북미 시장 공략에 적극 나선다는 방침이다. 조지아 공장이 완공되면 연간 400만 개를 생산할 수 있게 된다.
한편, 국내 타이어업계는 2015년부터 미국정부가 중국산 타이어에 반덤핑관세를 부가할 경우 반사이익을 누리게 될 전망이다. 미국은 캐나다와 함께 전 세계 타이어시장의 20%를 소화하는 거대 시장인데 그동안 중국 업체들이 싼값으로 점유율을 늘려왔다. 국내 타이어 빅3가 해외 공장 증설을 늘리는 데는 중국 업체들의 반덤핑 타격과 무관하지 않아 보인다.

업계 규모

■ 전국 무역항 화물수송	11억 2,321만 톤(R/T) (전년 대비 ▲1.3%)
■ 입항 화물수송실적	7억 3,585만 톤(R/T)
■ 출항 화물수송실적	3억 8,735만 톤(R/T)

대형 선사

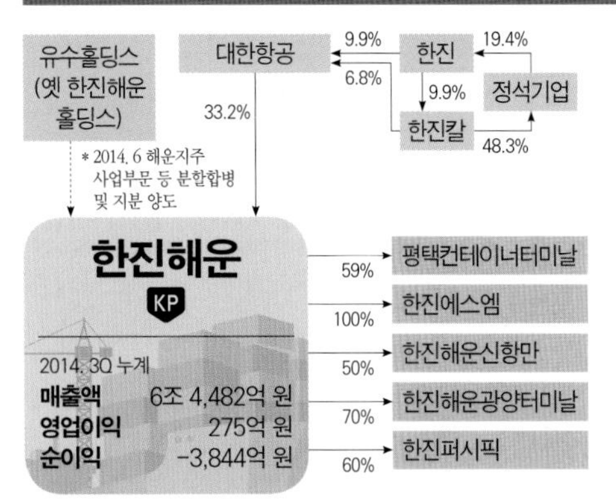

유수홀딩스 (옛 한진해운 홀딩스)
대한항공
한진
정석기업
한진칼
9.9%
19.4%
6.8%
9.9%
33.2%
48.3%
* 2014. 6 해운지주 사업부문 등 분할합병 및 지분 양도
한진해운
KP
평택컨테이너터미날 59%
한진에스엠 100%
한진해운신항만 50%
한진해운광양터미날 70%
한진퍼시픽 60%
2014. 3Q 누계
매출액 6조 4,482억 원
영업이익 275억 원
순이익 -3,844억 원

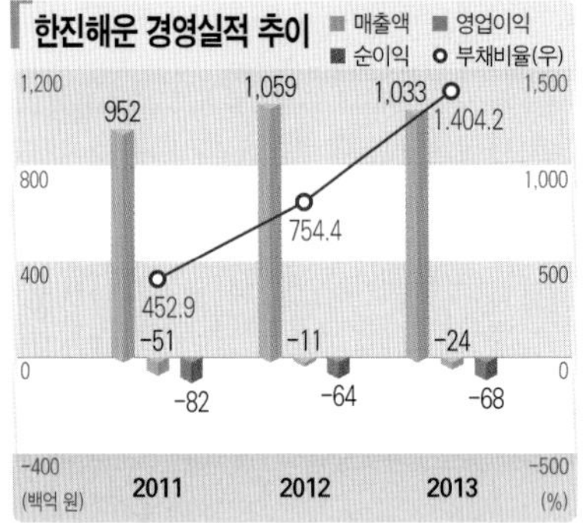

한진해운 경영실적 추이
매출액 영업이익 순이익 부채비율(우)
952
1,059
1,033
1,404.2
754.4
452.9
-51 -82
-11 -64
-24 -68
(백억 원)
2011 2012 2013
(%)

한진해운 자구계획 추진

- 2014년 6월까지 한진해운의 자산과 상표권을 보유한 한진해운홀딩스를 인적분할한 후 법인 신설.
- 신설법인은 한진해운과 합병, 한진해운은 대한항공 자회사로 한진그룹 계열사로 편입.
- 대한항공, 한진해운의 4천억 원 규모 유상증자 참여.
- 2014년 1월, 캠코 선박 13척 폐선 결정으로 1,600억 원 확보.
- 2013년 부산신항만 지분과 한앤컴퍼니 매각으로 3,680억 원 확보.

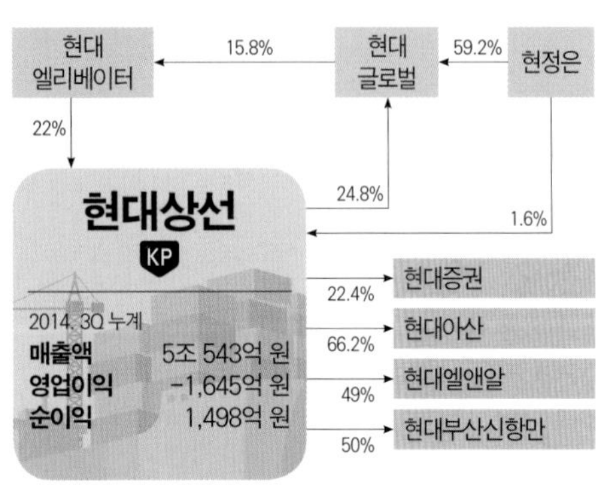

현대 엘리베이터
현대 글로벌
현정은
15.8%
59.2%
22%
24.8%
1.6%
현대상선
KP
현대증권 22.4%
현대아산 66.2%
현대엘앤알 49%
현대부산신항만 50%
2014. 3Q 누계
매출액 5조 543억 원
영업이익 -1,645억 원
순이익 1,498억 원

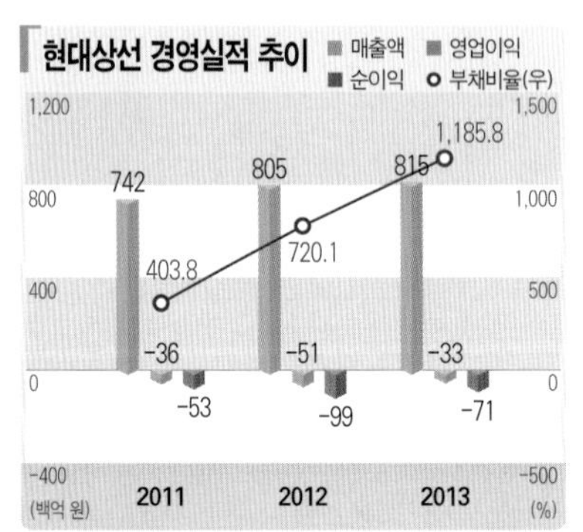

현대상선 경영실적 추이
매출액 영업이익 순이익 부채비율(우)
742
805
815
1,185.8
720.1
403.8
-36 -53
-51 -99
-33 -71
(백억 원)
2011 2012 2013
(%)

현대상선 자구계획 추진

- 2014년부터 강력한 구조조정 시행, 1월에는 930억 규모의 신한지주 주식 처분 결정.
- 항만터미널사업 지분 일부 매각, 벌크 전용선 부문 사업구조조정으로 약 1조 5,000억 원 확보.
- 부산 용당 컨테이너 야적장과 해외 부동산 및 유가증권, 선박 등 매각으로 4,800억 원 확보.
- 2013년 12월, 21만DWT 벌크선 2척에 1,131억 원 신규 시설 투자.

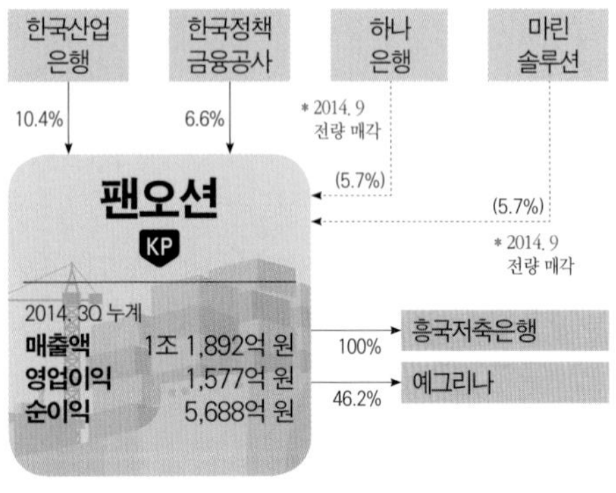

한국산업 은행
한국정책 금융공사
하나 은행
마린 솔루션
10.4%
6.6%
* 2014. 9 전량 매각
(5.7%)
(5.7%)
* 2014. 9 전량 매각
팬오션
KP
흥국저축은행 100%
예그리나 46.2%
2014. 3Q 누계
매출액 1조 1,892억 원
영업이익 1,577억 원
순이익 5,688억 원

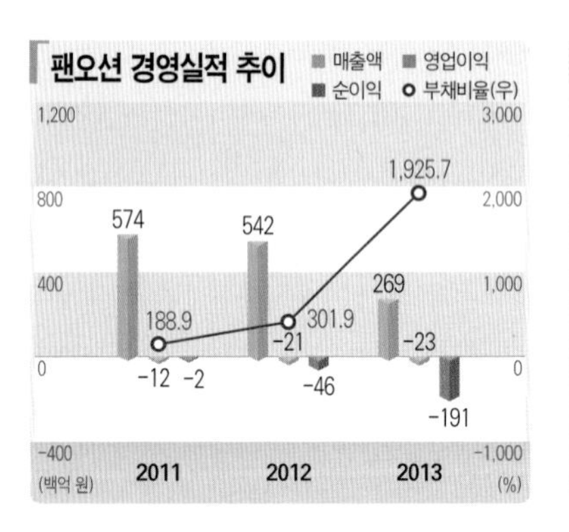

팬오션 경영실적 추이
매출액 영업이익 순이익 부채비율(우)
574
542
269
1,925.7
301.9
188.9
-12 -2
-21 -46
-23 -191
(백억 원)
2011 2012 2013
(%)

팬오션 자구계획 추진

- 2014년 12월 하림그룹·JKL파트너스 컨소시엄과 매각 양해각서 체결
- 2014년 1월, 신주 재상장
- 2013년 12월, 보통주 10주에서 1주로 병합하고 감자 시행.
- 2013년 12월, STX에서 계열분리 완료, 팬오션으로 상호 변경.
- 2013월 11월, 제3자 배정 유상증자 542억 원(출자전환).
- 2013월 11월, 1,036억 원 규모의 CAPE급 벌크선 2척 건조 결정.
- 2013년 11월, 회생계획 인가 결정

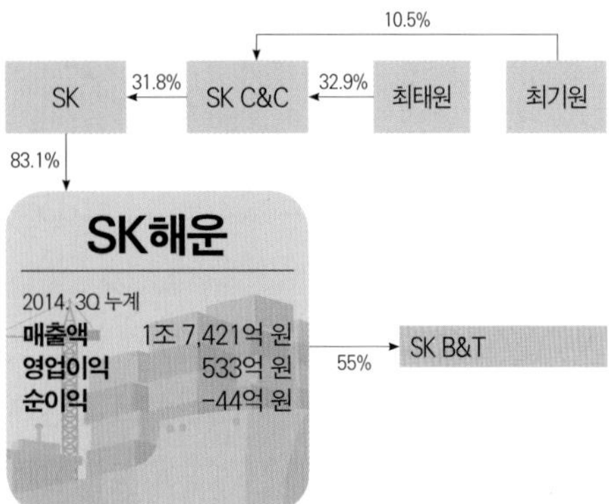

SK
SK C&C
최태원
최기원
10.5%
31.8%
32.9%
83.1%
SK해운
SK B&T 55%
2014. 3Q 누계
매출액 1조 7,421억 원
영업이익 533억 원
순이익 -44억 원

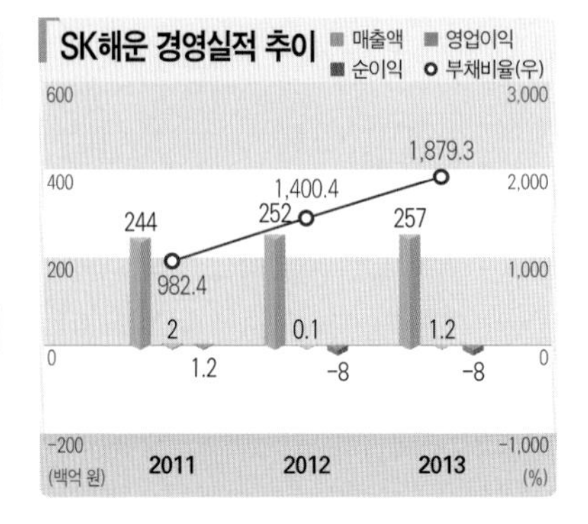

SK해운 경영실적 추이
매출액 영업이익 순이익 부채비율(우)
244
252
257
1,879.3
1,400.4
982.4
2 1.2
0.1 -8
1.2 -8
(백억 원)
2011 2012 2013
(%)

SK해운 자구계획 추진

- 2014년, 해상급유 자회사 SK B&T 지분 50% 사모투자펀드운용사 스틱인베스트먼트에 매각 예정.
- 2014년 상반기 700억 원 규모로 회사채 발행 예정.
- 2013년 11월, 회사채 600억 원 발행.
- 2013년 12월, 18만DWT CAPE급 벌크선 선박 2척 매각으로 1억 달러 확보.
- 2013년 10월, 자산유동화대출(ABL)로 1,000억 원 조달.
- 2013년 4월, 일본 마루베니와 세계 최초로 셰일가스 장기운송계약 체결.

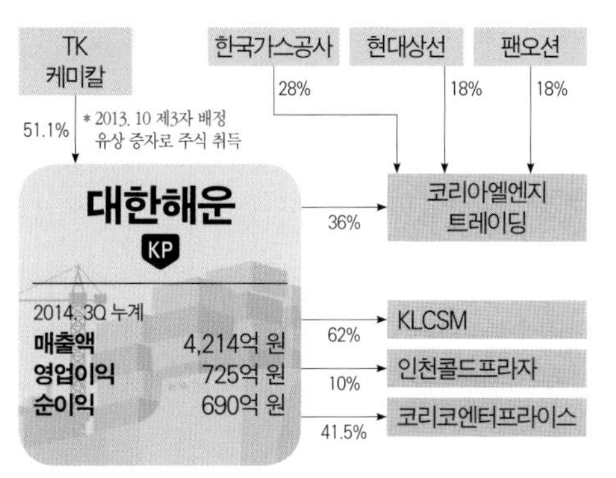

TK 케미칼
한국가스공사
현대상선
팬오션
28%
18%
18%
51.1%
* 2013. 10 제3자 배정 유상 증자로 주식 취득
대한해운
KP
36%
코리아엘엔지 트레이딩
2014. 3Q 누계
매출액 4,214억 원
영업이익 725억 원
순이익 690억 원
62%
KLCSM
10%
인천콜드프라자
41.5%
코리코엔터프라이스

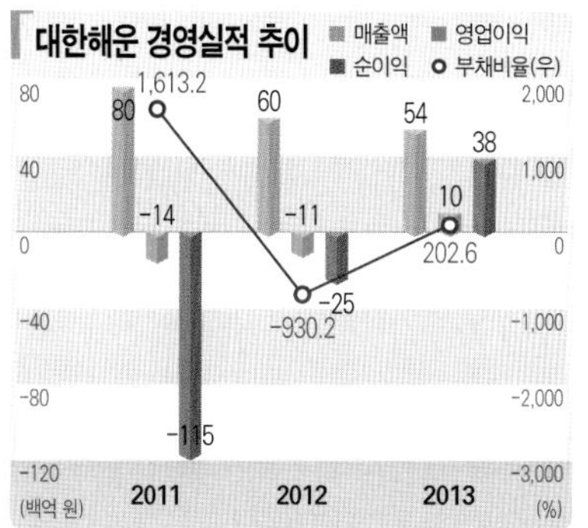

대한해운 경영실적 추이
매출액
영업이익
순이익
부채비율(우)
80
1,613.2
60
54
38
-14
-11
10
202.6
-930.2
-25
-115
(백억 원)
2011
2012
2013
(%)

대한해운 자구계획 추진

- 2013년 12월, 18만DWT 벌크선 1척과 20만 7,000DWT 벌크선 3척에 2,420억 원 투자 결정.
- 2013년 11월, 2년여 만에 법정관리 졸업.
- 2013년 10월, 보통주 1,224만 3,622주를 발행하는 유상증자 결정.
- 2013년 9월, SM그룹의 티케이케미칼이 2,150억 원에 인수 결정.
- 2013년 3월, 변경 회생계획 인가.

중견 근해선사

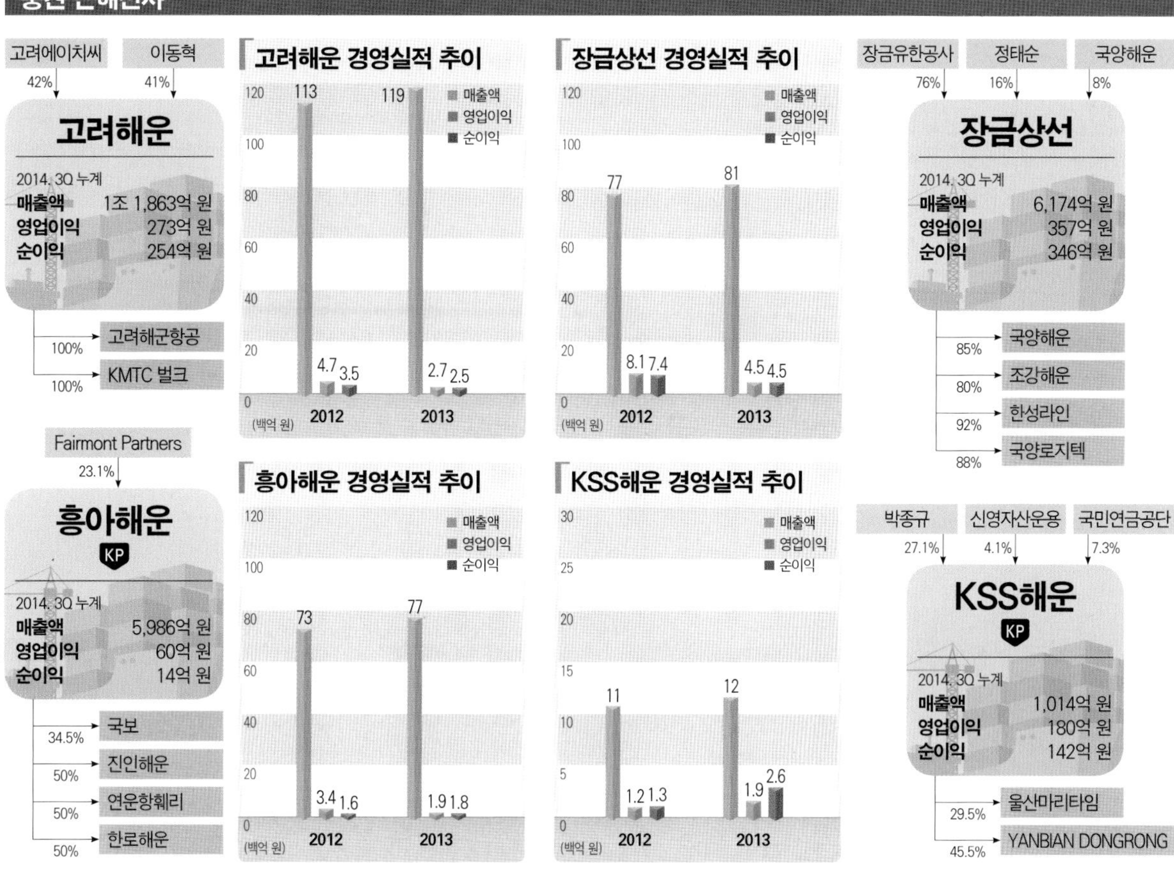

고려에이치씨
이동혁
42%
41%
고려해운
2014. 3Q 누계
매출액 1조 1,863억 원
영업이익 273억 원
순이익 254억 원
100% 고려해군항공
100% KMTC 벌크
고려해운 경영실적 추이
113
119
4.7 3.5
2.7 2.5
(백억 원)
2012
2013
장금상선 경영실적 추이
77
81
8.1 7.4
4.5 4.5
장금유한공사
정태순
국양해운
76%
16%
8%
장금상선
2014. 3Q 누계
매출액 6,174억 원
영업이익 357억 원
순이익 346억 원
85% 국양해운
80% 조강해운
92% 한성라인
88% 국양로지텍
Fairmont Partners
23.1%
흥아해운
KP
2014. 3Q 누계
매출액 5,986억 원
영업이익 60억 원
순이익 14억 원
34.5% 국보
50% 진인해운
50% 연운항훼리
50% 한로해운
흥아해운 경영실적 추이
73
77
3.4 1.6
1.9 1.8
KSS해운 경영실적 추이
11
12
1.2 1.3
1.9 2.6
박종규
신영자산운용
국민연금공단
27.1%
4.1%
7.3%
KSS해운
KP
2014. 3Q 누계
매출액 1,014억 원
영업이익 180억 원
순이익 142억 원
29.5% 울산마리타임
45.5% YANBIAN DONGRONG
매출액
영업이익
순이익

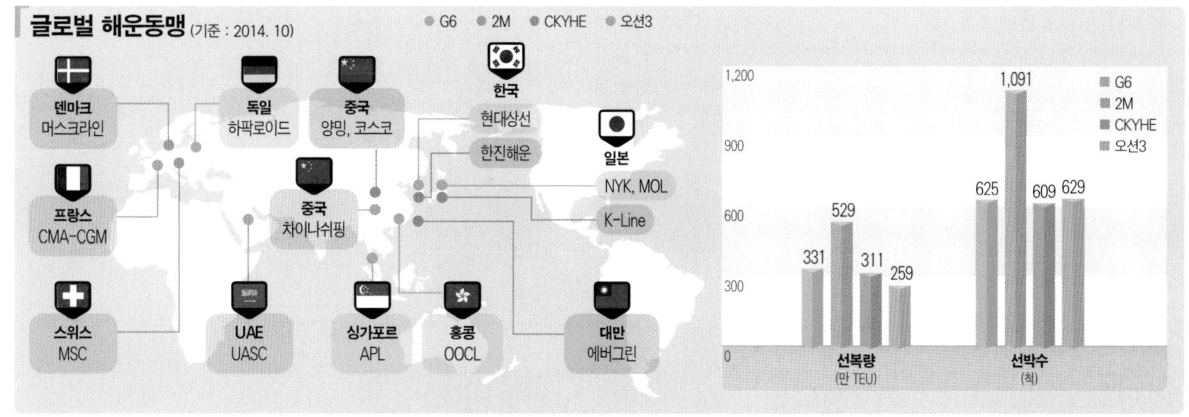

글로벌 해운동맹 (기준 : 2014. 10)
G6
2M
CKYHE
오션3
덴마크 머스크라인
독일 하팍로이드
중국 양밍, 코스코
한국 현대상선
한진해운
일본 NYK, MOL
K-Line
프랑스 CMA-CGM
중국 차이나쉬핑
스위스 MSC
UAE UASC
싱가포르 APL
홍콩 OOCL
대만 에버그린
1,200
900
600
300
0
331
529
311
259
625
1,091
609
629
선복량 (만 TEU)
선박수 (척)

자료 : 한국선주협회, 「한국경제」 재인용

건화물선 운임지수 추이

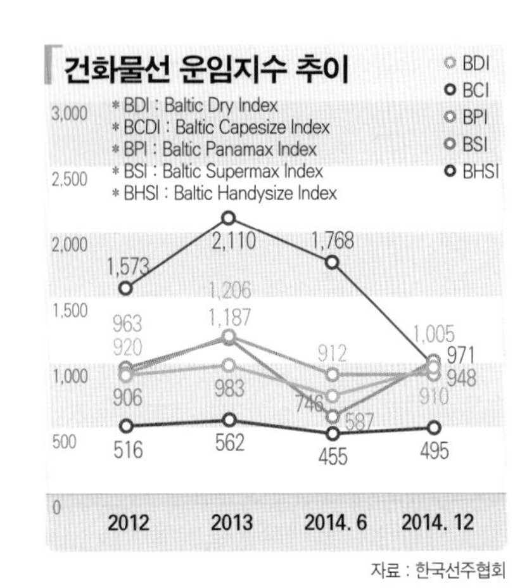

BDI
BCI
BPI
BSI
BHSI
* BDI : Baltic Dry Index
* BCDI : Baltic Capesize Index
* BPI : Baltic Panamax Index
* BSI : Baltic Supermax Index
* BHSI : Baltic Handysize Index
3,000
2,500
2,000
1,500
1,000
500
0
1,573
2,110
1,768
1,206
963
1,187
920
912
1,005
971
948
906
983
746
910
587
516
562
455
495
2012
2013
2014. 6
2014. 12

자료 : 한국선주협회

건화물선 평균 용선료 추이

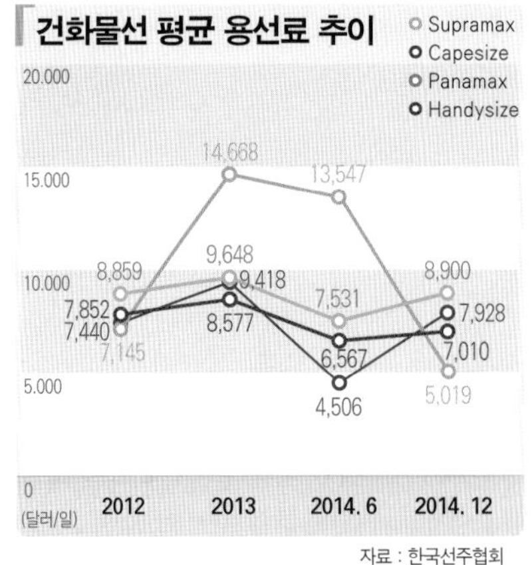

Supramax
Capesize
Panamax
Handysize
20.000
15.000
10.000
5.000
0
(달러/일)
14,668
13,547
8,859
9,648
9,418
8,900
7,852
7,440
7,145
8,577
7,531
7,928
6,567
7,010
4,506
5,019
2012
2013
2014. 6
2014. 12

자료 : 한국선주협회

컨테이너 운임지수 추이

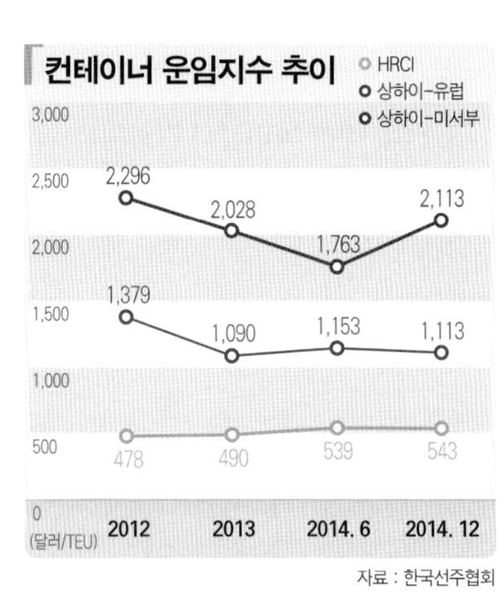

HRCI
상하이-유럽
상하이-미서부
3,000
2,500
2,000
1,500
1,000
500
0
(달러/TEU)
2,296
2,028
1,763
2,113
1,379
1,090
1,153
1,113
478
490
539
543
2012
2013
2014. 6
2014. 12

자료 : 한국선주협회

국내 등록선박 추이 (기준 : 2013)

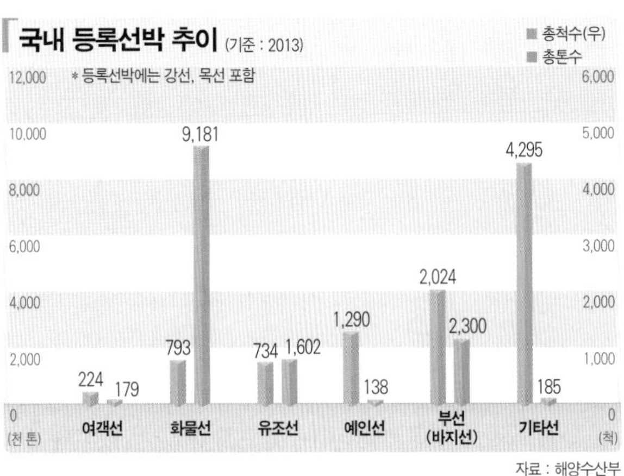

총척수(우)
총톤수
* 등록선박에는 강선, 목선 포함
12,000
10,000
8,000
6,000
4,000
2,000
0
(천 톤)
6,000
5,000
4,000
3,000
2,000
1,000
0
(척)
224
179
793
9,181
734
1,602
1,290
138
2,024
2,300
4,295
185
여객선
화물선
유조선
예인선
부선 (바지선)
기타선

자료 : 해양수산부

화물 수송 추이

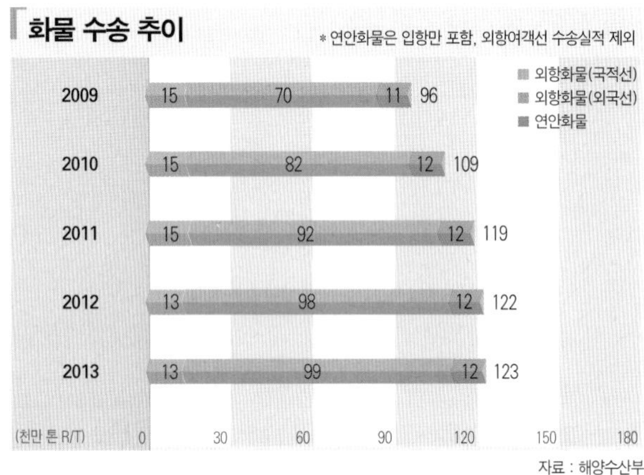

* 연안화물은 입항만 포함, 외항여객선 수송실적 제외
외항화물(국적선)
외항화물(외국선)
연안화물
2009 15 70 11 96
2010 15 82 12 109
2011 15 92 12 119
2012 13 98 12 122
2013 13 99 12 123
(천만 톤 R/T)
0
30
60
90
120
150
180

자료 : 해양수산부

국내 항만별 화물수송 실적 (기준 : 2013. 3Q)

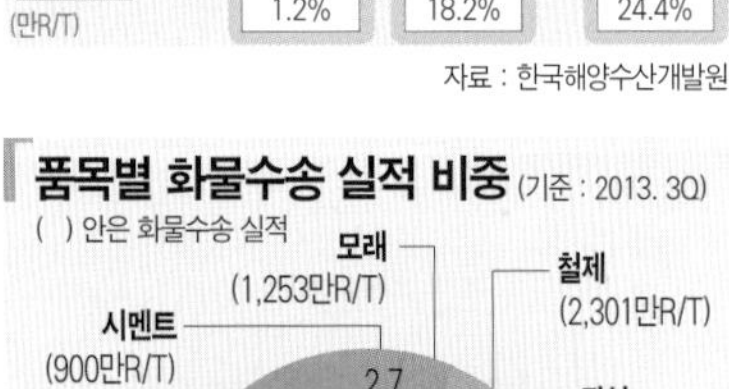

인천 3,484 10.5%
평택·당진 2,556 7.7%
동해·묵호 786 2.4%
대산 1,783 5.4%
포항 1,475 4.4%
군산 422 1.3%
울산 4,534 13.7%
기타 3,644 11%
목포 389 1.2%
광양 6,030 18.2%
부산 8,083 24.4%
(만R/T)

자료 : 한국해양수산개발원

해외지역별 화물수송 실적 (기준 : 2013. 3Q)

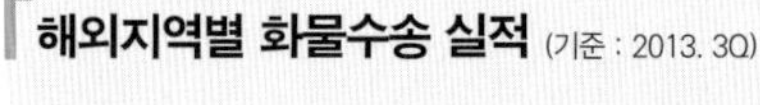

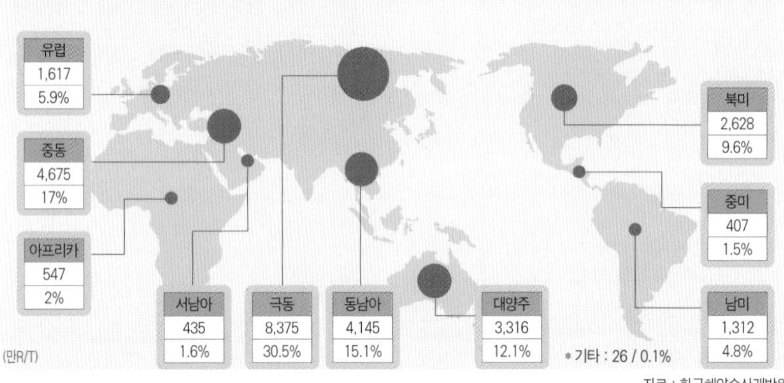

* 일본은 극동지역에 포함
유럽 1,617 5.9%
중동 4,675 17%
아프리카 547 2%
서남아 435 1.6%
극동 8,375 30.5%
동남아 4,145 15.1%
대양주 3,316 12.1%
북미 2,628 9.6%
중미 407 1.5%
남미 1,312 4.8%
* 기타 : 26 / 0.1%
(만R/T)

자료 : 한국해양수산개발원

품목별 화물수송 실적 비중 (기준 : 2013. 3Q)

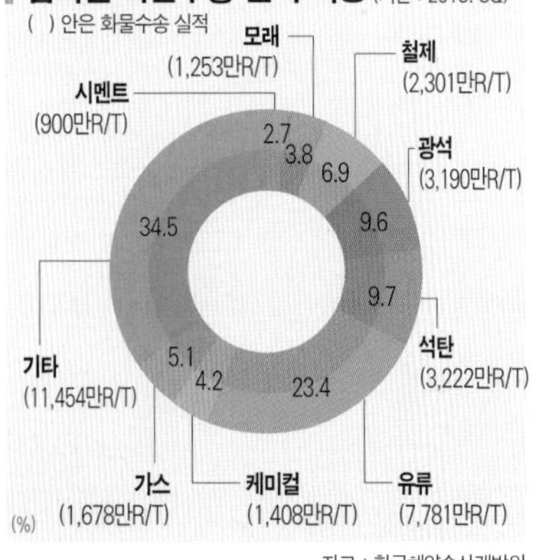

( ) 안은 화물수송 실적
모래 (1,253만R/T)
철제 (2,301만R/T)
시멘트 (900만R/T)
광석 (3,190만R/T)
석탄 (3,222만R/T)
기타 (11,454만R/T)
가스 (1,678만R/T)
케미컬 (1,408만R/T)
유류 (7,781만R/T)
2.7
3.8
6.9
9.6
9.7
23.4
4.2
5.1
34.5
(%)

자료 : 한국해양수산개발원

선종별 입항 실적 비중 (기준 : 2013. 3Q)

( ) 안은 입항 실적
기타 (12,471척)
석유 정제품 운반선 (9,939척)
일반 화물선 (7,209척)
시멘트선 (852척)
풀컨테이너선 (5,982척)
자동차선 (1,327척)
산물선 (3,023척)
LPG, LNG 운반선 (1,266척)
여객선 (1,745척)
케미컬 운반선 (3,480척)
26.4
21
15.2
12.6
6.4
7.4
3.7
2.7
2.8
1.8
(%)

자료 : 한국해양수산개발원

해외 지역별 입출항 실적 비중 (기준 : 2013. 3Q)

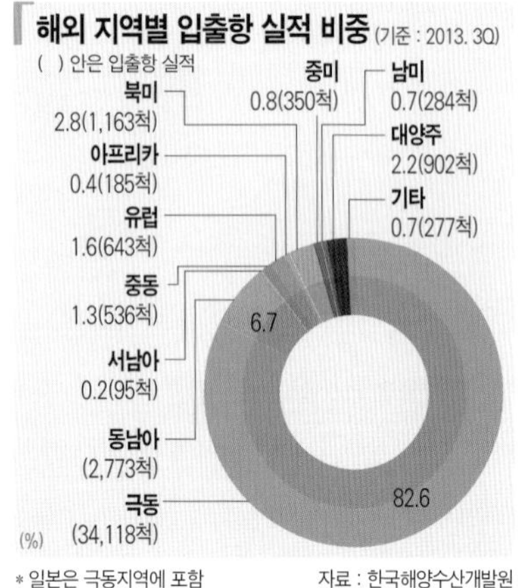

( ) 안은 입출항 실적
북미 2.8(1,163척)
중미 0.8(350척)
남미 0.7(284척)
대양주 2.2(902척)
아프리카 0.4(185척)
기타 0.7(277척)
유럽 1.6(643척)
중동 1.3(536척)
서남아 0.2(95척)
동남아 (2,773척)
극동 (34,118척)
6.7
82.6
(%)

* 일본은 극동지역에 포함

자료 : 한국해양수산개발원

내항(연안) 여객선사

주요 외·내항 여객선사 경영성과

기준 : 2012. 12(남해고속은 2013. 6, 부관훼리는 2013. 3) (억 원)

	업체명	매출액	영업이익	순이익	자본금	비고
외항 여객	팬스타라인닷컴	519	28	25	28	부산-오사카
	대아고속해운	449	-28	-57	30	부산-후쿠오카 등
	대인훼리	345	33	34	24	인천-다롄
	석도국제훼리	254	-6	-1	47	군산-석도
	부관훼리*	221	8	5	65	부산-시모노세키
	미래고속	208	-29	-33	30	부산-후쿠오카
내항 (연안) 여객	씨월드고속훼리	478	25	20	15	
	한일고속	442	-77	50	16	
	두우해운	271	-10	-17	51	
	청해진해운	261	3	13	55	
	남해고속*	174	-5	12	10	

세월호 침몰 이후 항로별 연안여객 이용 감소율 (기준 : 2013 대비 2014 이용객)

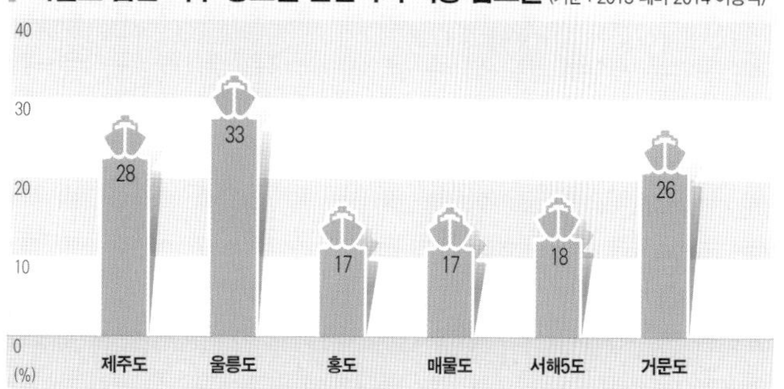

40
30
20
10
0
(%)
28
33
17
17
18
26
제주도
울릉도
홍도
매물도
서해5도
거문도

여객선 수송 실적 추이 (단위 : 만 명)

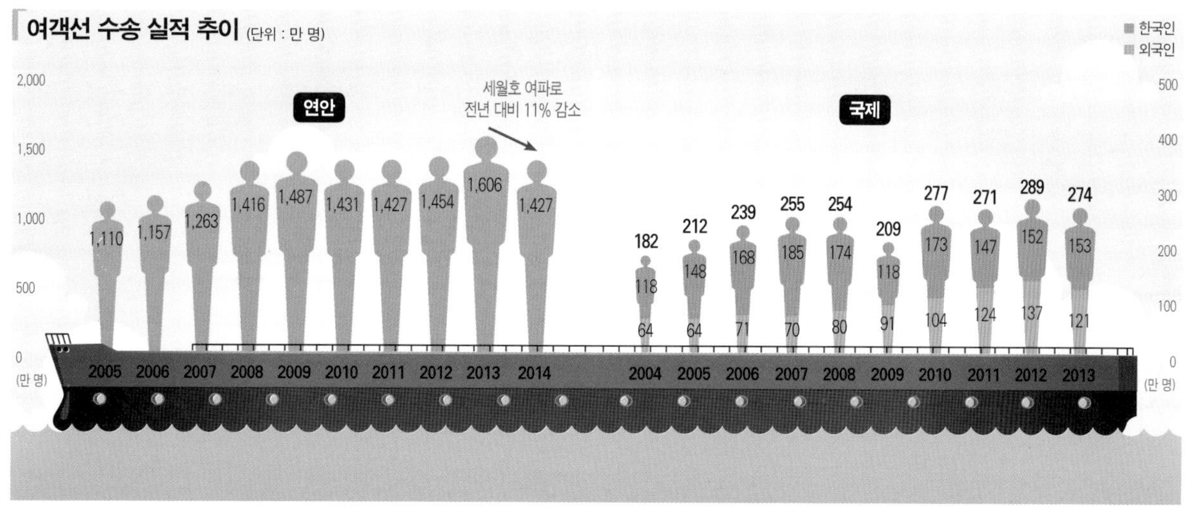

■ 한국인
■ 외국인
2,000
1,500
1,000
500
0
(만 명)
연안
세월호 여파로
전년 대비 11% 감소
1,110
1,157
1,263
1,416
1,487
1,431
1,427
1,454
1,606
1,427
2005
2006
2007
2008
2009
2010
2011
2012
2013
2014
국제
182
212
239
255
254
209
277
271
289
274
118
148
168
185
174
118
173
147
152
153
64
64
71
70
80
91
104
124
137
121
2004
2005
2006
2007
2008
2009
2010
2011
2012
2013
500
400
300
200
100
0
(만 명)

자료 : 해양수산부

주요 연안 항로별 여객수송 인원 (기준 : 2013)

( ) 안은 전년 대비 증감률

항로	인원 (천 명)
강릉 - 울진	194(▲48.1%)
신기 - 여천	494(▲42%)
가오치 - 사량	396(▲33.3%)
목포 - 홍도	835(▲29.4%)
완도 - 청산	664(▲21%)
인천 - 백령	373(▲9.5%)
삼목 - 장봉	369(▼11.5%)
노력도 - 성산포	401(▼8.9%)
묵호 - 울릉	314(▼7.8%)
인천 - 연평	109(▼2.3%)
목포 - 안좌	95(▼1%)
도비도 - 대난지도	85(▼1.9%)

(천 명) 0 200 400 600 800 1,000 1,200

자료 : 해양수산부

국제선 항로별 여객수송 실적 (기준 : 2013)

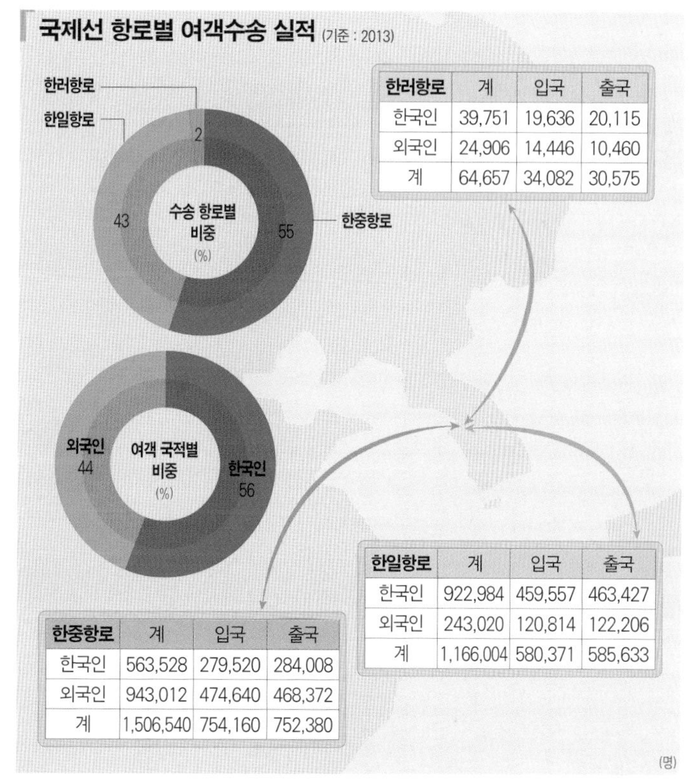

한러항로
한일항로
2
43
수송 항로별
비중
(%)
55
한중항로
외국인
44
여객 국적별
비중
(%)
한국인
56

한러항로	계	입국	출국
한국인	39,751	19,636	20,115
외국인	24,906	14,446	10,460
계	64,657	34,082	30,575

한일항로	계	입국	출국
한국인	922,984	459,557	463,427
외국인	243,020	120,814	122,206
계	1,166,004	580,371	585,633

한중항로	계	입국	출국
한국인	563,528	279,520	284,008
외국인	943,012	474,640	468,372
계	1,506,540	754,160	752,380

(명)

자료 : 해양수산부

시장의 판을 새로 짜는 글로벌 해운사들

2015년과 2016년 해운업계의 기상은 어떠할까? 해운업계는 다행히도 맑게 갠 하늘을 볼 수 있을 전망이다. 2015년은 선박 공급 과잉 우려가 있긴 하지만, 글로벌 경기 회복에 따른 물동량 증가세로 시황 개선이 이뤄질 것으로 예상된다.

특히 해운산업의 중심이라 할 수 있는 컨테이너선의 경우 미국을 중심으로 물동량 증가세가 확대되면서 시황 개선을 견인할 것으로 보인다. 미국 경제가 상대적으로 빠른 회복세를 보임에 따라 선박 공급 증가 폭보다 물동량 증가 폭이 좀 더 커질 전망이다. 한편 글로벌 경기가 예상보다 빠른 회복세를 보일 경우 운임 상승폭은 더욱 확대될 가능성이 있다.

벌크선은 누적된 선박 공급 과잉, 중국의 벌크 화물 수입 증가 둔화 등 위험 요인에도 불구하고 기저효과에 따른 플러스 성장이 예상된다. 신규 선박의 유입은 감소하는 추세지만 이미 누적된 선박 공급으로 인해 수급 불균형 문제는 지속될 전망이다. 또한 세계 최대 벌크 화물 수입국인 중국의 경기가 둔화되면서 글로벌 물동량이 크게 증가하기는 어려워 보인다.

유조선 부문은 대체 에너지 사용 확대 등으로 원유 수요가 큰 폭으로 회복되기는 어려운 반면 선복 과잉이 지속되고 있어 시황 개선 폭은 제한적이다. 글로벌 경기 회복세에도 불구하고 LNG 등 대체 에너지 사용이 확대되면서 원유 수요가 급격히 회복될 가능성은 낮을 것으로 예상된다. 다만 선박 공급 증가세가 둔화되면서 수급 여건이 개선될 것으로 보여 운임은 소폭 상승할 전망이다.

글로벌 정기선시장, 4대 얼라이언스 체제로

2013년 6월 글로벌 빅3 컨테이너선사인 머스크라인, MSC, CMA-CGM가 결성한 세계 최대 얼라이언스(alliance, 동맹)인 이른바 'P3 네트워크'가 2014년 6월 중국 상무국이 공정거래를 저해할 우려가 있다는 이유로 불허 통보함에 따라 무산됐다. P3 네트워크가 무산됐지만 머스크라인과 MSC는 곧바로 다음 달인 7월 CMA-CGM을 빼고 '2M' 결성을 발표했고, CMA-CGM은 두 달 뒤인 9월에 UASC, 차이나쉬핑과 함께 '오션3' 결성을 발표했다.

이에 따라 세계 컨테이너 정기선시장은 머스크라인과 MSC의 '2M', CMA-CGM과 UASC 및 차이나쉬핑의 '오션3', CKYH(코스코·K라인·양밍·한진)와 에버그린의 'CKYHE', 'G6'(현대상선·NYK·MOL·OOCL·APL·하팍로이드) 등 4개의 거대 얼라이언스 체제로 재편됐다. 4대 얼라이언스 체제는 경쟁당국의 선복공유협정 심사가 완료되면 본격적으로 가동에 들어갈 전망이다.

세계 컨테이너 정기선시장이 4대 얼라이언스 체제로 재편된 것은, 1만 TEU급 이상 극초대형 컨테이너선(ULCC)이 본격적으로 투입되면서 기간항로의 경쟁이 점점 치열해짐에 따라 선사들이 규모의 경제를 통한 경쟁력 확보 차원에서 이루어진 것으로 판단된다.

문제는 4대 얼라이언스 체제가 일단락된 것이 아니라 앞으로 계속 진행될 것이라는 점이다. 즉, 4대 얼라이언스 내에서 이합집산이 진행돼 탈락하는 선사가 나올 수 있다는 전망이다. 특히 국적선사인 한진해운과 현대

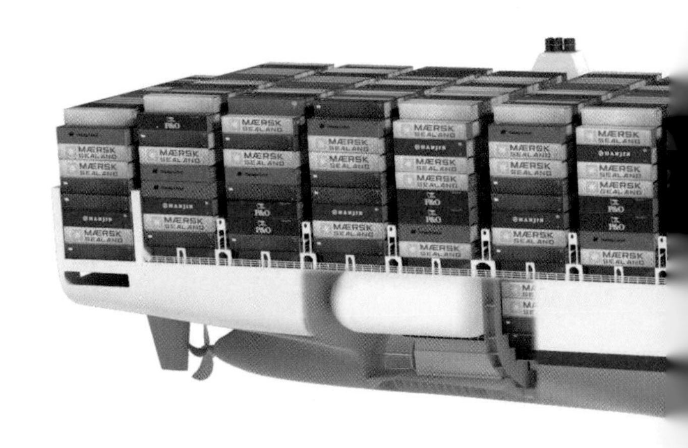
MAERSK SEALAND
P&O
HANJIN

상선이 참여하고 있는 'CKYHE'와 'G6' 얼라이언스는 '2M'과 '오션3'에 비해 1만 8,000TEU급 이상 ULCC 보유 비중이 상대적으로 낮기 때문에 향후 동맹 해운사의 변동 가능성이 높게 점쳐진다.

한국가스공사, LNG전용선 6척 입찰

10년 만에 진행된 한국가스공사의 LNG전용선 6척 입찰은 국적선사들의 최대 관심사 가운데 하나였다. 진입장벽이 높은 LNG 운송시장의 특성상 새롭게 LNG선시장에 진출하려는 현대글로비스, KSS해운, 폴라리스쉬핑, 장금상선 등 중견 국적선사들이 공고 이전부터 일찌감치 입찰 참여를 준비해왔다. 아울러 에이치라인해운(한진해운), 현대엘엔지해운(현대상선), 대한해운, SK해운, 팬오션 등 기존 선사들도 불황기에 안정적인 운임 확보가 가능하다는 이유로 입찰에 참여했다.

이번 한국가스공사 LNG전용선은 최근 세계 에너지업계와 해운업계에서 화두가 된 미국 셰일 가스 운용이라는 점과 최초로 한국형 화물창인 KC-1이 적용된다는 점에서 그 의미가 남다르다.

2014년 10월 24일 진행된 입찰에서 SK해운이 KC-1 2척, 대한해운과 현대엘엔지해운이 기존 마크Ⅲ 타입 각각 2척을 낙찰 받으면서 신규 선사 진입은 무위로 끝나고 말았다. SK해운은 삼성중공업에서 KC-1 타입 LNG선 2척을 건조해 2017년 9월말 투입할 계획이다. 대한해운과 현대엘엔지해운은 대우조선해양에서 2017년 5월말까지 각각 2척씩을 인도 받을 예정이다.

한진해운과 현대상선, 뼈를 깎는 자구노력으로 다시 태어나다

한국을 대표하는 선사인 한진해운과 현대상선은 해운장기 불황으로 2013년에 수천억 원의 영업적자를 기록했다. 이로 인해 양 선사는 전용선 사업 부문 매각, 컨테이너 터미널 지분 매각, 유가증권 매각, 인력 구조조정, 선대 합리화 등 고강도 자구 계획을 발표했다. 그리고 자구 계획을 거의 대부분 실행함으로써 체질 및 재무구조를 어느 정도 개선하는데 성공했다는 평가다.

한진해운은 자구 계획에 따라 최은영 회장의 유수홀딩스(한진해운홀딩스)에서 조양호 회장의 대한항공그룹에 편입됐다. 한진해운에 2,500억 원의 자금 지원을 했던 대한항공은 유상증자를 통해 한진해운에 4,000억 원을 추가로 지원함으로써 한진해운 지배구조를 확립했다.

또한 한진해운은 벌크 전용선 36척(전용선 29척, LNG선 7척)을 한앤컴퍼니에 매각해 3,000억 원의 자금을 추가로 확보했다. 한진해운이 매각한 벌크 전용선 부문은 '에이치라인해운'이라는 새로운 법인으로 출발했다.

현대상선도 터미널 사업 부문 매각, 벌크 전용선 사업부문 매각, 현대로지스틱스 매각 등을 주요 내용으로 하는 자구 계획을 발표해 상당 부분을 이행했다. 특히 현대상선의 LNG전용선 사업 부문(LNG선 7척, 지분참여 LNG선 2척)을 IMM 인베스트먼트에 매각해 4,000억 원의 자금을 마련했다. 현대상선이 매각한 LNG전용선 사업 부문은 현대엘엔지해운이라는 새로운 법인으로 영업을 개시했다.

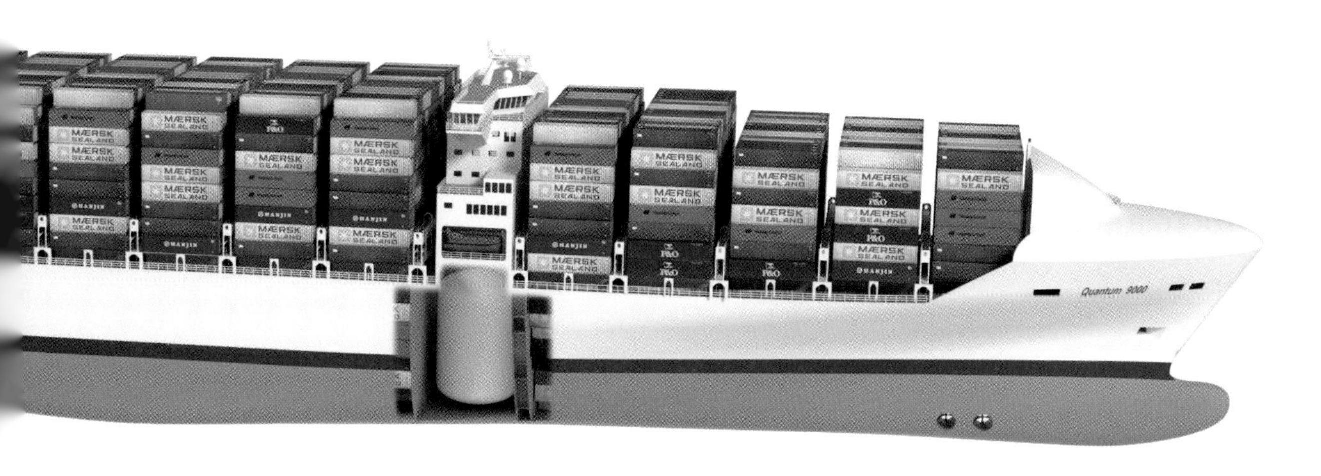

MÆRSK SEALAND
P&O
HANJIN
Quantum 9000

27 항공업계

업계 규모

- 국제·국내 항공여객수 7,434만 명
- 국적기 수송여객수 5,561만 명
- 민간 항공기 등록 대수 623대

(기준 : 2013)

❶ 대형항공사(FSC : Full Service Carrier) ❷ 저비용항공사(LCC : Low Cost Carrier)

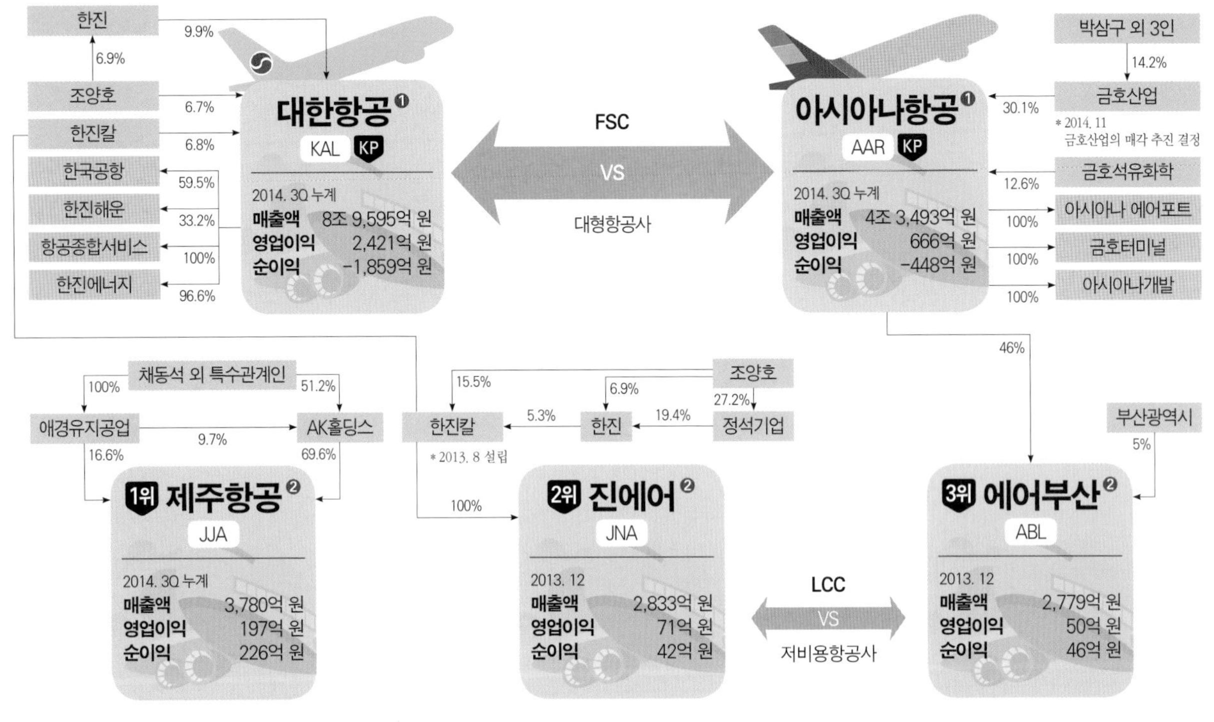

한진
9.9%
6.9%
조양호
6.7%
한진칼
6.8%
한국공항
59.5%
한진해운
33.2%
항공종합서비스
100%
한진에너지
96.6%
대한항공❶
KAL KP
2014. 3Q 누계
매출액 8조 9,595억 원
영업이익 2,421억 원
순이익 -1,859억 원
FSC
VS
대형항공사
박삼구 외 3인
14.2%
금호산업
30.1%
* 2014. 11 금호산업의 매각 추진 결정
아시아나항공❶
AAR KP
2014. 3Q 누계
매출액 4조 3,493억 원
영업이익 666억 원
순이익 -448억 원
금호석유화학
12.6%
아시아나 에어포트
100%
금호터미널
100%
아시아나개발
100%
46%
채동석 외 특수관계인
100%
51.2%
애경유지공업
9.7%
AK홀딩스
16.6%
69.6%
조양호
15.5%
6.9%
27.2%
한진칼
5.3%
한진
19.4%
정석기업
* 2013. 8 설립
100%
부산광역시
5%
1위 제주항공❷
JJA
2014. 3Q 누계
매출액 3,780억 원
영업이익 197억 원
순이익 226억 원
2위 진에어❷
JNA
2013. 12
매출액 2,833억 원
영업이익 71억 원
순이익 42억 원
LCC
VS
저비용항공사
3위 에어부산❷
ABL
2013. 12
매출액 2,779억 원
영업이익 50억 원
순이익 46억 원

새만금관광개발
전북은행
군산시청
49.4%
8.2%
4.1%
4위 이스타항공❷
ESR
2013. 12
매출액 2,543억 원
영업이익 23억 원
순이익 -167억 원

티웨이홀딩스
60.7%
예림당
53.5%
29.3%
5위 티웨이항공❷
TWB
2013. 12
매출액 1,668억 원
영업이익 37억 원
순이익 140억 원

항공사별 수송분담률 (기준 : 2013 연간 유임여객)

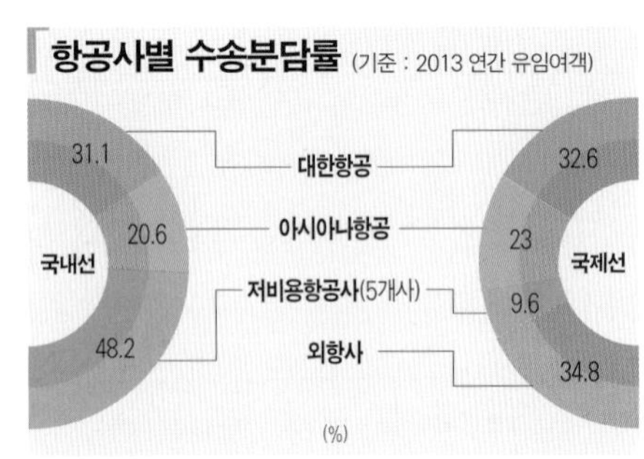

31.1
대한항공
32.6
20.6
아시아나항공
23
국내선
국제선
저비용항공사(5개사)
9.6
48.2
외항사
34.8
(%)

자료 : 국토교통부

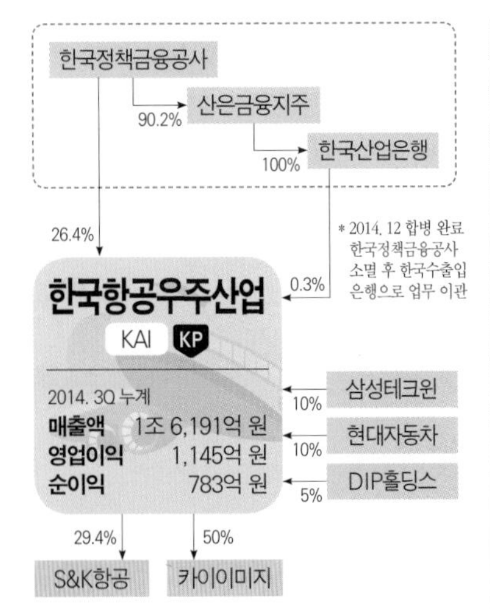

한국정책금융공사
90.2%
산은금융지주
100%
한국산업은행
26.4%
* 2014. 12 합병 완료 한국정책금융공사 소멸 후 한국수출입은행으로 업무 이관
0.3%
한국항공우주산업
KAI KP
2014. 3Q 누계
매출액 1조 6,191억 원
영업이익 1,145억 원
순이익 783억 원
삼성테크윈
10%
현대자동차
10%
DIP홀딩스
5%
29.4%
50%
S&K항공
카이이미지

KAI 사업 포트폴리오 (기준 : 2014. 9)

구분		현재 사업	미래 사업
군수	고정익	FA-50 경공격기(생산·수출)	KF-X 전투기(개발·생산·수출)
		KT-1 기본훈련기(수출)	
		T-50 고등훈련기(수출)	
		차기 군단급 UAV(개발), 군단 UAV(성능 개량)	차기 군단급 UAV(생산), 차기 군단급 UAV 파생형(개발·생산)
	회전익	KUH 기동헬기(생산·수출), KUH 파생형(상륙기동헬기 개발)	KUH 파생형(개발·생산·수출)- 상륙기동·의무후송 등
			LAH/LCH 헬기사업(개발·생산·수출)
	성능개량	KA-1 후속 성능 개량, A-10 공격기 주익 교체	KF-16 전투기 성능개량, 헬기 성능개량 등
	MRO	국산기 PBL: FA-50, T-50, KT-1, 군단 무인기	국산기 PBL: KUH, KFX, LAH, 차기군단 무인기 훈련비행단 PBL 등
민수	완제기	KC-100 소형항공기(개발)	KC-100 소형항공기(생산·판매)
			한국형 중형항공기(개발·생산·판매)
	기체 구조물	국제공동사업(개발·생산) : Airbus A350, Boeing 787	
		기체구조물(생산) : Airbus/Boeing 등 기체구조물, F-15주익/동체, AH-64 동체 등	
	우주	다목적위성 3, 5호(개발), 정지궤도복합위성 핵심부품(개발)	다목적위성 6, 7, 8, 9호~(개발), 발사체(개발), 차세대 중형위성 본체(개발)

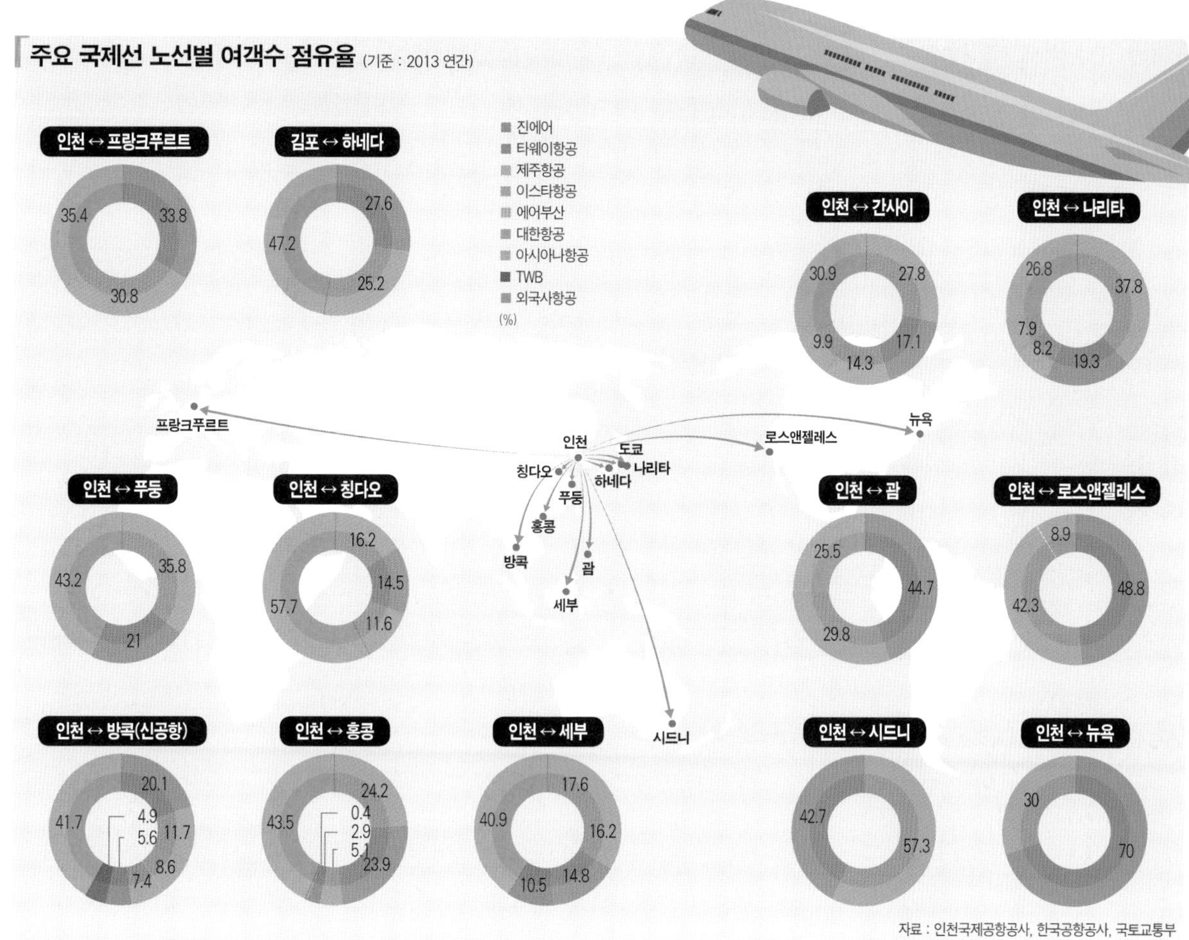
주요 국제선 노선별 여객수 점유율 (기준 : 2013 연간)
진에어
타웨이항공
제주항공
이스타항공
에어부산
대한항공
아시아나항공
TWB
외국사항공
(%)
인천 ↔ 프랑크푸르트
35.4
33.8
30.8
김포 ↔ 하네다
27.6
47.2
25.2
인천 ↔ 간사이
30.9
27.8
9.9
17.1
14.3
인천 ↔ 나리타
26.8
37.8
7.9
8.2
19.3
프랑크푸르트
인천
도쿄
나리타
하네다
칭다오
푸둥
홍콩
방콕
괌
세부
시드니
로스앤젤레스
뉴욕
인천 ↔ 푸둥
43.2
35.8
21
인천 ↔ 칭다오
16.2
14.5
57.7
11.6
인천 ↔ 괌
25.5
44.7
29.8
인천 ↔ 로스앤젤레스
8.9
42.3
48.8
인천 ↔ 방콕(신공항)
20.1
41.7
4.9
5.6
11.7
8.6
7.4
인천 ↔ 홍콩
24.2
0.4
43.5
2.9
5.1
23.9
인천 ↔ 세부
17.6
40.9
16.2
10.5
14.8
인천 ↔ 시드니
42.7
57.3
인천 ↔ 뉴욕
30
70
자료 : 인천국제공항공사, 한국공항공사, 국토교통부

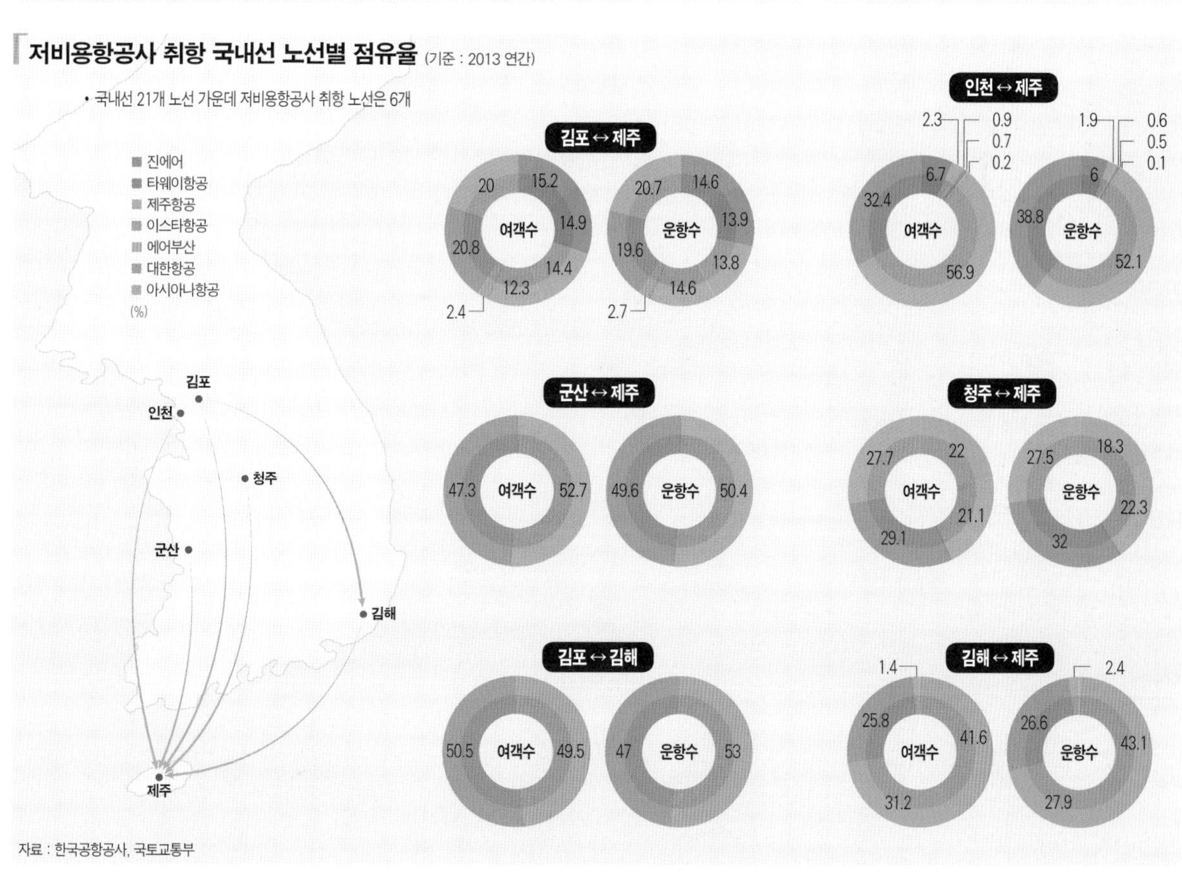
저비용항공사 취항 국내선 노선별 점유율 (기준 : 2013 연간)
• 국내선 21개 노선 가운데 저비용항공사 취항 노선은 6개
진에어
티웨이항공
제주항공
이스타항공
에어부산
대한항공
아시아나항공
(%)
김포
인천
청주
군산
김해
제주
김포 ↔ 제주
여객수
20
15.2
14.9
20.8
14.4
12.3
2.4
운항수
20.7
14.6
13.9
19.6
13.8
14.6
2.7
인천 ↔ 제주
여객수
2.3
0.9
0.7
0.2
6.7
32.4
56.9
운항수
1.9
0.6
0.5
0.1
6
38.8
52.1
군산 ↔ 제주
여객수
47.3
52.7
운항수
49.6
50.4
청주 ↔ 제주
여객수
27.7
22
21.1
29.1
운항수
27.5
18.3
22.3
32
김포 ↔ 김해
여객수
50.5
49.5
운항수
47
53
김해 ↔ 제주
여객수
1.4
25.8
41.6
31.2
운항수
2.4
26.6
43.1
27.9
자료 : 한국공항공사, 국토교통부

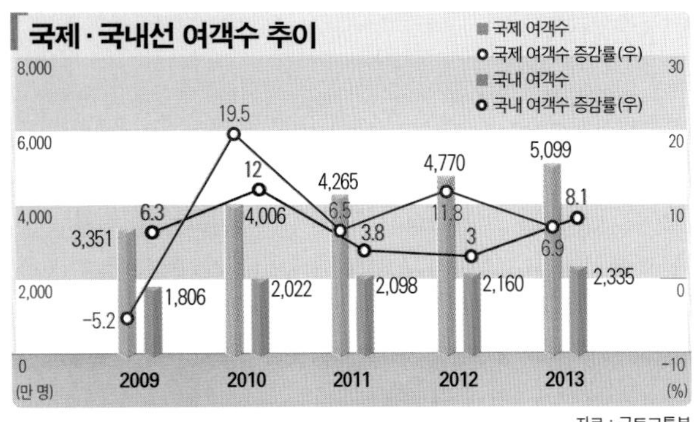
국제·국내선 여객수 추이
국제 여객수
국제 여객수 증감률(우)
국내 여객수
국내 여객수 증감률(우)
8,000
6,000
4,000
2,000
0
(만 명)
30
20
10
0
-10
(%)
2009
2010
2011
2012
2013
3,351
1,806
-5.2
6.3
4,006
2,022
19.5
12
4,265
2,098
6.5
3.8
4,770
2,160
11.8
3
5,099
2,335
6.9
8.1

자료 : 국토교통부

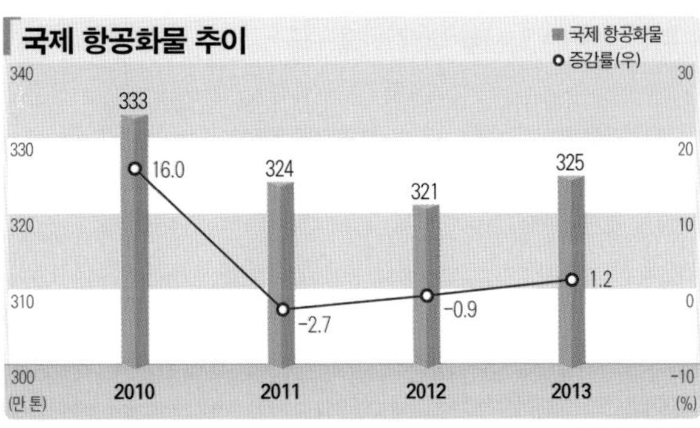
국제 항공화물 추이
국제 항공화물
증감률(우)
340
330
320
310
300
(만 톤)
30
20
10
0
-10
(%)
2010
2011
2012
2013
333
16.0
324
-2.7
321
-0.9
325
1.2
자료 : 국토교통부

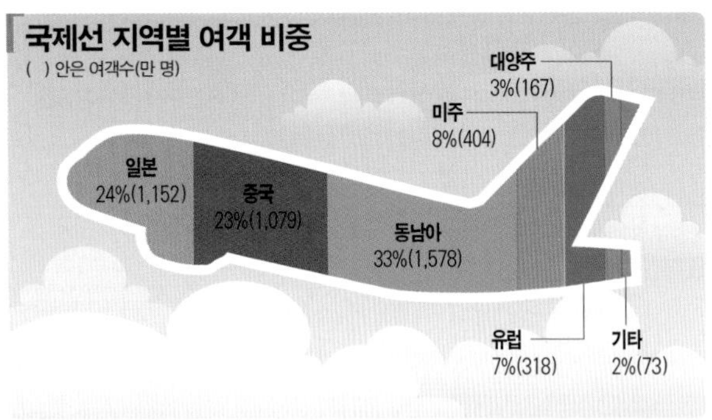
국제선 지역별 여객 비중
( ) 안은 여객수(만 명)
일본
24%(1,152)
중국
23%(1,079)
동남아
33%(1,578)
미주
8%(404)
대양주
3%(167)
유럽
7%(318)
기타
2%(73)
자료 : 국토교통부

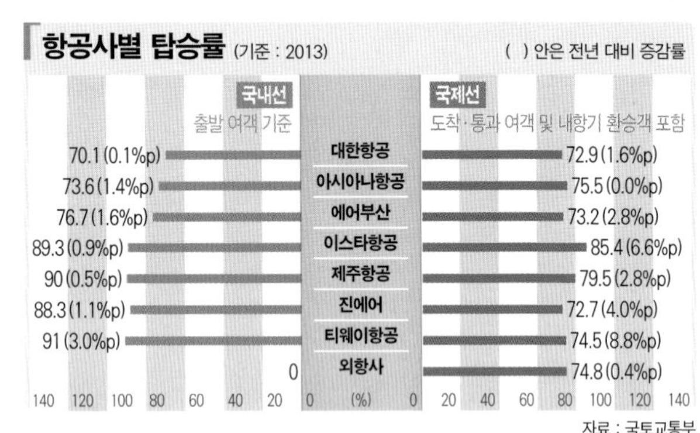
항공사별 탑승률 (기준 : 2013)
( ) 안은 전년 대비 증감률
국내선
출발 여객 기준
국제선
도착·통과 여객 및 내항기 환승객 포함
대한항공 70.1(0.1%p) 72.9(1.6%p)
아시아나항공 73.6(1.4%p) 75.5(0.0%p)
에어부산 76.7(1.6%p) 73.2(2.8%p)
이스타항공 89.3(0.9%p) 85.4(6.6%p)
제주항공 90(0.5%p) 79.5(2.8%p)
진에어 88.3(1.1%p) 72.7(4.0%p)
티웨이항공 91(3.0%p) 74.5(8.8%p)
외항사 0 74.8(0.4%p)
140 120 100 80 60 40 20 0 (%) 0 20 40 60 80 100 120 140
자료 : 국토교통부

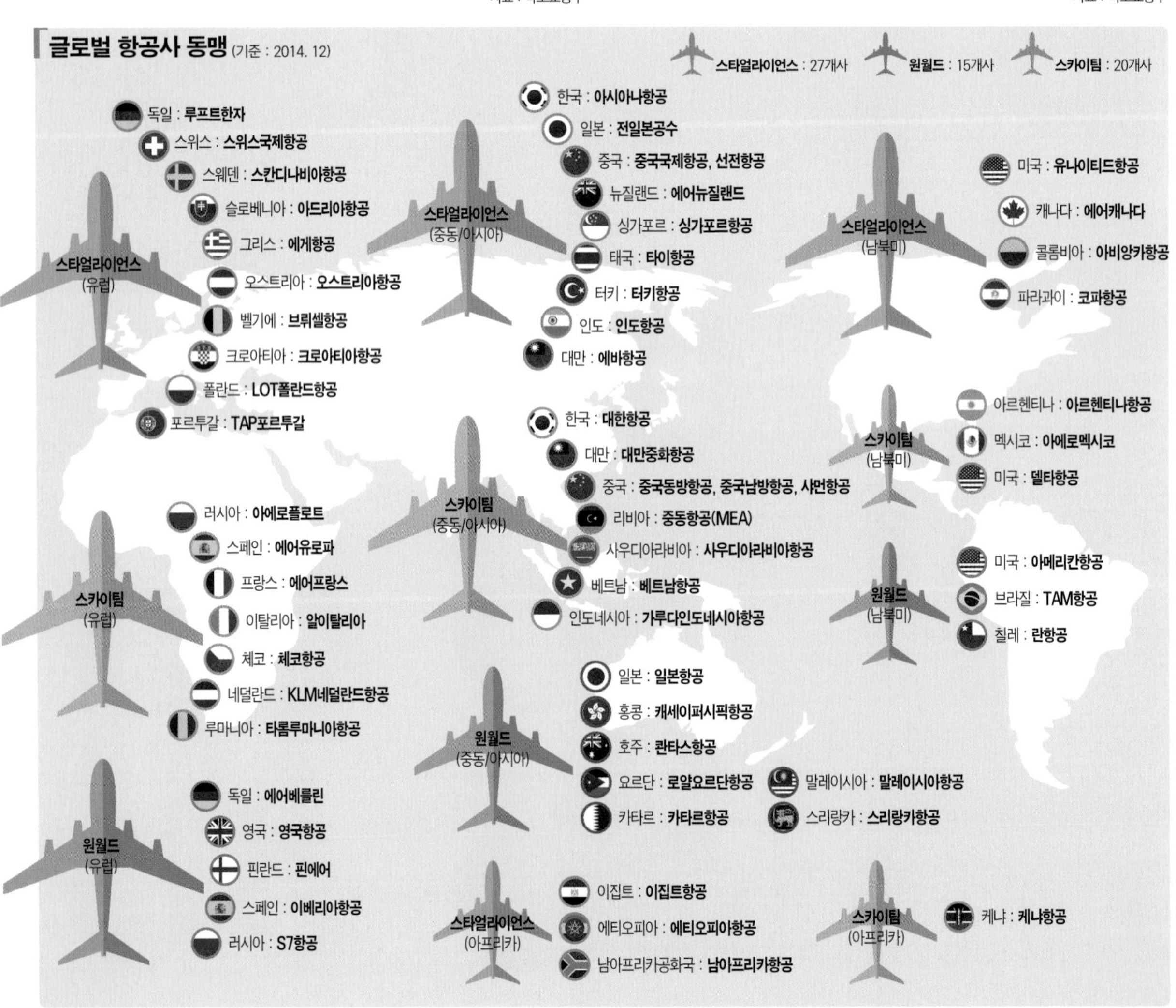
글로벌 항공사 동맹 (기준 : 2014. 12)
스타얼라이언스 : 27개사
원월드 : 15개사
스카이팀 : 20개사
스타얼라이언스 (유럽)
독일 : 루프트한자
스위스 : 스위스국제항공
스웨덴 : 스칸디나비아항공
슬로베니아 : 아드리아항공
그리스 : 에게항공
오스트리아 : 오스트리아항공
벨기에 : 브뤼셀항공
크로아티아 : 크로아티아항공
폴란드 : LOT폴란드항공
포르투갈 : TAP포르투갈
스타얼라이언스 (중동/아시아)
한국 : 아시아나항공
일본 : 전일본공수
중국 : 중국국제항공, 선전항공
뉴질랜드 : 에어뉴질랜드
싱가포르 : 싱가포르항공
태국 : 타이항공
터키 : 터키항공
인도 : 인도항공
대만 : 에바항공
스타얼라이언스 (남북미)
미국 : 유나이티드항공
캐나다 : 에어캐나다
콜롬비아 : 아비앙카항공
파라과이 : 코파항공
스카이팀 (유럽)
러시아 : 아에로플로트
스페인 : 에어유로파
프랑스 : 에어프랑스
이탈리아 : 알이탈리아
체코 : 체코항공
네덜란드 : KLM네덜란드항공
루마니아 : 타롬루마니아항공
스카이팀 (중동/아시아)
한국 : 대한항공
대만 : 대만중화항공
중국 : 중국동방항공, 중국남방항공, 샤먼항공
리비아 : 중동항공(MEA)
사우디아라비아 : 사우디아라비아항공
베트남 : 베트남항공
인도네시아 : 가루다인도네시아항공
스카이팀 (남북미)
아르헨티나 : 아르헨티나항공
멕시코 : 아에로멕시코
미국 : 델타항공
원월드 (남북미)
미국 : 아메리칸항공
브라질 : TAM항공
칠레 : 란항공
원월드 (유럽)
독일 : 에어베를린
영국 : 영국항공
핀란드 : 핀에어
스페인 : 이베리아항공
러시아 : S7항공
원월드 (중동/아시아)
일본 : 일본항공
홍콩 : 캐세이퍼시픽항공
호주 : 콴타스항공
요르단 : 로얄요르단항공
카타르 : 카타르항공
말레이시아 : 말레이시아항공
스리랑카 : 스리랑카항공
스타얼라이언스 (아프리카)
이집트 : 이집트항공
에티오피아 : 에티오피아항공
남아프리카공화국 : 남아프리카항공
스카이팀 (아프리카)
케냐 : 케냐항공

저비용항공사 여객수송분담률 추이

○ 국내선 ○ 국제선 ○ 전체

(%)	2008	2009	2010	2011	2012	2013
국내선	9.7	27.4	34.7	41.4	43.8	48
국제선	0	0.5	2.3	4.3	7.5	9.6
전체	3.2	9.9	13.2	16.5	18.8	20.2

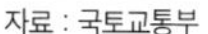

자료 : 국토교통부

항공사별 항공기 보유 대수 (기준 : 2013. 12)

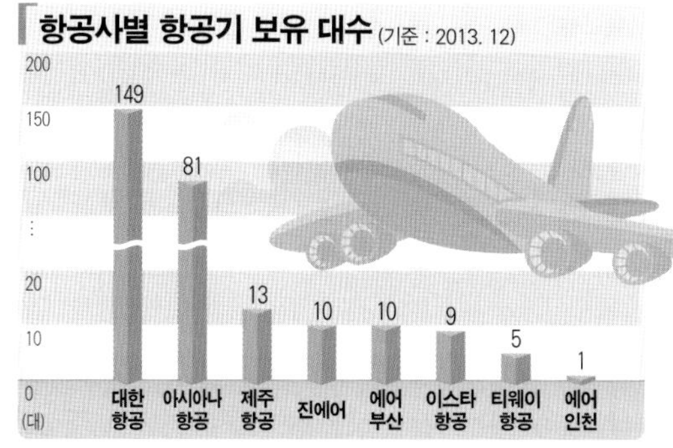

200
150
100
20
10
0
(대)
149
81
13
10
10
9
5
1
대한항공
아시아나항공
제주항공
진에어
에어부산
이스타항공
티웨이항공
에어인천

자료 : 국토교통부

민간항공기 등록 추이

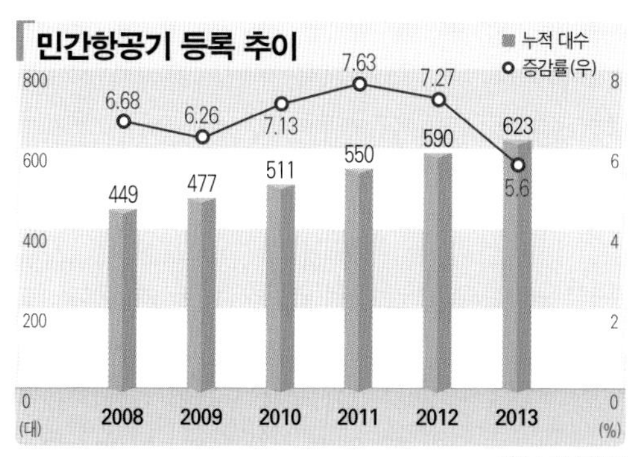

누적 대수
증감률(우)
800
600
400
200
0
(대)
8
6
4
2
0
(%)
6.68
6.26
7.13
7.63
7.27
5.6
449
477
511
550
590
623
2008
2009
2010
2011
2012
2013

자료 : 국토교통부

국내 공항 운영 현황 (기준 : 2012)

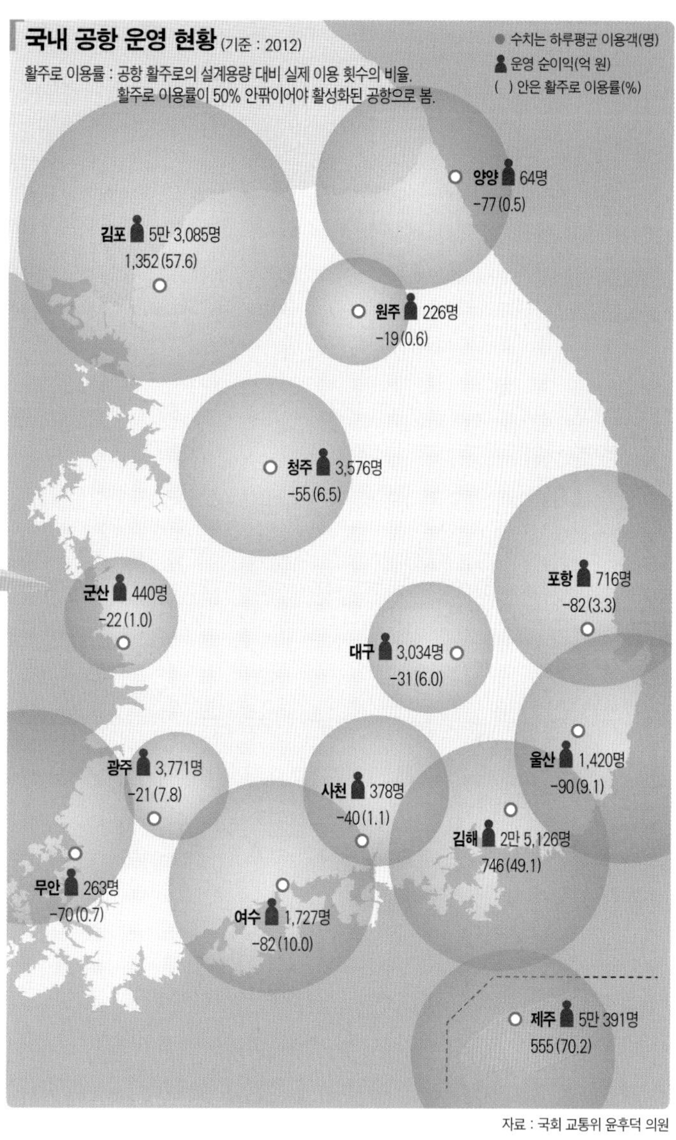

활주로 이용률 : 공항 활주로의 설계용량 대비 실제 이용 횟수의 비율.
활주로 이용률이 50% 안팎이어야 활성화된 공항으로 봄.
수치는 하루평균 이용객(명)
운영 순이익(억 원)
( ) 안은 활주로 이용률(%)
양양 64명
-77 (0.5)
김포 5만 3,085명
1,352 (57.6)
원주 226명
-19 (0.6)
청주 3,576명
-55 (6.5)
군산 440명
-22 (1.0)
포항 716명
-82 (3.3)
대구 3,034명
-31 (6.0)
광주 3,771명
-21 (7.8)
사천 378명
-40 (1.1)
울산 1,420명
-90 (9.1)
김해 2만 5,126명
746 (49.1)
무안 263명
-70 (0.7)
여수 1,727명
-82 (10.0)
제주 5만 391명
555 (70.2)

자료 : 국회 교통위 윤후덕 의원

저비용항공사 운항 노선 (기준 : 2013. 12)

구분	보유 기종	취항 노선수	국내선	국제선	〈일본〉	〈중국〉	〈동남아〉
제주항공	B737-800 : 10대	16	김포-제주(주79회) 김해-제주(주46회) 청주-제주(주14회)	(13노선 주122회)	서울-도쿄(주14회) 서울-나고야(주7회) 서울-후쿠오카(주14회)	서울-홍콩(주7회) 부산-홍콩(주6회) 서울-웨이하이(주4회) 서울-칭다오(주7회)	서울-방콕(주14회) 부산-방콕(주14회) 서울-마닐라(주7회) 서울-세부(주7회) 서울-괌(주14회)
진에어	B737-800 : 7대	13	김포-제주(주105회)	(12노선 주92회)	서울-삿포로(주7회) 서울-오키나와(주7회) 서울-나가사키(주3회)	제주-상하이(주7회) 서울-홍콩(주7회)	서울-마카오(주7회) 서울-괌(주14회) 서울-방콕(주19회) 서울-비엔티안(주5회) 서울-치앙마이(주4회) 서울-클라크(주5회) 서울-세부(주7회)
에어부산	B737-400 : 3대 B737-500 : 3대 A321-200 : 1대 A320-200 : 1대	13	김포-김해(주89회) 김해-제주(주78회)	(11노선 주83회)	부산-도쿄(주7회) 부산-오사카(주7회) 부산-후쿠오카(주21회)	부산-칭다오(주9회) 부산-시안(주2회) 부산-홍콩(주12회)	부산-타이페이(주7회) 부산-마카오(주3회) 부산-카오슝(주4회) 부산-씨엠립(주4회) 부산-세부(주7회)
이스타항공	B737-600 : 1개 B737-700 : 5대 B737-800 : 1대	8	김포-제주(주119회) 군산-제주(주7회) 청주-제주(주14회)	(5노선 주46회)	서울-도쿄(주7회) 서울-오사카(주14회)		서울-씨엠립(주7회) 서울-방콕(주7회) 서울-코타키나발루(주11회)
티웨이항공	B737-800 : 4대	6	김포-제주(주104회)	(5노선 주28회)	서울-후쿠오카(주7회) 서울-사가(주3회) 서울-삿포로(주7회)	서울-산야(주4회)	서울-방콕(주7회)

자료 : 국토교통부, 각사 사업보고서

대형 항공사와 저가 항공사의 엇갈린 운명

대형 항공사들과 저가 항공사들의 명암이 2014년만큼 대비되었던 적도 드물 것이다. 이른바 땅콩회항 사건과 샌프란시스코 운항 정지 처분으로 대형 항공사들이 깊은 시름에 빠져있는 동안 저가 항공사들은 고공행진을 이어가며 상장에까지 나서고 있다. 이들에게 닥친 악재와 호재는 가까운 미래의 국내 항공산업에 어떤 영향을 미칠 것인가?

뜻하지 않은 악재로 몸살 앓는 대형 항공사들

견과류 서비스가 마음에 안 든다며 항공기를 램프 리턴시켜 승무원을 내리게 한 대한항공 임원의 경솔한 행동으로 치러야할 실적 손실이 눈덩이처럼 불어나고 있다. 문제의 임원은 법원에서 영장이 발부되어 구속되었지만 이로 인한 후폭풍은 수그러들지 않고 있다.

'땅콩 회항'과 관련한 국토부의 대한항공 운항정지 여부도 주목된다. 운항정지 기간은 21일, 이를 과징금으로 대신하면 14억 4,000만 원이다. 운항정지 일수나 과징금 액수는 50%까지 늘리거나 줄일 수 있다. 대한항공은 '땅콩 회항' 사건이 일어난 인천-뉴욕 노선을 최대 31일까지 운항 정지할 경우 250억~370억 원의 손해를 입을 것으로 추산하고 있다.

A380
A380

아시아나항공은 2014년 7월 발생한 샌프란시스코 사고로 해당 노선의 45일 운항정지 처분을 받았다. 아시아나항공은 행정처분 과정의 절차상 문제점, 승객 불편, 항공사 이미지 훼손 등을 근거로 운항정지 처분이 부당하다며 반박 이의신청을 내놓았지만 받아들여질지는 미지수다. 만약 45일 운항정지가 이뤄질 경우 약 162억 원의 매출 감소가 예상된다. 운항정지로 샌프란시스코 공항에서 슬롯(항공기 이착륙 시간대)과 터미널 카운터 배분에도 타격을 입을 수도 있어 실제 손해는 더 커질 것으로 보인다.

저가 항공사의 거칠 것 없는 비상

대형 항공사들이 악재에 흔들리고 있는 반면, 이른바 저가 항공사(LCC)들은 고공행진을 이어가고 있다. 저가 항공사들의 성장을 이끈 주요 요인은, 무엇보다 다양해진 노선이다. 저가 항공사들의 하늘 길이 더욱 넓어지고 길어지고 있는 것이다. 저가 항공사들은 중국, 일본, 동남아 등 기존 단거리 노선을 넘어 대형 항공사들의 노선에까지 손을 뻗치고 있다.

제주항공은 사이판 노선을 신규 취항했다. 기존 아시아나항공 단독 노선이었던 사이판은 복수 운항 체제에 돌입했다. 진에어는 2015년부터 하와이 노선을 새롭게 취항한다. 하와이 노선은 장거리 노선으로 기존 대형 항공사들이 운항하는 노선이었다. 진에어는 이번 취항에 대비해 국내 저가 항공사로는 처음으로 중대형기를 도입했다. 대한항공의 단독 노선이었던 인천-괌 노선도 지난 2010년 진에어가 뛰어들면서 경쟁 체제에 접어들었다. 2015년부터는 제주항공까지 괌 노선을 신규 취항할 예정이다.

저가 항공사들의 실적 호조는 급기야 상장으로까지 이어질 전망이다. 제주항공과 에어부산은 2015년 상장을 앞두고 있다. 제주항공은 2014년 11월 상장 주관사 우선 협상 대상자로 NH투자증권을 선정했다. 상장은 신주를 20% 발행하고 최대주주 등이 가진 구주의 일부를

JINAIR
HL0000
BOEING 737-800

매출하는 방식으로 추진할 예정이다.

아시아나항공의 저가 항공 브랜드인 에어부산은 아직 상장 주관사를 선정하지 않았지만, 곧 상장 작업에 착수한다는 계획이다. 에어부산의 주요 주주는 아시아나항공(46%)과 부산시와 부산지역 14개 주요 기업(54%)이다.

저가 항공사들의 거칠 것 없는 성장은 거점 공황 확보에서도 나타나고 있다. 그동안 국내 모든 공항에서 대형 항공사가 우위를 보이던 구도가 빠른 속도로 변화하고 있는 것이다. 에어부산은 그동안 부산 김해공항에 대한 운항편수 및 이용객수 집계에서 줄곧 우위를 보이고 있던 대한항공을 처음으로 꺾었다. 한국공항공사가 집계한 2014년 1~11월 김해공항 운항편수 및 이용객수에 따르면, 에어부산은 2만 4,512편(329만 1,277명)으로 대한항공 2만 4,432편(310만 7,449명)과 아시아나항공 5,351편(53만 7,932명)을 따돌리고 1위를 차지했다.

이스타항공 역시 거점 공항으로 삼고 있는 청주공항에서 강세를 보였다. 2014년 1~11월 운항편수 및 이용객수에서 이스타항공은 2,996편(42만 5,612명)으로 2,793편(38만 3,669명)인 대한항공과 2,102편(31만 7,095명)인 아시아나항공을 꺾고 1위로 올라섰다.

티웨이항공도 대구공항에서 공격적인 노선 확장을 통해 2014년 1~11월 이용객수 37만 6,941명을 기록하며 아시아나항공(33만 9,831명)을 꺾었고, 대한항공(44만 1,124명)에는 약 7만 명 차이까지 근접했다.

땅콩 회항에 울고 유가 하락에 웃고

끝을 모르고 내려가는 국제유가 덕분에 항공업계 전체가 비용 절감 효과를 톡톡히 보고 있다. 국제유가가 서부텍사스산(WTI) 기준으로 배럴당 60달러 선이 붕괴되면서 하락 추세가 지속되고 있는 것이다.

대한항공은 연간 유류 소모량이 3,200만 배럴로, 유가가 배럴당 1달러만 내려가도 엄청난 규모의 유류비를 줄일 수 있다. 대한항공은 2014년 3분기 매출이 전년 대비 0.6% 감소했지만, 영업이익은 유류비 절감 효과에 힘입어 50.3% 증가한 2,407억 원을 올렸다. 대한항공 매출액에서 연료비가 차지하는 비중은 무려 35.4%나 된다. 매출원가에서 연료비용은 40.2%에 달한다.

이에 따라 증권사마다 2015년 대한항공의 매출액을 하향 조정하면서도 영업이익은 기존 추정치 대비 상향 조정하는 진풍경이 벌어지고 있다.

업계에서는 유가 하락이 당분간 지속될 것으로 관측하고 있다. 유가 하락으로 인한 수혜는 대한항공 뿐 아니라 아시아나항공과 저가 항공사들에게도 호재로 작용할 전망이다.

28 | 물류(육운 · 택배)업계

업계 규모

■ 국내 육상물류 시장규모	51조 730억 원
■ 택배 시장규모	3조 7,200억 원
■ 택배 화물수량	14억 9,500만 개

육운(육상운송)업계

현대글로비스
KP
정의선 31.9%
정몽구 11.5%
현대자동차 4.9%
2014. 3Q 누계
매출액 10조 3,537억 원
영업이익 4,794억 원
순이익 4,556억 원
11.7% 현대엔지니어링
4.7% 현대그린푸드
16.2% 현대A&I
13% 당진항만
0.7% 현대모비스

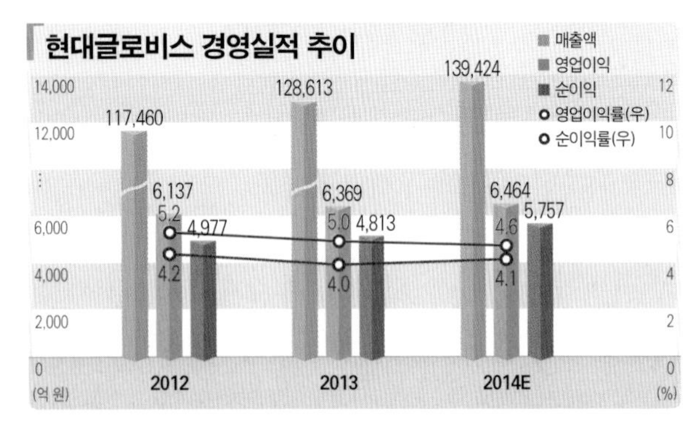

현대글로비스 경영실적 추이
매출액
영업이익
순이익
영업이익률(우)
순이익률(우)
14,000
12,000
6,000
4,000
2,000
0
(억 원)
12
10
8
6
4
2
0
(%)
117,460
6,137
5.2
4,977
4.2
128,613
6,369
5.0
4,813
4.0
139,424
6,464
5,757
4.6
4.1
2012
2013
2014E

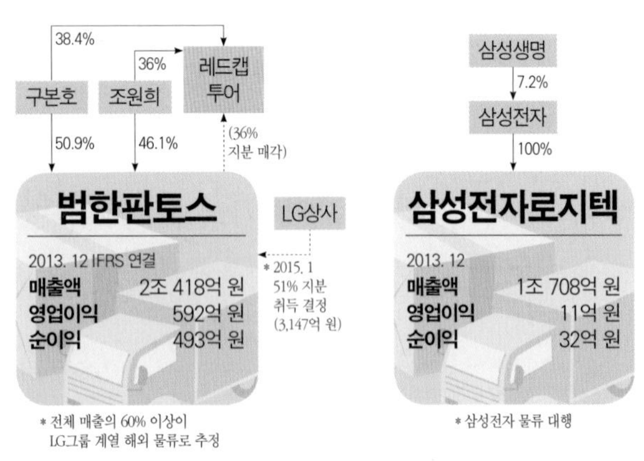

38.4%
36%
레드캡 투어
구본호
조원희
50.9%
46.1%
(36% 지분 매각)
범한판토스
LG상사
* 2015. 1 51% 지분 취득 결정 (3,147억 원)
2013. 12 IFRS 연결
매출액 2조 418억 원
영업이익 592억 원
순이익 493억 원
* 전체 매출의 60% 이상이 LG그룹 계열 해외 물류로 추정
삼성생명
7.2%
삼성전자
100%
삼성전자로지텍
2013. 12
매출액 1조 708억 원
영업이익 11억 원
순이익 32억 원
* 삼성전자 물류 대행

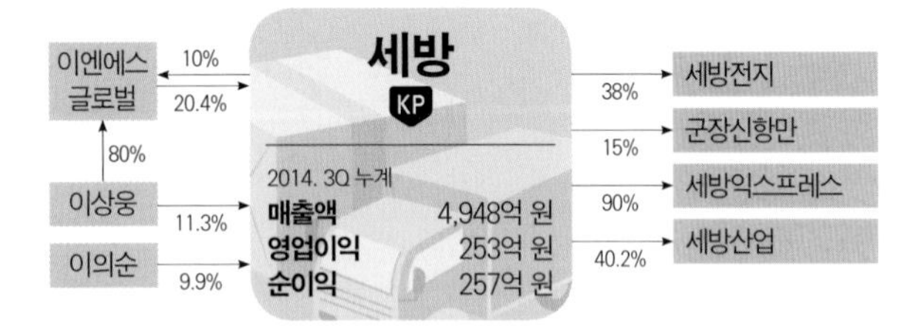

세방
KP
이엔에스 글로벌
10%
20.4%
80%
이상웅 11.3%
이의순 9.9%
2014. 3Q 누계
매출액 4,948억 원
영업이익 253억 원
순이익 257억 원
38% 세방전지
15% 군장신항만
90% 세방익스프레스
40.2% 세방산업

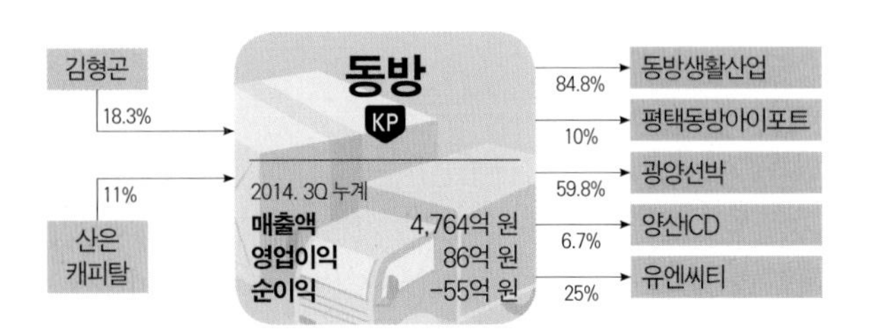

동방
KP
김형곤 18.3%
11%
산은 캐피탈
2014. 3Q 누계
매출액 4,764억 원
영업이익 86억 원
순이익 -55억 원
84.8% 동방생활산업
10% 평택동방아이포트
59.8% 광양선박
6.7% 양산CD
25% 유엔씨티

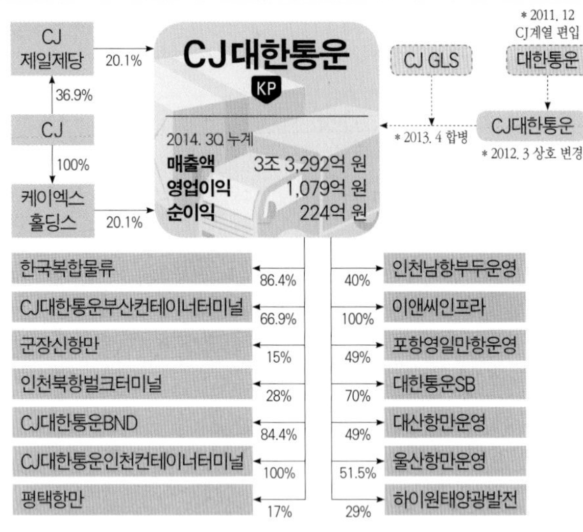

CJ 제일제당 20.1%
36.9%
CJ
100%
케이엑스 홀딩스 20.1%
CJ대한통운
KP
2014. 3Q 누계
매출액 3조 3,292억 원
영업이익 1,079억 원
순이익 224억 원
* 2011. 12 CJ계열 편입
CJ GLS
대한통운
* 2013. 4 합병
CJ대한통운
* 2012. 3 상호 변경
한국복합물류 86.4%
CJ대한통운부산컨테이너터미널 66.9%
군장신항만 15%
인천북항벌크터미널 28%
CJ대한통운BND 84.4%
CJ대한통운인천컨테이너터미널 100%
평택항만 17%
40% 인천남항부두운영
100% 이앤씨인프라
49% 포항영일만항운영
70% 대한통운SB
49% 대산항만운영
51.5% 울산항만운영
29% 하이원태양광발전

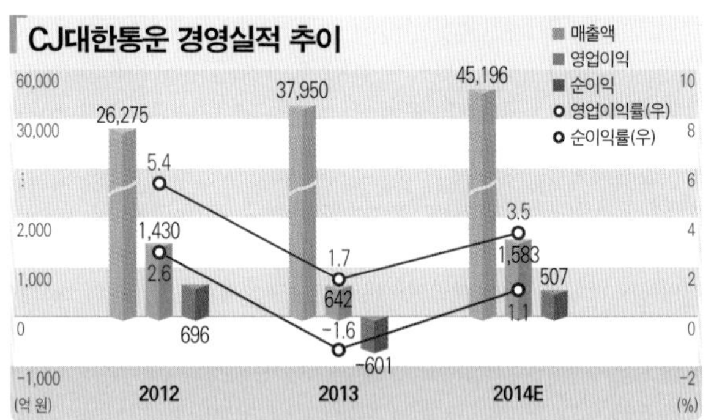

CJ대한통운 경영실적 추이
매출액
영업이익
순이익
영업이익률(우)
순이익률(우)
60,000
30,000
2,000
1,000
0
-1,000
(억 원)
10
8
6
4
2
0
-2
(%)
26,275
5.4
1,430
2.6
696
37,950
1.7
642
-1.6
-601
45,196
3.5
1,583
507
1.1
2012
2013
2014E

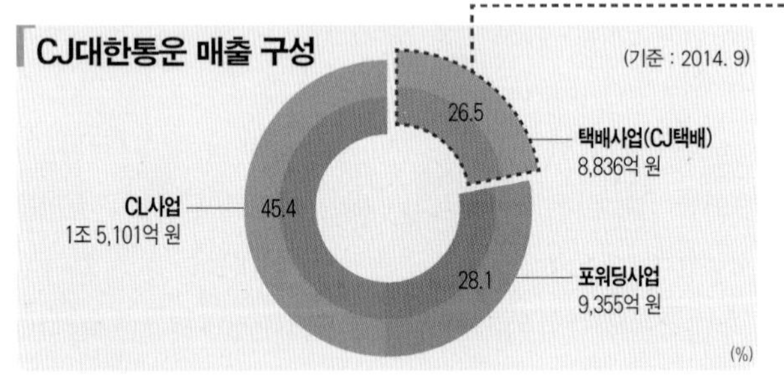

CJ대한통운 매출 구성
(기준 : 2014. 9)
26.5
택배사업(CJ택배) 8,836억 원
CL사업 1조 5,101억 원
45.4
28.1
포워딩사업 9,355억 원
(%)

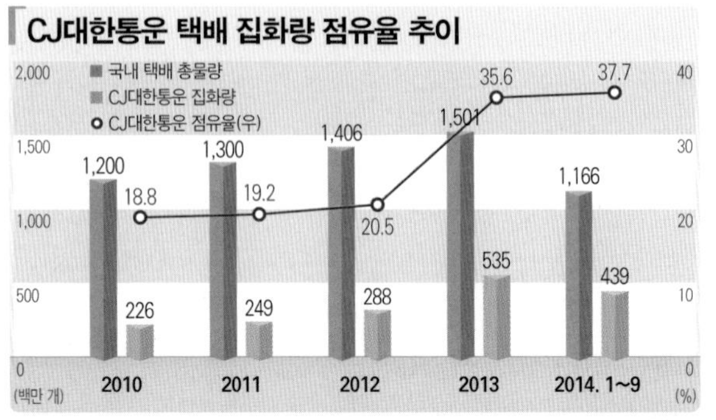

CJ대한통운 택배 집화량 점유율 추이
국내 택배 총물량
CJ대한통운 집화량
CJ대한통운 점유율(우)
2,000
1,500
1,000
500
0
(백만 개)
40
30
20
10
0
(%)
1,200
226
18.8
1,300
249
19.2
1,406
288
20.5
1,501
535
35.6
1,166
439
37.7
2010
2011
2012
2013
2014. 1~9

* CJ대한통운과 CJ GLS가 합병한 2013. 4. 1부터는 두 기업의 집화량을 합함

자료 : CJ대한통운

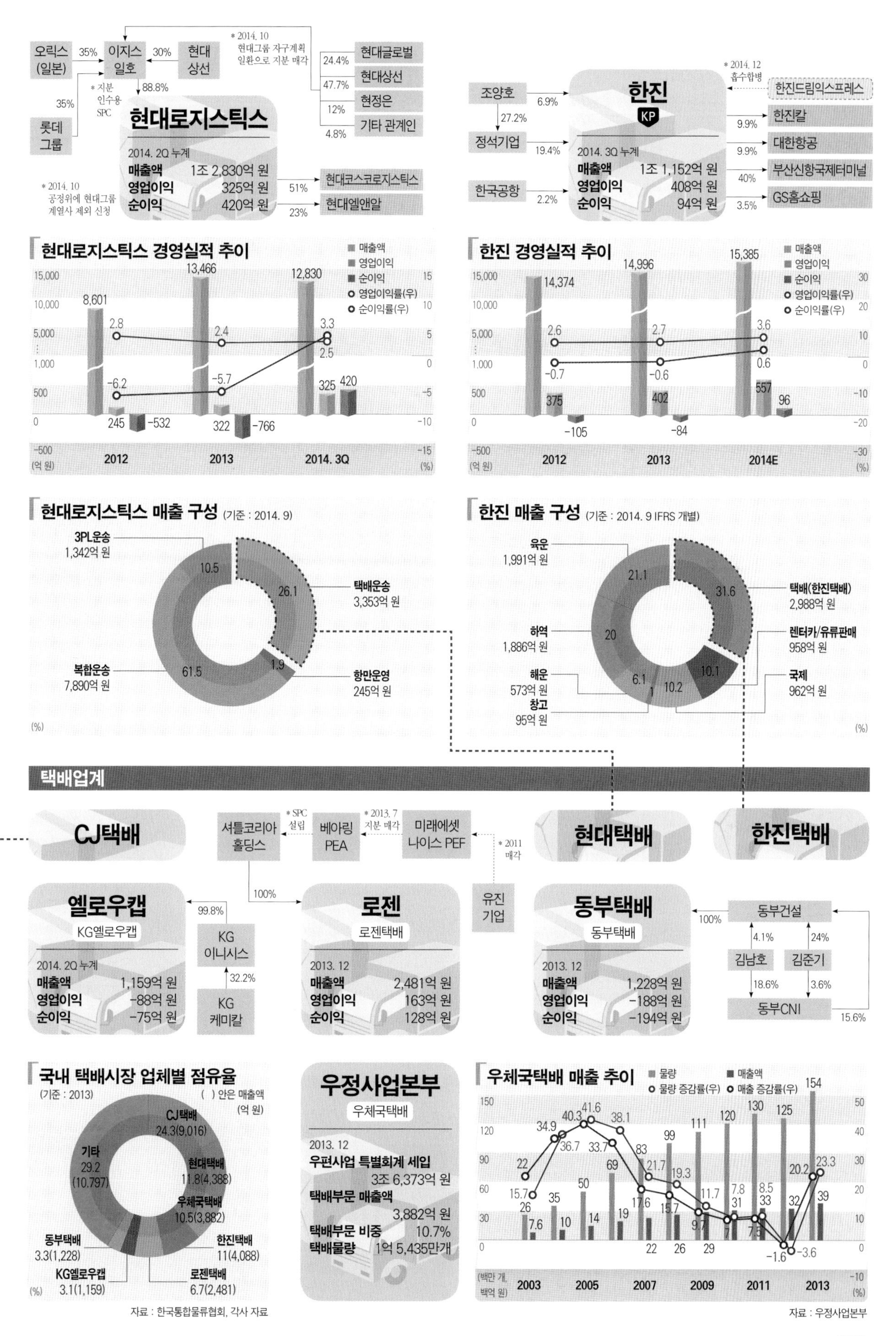

오릭스 (일본)
35%
이지스 일호
30%
현대 상선
35%
롯데 그룹
* 지분 인수용 SPC
88.8%
* 2014. 10 현대그룹 자구계획 일환으로 지분 매각
24.4%
현대글로벌
47.7%
현대상선
12%
현정은
4.8%
기타 관계인
현대로지스틱스
2014. 2Q 누계
매출액 1조 2,830억 원
영업이익 325억 원
순이익 420억 원
* 2014. 10 공정위에 현대그룹 계열사 제외 신청
51%
현대코스코로지스틱스
23%
현대엘앤알
조양호
6.9%
27.2%
정석기업
19.4%
한국공항
2.2%
한진
KP
2014. 3Q 누계
매출액 1조 1,152억 원
영업이익 408억 원
순이익 94억 원
* 2014. 12 흡수합병
한진드림익스프레스
9.9%
한진칼
9.9%
대한항공
40%
부산신항국제터미널
3.5%
GS홈쇼핑
현대로지스틱스 경영실적 추이
매출액
영업이익
순이익
영업이익률(우)
순이익률(우)
15,000
10,000
5,000
1,000
500
0
-500
(억 원)
15
10
5
0
-5
-10
-15
(%)
8,601
13,466
12,830
2.8
2.4
3.3
2.5
-6.2
-5.7
325
420
245
-532
322
-766
2012
2013
2014. 3Q
한진 경영실적 추이
매출액
영업이익
순이익
영업이익률(우)
순이익률(우)
15,000
10,000
5,000
1,000
500
0
-500
(억 원)
30
20
10
0
-10
-20
-30
(%)
14,374
14,996
15,385
2.6
2.7
3.6
-0.7
-0.6
0.6
375
402
557
96
-105
-84
2012
2013
2014E
현대로지스틱스 매출 구성 (기준 : 2014. 9)
3PL운송 1,342억 원
10.5
26.1
택배운송 3,353억 원
복합운송 7,890억 원
61.5
1.9
항만운영 245억 원
(%)
한진 매출 구성 (기준 : 2014. 9 IFRS 개별)
육운 1,991억 원
21.1
31.6
택배(한진택배) 2,988억 원
하역 1,886억 원
20
렌터카/유류판매 958억 원
해운 573억 원
6.1
1
10.2
10.1
국제 962억 원
창고 95억 원
(%)
택배업계
CJ택배
셔틀코리아 홀딩스
* SPC 설립
베아링 PEA
* 2013. 7 지분 매각
미래에셋 나이스 PEF
* 2011 매각
현대택배
한진택배
100%
유진 기업
옐로우캡
KG옐로우캡
2014. 2Q 누계
매출액 1,159억 원
영업이익 -88억 원
순이익 -75억 원
99.8%
KG 이니시스
32.2%
KG 케미칼
로젠
로젠택배
2013. 12
매출액 2,481억 원
영업이익 163억 원
순이익 128억 원
동부택배
동부택배
2013. 12
매출액 1,228억 원
영업이익 -188억 원
순이익 -194억 원
100%
동부건설
4.1%
24%
김남호
김준기
18.6%
3.6%
동부CNI
15.6%
국내 택배시장 업체별 점유율
(기준 : 2013)
( ) 안은 매출액 (억 원)
CJ택배 24.3(9,016)
현대택배 11.8(4,388)
우체국택배 10.5(3,882)
한진택배 11(4,088)
로젠택배 6.7(2,481)
KG옐로우캡 3.1(1,159)
동부택배 3.3(1,228)
기타 29.2 (10,797)
(%)
우정사업본부
우체국택배
2013. 12
우편사업 특별회계 세입 3조 6,373억 원
택배부문 매출액 3,882억 원
택배부문 비중 10.7%
택배물량 1억 5,435만개
우체국택배 매출 추이
물량
매출액
물량 증감률(우)
매출 증감률(우)
150
120
90
60
30
0
(백만 개, 백억 원)
50
40
30
20
10
0
-10
(%)
26
7.6
35
10
50
14
69
19
83
22
99
26
111
29
120
31
130
33
125
32
154
39
22
34.9
40.3
41.6
38.1
15.7
36.7
33.7
21.7
19.3
17.6
15.7
11.7
9.7
7.8
7
8.5
7.5
-1.6
20.2
23.3
-3.6
2003
2005
2007
2009
2011
2013
자료 : 한국통합물류협회, 각사 자료
자료 : 우정사업본부

글로벌 물류시장 규모 (기준 : 2012)

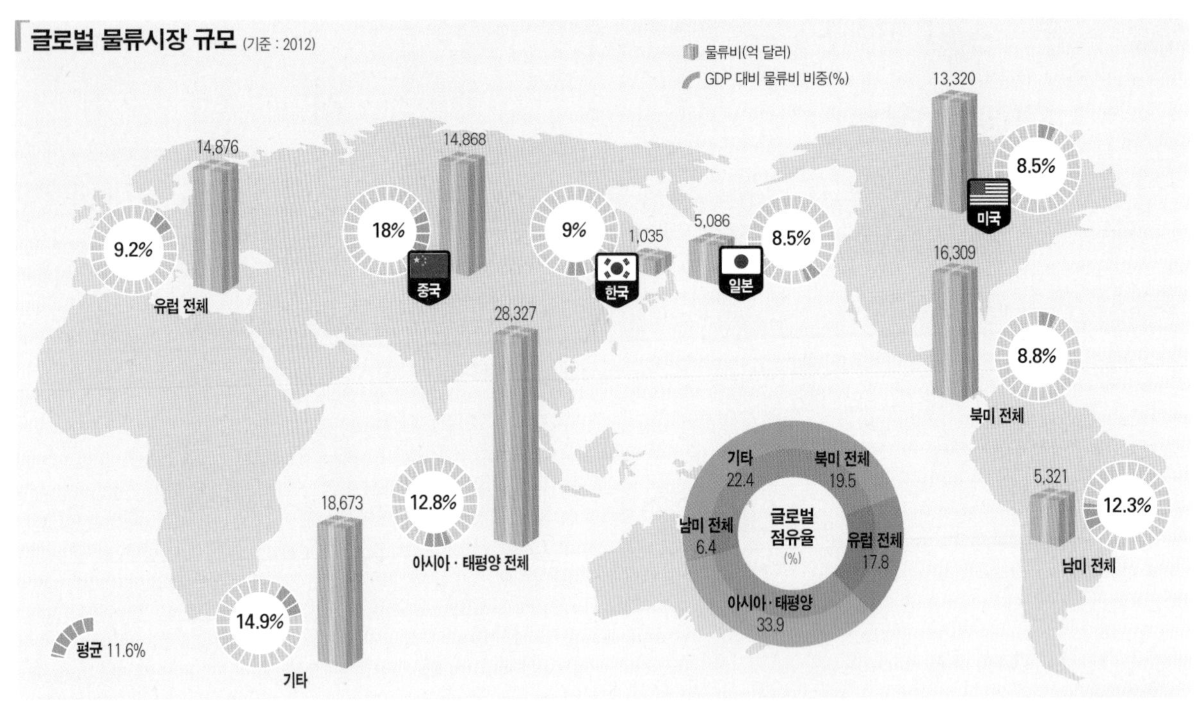

물류비(억 달러)
GDP 대비 물류비 비중(%)
유럽 전체
14,876
9.2%
중국
14,868
18%
한국
1,035
9%
일본
5,086
8.5%
미국
13,320
8.5%
북미 전체
16,309
8.8%
아시아 · 태평양 전체
28,327
12.8%
기타
18,673
14.9%
남미 전체
5,321
12.3%
평균 11.6%
글로벌 점유율 (%)
기타 22.4
북미 전체 19.5
유럽 전체 17.8
아시아·태평양 33.9
남미 전체 6.4

자료 : 대한상공회의소

국내 물류 시장규모 추이

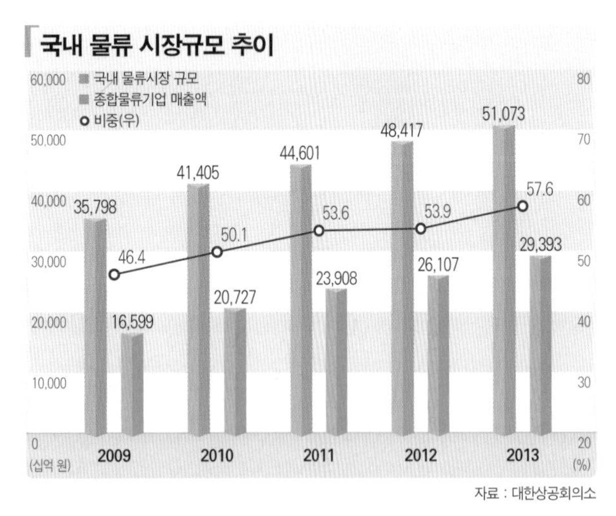

국내 물류시장 규모
종합물류기업 매출액
비중(우)
(십억 원)
(%)
2009
35,798
16,599
46.4
2010
41,405
20,727
50.1
2011
44,601
23,908
53.6
2012
48,417
26,107
53.9
2013
51,073
29,393
57.6

자료 : 대한상공회의소

종합물류기업 매출 추이

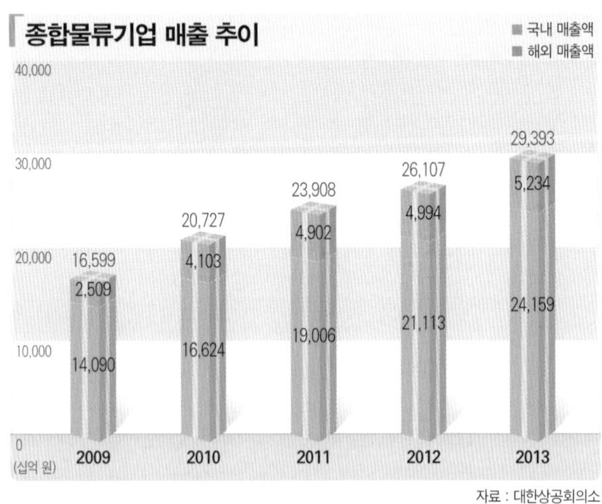

국내 매출액
해외 매출액
(십억 원)
2009
16,599
2,509
14,090
2010
20,727
4,103
16,624
2011
23,908
4,902
19,006
2012
26,107
4,994
21,113
2013
29,393
5,234
24,159

자료 : 대한상공회의소

한국에 진출한 글로벌 포워더 빅4 (기준 : 2012)

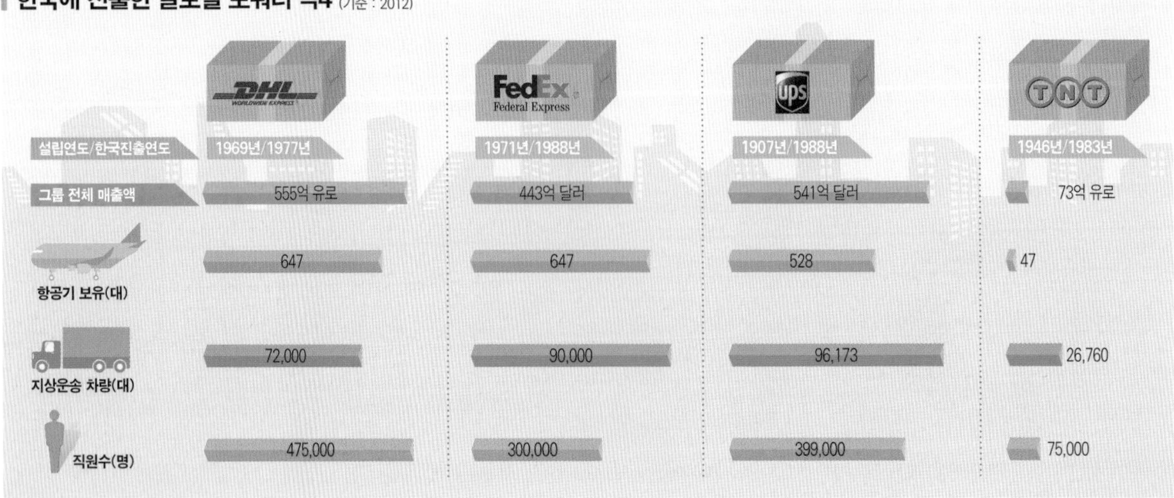

DHL
FedEx Federal Express
UPS
TNT
설립연도/한국진출연도
그룹 전체 매출액
항공기 보유(대)
지상운송 차량(대)
직원수(명)

	DHL	FedEx	UPS	TNT
설립연도/한국진출연도	1969년/1977년	1971년/1988년	1907년/1988년	1946년/1983년
그룹 전체 매출액	555억 유로	443억 달러	541억 달러	73억 유로
항공기 보유(대)	647	647	528	47
지상운송 차량(대)	72,000	90,000	96,173	26,760
직원수(명)	475,000	300,000	399,000	75,000

자료 : 대한상공회의소, 각사

3PL* 활용 비중 추이

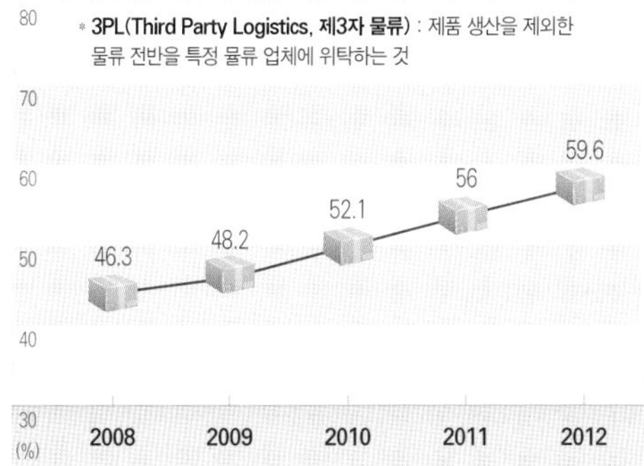

* 3PL(Third Party Logistics, 제3자 물류) : 제품 생산을 제외한 물류 전반을 특정 물류 업체에 위탁하는 것
80
70
60
50
40
30
(%)
46.3
48.2
52.1
56
59.6
2008
2009
2010
2011
2012

자료 : 한국무역협회

국내 택배 시장규모 추이

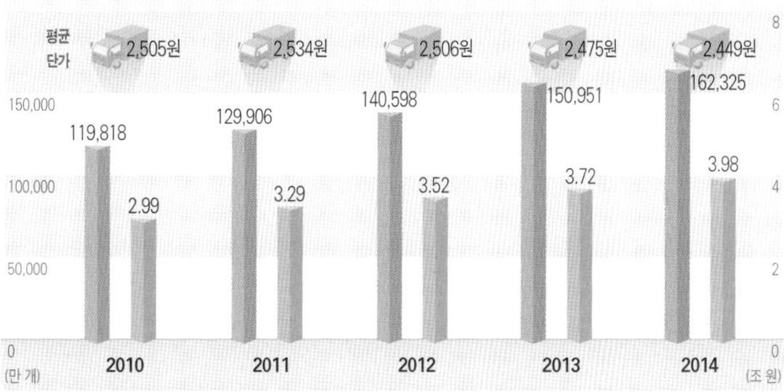

■ 물량 ■ 매출액(우)
평균 단가
2,505원
2,534원
2,506원
2,475원
2,449원
150,000
100,000
50,000
0
(만 개)
8
6
4
2
0
(조 원)
119,818
2.99
129,906
3.29
140,598
3.52
150,951
3.72
162,325
3.98
2010
2011
2012
2013
2014

자료 : 한국통합물류협회

국내 택배 상위 5개사 물량 추이

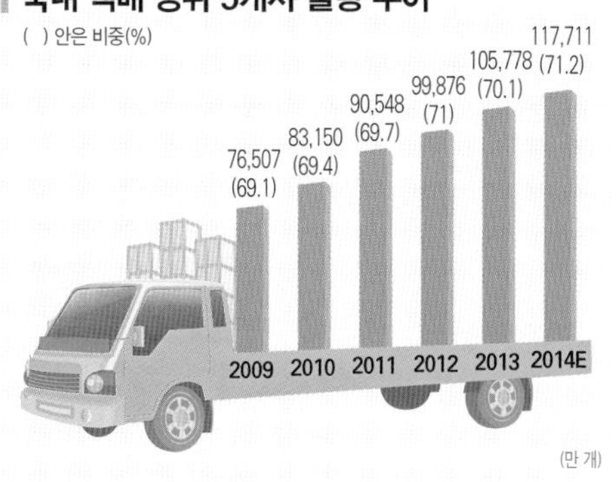

( ) 안은 비중(%)
76,507 (69.1)
83,150 (69.4)
90,548 (69.7)
99,876 (71)
105,778 (70.1)
117,711 (71.2)
2009
2010
2011
2012
2013
2014E
(만 개)

자료 : 한국통합물류협회

영업용 화물자동차 등록 대수 추이

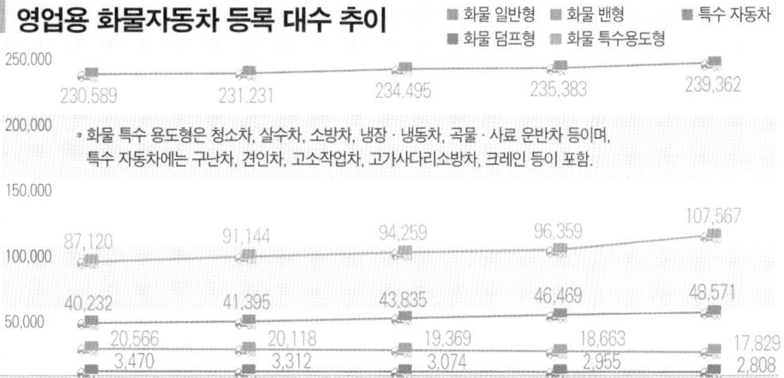

■ 화물 일반형 ■ 화물 밴형 ■ 특수 자동차
■ 화물 덤프형 ■ 화물 특수용도형
250,000
200,000
150,000
100,000
50,000
0
(대)
230,589
231,231
234,495
235,383
239,362
* 화물 특수 용도형은 청소차, 살수차, 소방차, 냉장 · 냉동차, 곡물 · 사료 운반차 등이며,
특수 자동차에는 구난차, 견인차, 고소작업차, 고가사다리소방차, 크레인 등이 포함.
87,120
91,144
94,259
96,359
107,567
40,232
41,395
43,835
46,469
48,571
20,566
20,118
19,369
18,663
17,829
3,470
3,312
3,074
2,955
2,808
2009
2010
2011
2012
2013

자료 : 국토교통부

택배 화물 차주의 계약 형태 변화

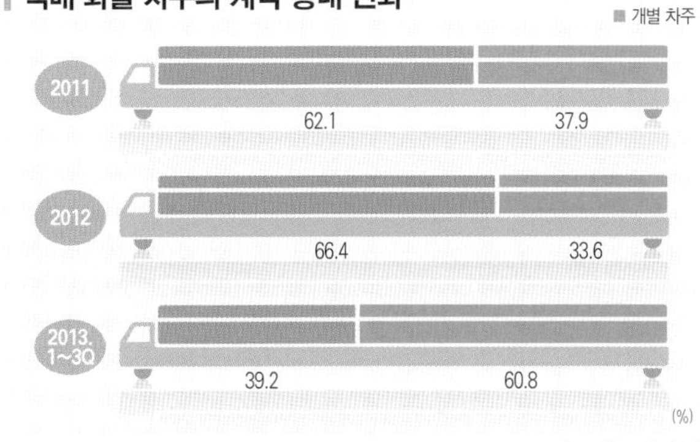

■ 지입 차주
■ 개별 차주
2011
62.1
37.9
2012
66.4
33.6
2013. 1~3Q
39.2
60.8
(%)

자료 : 한국교통연구원

수도권 택배 화물 취급수수료 변화

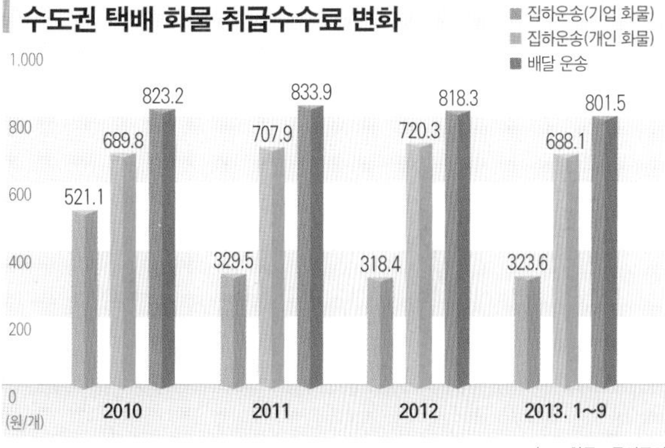

■ 집하운송(기업 화물)
■ 집하운송(개인 화물)
■ 배달 운송
1,000
800
600
400
200
0
(원/개)
521.1
689.8
823.2
329.5
707.9
833.9
318.4
720.3
818.3
323.6
688.1
801.5
2010
2011
2012
2013. 1~9

자료 : 한국교통연구원

국내 택배시장 주요 M&A 동향

연도	2007. 2	2007. 4	2007. 5	2007. 10	2007. 12	2008. 2	2008. 3	2008. 8	2008. 9	2010. 6	2010. 11	2011. 12	2013. 2	2013. 7
인수기업	유진그룹	동부건설	동원그룹	가로수닷컴	동원그룹	KG케미칼	금호 아시아나 그룹	CJ GLS	한진	CJ GLS	나이스 F&I 미래에셋 컨소시엄	CJ 그룹	이지스 엔터 프라이즈	베아링 PEA
피인수 합병기업	로젠택배	훼미리택배	KT 로지스택배	네덱스	아주택배	옐로우캡 택배	대한통운	사가와 익스프레스 코리아	세덱스	SC Logis 합병	로젠택배	대한통운	KGB택배	로젠택배
특기 사항		상호 변경 (동부 익스프레스 택배)	상호 변경 (로엑스 택배)		로엑스 택배와 통합 운영	KG 옐로우캡 택배		지분 추가 확보 (SC Logis로 사명 변경)	한진택배와 통합 운영 (2008. 12)	CJ GLS와 통합 운영	지분 인수 (100%, 880억 원 규모)	지분 인수 (37.6%, 1조 6,605 억 원)	지분 인수 (80%)	지분 인수 (100%)
M&A 유형	시장 진입	시장 진입	시장 진입	시장 진입	시너지	시장 진입	시장 진입	시너지	시너지	경영 효율화	재무적 투자	시장 확장		

자료 : 물류신문사

국내 물류산업이 후진성에서 벗어나지 못하는 이유

'물류'라는 개념은 군사학의 한 분야인 병참술(logistics)에서 비롯됐다. 군사의 이동과 철수, 군수물자의 보급 및 시설의 건설과 운용 등에 관한 계획을 수립하고 경영하는 과정에서 생긴 노하우가 물류라는 이름으로 기업 활동에 도입된 것이다.

물류란 말을 풀어보면 물건(物)의 흐름(流)이 된다. 산업 현장에서 물류의 범위는 상상을 초월할 정도로 방대하다. 원·부자재가 생산 현장에 투입되어 공장에서 완제품을 생산·출하해 이것을 최종소비자에게 공급하는 수송·하역·포장·보관 등의 모든 과정을 물류는 포괄한다.

오늘날 물류의 범위는 계속 확대되고 있는 추세이다. 단순히 생산자와 소비자를 연결하는 유통, 즉 판매물류는 이제 옛말이 됐다. 지금은 이러한 고전적 의미의 물류 개념을 넘어서 조달물류, 생산물류, 회수물류 등 새로운 사업 모델을 만들어 나가고 있다.

쉽게 시작했다가 더 쉽게 접는 사업

최근 물류산업의 가장 큰 이슈는 업종 간 영역 파괴에 있다. 기업들이 물류를 핵심 전략으로 인식하면서 물류에 대한 투자를 아끼지 않고 있으며, 다양한 방식으로 물류를 직접 수행하려는 모습을 취하고 있다. 실제로 물류와 유통, 제조 업체 사이의 간격이 점점 좁혀지고 있는 실정이다. 예를 들어 일부 화주 기업들 중에는 자신들이 구축해온 인프라를 활용해 특정 화주 기업의 물류 업무를 대행함으로써 새로운 수익을 창출하고 있다. 이는 물류 기업들의 입장에서는 새로운 경쟁자가 탄생한 것이 된다. 물류 기업을 넘어 화주 기업과의 경쟁 국면이 새롭게 전개되고 있는 것이다.

한편, 업종 간 영역 파괴는 물류 사업을 쉽게 시작했다가 여의치 않을 경우 쉽게 접는 행태를 초래하는 단초가 되기도 한다. 대기업들 가운데 물류 사업을 시작하거나 아예 물류 자회사를 설립하는 곳들이 계속 늘고 있다. 일감 몰아주기 규제가 강화되고 있지만 이를 비웃듯이 새롭게 물류 자회사를 설립한 그룹사만 적어도 3곳이나 된다.

쉽게 시작한 사업인 만큼 구조조정에서 가장 먼저 칼바람을 맞는 사업체도 물류가 되기 일쑤다. 최근 물류 자회사를 매각한 곳은 동부그룹과 현대그룹이다. 유동성 위기에 처한 두 그룹은 보유 자산 매각에 이어 물류 계열사인 동부익스프레스와 현대로지스틱스를 매각했다. 동부그룹은 KTB프라이빗에쿼티에 동부익스프레스를 매각했다. KTB투자증권의 종속회사 KTB프라이빗에쿼티는 동부익스프레스 485만 주를 2,765억 원에 취득했다. 현대그룹은 일본계 금융회사인 오릭스코퍼레이션과 현대그룹이 공동으로 세우는 특수목적법인에게 보유 중인 현대로지스틱스 지분의 전량 88.8%을 6,000억 원에 매각했다. 이후 오릭스 SPC 지분의 35%를 롯데그룹이 다시 인수했다. 이로 인해 롯데로지스틱스와 현대로지스틱스의 합병설이 제기되고 있으며, 두 기업이 합병할 경우 매출 3조 원을 넘어서는 거대 물류 기업이 탄생할 것으로 업계는 예상하고 있다.

대형 물류 거점을 기반으로 업체 간 경쟁 가열

택배업계에서 물류 단지 조성 바람이 거세게 불고 있다. 서울 장지동에 들어서는 동남권 물류 단지는 국내 택배 시장규모를 불리는 단초가 될 전망이다. 동남권 물류 단지는 부지 면적 14만 7,112m²에 건물 연면적 약 39만 6,000m²로 지상 5층 규모의 건물 6개동으로 개발되고 있다. 이곳은 고속도로 접근성이 뛰어나고 고속철도 개발 예정지와 맞닿아 있어 물류기지로서 경쟁력이 뛰어나다는 평가다.

동남권 물류 단지는 인근 유통 단지와 연계해 지역 거점형 생활 물류 기능을 수행할 시설로 개발될 예정이다. 공공과 민간 부문이 합동 개발하는 공모형 프로젝트파이낸싱(PF) 사업으로 추진되며 사업 시행자는 서울

서울 장지동에 들어설 동남권 물류 단지 조감도

복합물류프로젝트금융투자(주)이다. 서울복합물류PFV의 최대주주는 (주)한진으로, 31.55%의 지분을 보유하고 있다. 그 뒤를 이어 현대로지스틱스와 SH공사가 각각 28.55%와 19.9%의 지분을 보유하고 있다.

택배와 화물 터미널의 경우 한진과 현대로지스틱스가 각각 1동씩 사용할 것으로 예상된다. 이를 감안할 경우, 현재 160만 박스/일의 한진과 현대로지스틱스의 물동량이 각각 20%씩 증가한 192만 박스가 될 전망이다.

동남권 물류 단지 말고도 건립을 추진 중인 대형 물류 시설들이 여럿 있다. 현대로지스틱스는 경기도 덕평 인근에 약 10만 평 규모의 물류 센터를 마스터리스 형태로 확보하는 계획을 수립 중이다. CJ대한통운 역시 경기도 양지 인근에 약 12만 평에 달하는 물류 거점을 마련하는 계획을 세운 뒤 건설사와 의견 조율 중이다. 이밖에도 동원산업, KCTC 등을 비롯한 몇몇 물류 기업들이 대규모 단지 건립을 추진하고 있다.

한편, 대형 물류 단지 조성은 물류 업체 간의 헤게모니 경쟁을 뜨겁게 달굴 것으로 업계는 내다보고 있다. 단지 내에 유리한 부지를 확보하기 위해 준공 전부터 업체들 마다 신경전을 벌이는 곳이 목격되고 있기 때문이다. 경쟁이 소모적으로 흐를 경우 그 부작용도 만만찮을 전망이다.

NH농협은 왜 택배 사업에 진출하려 할까?

대기업들의 택배물류시장 선두 경쟁이 치열한 가운데 NH농협이 택배물류 사업 진출 의사를 밝혀 파란이 일고 있다. 이로 인해 우정사업본부의 택배 물류량이 감소할 것이라는 우려 섞인 전망도 제기되고 있다.

지금의 국내 택배물류시장은 한진, CJ대한통운, 현대택배 등 몇몇 대기업들이 지배력을 형성하고 있다. 사정이 이러한 가운데 국영 기업인 NH농협이 택배 사업에 뛰어들 경우 우정사업본부와 물류 품목이 중복되면서 결국 제살 깎아먹기로 인한 매출 감소로 이어질 수 있다는 분석이다.

NH농협에서는 택배 사업에 진출하는 목적으로, 농수산물의 원활한 유통과 주말에 우체국 택배가 배송 업무를 하지 않기 때문이라고 밝혔지만 업계에서는 여전히 수긍이 가지 않는다는 분위기다. 결국 NH농협이 택배 사업에 진출해 농수산물 물류량을 선점하겠다는 의도가 아니겠느냐는 분석이 지배적이다.

NH농협의 택배업 진출 시나리오는 결국 대기업들의 물류업계 진출 행태와 다르지 않다는 게 전문가들의 견해이다. 업계 전체를 놓고 봤을 때 NH농협의 시장 진출로 득보다는 실이 클 것이라는 데 전문가들은 입을 모으고 있다.

Chapter 6

유통·상사

29 TV홈쇼핑·인터넷쇼핑몰 업계

30 백화점업계

31 대형마트·SSM 업계

32 편의점업계

33 외식업계

34 상사업계

29 TV홈쇼핑·인터넷쇼핑몰 업계

업계 규모

■ TV홈쇼핑 매출액 4조 5,718억 원
■ 인터넷쇼핑몰 거래액 38조 4,979억 원

TV홈쇼핑

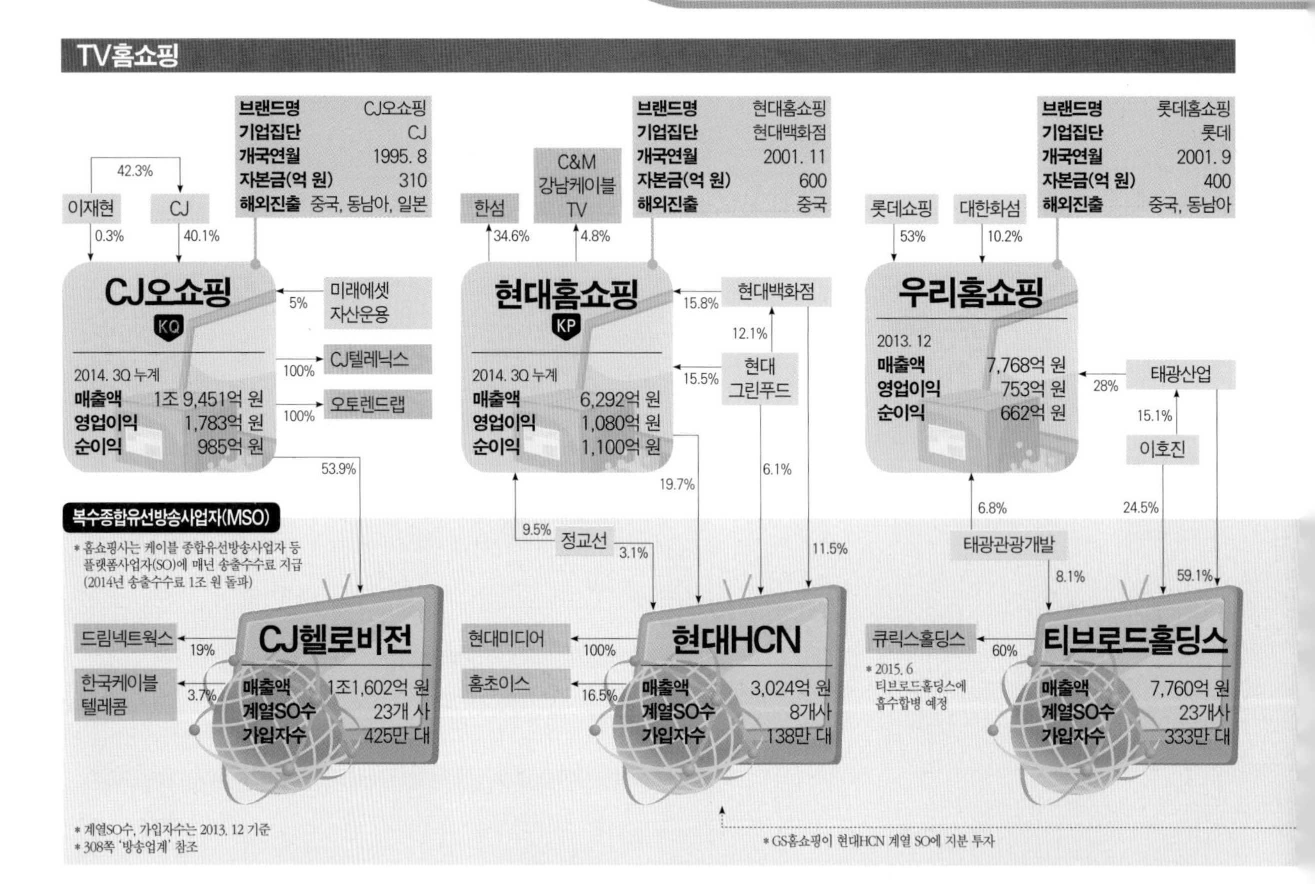

브랜드명 CJ오쇼핑
기업집단 CJ
개국연월 1995. 8
자본금(억 원) 310
해외진출 중국, 동남아, 일본
이재현
CJ
42.3%
0.3%
40.1%
CJ오쇼핑
KQ
미래에셋 자산운용
5%
CJ텔레닉스
100%
오토렌드랩
100%
2014. 3Q 누계
매출액 1조 9,451억 원
영업이익 1,783억 원
순이익 985억 원
53.9%
브랜드명 현대홈쇼핑
기업집단 현대백화점
개국연월 2001. 11
자본금(억 원) 600
해외진출 중국
한섬
C&M 강남케이블 TV
34.6%
4.8%
현대홈쇼핑
KP
현대백화점
15.8%
12.1%
현대 그린푸드
15.5%
2014. 3Q 누계
매출액 6,292억 원
영업이익 1,080억 원
순이익 1,100억 원
19.7%
6.1%
11.5%
브랜드명 롯데홈쇼핑
기업집단 롯데
개국연월 2001. 9
자본금(억 원) 400
해외진출 중국, 동남아
롯데쇼핑
대한화섬
53%
10.2%
우리홈쇼핑
2013. 12
매출액 7,768억 원
영업이익 753억 원
순이익 662억 원
태광산업
28%
15.1%
이호진
6.8%
24.5%
복수종합유선방송사업자(MSO)
* 홈쇼핑사는 케이블 종합유선방송사업자 등 플랫폼사업자(SO)에 매년 송출수수료 지급 (2014년 송출수수료 1조 원 돌파)
9.5%
정교선
3.1%
태광관광개발
8.1%
59.1%
드림넥트웍스
19%
한국케이블 텔레콤
3.7%
CJ헬로비전
매출액 1조1,602억 원
계열SO수 23개 사
가입자수 425만 대
현대미디어
100%
홈초이스
16.5%
현대HCN
매출액 3,024억 원
계열SO수 8개사
가입자수 138만 대
큐릭스홀딩스
60%
* 2015. 6 티브로드홀딩스에 흡수합병 예정
티브로드홀딩스
매출액 7,760억 원
계열SO수 23개사
가입자수 333만 대
* 계열SO수, 가입자수는 2013. 12 기준
* 308쪽 '방송업계' 참조
* GS홈쇼핑이 현대HCN 계열 SO에 지분 투자

인터넷쇼핑몰(전문몰)

인터넷쇼핑산업 업태 분류

구분	업태	설명
취급상품 범위	종합몰	다양한 상품군을 취급하는 형태
	전문몰	주된 상품군만 취급하는 형태
가치사슬에서의 위치	일반몰	사업자가 유통 또는 직접 판매하는 공급자 형태
	오픈마켓	사업자가 전자화된 시장을 제공하여 참여자 간 직접거래를 지원하는 형태
판매 채널 병행 여부	온라인몰	인터넷상에서만 판매하는 형태
	온·오프라인몰	인터넷과 실물세계의 물리적 매장을 동시에 채널로 활용하는 형태

자료 : 구동모(2003)(일부 재구성)

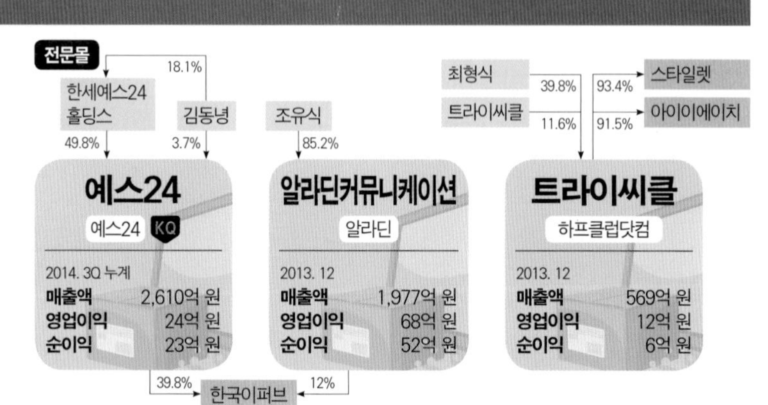

전문몰
18.1%
한세예스24 홀딩스
김동녕
49.8%
3.7%
예스24
예스24
KQ
2014. 3Q 누계
매출액 2,610억 원
영업이익 24억 원
순이익 23억 원
조유식
85.2%
알라딘커뮤니케이션
알라딘
2013. 12
매출액 1,977억 원
영업이익 68억 원
순이익 52억 원
39.8%
한국이퍼브
12%
최형식
트라이씨클
39.8%
11.6%
93.4%
91.5%
스타일렛
아이아이에이치
트라이씨클
하프클럽닷컴
2013. 12
매출액 569억 원
영업이익 12억 원
순이익 6억 원

오픈마켓

* 2011. 8 흡수합병, 이베이지마켓에서 상호 변경

이베이코리아
G마켓 · 옥션
e Bay KTA(UK) Ltd.
100%
이베이 옥션
* 2011. 8 흡수합병
2013. 12
매출액 6,622억 원
영업이익 477억 원
순이익 318억 원

인터파크
36.4%
이기형
70.9%
인터파크INT
인터파크
KQ
인터파크 씨어터
100%
인터파크 면세점
100%
인터파크 투어
100%
2014. 3Q 누계
매출액 2,812억 원
영업이익 115억 원
순이익 76억 원

SK플래닛
100%
SK텔레콤
100%
커머스플래닛
11번가
2013. 12
매출액 566억 원
영업이익 7억 원
순이익 6억 원

네이버
100%
네이버비즈니스플랫폼
샵N
* 2004. 6 사업중단. 상품 등록 플랫폼 '스토아팜'을 대체 오픈

아마존닷컴
amazon
* 2013 기준 미국, 영국 등 13개국에 진출, 국내 진출 검토중

(출자자)
공기업 또는
공공기관

→

제7
홈쇼핑

- 2014년 8월 무역투자진흥회의에서 중소기업 제품과 농수산물 전용 공용 홈쇼핑 채널 신설 결정
- 2015년 1월 공영홈쇼핑 컨소시엄(가칭)이 선정
- 2015년 6월 출범 예상

브랜드명	GS샵
기업집단	GS
개국연월	1995. 8
자본금(억 원)	328
해외진출	중국, 동남아

GS 30% → GS홈쇼핑 ← Matthews International 6.1%

GS홈쇼핑 KQ

→ 100% GS텔레서비스
→ 80% 텐바이텐
→ 96.8% 에이플러스비

2014. 3Q 누계

매출액	7,768억 원
영업이익	995억 원
순이익	806억 원

브랜드명	NS홈쇼핑
기업집단	하림
개국연월	2001. 9
자본금(억 원)	168
해외진출	중국, 미국(LA, 뉴욕)

하림홀딩스 40.7%, 수협중앙회 7.4%, 우리은행 7.2% → NS쇼핑

NS쇼핑

← 6.3% 올품
→ 100% 클루트라
→ 100% 하림식품

2013. 12

매출액	3,471억 원
영업이익	695억 원
순이익	546억 원

브랜드명	홈앤쇼핑
기업집단	중소기업회, 농협
개국연월	2012. 1
자본금(억 원)	1,000
해외진출	-

중소기업중앙회 32.9% → 홈앤쇼핑

홈앤쇼핑

← 15% 중소기업은행
← 15% 농협경제지주
← 15% 중소기업유통센터

2013. 12

매출액	3,382억 원
영업이익	784억 원
순이익	644억 원

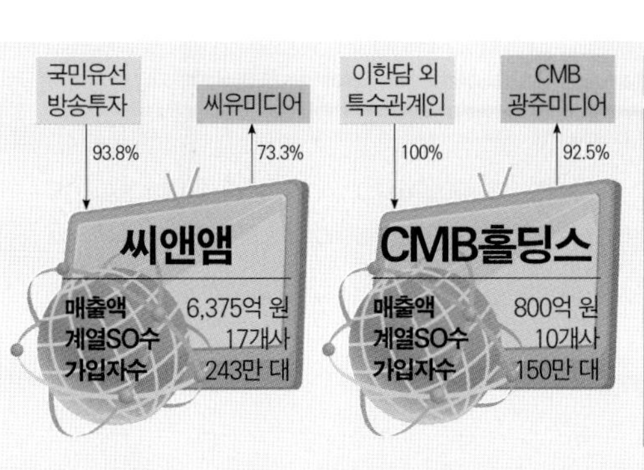

국민유선방송투자 93.8% → 씨앤앰 → 73.3% 씨유미디어

씨앤앰

매출액	6,375억 원
계열SO수	17개사
가입자수	243만 대

이한담 외 특수관계인 100% → CMB홀딩스 → 92.5% CMB 광주미디어

CMB홀딩스

매출액	800억 원
계열SO수	10개사
가입자수	150만 대

지역 종합유선방송사업자(SO)

SO명	소재지	SO명	소재지
금강방송	전북 익산	CCS충북방송	충북 충주
남인천방송	인천	TCN대구방송	대구
서경방송	경남 진주	한국케이블TV 광주방송	광주
아름방송 네트워크	경기 성남	한국케이블TV 푸른방송	대구
JCN울산 중앙방송	울산	한국케이블TV 제주방송	제주

TV홈쇼핑 시장점유율

(기준 : 2013)

업체	점유율(%)
CJ오쇼핑	27.6
GS홈쇼핑	22.9
현대홈쇼핑	17.5
우리홈쇼핑	17.0
NS쇼핑	7.6
홈앤쇼핑	7.4

(%)

자료 : 각사 공시

인터넷쇼핑몰(일반몰)

백화점

* 234쪽 '백화점업계' 참조

신세계 (신세계몰) — 이명희 17.3%, 정용진 7.3%

2014. 3Q 누계(전체 실적)

매출액	1조 7,730억 원
영업이익	1,769억 원
순이익	1,179억 원

롯데닷컴 (롯데닷컴) — 롯데쇼핑 34.4%, 대홍기획 18.3%

2013. 12

매출액	2,069억 원
영업이익	38억 원
순이익	-15억 원

AK S&D (AK몰) — 애경유지공업 17.6%, AK홀딩스 71.1%

2013. 12

매출액	3,371억 원
영업이익	136억 원
순이익	66억 원

대형마트

* 240쪽 '대형마트·SSM 업계' 참조

이마트 (이마트몰) — 이명희 17.3%, 정용진 7.3%

2014. 3Q 누계

매출액	9조 9,149억 원
영업이익	4,647억 원
순이익	2,960억 원

롯데쇼핑(할인점부문) (롯데마트몰) — 신동빈 13.5%, 신동주 13.5%

2014. 3Q 누계

매출액	6조 1,726억 원
영업이익	903억 원
순이익	10조 7,525억 원

홈플러스 (홈플러스온라인마트) — Tesco Holdings B.V. 100%

2014. 2

매출액	7조 3,255억 원
영업이익	2,510억 원
순이익	4,634억 원

농협중앙회(농협유통) (농협 aMarket)

2013. 12

매출액	1조 1,809억 원
영업이익	109억 원
순이익	120억 원

TV홈쇼핑

기준 : 2012, PV는 페이지뷰
자료 : 미래창조과학부, 방송통신위원회

업체	쇼핑몰	운영인력	월평균PV	회원수
CJ오쇼핑	CJ몰	30명	2,624만	1,122만 명
GS홈쇼핑	GS SHOP	36명	1,667만	1,318만 명
현대홈쇼핑	현대H몰	159명	1,743만	946만 명
우리홈쇼핑	롯데i몰	47명	1,500만	820만 명
NS홈쇼핑	ns mall	미상	미상	미상
홈앤쇼핑	홈&쇼핑	25명	1,045만	37만 명

TV홈쇼핑 업체별 매출액 추이

CJ오쇼핑 / 현대홈쇼핑 / NS홈쇼핑 / GS홈쇼핑 / 우리홈쇼핑 / 홈앤쇼핑

* 홈앤쇼핑은 2011년부터 영업 개시

15,000 / 12,000 / 9,000 / 6,000 / 3,000 / 0 (억 원)

2011: 9,061 / 8,947 / 7,116 / 6,360 / 2,927 / 41
2012: 10,773 / 10,196 / 7,605 / 6,701 / 3,088 / 2,076
2013: 12,607 / 10,491 / 7,999 / 7,768 / 3,471 / 3,382

자료 : 각사 공시

TV홈쇼핑 업체별 상품매출과 대행(수수료)매출 (기준 : 2013 연간 매출액)

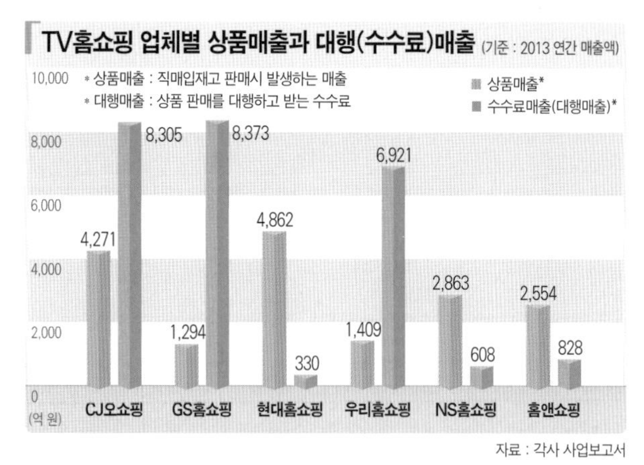

* 상품매출 : 직매입재고 판매시 발생하는 매출
* 대행매출 : 상품 판매를 대행하고 받는 수수료
상품매출*
수수료매출(대행매출)*
10,000
8,000
6,000
4,000
2,000
0
(억 원)
4,271
8,305
1,294
8,373
4,862
330
1,409
6,921
2,863
608
2,554
828
CJ오쇼핑
GS홈쇼핑
현대홈쇼핑
우리홈쇼핑
NS홈쇼핑
홈앤쇼핑

자료 : 각사 사업보고서

TV홈쇼핑 3사 부문별 매출 비중 (기준 : 2014 매출 전망)

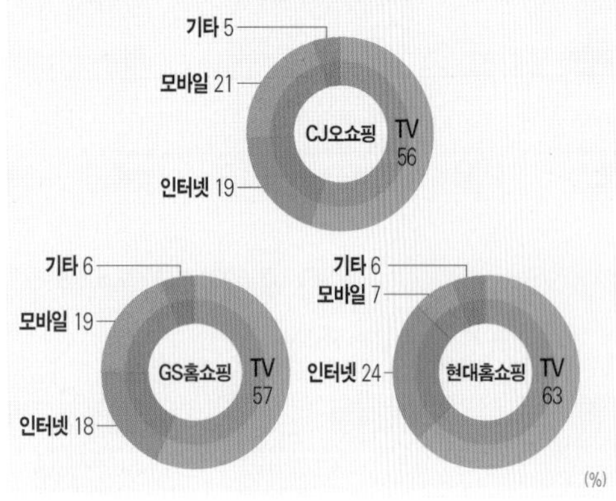

기타 5
모바일 21
CJ오쇼핑
TV 56
인터넷 19
기타 6
모바일 19
GS홈쇼핑
TV 57
인터넷 18
기타 6
모바일 7
인터넷 24
현대홈쇼핑
TV 63
(%)

자료 : 하이투자증권

TV홈쇼핑 3사 모바일부문 매출 추이

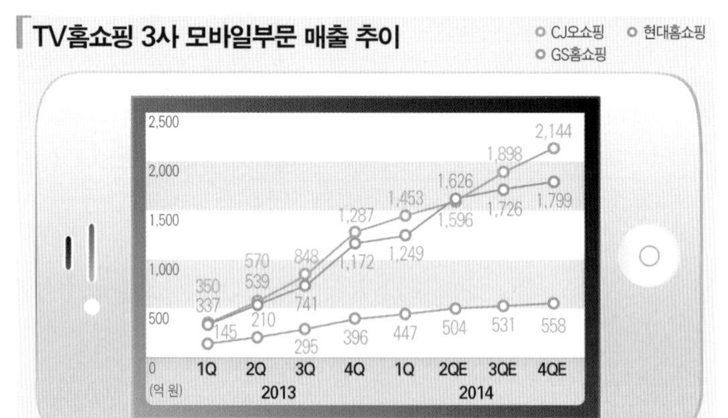

CJ오쇼핑
현대홈쇼핑
GS홈쇼핑
2,500
2,000
1,500
1,000
500
0
(억 원)
350
337
145
570
539
210
848
741
295
1,287
1,172
396
1,453
1,249
447
1,626
1,596
504
1,898
1,726
531
2,144
1,799
558
1Q
2Q
3Q
4Q
1Q
2QE
3QE
4QE
2013
2014

자료 : 하이투자증권

TV홈쇼핑 송출 수수료 추이

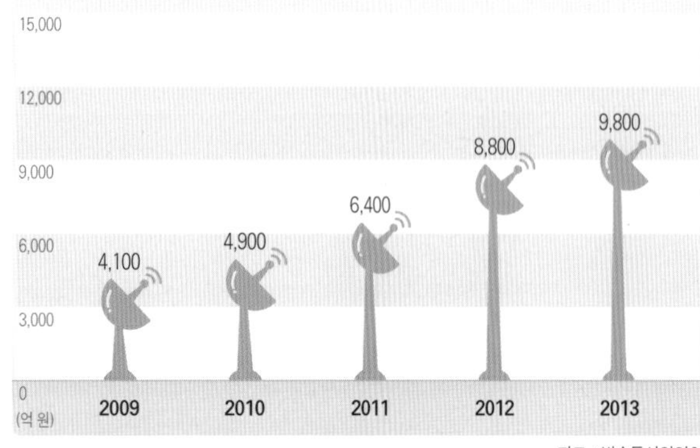

15,000
12,000
9,000
6,000
3,000
0
(억 원)
4,100
4,900
6,400
8,800
9,800
2009
2010
2011
2012
2013

자료 : 방송통신위원회

TV홈쇼핑 월간 방송시간 (기준 : 2012)

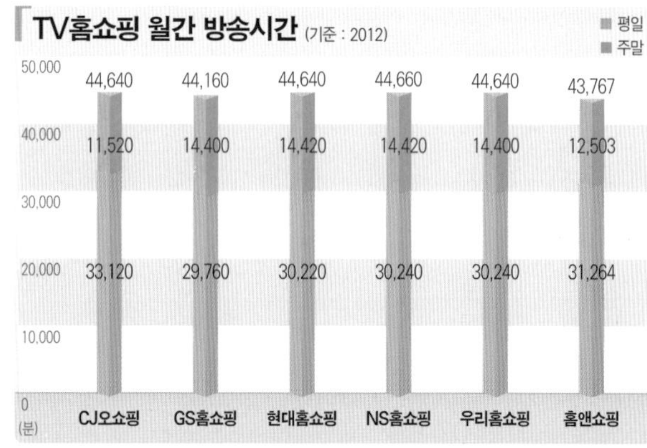

평일
주말
50,000
40,000
30,000
20,000
10,000
0
(분)
44,640
11,520
33,120
44,160
14,400
29,760
44,640
14,420
30,220
44,660
14,420
30,240
44,640
14,400
30,240
43,767
12,503
31,264
CJ오쇼핑
GS홈쇼핑
현대홈쇼핑
NS홈쇼핑
우리홈쇼핑
홈앤쇼핑

자료 : 미래창조과학부, 방송통신위원회

TV홈쇼핑업계 프로그램 제작비

* 비용 : 제작 또는 구매 시점을 기준으로 발생한 직접제작비용 (임직원에게 지급되는 급여와 간접제작비용 제외)

구분	시간	비용
자체 제작	2,599,628분	581.4억 원
공동 제작	-	-
순수 외주 제작	85,678분	10.4억 원
특수관계사 외주 제작	-	-
국내물 구매	1,680분	3,792만 원
국외물 구매	-	-
계	2,686,986분	592억 2,306만 원

자료 : 미래창조과학부, 방송통신위원회

복수종합유선방송사(MSO)별 가입자 점유율 (기준 : 2014. 7)

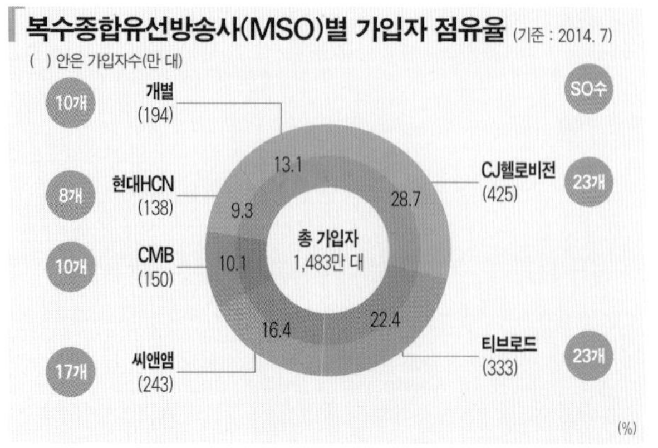

( ) 안은 가입자수(만 대)
SO수
10개
개별
(194)
13.1
8개
현대HCN
(138)
9.3
CJ헬로비전
(425)
28.7
23개
10개
CMB
(150)
10.1
총 가입자
1,483만 대
16.4
22.4
17개
씨앤앰
(243)
티브로드
(333)
23개
(%)

자료 : 한국케이블TV협회

국내 온라인쇼핑 시장규모 추이 (기준 : 2012)

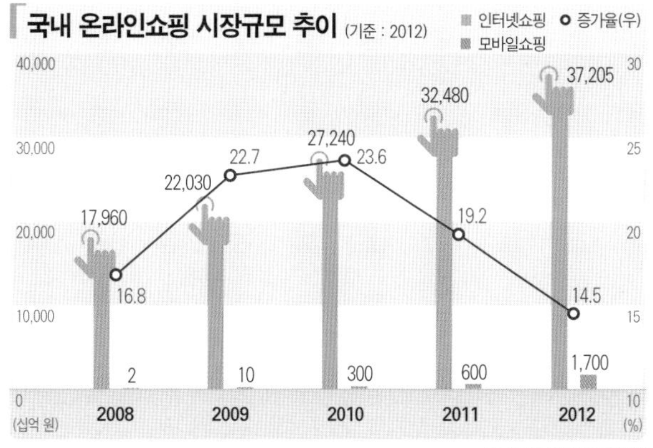

■ 인터넷쇼핑 ○ 증가율(우)
■ 모바일쇼핑
40,000
30,000
20,000
10,000
0
(십억 원)
30
25
20
15
10
(%)
17,960
22,030
27,240
32,480
37,205
16.8
22.7
23.6
19.2
14.5
2
10
300
600
1,700
2008
2009
2010
2011
2012

자료 : 한국온라인쇼핑협회

인터넷 이용률 및 인터넷쇼핑 이용률 추이

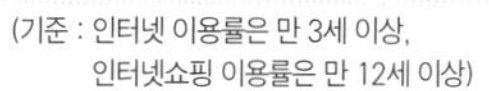
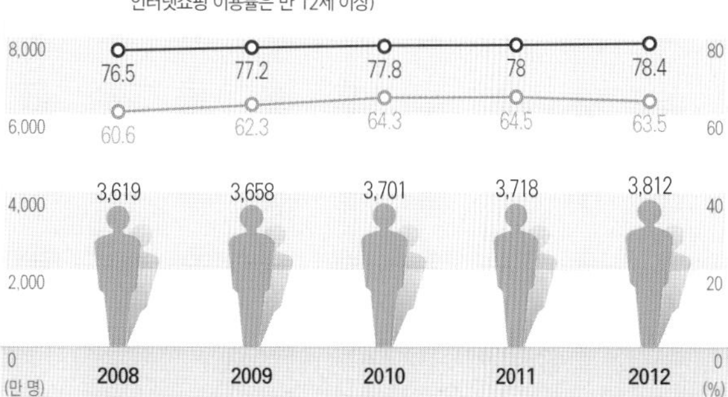

■ 인터넷 이용자수
○ 인터넷 이용률(우)
○ 인터넷쇼핑 이용률(우)
(기준 : 인터넷 이용률은 만 3세 이상,
인터넷쇼핑 이용률은 만 12세 이상)
10,000
8,000
6,000
4,000
2,000
0
(만 명)
100
80
60
40
20
0
(%)
76.5
77.2
77.8
78
78.4
60.6
62.3
64.3
64.5
63.5
3,619
3,658
3,701
3,718
3,812
2008
2009
2010
2011
2012

자료 : 한국인터넷진흥원

인터넷쇼핑몰 업태 분류에 따른 거래액 (기준 : 취급상품 · 운영형태는 2013, 거래형태는 2012)

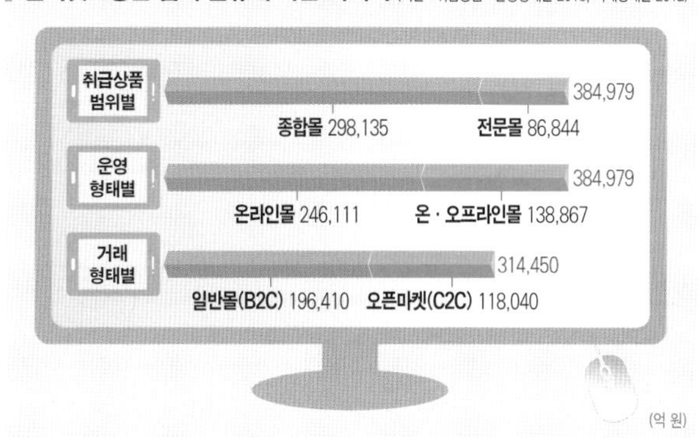

취급상품 범위별
384,979
종합몰 298,135
전문몰 86,844
운영 형태별
384,979
온라인몰 246,111
온 · 오프라인몰 138,867
거래 형태별
314,450
일반몰(B2C) 196,410
오픈마켓(C2C) 118,040
(억 원)

자료 : 통계청

주요 업종별 인터넷쇼핑몰 매출액

* EC호스팅사 : 호스팅, 결제서비스 등 전자상거래가 이루어질 수 있는 환경을 제공하는 회사

■ TV홈쇼핑 6사 ■ 대형마트몰 3사 ■ EC호스팅사* 이용 중소 쇼핑몰 ■ 백화점계열 5사 ■ 소셜쇼핑 주요 4사 ■ 기타 업체 ■ 인터넷서점 주요 4사 ■ 주요 25사

(억 원)

2009	2010	2011	2012
172,100	214,000	281,300	329,600
	34,000	40,000	46,000
27,000	49,000	58,900	64,800
40,600	66,100	91,200	110,350
55,700	500	10,000	20,000
2,000	3,100	6,600	10,100
8,900	10,500	10,200	9,400
20,000	26,200	32,100	35,400
17,900	24,600	32,300	33,550

자료 : 한국온라인쇼핑협회

오픈마켓 시장규모와 성장률 추이

■ 매출액 ○ 증가율(우)

연도	매출액(억 원)	증가율(%)
2009	97,500	25.8
2010	123,300	26.5
2011	134,700	9.2
2012	150,900	12
2013	165,900	9.9
2014E	186,200	12.2

자료 : 한국온라인쇼핑협회

오픈마켓 시장점유율

( ) 안은 거래액

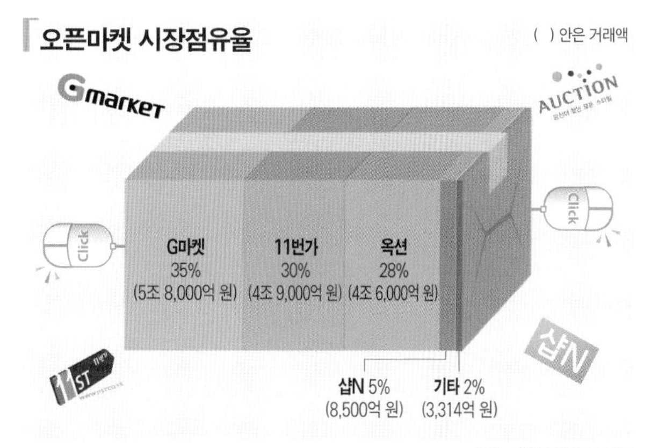

Gmarket
AUCTION
G마켓
35%
(5조 8,000억 원)
11번가
30%
(4조 9,000억 원)
옥션
28%
(4조 6,000억 원)
샵N 5%
(8,500억 원)
기타 2%
(3,314억 원)
Click
11ST
샵N

자료 : 한국온라인쇼핑협회

모바일쇼핑 이용률 및 이용빈도 (기준 : 2013 모바일인터넷 이용자)

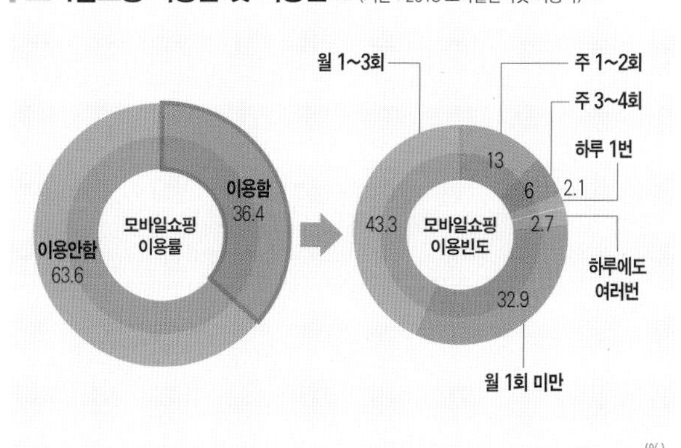

모바일쇼핑 이용률
이용함 36.4
이용안함 63.6
모바일쇼핑 이용빈도
월 1~3회 43.3
주 1~2회 13
주 3~4회 6
하루 1번 2.1
하루에도 여러번 2.7
월 1회 미만 32.9
(%)

자료 : 한국인터넷진흥원

인터넷쇼핑몰 상품군별 거래액 (기준 : 2014. 1~6 누계 잠정치)

( ) 안은 비중(%)

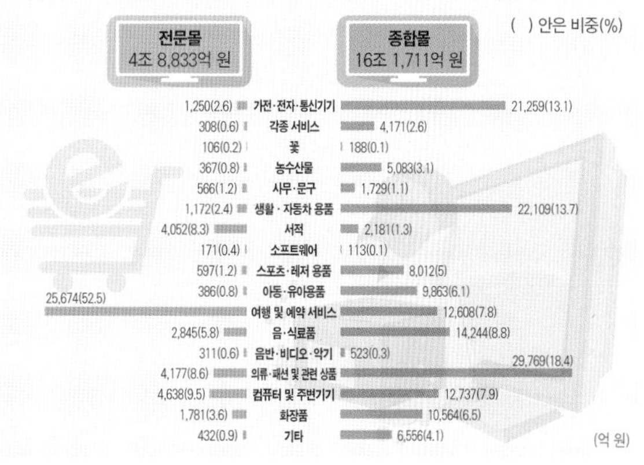

전문몰 4조 8,833억 원	상품군	종합몰 16조 1,711억 원
1,250(2.6)	가전·전자·통신기기	21,259(13.1)
308(0.6)	각종 서비스	4,171(2.6)
106(0.2)	꽃	188(0.1)
367(0.8)	농수산물	5,083(3.1)
566(1.2)	사무·문구	1,729(1.1)
1,172(2.4)	생활 · 자동차 용품	22,109(13.7)
4,052(8.3)	서적	2,181(1.3)
171(0.4)	소프트웨어	113(0.1)
597(1.2)	스포츠·레저 용품	8,012(5)
386(0.8)	아동·유아용품	9,863(6.1)
25,674(52.5)	여행 및 예약 서비스	12,608(7.8)
2,845(5.8)	음·식료품	14,244(8.8)
311(0.6)	음반·비디오·악기	523(0.3)
4,177(8.6)	의류·패션 및 관련 상품	29,769(18.4)
4,638(9.5)	컴퓨터 및 주변기기	12,737(7.9)
1,781(3.6)	화장품	10,564(6.5)
432(0.9)	기타	6,556(4.1)

(억 원)

자료 : 통계청

TV와 PC 전원은 'off' 모바일 전원은 'on'

국내 유통산업은 크게 오프라인과 온라인 채널로 양분된다. 오프라인 채널에는 대형마트와 백화점, 편의점, 전통시장 등이 포진해 있고, 온라인 채널에는 TV홈쇼핑과 인터넷쇼핑몰이 시장을 형성하고 있다. TV홈쇼핑이 온라인 유통 채널인가를 두고 전문가들마다 의견이 엇갈린다. 하지만, 오프라인과 온라인의 개념을 직접 소매현장에 나가 물건을 구매하느냐, 통신이나 전파를 통해 물건을 구매하느냐로 나눈다면 TV홈쇼핑은 엄연히 온라인 채널의 범주에 속한다.

최근에는 IT와 디지털이 유통산업에 깊숙이 침투하면서 다양한 판매 경로가 생겨나고 있다. 특히 스마트폰 이용률의 급격한 증가로 모바일쇼핑몰 채널이 무섭게 치고 올라가면서 상대적으로 TV홈쇼핑이 크게 위축되는 형국이다.

한국온라인쇼핑협회에 따르면, 2014년 일반몰과 중개몰(오픈마켓) 등 총 인터넷쇼핑몰 시장규모는 2013년 39조 6,800억 원보다 11% 성장한 45조 원 수준으로 추정했다. 2015년에는 55조 원까지 성장할 것으로 전망했다. 이 가운데 모바일쇼핑몰시장은 2013년 13조 1,400억 원(전년 대비 122.3%)에 달할 것으로 예상했다. 모바일쇼핑몰 규모가 2015년에는 무려 20조 원을 넘어설 것으로 보고 있다.

TV홈쇼핑업계, 제7홈쇼핑 채널 등장 초미의 관심사

"다른 유통업계가 모두 망해도 홈쇼핑은 텔레비전만 있으면 건재하다"는 얘기가 옛말이 될 상황에 놓였다. TV홈쇼핑업계가 그동안의 고공행진을 뒤로 하고 긴 숨고르기에 직면했다.

홈쇼핑 업체마다 매출은 늘었지만 성장 속도는 눈에 띄게 둔화됐다. 특히 주력 사업인 TV쇼핑 부문의 취급고가 예전만큼 늘지 않았다. 여기에 납품 비리 사건이 불거져 검찰 수사까지 받는 홍역을 치렀다. 공정거래위원회는 홈쇼핑 6개사에 대한 제재를 예고하고 있다.

최근 홈쇼핑 빅3(GS홈쇼핑, CJ오쇼핑, 현대홈쇼핑)의 영업이익이 전년 동기 대비 감소한 것으로 나타났다(2014년 3분기 기준). 빅3 모두 영업이익이 준 가장 큰 이유는 마케팅 비용이 늘어났기 때문이다. 그만큼 업체 간 경쟁이 치열해지고 있음을 방증한다.

TV 시청률이 떨어지면서 TV 취급고가 줄고 있는 점도 홈쇼핑업계로서는 부담스러운 점이 아닐 수 없다. TV 취급고가 홈쇼핑 총 취급고에서 차지하는 비중이 크다 보니 TV 부문 부진이 홈쇼핑 성장 정체로 이어지고 있다. 홈쇼핑업계는 대안으로 모바일 쇼핑을 꼽고 있다. 모바일 취급고가 전체 실적에서 차지하는 비중은 아직 미미하지만 성장세를 감안하면 놓칠 수 없는 시장이다.

홈쇼핑업계가 다시 도약하려면 무엇보다 상품 차별화와 다양화에 심혈을 기울여야 한다. 현재 홈쇼핑업계 취급고의 30~40%가 패션이다. 홈쇼핑 업체마다 패션 PB 제품을 육성하고 있는 바, 업계 전문가들은 패션 부문이 당분간 추가 성장할 것으로 전망하고 있다. 패션은 홈쇼핑 주 고객층(여성)이나 판매 방식과 궁합이 잘 맞는다. 하지만 패션에 집중된 판매 전략은 홈쇼핑업계의 입지를 좁히는 요인이 될 수도 있다. 상품 차별화와 다양화가 절실하다는 얘기다.

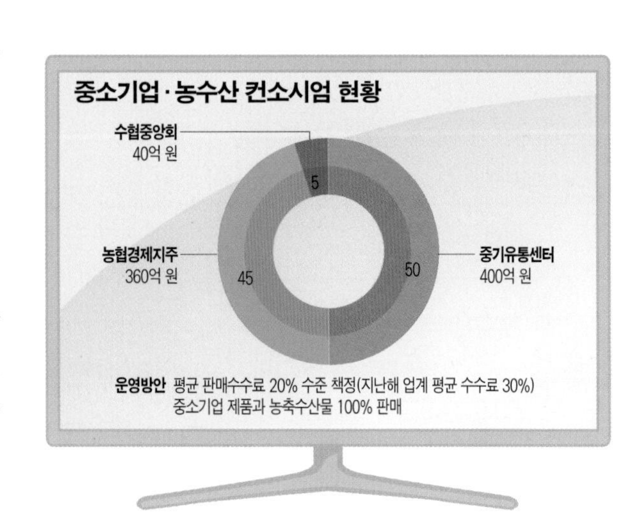
중소기업·농수산 컨소시엄 현황
수협중앙회
40억 원
5
농협경제지주
360억 원
45
50
중기유통센터
400억 원
운영방안 평균 판매수수료 20% 수준 책정(지난해 업계 평균 수수료 30%)
중소기업 제품과 농축수산물 100% 판매

한편, 2015년 TV홈쇼핑업계의 가장 중요한 이슈는 제7홈쇼핑 채널의 등장이다. 중소기업·농수산 컨소시엄이 제7홈쇼핑(공영 TV홈쇼핑) 사업자로 단독 신청하면서 최종 사업자 선정 절차를 거쳐 2015년 6월 첫 전파를 탈 계획이다. 중소기업·농수산 컨소시엄은 제7홈쇼핑의 운영 방안과 관련해 중소기업 제품, 농축수산물 100% 취급 및 평균 판매수수료 20% 책정 등의 방침을 정해놓고 있는 바, 향후 실효성 여부가 관심을 모은다.

제7홈쇼핑 사업자로는 중소기업유통센터(50%)와 농협경제지주(45%), 수협중앙회(5%)가 참여하고 있다. 정부 당국으로부터 최종 사업자로 선정되는 대로 곧바로 법인 설립을 마무리할 예정이다.

인터넷쇼핑몰, PC는 지고 모바일은 뜨고

인터넷쇼핑몰의 대세는 단연 '모바일 쇼핑'이다. 오픈마켓과 소셜커머스 업체들은 모바일 쇼핑에서의 주도권을 잡기 위해 치열한 경쟁을 벌이고 있다. 모바일 시대에 적응을 마친 소셜커머스 업체들은 시장점유율을 굳건하게 다지고 있는 반면, PC 기반의 오픈마켓 업체들은 본격적으로 모바일 시대에 대응하면서 고객 몰이에 나섰다. 그 일환으로 오픈마켓 업체들은 각각 쇼킹딜11시(11번가), G9(지마켓), 올킬(옥션) 등 큐레이션 서비스를 출시했다.

G마켓과 11번가, 옥션 등 인터넷쇼핑몰에서 이뤄진 거래액은 2010년 25조 원에서 2013년 38조 원으로 3년 사이 무려 50% 넘게 급증했다. 이 가운데 2014년 모바일 매출 비중이 20~30%대까지 커졌다. 2015년에는 40%대를 훌쩍 뛰어 넘을 전망이다.

2010년 500억 원에 불과했던 국내 소셜커머스 시장규모는 2013년 3조 4,000억 원으로 70배 가까이 경이로운 성장을 이뤘다. 2015년을 기점으로 5조 원 시장에 접어들 것으로 업계는 관측하고 있다. 2010년 500억 원에서 5년 만에 무려 100배나 성장하는 것이다.

무시할 수 없는 해외직구와 옴니 채널

인터넷쇼핑몰시장의 성장은 해외 직구와도 맞물린다. 과거 일부 대학생이나 주부들 위주였던 직구(직접 구매) 형태가 최근 몇 년 사이 넓게 확산되고 있는 분위기다.

한국인터넷진흥원(KISA)에 따르면 인터넷을 통해 구매·판매 경험이 있는 '인터넷 경제 활동자'를 대상으로 한 설문조사에서 응답자의 41.6%가 해외 직구를 경험했다. 온라인 쇼핑을 해본 사람 10명 중 4명은 해외 직구를 경험한 셈이다.

최근 유통업계의 또 다른 화두는 '옴니 채널'이다. 옴니 채널은 온·오프라인 등 모든 쇼핑 채널을 유기적으로 결합해, 소비자에게 일정 수준의 서비스를 계속해서 제공하는 마케팅 전략이다. 이를테면 소비자들이 신규 온라인 채널로 이탈하는 것을 막기보다 아예 자신들의 온라인 채널로 유도하자는 전략이다.

경영학자들은 인터넷쇼핑몰시장의 성장을 가리켜 '유통혁명'이라 부르기도 한다. 유통이 국경과 온·오프라인의 경계를 무너트리며 계속해서 새로운 시장을 창출하고 있는 것이다.

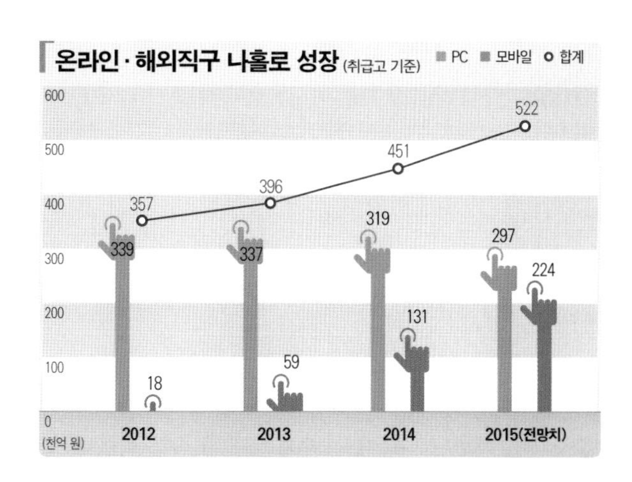
온라인·해외직구 나홀로 성장 (취급고 기준)
PC
모바일
합계
600
500
400
300
200
100
0
(천억 원)
522
451
396
357
339
18
337
59
319
131
297
224
2012
2013
2014
2015(전망치)

30 | 백화점업계

업계 규모

- 백화점 매출액 29조 8,019억 원
- 전년 대비 매출 증가율 2.5%
- 전체 백화점수 93개

17.1% 정지선
2.6% 정몽근
12.1% 현대그린푸드
3위 현대백화점
KP
2014. 3Q 누계
매출액 1조 1,203억 원
영업이익 2,419억 원
순이익 1,951억 원
46.3% 한무쇼핑
100% 현대쇼핑
15.8% 현대홈쇼핑
11.5% 현대HCN
70% 부현개발
90% 현대송도개발

현대백화점 경영실적 추이

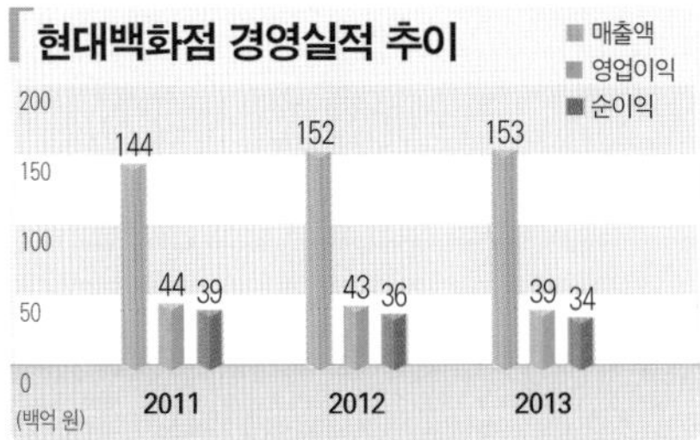

매출액
영업이익
순이익
200
150
100
50
0
(백억 원)
144 44 39
152 43 36
153 39 34
2011
2012
2013

현대백화점그룹 매출 비중

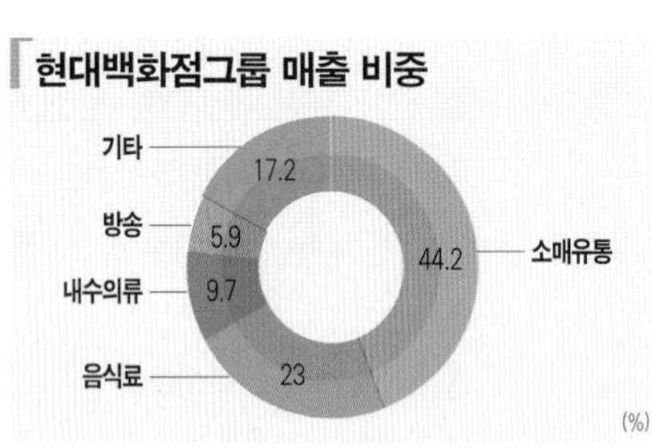

기타 17.2
방송 5.9
내수의류 9.7
음식료 23
소매유통 44.2
(%)

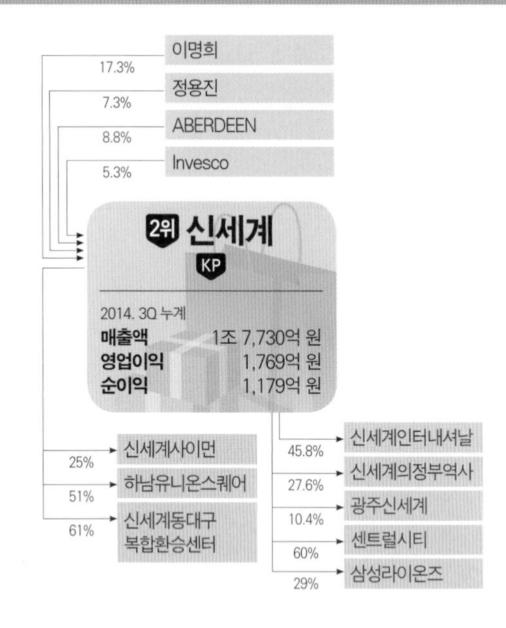

17.3% 이명희
7.3% 정용진
8.8% ABERDEEN
5.3% Invesco
2위 신세계
KP
2014. 3Q 누계
매출액 1조 7,730억 원
영업이익 1,769억 원
순이익 1,179억 원
25% 신세계사이먼
51% 하남유니온스퀘어
61% 신세계동대구 복합환승센터
45.8% 신세계인터내셔날
27.6% 신세계의정부역사
10.4% 광주신세계
60% 센트럴시티
29% 삼성라이온즈

백화점 빅3 비교

백화점업계 시장점유율 (기준 : 2013. 12)

구분	점유율(%)
롯데쇼핑	45
현대백화점	19.3
신세계	20.4
기타	15.3

자료 : 각사 사업보고서 등

백화점업계 빅3 경영실적 비교 (기준 : 2014 전부문 실적 예상치)

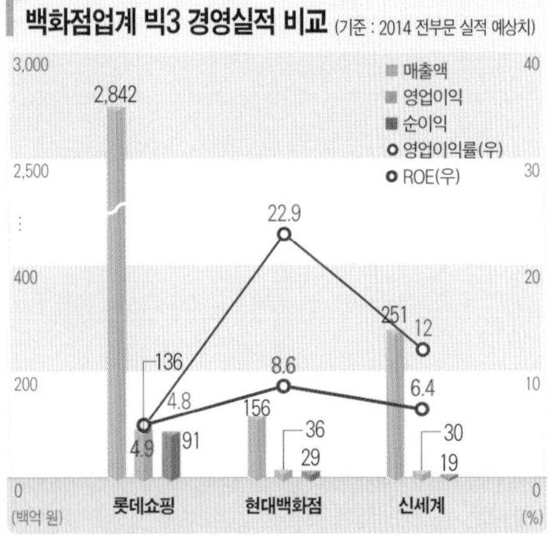

3,000
2,500
400
200
0
(백억 원)
40
30
20
10
0
(%)
매출액
영업이익
순이익
영업이익률(우)
ROE(우)
2,842
136
91
4.9
4.8
22.9
8.6
156
36
29
251
12
6.4
30
19
롯데쇼핑
현대백화점
신세계

자료 : 각사 사업보고서 등

백화점업계 빅3 지역별 점포 분포 (기준 : 2014. 2)

* 세일앤리스백 : 매장 건물을 매각하고 다시 임차해 사용

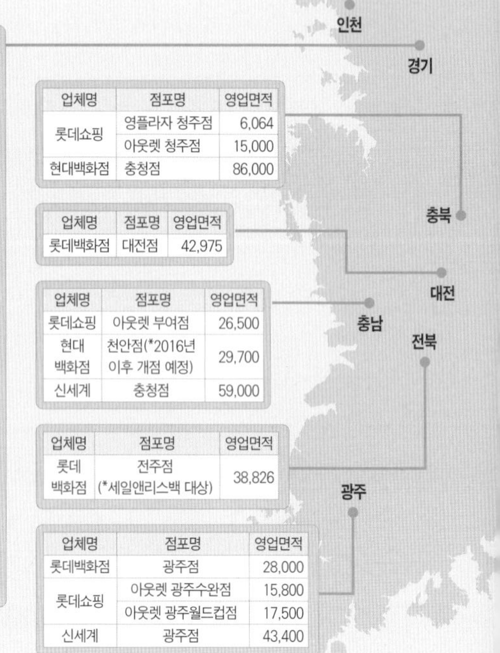

서울
인천
경기
충북
대전
충남
전북
광주

인천

업체명	점포명	영업면적
롯데백화점	부평점	15,180
	인천점(예정)	
현대백화점	프리미엄 아웃렛 송도점(*2015년 개점 예정)	39,600
신세계	인천점	64,500

경기

업체명	점포명	영업면적
롯데백화점	안양점	28,076
	분당점	33,051
	일산점 (*세일앤리스백 대상)	36,300
	평촌점	44,600
	중동점	
	안산점	
	구리점	
	수원점	37,000
롯데쇼핑	프리미엄 아웃렛 파주점	35,400
	프리미엄 아웃렛 이천점	53,000
현대백화점	킨텍스점	38,920
	중동점	59,504
	판교점 (*2015년 개점 예정)	52,800
	프리미엄아웃렛 김포점	39,600
신세계	경기점	60,500
	의정부점	49,600
	프리미엄 아웃렛 파주점	40,182
	프리미엄 아웃렛 여주점	49,000

충북

업체명	점포명	영업면적
롯데쇼핑	영플라자 청주점	6,064
	아웃렛 청주점	15,000
현대백화점	충청점	86,000

대전

업체명	점포명	영업면적
롯데백화점	대전점	42,975

충남

업체명	점포명	영업면적
롯데쇼핑	아웃렛 부여점	26,500
현대백화점	천안점(*2016년 이후 개점 예정)	29,700
신세계	충청점	59,000

전북

업체명	점포명	영업면적
롯데백화점	전주점 (*세일앤리스백 대상)	38,826

광주

업체명	점포명	영업면적
롯데백화점	광주점	28,000
롯데쇼핑	아웃렛 광주수완점	15,800
	아웃렛 광주월드컵점	17,500
신세계	광주점	43,400

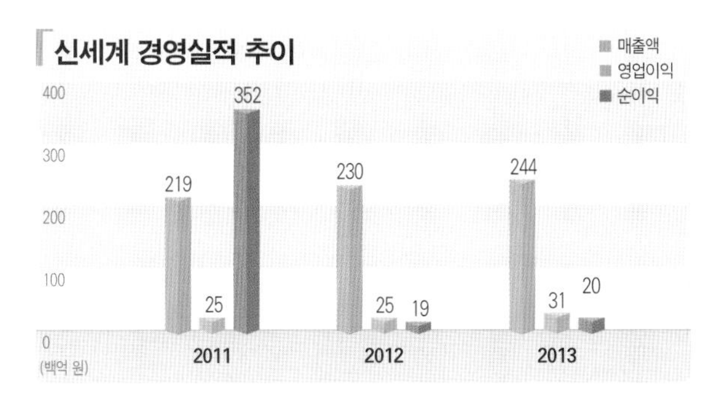

신세계 경영실적 추이
매출액
영업이익
순이익
400
300
200
100
0
(백억 원)
219
25
352
2011
230
25
19
2012
244
31
20
2013

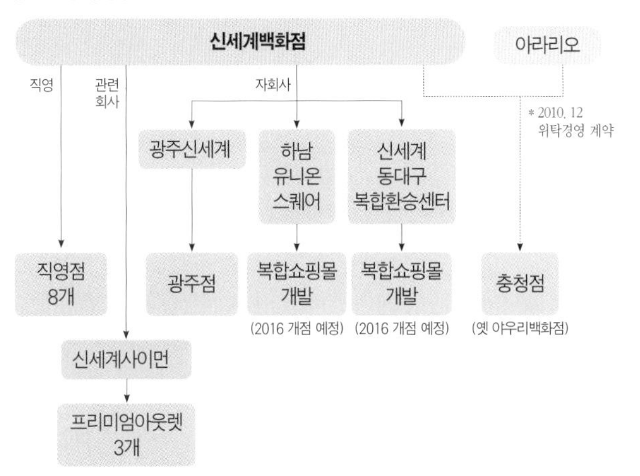

신세계 점포 운영 구조
신세계백화점
아라리오
직영
관련 회사
자회사
* 2010. 12 위탁경영 계약
광주신세계
하남 유니온 스퀘어
신세계 동대구 복합환승센터
직영점 8개
광주점
복합쇼핑몰 개발
(2016 개점 예정)
복합쇼핑몰 개발
(2016 개점 예정)
충청점
(옛 아우리백화점)
신세계사이먼
프리미엄아웃렛 3개

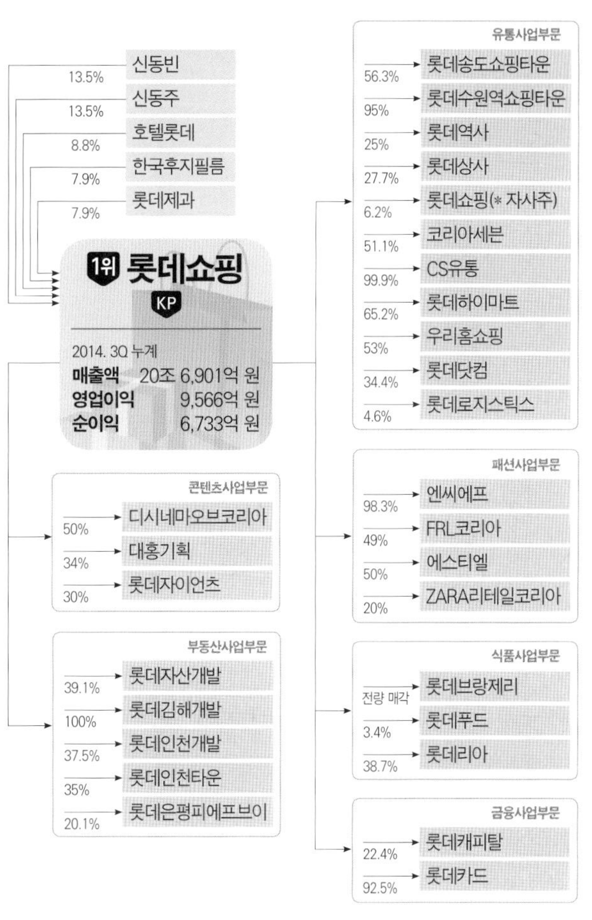

신동빈 13.5%
신동주 13.5%
호텔롯데 8.8%
한국후지필름 7.9%
롯데제과 7.9%
1위 롯데쇼핑
KP
2014. 3Q 누계
매출액 20조 6,901억 원
영업이익 9,566억 원
순이익 6,733억 원
유통사업부문
56.3% 롯데송도쇼핑타운
95% 롯데수원역쇼핑타운
25% 롯데역사
27.7% 롯데상사
6.2% 롯데쇼핑(* 자사주)
51.1% 코리아세븐
99.9% CS유통
65.2% 롯데하이마트
53% 우리홈쇼핑
34.4% 롯데닷컴
4.6% 롯데로지스틱스
콘텐츠사업부문
50% 디시네마오브코리아
34% 대홍기획
30% 롯데자이언츠
부동산사업부문
39.1% 롯데자산개발
100% 롯데김해개발
37.5% 롯데인천개발
35% 롯데인천타운
20.1% 롯데은평피에프브이
패션사업부문
98.3% 엔씨에프
49% FRL코리아
50% 에스티엘
20% ZARA리테일코리아
식품사업부문
전량 매각 롯데브랑제리
3.4% 롯데푸드
38.7% 롯데리아
금융사업부문
22.4% 롯데캐피탈
92.5% 롯데카드

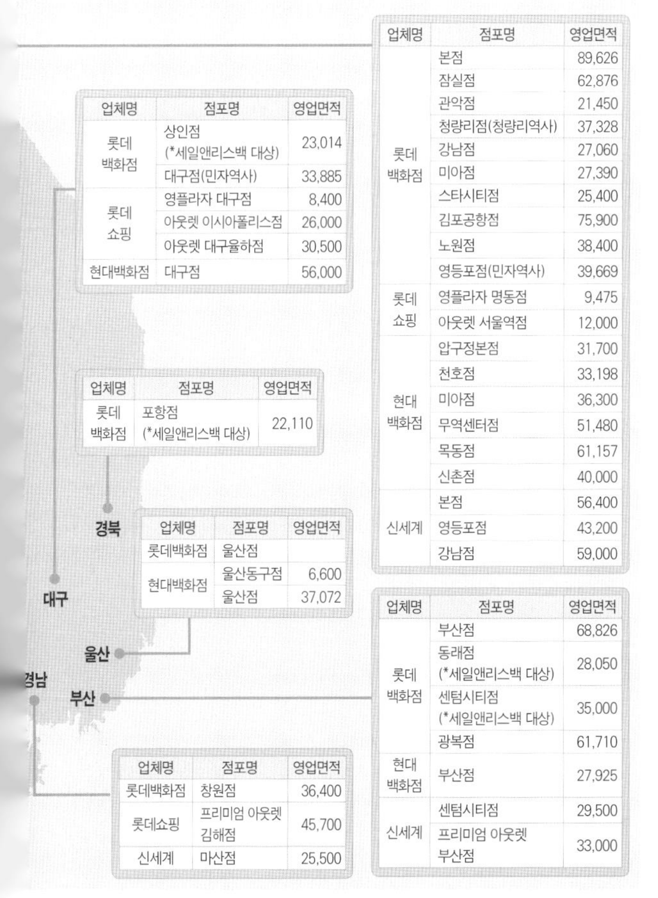

경북
대구
울산
경남
부산

(㎡)

업체명	점포명	영업면적
롯데 백화점	상인점 (*세일앤리스백 대상)	23,014
	대구점(민자역사)	33,885
롯데 쇼핑	영플라자 대구점	8,400
	아웃렛 이시아폴리스점	26,000
	아웃렛 대구율하점	30,500
현대백화점	대구점	56,000

업체명	점포명	영업면적
롯데 백화점	포항점 (*세일앤리스백 대상)	22,110

업체명	점포명	영업면적
롯데백화점	울산점	
현대백화점	울산동구점	6,600
	울산점	37,072

업체명	점포명	영업면적
롯데백화점	창원점	36,400
롯데쇼핑	프리미엄 아웃렛 김해점	45,700
신세계	마산점	25,500

업체명	점포명	영업면적
롯데 백화점	본점	89,626
	잠실점	62,876
	관악점	21,450
	청량리점(청량리역사)	37,328
	강남점	27,060
	미아점	27,390
	스타시티점	25,400
	김포공항점	75,900
	노원점	38,400
	영등포점(민자역사)	39,669
롯데 쇼핑	영플라자 명동점	9,475
	아웃렛 서울역점	12,000
현대 백화점	압구정본점	31,700
	천호점	33,198
	미아점	36,300
	무역센터점	51,480
	목동점	61,157
	신촌점	40,000
신세계	본점	56,400
	영등포점	43,200
	강남점	59,000

업체명	점포명	영업면적
롯데 백화점	부산점	68,826
	동래점 (*세일앤리스백 대상)	28,050
	센텀시티점 (*세일앤리스백 대상)	35,000
	광복점	61,710
현대 백화점	부산점	27,925
신세계	센텀시티점	29,500
	프리미엄 아웃렛 부산점	33,000

롯데쇼핑 백화점부문 경영실적 추이

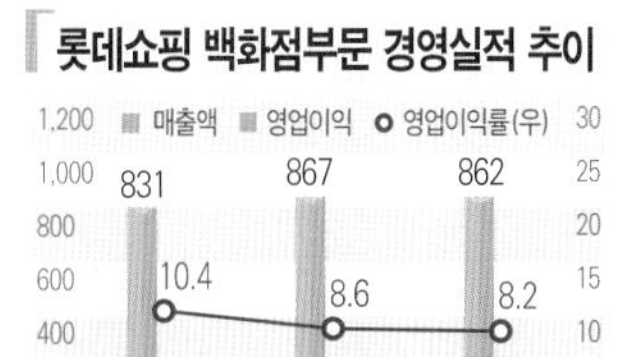

매출액
영업이익
영업이익률(우)
1,200
1,000
800
600
400
200
0
(백억 원)
831
10.4
88
2011
867
8.6
75
2012
862
8.2
71
2013
30
25
20
15
10
5
0
(%)

롯데쇼핑 사업부문별 구성

( ) 안은 매출액(백억 원)

- 백화점 (862) 29.4
- 할인점 (922) 31.5
- 금융 (169) 5.8
- 전자전문 양판점 (352) 12
- 기타 (624) 21.3

(%)

(기준 : 2013. 4Q)

자료 : 롯데쇼핑

롯데백화점 해외 점포 현황 (기준 : 2013. 12, 출점 예정 포함)

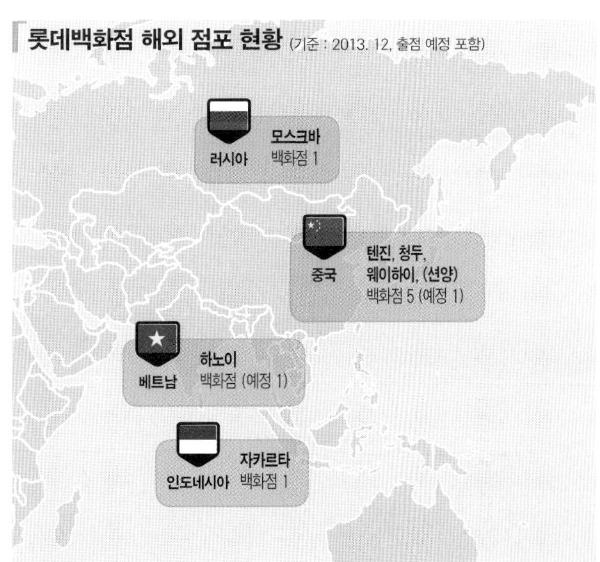

러시아
모스크바 백화점 1
중국
톈진, 청두, 웨이하이, (선양) 백화점 5 (예정 1)
베트남
하노이 백화점 (예정 1)
인도네시아
자카르타 백화점 1

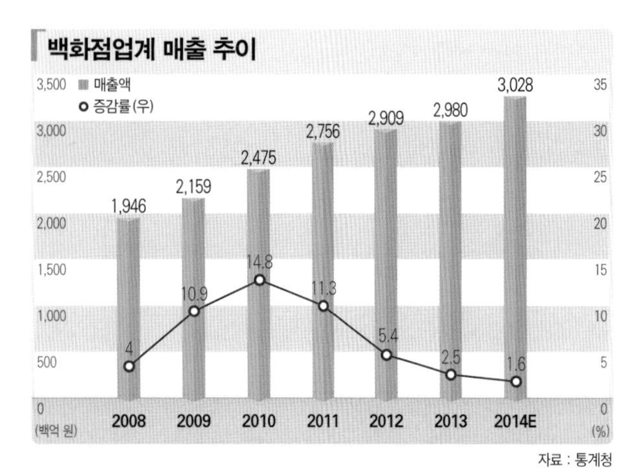
백화점업계 매출 추이
■ 매출액
○ 증감률(우)
3,500
3,000
2,500
2,000
1,500
1,000
500
0
(백억 원)
35
30
25
20
15
10
5
0
(%)
1,946
2,159
2,475
2,756
2,909
2,980
3,028
4
10.9
14.8
11.3
5.4
2.5
1.6
2008
2009
2010
2011
2012
2013
2014E

자료 : 통계청

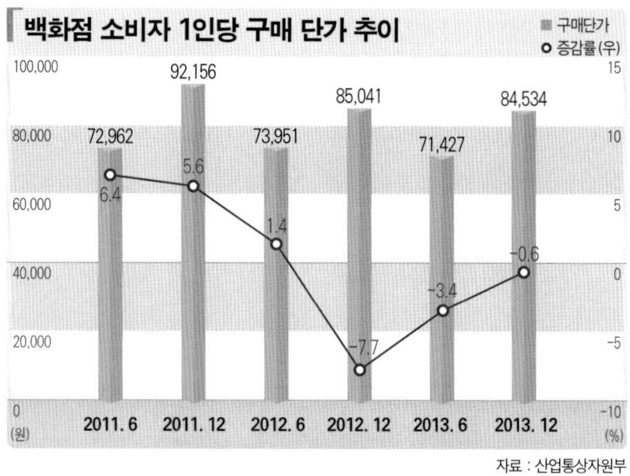
백화점 소비자 1인당 구매 단가 추이
■ 구매단가
○ 증감률(우)
100,000
80,000
60,000
40,000
20,000
0
(원)
15
10
5
0
-5
-10
(%)
72,962
92,156
73,951
85,041
71,427
84,534
6.4
5.6
1.4
-7.7
-3.4
-0.6
2011. 6
2011. 12
2012. 6
2012. 12
2013. 6
2013. 12

자료 : 산업통상자원부

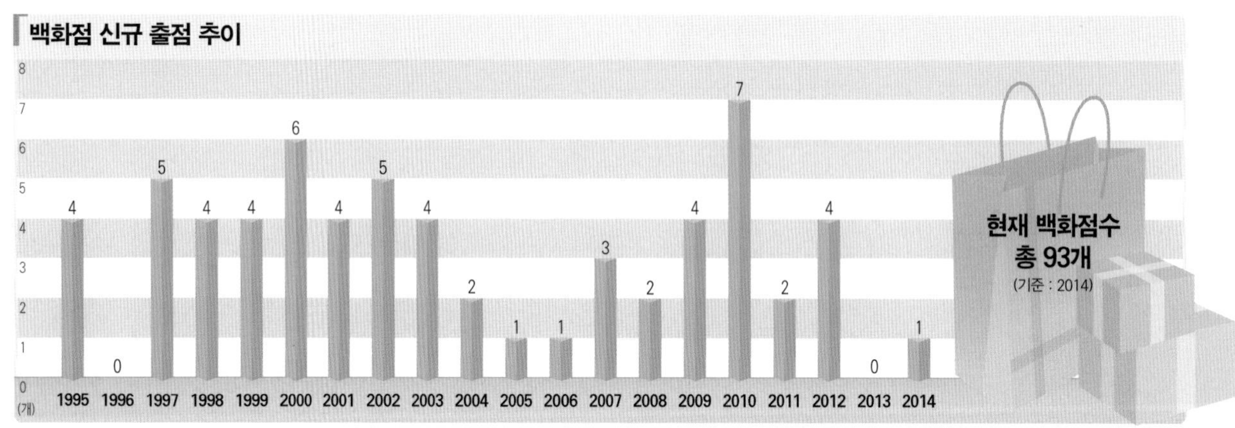
백화점 신규 출점 추이
8
7
6
5
4
3
2
1
0
(개)
4
0
5
4
4
6
4
5
4
2
1
1
3
2
4
7
2
4
0
1
1995
1996
1997
1998
1999
2000
2001
2002
2003
2004
2005
2006
2007
2008
2009
2010
2011
2012
2013
2014
현재 백화점수
총 93개
(기준 : 2014)

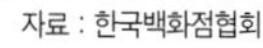
자료 : 한국백화점협회

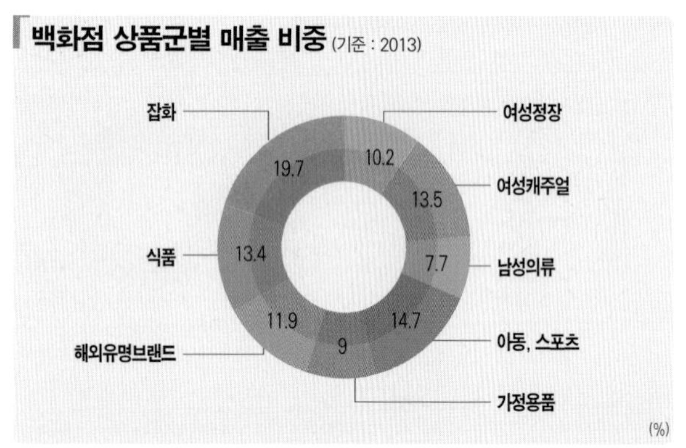
백화점 상품군별 매출 비중 (기준 : 2013)
잡화
여성정장
여성캐주얼
식품
남성의류
아동, 스포츠
해외유명브랜드
가정용품
19.7
10.2
13.5
13.4
7.7
11.9
14.7
9
(%)

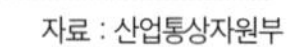
자료 : 산업통상자원부

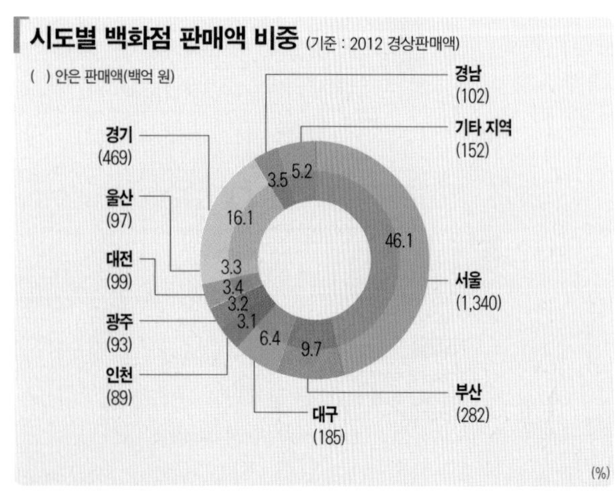
시도별 백화점 판매액 비중 (기준 : 2012 경상판매액)
( ) 안은 판매액(백억 원)
경남
(102)
기타 지역
(152)
경기
(469)
울산
(97)
대전
(99)
서울
(1,340)
광주
(93)
인천
(89)
부산
(282)
대구
(185)
3.5
5.2
16.1
46.1
3.3
3.4
3.2
3.1
6.4
9.7
(%)

자료 : 통계청

백화점업계 빅3 매출 톱 10 점포 (기준: 2013)
1위 롯데 본점(소공동)
173
2위 신세계 강남점
127
3위 롯데 잠실점
108
4위 신세계 센텀시티점
85
5위 롯데 서면점
81
6위 신세계 본점(소공동)
80
7위 신세계 인천점
76
8위 현대 무역센터점
76
9위 현대 본점(압구정)
73
10위 현대 목동점
72
(백억 원)
0
50
100
150
200

백화점상품권 업체별 점유율 (기준 : 2013 발행액)

( ) 안은 발행액(억 원)
현대백화점
7.5(4,769)
롯데백화점
49.9(31,934)
신세계백화점
41.3(26,436)
gift CARD
기타
1.3(840)
(%)

자료 : 한국조폐공사

백화점 고객 비중 추이 (기준 : 현대백화점)

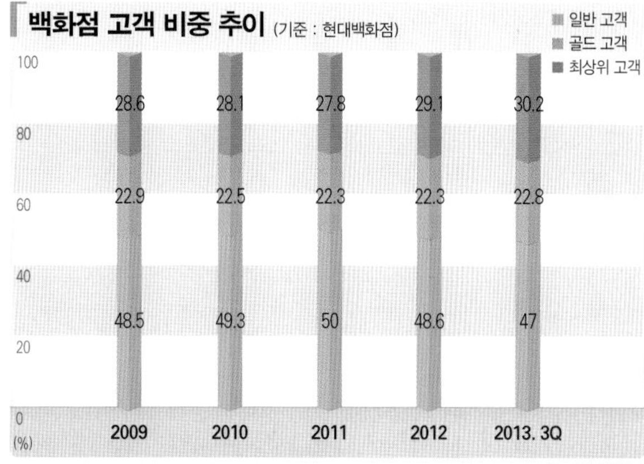
일반 고객
골드 고객
최상위 고객
100
80
60
40
20
0
(%)
28.6 28.1 27.8 29.1 30.2
22.9 22.5 22.3 22.3 22.8
48.5 49.3 50 48.6 47
2009 2010 2011 2012 2013. 3Q

자료 : 현대백화점

국내 쇼핑몰 변천사와 빅3 업체 신규 점포 출점 계획

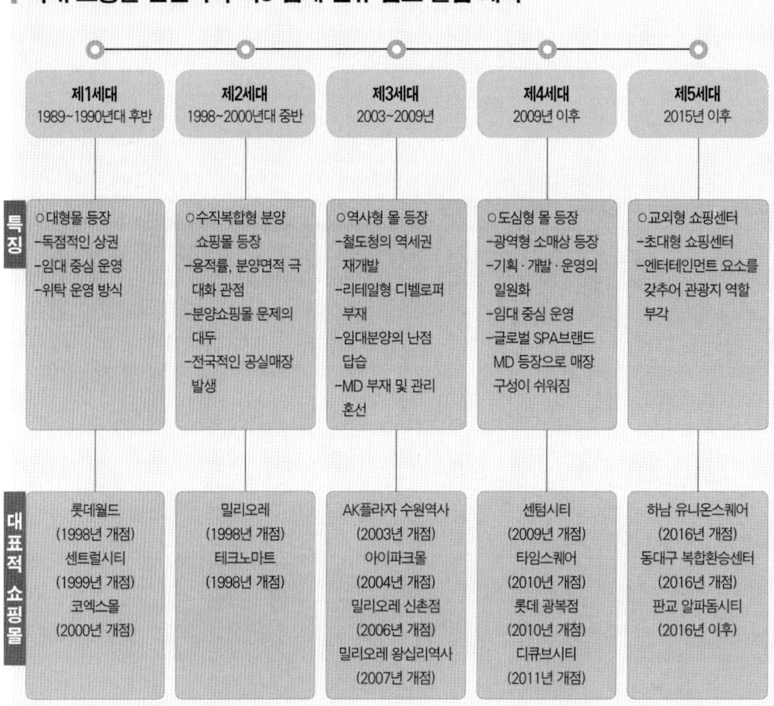

	제1세대 1989~1990년대 후반	제2세대 1998~2000년대 중반	제3세대 2003~2009년	제4세대 2009년 이후	제5세대 2015년 이후
특징	○대형몰 등장 -독점적인 상권 -임대 중심 운영 -위탁 운영 방식	○수직복합형 분양 쇼핑몰 등장 -용적률, 분양면적 극대화 관점 -분양쇼핑몰 문제의 대두 -전국적인 공실매장 발생	○역사형 몰 등장 -철도청의 역세권 재개발 -리테일형 디벨로퍼 부재 -임대분양의 난점 답습 -MD 부재 및 관리 혼선	○도심형 몰 등장 -광역형 소매상 등장 -기획·개발·운영의 일원화 -임대 중심 운영 -글로벌 SPA브랜드 MD 등장으로 매장 구성이 쉬워짐	○교외형 쇼핑센터 -초대형 쇼핑센터 -엔터테인먼트 요소를 갖추어 관광지 역할 부각
대표적 쇼핑몰	롯데월드 (1998년 개점) 센트럴시티 (1999년 개점) 코엑스몰 (2000년 개점)	밀리오레 (1998년 개점) 테크노마트 (1998년 개점)	AK플라자 수원역사 (2003년 개점) 아이파크몰 (2004년 개점) 밀리오레 신촌점 (2006년 개점) 밀리오레 왕십리역사 (2007년 개점)	센텀시티 (2009년 개점) 타임스퀘어 (2010년 개점) 롯데 광복점 (2010년 개점) 디큐브시티 (2011년 개점)	하남 유니온스퀘어 (2016년 개점) 동대구 복합환승센터 (2016년 개점) 판교 알파돔시티 (2016년 이후)

자료 : 「2012 유통업체연감」, 대신증권, 딜로이트 안진회계법인, 대한상공회의소

• 롯데쇼핑

구분	점포명	개점 시기	영업면적
복합쇼핑몰	부산롯데복합쇼핑몰	2014년 12월	20만 m²
복합쇼핑몰	롯데몰 송도	2015년	41만 4천 m²
복합쇼핑몰	롯데 대전 EXPO점	2017년	
복합쇼핑몰	롯데 전주월드컵몰	2017년	
복합쇼핑몰	롯데 인천터미널 복합쇼핑몰	2017년	

• 현대백화점

구분	점포명	개점 시기	영업면적
백화점	판교점(가칭)	2015년	60,390 m²
백화점	천안점(가칭)	2016년 이후	29,700 m²
프리미엄 아웃렛	김포점(가칭)	2015년 2월	39,600 m²
프리미엄 아웃렛	송도점(가칭)	2015년 12월	39,600 m²

• 신세계

구분	점포명	개점 시기	영업면적
복합쇼핑몰	하남유니온스퀘어(가칭)	2016년	151,700 m²
복합쇼핑몰	신세계 동대구 복합환승센터(가칭)	2016년	98,200 m²

자료 : 각사

프리미엄 아웃렛 성장 추이

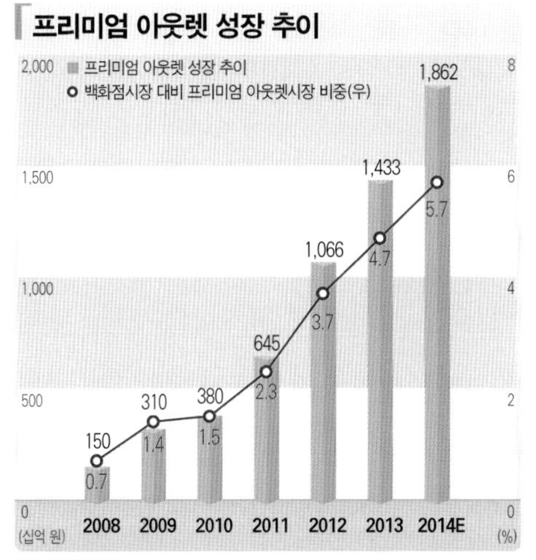
프리미엄 아웃렛 성장 추이
백화점시장 대비 프리미엄 아웃렛시장 비중(우)
2,000
1,500
1,000
500
0
(십억 원)
8
6
4
2
0
(%)
150 310 380 645 1,066 1,433 1,862
0.7 1.4 1.5 2.3 3.7 4.7 5.7
2008 2009 2010 2011 2012 2013 2014E

자료 : 업계 추정

글로벌 백화점 업계 톱 10 (기준 : 2012 매출액)

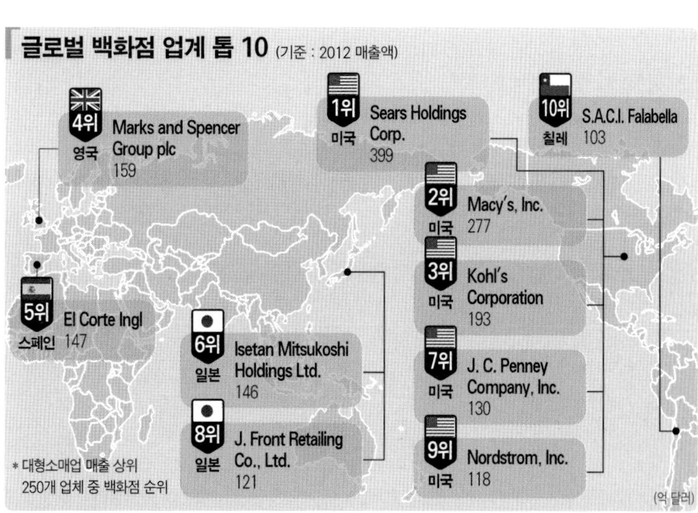
4위 영국 Marks and Spencer Group plc 159
1위 미국 Sears Holdings Corp. 399
10위 칠레 S.A.C.I. Falabella 103
2위 미국 Macy's, Inc. 277
3위 미국 Kohl's Corporation 193
5위 스페인 El Corte Ingl 147
6위 일본 Isetan Mitsukoshi Holdings Ltd. 146
7위 미국 J. C. Penney Company, Inc. 130
8위 일본 J. Front Retailing Co., Ltd. 121
9위 미국 Nordstrom, Inc. 118
* 대형소매업 매출 상위 250개 업체 중 백화점 순위
(억 달러)

자료 : STORES magazine

복합쇼핑몰과 프리미엄 아웃렛의 승자는?

백화점의 한자는 '百貨店'이다. 글자 그대로 수백 가지 물건(재화)이 있는 상점을 뜻한다. 1852년 프랑스 파리에 개설된 봉마르셰(Bon Marché)를 시작으로 백화점은 대도시화, 대량생산 체제, 소비중심사회를 대표하는 아이콘으로 자리매김해 왔다.

우리나라 백화점의 효시는 1930년 10월 서울 중구 소공동에 세워진 미쓰코시 경성지점(현 신세계백화점 본점)이다. 광복과 6·25를 거쳐 1955년에 동화백화점으로 문패가 바뀌었다가 1963년 삼성그룹에 인수돼 오늘날의 신세계백화점으로 재탄생했다. 1984년 5월 국내 백화점 중 처음으로 2호점인 영등포점을 오픈했고 이듬해에는 증권거래소에 상장했다.

신세계는 1991년 삼성그룹에서 분리해 나와 유통 전문기업으로 재출범했다. 현재 10개의 백화점과 3개의 프리미엄 아웃렛 매장을 운영 중이다.

롯데백화점은 1979년 소공동에 본점을 열며 첫발을 내딛었다. 신세계보다 역사는 짧지만 지금은 해외 8개점을 포함해 국내에서 가장 많은 40개의 백화점을 운영 중이다. 아웃렛 12개와 영플라자 2개점을 더하면 점포수가 55개로 늘어난다.

우리나라 백화점의 효시를 이룬 미쓰코시 경성지점(현 시세계백화점 본점)

1971년 설립한 금강개발산업에서 출발한 현대백화점은 1985년 12월 압구정본점을 시작으로 백화점 사업에 진출했다. 1988년 무역센터점을 열었고 이듬해인 1989년 상장했다. 현재 13개 백화점과 1개의 아웃렛 매장, 5개의 유플렉스 매장을 보유하고 있다.

이밖에 한화그룹 계열의 갤러리아백화점(1990년), 애경그룹의 AK플라자(1993년) 등이 후발주자로 영업 중이다.

국내 백화점업계는 외환위기 전후 지방 소재 중견기업들이 상당수 문을 닫으면서 인수합병이 활발히 진행됐다. 지금은 롯데와 신세계, 현대 백화점이 3파전을 이루면서 신규 출점 및 증축 경쟁을 벌이고 있다.

「유통산업발전법」에서는 백화점을 매장 면적 3,000m²가 넘는 종합 물품 판매점으로 정의하고 있다. 업계에 따르면 적정 부지 매입과 건축을 위해서는 수도권의 경우 약 3,000억 원 정도의 자금이 소요되는 것으로 추정돼 후발주자의 진입 장벽이 상당히 높은 편이다.

통계청에 따르면 국내 백화점업계 매출 규모는 연간 29조 8,000억 원 수준이다. 최근에는 백화점마다 복합쇼핑몰, 프리미엄 아웃렛과 온라인쇼핑몰로 사업 영역을 넓혀 나가고 있다.

백화점들은 지금 '아웃렛 전쟁' 중

수년 전부터 백화점이 고전을 면치 못하고 있다. 경기불황에 따른 내수 침체와 인터넷 쇼핑 등으로 소비 패턴이 바뀌면서 실적 부진에 빠진 것이다. 국내 백화점 시장규모는 2011년 27조 5,636억 원에서 2012년 29조 881억 원으로 5.53% 확대됐다. 그러나 2013년에는 경기 침체로 시장규모가 29조 8,019억 원으로 2.45% 성장하는데 그쳤다. 성장률이 반 토막 난 것이다. 2014년 3분기까지 백화점 시장규모는 21조 877억 원으로 전년 동기 대비 0.13% 줄면서 역성장으로 접어들고 말았다.

백화점업계는 2015년 이후에도 한동안 저성장 국면을 벗어나지 못할 전망이다. 이에 대해 백화점업계는 해외 진출을 비롯해 도심·교외형 아웃렛, 복합쇼핑몰 등 다양한 포맷 출점을 통해 떨어진 실적을 회복해 나간다는 방침이다.

OUTLET

2014년 제2롯데월드에 잠실에비뉴엘점을 연 롯데백화점은 베트남 호찌민 다이아몬드플라자를 비롯해 2020년까지 해외에 백화점 20개를 추가 출점할 계획이다. 또한 아웃렛 2개점(광교점, 진주점)과 복합쇼핑몰(상암점)의 오픈도 계획돼 있다. 현대백화점은 2015년 김포에 프리미엄 아웃렛과 판교에 복합쇼핑몰을 선보일 예정이다. 신세계백화점은 김해점을 백화점과 쇼핑몰을 혼합한 하이브리드형 백화점으로 선보일 계획이다.

백화점 성장세가 한풀 꺾인 것과 대조적으로 2015년부터 '아웃렛 전쟁'이 벌어질 정도로 경쟁이 치열해질 전망이다. 현재 롯데, 신세계, 현대 백화점이 운영하고 있는 아웃렛은 모두 16개에 이른다. 건립을 준비하고 있는 신규 아웃렛은 수도권 7곳, 지방 2곳 등 모두 9곳으로 3~4년 안에 아웃렛이 25개로 늘어날 것으로 예상된다.

롯데는 2014년 경기 고양터미널점과 잠실제2롯데월드점에 이어 경기 광명점까지 개장했고, 2015년에는 경기 구리점 아웃렛과 롯데몰 동부산점 개장을 준비 중이다. 또 아웃렛 2개점(광교점, 진주점)과 복합쇼핑몰(상암점)의 오픈이 계획돼 있어 양적 성장을 주도하고 있다.

신세계는 2015년 아웃렛과 복합쇼핑몰 출점 계획은 없지만 여주 프리미엄 아웃렛 증축 등 기존 점포 리뉴얼을 단행한 후 2016년 대전 프리미엄 아웃렛을 출점할 계획이다. 후발 주자인 현대백화점은 김포에 프리미엄 아웃렛을 시작으로 판교에 복합쇼핑몰과 가든파이브 아웃렛, 송도신도시에 프리미엄 아웃렛을 차례로 오픈할 예정이다.

한편, 백화점업계의 아웃렛 사업 확장이 과열화 조짐을 보임에 따라 향후 자금난으로 곤경에 처하는 게 아니냐는 우려가 제기되고 있다. 경기 침체로 소비의 규모는 날로 줄어드는 데 비해 유통 채널만 늘어나는 형국이 반복되고 있기 때문이다.

백화점은 1만 원짜리 물건을 팔면 얼마를 챙길까?

유통 채널의 주 수입원은 판매수수료다. 판매수수료율은 백화점 등 유통 업체가 소비자에게 판매한 제품 가격 대비 납품 가격을 제외한 가격의 비율이다. 예를 들어 납품 업체가 백화점에 7만 원에 공급한 제품을 백화점이 10만 원에 판매했다면 판매수수료율은 30%다. 소비자 입장에서는 유통 업체의 판매수수료율이 높을수록 상품을 구입하는데 드는 비용이 커진다.

백화점 7개사(롯데, 신세계, 현대, AK플라자, 갤러리아, NC, 동아)의 평균 판매수수료율은 28.3%다. 백화점의 평균 판매수수료율은 2012년 28.6%, 2013년 28.5%에 이어 소폭 감소했다. 업체별로는 롯데가 29.3%로 가장 높고 이어 현대(28.2%), AK플라자(28.7%), 신세계(27.8%), 갤러리아(27%), 동아(24.8%), NC(23%)가 뒤를 이었다.

백화점의 판매수수료율은 거래 방식에 따라 큰 차이를 보이고 있다. 백화점이 납품 업체로부터 상품을 외상 매입해서 판매하는 '특약 매입 방식'의 판매수수료율은 29.3%에 달했지만, 백화점이 납품 업체 측에 매장을 임대해주고 상품 판매 대금의 일정 비율을 임차료로 받는 '임대율 방식'은 21%를 기록했다.

납품 업체 규모에 따른 평균 판매수수료율은 대기업 29.9%, 중소기업 27.9%, 해외명품 25.2%다. 상품 종류별로는 셔츠·넥타이가 33.8%로 가장 높고, 아동·유아용품(31.9%), 레저용품(31.5%) 등이 뒤를 이었다. 도서·음반·악기와 디지털기기의 판매수수료율은 각각 13.7%, 14.2%로 비교적 낮은 편이다.

MARGIN

31 | 대형마트·SSM 업계

업계 규모	
■ 대형마트 판매액	45조 1,178억 원
■ 슈퍼마켓(SM) 판매액	35조 8,035억 원
■ SSM 판매액	7조 1,000억 원

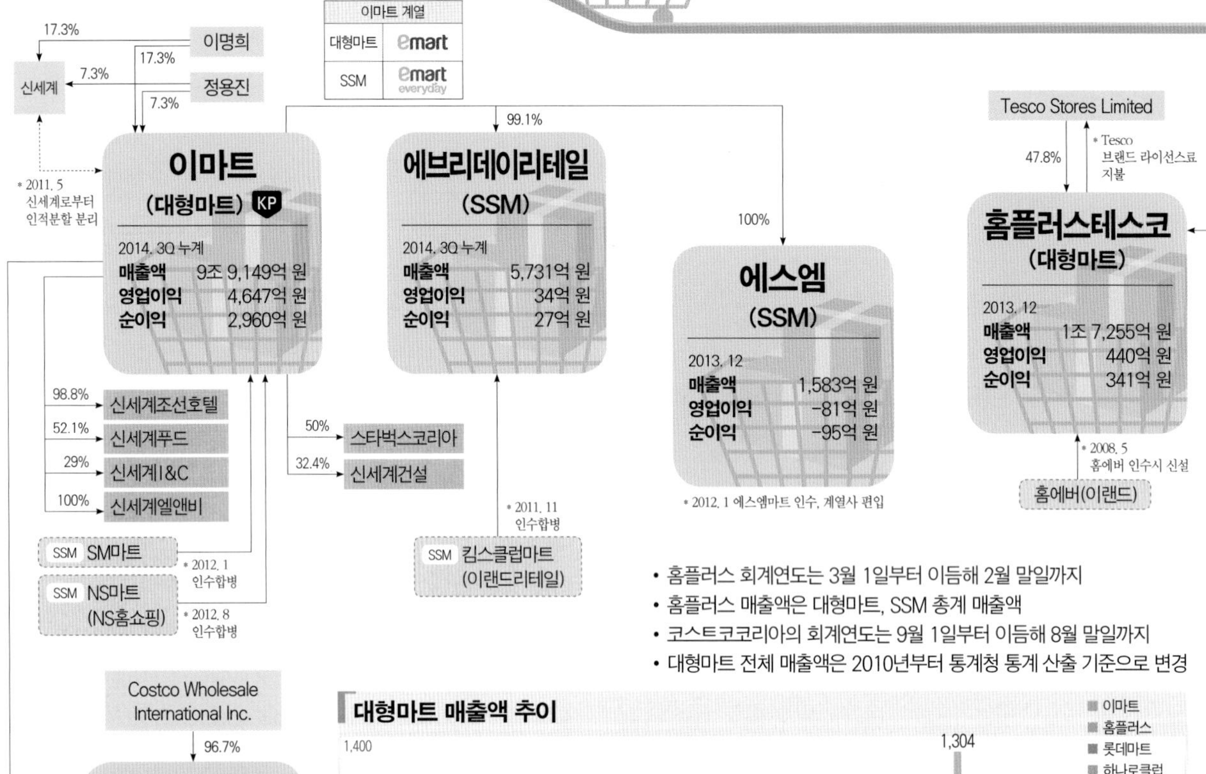

이마트 계열
대형마트 emart
SSM emart everyday
17.3%
이명희
17.3%
신세계
7.3%
정용진
7.3%
• 2011. 5
신세계로부터
인적분할 분리
이마트
(대형마트) KP
2014. 3Q 누계
매출액 9조 9,149억 원
영업이익 4,647억 원
순이익 2,960억 원
99.1%
에브리데이리테일
(SSM)
2014. 3Q 누계
매출액 5,731억 원
영업이익 34억 원
순이익 27억 원
100%
에스엠
(SSM)
2013. 12
매출액 1,583억 원
영업이익 -81억 원
순이익 -95억 원
• 2012. 1 에스엠마트 인수, 계열사 편입
Tesco Stores Limited
47.8%
• Tesco
브랜드 라이선스료
지불
홈플러스테스코
(대형마트)
2013. 12
매출액 1조 7,255억 원
영업이익 440억 원
순이익 341억 원
• 2008. 5
홈에버 인수시 신설
홈에버(이랜드)
98.8% 신세계조선호텔
52.1% 신세계푸드
29% 신세계I&C
100% 신세계엘앤비
50% 스타벅스코리아
32.4% 신세계건설
SSM SM마트
• 2012. 1
인수합병
SSM NS마트
(NS홈쇼핑)
• 2012. 8
인수합병
• 2011. 11
인수합병
SSM 킴스클럽마트
(이랜드리테일)

• 홈플러스 회계연도는 3월 1일부터 이듬해 2월 말일까지
• 홈플러스 매출액은 대형마트, SSM 총계 매출액
• 코스트코코리아의 회계연도는 9월 1일부터 이듬해 8월 말일까지
• 대형마트 전체 매출액은 2010년부터 통계청 통계 산출 기준으로 변경

Costco Wholesale International Inc.

96.7%

3.3%

코스트코코리아
(대형마트)

2014. 8
매출액 2조 8,619억 원
영업이익 1,639억 원
순이익 1,315억 원

• 8월 결산법인

대형마트 매출액 추이

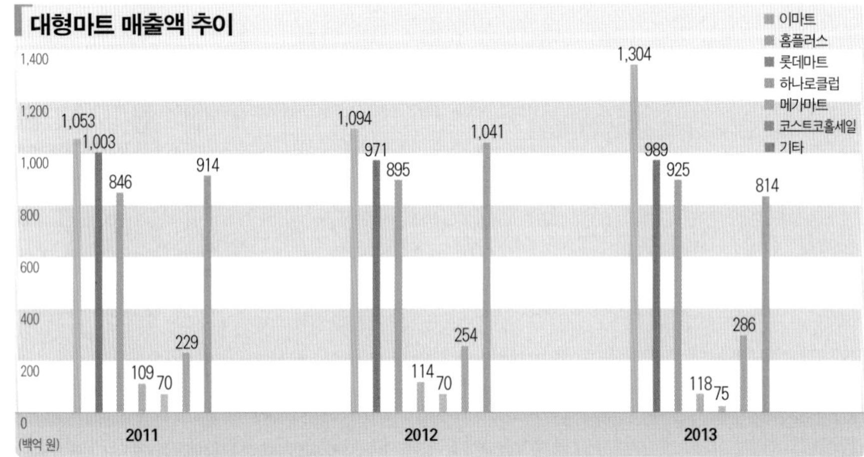

이마트
홈플러스
롯데마트
하나로클럽
메가마트
코스트코홀세일
기타
1,400
1,200
1,000
800
600
400
200
0
(백억 원)
1,053
1,003
846
109
70
229
914
2011
1,094
971
895
114
70
254
1,041
2012
1,304
989
925
118
75
286
814
2013

대형마트 점포수 추이

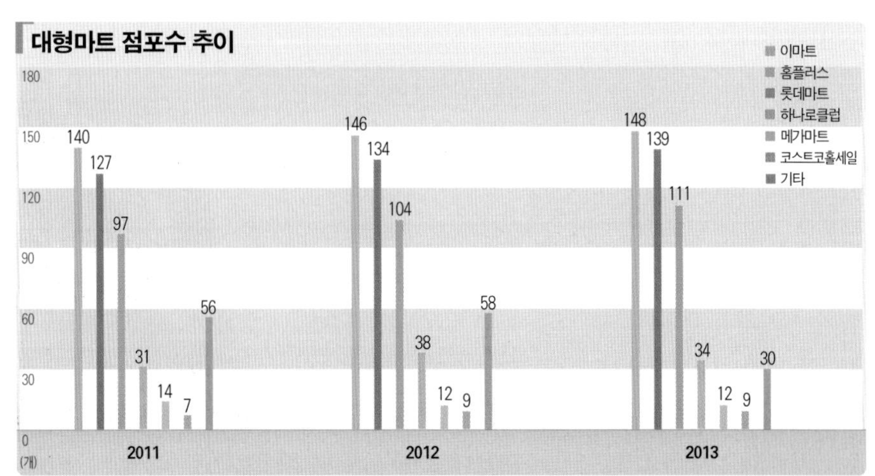

이마트
홈플러스
롯데마트
하나로클럽
메가마트
코스트코홀세일
기타
180
150
120
90
60
30
0
(개)
140
127
97
31
14
7
56
2011
146
134
104
38
12
9
58
2012
148
139
111
34
12
9
30
2013

신동익
농심 신춘호
57.9%
농심사내근로복지기금
18.3%
메가마트
(대형마트)
2014. 3Q 누계
매출액 4,666억 원
영업이익 150억 원
순이익 96억 원
9.9%
이스턴웰스
100% 호텔농심
30% 농심캐피탈
54% 엔디에스

• 기업형 슈퍼마켓(SSM : Super Supermarket) : 슈퍼마켓과 기타 음 · 식료품 위주의 종합소매업을 영위하는 유통매장으로, 대규모 점포를 경영하는 회사나 그 계열사 또는 대기업 계열사 등이 직영하는 점포 및 프랜차이즈형 체인사업의 형태로 운영하는 점포를 말한다.

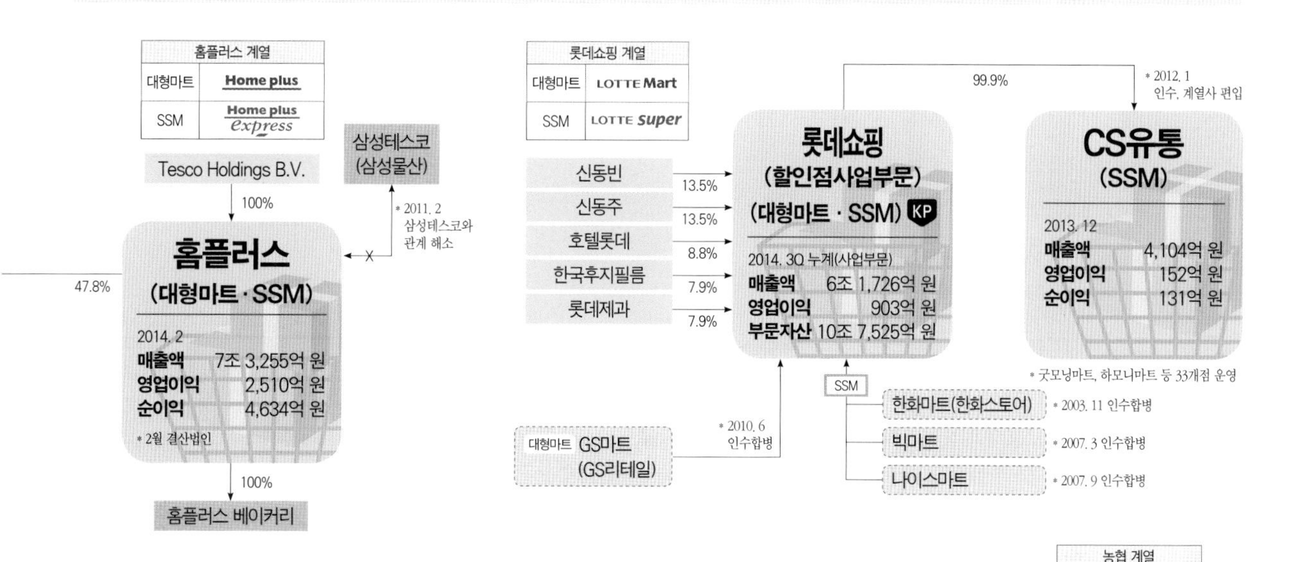

홈플러스 계열
대형마트 Home plus
SSM Home plus express
Tesco Holdings B.V.
100%
삼성테스코 (삼성물산)
• 2011. 2 삼성테스코와 관계 해소
47.8%
홈플러스
(대형마트 · SSM)
2014. 2
매출액 7조 3,255억 원
영업이익 2,510억 원
순이익 4,634억 원
• 2월 결산법인
100%
홈플러스 베이커리
롯데쇼핑 계열
대형마트 LOTTE Mart
SSM LOTTE super
신동빈 13.5%
신동주 13.5%
호텔롯데 8.8%
한국후지필름 7.9%
롯데제과 7.9%
롯데쇼핑
(할인점사업부문)
(대형마트 · SSM) KP
2014. 3Q 누계(사업부문)
매출액 6조 1,726억 원
영업이익 903억 원
부문자산 10조 7,525억 원
99.9%
• 2012. 1 인수, 계열사 편입
CS유통
(SSM)
2013. 12
매출액 4,104억 원
영업이익 152억 원
순이익 131억 원
• 굿모닝마트, 하모니마트 등 33개점 운영
대형마트 GS마트 (GS리테일)
• 2010. 6 인수합병
SSM
한화마트(한화스토어) • 2003. 11 인수합병
빅마트 • 2007. 3 인수합병
나이스마트 • 2007. 9 인수합병

농협 계열
대형마트 하나로클럽
SSM 하나로마트
농협경제지주
농협중앙회
• 2012. 3 물적분할
100%
농협유통
(대형마트 · SSM)
2013. 12
매출액 1조 1,809억 원
영업이익 109억 원
순이익 120억 원
100% NH무역
100% 농협부산경남유통
70.9% 농협충북유통
89.8% 농협대전유통
81.2% 농협물류
• 농협 SSM 하나로마트는 단위농협이 운영

• 홈플러스 회계연도는 3월 1일부터 이듬해 2월 말일까지
• 홈플러스 매출액은 대형마트, SSM 총계 매출액
• 슈퍼마켓 전체 매출액은 2010년부터 통계청 통계 산출 기준으로 변경

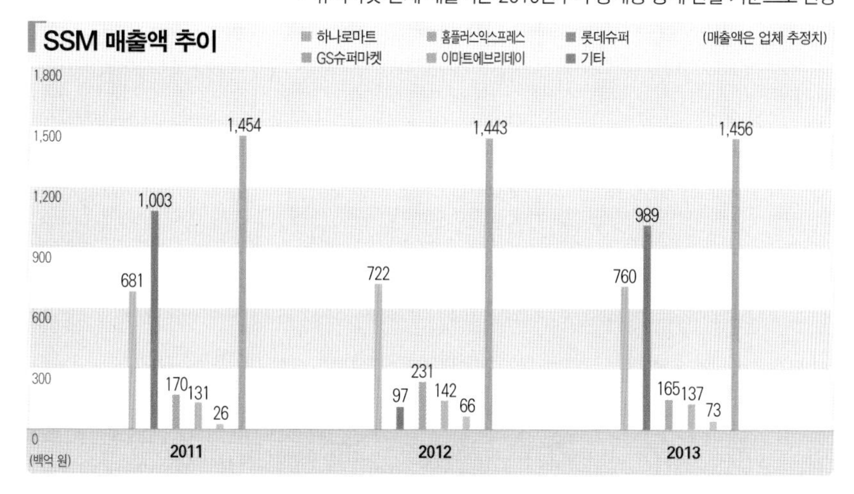

SSM 매출액 추이
하나로마트
GS슈퍼마켓
홈플러스익스프레스
이마트에브리데이
롯데슈퍼
기타
(매출액은 업체 추정치)
(백억 원)
2011
681
1,003
170
131
26
1,454
2012
722
97
231
142
66
1,443
2013
760
989
165
137
73
1,456

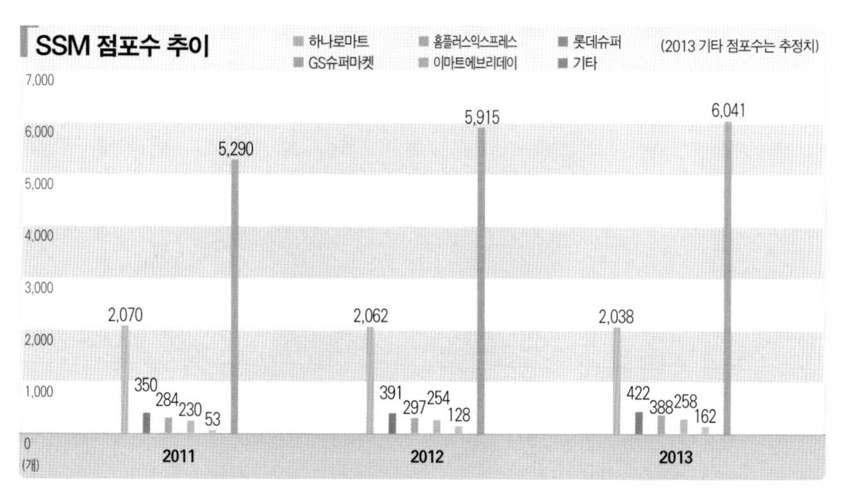

SSM 점포수 추이
하나로마트
GS슈퍼마켓
홈플러스익스프레스
이마트에브리데이
롯데슈퍼
기타
(2013 기타 점포수는 추정치)
(개)
2011
2,070
350
284
230
53
5,290
2012
2,062
391
297
254
128
5,915
2013
2,038
422
388
258
162
6,041

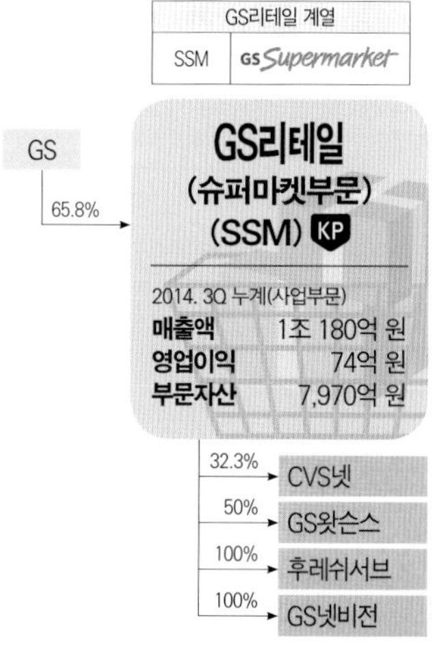

GS리테일 계열
SSM GS Supermarket
GS
65.8%
GS리테일
(슈퍼마켓부문)
(SSM) KP
2014. 3Q 누계(사업부문)
매출액 1조 180억 원
영업이익 74억 원
부문자산 7,970억 원
32.3% CVS넷
50% GS왓슨스
100% 후레쉬서브
100% GS넷비전

대형마트 시장규모 추이

연도	판매액(백억 원)	성장률(%)
2008	3,011	6.1
2009	3,121	3.6
2010	3,818	8.1
2011	4,225	10.7
2012	4,440	5.1
2013	4,512	1.6

자료 : 대한상공회의소, 통계청

대형마트 판매액지수 * 2010년 = 100(경상지수 기준)

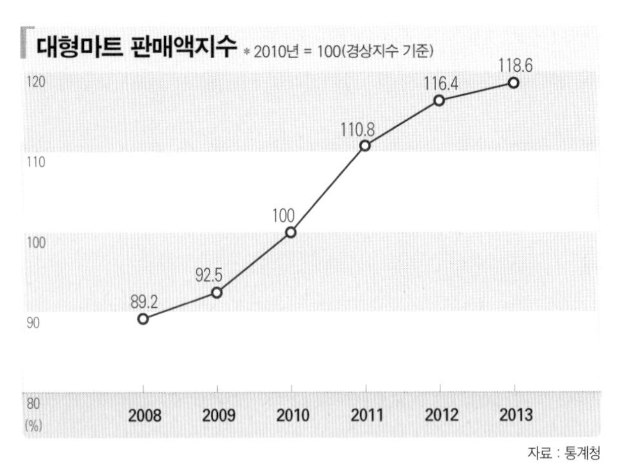

120
110
100
90
80
(%)
89.2
92.5
100
110.8
116.4
118.6
2008
2009
2010
2011
2012
2013

자료 : 통계청

대형마트 분포도와 지역별 점포 · 종사자 수 비중 (기준 : 2014. 3)

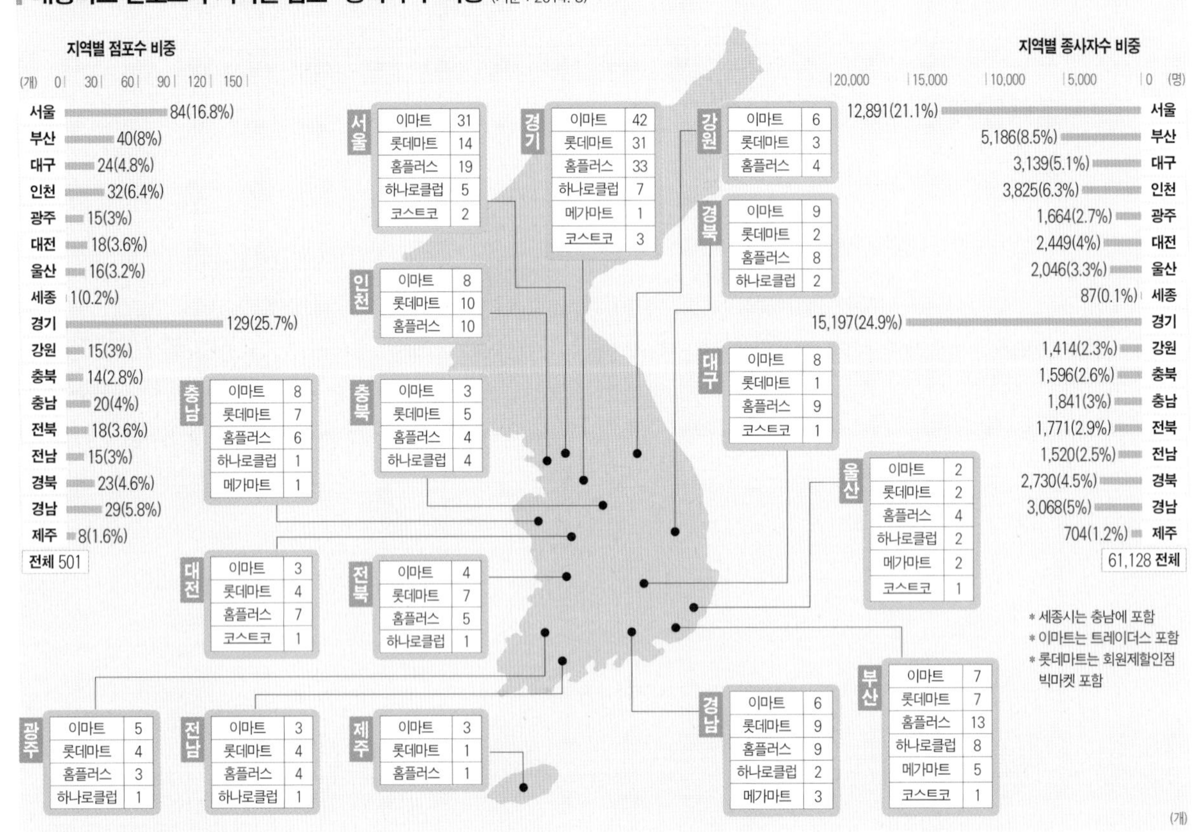

지역별 점포수 비중
(개) 0 30 60 90 120 150
서울 84(16.8%)
부산 40(8%)
대구 24(4.8%)
인천 32(6.4%)
광주 15(3%)
대전 18(3.6%)
울산 16(3.2%)
세종 1(0.2%)
경기 129(25.7%)
강원 15(3%)
충북 14(2.8%)
충남 20(4%)
전북 18(3.6%)
전남 15(3%)
경북 23(4.6%)
경남 29(5.8%)
제주 8(1.6%)
전체 501
지역별 종사자수 비중
20,000 15,000 10,000 5,000 0 (명)
12,891(21.1%) 서울
5,186(8.5%) 부산
3,139(5.1%) 대구
3,825(6.3%) 인천
1,664(2.7%) 광주
2,449(4%) 대전
2,046(3.3%) 울산
87(0.1%) 세종
15,197(24.9%) 경기
1,414(2.3%) 강원
1,596(2.6%) 충북
1,841(3%) 충남
1,771(2.9%) 전북
1,520(2.5%) 전남
2,730(4.5%) 경북
3,068(5%) 경남
704(1.2%) 제주
61,128 전체
서울 이마트 31 롯데마트 14 홈플러스 19 하나로클럽 5 코스트코 2
경기 이마트 42 롯데마트 31 홈플러스 33 하나로클럽 7 메가마트 1 코스트코 3
강원 이마트 6 롯데마트 3 홈플러스 4
경북 이마트 9 롯데마트 2 홈플러스 8 하나로클럽 2
인천 이마트 8 롯데마트 10 홈플러스 10
대구 이마트 8 롯데마트 1 홈플러스 9 코스트코 1
충남 이마트 8 롯데마트 7 홈플러스 6 하나로클럽 1 메가마트 1
충북 이마트 3 롯데마트 5 홈플러스 4 하나로클럽 4
울산 이마트 2 롯데마트 2 홈플러스 4 하나로클럽 2 메가마트 2 코스트코 1
대전 이마트 3 롯데마트 4 홈플러스 7 코스트코 1
전북 이마트 4 롯데마트 7 홈플러스 5 하나로클럽 1
* 세종시는 충남에 포함
* 이마트는 트레이더스 포함
* 롯데마트는 회원제할인점 빅마켓 포함
부산 이마트 7 롯데마트 7 홈플러스 13 하나로클럽 8 메가마트 5 코스트코 1
광주 이마트 5 롯데마트 4 홈플러스 3 하나로클럽 1
전남 이마트 3 롯데마트 4 홈플러스 4 하나로클럽 1
제주 이마트 3 롯데마트 1 홈플러스 1
경남 이마트 6 롯데마트 9 홈플러스 9 하나로클럽 2 메가마트 3
(개)

자료 : 통계청, 각사

대형마트 시도별 판매액 추이

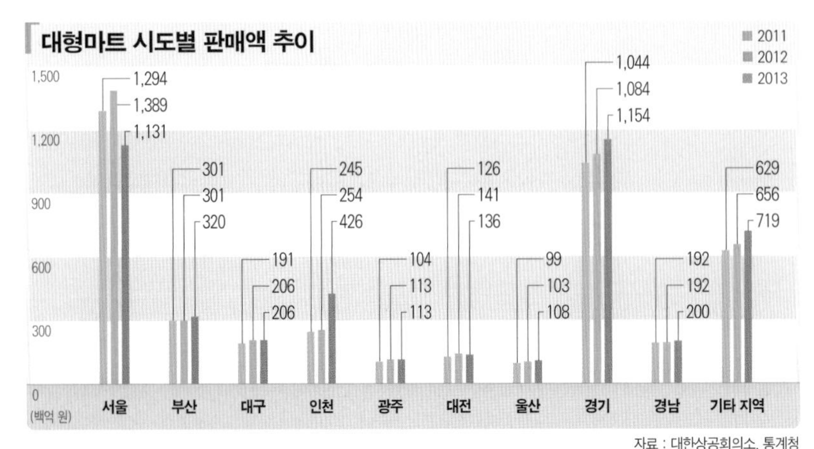

2011
2012
2013
1,500
1,200
900
600
300
0
(백억 원)
1,294
1,389
1,131
301
301
320
191
206
206
245
254
426
104
113
113
126
141
136
99
103
108
1,044
1,084
1,154
192
192
200
629
656
719
서울
부산
대구
인천
광주
대전
울산
경기
경남
기타 지역

자료 : 대한상공회의소, 통계청

대형마트 상품 카테고리별 매출 비중

(기준 : 2013 이마트, 홈플러스, 롯데마트)

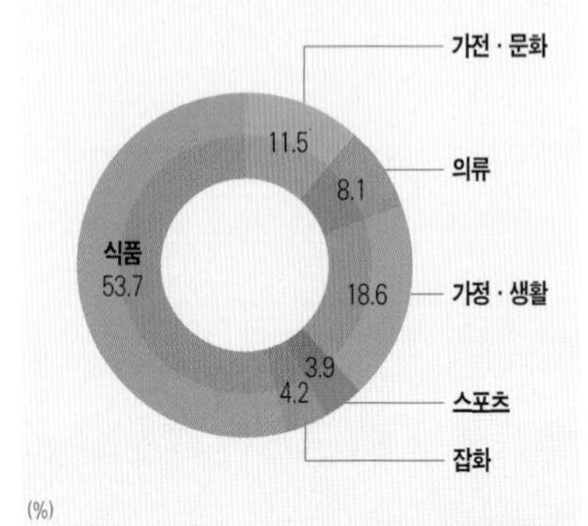

가전 · 문화
11.5
의류
8.1
식품
53.7
18.6
가정 · 생활
3.9
4.2
스포츠
잡화
(%)

자료 : 산업통상자원부

대형마트 PB상품 매출 비중 추이

30
25
20
15
10
5
(%)

2007 2008 2009 2010 2011 2012 2013

20 25 26 26 27 26 26
9 19 23 24 25 23 25
13 17 20 23 24 23 22
22

○ 이마트
○ 홈플러스
○ 롯데마트

자료 : 대한상공회의소

대형마트 해외매장 운영 현황 (기준 : 2013. 8)

이마트
상하이 9
톈진 5
쿤산 1
우시 1
중국
16
105
1
롯데마트
베이징 13
칭다오 9
선양 6
충칭 1
상하이 76
베트남
4
인도네시아
34
메가마트
창저우 1
롯데마트
롯데마트
(개)

자료 : 대한상공회의소, 각사

슈퍼마켓 시장규모 추이

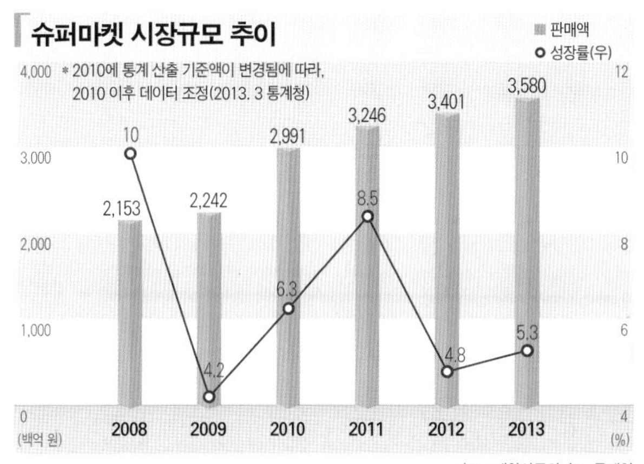

■ 판매액
○ 성장률(우)
* 2010에 통계 산출 기준액이 변경됨에 따라, 2010 이후 데이터 조정(2013. 3 통계청)
4,000
3,000
2,000
1,000
0
(백억 원)
12
10
8
6
4
(%)
2008 2009 2010 2011 2012 2013
2,153
2,242
2,991
3,246
3,401
3,580
10
4.2
6.3
8.5
4.8
5.3

자료 : 대한상공회의소, 통계청

슈퍼마켓 점포수 추이

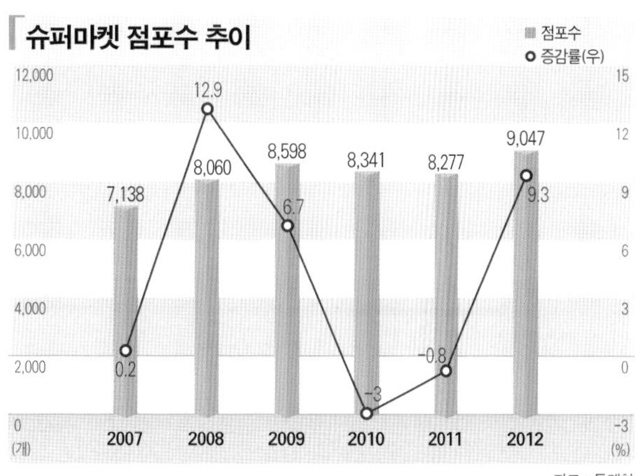

■ 점포수
○ 증감률(우)
12,000
10,000
8,000
6,000
4,000
2,000
0
(개)
15
12
9
6
3
0
-3
(%)
2007 2008 2009 2010 2011 2012
7,138
8,060
8,598
8,341
8,277
9,047
0.2
12.9
6.7
-3
-0.8
9.3

자료 : 통계청

주요 SSM 분포도 (기준 : 2014. 3)

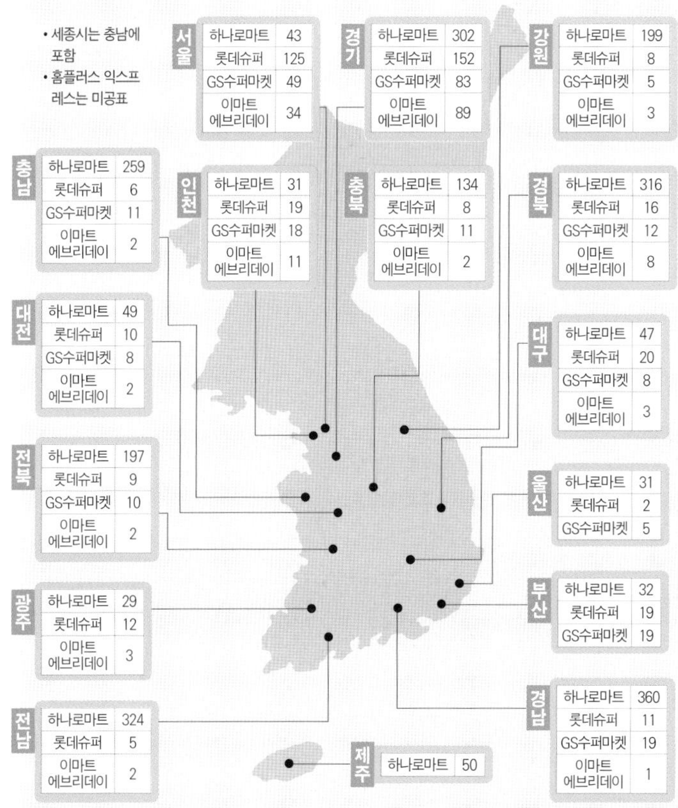

(개)
• 세종시는 충남에 포함
• 홈플러스 익스프레스는 미공표
서울
하나로마트 43
롯데슈퍼 125
GS수퍼마켓 49
이마트 에브리데이 34
경기
하나로마트 302
롯데슈퍼 152
GS수퍼마켓 83
이마트 에브리데이 89
강원
하나로마트 199
롯데슈퍼 8
GS수퍼마켓 5
이마트 에브리데이 3
충남
하나로마트 259
롯데슈퍼 6
GS수퍼마켓 11
이마트 에브리데이 2
인천
하나로마트 31
롯데슈퍼 19
GS수퍼마켓 18
이마트 에브리데이 11
충북
하나로마트 134
롯데슈퍼 8
GS수퍼마켓 11
이마트 에브리데이 2
경북
하나로마트 316
롯데슈퍼 16
GS수퍼마켓 12
이마트 에브리데이 8
대전
하나로마트 49
롯데슈퍼 10
GS수퍼마켓 8
이마트 에브리데이 2
대구
하나로마트 47
롯데슈퍼 20
GS수퍼마켓 8
이마트 에브리데이 3
전북
하나로마트 197
롯데슈퍼 9
GS수퍼마켓 10
이마트 에브리데이 2
울산
하나로마트 31
롯데슈퍼 2
GS수퍼마켓 5
광주
하나로마트 29
롯데슈퍼 12
이마트 에브리데이 3
부산
하나로마트 32
롯데슈퍼 19
GS수퍼마켓 19
전남
하나로마트 324
롯데슈퍼 5
이마트 에브리데이 2
제주
하나로마트 50
경남
하나로마트 360
롯데슈퍼 11
GS수퍼마켓 19
이마트 에브리데이 1

자료 : 각사

슈퍼마켓 상품 카테고리별 매출 비중 (기준 : 2014. 1)

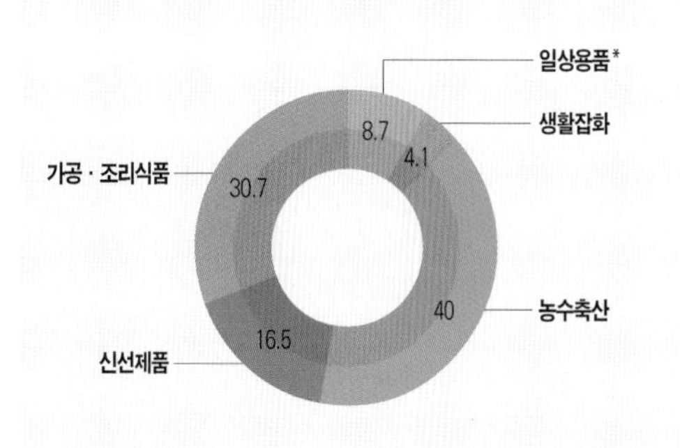

일상용품*
생활잡화
가공 · 조리식품
농수축산
신선제품
8.7
4.1
30.7
40
16.5
* 일상용품은 세제, 치약, 화장품, 여성용품 등
(%)

자료 : 산업통상자원부

슈퍼마켓 유형별 판매액 지수

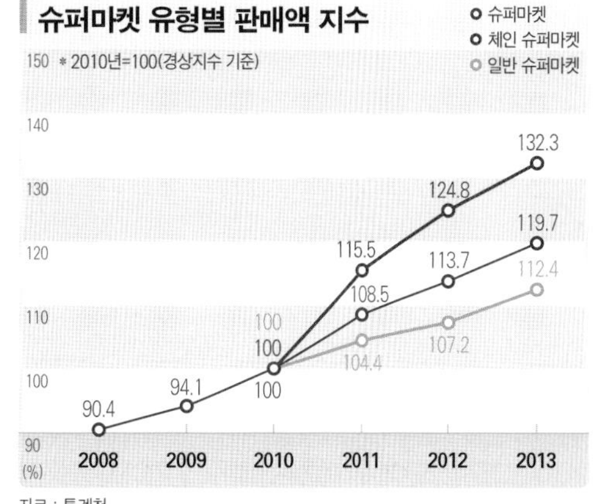

○ 슈퍼마켓
○ 체인 슈퍼마켓
○ 일반 슈퍼마켓
150 * 2010년=100(경상지수 기준)
140
130
120
110
100
90
(%)
2008 2009 2010 2011 2012 2013
90.4
94.1
100
100
100
115.5
124.8
132.3
108.5
113.7
119.7
104.4
107.2
112.4

자료 : 통계청

이마트의 수성이냐, 롯데마트의 뒤집기냐?

재미있는 퀴즈 하나! 신도시가 생기면 그곳에 가장 먼저 들어서는 것은 무엇일까?

① 병원, ② 학교, ③ 도서관, ④ 공원, ⑤ 대형마트.

공교롭게도 정답은 ⑤이다. 그렇다. 언젠가부터 대형마트는 도시 생활에서 빠질 수 없는 공간이 되었다. 대형마트는 1993년 이마트 창동점이 개설되면서 국내에 처음 출현했다. 이후 1998년 롯데마트, 1999년 홈플러스가 가세하면서 본격적으로 경쟁하기 시작했다.

국내 대형마트 '빅3'는 1996년 유통시장이 전면 개방되면서 월마트와 까르푸 등 글로벌 유통 공룡들과도 경쟁해야 했다. 특히 세계 최대 할인마트인 월마트는 1998년 7월 국내 시장에 전격 진출해 할인 공세를 펼쳤다. 이에 맞서 이마트를 비롯해 국내 대형마트들은 월마트보다 더욱 가격을 낮춰야 했고, 아울러 물류비를 줄이는 방식으로 맞섰다. 결국 월마트는 2006년 이마트에 합병되며 국내 시장에서 철수했다.

글로벌 공룡까지 집어 삼켰던 국내 대형마트업계가 최근 어려움에 직면해 있다. 시장 출점의 포화로 인한 경쟁 심화, 장기적인 저성장 기조에 따른 민간 소비 위축, 출점과 영업시간 정부 규제 강화 등이 원인으로 꼽힌다. 여기에 백화점들이 복합쇼핑몰 사업에 적극 뛰어들면서 다른 유통 채널과의 경쟁까지 불가피해졌다. 대형마트 업계로서는 엎친 데 덮친 격이 됐다. 국내 대형마트 업계의 침체는 언제까지 이어지고 그 돌파구는 무엇일까? 하나하나 집어보면 다음과 같다.

대형마트업계, 혹한기 언제까지?

2012년까지 고성장을 해오던 대형마트는 출점 규제에 경기 침체까지 겹쳐 혹한기를 겪고 있다. 대형마트업계는 2013년 역사상 처음으로 전년 대비 0.3%의 역성장을 기록하기도 했다. 이러한 침체는 2014년에도 이어졌다. 2014년 3분기까지 이마트의 매출액은 8조 1,888억 원으로 전년 동기와 비슷한 수준을 기록했지만 영업이익은 5,079억 원으로 13.16% 감소했다. 롯데마트의 매출액은 6조 1,725억 원, 영업이익은 902억 원으로 각각 9.13%, 55.96% 감소했다. 대형마트의 침체가 실적이 반영되고 있는 것이다.

대형마트는 2012년 영업 규제 이후 출점이 급격히 줄어들고 있다. 대형마트를 출점하려면 지역 상권과의 상생 차원에서 신규 출점 제한 범위가 전통시장 반경 1km를 벗어나야 한다. 업계에서는 이러한 규제 탓에 신규 출점에 적합한 장소를 물색하기도 힘든 실정이라고 토로한다.

급기야 실적 부진으로 폐점하는 대형마트도 속속 등장하고 있다. 업계 1위인 이마트는 지난 2003년 개점한 지 11년이 된 김포공항점을 폐점했다. 지근거리에 오픈한 롯데의 대규모 복합쇼핑몰에 밀려나고 만 것이다. 이마트는 2012년 말께 처음으로 안산점을 폐점하고 창고형 할인매장 트레이더스로 전환했다. 롯데마트도 실적 부진으로 고전해온 인천 항동점을 폐점하고 대신 아웃렛으로 매장을 바꿀 계획이다.

대형마트 출점 수도 갈수록 줄어들고 있다. 2012년 7개 점을 오픈한 이마트는 2013년 2개, 2014년 1개로 출점 수를 계속해서 줄이고 있다. 홈플러스도 2012년에는 9개점이나 출점했지만 해마다 출점 수를 줄여 2014년에는 1개 점에 그쳤다. 대형마트 3사는 2015년 출점 계획도 보수적으로 잡고 있다. 2014년 7개 점을 오픈한 롯데마트는 2015년에는 출점 점포를 1~2개 점으로 대폭 줄인다는 방침이다. 홈플러스는 아직 계획을 세우지 못했지만 1개 점을 오픈한 2014년 수준에서 크게 늘지 않을 전망이다. 지난 2년간 3개 점 출점에 그쳤던 이마트는 2015년에는 3~5개 점 오픈을 목표로 하고 있다.

2015년과 2016년은 위기와 기회가 공존하는 시기

2015년 대형마트의 시장규모는 2014년 예상치 대비 약 1.0% 성장한 29조 1,000억 원이 될 것으로 추산된다. 2014년에 이어 경쟁 심화는 2015년과 2016년에도 여전할 전망이다.

대형마트들은 자체 온라인몰과 창고형 매장 등 성장하고 있는 채널을 강화해 턴어라운드 국면으로의 진입을 노리고 있다.

가격 경쟁력 제고 및 PL 상품과 병행 수입 확대를 통한 상품 차별화 전략에 힘입어 2014년 대비 성장률은 소폭 반등할 전망이다. 2015년 2분기부터는 강제 휴무 효과가 소멸되기 때문에 대형마트의 구조적 성장 가능성을 확인할 수 있는 시점이 될 것으로 보인다.

한편, 맞벌이 부부의 증가 및 강제 휴무, 높은 스마트폰 보급률로 인해 인터넷과 모바일 쇼핑몰의 성장률이 빠르게 증가하고 있다. 온라인몰 1회 방문 시 객단가 또한 오프라인 몰 1회 방문 시 객단가 대비 2배 이상으로 매출에도 긍정적으로 작용하고 있다. 인터넷쇼핑몰의 성장은 대형마트에게는 위기이자 기회 요인이기도 하다. 대형마트들은 최근 온라인 전용 물류센터를 설립함으로써 비용 절감 및 신속한 배송에 대한 기대감을 높이고 있다.

아울러 저성장기를 지나며 소비자의 가격 민감도가 증가하고 있어 일반 매장 대비 가격이 저렴한 창고형 매장 수요가 증가함에 따라, 창고형 할인점의 연간 성장률은 약 15~19%를 기록할 전망이다.

Crisis
opportunity

이마트와 롯데마트, 중국 시장에서의 엇갈린 행보

이마트와 롯데마트가 세계 최대 소비 시장인 중국에서 엇갈린 행보를 이어가고 있어 눈길을 끈다. 이마트는 중국 진출 10년 만에 대다수 점포를 폐점하며 사실상 철수 수순을 밟고 있지만, 롯데마트는 중국 법인장을 지낸 임원을 새 대표로 임명하면서 중국 시장을 계속 공략하겠다는 의지를 재차 강조했다.

이마트는 중국 텐진 지역에서 운영하고 있는 아오청점, 꽝화차오점, 메이쟝점, 홍차오점 등 4개 점포의 영업을 종료했다. 이번 결정으로 이마트의 중국 시장 발빼기 전략은 더욱 가속화될 전망이다. 이마트는 지난 1997년 상하이에 1호점을 오픈한 이후 중국 내 매장을 27개까지 늘리며 사업을 확장했으나 2011년부터 지속적으로 점포를 줄여가고 있다. 현재 남은 점포는 12개에 불과하다. 중국인의 소비 규모가 갈수록 커지는 것을 고려하건대, 이마트의 영업점 축소는 아쉽다.

이마트에 이어 뒤늦게 중국 시장에 진출한 롯데마트는 공격적인 출점을 이어가고 있다. 롯데마트는 2008년 중국에 진출한 네덜란드계 대형마트 마크로(8개) 인수를 시작으로 해마다 점포를 확장하면서, 현재 중국에서 105개 점포를 운영 중이다. 이마트의 중국 내 점포보다 10배 많은 수치다.

롯데마트의 중국 시장 공략은 2015년부터 더욱 가속화될 전망이다. 최근 롯데그룹은 롯데마트 새 대표에 중국 법인장을 지낸 김종인 전무를 선임해 중국 시장 공략에 대한 의지를 대내외에 천명했다.

유통업계는 국내 대형마트 1위인 이마트가 중국에서 철수를 결정한 이상, 롯데마트가 앞으로 중국 시장에서 어떠한 성적을 거두느냐에 따라 국내 대형마트시장 판도도 바뀔 것으로 예상하고 있다. 결국 중국 시장이 중요한 승부처가 될 전망이다.

32 | 편의점업계

업계 규모

■ **전체 편의점 매출액**	12조 8,000억 원 (전년 대비 성장률 ▲9.4%)
■ **전국 편의점 점포수**	24,859개

* 점포수는 2014. 6 기준

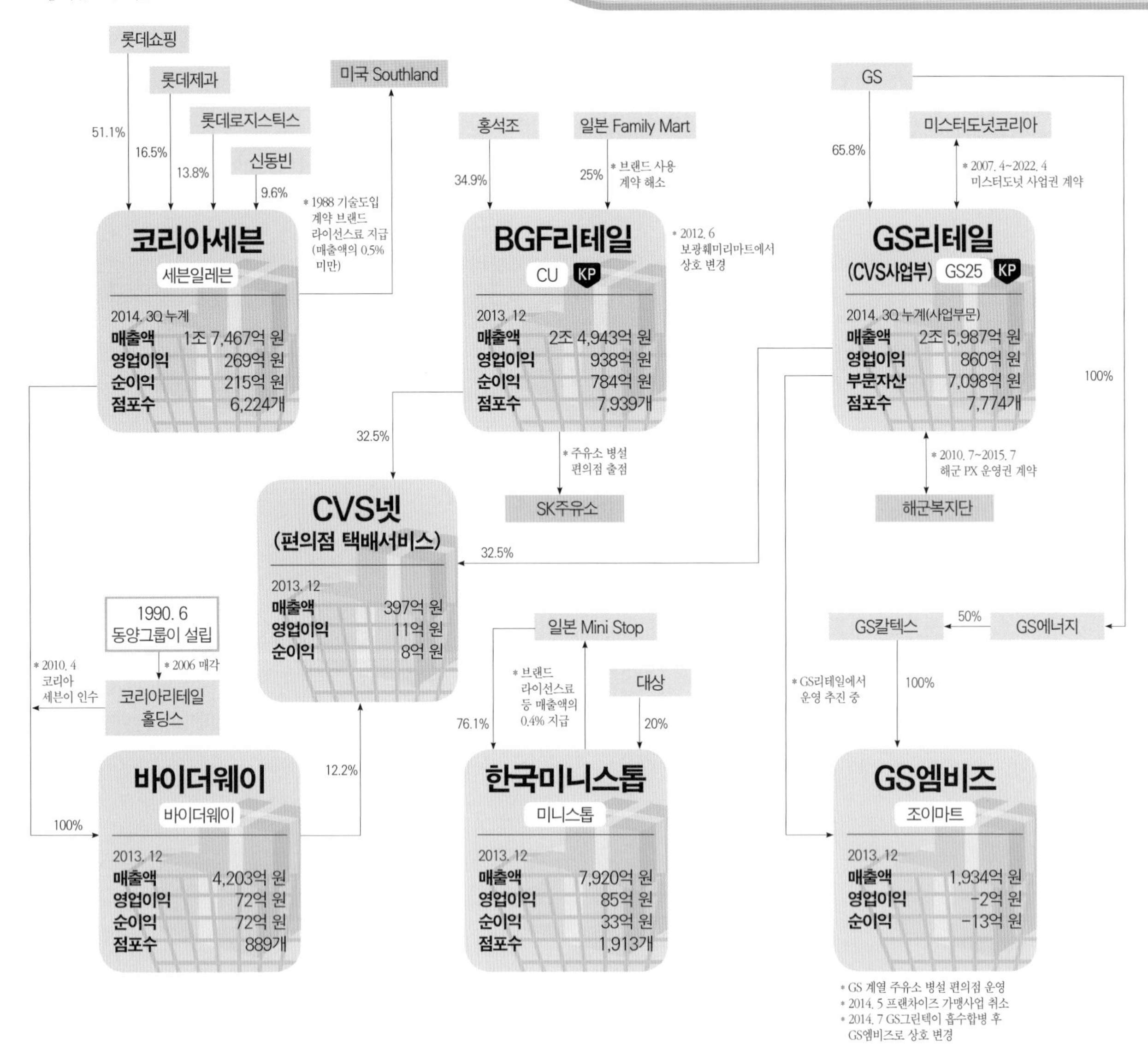

롯데쇼핑
롯데제과
롯데로지스틱스
신동빈
미국 Southland
51.1%
16.5%
13.8%
9.6%
* 1988 기술도입 계약 브랜드 라이선스료 지급 (매출액의 0.5% 미만)
코리아세븐
세븐일레븐
2014. 3Q 누계
매출액 1조 7,467억 원
영업이익 269억 원
순이익 215억 원
점포수 6,224개
홍석조
일본 Family Mart
34.9%
25%
* 브랜드 사용 계약 해소
BGF리테일
CU KP
* 2012. 6 보광훼미리마트에서 상호 변경
2013. 12
매출액 2조 4,943억 원
영업이익 938억 원
순이익 784억 원
점포수 7,939개
* 주유소 병설 편의점 출점
SK주유소
GS
미스터도넛코리아
65.8%
* 2007. 4~2022. 4 미스터도넛 사업권 계약
GS리테일
(CVS사업부) GS25 KP
2014. 3Q 누계(사업부문)
매출액 2조 5,987억 원
영업이익 860억 원
부문자산 7,098억 원
점포수 7,774개
100%
* 2010. 7~2015. 7 해군 PX 운영권 계약
해군복지단
32.5%
CVS넷
(편의점 택배서비스)
2013. 12
매출액 397억 원
영업이익 11억 원
순이익 8억 원
32.5%
1990. 6 동양그룹이 설립
* 2006 매각
* 2010. 4 코리아 세븐이 인수
코리아리테일 홀딩스
바이더웨이
바이더웨이
100%
12.2%
2013. 12
매출액 4,203억 원
영업이익 72억 원
순이익 72억 원
점포수 889개
일본 Mini Stop
대상
* 브랜드 라이선스료 등 매출액의 0.4% 지급
76.1%
20%
한국미니스톱
미니스톱
2013. 12
매출액 7,920억 원
영업이익 85억 원
순이익 33억 원
점포수 1,913개
GS칼텍스
50%
GS에너지
* GS리테일에서 운영 추진 중
100%
GS엠비즈
조이마트
2013. 12
매출액 1,934억 원
영업이익 -2억 원
순이익 -13억 원
* GS 계열 주유소 병설 편의점 운영
* 2014. 5 프랜차이즈 가맹사업 취소
* 2014. 7 GS그린텍이 흡수합병 후 GS엠비즈로 상호 변경

한화그룹
미국 써클 K
* 1988 한화유통이 설립
* 2006. 5 성주랜드에서 분할 독립
강원중
38.4%
* 1999 브랜드 사용 계약 해소
씨스페이시스
씨스페이시스
2013. 12
매출액 455억 원
영업이익 -15억 원
순이익 -14억 원
점포수 102개
* 한화그룹 관계사
이마트
100%
* 2014. 2 인수 후 유상증자 참여
위드미에프에스
위드미
2014. 3Q 누계
매출액 158억 원
순이익 -84억 원
점포수 358개

Tesco Hodings B.V.
100%
홈플러스
365PLUS
2014. 10
매출액 미상
영업이익 미상
순이익 미상
점포수 205개
* 2012. 12 1호점 개점
* 2013. 10 홈플러스365에서 브랜드 변경

한국철도공사
100%
코레일유통
스토리웨이
2013. 12
매출액 2,166억 원
영업이익 103억 원
순이익 179억 원
점포수 333개
* 한국철도공사 역내 편의점 사업

편의점업계 시장규모 추이

매출액
증감률(우)
(백억 원)
(%)
2009 2010 2011 2012 2013
624 781 920 1,088 1,173
12.3 25 17.9 18.3 7.8

자료 : 대한상공회의소

주요 편의점 가맹점수 증가 추이

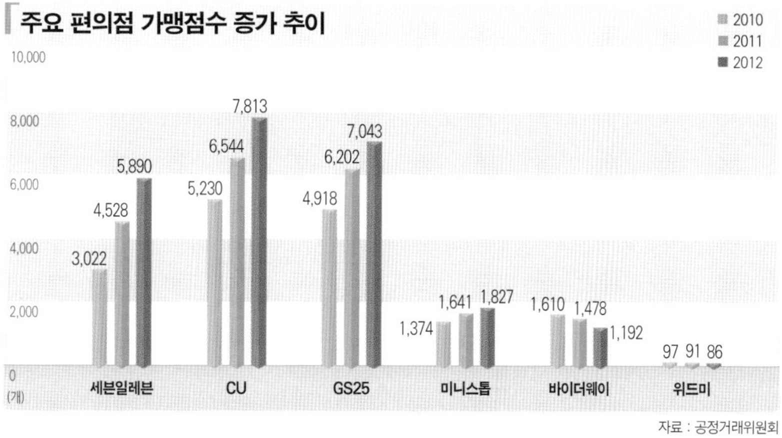

2010
2011
2012
(개)
세븐일레븐 3,022 4,528 5,890
CU 5,230 6,544 7,813
GS25 4,918 6,202 7,043
미니스톱 1,374 1,641 1,827
바이더웨이 1,610 1,478 1,192
위드미 97 91 86

자료 : 공정거래위원회

편의점업계 매출 점유율 (기준 : 2012. 12)

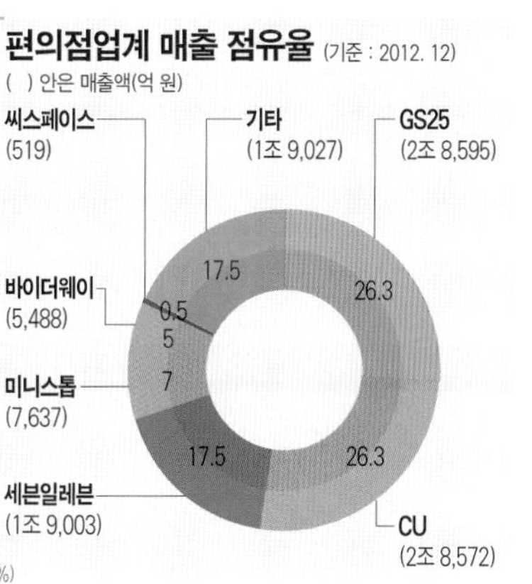

( ) 안은 매출액(억 원)
씨스페이스 (519)
기타 (1조 9,027)
GS25 (2조 8,595)
바이더웨이 (5,488)
미니스톱 (7,637)
세븐일레븐 (1조 9,003)
CU (2조 8,572)
17.5
26.3
0.5
5
7
17.5
26.3
(%)

주요 업체 PB상품 매출 비중 (기준 : 2013)

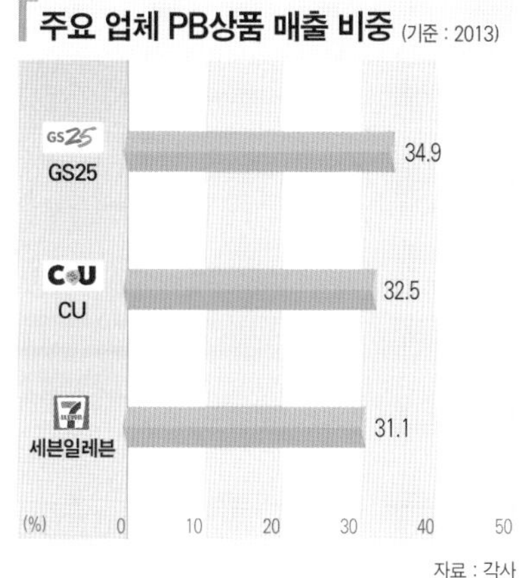

GS25 34.9
CU 32.5
세븐일레븐 31.1
(%) 0 10 20 30 40 50

자료 : 각사

편의점 1점포당 인구 추이

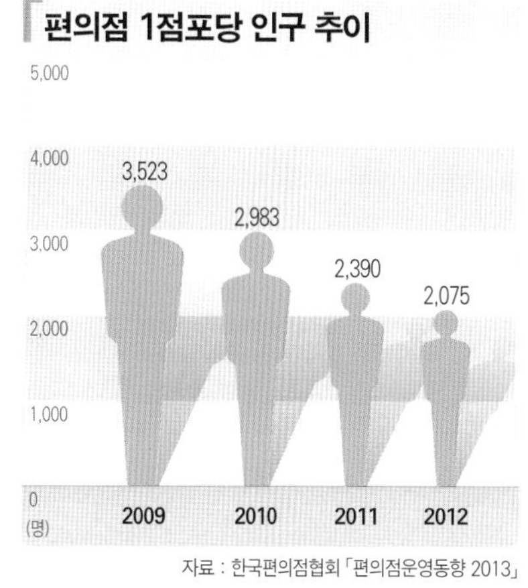

(명)
2009 3,523
2010 2,983
2011 2,390
2012 2,075

자료 : 한국편의점협회 「편의점운영동향 2013」

점포당 연매출액 순위 (기준: 2012)

(만 원)

순위	업체	연매출액
1위	미니스톱	54,207
2위	GS25	50,785
3위	CU	48,460
4위	바이더웨이	43,806
5위	세븐일레븐	39,511
6위	위드미	39,118

자료 : 공정거래위원회

편의점 이용 고객 연령비 (기준 : 2012)

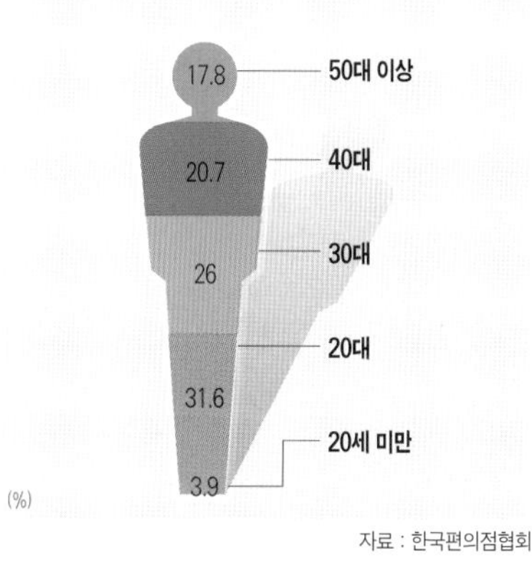

17.8 50대 이상
20.7 40대
26 30대
31.6 20대
3.9 20세 미만
(%)

자료 : 한국편의점협회

구매시간대별 고객 구성비 (기준 : 2012)

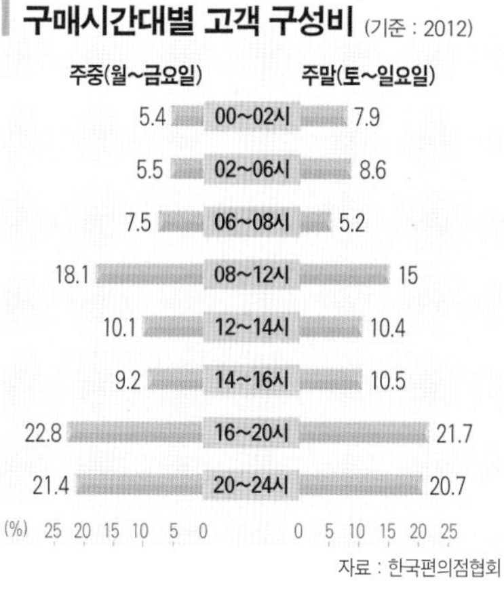

주중(월~금요일)
주말(토~일요일)
5.4 00~02시 7.9
5.5 02~06시 8.6
7.5 06~08시 5.2
18.1 08~12시 15
10.1 12~14시 10.4
9.2 14~16시 10.5
22.8 16~20시 21.7
21.4 20~24시 20.7
(%)

자료 : 한국편의점협회

주요 상품군별 매출 비중 (기준 : 2012)

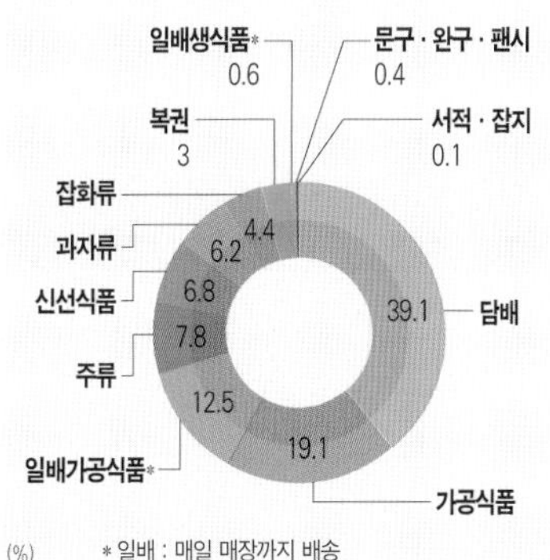

일배생식품* 0.6
문구·완구·팬시 0.4
복권 3
서적·잡지 0.1
잡화류 4.4
과자류 6.2
신선식품 6.8
주류 7.8
일배가공식품* 12.5
가공식품 19.1
담배 39.1
(%)
* 일배 : 매일 매장까지 배송

자료 : 한국편의점협회

가맹 형태별 점포 구성 (기준 : 2012)

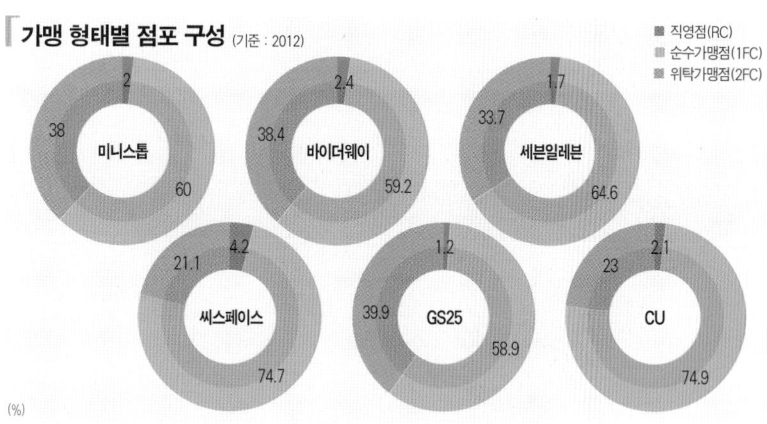

직영점(RC)
순수가맹점(1FC)
위탁가맹점(2FC)
미니스톱 2 38 60
바이더웨이 2.4 38.4 59.2
세븐일레븐 1.7 33.7 64.6
씨스페이스 4.2 21.1 74.7
GS25 1.2 39.9 58.9
CU 2.1 23 74.9
(%)

자료 : 한국편의점협회

콘텐츠 차별화, 출점 경쟁 점입가경

편의점은 미국식 CVS와 유럽식 스파(SPAR)가 기원을 이룬다. CVS가 24시간 영업체제인 데 비해, SPAR는 오전 7시부터 밤 11시까지 문을 연다. CVS는 현재 미국 전역에 '빅3'로 불리는 사우스랜드, 데어리마트, 서클K 등에서 2만 여 점포를 운영하고 있으며, 일본에는 4만 5,000여 곳의 편의점이 성업 중이다. 한편, SPAR는 네덜란드에 본부를 두고 전 세계에 걸쳐 3만 여 점포를 열고 있다.

우리나라 편의점 1호는 1989년 5월 서울 잠실 올림픽지구에 들어선 세븐일레븐이다. 편의점은 최근까지 두 자릿수 이상의 점포수와 매출액 상승을 이어가는 등 유통업 중 비교적 견고한 성장세를 유지하고 있다. 1997년 IMF 사태 이후 잠시 성장세가 주춤했지만 경제 한파에 따른 실업인구를 편의점 창업으로 유도하면서 고속 성장의 계기가 됐다.

현재 국내 주요 편의점으로는 GS25, CU, 세븐일레븐, 미니스톱, 위드미, 홈플러스365, 씨스페이스 등이 있다. 최근에는 부실점포 정리와 프랜차이즈 본사의 갑질 논란 등으로 성장세가 주춤하고 있다. 한국편의점협회에 따르면, 2014년 기준 편의점 점포수는 2만 6,000여 개로 전년 대비 5% 가량 늘었다. 총 매출 규모는 13조 6,000억 원으로 역시 전년 대비 6.3% 가량 성장한 것으로 추정된다.

Hot Drinks
Tobacco | Check Out
Refrigerated & Frozen
Sandwich Shop
Confections

편의점의 콘텐츠 차별화 핵심은 PB 상품

지금까지 소비자들의 편의점 선택 기준이 '가장 가까운 곳'이었다면, 앞으로는 브랜드마다 차별화한 콘텐츠가 될 전망이다. 편의점들은 자체 브랜드(PB) 제품을 연이어 선보이며 고객을 자사 편의점으로 끌어 모으고 있다. 편의점 입장에서는 PB 제품 마진율이 다른 제품에 비해 나은 편이다.

편의점 PB 제품에 대한 소비자들의 인식은 '비교적 값이 싼 대신 질이 떨어지는 제품'이 주를 이뤘다. 최근 편의점 업체들은 자사의 PB 제품을 '다른 곳에 없는 독특한 상품'으로 이미지메이킹 하고 있다. GS25는 이태원에서 퓨전요리 레스토랑을 경영하는 방송인 홍석천 씨와 함께 PB라면인 '홍석천볶음면'과 '홍라면' 2종을 선보였다. 세븐일레븐은 여성 패션 브랜드 '트라이엄프'와 손잡고 바지 전용 스타킹인 PB 제품 'PB 팬츠삭스'를 선보였다. PB 팬츠삭스는 전체 길이가 앵클삭스와 판타롱 중간 형태다. 앉았을 때 자칫 바지 아래로 밴드라인이 보이는 앵클삭스와 자주 흘러내리는 판타롱의 단점을 보완했다.

CU에서는 PB 제품 '콘소메맛 팝콘'이 인기다. 전국 매장에서 농심 새우깡보다 2배 더 많이 팔린다. 또 다른 PB 제품인 'CU 자이언트 떡볶이'와 'CU 빅 요구르트'는 각 제품군에서 1위 자리를 지키고 있다. 2위 NB(제조업체 브랜드) 제품보다 2배 이상 매출을 기록하고 있다. GS25에서는 '라벨리 팥빙수' PB 제품이 빙그레 '메로나' 보다도 많이 팔린다. '버터갈릭맛팝콘'도 새우깡을 제치고 스낵 부문 판매량 1위에 이름을 올렸다. 세븐일레븐에서도 PB 제품 '체다치즈맛팝콘' 매출이 새우깡을 제치고 스낵 판매 1위로 올라섰다.

CU는 2012년 20%에도 미치지 못했던 PB 매출 비중을 2013년 말까지 32.5%로 끌어올렸다. GS25와 세븐일레븐도 이미 PB 제품 매출이 전체 매출의 30%를 넘어섰다.

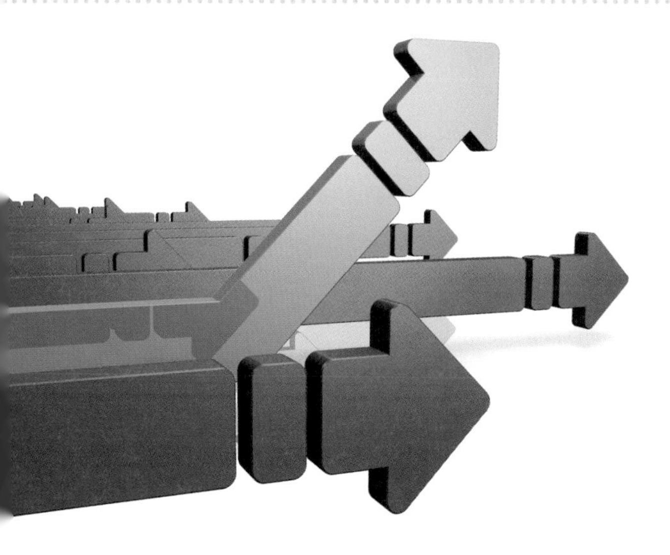

편의점은 여전히 성장 중

편의점업계에서는 2015년이야말로 편의점의 성장률을 가늠할 수 있는 변곡점이 되는 시기가 될 것으로 보고 있다. 2015년 시장규모는 2014년 예상치 대비 약 4% 증가한 12조 5,000억 원으로 추산된다. 여기에는 담뱃값 인상은 반영되지 않았다. 담배는 편의점 매출액의 약 35~40%가 될 만큼 중요한 비중을 차지한다. 어쨌거나 담뱃값 인상은 편의점 업계로서는 호재가 아닐 수 없다.

편의점 출점 점포수는 이미 포화 상태에 빠진지 오래다. 향후 콘텐츠 차별화가 편의점업계의 가장 중요한 성장 요인이 될 전망이다. 편의점업계 성장 초기에는 담배 판매와 출점에 초점이 맞춰졌었다. 특히 2011년과 2012년에는 점포 확장 경쟁이 치열했다. 하지만 이제는 양보다 질적 성장에 주력하고 있다. 예를 들어 1인가구 맞춤 상품이나 HMR 강화, 업체별 해외 진출도 변수로 작용할 전망이다.

하지만 당분간 편의점 업체들의 출점 경쟁은 2015년과 2016년에도 지속될 전망이다. 백화점과 대형마트 등 전통 유통 채널이 출점에 소극적인 모습을 보이고 있는 것과 상반된 행보다.

국내 편의점 '빅3'인 BGF리테일, 코리아세븐, GS리테일은 2015년에 모두 1,300여 개 점포를 출점할 계획이다. 편의점업계 1위인 BGF리테일은 2015년 CU 점포 400개를 새로 열 예정이다. 세븐일레븐과 GS리테일은 2015년 각각 400개 점, 500개 점을 출점할 계획이다. 세븐일레븐의 경우 2014년 출점 점포 수가 20여 개에 불과했던 것과 비교하면 20배 늘어난 수준이다.

편의점의 개념이 바뀌고 있다

최근 편의점 업체들마다 매장 차별화가 한창이다. 일상 소비 공간에서 종합 편의 공간으로 인식을 바꾸기 위해 노력하고 있는 것이다.

CU는 대학로 점포에는 공연할 수 있는 공간으로, 동덕여대 점포에는 매장 절반 이상을 화장할 수 있는 공간(파우더룸) 및 탈의실 등으로 꾸몄다. 미니스톱도 최근 편의점 내부 인테리어를 20~30대를 위한 식사 공간과 여성 공간 등으로 탈바꿈했다. 세븐일레븐은 도시락카페 1호점(KT강남점)을 열었다. 1층과 2층을 합친 매장 면적이 국내 편의점 평균 대비 4배에 해당하는 264m²다. 1층은 비식품을 대폭 늘린 상품 등을 진열했으며, 2층은 도시락을 즐길 수 있는 32석 규모 공간을 마련했다. 안마의자와 전용화장실, 3D프린팅 서비스 시설까지 갖췄다.

상품 품목도 늘리고 있다. 세븐일레븐은 식품 위주의 상품 구성에 변화가 필요한 시점으로 판단하고, 비식품군 경쟁력 강화에 나섰다. 5년 안에 비식품군 매출 구성비를 20%까지 끌어올릴 계획이다. 전체 매출에서 담배를 제외한 비식품군 매출 비중은 2012년 12.4%에서 2013년 12.9%, 2014년 13.9%로 소폭 성장에 그쳤다.

편의점 최고의 판매 제품은 여전히 담배다. 하지만 편의점 업체마다 담배 가게에서 벗어나기 위한 몸부림에 사활을 걸고 있다. 편의점의 변신은 갈수록 진화하고 있다. 이러한 변신에 편의점의 미래가 걸린 것이다.

33 외식업계

업계 규모
- ■ **매출액** 79조 5,496억 원 (전년 대비 ▲2.9%)
- ■ **사업체수** 63만 5,740개 (전년 대비 ▲1.7%)
- ■ **종사자수** 182만 4,214명 (전년 대비 ▲4.1%)

＊매장수는 별도 표시 없을 경우 2014. 9 기준

패스트푸드

햄버거·치킨

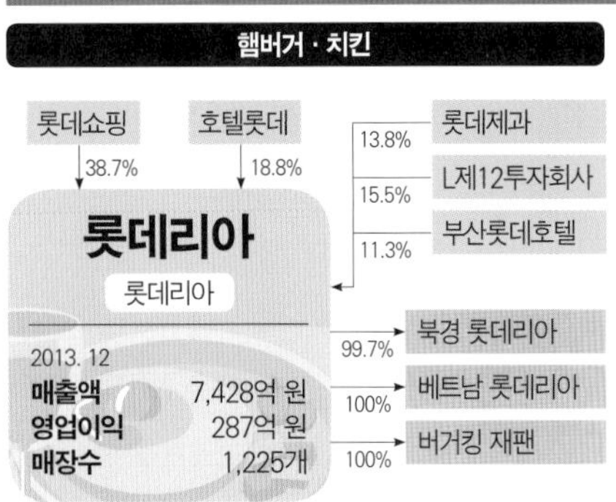

롯데쇼핑 38.7%
호텔롯데 18.8%
롯데제과 13.8%
L제12투자회사 15.5%
부산롯데호텔 11.3%
롯데리아
롯데리아
2013. 12
매출액 7,428억 원
영업이익 287억 원
매장수 1,225개
99.7% 북경 롯데리아
100% 베트남 롯데리아
100% 버거킹 재팬

Makan Holdings Pte.Ltd 25% / McDonald's Corporation 75%, 100% ＊1991. 2 합작투자 계약

맥·킴 McDonald's
2013. 12
매출액 1,269억 원
영업이익 62억 원
매장수 62개

한국맥도날드 McDonald's
2014. 9
매장수 313개 (추정치)
＊1988. 4 설립 외국인투자기업(유한회사)

VOGO-BKR Inverstment 100% ← SRS 코리아 ＊2012. 11 매각, ＊2012. 11 설립

BKR BURGER KING
2013. 12
매출액 2,123억 원
영업이익 88억 원
매장수 176개
(＊매장수 2014. 7 기준)

대한제당 95.3%
TS개발 4.2%
TS푸드앤시스템
POPEYES
2013. 12
매출액 387억 원
영업이익 3억 원
매장수 110개
AFC(미국) ＊1993. 11 독점판매 계약
Restaurant Investment Asia B.V. 100%
＊2014. 8 매각
디아이피 홀딩스
SRS코리아
KFC
2013. 12
매출액 1,568억 원
영업이익 116억 원
매장수 175개
＊2004. 12 두산에서 분할 설립

프랜차이즈 (기준 : 2013. 12)

업체명	브랜드명	매장수(개)	매출액(억 원)
● 일반 외식			
본아이에프	본죽	1,282	1,178
까투리	까투리	522	42
놀부	놀부부대찌개&철판구이	429	994
디딤푸드	신마포갈매기	418	464
채선당	채선당	317	565
● 도시락, 김밥			
한솥	한솥	633	778
오색만찬	오봉도시락	176	116
본아이에프	본도시락	169	1,178
다채원	토마토도시락	143	79
김가네	김가네김밥	409	281
● 분식, 피자, 떡볶이			
오투스페이스	아딸	713	140
이삭	이삭토스트	679	141
푸드죤	피자마루	572	67
피자스쿨	피자스쿨	501	16
죠스푸드	죠스떡볶이	391	560
● 주류전문점			
이원	투다리	3,418	51
주인프래너스	간이역	781	64
리치푸드	피쉬앤그릴	313	136
가르텐	가르텐호프앤레스트	263	3
치어스	치어스	242	160
● 치킨			
제너시스비비큐	비비큐(BBQ)	1,571	1,752
페리카나	페리카나	1,241	315
교촌에프앤비	교촌치킨	950	1,741
한국일오삼농산	처갓집양념치킨	896	352
지엔푸드	굽네치킨	866	800
● 베이커리			
파리크라상	파리바게뜨	3,258	16,513
씨제이푸드빌	뚜레쥬르	1,258	9,478
롯데브랑제리	보네스뻬	148	846
브레댄코	브레댄코(bread&co. DAILY & NEW)	50	135
잇브레드	잇브레드	85	14
● 커피전문점			
이디야	이디야커피	1,032	786
카페베네	카페베네	882	1,763
롯데리아	엔제리너스	845	9,755
현진푸드빌	요거프레소	420	61
탐앤탐스	탐앤탐스커피	389	757

도넛

DUNKIN Brands Group.Inc. 33.3%
Krispy Kreme Doughnuts.Inc ＊브랜드 라이선스 계약
DUSKIN (일본)
BR코리아
DUNKIN' DONUTS
2013. 12
매출액 5,027억 원
영업이익 546억 원
매장수 845개
롯데리아
Krispy Kreme DOUGHNUTS
2013. 12
매출액 721억 원
영업이익 4.5억 원
매장수 88개
미스터도너트코리아
Mister Donut
2014. 3
매장수 18개
＊2006. 8 설립 외국인투자기업 (주식회사)

67.7% 허영인 외 / 100% 파리크라상 → 40.7% 삼립식품, 9.8% 샤니, 100% SPC, 100% SPL

＊2004. 12 1호점 오픈

＊2014. 7 영업권 계약 해소 → GS리테일
＊2014. 7 독점영업권 계약 → SDK2

피자

MPK그룹
Mr.Pizza KQ
한국피자헛
Pizza Hut
도미노피자코리아
Domino's Pizza

MPK그룹
2013. 12
매출액 1,703억 원
영업이익 49억 원
매장수 430개

한국피자헛
매장수 339개
＊1992. 9 설립 외국인투자기업 (유한회사)

도미노피자코리아
매장수 390개
＊2012. 5 설립 외국인투자기업 (유한회사)

58.7% 정우현 외 특수관계인
9.7% 박성호
100% Mr.Pizza WESTERN.INC → 100% Mr.Pizza JVP, LLC

패밀리 레스토랑

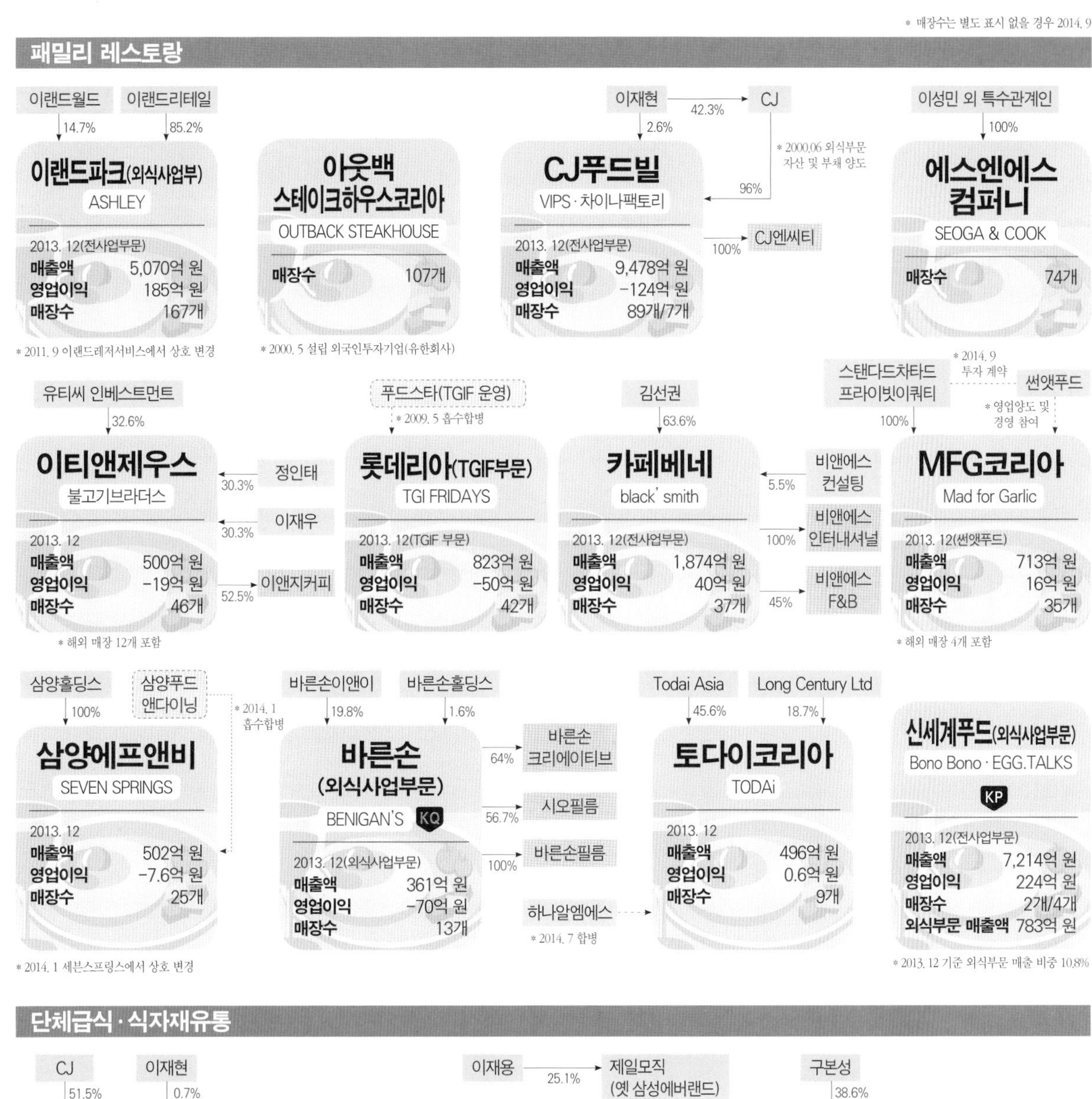

이랜드월드
이랜드리테일
14.7%
85.2%
이랜드파크(외식사업부)
ASHLEY
2013. 12(전사업부문)
매출액 5,070억 원
영업이익 185억 원
매장수 167개
* 2011. 9 이랜드레저서비스에서 상호 변경
아웃백 스테이크하우스코리아
OUTBACK STEAKHOUSE
매장수 107개
* 2000. 5 설립 외국인투자기업(유한회사)
이재현
42.3%
CJ
2.6%
* 2000.06 외식부문 자산 및 부채 양도
96%
CJ푸드빌
VIPS · 차이나팩토리
2013. 12(전사업부문)
매출액 9,478억 원
영업이익 -124억 원
매장수 89개/7개
100%
CJ엔씨티
이성민 외 특수관계인
100%
에스엔에스 컴퍼니
SEOGA & COOK
매장수 74개
유티씨 인베스트먼트
32.6%
이티앤제우스
불고기브라더스
2013. 12
매출액 500억 원
영업이익 -19억 원
매장수 46개
* 해외 매장 12개 포함
정인태
30.3%
이재우
30.3%
52.5%
이앤지커피
푸드스타(TGIF 운영)
* 2009. 5 흡수합병
롯데리아(TGIF부문)
TGI FRIDAYS
2013. 12(TGIF 부문)
매출액 823억 원
영업이익 -50억 원
매장수 42개
김선권
63.6%
카페베네
black' smith
2013. 12(전사업부문)
매출액 1,874억 원
영업이익 40억 원
매장수 37개
5.5%
비앤에스 컨설팅
100%
비앤에스 인터내셔널
45%
비앤에스 F&B
스탠다드차타드 프라이빗이쿼티
* 2014. 9 투자 계약
썬앳푸드
100%
* 영업양도 및 경영 참여
MFG코리아
Mad for Garlic
2013. 12(썬앳푸드)
매출액 713억 원
영업이익 16억 원
매장수 35개
* 해외 매장 4개 포함
삼양홀딩스
100%
삼양푸드앤다이닝
* 2014. 1 흡수합병
삼양에프앤비
SEVEN SPRINGS
2013. 12
매출액 502억 원
영업이익 -7.6억 원
매장수 25개
* 2014. 1 세븐스프링스에서 상호 변경
바른손이앤이
19.8%
바른손홀딩스
1.6%
바른손 (외식사업부문)
BENIGAN'S
KQ
2013. 12(외식사업부문)
매출액 361억 원
영업이익 -70억 원
매장수 13개
64%
바른손 크리에이티브
56.7%
시오필름
100%
바른손필름
하나알엠에스
* 2014. 7 합병
Todai Asia
45.6%
Long Century Ltd
18.7%
토다이코리아
TODAi
2013. 12
매출액 496억 원
영업이익 0.6억 원
매장수 9개
신세계푸드(외식사업부문)
Bono Bono · EGG.TALKS
KP
2013. 12(전사업부문)
매출액 7,214억 원
영업이익 224억 원
매장수 2개/4개
외식부문 매출액 783억 원
* 2013. 12 기준 외식부문 매출 비중 10.8%

단체급식 · 식자재유통

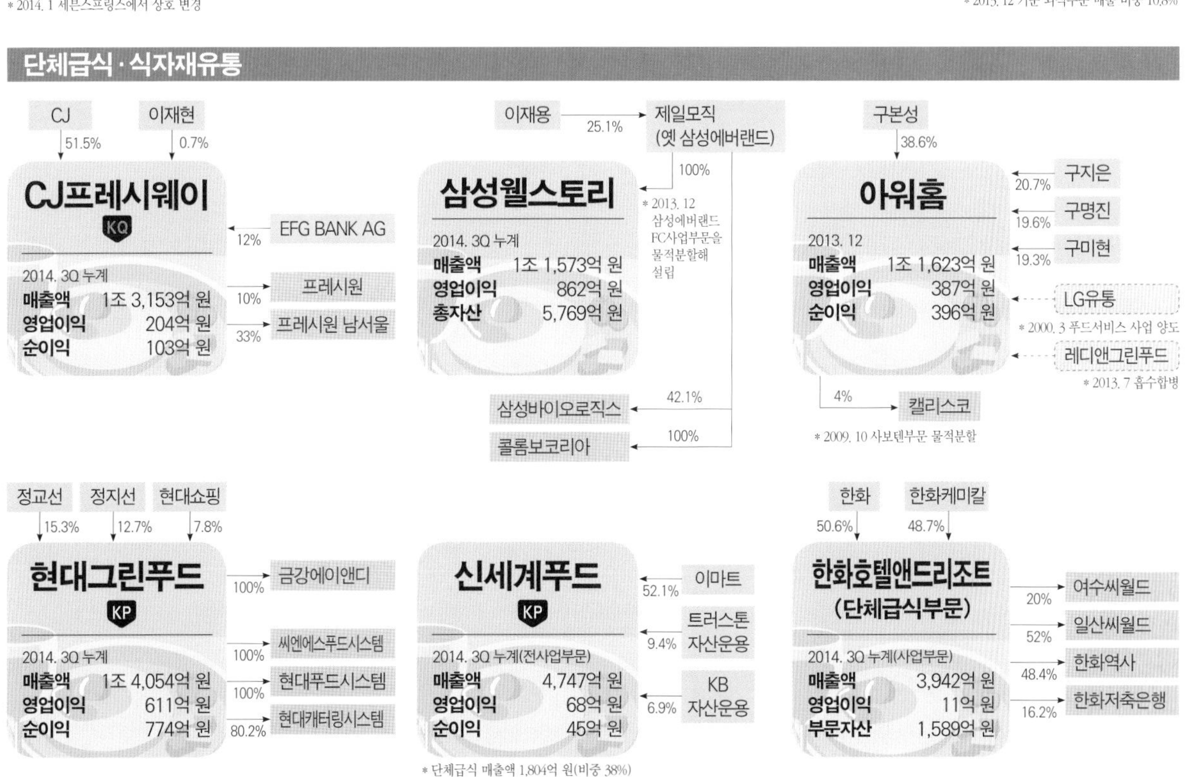

CJ
51.5%
이재현
0.7%
CJ프레시웨이
KQ
2014. 3Q 누계
매출액 1조 3,153억 원
영업이익 204억 원
순이익 103억 원
12%
EFG BANK AG
10%
프레시원
33%
프레시원 남서울
이재용
25.1%
제일모직 (옛 삼성에버랜드)
100%
* 2013. 12 삼성에버랜드 FC사업부문을 물적분할해 설립
삼성웰스토리
2014. 3Q 누계
매출액 1조 1,573억 원
영업이익 862억 원
총자산 5,769억 원
42.1%
삼성바이오로직스
100%
콜롬보코리아
구본성
38.6%
아워홈
2013. 12
매출액 1조 1,623억 원
영업이익 387억 원
순이익 396억 원
20.7%
구지은
19.6%
구명진
19.3%
구미현
LG유통
* 2000. 3 푸드서비스 사업 양도
레디앤그린푸드
* 2013. 7 흡수합병
4%
캘리스코
* 2009. 10 사보텐부문 물적분할
정교선
15.3%
정지선
12.7%
현대쇼핑
7.8%
현대그린푸드
KP
2014. 3Q 누계
매출액 1조 4,054억 원
영업이익 611억 원
순이익 774억 원
100%
금강에이앤디
100%
씨엔에스푸드시스템
100%
현대푸드시스템
80.2%
현대캐터링시스템
신세계푸드
KP
2014. 3Q 누계(전사업부문)
매출액 4,747억 원
영업이익 68억 원
순이익 45억 원
52.1%
이마트
9.4%
트러스톤 자산운용
6.9%
KB 자산운용
* 단체급식 매출액 1,804억 원(비중 38%)
한화
50.6%
한화케미칼
48.7%
한화호텔앤드리조트 (단체급식부문)
2014. 3Q 누계(사업부문)
매출액 3,942억 원
영업이익 11억 원
부문자산 1,589억 원
20%
여수씨월드
52%
일산씨월드
48.4%
한화역사
16.2%
한화저축은행

외식업 업종별 매출 추이

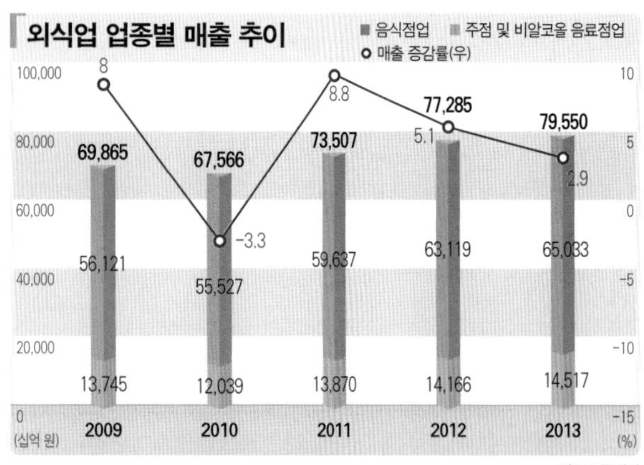

■ 음식점업 ■ 주점 및 비알코올 음료점업
○ 매출 증감률(우)
100,000
80,000
60,000
40,000
20,000
0
(십억 원)
10
5
0
-5
-10
-15
(%)
8
69,865
56,121
13,745
2009
-3.3
67,566
55,527
12,039
2010
8.8
73,507
59,637
13,870
2011
5.1
77,285
63,119
14,166
2012
2.9
79,550
65,033
14,517
2013

자료 : 통계청

외식업 업종별 영업비용 추이

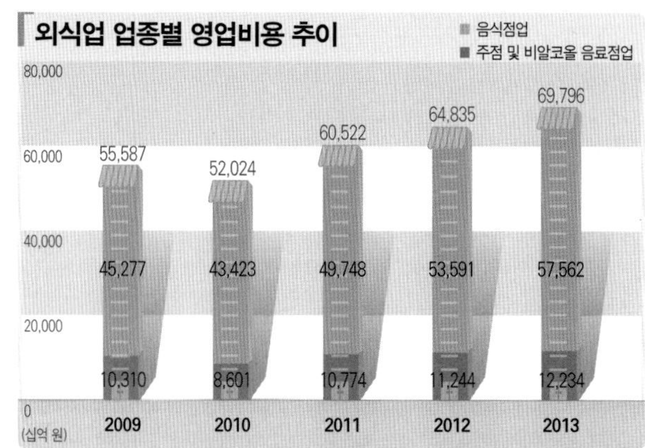

■ 음식점업
■ 주점 및 비알코올 음료점업
80,000
60,000
40,000
20,000
0
(십억 원)
55,587
45,277
10,310
2009
52,024
43,423
8,601
2010
60,522
49,748
10,774
2011
64,835
53,591
11,244
2012
69,796
57,562
12,234
2013

자료 : 통계청

업종별 외식업경기지수 추이

	2013				2014		
	1Q	2Q	3Q	4Q	1Q	2Q	3Q(E)
업종 전체	70.84	73.48	72.44	73.09	73.84	71.28	78.22
한식 음식점	71.19	73.52	71.99	73.32	74.08	71.57	78.72
외국식 음식점	70.20	79.41	77.73	73.87	74.30	72.71	76.89
기타 음식점	72.90	76.67	74.13	73.36	75.69	73.85	80.48
주점업	64.12	63.75	67.53	69.80	69.23	63.47	72.63
비알코올 음료점	91.67	88.89	92.31	85.96	83.77	81.40	86.63

자료 : 농림수산식품부, 한국농수산식품유통공사

외식업 업종별 사업체수 추이

■ 일반 음식점업 ■ 기타 음식점업
■ 기관 구내식당업 ■ 주점업
■ 출장 및 이동 음식업 ■ 비알코올 음료점업
800,000
600,000
400,000
200,000
0
(개 소)
586,297
30,801
129,640
102,852
449
4,647
317,908
2010
607,180
36,249
131,137
106,664
459
5,578
327,093
2011
624,831
42,458
131,035
108,970
496
6,955
334,917
2012
635,740
48,121
128,367
110,923
511
7,830
339,988
2013

자료 : 통계청

지역별 · 가격대별 외식업경기지수 추이

지역별 외식업경기지수 추이

	2013				2014	
	1Q	2Q	3Q	4Q	1Q	2Q
서울시	69.21	72.98	68.35	74.7	69.64	67.56
광역시	70.19	72.76	72.24	71.76	74.7	73.67
경기도	72.45	74.91	73.05	72.95	76.06	72.04
기타 지방	71.63	73.57	74.3	73.37	74.21	70.91

가격대별 외식업경기지수 추이

	2013				2014	
	1Q	2Q	3Q	4Q	1Q	2Q
저가	71.9	74.26	74.4	72.78	76.33	73.62
중가	70.67	74.31	72.36	73.1	74.54	71.62
고가	71.3	72.82	72.28	73.71	73.25	71.35
평균	70.97	73.95	72.58	73.21	74.45	71.78

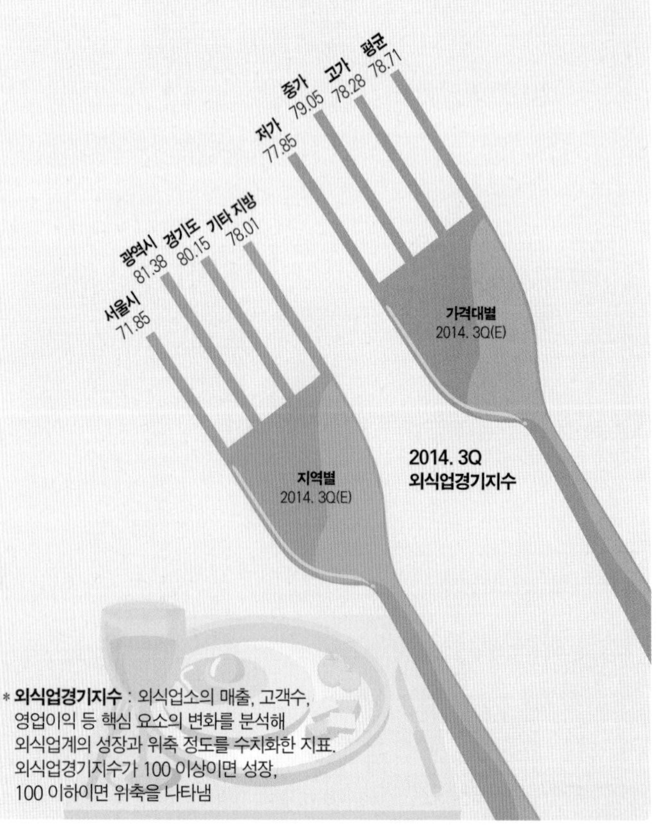

저가 77.85
중가 79.05
고가 78.28
평균 78.71
가격대별
2014. 3Q(E)
서울시 71.85
광역시 81.38
경기도 80.15
기타 지방 78.01
지역별
2014. 3Q(E)
2014. 3Q
외식업경기지수

* **외식업경기지수** : 외식업소의 매출, 고객수, 영업이익 등 핵심 요소의 변화를 분석해 외식업계의 성장과 위축 정도를 수치화한 지표. 외식업경기지수가 100 이상이면 성장, 100 이하이면 위축을 나타냄

자료 : 농림수산식품부, 한국농수산식품유통공사

상권별 외식업경기지수 (기준 : 2014. 3Q)

상권	지수
고밀도주거지	77.79
저밀도주거지	81.33
대학 및 학원가	74.38
역세권	72.53
오피스	73.08
유통센터	65.38
유흥상업지	71.23
일반상업지	79.14
재래시장	80.25

평균 78.71

자료 : 농림수산식품부, 한국농수산식품유통공사

지역별 외식 사업체 분포 (기준 : 2012 사업체수)

( ) 안은 비중

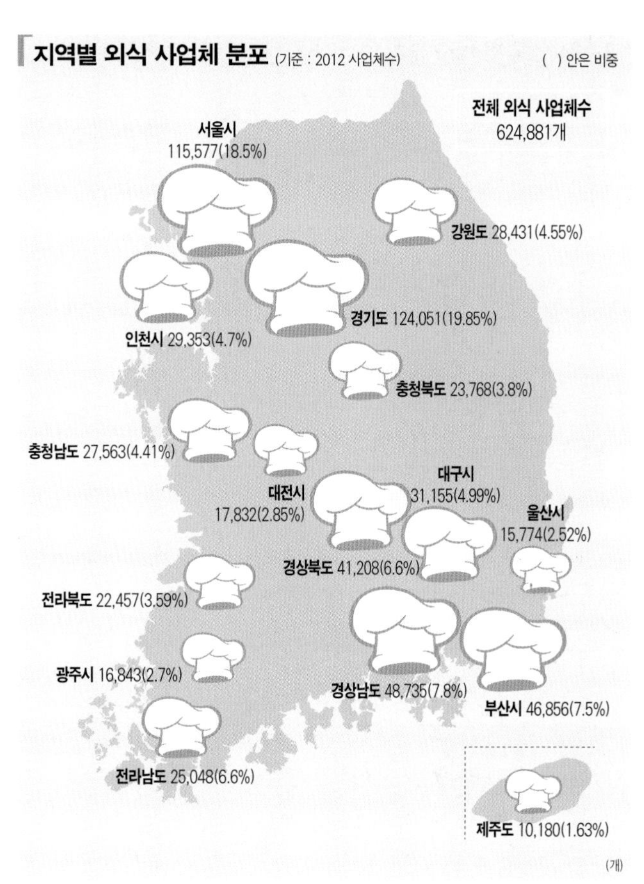

전체 외식 사업체수
624,881개
서울시
115,577(18.5%)
강원도 28,431(4.55%)
경기도 124,051(19.85%)
인천시 29,353(4.7%)
충청북도 23,768(3.8%)
충청남도 27,563(4.41%)
대구시
31,155(4.99%)
대전시
17,832(2.85%)
울산시
15,774(2.52%)
경상북도 41,208(6.6%)
전라북도 22,457(3.59%)
광주시 16,843(2.7%)
경상남도 48,735(7.8%)
부산시 46,856(7.5%)
전라남도 25,048(6.6%)
제주도 10,180(1.63%)
(개)

자료 : 농림수산식품부, 한국농수산식품유통공사

외식 업체 상권 분포 (기준 : 2014. 2Q, 표본조사)

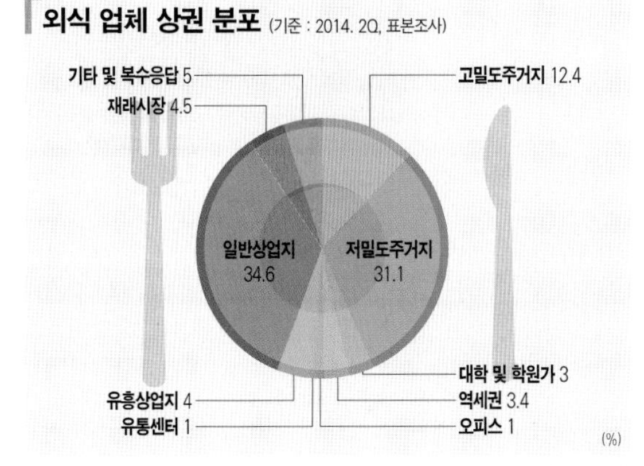

기타 및 복수응답 5
재래시장 4.5
고밀도주거지 12.4
일반상업지
34.6
저밀도주거지
31.1
대학 및 학원가 3
유흥상업지 4
역세권 3.4
유통센터 1
오피스 1
(%)

자료 : 농림수산식품부, 한국농수산식품유통공사

외식 업체 식재료 지출 추이 (기준 : 외식업경기지수)

	2013				2014		
	1Q	2Q	3Q	4Q	1Q	2Q	3Q
한식	134.39	128.5	129.78	124.77	124.61	127.12	124.62
외국식	135.29	132.16	124.16	125.23	127.31	128	126.8
기타 음식점	134.03	129.66	129.81	122.78	126.12	125.73	125.24
주점	127.28	127.19	122.97	122.2	121.73	123.6	122.35
비알코올 음료점	126.04	123.02	129.81	125.89	121.71	121.51	124.42

자료 : 농림수산식품부, 한국농수산식품유통공사

외식 프랜차이즈 추이

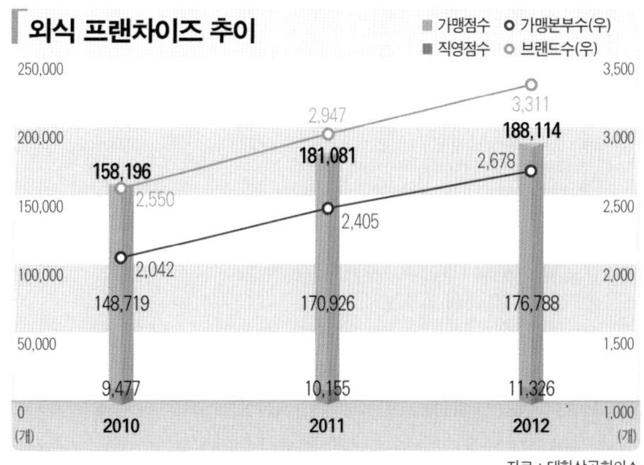

가맹점수
가맹본부수(우)
직영점수
브랜드수(우)
250,000
200,000
150,000
100,000
50,000
0
(개)
3,500
3,000
2,500
2,000
1,500
1,000
(개)
158,196
2,550
2,042
148,719
9,477
2,947
181,081
2,405
170,926
10,155
3,311
188,114
2,678
176,788
11,326
2010
2011
2012

자료 : 대한상공회의소

식자재 유통 업체수 추이

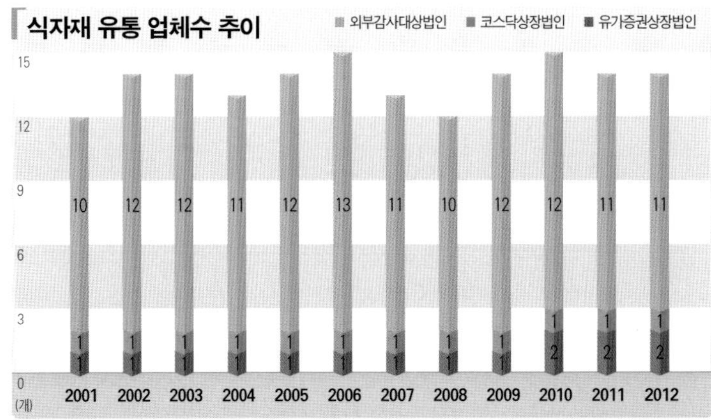

외부감사대상법인
코스닥상장법인
유가증권상장법인
15
12
9
6
3
0
(개)
10
12
12
11
12
13
11
10
12
12
11
11
1
2
2001
2002
2003
2004
2005
2006
2007
2008
2009
2010
2011
2012

자료 : 농수산물유통공사

단체급식·식자재유통 상위 6개사 시장점유율

(기준 : 2013 연간)

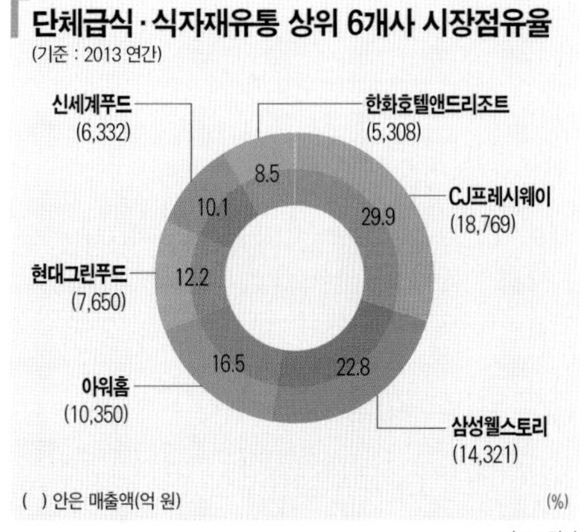

신세계푸드
(6,332)
한화호텔앤드리조트
(5,308)
CJ프레시웨이
(18,769)
현대그린푸드
(7,650)
아워홈
(10,350)
삼성웰스토리
(14,321)
8.5
10.1
29.9
12.2
16.5
22.8
( ) 안은 매출액(억 원)
(%)

자료 : 각사

'먹고 마시는 음식'에서 '향유하는 문화'로 진화

MENU
MENU
your text here

외식산업이 변화하고 있다. 먹고 마시는 차원을 벗어나 '웰빙'과 '힐링'이라는 콘셉트를 바탕으로 문화적 향유 수단으로 진화하고 있다. 무엇을 얼마나 배불리 먹을 지에서 어디서 어떻게 즐길 지로 바뀌고 있는 것이다. 예를 들어 자장면 한 그릇을 먹더라도 어떤 원산지의 식자재로 조리했는지, 식당의 인테리어와 서비스는 어떠한지가 중요하게 작용한다.

2015년과 2016년이야말로 외식산업에 있어서 중요한 변곡점이 될 시기라는 데 업계 관계자들은 입을 모은다. 아울러 외식산업 안에서도 희비가 교차한다. 어떤 사업에는 기회가 찾아오겠지만, 어떤 사업에게는 고비가 될 전망이다. 이를테면 커피전문점 사업은 포화 상태에서 헤어 나오지 못하며 경쟁이 가열될 것으로 예상된다. 햄버거와 치킨, 김밥 전문점은 수요는 주는 데 비해 생계형 창업이 증가해 역시 어려움을 겪을 전망이다. 중소기업 적합업종으로 출점이 제한된 제과점시장은 이미 침체일로에 접어들었다는 분석이다. 이와 함께 음식점에까지 금연 단속이 확산되면서 소비자들의 발걸음이 더욱 무거워지지 않겠느냐는 우려까지 더해, 외식산업에는 밝은 소식보다는 어두운 전망이 훨씬 많은 듯하다.

2015년과 2016년에 외식업계에서 뜨는 아이템은 어떤 것이 있고, 또 어떤 요인들이 업계 전체를 위협하는지 좀 더 구체적으로 들여다보자.

돈이 되는 아이템은 '뷔페'

경기 침체가 장기화되면서 외식업계에도 가성비(가격 대비 만족도)가 높은 식당이 인기다. 이런 이유로 한번 입장해서 다채로운 음식을 맛볼 수 있는 뷔페식당은 여전히 소구력이 높다. 그 중에서도 한식과 뷔페식이 결합한 한식뷔페의 성장이 눈부시다.

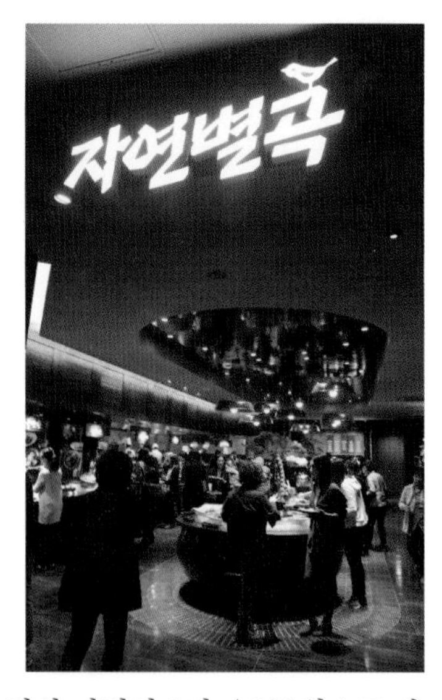
자연별곡

서울 여의도에 문을 연 신세계푸드의 한식뷔페 식당 '올반'은 점심 가격이 1만 4,900원으로 단품 파스타가 2만 원대를 훌쩍 넘는 외식업계에서 가성비가 높다는 평가를 받는다. 천편일률적이었던 기존 뷔페식과는 달리 메뉴 구성에 요리연구가를 참여하게 한 점과 '집에서 받아보는 밥상'이란 개념을 도입한 점이 인기 비결로 꼽힌다. 씨제이푸드빌의 '계절밥상'과 이랜드의 '자연별곡'도 한식뷔페 식당으로 문전성시다.

한식뷔페 열풍은 2013년 경기도 판교에 문을 연 '계절밥상'이 불러일으켰다. 30~50대 여성들을 중심으로 입소문이 퍼지면서 대기시간만도 2시간이 넘는다. 현재 '계절밥상'은 7개 매장을 운영 중이고, '자연별곡'은 50여개까지 매장을 늘릴 예정이다.

맛집 정보가 하나의 시장으로!

맛집 가이드 책자를 통해 정보를 입수하던 식도락가들은 최근 일부 상업화된 블로거들의 행태가 알려지면서 빠르게 트위터나 페이스북(사진), 카카오스토리, 인스타그램 등의 정보를 활용하는 쪽으로 옮겨가고 있다. SNS가 맛집 정보의 공유의 장이 되고 있는 것이다. 자신이 경험한 맛을 SNS에 올리면 다른 이들이 공유하고 그들은 다시 SNS에 퍼 나른다. 사진 공유 SNS 인스타그램은 '먹스타그램', '맛스타그램', '빵스타그램' 등으로 불린다. '배달의 민족', '이밥차 요리 레시피' 같은 음식 관련 앱 출시도 앞으로 더욱 늘어날 전망이다. 맛소문이 입소문에서 다시 SNS소문으로 퍼지고 있는 것이다.

혼자 밥먹는 게 전혀 이상하지 않다! 늘어나는 '나홀로 식사족'

서울 반포동의 파미에스테이션에 입점한 레스토랑 '부다스벨리'는 여러 명이 앉아서 먹는 식탁 이외에 1인을 위한 바(bar)가 별도로 있다. 이른바 '나홀로 식사족'이 늘면서부터 부다스벨리와 같은 형태의 식당들이 늘고 있다. 특히 젊은이들이 대거 몰리는 마포 홍대와 합정역 주변에는 '나홀로 식사족'을 위한 음식점들이 트렌드를 형성하고 있다. 더는 혼자 먹는 식사가 부끄럽지 않은 분위기가 형성되고 있는 것이다. '싱글슈머'(single+consumer)란 새로운 용어가 만들어질 만큼 1인 가구가 최근 급속히 늘고 있다. 나홀로 식사족 풍토는 갈수록 경쟁이 치열해지는 현대 사회에서 개인주의 성향이 확산되는 추세를 반영한다.

패스트푸드는 지고, 슬로푸드가 뜬다!

외식 문화가 '소비'에서 '향유'로 바뀌면서 급하게 조리한 인스턴트 음식을 빨리 먹는 것보다 좋은 식재료로 정성스럽게 만든 음식을 천천히 즐기는 경향이 확산되고 있다. 이로 인해 침체를 모르고 전 세계적으로 성장을 거듭해온 맥도날드와 코카콜라마저 매출 부진의 늪에서 허우적거리고 있다.

패스트푸드와 탄산음료는 두 가지 핸디캡에서 스스로 입지를 잃어가는 형국이다. 첫째 식재료와 조리 방식이 건강에 해롭다는 인식을 바꾸지 못했다. 우리나라만 해도 식생활이 개선되면서 인스턴트나 패스트푸드로 끼니를 해결하려는 분위기가 사라지고 있다.

아울러 요즈음 젊은 엄마들은 인스턴트나 패스트푸드를 아이들 간식으로 먹이는 것에 거부감이 크다. 인스턴트와 패스트푸드 업체마다 웰빙 콘셉트를 계속해서 반영하고 있지만 뜻대로 되지 않는 눈치다.

급식 사업 진출한 대기업들 성장 멈춤, '탈 급식' 가속화

급식 사업에 진출한 대기업들이 각종 신사업으로 활로를 모색하고 있으나 이렇다 할 성과를 내지 못하면서 제자리걸음만 반복하고 있다. 오랫동안 급식업계 1위를 지켜왔던 아워홈은 2013년 1조 1,623억 원의 매출을 기록했다. 이는 2012년 1조 1,929억 원보다 줄어든 수치다. 영업이익도 387억 원으로 2012년 450억 원보다 64억 원 줄었다. 특히 매출액은 2011년 1조 2,361억 원을 기록한 후 2년 연속 내리막이다. 아워홈은 지난 2001년 2,124억 원의 매출에 불과했지만 해마다 급식 사업의 비약적인 성장을 등에 업고 2009년 1조 110억 원의 매출로 급식업계 첫 1조 원 시대를 열기도 했다. 당시 업계 관계자들은 아워홈의 성장 속도로 봤을 때 5년 후 매출 2조 원 시대가 가능하리란 전망을 내놨다.

2012년부터 아워홈의 매출을 앞지르고 업계 1위로 등극한 삼성웰스토리는 2013년 1조 4,320억 원의 매출과 864억 원의 영업이익을 냈다. 아워홈과 반대로 지난해까지 가파르게 성장했지만, 2015년과 2016년은 성장이 꺾일 것으로 보인다. 특히 높은 사업 비중을 차지하는 급식 부문이 하락세로 돌아설 경우 실적 전체에 빨간불이 들어오지 않을까 노심초사하고 있다.

업계에서는 공공기관과 군 급식 등 블루오션 시장이 개방되지 않고 민간 시장 역시 단가 인상이 전혀 이뤄지지 않는 상황에서 시장의 반전을 기대하기에는 무리가 있다는 입장이다. 낮은 수익성에 원재료비 상승은 계속되면서 치킨게임 양상을 피할 수 없다는 분석이다. 급식 업체들이 탈급식화에 속력을 낼 수밖에 없는 이유가 여기에 있는 것이다.

34 | 상사업계

업계
규모

■ 수출 총액 5,596억 달러 (전년 대비 ▲2.1%)

■ 수입 총액 5,156억 달러 (전년 대비 ▼0.8%)

대우인터내셔널
KP
포스코
60.3%

2014. 3Q 누계
매출액 15조 1,625억 원
영업이익 2,507억 원
순이익 1,362억 원

- 2000. 12 대우의 무역부문을 인적분할해 설립
- 2010. 8 포스코가 최대주주 확보

31개사 → 종속기업

38개사 → 관계기업 단순투자

대우인터내셔널 사업부문

- 무역부문 : 철강, 금속, 자동차 부품, 플랜트 등
- 자원개발부문 : 천연가스, 니켈, 구리, 유연탄, 오일팜 등
- 기타부문(제조 및 유통) : 섬유, 면사, 제지, 철강 등

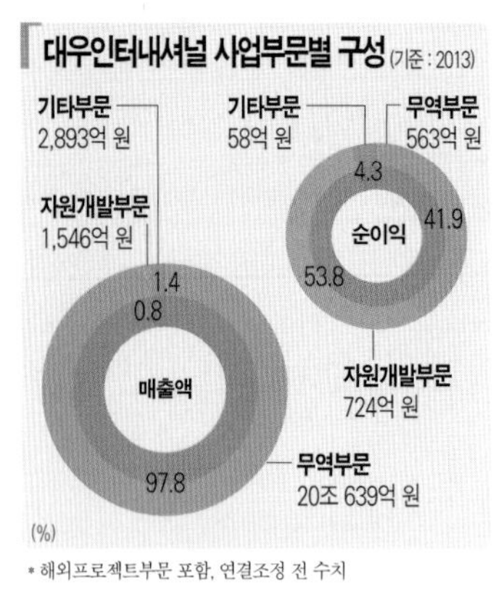

대우인터내셔널 사업부문별 구성 (기준 : 2013)
기타부문 2,893억 원
자원개발부문 1,546억 원
기타부문 58억 원
무역부문 563억 원
4.3
순이익
41.9
53.8
1.4
0.8
매출액
97.8
자원개발부문 724억 원
무역부문 20조 639억 원
(%)

- 해외프로젝트부문 포함, 연결조정 전 수치

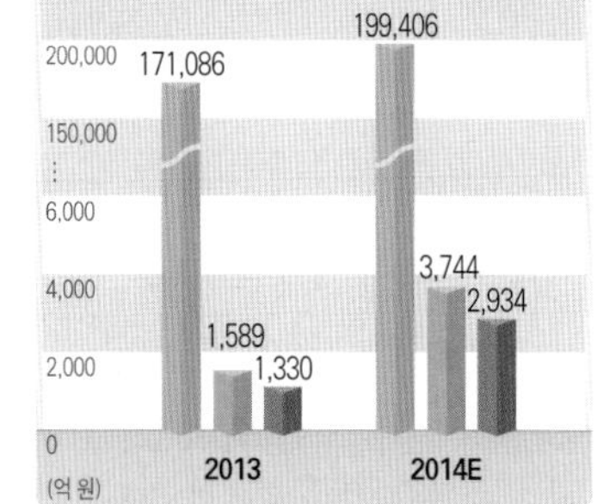

대우인터내셔널 경영실적 추이
매출액
영업이익
순이익
250,000
200,000
150,000
6,000
4,000
2,000
0
(억 원)
171,086
1,589
1,330
199,406
3,744
2,934
2013
2014E

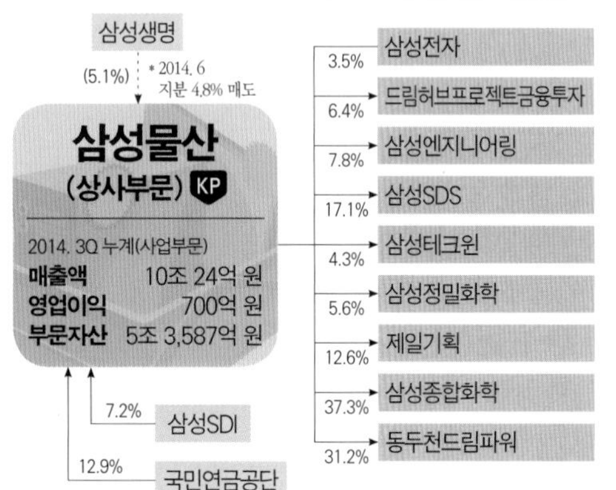

삼성생명
(5.1%)
2014. 6 지분 4.8% 매도
삼성물산
(상사부문) KP
3.5% 삼성전자
6.4% 드림허브프로젝트금융투자
7.8% 삼성엔지니어링
17.1% 삼성SDS
4.3% 삼성테크윈
5.6% 삼성정밀화학
12.6% 제일기획
37.3% 삼성종합화학
31.2% 동두천드림파워
7.2% 삼성SDI
12.9% 국민연금공단

2014. 3Q 누계(사업부문)
매출액 10조 24억 원
영업이익 700억 원
부문자산 5조 3,587억 원

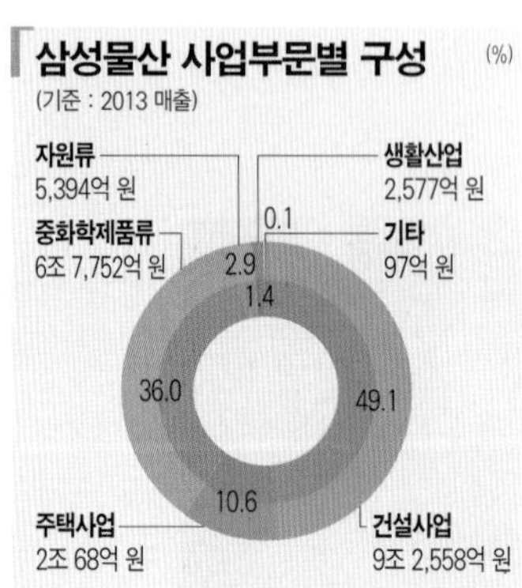

삼성물산 사업부문별 구성
(%)
(기준 : 2013 매출)
자원류 5,394억 원
중화학제품류 6조 7,752억 원
생활산업 2,577억 원
기타 97억 원
0.1
2.9
1.4
36.0
49.1
10.6
주택사업 2조 68억 원
건설사업 9조 2,558억 원

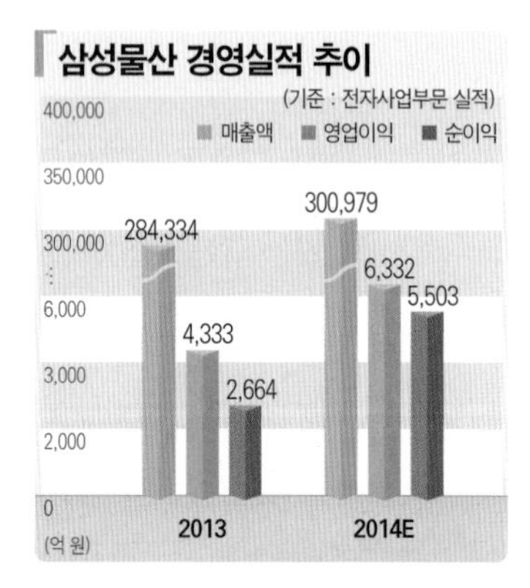

삼성물산 경영실적 추이
(기준 : 전자사업부문 실적)
매출액
영업이익
순이익
400,000
350,000
300,000
6,000
3,000
2,000
0
(억 원)
284,334
4,333
2,664
300,979
6,332
5,503
2013
2014E

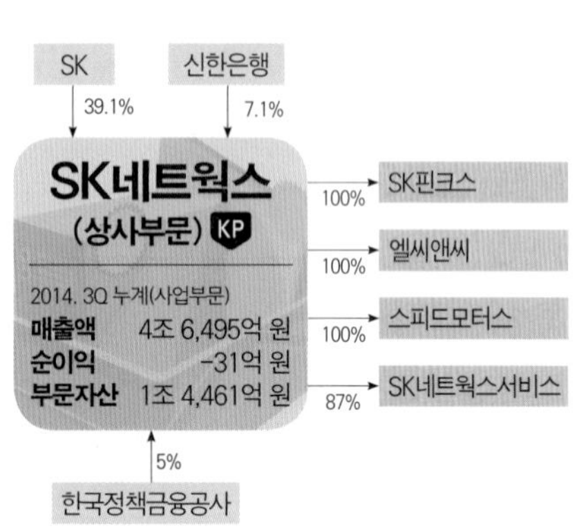

SK
39.1%
신한은행
7.1%
SK네트웍스
(상사부문) KP
100% SK핀크스
100% 엘씨앤씨
100% 스피드모터스
87% SK네트웍스서비스
5%
한국정책금융공사

2014. 3Q 누계(사업부문)
매출액 4조 6,495억 원
순이익 -31억 원
부문자산 1조 4,461억 원

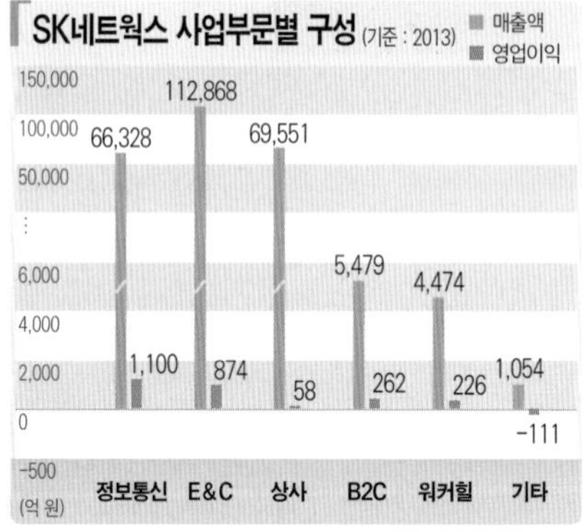

SK네트웍스 사업부문별 구성 (기준 : 2013)
매출액
영업이익
150,000
100,000
50,000
6,000
4,000
2,000
0
-500
(억 원)
66,328
1,100
112,868
874
69,551
58
5,479
262
4,474
226
1,054
-111
정보통신
E&C
상사
B2C
워커힐
기타

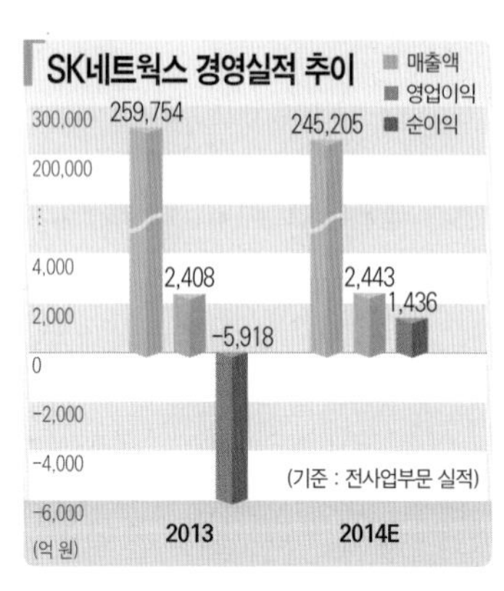

SK네트웍스 경영실적 추이
매출액
영업이익
순이익
300,000
200,000
4,000
2,000
0
-2,000
-4,000
-6,000
(억 원)
259,754
2,408
-5,918
245,205
2,443
1,436
(기준 : 전사업부문 실적)
2013
2014E

구본준 외 특수관계인
27.9%
LG상사
KP
0.1% LG유플러스
10% Ko-Uz Gas Chemical Investment Ltd.
20% GeoPark Chile S.A.
5% 오일허브코리아여수
50% United Copper & Moly LLC
30% Kernhem B.V.(ADA OIL)
35% POSCO-IPPC
11.7%
5.1%
국민연금공단
미래에셋자산운용

2014. 3Q 누계
매출액 8조 5,520억 원
영업이익 1,255억 원
순이익 -139억 원

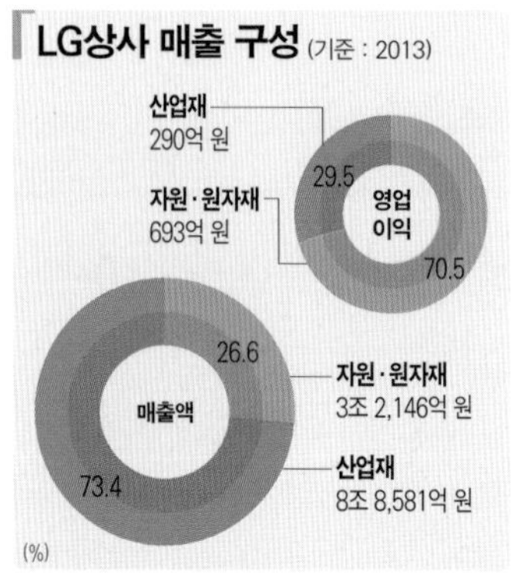

LG상사 매출 구성 (기준 : 2013)
산업재 290억 원
자원·원자재 693억 원
29.5
영업 이익
70.5
26.6
매출액
73.4
자원·원자재 3조 2,146억 원
산업재 8조 8,581억 원
(%)

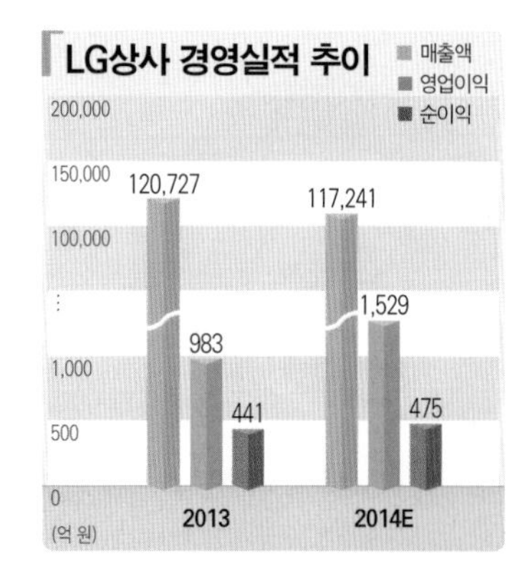

LG상사 경영실적 추이
매출액
영업이익
순이익
200,000
150,000
100,000
1,000
500
0
(억 원)
120,727
983
441
117,241
1,529
475
2013
2014E

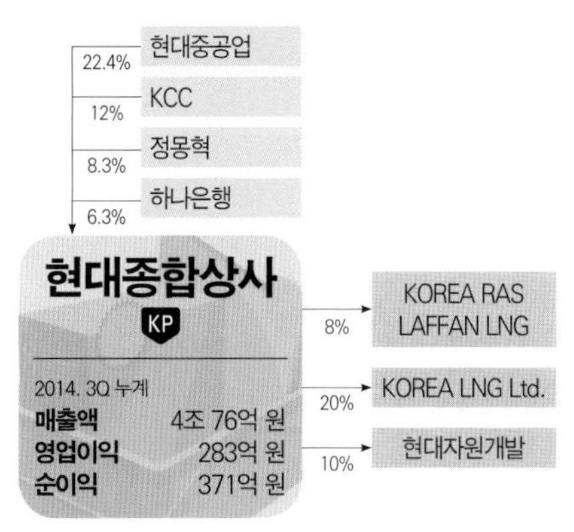

현대중공업
22.4%
KCC
12%
정몽혁
8.3%
하나은행
6.3%
현대종합상사
KP
2014. 3Q 누계
매출액 4조 76억 원
영업이익 283억 원
순이익 371억 원
8%
KOREA RAS LAFFAN LNG
20%
KOREA LNG Ltd.
10%
현대자원개발

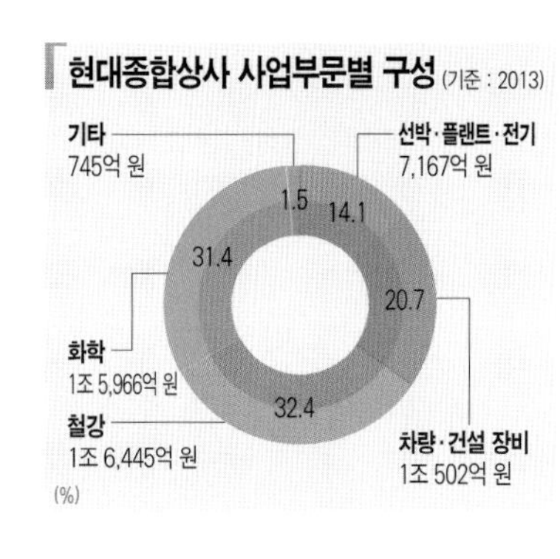

현대종합상사 사업부문별 구성 (기준 : 2013)
기타
745억 원
선박·플랜트·전기
7,167억 원
1.5
14.1
31.4
20.7
화학
1조 5,966억 원
32.4
철강
1조 6,445억 원
차량·건설 장비
1조 502억 원
(%)

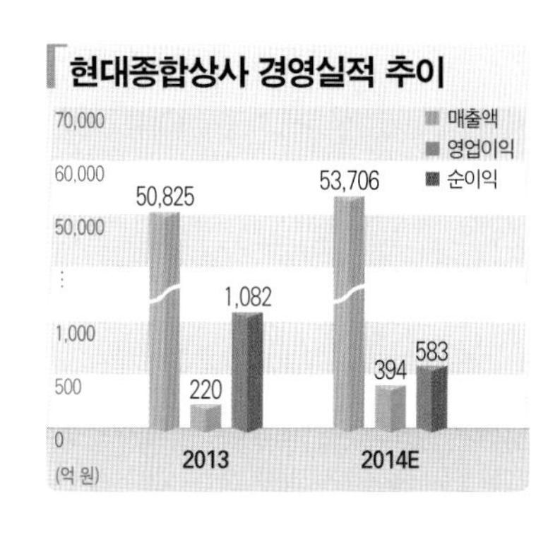

현대종합상사 경영실적 추이
70,000
60,000
50,000
1,000
500
0
(억 원)
매출액
영업이익
순이익
50,825
220
1,082
53,706
394
583
2013
2014E

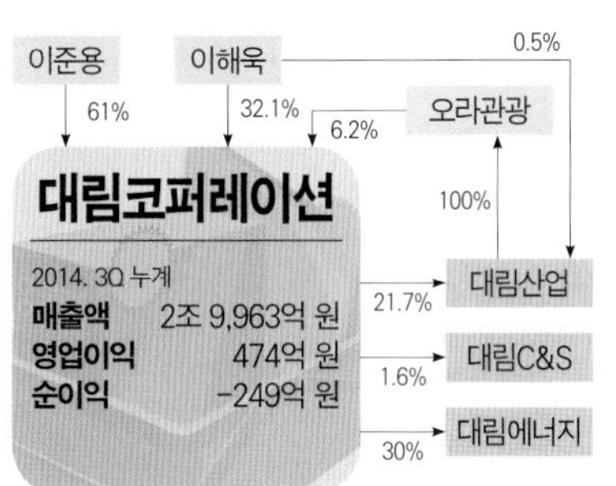

이준용
61%
이해욱
32.1%
0.5%
오라관광
6.2%
100%
대림코퍼레이션
2014. 3Q 누계
매출액 2조 9,963억 원
영업이익 474억 원
순이익 -249억 원
21.7%
대림산업
1.6%
대림C&S
30%
대림에너지

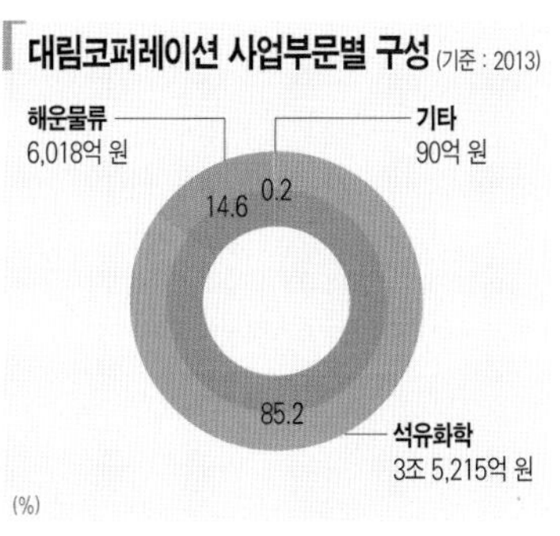

대림코퍼레이션 사업부문별 구성 (기준 : 2013)
해운물류
6,018억 원
기타
90억 원
14.6
0.2
85.2
석유화학
3조 5,215억 원
(%)

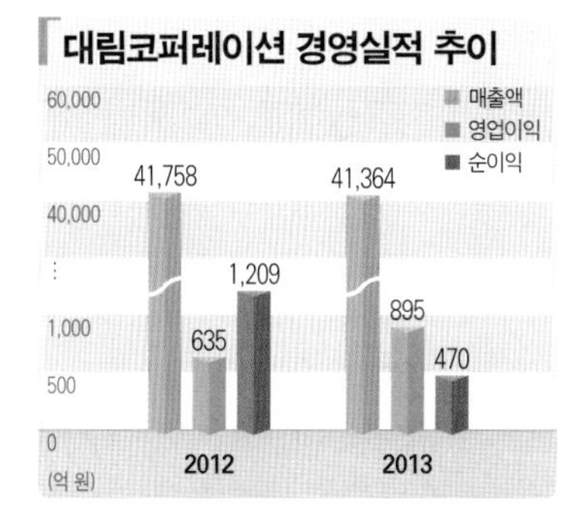

대림코퍼레이션 경영실적 추이
60,000
50,000
40,000
1,000
500
0
(억 원)
매출액
영업이익
순이익
41,758
635
1,209
41,364
895
470
2012
2013

조석래
10.2%
조현준
10.4%
조현상
10.1%
효성
(무역부문) KP
2014. 3Q 누계(사업부문)
매출액 2조 1,929억 원
영업이익 5억 원
부문자산 5,198억 원
97.2%
효성캐피탈
19.9%
카프로
46.8%
진흥기업
• 2012. 3 출자전환
43.5%
노틸러스효성
100%
두미종합개발
18.3%
신화인터텍
100%
효성굿스프링스

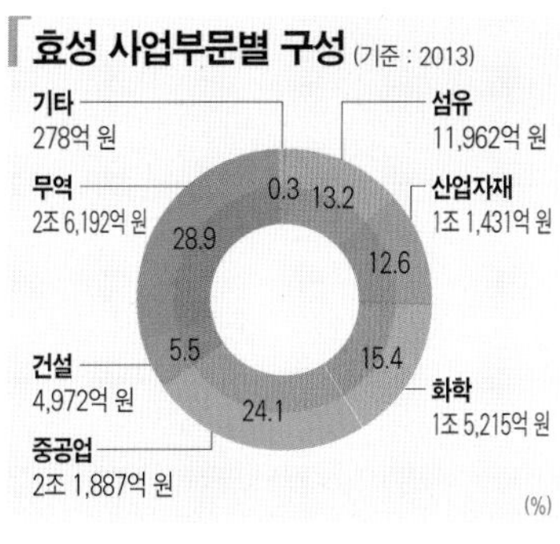

효성 사업부문별 구성 (기준 : 2013)
기타
278억 원
섬유
11,962억 원
무역
2조 6,192억 원
산업자재
1조 1,431억 원
0.3
13.2
28.9
12.6
5.5
15.4
24.1
건설
4,972억 원
화학
1조 5,215억 원
중공업
2조 1,887억 원
(%)

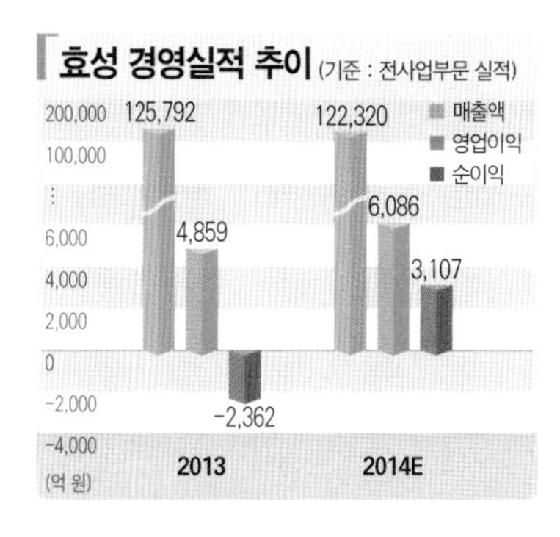

효성 경영실적 추이 (기준 : 전사업부문 실적)
200,000
100,000
6,000
4,000
2,000
0
-2,000
-4,000
(억 원)
매출액
영업이익
순이익
125,792
4,859
-2,362
122,320
6,086
3,107
2013
2014E

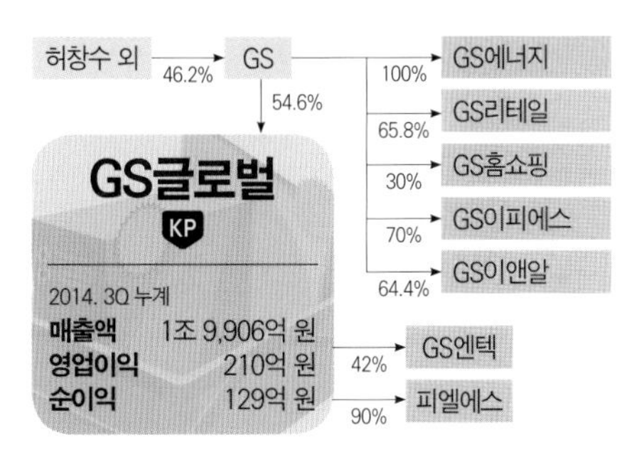

허창수 외
46.2%
GS
54.6%
GS글로벌
KP
2014. 3Q 누계
매출액 1조 9,906억 원
영업이익 210억 원
순이익 129억 원
100%
GS에너지
65.8%
GS리테일
30%
GS홈쇼핑
70%
GS이피에스
64.4%
GS이앤알
42%
GS엔텍
90%
피엘에스

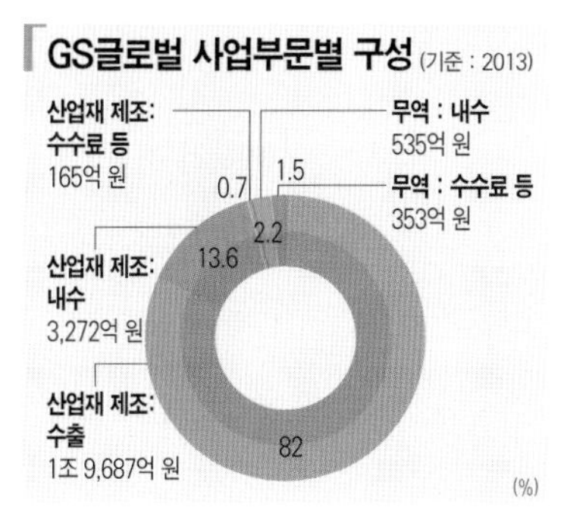

GS글로벌 사업부문별 구성 (기준 : 2013)
산업재 제조: 수수료 등
165억 원
무역 : 내수
535억 원
0.7
1.5
무역 : 수수료 등
353억 원
2.2
13.6
산업재 제조: 내수
3,272억 원
산업재 제조: 수출
1조 9,687억 원
82
(%)

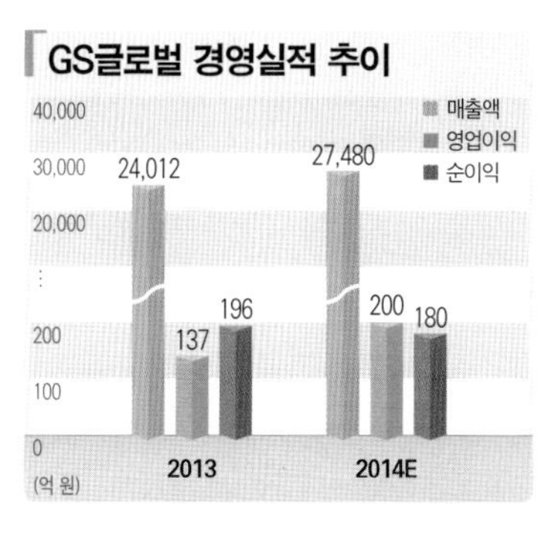

GS글로벌 경영실적 추이
40,000
30,000
20,000
200
100
0
(억 원)
매출액
영업이익
순이익
24,012
137
196
27,480
200
180
2013
2014E

한화S&C
김승연
김동관
2.2%
22.7%
4.4%
한화
(도소매업부문) KP
2014. 3Q 누계(사업부문)
매출액 4조 9,702억 원
영업이익 697억 원
순이익 401억 원

• 도소매업부문은 한화 무역부문, 한화갤러리아 등 포함

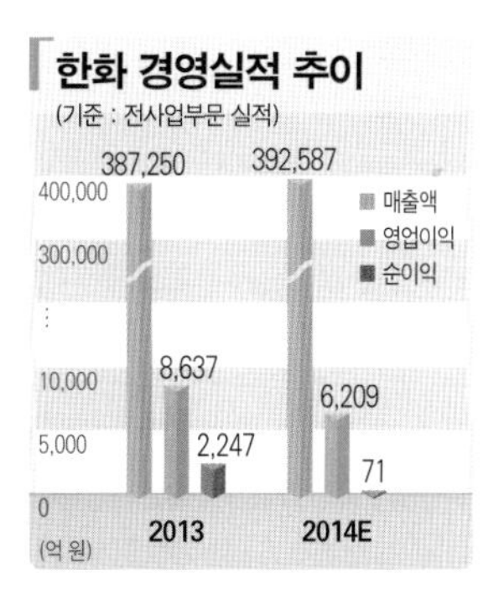

한화 경영실적 추이
(기준 : 전사업부문 실적)
400,000
300,000
10,000
5,000
0
(억 원)
매출액
영업이익
순이익
387,250
8,637
2,247
392,587
6,209
71
2013
2014E

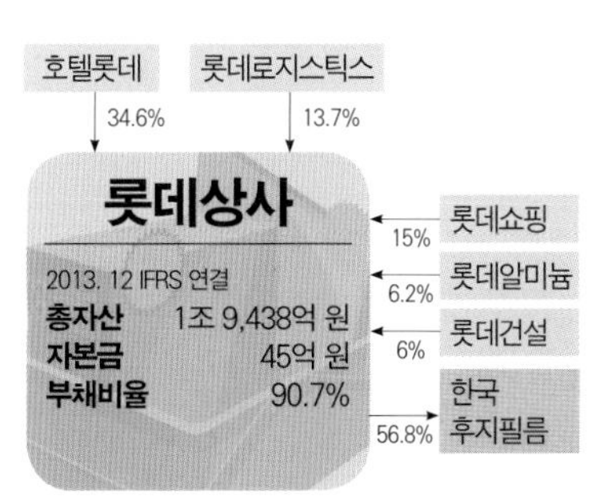

호텔롯데
34.6%
롯데로지스틱스
13.7%
롯데상사
2013. 12 IFRS 연결
총자산 1조 9,438억 원
자본금 45억 원
부채비율 90.7%
15%
롯데쇼핑
6.2%
롯데알미늄
6%
롯데건설
56.8%
한국 후지필름

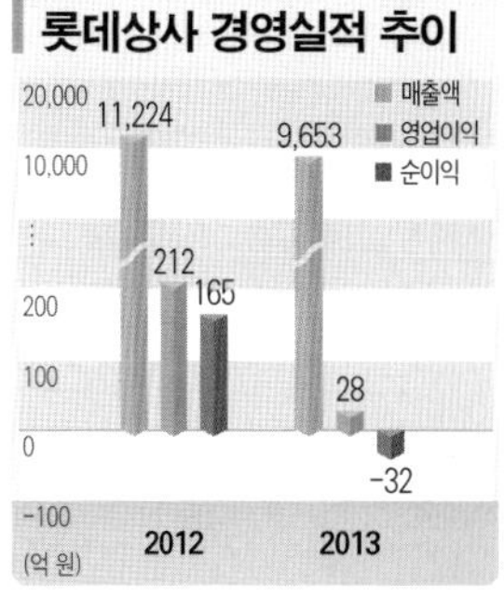

롯데상사 경영실적 추이
20,000
10,000
200
100
0
-100
(억 원)
매출액
영업이익
순이익
11,224
212
165
9,653
28
-32
2012
2013

한국의 수출입 규모 추이 ( ) 안은 전년 대비 증감률(%)

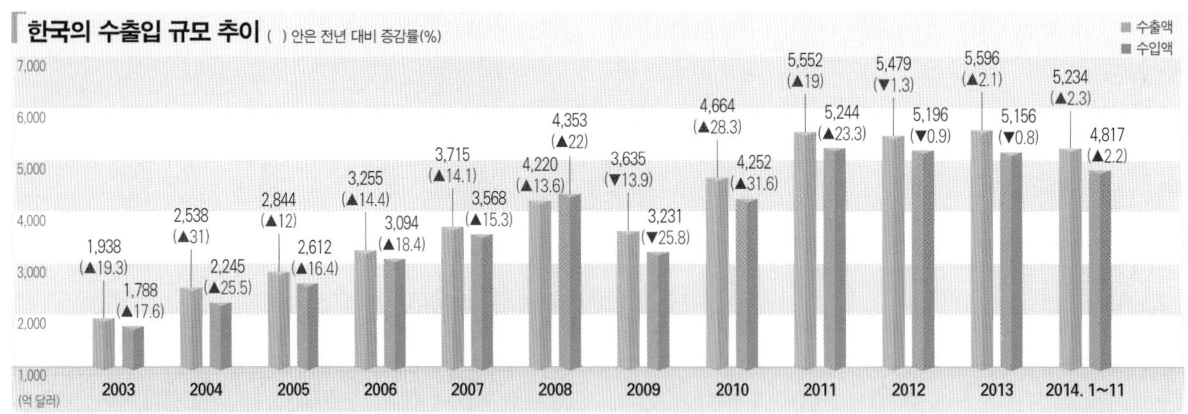

수출액
수입액
7,000
6,000
5,000
4,000
3,000
2,000
1,000
(억 달러)
1,938 (▲19.3)
1,788 (▲17.6)
2,538 (▲31)
2,245 (▲25.5)
2,844 (▲12)
2,612 (▲16.4)
3,255 (▲14.4)
3,094 (▲18.4)
3,715 (▲14.1)
3,568 (▲15.3)
4,220 (▲13.6)
4,353 (▲22)
3,635 (▼13.9)
3,231 (▼25.8)
4,664 (▲28.3)
4,252 (▲31.6)
5,552 (▲19)
5,244 (▲23.3)
5,479 (▼1.3)
5,196 (▼0.9)
5,596 (▲2.1)
5,156 (▼0.8)
5,234 (▲2.3)
4,817 (▲2.2)
2003
2004
2005
2006
2007
2008
2009
2010
2011
2012
2013
2014. 1~11

자료 : 지식경제부, 한국무역협회

한국의 수출입상품 구조 (기준 : 2014. 1~11) ( )안은 수출입액(백만 달러)

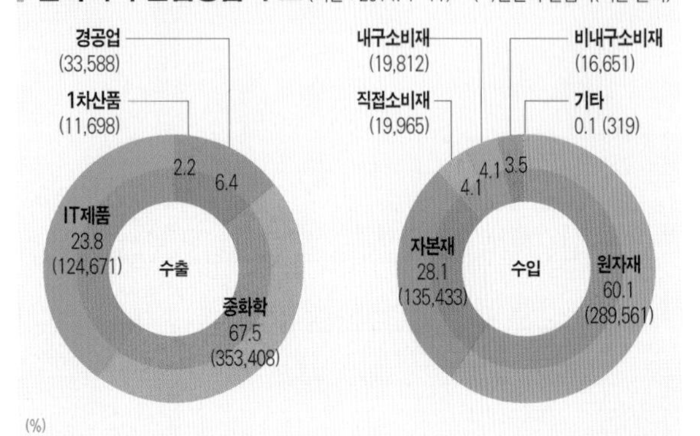

경공업 (33,588)
1차산품 (11,698)
2.2
6.4
IT제품 23.8 (124,671)
수출
중화학 67.5 (353,408)
내구소비재 (19,812)
비내구소비재 (16,651)
직접소비재 (19,965)
기타 0.1 (319)
4.1
4.1
3.5
자본재 28.1 (135,433)
수입
원자재 60.1 (289,561)
(%)

자료 : 한국무역협회

한국의 수출 형태별 구성 (기준 : 2013)

형태별	금액(백만 달러)	구성비(%)
일반형태 수출	510,775	91.27
위탁가공(국외가공)을 위한 원자재 수출	27,286	4.88
국내 외국인 업체가 외국에서 수탁·가공 후 수출	9,319	1.67
기타 수출승인 면제 물품	4,546	0.81
기타 일반 업체가 수탁받아 가공 후 수출	2,758	0.49
외국물품을 수입통관 후 원상태로 수출	2,229	0.40
위탁판매를 위한 물품의 수출	1,040	0.19
무상으로 반출되는 상품의 견품 및 창고 용품	564	0.10
수입물품이 계약 내용과 상이하여 반출	470	0.08
수출된 물품의 대체품 또는 누락·부족에 대한 보충	458	0.08
해외투자 수출	89	0.02
대외원조 수출(정부 원조)	29	0.01
기타	68	0.01
총합계	559,632	100.00

자료 : 한국무역협회

한국의 10대 무역국 (기준 : 2014. 1~11)

( ) 안은 수출입액(백만 달러)

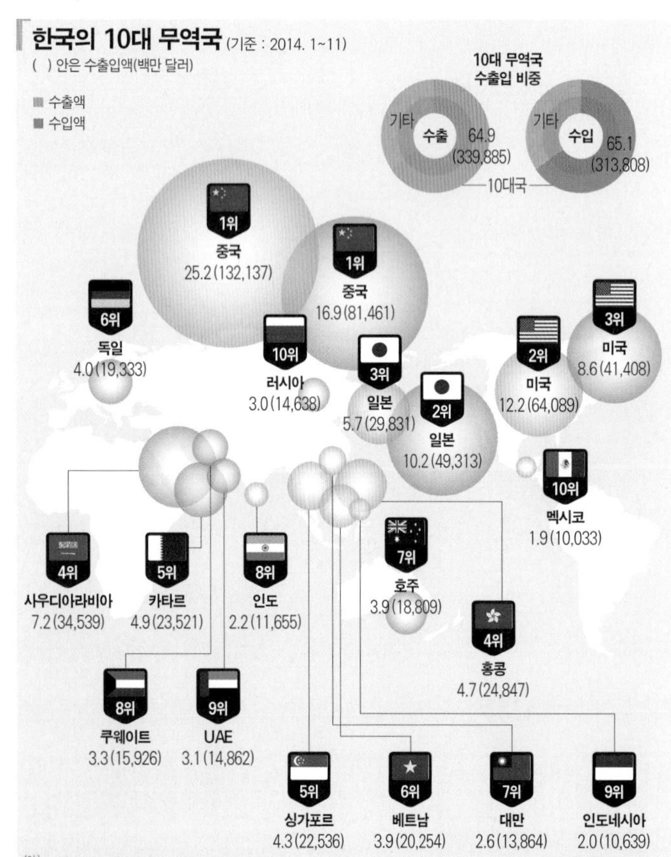

수출액
수입액
10대 무역국 수출입 비중
기타
수출
64.9 (339,885)
기타
수입
65.1 (313,808)
10대국
1위 중국 25.2 (132,137)
1위 중국 16.9 (81,461)
6위 독일 4.0 (19,333)
10위 러시아 3.0 (14,638)
3위 일본 5.7 (29,831)
2위 일본 10.2 (49,313)
2위 미국 12.2 (64,089)
3위 미국 8.6 (41,408)
10위 멕시코 1.9 (10,033)
4위 사우디아라비아 7.2 (34,539)
5위 카타르 4.9 (23,521)
8위 인도 2.2 (11,655)
7위 호주 3.9 (18,809)
4위 홍콩 4.7 (24,847)
8위 쿠웨이트 3.3 (15,926)
9위 UAE 3.1 (14,862)
5위 싱가포르 4.3 (22,536)
6위 베트남 3.9 (20,254)
7위 대만 2.6 (13,864)
9위 인도네시아 2.0 (10,639)
(%)

자료 : 한국무역협회

한국의 FTA 발효국 및 2014년 수출증가율

(기준 : 2014. 1~10, 전년 동기 대비 수출증가율)

발효일	국가	수출증가율(%)
2004. 4	칠레	-15.3
2006. 3	싱가포르	11.3
2006. 9	EFTA*	-3.3
2007. 6	ASEAN*	4.7
2010. 1	인도	11.3
2011. 7	EU*	7
2011. 8	페루	-7.5
2012. 9	미국	11.9
2013. 5	터키	20.4
	FTA 발효국 전체	8
	세계	2.8

(%) -20 -10 0 10 20 30

* EFTA : 스위스, 노르웨이, 아이슬란드, 리히텐슈타인
* ASEAN : 말레이시아, 싱가포르, 베트남, 미얀마, 인도네시아, 필리핀, 브루나이, 라오스, 캄보디아, 태국
* EU : 오스트리아, 벨기에, 영국, 체코, 키프로스, 덴마크, 에스토니아, 핀란드, 프랑스, 독일, 그리스, 헝가리, 아일랜드, 이탈리아, 라트비아, 리투아니아, 룩셈부르크, 몰타, 네덜란드, 폴란드, 포르투갈, 슬로바키아, 슬로베니아, 스페인, 스웨덴, 불가리아, 루마니아, 크로아티아

자료 : 한국무역협회

한국 10대 수출품 수출액 (기준 : 2014. 1~11) ( ) 안은 비중(%)

순위	품목	수출액(백만 달러)
1위	반도체	56,844(10.9)
2위	석유제품	47,927(9.2)
3위	자동차	44,128(8.4)
4위	선박해양구조물 및 부품	35,794(6.8)
5위	무선통신기기	27,247(5.2)
6위	평판디스플레이 및 센서	24,401(4.7)
7위	자동차부품	24,379(4.7)
8위	합성수지	19,926(3.8)
9위	철강판	17,560(3.4)
10위	전자응용기기	8,950(1.7)

10대 수출품 비중 (%): 기타, 58.7

(백만 달러) 0 10,000 20,000 30,000 40,000 50,000 60,000 70,000 80,000

자료 : 한국무역협회

한국 10대 수입품 수입액 (기준 : 2014. 1~11) ( ) 안은 비중(%)

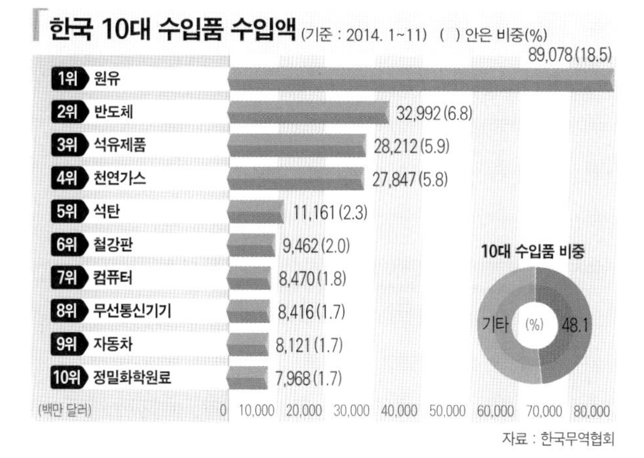

89,078(18.5)
1위 원유
2위 반도체 32,992(6.8)
3위 석유제품 28,212(5.9)
4위 천연가스 27,847(5.8)
5위 석탄 11,161(2.3)
6위 철강판 9,462(2.0)
7위 컴퓨터 8,470(1.8)
8위 무선통신기기 8,416(1.7)
9위 자동차 8,121(1.7)
10위 정밀화학원료 7,968(1.7)
10대 수입품 비중
기타 (%) 48.1
(백만 달러) 0 10,000 20,000 30,000 40,000 50,000 60,000 70,000 80,000

자료 : 한국무역협회

상사 수출실적 추이 비교 (기준 : 삼국수출을 제외한 직수출 금액)

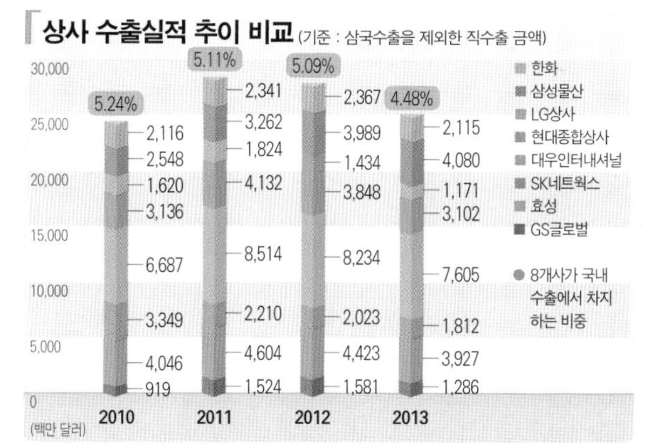

30,000
25,000
20,000
15,000
10,000
5,000
0
(백만 달러)
5.24%
2,116
2,548
1,620
3,136
6,687
3,349
4,046
919
2010
5.11%
2,341
3,262
1,824
4,132
8,514
2,210
4,604
1,524
2011
5.09%
2,367
3,989
1,434
3,848
8,234
2,023
4,423
1,581
2012
4.48%
2,115
4,080
1,171
3,102
7,605
1,812
3,927
1,286
2013
한화
삼성물산
LG상사
현대종합상사
대우인터내셔널
SK네트웍스
효성
GS글로벌
● 8개사가 국내 수출에서 차지 하는 비중

자료 : 한국무역협회

주요 수출품목 2015년 수출 전망

＊품목별 기상도는 연간 수출증가율 기준으로 작성

15% 이상 / 10~15% 미만 / 5~10% 미만 / 0~5% / 0% 미만

품목별 기상도	2015년 전망 수출액(억 달러)	2015년 전망 전년비(%)	2015년 품목별 업황
조선	433.0	▲7.4	LPG선, LNG선, FLNG 등 가스 관련 선박 및 플랜트 제품의 발주 증가
자동차	515.0	▲3.8	국산차 품질 및 브랜드 가치 상승, FTA 체결 확대에 따른 수출 여건 개선
자동차부품	278.0	▲2.6	미국, 중국 등 전통적인 수출시장에서의 선전 및 FTA 효과
일반기계	506.0	▲5.4	세계 경기 회복세로 기계류 수요 산업 성장에 따른 수출 확대 기대
반도체	659.4	▲6.0	메모리반도체의 공급자 우위 수급 환경, 중저가 스마트폰용 시스템반도체 수출 확대
디스플레이	343.0	▲6.9	대형 LCD TV 비중 확대 및 OLED TV의 가격 인하에 따른 수요 개선
무선통신기기	276.6	▼4.6	신흥시장 중심의 성장으로 판매 단가 하락, 샤오미 등 후발 업체의 공세
가전	147.8	▼0.2	평판TV의 판가 하락, 가격경쟁력 약화, 경쟁 심화 등이 부담
석유제품	505.0	▼2.5	원유 가격과 정제 마진 동반 하락, 산유국과 중국 등 신흥국 공급 확대에 따른 부진
석유화학	503.0	▲2.4	설비 확대에 따른 중간원료, 합성고무, 합성수지를 중국, EU 등으로 수출 확대
철강	354.0	▲0.3	중국의 공급과잉 심화, 철강 원료 가격 약세 지속, 수입 규제 확산으로 수출 둔화
섬유류	165.5	▲2.4	최대 소비시장인 미국 경기 개선, 베트남 등 동남아 국가 섬유 소재 수요 증가

자료 : 국제무역연구원

상사별 주요 수출품목

구분	소속	주요 취급품목
대우인터내셔널	포스코	철강, 석유화학
SK네트웍스	SK	화학, 철강, 에너지
LG상사	LG	IT, 석유화학
삼성물산	삼성	화학, 철강, 전자소재
현대종합상사	현대중공업	철강, 기계·플랜트, 자동차
효성	효성	화학, 섬유, 철강
GS글로벌	GS	철강, 석유화학

자료 : 한국기업평가

상사 발전·인프라 프로젝트 수주 현황

종합상사	파트너	국가	종류	용량	수주금액(억 달러)	수주일	기타
대우인터내셔널	현대건설	알제리	복합화력발전소	3,200MW	14	2014. 1	PPA 운영권자
	현대엔지니어링			1,200MW	10.6	2012. 11	39개월 소요
		우즈베키스탄	복합화력발전소	930MW	8.2	2013. 3	
		파푸아뉴기니	내연발전소	60MW	0.75	2014. 1	BOO, 자금조달, 건설, 운영까지 일괄 진행
LG상사	현대엔지니어링	투르크메니스탄	가스플랜트		20		MOU
			가스액화 프로젝트		30		MOU
		중국	석탄화학 요소플랜트				
현대종합상사	현대건설	우루과이	복합화력발전소	530MW	6.3		우루과이 최대 규모
	한전KPS	콜롬비아	석탄화력발전소		3	2013. 1	
	현대엔지니어링	카자흐스탄	윤활기유생산설비				
삼성물산	한국전력	멕시코	가스복합화력발전소	433MW	49	2014. 3	
		카자흐스탄	석탄화력발전소	1,320MW		2012	카자흐스탄 가용 발전용량의 9% 규모, 한국 지분 75%
	한국남부발전	칠레	가스복합화력발전소	517MW	6	2013. 12	BHP

자료 : 각사 종합

'미생'은 끝났지만 상사의 전성시대는 지금부터!

종합상사가 지금처럼 세상의 주목을 받았던 적도 드물다. 연초까지 종편에서 방영해 큰 인기를 누렸던 '미생'이라는 드라마 덕분이다. 회사원들의 애환을 그린 드라마의 배경이 바로 종합상사였기 때문이다. 종합상사가 미생 덕택에 한동안 사람들의 입에 오르내렸고, 그 바람에 신문 경제면에 심심찮게 조명되기도 했다.
종합상사, 도대체 무엇을 하는 곳일까? 지금부터 찬찬히 들여다보자.

드라마 '미생'의 배경, '종합상사'란 어떤 곳?

종합상사의 한자는 '綜合商社'다. 쉽게 말해 신발에서 석유까지 돈이 될 만한 모든 것을 파는 '종합 무역 회사'다. 지금은 단순한 무역 이외에 자원 개발, 현지 생산 판매, 합작 투자, 첨단 기술 연구 개발 등도 수행한다.
세계 최초의 종합상사는 1600년 영국동인도회사로 알려져 있다. 아시아에서는 1873년 문을 연 일본의 미쓰비시상사가 기원을 이룬다. 한국은 1973년 1차 오일쇼크 이후 세계 시장의 보호주의 장벽에 가로막혀 위기를 느낀 정부가 한국형 종합무역상사 제도를 만든 데서 효시가 되었다. 도입 초기에 정부는 원자재 등에 대한 세제 감면, 외자 도입 허용, 수출 금융 등을 지원해 기업의 참여를 유도했다.
종합상사는 1970년대부터 수출이 증가하면서 그룹사의 수출 창구 역할을 담당했다. 각 계열사의 영업과 판매 수치를 종합상사를 통해 파악할 수 있었기에 사실상 지주회사로서의 지위를 누렸다.
한국에서 종합상사가 되기 위해서는 일정한 자격 요건을 충족해야 했다. 1975년 지정 당시 기준으로 해외지사 10곳, 수출국가 10개 국, 자본금 10억 원, 연간 수출 실적 5,000만 달러 이상이다.
거칠 것 없이 성장을 이어가던 국내 종합상사들에게도 위기는 있었다. 1997년 IMF 외환위기는 종합상사에게도 예외가 아니었다. 전체 국내 수출에서 51%의 비중을 차지했던 종합상사는 1999년을 정점으로 하락하기 시작했다. 급기야 「대외무역법」에서 규정했던 기존 종합상사 지정제가 2009년에 폐지되면서 종합상사란 말

세계 최초의 종합상사로 알려진 영국동인도회사를 배경으로 영국의 상인과 현지 원주민의 거래 모습을 묘사한 회화.

이 역사 속으로 사라지고 말았다. 지금은 전문무역상사 제도가 대신하고 있다.

재도약하는 한국의 대형 상사들

한국에는 7개의 대형 상사가 포진해 있다. 삼성물산, SK네트웍스, GS글로벌, LG상사, 현대종합상사, 효성, 대우인터내셔널이 그들이다. 최근 국내 상사업계를 살펴보면, 상사 본연의 트레이딩(무역) 사업은 주춤하는 추세이지만, 그 대신 오랜 세월 공을 들여온 자원 개발과 소비재 사업 등 신사업이 결실을 맺으면서 성장의 발판을 마련하고 있다.

SK네트웍스는 2013년부터 2014년 상반기에 걸쳐 진행된 대규모 구조조정 이후 렌터카와 면세점, 패션 등 신규 소비재 사업에서 성과가 나오고 있다. SK네트웍스가 향후 신성장동력으로 꼽는 이슈는 KT렌탈 인수와 면세점 확장이다. 기존 주력 사업인 휴대폰 도매와 주유소 유류 유통 사업의 영업이익 개선도 점쳐진다. 2015년 주유소 유류 사업 매출은 경기 부진, 점유율 하락 등으로 전년 대비 6.9% 감소한 8.2조 원이 예상된다. 하지만 영업이익은 주유소 복합화, 마케팅 비용 감소로 전년 대비 12.1% 증가한 929억 원이 기대된다.

드라마 '미생'의 배경이었던 대우인터내셔널은, 미얀마 가스전의 생산량 증가로 2014년부터 매분기마다 실적 개선을 이어가고 있다. 트레이딩 부문도 원자재 가격 하락에도 불구하고 안정적인 영업이익 실현이 가능할 것으로 보인다. 포스코의 인도네시아 설비 가동 등으로 철강 트레이딩 물량이 증가하는데다 자동차부품 트레이딩 물량 증대도 점쳐진다.

삼성물산은 2014년 3월 433MW 규모 멕시코 노르떼(Norte)II 발전소를 준공했다. 노르떼II 발전 사업은 일본과 스페인 업체들이 선점하고 있던 멕시코 발전시장에서 삼성물산이 중남미 발전시장 진출의 교두보를 마련했다는 데 의의가 있다. 아울러 삼성물산은 2014년 8월 칠레 BHP Kelar(켈라) 가스복합화력발전소를 착공했다. 2012년에는 멕시코 만사니요 LNG 인수기지를 완공하는 등 발전·에너지 사업 분야에서 프로젝트 오거나이징(Project Organizing) 사업을 계속해서 추진해

나가고 있다. 최근에는 삼성물산의 캐나다 온타리오 풍력 사업 수익이 2014년 3분기 100억 원 이상 발생하면서 캐나다 신재생에너지 사업이 본 궤도에 올랐다는 평가를 받고 있다.

LG상사의 자원 부문은 2015년 인도네시아의 대형 광산 GAM에서 신규 생산이 증가해 전체 영업이익의 8% 가량을 차지할 것으로 관측되고 있다. 또한 투르크메니스탄 에탄크래커 프로젝트와 같이 개발자(developer)로 참여하는 프로젝트 사업 위주의 성장도 기대해 볼만 하다.

중소기업의 해외 사업을 돕는 '전문무역상사 제도'

경쟁력을 갖춘 중소기업이 해외 마케팅 역량 부재로 내수 시장에만 만족해야 하는 것은 여러모로 불합리하다. 이러한 맹점을 해결하기 위해 중소·중견 기업들의 제품 수출을 도울 전문무역상사 제도가 마련됐다. 2014년 산업통상자원부는 내수 기업들의 수출을 지원하는 전문무역상사 162개를 추려 지정서를 수여했다.

정부에서 추진하는 '내수 기업의 수출 기업화 사업'은 직접 수출할 역량을 갖춘 내수 기업을 적극 발굴해 퇴직 무역 인력을 연결해 기업별 특성과 수요에 맞게 수출 모든 단계를 밀착 지원하는 사업이다. 우선 2014년 하반기에 500개 업체에 퇴직 무역 인력을 파견했다. 이후 해마다 3,000~4,000개 기업을 발굴해 본격 시행할 방침이다.

2014년 선정된 전문무역상사는 대기업 3개, 중견기업 4개, 중소기업 155개이며, 수출 실적은 100만~300만 달러(43.2%)가 대부분을 차지했다. 수출 대상 지역을 살펴보면 일본이 19.1%로 가장 많았고, 그 뒤를 미국(9.3%)과 중국(6.8%)이 이었다.

Chapter 7

생활

35 가공식품업계

36 음료 · 유제품 업계

37 제과 · 라면 업계

38 주류업계

39 패션업계

40 화장품 · 생활용품 업계

35 | 가공식품업계

업계 규모

- ■ 가공식품 총매출액 54조 282억 원 (전년 대비 ▲14.2%)
- ■ 가공식품 총출하액 49조 9,910억 원
- ■ 업체수 26,292개

(기준 : 음료 · 제과 포함 전품목)

CJ

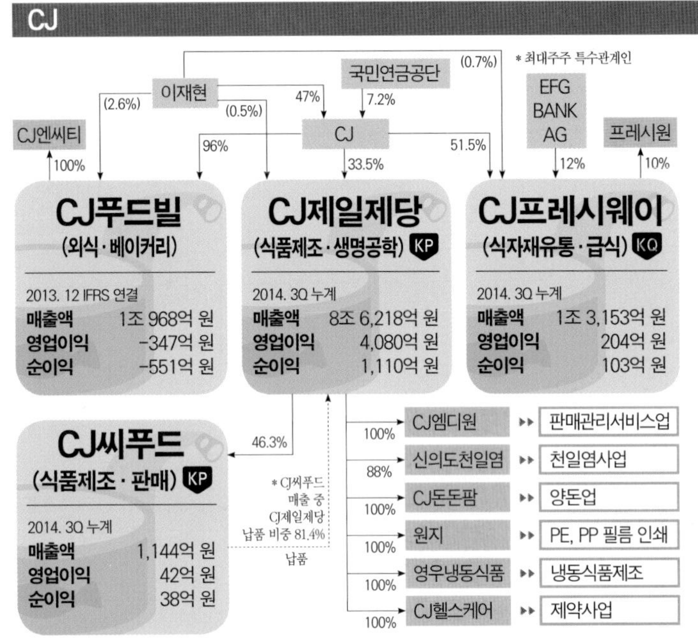

* 최대주주 특수관계인
이재현
국민연금공단
(0.7%)
EFG BANK AG
프레시원
(2.6%)
47%
7.2%
(0.5%)
CJ엔씨티
CJ
96%
51.5%
100%
33.5%
12%
10%
CJ푸드빌
(외식 · 베이커리)
2013. 12 IFRS 연결
매출액 1조 968억 원
영업이익 -347억 원
순이익 -551억 원
CJ제일제당
(식품제조 · 생명공학) KP
2014. 3Q 누계
매출액 8조 6,218억 원
영업이익 4,080억 원
순이익 1,110억 원
CJ프레시웨이
(식자재유통 · 급식) KQ
2014. 3Q 누계
매출액 1조 3,153억 원
영업이익 204억 원
순이익 103억 원
CJ씨푸드
(식품제조 · 판매) KP
2014. 3Q 누계
매출액 1,144억 원
영업이익 42억 원
순이익 38억 원
46.3%
* CJ씨푸드 매출 중 CJ제일제당 납품 비중 81.4%
납품
100% CJ엠디원 ▸▸ 판매관리서비스업
88% 신의도천일염 ▸▸ 천일염사업
100% CJ돈돈팜 ▸▸ 양돈업
100% 원지 ▸▸ PE, PP 필름 인쇄
100% 영우냉동식품 ▸▸ 냉동식품제조
100% CJ헬스케어 ▸▸ 제약사업

CJ그룹의 국내 사업군 및 계열사 현황 (기준 : 2014. 9)

사업군	주요 계열사명	주요 사업
생명공학	CJ제일제당 생명공학 부문, CJ헬스케어	바이오 및 제약업
식품 & 식품서비스	CJ제일제당 식품부문, CJ푸드빌, CJ프레시웨이, CJ씨푸드	식료품 제조업, 음식점업, 도매 및 상품중개업
신유통	CJ오쇼핑, CJ대한통운, 케이엑스홀딩스, CJ올리브영	방송업, 육상운송 및 운송업, 소매업
엔터테인먼트 & 미디어	CJ이앤엠, CJ씨지브이, CJ헬로비전, CJ파워캐스트	영상 · 오디오 기록물 제작 및 배급업, 방송채널사용사업, 종합유선방송업
시너지 & 인프라	CJ건설, CJ시스템즈	종합 건설업, 컴퓨터 프로그래밍, 시스템 통합 및 관리업

CJ제일제당 경영실적 추이

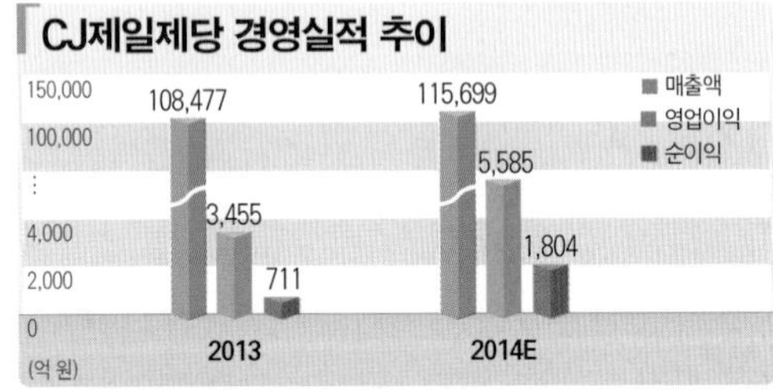

150,000
100,000
4,000
2,000
0
(억 원)
108,477
3,455
711
115,699
5,585
1,804
2013
2014E
매출액
영업이익
순이익

CJ제일제당 부문별 · 판매채널별 매출 비중

(기준 : 2014. 3Q 누계)

부문별: 물류 36.6, 식품 34, 생명공학 29.3

판매채널별: 직거래 28, 대리점 32.6, 대형유통업체 39.5

(%)

CJ씨푸드 품목별 매출 비중

(기준 : 2014. 3Q 누계)

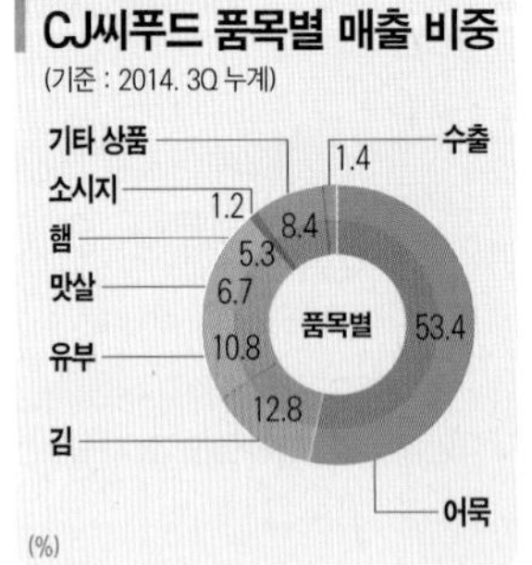

기타 상품
소시지
햄
맛살
유부
김
수출
어묵
1.4
1.2
8.4
5.3
6.7
10.8
12.8
53.4
품목별

(%)

CJ씨푸드 경영실적 추이

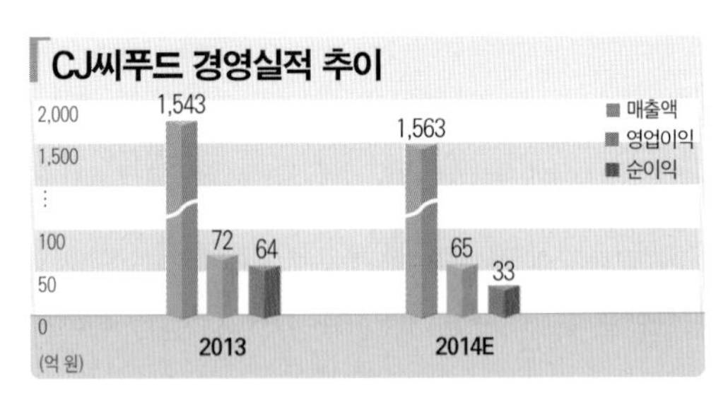

2,000
1,500
100
50
0
(억 원)
1,543
72
64
1,563
65
33
2013
2014E
매출액
영업이익
순이익

삼양

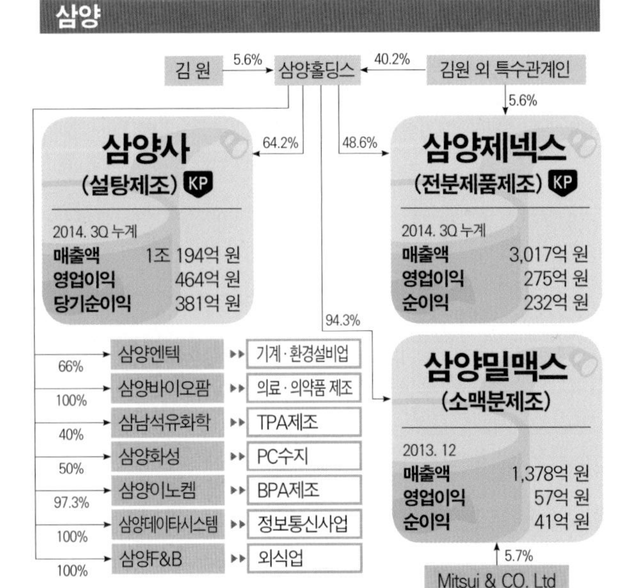

김 원
5.6%
삼양홀딩스
40.2%
김원 외 특수관계인
5.6%
64.2%
48.6%
삼양사
(설탕제조) KP
2014. 3Q 누계
매출액 1조 194억 원
영업이익 464억 원
당기순이익 381억 원
삼양제넥스
(전분제품제조) KP
2014. 3Q 누계
매출액 3,017억 원
영업이익 275억 원
순이익 232억 원
94.3%
66% 삼양엔텍 ▸▸ 기계 · 환경설비업
100% 삼양바이오팜 ▸▸ 의료 · 의약품 제조
40% 삼남석유화학 ▸▸ TPA제조
50% 삼양화성 ▸▸ PC수지
97.3% 삼양이노켐 ▸▸ BPA제조
100% 삼양데이타시스템 ▸▸ 정보통신사업
100% 삼양F&B ▸▸ 외식업
삼양밀맥스
(소맥분제조)
2013. 12
매출액 1,378억 원
영업이익 57억 원
순이익 41억 원
5.7%
Mitsui & CO. Ltd

동원

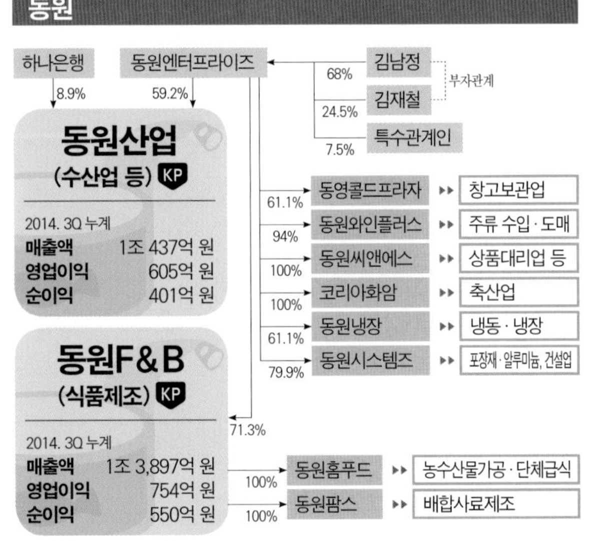

하나은행
동원엔터프라이즈
김남정
김재철
부자관계
68%
24.5%
7.5%
특수관계인
8.9%
59.2%
동원산업
(수산업 등) KP
2014. 3Q 누계
매출액 1조 437억 원
영업이익 605억 원
순이익 401억 원
61.1% 동영콜드프라자 ▸▸ 창고보관업
94% 동원와인플러스 ▸▸ 주류 수입 · 도매
100% 동원씨앤에스 ▸▸ 상품대리업 등
100% 코리아화암 ▸▸ 축산업
61.1% 동원냉장 ▸▸ 냉동 · 냉장
79.9% 동원시스템즈 ▸▸ 포장재 · 알루미늄, 건설업
동원F&B
(식품제조) KP
2014. 3Q 누계
매출액 1조 3,897억 원
영업이익 754억 원
순이익 550억 원
71.3%
100% 동원홈푸드 ▸▸ 농수산물가공 · 단체급식
100% 동원팜스 ▸▸ 배합사료제조

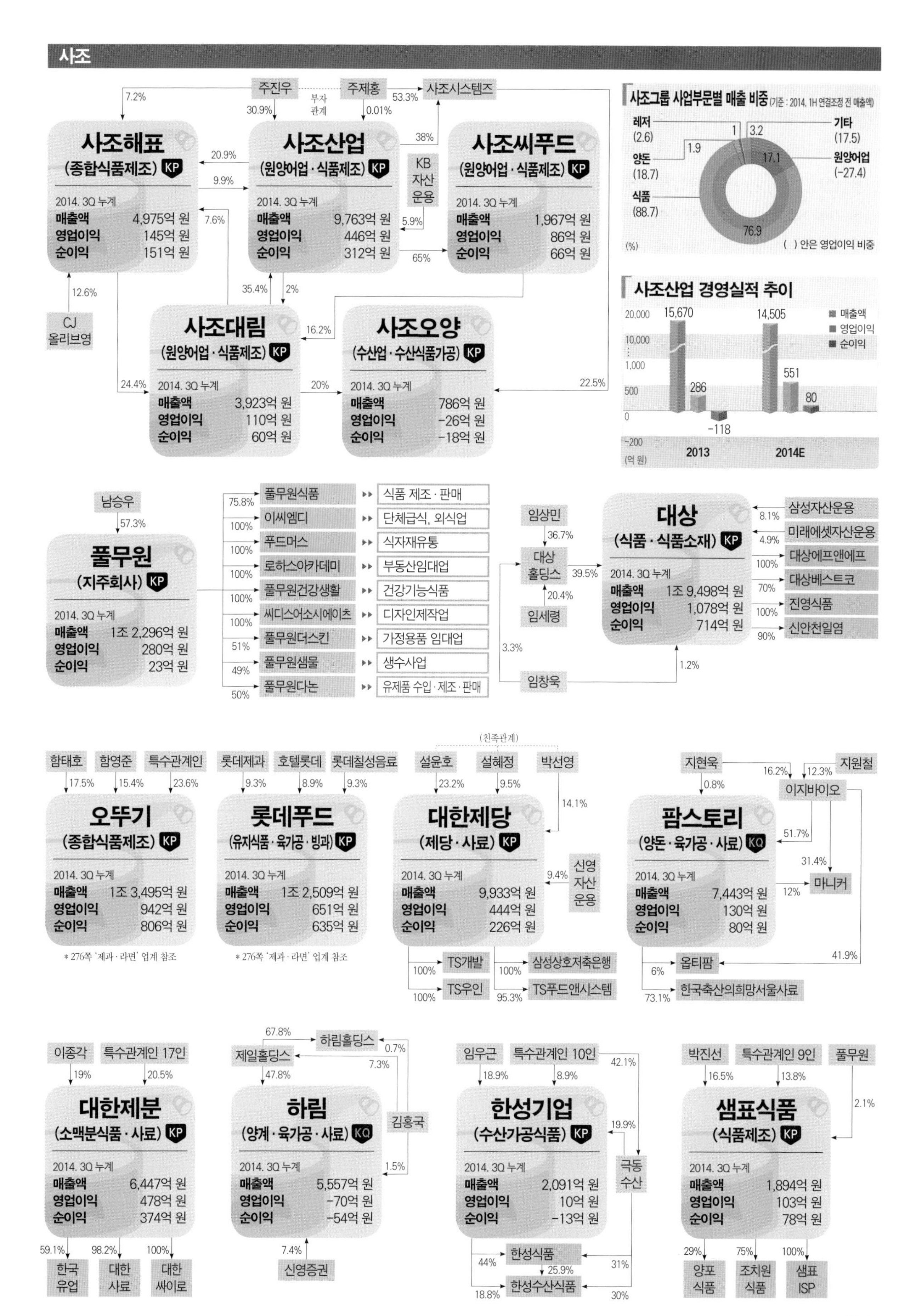

주진우
주제홍
부자 관계
사조시스템즈
7.2%
30.9%
0.01%
53.3%
38%
사조해표
(종합식품제조) KP
2014. 3Q 누계
매출액 4,975억 원
영업이익 145억 원
순이익 151억 원
사조산업
(원양어업·식품제조) KP
2014. 3Q 누계
매출액 9,763억 원
영업이익 446억 원
순이익 312억 원
사조씨푸드
(원양어업·식품제조) KP
2014. 3Q 누계
매출액 1,967억 원
영업이익 86억 원
순이익 66억 원
20.9%
9.9%
7.6%
KB 자산 운용
5.9%
65%
12.6%
CJ 올리브영
35.4%
2%
16.2%
사조대림
(원양어업·식품제조) KP
2014. 3Q 누계
매출액 3,923억 원
영업이익 110억 원
순이익 60억 원
사조오양
(수산업·수산식품가공) KP
2014. 3Q 누계
매출액 786억 원
영업이익 -26억 원
순이익 -18억 원
24.4%
20%
22.5%
사조그룹 사업부문별 매출 비중 (기준 : 2014. 1H 연결조정 전 매출액)
레저 (2.6)
양돈 (18.7)
식품 (88.7)
기타 (17.5)
원양어업 (-27.4)
1
3.2
1.9
17.1
76.9
(%)
( ) 안은 영업이익 비중
사조산업 경영실적 추이
20,000
10,000
1,000
500
0
-200
(억 원)
15,670
286
-118
14,505
551
80
2013
2014E
매출액
영업이익
순이익
남승우
57.3%
풀무원
(지주회사) KP
2014. 3Q 누계
매출액 1조 2,296억 원
영업이익 280억 원
순이익 23억 원
75.8% 풀무원식품 식품 제조·판매
100% 이씨엠디 단체급식, 외식업
100% 푸드머스 식자재유통
100% 로하스아카데미 부동산임대업
100% 풀무원건강생활 건강기능식품
100% 씨디스어소시에이츠 디자인제작업
51% 풀무원더스킨 가정용품 임대업
49% 풀무원샘물 생수사업
50% 풀무원다논 유제품 수입·제조·판매
임상민
36.7%
대상홀딩스
39.5%
20.4%
임세령
3.3%
임창욱
1.2%
대상
(식품·식품소재) KP
2014. 3Q 누계
매출액 1조 9,498억 원
영업이익 1,078억 원
순이익 714억 원
8.1% 삼성자산운용
4.9% 미래에셋자산운용
100% 대상에프앤에프
70% 대상베스트코
100% 진영식품
90% 신안천일염
함태호
함영준
특수관계인
17.5%
15.4%
23.6%
오뚜기
(종합식품제조) KP
2014. 3Q 누계
매출액 1조 3,495억 원
영업이익 942억 원
순이익 806억 원
* 276쪽 '제과·라면' 업계 참조
롯데제과
호텔롯데
롯데칠성음료
9.3%
8.9%
9.3%
롯데푸드
(유지식품·육가공·빙과) KP
2014. 3Q 누계
매출액 1조 2,509억 원
영업이익 651억 원
순이익 635억 원
* 276쪽 '제과·라면' 업계 참조
(친족관계)
설윤호
설혜정
박선영
23.2%
9.5%
14.1%
대한제당
(제당·사료) KP
2014. 3Q 누계
매출액 9,933억 원
영업이익 444억 원
순이익 226억 원
9.4%
신영 자산 운용
100% TS개발
100% TS우인
100% 삼성상호저축은행
95.3% TS푸드앤시스템
지현욱
지원철
16.2%
12.3%
0.8%
이지바이오
51.7%
31.4%
팜스토리
(양돈·육가공·사료) KQ
2014. 3Q 누계
매출액 7,443억 원
영업이익 130억 원
순이익 80억 원
12%
마니커
41.9%
6% 옵티팜
73.1% 한국축산의희망서울사료
이종각
특수관계인 17인
19%
20.5%
대한제분
(소맥분식품·사료) KP
2014. 3Q 누계
매출액 6,447억 원
영업이익 478억 원
순이익 374억 원
59.1% 한국유업
98.2% 대한사료
100% 대한싸이로
67.8%
하림홀딩스
0.7%
제일홀딩스
7.3%
47.8%
김홍국
1.5%
하림
(양계·육가공·사료) KQ
2014. 3Q 누계
매출액 5,557억 원
영업이익 -70억 원
순이익 -54억 원
7.4%
신영증권
임우근
특수관계인 10인
42.1%
18.9%
8.9%
19.9%
한성기업
(수산가공식품) KP
2014. 3Q 누계
매출액 2,091억 원
영업이익 10억 원
순이익 -13억 원
극동수산
44% 한성식품
31%
25.9%
18.8% 한성수산식품
30%
박진선
특수관계인 9인
풀무원
16.5%
13.8%
2.1%
샘표식품
(식품제조) KP
2014. 3Q 누계
매출액 1,894억 원
영업이익 103억 원
순이익 78억 원
29% 양포식품
75% 조치원식품
100% 샘표ISP

■ 생산액 ■ 출하액 ○ 사업체수(우)

가공식품 품목별 생산 추이

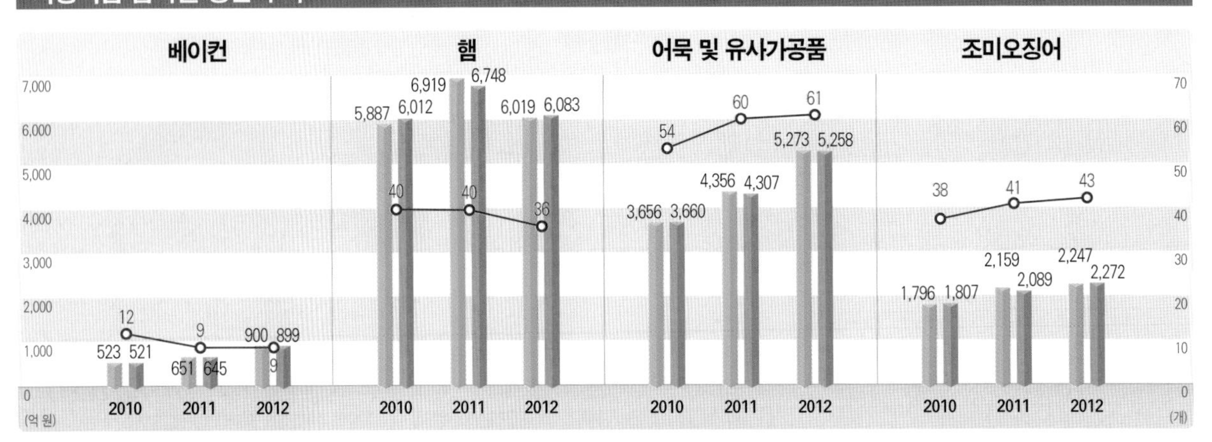
베이컨
햄
어묵 및 유사가공품
조미오징어
7,000
6,000
5,000
4,000
3,000
2,000
1,000
0
(억 원)
70
60
50
40
30
20
10
0
(개)
523 521
651 645
900 899
12
9
9
6,919 6,748
5,887 6,012
6,019 6,083
40
40
36
54
60
61
5,273 5,258
4,356 4,307
3,656 3,660
38
41
43
1,796 1,807
2,159
2,089
2,247
2,272
2010 2011 2012

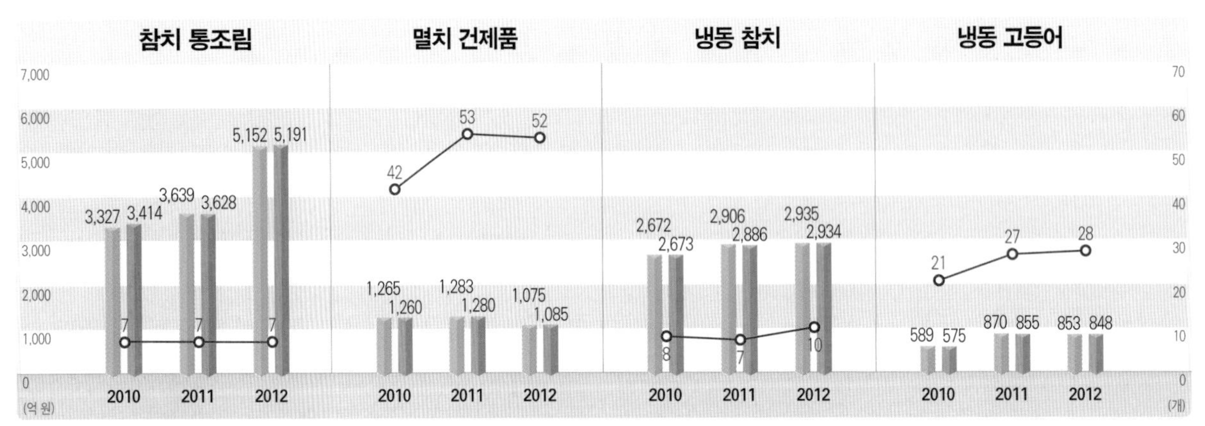
참치 통조림
멸치 건제품
냉동 참치
냉동 고등어
7,000
6,000
5,000
4,000
3,000
2,000
1,000
0
(억 원)
70
60
50
40
30
20
10
0
(개)
3,327 3,414
3,639 3,628
5,152 5,191
7
7
7
42
53
52
1,265
1,260
1,283
1,280
1,075
1,085
2,672
2,673
2,906
2,886
2,935
2,934
8
7
10
21
27
28
589 575
870 855
853 848
2010 2011 2012

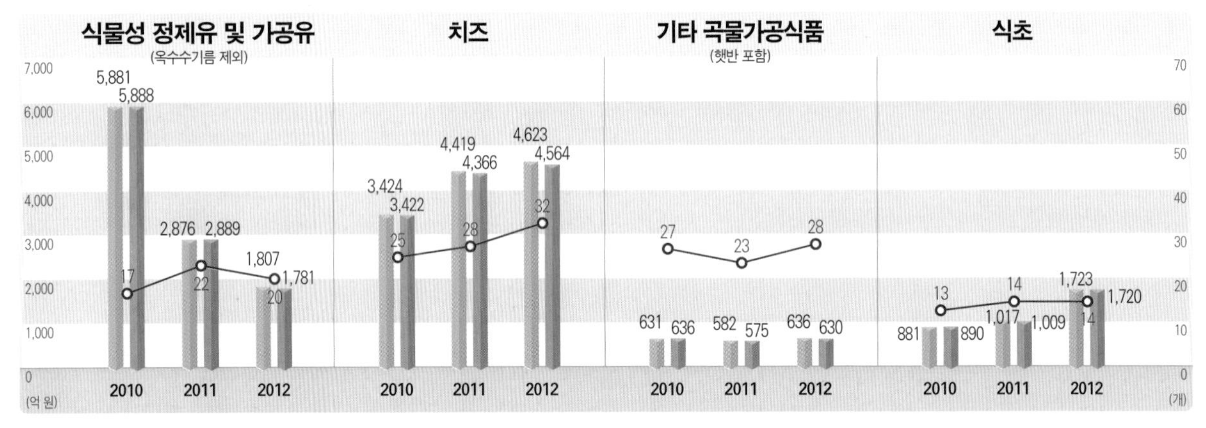
식물성 정제유 및 가공유
(옥수수기름 제외)
치즈
기타 곡물가공식품
(햇반 포함)
식초
7,000
6,000
5,000
4,000
3,000
2,000
1,000
0
(억 원)
70
60
50
40
30
20
10
0
(개)
5,881
5,888
2,876 2,889
1,807
1,781
17
22
20
3,424
3,422
4,419
4,366
4,623
4,564
25
28
32
27
23
28
631 636
582 575
636 630
13
14
14
881
890
1,017
1,009
1,723
1,720
2010 2011 2012

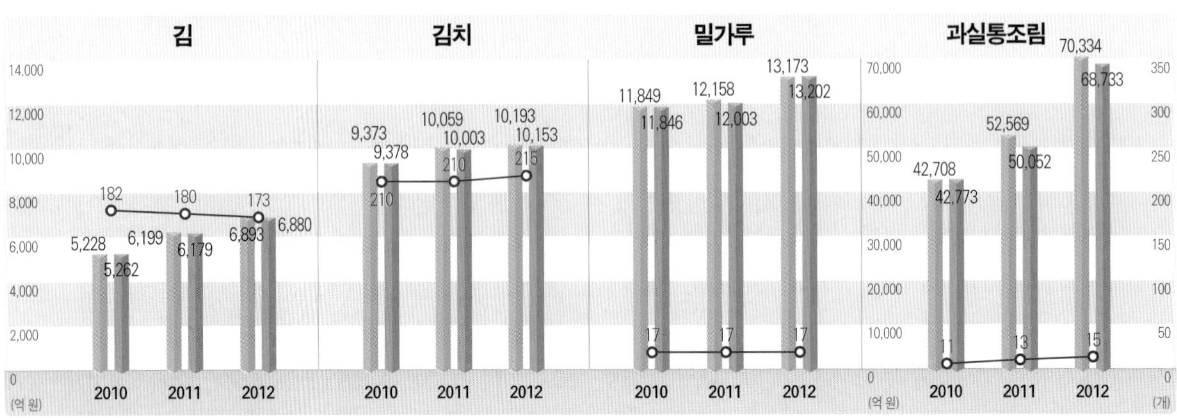
김
김치
밀가루
과실통조림
14,000
12,000
10,000
8,000
6,000
4,000
2,000
0
(억 원)
182
180
173
5,228
5,262
6,199
6,179
6,893
6,880
9,373
9,378
10,059
10,003
10,193
10,153
210
210
215
11,849
11,846
12,158
12,003
13,173
13,202
17
17
17
70,000
60,000
50,000
40,000
30,000
20,000
10,000
0
(억 원)
42,708
42,773
52,569
50,052
70,334
68,733
11
13
15
350
300
250
200
150
100
50
0
(개)
2010 2011 2012

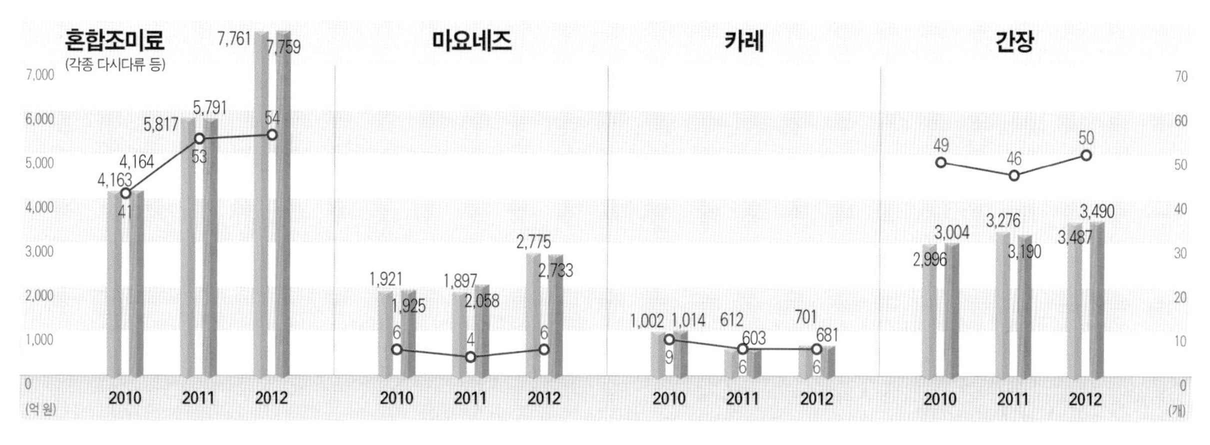

혼합조미료
(각종 다시다류 등)
7,761
7,759
5,817
5,791
4,164
4,163
41
53
54
마요네즈
1,921
1,925
1,897
2,058
2,775
2,733
6
4
6
카레
1,002
1,014
612
603
701
681
9
6
6
간장
49
46
50
3,004
2,996
3,276
3,190
3,490
3,487
7,000
6,000
5,000
4,000
3,000
2,000
1,000
0
(억 원)
70
60
50
40
30
20
10
0
(개)
2010
2011
2012

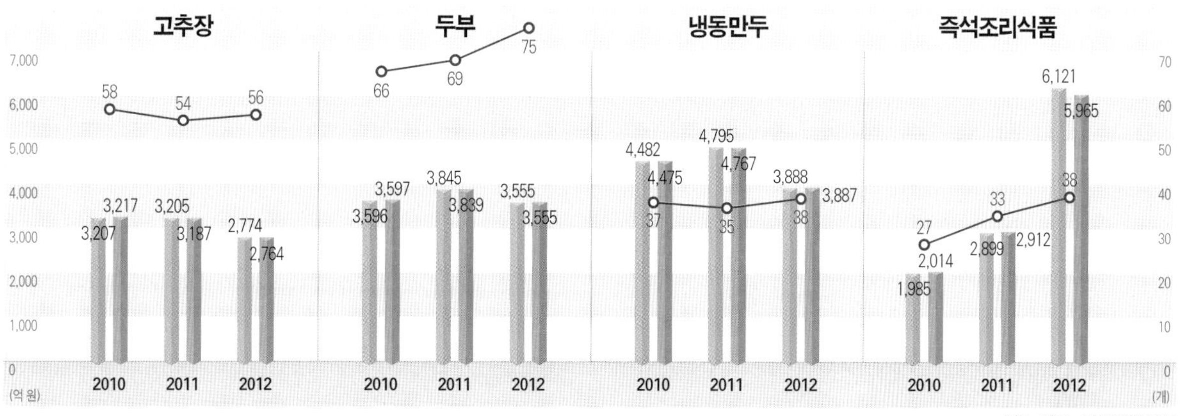

고추장
58
54
56
3,217
3,207
3,205
3,187
2,774
2,764
두부
66
69
75
3,597
3,596
3,845
3,839
3,555
3,555
냉동만두
4,482
4,475
4,795
4,767
3,888
3,887
37
35
38
즉석조리식품
6,121
5,965
27
33
38
2,014
1,985
2,899
2,912
7,000
6,000
5,000
4,000
3,000
2,000
1,000
0
(억 원)
70
60
50
40
30
20
10
0
(개)
2010
2011
2012

자료 : 한국농수산식품유통공사

가공식품 품목별 · 유통채널별 판매 비중 (기준 : 2013 소매 판매액)

■ 백화점 ■ 할인점 ■ 체인슈퍼 ■ 편의점 ■ 독립슈퍼 ■ 일반식품점

	판매액(억 원)						
어육가공품	4,356	1.3	30	24.7	7.7	29.8	6.5
참치캔	4,325	0.4	45.9	20.1	4.5	20.1	9.1
식육가공품	12,768	1.0	42.8	19	12.2	18.8	6.2
김치	1,529	4.1	48.5	14.7	14.9	12.2	5.5
두부	4,098	1.9	35	28.1	0.8	27	7.3
고추장	2,210	0.9	34.2	23.4	1.1	30.6	9.6

(%) 0 20 40 60 80 100

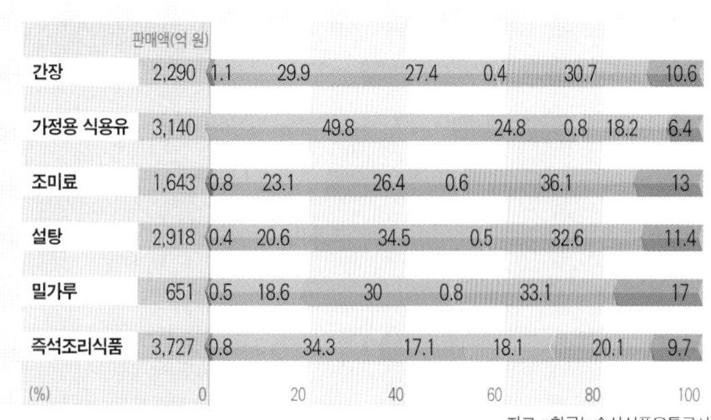

판매액(억 원)
간장 2,290 1.1 29.9 27.4 0.4 30.7 10.6
가정용 식용유 3,140 49.8 24.8 0.8 18.2 6.4
조미료 1,643 0.8 23.1 26.4 0.6 36.1 13
설탕 2,918 0.4 20.6 34.5 0.5 32.6 11.4
밀가루 651 0.5 18.6 30 0.8 33.1 17
즉석조리식품 3,727 0.8 34.3 17.1 18.1 20.1 9.7
(%) 0 20 40 60 80 100

자료 : 한국농수산식품유통공사

주요 가공식품 업체별 소매시장 점유율 (기준 : 2014. 1~9 소매판매액) ( ) 안은 판매액(억 원)

(%)

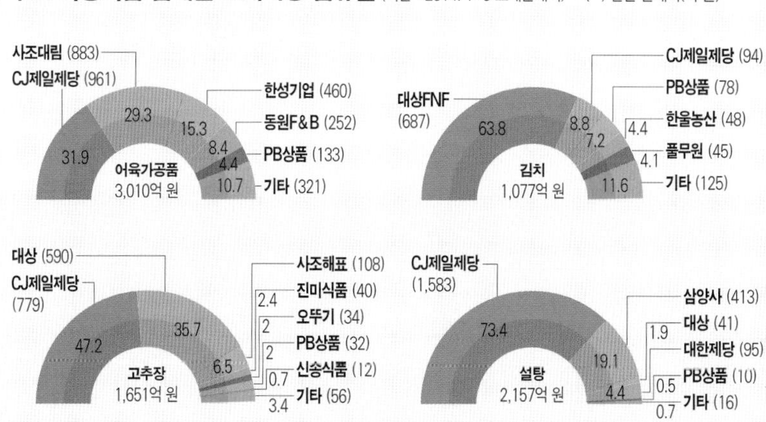

사조대림 (883)
CJ제일제당 (961)
한성기업 (460)
동원F&B (252)
PB상품 (133)
기타 (321)
31.9
29.3
15.3
8.4
4.4
10.7
어육가공품
3,010억 원
대상FNF (687)
CJ제일제당 (94)
PB상품 (78)
한울농산 (48)
풀무원 (45)
기타 (125)
63.8
8.8
7.2
4.4
4.1
11.6
김치
1,077억 원
대상 (590)
CJ제일제당 (779)
사조해표 (108)
진미식품 (40)
오뚜기 (34)
PB상품 (32)
신송식품 (12)
기타 (56)
47.2
35.7
6.5
2.4
2
2
0.7
3.4
고추장
1,651억 원
CJ제일제당 (1,583)
삼양사 (413)
대상 (41)
대한제당 (95)
PB상품 (10)
기타 (16)
73.4
19.1
1.9
4.4
0.5
0.7
설탕
2,157억 원

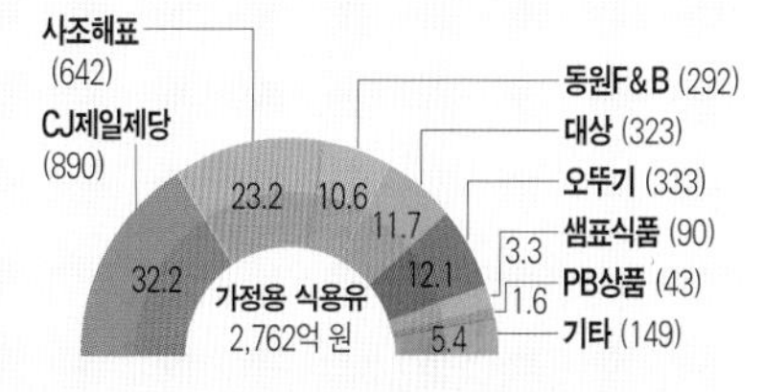

사조해표 (642)
CJ제일제당 (890)
동원F&B (292)
대상 (323)
오뚜기 (333)
샘표식품 (90)
PB상품 (43)
기타 (149)
32.2
23.2
10.6
11.7
12.1
3.3
1.6
5.4
가정용 식용유
2,762억 원

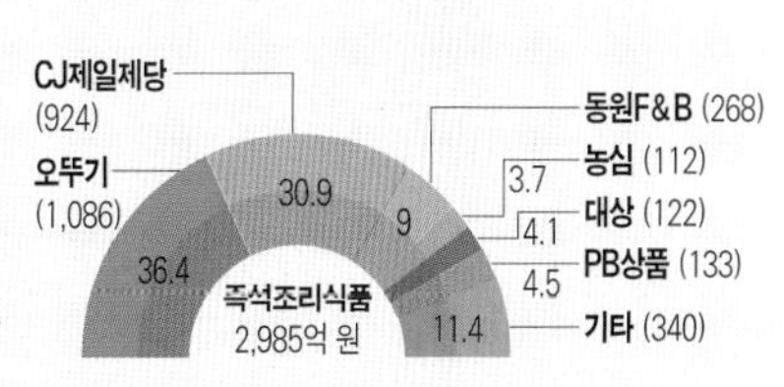

CJ제일제당 (924)
오뚜기 (1,086)
동원F&B (268)
농심 (112)
대상 (122)
PB상품 (133)
기타 (340)
36.4
30.9
9
3.7
4.1
4.5
11.4
즉석조리식품
2,985억 원

자료 : 한국농수산식품유통공사

증시에서 가공식품주가 주목 받는 이유

가공식품업계 가장 큰 화두는 주식 시장에서 불거졌다. 국내 가공식품산업을 대표하는 6개 업체(CJ제일제당, 오뚜기, 대상, 동원F&B, 롯데푸드, 풀무원)들의 리레이팅에 투자자들이 주목한 것이다. 리레이팅이란 똑같은 이익을 내더라도 주가는 더 높은 수준에서 형성되는 것을 말한다. 주가수익비율(PER)이 한 단계 상향 조정되는 셈이다.

가공식품 업종의 주가 상승을 이끌었던 가장 큰 요인은, (1) 원재료비 하락으로 인한 수익성 개선, (2) CJ제일제당의 제품 카테고리 축소 및 판촉비 절감으로 촉발된 경쟁 완화, (3) 2013년 10월에 발표된 판매장려금 개선으로 인한 수수료 부담 감소 등 모두 비용과 관련된 것이다.

비용 관련 부분을 좀 더 살펴보면, 수익성 개선은 구조적 비용 개선이 아닌 원재료비 하락의 영향이 컸다. 2014년 상반기 매출원가율은 전년 동기 대비 1.0%p 하락했다. 동시에 판관비율은 0.6%p 상승했다. 판매장려금 관련 비용(판매수수료+판촉비+지급수수료)은 전년 동기 대비 0.2%p 하락하여 조금씩 나아지는 추세다. 하지만 실제 광고판촉비가 감소한 업체는 CJ제일제당 밖에 없다. 판매 수량 확대를 위한 광고 판촉 부담이 줄지 않은 것이다. 비용 구조를 개선시킬 경쟁 환경은 여전히 녹록치 않아 보인다.

뉴질랜드와의 FTA가 국내 식품산업에 가져다 줄 재앙

중국, 캐나다, 뉴질랜드, 오스트레일리아 등과의 자유무역협정(FTA)으로 농축수산물 개방이 봇물 터지듯 이어지면서 가공식품업계의 시름이 깊어지고 있다.

지금까지는 주로 미국, 중국과의 FTA가 화제의 중심이었지만, 오스트레일리아나 뉴질랜드 같은 농축산업 선진국과의 FTA는 국내 가공식품업계에 적지 않은 영향을 끼칠 전망이다. 특히, 뉴질랜드와의 FTA로 낙농제품 및 육류 등 뉴질랜드산 농축산물과 가공식품 수입이 더욱 늘어날 것으로 예상됨에 따라 국내 가공식품업계의 피해가 불가피하다. 한·뉴질랜드 FTA 협상 내용을 보면 뉴질랜드는 수입액 기준 92%에 해당하는 상품들의 관세를 즉시 철폐하고, 7년 이내 모든 상품(7,288개)을 자유화하기로 했다. 반면 한국은 1만 1,881개 상품 중 수입액의 48.3%는 즉시, 96.4%는 15년 내 관세를 없애기로 했다. 쌀을 비롯해 꿀, 사과, 배 등 전체 농축산물 1,500개 중 194개(12.9%)는 양허제외했다.

또 쇠고기는 15년 내 관세 철폐, 원유 수급 조절 중요 품목인 탈·전지분유와 연유는 현행 관세를 유지하는 대신 소비량의 5%만 인정하는 저율관세할당(TRQ) 상품으로 묶었다. 치즈도 15년 내 철폐, 버터는 10년 철폐, 조제분유는 13년, 15년 철폐하면서 각각 TRQ를 부여했다. 저율관세할당(Tariff Rate Quotas)이란 일정 수입량은 무관세 혹은 저율의 관세를 부과하고, 이를 초

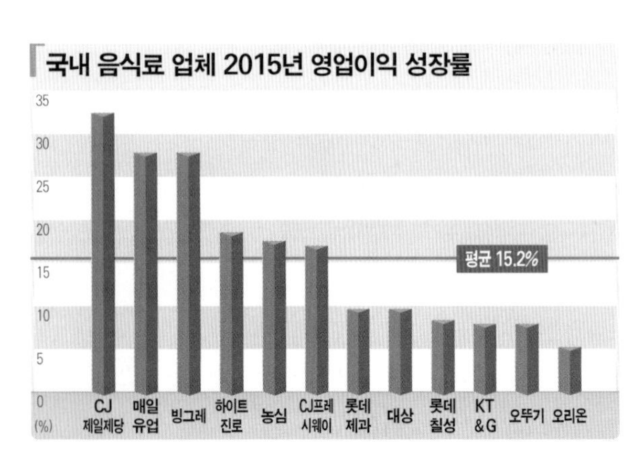
국내 음식료 업체 2015년 영업이익 성장률
35
30
25
20
15
10
5
0
(%)
평균 15.2%
CJ 제일제당
매일 유업
빙그레
하이트 진로
농심
CJ프레 시웨이
롯데 제과
대상
롯데 칠성
KT &G
오뚜기
오리온

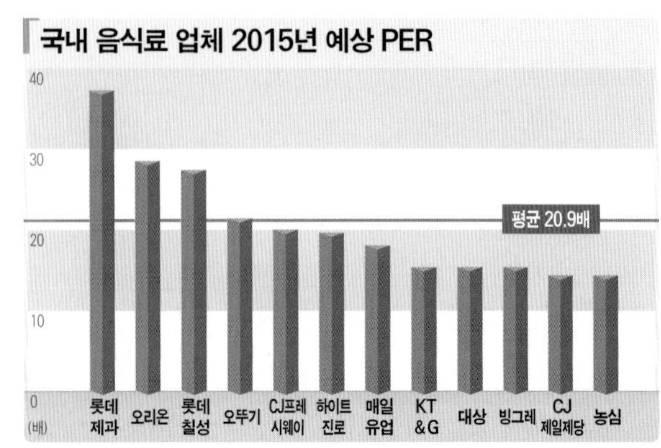
국내 음식료 업체 2015년 예상 PER
40
30
20
10
0
(배)
평균 20.9배
롯데 제과
오리온
롯데 칠성
오뚜기
CJ프레 시웨이
하이트 진로
매일 유업
KT &G
대상
빙그레
CJ 제일제당
농심

과하는 물량은 높은 관세를 부과하는 것을 말한다. 양허된 시장 접근 물량은 저율의 관세를 부과하고 이를 초과하는 물량에 대해서는 높은 관세를 부과할 수 있도록 한 일종의 이중관세 제도다.

HMR 시장이 뜬다!

HMR이란 Home Meal Replacement의 이니셜을 딴 조어로, 우리말로 풀이하면 '가정간편식' 정도가 된다. HMR은 미리 가공한 식재료를 간단한 조리를 거쳐 먹을 수 있도록 포장한 상품이다. 국내에서 HMR 시장이 급성장하면서 가공식품업계를 좌지우지할 '태풍의 눈'으로 떠오르고 있다.

실제로 이마트는 전국 모든 점포에 '피코크'라는 이름의 HMR 전용 코너를 마련했다. 이마트의 피코크 코너에서는 된장찌개, 설렁탕, 육개장, 파스타 등 300여 가지 상품을 판매 중이다. 이마트는 HMR 매대를 늘린 만큼 라면과 통조림 등 기존 가공식품 판매 공간은 줄였다.

롯데마트에서는 HMR 매출이 전년 동기보다 51.8% 증가했다. 국밥 매출이 120.1% 급증했고 비빔밥(65.8%)과 탕·찌개(20.9%) 매출도 큰 폭으로 늘었다.

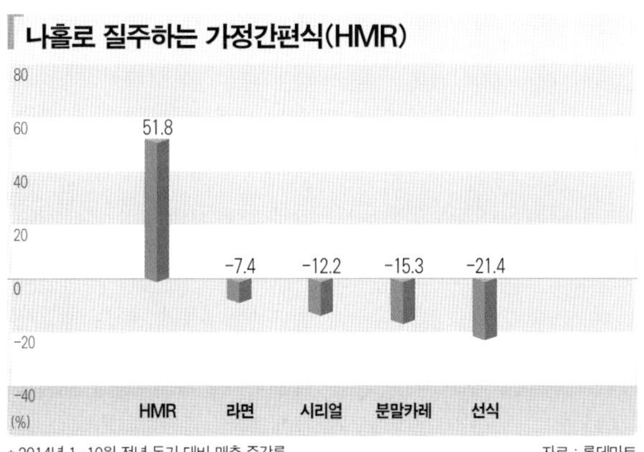
나홀로 질주하는 가정간편식(HMR)
80
60
40
20
0
-20
-40
(%)
51.8
-7.4
-12.2
-15.3
-21.4
HMR
라면
시리얼
분말카레
선식

* 2014년 1~10월 전년 동기 대비 매출 증감률 자료 : 롯데마트

업계에서는 국내 HMR 시장규모가 2013년 1조 3,000억 원에서 2014년 1조 7,000억 원으로 30% 이상 커졌다고 분석했다. 연간 2조 원대 초반인 라면 시장을 1~2년 안에 따라잡을 수 있는 속도다. HMR 매출이 급증하면서 타격을 받고 있는 식품도 적지 않다. 가장 타격이 큰 품목은 라면이다. 이마트와 롯데마트는 라면 매출이 7% 넘게 줄었다. 이밖에도 HMR이 빵, 시리얼, 카레, 선식 등 기존 식사 대용식의 수요를 빠르게 대체해 나가고 있다.

HMR의 가장 큰 장점은 밥, 국, 찌개 등 '집밥'을 간편하게 먹을 수 있다는 것이다. 미리 씻어서 손질한 채소, 고기와 국물을 낼 수 있는 육수를 냄비에 넣어 끓이거나 전자레인지로 데우기만 하면 된다. 업계에서는 1~2인 가구가 늘고 여성의 경제 활동이 활발해진 것을 HMR 시장의 성장 배경으로 보고 있다.

'무첨가 마케팅', 그 속을 들여다보니!

'무첨가 햄', '무첨가 발효유' 등 건강을 중시하는 소비자들이 늘어나면서 식품업계의 이른바 '무첨가 마케팅' 열풍이 뜨겁다. 그러나 정작 소비자들은 식품첨가물에 대해 잘 알고 있지 못하는 바, 이를 이용해 업계가 소비자의 혼란을 부추긴다는 지적이 제기되고 있다. 지난해 국회 농림축산식품해양수산위원회 소속 윤명희 의원(새누리당)은 식품의 용기나 포장에 식품첨가물을 사용하지 않았다는 표시·광고를 할 경우 식품의약품안전처장이 정한 식품 표시·광고 심의 기준, 방법 및 절차에 따라 심의 받도록 하는 '식품위생법 일부 개정 법률안'을 발의했다.

예를 들어 오랫동안 이어진 MSG(글루타민산나트륨) 논쟁은 식품의약품안전처의 안전성 공인에도 불구하고 MSG가 첨가되지 않은 식품이 건강에 좋은 것처럼 식품 업체마다 마케팅에 활용된다. 현행 '식품 등의 표시기준'에 따르면 표시 대상이 되는 식품 등을 제조·가공·수입·소분·판매 하는 영업자는 식품의 용기·포장에 소비자가 오인·혼동 하는 표시를 해서는 안 된다. 'MSG를 첨가하지 않은 웰빙 식품'이라는 구호만으로 처벌 대상이 되는 것이다.

36 | 음료·유제품 업계

업계 규모

■ 국내 탄산음료 시장규모	1조 85억 원
■ 국내 과채주스 시장규모	8,129억 원
■ 국내 커피믹스 시장규모	1조 1,665억 원
■ 국내 우유 시장규모	1조 8,142억 원
■ 국내 발효유 시장규모	8,609억 원

(기준 : 소매시장)

롯데칠성음료

코카콜라음료·해태음료

롯데제과 19.3%
롯데알미늄 8.9%
호텔롯데 5.9%
신동빈 5.7%
신격호 1.3%
롯데칠성음료
(음료부문)
2014. 3Q 누계
음료매출액 1조 1,214억 원
주류매출액 5,050억 원
전체 순이익 519억 원
100%
66% 롯데아사히주류
100% MJA와인
100% 충북소주
20% 롯데자이언츠
80%
9.3%
롯데푸드
50% 롯데네슬레코리아
50% 한국네슬레
* 2014. 10 롯데칠성음료가 롯데푸드에 원두커피 사업부문 양도 결정
씨에이치음료
(음료·생수)
2013. 12
매출액 498억 원
영업이익 45억 원
순이익 39억 원
백학음료
(생수)
2013. 12
매출액 152억 원
영업이익 -2억 원
순이익 -15억 원
* 2014. 2 군인공제회로부터 지분 80% 인수
* 2014. 4 록인음료에서 상호 변경
코카콜라음료
(음료)
2013. 12
매출액 1조 40억 원
영업이익 951억 원
순이익 737억 원
한국코카콜라 10%
LG생활건강 Refreshing (음료부문)
90%
100%
* 2011. 1 LG생활건강 계열사로 편입
해태음료
(음료)
2013. 12
매출액 2,604억 원
영업이익 80억 원
순이익 191억 원
* 2013. 3 흡수합병
다이아몬드샘물
100%
한국음료
(음료)
2013. 12
매출액 400억 원
영업이익 40억 원
순이익 32억 원

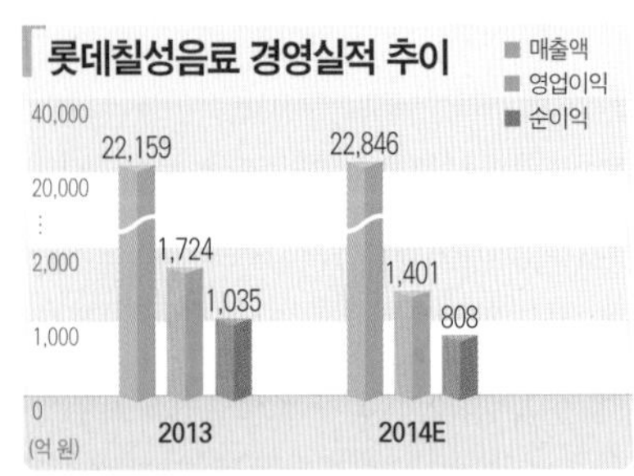

롯데칠성음료 경영실적 추이
매출액
영업이익
순이익
40,000
20,000
2,000
1,000
0
(억 원)
22,159
1,724
1,035
22,846
1,401
808
2013
2014E

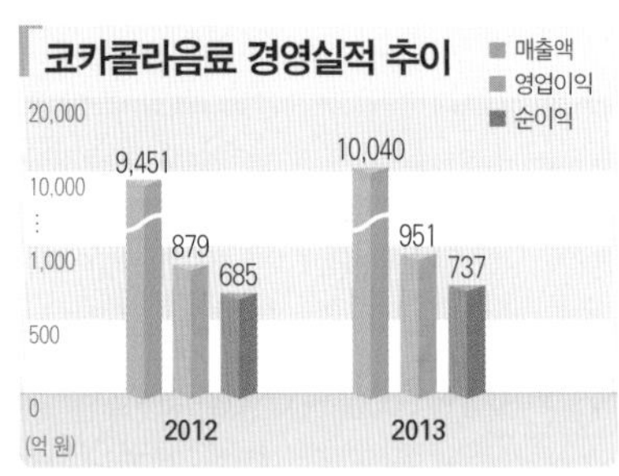

코카콜라음료 경영실적 추이
매출액
영업이익
순이익
20,000
10,000
1,000
500
0
(억 원)
9,451
879
685
10,040
951
737
2012
2013

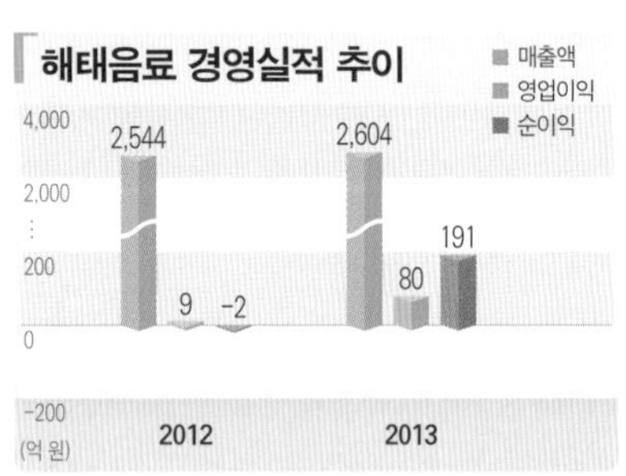

해태음료 경영실적 추이
매출액
영업이익
순이익
4,000
2,000
200
0
-200
(억 원)
2,544
9
-2
2,604
80
191
2012
2013

김상헌 외 24명
67.8%
동서
50%
Kraft Foods Holdings Singapore Pte. Ltd.
50%
동서식품
(인스턴트커피 등)
2013. 12
매출액 1조 5,270억 원
영업이익 2,046억 원
순이익 1,693억 원
100%
미가방(유)
Nestle S.A.
100%
한국네슬레
(인스턴트 커피)
2013. 12
매출액 3,550억 원
영업이익 -291억 원
순이익 -113억 원
* 1987. 10 설립
오츠카제약 (일본)
50%
동아쏘시오홀딩스
49.9%
동아오츠카
(건강음료·건강식품)
2013. 12
매출액 2,128억 원
영업이익 45억 원
순이익 15억 원
동아제약 100%
동아에스티 16.1%

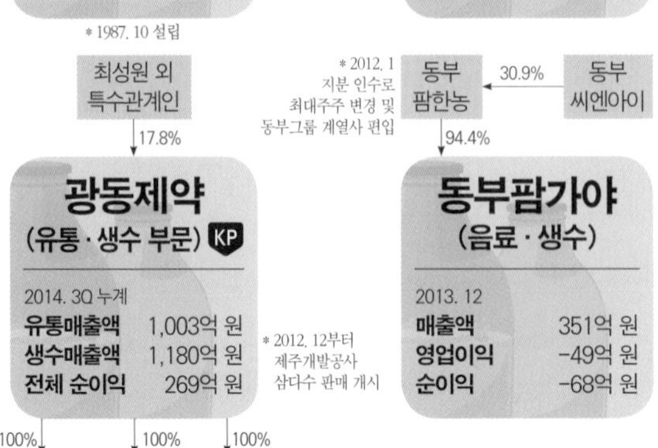

최성원 외 특수관계인
17.8%
광동제약
(유통·생수 부문)
2014. 3Q 누계
유통매출액 1,003억 원
생수매출액 1,180억 원
전체 순이익 269억 원
* 2012. 12부터 제주개발공사 삼다수 판매 개시
100% 애플에셋
100% 광동GLS
100% 가산
* 2012. 1 지분 인수로 최대주주 변경 및 동부그룹 계열사 편입
동부팜한농
30.9%
동부씨엔아이
94.4%
동부팜가야
(음료·생수)
2013. 12
매출액 351억 원
영업이익 -49억 원
순이익 -68억 원

웅진식품 (음료)

한앤컴퍼니 → 100% 출자 SPC → 한앤코에프앤비홀딩스 → 73.6%

* 2013. 12 웅진홀딩스 등이 지분 매각, 최대주주 변경

2014. 3Q 누계	
매출액	1,414억 원
영업이익	54억 원
순이익	36억 원

웅진 (* 2014. 1 소속관계 해소)

펩시콜라 (음료 : 원액)

Seven-Up Netherlands B.V. → 100%

2013. 12	
매출액	482억 원
영업이익	37억 원
순이익	29억 원

* 1993. 12 설립
펩시콜라 원액 수입 판매 담당,
펩시콜라 제조 유통은
롯데칠성음료가 담당

매일유업
기준: 2014. 9
김정완 15.4%
김정민 6.9%
김인순 5.9%
김정석 5%
진암사회복지재단 10%
매일유업
(시유·발효유·음료) KQ
2014. 3Q 누계
매출액 1조 723억 원
영업이익 234억 원
순이익 180억 원
상하(상하치즈)
* 2010. 4 흡수합병
50% 코리아후드써비스 ▸▸ 햄버거용 빵 제조
50% 엠디웰아이엔씨 ▸▸ 의영양전문식 판매
75% 농업회사법인 상하농원 ▸▸ 농축산물 생산·가공·유통
50% 엠와이푸드시스템 ▸▸ 명란 및 기타 식재 판매
100% 엠즈푸드시스템 ▸▸ 식자재 유통, 창고보관업
85% 엠즈베버리지(M's Beverage) ▸▸ 주류수입판매업
100% 레뱅드매일 ▸▸ 주류수입판매업
100% 아카데미듀뱅코리아 ▸▸ 와인아카데미
50% 부첼라 ▸▸ 빵류 등 제조 판매
40% 본만제 ▸▸ 도소매업, 식품 수입판매
65% 크리스탈제이드코리아 ▸▸ 중식 레스토랑
100% 엠즈씨드 ▸▸ 커피제조, 커피체인점
50% 엠즈파트너스(M's Partners) ▸▸ 판매서비스, 사업지원서비스
34.7% 제로투세븐 ▸▸ 유아복브랜드판매
매일유업 사업부문별 매출 비중 (기준 : 2014. 1H)
유아동 의류·용품 842억 원 12
분유 790억 원 11.2
시유 1,645억 원 23.4
발효유 469억 원 6.7
음료·기타 3,282억 원 46.7
(%)

남양유업

홍원식 외 특수관계인	ACACIA PARTNER, L.P.	FIRST EAGLE OVERSEAS FUND
53.9%	5.6%(우선주)	5.7%

남양유업
(시유·발효유·음료) KP

2014. 3Q 누계

매출액	8,697억 원
영업이익	-195억 원
순이익	-131억 원

- 100% → 금양흥업 (부동산 임대업)
- 100% → 남양F&B (OEM 음료 생산)

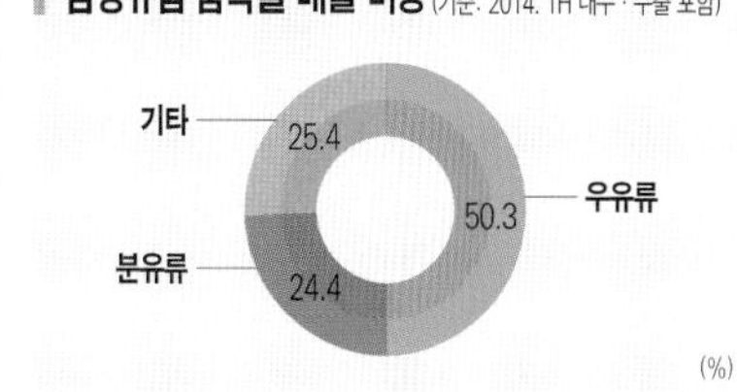

남양유업 품목별 매출 비중 (기준: 2014. 1H 내수·수출 포함)
기타 25.4
우유류 50.3
분유류 24.4
(%)

서울우유

서울우유협동조합
(시유·발효유·음료)

2013. 12

매출액	1조 6,775억 원
영업이익	820억 원
순이익	326억 원

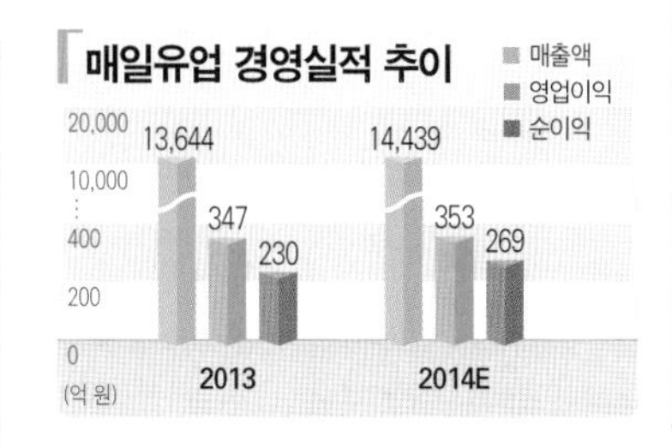

매일유업 경영실적 추이
매출액
영업이익
순이익
20,000
10,000
400
200
0
(억 원)
13,644
347
230
2013
14,439
353
269
2014E

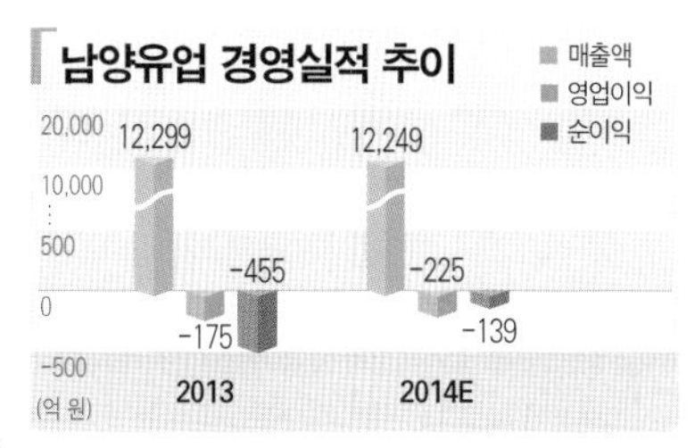

남양유업 경영실적 추이
매출액
영업이익
순이익
20,000
10,000
500
0
-500
(억 원)
12,299
-175
-455
2013
12,249
-225
-139
2014E

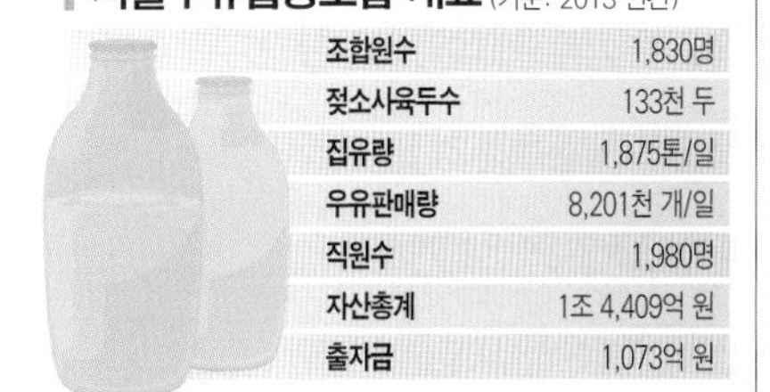

서울우유협동조합 개요 (기준: 2013 연간)

조합원수	1,830명
젖소사육두수	133천 두
집유량	1,875톤/일
우유판매량	8,201천 개/일
직원수	1,980명
자산총계	1조 4,409억 원
출자금	1,073억 원

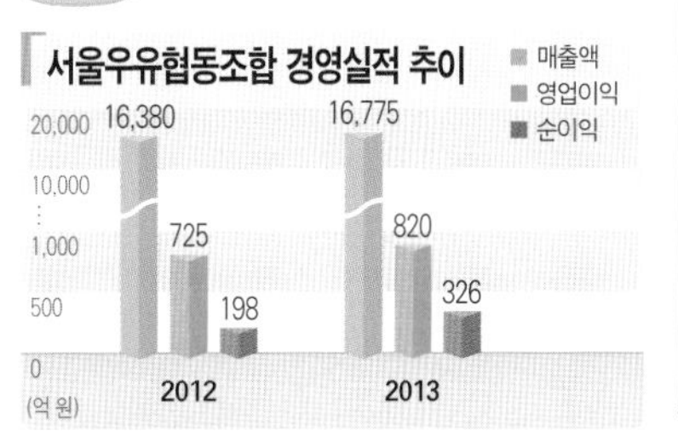

서울우유협동조합 경영실적 추이
매출액
영업이익
순이익
20,000
10,000
1,000
500
0
(억 원)
16,380
725
198
2012
16,775
820
326
2013

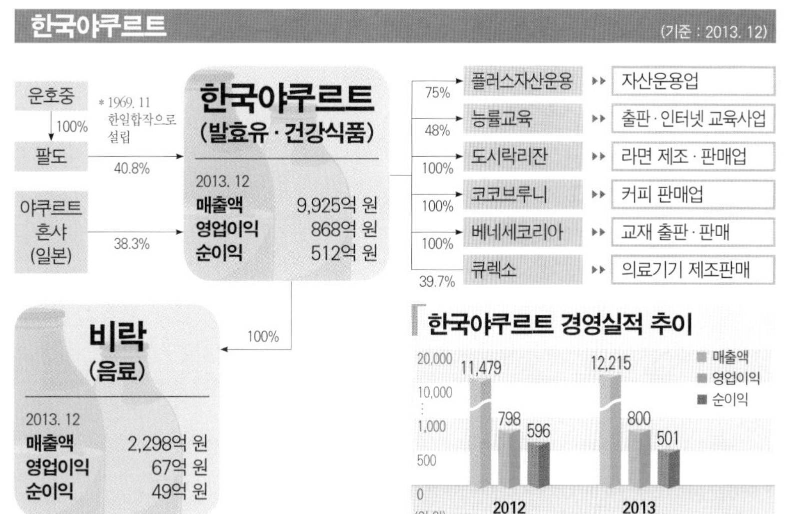

한국야쿠르트
(기준 : 2013. 12)
윤호중
100%
팔도
* 1969. 11 한일합작으로 설립
40.8%
야쿠르트 혼샤(일본)
38.3%
한국야쿠르트
(발효유·건강식품)
2013. 12
매출액 9,925억 원
영업이익 868억 원
순이익 512억 원
75% 플러스자산운용 ▸▸ 자산운용업
48% 능률교육 ▸▸ 출판·인터넷 교육사업
100% 도시락리잔 ▸▸ 라면 제조·판매업
100% 코코브루니 ▸▸ 커피 판매업
100% 베네세코리아 ▸▸ 교재 출판·판매
39.7% 큐렉소 ▸▸ 의료기기 제조판매
100%
비락
(음료)
2013. 12
매출액 2,298억 원
영업이익 67억 원
순이익 49억 원
한국야쿠르트 경영실적 추이
매출액
영업이익
순이익
20,000
10,000
1,000
500
0
(억 원)
11,479
798
596
2012
12,215
800
501
2013

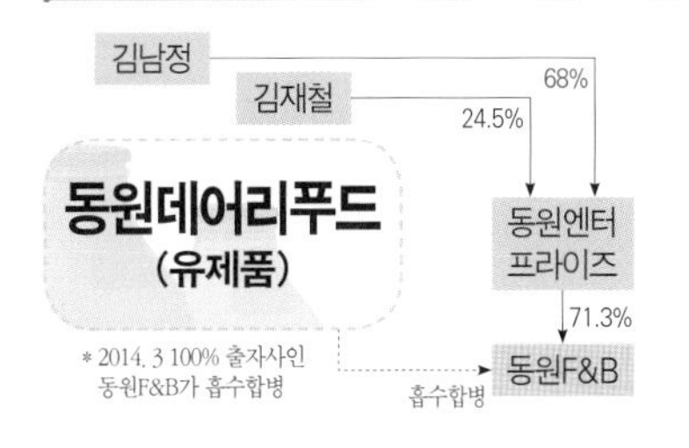

김남정 68%
김재철 24.5%
동원엔터프라이즈
71.3%
동원F&B
흡수합병
동원데어리푸드
(유제품)
* 2014. 3 100% 출자사인 동원F&B가 흡수합병

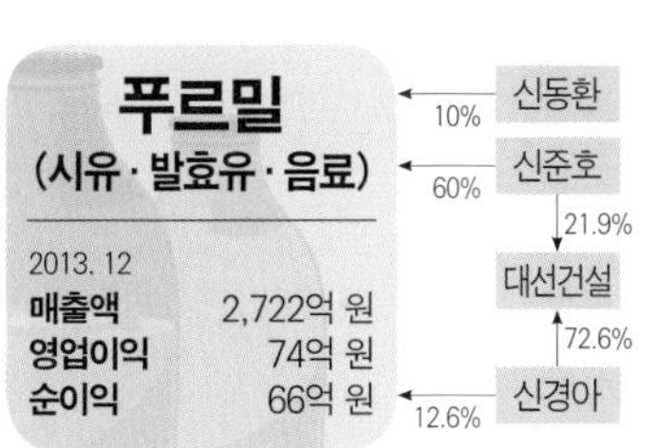

푸르밀
(시유·발효유·음료)
2013. 12
매출액 2,722억 원
영업이익 74억 원
순이익 66억 원
신동환 10%
신준호 60%
21.9%
대선건설
72.6%
신경아 12.6%
* 2007. 4 롯데그룹에서 분리
* 2009. 1 롯데우유에서 상호 변경

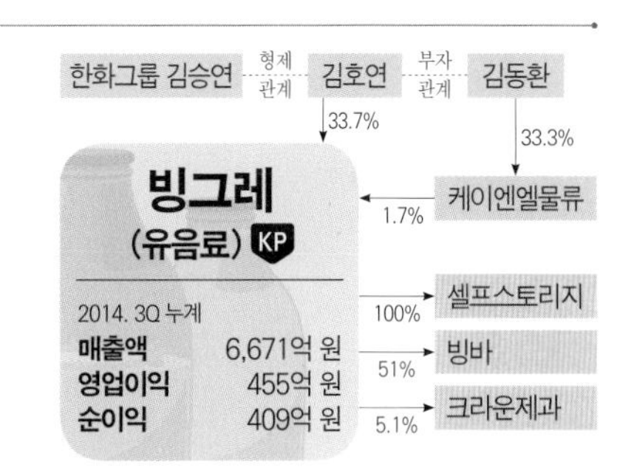

한화그룹 김승연
형제 관계
김호연
부자 관계
김동환
33.7%
33.3%
케이엔엘물류
1.7%
빙그레
(유음료) KP
2014. 3Q 누계
매출액 6,671억 원
영업이익 455억 원
순이익 409억 원
100% 셀프스토리지
51% 빙바
5.1% 크라운제과

음료류 국내 생산 추이

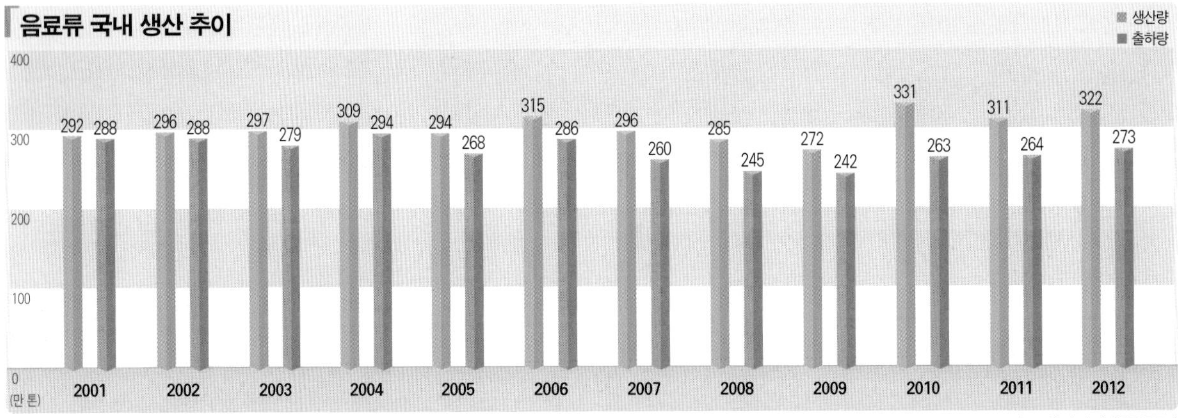

생산량
출하량
400
300
200
100
0
(만 톤)
2001 292 288
2002 296 288
2003 297 279
2004 309 294
2005 294 268
2006 315 286
2007 296 260
2008 285 245
2009 272 242
2010 331 263
2011 311 264
2012 322 273

자료 : 한국농수산식품유통공사

음료류 품목별 생산액 (기준 : 2012)

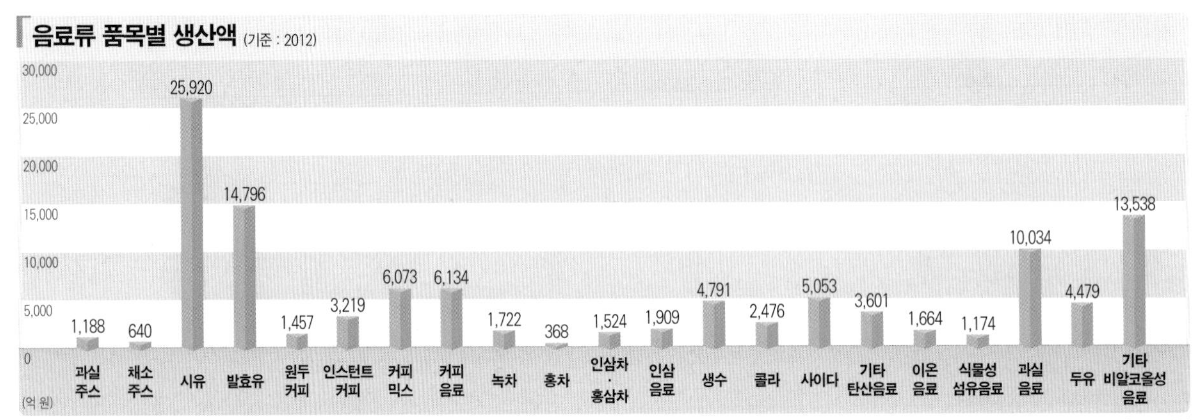

30,000
25,000
20,000
15,000
10,000
5,000
0
(억 원)
과실주스 1,188
채소주스 640
시유 25,920
발효유 14,796
원두커피 1,457
인스턴트커피 3,219
커피믹스 6,073
커피음료 6,134
녹차 1,722
홍차 368
인삼차·홍삼차 1,524
인삼음료 1,909
생수 4,791
콜라 2,476
사이다 5,053
기타 탄산음료 3,601
이온음료 1,664
식물성 섬유음료 1,174
과실음료 10,034
두유 4,479
기타 비알코올성 음료 13,538

자료 : 통계청

인삼·홍삼 음료 업체별 시장점유율

(기준 : 2013 연간, 소매시장) ( ) 안은 매출액(억 원)

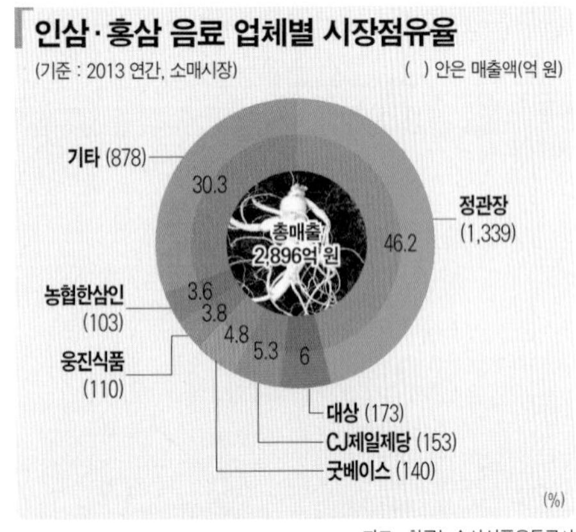

총매출 2,896억 원
정관장 (1,339) 46.2
기타 (878) 30.3
농협한삼인 (103) 3.6
웅진식품 (110) 3.8
굿베이스 (140) 4.8
CJ제일제당 (153) 5.3
대상 (173) 6
(%)

자료 : 한국농수산식품유통공사

롯데칠성음료 품목별 매출 추이 (기준 : 2014. 1~3Q)

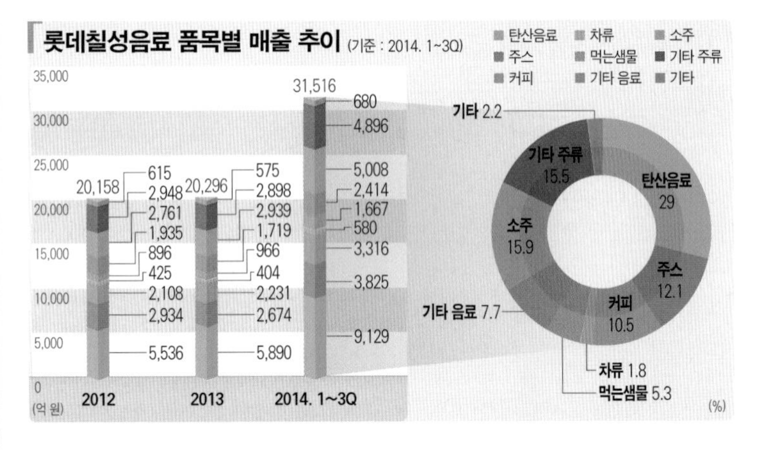

탄산음료
주스
커피
차류
먹는샘물
기타 음료
소주
기타 주류
기타
35,000
30,000
25,000
20,000
15,000
10,000
5,000
0
(억 원)
2012 20,158
615
2,948
2,761
1,935
896
425
2,108
2,934
5,536
2013 20,296
575
2,898
2,939
1,719
966
404
2,231
2,674
5,890
2014. 1~3Q 31,516
680
4,896
5,008
2,414
1,667
580
3,316
3,825
9,129
기타 2.2
기타 주류 15.5
탄산음료 29
소주 15.9
주스 12.1
커피 10.5
기타 음료 7.7
차류 1.8
먹는샘물 5.3
(%)

주요 음료 품목의 업체별 시장점유율 (기준 : 2013 연간 소매시장 판매액)

( ) 안은 매출액(억 원)

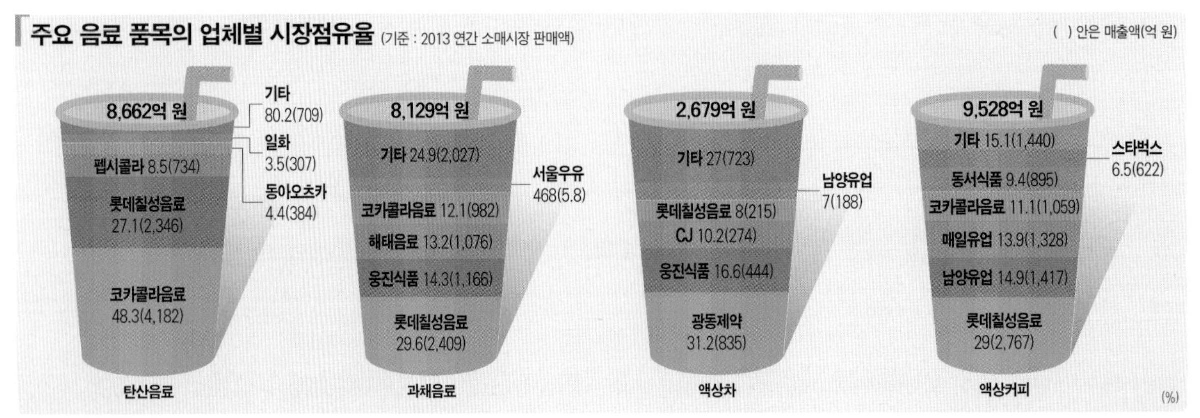

탄산음료
8,662억 원
기타 80.2(709)
일화 3.5(307)
동아오츠카 4.4(384)
펩시콜라 8.5(734)
롯데칠성음료 27.1(2,346)
코카콜라음료 48.3(4,182)
과채음료
8,129억 원
기타 24.9(2,027)
서울우유 468(5.8)
코카콜라음료 12.1(982)
해태음료 13.2(1,076)
웅진식품 14.3(1,166)
롯데칠성음료 29.6(2,409)
액상차
2,679억 원
기타 27(723)
남양유업 7(188)
롯데칠성음료 8(215)
CJ 10.2(274)
웅진식품 16.6(444)
광동제약 31.2(835)
액상커피
9,528억 원
기타 15.1(1,440)
스타벅스 6.5(622)
동서식품 9.4(895)
코카콜라음료 11.1(1,059)
매일유업 13.9(1,328)
남양유업 14.9(1,417)
롯데칠성음료 29(2,767)
(%)

자료 : 한국농수산식품유통공사

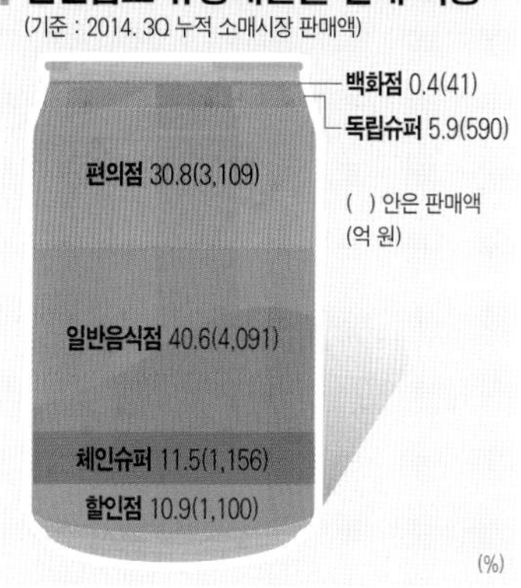
탄산음료 유통채널별 판매 비중
(기준 : 2014. 3Q 누적 소매시장 판매액)
백화점 0.4(41)
독립슈퍼 5.9(590)
편의점 30.8(3,109)
( ) 안은 판매액 (억 원)
일반음식점 40.6(4,091)
체인슈퍼 11.5(1,156)
할인점 10.9(1,100)
(%)

자료 : 식품산업통계정보

탄산음료 제품별 시장규모 (기준 : 2013 소매시장 판매액)
( ) 안은 비중(%)
4,000
3,000
2,000
1,000
0
(억 원)
3,857(38.2)
3,281(32.5)
2,749(27.3)
199(2)
콜라
착향탄산
사이다
기타

자료 : 식품산업통계정보

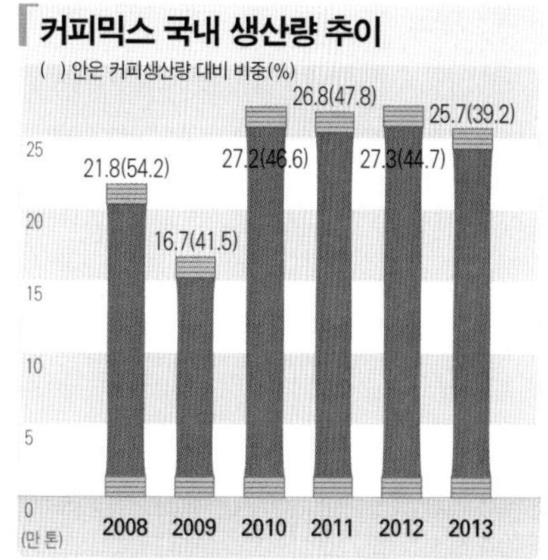
커피믹스 국내 생산량 추이
( ) 안은 커피생산량 대비 비중(%)
25
20
15
10
5
0
(만 톤)
21.8(54.2)
16.7(41.5)
27.2(46.6)
26.8(47.8)
27.3(44.7)
25.7(39.2)
2008
2009
2010
2011
2012
2013

자료 : 농림수산식품부, 한국농수산식품유통공사

커피 판매 업체 톱10 (기준 : 2013 연간 판매액)
( ) 안은 점유율(%)
1위 동서식품 8,581(43.1)
2위 롯데칠성음료 2,381(12)
3위 빈블레스* 1,749(8.8)
4위 남양유업 1,226(6.2)
5위 롯데네슬레코리아 1,114(5.6)
6위 코카콜라음료 912(4.6)
7위 쟈뎅 387(1.9)
8위 빙그레 290(1.5)
9위 매일유업 190(1)
10위 카페베네 161(0.8)
* 원두 로스팅 전문 기업
(억 원)

자료 : 농림수산식품부, 한국농수산식품유통공사

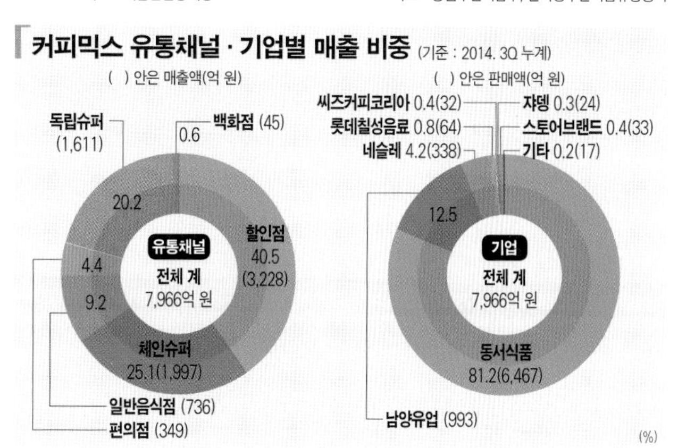
커피믹스 유통채널 · 기업별 매출 비중 (기준 : 2014. 3Q 누계)
( ) 안은 매출액(억 원)
독립슈퍼 (1,611)
백화점 (45)
0.6
20.2
할인점 40.5 (3,228)
4.4
9.2
유통채널
전체 계
7,966억 원
체인슈퍼 25.1(1,997)
일반음식점 (736)
편의점 (349)
( ) 안은 판매액(억 원)
씨즈커피코리아 0.4(32)
쟈뎅 0.3(24)
롯데칠성음료 0.8(64)
스토어브랜드 0.4(33)
네슬레 4.2(338)
기타 0.2(17)
12.5
기업
전체 계
7,966억 원
동서식품 81.2(6,467)
남양유업 (993)
(%)

자료 : 농림수산식품부, 한국농수산식품유통공사

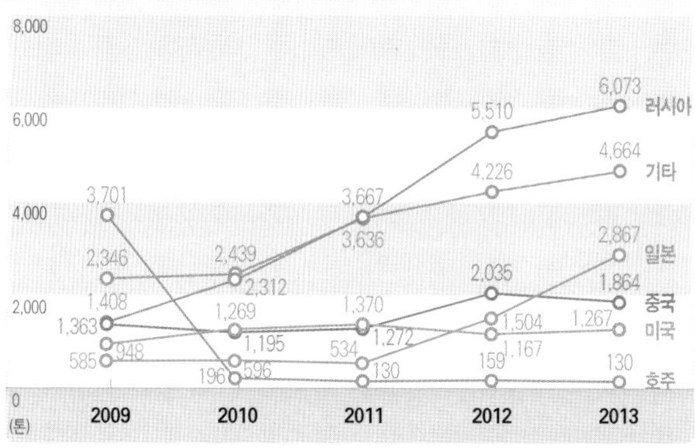
주요 대상 국가별 커피믹스 수출 추이
8,000
6,000
4,000
2,000
0
(톤)
러시아
기타
일본
중국
미국
호주
3,701
2,346
1,408
1,363
585
948
2,439
2,312
1,269
1,195
196
596
3,667
3,636
1,370
1,272
534
130
5,510
4,226
2,035
1,504
1,167
159
6,073
4,664
2,867
1,864
1,267
130
2009
2010
2011
2012
2013

자료 : 농수산식품수출지원정보

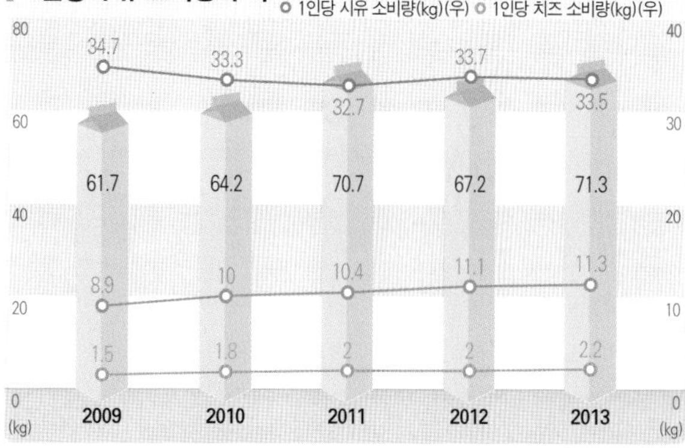
1인당 우유 소비량 추이
1인당 우유 소비량(kg)
1인당 발효유 소비량(kg)(우)
1인당 시유 소비량(kg)(우)
1인당 치즈 소비량(kg)(우)
80
60
40
20
0
(kg)
40
30
20
10
0
(kg)
34.7
33.3
32.7
33.7
33.5
61.7
64.2
70.7
67.2
71.3
8.9
10
10.4
11.1
11.3
1.5
1.8
2
2
2.2
2009
2010
2011
2012
2013

자료 : 농림축산식품부

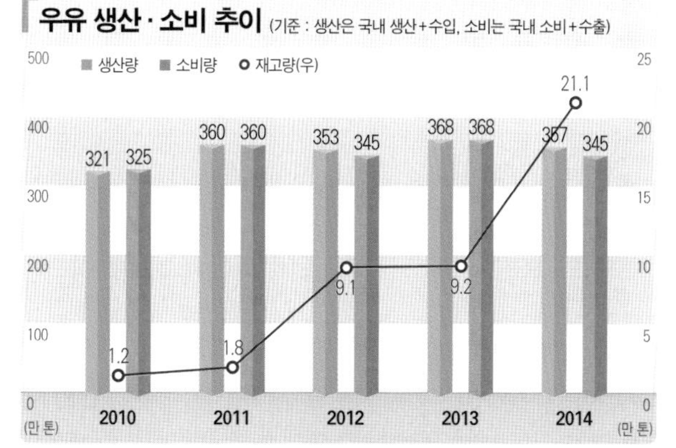
우유 생산 · 소비 추이 (기준 : 생산은 국내 생산+수입, 소비는 국내 소비+수출)
생산량
소비량
재고량(우)
500
400
300
200
100
0
(만 톤)
25
20
15
10
5
0
(만 톤)
321
325
360
360
353
345
368
368
357
345
1.2
1.8
9.1
9.2
21.1
2010
2011
2012
2013
2014

자료 : 농림축산식품부

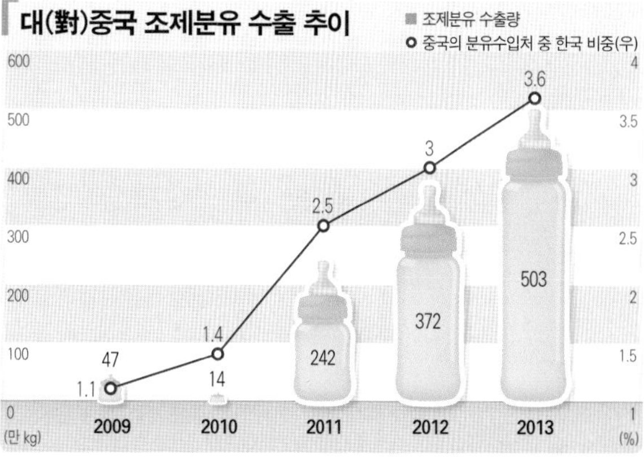
대(對)중국 조제분유 수출 추이
조제분유 수출량
중국의 분유수입처 중 한국 비중(우)
600
500
400
300
200
100
0
(만 kg)
4
3.5
3
2.5
2
1.5
1
(%)
47
14
242
372
503
1.1
1.4
2.5
3
3.6
2009
2010
2011
2012
2013

자료 : 농림축산식품부, 무역협회

마셔야 하는 본능과 욕망이 시장에 투영되다

물을 마시지 않고 살 수 있는 생명체는 지구상에 거의 없다. 산다는 것은 물을 마신다는 것이 전제되었을 때 가능하다는 논리는 결코 과장된 것이 아니다.

물을 마시는 것은 생존을 위한 행위이지만, 물 이외에 술이나 주스, 탄산음료와 같은 것을 마시는 것은 인간의 욕망과 맞닿아 있다. 사람들은 아무 맛도 느껴지지 않는 물에 대해 권태를 느끼기 시작했고 뭔가 다른 맛과 색깔을 지닌 음료를 욕망하게 된 것이다. 음료가 자본의 힘을 빌려 거대한 산업과 시장을 형성하게 된 것이, 뭔가 색다른 것을 마시고 싶어 하는 인간의 욕망에서 비롯했음은 움직일 수 없는 사실이다.

생수, 음료 시장의 리더로 우뚝 서다

한국사회에서 맹물을 돈 주고 사 마시는 것이 자연스러워진 지는 그리 오래되지 않았다. 도시 주변을 흐르는 강물이 혹독한 산업화 탓에 더 이상 안심하고 마실 수 없는 지경에 놓이면서 맹물을 사마시기 위해 지갑을 열

수 밖에 없게 된 것이다. 다른 것을 마시고 싶은 욕망보다는 생존을 위한 본능이 맹물, 다시 말해 생수 시장을 열어젖힌 것이다.

아무튼 한국에서 생수 시장의 성장은 가파르다. 1988년 서울올림픽을 계기로 생수 판매가 시작된 이래 2000년에 1,562억 원 규모였던 생수 시장이 해마다 두 자릿수 성장을 이어가고 있다. 시장이 커지면서 생수 업체들의 경쟁도 뜨겁다. 현재 생수 시장에서는 약 70여개 업체가 100여개 브랜드 제품을 제조·판매하고 있다. 제주개발공사가 생산하고 광동제약이 유통하는 '제주삼다수'가 40%가 넘는 시장점유율로 멀찍이 앞서 나가고 있고, 그 뒤를 해태 '강원평창수'와 농심 '백산수', 롯데칠성음료 '아이시스', 하이트진로 '석수' 등이 추격하고 있다. 이밖에 이마트와 롯데마트 등 대형마트나 CU, GS25 등 편의점도 PB 생수를 잇달아 출시하고 있다. 수입 생수도 성장세에 동참하고 있다. '에비앙'과 '볼빅'은 해마다 6%가 넘는 판매실적을 이어가고 있다.

생수가 유독 한국에서 폭발적으로 성장할 수 있는 이유는 여러 가지가 있다. 무엇보다 건강에 대한 인식이 날로 높아지고 있기 때문이다. 생수가 수돗물을 끓인 물이나 정수와 다른 점은 미네랄 함량이다. 생수 업체들은 물속에 칼슘, 칼륨, 나트륨, 마그네슘 등 우리 몸이 필요로 하는 미네랄 성분을 자사의 생수가 더 풍부하게 함유하고 있다고 광고한다. 두 번째는 맞벌이 가정이나 1인 세대가 늘어나면서 물을 사먹는 식생활이 보편화된 것에 기인한다.

시장이 거대해지고 수많은 업체들이 난립하면서 생수 가격도 제각각이다. 생수 업체들이 현대판 봉이 김선달이 된 것이다. 인간이 생존하면서 마시는 물의 양을 평균치로 계산할 수 있다면, 그 양만큼의 생수 값도 뽑아낼 수 있을 것이다. 사람들은 평소 의식하고 있지 못하지만, 생존을 위해 어마어마한 돈을 마시는 물에 투자하고 있는 것이다. 생수 시장이 더욱 커질 수밖에 없는 이유가 바로 여기에 있다.

톡 쏘는 탄산수 열풍, 유럽처럼 이어질까?

탄산수가 생수를 위협할 정도로 인기를 끌고 있다. 맹

물에서 느낄 수 없는 톡 쏘는 욕망을 한동안 콜라나 사이다가 채워왔지만 이들은 당분을 많이 함유한 탓에 늘 공격에 시달릴 수밖에 없었다. 콜라나 사이다는 성장이 멈춘 지 꽤 되었다.

탄산수는 콜라나 사이다와 달리 당분이 없는 것이 특징이자 장점이다. 음료업계는 국내 탄산수 시장이 2013년 160억 원 규모에서 2014년 440억 원, 2015년에는 700억 원 규모로 급성장할 것으로 전망하고 있다. 탄산수는 수입 제품 비중이 크지만, 최근에는 가격이 절반도 안 되는 국산 제품들이 속속 출시되고 있다. 뿐만 아니라 아예 만들어 마시려는 사람들이 늘면서 탄산 제조기나 제조기가 부착된 냉장고도 인기를 끌고 있다.

한편, 국내에서는 탄산수 시장이 어느 정도 성장하다가 곧 시들해 버릴 것이라는 관측이 제기되기도 한다. 유럽은 석회수 때문에 생수의 대체재로 탄산수가 많이 소비되지만 우리나라는 상대적으로 물이 깨끗하고 주식이 밥이기 때문에 기름진 음식과 고기를 많이 먹는 유럽과는 입맛의 차이가 있다는 것이다.

결국 우리나라에서 유럽처럼 탄산수가 식수 대용으로 활용되기는 쉽지 않을 전망이다. 탄산수가 생수나 일반 식수를 대체할 만큼 건강이나 미용에 특별히 좋다는 주장이 의학적으로 충분히 밝혀지지도 않았기 때문이다. 다만, 에이드나 칵테일, 와인 등 다른 음료와 조화를 이루는 용도로는 충분히 성장할 수 있을 것으로 보인다.

숙취 해소 음료 시장, 국내를 넘어 아시아로

숙취 해소 음료 시장이 해마다 꾸준한 성장을 이어가고 있다. 업계에서는 8년 만에 4배 가까이 확대됐다는 분석이 나오기도 했다. 업체들은 여성 소비자 전용 음료를 내놓고 해외 진출을 추진하는 등 사업을 다각도로 키우고 있다.

2014년 국내 숙취 해소 음료 시장규모는 약 2,500억 원을 기록했다. 그동안 숙취 해소 음료 시장은 2006년 700억 원에서 2011년 1,500억 원, 2013년 2,300억 원을 기록하는 등 급속도로 성장해왔다. 숙취 해소 음료는 회식이 잦은 우리나라 직장 문화의 특성과 음주 전후 건강을 챙기는 사람들이 늘어나면서 소비가 꾸준히 늘고 있다는 분석이다.

이처럼 시장규모가 몇 년째 커짐에 따라 CJ헬스케어와 동아제약 등 업체 간 경쟁도 치열하다. 숙취 해소 음료는 시장점유율 90% 이상을 차지하고 있는 CJ헬스케어의 '헛개컨디션'과 동아제약 '모닝케어', 그래미의 '여명808' 등이 3강 구도를 이루고 있다. '헛개컨디션'이 40%대 시장점유율로 선두를 달리고 있으며, '모닝케어'와 '여명808'이 각각 20% 안팎으로 추격하고 있다.

숙취 해소 음료 시장점유율 (%)

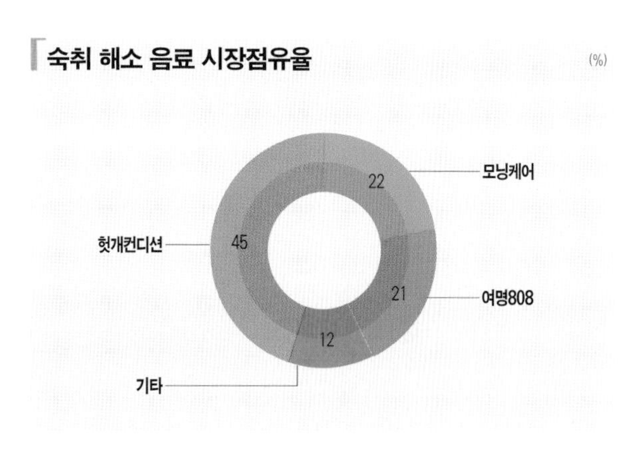
22
모닝케어
헛개컨디션
45
21
여명808
12
기타

여성 전용 숙취 해소 음료의 등장도 눈길을 끈다. 2013년 겨울에 선보인 '컨디션 레이디'와 '모닝케어 레이디'는 판매량이 크게 늘면서 히트상품으로 자리 잡기도 했다.

국내 시장을 넘어 해외 시장까지 진출하는 업체도 늘고 있다. 시장 선두인 '헛개컨디션'은 중국과 일본, 베트남 등으로 진출하며 적극적으로 해외 공략에 나서고 있다. 아시아의 음주 문화가 우리나라와 비슷하다는 점은 앞으로 더욱 기대감을 갖게 하는 요인이다.

아울러 숙취 해소 음료는 주류 시장과 공생 관계를 형성하고 있다. 주류 판매가 늘수록 숙취 해소 음료 판매도 느는 것이다.

37 | 제과 · 라면 업계

업계
규모

- 국내 비스킷 시장규모 1조 1,194억 원
- 국내 스낵 시장규모 1조 1,428억 원
- 국내 라면 시장규모 1조 9,210억 원

(봉지 라면이 전체 시장의 67.5%)

(기준 : 소매시장)

롯데제과

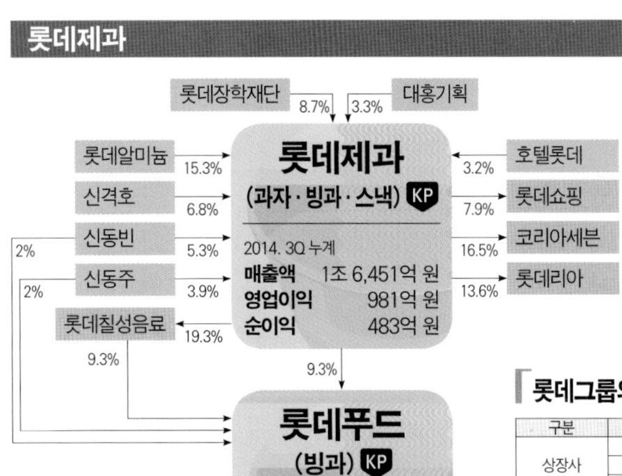
롯데장학재단 8.7%
대홍기획 3.3%
롯데알미늄 15.3%
신격호 6.8%
신동빈 5.3%
신동주 3.9%
롯데칠성음료 19.3%
호텔롯데 3.2%
롯데쇼핑 7.9%
코리아세븐 16.5%
롯데리아 13.6%
롯데제과
(과자 · 빙과 · 스낵) KP
2014. 3Q 누계
매출액 1조 6,451억 원
영업이익 981억 원
순이익 483억 원
2%
2%
9.3%
9.3%
롯데푸드
(빙과) KP
2014. 3Q 누계
매출액 1조 2,509억 원
영업이익 651억 원
순이익 635억 원
롯데네슬레코리아 50%
롯데자이언츠 5%

* 2013. 4 롯데삼강에서 상호 변경

롯데제과 경영실적 추이

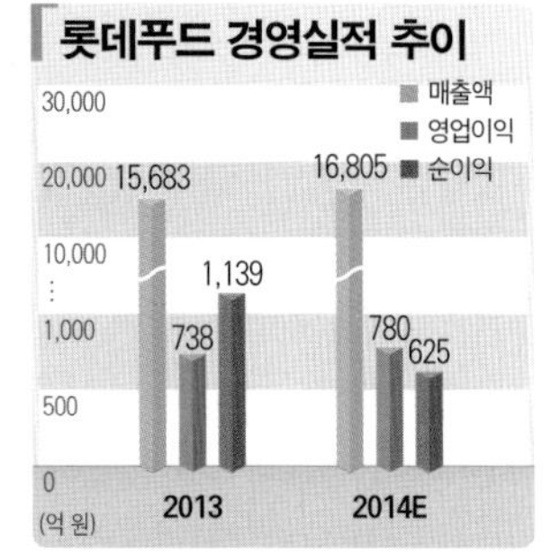
매출액
영업이익
순이익
30,000
20,000
10,000
1,000
500
0
(억 원)
19,764
915
552
22,374
1,178
791
2013
2014E

롯데푸드 경영실적 추이

매출액
영업이익
순이익
30,000
20,000
10,000
1,000
500
0
(억 원)
15,683
738
1,139
16,805
780
625
2013
2014E

롯데그룹의 식품 관련 계열사 현황 (기준 : 2014. 9)

구분	회사명	주요 업종
상장사	롯데제과	제과
	롯데푸드	빙과
	롯데칠성음료	음료 · 주류
비상장사	씨에이치음료	음료, 생수
	엠제이에이와인	주류 판매
	충북소주	주류 제조
	에치유아이	농산물 유통 · 가공
	시네마푸드	식품 판매
	백학음료	생수 제조
	롯데네슬레코리아	커피
	시네마통상	식품 판매
	롯데리아	식품 판매

* 롯데쇼핑은 '롯데라면' 발매(OEM 생산)

롯데제과 vs 오리온 vs 크라운제과

3사 영업이익률과 ROE 비교

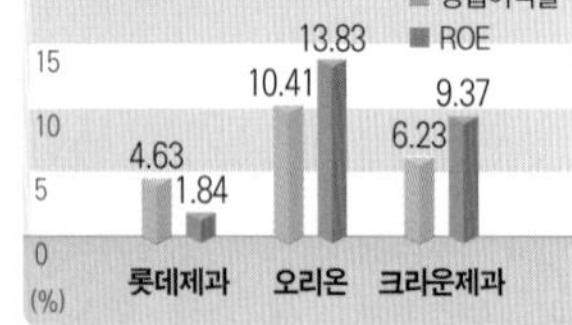
(기준 : 2013. 12)
영업이익률
ROE
15
10
5
0
(%)
4.63
1.84
10.41
13.83
6.23
9.37
롯데제과
오리온
크라운제과

크라운제과 · 해태제과식품

빙그레 5.1%
윤영달 27.4%
윤석빈 59.6%
케이티엘아이지에이스사모투자 9.9%
두라푸드 16.2%
KB 자산운용 13.6%
크라운제과
(과자) KP
2014. 3Q 누계 IFRS 개별
매출액 3,108억 원
영업이익 252억 원
순이익 124억 원
66.6%
(보통주) 31.7%
(우선주) 34.9%
해태제과식품
(과자 · 빙과 · 스낵)
2014. 3Q 누계
매출액 5,137억 원
영업이익 218억 원
순이익 56억 원
52.8% 해성농림 ▸▸ 부동산임대업
40% 아트밸리 ▸▸ 문화서비스업 60%
50% 영그린 ▸▸ 식품부산물 제조 · 판매 50%
35%
코디서비스코리아 ▸▸ 업무제공서비스
35%
66.7% 씨에이치테크 ▸▸ 식음료 제조기계
50% 씨에이치판매 ▸▸ 과자류 도소매 50%
50% 해태가루비 과자, 스낵
40% 글리코해태 과자, 스낵
100% 빨라쪼 빙과제조/도소매
46.4% 훼미리식품

3사 생산능력 비교

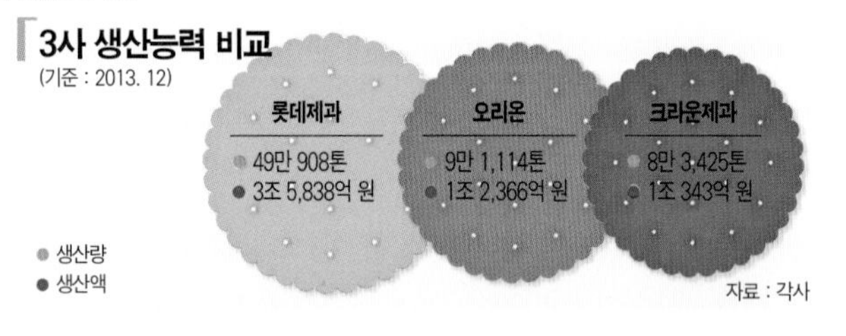
(기준 : 2013. 12)
롯데제과
49만 908톤
3조 5,838억 원
오리온
9만 1,114톤
1조 2,366억 원
크라운제과
8만 3,425톤
1조 343억 원
생산량
생산액
자료 : 각사

오리온

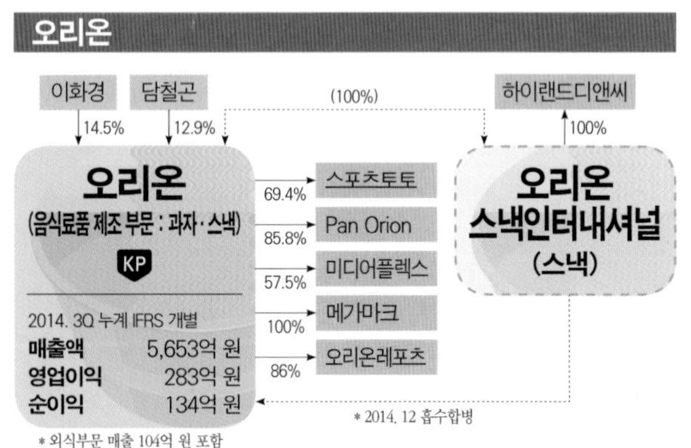
이화경 14.5%
담철곤 12.9%
(100%)
하이랜드디앤씨 100%
오리온
(음식료품 제조 부문 : 과자 · 스낵)
KP
2014. 3Q 누계 IFRS 개별
매출액 5,653억 원
영업이익 283억 원
순이익 134억 원
69.4% 스포츠토토
85.8% Pan Orion
57.5% 미디어플렉스
100% 메가마크
86% 오리온레포츠
오리온
스낵인터내셔널
(스낵)

* 2014. 12 흡수합병

* 외식부문 매출 104억 원 포함

크라운제과 경영실적 추이

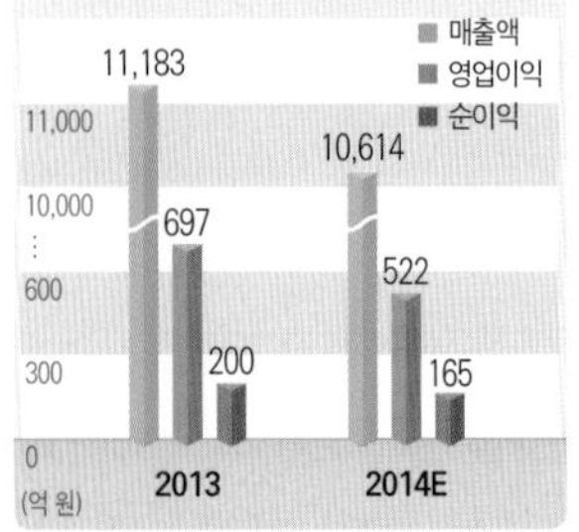
매출액
영업이익
순이익
11,000
10,000
600
300
0
(억 원)
11,183
697
200
10,614
522
165
2013
2014E

해태제과식품 경영실적 추이

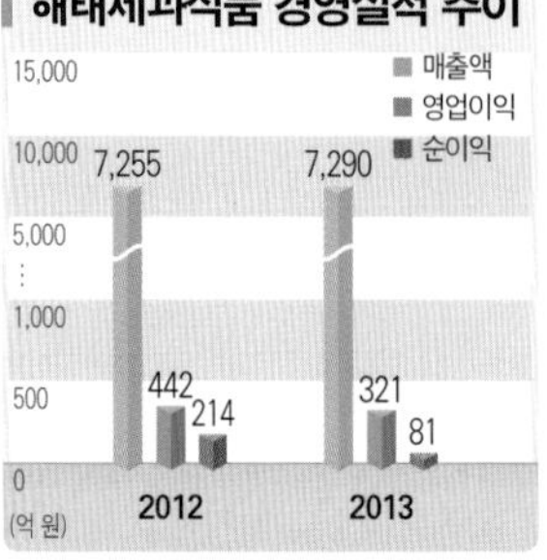
매출액
영업이익
순이익
15,000
10,000
5,000
1,000
500
0
(억 원)
7,255
442
214
7,290
321
81
2012
2013

오리온 품목별 매출 비중

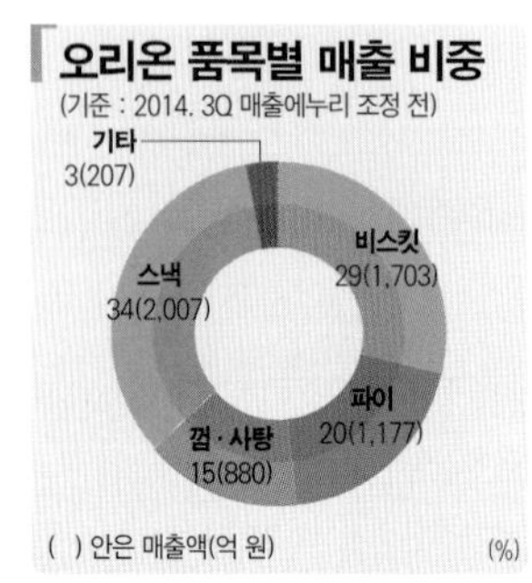
(기준 : 2014. 3Q 매출에누리 조정 전)
기타 3(207)
비스킷 29(1,703)
스낵 34(2,007)
파이 20(1,177)
껌 · 사탕 15(880)
( ) 안은 매출액(억 원)
(%)

오리온 경영실적 추이

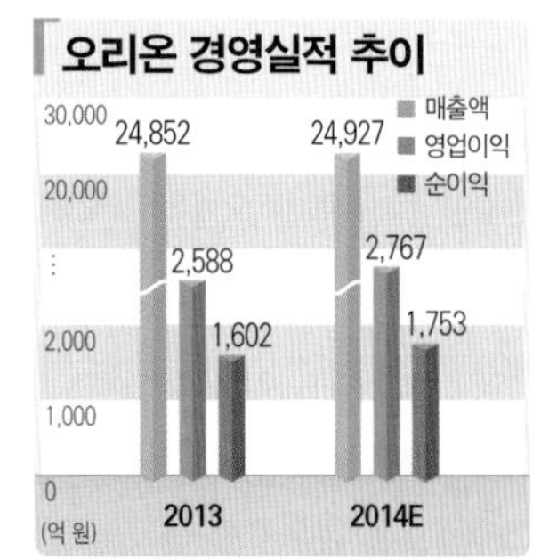
매출액
영업이익
순이익
30,000
20,000
2,000
1,000
0
(억 원)
24,852
2,588
1,602
24,927
2,767
1,753
2013
2014E

농심

신춘호 → 7.4% → 농심
농심홀딩스 → 32.7% → 농심
신동원 → 36.9% → 농심홀딩스
신동원 ······ 친인척 ······ 신동익
농심홀딩스 → 40.3% → 율촌화학
농심홀딩스 → 96.9% → 농심개발
농심홀딩스 → 100% → 농심엔지니어링
신동익 → 57.9% → 메가마트
메가마트 → 54% → NDS
호텔농심 (100%)
농심미분 (20%, 20%)
농심캐피탈 (50%, 30%)
농심 → 100% → 농심기획
농심 → 85.3% → 농심백산수

농심 (라면 · 스낵) KP

2014. 3Q 누계

매출액	1조 5,207억 원
영업이익	584억 원
순이익	562억 원

농심 경영실적 추이 (기준 : 2014. 1~3Q 매출에누리 조정 전 매출액)

(억 원)	2013	2014E
매출액	20,867	20,811
영업이익	926	883
순이익	869	840

품목별 매출 구성 (%)

	%	
라면	69.3	1조 1,336억 원
스낵	15.9	2,594억 원
음료	4.5	739억 원
기타	10.3	1,681억 원

삼양식품

현대산업개발 → 17.7% → 삼양식품
내츄럴삼양 → 33.3% → 삼양식품
전인장 → 21% → 내츄럴삼양
김정수 → 42.2% → 내츄럴삼양
전인장 ······ 부부관계 ······ 김정수
김정수 → 4% → 삼양식품
삼양식품 → 20% → 원주운수
삼양식품 → 79.87% → 프루웰
원주운수 → 52.31% → 프루웰
프루웰 → 60% → 알이알
프루웰 → 100% → 호면당
삼양식품 → 100% → 삼양T.H.S
삼양식품 → 48.49% → 에코그린캠퍼스
에코그린캠퍼스 → 100% → 제주우유
삼양식품 → 50% → 삼양베이커탱크터미널

삼양식품 (라면 · 스낵) KP

2014. 3Q 누계

매출액	2,371억 원
영업이익	78억 원
순이익	67억 원

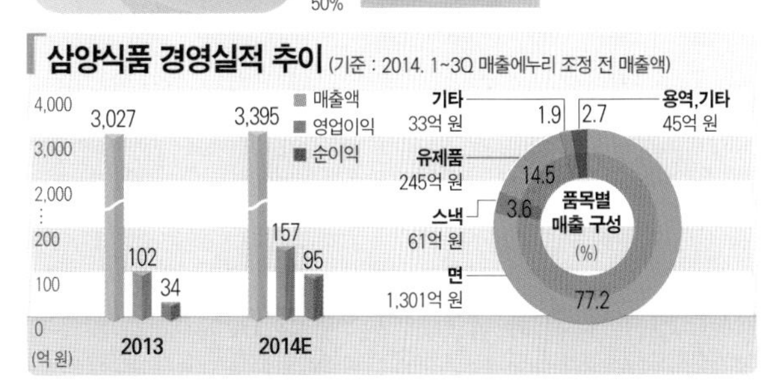

삼양식품 경영실적 추이 (기준 : 2014. 1~3Q 매출에누리 조정 전 매출액)
매출액
영업이익
순이익
3,027
102
34
3,395
157
95
2013
2014E
(억 원)
기타 33억 원
유제품 245억 원
스낵 61억 원
면 1,301억 원
용역,기타 45억 원
품목별 매출 구성 (%)
1.9
2.7
14.5
3.6
77.2

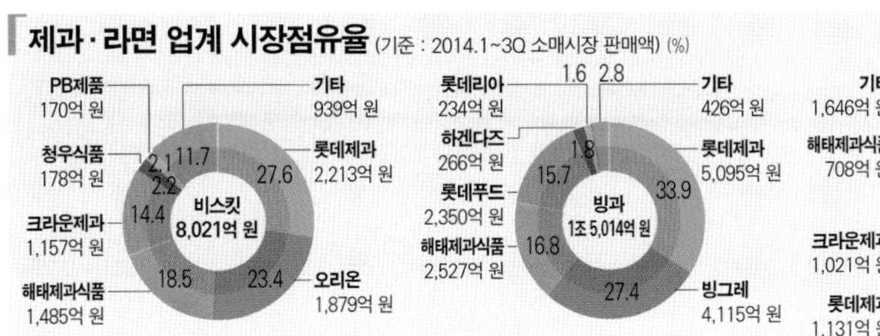

제과 · 라면 업계 시장점유율 (기준 : 2014.1~3Q 소매시장 판매액) (%)
비스킷 8,021억 원
PB제품 170억 원
청우식품 178억 원
크라운제과 1,157억 원
해태제과식품 1,485억 원
기타 939억 원
롯데제과 2,213억 원
오리온 1,879억 원
11.7
27.6
23.4
18.5
14.4
2.2
2.1
빙과 1조 5,014억 원
롯데리아 234억 원
하겐다즈 266억 원
롯데푸드 2,350억 원
해태제과식품 2,527억 원
기타 426억 원
롯데제과 5,095억 원
빙그레 4,115억 원
1.6
2.8
1.8
15.7
33.9
16.8
27.4

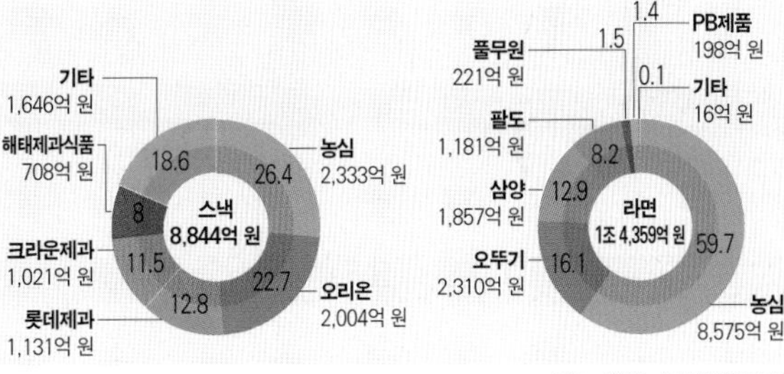

스낵 8,844억 원
기타 1,646억 원
해태제과식품 708억 원
크라운제과 1,021억 원
롯데제과 1,131억 원
농심 2,333억 원
오리온 2,004억 원
18.6
26.4
8
11.5
12.8
22.7
라면 1조 4,359억 원
풀무원 221억 원
팔도 1,181억 원
삼양 1,857억 원
오뚜기 2,310억 원
PB제품 198억 원
기타 16억 원
농심 8,575억 원
1.4
1.5
0.1
8.2
12.9
16.1
59.7

자료 : 한국농수산식품유통공사

빙그레

김호연 ······ 부자관계 ······ 김동환
김동환 → 33.3% → 케이엔엘물류
김호연 → 33.7% → 빙그레
케이엔엘물류 → 1.7% → 빙그레
빙그레 → 100% → 셀프스토리지
빙그레 → 51% → 빙바
빙그레 → 5.1% → 크라운제과

빙그레 (빙과) KP

2014. 3Q 누계

매출액	6,671억 원
영업이익	455억 원
순이익	409억 원

빙그레 경영실적 추이

(억 원)	2013	2014
매출액	8,060	8,415
영업이익	507	570
순이익	379	455

팔도

윤호중 → 100% → 팔도

팔도 (라면)

2013. 12

총자산	5,969억 원
총부채	2,432억 원
자본금	241억 원

팔도 → 40.8% → 한국야쿠르트
팔도 → 100% → 팔도테크팩
팔도 → 99% → 도시락루스
팔도 → 53.2% → KOYA
비락 → 100% → 한국야쿠르트

팔도 경영실적 추이

(억 원)	2012	2013
매출액	3,362	3,236
영업이익	568	-189
순이익	-252	-366

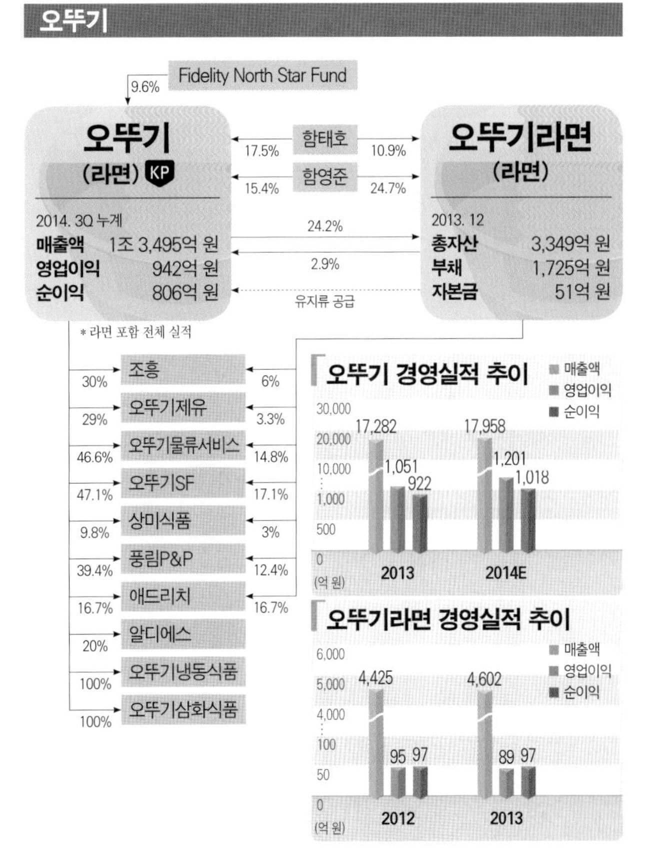

오뚜기
Fidelity North Star Fund
9.6%
오뚜기 (라면) KP
2014. 3Q 누계
매출액 1조 3,495억 원
영업이익 942억 원
순이익 806억 원
* 라면 포함 전체 실적
함태호
17.5%
10.9%
함영준
15.4%
24.7%
24.2%
2.9%
유지류 공급
오뚜기라면 (라면)
2013. 12
총자산 3,349억 원
부채 1,725억 원
자본금 51억 원
30% 조흥 6%
29% 오뚜기제유 3.3%
46.6% 오뚜기물류서비스 14.8%
47.1% 오뚜기SF 17.1%
9.8% 상미식품 3%
39.4% 풍림P&P 12.4%
16.7% 애드리치 16.7%
20% 알디에스
100% 오뚜기냉동식품
100% 오뚜기삼화식품
오뚜기 경영실적 추이
매출액
영업이익
순이익
17,282
1,051
922
17,958
1,201
1,018
2013
2014E
(억 원)
오뚜기라면 경영실적 추이
4,425
95
97
4,602
89
97
2012
2013

제과·라면 품목별 생산액 (기준 : 2012)

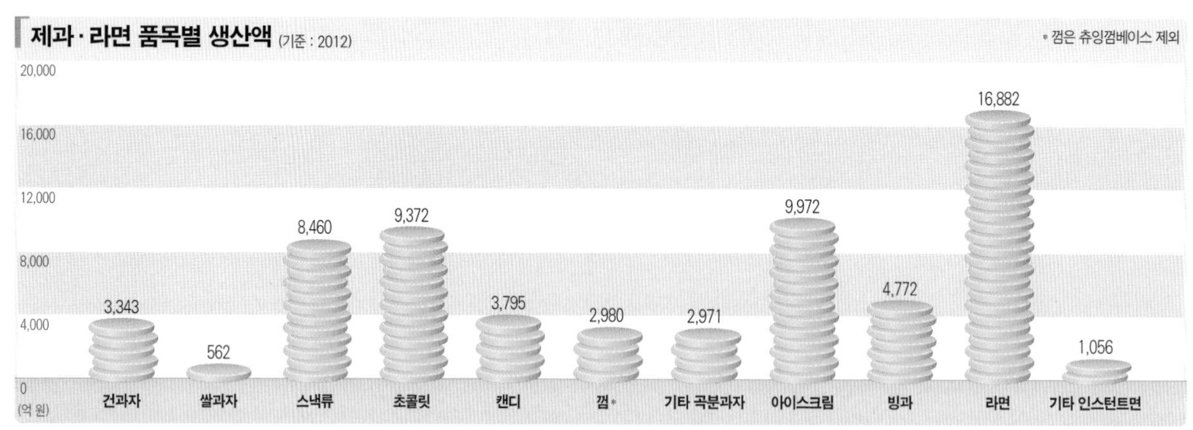
* 껌은 츄잉껌베이스 제외
20,000
16,000
12,000
8,000
4,000
0
(억 원)
3,343
562
8,460
9,372
3,795
2,980
2,971
9,972
4,772
16,882
1,056
건과자
쌀과자
스낵류
초콜릿
캔디
껌*
기타 곡분과자
아이스크림
빙과
라면
기타 인스턴트면

자료 : 통계청, 한국농수산식품유통공사

국제 곡물 가격 추이

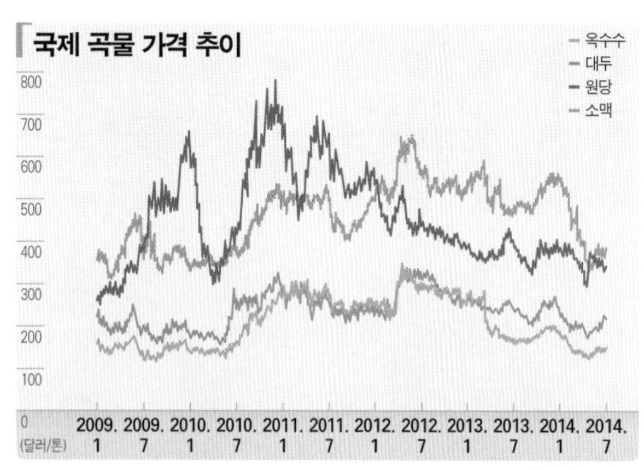
옥수수
대두
원당
소맥
800
700
600
500
400
300
200
100
0
(달러/톤)
2009. 1
2009. 7
2010. 1
2010. 7
2011. 1
2011. 7
2012. 1
2012. 7
2013. 1
2013. 7
2014. 1
2014. 7

자료 : Bloomberg

국제 곡물 기말재고율 추이

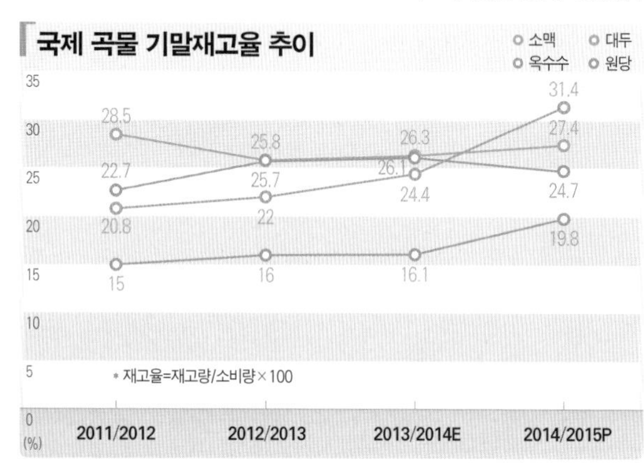
소맥
대두
옥수수
원당
35
30
25
20
15
10
5
0
(%)
28.5
22.7
20.8
15
25.8
25.7
22
16
26.3
26.1
24.4
16.1
31.4
27.4
24.7
19.8
* 재고율=재고량/소비량×100
2011/2012
2012/2013
2013/2014E
2014/2015P

자료 : USDA

백설탕의 가공식품별 사용량 비중 (기준 : 2013)

( ) 안은 사용량(톤)

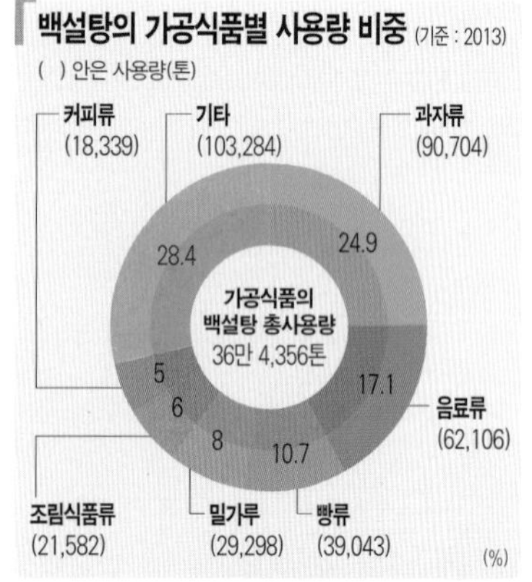
커피류 (18,339)
기타 (103,284)
과자류 (90,704)
28.4
24.9
가공식품의 백설탕 총사용량 36만 4,356톤
5
6
8
10.7
17.1
음료류 (62,106)
조립식품류 (21,582)
밀가루 (29,298)
빵류 (39,043)
(%)

자료 : 한국농수산식품유통공사

주원료 유형별 스낵시장 비중 (기준 : 2013. 12)

( ) 안은 시장규모(억 원)

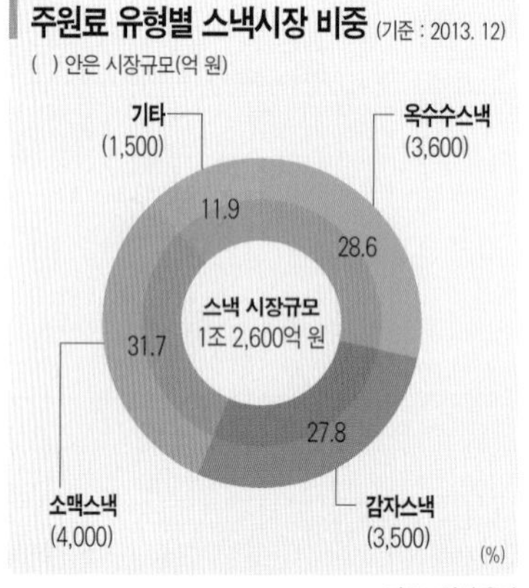
기타 (1,500)
옥수수스낵 (3,600)
11.9
28.6
스낵 시장규모 1조 2,600억 원
31.7
27.8
소맥스낵 (4,000)
감자스낵 (3,500)
(%)

자료 : 업계 추정

주원료 유형·업체별 스낵 시장점유율 (기준 : 2013. 12)

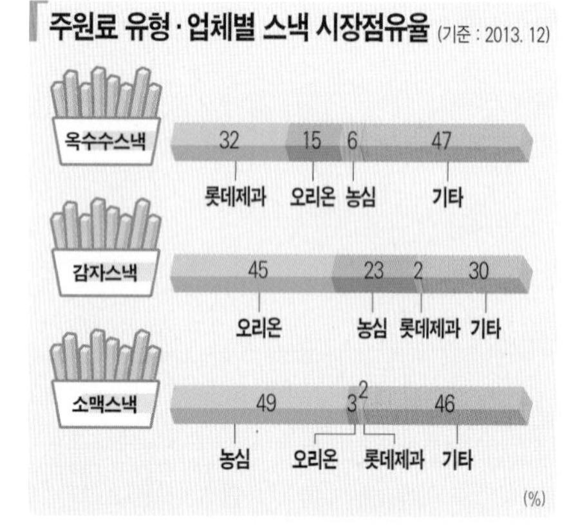
옥수수스낵
32
15
6
47
롯데제과
오리온
농심
기타
감자스낵
45
23
2
30
오리온
농심
롯데제과
기타
소맥스낵
49
3
2
46
농심
오리온
롯데제과
기타
(%)

스낵 유통채널별 판매 비중 (기준 : 2014. 1~2Q 소매시장 판매액)

( ) 안은 판매액(억 원)

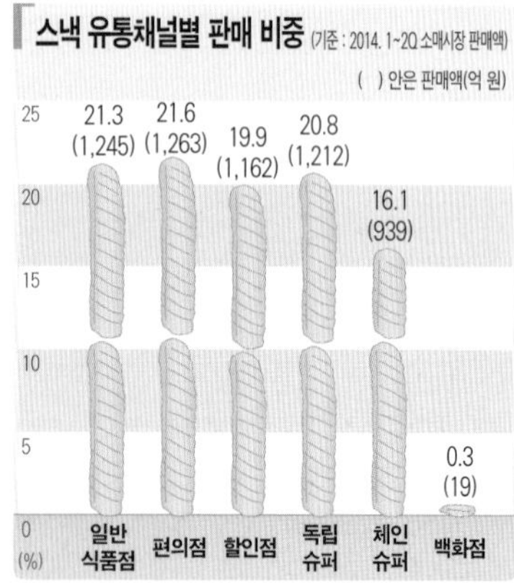
25
20
15
10
5
0
(%)
21.3 (1,245)
21.6 (1,263)
19.9 (1,162)
20.8 (1,212)
16.1 (939)
0.3 (19)
일반 식품점
편의점
할인점
독립 슈퍼
체인 슈퍼
백화점

자료 : 한국농수산식품유통공사

아이스크림 종류별 점유율 (기준 : 2013 연간 소매시장 매출액)

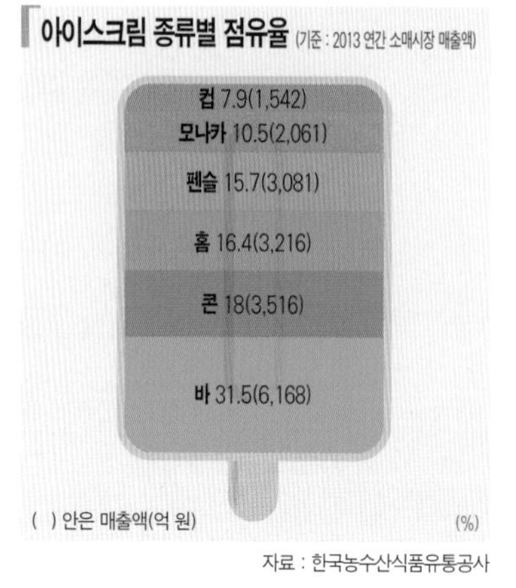
컵 7.9(1,542)
모나카 10.5(2,061)
펜슬 15.7(3,081)
홈 16.4(3,216)
콘 18(3,516)
바 31.5(6,168)
( ) 안은 매출액(억 원)
(%)

자료 : 한국농수산식품유통공사

과자류 출하액 톱10 기업 (기준 : 2012 출하액)

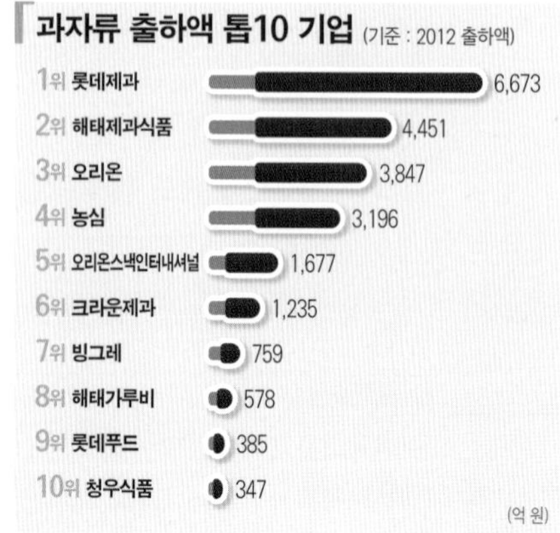
1위 롯데제과 6,673
2위 해태제과식품 4,451
3위 오리온 3,847
4위 농심 3,196
5위 오리온스낵인터내셔널 1,677
6위 크라운제과 1,235
7위 빙그레 759
8위 해태가루비 578
9위 롯데푸드 385
10위 청우식품 347
(억 원)

자료 : 식품의약품안전처

중국 제과시장 주요 품목 시장점유율

100
80
60
40
20
0
(%)

파이	껌	스낵	비스킷
기타	기타	Dali	기타
롯데 KSF	Cadbury	Oishi	Dali Glico KSF
Fuma	Wrigley	Pepsico	Kraft
Dali	오리온	오리온	오리온
오리온			

자료 : 오리온

오리온 중국 매출 추이

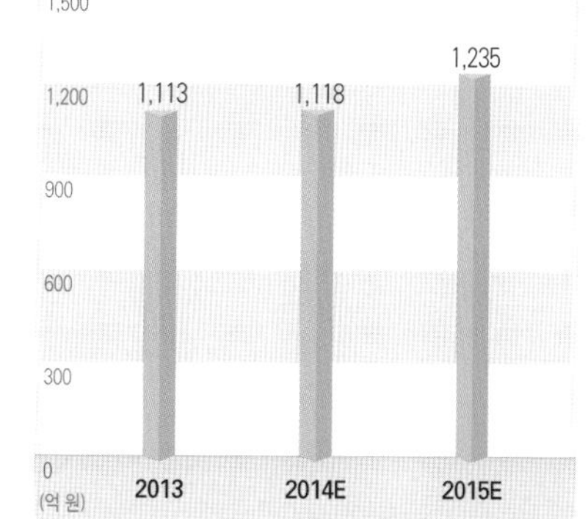

1,500
1,200
900
600
300
0
(억 원)
1,113
1,118
1,235
2013
2014E
2015E

자료 : 오리온

빙그레 수출액 추이

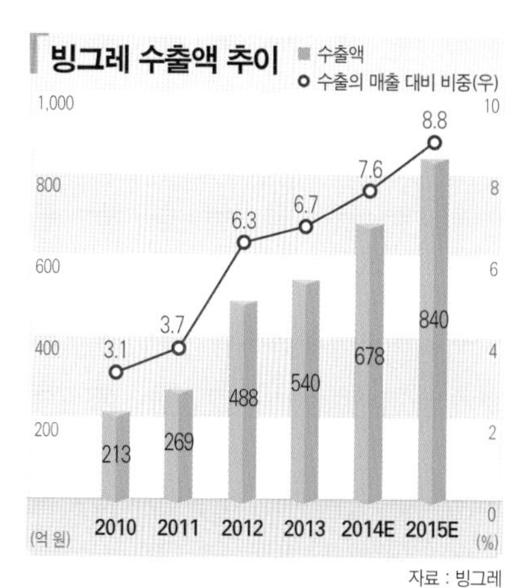

수출액
수출의 매출 대비 비중(우)
1,000
800
600
400
200
(억 원)
10
8
6
4
2
0
(%)
3.1
3.7
6.3
6.7
7.6
8.8
213
269
488
540
678
840
2010
2011
2012
2013
2014E
2015E

자료 : 빙그레

국내 라면시장 규모 추이

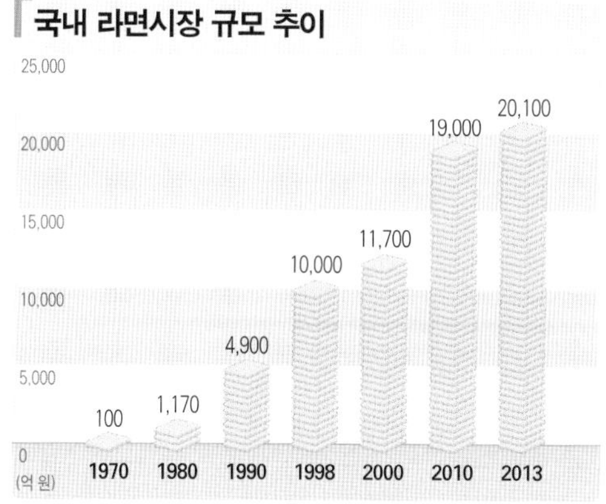

25,000
20,000
15,000
10,000
5,000
0
(억 원)
100
1,170
4,900
10,000
11,700
19,000
20,100
1970
1980
1990
1998
2000
2010
2013

자료 : 한국식품연감, 농심 재인용

라면 유통채널별·종류별 판매 비중 (기준 : 2014. 1~2Q 소매시장 매출액)

( ) 안은 판매액(억 원)

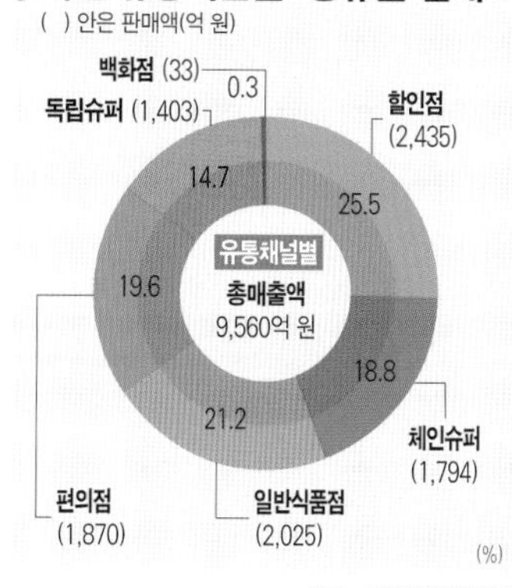

백화점 (33)
0.3
독립슈퍼 (1,403)
할인점 (2,435)
14.7
25.5
유통채널별
총매출액
9,560억 원
19.6
18.8
21.2
체인슈퍼 (1,794)
편의점 (1,870)
일반식품점 (2,025)
(%)

자료 : 식품산업통계정보

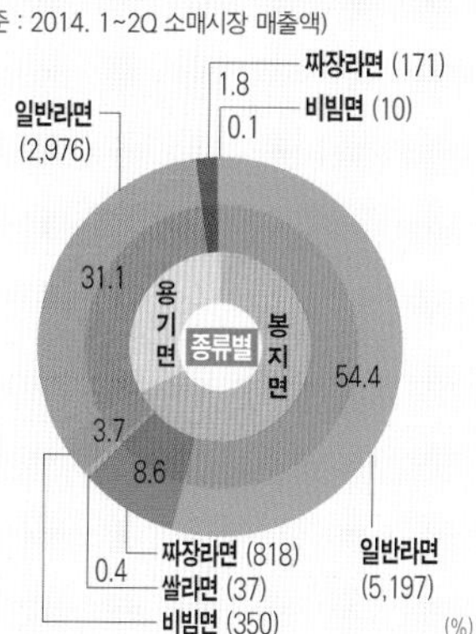

짜장라면 (171)
1.8
비빔면 (10)
0.1
일반라면 (2,976)
31.1
용기면
종류별
봉지면
54.4
3.7
8.6
0.4
짜장라면 (818)
쌀라면 (37)
비빔면 (350)
일반라면 (5,197)
(%)

자료 : 식품산업통계정보

오뚜기 vs 삼양 라면시장 점유율 추이

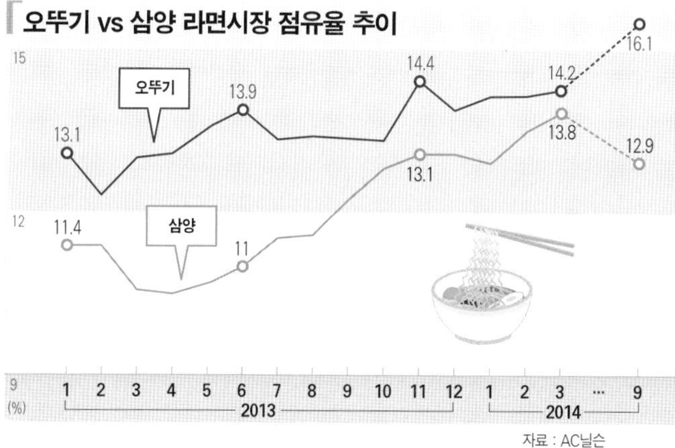

15
12
9
(%)
오뚜기
삼양
13.1
13.9
14.4
14.2
16.1
13.8
12.9
13.1
11.4
11
1 2 3 4 5 6 7 8 9 10 11 12
2013
1 2 3 … 9
2014

자료 : AC닐슨

농심의 용기면 매출 비중 추이

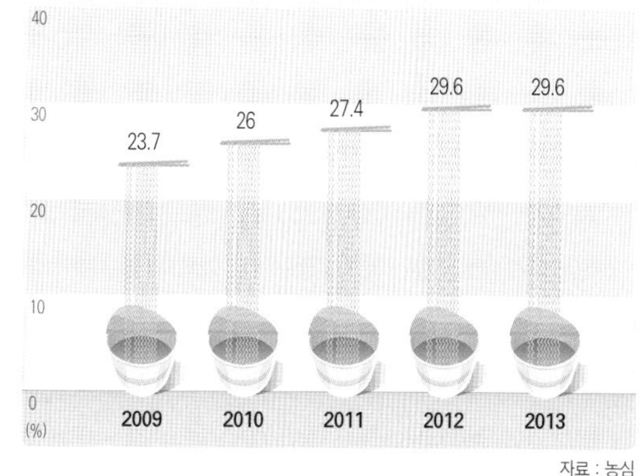

40
30
20
10
0
(%)
23.7
26
27.4
29.6
29.6
2009
2010
2011
2012
2013

자료 : 농심

국내 판매량 톱10 라면 (기준 : 2013)

1위	신라면 봉지 / 농심
2위	짜파게티 봉지 / 농심
3위	안성탕면 봉지 / 농심
4위	너구리(얼큰) 봉지 / 농심
5위	삼양라면 봉지 / 삼양
6위	육개장 사발면 용기 / 농심
7위	신라면컵 용기 / 농심
8위	팔도비빔면 봉지 / 팔도
9위	진라면(매운맛) 봉지 / 오뚜기
10위	신라면 큰사발 용기 / 농심

자료 : AC닐슨

중국의 국가별 면류 수입액 추이

1위 대만
2위 홍콩
3위 이탈리아
4위 한국
5위 태국
( ) 안은 점유율(%)
25,000
20,000
15,000
10,000
5,000
0
(천 달러)
5,790 (17.5)
5,260 (15.9)
5,821 (17.6)
6,736 (20.3)
1,851 (5.6)
10,829 (23.3)
7,951 (17.1)
7,206 (15.5)
7,160 (15.4)
2,368 (5.1)
21,971 (32.6)
10,942 (16.2)
9,317 (13.8)
8,805 (13.1)
3,004 (4.5)
2011
2012
2013

자료 : 한국무역협회

중국 내 라면 브랜드 종합 순위 (기준 : 2014)

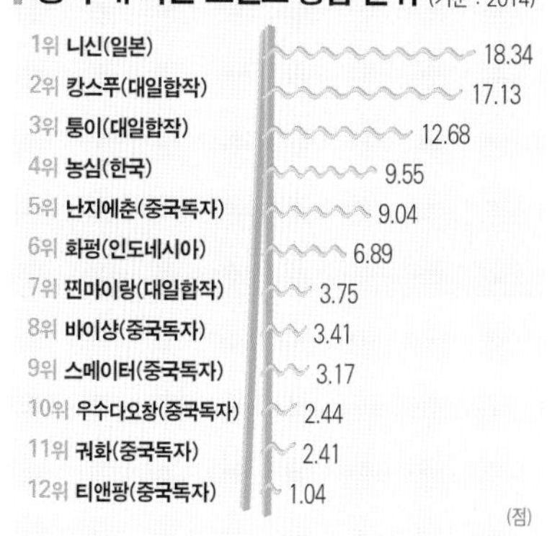

1위 니신(일본) 18.34
2위 캉스푸(대일합작) 17.13
3위 통이(대일합작) 12.68
4위 농심(한국) 9.55
5위 난지에춘(중국독자) 9.04
6위 화평(인도네시아) 6.89
7위 찐마이랑(대일합작) 3.75
8위 바이샹(중국독자) 3.41
9위 스메이터(중국독자) 3.17
10위 우수다오창(중국독자) 2.44
11위 궈화(중국독자) 2.41
12위 티앤팡(중국독자) 1.04
(점)

자료 : 중국품질신문망

‘원조’와 ‘미투’는 여전히 전쟁 중

과자 한 봉지가 업계 전체를 들었다 놨다 했다. 제과업계 이야기다. 좀 더 직접적으로 말하면 해태제과의 ‘허니버터칩’ 이야기다. ‘허니버터칩’은 기존 감자칩과 다르게 짠맛 대신 단맛을 넣어 소비자의 입맛을 사로잡았다. 두 달 동안 850만 봉지가 팔려나갔다. ‘허니버터칩’이 날개 돋친 듯 팔려나가자 해태제과의 모기업인 크라운제과의 주가도 꿈틀대고 있다.

허니버터칩의 대 히트와 함께 제과업계 초미의 관심사는 어떤 회사에서 어느 시점에 유사 허니버터칩을 만들어 출시할 것인가에 모아진다. 이른바 ‘미투제품’(유사 콘셉트 제품) 경쟁이다. 산업 특성상 진입장벽이 높지 않은 제과와 라면업계에서는 미투제품이 보편화 되었다시피 해왔다. ‘빼빼로’와 ‘초코파이’가 그랬고, 그보다 더 오래 전에 ‘새우깡’도 마찬가지였다. 라면업계도 다르지 않다. ‘짜파게티’ 이후 수많은 짜장라면들이 나왔고, 얼마 전에는 이른바 하얀 국물 라면들이 휩쓸기도 했다.

‘원조’와 ‘미투’ 논란이 끊이지 않는 제과와 라면업계를 들여다보고 있노라면 ‘다사다난’(多事多難)이란 한자어가 이처럼 어울리는 판도 드물겠구나 싶다.

널뛰기 과자 값……
원가와 출고가, 권장가에 얽힌 오해와 진실

질소를 사면 과자를 덤으로 준다! 국산 스낵류의 과대 포장 봉지를 비꼬는 말이다. 왜 과대 포장을 할 수 밖에 없는지에 대한 근본적인 문제 해결을 위해 팔을 걷어붙이고 나선 한 국회의원이 국산 과자의 원가 비율을 분석해 공개했다. 국회 정무위원회 소속 신학용 의원(새정치민주연합)이 공정위로부터 제출받은 ‘제과 업체별, 제품별 가격 원가 자료’에 따르면, 상당수 제품들이 절반 이상을 마진으로 남겼다. 예를 들어 오리온 초코파이(420g)의 원가 비율은 43.7%이다.

원가 자료 분석을 통해 과자의 출고가가 권장소비자가격의 절반 수준에 불과하다는 사실도 밝혀졌다. 소비자들이 제품에 표시된 권장소비자가격을 보고 구매한다면 실제 출고가의 두배를 웃도는 금액을 지불하게 되는 셈이다.

출고가란 공장에서 제품이 완성되고 유통 업체에 납품되는 가격이다. 이 출고가를 기준으로 유통 업체는 마진을 붙여 최종 소비자에게 판매한다. 이 과정에서 제품에 표기된 권장소비자가격이 하나의 기준이 된다. 즉, 권장소비자가격으로 소비자는 소매점에서 판매되는 제품이 비싼지 싼지를 판단한다. 물론 이는 권장소비자가격이 솔직한 금액으로 책정됐을 때 이야기다. 편의점이나 동네 슈퍼마켓만 보더라도 권장소비자가격대로 파는 곳은 드물다. 제 역할을 하지 못하는 권장소비자가격이 할인의 착시 효과를 일으켜 소비자를 혼란에 빠트리는 셈이다. ‘연중 할인’, ‘상시 할인’ 중인 과자는 원가를 면밀히 따져 봐야 한다.

		출고가	권장소비자가	권장가의 출고가 비율	판매가
롯데제과	빼빼로	611원	1,200원	50.92%	960원
	꼬깔콘	730원	1,500원	48.67%	1180원
크라운제과	초코하임(中)	1,434원	2,800원	51.21%	2,560원
	빅파이	1,279원	2,500원	51.16%	2,100원
농심	새우깡	(해외) 674원	1,100원	61.27%	850원
	꿀꽈배기	(해외) 636원	1,300원	48.92%	1,040원

재고 자산 회전율? 무엇이고 왜 중요할까?

‘재고 자산 회전율’이란 물건이 얼마나 빨리 팔려나가는지를 판단하는 지표다. 이 비율이 높아지면 대개 해당 기업의 매출이 호조를 보이고 불필요한 고정 비용은 낮아졌다는 신호로 읽힌다. 재고 자산 회전율은 연간 매출액을 평균 재고 자산으로 나눠 산출한다. 일정한 표준비율은 없으나 일반적으로 이 비율이 높을수록 ①

진짜진짜
辛라면
라볶이
너구리
진라면
기스면
安城湯麵
해물라면
비빔면
짜파게티

자본수익률이 높아지고 ② 매입채무가 감소되며 ③ 상품의 재고손실을 막을 수 있다. 아울러 ④ 보험료와 보관료를 절약할 수 있어 기업 경영에 유리하다. 그러나 과대하게 높을 경우에는 원재료 및 제품 등의 부족으로 생산 및 판매 활동에 지장을 초래할 수 있다.

기업 경영평가 사이트 'CEO스코어'는 국내 500대 기업의 재고 자산 회전율을 분석해 발표했다. 그 가운데 제과와 라면을 포함한 식음료 업체 23곳의 평균 재고 자산 회전율은 3.8로 집계됐다. 이들의 총 매출은 23조 2,286억 원으로 전년 동기 대비 3.0% 늘었고 재고 자산은 6조 356억 원으로 5.6% 감소했다.

국내 제과업계 '빅3'(오리온, 롯데제과, 크라운제과)의 지난 1년간 재고 자산 회전율은 크게 엇갈렸다. 오리온은 건설계열사가 주택을 분양하며 재고 자산이 줄어든 반면, 롯데제과는 해외 계열사 인수로 재고 자산이 늘어났다. 크라운제과는 2014년 상반기 기준 상품 재고가 465억 원으로 전년 동기 대비 8.6% 감소하면서 재고 자산도 2.6% 줄어든 784억 원인 것으로 나타났다. 매출도 5,243억 원으로 덩달아 5.4% 감소했다.

제과업계처럼 일부 몇몇 기업 간의 경쟁이 치열한 곳일수록 정확한 실적 비교를 위해 재고 자산 회전율을 따져보면 유익하다. 매출과 이익만으로 우열을 가리기에는 현실적인 한계가 있기 때문이다.

혁신 없이도 1등은 가능할까?

국내 라면 시장 독보적인 1위 농심이 고전을 면치 못하면서 오뚜기와 삼양의 점유율 2위권 쟁탈전이 점입가경이다. 특히 오뚜기는 뚜렷한 정체를 보이고 있는 국내 라면 시장에서 메이저리그 스타 LA다저스 류현진을 모델로 내세우면서 공격적인 마케팅을 펼치고 있다. 이른바 '류현진 마케팅'이 효과를 보고 있는 것이다. 덕분에 오뚜기 라면은 국내 시장점유율 2위를 유지해 나가고 있다. 류현진 선수와의 정확한 광고 계약 금액은 공개되지 않았지만 10억 원 수준으로 알려져 있다. 라면 마케팅 비용이 늘어나면서 오뚜기의 광고 선전비는 전년 동기 대비 20% 가량 늘어났다. 오뚜기의 공격적인 전략에는 염가 가격 공세도 두드러진다. 권장소비자가격이 720원인 '진라면'을 대형마트에서 400원대까지 떨어트렸다.

한 때 70%를 웃돌던 농심의 시장점유율은 60% 밑으로 곤두박질 쳤다. 시장점유율 60%는 농심이 세워놓은 마지노선이다. 오래 전부터 라면업계에서는 '농심 있고 기타'라는 말이 있을 정도로, 농심은 라면 시장 부동의 1위였다. 국내 라면 시장이 크게 확대될 가능성이 없는 상황에서 농심이 1위 자리를 변함없이 유지하려면 지속적인 신제품 출시와 마케팅이 유기적으로 이어져야 한다. 농심은 해외 시장에서 상당한 성과를 내고 있지만 불확실성이 많기 때문에 장기적으로 라면 의존도를 줄이는 방법도 모색해야 한다. 하지만, 농심의 보수적인 경영 특성상 매출 침체를 돌파하기 위한 이렇다할 신사업이 눈에 띄지 않는다. '신라면' 등 전통의 효자 상품에 대한 의존도가 여전히 높다. 최근 유행하는 '혁신' 없이도 1등 자리를 지켜나갈 수 있을지 흥미로운 부분이 아닐 수 없다.

38 | 주류업계

업계 규모

- ■ 국내 주류시장 7조 6,000억 원 (맥주 54.3%, 소주 41.4%, 기타 4.3%)
- ■ 수입 주류시장 약 4,900억 원 (맥주 51.5%, 포도주 19.4%, 위스키 13.5% 등)

맥주

* 경영실적 추이는 IFRS 연결 기준 및 전사업부문 총액

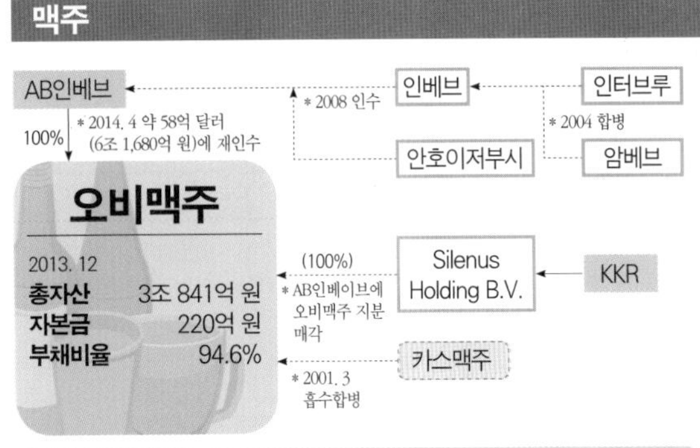

AB인베브
* 2014. 4 약 58억 달러 (6조 1,680억 원)에 재인수
100%
* 2008 인수
인베브
인터브루
* 2004 합병
안호이저부시
암베브
오비맥주
2013. 12
총자산 3조 841억 원
자본금 220억 원
부채비율 94.6%
(100%)
* AB인베이브에 오비맥주 지분 매각
Silenus Holding B.V.
KKR
카스맥주
* 2001. 3 흡수합병

하이트진로홀딩스 → 55.1% → 하이트진로 (KP)

하이트진로홀딩스 → 29.5% → 박문덕 / 박문덕 → 2.6% → 하이트진로

하이트진로홀딩스 → 100% → 진로소주

하이트진로홀딩스 → 100% → 하이트진로에탄올

보배 → * 2013. 11 흡수합병 → 하이트진로

하이트진로

2014. 3Q 누계
- 매출액 1조 4,033억 원
- 영업이익 795억 원
- 순이익 261억 원

하이트진로 → 100% → 하이트진로산업

하이트진로 → 100% → 하이트진로음료

하이트진로 → 100% → 진로양조

하이트진로 → 7.5% → 세왕금속공업 ← 24.9% ← 하이트진로홀딩스

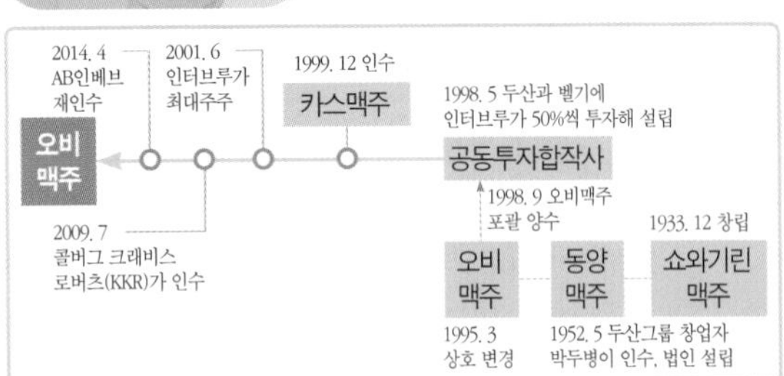

2014. 4 AB인베브 재인수
2001. 6 인터브루가 최대주주
1999. 12 인수
카스맥주
1998. 5 두산과 벨기에 인터브루가 50%씩 투자해 설립
오비 맥주
공동투자합작사
1998. 9 오비맥주 포괄 양수
1933. 12 창립
2009. 7 콜버그 크래비스 로버츠(KKR)가 인수
오비 맥주
동양 맥주
쇼와기린 맥주
1995. 3 상호 변경
1952. 5 두산그룹 창업자 박두병이 인수, 법인 설립

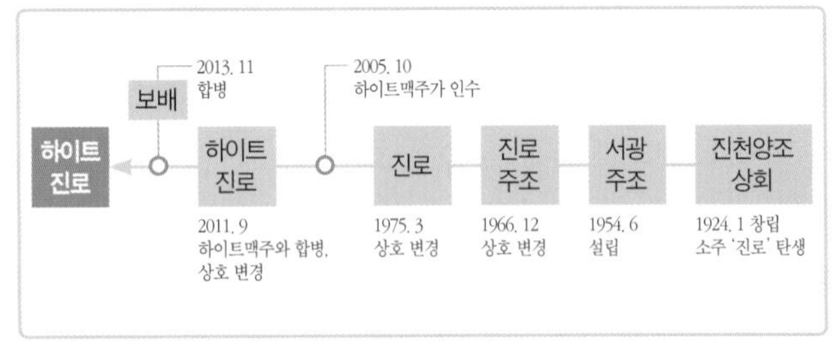

2013. 11 합병
2005. 10 하이트맥주가 인수
보배
하이트 진로
하이트 진로
진로
진로 주조
서광 주조
진천양조 상회
2011. 9 하이트맥주와 합병, 상호 변경
1975. 3 상호 변경
1966. 12 상호 변경
1954. 6 설립
1924. 1 창립 소주 '진로' 탄생

오비맥주 경영실적 추이

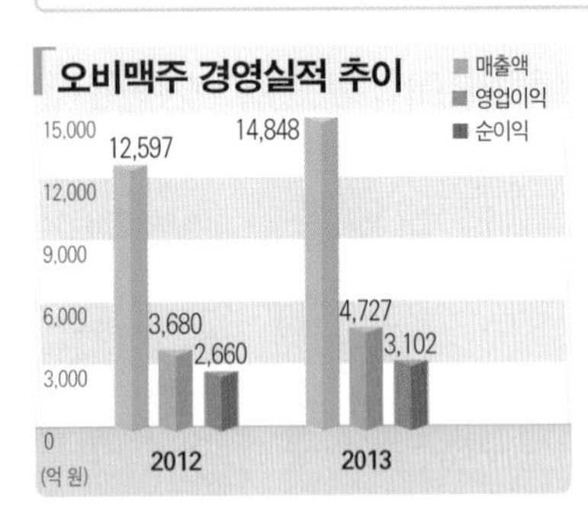

매출액
영업이익
순이익
15,000
12,000
9,000
6,000
3,000
0
(억 원)
12,597
3,680
2,660
14,848
4,727
3,102
2012
2013

맥주 시장점유율

(기준 : 2014. 8 대형마트 추정치)

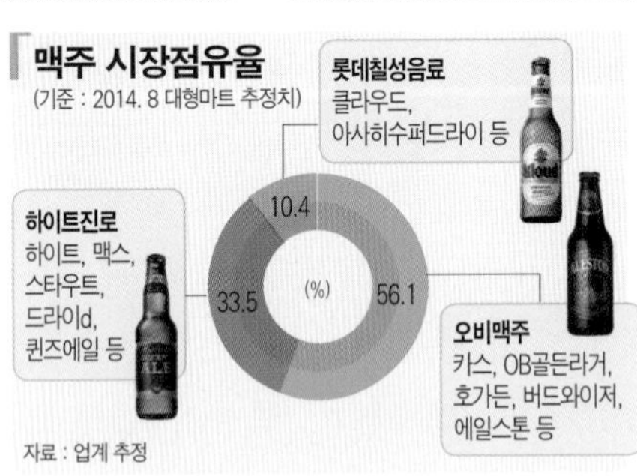

롯데칠성음료
클라우드, 아사히수퍼드라이 등
하이트진로
하이트, 맥스, 스타우트, 드라이d, 퀸즈에일 등
10.4
33.5
(%)
56.1
오비맥주
카스, OB골든라거, 호가든, 버드와이저, 에일스톤 등

자료 : 업계 추정

하이트진로 경영실적 추이

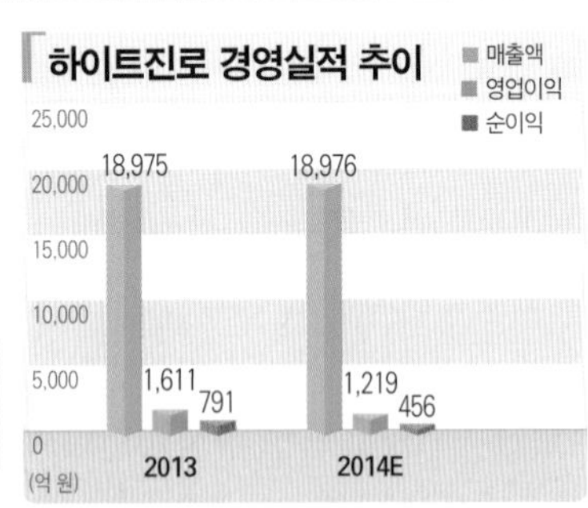

매출액
영업이익
순이익
25,000
20,000
15,000
10,000
5,000
0
(억 원)
18,975
1,611
791
18,976
1,219
456
2013
2014E

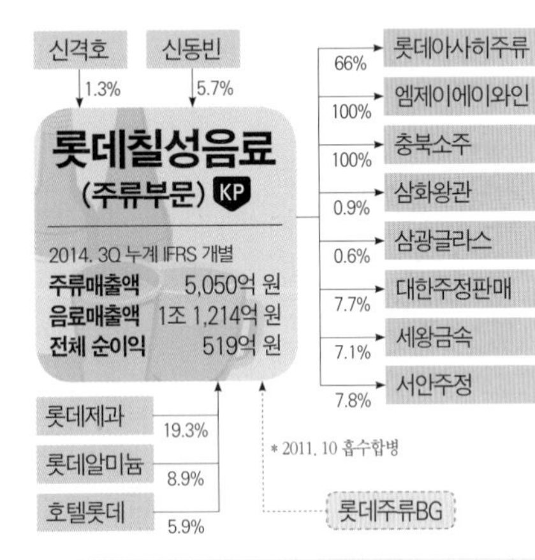

신격호
신동빈
1.3%
5.7%
롯데칠성음료 (주류부문) KP
2014. 3Q 누계 IFRS 개별
주류매출액 5,050억 원
음료매출액 1조 1,214억 원
전체 순이익 519억 원
66%
롯데아사히주류
100%
엠제이에이와인
100%
충북소주
0.9%
삼화왕관
0.6%
삼광글라스
7.7%
대한주정판매
7.1%
세왕금속
7.8%
서안주정
롯데제과
19.3%
롯데알미늄
8.9%
호텔롯데
5.9%
* 2011. 10 흡수합병
롯데주류BG

롯데칠성음료 경영실적 추이

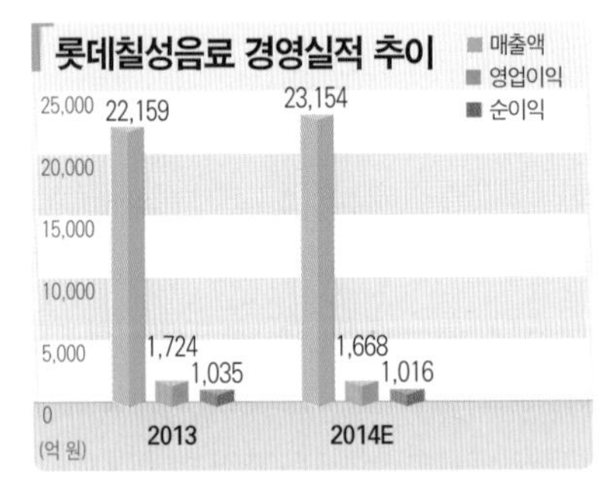

매출액
영업이익
순이익
25,000
20,000
15,000
10,000
5,000
0
(억 원)
22,159
1,724
1,035
23,154
1,668
1,016
2013
2014E

맥주사업 추진 현황과 계획

〈현황〉
- 약 1,800억 원 투자해 2013. 12 충주공장 완공
- 충주기업도시 사업지구 내 맥주제조용 담금·발효설비 등 설치
- 연간 생산능력 5만kl, 3개 라인에서 연간 500만 케이스 생산 (하이트진로의 연간 맥주 판매량(약 1백만kl)의 1/20 수준)

〈계획〉
- 2015. 1~2017. 12까지 7,000억 원 투자
- 충주기업도시 사업지구 내 부지면적 33만m², 건축면적 9만 9,000m² 규모의 맥주 공장 신설
- 연간 생산능력 50만kl 규모 예정

연도별 맥주 수입 추이

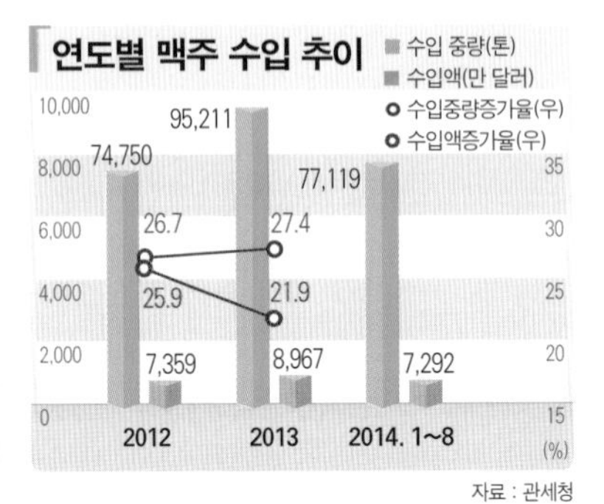

수입 중량(톤)
수입액(만 달러)
수입중량증가율(우)
수입액증가율(우)
10,000
8,000
6,000
4,000
2,000
0
35
30
25
20
15
(%)
74,750
26.7
25.9
7,359
95,211
27.4
21.9
8,967
77,119
7,292
2012
2013
2014. 1~8

자료 : 관세청

외국 브랜드 맥주

생산 기업		제품명(원산국, 제조사)
라이선스 생산	OB맥주	호가든(벨기에, AB인베브)
		버드와이저(미국, AB인베브)
직접 수입	OB맥주	버드아이스(미국, AB인베브)
		코로나(멕시코, 모델로)
		스텔라 아르투아(벨기에, AB인베브)
		벡스(독일, AB인베브)
		레페 브라운, 레페 블론드(벨기에, AB인베브)
		산토리 프리미엄 몰트(일본, 산토리)
	하이트진로	기린 이치방(일본, 기린)
		크로넨버그 1664(프랑스, 크로넨버그)
		싱하(태국, Boom Raws Brewery)
	롯데아사히주류	아사히 수퍼드라이 등(일본, 아사히맥주)
	매일유업	삿포로맥주(일본, 삿포로맥주)
	비어케이	칭타오(중국, 칭타오맥주)
		칼스버그(덴마크, 칼스버그)
	하이네켄코리아	하이네켄(네덜란드, 하이네켄 인터내셔널)

기준 : 2014. 8

소주

소주제품 도수 변화

연도	내용	도수
1924	증류식 소주	35도
1965	희석식 소주	30도
1973	25도 제품으로 일원화	25도
1991	보해 보해라이트	15도
1993	보배소주의 보배20 (국내 최초 20도 소주)	20도
1997. 2	금복주 참소주	23도
1998. 1	진로 참이슬 23도	23도
2001	두산 산소주 22도 등장, 참이슬도 22도로 낮춤	22도
2004	21도 참이슬, 산 (다시 도수 경쟁)	21도
2005. 9	선양 맑은린	20.5도
2006. 2	처음처럼 20도, 참이슬 20.1도	20.1도
2006. 8	참이슬 후레쉬	19.8도
2007. 7	처음처럼	19.5도
2008. 9	진로 해양심층수 함유 소주 제이	19.5도
2009. 3	진로 제이 18.5도로 리뉴얼	18.5도
2009. 8	처음처럼 쿨	16.8도
2010. 12 / 2012. 6	진로 즐겨찾기 / 처음처럼 브랜드 통합	15.5도
2014. 2	참이슬 리뉴얼	18.5도

지역기반 소주 업체

최재호 49.8%
KB 자산운용 10.8%
지리산 산청샘물 16.9%
좋은데이 DNF 100%
무학 KP
2014. 3Q 누계
매출액 1,940억 원
영업이익 494억 원
순이익 574억 원
창해에탄올 37.4%
임성우 외 9인 6%
보해양조 KP
보해 B&H 흡수합병
2014. 3Q 누계
매출액 939억 원
영업이익 71억 원
순이익 31억 원
보해 매원 93.9%
보해 통상 흡수합병
금복주
2013. 12
매출액 1,217억 원
영업이익 342억 원
순이익 279억 원
금복 홀딩스 100%
경주법주 100%
금복개발 100%
* 2010. 11 인적분할 설립
더맥키스컴퍼니
2013. 12
매출액 526억 원
영업이익 24억 원
순이익 -9억 원
에코원 60%
조웅래 40%
하나로 49%
* 2013. 8 선양주조에서 상호 변경
비엔스틸라 50%
대선주조
2013. 12
매출액 416억 원
영업이익 10억 원
순이익 0.5억 원
* 2011. 5 비엔그룹이 인수
롯데칠성 100%
충북소주
2013. 12
매출액 224억 원
영업이익 19억 원
순이익 7억 원
* 2011. 4 롯데 계열사 편입
현승탁 외 특수관계인 100%
한라산
2013. 12
매출액 197억 원
영업이익 6억 원
순이익 -15억 원

소주 시장점유율 (기준 : 2013. 12)

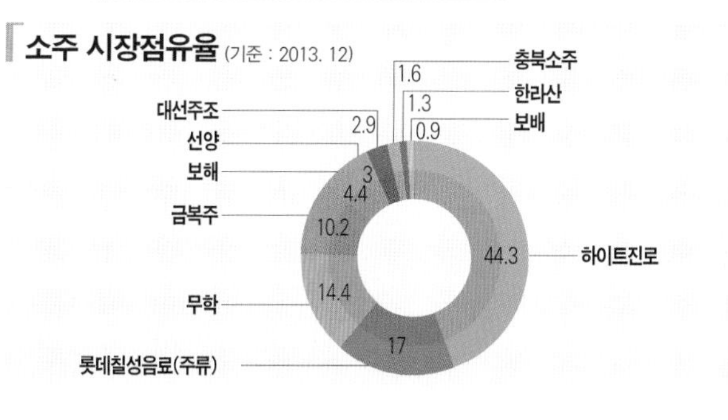

충북소주 1.6
한라산 1.3
보해 0.9
대선주조 2.9
선양 3
보해 4.4
금복주 10.2
하이트진로 44.3
무학 14.4
롯데칠성음료(주류) 17
(%)

자료 : 업계

주정 제조·판매

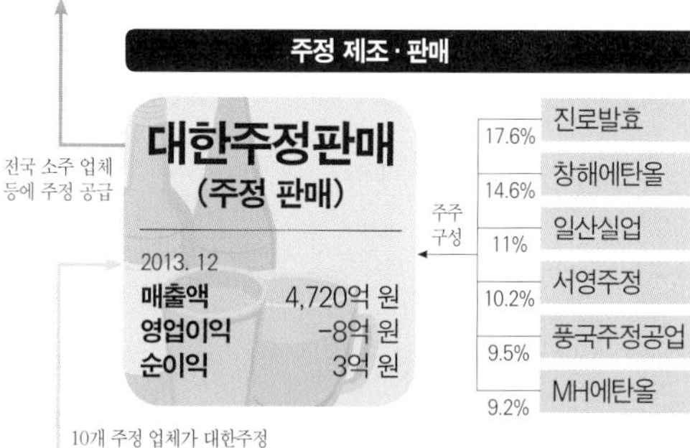

대한주정판매 (주정 판매)
2013. 12
매출액 4,720억 원
영업이익 -8억 원
순이익 3억 원
전국 소주 업체 등에 주정 공급
주주 구성
진로발효 17.6%
창해에탄올 14.6%
일산실업 11%
서영주정 10.2%
풍국주정공업 9.5%
MH에탄올 9.2%
10개 주정 업체가 대한주정 판매에 일괄공급 · 판매위탁

주정 제조

회사	기준	매출액	영업이익	순이익	주주
풍국주정공업 KQ	2014. 3Q 누계	790억 원	79억 원	63억 원	이한용 외 특수관계인 69.2%
진로발효 KQ	2014. 3Q 누계	618억 원	173억 원	142억 원	서태선 외 특수관계인 65.6%
창해에탄올 KQ	2014. 3Q 누계	1,727억 원	186억 원	115억 원	임성우 18.4%
MH에탄올 KP	2014. 3Q 누계	366억 원	85억 원	23억 원	최동호 47.9%

- 풍국주정공업 → 서안주정 10.2%, 진로발효 → 서안주정 16.2%, 서안주정 → MH에탄올 9.9%
- 창해에탄올 → 보해양조 37.4%, 창해웰빙푸드 94.3%
- * 2004. 1 보해산업에서 상호 변경

병마개·캡·병 제조

회사	기준	매출액	영업이익	순이익	주주
삼화왕관 (병마개·캡) KP	2014. 3Q 누계	733억 원	79억 원	63억 원	금비 50%, TCC동양 10%
CSI코리아 (병마개)	2013. 12	176억 원	26억 원	20억 원	CSI B.V. 100%
세왕금속공업 (병마개)	2013. 12	369억 원	4억 원	9억 원	국순당 11.7%, 롯데칠성음료 7.1%, 하이트진로홀딩스 24.9%, 하이트진로 7.1%, 무학 13.2%, 보해양조 12.9%, 금복주 12.6%
삼광글라스 (주류용 병) KP	2014. 3Q 누계	2,267억 원	84억 원	142억 원	이복영 외 특수관계인 44.6%, 국민연금공단 6.2%
신성이노텍 (플라스틱캡)	2013. 12	361억 원	35억 원	29억 원	임정남 외 특수관계인 97.5%

* OCI그룹 계열사

전통주·막걸리

배중호
36.6%
국순당
KQ
2014. 3Q 누계
매출액 716억 원
영업이익 17억 원
순이익 11억 원
30.9% 국순당 고창명주
96.5% 지앤텍벤처투자
86.6% 자연그대로농업
김동구 외 1인
100%
금복홀딩스
100%
금복주
100%
경주법주
2013. 12
매출액 243억 원
영업이익 -13억 원
순이익 -11억 원
* 1972. 9 설립
회원
서울탁주제조협회
• 1962 협회 창립
• 1980 서울탁주제조협회로 명칭 변경
• 1996 서울장수막걸리 생산 개시
100%
이동수 외 50인
오일기업
100%
서울장수
2013. 12
매출액 238억 원
영업이익 -2억 원
순이익 -10억 원
* 2009. 9 설립
배영호
58%
최선주
13.9%
배상면주가
2013. 12
매출액 136억 원
영업이익 -14억 원
순이익 -27억 원
10.6%
한국산업은행

위스키·주류수입

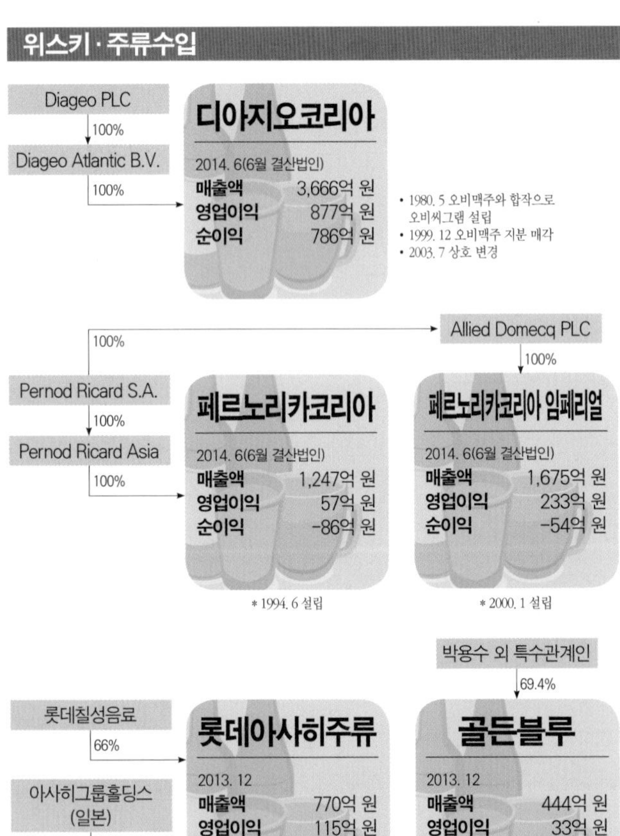
Diageo PLC
100%
Diageo Atlantic B.V.
100%
디아지오코리아
2014. 6(6월 결산법인)
매출액 3,666억 원
영업이익 877억 원
순이익 786억 원
• 1980. 5 오비맥주와 합작으로 오비씨그램 설립
• 1999. 12 오비맥주 지분 매각
• 2003. 7 상호 변경
100%
Allied Domecq PLC
100%
Pernod Ricard S.A.
100%
Pernod Ricard Asia
100%
페르노리카코리아
2014. 6(6월 결산법인)
매출액 1,247억 원
영업이익 57억 원
순이익 -86억 원
* 1994. 6 설립
페르노리카코리아 임페리얼
2014. 6(6월 결산법인)
매출액 1,675억 원
영업이익 233억 원
순이익 -54억 원
* 2000. 1 설립
박용수 외 특수관계인
69.4%
롯데칠성음료
66%
아사히그룹홀딩스 (일본)
34%
롯데아사히주류
2013. 12
매출액 770억 원
영업이익 115억 원
순이익 80억 원
골든블루
2013. 12
매출액 444억 원
영업이익 33억 원
순이익 26억 원
• 2000. 7 설립
• 2014. 8 현재 아사히수퍼드라이, 사케 아사히쿠로나마, 일본소주 등 수입 판매
• 2003. 6 설립
• 2009. 11 국내 최초 36.5도 프리미엄 위스키 골든블루 출시

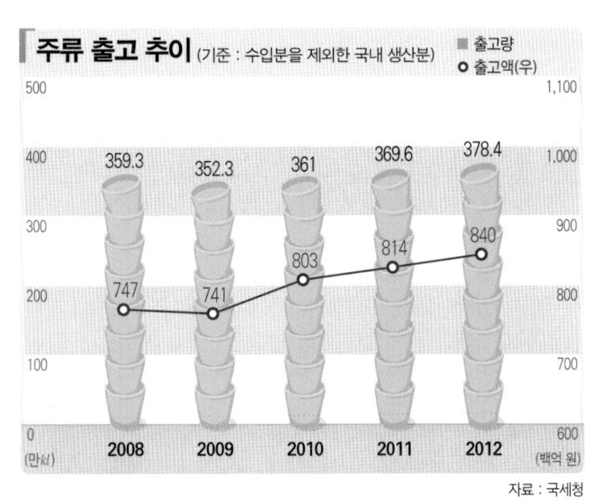
주류 출고 추이 (기준 : 수입분을 제외한 국내 생산분)
출고량
출고액(우)
500
400
300
200
100
0
(만㎘)
1,100
1,000
900
800
700
600
(백억 원)
359.3
352.3
361
369.6
378.4
747
741
803
814
840
2008
2009
2010
2011
2012

자료 : 국세청

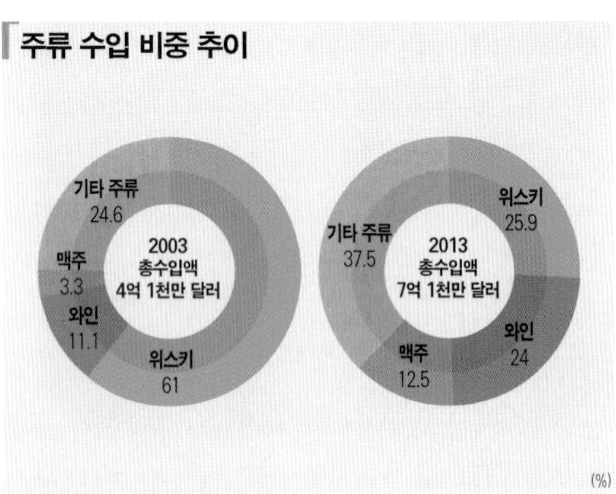
주류 수입 비중 추이
기타 주류 24.6
맥주 3.3
와인 11.1
위스키 61
2003 총수입액 4억 1천만 달러
위스키 25.9
기타 주류 37.5
와인 24
맥주 12.5
2013 총수입액 7억 1천만 달러
(%)

자료 : 관세청

맥주 수출입 추이
수출액
수입액
100,000
80,000
60,000
40,000
20,000
0
(천 달러)
46,836
43,750
65,397
58,445
67,814
73,591
72,250
89,667
47,274
72,917
2010
2011
2012
2013
2014. 1~8

자료 : 관세청

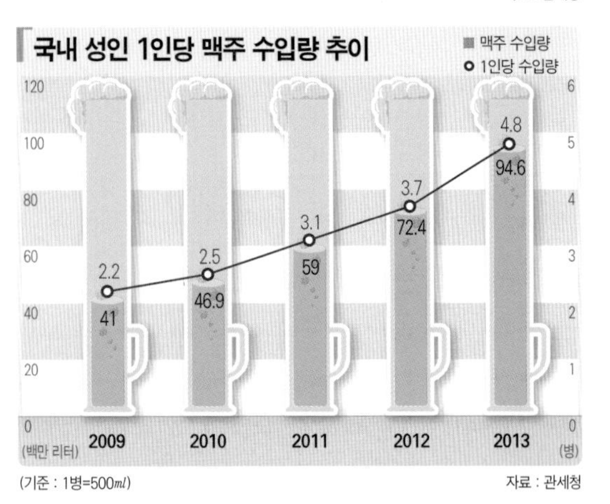
국내 성인 1인당 맥주 수입량 추이
맥주 수입량
1인당 수입량
120
100
80
60
40
20
0
(백만 리터)
6
5
4
3
2
1
0
(병)
2.2
2.5
3.1
3.7
4.8
41
46.9
59
72.4
94.6
2009
2010
2011
2012
2013

(기준 : 1병=500㎖)

자료 : 관세청

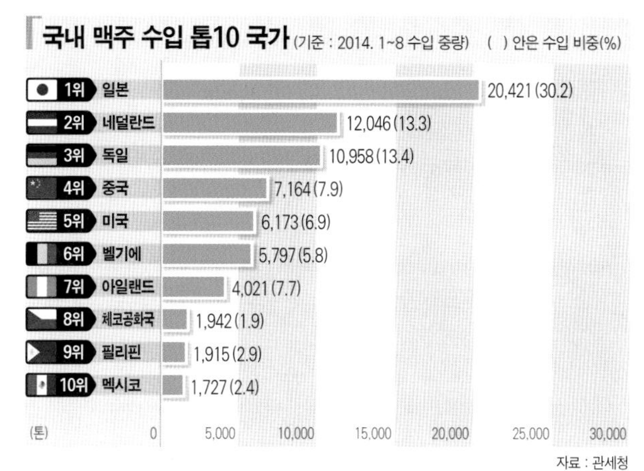
국내 맥주 수입 톱10 국가 (기준 : 2014. 1~8 수입 중량) ( ) 안은 수입 비중(%)
1위 일본 20,421 (30.2)
2위 네덜란드 12,046 (13.3)
3위 독일 10,958 (13.4)
4위 중국 7,164 (7.9)
5위 미국 6,173 (6.9)
6위 벨기에 5,797 (5.8)
7위 아일랜드 4,021 (7.7)
8위 체코공화국 1,942 (1.9)
9위 필리핀 1,915 (2.9)
10위 멕시코 1,727 (2.4)
(톤) 0 5,000 10,000 15,000 20,000 25,000 30,000

자료 : 관세청

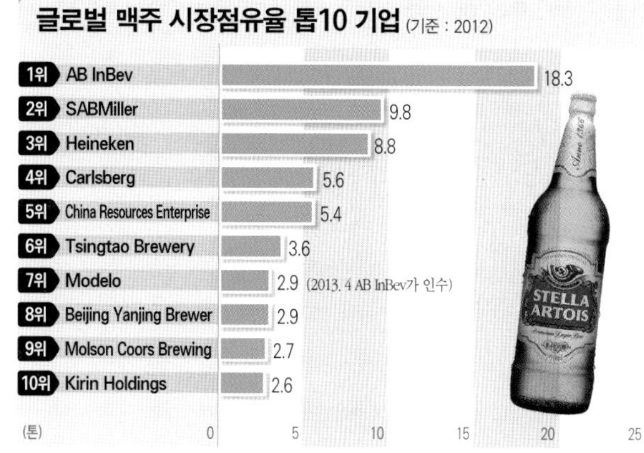
글로벌 맥주 시장점유율 톱10 기업 (기준 : 2012)
1위 AB InBev 18.3
2위 SABMiller 9.8
3위 Heineken 8.8
4위 Carlsberg 5.6
5위 China Resources Enterprise 5.4
6위 Tsingtao Brewery 3.6
7위 Modelo 2.9 (2013. 4 AB InBev가 인수)
8위 Beijing Yanjing Brewer 2.9
9위 Molson Coors Brewing 2.7
10위 Kirin Holdings 2.6
(톤) 0 5 10 15 20 25
STELLA ARTOIS

자료 : Euromonitor

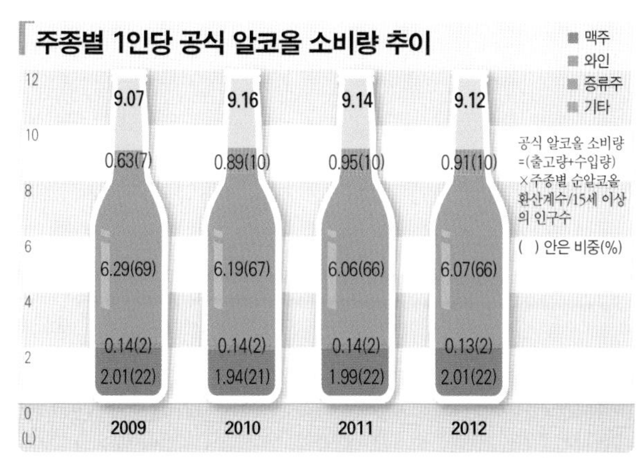
주종별 1인당 공식 알코올 소비량 추이
맥주
와인
증류주
기타
2009 9.07 0.63(7) 6.29(69) 0.14(2) 2.01(22)
2010 9.16 0.89(10) 6.19(67) 0.14(2) 1.94(21)
2011 9.14 0.95(10) 6.06(66) 0.14(2) 1.99(22)
2012 9.12 0.91(10) 6.07(66) 0.13(2) 2.01(22)
공식 알코올 소비량 =(출고량+수입량) ×주종별 순알코올 환산계수/15세 이상의 인구수
( ) 안은 비중(%)
(L)

자료 : 한국주류산업협회

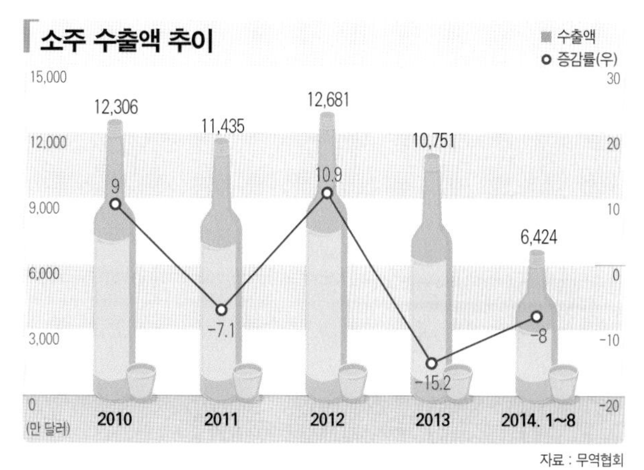
소주 수출액 추이
수출액
증감률(우)
2010 12,306 9
2011 11,435 -7.1
2012 12,681 10.9
2013 10,751 -15.2
2014. 1~8 6,424 -8
(만 달러)

자료 : 무역협회

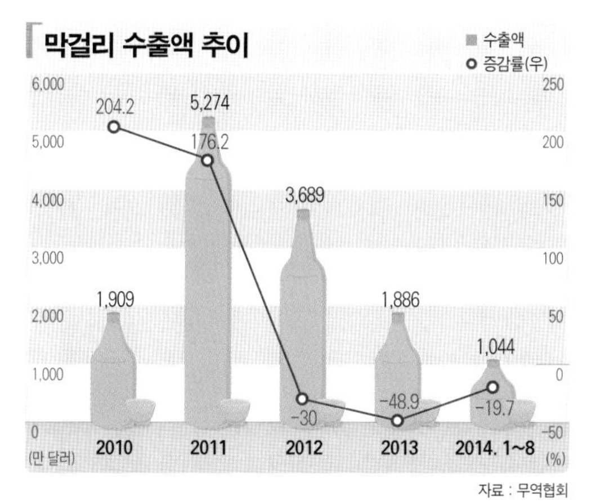
막걸리 수출액 추이
수출액
증감률(우)
2010 1,909 204.2
2011 5,274 176.2
2012 3,689 -30
2013 1,886 -48.9
2014. 1~8 1,044 -19.7
(만 달러) (%)

자료 : 무역협회

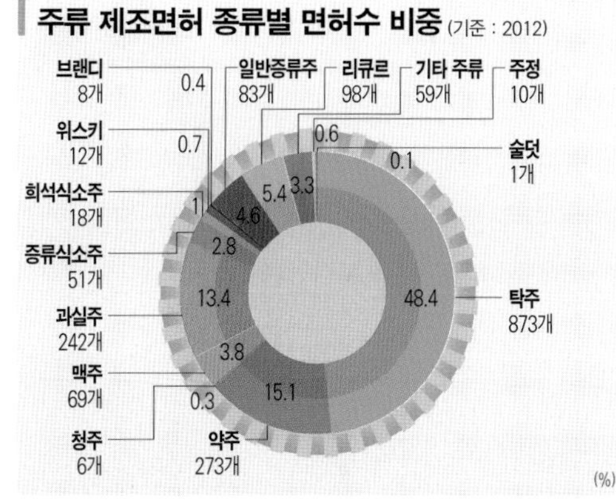
주류 제조면허 종류별 면허수 비중 (기준 : 2012)
브랜디 8개 0.4
위스키 12개 0.7
희석식소주 18개 1
증류식소주 51개 2.8
과실주 242개 13.4
맥주 69개 3.8
청주 6개 0.3
약주 273개 15.1
탁주 873개 48.4
일반증류주 83개 4.6
리큐르 98개 5.4
기타 주류 59개 3.3
주정 10개 0.6
술덧 1개 0.1
(%)

자료 : 국세청

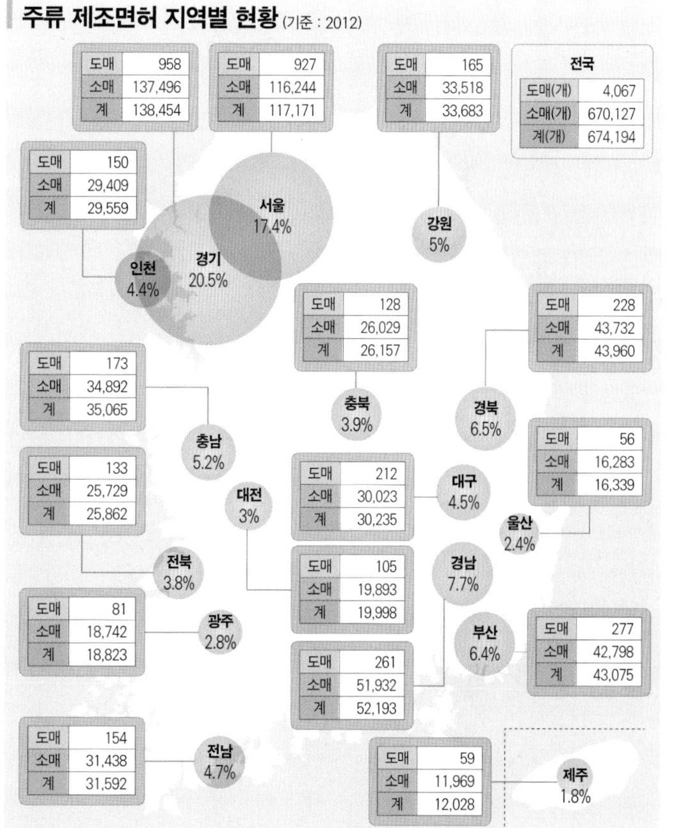
주류 제조면허 지역별 현황 (기준 : 2012)
전국 도매(개) 4,067 소매(개) 670,127 계(개) 674,194
서울 17.4% 도매 958 소매 137,496 계 138,454
경기 20.5% 도매 927 소매 116,244 계 117,171
인천 4.4% 도매 150 소매 29,409 계 29,559
강원 5% 도매 165 소매 33,518 계 33,683
충북 3.9% 도매 128 소매 26,029 계 26,157
경북 6.5% 도매 228 소매 43,732 계 43,960
충남 5.2% 도매 173 소매 34,892 계 35,065
대전 3% 도매 105 소매 19,893 계 19,998
대구 4.5% 도매 212 소매 30,023 계 30,235
울산 2.4% 도매 56 소매 16,283 계 16,339
전북 3.8% 도매 133 소매 25,729 계 25,862
광주 2.8% 도매 81 소매 18,742 계 18,823
경남 7.7% 도매 261 소매 51,932 계 52,193
부산 6.4% 도매 277 소매 42,798 계 43,075
전남 4.7% 도매 154 소매 31,438 계 31,592
제주 1.8% 도매 59 소매 11,969 계 12,028

자료 : 국세청

지금 대한민국은 술들의 전쟁

2015년과 2016년 국내 주류 시장의 판도 변화가 예사롭지 않다. 맥주 시장이 특히 그렇다. 양대 산맥인 오비맥주와 하이트진로에 후발 주자인 롯데주류가 도전장을 내면서 경쟁에 불이 붙었다. 오비맥주의 1위 수성이 이어질지 롯데주류가 기존 양강 체제를 무너뜨리는 조커가 될 수 있을지 관심이 모아진다.
소주 시장에서도 격전이 예상된다. 제조사마다 소비자 입맛을 잡기 위해 알코올 도수를 경쟁적으로 낮추고 있다. 도수 경쟁에 지방 소주들까지 덤벼들면서 한 마디로 점입가경이다.

맥주, 2조 원 시장 500종 시대 개막

2014년을 기점으로 국내 맥주 시장은 수입 맥주를 제외하고 사상 처음으로 2조 원 시대를 열어젖혔다. 수입 맥주까지 포함하면 시장규모는 더욱 커진다. 맥주 시장의 파이를 키운 1등 공신은 단연 롯데주류다. 뒤늦게 시장에 뛰어든 롯데주류는 '클라우드'를 들고 나왔다. 롯데주류는 충북 충주에 연간 5만kl의 생산능력을 갖춘 공장을 보유하고 있다. 2017년까지 7,000억 원을 투자해 50만kl까지 생산능력을 키운다는 계획이다. 50만kl은 2013년 국내 맥주 생산량 기준으로 점유율 10% 이상의 수치다. 유통업계의 강자인 롯데그룹이라는 든든한 지원군을 두고 있다는 점도 매력적이다.

맥주 500종 시대
(종)
266
355
400
470
500
2010
2011
2012
2013
2014
2013년은 8월 집계 기준
2014년은 전망치
자료 : 식품의약품안전처
맥주업계 취합

2조 원이 넘는 매머드 시장에 걸맞게 국내에서 판매되는 맥주는 무려 500종에 이른다. 종류가 많아지다 보니 맥주 맛 경쟁도 치열해지고 있다. 종류 경쟁을 촉발한 것은 수입 맥주다. 수입 맥주는 2010년 252종에서 2013년 455종으로 3년 새 2배 가까이 늘었다. 대형마트와 편의점 등에서 최근 3년간 연평균 30%대의 고성장을 이어가고 있다. 대형 유통점에서 수입 맥주 비율은 과거 국산 맥주의 10분의 1에서 3분의 1 수준까지 올라왔다.

발등에 불이 떨어진 국내 맥주 업체들은 제품 전략을 다시 짜고 있다. 오비맥주는 에일맥주인 '에일스톤'을, 하이트진로는 21년 만에 전면 리뉴얼 제품인 '뉴하이트'를 출시했다. 2014년 기준 국내에 출시될 국산 맥주는 모두 18종이다.

소주업계는 저도수 경쟁 중

소주 업체들의 경쟁 수단은 매우 독특하다. 제품, 홍보, 유통, 가격 등 여러 요소 가운데서도 도수가 가장 돋보인다. 업체마다 경쟁하듯 알코올 도수를 낮추고 있기 때문이다. 한때 소주 도수 25도는 깨질 것 같지 않는 불문율이었다. 하지만 지금은 상황이 급변했다.
소주업계의 저도수 현상은 독하지 않은 소주를 원하는 소비자가 그만큼 많아졌음을 의미한다. 특히 소주 수요층 가운데 여성과 젊은 층 비중이 커지면서 알코올 도수가 갈수록 떨어지고 있다. 이런 이유로 소주의 알코올 도수는 25도에서 무려 6도나 내려가게 됐다. 2014년

19도 마지노선을 무너뜨린 소주들
18.5도
참이슬 리뉴얼
18도
처음처럼
17.5도
아홉시반
16.9도
좋은데이

초까지 소주 알코올 도수의 마지노선이 19도가 된 것이다.

급기야 19도 하한선마저 무너지고 말았다. 롯데주류가 알코올 도수를 1도 낮춰 '18도 처음처럼'을 출시한 것이다. 지난 2007년에 알코올 도수 17도 장벽을 무너뜨렸던 롯데주류가 다시 한 번 18도 소주로 승부수를 띄운 것이다. 그러자 하이트진로가 알코올 도수를 19도에서 18.5도로 낮춘 '참이슬 리뉴얼' 제품을 선보였다. 18도 소주가 국내 소주 시장의 주인공이 된 것이다.

메이저 소주 브랜드들의 알코올 도수 격전에 지방 소주업계도 동참하고 나섰다. 전라도 지역을 기반으로 한 보해는 소주업계 최초로 알코올 도수를 17.5도로 낮추는 대신 용량을 15ml 늘린 375ml의 신제품 소주 '아홉시반'을 출시했다. 보해는 '아홉시반' 출시를 기점으로 수도권 등 전국적인 판매망을 구축하고 나섰다. 경상도 지역에서 강세를 보이고 있는 무학은 한술 더 떠 알코올 도수 17도마저 무너뜨렸다. 16.9도의 '좋은데이'를 앞세워 보해와 마찬가지로 수도권 공략에 나섰다. 한때 독하다는 인식이 강했던 지방 소주들이 그야말로 환골탈퇴를 단행한 것이다.

도대체 바닥이 어디야? 막걸리와 위스키 동반 추락

막걸리 출하량이 2011년을 정점으로 곤두박질치고 있다. 수출도 전성기의 3분의1 수준으로 줄었다. 막걸리 출하량은 2009년 21만 4,000kl에서 2011년 44만 4,000kl로 2배 이상 증가했다가 2012년 41만 5,000kl, 2013년 37만 8,000kl로 급락을 거듭하고 있다.

막걸리의 계속되는 추락 원인은 업계 내부에 있다는 주장이 설득력 있다. 즉, 제조사들이 영세하다보니 현실적으로 이익을 내는 데 어려움을 겪고 있다는 것이다. 국내 막걸리 업체 600여 곳 가운데 연매출액 1억 원 미만인 영세 업체가 전체의 60~70%에 이른다. 상황이 이러하다보니 제품 개발과 마케팅에 대한 투자는 언감생심이다.

막걸리 업체들이 2014년 초에 가격을 최대 25%까지 올린 것도 영업 난과 무관치 않다. 막걸리 시장 성장이 둔화되고 제품 폐기량이 많다 보니 가격을 올릴 수밖에

없었고, 이는 다시 판매 감소로 이어져 악순환에 빠진 것이다.

양대 국민술인 소주와 맥주의 아성이 갈수록 견고해지는 것도 막걸리 시장 침체를 부채질하는 요인이다. 아울러 막걸리와 어울리는 음식이 소주나 맥주에 비해 한정적인 이유도 한몫 한다. 주류 소비가 많은 회식자리에서 소주나 맥주 대신 막걸리를 테이블에 올리는 것은 쉽지 않은 일이기 때문이다.

불황의 늪에서 허우적대기는 위스키도 막걸리와 별반 다르지 않다. 국내 위스키 시장이 2008년 글로벌 금융위기 이후 6년째 추락하면서 업체마다 실적이 반 토막 나는 곳이 속출하고 있다. 경기 침체에 따른 시장 위축과 관세 불복, 노사 갈등 등 여러 악재가 위스키 업체들을 곤경에 빠뜨리고 있다는 분석이다.

아울러 가라오케나 룸살롱 등을 찾는 인구가 눈에 띄게 줄고 있고, 소주와 맥주를 섞어 마시는 이른바 '소맥' 음주 선호도 위스키 소비를 위축시킨 요인으로 꼽힌다.

업계에 따르면, 2008년 283만 8,304상자(1상자 = 500ml ×18병)에 달했던 위스키 출고량이 2013년 185만 692상자로 53.5% 감소했다. 2012년(212만 2,748상자)과 비교해도 12.8%나 떨어졌다. 최근 들어 감소폭이 빠르게 확대되는 셈이다. 업계 1위 디아지오코리아는 2008년 101만 6,472상자에서 2013년 72만 293상자로 41.1% 줄었고, 페르노리카코리아도 94만 5,642상자에서 57만 9,353상자로 63.2% 급감했다.

막걸리와 위스키 시장은 당분간 회복하기 어려울 전망이다. 지금으로서는 수요 감소폭을 얼마나 줄일 수 있느냐가 관건이다.

업계
규모

■ 국내 의복류 소매 판매액 50조 5,020억 원 (전년 대비 ▲5.7%)

■ 국내 아웃도어 시장규모 6조 4,000억 원(추정치)

제일모직 패션사업부문 재무 현황

(기준 : 2014. 3Q 연결 연환산)

매출액	17,289억 원	감가상각비(B)	377억 원
영업이익	518억 원	EBITDA=((A)+(B))	895억 원
영업이익 (미배분손익 반영)(A)	518억 원	동종업계 배수적용	12.4배
		영업가치	11,137억 원

제일모직 기업공개 주식공모 내역 (기준 : 2014. 11)

공모가		45,000원(액면가 : 100원)		
공모주식수	구주	18,749,950주	계 28,749,950주	
	신주	10,000,000주		
공모구분	공모대상	주식수	구성비	공모총액
일반공모	일반투자자	5,749,990주	20%	2,587억 원
	기관투자자	14,374,975주	50%	6,469억 원
	고위험고수익 투자신탁	2,874,995주	10%	1,294억 원
	소계	22,999,960주	80%	10,350억 원
우리사주조합		5,749,990주	20%	2,587억 원
합계		28,749,950주	100%	12,937억 원

이재용 25.1%
이건희 3.7%
* 주주 지분율은 상장 전인 2014. 9 기준
제일모직
(옛 삼성에버랜드)
(패션사업부문) KP
2014. 3Q 누계(사업부문)
매출액 1조 2,967억 원
영업이익 388억 원
부문자산 1조 3,498억 원
이부진 8.4%
이서현 8.4%
삼성카드 5%
삼성전기 4%
삼성SDI 8%
* 2013. 12 옛 제일모직의 패션사업부문 양수
* 2014. 7 제일모직으로 상호 변경

박성수 40.6%
곽숙재 8.1%
이랜드월드
(패션부문)
2014. 3Q 누계(사업부문)
매출액 2조 8,398억 원
영업이익 2,279억 원
이랜드월드 (자사주) 44.7%
이랜드리테일 63.5%
이랜드건설 100%
이랜드파크 14.7%
이랜드
* 2011. 9 흡수합병

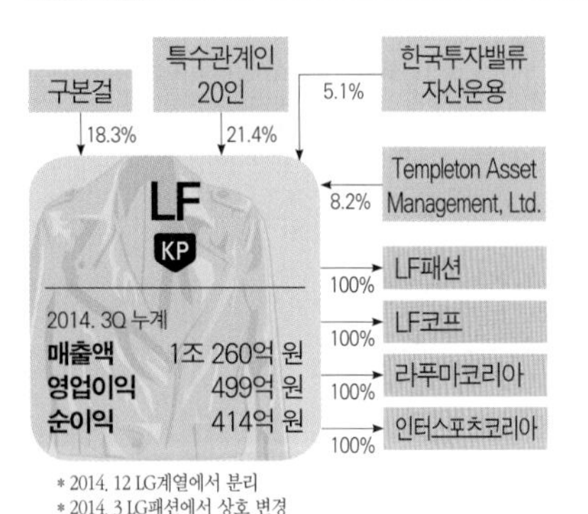
구본걸 18.3%
특수관계인 20인 21.4%
한국투자밸류 자산운용 5.1%
Templeton Asset Management, Ltd. 8.2%
LF
KP
2014. 3Q 누계
매출액 1조 260억 원
영업이익 499억 원
순이익 414억 원
LF패션 100%
LF코프 100%
라푸마코리아 100%
인터스포츠코리아 100%
* 2014. 12 LG계열에서 분리
* 2014. 3 LG패션에서 상호 변경

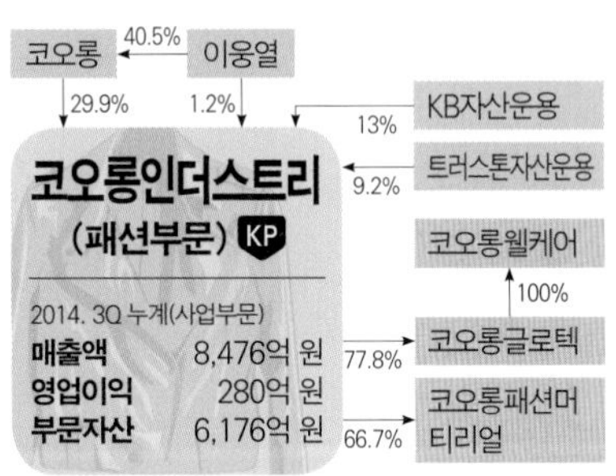
코오롱 40.5% 이웅열
코오롱 29.9%
이웅열 1.2%
KB자산운용 13%
트러스톤자산운용 9.2%
코오롱인더스트리
(패션부문) KP
2014. 3Q 누계(사업부문)
매출액 8,476억 원
영업이익 280억 원
부문자산 6,176억 원
코오롱웰케어
100%
코오롱글로텍 77.8%
코오롱패션머티리얼 66.7%

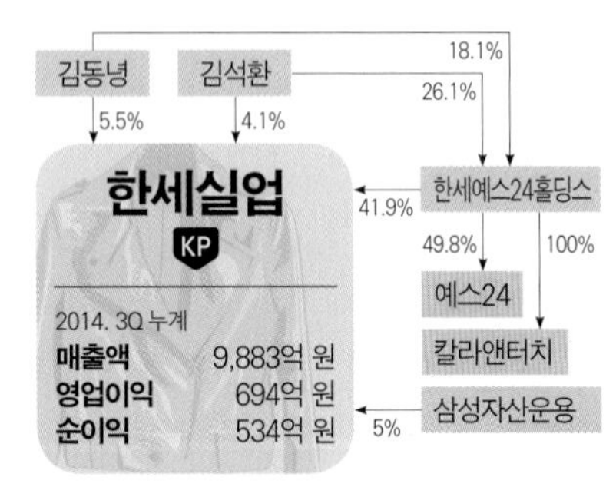
김동녕 5.5%
김석환 4.1%
18.1%
26.1%
한세예스24홀딩스 41.9%
49.8% 예스24
100% 칼라앤터치
삼성자산운용 5%
한세실업
KP
2014. 3Q 누계
매출액 9,883억 원
영업이익 694억 원
순이익 534억 원

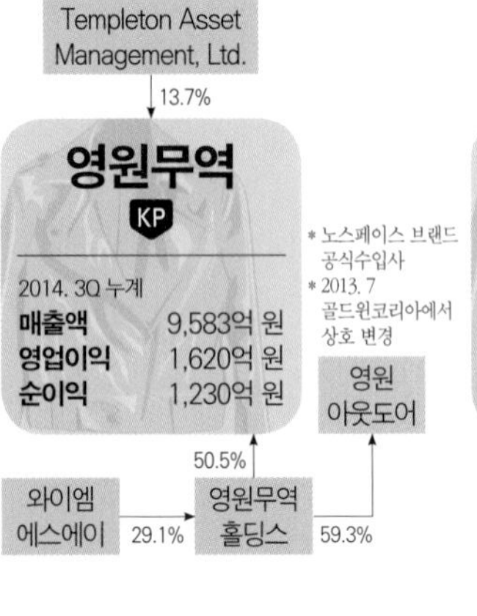
Templeton Asset Management, Ltd. 13.7%
영원무역
KP
2014. 3Q 누계
매출액 9,583억 원
영업이익 1,620억 원
순이익 1,230억 원
* 노스페이스 브랜드 공식수입사
* 2013. 7 골드윈코리아에서 상호 변경
영원 아웃도어
50.5%
와이엠 에스에이 29.1%
영원무역 홀딩스 59.3%

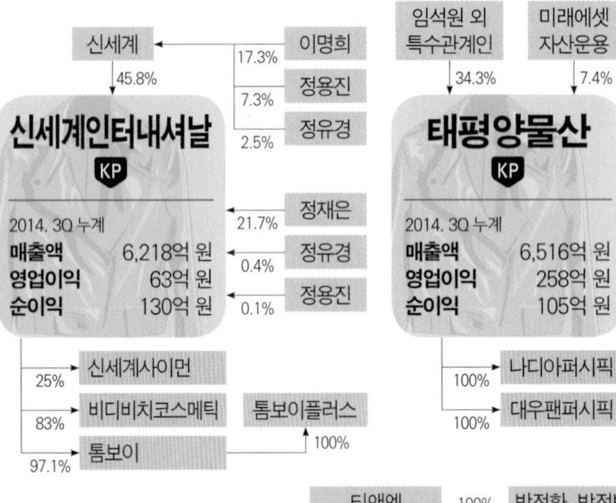
신세계 45.8%
이명희 17.3%
정용진 7.3%
정유경 2.5%
신세계인터내셔날
KP
2014. 3Q 누계
매출액 6,218억 원
영업이익 63억 원
순이익 130억 원
정재은 21.7%
정유경 0.4%
정용진 0.1%
신세계사이먼 25%
비디비치코스메틱 83%
톰보이 97.1%
톰보이플러스 100%
임석원 외 특수관계인 34.3%
미래에셋 자산운용 7.4%
태평양물산
KP
2014. 3Q 누계
매출액 6,516억 원
영업이익 258억 원
순이익 105억 원
나디아퍼시픽 100%
대우팬퍼시픽 100%

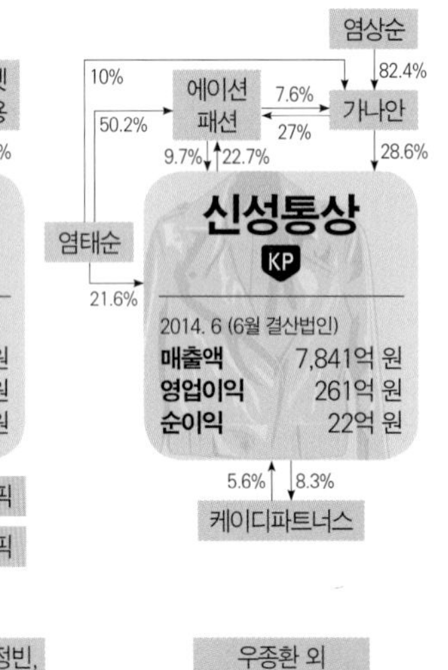
염상순 82.4%
에이션 패션 7.6% 27%
가나안 28.6%
10%
50.2%
9.7% 22.7%
염태순 21.6%
신성통상
KP
2014. 6 (6월 결산법인)
매출액 7,841억 원
영업이익 261억 원
순이익 22억 원
5.6% 8.3%
케이디파트너스

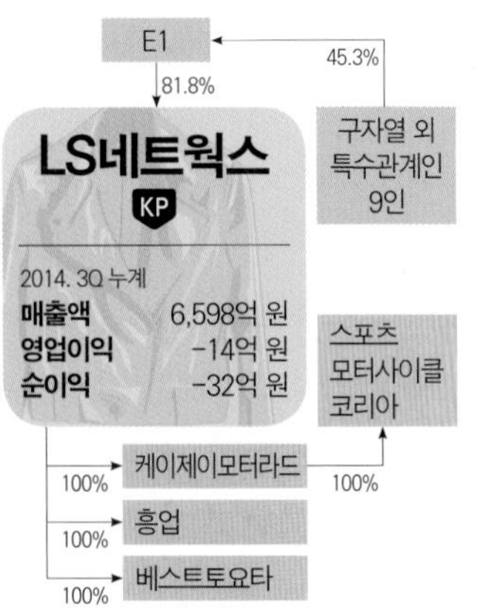
E1 81.8%
구자열 외 특수관계인 9인 45.3%
LS네트웍스
KP
2014. 3Q 누계
매출액 6,598억 원
영업이익 -14억 원
순이익 -32억 원
스포츠 모터사이클 코리아
케이제이모터라드 100% 100%
흥업 100%
베스트토요타 100%

케어라인 73.7% 윤윤수
케어라인 3.8%
윤윤수 7%
휠라코리아
KP
2014. 3Q 누계
매출액 5,840억 원
영업이익 790억 원
순이익 717억 원
지엘비에이치 코리아 51%
Templeton Asset Management Ltd. 14.2%

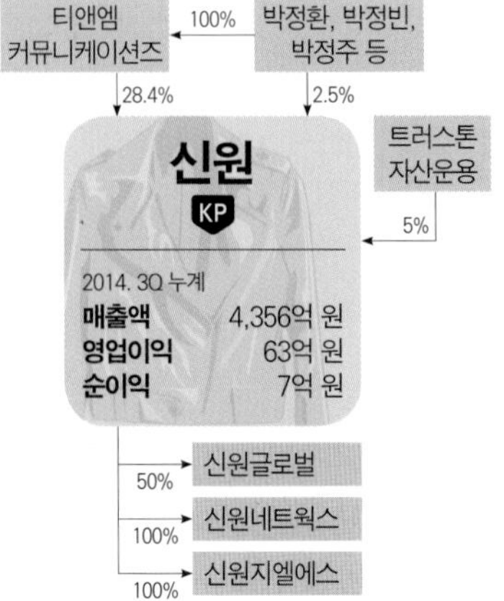
티앤엠 커뮤니케이션즈 100% 박정환, 박정빈, 박정주 등
28.4%
2.5%
트러스톤 자산운용 5%
신원
KP
2014. 3Q 누계
매출액 4,356억 원
영업이익 63억 원
순이익 7억 원
신원글로벌 50%
신원네트웍스 100%
신원지엘에스 100%

우종환 외 특수관계인 13인 45.7%
더베이직하우스
KP
2014. 3Q 누계
매출액 3,541억 원
영업이익 75억 원
순이익 32억 원
Triumph II Investments (Ireland) Limited 20%
TBH Global Limited 85.3%

주요 국내 전개 SPA* (기준: 2014. 11)

* 2013 회계년도 기준 매출액(일부 추정치)

* SPA(Specialty retailer of Private Label Apparel)

H&M헤네스 앤모리츠
H&M
매출액 1,227억 원

FRL코리아
UNIQLO
매출액 6,940억 원

아이티엑스 코리아
ZARA
매출액 2,273억 원

망고코리아
MANGO
매출액 69억 원 (추정치)

제일모직
8seconds
매출액 1,300억 원 (추정치)

신세계 인터내셔날
GAP
매출액 미상

* 2014. 6 기준 매장수 43개

신세계 인터내셔날
BANANA REPUBLIC
매출액 미상

* 2014. 6 기준 매장수 13개

이랜드
SPAO
매출액 1,400억 원 (추정치)

이랜드
MIXXO
매출액 1,000억 원 (추정치)

포에버21 리테일코리아
Forever 21
매출액 40억 원 (추정치)

신성통상
Top Ten
매출액 171억 원

아웃도어 브랜드 (기준: 2014. 11)

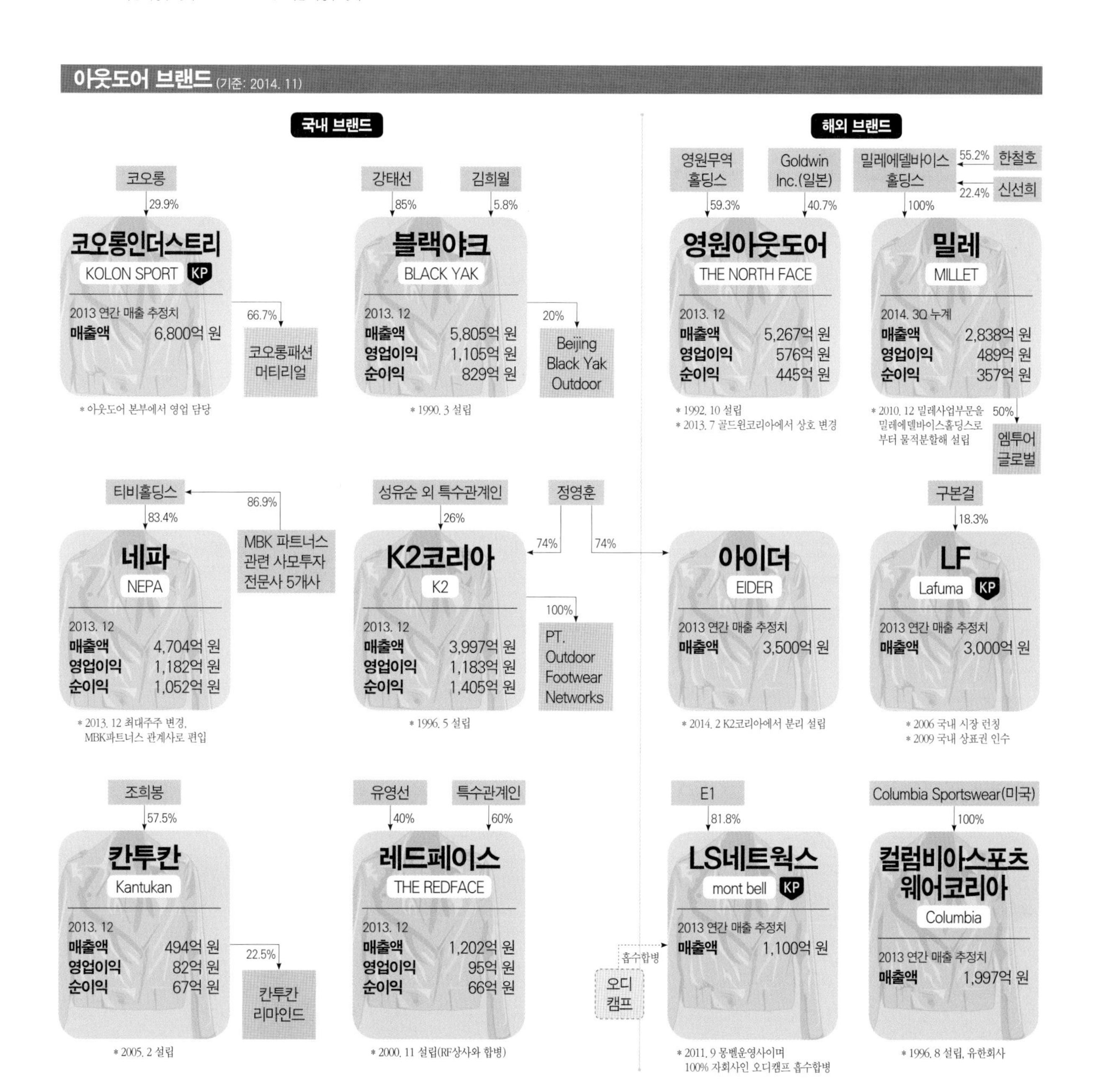

국내 브랜드
해외 브랜드
코오롱
29.9%
코오롱인더스트리
KOLON SPORT KP
2013 연간 매출 추정치
매출액 6,800억 원
66.7%
코오롱패션 머티리얼
* 아웃도어 본부에서 영업 담당
강태선
85%
김희월
5.8%
블랙야크
BLACK YAK
2013. 12
매출액 5,805억 원
영업이익 1,105억 원
순이익 829억 원
20%
Beijing Black Yak Outdoor
* 1990. 3 설립
영원무역 홀딩스
59.3%
Goldwin Inc.(일본)
40.7%
영원아웃도어
THE NORTH FACE
2013. 12
매출액 5,267억 원
영업이익 576억 원
순이익 445억 원
* 1992. 10 설립
* 2013. 7 골드윈코리아에서 상호 변경
밀레에델바이스 홀딩스
55.2% 한철호
22.4% 신선희
100%
밀레
MILLET
2014. 3Q 누계
매출액 2,838억 원
영업이익 489억 원
순이익 357억 원
50%
엠투어 글로벌
* 2010. 12 밀레사업부문을 밀레에델바이스홀딩스로부터 물적분할해 설립
티비홀딩스
86.9%
83.4%
MBK 파트너스 관련 사모투자 전문사 5개사
네파
NEPA
2013. 12
매출액 4,704억 원
영업이익 1,182억 원
순이익 1,052억 원
* 2013. 12 최대주주 변경, MBK파트너스 관계사로 편입
성유순 외 특수관계인
26%
정영훈
74%
74%
K2코리아
K2
2013. 12
매출액 3,997억 원
영업이익 1,183억 원
순이익 1,405억 원
100%
PT. Outdoor Footwear Networks
* 1996. 5 설립
아이더
EIDER
2013 연간 매출 추정치
매출액 3,500억 원
* 2014. 2 K2코리아에서 분리 설립
구본걸
18.3%
LF
Lafuma KP
2013 연간 매출 추정치
매출액 3,000억 원
* 2006 국내 시장 런칭
* 2009 국내 상표권 인수
조희봉
57.5%
칸투칸
Kantukan
2013. 12
매출액 494억 원
영업이익 82억 원
순이익 67억 원
22.5%
칸투칸 리마인드
* 2005. 2 설립
유영선
40%
특수관계인
60%
레드페이스
THE REDFACE
2013. 12
매출액 1,202억 원
영업이익 95억 원
순이익 66억 원
* 2000. 11 설립(RF상사와 합병)
E1
81.8%
LS네트웍스
mont bell KP
2013 연간 매출 추정치
매출액 1,100억 원
흡수합병
오디 캠프
* 2011. 9 몽벨운영사이며 100% 자회사인 오디캠프 흡수합병
Columbia Sportswear(미국)
100%
컬럼비아스포츠 웨어코리아
Columbia
2013 연간 매출 추정치
매출액 1,997억 원
* 1996. 8 설립, 유한회사

가계 소비지출 구성비 변화

2003	항목	2013. 3Q
13.3	식료품 및 비주류음료품	12.1
2.8	주류 및 담배	2.4
5.3	의류 및 신발	4.8
17.7	임료 및 수도광열	16.2
3.5	가계시설 및 운영	3.5
4.7	의료 보건	7.1
11.8	교통	11.4
4.7	통신	5.5
7.6	오락문화	9.2
6.8	교육	6.1
8.7	음식 숙박	7.9
13.1	기타	14
2.1	거주자 국외소비지출	2.1

(%)

자료 : 통계청

패션의류 시장규모 추이

시장규모
성장률(우)
500,000
400,000
300,000
200,000
100,000
0
(억 원)
15
12
9
6
3
0
(%)
2009
2010
2011
2012
2013
2014E
281,330
201,753
337,360
342,758
356,126
371,904
1.4
7.3
11.8
1.6
3.9
4.4

자료 : 삼성패션연구소

복종별 시장규모 구성비 (기준 : 2013)

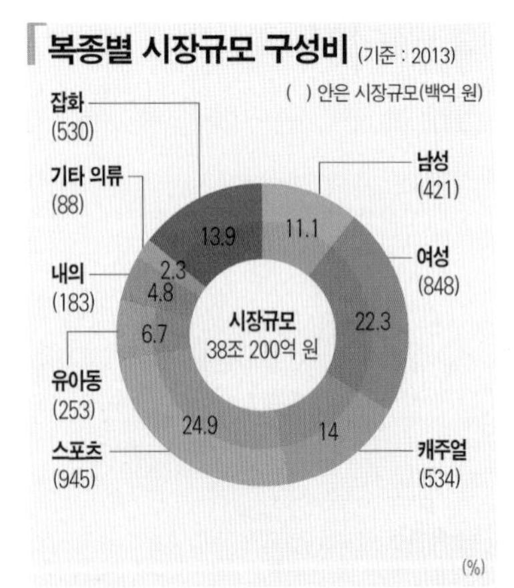

( ) 안은 시장규모(백억 원)
잡화 (530)
기타 의류 (88)
내의 (183)
유아동 (253)
스포츠 (945)
남성 (421)
여성 (848)
캐주얼 (534)
13.9
11.1
2.3
4.8
6.7
22.3
24.9
14
시장규모
38조 200억 원
(%)

자료 : 한국패션산업연구원

연령대별 패션제품 시장규모 구성비 (기준 : 2012)

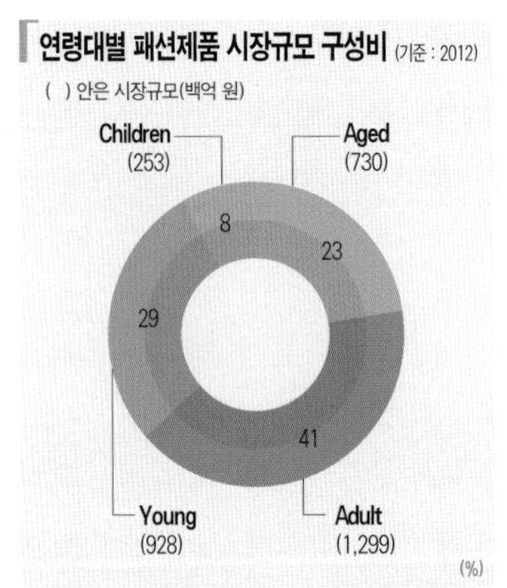

( ) 안은 시장규모(백억 원)
Children (253)
Aged (730)
Young (928)
Adult (1,299)
8
23
29
41
(%)

자료 : 한국패션산업연구원

패션 유통 구조 변화

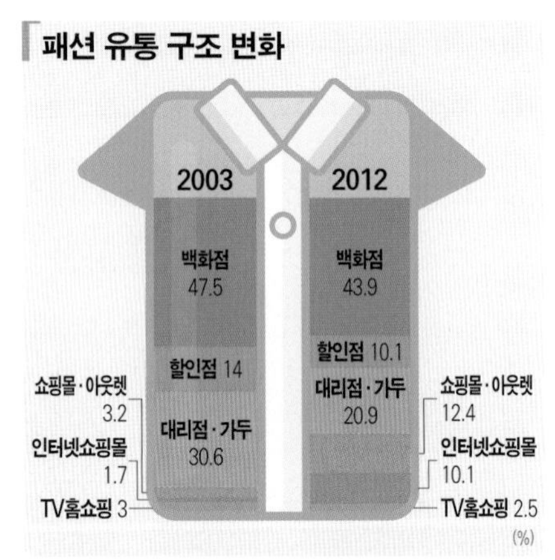

2003
2012
백화점 47.5
백화점 43.9
할인점 14
할인점 10.1
대리점·가두 30.6
대리점·가두 20.9
쇼핑몰·아웃렛 3.2
쇼핑몰·아웃렛 12.4
인터넷쇼핑몰 1.7
인터넷쇼핑몰 10.1
TV홈쇼핑 3
TV홈쇼핑 2.5
(%)

자료 : 한국패션산업연구원

패션제품 선택 기준 (기준 : 2013. 5 조사)

품질 73.1
소재 71.7
가격 71.6
색상 70.7
디자인·스타일 67.2
브랜드 66.1
유행 64.0
광고 58.8
(점)

자료 : 한국패션산업연구원

패션제품 정보원 (기준 : 2013. 11 조사)

판매원 조언 64.7
과거 구매 경험 64.5
쇼윈도, 매장 디스플레이 64.4
타인 옷차림 62.8
친구·가족 조언 62.4
광고(TV·라디오·신문) 61.5
연예인·유명인 옷차림 58.6
백화점 우편물 52.9
패션잡지 52.6
인터넷광고 51.2
(점)

자료 : 한국패션산업연구원

연령별 패션제품 쇼핑 태도

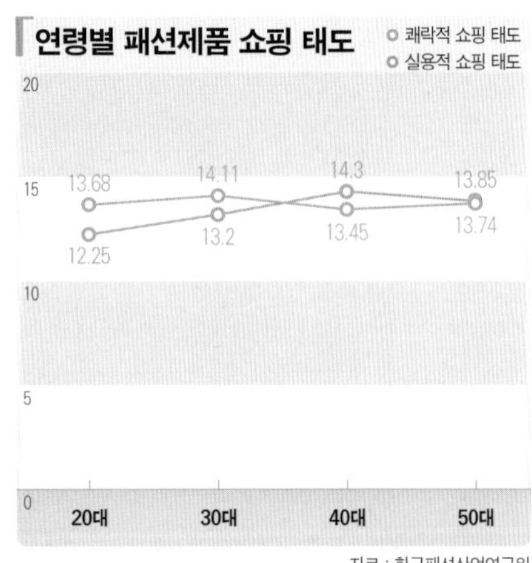

쾌락적 쇼핑 태도
실용적 쇼핑 태도
20
15
10
5
0
13.68
14.11
14.3
13.85
12.25
13.2
13.45
13.74
20대
30대
40대
50대

자료 : 한국패션산업연구원

복종별 브랜드 톱5 (조사 기간 : 2013. 11. 25~12. 8)

순위	신사복			캐릭터 남성		여성복			
	백화점	가두·대형마트	트래디셔널	백화점	가두점	백화점	가두점	가두 어덜트	할인 유통점
1위	갤럭시	크로커다일	빈폴	지이크	지이크 파렌하이트	오즈세컨	샤트렌	여성크로커다일	미센스
2위	닥스신사	인디안	라코스테	앤드지바이지오지아	지오지아	듀엘	쉬즈미스	올리비아로렌	수수
3위	로가디스	파크랜드	헤지스	커스텀멜로우	트루젠	쉬즈미스	블루페페	지센	티뷰
4위	캠브리지멤버스	타운젠트	타미힐피거	엠비오	지오송지오	모조에스핀	조이너스		예쎄
5위	마에스트로	트루젠	올젠	티아이포맨	에스티코	톰보이	여성아날도바시니		클리지

순위	캐주얼	모피	이너웨어	골프	어덜트 골프&레저	아웃도어	스포츠	유아동복	잡화제화
1위	마인드브릿지	진도모피	비비안	SGF 슈페리어	JDK	노스페이스	나이키	아가방	탠디
2위	게스	끌레베	비너스	빈폴골프	루이까스텔	코오롱스포츠	아디다스	블루독	MCM
3위	지오다노	동우모피	CK언더웨어	닥스골프	마코	케이투	뉴발란스	베네통	소다
4위	지프	•	트라이	파리게이츠골프	올포유	블랙야크	데상트	닥스키즈	쿠론
5위	버커루	•	푸마언더웨어	르꼬끄골프	엘레강스스포츠	네파	휠라	꼬망스	루이까또즈

자료 : 한국섬유신문

연령대별 주이용 패션제품 유통채널 순위 (기준 : 2012)

구분	20대	30대	40대	50대
1위	인터넷	인터넷	아웃렛, 브랜드 상설매장	백화점
2위	SPA형 매장	백화점	백화점	아웃렛, 브랜드 상설매장
3위	백화점	아웃렛, 브랜드 상설매장	인터넷	인터넷
4위	아웃렛, 브랜드 상설매장	SPA형 매장	대형할인마트	대형할인마트
5위	소규모점포	대형할인마트	SPA형 매장	도소매 전문쇼핑몰

자료 : 한국패션산업연구원

국내 SPA 시장규모 추이

시장규모
성장률(우)
40,000
30,000
20,000
10,000
0
(억 원)
80
60
40
20
0
(%)
8,000
12,000
19,000
24,700
29,000
34,000
60
50
58.3
30
17.4
17.2
2009
2010
2011
2012
2013
2014E

자료 : 삼성패션연구소

주요 SPA 브랜드별 매출 및 매장수 (기준 : 매출은 2013, 매장 수는 2014. 8)

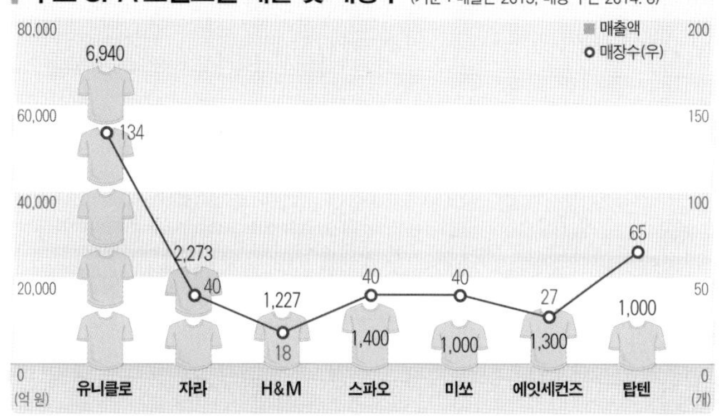

매출액
매장수(우)
80,000
60,000
40,000
20,000
0
(억 원)
200
150
100
50
0
(개)
6,940
134
2,273
40
1,227
18
1,400
40
1,000
40
1,300
27
1,000
65
유니클로
자라
H&M
스파오
미쏘
에잇세컨즈
탑텐

자료 : 업계 자료

아웃도어 시장규모 및 성장률 추이

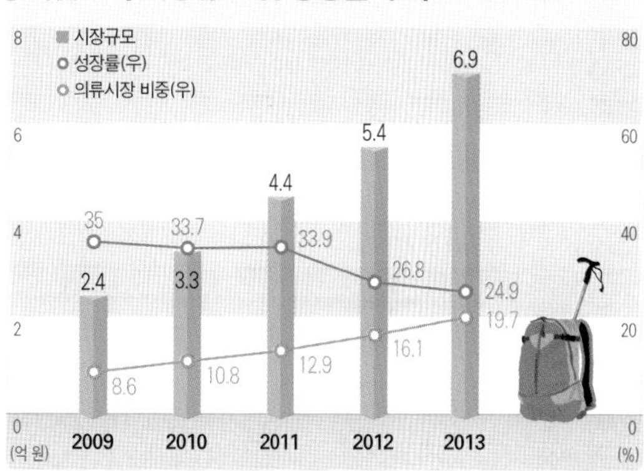

시장규모
성장률(우)
의류시장 비중(우)
8
6
4
2
0
(억 원)
80
60
40
20
0
(%)
2.4
3.3
4.4
5.4
6.9
35
33.7
33.9
26.8
24.9
8.6
10.8
12.9
16.1
19.7
2009
2010
2011
2012
2013

자료 : 삼성패션연구소

아웃도어 브랜드별 가두점 현황 (기준 : 2013. 3Q)

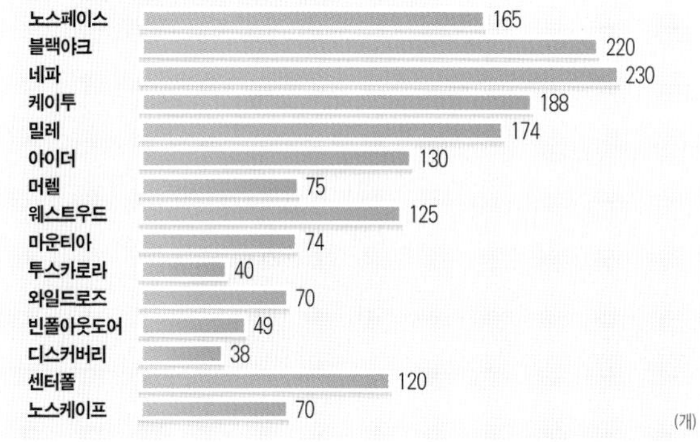

노스페이스 165
블랙야크 220
네파 230
케이투 188
밀레 174
아이더 130
머렐 75
웨스트우드 125
마운티아 74
투스카로라 40
와일드로즈 70
빈폴아웃도어 49
디스커버리 38
센터폴 120
노스케이프 70
(개)

자료 : 한국패션산업연구원

국내 패션의류 업체 주요 M&A

시기	인수 대상	인수 기업	규모
2011. 6	아큐시네트	휠라코리아, 미래에셋 PEF	약 12억 달러
2011. 7	만다리나덕	이랜드	약 700억 원
2011. 11	톰보이	신세계인터내셔날	약 315억 원
2012. 1	한섬	현대홈쇼핑	약 4,200억 원
2012. 7	로메오산타마리아	신원	
2012. 9	카스텔바작	이엑스알코리아	약 300만 유로
2012. 11	슈콤마보니	코오롱인더스트리	
2012. 11	케이스위스	이랜드	약 1.72억 달러
2013. 1	네파	MBK파트너스	5,500억 원
2013. 12	약진통상	칼라일그룹	약 2,000억 원

자료 : 한국신용평가

글로벌 패션 브랜드 매출액 (기준 : 2012)

* H&M은 COS, Monki 등 서브 브랜드 포함

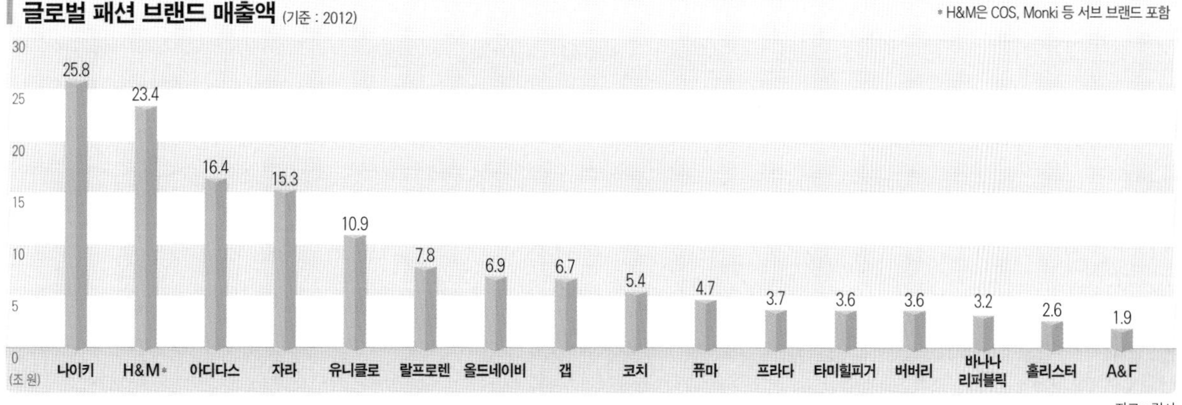

30
25
20
15
10
5
0
(조 원)
25.8
23.4
16.4
15.3
10.9
7.8
6.9
6.7
5.4
4.7
3.7
3.6
3.6
3.2
2.6
1.9
나이키
H&M*
아디다스
자라
유니클로
랄프로렌
올드네이비
갭
코치
퓨마
프라다
타미힐피거
버버리
바나나 리퍼블릭
홀리스터
A&F

자료 : 각사

패션,
입을 것인가 향유할 것인가

패션(fashion)은 행위나 활동하는 것(doing) 또는 만드는 것(making)을 뜻하는 라틴어 팍티오(factio)에서 유래했다. 이것이 어떻게 의복과 신발 등을 통칭하는 지금의 패션이 되었는지는 의견이 분분하다.
의식주의 맨 앞을 차지하기도 하는 패션은 인간에게는 없어서는 안 되는 절대품목이다. 아울러 패션은 유행(trend)을 이끄는 아이콘이자 문화 콘텐츠로서의 의미를 지닌다. 패션이 전 세계적으로 거대한 산업으로 자리매김해 온 데는, 생필품이자 트렌드 품목이라는 양면이 서로 조화를 이루며 진화해 왔기 때문이다.
한국패션협회가 발표한 '한국 패션산업 10대 키워드'를 살펴보면, 옷 안에 경제적인 측면과 문화적인 측면이 함께 반영돼 있음을 알 수 있다. 이는 『2016 업계지도』가 꼽은 패션산업 키워드와도 궤를 같이 한다. 구체적으로 살펴보면 다음과 같다.

패션업계에 부는 해외직구 열풍

대한상공회의소에 따르면, 2014년 8월 기준 해외직구 금액이 1조 원을 돌파했다고 한다. 2018년에는 8조 원 규모가 예상된다고 하니 예삿일이 아니다. 해외직구에서 가장 큰 파이를 차지하는 것은 단연 패션이다. 해외직구로 의류를 구매하면 배송료와 관세를 포함하더라도 국내 판매가격보다 20~30% 싸게 살 수 있다.
아무튼 해외직구로 피해를 보는 사업자들이 속출하는 것은 인지상정이다. 우선 국내에서 판매되던 직수입 및 라이선스 브랜드들이 큰 타격을 받고 있다. 아울러 국내 토종 브랜드들 역시 위기감을 느끼고 있다. 국내 오프라인 매장과 온라인쇼핑몰은 해외직구로 인해 피해를 입기도 했지만, '블랙프라이데이' '광군절' '사이버먼데이' 등을 이용해 대목을 누리기도 했다. 한편, 한류 영향으로 국내로 구매 요청이 몰리는 역(逆)직구 현상이 발생해 우리나라의 복잡한 결제 시스템이 도마에 오르기도 했다.

좀 더 성장하기에 한국의 산은 해발이 낮다?

고성장을 거듭하던 아웃도어가 시장규모 7조 원을 정점으로 드디어 수그러들고 있다. 세분화된 소비자에 맞춰

한국 패션산업 10대 키워드

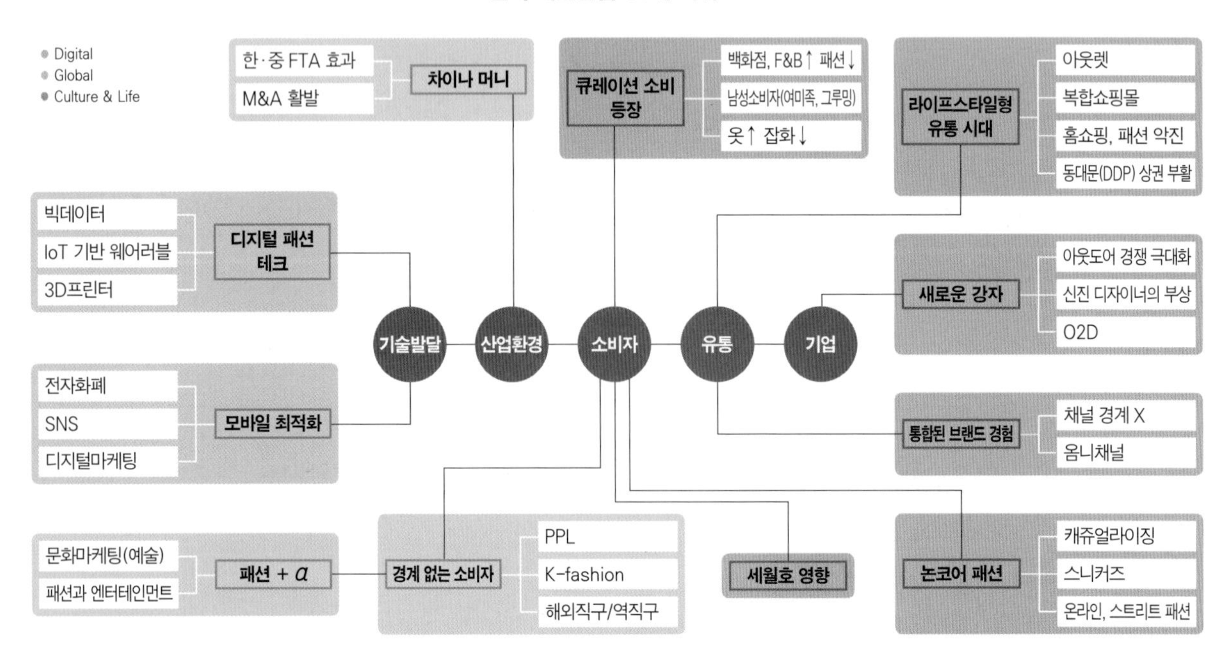

Digital
Global
Culture & Life
한·중 FTA 효과
M&A 활발
차이나 머니
큐레이션 소비 등장
백화점, F&B↑ 패션↓
남성소비자(여미족, 그루밍)
옷↑ 잡화↓
라이프스타일형 유통 시대
아웃렛
복합쇼핑몰
홈쇼핑, 패션 악진
동대문(DDP) 상권 부활
빅데이터
IoT 기반 웨어러블
3D프린터
디지털 패션 테크
새로운 강자
아웃도어 경쟁 극대화
신진 디자이너의 부상
O2D
기술발달
산업환경
소비자
유통
기업
전자화폐
SNS
디지털마케팅
모바일 최적화
통합된 브랜드 경험
채널 경계 X
옴니채널
문화마케팅(예술)
패션과 엔터테인먼트
패션 + α
경계 없는 소비자
PPL
K-fashion
해외직구/역직구
세월호 영향
논코어 패션
캐쥬얼라이징
스니커즈
온라인, 스트리트 패션

아동복, 여성복, 장비 등으로 영역을 확장하고 있지만 누적된 재고와 과도한 마케팅 비용은 신상품 판매 부진과 더불어 아웃도어의 발목을 잡는 커다란 장애물이 되었다.

아웃도어 시장이 주춤한 사이 스포츠웨어가 그 자리를 차지하고 나섰다. 건강과 다이어트에 대한 관심이 점차 늘며 러닝, 사이클, 요가, 휘트니스 등 생활 속에서 스포츠를 즐기는 사람들이 크게 늘고 있기 때문이다. 이에 '애슬레저 룩'('애슬레틱'과 '레저'의 합성어)이 새로운 패션 트렌드로 떠오르며 시장에 호재로 작용하고 있다. 신세계백화점은 2013년 스포츠웨어의 매출 신장률이 5.6%로 아웃도어 매출 신장률(-1.8%)보다 높았다. 롯데백화점과 현대백화점에서도 스포츠웨어가 아웃도어·레저 의류 매출 신장률을 평균 3%포인트 정도 앞선 것으로 나타났다. 애슬레저 룩이 아웃도어의 진정한 경쟁 품목으로 급부상하고 있는 것이다.

글로벌 SPA 브랜드는 검증된 국내 시장에서 패밀리 브랜드를 도입하는 등 2차 공습을 준비하고 있다. H&M 계열의 코스(COS)나 유니클로 계열의 지유(G.U.)가 국내 진출을 통해 시장규모 확대를 노리고 있다.

차이나 머니, 국내 패션업계 대공습

전지현·김수현 주연 드라마 '별에서 온 그대'의 천송이가 중국 부호들의 금고를 열게 했다. 한류야말로 중국 기업들이 국내 패션업계에 투자하는 가장 큰 이유다. 더욱이 중국정부는 대외투자를 독려하고 있는데, 이는 브랜드 및 기술력 확보를 위해 해외 기업 인수가 반드시 필요하기 때문이다. 2014년 10월 국내 유아용품 1세대 기업인 아가방컴퍼니가 중국 랑시그룹에 인수되면서 대공습을 알렸다. 지난 몇 년간 M&A에 사용되는 사모펀드 유입이 늘고 있으나 아직 성공했다고 할 만한 기업은 없는 듯하다. 2014년 11월 한·중 자유무역협정(FTA)이 실질적으로 체결되면서 향후 중국 자본의 국내 유입이 급물살을 탈 전망이다. 중국 자본과 한국 브랜드의 콜라보레이션이 어떤 시너지를 발휘할지 기대된다.

NONA9ON
2nd invasion
09092014
'노나곤' 론칭쇼

패션과 엔터테인먼트의 콜라보레이션

패션업계는 문화, 예술, 뷰티, 엔터테인먼트 등 다양한 업계와의 협업을 통해 소비자들에게 옷 이상의 새로운 문화적 가치를 제시하고 있다. 그 중에서도 패션과 엔터테인먼트산업의 콜라보레이션이 가장 돋보인다. 제일모직이 YG엔터테인먼트과 함께 '노나곤'(Nonagon)을 론칭했고, LVMH(루이비통모에헤네시) 역시 YG엔터테인먼트에 거액을 투자하면서 시장규모를 확산시키고 있다. 이처럼 콜라보레이션은 패션 브랜드의 이미지 차별화가 어려운 시대에 더욱 긍정적인 효과를 발휘한다. 단순한 콘텐츠의 공유에서 벗어나 고객과 공동의 경험을 함께 하는 형태로 진화하고 있는 것이다.

제일모직 상장, 업계 지각변동 예고

삼성의 패션 메이커 제일모직(옛 삼성에버랜드)의 상장으로 삼성그룹의 경영권 승계를 위한 지배구조 개편이 속도를 낼 전망이다. 삼성그룹은 제일모직, 삼성생명, 삼성전자로 이어지는 지배구조를 갖추고 있다. 금융 분야에 삼성생명이, 제조 분야에 삼성전자가 중심을 잡고 있는 것이다. 제일모직은 상장을 통해 삼성그룹 최상위 지배기업으로서 경영권 승계 과정에서 가장 핵심적인 역할을 기약하게 됐다.

초미의 관심사는 이재용 삼성전자 부회장의 향후 행보다. 삼성SDS와 제일모직의 보유 지분을 매각해 삼성전자와 삼성생명 지분 승계를 위한 상속세를 마련하거나, 삼성SDS 지분을 삼성전자 또는 삼성전자에서 분할되는 지주사 지분과 맞바꾸는 시나리오가 설득력 있다. 어찌됐든 삼성그룹은 제일모직의 기업 가치를 높여야 하는 과제에 직면해 있다. 제일모직 상장이 패션업계 전체에 어떤 영향을 가져올지 귀추가 주목된다.

40 | 화장품·생활용품 업계

업계
규모

■ 국내 화장품 생산액 7조 9,721억 원 (전년 대비 ▲11.9%)

■ 국내 가정생활용품·위생용 종이제품 생산액 5조 2,926억 원 (전년 대비 ▲13.3%)

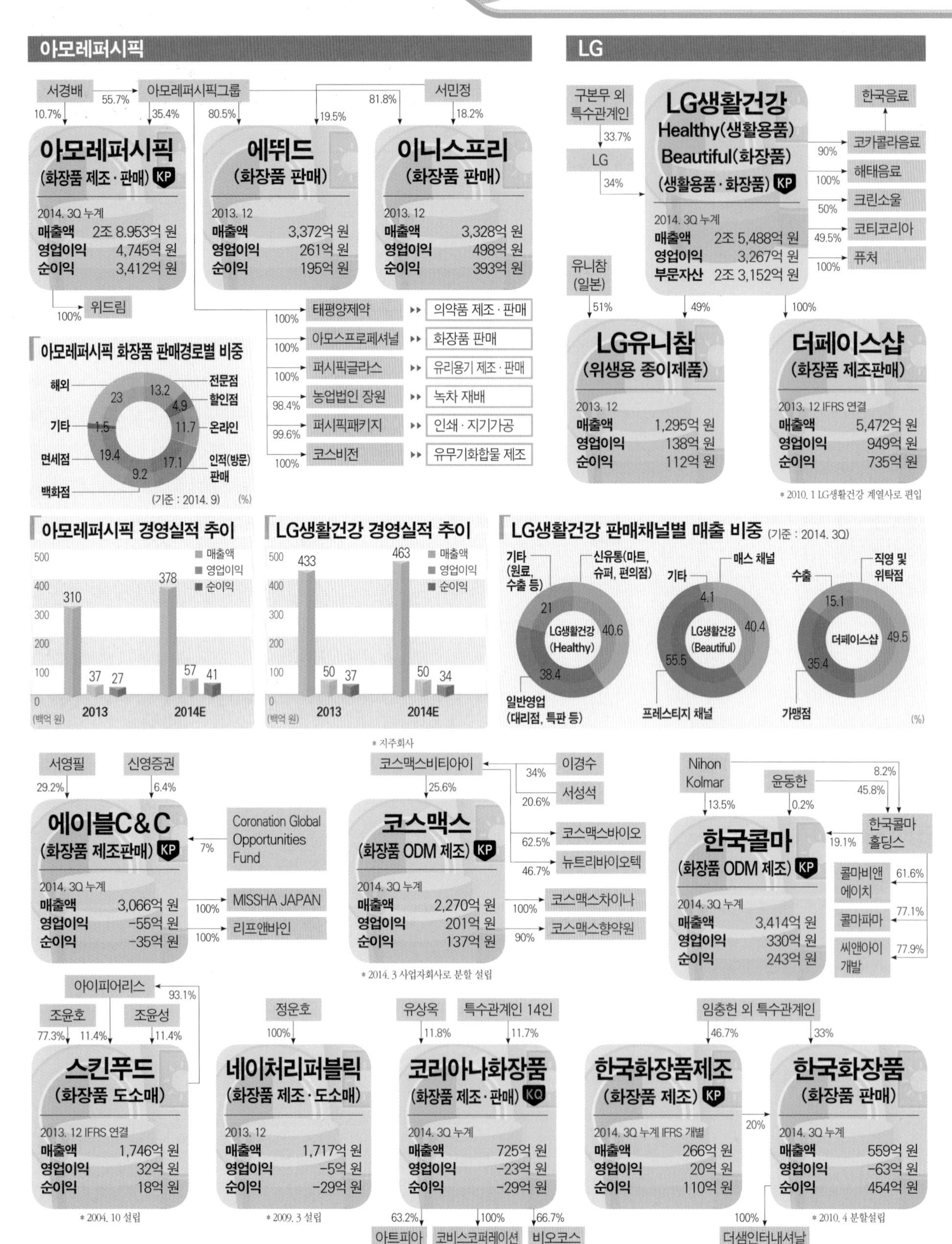

아모레퍼시픽
서경배
55.7%
아모레퍼시픽그룹
서민정
81.8%
10.7%
35.4%
80.5%
19.5%
18.2%
아모레퍼시픽
(화장품 제조·판매) KP
2014. 3Q 누계
매출액 2조 8,953억 원
영업이익 4,745억 원
순이익 3,412억 원
에뛰드
(화장품 판매)
2013. 12
매출액 3,372억 원
영업이익 261억 원
순이익 195억 원
이니스프리
(화장품 판매)
2013. 12
매출액 3,328억 원
영업이익 498억 원
순이익 393억 원
100% 위드림
100% 태평양제약 ▸▸ 의약품 제조·판매
100% 아모스프로페셔널 ▸▸ 화장품 판매
100% 퍼시픽글라스 ▸▸ 유리용기 제조·판매
98.4% 농업법인 장원 ▸▸ 녹차 재배
99.6% 퍼시픽패키지 ▸▸ 인쇄·지기가공
100% 코스비전 ▸▸ 유무기화합물 제조
아모레퍼시픽 화장품 판매경로별 비중
해외 23
전문점 13.2
할인점 4.9
온라인 11.7
인적(방문)판매 17.1
백화점 9.2
면세점 19.4
기타 1.5
(기준 : 2014. 9) (%)
LG
구본무 외 특수관계인
33.7%
LG
34%
LG생활건강
Healthy(생활용품)
Beautiful(화장품)
(생활용품·화장품) KP
2014. 3Q 누계
매출액 2조 5,488억 원
영업이익 3,267억 원
부문자산 2조 3,152억 원
한국음료
90% 코카콜라음료
100% 해태음료
50% 크린소울
49.5% 코티코리아
100% 퓨처
유니참 (일본)
51%
49%
100%
LG유니참
(위생용 종이제품)
2013. 12
매출액 1,295억 원
영업이익 138억 원
순이익 112억 원
더페이스샵
(화장품 제조판매)
2013. 12 IFRS 연결
매출액 5,472억 원
영업이익 949억 원
순이익 735억 원
* 2010. 1 LG생활건강 계열사로 편입
아모레퍼시픽 경영실적 추이
매출액
영업이익
순이익
2013: 310, 37, 27
2014E: 378, 57, 41
(백억 원)
LG생활건강 경영실적 추이
매출액
영업이익
순이익
2013: 433, 50, 37
2014E: 463, 50, 34
(백억 원)
LG생활건강 판매채널별 매출 비중 (기준 : 2014. 3Q)
LG생활건강 (Healthy)
기타 (원료, 수출 등) 21
신유통(마트, 슈퍼, 편의점) 40.6
일반영업 (대리점, 특판 등) 38.4
LG생활건강 (Beautiful)
기타 4.1
매스 채널 40.4
프레스티지 채널 55.5
더페이스샵
수출 15.1
직영 및 위탁점 49.5
가맹점 35.4
(%)
서영필
신영증권
29.2%
6.4%
에이블C&C
(화장품 제조판매) KP
Coronation Global Opportunities Fund
7%
2014. 3Q 누계
매출액 3,066억 원
영업이익 -55억 원
순이익 -35억 원
100% MISSHA JAPAN
100% 리프앤바인
* 지주회사
코스맥스비티아이
이경수
34%
서성석
20.6%
25.6%
코스맥스
(화장품 ODM 제조) KP
2014. 3Q 누계
매출액 2,270억 원
영업이익 201억 원
순이익 137억 원
62.5% 코스맥스바이오
46.7% 뉴트리바이오텍
100% 코스맥스차이나
90% 코스맥스향약원
* 2014. 3 사업자회사로 분할 설립
Nihon Kolmar
윤동한
8.2%
45.8%
13.5%
0.2%
한국콜마
(화장품 ODM 제조) KP
한국콜마 홀딩스
19.1%
2014. 3Q 누계
매출액 3,414억 원
영업이익 330억 원
순이익 243억 원
콜마비앤에이치 61.6%
콜마파마 77.1%
씨앤아이개발 77.9%
아이피어리스
93.1%
조윤호
조윤성
77.3%
11.4%
11.4%
스킨푸드
(화장품 도소매)
2013. 12 IFRS 연결
매출액 1,746억 원
영업이익 32억 원
순이익 18억 원
* 2004. 10 설립
정운호
100%
네이처리퍼블릭
(화장품 제조·도소매)
2013. 12
매출액 1,717억 원
영업이익 -5억 원
순이익 -29억 원
* 2009. 3 설립
유상옥
특수관계인 14인
11.8%
11.7%
코리아나화장품
(화장품 제조·판매) KQ
2014. 3Q 누계
매출액 725억 원
영업이익 -23억 원
순이익 -29억 원
63.2% 아트피아
100% 코비스코퍼레이션
66.7% 비오코스
임충헌 외 특수관계인
46.7%
33%
한국화장품제조
(화장품 제조) KP
2014. 3Q 누계 IFRS 개별
매출액 266억 원
영업이익 20억 원
순이익 110억 원
20%
한국화장품
(화장품 판매)
2014. 3Q 누계
매출액 559억 원
영업이익 -63억 원
순이익 454억 원
* 2010. 4 분할설립
100% 더샘인터내셔날

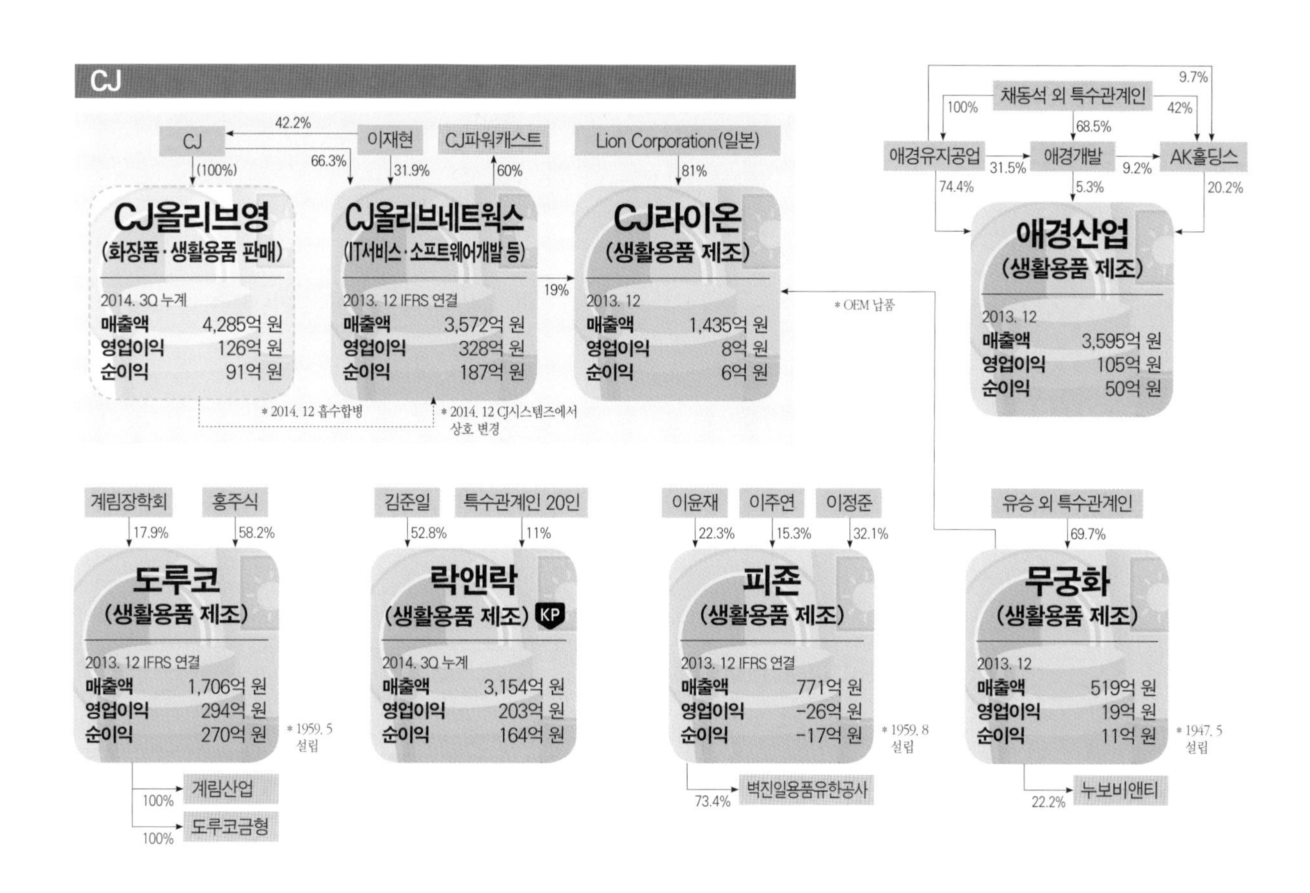
CJ
CJ
42.2%
이재현
66.3%
(100%)
31.9%
CJ파워캐스트
60%
Lion Corporation(일본)
81%
CJ올리브영
(화장품·생활용품 판매)
2014. 3Q 누계
매출액 4,285억 원
영업이익 126억 원
순이익 91억 원
CJ올리브네트웍스
(IT서비스·소프트웨어개발 등)
2013. 12 IFRS 연결
매출액 3,572억 원
영업이익 328억 원
순이익 187억 원
19%
CJ라이온
(생활용품 제조)
2013. 12
매출액 1,435억 원
영업이익 8억 원
순이익 6억 원
* 2014. 12 흡수합병
* 2014. 12 CJ시스템즈에서 상호 변경
* OEM 납품
9.7%
채동석 외 특수관계인
100%
42%
68.5%
애경유지공업
31.5%
애경개발
9.2%
AK홀딩스
74.4%
5.3%
20.2%
애경산업
(생활용품 제조)
2013. 12
매출액 3,595억 원
영업이익 105억 원
순이익 50억 원
계림장학회
홍주식
17.9%
58.2%
도루코
(생활용품 제조)
2013. 12 IFRS 연결
매출액 1,706억 원
영업이익 294억 원
순이익 270억 원
* 1959. 5 설립
100%
계림산업
100%
도루코금형
김준일
특수관계인 20인
52.8%
11%
락앤락
(생활용품 제조) KP
2014. 3Q 누계
매출액 3,154억 원
영업이익 203억 원
순이익 164억 원
이윤재
이주연
이정준
22.3%
15.3%
32.1%
피죤
(생활용품 제조)
2013. 12 IFRS 연결
매출액 771억 원
영업이익 -26억 원
순이익 -17억 원
* 1959. 8 설립
73.4%
벽진일용품유한공사
유승 외 특수관계인
69.7%
무궁화
(생활용품 제조)
2013. 12
매출액 519억 원
영업이익 19억 원
순이익 11억 원
* 1947. 5 설립
22.2%
누보비앤티

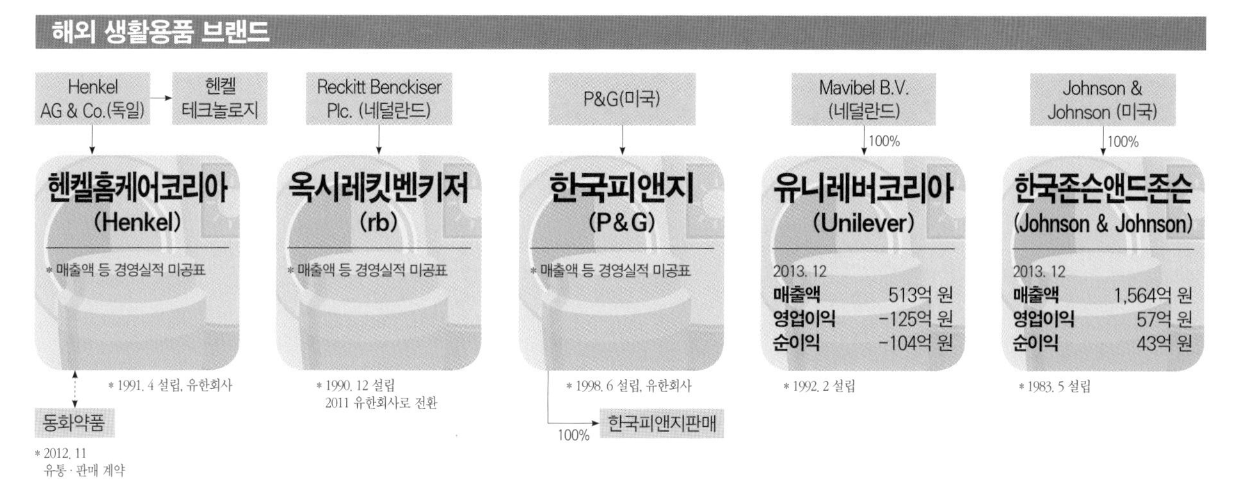
해외 생활용품 브랜드
Henkel AG & Co.(독일)
헨켈 테크놀로지
헨켈홈케어코리아
(Henkel)
* 매출액 등 경영실적 미공표
* 1991. 4 설립, 유한회사
동화약품
* 2012. 11 유통·판매 계약
Reckitt Benckiser Plc. (네덜란드)
옥시레킷벤키저
(rb)
* 매출액 등 경영실적 미공표
* 1990. 12 설립
2011 유한회사로 전환
P&G(미국)
한국피앤지
(P&G)
* 매출액 등 경영실적 미공표
* 1998. 6 설립, 유한회사
100%
한국피앤지판매
Mavibel B.V. (네덜란드)
100%
유니레버코리아
(Unilever)
2013. 12
매출액 513억 원
영업이익 -125억 원
순이익 -104억 원
* 1992. 2 설립
Johnson & Johnson (미국)
100%
한국존슨앤드존슨
(Johnson & Johnson)
2013. 12
매출액 1,564억 원
영업이익 57억 원
순이익 43억 원
* 1983. 5 설립

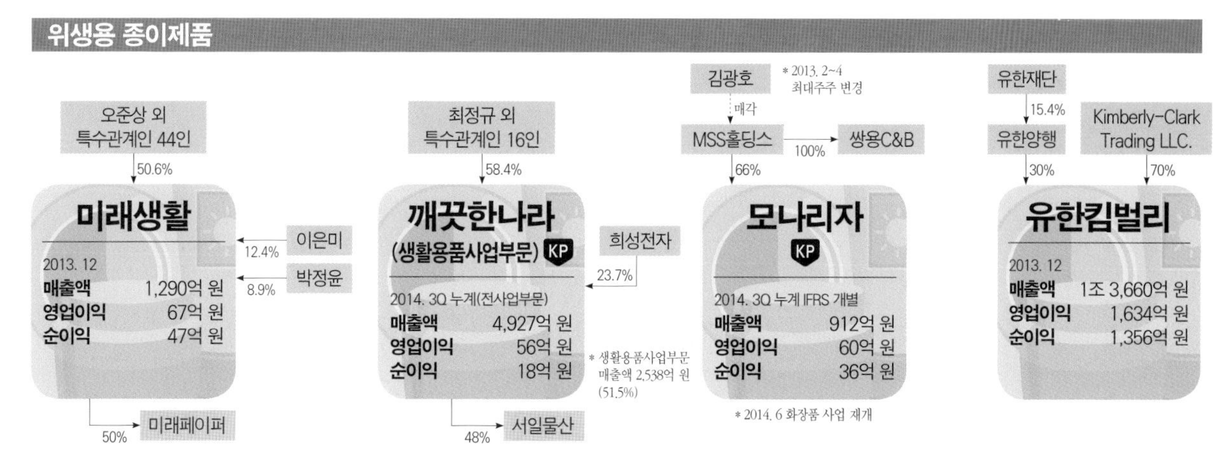
위생용 종이제품
오준상 외 특수관계인 44인
50.6%
미래생활
2013. 12
매출액 1,290억 원
영업이익 67억 원
순이익 47억 원
이은미
12.4%
박정윤
8.9%
50%
미래페이퍼
최정규 외 특수관계인 16인
58.4%
깨끗한나라
(생활용품사업부문) KP
2014. 3Q 누계(전사업부문)
매출액 4,927억 원
영업이익 56억 원
순이익 18억 원
희성전자
23.7%
* 생활용품사업부문 매출액 2,538억 원 (51.5%)
48%
서일물산
김광호
* 2013. 2~4 최대주주 변경
매각
MSS홀딩스
100%
쌍용C&B
66%
모나리자
KP
2014. 3Q 누계 IFRS 개별
매출액 912억 원
영업이익 60억 원
순이익 36억 원
* 2014. 6 화장품 사업 재개
유한재단
15.4%
유한양행
Kimberly-Clark Trading LLC.
30%
70%
유한킴벌리
2013. 12
매출액 1조 3,660억 원
영업이익 1,634억 원
순이익 1,356억 원

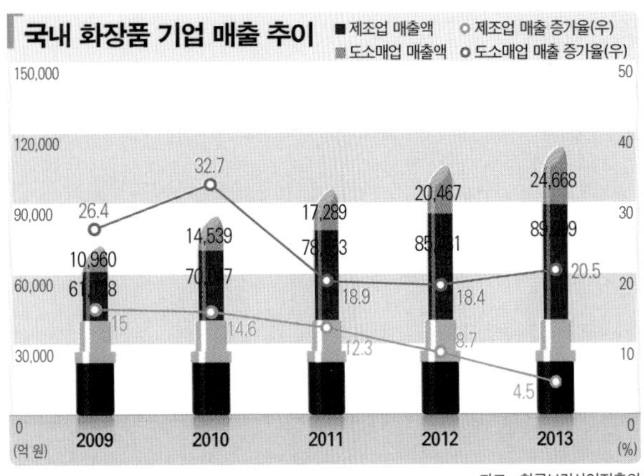
국내 화장품 기업 매출 추이
■ 제조업 매출액 ○ 제조업 매출 증가율(우)
■ 도소매업 매출액 ○ 도소매업 매출 증가율(우)
150,000 120,000 90,000 60,000 30,000 0 (억 원)
50 40 30 20 10 0 (%)
2009 2010 2011 2012 2013
10,960 14,539 17,289 20,467 24,668
26.4 32.7 18.9 18.4 20.5
15 14.6 12.3 8.7 4.5

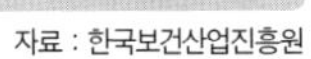
자료 : 한국보건산업진흥원

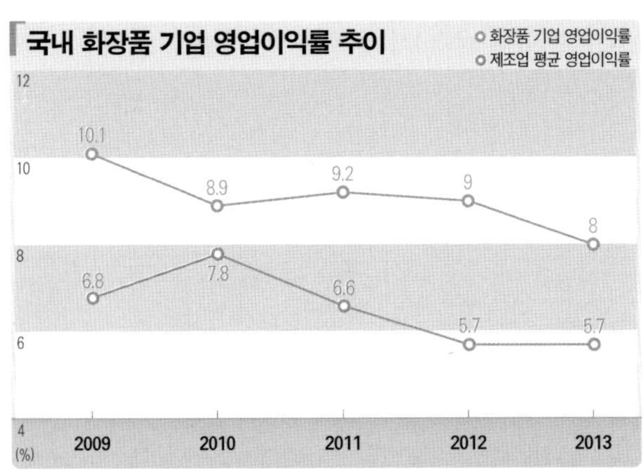
국내 화장품 기업 영업이익률 추이
○ 화장품 기업 영업이익률
○ 제조업 평균 영업이익률
12 10 8 6 4 (%)
2009 2010 2011 2012 2013
10.1 8.9 9.2 9 8
6.8 7.8 6.6 5.7 5.7
자료 : 한국보건산업진흥원

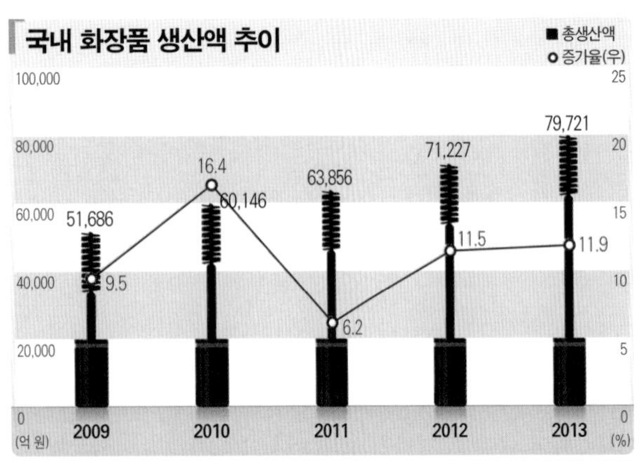
국내 화장품 생산액 추이
■ 총생산액
○ 증가율(우)
100,000 80,000 60,000 40,000 20,000 0 (억 원)
25 20 15 10 5 0 (%)
2009 2010 2011 2012 2013
51,686 60,146 63,856 71,227 79,721
9.5 16.4 6.2 11.5 11.9
자료 : 대한화장품협회

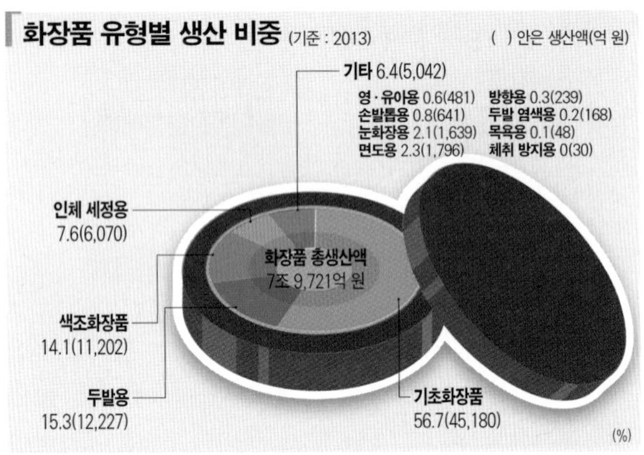
화장품 유형별 생산 비중 (기준 : 2013)
( ) 안은 생산액(억 원)
기타 6.4(5,042)
영·유아용 0.6(481) 방향용 0.3(239)
손발톱용 0.8(641) 두발 염색용 0.2(168)
눈화장용 2.1(1,639) 목욕용 0.1(48)
면도용 2.3(1,796) 체취 방지용 0(30)
인체 세정용 7.6(6,070)
화장품 총생산액 7조 9,721억 원
색조화장품 14.1(11,202)
두발용 15.3(12,227)
기초화장품 56.7(45,180)
(%)
자료 : 대한화장품협회

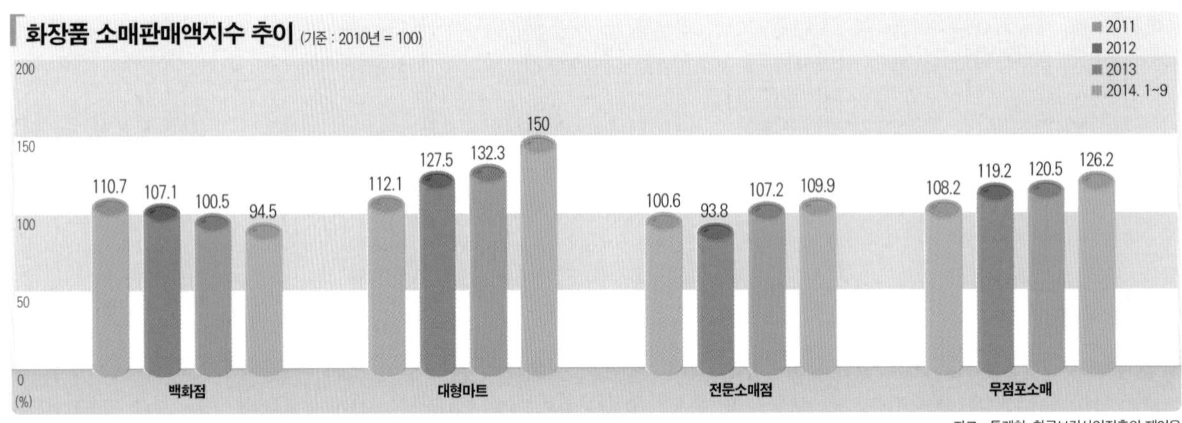
화장품 소매판매액지수 추이 (기준 : 2010년 = 100)
■ 2011
■ 2012
■ 2013
■ 2014. 1~9
200 150 100 50 0 (%)
백화점 110.7 107.1 100.5 94.5
대형마트 112.1 127.5 132.3 150
전문소매점 100.6 93.8 107.2 109.9
무점포소매 108.2 119.2 120.5 126.2
자료 : 통계청, 한국보건산업진흥원 재인용

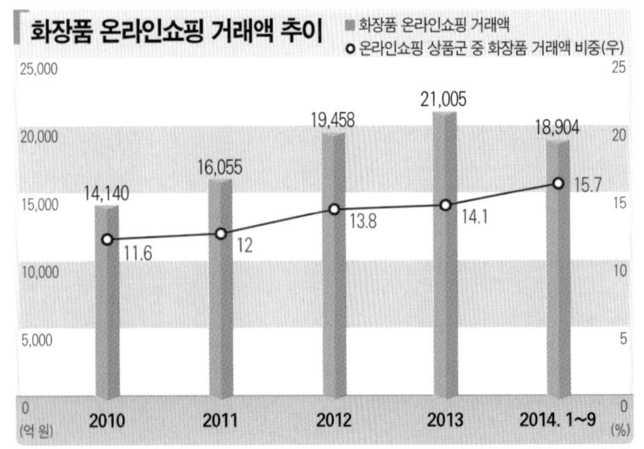
화장품 온라인쇼핑 거래액 추이
■ 화장품 온라인쇼핑 거래액
○ 온라인쇼핑 상품군 중 화장품 거래액 비중(우)
25,000 20,000 15,000 10,000 5,000 0 (억 원)
25 20 15 10 5 0 (%)
2010 2011 2012 2013 2014. 1~9
14,140 16,055 19,458 21,005 18,904
11.6 12 13.8 14.1 15.7
자료 : 통계청, 한국보건산업진흥원 재인용

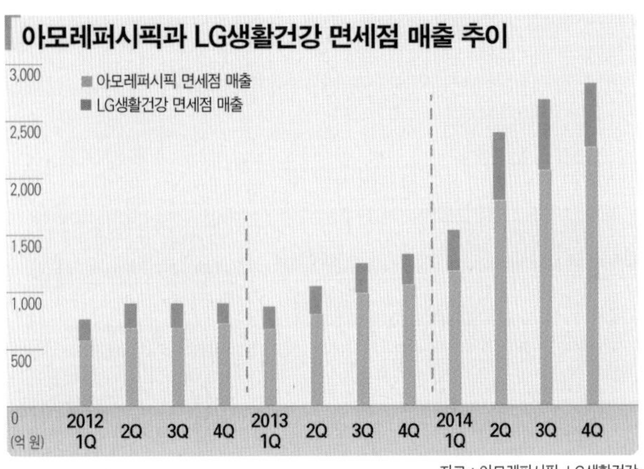
아모레퍼시픽과 LG생활건강 면세점 매출 추이
■ 아모레퍼시픽 면세점 매출
■ LG생활건강 면세점 매출
3,000 2,500 2,000 1,500 1,000 500 0 (억 원)
2012 1Q 2Q 3Q 4Q 2013 1Q 2Q 3Q 4Q 2014 1Q 2Q 3Q 4Q
자료 : 아모레퍼시픽, LG생활건강

국내 기능성화장품 생산액 추이

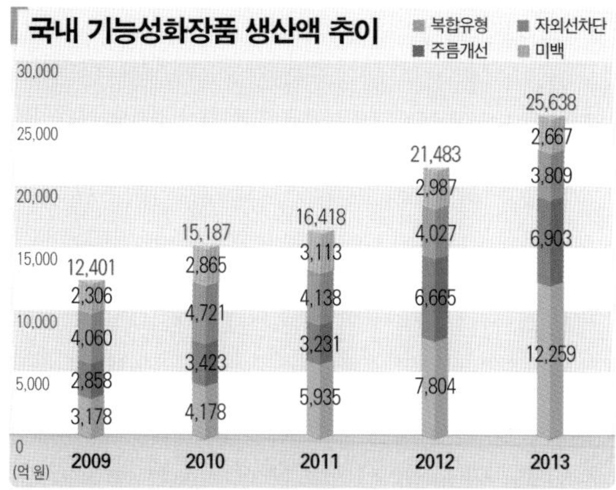

복합유형
자외선차단
주름개선
미백
30,000
25,000
20,000
15,000
10,000
5,000
0
(억 원)
2009
12,401
2,306
4,060
2,858
3,178
2010
15,187
2,865
4,721
3,423
4,178
2011
16,418
3,113
4,138
3,231
5,935
2012
21,483
2,987
4,027
6,665
7,804
2013
25,638
2,667
3,809
6,903
12,259

자료 : 대한화장품협회

화장품 업체별 R&D 투자 내역 (기준 : 2013)

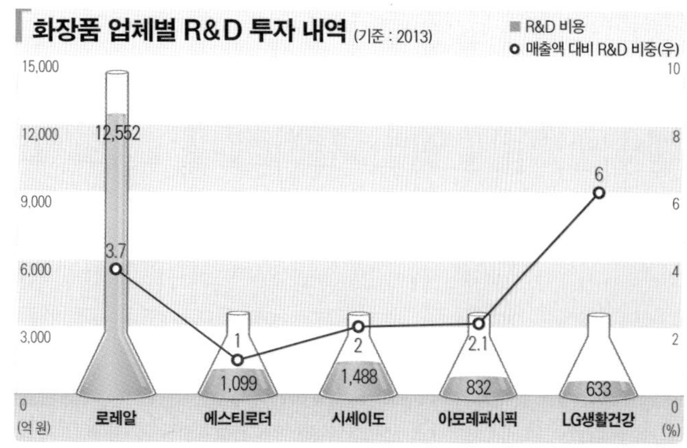

R&D 비용
매출액 대비 R&D 비중(우)
15,000
12,000
9,000
6,000
3,000
0
(억 원)
10
8
6
4
2
0
(%)
로레알
12,552
3.7
에스티로더
1,099
1
시세이도
1,488
2
아모레퍼시픽
832
2.1
LG생활건강
633
6

자료 : Datastream

화장품 제조 · 판매 업체 유통채널 구성비

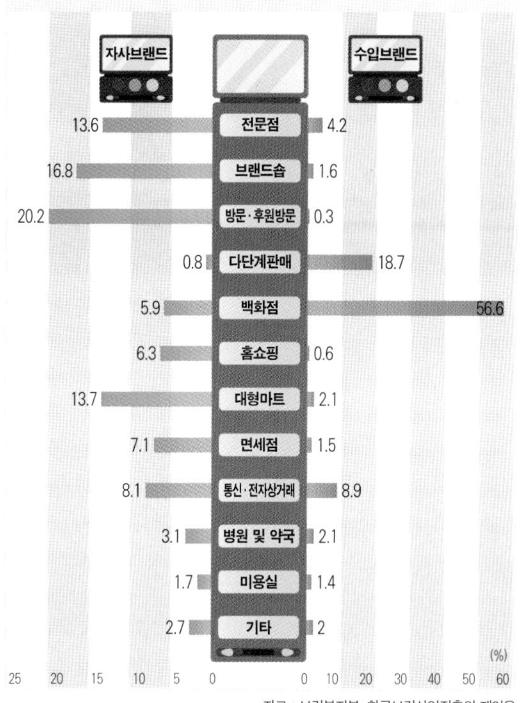

자사브랜드
수입브랜드
13.6 전문점 4.2
16.8 브랜드숍 1.6
20.2 방문·후원방문 0.3
0.8 다단계판매 18.7
5.9 백화점 56.6
6.3 홈쇼핑 0.6
13.7 대형마트 2.1
7.1 면세점 1.5
8.1 통신·전자상거래 8.9
3.1 병원 및 약국 2.1
1.7 미용실 1.4
2.7 기타 2
(%)
25 20 15 10 5 0
0 10 20 30 40 50 60

자료 : 보건복지부, 한국보건산업진흥원 재인용

화장품 시장규모 톱15 국가 (기준 : 2012)

( ) 안은 점유율(%)

1위 미국 37,069(14.3)
2위 일본 28,058(10.9)
3위 중국 21,284(8.2)
4위 브라질 17,624(6.8)
5위 독일 15,559(6)
6위 프랑스 14,560(5.6)
7위 영국 11,562(4.5)
8위 이탈리아 10,541(4.1)
9위 러시아 7,852(3)
10위 스페인 7,082(2.7)
11위 한국 6,834(2.6)
12위 인도 6,460(2.5)
13위 멕시코 6,020(2.3)
14위 캐나다 5,682(2.2)
15위 호주 4,248(1.6)

(백만 달러)

자료 : Datamonitor Personal Care Market Data, 한국보건산업진흥원 재인용

생활용품 · 위생용 종이제품 품목별 생산액 추이

(억 원)

구분	품목별	2011	2012	2013
생활용품	가정용 살균 및 살충제	1,535	1,203	2,115
	화장비누	1,451	1,973	2,626
	세탁비누	472	373	209
	세탁용 합성세제	5,929	7,226	6,987
	주방용 합성세제	1,351	1,700	1,618
	기타 세제	971	1,089	902
	치약	3,035	2,881	3,949
	샴푸	6,568	5,943	8,028
	린스	42	52	89
	헤어스프레이 및 무스	277	192	1,784
	염색약	1,072	1,346	1,680
	기타 두발용 조제품	784	1,567	1,448
	실내용 가향제	898	1,012	1,272
	구두약	294	215	70
위생용 종이제품	화장지	9,409	11,618	11,499
	종이 타월	2,989	3,172	3,559
	종이 생리대	3,750	4,932	4,776
	종이 기저귀	5,442	6,432	6,760
	기타 위생용 종이제품	441	-	60

자료 : 통계청

액체세제 판매 비중 추이와 톱5 브랜드 점유율

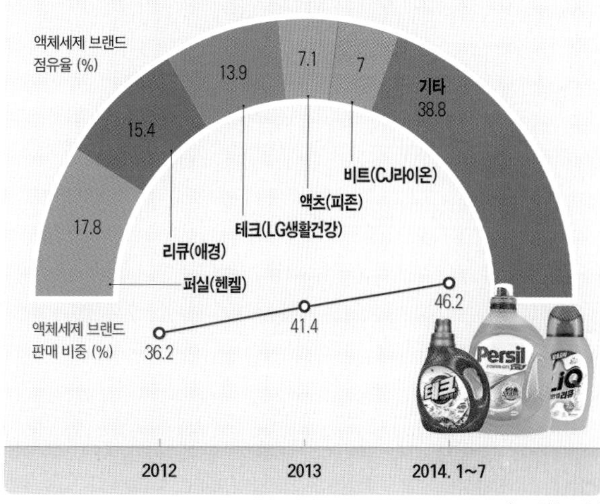

액체세제 브랜드 점유율 (%)
17.8
15.4
13.9
7.1
7
기타
38.8
퍼실(헨켈)
리큐(애경)
테크(LG생활건강)
액츠(피죤)
비트(CJ라이온)
액체세제 브랜드 판매 비중 (%)
36.2
41.4
46.2
2012
2013
2014. 1~7

자료 : 닐슨코리아

드디어,
중국인들이 씻기 시작했다!

위의 카피 문구는 미국 「이코노미스트」가 다룬 중국 생활용품 시장 관련 특집에 붙은 헤드라인이다. 위생관념이 매우 떨어졌던 중국인들이 드디어 세정에 관심을 드러낸 것이다. 이거야말로 전 세계 생활용품산업의 지각변동을 일으킬만한 핫 이슈라 하지 않을 수 없다. 중국인들이 하루에 한 번 닦을까 말까 한 치아를 세 번 닦는다고 했을 때 증가하는 치약 소비량은 상상할 수 없다. 한 달에 단 한 번 감을까 말까한 머리를 매일 감는다고 생각해 보자. 샴푸 업체들은 쾌재를 지를 것이다. 비누, 세탁세제, 주방세제 등등 깨끗해지는 중국인들 덕택에 호재를 누릴만한 사업군들이 생활용품산업 전반에 즐비하다.

중국인들의 위생관념 변화는 우리나라 생활용품업계에도 직접적인 영향을 미친다. 무조건 좋기만 한 걸까? FTA까지 체결된 이상 따져볼 이해득실이 참 많다.

아무튼 '청결해지는 중국인' 만큼 서프라이징한 이슈들이 국내외 생활용품과 화장품 업계에 빼곡하다. 지면관계상 추리고 추려 몇 가지 소개해 본다.

분말을 녹인 액체! 세탁세제의 변신

국내 세탁세제 시장이 요동치고 있다. 수십 년간 권좌를 지켜온 분말세제에 액체세제 도전이 예사롭지 않다. 일부 대형마트에서는 액체세제가 더 많이 팔리는 점유율 역전 현상까지 발생했다. 업계는 1960년대 락희화학(LG생활건강)의 '하이타이'로 대표되는 분말세제 등장, 1990년대 제일제당(CJ라이온)의 '비트'와 럭키 '한스푼' 등이 촉발한 고농축 세제 전쟁에 맞먹는다고 흥분한다. 분말세제가 네모난 빨랫비누에서 권좌를 이어받은 지 30여년 만에 액체세제에 그 자리를 내주는 형국이다. 분말세제는 세탁 뒤에도 가루 찌꺼기가 남아 주부들의 눈살을 찌푸리게 한 죗값을 톡톡히 치르게 된 것이다.

시장조사기관 닐슨코리아에 따르면 2014년 7월 누적 기준 국내 세탁세제 시장에서 액체세제의 비중은 46.2%를 기록해, 53.4%의 분말세제를 바짝 뒤쫓고 있다. 선진국에서는 이미 액체세제가 대세를 이룬지 오래다. 미국은 액체세제가 전체 세제 시장의 90%를 차지하고 있고, 일본에서도 2010년 액체세제가 역전한 뒤 80%를 차지하고 있다. 액체에 이어 티슈와 캡슐형 세제까지 등장하면서 분말세제의 입지는 앞으로 더욱 좁아질 전망이다.

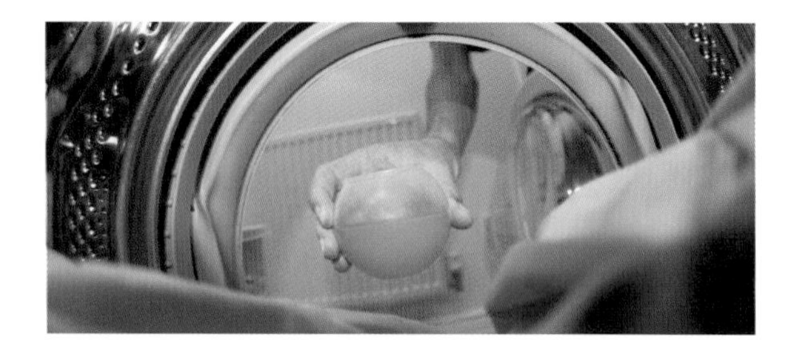

지독한 과점 현상, 도대체 왜?

국내 화장품산업이 성장했다는 말은 아모레퍼시픽과 LG생활건강만 성장했다는 말과 다르지 않다. 이 두 회사가 국내 화장품 시장에서 극심한 과점을 형성하고 있기 때문이다. 두 회사의 국내 화장품 시장점유율은 50%를 육박한다.

화장품업계의 과점 현상은 앞으로도 계속될 전망이다. 그 첫째 이유는 국내에 들어온 해외 화장품 브랜드들이 부진을 면치 못하고 있기 때문이다. 해외 브랜드들은 대부분 고가품 위주이고 판매망도 백화점에 집중돼 있다. 하지만 최근 몇 년 동안 백화점 내 화장품 매출이 급감하면서 해외 브랜드들이 심각한 타격을 입었다. 아울러 중소 화장품 브랜드들의 고전도 한몫 했다. 에이블씨엔씨, 토니모리, 스킨푸드 등을 필두로 중소 화장품 브랜드들은 대부분 브랜드숍에 집중해 왔다. 브랜드숍 간의 경쟁 심화는 과도한 가격 할인으로 이어졌고, 결국 중소 화장품 업체들의 실적 악화를 초래했다.

아모레퍼시픽과 LG생활건강에게는 다소 섭섭한 얘기일지 모르지만, 이들이 잘 했다기보다는 경쟁사들이 잘 못했기 때문에 반사이익을 누렸음을 부인할 수 없을 듯하다. 아무튼 내가 잘해서 좋아진 것과 남이 잘못한 덕을 본 것은 엄연히 다르다.

대륙에 휘몰아친 '천송이 메이크업' 열풍

화장품업계에서도 중국 얘기를 하지 않을 수 없다. 한국산 화장품을 애용하는 중국인들이 해마다 늘고 있다. 중국인 입국자가 기하급수적으로 늘어나면서 한국산 화장품 판매가 크게 신장되었다. 중국인 관광객들이 면세점에서 가장 많이 구입하는 품목은 단연 화장품이다. 국내 화장품업계 상두마차인 아모레퍼시픽과 LG생활건강의 면세점 매출액은 2014년 상반기에만 전년 동기 대비 100% 이상 증가해 4,000억 원(두 회사 합산)에 이르렀다. 2015년에는 이 두 회사 면세점 매출 합산액이 1조 원을 넘길 전망이다.

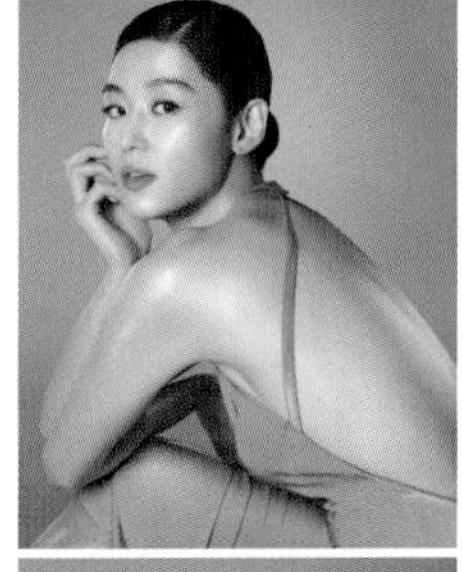

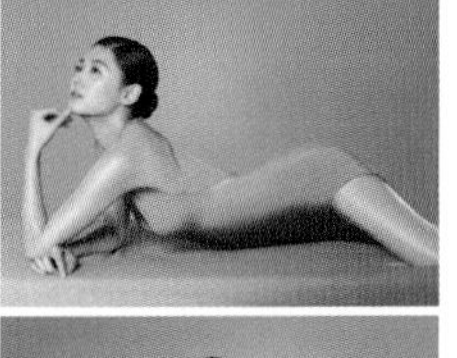

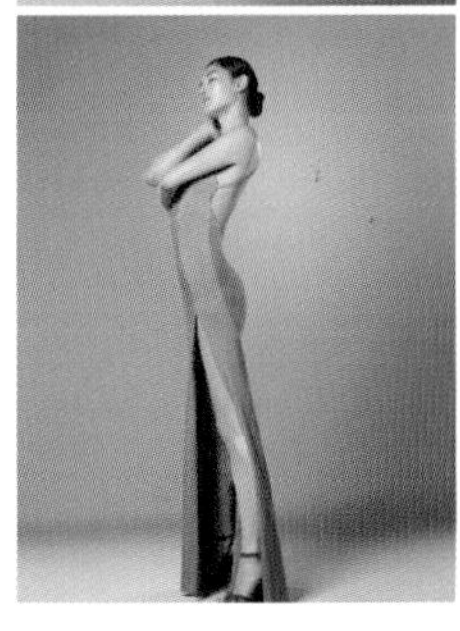

중국인들은 그들의 대륙 안에서도 한국산 화장품 구매에 돈을 아끼지 않는다. 중국은 한국 화장품 업체들의 수출 1위 지역이다. 중국 수출액은 지난 3년 동안 연평균 22% 성장해 왔다. 중국에 직접 진출한 한국 화장품 업체들의 수익성도 개선될 전망이다. 아모레퍼시픽과 LG생활건강은 한때 무분별한 매장 수 늘리기 행보로 고통을 겪어 왔다. 최근 매장 수 구조조정에 성공하면서 중국 현지 법인의 매출액 대비 영업이익률이 선순환 구조로 바뀔 전망이다.

'반일 친한'이라는 중국인들의 정서도 한국산 화장품 판매 증진에 한몫했다. 중국인들의 반일 감정은 시세이도 등 일본 화장품 브랜드에 직격탄을 날렸다. 한편, '별에서 온 그대' 등 한류 드라마들의 중국 내 폭발적인 인기는 한국 화장품업계에 엄청난 호재를 가져다주었다. 중국의 젊은 여성들은 인기 여배우 전지현의 화장법을 따라 하기 위해 그녀가 모델로 나선 한국산 화장품 구입에 한창이다.

너도나도 화장품 메이커 되기

"아니, 이 회사도 화장품 사업을 해?" 최근 몇 년간 국내 화장품 시장규모가 커지면서 나타난 현상 가운데 하나는 새로 화장품 시장에 뛰어드는 다른 업계의 기업들이 눈에 띄게 늘었다는 점이다. 이 같은 현상은 앞으로도 당분간 이어질 전망이다.

도자기 전문 제조업체인 행남자기를 비롯해 소셜커머스 기업인 티켓몬스터와 5일동안은 각각 마스크팩 '시크릿 하이드로겔'과 안티에이징 화장품 '5일동안 스킨풀 스팟'을 론칭시키며 새롭게 화장품 사업에 뛰어 들었다. 가장 큰 화제를 모았던 기업은 YG엔터테인먼트다. YG는 코스온과 합작으로 색조 화장품 브랜드 '문샷'을 론칭한 데 이어 휘닉스홀딩스를 통해 코스온의 중국 합작법인 코드코스메 경영권을 인수하며 본격적인 중국 시장 진출을 위한 발판을 마련하기도 했다.

화장품업계는 M&A 이슈거리도 끊이지 않게 양산했다. 특히 그동안 기업 사냥을 통해 몸집을 불렸던 LG생활건강의 행보가 눈길을 끈다. 비록 실패로 돌아섰지만 미국의 거대 화장품 브랜드인 엘리자베스 아덴에 대한 인수합병설이 끊임없이 나돌았고, 차앤박화장품으로 잘 알려진 CNP코스메틱을 전격 인수하기도 했다.

moonshot

Chapter 8

미디어·교육·엔터테인먼트

41 인터넷포털업계

42 방송업계

43 신문·잡지 업계

44 광고업계

45 게임업계

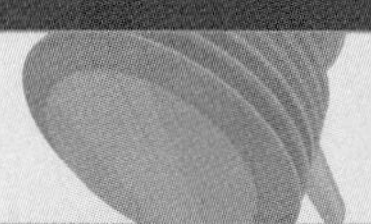

46 여행·호텔 업계

47 엔터테인먼트(영화·음악)업계

48 교육업계

41 | 인터넷포털업계

업계 규모

- 국내 온라인광고 시장규모 2조 4,602억 원
- 인터넷 이용자수 4,008만 명
- 인터넷 이용률 82.1%

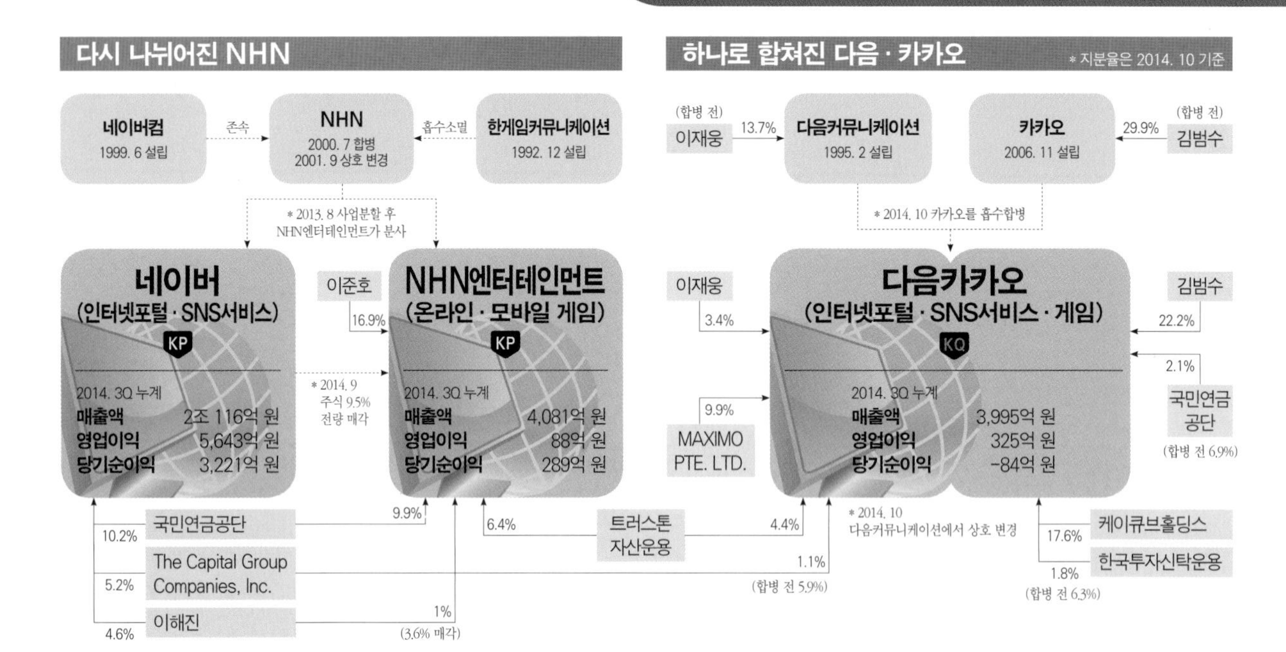
다시 나뉘어진 NHN
네이버컴
1999. 6 설립
존속
NHN
2000. 7 합병
2001. 9 상호 변경
흡수소멸
한게임커뮤니케이션
1992. 12 설립
＊2013. 8 사업분할 후
NHN엔터테인먼트가 분사
네이버
(인터넷포털 · SNS서비스)
KP
2014. 3Q 누계
매출액 2조 116억 원
영업이익 5,643억 원
당기순이익 3,221억 원
이준호
16.9%
＊2014. 9
주식 9.5%
전량 매각
NHN엔터테인먼트
(온라인 · 모바일 게임)
KP
2014. 3Q 누계
매출액 4,081억 원
영업이익 88억 원
당기순이익 289억 원
국민연금공단
10.2%
9.9%
The Capital Group Companies, Inc.
5.2%
이해진
4.6%
1%
(3.6% 매각)
6.4%
트러스톤 자산운용
4.4%
1.1%
(합병 전 5.9%)
하나로 합쳐진 다음 · 카카오
＊지분율은 2014. 10 기준
(합병 전)
이재웅
13.7%
다음커뮤니케이션
1995. 2 설립
카카오
2006. 11 설립
29.9%
(합병 전)
김범수
＊2014. 10 카카오를 흡수합병
이재웅
3.4%
다음카카오
(인터넷포털 · SNS서비스 · 게임)
KQ
2014. 3Q 누계
매출액 3,995억 원
영업이익 325억 원
당기순이익 -84억 원
김범수
22.2%
2.1%
국민연금공단
(합병 전 6.9%)
9.9%
MAXIMO PTE. LTD.
＊2014. 10
다음커뮤니케이션에서 상호 변경
17.6%
케이큐브홀딩스
1.8%
(합병 전 6.3%)
한국투자신탁운용

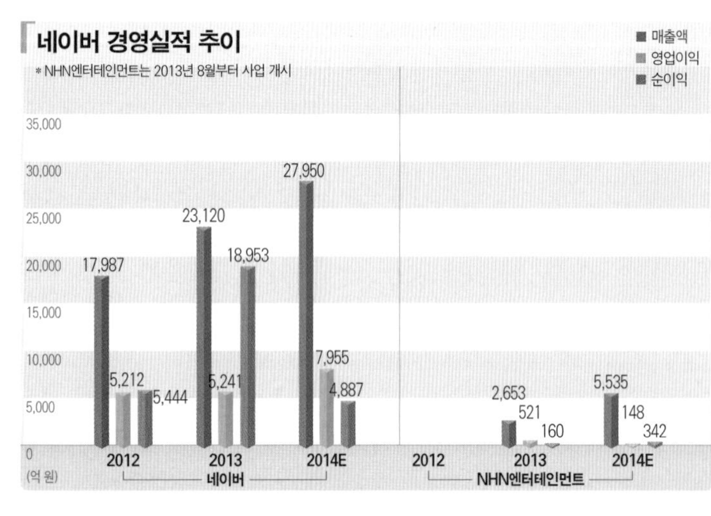
네이버 경영실적 추이
＊NHN엔터테인먼트는 2013년 8월부터 사업 개시
매출액
영업이익
순이익
35,000
30,000
25,000
20,000
15,000
10,000
5,000
0
(억 원)
17,987
5,212
5,444
23,120
5,241
18,953
27,950
7,955
4,887
2,653
521
160
5,535
148
342
2012
2013
2014E
네이버
2012
2013
2014E
NHN엔터테인먼트

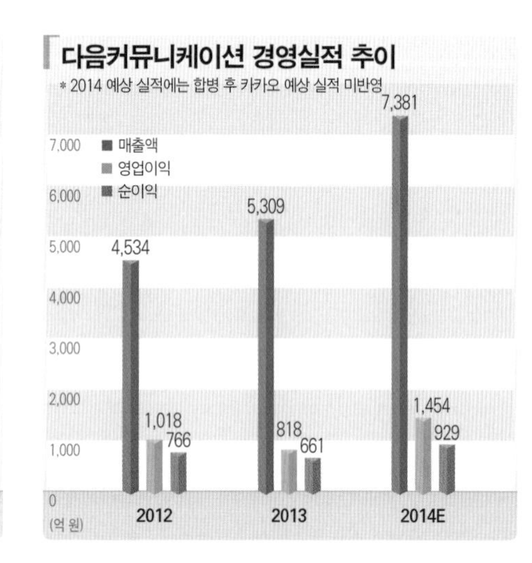
다음커뮤니케이션 경영실적 추이
＊2014 예상 실적에는 합병 후 카카오 예상 실적 미반영
매출액
영업이익
순이익
7,000
6,000
5,000
4,000
3,000
2,000
1,000
0
(억 원)
4,534
1,018
766
5,309
818
661
7,381
1,454
929
2012
2013
2014E

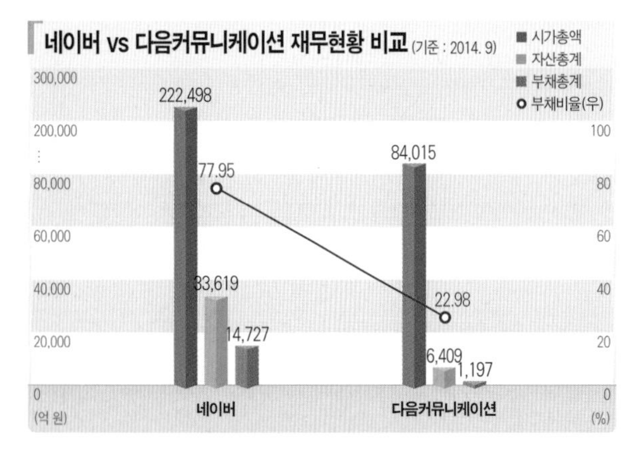
네이버 vs 다음커뮤니케이션 재무현황 비교 (기준 : 2014. 9)
시가총액
자산총계
부채총계
부채비율(우)
300,000
200,000
80,000
60,000
40,000
20,000
0
(억 원)
100
80
60
40
20
0
(%)
222,498
77.95
33,619
14,727
84,015
22.98
6,409
1,197
네이버
다음커뮤니케이션

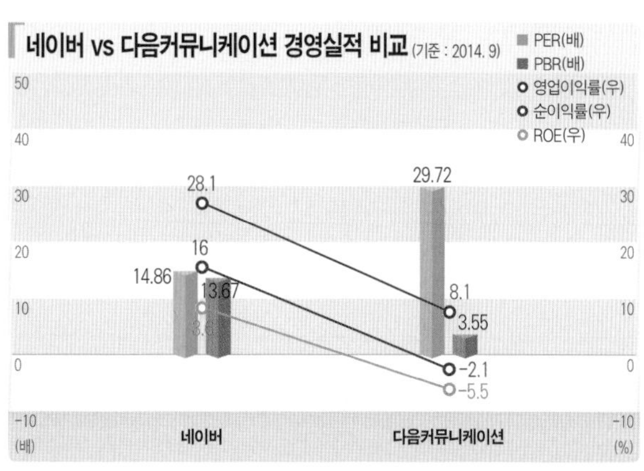
네이버 vs 다음커뮤니케이션 경영실적 비교 (기준 : 2014. 9)
PER(배)
PBR(배)
영업이익률(우)
순이익률(우)
ROE(우)
50
40
30
20
10
0
-10
(배)
40
30
20
10
0
-10
(%)
28.1
16
14.86
13.67
29.72
8.1
3.55
-2.1
-5.5
네이버
다음커뮤니케이션

SK플래닛
SK텔레콤
SK
100%
25.2%
64.5%
SK커뮤니케이션즈
네이트
KQ
* 2001. 10 서비스 개시
29.5%
코난테크놀로지
15.6%
이투스교육
엠파스
* 2006. 10 흡수합병
구글코리아
Google
* 2004. 3 설립 외국인투자기업
구글페이먼트코리아
한국마이크로소프트
MSN
* 1989. 2 설립 외국인투자기업
LG
LG유플러스
36.1%
88.1%
미디어로그
천리안
* 2012. 5 데이콤멀티미디어인터넷에서 상호 변경
김영훈
대성홀딩스
39.9%
59.7%
코리아닷컴 커뮤니케이션즈
코리아닷컴
* 2000. 9 서비스 개시
* 대성그룹 계열사

네이버 · 다음카카오 계열사 현황 (기준 : 2014. 9)

NAVER
100%
LINE Corp.
일본내 LINE 서비스
100%
라인플러스
LINE Global 영업
100% LINE Business Partners
100% LINE Fukuoka
서비스 운영
100% LINE Pay
모바일 결제 서비스
100% LINE BIZ+ PTE.
모바일 결제 서비스
100% LMG Corp.
모바일 만화 서비스
100% LINE Ventures Corp.
모바일 게임개발
100% 라인씨앤아이
모바일 콘텐츠 관리
100% LINE Euro-Americas
100% 라인플레이
100% LINE Taiwan
모바일 메신저·콜 서비스
50% LINE Company (Thailand)
모바일 상거래
100% LINE Digital Technology (Shanghai)
모바일 메신저 마케팅
50% Collab + LINE
모바일 메신저 제휴
95% LINE Vietnam
100% 라인비즈플러스
모바일 결제 서비스
100% 위트스튜디오
디자인 및 개발
100% 캠프모바일
모바일 앱 및 콘텐츠 개발·판매
100% 아이커넥트
모바일 콘텐츠
33.7% 퀵켓
모바일 앱 마케팅
90% Gogolook
모바일 앱 마케팅
100% Camp Mobile Inc.
북미지역 영업·마케팅
100% 네이버비즈니스플랫폼
온라인광고 영업
100% 어메이징소프트
소프트웨어 개발·정보제공
100% 서치솔루션
검색솔루션 개발
100% 엔비전스
사회적기업
100% 브레인펍
모바일 콘텐츠 개발
83% NHN China Corp.
중국 거점 관리
100% 네이버아이앤에스
그룹내 공유 서비스
100% 그린웹서비스
100% 인컴즈
100% NHN테크놀로지서비스
100% 컴파트너스
100% 엔아이티서비스

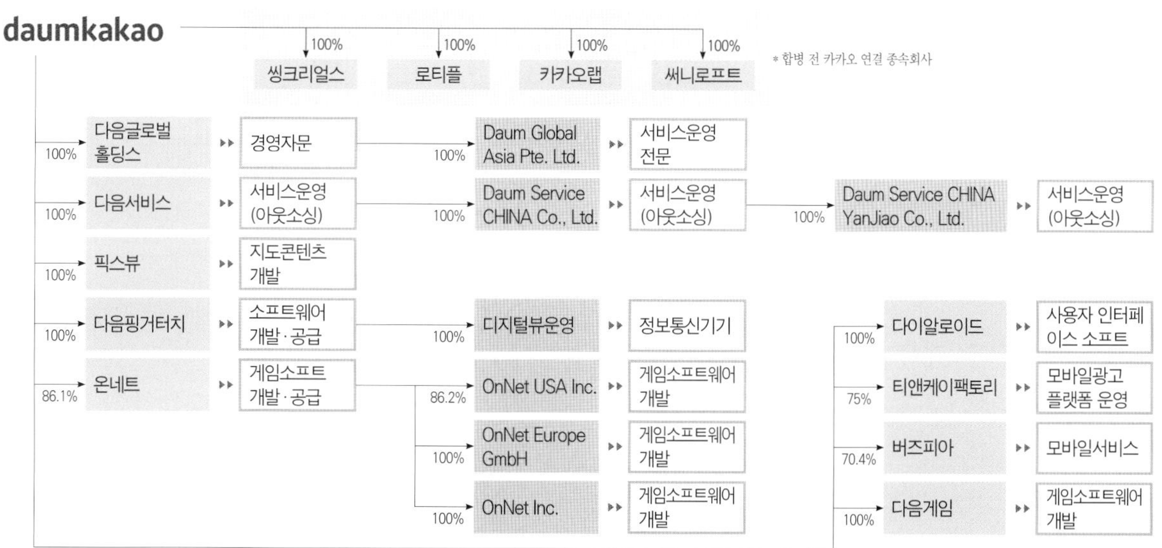
daumkakao
100% 씽크리얼스
100% 로티플
100% 카카오랩
100% 써니로프트
* 합병 전 카카오 연결 종속회사
100% 다음글로벌 홀딩스
경영자문
100% Daum Global Asia Pte. Ltd.
서비스운영 전문
100% 다음서비스
서비스운영 (아웃소싱)
100% Daum Service CHINA Co., Ltd.
서비스운영 (아웃소싱)
100% Daum Service CHINA YanJiao Co., Ltd.
서비스운영 (아웃소싱)
100% 픽스뷰
지도콘텐츠 개발
100% 다음핑거터치
소프트웨어 개발·공급
100% 디지털뷰운영
정보통신기기
86.1% 온네트
게임소프트 개발·공급
86.2% OnNet USA Inc.
게임소프트웨어 개발
100% OnNet Europe GmbH
게임소프트웨어 개발
100% OnNet Inc.
게임소프트웨어 개발
100% 다이알로이드
사용자 인터페이스 소프트
75% 티앤케이팩토리
모바일광고 플랫폼 운영
70.4% 버즈피아
모바일서비스
100% 다음게임
게임소프트웨어 개발

NHN엔터테인먼트 계열사 현황 (기준 : 2014. 9)

NHN ENTERTAINMENT

지분	자회사명	주요 사업	지분	손자회사명	주요 사업
100%	엔에이치엔인베스트먼트				
100%	엔에이치엔블랙픽	PC온라인게임 서비스			
100%	엔에이치엔스튜디오629	모바일게임 서비스			
100%	엔에이치엔픽셀큐브	모바일게임 서비스			
100%	지플러스				
100%	게임마케팅앤비즈니스				
100%	고도소프트	전자상거래			
100%	아이유미디어	소프트웨어 자문			
100%	버즈비	소프트웨어 개발			
100%	엔에이치엔티켓링크	온·오프 티켓쇼핑			
100%	엔에이치엔스타피쉬(옛 오렌지크루)	스마트디바이스게임 개발			
55.4%	댄싱앤초비엔터테인먼트	스마트폰게임 개발	100%	Dancinganchovy West	스마트폰게임 개발
100%	엔에이치엔엔터테인먼트서비스	서비스 사업지원 등			
50%	아웃도어글로벌	콘텐츠 사업			
100%	온트레이드	클라우드솔루션			
100%	NHN PlayArt Corporation(옛 NHN Japan Corp.)	온라인게임 개발·서비스	100%	NHN Service Tech. Corp.	
			100%	PlayArt Fukuoka	
			100%	Mediator Corporation	
			100%	Comico Corporation	콘텐츠 사업
			100%	Savaway Cororation	전자상거래 솔루션
51%	와이즈캣				
100%	NHN USA, INC.		100%	Monarc Gaming Labs	
100%	NHN Entertainment Singapore PET., Ltd.	인터넷사업 시장분석			
100%	NHN Entertainment Greater China Ltd.	투자	100%	NHN Entertainment China	투자
50%	지누스포츠	전자상거래	50%	언더컨트롤	
50%	인크루트	온라인 채용서비스			
51%	Bee 3 Stars Corporation	전자상거래			
50%	Ateam-NHN Entertainment Corporation	게임 개발·서비스			
26.5%	Accommate Co., Ltd.	전자상거래			
50%	네오위즈엔에이치엔에셋매니지먼트				
26.7%	웹젠 KQ	온라인게임 개발·서비스	55.4%	플럭스	
			70%	9Webzen Ltd.	
			100%	Webzen China Co., Ltd.	
			100%	Webzen Taiwan Inc.	
			100%	Webzen America Inc.	
			100%	Webzen West Inc.	→ 100% Webzen Dublin Ltd.
			100%	웹젠이미르게임즈	
			100%	웹젠앤플레이	→ 100% 더사랑
			100%	웹젠모바일	모바일게임 개발
			100%	웹젠그래픽스	게임그래픽 개발

국내 유무선 인터넷 이용자수와 이용률 추이

연도	인터넷 이용자수(만 명)	인터넷 이용률(우)(%)
2006	3,491	74.1
2007	3,559	75.5
2008	3,619	76.5
2009	3,658	77.2
2010	3,701	77.8
2011	3,718	78
2012	3,812	78.4
2013	4,008	82.1

국내 온라인광고 시장규모 추이

(억 원)

연도	검색광고(SA)	디스플레이광고(DA)	모바일광고	합계
2007	6,780	4,584		11,364
2008	8,802	4,787		12,869
2009	8,361	4,562		12,923
2010	10,179	5,392		15,571
2011	12,899	6,035	736	19,670
2012	13,190	6,035	1,898	21,123
2013	13,372	6,444	4,786	24,602
2014	13,627	6,766	9,523	29,916

검색시장 점유율

(기준 : 2014. 9 검색 쿼리 점유율, PC와 모바일 합산)

NAVER 75.5
Daum 17
Google 6.4
기타 1.1

(%)

자료 : 코리안클릭

포털 시장점유율 (기준 : 2014. 10)

ZUM(줌) 0.89
MSbing(마이크로소프트) 0.33
GOOGLE(구글) 1.46
기타 0.05
12.96
84.31
DAUM(다음)
NAVER(네이버)

(%)

자료 : 인터넷트렌드

모바일메신저 시장점유율 (기준 : 2014. 9)

네이트온 0.3
페이스북 0.7
마이피플 2.1
라인 4.3
왓츠앱 0.3
위챗 0.1
스카이프 0.1
카카오톡 92

(%)

자료 : 전병헌 의원 국감자료

카카오톡 이용자수 추이

국내
글로벌
60,000
50,000
40,000
30,000
20,000
10,000
0
(천 명)
36,350
50,386
36,489
48,769
37,212
48,411
2014. 1Q
2014. 2Q
2014. 3Q

자료 : 다음카카오

다음카카오 합산 사업별 매출 추이

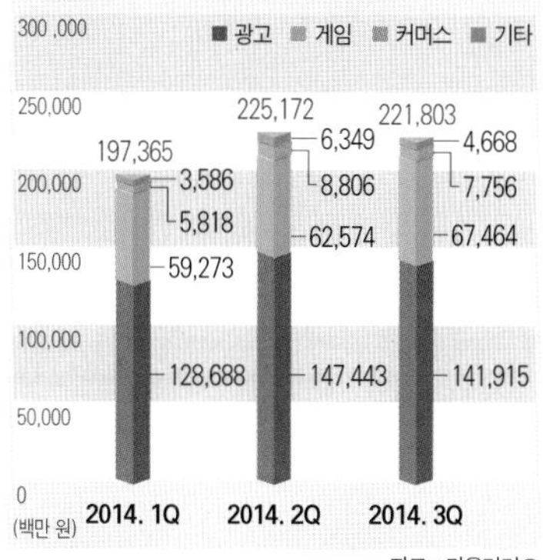
광고
게임
커머스
기타
300,000
250,000
200,000
150,000
100,000
50,000
0
(백만 원)
197,365
3,586
5,818
59,273
128,688
225,172
6,349
8,806
62,574
147,443
221,803
4,668
7,756
67,464
141,915
2014. 1Q
2014. 2Q
2014. 3Q

자료 : 다음카카오

국가별 라인 가입자 수 (기준 : 2014. 2)

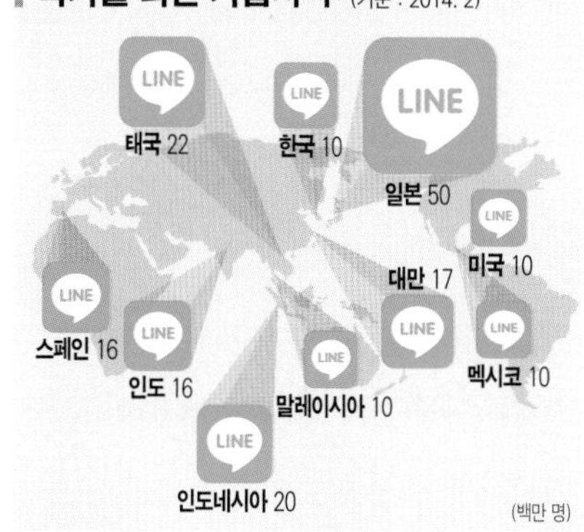
태국 22
한국 10
일본 50
미국 10
대만 17
스페인 16
인도 16
멕시코 10
말레이시아 10
인도네시아 20
(백만 명)

자료 : 네이버

라인 가입자와 부문별 매출 전망

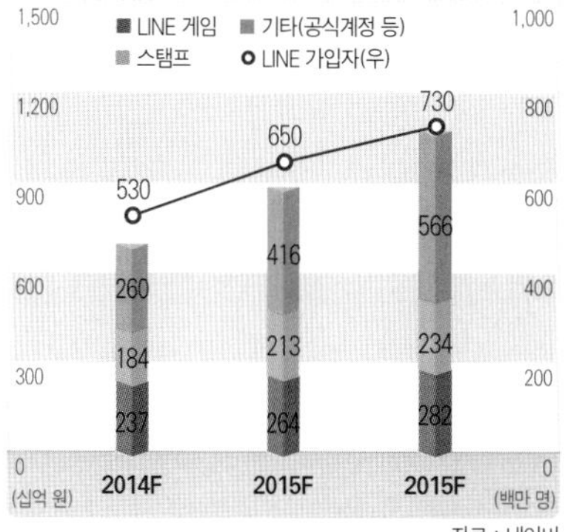
LINE 게임
기타(공식계정 등)
스탬프
LINE 가입자(우)
1,500
1,200
900
600
300
0
(십억 원)
1,000
800
600
400
200
0
(백만 명)
530
650
730
260
184
237
416
213
264
566
234
282
2014F
2015F
2015F

자료 : 네이버

모바일인터넷 단말기 이용률

(기준 : 만 12세 이상 모바일인터넷 이용자(복수 응답), 2013. 5)

일반휴대폰(피쳐폰) 4.2
스마트폰 95.5
스마트 패드 2.9
MP3 플레이어 1.5

(%)

자료 : 한국인터넷진흥원

모바일인터넷 이용 목적 (기준 : 2013. 5, 복수 응답)

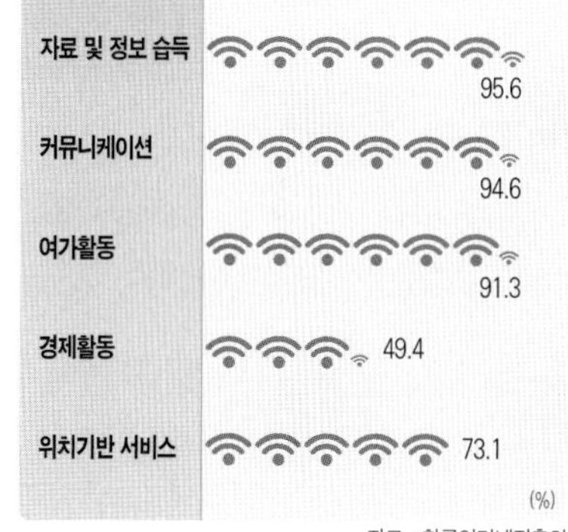
자료 및 정보 습득 95.6
커뮤니케이션 94.6
여가활동 91.3
경제활동 49.4
위치기반 서비스 73.1
(%)

자료 : 한국인터넷진흥원

포털서비스 광고 유형별 구매영향력

(기준 : 광고를 통해 구매한 적 있다고 응답한 사람의 비율, PC는 데스크탑과 노트북 이용자 합산, 복수 응답) (%)

	PC 포털서비스			스마트폰 모바일 웹		
	네이버	다음	구글	네이버	다음	구글
배너 광고	34.9	29.3	20.2	24.1	23.0	8.7
동영상 광고	3.7	1.8	3.9	4.7	21.6	1.0
키워드 광고	27.4	14.0	13.3	18.3	2.9	11.3
리치 미디어 광고	7.6	6.1	2.1	2.9	3.8	1.0
네이티브 광고	8.1	2.6	8.4	6.7	9.1	4.1

자료 : DMC미디어

모바일 디바이스별 포털서비스 이용방법

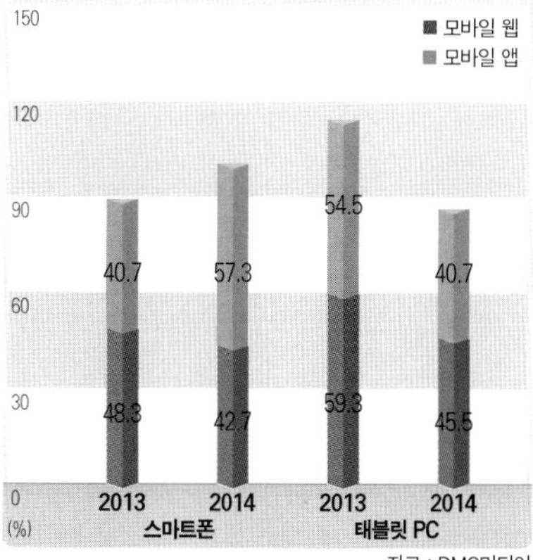
모바일 웹
모바일 앱
150
120
90
60
30
0
(%)
40.7
48.3
57.3
42.7
54.5
59.3
40.7
45.5
2013
2014
스마트폰
2013
2014
태블릿 PC

자료 : DMC미디어

스마트폰 이용자의 포털 서비스 이용 카테고리

(기준 : 복수 응답, 모바일 웹 서비스, 2014) (%)

	네이버	다음	구글
검색	69.6	55.1	7.0
뉴스	63.1	61.2	36.2
이메일	28.5	42.1	44.9
소셜미디어(SNS)	25.2	11.4	36.6
커뮤니티 · 카페	26.2	43.8	8.1
블로그	18.4	12.4	98
웹툰	14.7	15.9	10.5
쇼핑	15.1	6.9	1.7
동영상	8.5	7.9	26.6
지도	8.6	8.6	16.9

자료 : DMC미디어

현관문을 열 듯이 사업 영토를 넓히는 플레이어들

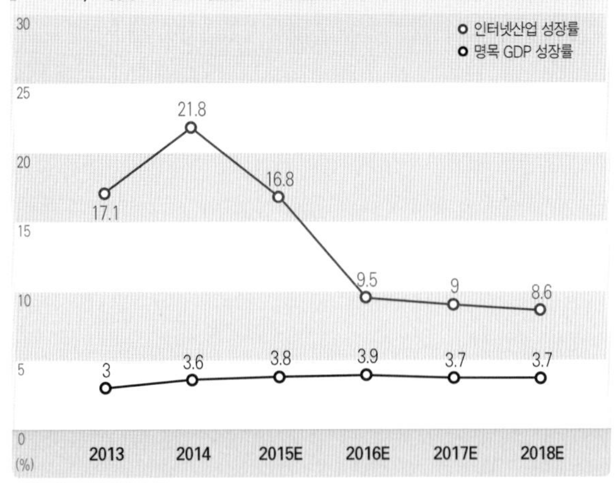
NHN, 다음카카오 합산 성장률과 국내 명목 GDP 추정치 비교
인터넷산업 성장률
명목 GDP 성장률
30
25
20
15
10
5
0
(%)
17.1
21.8
16.8
9.5
9
8.6
3
3.6
3.8
3.9
3.7
3.7
2013
2014
2015E
2016E
2017E
2018E

왜 하필 '포털'이란 말이 쓰인 걸까? 포털은 어느새 인터넷 검색 서비스를 지칭하는 보통명사가 되었다. 포털은 네이버나 구글처럼 온라인 검색 서비스와 커뮤니티를 아우르는 업태를 의미한다. 그런데 인터넷 검색과 커뮤니티를 포털로 은유한 까닭은 무엇일까?

'포털'(portal)은 우리말로 현관문을 뜻한다. 인터넷포털은 이를테면 정보 검색 서비스나 커뮤니티와 같이 사용자가 정기적으로 이용할 수 있는 서비스를 제공함으로써, 고정 방문객을 확보하여 인터넷 비즈니스로 연결한다는 의미를 함축한다.

가상공간에서 커뮤니티를 형성해 더 많은 등록 사용자와 홈페이지 사용량을 확보할 경우, 광고 수입과 사용자 정보를 활용한 마케팅 수입은 상상을 초월할 만큼 증가한다. 이 때문에 전 세계 주요 인터넷포털 업체들은 점유율 1위를 달성하기 위해 사활을 건다.

최근 인터넷포털 업체들의 사업 영역을 살펴보면 깜짝 놀랄 만큼 다양하고 광범위하다. 어떤 사업이건 호기롭게 현관문을 열어젖히고 들어서기 때문이다. 그들의 업태를 규정하는 단어가 왜 '포털'(현관문)인지 고개를 끄덕이게 한다.

포털산업의 성장은 무한대?

네이버와 다음카카오의 기업공시를 들여다보면, 인터넷포털의 성장이야말로 무한대가 아닐까 하는 생각마저 들게 한다. 실제로 네이버와 다음카카오의 합산 매출액과 한국의 GDP 성장률 추정치를 비교해 보면, 포털산업에 대한 기대감을 한껏 진작시킨다. 네이버와 다음카카오의 합산 성장률은 2014년에서 2018년까지 연평균 13%로 추정되는 데, 이는 한국 GDP 성장률 추정치를 2배 이상 앞서는 수치다.

인터넷포털 기업의 매출은 검색광고, 디스플레이광고 등 온라인광고와 전자상거래를 통한 중개 수수료, 디지털 아이템 판매 등으로 구성된다. 이 가운데 주된 매출원은 단연 온라인광고다. 광고 종류별로 보면 검색광고는 대기업에서부터 자영업자에 이르기까지 광고주 구성이 다양해 경기 변동에 덜 민감한 반면, 디스플레이 광고는 계절성이 뚜렷해 주요 광고주인 대기업이 마케팅 예산을 수립하는 1분기와 3분기가 비수기, 2분기와 4분기가 성수기라는 특징이 있다.

2014년 전체 광고 시장규모는 10조 4,000억 원으로 추산되는데, 이 가운데 모바일을 포함한 온라인광고 점유율이 26%를 차지한다. 검색광고는 이용자의 검색 활동이 온라인 구매로 이어지기 때문에 이용자가 많은 사업자에게 유리하고, 그런 사업자에게 광고주가 모이는 건 당연한 일이다.

온라인광고에서 빼놓을 수 없는 분야가 모바일광고다. 2013년 기준 온라인광고시장이 16% 성장하는 동안 노출형광고는 7%, 검색광고는 1% 성장하는데 그친 반면, 모바일광고는 93%나 성장하면서 온라인광고 시장 전체의 성장을 이끌었다. 스마트폰 수요가 급증하면

사업영역 확대에 따른 잠재 시장

게임, 광고, 커머스, 금융까지 100% 점유한다고 가정하면 이익 6.9조 원까지 가능할 전망

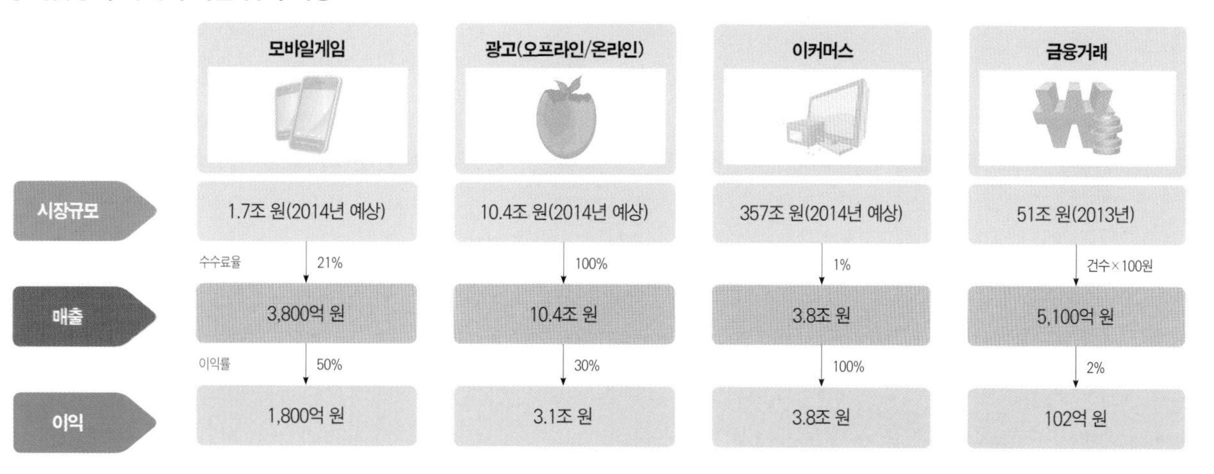

모바일게임
광고(오프라인/온라인)
이커머스
금융거래
시장규모
1.7조 원(2014년 예상)
10.4조 원(2014년 예상)
357조 원(2014년 예상)
51조 원(2013년)
수수료율
21%
100%
1%
건수×100원
매출
3,800억 원
10.4조 원
3.8조 원
5,100억 원
이익률
50%
30%
100%
2%
이익
1,800억 원
3.1조 원
3.8조 원
102억 원

서 인터넷포털의 모바일광고 매출액이 커다란 수혜를 입은 것이다. 2014년에 모바일광고시장은 전년 대비 49% 성장할 것으로 추산된다. 모바일광고는 디스플레이광고, 검색광고, 보상형광고를 합한 것이다. 2014년에 모바일디스플레이광고는 47%, 모바일검색광고는 58%, 보상형광고는 32% 성장한 것으로 추산된다. 특히 새롭게 등장한 보상형광고는 모바일 앱 등으로 이용자에게 포인트와 이벤트 당첨 혜택을 제공하는데, 실제 구매율도 60.1%에 이르는 등 광고 효과 면에서 탁월하다는 평가다.

인터넷포털의 성장동력은 검색 서비스와 광고에 국한하지 않는다. 이미 게임에서 가시적인 성과가 나오고 있고, 전자상거래와 금융거래에서도 성장이 기대된다. '인터넷포털의 시장잠재력은 무한대'라는 주장은 결코 과언이 아닌 듯하다.

Daum
KAKAO

'다음+카카오' 연합군, 네이버의 독주를 막을 수 있을까?

네이버 독주의 대항마로 나선 다음카카오의 합병 시너지는 언제쯤 기대를 충족시킬 수 있을까? 다음카카오는 세계 1억 6,400만 명의 이용자를 거느린 카카오톡의 모바일 플랫폼을 기반으로 '카카오페이', '뱅크월렛 카카오', '카카오토픽' 등 굵직한 서비스를 선보이며 모바일 영역에서 금융·문화·시사 등 다양한 분야로 영토를 확장해나가고 있다. 이를 기반으로 네이버의 독주 체제에 제동을 걸 수 있을 것이란 전망이 쏟아졌지만 네이버의 아성을 흔들기에는 아직 역부족이다.

2014년 12월 기준 국내 포털 검색 점유율은 네이버가 77.41%로 부동의 1위를 지킨데 반해, 다음카카오는 18.69%로 2위에 머물렀다. 합병 후 가치 상승이 기대됐던 주가도 지지부진한 상태다. 다음카카오는 코스닥 상장사 시가총액 순위에서 2위 셀트리온을 약 3조 원 차이로 따돌리고 1위에 올랐지만(2014년 기준), 합병 시너지를 기대했던 증권가의 기대치에는 여전히 못 미친다는 평가다.

일각에서는 카카오가 만년 2등인 다음을 1등 언저리로 끌어올리기에는 역부족이거나 아니면 시간이 좀 더 걸릴 것이라고 분석한다. '다음+카카오' 연합군 시나리오는 이대로 unhappy ending이 될 것인가? 앞으로 한동안은 인터넷포털업계의 포커스가 다음카카오에 맞춰질 듯하다.

업계 규모

- ■ **방송사업 매출액** 13조 1,984억 원(전년 대비 ▲11.3%)
- ■ **지상파 방송 3사 매출액** 3조 7,651억 원(전년 대비 ▲0.6%)

* 방송사업 매출액은 수신료, 광고, 협찬, 프로그램 판매, 홈쇼핑 방송 매출 등이 포함. 방송 이외의 기타 사업 매출(인터넷 접속 사업 매출, 부동산 임대 등) 제외.

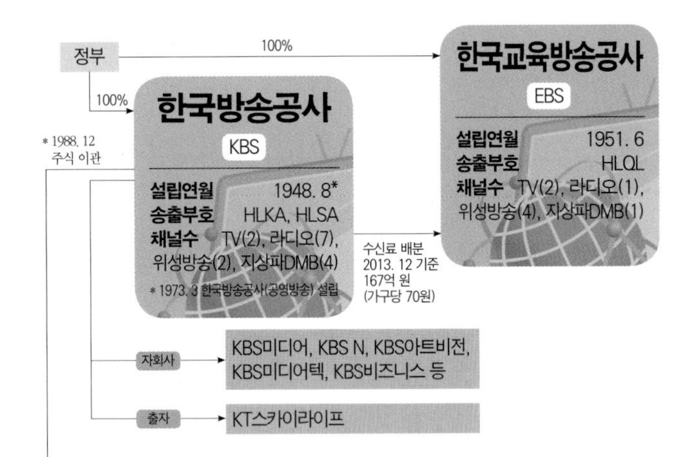

정부
100%
100%
한국교육방송공사
EBS
설립연월 1951. 6
송출부호 HLQL
채널수 TV(2), 라디오(1), 위성방송(4), 지상파DMB(1)
한국방송공사
KBS
* 1988. 12 주식 이관
설립연월 1948. 8*
송출부호 HLKA, HLSA
채널수 TV(2), 라디오(7), 위성방송(2), 지상파DMB(4)
* 1973. 3 한국방송공사(공영방송) 설립
수신료 배분 2013. 12 기준 167억 원 (가구당 70원)
자회사
KBS미디어, KBS N, KBS아트비전, KBS미디어텍, KBS비즈니스 등
출자
KT스카이라이프

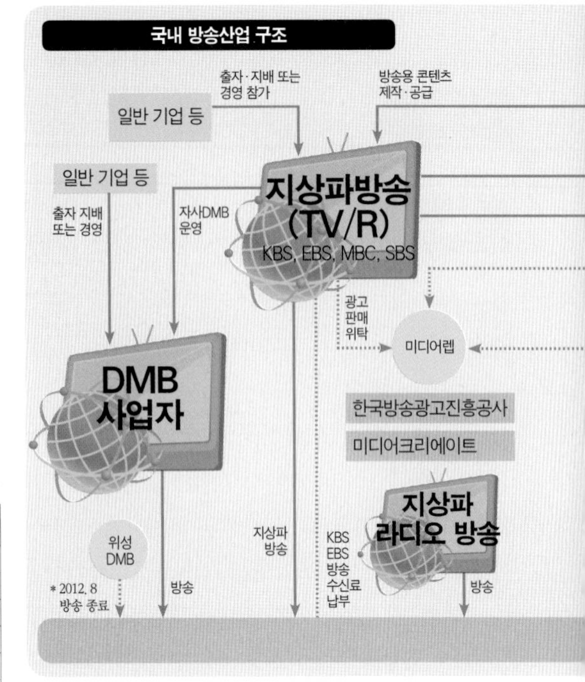

국내 방송산업 구조
출자·지배 또는 경영 참가
방송용 콘텐츠 제작·공급
일반 기업 등
일반 기업 등
출자 지배 또는 경영
자사DMB 운영
지상파방송 (TV/R)
KBS, EBS, MBC, SBS
광고 판매 위탁
미디어렙
DMB 사업자
한국방송광고진흥공사
미디어크리에이트
지상파 라디오 방송
위성 DMB
* 2012. 8 방송 종료
방송
지상파 방송
KBS EBS 방송 수신료 납부
방송

KBS 수신료 수입 구성 (기준 : 2013)

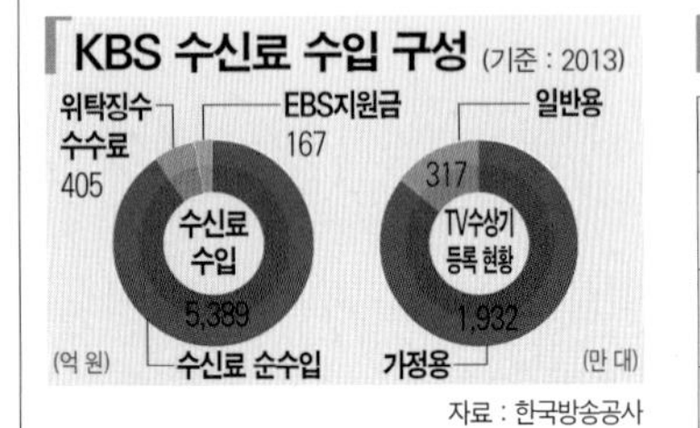

위탁징수 수수료 405
EBS지원금 167
수신료 수입
5,389
수신료 순수입
(억 원)
일반용
317
TV수상기 등록 현황
1,932
가정용
(만 대)

자료 : 한국방송공사

KBS 수신료 추이

연도	1963	1969	1974	1979	1980	1981	2015 이후
수신료(원)	100	300	500	600	800	2,500	4,000

자료 : 한국방송공사

KBS 수신료 수입과 경영성 추이 (억 원)

연도		2011	2012	2013	수신료 인상 후 예상*
수신료		5,779	5,851	5,961	9,538
		40.0%	38.5%	39.8%	54.8%
정부 보조		107	105	104	105
		0.7%	0.7%	0.7%	0.6%
광고 수입		5,987	6,236	5,793	4,634
		41.5%	41.1%	38.6%	26.6%
방송사업 수입		2,564	2,998	3,131	3,131
		17.8%	19.7%	20.9%	18.0%
계		14,437	15,190	14,989	17,408
		100.0%	100.0%	100.0%	100.0%
경영성과 (순이익)		48	-62	43	얼마나 흑자?

* 수신료 인상 후 2013년 대비 수신료 60% 증가, 광고 20% 감소 외에 변화가 없다는 가정에 따른 예상치

자료 : 한국방송공사 자료를 토대로 작성

주요 국가 공영방송 연간 수신료 수준 (기준 : 2011)

구분	한국(KBS)	영국(BBC)	일본(NHK)	프랑스(FT)	독일(ARD, ZDF)
원화 기준	30,000원	255,582원 (£145.5)	215,080원 (¥14,190)	180,809원 (€123)	317,165원 (€215.76)
한국 대비 비율	1	8.5배	7.2배	6.0배	10.6배
수신료 /재원	40.0%	70.4%	96.5%	78.8%	86.3%(ZDF)

자료 : 미래창조과학부, 방송통신위원회, 문화체육관광부(방송산업발전종합계획)

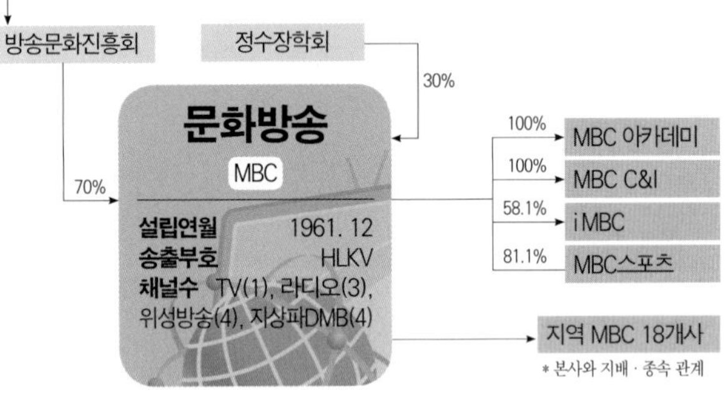

방송문화진흥회
정수장학회
30%
70%
문화방송
MBC
설립연월 1961. 12
송출부호 HLKV
채널수 TV(1), 라디오(3), 위성방송(4), 지상파DMB(4)
100% MBC 아카데미
100% MBC C&I
58.1% iMBC
81.1% MBC스포츠
지역 MBC 18개사
* 본사와 지배·종속 관계

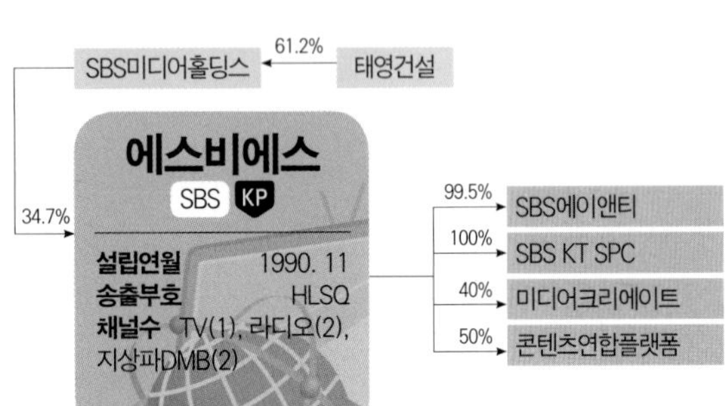

SBS미디어홀딩스
61.2%
태영건설
34.7%
에스비에스
SBS KP
설립연월 1990. 11
송출부호 HLSQ
채널수 TV(1), 라디오(2), 지상파DMB(2)
99.5% SBS에이앤티
100% SBS KT SPC
40% 미디어크리에이트
50% 콘텐츠연합플랫폼

지상파 3사 경영실적과 매출 구성 (기준 : 2012. 12)

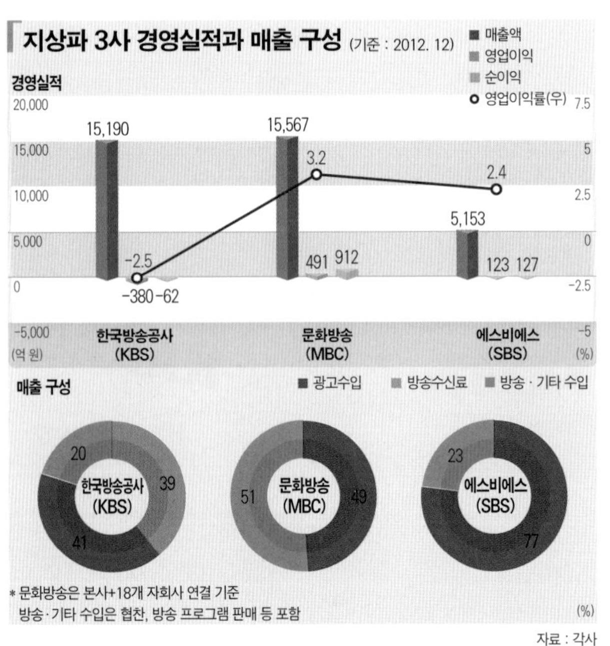

■ 매출액
■ 영업이익
■ 순이익
○ 영업이익률(우)
경영실적
20,000
15,000
10,000
5,000
0
-5,000
(억 원)
7.5
5
2.5
0
-2.5
-5
(%)
15,190
-2.5
-380 -62
15,567
3.2
491 912
5,153
2.4
123 127
한국방송공사 (KBS)
문화방송 (MBC)
에스비에스 (SBS)
매출 구성
■ 광고수입 ■ 방송수신료 ■ 방송·기타 수입
한국방송공사 (KBS) 20 39 41
문화방송 (MBC) 51 49
에스비에스 (SBS) 23 77
(%)

* 문화방송은 본사+18개 자회사 연결 기준
방송·기타 수입은 협찬, 방송 프로그램 판매 등 포함

자료 : 각사

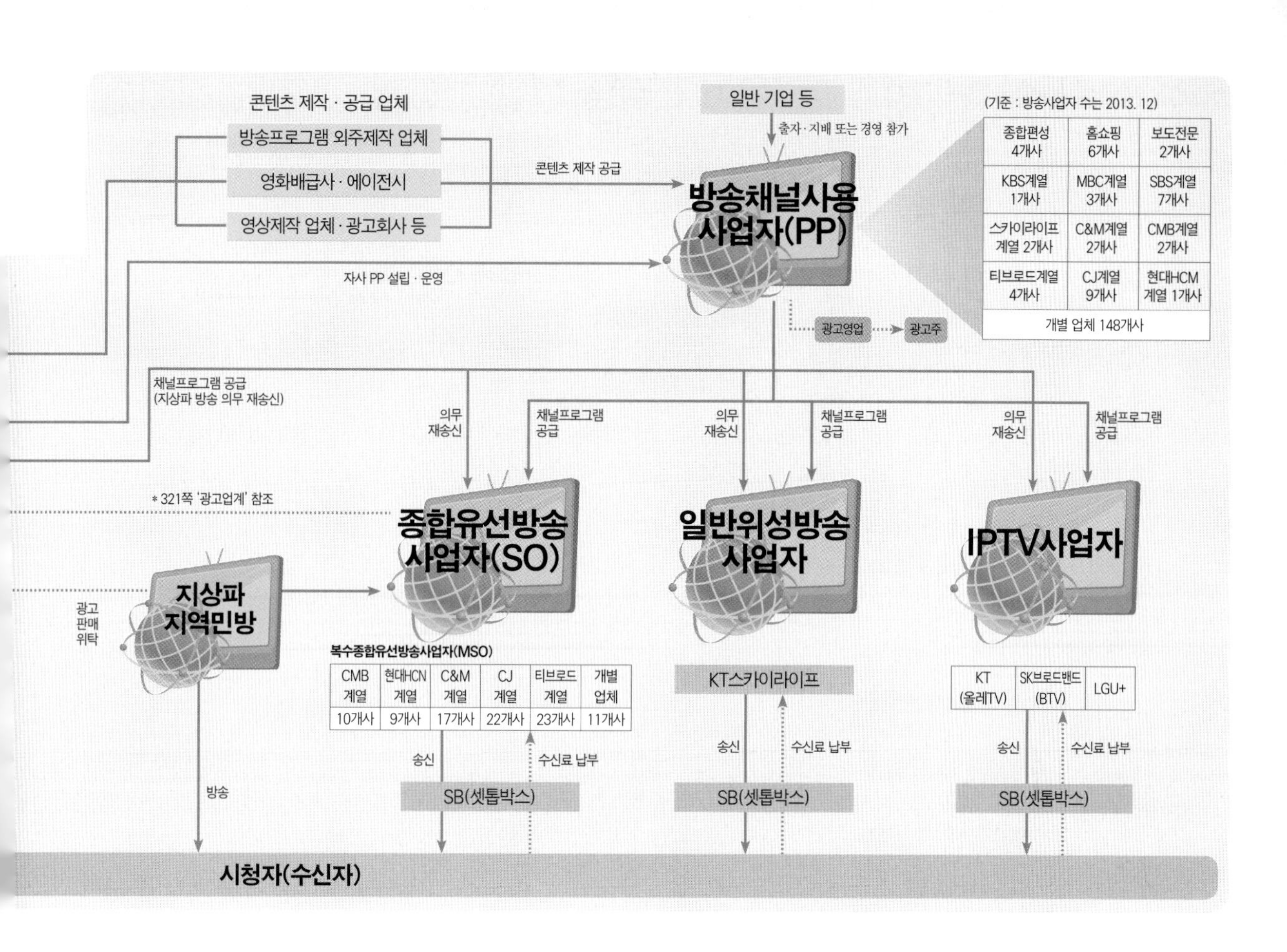
콘텐츠 제작 · 공급 업체
방송프로그램 외주제작 업체
영화배급사 · 에이전시
영상제작 업체 · 광고회사 등
일반 기업 등
출자 · 지배 또는 경영 참가
콘텐츠 제작 공급
방송채널사용사업자(PP)
자사 PP 설립 · 운영
(기준 : 방송사업자 수는 2013. 12)
종합편성 4개사
홈쇼핑 6개사
보도전문 2개사
KBS계열 1개사
MBC계열 3개사
SBS계열 7개사
스카이라이프 계열 2개사
C&M계열 2개사
CMB계열 2개사
티브로드계열 4개사
CJ계열 9개사
현대HCM 계열 1개사
개별 업체 148개사
광고영업
광고주
채널프로그램 공급
(지상파 방송 의무 재송신)
의무 재송신
채널프로그램 공급
* 321쪽 '광고업계' 참조
종합유선방송사업자(SO)
일반위성방송사업자
IPTV사업자
지상파 지역민방
광고 판매 위탁
복수종합유선방송사업자(MSO)
CMB 계열 10개사
현대HCN 계열 9개사
C&M 계열 17개사
CJ 계열 22개사
티브로드 계열 23개사
개별 업체 11개사
KT스카이라이프
KT (올레TV)
SK브로드밴드 (BTV)
LGU+
송신
수신료 납부
방송
SB(셋톱박스)
시청자(수신자)

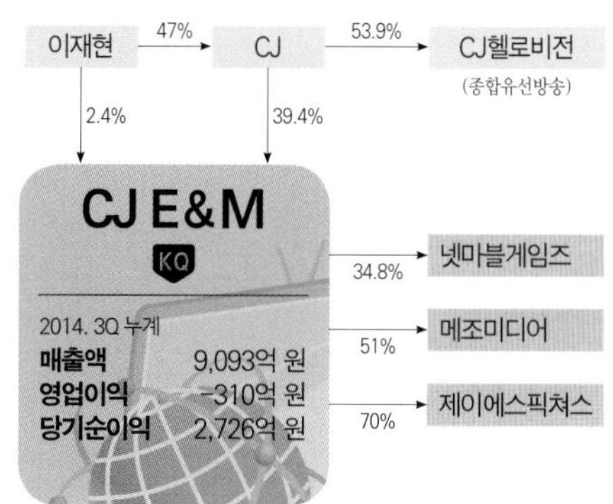
이재현
47%
CJ
53.9%
CJ헬로비전
(종합유선방송)
2.4%
39.4%
CJ E&M
KQ
2014. 3Q 누계
매출액 9,093억 원
영업이익 -310억 원
당기순이익 2,726억 원
34.8%
넷마블게임즈
51%
메조미디어
70%
제이에스픽쳐스

종합편성채널

(기준 : 2013 연간)

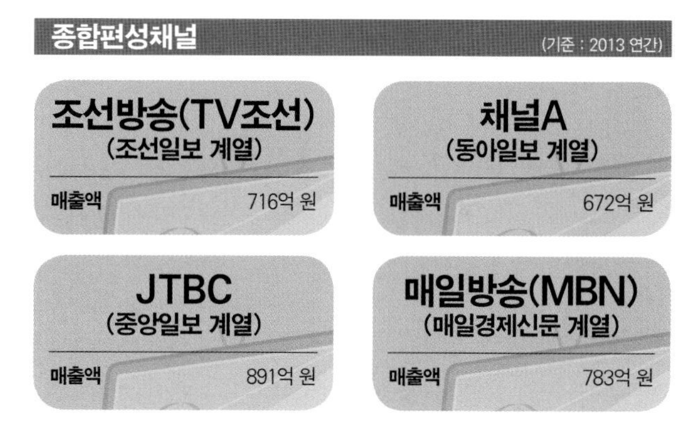
조선방송(TV조선)
(조선일보 계열)
매출액 716억 원
채널A
(동아일보 계열)
매출액 672억 원
JTBC
(중앙일보 계열)
매출액 891억 원
매일방송(MBN)
(매일경제신문 계열)
매출액 783억 원

주요 MPP* 시청점유율 현황 (기준 : 2014. 3Q)

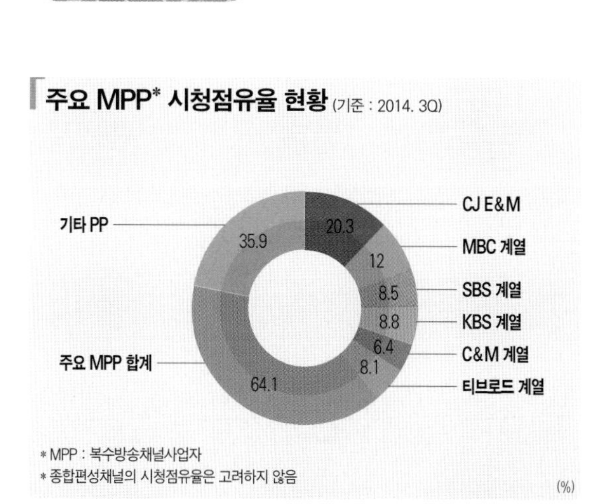
기타 PP
35.9
CJ E&M
20.3
MBC 계열
12
SBS 계열
8.5
KBS 계열
8.8
C&M 계열
6.4
티브로드 계열
8.1
주요 MPP 합계
64.1
(%)

* MPP : 복수방송채널사업자
* 종합편성채널의 시청점유율은 고려하지 않음

자료 : AGB닐슨

종합편성채널 평균 시청률 추이

JTBC
MBN
채널A
TV조선
2.0
1.5
1.0
0.5
0
(%)
2012
2013
2014

자료 : 미디어오늘

전국 지역별 방송사업자 분포 (기준 : 2012. 12)

* 방송사업자의 본점 소재지 기준, (+DMB)는 DMB 사업을 겸영하는 방송사업자

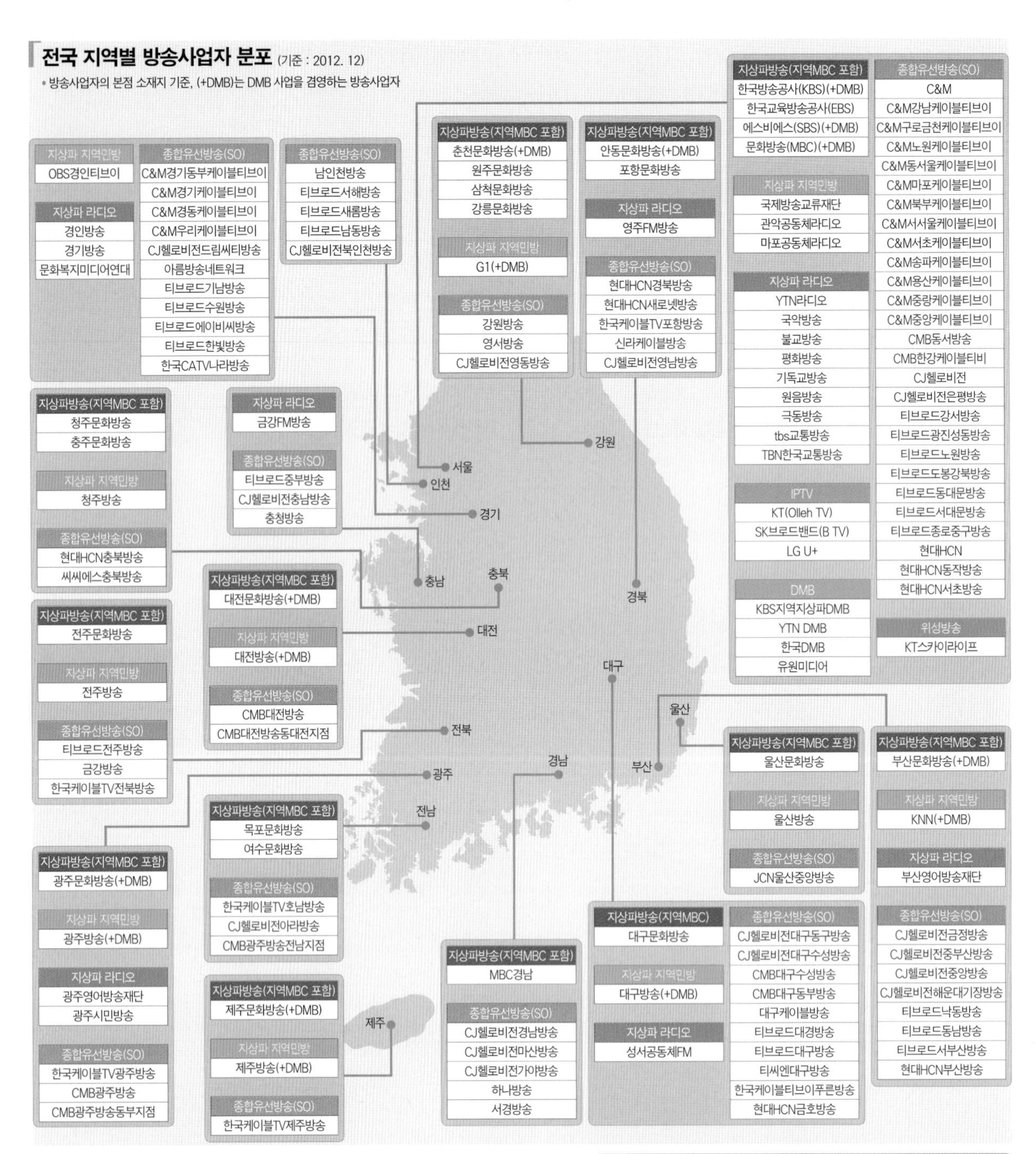

지상파 지역민방
OBS경인티브이
지상파 라디오
경인방송
경기방송
문화복지미디어연대
종합유선방송(SO)
C&M경기동부케이블티브이
C&M경기케이블티브이
C&M경동케이블티브이
C&M우리케이블티브이
CJ헬로비전드림씨티방송
아름방송네트워크
티브로드기남방송
티브로드수원방송
티브로드에이비씨방송
티브로드한빛방송
한국CATV나라방송
종합유선방송(SO)
남인천방송
티브로드서해방송
티브로드새롬방송
티브로드남동방송
CJ헬로비전북인천방송
지상파방송(지역MBC 포함)
춘천문화방송(+DMB)
원주문화방송
삼척문화방송
강릉문화방송
지상파 지역민방
G1(+DMB)
종합유선방송(SO)
강원방송
영서방송
CJ헬로비전영동방송
지상파방송(지역MBC 포함)
안동문화방송(+DMB)
포항문화방송
지상파 라디오
영주FM방송
종합유선방송(SO)
현대HCN경북방송
현대HCN새로넷방송
한국케이블TV포항방송
신라케이블방송
CJ헬로비전영남방송
지상파방송(지역MBC 포함)
한국방송공사(KBS)(+DMB)
한국교육방송공사(EBS)
에스비에스(SBS)(+DMB)
문화방송(MBC)(+DMB)
지상파 지역민방
국제방송교류재단
관악공동체라디오
마포공동체라디오
지상파 라디오
YTN라디오
국악방송
불교방송
평화방송
기독교방송
원음방송
극동방송
tbs교통방송
TBN한국교통방송
IPTV
KT(Olleh TV)
SK브로드밴드(B TV)
LG U+
DMB
KBS지역지상파DMB
YTN DMB
한국DMB
유원미디어
종합유선방송(SO)
C&M
C&M강남케이블티브이
C&M구로금천케이블티브이
C&M노원케이블티브이
C&M동서울케이블티브이
C&M마포케이블티브이
C&M북부케이블티브이
C&M서서울케이블티브이
C&M서초케이블티브이
C&M송파케이블티브이
C&M용산케이블티브이
C&M중랑케이블티브이
C&M중앙케이블티브이
CMB동서방송
CMB한강케이블티비
CJ헬로비전
CJ헬로비전은평방송
티브로드강서방송
티브로드광진성동방송
티브로드노원방송
티브로드도봉강북방송
티브로드동대문방송
티브로드서대문방송
티브로드종로중구방송
현대HCN
현대HCN동작방송
현대HCN서초방송
위성방송
KT스카이라이프
지상파방송(지역MBC 포함)
청주문화방송
충주문화방송
지상파 지역민방
청주방송
종합유선방송(SO)
현대HCN충북방송
씨씨에스충북방송
지상파 라디오
금강FM방송
종합유선방송(SO)
티브로드중부방송
CJ헬로비전충남방송
충청방송
서울
인천
경기
강원
충남
충북
경북
대전
대구
울산
전북
광주
경남
부산
전남
제주
지상파방송(지역MBC 포함)
대전문화방송(+DMB)
지상파 지역민방
대전방송(+DMB)
종합유선방송(SO)
CMB대전방송
CMB대전방송동대전지점
지상파방송(지역MBC 포함)
전주문화방송
지상파 지역민방
전주방송
종합유선방송(SO)
티브로드전주방송
금강방송
한국케이블TV전북방송
지상파방송(지역MBC 포함)
목포문화방송
여수문화방송
종합유선방송(SO)
한국케이블TV호남방송
CJ헬로비전아라방송
CMB광주방송전남지점
지상파방송(지역MBC 포함)
광주문화방송(+DMB)
지상파 지역민방
광주방송(+DMB)
지상파 라디오
광주영어방송재단
광주시민방송
종합유선방송(SO)
한국케이블TV광주방송
CMB광주방송
CMB광주방송동부지점
지상파방송(지역MBC 포함)
제주문화방송(+DMB)
지상파 지역민방
제주방송(+DMB)
종합유선방송(SO)
한국케이블TV제주방송
지상파방송(지역MBC 포함)
MBC경남
종합유선방송(SO)
CJ헬로비전경남방송
CJ헬로비전마산방송
CJ헬로비전가야방송
하나방송
서경방송
지상파방송(지역MBC)
대구문화방송
지상파 지역민방
대구방송(+DMB)
지상파 라디오
성서공동체FM
종합유선방송(SO)
CJ헬로비전대구동구방송
CJ헬로비전대구수성방송
CMB대구수성방송
CMB대구동부방송
대구케이블방송
티브로드대경방송
티브로드대구방송
티씨엔대구방송
한국케이블티브이푸른방송
현대HCN금호방송
지상파방송(지역MBC 포함)
울산문화방송
지상파 지역민방
울산방송
종합유선방송(SO)
JCN울산중앙방송
지상파방송(지역MBC 포함)
부산문화방송(+DMB)
지상파 지역민방
KNN(+DMB)
지상파 라디오
부산영어방송재단
종합유선방송(SO)
CJ헬로비전금정방송
CJ헬로비전중부산방송
CJ헬로비전중앙방송
CJ헬로비전해운대기장방송
티브로드낙동방송
티브로드동남방송
티브로드서부산방송
현대HCN부산방송

방송산업 매출 추이와 구성 (기준 : 2012 연간)

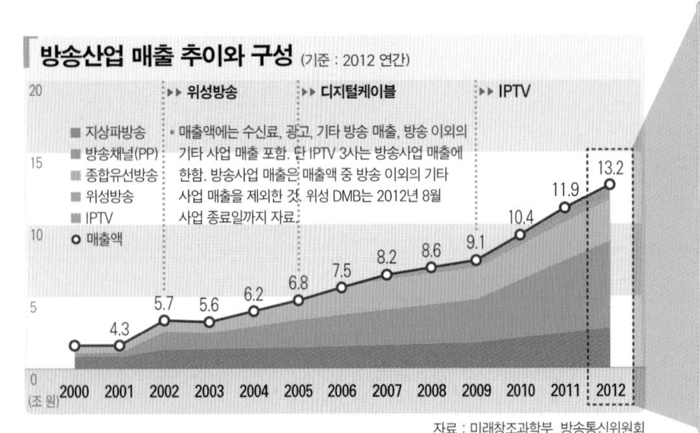

위성방송
디지털케이블
IPTV
지상파방송
방송채널(PP)
종합유선방송
위성방송
IPTV
매출액
* 매출액에는 수신료, 광고, 기타 방송 매출, 방송 이외의 기타 사업 매출 포함. 단 IPTV 3사는 방송사업 매출에 한함. 방송사업 매출은 매출액 중 방송 이외의 기타 사업 매출을 제외한 것. 위성 DMB는 2012년 8월 사업 종료일까지 자료.
20
15
10
5
0
(조 원)
4.3
5.7
5.6
6.2
6.8
7.5
8.2
8.6
9.1
10.4
11.9
13.2
2000
2001
2002
2003
2004
2005
2006
2007
2008
2009
2010
2011
2012

사업 구분		사업자 수(개)	종사자 수(명)	유료가입자 (명)	매출액 (억 원)	방송사업 매출 (억 원)
지상파방송사업자		53	14,226		4조 5,247	3조 9,572
지상파이동멀티미디어 방송사업자		19	105		183	116
종합유선방송사업자		94	4,946	14,798,725	3조 1,591	2조 3,163
중계유선방송사업자		78	204	123,112	93	43
일반위성방송사업자		1	298	3,790,820	5,513	4,993
위성이동멀티미디어 방송사업자		1	59		3,547	189
방송 채널 사용 사업자	PP 전체	180	13,477		12조 8,378	5조 5,480
	홈쇼핑PP	6	3,917		4조 438	3조 286
	일반PP(TV/라디오)	154	9,092		5조 1,932	2조 3,331
	데이터PP(DP)	20	468		3조 6,008	1,863
IPTV사업자		3	573	6,547,421	8,429	8,429
계		429	33,888	25,260,078	22조 2,982	13조 1,984

자료 : 미래창조과학부, 방송통신위원회

방송사업자별 매출 구성 (기준 : 2012. 12)

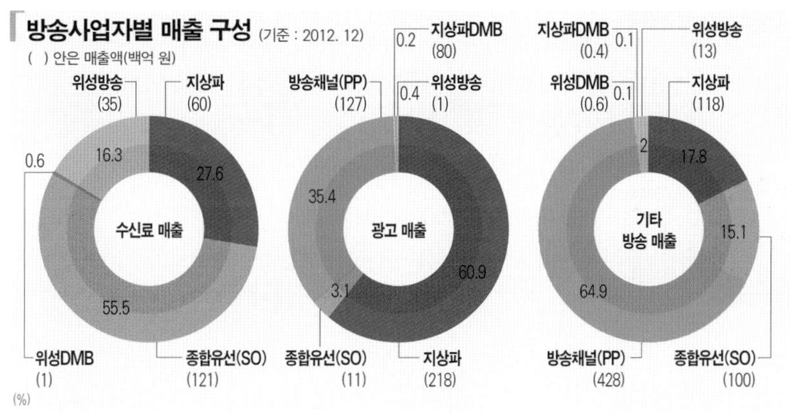

( ) 안은 매출액(백억 원)
수신료 매출
위성방송 (35)
지상파 (60)
16.3
27.6
0.6
55.5
위성DMB (1)
종합유선(SO) (121)
광고 매출
방송채널(PP) (127)
0.2
지상파DMB (80)
0.4
위성방송 (1)
35.4
3.1
60.9
종합유선(SO) (11)
지상파 (218)
기타 방송 매출
지상파DMB (0.4)
0.1
위성방송 (13)
위성DMB (0.6)
0.1
지상파 (118)
2
17.8
15.1
64.9
방송채널(PP) (428)
종합유선(SO) (100)
(%)

자료 : 방송통신위원회

기타 방송 매출의 항목별 비중

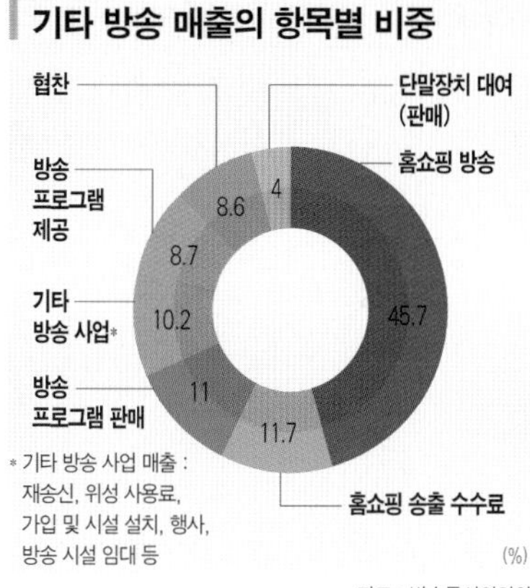

협찬
단말장치 대여 (판매)
홈쇼핑 방송
방송 프로그램 제공
기타 방송 사업*
방송 프로그램 판매
8.6
4
8.7
10.2
45.7
11
11.7
홈쇼핑 송출 수수료
* 기타 방송 사업 매출 : 재송신, 위성 사용료, 가입 및 시설 설치, 행사, 방송 시설 임대 등
(%)

자료 : 방송통신위원회

지상파 방송사업자별 매출과 광고 매출 점유율 (기준 : 2012. 12)

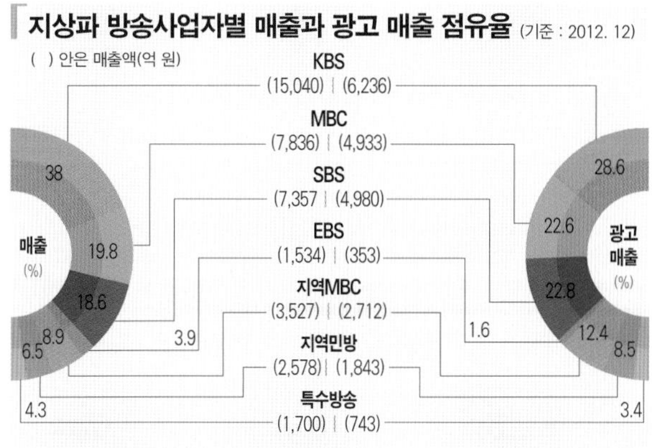

( ) 안은 매출액(억 원)
KBS (15,040) | (6,236)
MBC (7,836) | (4,933)
SBS (7,357) | (4,980)
EBS (1,534) | (353)
지역MBC (3,527) | (2,712)
지역민방 (2,578) | (1,843)
특수방송 (1,700) | (743)
매출 (%)
38
19.8
18.6
3.9
8.9
6.5
4.3
광고 매출 (%)
28.6
22.6
22.8
1.6
12.4
8.5
3.4

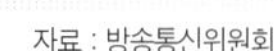

자료 : 방송통신위원회

지상파 방송사 프로그램 판매 매출

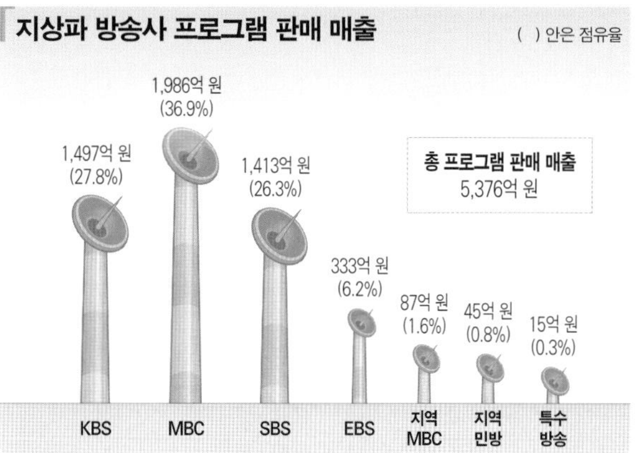

( ) 안은 점유율
1,986억 원 (36.9%)
1,497억 원 (27.8%)
1,413억 원 (26.3%)
총 프로그램 판매 매출 5,376억 원
333억 원 (6.2%)
87억 원 (1.6%)
45억 원 (0.8%)
15억 원 (0.3%)
KBS
MBC
SBS
EBS
지역 MBC
지역 민방
특수 방송

자료 : 방송통신위원회

MSO* 매출 및 순이익 (기준 : 2012. 12)

* MSO : 복수종합유선방송사업자

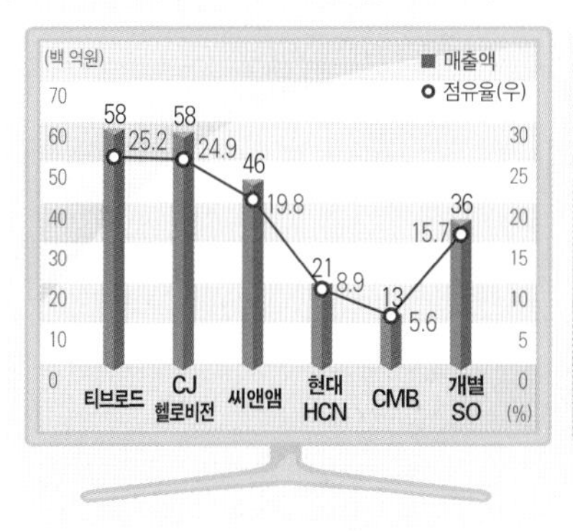

(백 억원)
매출액
점유율(우)
58
25.2
58
24.9
46
19.8
21
8.9
13
5.6
36
15.7
티브로드
CJ 헬로비전
씨앤앰
현대 HCN
CMB
개별 SO
(%)

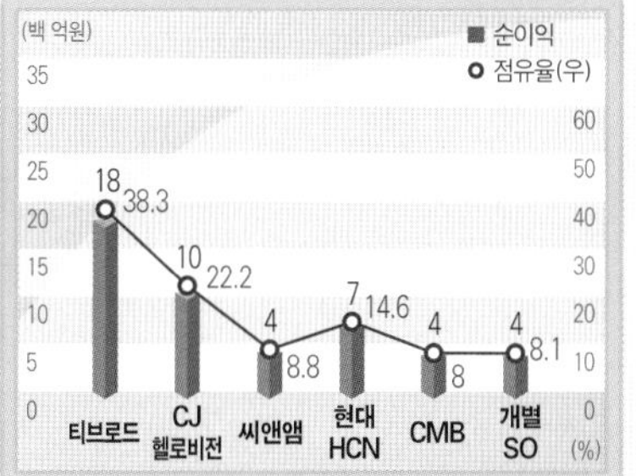

(백 억원)
순이익
점유율(우)
18
38.3
10
22.2
4
8.8
7
14.6
4
8
4
8.1
티브로드
CJ 헬로비전
씨앤앰
현대 HCN
CMB
개별 SO
(%)

자료 : 방송통신위원회

MSO별 케이블TV 가입자 (기준 : 2013. 12)

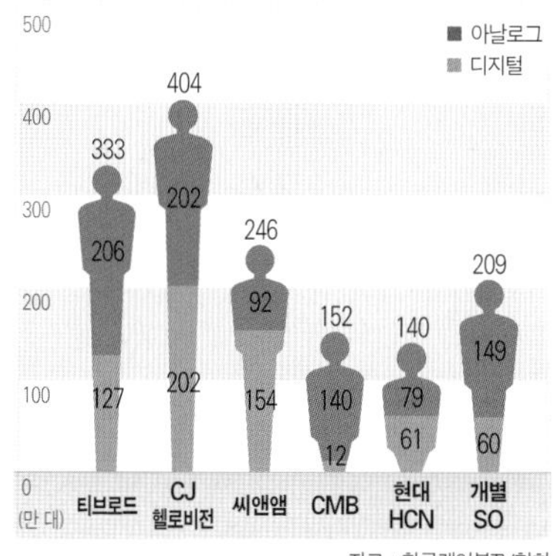

아날로그
디지털
333
206
127
404
202
202
246
92
154
152
140
12
140
79
61
209
149
60
(만 대)
티브로드
CJ 헬로비전
씨앤앰
CMB
현대 HCN
개별 SO

자료 : 한국케이블TV협회

플랫폼별 프로그램 제작비 (기준 : 2012. 12)

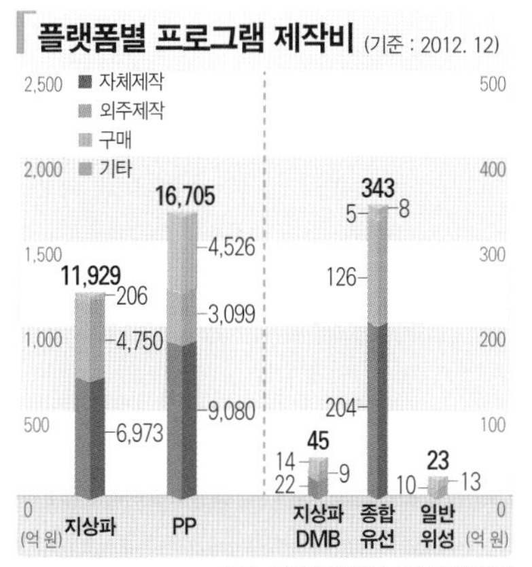

자체제작
외주제작
구매
기타
11,929
206
4,750
6,973
16,705
4,526
3,099
9,080
45
14
22
9
343
5
8
126
204
23
10
13
(억 원)
지상파
PP
지상파 DMB
종합 유선
일반 위성
(억 원)

자료 : 미래창조과학부, 방송통신위원회

방송프로그램 수출입액과 국가별 비중 (기준 : 2012. 12)

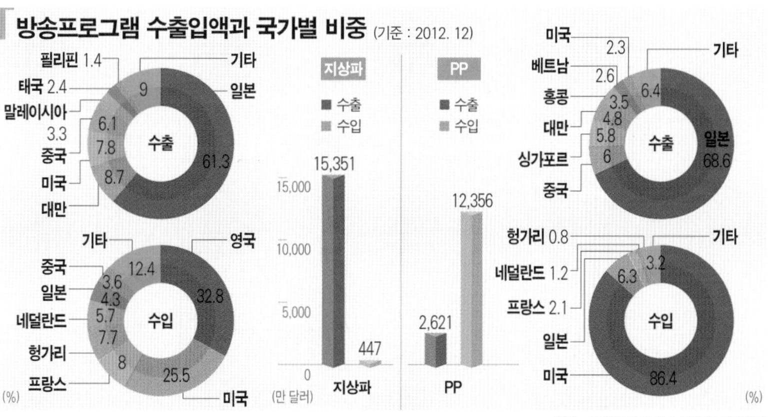

수출
필리핀 1.4
태국 2.4
말레이시아
3.3
중국
미국
대만
기타
일본
9
6.1
7.8
8.7
61.3
수입
기타
중국
일본
네덜란드
헝가리
프랑스
영국
미국
12.4
3.6
4.3
5.7
7.7
8
32.8
25.5
(%)
지상파
수출
수입
15,351
447
PP
수출
수입
2,621
12,356
(만 달러)
지상파
PP
수출
미국 2.3
베트남 2.6
홍콩 3.5
대만 4.8
싱가포르 5.8
중국 6
기타 6.4
일본 68.6
수입
헝가리 0.8
네덜란드 1.2
프랑스 2.1
일본 6.3
기타 3.2
미국 86.4
(%)

자료 : 미래창조과학부, 방송통신위원회

시청률 전쟁에서 전파 전쟁으로

ON AIR

지상파 방송산업의 위기는 전 세계적인 추세인 듯하다. 종편 출범이 불과 몇 해 되지 않은 시점에서 국내 지상파 방송도 크게 다르지 않아 보인다. 그 어느 때보다 채널 경쟁이 가열되면서 지상파 방송사마다 편성에 골머리를 썩고 있다. 뿐만 아니라 IPTV 이용이 중년층까지 확산되면서 지상파 방송 시청률에 적신호가 켜지고 있다.

지상파 방송사의 실적 악화에는 내수 시장의 침체와 이로 인한 광고주들의 광고비 지출 규모가 줄어든 탓도 있다. 지상파 방송 3사 모두 2014년에 순손실 규모가 수백억 원 대에 이를 것으로 추산된다.

2015년과 2016년은 지상파 방송사들이 종편 및 뉴미디어와의 경쟁에서 어떻게 대처해 나갈 것인지 중요한 변곡점이 되는 시기다. 방송업계에는 이것 말고도 시급히 해결해야 할 굵직굵직한 이슈들이 산재해 있다.

황금주파수 전쟁의 승자는?

주파수 가운데 '황금주파수'라는 게 존재한다. 700MHz 대역을 말하는 데, 698MHz에서 806MHz까지 108MHz 폭의 전파를 가리킨다. 이 대역은 현재 비어 있는 주파수 가운데 상대적으로 저주파여서 기지국에 투입하는 비용이 적게 든다.

황금주파수 700MHz 대역을 차지하기 위해 방송과 통신 업계 간 다툼이 치열하다. 방송업계는 UHD 방송을 위해 108MHz 중 재난망에 우선할당된 20MHz 이외 나머지 88MHz가 절실하다. 반면 통신사들은 새로운 부가가치 창출을 위해 88MHz를 자기들 몫으로 가져가기 위해 혈안이 돼 있다.

700MHz 주파수 활용 계획
700MHz
통신사
이동통신용
주파수 확충
정부
• 안전행정부(재난망)
• 국토교통부(철도통신망)
• 해양수산부(해양내비게이션)
지상파 방송
초고화질
(UHD) 방송

정부는 2013년 700MHz 주파수 가운데 40MHz를 통신에 배정하기로 했다가 세월호 참사 이후 국가 재난안전망의 중요성이 커지면서 20MHz을 재난망에 우선 배정했다. 따라서 기존대로 40MHz을 통신망에 배정할 경우 남은 주파수폭은 48MHz폭에 불과해 UHD 방송용으로 쓰기에 부족해진다.

황금주파수와 관련해서 통신업계에 우선 배정해야 한다는 여론이 우세하다. 지상파 방송은 현재 38개 채널에 무려 228MHz 폭의 주파수를 사용하는데, 이 주파수를 효율적으로 사용하면 700MHz대역 주파수 할당 없이도 UHD방송에 필요한 주파수를 확보할 수 있다는 것이다. 또 이동통신 3사(KT, SK텔레콤, LG유플러스)는 2013년에 주파수 할당료로 2조 3,000억 원, 전파 사용료로 2,500억 원을 정부에 지급했다.

주파수 전쟁은 사물인터넷과 5G 등 기술이 발전하면서 한층 더 심화될 전망이다. 황금주파수와 UHD방송, LTE 등은 주파수 전쟁의 서막에 불과하다는 지적이다.

종편, 외형 성장 내실 후퇴

광고업계에 따르면 2014년 지상파 3사의 광고 매출이 전년보다 약 1,400억 원가량 줄어들 것이라고 한다. 반면, 종편 광고 매출은 2014년에 전년보다 크게 늘어난 3,100억 원에 이를 전망이다. 종편 4개 사(TV조선, JTBC, 채널A, MBN)는 2014년 방송 광고와 기업 협찬을 합산해 각 사당 1,000억 원이 조금 모자라는 연 매출을 올릴 것으로 예상된다. 이 가운데 TV조선과 JTBC가 2015년 매출 목표치를 1,500억 원까지 높여 잡았다는 소문이 시장에 나돌고 있다. 이처럼 종편이 지상파 방송사와 일반 PP의 광고 몫을 빠르게 잠식해 들어오면서 방송계 전체가 술렁이고 있다. 한정된 방송광고시장을 놓고 지상파와 종편이 제로섬 게임을 벌이면서 향후에는 기업과 자치단체가 방송사로부터 과도한 광고나 협찬을 요구받을 가능성이 높다는 우려도 나오고 있다.

종편 광고 매출 성장의 이면에는 중간광고의 허용이 직접적으로 작용한다. 아울러 출범 후 3년 동안 지상파와 달리 미디어랩을 거치지 않고 광고를 직접 판매할 수 있도록 허가한 요인도 빼놓을 수 없다.

한편, 종편의 경우 광고 수익 등 외형 성장세는 돋보이지만, 프로그램의 질적 수준이 향상되고 있는지에 대해서는 대체로 회의적인 반응이다. 채널A와 TV조선은 광고 매출 증가에도 오히려 프로그램 제작비를 큰 폭으로 줄이며 프로그램 경쟁력을 떨어뜨리고 있다. 2012년과 2013년의 변동을 보면 채널A는 광고·협찬 매출이 397억 원에서 551억 원으로 증가했으나 제작비는 934억 원에서 689억 원으로 대폭 낮췄다. TV조선 역시 광고 매출은 452억 원에서 591억 원으로 늘었지만 제작비는 833억 원에서 691억 원으로 크게 줄었다. 그나마 JTBC가 제작비를 1,611억 원에서 2,001억 원으로 늘리며 다른 행보를 보이고 있다.

지금 시점에서는 종편을 통한 채널 다양화가 방송 문화에 어떤 기여를 하고 있는지 긍정적인 판단을 내리기가 쉽지 않다. 최근 지상파 방송사의 실적 급락을 종편 탓으로만 돌리는 것도 무리가 있다는 지적이다. 낡은 관료주의와 독과점 행태에서 벗어나지 못한다면 지상파 방송사들의 미래는 종편의 성장과는 별개로 여전히 어두울 전망이다.

유료방송시장, VOD 매출 눈부신 성장

주문형비디오(VOD)시장의 성장세가 예사롭지 않다. VOD시장이 2014년 6,000억 원대를 돌파할 전망이다. 매출이 전년 대비 20% 수직 상승하면서 유료방송시장의 새로운 캐시 카우로 떠오르고 있다. 그동안 가입자당 수신료(월 요금)를 주 수입원으로 삼았던 유료방송시장의 무게중심이 VOD로 빠르게 이동하고 있는 것이다.

IPTV 3사(KT, SK브로드밴드, LG유플러스)와 티브로드, CJ헬로비전, 씨앤앰, 현대HCN 등 케이블TV 4사가 기록한 2014년 상반기 VOD 매출 규모는 총 2,499억 5,800만 원으로 집계됐다. 이는 4,084억 7,000만 원으로 집계된 2013년 매출 규모의 약 61%에 달하는 수치다. 개별 SO, N스크린 서비스, 동영상 스트리밍 서비스 등으로 벌어들인 수치까지 합하면 매출 규모는 한층 더 커질 것으로 보인다.

2011년부터 2014년 6월까지 주요 유료방송 사업자 7개 사가 VOD로 벌어들인 수입은 1조 1,644억 원이다. 가입자 포화상태에 이른 유료방송 환경에서 VOD 관련 매출 규모가 해마다 급속도로 성장하고 있는 것이다. 7개사의 VOD 매출은 2011년 1,920억 3,800만 원에서 2013년 4,084억 7,000만 원으로 갑절 이상 증가했다. 같은 기간 7개사 가입자 수가 1,510만 명에서 1,984만 명으로 31.4% 증가한 것을 감안하면 가파른 성장세다. 2013년 2,952억 2,300만 원을 기록한 IPTV 업체들은 2011년부터 연 평균 30%를 뛰어넘는 초고속 성장세를 지속했다.

방송업계를 돌아보건대, 이른바 '뜨는' 사업군과 '지는' 사업군이 뚜렷하게 대비되는 인상이다. 뜨는 사업군이 성장을 이어갈지는 좀 더 두고 봐야 할 대목이지만, 지는 사업군이 뜨는 사업군으로 분위기 반전을 하기는 쉽지 않을 전망이다.

IPTV 3사 수신료 매출 현황

(억 원)

	2012	2013	2014. 1~6
KT	2,386	2,850	1,734
SK브로드밴드	1,185	1,775	1,117
LG유플러스	996	1,478	928

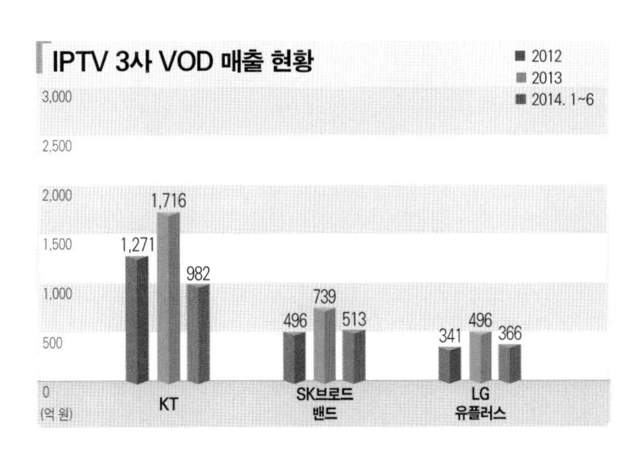
IPTV 3사 VOD 매출 현황
2012
2013
2014. 1~6
3,000
2,500
2,000
1,500
1,000
500
0
(억 원)
1,271
1,716
982
496
739
513
341
496
366
KT
SK브로드밴드
LG유플러스

43 | 신문·잡지 업계

업계 규모

- ■ 정기간행물수 1만 6,042종(신문 · 잡지 포함)
- ■ 신문산업 매출액 2조 4,393억 원(총 35개사 매출액 기준)
- ■ 잡지산업 매출액 1조 8,625억 원

* 최대주주 및 지분률은 2014. 6 기준, 매출액은 2013. 12 IFRS 개별 기준

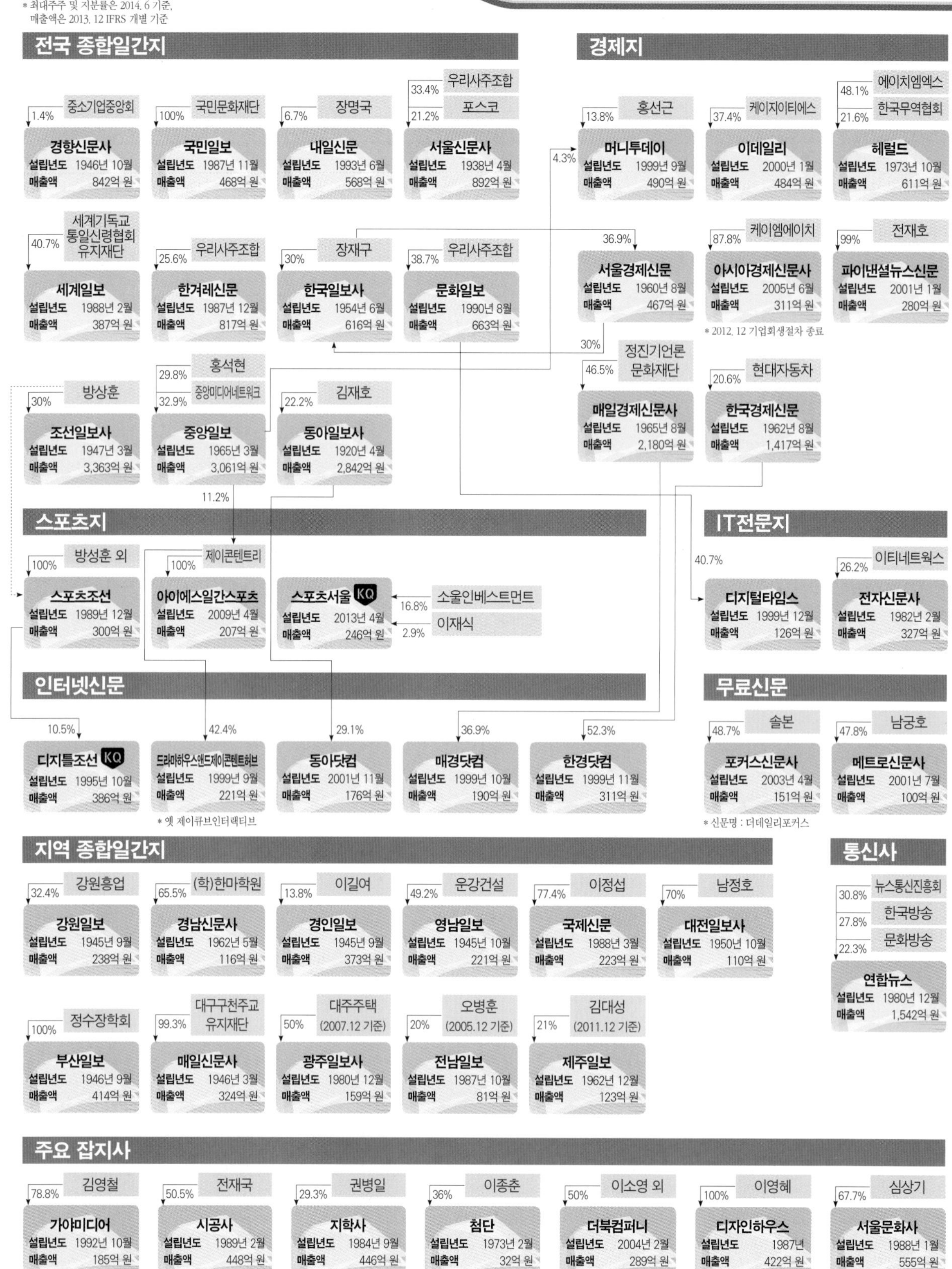

전국 종합일간지
1.4% 중소기업중앙회
경향신문사 설립년도 1946년 10월 매출액 842억 원
100% 국민문화재단
국민일보 설립년도 1987년 11월 매출액 468억 원
6.7% 장명국
내일신문 설립년도 1993년 6월 매출액 568억 원
33.4% 우리사주조합
21.2% 포스코
서울신문사 설립년도 1938년 4월 매출액 892억 원
40.7% 세계기독교 통일신령협회 유지재단
세계일보 설립년도 1988년 2월 매출액 387억 원
25.6% 우리사주조합
한겨레신문 설립년도 1987년 12월 매출액 817억 원
30% 장재구
한국일보사 설립년도 1954년 6월 매출액 616억 원
38.7% 우리사주조합
문화일보 설립년도 1990년 8월 매출액 663억 원
30% 방상훈
조선일보사 설립년도 1947년 3월 매출액 3,363억 원
29.8% 홍석현
32.9% 중앙미디어네트워크
중앙일보 설립년도 1965년 3월 매출액 3,061억 원
22.2% 김재호
동아일보사 설립년도 1920년 4월 매출액 2,842억 원
11.2%
경제지
13.8% 홍선근
4.3%
머니투데이 설립년도 1999년 9월 매출액 490억 원
37.4% 케이지이티에스
이데일리 설립년도 2000년 1월 매출액 484억 원
48.1% 에이치엠엑스
21.6% 한국무역협회
헤럴드 설립년도 1973년 10월 매출액 611억 원
36.9%
서울경제신문 설립년도 1960년 8월 매출액 467억 원
87.8% 케이엠에이치
아시아경제신문사 설립년도 2005년 6월 매출액 311억 원
* 2012. 12 기업회생절차 종료
99% 전재호
파이낸셜뉴스신문 설립년도 2001년 1월 매출액 280억 원
30%
46.5% 정진기언론 문화재단
매일경제신문사 설립년도 1965년 8월 매출액 2,180억 원
20.6% 현대자동차
한국경제신문 설립년도 1962년 8월 매출액 1,417억 원
스포츠지
100% 방성훈 외
스포츠조선 설립년도 1989년 12월 매출액 300억 원
100% 제이콘텐트리
아이에스일간스포츠 설립년도 2009년 4월 매출액 207억 원
스포츠서울 KQ 설립년도 2013년 4월 매출액 246억 원
16.8% 소울인베스트먼트
2.9% 이재식
IT전문지
40.7%
디지털타임스 설립년도 1999년 12월 매출액 126억 원
26.2% 이티네트웍스
전자신문사 설립년도 1982년 2월 매출액 327억 원
인터넷신문
10.5%
디지틀조선 KQ 설립년도 1995년 10월 매출액 386억 원
42.4%
드라마하우스앤드제이콘텐트허브 설립년도 1999년 9월 매출액 221억 원
* 옛 제이큐브인터랙티브
29.1%
동아닷컴 설립년도 2001년 11월 매출액 176억 원
36.9%
매경닷컴 설립년도 1999년 10월 매출액 190억 원
52.3%
한경닷컴 설립년도 1999년 11월 매출액 311억 원
무료신문
48.7% 솔본
포커스신문사 설립년도 2003년 4월 매출액 151억 원
* 신문명 : 더데일리포커스
47.8% 남궁호
메트로신문사 설립년도 2001년 7월 매출액 100억 원
지역 종합일간지
32.4% 강원흥업
강원일보 설립년도 1945년 9월 매출액 238억 원
65.5% (학)한마학원
경남신문사 설립년도 1962년 5월 매출액 116억 원
13.8% 이길여
경인일보 설립년도 1945년 9월 매출액 373억 원
49.2% 운강건설
영남일보 설립년도 1945년 10월 매출액 221억 원
77.4% 이정섭
국제신문 설립년도 1988년 3월 매출액 223억 원
70% 남정호
대전일보사 설립년도 1950년 10월 매출액 110억 원
100% 정수장학회
부산일보 설립년도 1946년 9월 매출액 414억 원
99.3% 대구구천주교 유지재단
매일신문사 설립년도 1946년 3월 매출액 324억 원
50% 대주주택 (2007.12 기준)
광주일보사 설립년도 1980년 12월 매출액 159억 원
20% 오병훈 (2005.12 기준)
전남일보 설립년도 1987년 10월 매출액 81억 원
21% 김대성 (2011.12 기준)
제주일보 설립년도 1962년 12월 매출액 123억 원
통신사
30.8% 뉴스통신진흥회
27.8% 한국방송
22.3% 문화방송
연합뉴스 설립년도 1980년 12월 매출액 1,542억 원
주요 잡지사
78.8% 김영철
가야미디어 설립년도 1992년 10월 매출액 185억 원
50.5% 전재국
시공사 설립년도 1989년 2월 매출액 448억 원
29.3% 권병일
지학사 설립년도 1984년 9월 매출액 446억 원
36% 이종춘
첨단 설립년도 1973년 2월 매출액 32억 원
50% 이소영 외
더북컴퍼니 설립년도 2004년 2월 매출액 289억 원
100% 이영혜
디자인하우스 설립년도 1987년 매출액 422억 원
67.7% 심상기
서울문화사 설립년도 1988년 1월 매출액 555억 원

신문산업 시장규모 추이 (기준 : 매출액)

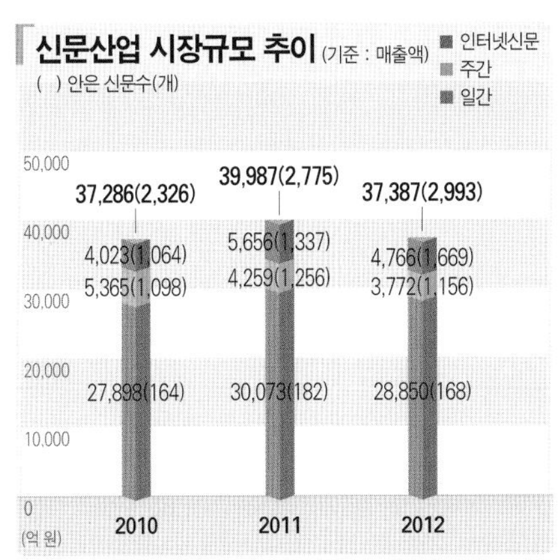
( ) 안은 신문수(개)
인터넷신문
주간
일간
50,000
40,000
30,000
20,000
10,000
0
(억 원)
37,286(2,326)
4,023(1,064)
5,365(1,098)
27,898(164)
39,987(2,775)
5,656(1,337)
4,259(1,256)
30,073(182)
37,387(2,993)
4,766(1,669)
3,772(1,156)
28,850(168)
2010
2011
2012

자료: 한국언론진흥재단

신문산업 매출 구성 ( ) 안은 구성비(%)

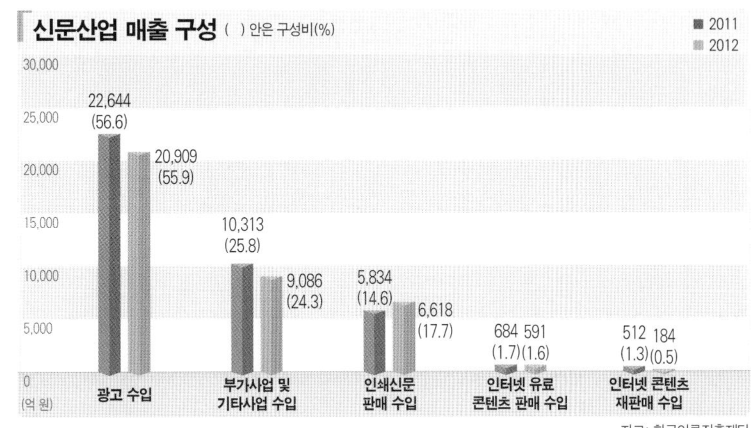
2011
2012
30,000
25,000
20,000
15,000
10,000
5,000
0
(억 원)
22,644
(56.6)
20,909
(55.9)
10,313
(25.8)
9,086
(24.3)
5,834
(14.6)
6,618
(17.7)
684 591
(1.7)(1.6)
512 184
(1.3)(0.5)
광고 수입
부가사업 및 기타사업 수입
인쇄신문 판매 수입
인터넷 유료 콘텐츠 판매 수입
인터넷 콘텐츠 재판매 수입

자료: 한국언론진흥재단

주요 신문 발행부수 공시 현황 (기준 : 2012)

신문명	발행부수(부)	유료부수(부)
조선일보	17,69,310	1,325,555
중앙일보	1,292,498	916,770
동아일보	1,060,760	753,237
매일경제	836,316	554,922
한국경제	517,193	349,765
스포츠조선	304,888	240,606
한겨레	269,174	210,098
일간스포츠	263,632	183,409
한국일보	263,718	168,378
경향신문	232,660	176,202
국민일보	206,035	147,848
스포츠서울	201,145	142,572
스포츠동아	191,749	141,543
문화일보	174,525	140,359
서울신문	163,713	110,195
세계일보	85,865	60,529
머니투데이	84,086	56,771
서울경제	85,878	59,838
스포츠경향	79,628	57,846
영남일보	71,417	45,349
강원일보	66,882	43,798
전자신문	63,000	51,308
내일신문	60,849	42,166
헤럴드경제	56,652	36,645
파이낸셜뉴스	36,428	19,627
The Korea Herald	33,039	21,514
아시아경제	29,578	22,393
천지일보	29,892	16,005
THE KOREA TIMES	20,965	14,779

자료 : 한국ABC협회

잡지 발행부수 톱10 (백 부)

발행부수
유료부수
2,603 1위 좋은생각 1,987
710 2위 시사IN 544
688 3위 매경이코노미 456
498 4위 시사저널 328
481 5위 한겨레21 373
473 6위 월간조선 257
462 7위 여성조선 403
446 8위 레이디경향 386
384 9위 월간중앙 306
375 10위 한경비즈니스 270
(기준 : 2012. 7~ 2013. 6 발행기간 대상)

자료 : 한국ABC협회

인쇄매체 총광고비 추이

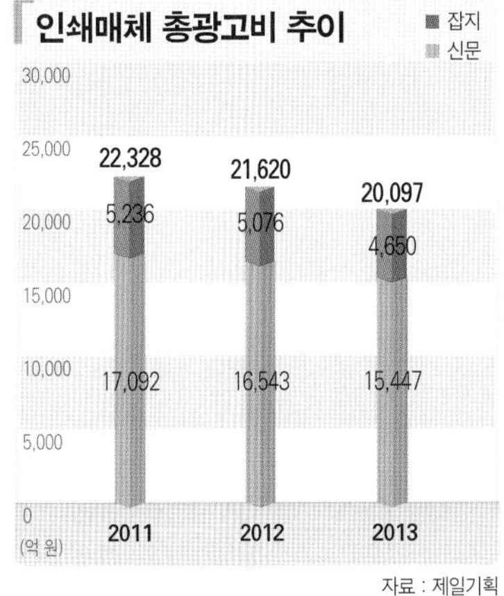
잡지
신문
30,000
25,000
20,000
15,000
10,000
5,000
0
(억 원)
22,328
5,236
17,092
21,620
5,076
16,543
20,097
4,650
15,447
2011
2012
2013

자료 : 제일기획

전국 종합일간지 매출 톱10 (기준 : 2013)

4,000
3,000
2,000
1,000
0
(억 원)

조선일보	중앙일보	동아일보	서울신문	경향신문	한겨레신문	문화일보	한국일보	내일신문	국민일보
3,363	3,061	2,842	892	842	817	664	616	568	468

자료 : 한국언론진흥재단

인터넷신문 매출액과 매출원가율 (기준 : 2013)

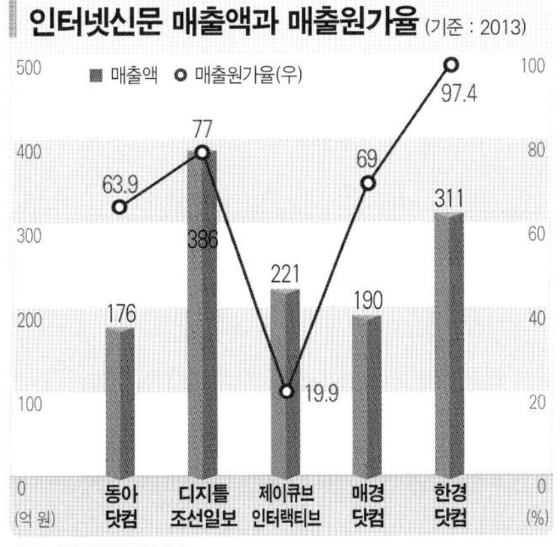
매출액
매출원가율(우)
500
400
300
200
100
0
(억 원)
100
80
60
40
20
0
(%)
176
63.9
386
77
221
19.9
190
69
311
97.4
동아닷컴
디지틀조선일보
제이큐브인터랙티브
매경닷컴
한경닷컴

자료 : 한국언론진흥재단

잡지 신규 등록과 폐간 추이

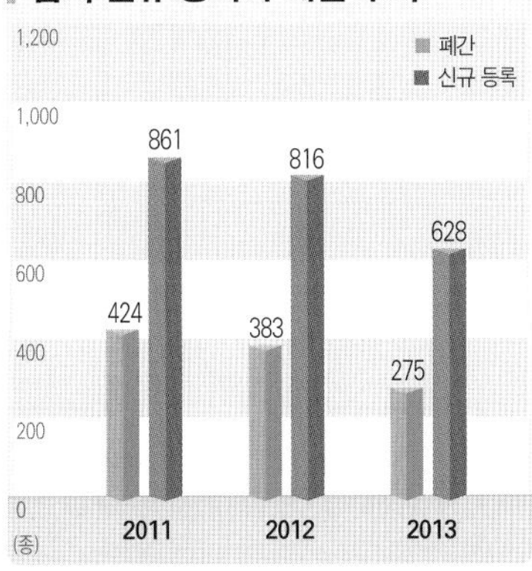
폐간
신규 등록
1,200
1,000
800
600
400
200
0
(종)
424
861
383
816
275
628
2011
2012
2013

자료 : 문화체육관광부

잡지 발행 분야별 비중 (%)

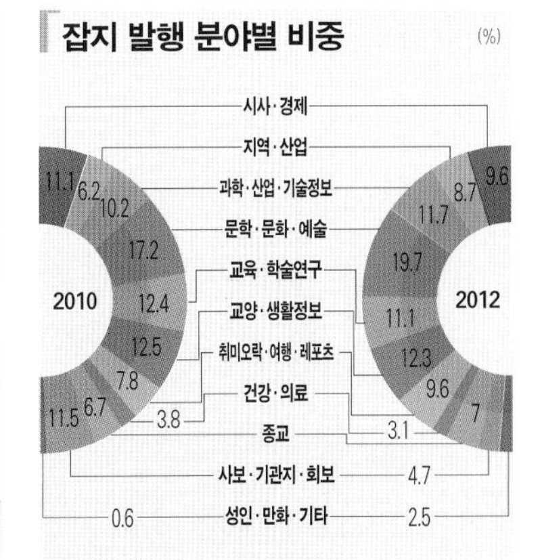
2010
2012
시사·경제
지역·산업
과학·산업·기술정보
문학·문화·예술
교육·학술연구
교양·생활정보
취미오락·여행·레포츠
건강·의료
종교
사보·기관지·회보
성인·만화·기타
11.1
6.2
10.2
17.2
12.4
12.5
7.8
6.7
11.5
3.8
0.6
9.6
8.7
11.7
19.7
11.1
12.3
9.6
7
3.1
4.7
2.5

자료 : 한국언론진흥재단

조선일보 그룹 계열사 현황

＊각사 계열사 현황은 2014. 6 기준

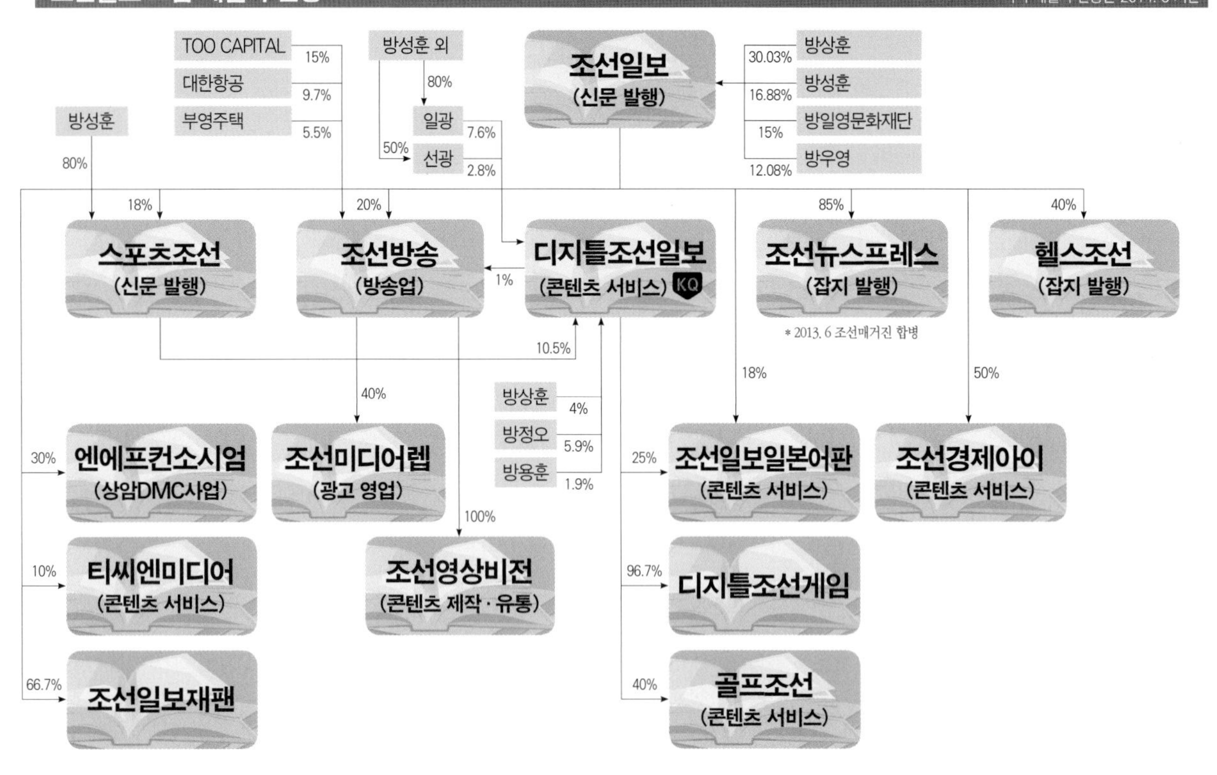

TOO CAPITAL 15%
대한항공 9.7%
부영주택 5.5%
방성훈 외
80%
일광 7.6%
50%
선광 2.8%
조선일보
(신문 발행)
30.03% 방상훈
16.88% 방성훈
15% 방일영문화재단
12.08% 방우영
방성훈
80%
18%
20%
85%
40%
스포츠조선
(신문 발행)
조선방송
(방송업)
1%
디지틀조선일보
(콘텐츠 서비스) KQ
조선뉴스프레스
(잡지 발행)
＊2013. 6 조선매거진 합병
헬스조선
(잡지 발행)
10.5%
40%
방상훈 4%
방정오 5.9%
방용훈 1.9%
18%
50%
30%
엔에프컨소시엄
(상암DMC사업)
조선미디어렙
(광고 영업)
25%
조선일보일본어판
(콘텐츠 서비스)
조선경제아이
(콘텐츠 서비스)
100%
10%
티씨엔미디어
(콘텐츠 서비스)
조선영상비전
(콘텐츠 제작·유통)
96.7%
디지틀조선게임
66.7%
조선일보재팬
40%
골프조선
(콘텐츠 서비스)

동아일보 그룹 계열사 현황

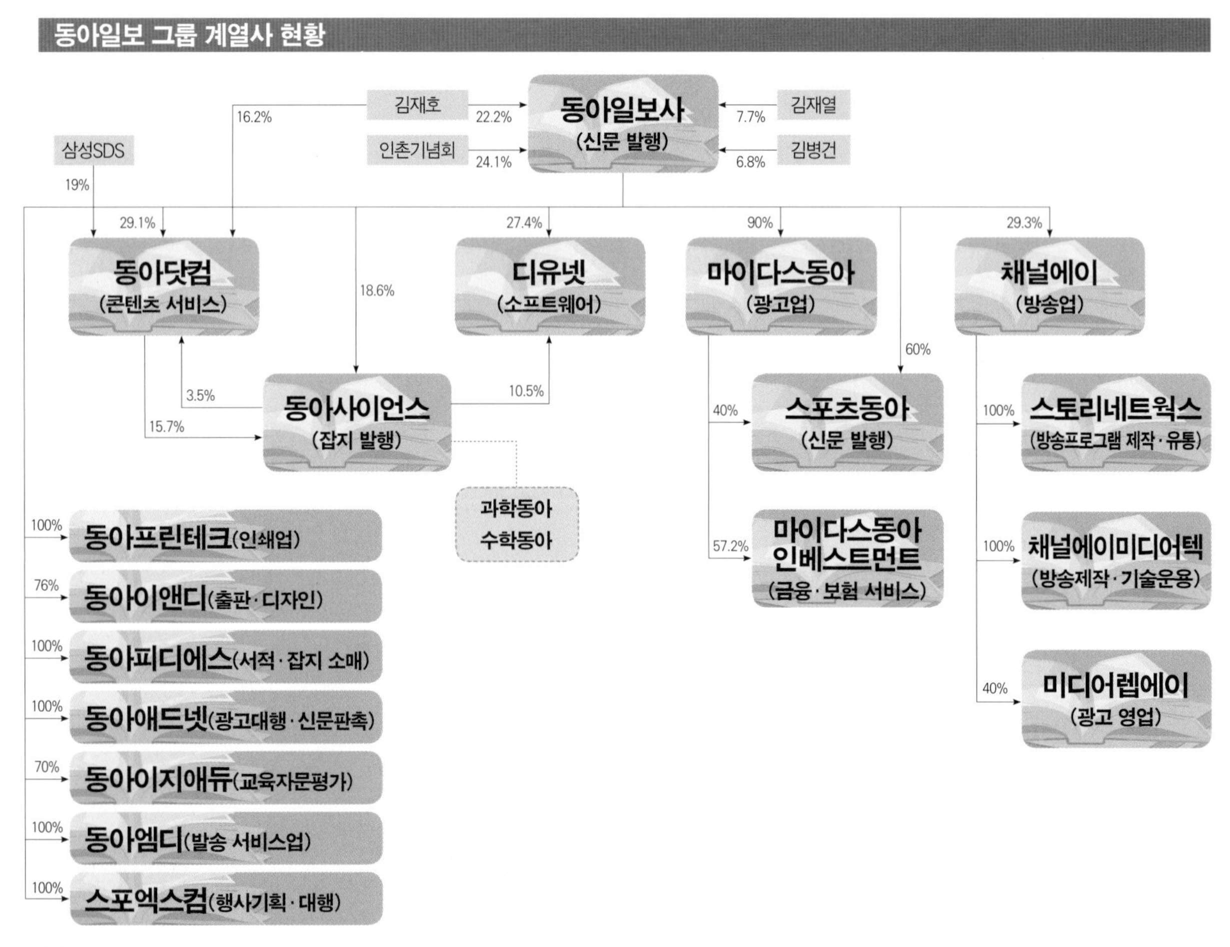

16.2%
김재호 22.2%
인촌기념회 24.1%
동아일보사
(신문 발행)
7.7% 김재열
6.8% 김병건
삼성SDS
19%
29.1%
27.4%
90%
29.3%
동아닷컴
(콘텐츠 서비스)
18.6%
디유넷
(소프트웨어)
마이다스동아
(광고업)
채널에이
(방송업)
60%
3.5%
동아사이언스
(잡지 발행)
10.5%
15.7%
40%
스포츠동아
(신문 발행)
100%
스토리네트웍스
(방송프로그램 제작·유통)
과학동아
수학동아
100% 동아프린테크(인쇄업)
57.2%
마이다스동아
인베스트먼트
(금융·보험 서비스)
100%
채널에이미디어텍
(방송제작·기술운용)
76% 동아이앤디(출판·디자인)
100% 동아피디에스(서적·잡지 소매)
40%
미디어렙에이
(광고 영업)
100% 동아애드넷(광고대행·신문판촉)
70% 동아이지에듀(교육자문평가)
100% 동아엠디(발송 서비스업)
100% 스포엑스컴(행사기획·대행)

중앙일보 그룹 계열사 현황

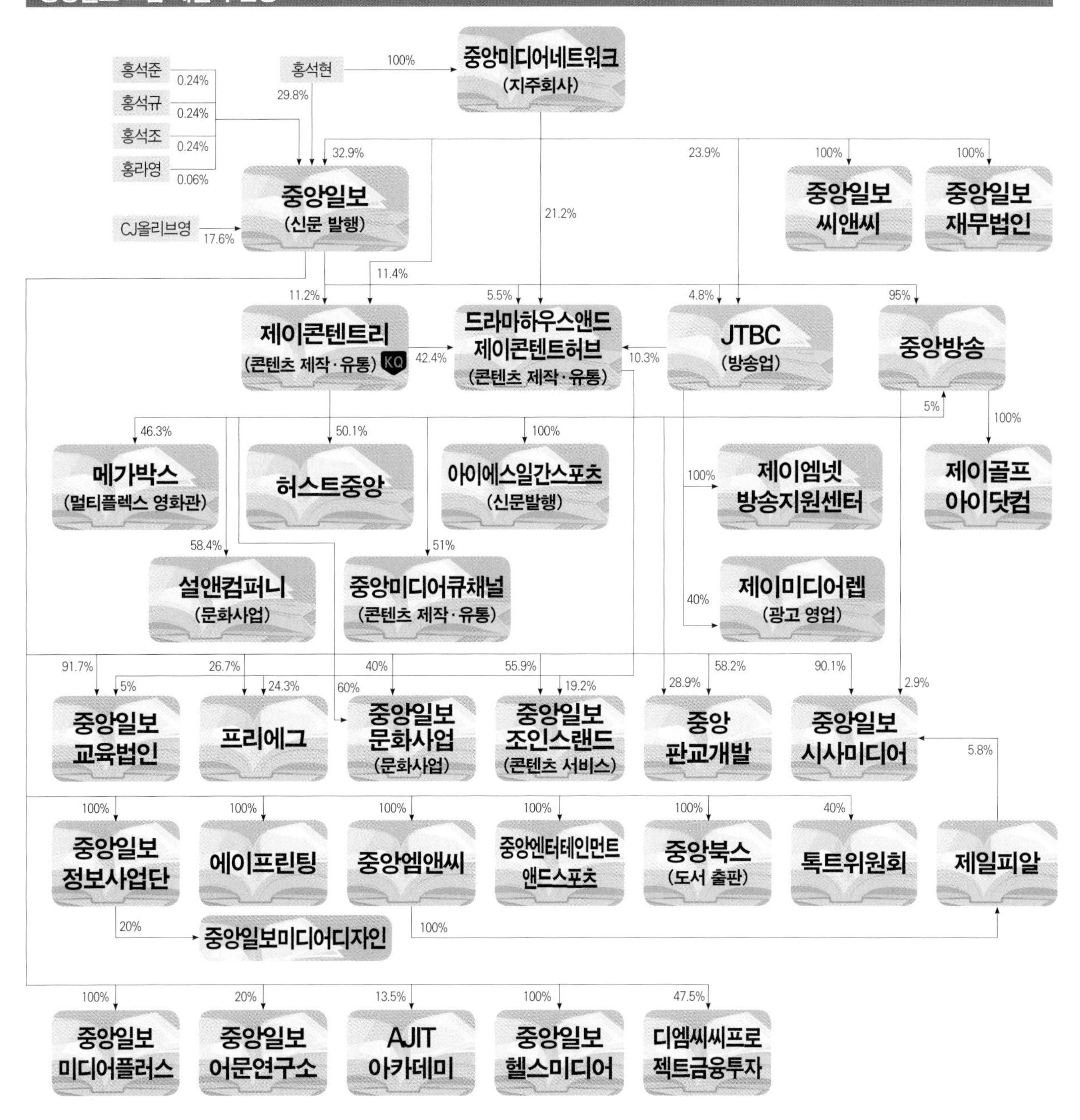
중앙미디어네트워크
(지주회사)
홍석준
0.24%
홍석규
0.24%
홍석조
0.24%
홍라영
0.06%
홍석현
29.8%
100%
32.9%
중앙일보
(신문 발행)
CJ올리브영
17.6%
21.2%
23.9%
100%
100%
중앙일보
씨앤씨
중앙일보
재무법인
11.4%
11.2%
5.5%
4.8%
95%
제이콘텐트리
(콘텐츠 제작·유통)
KQ
42.4%
드라마하우스앤드
제이콘텐트허브
(콘텐츠 제작·유통)
10.3%
JTBC
(방송업)
중앙방송
5%
100%
46.3%
50.1%
100%
메가박스
(멀티플렉스 영화관)
허스트중앙
아이에스일간스포츠
(신문발행)
100%
제이엠넷
방송지원센터
제이골프
아이닷컴
58.4%
51%
설앤컴퍼니
(문화사업)
중앙미디어큐채널
(콘텐츠 제작·유통)
40%
제이미디어렙
(광고 영업)
91.7%
5%
26.7%
24.3%
40%
60%
55.9%
19.2%
28.9%
58.2%
90.1%
2.9%
중앙일보
교육법인
프리에그
중앙일보
문화사업
(문화사업)
중앙일보
조인스랜드
(콘텐츠 서비스)
중앙
판교개발
중앙일보
시사미디어
5.8%
100%
100%
100%
100%
100%
40%
중앙일보
정보사업단
에이프린팅
중앙엠앤씨
중앙엔터테인먼트
앤드스포츠
중앙북스
(도서 출판)
톡트위원회
제일피알
20%
중앙일보미디어디자인
100%
100%
20%
13.5%
100%
47.5%
중앙일보
미디어플러스
중앙일보
어문연구소
AJIT
아카데미
중앙일보
헬스미디어
디엠씨씨프로
젝트금융투자

매일경제신문 그룹 계열사 현황

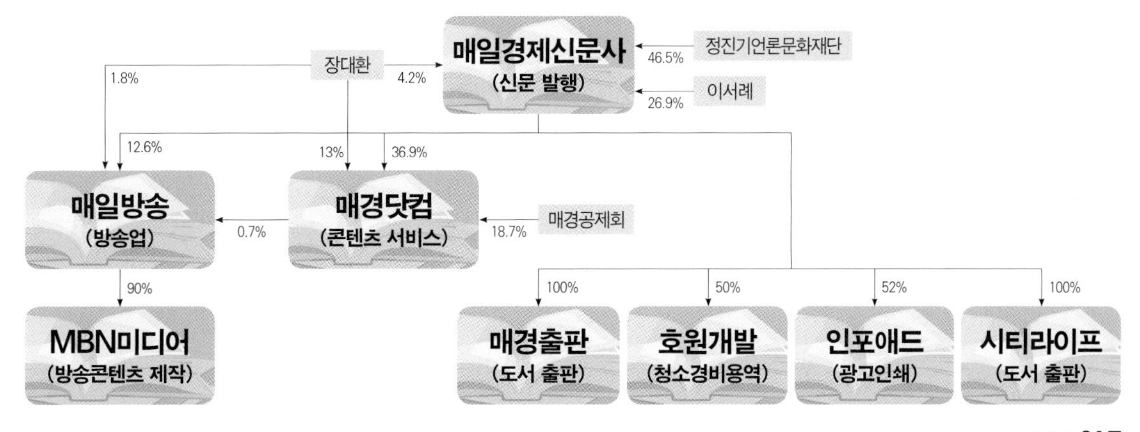
매일경제신문사
(신문 발행)
정진기언론문화재단
46.5%
이서례
26.9%
장대환
1.8%
4.2%
12.6%
13%
36.9%
매일방송
(방송업)
0.7%
매경닷컴
(콘텐츠 서비스)
18.7%
매경공제회
90%
MBN미디어
(방송콘텐츠 제작)
100%
50%
52%
100%
매경출판
(도서 출판)
호원개발
(청소경비용역)
인포애드
(광고인쇄)
시티라이프
(도서 출판)

신문사 vs. 포털, 헤게모니를 쥘 최후의 승자는?

kindle
The Washington Post
AMAZON'S BEZOS
BUYS THE POST

2013년 미국 워싱턴포스트가 경영난을 이기지 못하고 아마존닷컴에게 팔렸다는 소식은 국내 신문사들에게도 충격이 아닐 수 없었다. 국내 신문사들도 네이버와 다음으로 대표되는 인터넷 포털과 힘겨운 전쟁을 이어가고 있기 때문이다.

종합방송채널이라는 새로운 사업 모델 출현의 소용돌이 속에 종이신문에 뿌리를 둔 거대 신문사들이 점차 그 자리를 잃어 가고 있는 게 지금 대한민국 언론의 현주소다. 종이신문의 구독률은 TV와 모바일에 밀려 날로 줄어들고 있고, 이로 인해 지면 광고 수입 또한 현격히 감소했다. 재정난을 호소하는 신문사마다 신사업에 뛰어 들면서 기사를 생성하는 언론 본연의 임무도 서서히 희석되는 분위기다.

이러한 시의적 유의성을 감안하건대, 지난 해 여름 한국언론진흥재단이 분석한 '신문사 결산 재무제표'는 신문사의 과거와 현재를 투영해보는 매우 뜻 깊은 자료다. 특히 네이버와 다음 등 포털과의 사이에 불거진 뉴스 제공 방식에 대한 헤게모니 논쟁은 언론의 미래를 가늠해 보는 기회를 제공한다.

이익을 거둔 신문사와 손실을 낸 신문사

금융감독원 전자 공시에 게재된 신문사 결산 재무제표를 분석한 한국언론진흥재단 보고서에 따르면, 전국 11개 종합 일간지는 전년 대비 -4.16% 성장한 총 1조 4,518억 원의 매출을 기록했다. 대부분 마이너스 성장세를 나타냈다.

무엇보다 조선일보의 매출액 감소가 두드러진다. 조선일보는 2013년 -7.11%의 매출 감소폭을 기록했다. 조선일보의 매출액이 3,400억 원대 이하로 내려간 것은 1998년 이래 처음이다. 조선일보는 2012년 3,363억 원대를 기록했다. 중앙일보는 전년 대비 -2.26% 감소폭으로 3,061억 원의 매출액을 기록해 업계 2위를 지켰다. 신문 매출액은 83억여 원 감소(-3.22%)해 2,487억 원에 그쳤지만 기타 매출액이 97억여 원 늘어난(20.38%) 574억 원을 기록했다. 동아일보는 2011년과 2012년 연이어 매출액 상승세를 보였지만 2013년 -4.89%의 매출 감소폭과 2,842억 원의 매출액으로 업계 3위를 기록했다. 순이익은 27억 원으로 나타났다.

이른바 조·중·동 '빅3' 신문사 이외에 한국일보의 하락세가 눈에 띈다. 한국일보는 2013년 -15.83%의 매출 감소폭을 기록하며 616억 원의 매출로 전국 종합 일간지 부문 8위로 추락했다. 한국일보의 '적자 행진'은 2002년부터 이어져 왔으며 2009년에는 부채가 자산을 초과한 자본잠식 상태에 빠지기도 했다. 법원은 한국일보에 2013년 9월 회생절차 개시를 결정했다. 한국일보는 조만간 법정관리를 벗어날 것으로 전망된다.

2009년부터 전국 종합 일간지 매출액 4위 자리를 지켜온 서울신문은 2013년에도 892억 원의 매출로 제자리를 지켰다. 그러나 매출액의 하락률(-9.03%)이 높았다. 서울신문은 2011년 22억 원, 2012년 31억 원이었던 적자 규모가 2013년에는 78억 원으로 2배 이상 증가했다.

경향신문은 전년 대비 매출액 증가율이 15.98%로 나타났다. 경향신문의 실적 향상은 '지대 및 광고 매출액'이라는 신문 고유의 사업이 신장세를 거둔 것에 주목할 필요가 있다. 한겨레는 전년 대비 매출액이 -3.96% 감소했으나 신문 부문은 전년보다 0.17% 소폭 성장했다.

국민일보와 세계일보는 재무제표에서 고전을 면치 못했다. 국민일보는 3년 연속 매출액이 하락했다. 문선명 통일교 총재 사망(2012) 이후 첫 해를 보낸 세계일보는 외형상으로는 3.34% 성장했으나 당기순이익이 7억여 원에 그쳐 전년 대비 증감률이 -96.9%에 달했다. 거의 모든 수익을 까먹은 셈이다.

NEWS
The Economics recovery at a glance
Stock market review
NEWS
NEWS
NEWS
NEWS
NEWS
NEWS
NEWS
NEWS
NEWS

포털과의 상생, 그 열쇠는?

다음카카오가 2013년 9월경 '카카오토픽'의 오픈베타 서비스를 선보인 것에 대해 신문사들이 공동 대응에 나서면서 포털과 신문사들과의 업계 간 충돌로 발전하는 게 아니냐는 우려가 제기되고 있다.

카카오토픽은 뉴스, 패션, 뷰티, 유머 등 다양한 콘텐츠를 사용자의 관심사에 맞게 추천해 주는 '큐레이션 애플리케이션(앱)'이다. 특히 개인화 및 소셜 필터링이 반영된 자동 알고리즘을 기반으로 현재 화제가 되는 이슈들을 분석해 개인별 맞춤형 콘텐츠를 추천해 준다. 다음카카오는 이번 서비스를 위해 110여 곳의 언론사와 잡지사 커뮤니티 등과 콘텐츠 계약을 맺었으며 점진적으로 확대해 나간다는 방침이다. 하지만 국민일보, 한국일보 등 일부 신문사를 제외하고 대부분의 언론사들은 실익이 없다고 판단해 다음카카오와의 정식 계약을 미루거나 테스트에만 참여했다.

현재 3,500만 가입자를 보유한 카카오톡과의 연계 방안이 확실하지 않고, 다음카카오에서 제안한 수익 모델 역시 신문사들로서는 그리 매력적이지 않기 때문이다. 다음카카오는 기사에 광고를 붙이고 여기에서 나오는 수익을 일정 비율로 나누는 RS(수익 셰어) 방식과 해당 언론사로 트래픽이 직접 유입되는 '아웃링크' 방식을 선택할 수 있도록 신문사에 제안했다. 하지만 신문사들은 이 두 가지 방식 모두 실익이 없다는 판단에서 계약을 유보했다.

신문업계가 긴장을 늦추지 않고 신중을 기하는 것은 네이버 때처럼 손 놓고 있다가 당할 수도 있다는 위기감 때문이다. 신문사들은 모바일 및 포털에 제공하는 뉴스에 대한 대가를 좀 더 유리하게 얻어 내기 위해 힘을 모으고 있다. 신문사들은 국내 포털시장이 독점에 가까운 과점 상태인 만큼 47개 회원사가 포털과 개별 협상을 해서는 뉴스 제값 받기가 사실상 불가능하다는 입장이다. 즉, 개별 뉴스에 대한 건건 이용료가 아니라 포털 전체 광고 수익의 적정 비율 배분을 요구하는 쪽으로 방향을 잡아 나가는 듯하다.

포털에 대한 신문업계의 공동 대응이 실효성을 거둘지는 미지수다. 포털과 개별 공급 계약을 맺는 신문사들이 하나 둘 생기기 시작하면 신문사들 간의 공조가 하루아침에 와해될 수 있기 때문이다.

이러한 과정에서 신문협회가 추진하는 '포털과의 공동협상' 로드맵이 발표되어 주목을 모으고 있다. 신문협회는 공동 협상에 필요한 회원사들의 위임 서류가 확보되는대로 카카오토픽과의 협상을 재개할 예정이며, 타결 되는대로 협상 결과에 따라 뉴스 콘텐츠를 제공할 계획이다. 또 카카오토픽과의 협상이 끝나는 대로 네이버와 협상을 시작할 예정이며 빠르면 2015년 4/4분기부터 협상 결과에 따라 뉴스 콘텐츠를 제공할 계획이다. 물론 로드맵의 실현가능성은 어느 누구도 장담할 수 없다.

44 | 광고업계

업계 규모

- ■ 국내 총광고비 13조 3,564억 원 (전년 대비 ▲2.1%)
- ■ 광고 업체수 6,309개
- ■ 국내 온라인광고비 2조 8,696억 원(비중 21.5%)

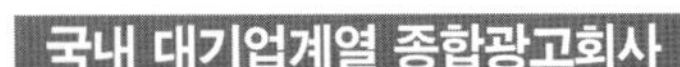

국내 대기업계열 종합광고회사

* 대기업그룹 현황 및 광고회사 취급액 등 실적은 2013. 12, 광고회사 순위는 취급액 기준

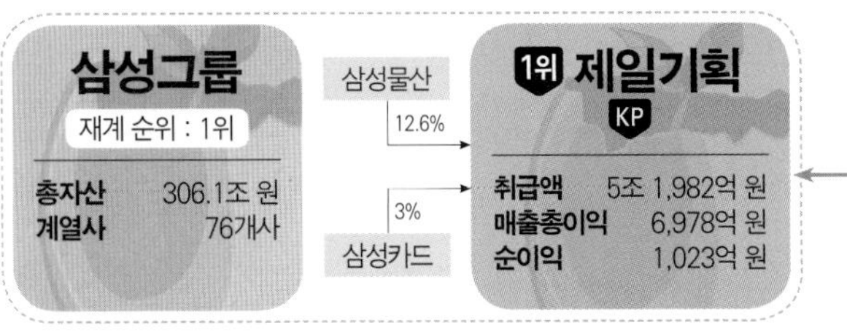

삼성그룹
재계 순위 : 1위
총자산 306.1조 원
계열사 76개사
삼성물산
12.6%
3%
삼성카드
1위 제일기획
KP
취급액 5조 1,982억 원
매출총이익 6,978억 원
순이익 1,023억 원

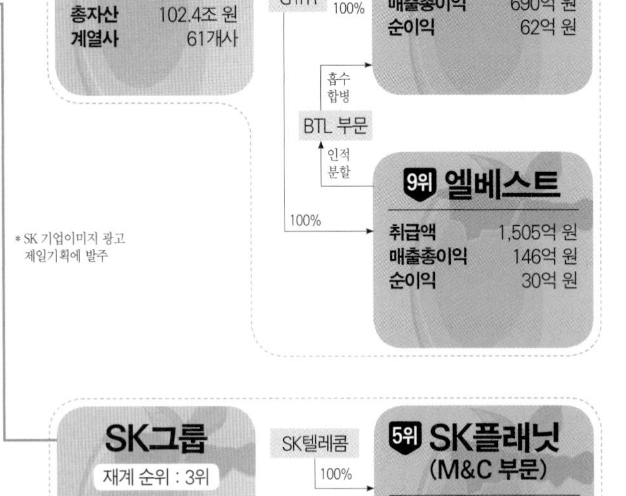

LG그룹
재계 순위 : 4위
총자산 102.4조 원
계열사 61개사
LG
35%
GIIR
100%
3위 HS애드
취급액 9,367억 원
매출총이익 690억 원
순이익 62억 원
흡수 합병
BTL 부문
인적 분할
100%
9위 엘베스트
취급액 1,505억 원
매출총이익 146억 원
순이익 30억 원

현대자동차그룹
재계 순위 : 2위
총자산 166.7조 원
계열사 57개사
정성이 40%
정의선 40%
정몽구 재단 10%
2위 이노션
취급액 3조 7,191억 원
매출총이익 2,240억 원
순이익 776억 원

* SK 기업이미지 광고 제일기획에 발주

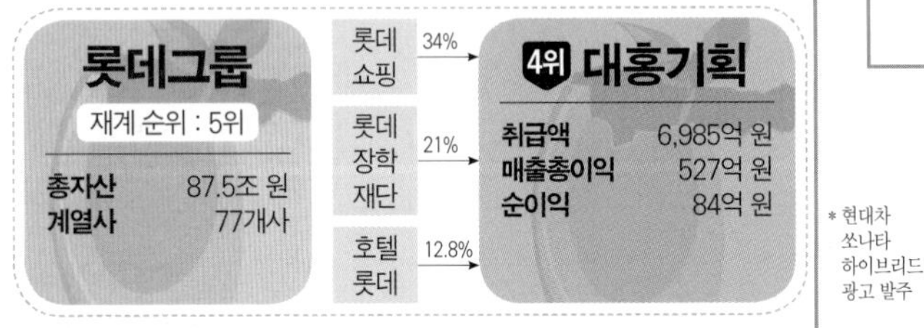

롯데그룹
재계 순위 : 5위
총자산 87.5조 원
계열사 77개사
롯데 쇼핑 34%
롯데 장학 재단 21%
호텔 롯데 12.8%
4위 대홍기획
취급액 6,985억 원
매출총이익 527억 원
순이익 84억 원

* 현대차 쏘나타 하이브리드 광고 발주

SK그룹

재계 순위 : 3위

총자산 140.6조 원

계열사 81개사

SK텔레콤 100%

5위 SK플래닛 (M&C 부문)

취급액 3,788억 원

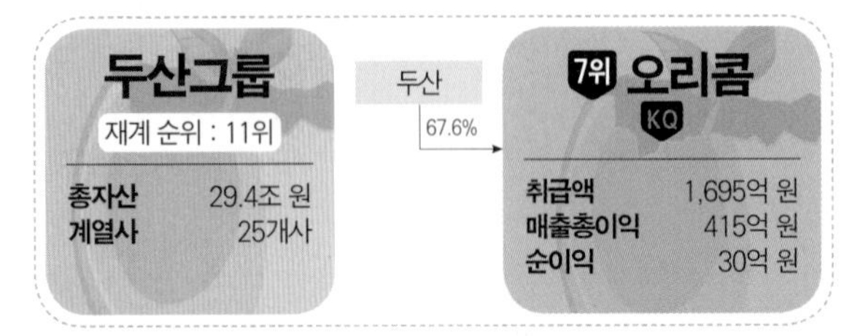

두산그룹
재계 순위 : 11위
총자산 29.4조 원
계열사 25개사
두산
67.6%
7위 오리콤
KQ
취급액 1,695억 원
매출총이익 415억 원
순이익 30억 원

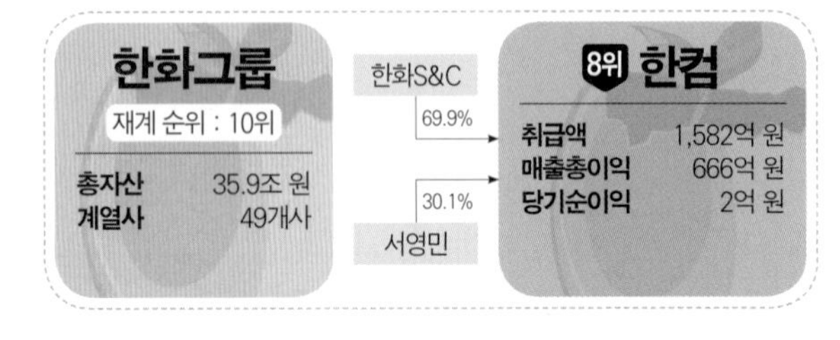

한화그룹
재계 순위 : 10위
총자산 35.9조 원
계열사 49개사
한화S&C
69.9%
30.1%
서영민
8위 한컴
취급액 1,582억 원
매출총이익 666억 원
당기순이익 2억 원

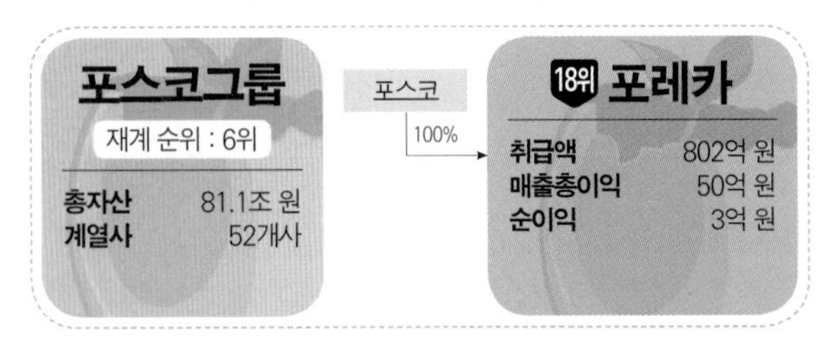

포스코그룹
재계 순위 : 6위
총자산 81.1조 원
계열사 52개사
포스코
100%
18위 포레카
취급액 802억 원
매출총이익 50억 원
순이익 3억 원

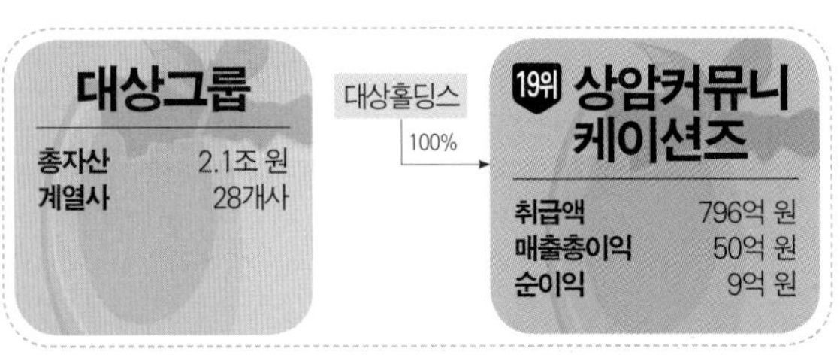

대상그룹
총자산 2.1조 원
계열사 28개사
대상홀딩스
100%
19위 상암커뮤니케이션즈
취급액 796억 원
매출총이익 50억 원
순이익 9억 원

국내 독립 광고회사

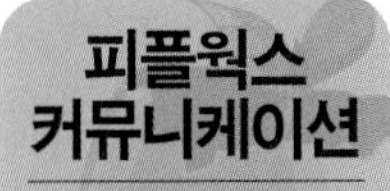

피플웍스 커뮤니케이션
취급액 715억 원
매출총이익 14억 원
순이익 -19억 원

코마코

취급액 758억 원

매출총이익 39억 원

순이익 -4억 원

YG PLUS (KP)

취급액 329억 원

매출총이익 81억 원

순이익 -29억 원

그레이프 커뮤니케이션즈

취급액 656억 원

매출총이익 47억 원

순이익 1억 원

농심기획

취급액 674억 원

매출총이익 72억 원

순이익 0.5억 원

* 2014. 11 YG엔터테인먼트가 인수
* 2014. 12 휘닉스홀딩스에서 상호 변경

글로벌 광고회사 그룹의 국내 자회사

글로벌 광고회사 그룹

* 취급액은 2013 기준
* 2012 매출총이익 기준
6위 TBWA코리아 취급액 3,443억 원
TBWA Worldwide Inc 100%
Omnicom
15위 JWT애드벤처 취급액 903억 원
JWT North Asia 80%
WPP
10위 레오버넷 취급액 1,369억 원
Publicis Groupe Holdings B.V 100%
Publicis Groupe
13위 웰콤퍼블리시스 취급액 1,027억 원
Publicis Groupe Holdings B.V 100%
Publicis Groupe
11위 유니버설맥켄코리아 취급액 1,303억 원
맥켄에릭슨 100%
Interpublic Group
12위 BBDO코리아 취급액 1,034억 원
BBDO Worldwide 70%, 태평양 30%
Omnicom
20위 덴츠코리아 취급액 775억 원
덴츠 85%
Dentsu
16위 하쿠호도제일 취급액 871억 원
Hakuhodo Inc. 51%, 제일기획 49%
Hakuhodo
17위 그레이월드와이드코리아 취급액 818억 원
Grey Global Group 100%
WPP
14위 금강오길비 취급액 968억 원
Berkeley Square Holding BV. 100%
WPP
출자 관계
Dentsu 40.9억 달러
WPP 26.7억 달러
Hakuhodo 20억 달러
Omnicom Group 15.5억 달러
Publicis Groupe 10억 달러
Interpublic Group 7.8억 달러
Havas 1.6억 달러

- 미디어렙(Media Representative) : 광고 매체의 위탁을 받아 광고주에게 광고를 판매하고 판매대행 수수료를 받는 업체.
- 미디어 에이전시 : 광고주나 광고회사를 대신해 매체 또는 미디어렙으로부터 광고 시간대와 지면 등을 구매하는 업체.

광고판매시장의 게이트웨이, 미디어렙

매체 · 미디어렙 · 광고회사 · 광고주의 관계 (→ 는 거래 관계)

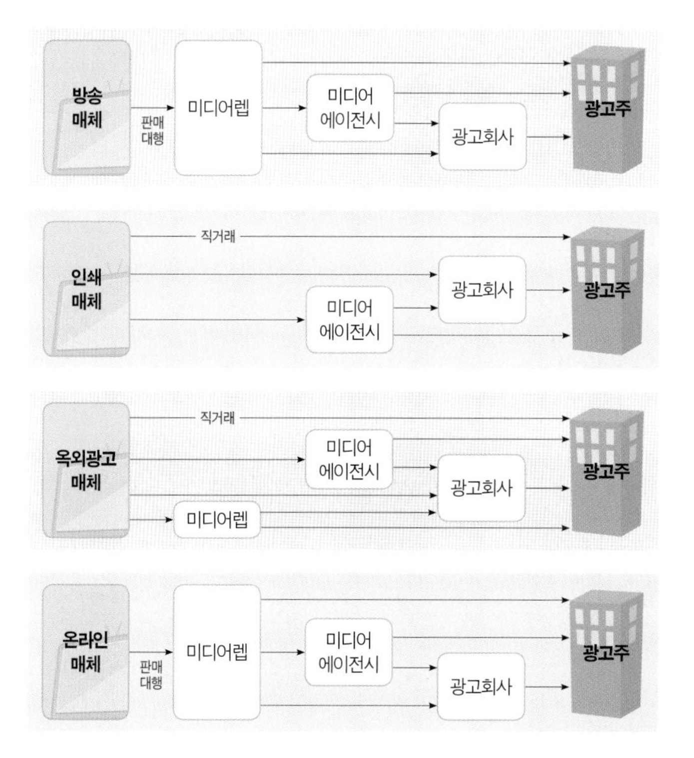

방송 매체
판매 대행
미디어렙
미디어 에이전시
광고회사
광고주
인쇄 매체
직거래
광고회사
미디어 에이전시
광고주
옥외광고 매체
직거래
미디어 에이전시
광고회사
미디어렙
광고주
온라인 매체
판매 대행
미디어렙
미디어 에이전시
광고회사
광고주

방송매체 미디어렙

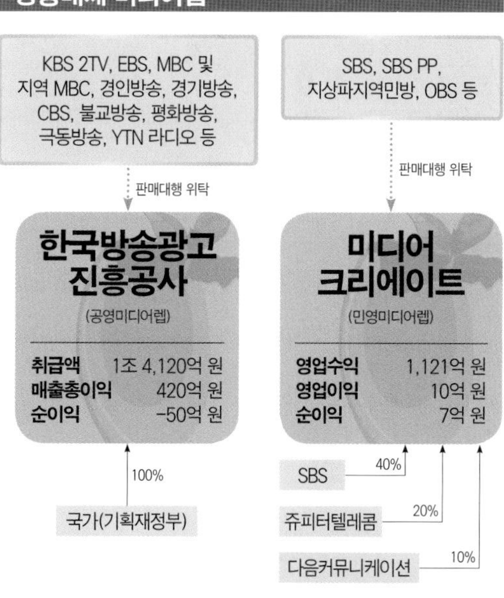

KBS 2TV, EBS, MBC 및 지역 MBC, 경인방송, 경기방송, CBS, 불교방송, 평화방송, 극동방송, YTN 라디오 등
판매대행 위탁
한국방송광고 진흥공사
(공영미디어렙)
취급액 1조 4,120억 원
매출총이익 420억 원
순이익 -50억 원
100%
국가(기획재정부)
SBS, SBS PP, 지상파지역민방, OBS 등
판매대행 위탁
미디어 크리에이트
(민영미디어렙)
영업수익 1,121억 원
영업이익 10억 원
순이익 7억 원
SBS 40%
쥬피터텔레콤 20%
다음커뮤니케이션 10%

종편 미디어렙

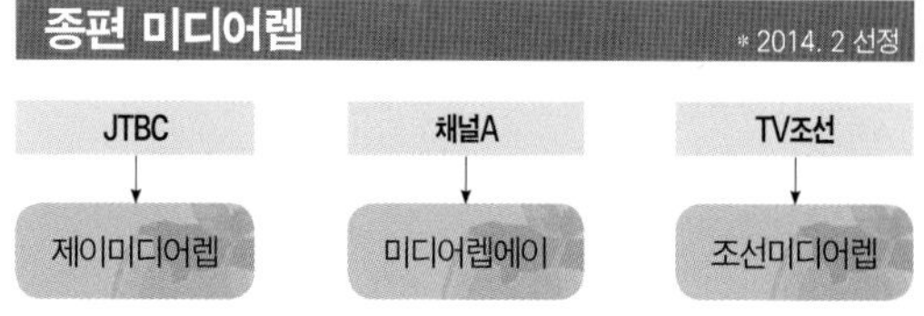

* 2014. 2 선정
JTBC
제이미디어렙
채널A
미디어렙에이
TV조선
조선미디어렙

광고산업 규모 추이

*2013 신기준 적용시 1,336백억 원

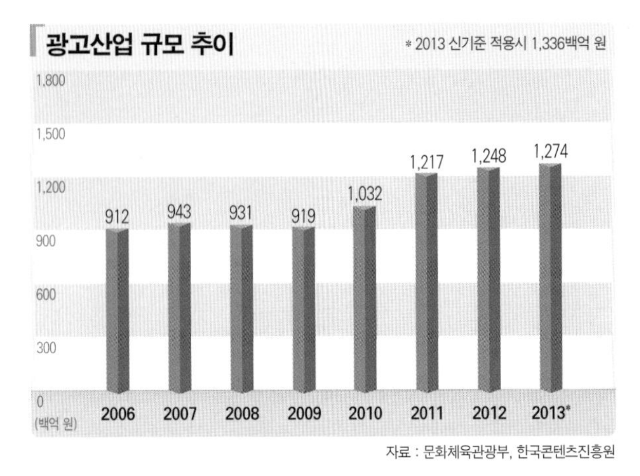

1,800
1,500
1,200
900
600
300
0
(백억 원)
912 943 931 919 1,032 1,217 1,248 1,274
2006 2007 2008 2009 2010 2011 2012 2013*

자료 : 문화체육관광부, 한국콘텐츠진흥원

10대 광고회사 취급액 비중 (기준 : 2013)

( ) 안은 취급액(백억 원)

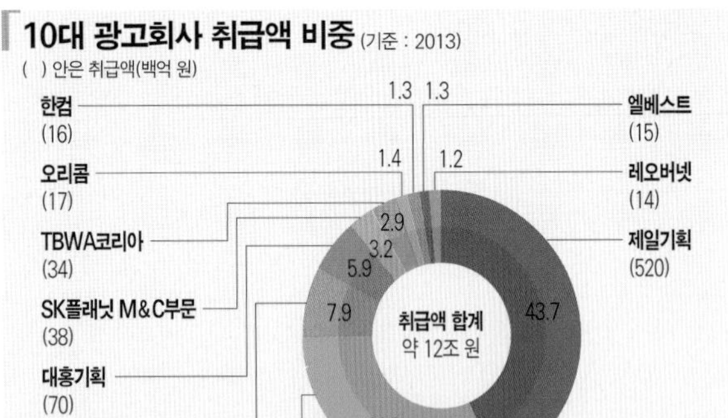

한컴 (16)
오리콤 (17)
TBWA코리아 (34)
SK플래닛 M&C부문 (38)
대홍기획 (70)
HS애드 (94)
이노션 (372)
엘베스트 (15)
레오버넷 (14)
제일기획 (520)
취급액 합계
약 12조 원
43.7 31.3 7.9 5.9 3.2 2.9 1.4 1.3 1.3 1.2
(%)

자료 : 한국광고산업협회

주요 광고회사의 국내 및 외국계 광고주 비율 (기준 : 2012 취급액)

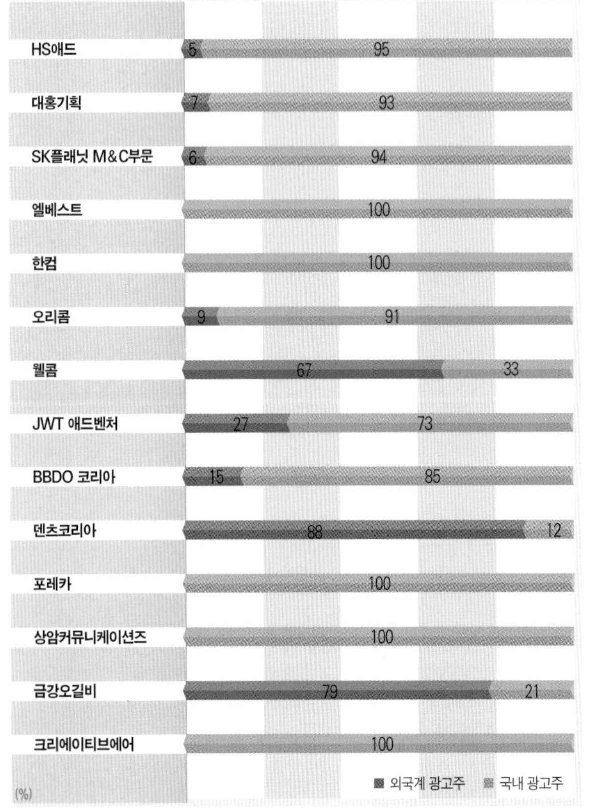

광고회사	외국계 광고주	국내 광고주
HS애드	5	95
대홍기획	7	93
SK플래닛 M&C부문	6	94
엘베스트		100
한컴		100
오리콤	9	91
웰콤	67	33
JWT 애드벤처	27	73
BBDO 코리아	15	85
덴츠코리아	88	12
포레카		100
상암커뮤니케이션즈		100
금강오길비	79	21
크리에이티브에어		100

(%)

자료 : 한국광고산업협회

취급 부문별 광고산업 규모 (기준 : 2012)

( ) 안은 비중

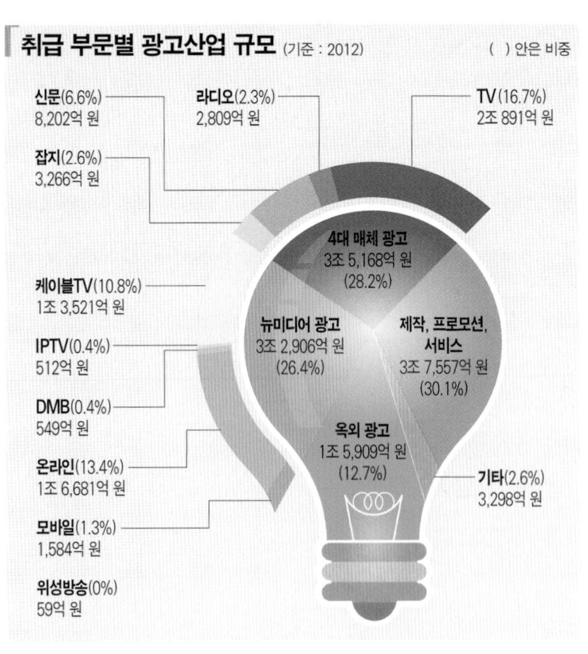

신문(6.6%) 8,202억 원
라디오(2.3%) 2,809억 원
TV(16.7%) 2조 891억 원
잡지(2.6%) 3,266억 원
4대 매체 광고 3조 5,168억 원 (28.2%)
케이블TV(10.8%) 1조 3,521억 원
뉴미디어 광고 3조 2,906억 원 (26.4%)
제작, 프로모션, 서비스 3조 7,557억 원 (30.1%)
IPTV(0.4%) 512억 원
DMB(0.4%) 549억 원
옥외 광고 1조 5,909억 원 (12.7%)
온라인(13.4%) 1조 6,681억 원
기타(2.6%) 3,298억 원
모바일(1.3%) 1,584억 원
위성방송(0%) 59억 원

전체 취급액 대비 10대 광고회사 비중 (기준 : 2013)

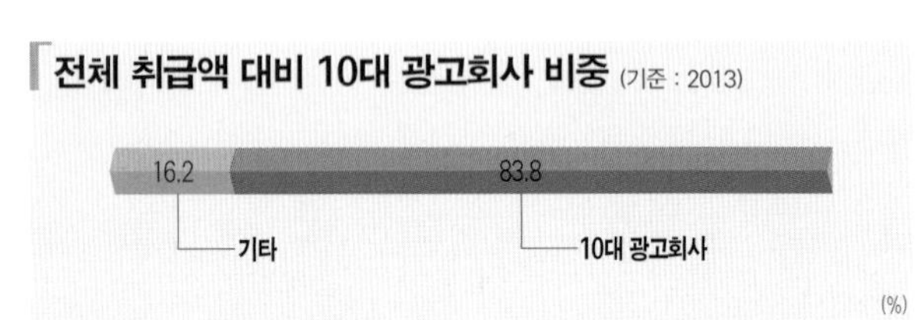

16.2
83.8
기타
10대 광고회사
(%)

자료 : 한국광고산업협회

10대 광고주의 4대 매체 광고비 (기준 : 2012 취급액)

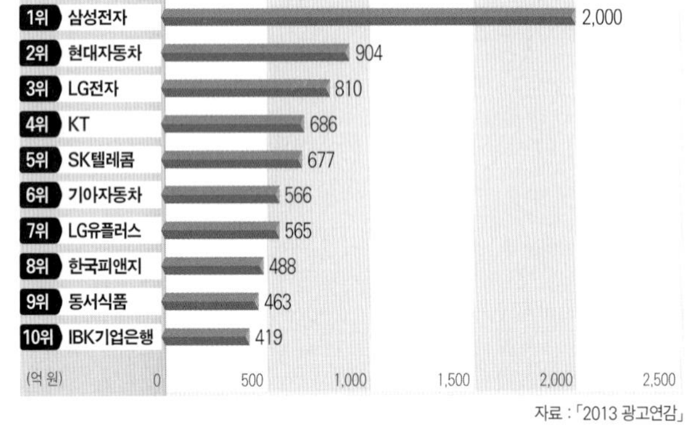

순위	광고주	광고비(억 원)
1위	삼성전자	2,000
2위	현대자동차	904
3위	LG전자	810
4위	KT	686
5위	SK텔레콤	677
6위	기아자동차	566
7위	LG유플러스	565
8위	한국피앤지	488
9위	동서식품	463
10위	IBK기업은행	419

자료 : 「2013 광고연감」

광고업종별 사업체수와 취급액 비중 (기준 : 2013)

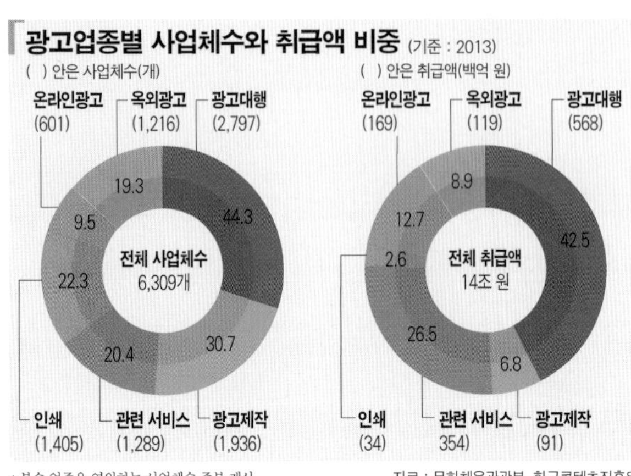

( ) 안은 사업체수(개)
온라인광고 (601)
옥외광고 (1,216)
광고대행 (2,797)
전체 사업체수 6,309개
44.3 30.7 20.4 22.3 9.5 19.3
인쇄 (1,405)
관련 서비스 (1,289)
광고제작 (1,936)
( ) 안은 취급액(백억 원)
온라인광고 (169)
옥외광고 (119)
광고대행 (568)
전체 취급액 14조 원
42.5 6.8 26.5 2.6 12.7 8.9
인쇄 (34)
관련 서비스 (354)
광고제작 (91)

* 복수 업종을 영위하는 사업체수 중복 계산

자료 : 문화체육관광부, 한국콘텐츠진흥원

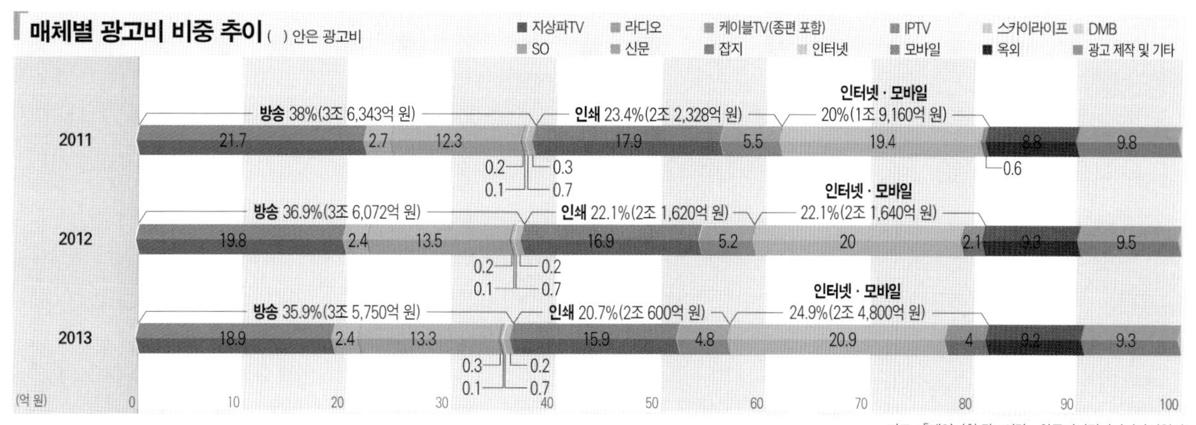
매체별 광고비 비중 추이 ( ) 안은 광고비
지상파TV
라디오
케이블TV(종편 포함)
IPTV
스카이라이프
DMB
SO
신문
잡지
인터넷
모바일
옥외
광고 제작 및 기타
2011
방송 38%(3조 6,343억 원)
인쇄 23.4%(2조 2,328억 원)
인터넷 · 모바일 20%(1조 9,160억 원)
21.7
2.7
12.3
17.9
5.5
19.4
8.8
9.8
0.2
0.1
0.3
0.7
0.6
2012
방송 36.9%(3조 6,072억 원)
인쇄 22.1%(2조 1,620억 원)
인터넷 · 모바일 22.1%(2조 1,640억 원)
19.8
2.4
13.5
16.9
5.2
20
2.1
9.3
9.5
0.2
0.1
0.2
0.7
2013
방송 35.9%(3조 5,750억 원)
인쇄 20.7%(2조 600억 원)
인터넷 · 모바일 24.9%(2조 4,800억 원)
18.9
2.4
13.3
15.9
4.8
20.9
4
9.2
9.3
0.3
0.1
0.2
0.7
(억 원)
0
10
20
30
40
50
60
70
80
90
100

자료 : 「제일기획 광고연감」, 한국디지털미디어산업협회

온라인광고 시장규모 추이
인터넷광고(노출형)
인터넷광고(검색형)
모바일광고
300
250
200
150
100
50
0
(백억 원)
2009
130
84
46
2010
156
102
54
2011
190.4
7.4
123
60
2012
211
19
132
60
2013
229
30
138
61

자료 : 한국온라인광고협회

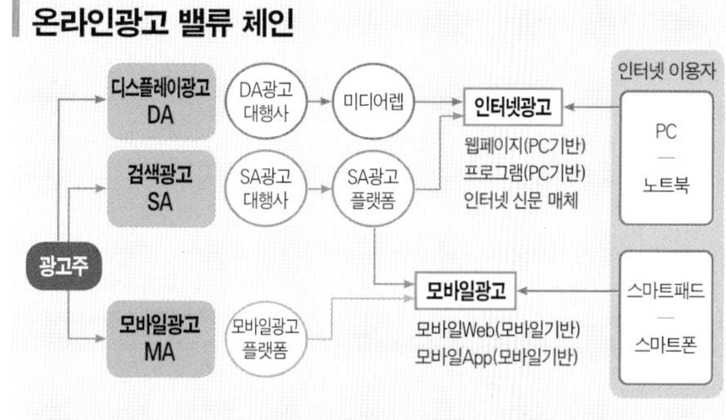
온라인광고 밸류 체인
광고주
디스플레이광고 DA
DA광고 대행사
미디어렙
인터넷광고
검색광고 SA
SA광고 대행사
SA광고 플랫폼
웹페이지(PC기반)
프로그램(PC기반)
인터넷 신문 매체
모바일광고 MA
모바일광고 플랫폼
모바일광고
모바일Web(모바일기반)
모바일App(모바일기반)
인터넷 이용자
PC
—
노트북
스마트패드
—
스마트폰
• 디스플레이광고 : 이미지, 플래시, 영상 등 다양한 크리에이티브 기법을 활용한 노출형 광고
• 검색광고 : 주로 텍스트 기반 광고로 이용자의 검색결과로 노출
• 모바일광고 : 태블릿PC, 스마트폰 등 모바일 매체를 통해 집행되는 광고

자료 : 한국온라인광고협회

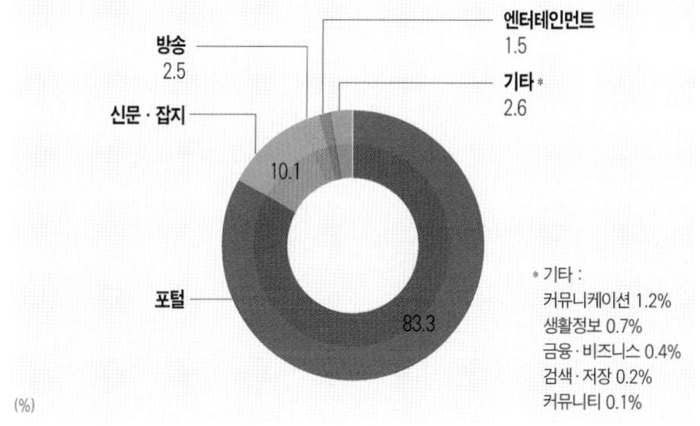
온라인 매체 카테고리별 광고비 비중 (기준 : 2012 취급액)
방송
2.5
신문 · 잡지
10.1
엔터테인먼트
1.5
기타*
2.6
포털
83.3
(%)
* 기타 :
커뮤니케이션 1.2%
생활정보 0.7%
금융 · 비즈니스 0.4%
검색 · 저장 0.2%
커뮤니티 0.1%

자료 : 「2013 광고연감」

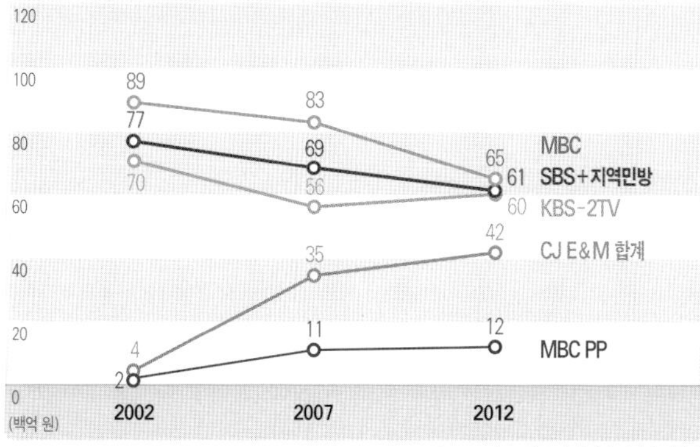
광고비 상위 5대 방송채널의 광고비 추이
120
100
80
60
40
20
0
(백억 원)
2002
2007
2012
89
83
65
MBC
77
69
61
SBS+지역민방
70
56
60
KBS-2TV
4
35
42
CJ E&M 합계
2
11
12
MBC PP

자료 : 코바코, 한국디지털미디어산업협회

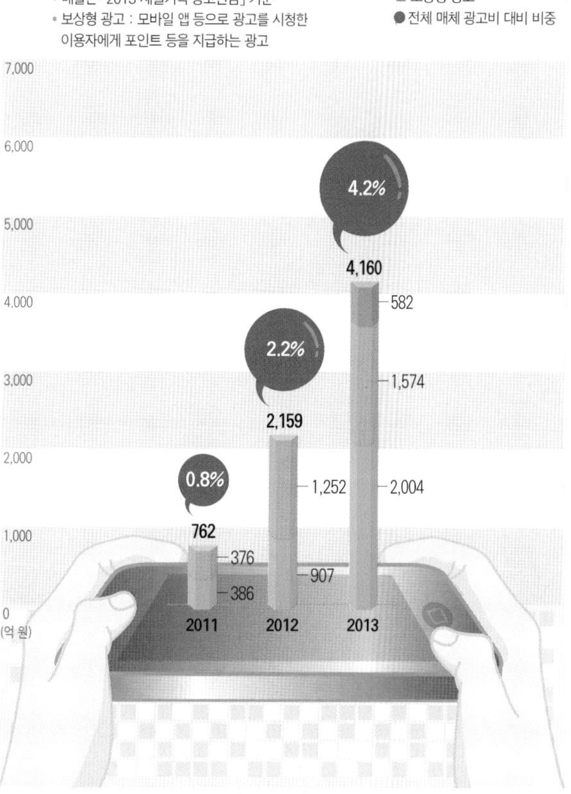
모바일광고 시장규모
* 매출은 「2013 제일기획 광고연감」 기준
* 보상형 광고 : 모바일 앱 등으로 광고를 시청한 이용자에게 포인트 등을 지급하는 광고
디스플레이광고
검색광고
보상형 광고*
전체 매체 광고비 대비 비중
7,000
6,000
5,000
4,000
3,000
2,000
1,000
0
(억 원)
2011
762
376
386
0.8%
2012
2,159
1,252
907
2.2%
2013
4,160
582
1,574
2,004
4.2%

자료 : 한국인터넷진흥원 「2013년 모바일광고 산업통계 및 광고효과 조사」

광고회사 변천 과정 (기준 : 2014. 6)

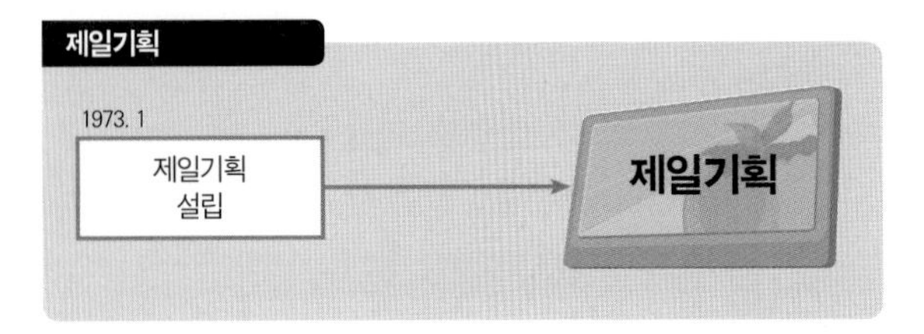
제일기획
1973. 1
제일기획 설립
제일기획

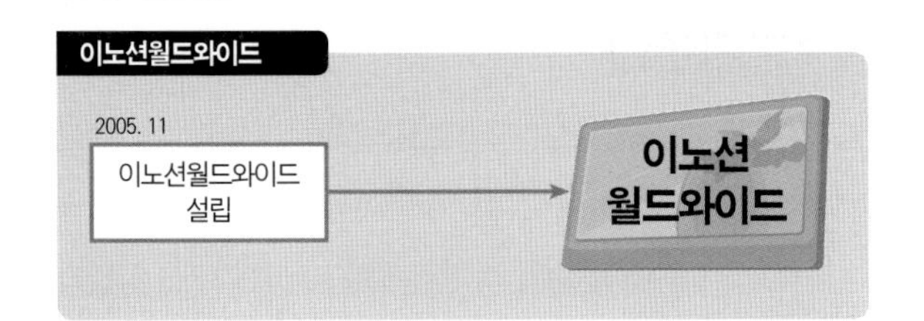
이노션월드와이드
2005. 11
이노션월드와이드 설립
이노션 월드와이드

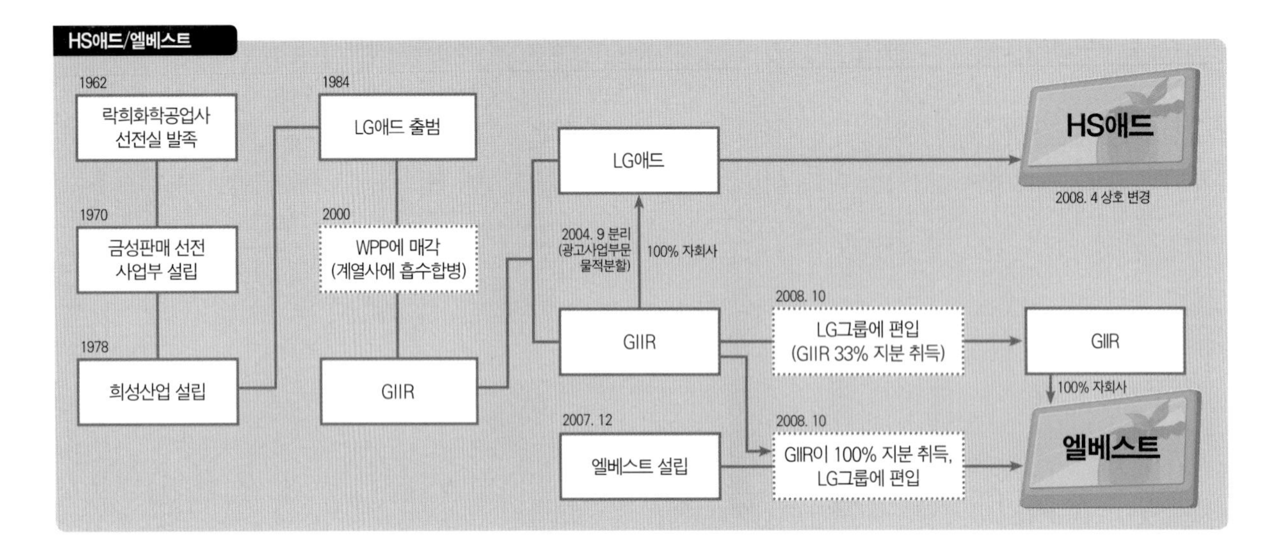
HS애드/엘베스트
1962
락희화학공업사 선전실 발족
1970
금성판매 선전 사업부 설립
1978
희성산업 설립
1984
LG애드 출범
2000
WPP에 매각 (계열사에 흡수합병)
GIIR
LG애드
2004. 9 분리 (광고사업부문 물적분할)
100% 자회사
GIIR
2007. 12
엘베스트 설립
2008. 10
LG그룹에 편입 (GIIR 33% 지분 취득)
2008. 10
GIIR이 100% 지분 취득, LG그룹에 편입
HS애드
2008. 4 상호 변경
GIIR
100% 자회사
엘베스트

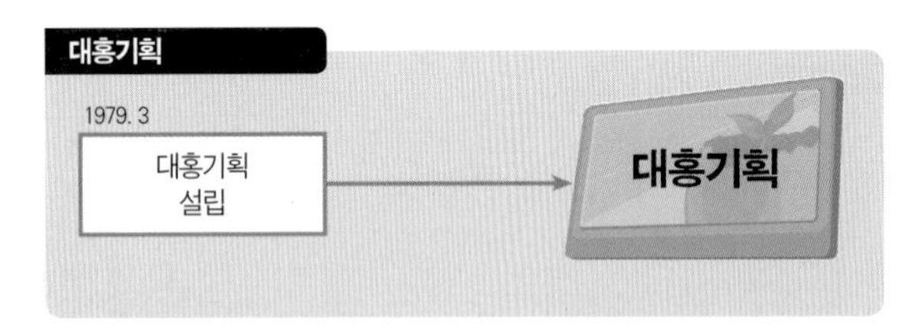
대홍기획
1979. 3
대홍기획 설립
대홍기획

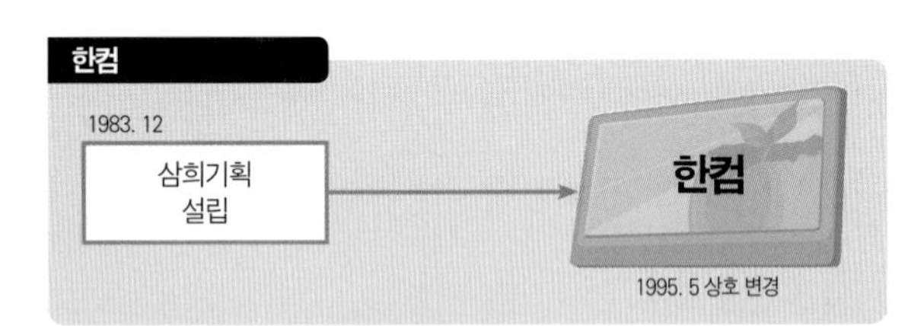
한컴
1983. 12
삼희기획 설립
한컴
1995. 5 상호 변경

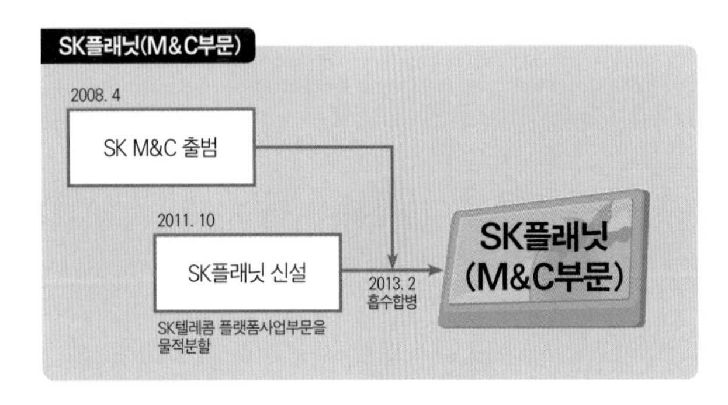
SK플래닛(M&C부문)
2008. 4
SK M&C 출범
2011. 10
SK플래닛 신설
SK텔레콤 플랫폼사업부문을 물적분할
2013. 2 흡수합병
SK플래닛 (M&C부문)

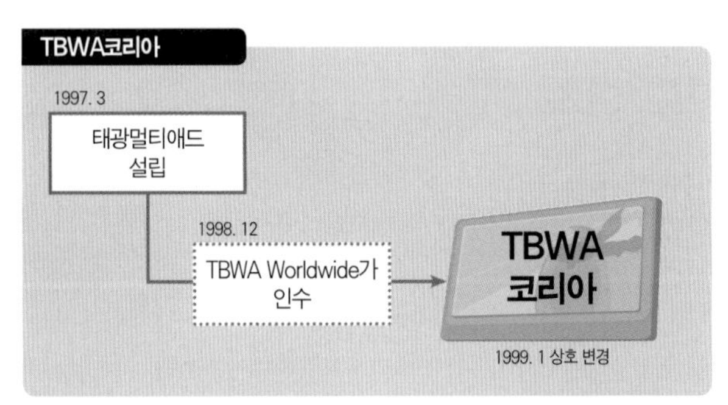
TBWA코리아
1997. 3
태광멀티애드 설립
1998. 12
TBWA Worldwide가 인수
TBWA 코리아
1999. 1 상호 변경

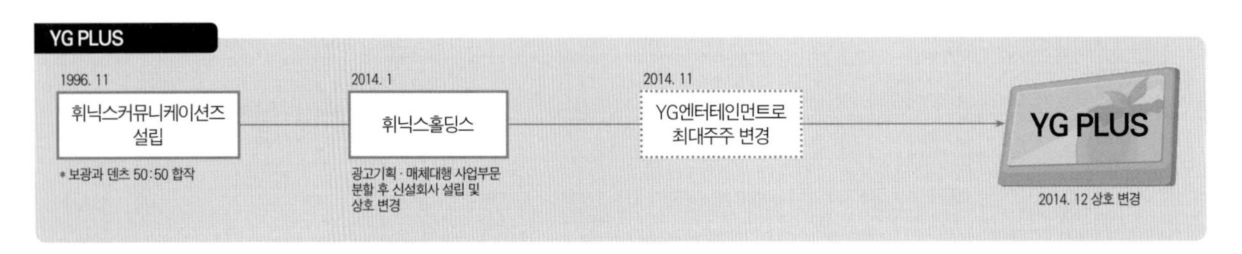
YG PLUS
1996. 11
휘닉스커뮤니케이션즈 설립
* 보광과 덴츠 50:50 합작
2014. 1
휘닉스홀딩스
광고기획·매체대행 사업부문 분할 후 신설회사 설립 및 상호 변경
2014. 11
YG엔터테인먼트로 최대주주 변경
YG PLUS
2014. 12 상호 변경

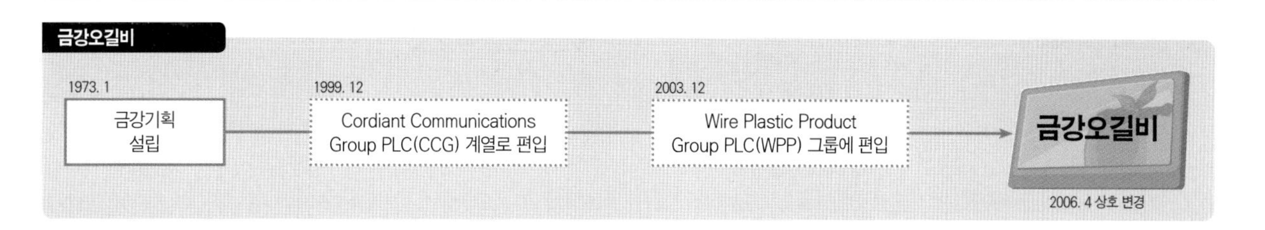

금강오길비
1973. 1
금강기획 설립
1999. 12
Cordiant Communications Group PLC(CCG) 계열로 편입
2003. 12
Wire Plastic Product Group PLC(WPP) 그룹에 편입
금강오길비
2006. 4 상호 변경

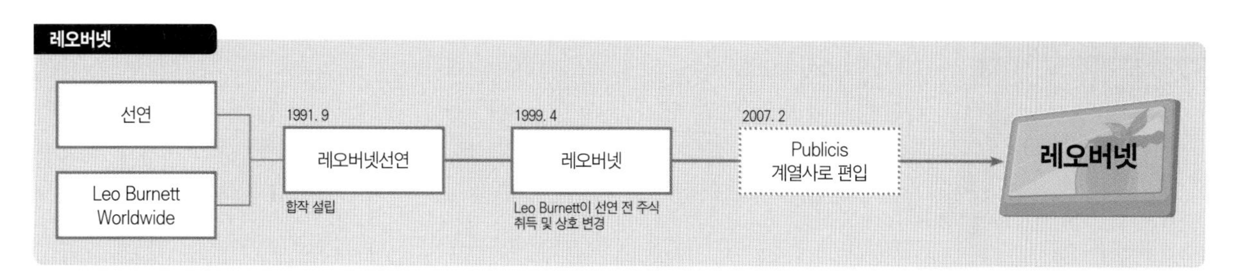

레오버넷
선연
Leo Burnett Worldwide
1991. 9
레오버넷선연
합작 설립
1999. 4
레오버넷
Leo Burnett이 선연 전 주식 취득 및 상호 변경
2007. 2
Publicis 계열사로 편입
레오버넷

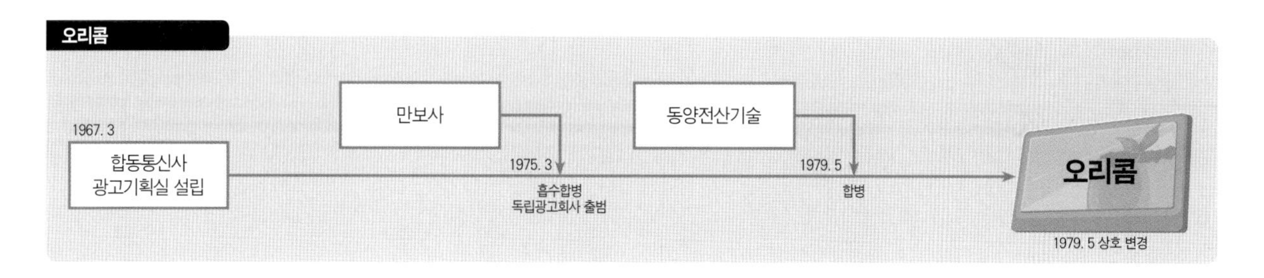

오리콤
1967. 3
합동통신사 광고기획실 설립
만보사
1975. 3
흡수합병 독립광고회사 출범
동양전산기술
1979. 5
합병
오리콤
1979. 5 상호 변경

웰콤
1987. 3
웰콤(웰커뮤니케이션즈) 설립
1991. 3
법인 전환
1998. 12
네덜란드 Publicis Groupe Holdings B.V.(Publicis)가 지분 60% 취득
웰콤퍼블리시스 월드와이드
1998. 12 상호 변경

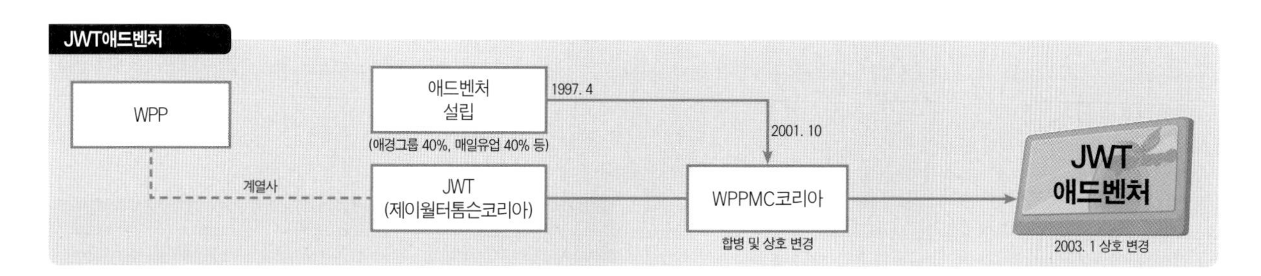

JWT애드벤처
WPP
계열사
애드벤처 설립
(애경그룹 40%, 매일유업 40% 등)
1997. 4
JWT (제이월터톰슨코리아)
2001. 10
WPPMC코리아
합병 및 상호 변경
JWT 애드벤처
2003. 1 상호 변경

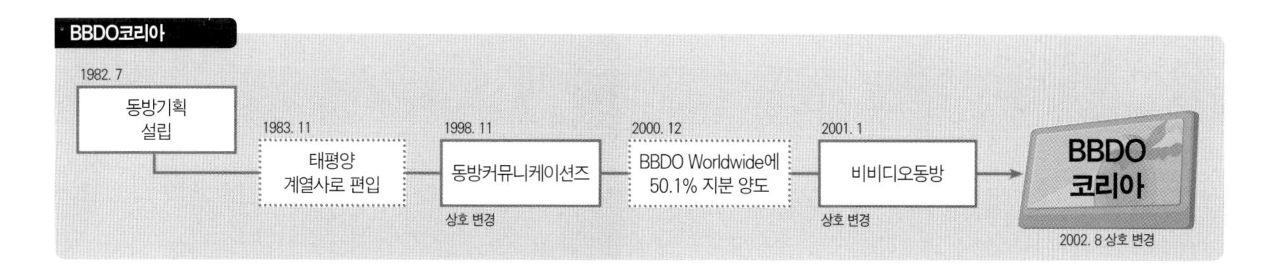

BBDO코리아
1982. 7
동방기획 설립
1983. 11
태평양 계열사로 편입
1998. 11
동방커뮤니케이션즈
상호 변경
2000. 12
BBDO Worldwide에 50.1% 지분 양도
2001. 1
비비디오동방
상호 변경
BBDO 코리아
2002. 8 상호 변경

월드컵과 올림픽도 막지 못한 세월호 한파

2014년 초 한국은행은 국내 경제성장률 전망치를 3.8%로 발표했다. 광고 산업은 경제성장률과 밀접한 연관이 있다. 국내 굴지의 광고 회사들은 광고 시장 성장률을 전체 경제성장률과 비슷한 수치로 전망한 바 있다. 특히 2014년에는 소치 동계 올림픽, 브라질 월드컵, 인천 아시안 게임 등 거대 스포츠 행사가 열릴 예정이어서 광고시장에 기대감을 갖게 했다.

하지만 막상 뚜껑을 열어보니 결과는 예상에서 크게 벗어나고 말았다. 기업들의 실적 부진으로 광고시장이 직격탄을 맞은 것이다. 동계 올림픽과 월드컵 축구 등 굵직한 스포츠 행사도 별반 효과가 없었다. 여기에다 5월에 터진 세월호 참사는 국내 광고시장에 KO 펀치로 작용했다.

2014년에 이어 2015년과 2016년에도 광고업계가 그리 밝지 않다는 전망이 여기저기서 제기되고 있다. 물론 업계 안에서도 희비가 갈린다. 광고총량제와 같은 중차대한 키워드들이 어떤 광고 매체에는 약이 되고 또 어떤 매체에는 독이 되곤 한다. 그 희비의 교차 지점을 살펴보면 다음과 같다.

광고총량제로 지상파 웃고 케이블과 종편, 인터넷TV는 울고

'광고총량제'란 방송광고의 종류·시간·횟수·방법은 방송사 자율에 맡기고 전체 광고량만 규제하는 제도를 말한다. 무엇을 기준으로 하느냐와 규제 단위에 따라 시간당 총량제, 프로그램 편성시간당 총량제, 일일 총량제로 나뉜다.

시간당 총량제는 1시간 동안 허용되는 광고시간의 총량을 정하는 방식이고, 프로그램 편성시간당 총량제는 편성된 프로그램 시간의 일정 비율만큼 광고시간의 총량을 할당하는 것이다. 또 일일총량제는 하루 중 광고를 할 수 있는 총 시간을 정하는 방법이다. 현행 방송광고 제도는 프로그램을 기반으로 종류와 시간 및 횟수 등을 정하고 있다.

현재 지상파 TV방송은 7가지 광고 종류에 대해 칸막이식 규제를 적용하고, 유료방송에는 토막·자막 광고를 개별 규제하고 있다. 지상파 광고의 유형은 비상업적 공익광고, 가상광고, 간접광고를 제외한 방송프로그램 광고, 토막광고, 자막광고, 시보광고 등 4가지다.

방송프로그램광고는 프로그램 전후에 방영되며 전체 방송시간의 10%를 초과할 수 없다. 토막광고는 횟수와 시간을 제한하고 1시간에 최대 3분을 넘길 수 없다. 자막광고는 방송프로그램과 상관없이 자막으로 나타내는 광고(1시간에 최대 40초)이고, 시보광고는 정시알림 때 나가는 광고(1시간 20초)이다. 유료방송의 경우 시간당 총량제가 원칙이나 토막광고와 자막광고는 횟수·시간·크기를 별도로 정한다.

광고총량제 시행을 지상파 방송사들은 환영하는데 반해 케이블과 종편, 인터넷TV(IPTV) 들은 특정 진영의 이익에 편향된 조치라며 거세게 반발하고 있다. 광고총량제 시행에 따라 방송사가 광고의 종류와 횟수, 광고시간 등을 자신들에게만 유리하게 정하게 되면 이른바 '노른자위 광고'는 지상파에만 쏠릴 가능성이 크다는 것이다. 이처럼 이해당사자 마다 기온차가 제각각인 광고총량제가 어떤 파급 효과를 불러 올지 귀추가 주목된다.

Advertising
selling
customer
trademark
commercial
online
advertisement
internet
radio
mobile
brand
marketing
newspapers
billboards
concept
media
ads
banner

모바일광고 상승세

국내 광고시장이 전반적으로 죽을 쑤고 있지만 모바일 광고 시장만은 성장세가 매섭다. 시장조사기관 가트너에 따르면, 글로벌 모바일광고시장은 2013년 131억 달러에서 2017년 약 419억 달러로 3배 넘게 증가할 전망이다. 국내 모바일광고시장은 2013년 4,159억 원을 기록해 전년 대비 92.6% 성장했다.

모바일광고시장은 인터넷광고와 비교해 봐도 그 성장세가 놀랍다. 지난 3년간 세계적으로 모바일광고시장은 750% 성장한 데 비해 인터넷광고시장은 188.7% 성장하는 데 그쳤다. 국내도 같은 기간 모바일광고시장은 546% 성장했지만 인터넷광고시장은 112% 성장했다.

가장 성공적으로 모바일광고시장에 안착한 기업은 페이스북이다. 페이스북은 2012년 상장 초기 모바일 수익 부재라는 고민이 있었지만 모바일광고시장에서 확고하게 자리를 잡은 지금은 세계 최고 모바일광고 기업으로 군림하게 되었다. 페이스북의 2014년 2/4분기 모바일 매출 비중은 16억 6,000만 달러로 전체 매출 29억 달러의 62%를 차지한다.

국내 업체 중에는 다음카카오가 기대감을 갖게 한다. 다음카카오는 자사의 모바일광고 플랫폼을 활용해 모바일광고시장에 진출을 준비 중이다. 다음카카오는 모바일광고 서비스를 담당하는 자회사 TNK나 모바일 광고 플랫폼 Ad@m 등을 활용할 계획이다. 합병 전 카카오의 광고 수익은 2012년 121억 원에서 2014년 877억 원으로 7배 이상 성장했다.

정보통신정책연구원에 따르면 1인당 스마트폰 하루 평균 이용 시간이 66분으로 컴퓨터의 55분보다 많다고 한다. 스마트폰과 컴퓨터의 이용 격차는 앞으로 더 벌어질 것으로 예상된다. 모바일광고가 왜 유독 성장세를 이어가는지 수긍하게 하는 대목이 아닐 수 없다.

facebook
facebook
news feed

B급과 키치 트렌드, 광고에도 확산

'B급 광고'란 적은 비용으로도 효과를 볼 수 있는 중소형 광고주들이 필요로 하는 광고 제작 사업을 뜻한다. 대형 광고주들이 주도해 온 A급 광고시장과 대비를 이룬다. 최근 다양한 디지털 미디어가 등장하면서 수용자들은 광고 콘텐츠가 아닌 플랫폼에 주목하고 있다. 이에 따라 기업들은 반드시 지상파 TV광고를 해야 한다는 고정관념에서 벗어나 저렴한 제작비를 들여 효과적인 플랫폼을 이용해 노출하면 된다는 인식을 갖게 된 것이다. 따라서 광고제작시장을 A급과 B급으로 세분화할 필요성이 제기됐고, 실제로 B급 광고시장이 점점 커지고 있다.

아울러 광고 크리에이티브 분야에서 온라인에서만 유행하던 B급 또는 키치 문화의 추세에 발맞춘 콘텐츠가 트렌드를 형성할만큼 인기를 모으고 있다. 스스로 'B급'이라고 자신의 정체성을 밝힌 가수 싸이의 성공이 큰 영향을 미치기도 했다. 싸이가 모델로 등장하는 광고 콘셉트는 대체로 B급에 가깝다.

비락식혜는 코믹한 캐릭터 배우인 김보성을 모델로 발탁해 "신토부으리~"나 "항아으리"처럼 모든 단어에 '으리'를 붙여 크게 인기를 끌었다. 배달의 민족 광고에서는 배우 류승룡을 모델로 캐스팅해 배달 음식을 즐기는 고전 명화 속 주인공들을 패러디해 주목을 받았다. 이 밖에도 "눈 뒤집히는 가격" "그분이 오신다~"라는 카피로 유명한 ABC마트 광고나 "모아야 산다!"라는 메시지가 인상적인 모바일 핫딜 쇼핑앱 쿠차 광고도 화제가 됐던 B급 광고로 꼽힌다.

B급 콘셉트가 인기를 누리는 것은 우리 사회에 문화적 다양성이 서서히 자리 잡아가고 있음을 방증한다. 다만, B급 콘셉트가 지나치게 강조될 경우, 광고 콘텐츠의 질 저하로 이어질 수도 있다는 경고음도 염두해 둘 필요가 있다.

45 | 게임업계

업계
규모

■ 국내 게임 시장규모 9조 7,198억 원 (전년 대비 ▼0.3%)

■ 국내 온라인게임 시장규모 5조 4,523억 원 (전년 대비 ▼19.6%)

넥슨

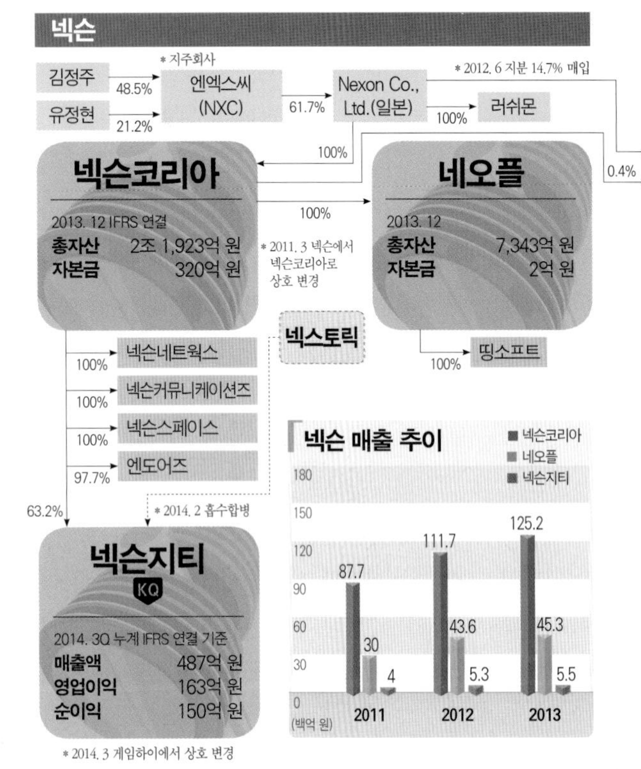

김정주
48.5%
유정현
21.2%
* 지주회사
엔엑스씨 (NXC)
61.7%
Nexon Co., Ltd.(일본)
* 2012. 6 지분 14.7% 매입
100%
러쉬몬
100%
넥슨코리아
2013. 12 IFRS 연결
총자산 2조 1,923억 원
자본금 320억 원
100%
* 2011. 3 넥슨에서 넥슨코리아로 상호 변경
네오플
2013. 12
총자산 7,343억 원
자본금 2억 원
0.4%
넥스토릭
100%
띵소프트
100% 넥슨네트웍스
100% 넥슨커뮤니케이션즈
100% 넥슨스페이스
97.7% 엔도어즈
63.2%
* 2014. 2 흡수합병
넥슨지티
KQ
2014. 3Q 누계 IFRS 연결 기준
매출액 487억 원
영업이익 163억 원
순이익 150억 원
* 2014. 3 게임하이에서 상호 변경
넥슨 매출 추이
■ 넥슨코리아
■ 네오플
■ 넥슨지티
180
150
120
90
60
30
0
(백억 원)
2011: 87.7, 30, 4
2012: 111.7, 43.6, 5.3
2013: 125.2, 45.3, 5.5

엔씨소프트

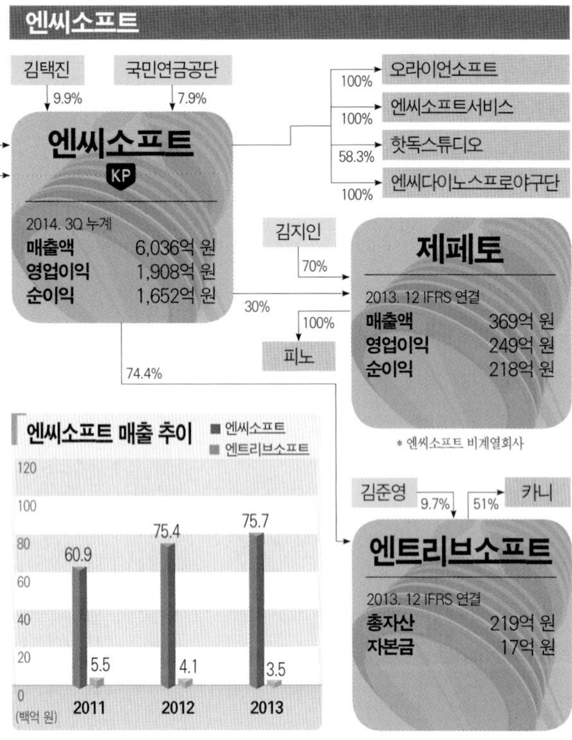

김택진
9.9%
국민연금공단
7.9%
엔씨소프트
KP
2014. 3Q 누계
매출액 6,036억 원
영업이익 1,908억 원
순이익 1,652억 원
100% 오라이언소프트
100% 엔씨소프트서비스
58.3% 핫독스튜디오
100% 엔씨다이노스프로야구단
김지인
70%
30%
제페토
2013. 12 IFRS 연결
매출액 369억 원
영업이익 249억 원
순이익 218억 원
100%
피노
74.4%
* 엔씨소프트 비계열회사
엔씨소프트 매출 추이
■ 엔씨소프트
■ 엔트리브소프트
120
100
80
60
40
20
0
(백억 원)
2011: 60.9, 5.5
2012: 75.4, 4.1
2013: 75.7, 3.5
김준영
9.7%
51%
카니
엔트리브소프트
2013. 12 IFRS 연결
총자산 219억 원
자본금 17억 원

네오위즈

네오위즈게임즈 KQ

2014. 3Q 누계

매출액	1,540억 원
영업이익	244억 원
순이익	103억 원

나성균 → 5.2% 네오위즈게임즈
나성균 → 41.1% 네오위즈 홀딩스 → 29.4% 네오위즈게임즈
네오위즈 홀딩스 → 네오위즈인터넷 KQ

* 343쪽 '엔터테인먼트업계' 참조

지분	자회사	사업
100%	게임온(일본)	일본 영업
67.1%	펜타비전	게임 개발
97.6%	네오위즈모바일	모바일게임 개발
88.7%	네오위즈씨알에스	게임 개발
50%	네오위즈NHN에셋매니지먼트	사무공간
58.8%	엔미디어플랫폼	소프트웨어개발
51.2%	네오위즈블레스스튜디오	게임 개발
100%	네오위즈아이엔에스	기술 용역
28.1%	이지모드	게임소프트웨어 개발
19.9%	FHL게임즈	게임 개발
15.6%	엔에스스튜디오	게임소프트웨어 개발

NHN엔터테인먼트

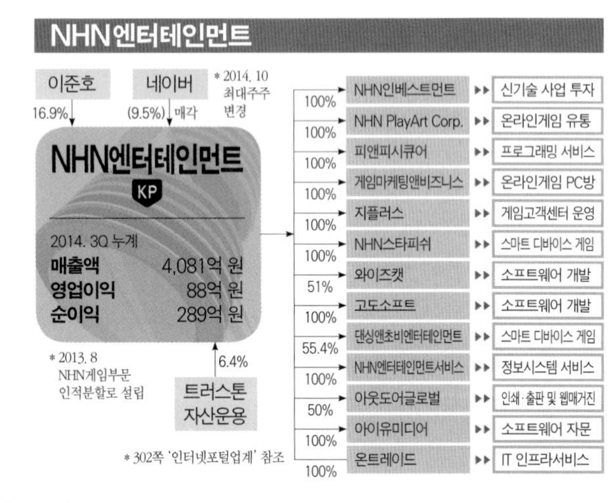

이준호
16.9%
네이버
(9.5%) 매각
* 2014. 10 최대주주 변경
NHN엔터테인먼트
KP
2014. 3Q 누계
매출액 4,081억 원
영업이익 88억 원
순이익 289억 원
* 2013. 8 NHN게임부문 인적분할로 설립
6.4%
트러스톤 자산운용
* 302쪽 '인터넷포털업계' 참조
100% NHN인베스트먼트 신기술 사업 투자
100% NHN PlayArt Corp. 온라인게임 유통
100% 피앤피시큐어 프로그래밍 서비스
100% 게임마케팅앤비즈니스 온라인게임 PC방
100% 지플러스 게임고객센터 운영
100% NHN스타피쉬 스마트 디바이스 게임
51% 와이즈캣 소프트웨어 개발
100% 고도소프트 소프트웨어 개발
55.4% 댄싱앤초비엔터테인먼트 스마트 디바이스 게임
100% NHN엔터테인먼트서비스 정보시스템 서비스
50% 아웃도어글로벌 인쇄·출판 및 웹매거진
100% 아이유미디어 소프트웨어 자문
100% 온트레이드 IT 인프라서비스

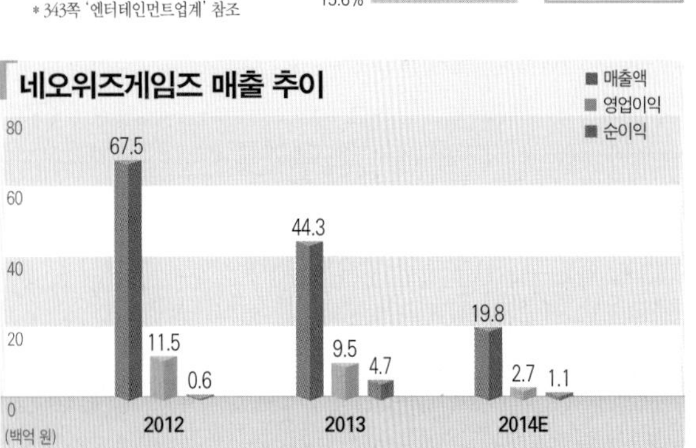

네오위즈게임즈 매출 추이
■ 매출액
■ 영업이익
■ 순이익
80
60
40
20
0
(백억 원)
2012: 67.5, 11.5, 0.6
2013: 44.3, 9.5, 4.7
2014E: 19.8, 2.7, 1.1

NHN엔터테인먼트 매출 추이
■ 매출액
■ 영업이익
■ 순이익
60
50
40
30
20
10
0
(백억 원)
2013: 26.5, 5.2, 1.6
2014E: 55.1, 1.2, 3.4

* 2013년은 분할 후 실적

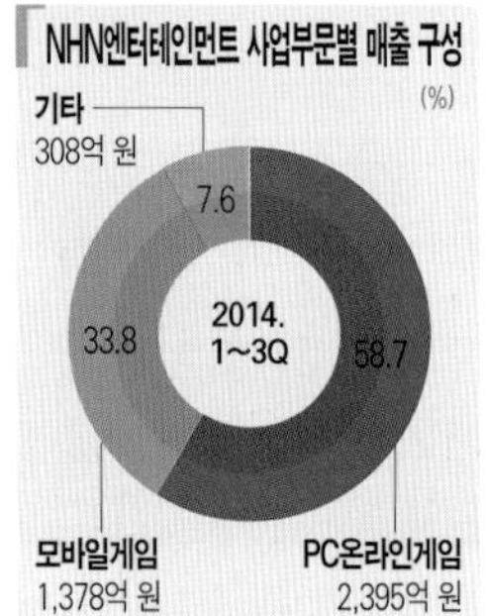

NHN엔터테인먼트 사업부문별 매출 구성
(%)
기타 308억 원
7.6
33.8
2014. 1~3Q
58.7
모바일게임 1,378억 원
PC온라인게임 2,395억 원

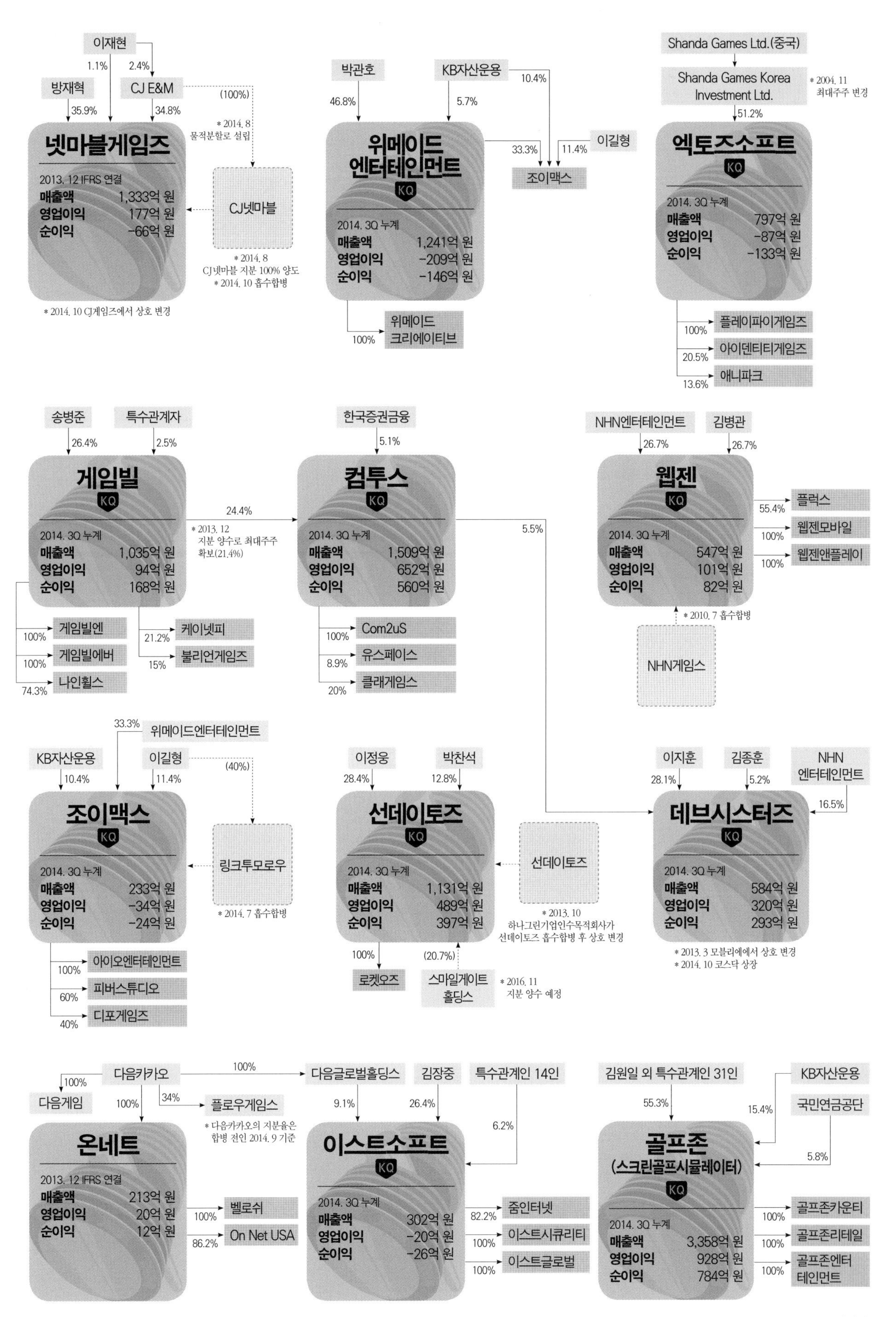
이재현
1.1%
2.4%
방재혁
CJ E&M
35.9%
34.8%
(100%)
* 2014. 8
물적분할로 설립
넷마블게임즈
2013. 12 IFRS 연결
매출액 1,333억 원
영업이익 177억 원
순이익 -66억 원
CJ넷마블
* 2014. 8
CJ넷마블 지분 100% 양도
* 2014. 10 흡수합병
* 2014. 10 CJ게임즈에서 상호 변경
박관호
KB자산운용
10.4%
46.8%
5.7%
위메이드
엔터테인먼트
KQ
2014. 3Q 누계
매출액 1,241억 원
영업이익 -209억 원
순이익 -146억 원
33.3%
11.4%
이길형
조이맥스
위메이드
크리에이티브
100%
Shanda Games Ltd.(중국)
Shanda Games Korea
Investment Ltd.
* 2004. 11
최대주주 변경
51.2%
엑토즈소프트
KQ
2014. 3Q 누계
매출액 797억 원
영업이익 -87억 원
순이익 -133억 원
플레이파이게임즈
100%
아이덴티티게임즈
20.5%
애니파크
13.6%
송병준
특수관계자
26.4%
2.5%
게임빌
KQ
2014. 3Q 누계
매출액 1,035억 원
영업이익 94억 원
순이익 168억 원
24.4%
* 2013. 12
지분 양수로 최대주주
확보(21.4%)
게임빌엔
100%
게임빌에버
100%
나인휠스
74.3%
케이넷피
21.2%
불리언게임즈
15%
한국증권금융
5.1%
컴투스
KQ
2014. 3Q 누계
매출액 1,509억 원
영업이익 652억 원
순이익 560억 원
5.5%
Com2uS
100%
유스페이스
8.9%
클래게임스
20%
NHN엔터테인먼트
김병관
26.7%
26.7%
웹젠
KQ
2014. 3Q 누계
매출액 547억 원
영업이익 101억 원
순이익 82억 원
플럭스
55.4%
웹젠모바일
100%
웹젠앤플레이
100%
* 2010. 7 흡수합병
NHN게임스
33.3%
위메이드엔터테인먼트
KB자산운용
이길형
10.4%
11.4%
(40%)
조이맥스
KQ
2014. 3Q 누계
매출액 233억 원
영업이익 -34억 원
순이익 -24억 원
링크투모로우
* 2014. 7 흡수합병
아이오엔터테인먼트
100%
피버스튜디오
60%
디포게임즈
40%
이정웅
박찬석
28.4%
12.8%
선데이토즈
KQ
2014. 3Q 누계
매출액 1,131억 원
영업이익 489억 원
순이익 397억 원
선데이토즈
* 2013. 10
하나그린기업인수목적회사가
선데이토즈 흡수합병 후 상호 변경
100%
(20.7%)
로켓오즈
스마일게이트
홀딩스
* 2016. 11
지분 양수 예정
이지훈
김종훈
NHN
엔터테인먼트
28.1%
5.2%
16.5%
데브시스터즈
KQ
2014. 3Q 누계
매출액 584억 원
영업이익 320억 원
순이익 293억 원
* 2013. 3 모블리에에서 상호 변경
* 2014. 10 코스닥 상장
다음카카오
100%
100%
다음게임
100%
34%
플로우게임스
* 다음카카오의 지분율은
합병 전인 2014. 9 기준
온네트
2013. 12 IFRS 연결
매출액 213억 원
영업이익 20억 원
순이익 12억 원
벨로쉬
100%
On Net USA
86.2%
다음글로벌홀딩스
김장중
특수관계인 14인
9.1%
26.4%
6.2%
이스트소프트
KQ
2014. 3Q 누계
매출액 302억 원
영업이익 -20억 원
순이익 -26억 원
줌인터넷
82.2%
이스트시큐리티
100%
이스트글로벌
100%
김원일 외 특수관계인 31인
KB자산운용
55.3%
15.4%
국민연금공단
5.8%
골프존
(스크린골프시뮬레이터)
KQ
2014. 3Q 누계
매출액 3,358억 원
영업이익 928억 원
순이익 784억 원
골프존카운티
100%
골프존리테일
100%
골프존엔터
테인먼트
100%

세계 게임시장 추이 및 전망 (기준 : 매출액)

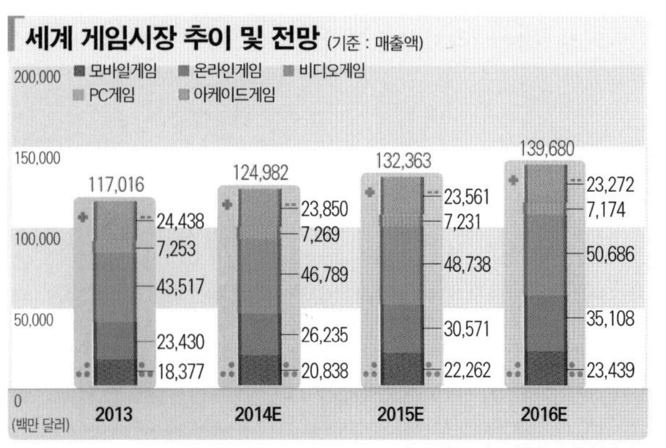

200,000
150,000
100,000
50,000
0
(백만 달러)
모바일게임
온라인게임
비디오게임
PC게임
아케이드게임
117,016
24,438
7,253
43,517
23,430
18,377
124,982
23,850
7,269
46,789
26,235
20,838
132,363
23,561
7,231
48,738
30,571
22,262
139,680
23,272
7,174
50,686
35,108
23,439
2013
2014E
2015E
2016E

자료 : 한국콘텐츠진흥원, 문화체육관광부

국내 게임 제작 및 배급업 규모 (기준 : 매출액)

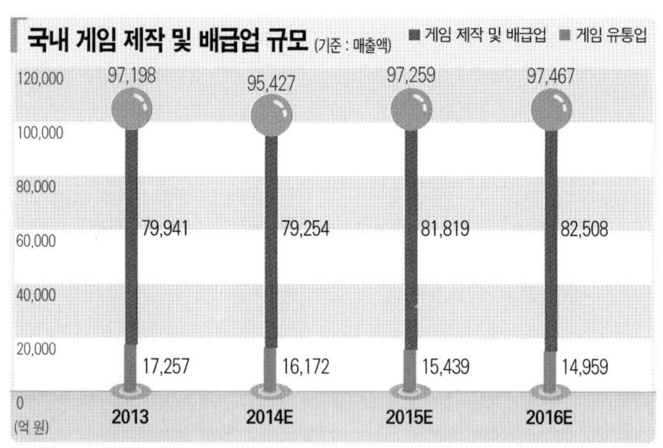

게임 제작 및 배급업
게임 유통업
120,000
100,000
80,000
60,000
40,000
20,000
0
(억 원)
97,198
79,941
17,257
95,427
79,254
16,172
97,259
81,819
15,439
97,467
82,508
14,959
2013
2014E
2015E
2016E

자료 : 한국콘텐츠진흥원, 문화체육관광부

플랫폼별 게임시장 규모 추이 (기준 : 매출액)

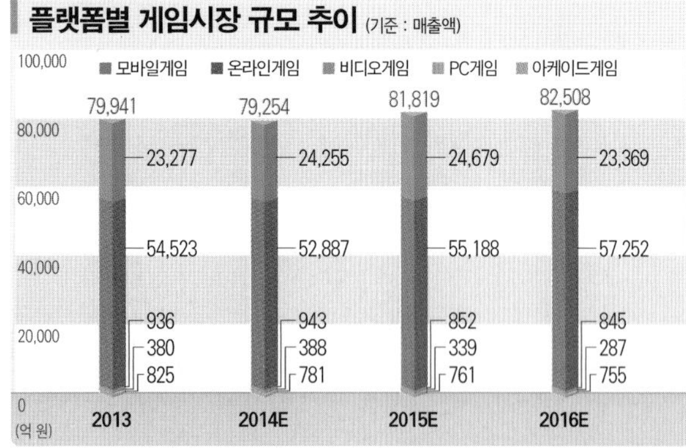

100,000
80,000
60,000
40,000
20,000
0
(억 원)
모바일게임
온라인게임
비디오게임
PC게임
아케이드게임
79,941
23,277
54,523
936
380
825
79,254
24,255
52,887
943
388
781
81,819
24,679
55,188
852
339
761
82,508
23,369
57,252
845
287
755
2013
2014E
2015E
2016E

자료 : 한국콘텐츠진흥원, 문화체육관광부

국내 게임 유통업 규모 추이 (기준 : 매출액)

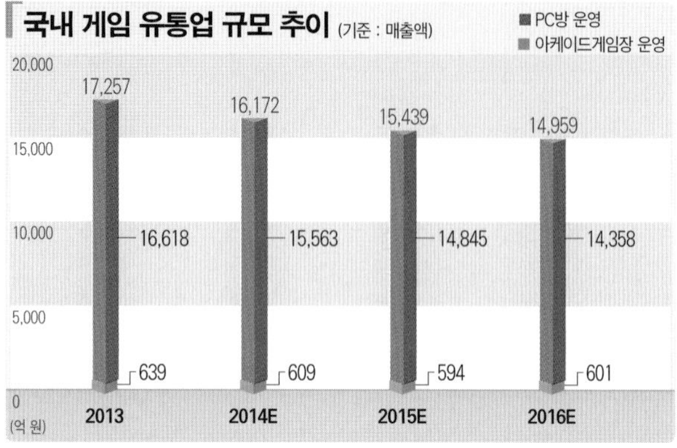

PC방 운영
아케이드게임장 운영
20,000
15,000
10,000
5,000
0
(억 원)
17,257
16,618
639
16,172
15,563
609
15,439
14,845
594
14,959
14,358
601
2013
2014E
2015E
2016E

자료 : 한국콘텐츠진흥원, 문화체육관광부

국내 게임산업 수출액 추이

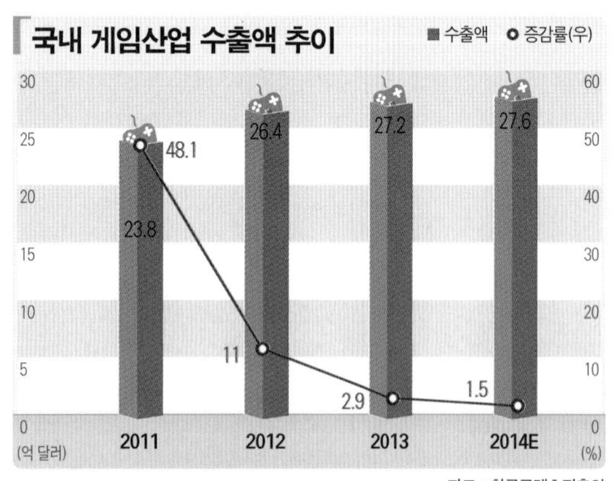

수출액
증감률(우)
30
25
20
15
10
5
0
(억 달러)
60
50
40
30
20
10
0
(%)
23.8
48.1
26.4
11
27.2
2.9
27.6
1.5
2011
2012
2013
2014E

자료 : 한국콘텐츠진흥원

국내 게임 플랫폼별 수출입 규모 (기준 : 2013 수출입액)

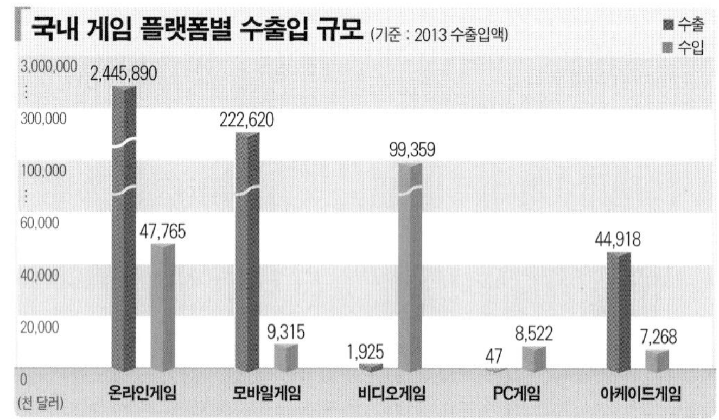

수출
수입
3,000,000
300,000
100,000
60,000
40,000
20,000
0
(천 달러)
2,445,890
47,765
222,620
9,315
1,925
99,359
47
8,522
44,918
7,268
온라인게임
모바일게임
비디오게임
PC게임
아케이드게임

자료 : 한국콘텐츠진흥원

국내 게임 수출 대상 국가별 비중 (기준 : 2013 수출액)

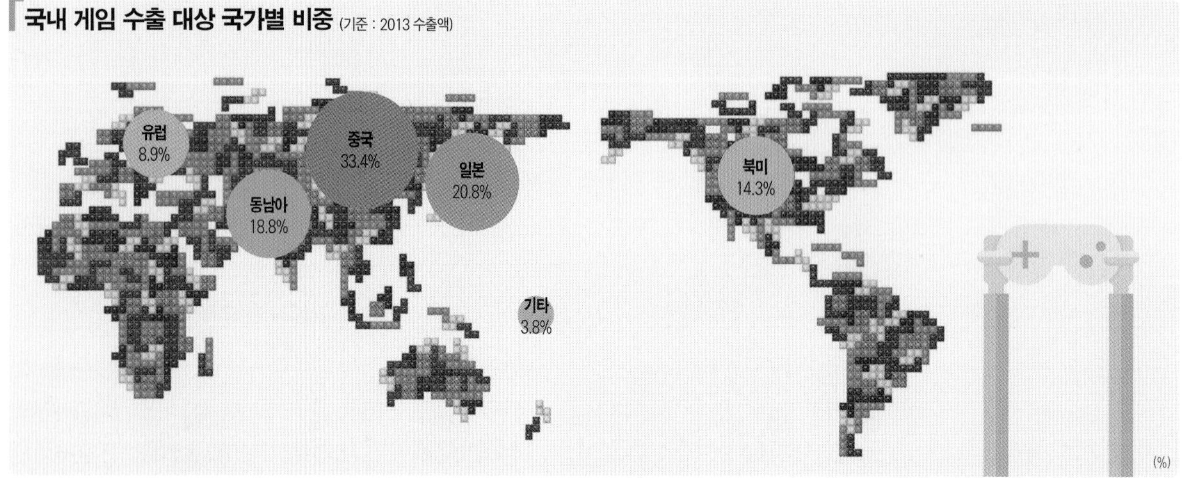

유럽
8.9%
중국
33.4%
일본
20.8%
동남아
18.8%
북미
14.3%
기타
3.8%
(%)

자료 : 한국콘텐츠진흥원

세계 게임시장 플랫폼별 점유율

구분	2013	2016 E
온라인게임	20	25.1
모바일게임	15.7	16.8
비디오게임	37.2	36.3
PC게임	6.2	5.1
아케이드게임	20.9	16.7

(%)

자료 : 한국콘텐츠진흥원

권역별 세계 게임시장 점유율

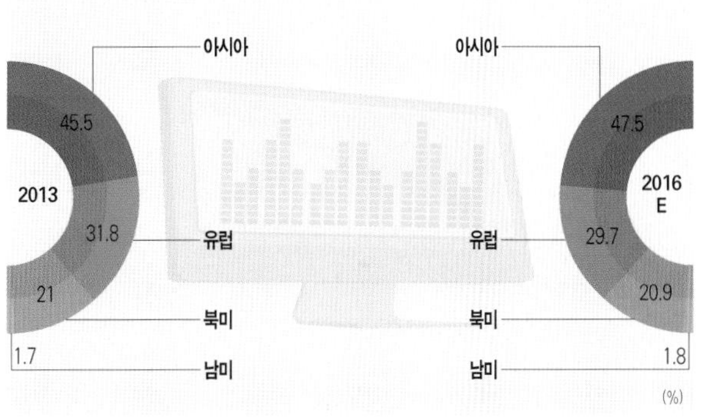
아시아
유럽
북미
남미
2013
45.5
31.8
21
1.7
2016 E
47.5
29.7
20.9
1.8
(%)

자료 : 한국콘텐츠진흥원

세계 게임시장 주요 국가별 점유율

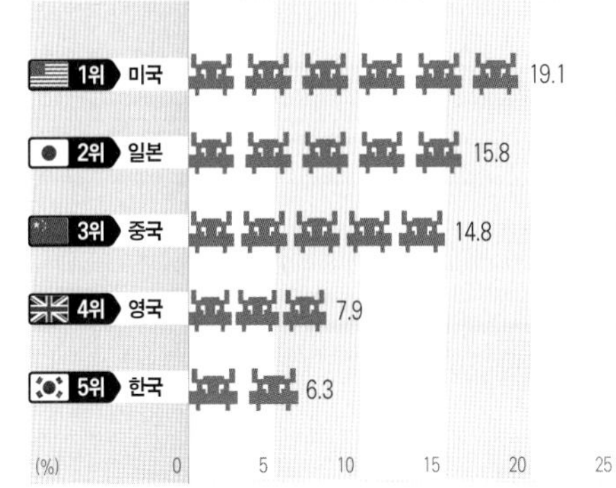
1위 미국 19.1
2위 일본 15.8
3위 중국 14.8
4위 영국 7.9
5위 한국 6.3
(%) 0 5 10 15 20 25

자료 : 한국콘텐츠진흥원

글로벌 오픈마켓의 게임 앱 비중

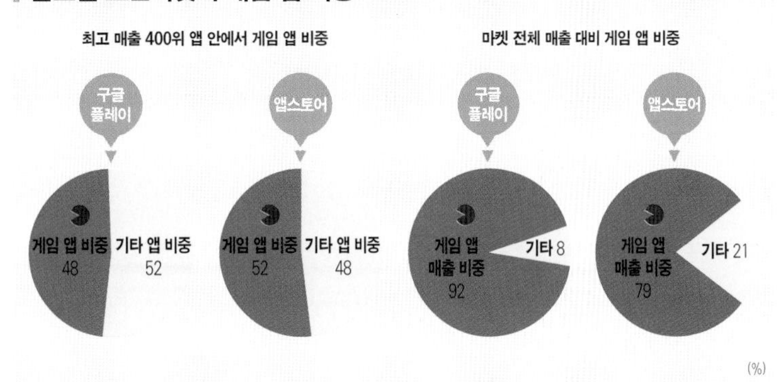
최고 매출 400위 앱 안에서 게임 앱 비중
마켓 전체 매출 대비 게임 앱 비중
구글 플레이
게임 앱 비중 48
기타 앱 비중 52
앱스토어
게임 앱 비중 52
기타 앱 비중 48
구글 플레이
게임 앱 매출 비중 92
기타 8
앱스토어
게임 앱 매출 비중 79
기타 21
(%)

자료 : DISTIMO

국내 게임시장의 세계 시장 비중 (기준 : 2013 매출액)

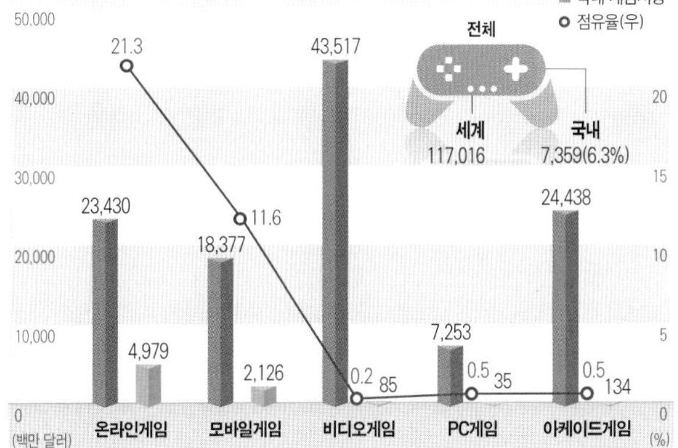
세계 게임시장
국내 게임시장
점유율(우)
전체
세계 117,016
국내 7,359(6.3%)
온라인게임 23,430 4,979 21.3
모바일게임 18,377 2,126 11.6
비디오게임 43,517 85 0.2
PC게임 7,253 35 0.5
아케이드게임 24,438 134 0.5
(백만 달러)
(%)

국내 게임시장 플랫폼별 1일 평균 이용 시간

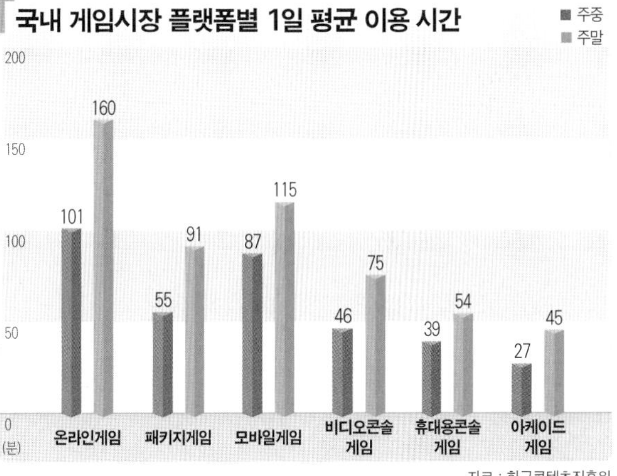
주중
주말
온라인게임 101 160
패키지게임 55 91
모바일게임 87 115
비디오콘솔 게임 46 75
휴대용콘솔 게임 39 54
아케이드 게임 27 45
(분)

자료 : 한국콘텐츠진흥원

온라인게임과 모바일게임 이용자 분석

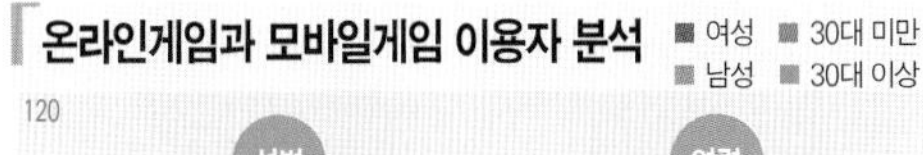
여성
남성
30대 미만
30대 이상

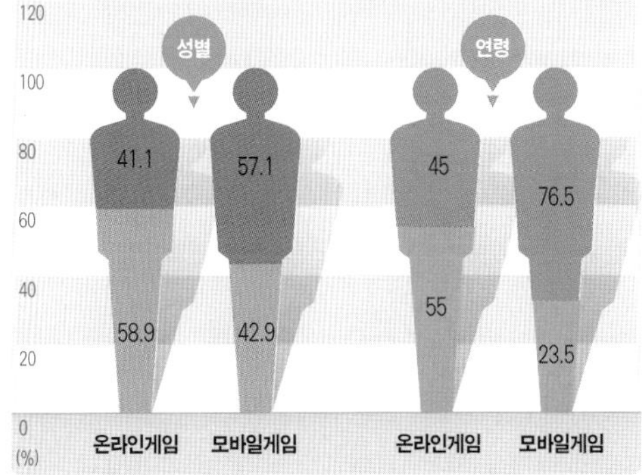
성별
연령
온라인게임 41.1 58.9
모바일게임 57.1 42.9
온라인게임 45 55
모바일게임 76.5 23.5
(%)

자료 : DMC

게임이용자 인터넷 접속 시 이용기기

* 2014. 3. 18~25 조사,
전국 만 10세 이상 60세 미만 남녀 1,000명
(인터넷 이용자 995명), 중복응답

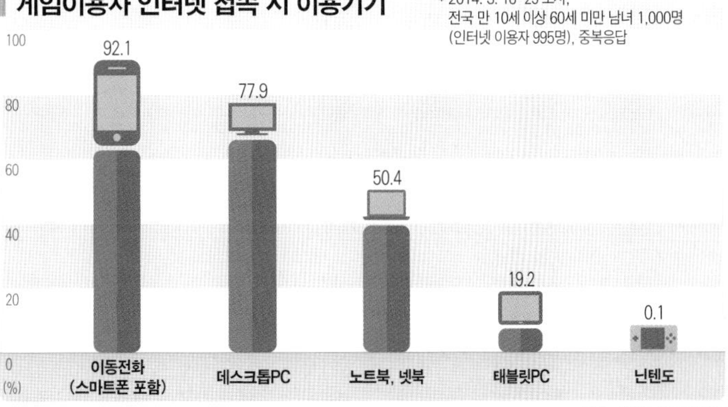
이동전화 (스마트폰 포함) 92.1
데스크톱PC 77.9
노트북, 넷북 50.4
태블릿PC 19.2
닌텐도 0.1
(%)

자료 : 한국콘텐츠진흥원

급성장 뒤엔 호모 루덴스의 본성이

인간은 유희의 동물이다. '논다'는 것은 인간의 본능에 속한다. 놀이를 사회학적으로 연구한 요한 호이징아는 자신의 저서 『호모 루덴스』(Homo Ludens)에서 인간은 본질적으로 유희를 추구하며, 놀이는 인류 문명의 원동력이라고 밝혔다. 심지어 그는 인간의 정치, 사회, 문화, 종교, 철학의 기원이 바로 놀이에서 시작되었다고 주장했다.

모든 사람이 요한 호이징아의 주장에 전적으로 공감하는 건 아니지만, 현대 사회에서 '놀이'가 거대한 문화인 것만은 부정할 수 없는 사실이다. 이러한 놀이문화는 다양한 산업을 잉태시켰는데, 그 대표적인 것이 '게임'이다. 전 세계적으로 게임산업이 성장을 거듭해온 본질적인 배경에는 놀고 싶어하는 인간의 유전자와 맞닿아 있는 것이다.

게임산업은 여전히 맑을까?

국내 게임산업의 고공행진을 보고 있노라면 한국인이야말로 세계 제일의 호모 루덴스로서 손색이 없다. 호모 루덴스의 활약은 앞으로도 계속될 것인가?

국내 게임업계는 다양한 장르의 신작 출시에 힘입어 '모바일 게임'의 성장이 이어질 전망이다. 아울러 '글로벌 원빌드' 전략을 위한 게임사들의 '자체 플랫폼'도 출시될 것으로 예측된다. 지금까지 국내 게임시장에서는 모바일 게임이 확고한 위치를 다져왔다. 최근에는 처음으로 모바일 게임인 '블레이드'가 대한민국 게임 대상을 수상하기도 했다.

모바일 게임 시장규모는 2014년 1조 5,000억 원에서 2015년 1조 7,000억 원으로 소폭 증가할 것으로 예측된다. 온라인 게임 시장규모는 2014년과 비슷한 수준인 2조 3,000억 원으로 전망된다. 특히 2014년 기준으로 모바일 게임 시장규모는 PC 온라인 게임시장 대비 66% 수준으로 해마다 그 비율이 더욱 증가할 것으로 보인다. 온라인 게임에서 모바일 게임이 차지하는 비중이 절반을 훌쩍 넘어선 것이다. 엔씨소프트, 넥슨, 넷마블게임즈 등 거대 게임사들이 다양한 장르의 모바일 게임을 출시할 예정이어서 모바일 게임시장의 판은 더욱 커질 전망이다.

국내 게임사들의 글로벌 행보도 주목해볼 만하다. 게임사들의 글로벌 시장 전략은 자체 플랫폼 개발로 모아진다. 게임빌과 컴투스의 통합 플랫폼 '하이브'가 글로벌 시장에서 좋은 성과를 거두면서 문을 열었고, 조이시티도 자체 플랫폼인 '조이플'을 공개했다.

텐센트의 돈, 약인가 독인가?

국내 게임 업체들이 글로벌 시장 진출을 본격화하면서 투자 자금을 필요로 하는 가운데 대규모 투자 여력을 지닌 중국의 텐센트가 국내 게임시장 공략에 나섰다.

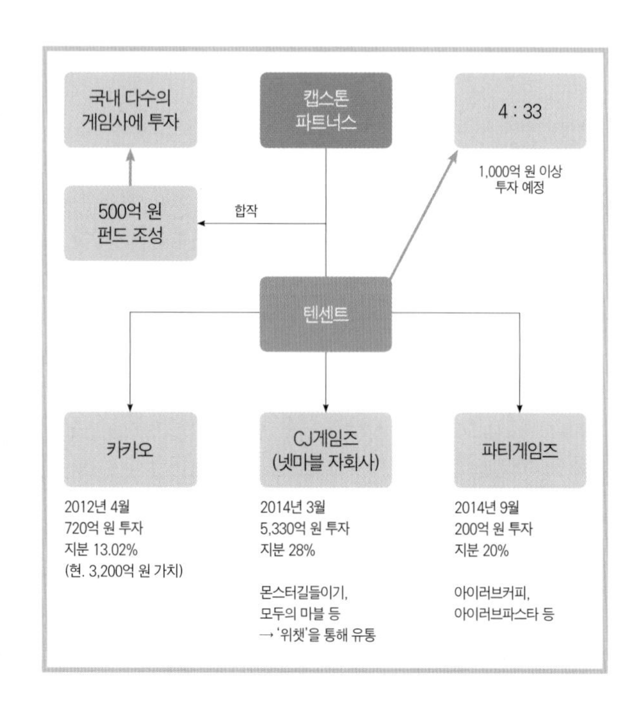

국내 다수의 게임사에 투자
캡스톤 파트너스
4 : 33
1,000억 원 이상 투자 예정
500억 원 펀드 조성
합작
텐센트
카카오
CJ게임즈 (넷마블 자회사)
파티게임즈
2012년 4월
720억 원 투자
지분 13.02%
(현. 3,200억 원 가치)
2014년 3월
5,330억 원 투자
지분 28%
몬스터길들이기,
모두의 마블 등
→ '위챗'을 통해 유통
2014년 9월
200억 원 투자
지분 20%
아이러브커피,
아이러브파스타 등

텐센트는 2012년 4월 경 카카오(지금 다음카카오)에 720억 원을 투자하면서 지분 13.02%를 확보해 국내에서 주목을 받았다. 현재 지분 가치는 3,200억 원에 육박하면서 투자 당시 가치 보다 약 5배 정도 증가했다. 2014년 3월에는 넷마블 자회사인 CJ게임즈에 시장 예상을 뛰어넘는 5,330억 원을 투자했다. '몬스터 길들이기'와 '모두의 마블' 등을 위챗을 통해 유통 중이다. 텐센트의 자금 폭격은 계속 이어져 같은 해 9월 '아이 러브 커피', '아이 러브 파스타' 등의 흥행에 성공한 파티게임즈에 200억 원 투자를 결정했으며, 향후 네시삼십삼분에 1,000억 원 이상을 투자할 계획이다.

국내 게임 업체 입장에서는 텐센트가 중국 진출을 위한 최적의 파트너로 지분 관계를 통해 서비스 우선권을 획득할 수 있어 상당한 메리트가 있다는 분석이다. 반면, 한·중 FTA의 후폭풍이 국내 게임업계에 불리하게 작용할 경우, 텐센트의 투자는 국내 시장을 잠식하는 초석이 될 수도 있다는 경고음도 간과할 수 없다.

한·중 FTA, 국내 게임산업의 검은 그림자

한·중 FTA 체결로 드디어 중국 대륙이 국내 게임사들의 엘도라도가 된 것일까? 그렇지 않다. 오히려 국내 게임업계에 비상이 걸렸다. 우리 정부와 FTA 세부 협상을 진행 중인 중국정부는 미래 전략 산업으로 선정한 자국 게임산업 보호를 위해 어떠한 협의도 거부하겠다는 강경 입장을 고수하고 있다. 한국 게임사들의 중국 진출을 자유롭게 놔둘 경우, 자국 게임산업 발전에 상당한 타격이 있을 것으로 우려한 중국정부가 FTA 발효 이후에도 자국에 진입하려는 외국 게임사에 적용하던 강도 높은 통상 규제를 계속 유지하겠다는 것이다.

중국정부와의 세부 협상이 아무 진전 없이 이대로 마무리 될 경우 한·중 FTA 발효 이후 중국에 100% 지분을 보유한 현지 회사를 설립해 중국 시장에 직접 진출하려 했던 한국 게임사들의 계획은 수포로 돌아가고 만다. 반대로 한국 게임시장이 중국 최대 게임사 텐센트를 비롯한 중국 게임사들로부터 점령당하지 않겠냐는 우려의 목소리가 높다.

현재 중국정부는 자국 내 외국 게임사 설립을 금지하고 있으며 자국 회사와의 합작 회사만을 허용하고 있다. 이마저도 외국 회사가 보유할 수 있는 최대 지분율을 49%로 제한하고 있다. 지분 51%는 중국 회사의 소유로, 지분율이 낮은 한국 회사가 독자적인 진출 전략을 펼치기에 어려움을 겪는 구조다. 국내 게임산업의 미래는 중국에 달렸다 해도 과언이 아니게 된 것이다.

신데렐라법, 갑론을박 여전

셧다운(shutdown)은 16세 미만의 청소년에게 오전 0시부터 오전 6시까지 심야 6시간 동안 인터넷 게임 제공을 제한하는 제도이다. 밤 시간 제한 규정을 들어 '신데렐라법'이라 빗대어 부르기도 한다. 2011년 5월 19일 도입된 '청소년보호법 개정안'에 따라 신설된 조항(제26조)이다. 인터넷게임을 서비스하는 업체들은 이 시간대에 연령과 본인 인증을 통해 청소년의 게임 이용을 강제로 원천 차단해야 한다.

셧다운제는 청소년의 인터넷 게임 중독을 예방하고 수면권 보호를 위해 마련된 규정이지만 그 실효성을 두고 2년 넘게 갑론을박이 이어지고 있다. 게임업계에서는 한국의 나이 어린 호모 루덴스들의 '놀 권리'가 법제도로 침해받고 있다고 항변한다. 아울러 셧다운제가 국내 게임산업의 발전을 저해할 수 있다고 우려한다. 하지만, 게임의 중독성으로 인해 오래 전부터 여러 사회문제가 불거지고 있음을 간과할 수 없다는 주장도 만만치 않다. 신데렐라법에 대한 사회적 논의가 좀 더 필요해 보인다.

STOP

46 | 여행·호텔 업계

업계 규모
- ■ **내국인 관광객 송객 실적** 513만 명(4조 7,869억 원)
- ■ **외국인 관광객 유치 실적** 384만 명(6억 2,086만 달러)

여행

관광업의 분류

자료 : 「관광진흥법」

대분류	중·소분류	
여행업	일반여행업	
	국외여행업	
	국내·외여행업	
관광숙박업	호텔업	관광호텔업
		수상관광호텔업
		한국전통호텔업
		가족호텔업
		호스텔업
	휴양콘도미니엄업	
관광객 이용시설업	전문휴양업	
	종합휴양업	
	자동차야영장업	
	관광유람선업	
	관광공연장업	
	외국인 전용 관광기념품판매업	
국제회의업	국제회의시설업	
	국제회의기획업	
카지노업		
유원시설업	종합유원시설업	
	일반유원시설업	
	기타유원시설업	
관광편의시설업	관광유흥음식점업	
	관광극장유흥업	
	외국인 전용 유흥음식점업	
	관광식당업	
	시내순환관광업	
	관광사진업	
	여객자동차 터미널시설업	
	관광펜션업	
	관광궤도업	
	한옥체험업	
	외국인관광 도시민박업	

하나투어 KP
- 주주: 방상환 8.3%, 권희석 6.2%
- 2014. 3Q 누계
- **매출액** 2,887억 원
- **영업이익** 292억 원
- **순이익** 257억 원
- 자회사: 호텔앤에어닷컴 50%, 하나투어아이티씨 100%, 웹투어 83.8%
- 오케이투어 (48.9%) * 2011. 5 폐업

레드캡투어 (여행사업부문) KQ
- 주주: 범한판토스 38.9%, 구본호(KOO BENNETT) 38.4%
- 구본호 → 범한판토스 46.1% * 2015. 1 지분 36% 매각
- 오케이투어 (40.7%)
- 2014. 3Q 누계(사업부문)
- **매출액** 1,178억 원
- **영업이익** 133억 원

인터파크INT (투어부문) KQ
- 이기형 → 인터파크 35%, 인터파크 → 인터파크INT 70.9%
- 2014. 3Q 누계(사업부문)
- **매출액** 449억 원
- **영업이익** 98억 원
- **순이익** 74억 원
- 자회사: 인터파크투어 100%, 인터파크씨어터 100%, 인터파크면세점 100%

모두투어네트워크 KQ
- 주주: 우종웅 10.7%, 신한BNP 파리바 5.5%
- 호텔앤에어닷컴 50%
- 2014. 3Q 누계
- **매출액** 1,238억 원
- **영업이익** 121억 원
- **순이익** 101억 원
- 자회사: 모두투어인터내셔널 67.5%, 모두스테이 100%, 크루즈인터내셔널 89.9%, 서울호텔관광전문학교 100%

롯데관광개발 KP
- 주주: 김기병 53.5%, 신정희 3.8%, 김한성 1.7% (가족관계)
- 2014. 3Q 누계
- **매출액** 319억 원
- **영업이익** -13억 원
- **순이익** 3억 원
- 자회사: 코레일관광개발 39.2%, 드림허브프로젝트 15.1%
- * 롯데관광개발, 롯데관광은 롯데그룹 계열사는 아니지만 신정희가 신격호 회장의 막내 여동생

동화면세점
- 김기병 61.6%, 신정희 21.6%, 김한성 7.9%, 롯데관광 24.7%
- 동화면세점 → 롯데관광 7.8%

롯데관광
- 김기병 75.3%
- 2013. 12
- **매출액** 154억 원
- **영업이익** 19억 원
- **순이익** 13억 원

세중 KQ
- 주주: 천신일 외 특수관계인 27%, 한국자산관리공사 10.3%
- 2014. 3Q 누계
- **매출액** 1,760억 원
- **영업이익** 99억 원
- **순이익** 76억 원
- * 2011. 7 세중나모여행에서 상호 변경
- 자회사: 세중정보기술 83.7%, 세중에스앤씨 100%

노랑풍선
- 주주: 고재경 26%, 최명일 19.8%
- 2013. 12
- **매출액** 266억 원
- **영업이익** 21억 원
- **순이익** 28억 원

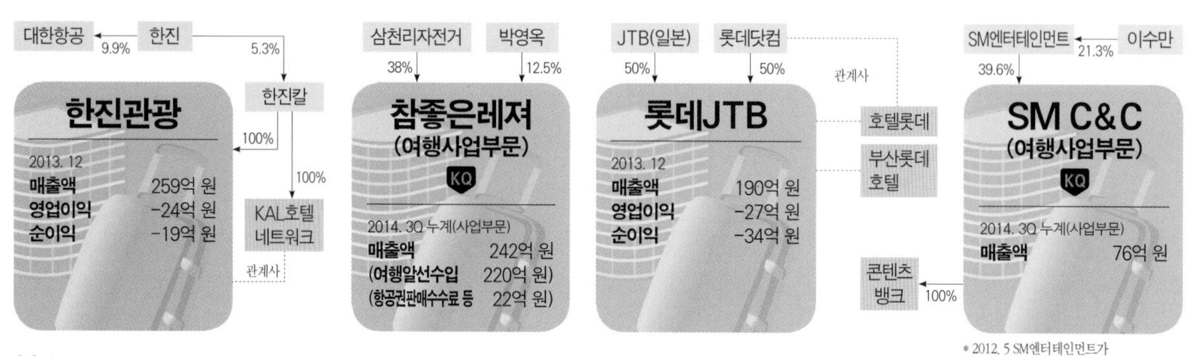

대한항공
9.9%
한진
5.3%
한진칼
100%
100%
한진관광
2013. 12
매출액 259억 원
영업이익 -24억 원
순이익 -19억 원
KAL호텔 네트워크
관계사
삼천리자전거
박영옥
38%
12.5%
참좋은레져 (여행사업부문)
KQ
2014. 3Q 누계(사업부문)
매출액 242억 원
(여행알선수입 220억 원)
(항공권판매수수료 등 22억 원)
JTB(일본)
롯데닷컴
50%
50%
관계사
롯데JTB
2013. 12
매출액 190억 원
영업이익 -27억 원
순이익 -34억 원
호텔롯데
부산롯데 호텔
SM엔터테인먼트
이수만
21.3%
39.6%
SM C&C (여행사업부문)
KQ
2014. 3Q 누계(사업부문)
매출액 76억 원
콘텐츠 뱅크
100%
* 2012. 5 SM엔터테인먼트가 비티앤아이 여행그룹 인수 후 상호 변경

호텔
* 각사 영업 호텔과 카지노 지점은 2014.12 기준
삼성생명
삼성전자
모두투어인터내셔널
7.3%
5.1%
19%
호텔신라
KP
2014. 3Q 누계
매출액 2조 953억 원
영업이익 1,124억 원
순이익 695억 원
서울호텔
신라스테이 동탄
제주호텔
거제삼성호텔
Westin Hotel Company
이명희
이마트
1.1%
경영지원
98.8%
신세계조선호텔
2014. 3Q 누계
매출액 3,138억 원
영업이익 75억 원
순이익 29억 원
웨스틴조선호텔 서울
웨스틴조선호텔 부산
75%
신세계SVN
17.3%
신세계
60%
센트럴시티
센트럴건설
86.3%
12.8%
센트럴관광개발
2013. 12
매출액 795억 원
영업이익 141억 원
순이익 143억 원
JW메리어트 서울
* JW메리어트 동대문스퀘어는 동승(옛 동대문 종합시장)이 운영
GS건설
한국무역협회
67.6%
31.9%
파르나스호텔
2014. 3Q 누계
매출액 1,359억 원
영업이익 63억 원
순이익 24억 원
그랜드 인터컨티넨탈
인터컨티넨탈 서울 코엑스
나인트리명동
나인트리컨벤션 광화문
100%
피앤에쓰
에어부산
롯데리아
롯데홀딩스(일본)
4%
11.3%
46.6%
부산호텔롯데
2014. 2Q 누계(2014. 3Q 실적 미공표)
매출액 1,689억 원
영업이익 65억 원
순이익 84억 원
SK
신한은행
SK핀크스
39.1%
7.1%
100%
SK네트웍스
(워커힐 부문)
KP
2014. 3Q 누계(사업부문)
매출액 3,711억 원
순이익 46억 원
부문자산 9,113억 원
쉐라톤 그랜드 워커힐호텔
W서울 워커힐호텔
카지노 출점
Hyatt Hotels Corp.
100%
서울미라마
* 1979. 7 설립 외국인투자기업(유한회사)
그랜드 하얏트 서울
한화
한화케미칼
50.6%
48.7%
한화호텔앤드리조트
(호텔·레저·서비스 부문)
2014. 3Q 누계(사업부문)
매출액 3,847억 원
영업이익 132억 원
순이익 -190억 원
플라자 호텔
48.4%
한화역사
52%
일산씨월드
더케이제주호텔
100%
한국교직원공제회
100%
더케이호텔앤리조트
2013. 12
매출액 476억 원
영업이익 -57억 원
순이익 -49억 원
더케이호텔(서울, 경주, 지리산, 설악산)
일본(주)L 제4투자회사
15.6%
8.8%
롯데쇼핑
31.1%
롯데물산
19.1%
호텔롯데
2014. 3Q 누계
매출액 3조 4,180억 원
영업이익 2,704억 원
순이익 1,920억 원
서울호텔(소공)
제주호텔
월드호텔(잠실)
울산호텔
롯데시티호텔
Hilton Int'l Co.
CDL Hotels (Labuan) Ltd.
프랜차이즈계약
100%
씨디엘호텔코리아
2013. 12 기준
매출액 833억 원
영업이익 114억 원
순이익 85억 원
밀레니엄 서울 힐튼
* 그랜드 힐튼 서울(옛 스위스 그랜드호텔)은 동원INC가 운영
한진칼
100%
KAL호텔네트워크
2013. 12
매출액 855억 원
영업이익 87억 원
순이익 53억 원
H2호텔
제주칼호텔
그랜드 하얏트 인천 (옛 하얏트 리젠시 인천)
서귀포칼호텔
아주산업
14.6%
아주호텔앤리조트
100%
아주호텔제주
2013. 12
매출액 218억 원
영업이익 38억 원
순이익 14억 원
하얏트 리젠시 제주
장평순 외 2명
교원하이퍼센트
78.3%
69.2%
교원
(호텔연수사업부문)
2013. 12(전사업부문)
매출액 5,015억 원
영업이익 539억 원
순이익 389억 원
스위트호텔(제주, 경주, 낙산, 남원)
카지노
외국인 전용 카지노
한국관광공사
51%
그랜드코리아레저(GKL)
KP
2014. 3Q 누계
매출액 3,915억 원
영업이익 1,070억 원
순이익 855억 원
* 2005. 9 한국관광공사 주도로 설립 세븐럭카지노(서울 강남점, 힐튼호텔점, 부산롯데호텔점)
카지노 출점
전필립
67.4%
파라다이스 글로벌
0.5%
37.4%
파라다이스
KQ
2014. 3Q 누계
매출액 5,025억 원
영업이익 879억 원
순이익 1,005억 원
파라다이스카지노(워커힐, 부산, 인천), 제주카지노지점
19.9%
베이스명동
69.5%
파라다이스호텔 부산
카지노 출점

업체명	카지노명	영업장 호텔명
코자나	알펜시아카지노	홀리데이 인 호텔 (알펜시아 리조트)
골든크라운	호텔인터불고대구 카지노	호텔인터불고대구
엔에스디영상	더케이제주호텔카지노	더케이호텔제주
마제스타	신라카지노	제주 호텔신라
풍화	로얄팔레스카지노	제주오리엔탈호텔
두성	롯데호텔제주카지노	제주 롯데호텔
지앤엘	더호텔엘베가스카지노	더호텔(제주)
벨루가오션	하얏트호텔카지노	하얏트 리젠시 제주
골든비치	골든비치카지노	제주칼호텔

내국인용 카지노
한국광해관리공단
강원도개발공사
36.3%
6.1%
강원랜드
(하이원리조트)
KP
2014. 3Q 누계
매출액 1조 1,229억 원
영업이익 3,940억 원
순이익 3,120억 원
100%
하이원엔터테인먼트
27.3%
문경레저타운
24.1%
동강시스타
100%
하이원상동테마파크
99.6%
하이원추추파크

한국 관광수지 추이

관광수입
관광지출
5,793 2005 12,025
5,697 2006 14,295
6,071 2007 16,932
9,696 2008 14,572
9,767 2009 11,036
10,291 2010 14,278
12,347 2011 15,531
13,357 2012 16,495
14,136 2013 17,776
9,764 2014. 1~7 11,356
(백만 달러)
20,000 15,000 10,000 5,000 0
0 5,000 10,000 15,000 20,000

자료 : 한국관광공사

방한 외래객과 국민 해외여행객 추이

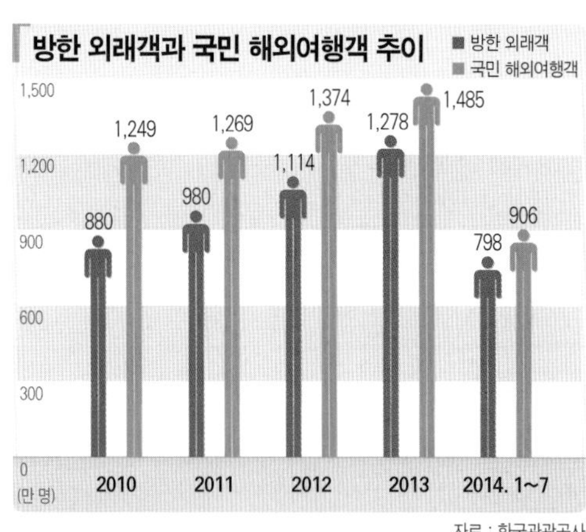
■ 방한 외래객
■ 국민 해외여행객
1,500
1,200
900
600
300
0
(만 명)
880 1,249
980 1,269
1,114 1,374
1,278 1,485
798 906
2010 2011 2012 2013 2014. 1~7

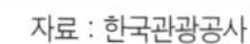
자료 : 한국관광공사

관광산업의 GDP 기여도

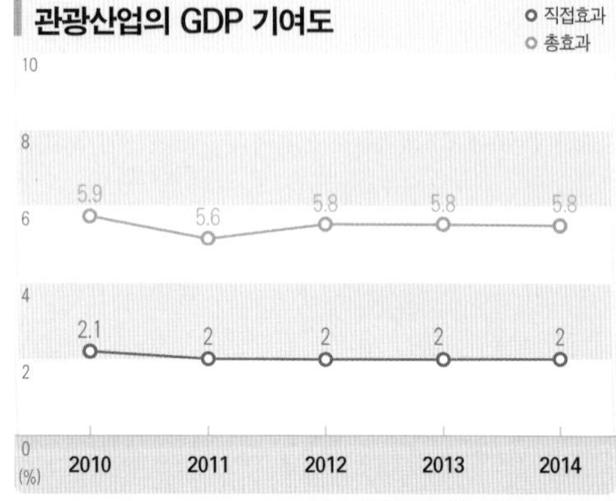
○ 직접효과
○ 총효과
10
8
6
4
2
0
(%)
5.9 5.6 5.8 5.8 5.8
2.1 2 2 2 2
2010 2011 2012 2013 2014

자료 : 문화체육관광부, 한국문화관광연구원

한국인 해외여행 방문국 톱 10

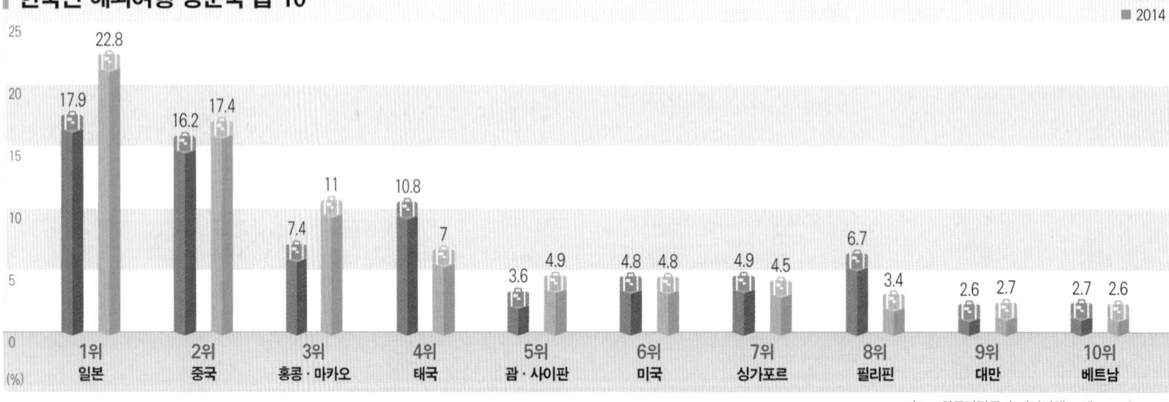
■ 2013
■ 2014
25
20
15
10
5
0
(%)
17.9 22.8
16.2 17.4
7.4 11
10.8 7
3.6 4.9
4.8 4.8
4.9 4.5
6.7 3.4
2.6 2.7
2.7 2.6
1위 일본
2위 중국
3위 홍콩 · 마카오
4위 태국
5위 괌 · 사이판
6위 미국
7위 싱가포르
8위 필리핀
9위 대만
10위 베트남

자료 : 한국관광공사 해외여행 트렌드 조사 보고서

해외여행 행태별 비중 (기준 : 2014)

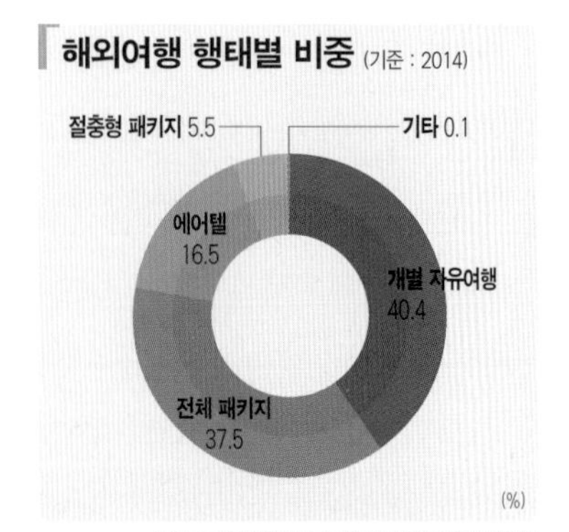
절충형 패키지 5.5
기타 0.1
에어텔 16.5
개별 자유여행 40.4
전체 패키지 37.5
(%)

자료 : 한국관광공사 해외여행 트렌드 조사 보고서

해외여행 기간 (기준 : 2014)

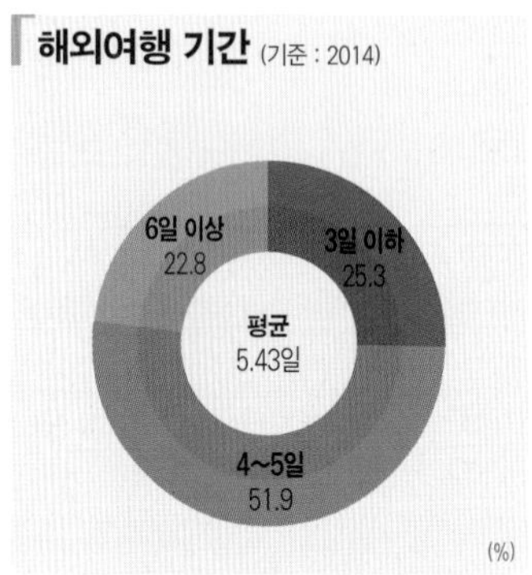
6일 이상 22.8
3일 이하 25.3
평균 5.43일
4~5일 51.9
(%)

자료 : 한국관광공사 해외여행 트렌드 조사 보고서

해외여행 비용 (기준 : 2014)

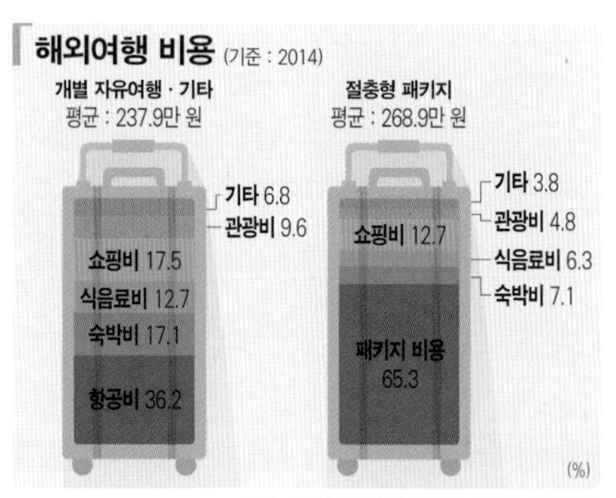
개별 자유여행 · 기타
평균 : 237.9만 원
기타 6.8
관광비 9.6
쇼핑비 17.5
식음료비 12.7
숙박비 17.1
항공비 36.2
절충형 패키지
평균 : 268.9만 원
기타 3.8
관광비 4.8
쇼핑비 12.7
식음료비 6.3
숙박비 7.1
패키지 비용 65.3
(%)

자료 : 한국관광공사 해외여행 트렌드 조사 보고서

외국 관광객 한국여행 주요 방문지

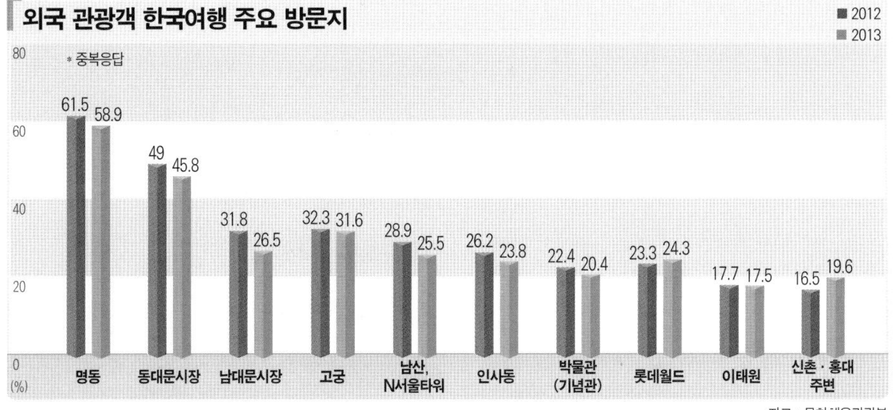

2012
2013
* 중복응답
80
60
40
20
0
(%)
61.5 58.9
49 45.8
31.8 26.5
32.3 31.6
28.9 25.5
26.2 23.8
22.4 20.4
23.3 24.3
17.7 17.5
16.5 19.6
명동
동대문시장
남대문시장
고궁
남산, N서울타워
인사동
박물관 (기념관)
롯데월드
이태원
신촌 · 홍대 주변

자료 : 문화체육관광부

글로벌 관광경쟁력 순위

(기준 : 2013)

순위	국가
1	스위스
2	독일
3	오스트리아
4	스페인
5	영국
6	미국
7	프랑스
8	캐나다
9	스웨덴
10	싱가포르
11	호주
12	뉴질랜드
13	네덜란드
14	일본
15	홍콩
16	아이슬란드
17	핀란드
18	벨기에
19	아일랜드
20	포르투칼
	…
25위	한국

자료 : 문화체육관광부, 한국문화관광연구원

국내 여행 비용 추이

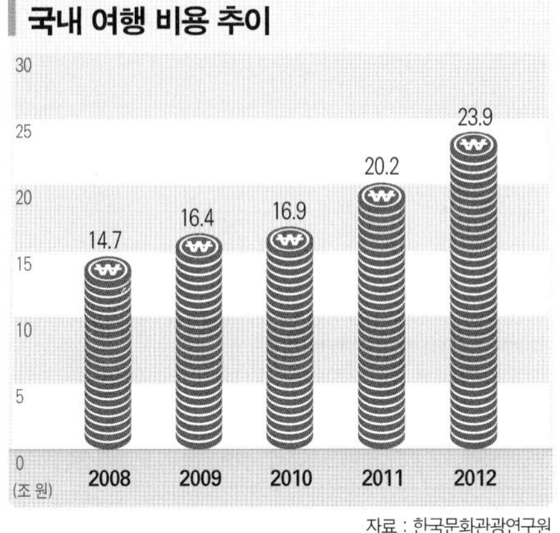

30
25
20
15
10
5
0
(조 원)
14.7
16.4
16.9
20.2
23.9
2008
2009
2010
2011
2012

자료 : 한국문화관광연구원

1인 평균 국내 여행 횟수 (기준 : 전국 만 15세 이상)

숙박여행
당일여행

연도	합계	숙박여행	당일여행
2008	6.06	2.58	3.48
2009	5.29	2.72	2.57
2010	3.96	2.17	1.79
2011	3.65	1.67	1.98
2012	4.93	2.13	2.8

(회)

자료 : 한국문화관광연구원

내국인 송객 업체별 시장점유율 (기준 : 2013 연간)

( ) 안은 인원

인원별 전체 계 512.8만 명

- 1위 하나투어 (181.8만 명) 35.5
- 2위 모두투어네트워크 (94.1만 명) 18.3
- 3위 노랑풍선 (32만 명) 6.2
- 4위 여행박사 (28.3만 명) 5.5
- 5위 온라인투어 (26.5만 명) 5.2
- 6위 참좋은레저 (20.7만 명) 4
- 7위 롯데관광개발 (17.9만 명) 3.5
- 8위 인터파크INT (16.9만 명) 3.3
- 9위 케이알티 (14.3만 명) 2.8
- 10위 한진관광 (14만 명) 2.7
- 기타 (66.3만 명) 12.9

( ) 안은 금액

금액별 전체 계 4조 7,869억 원

- 1위 하나투어 (1조 6,799억 원) 35.1
- 2위 모두투어네트워크 (9,464억 원) 19.8
- 3위 노랑풍선 (2,942억 원) 6.1
- 4위 참좋은레저 (2,507억 원) 5.2
- 5위 롯데관광개발 (2,198억 원) 4.6
- 6위 온라인투어 (2,147억 원) 4.5
- 7위 한진관광 (1,873억 원) 3.9
- 8위 케이알티 (1,566억 원) 3.3
- 9위 여행박사 (1,529억 원) 3.2
- 10위 내일투어 (1,280억 원) 2.7
- 기타 (5,564억 원) 11.6

(%)

자료 : 한국여행업협회

외국인 유치 업체별 시장점유율 (기준 : 2013년 연간)

( ) 안은 인원
인원별
전체 계
384만 명
에치아이에스코리아 (25.5만 명) 6.6
코네스트 (14.8만 명) 3.9
한진관광 (14.2만 명) 3.7
모두투어인터내셔널 (13.4만 명) 3.5
하나투어아이티씨 (11.5만 명) 3
롯데JTB (11.2만 명) 2.9
롯데관광 (10.6만 명) 2.8
세한여행사 (10.5만 명v 2.7
회방관광 (9.4만 명) 2.5
전국관광 (8.2만 명) 2.1
기타 (254.6만 명) 66.3
( ) 안은 금액
금액별
전체 계
6억 2,086만 달러
에치아이에스코리아 (3,465만 달러) 5.6
롯데JTB (3,400만 달러) 5.5
모두투어인터내셔널 (2,272만 달러) 3.7
한진관광 (2,147만 달러) 3.5
세한여행사 (1,847만 달러) 3
전국관광 (1,759만 달러) 2.8
롯데관광 (1,572만 달러) 2.5
세방여행 (1,404만 달러) 2.3
하나투어아이티씨 (1,374만 달러) 2.2
루크코리아투어 (1,237만 달러) 2
기타 (4억 1,611만 달러) 67
(%)

자료 : 한국여행업협회

호텔

전국 관광숙박업 현황 (기준 : 2012)

(개)

호텔종류	등급	구분	
관광호텔	특1급	업체수	71
		객실수	24,991
	특2급	업체수	74
		객실수	13,485
	1급	업체수	167
		객실수	14,292
	2급	업체수	121
		객실수	6,289
	3급	업체수	83
		객실수	5,110
	등급 미정	업체수	167
		객실수	10,570
	계	업체수	683
		객실수	74,737
수상 관광호텔		업체수	0
		객실수	0
가족호텔		업체수	70
		객실수	6,692
전통호텔		업체수	5
		객실수	231
호스텔		업체수	28
		객실수	549
휴양콘도미니엄		업체수	180
		객실수	38,971
총계		업체수	966
		객실수	121,180

자료 : 문화체육관광부, 한국문화관광연구원

지역별 호텔 업체수 비중 (기준 : 2012)

( ) 안은 사업체수

전국 계
603개
서울 24.7(149개)
강원 6.1(37개)
인천 6.5(39개)
충북 3.8(23개)
경기 10.9(66개)
경북 5.5(33개)
충남 2.2(13개)
대전 2(12개)
전북 2.8(17개)
대구 3(18개)
울산 1.2(7개)
광주 2.8(17개)
경남 6(36개)
부산 9.3(56개)
전남 4.1(25개)
제주 9.1(55개)
(%)

자료 : 통계청

호텔업의 등급 결정 기준 (2015. 1부터 5성 표시 신등급체계 시행)

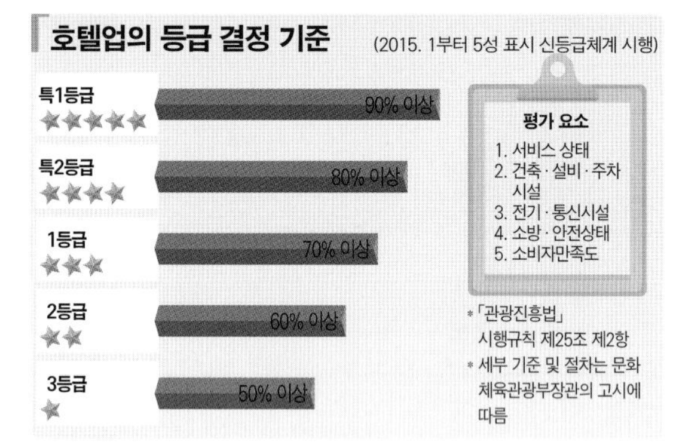
특1등급
90% 이상
특2등급
80% 이상
1등급
70% 이상
2등급
60% 이상
3등급
50% 이상
평가 요소
1. 서비스 상태
2. 건축·설비·주차 시설
3. 전기·통신시설
4. 소방·안전상태
5. 소비자만족도
*「관광진흥법」 시행규칙 제25조 제2항
* 세부 기준 및 절차는 문화체육관광부장관의 고시에 따름

국내 특1등급 호텔 영업실적 추이 (기준 : 객실수는 일별 연간 누계)

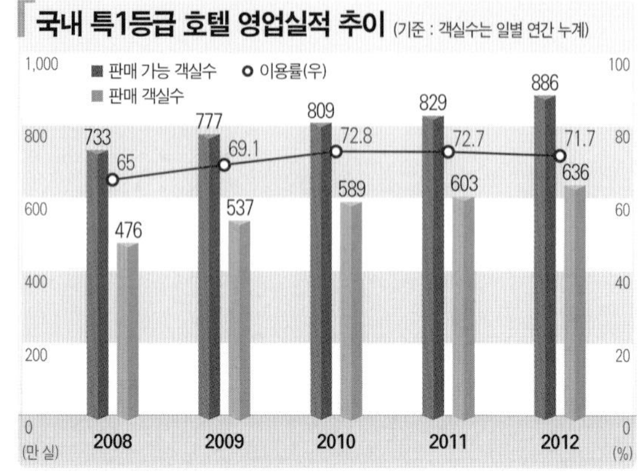
판매 가능 객실수
판매 객실수
이용률(우)
1,000
800
600
400
200
0
(만 실)
100
80
60
40
20
0
(%)
2008
2009
2010
2011
2012
733
476
65
777
537
69.1
809
589
72.8
829
603
72.7
886
636
71.7

자료 : 문화체육관광부

국내 특1등급 호텔 1객실당 영업실적 추이

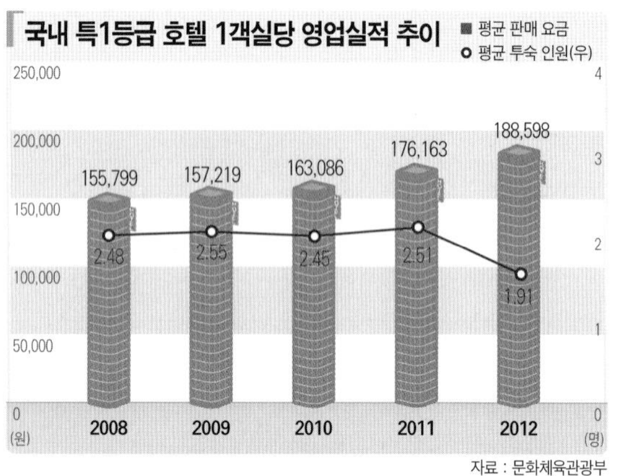
평균 판매 요금
평균 투숙 인원(우)
250,000
200,000
150,000
100,000
50,000
0
(원)
4
3
2
1
0
(명)
2008
2009
2010
2011
2012
155,799
157,219
163,086
176,163
188,598
2.48
2.55
2.45
2.51
1.91

자료 : 문화체육관광부

지역별 객실이용률 (기준 : 2012 연간)

100
80
60
40
20
0
(%)
전국 평균 : 64.7%
서울 78.9
부산 63.8
대구 55.4
인천 79.9
광주 50.2
대전 54.7
울산 57.6
경기 63.1
강원 43.4
충북 40.3
충남 47.7
전북 40.3
전남 46
경북 46.9
경남 44
제주 76

자료 : 문화체육관광부, 한국문화관광연구원

카지노

국내 영업 카지노 현황 (기준 : 2014. 5)

구분	지역	업체명	카지노 업소명	허가일	운영형태	영업장 호텔명
외국인 대상	서울	파라다이스	파라다이스워커힐카지노	1968. 3. 5	임대	쉐라톤 그랜드 워커힐 호텔
		그랜드코리아레저	세븐럭카지노 서울강남점	2005. 1. 28	임대	코엑스
			세븐럭카지노 힐튼호텔점	2005. 1. 28	임대	밀레니엄 서울 힐튼
	부산	그랜드코리아레저	세븐럭카지노 부산롯데호텔점	2005. 1. 28	임대	부산 롯데호텔
		파라다이스글로벌	파라다이스카지노 부산	1978. 10. 29	임대	파라다이스 호텔 부산
	인천	파라다이스글로벌	파라다이스 인천 카지노	1967. 8. 10	임대	그랜드 하얏트 인천(옛 하얏트 리젠시 인천)
	강원	코자나	알펜시아카지노	1980. 12. 9	임대	홀리데이 인 호텔(알펜시아 리조트 내)
	대구	골든크라운	호텔인터불고대구 카지노	1979. 4. 11	임대	호텔인터불고대구
	제주	엔에스디영상	더케이제주호텔카지노	1975. 10. 15	임대	더케이호텔제주
		파라다이스제주	제주카지노지점	1990. 9. 1	임대	제주 그랜드 호텔
		마제스타	신라카지노	1991. 7. 31	임대	제주 호텔신라
		풍화	로얄팔레스카지노	1990. 11. 6	임대	제주오리엔탈호텔
		두성	롯데호텔제주카지노	1985. 4. 11	임대	제주 롯데호텔
		지앤엘	더호텔엘베가스카지노	1990. 9. 1	직영	더호텔(제주)
		벨루가오션	하얏트호텔카지노	1990. 9. 1	임대	하얏트 리젠시 제주
		골든비치	골든비치카지노	1995. 12. 28	임대	제주칼호텔
내국인 대상	강원	강원랜드	강원랜드카지노	2000. 10. 12	직영	(하이원리조트)

국내 카지노 업소별 매출액 (기준 : 2013)

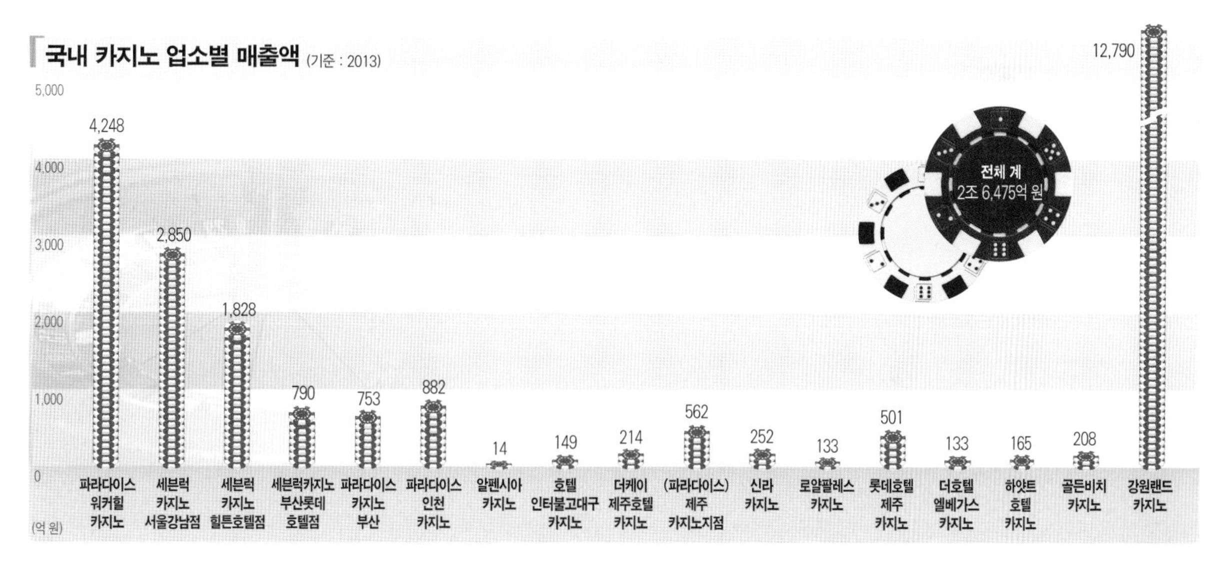

5,000
4,000
3,000
2,000
1,000
0
(억 원)
4,248
2,850
1,828
790
753
882
14
149
214
562
252
133
501
133
165
208
12,790
전체 계
2조 6,475억 원
파라다이스 워커힐 카지노
세븐럭 카지노 서울강남점
세븐럭 카지노 힐튼호텔점
세븐럭카지노 부산롯데 호텔점
파라다이스 카지노 부산
파라다이스 인천 카지노
알펜시아 카지노
호텔 인터불고대구 카지노
더케이 제주호텔 카지노
(파라다이스) 제주 카지노지점
신라 카지노
로얄팔레스 카지노
롯데호텔 제주 카지노
더호텔 엘베가스 카지노
하얏트 호텔 카지노
골든비치 카지노
강원랜드 카지노

국내 카지노 업소별 입장객수 (기준 : 2013)

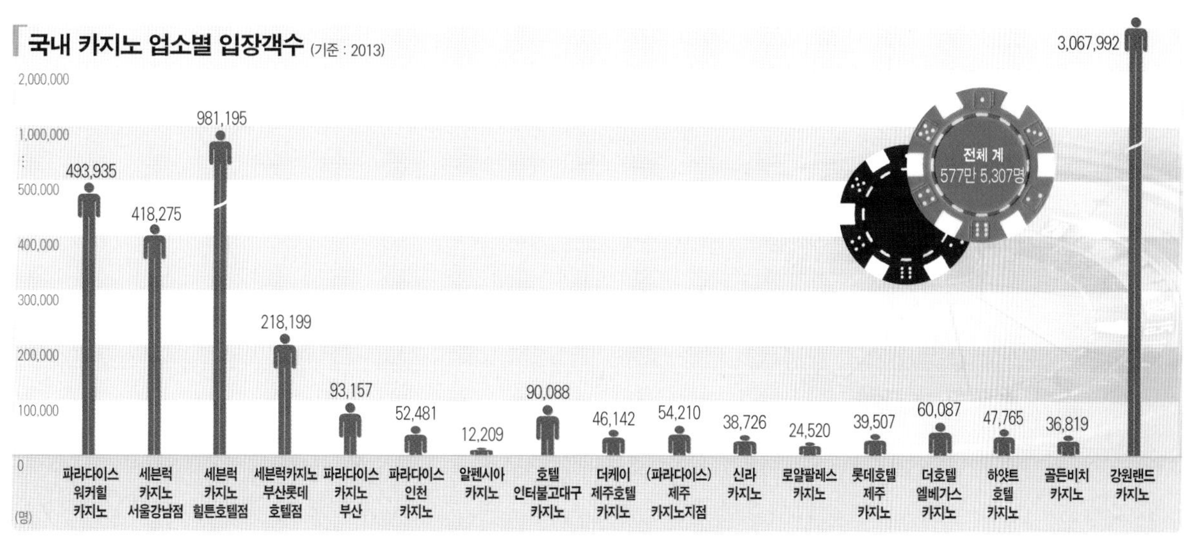

2,000,000
1,000,000
500,000
400,000
300,000
200,000
100,000
0
(명)
493,935
418,275
981,195
218,199
93,157
52,481
12,209
90,088
46,142
54,210
38,726
24,520
39,507
60,087
47,765
36,819
3,067,992
전체 계
577만 5,307명
파라다이스 워커힐 카지노
세븐럭 카지노 서울강남점
세븐럭 카지노 힐튼호텔점
세븐럭카지노 부산롯데 호텔점
파라다이스 카지노 부산
파라다이스 인천 카지노
알펜시아 카지노
호텔 인터불고대구 카지노
더케이 제주호텔 카지노
(파라다이스) 제주 카지노지점
신라 카지노
로얄팔레스 카지노
롯데호텔 제주 카지노
더호텔 엘베가스 카지노
하얏트 호텔 카지노
골든비치 카지노
강원랜드 카지노

자료 : 한국문화관광연구원

요우커 인베이젼은 끝나지 않았다

'요우커'는 관광객을 통칭하는 중국말이다. 중국인들은 뤼커(旅客, 여행객)라고 발음한다. 우리나라에서는 중국인 관광객을 요우커라 부른다. 2014년 말까지 한국을 찾는 요우커가 600만 명을 넘길 전망이다. 한국을 찾는 외국인 중 60~70%가 요우커인 셈이다. 이제 요우커는 여행과 호텔 업계를 좌지우지 하는 키워드가 되었다.

여행업계는 요우커 특수가 한창이다. 특히 제주도 방향 여행 상품 매출은 가히 폭발적이다. 중국인들의 제주도 사랑은 각별하다. 호텔업계에게도 요우커는 반가운 손님이다. 이들이 국내 면세점에서 소비하는 쇼핑 비용은 혀를 내두를 정도다.

하지만, 업계에서는 경영실적이 요우커라는 단일 수요층에 휘둘리는 것은 바람직하지 않다고 지적한다. 어느 시점에서 요우커 매출이 한풀 꺾이게 되면 업계 전체가 공황 상태에 빠질 수도 있다는 얘기다. 그래서 2015년과 2016년이 여행과 호텔 업계에는 그 어느 때보다 중요하다. 이른바 '포스트 요우커'를 준비해야 하는 시점이기 때문이다. 시장은 항상 지금보다는 그 다음이 중요하다. 이 점을 빨리 터득하고 미리 준비한 기업들이 시장에서 오래 살아남는다.

호텔업계 캐시 카우 키워드는 '면세점'과 '비즈니스호텔'

국내 대기업 계열 호텔들이 본업인 숙박보다 면세 사업을 통해 더 많은 수익을 내고 있다. 요우커 쇼핑객들의 증가로 면세 사업이 호조를 이어가는 것이다. 반면 호텔업은 최고급 호텔에 대한 가격 경쟁력 저하 및 저가 비즈니스호텔이 늘어나면서 타격을 받는 형국이다.

업계 1위인 호텔신라의 경우, 2014년 1분기에 전년 동기 대비 흑자전환에 성공했다. 물론, 면세점 매출 신장 덕택이다. 매출 비중을 보면 면세 사업 비중이 90%를 육박한다. 호텔 사업은 채 10%가 되지 않는 수준이다.

호텔롯데도 전체 매출의 80% 이상이 면세점에서 발생한다. 호텔 사업은 10% 내외다. SK네트웍스 계열 워커힐은 전체 매출 중 절반을 면세점에서 벌어들인다. 호텔신라나 호텔롯데에 비해 그나마 면세점과 호텔 실적이 조화를 이룬다는 평가다.

한편, 메이저 호텔들은 줄어드는 숙박 매출을 메우기 위해 비즈니스호텔 사업에 적극 뛰어들고 있다. JW메리어트동대문스퀘어서울, 롯데시티호텔구로, 알로프트서울강남호텔, 이비스버젯앰버서더서울동대문, 신라스테이역삼, 오클라우드 등이 서울에 문을 연 메이저 계열 비즈니스호텔들이다. 특히 서울 강남구 일대는 비즈니스호텔의 격전지로 꼽힌다. 메이저 호텔들의 비즈니스호텔 확장은 앞으로 좀 더 이어질 전망이다. 이로 인해 기존 소규모 비즈니스호텔들이 적지 않은 타격을 받을 것으로 보인다. 기대와 우려 속에 2015년과 2016년 국내 호텔산업의 생태계에 격변이 예상된다.

여행=휴가?, 여행=문화!

2014년 1월부터 10월까지 국경을 빠져나간 내국인이 1,336만 명이다. 월평균 133만 6,000명꼴이다. 2014년 한 해 출국자 수가 1,600만 명으로 추산된다. 최고치를 경신했던 2013년 1,485만 명보다 100만 명 이상 많은 숫자다. 여행 업계에 '출국자 1,500만 명 시대'가 열린 것이다. 2005년 1,000만 명을 처음 넘어선 뒤 9년 만에 새로운 역사를 쓰는 셈이다.

장기적인 경기 침체 속에서도 출국자가 늘어난 데는 몇 가지 이유가 있다. 우선 원화 강세로 환율이 낮아졌다

DUTY FREE SHOP

는 점이다. 여름휴가가 본격적으로 시작된 7월 1일을 기준으로 1달러는 1,011원, 1유로는 1,383원, 100엔은 995원이었다. 또 명절이나 연휴에 여행을 하는 문화가 보편화된 것도 중요 요인이다.

한편, 해외여행 출국자가 늘어나면서 내국인의 국내 여행이 상대적으로 줄어드는 것도 집고 넘어가야 할 점이다. 정부가 직접 나서서 관광주간 프로그램까지 만든 데는 다 그럴만한 이유가 있는 것이다. 관광주간은 내국인의 국내 여행을 활성화하고 여름과 겨울에 집중되는 여행객을 봄과 가을로 분산시키기 위해 2014년 처음 실시됐다. 정부는 5월 1일부터 11일까지, 9월 25일부터 10월 5일까지 두 차례에 걸쳐 관광주간을 진행했다. 관광주간에 맞춰 지자체와 관련 업계에서는 다채로운 축제와 행사를 선보였다. 또 관광 시설에서는 무료 개방과 관람 시간 연장 등을 실시하고, 숙박업소와 식당은 할인 혜택을 제공하기도 했다. 하지만 첫 번째 관광주간은 보름 앞서 터진 세월호 참사 여파로 정상적으로 이뤄지지 않았다. 홍보 활동이 중단되고 축제도 줄줄이 보류되거나 취소됐다. 가을에 벌어진 관광주간은 실질적인 첫 시험대였다. 정부와 지자체, 기업체는 교통, 숙박, 음식뿐 아니라 유통, 금융 등 여러 부문에 걸쳐 대대적인 할인 행사를 펼쳤다. 관광열차 승차권이 싸게 판매되고, 특정 업체의 렌터카와 주유 비용이 할인됐다.

출국자 1,500만 명 시대에 정부 차원에서 처음 시행한 관광주간 프로그램은 절반의 성공을 거두었다는 평가다. 세월호 참사 여파가 크게 작용했지만, 여행지마다 부족한 인프라는 하루빨리 개선해야 할 부분이다. 여행이 단지 유흥과 휴식에 그치는 게 아니라 유럽처럼 문화로 인식하는 사고의 전환이 절실하다.

카지노, 사행산업이란 고정관념

여행과 호텔 업계에 조커 역할을 하는 사업이 바로 카지노다. '카지노=도박=사행행위'라는 관념이 강한 한국 사회에서 카지노가 하나의 레저산업으로 자리매김하기는 당장 쉽지 않겠지만 여러 대외적 요인을 고려해보건대 성장 가능성이 무궁무진하다.

특히 동아시아의 카지노시장은 그야말로 엘도라도다. 2000년대 중국의 경제 성장에 힘입어 폭발적인 성장세를 이어가고 있다. 1999년 마카오, 2006년 한국 카지노 시장이 중국의 카지노 수요를 흡수하면서 두 자리 성장을 지속하고 있다. 중국은 1949년 공산당 집권 이후 도박장 개설이 금지되고 있기 때문에 마카오와 한국이 수혜를 보고 있는 것이다. 동아시아 카지노시장은 이 두 곳이 과점을 형성하고 있다고 해도 과언이 아니다. 특히, 한국 카지노시장의 잠재 고객군을 중국의 자산 규모 1천만 위안 이상의 소득층으로 볼 때, 베이징과 상하이에만 잠재 고객이 30만 명 이상 존재한다.

내국인을 대상으로 하는 카지노산업은 아직 초기 단계다. 전문가들은 성장잠재력이 중국 못지않다고 전망한다. 국내 성인 중에 카지노에 출입해본 사람은 전체 인구의 약 0.2% 수준에 불과하다는 통계가 있다. 카지노 성숙기 시장인 미국은 성인 인구의 25%가 카지노를 즐긴다. 앞으로 한국에서도 카지노에 대한 인식이 미국처럼 레저로 바뀐다면 엄청난 성장으로 이어질 수 있다는 계산이다.

여행이 문화로, 카지노가 레저로, 바뀔 수 있을까? 시장은 결국 수요자(소비자)들의 생활양식이 어떻게 변화하는가에 큰 영향을 받는다. 물론 수 년 전에 그 변화를 미리 내다볼 수 있는 기업과 투자자는 돈을 벌 것이다. 비즈니스 기회는 미리 포착하는 것이기 때문이다.

47 | 엔터테인먼트(영화·음악)업계

업계 규모
- 국내 영화산업 매출액 1조 8,839억 원
- 영화관객수 2억 1,332만 명
- 1인당 연평균 영화 관람횟수 4.25회
- 국내 음악산업 매출액 4조 4,420억 원

영화

CJ의 엔터테인먼트 관련 계열사 계통도

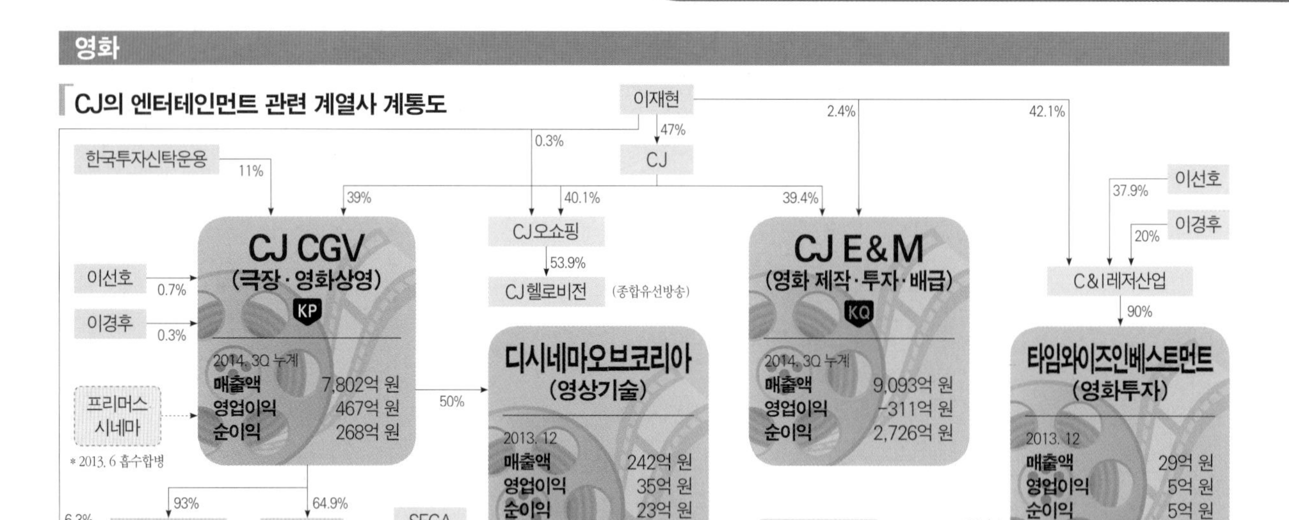

이재현
47%
CJ
0.3%
2.4%
42.1%
한국투자신탁운용
11%
39%
40.1%
39.4%
CJ오쇼핑
53.9%
CJ헬로비전 (종합유선방송)
CJ CGV
(극장·영화상영)
KP
이선호
0.7%
이경후
0.3%
프리머스 시네마
* 2013. 6 흡수합병
2014. 3Q 누계
매출액 7,802억 원
영업이익 467억 원
순이익 268억 원
50%
디시네마오브코리아
(영상기술)
2013. 12
매출액 242억 원
영업이익 35억 원
순이익 23억 원
CJ E&M
(영화 제작·투자·배급)
KQ
2014. 3Q 누계
매출액 9,093억 원
영업이익 -311억 원
순이익 2,726억 원
이선호
37.9%
이경후
20%
C&I레저산업
90%
타임와이즈인베스트먼트
(영화투자)
2013. 12
매출액 29억 원
영업이익 5억 원
순이익 5억 원
* 2014. 3 CJ창업투자에서 상호 변경
93%
64.9%
6.3%
CJ포디플렉스 (영상기술)
시뮬라인 (영상기술)
18.9%
SEGA (일본)
롯데쇼핑
50%

CJ E&M 사업부문별 연결재무 현황 (기준 : 2014. 9 연결) (억 원)

사업부문별	회사명	CJ E&M 지분	주요 사업 내용	매출액	영업이익
방송사업부문 방송채널 tvN, OCN, CGV 외 18개 채널 및 방송콘텐츠 서비스	CJ E&M (방송사업부문)			5,841	-201
	씨제이이엔지씨코리아	67%	방송업		
	메조미디어	51%	인터넷광고, 미디어렙		
	엠바고미디어	(메조미디어 51%)	정보서비스업		
	제이에스픽쳐스	70%	방송용 프로그램 제작업		
	CJ Century Entertainment & Media Consulting Co., Ltd.	100%	미디어 사업		
	CJ E&M Japan INC	46%	미디어 사업		
	ImaginAsian Entertainment, Inc.	70%	동영상 콘텐츠 서비스업		
영화사업부문 영화 제작, 유통, 투자사업	CJ E&M (영화사업부문)			1,733	84
	CJ Entertainment Japan Inc.	60%	영화, 방송 및 기타 공연사업		
	CJ E&M America, Inc.	100%	지주회사		
	CJ Entertainment America L.L.C	100%	영화, 방송 및 기타 공연사업		
	CJ E&M Tianjin Co., Ltd.	100%	영화제작 등		
음악사업부문 음반 제작 및 투자, 음원 유통, 콘서트 및 온라인 콘텐츠 사업	CJ E&M (음악사업부문)			1,246	-29
	엠엠오엔터테인먼트	100%	음반기획, 제작판매, 행사대행, 연예인 대리		
	CJ Victor Entertainment	51%	음반기획, 제작 및 유통		
공연사업부문 공연 사업	CJ E&M (공연사업부문)			273	-165
합계				9,093	-311

CJ E&M 매출 비중 (기준 : 2014. 1~3Q)

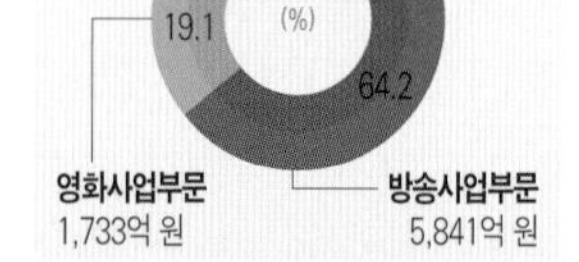

음악사업부문 1,246억 원
공연사업부문 273억 원
13.7
3
19.1
(%)
64.2
영화사업부문 1,733억 원
방송사업부문 5,841억 원

CJ CGV 매출 비중 (기준 : 2014. 1~3Q)

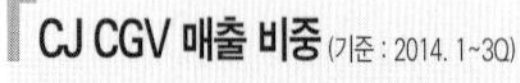

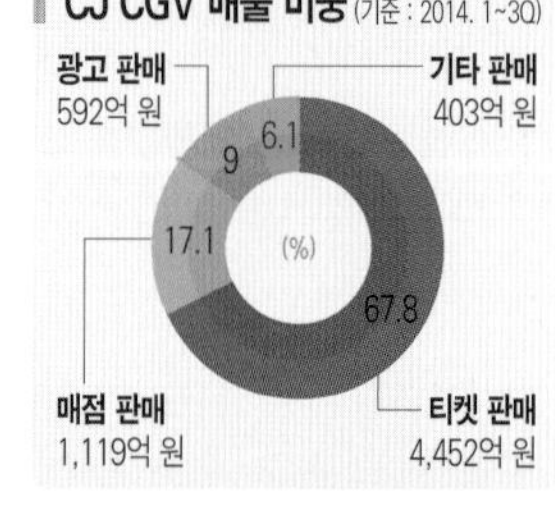

광고 판매 592억 원
기타 판매 403억 원
9
6.1
17.1
(%)
67.8
매점 판매 1,119억 원
티켓 판매 4,452억 원

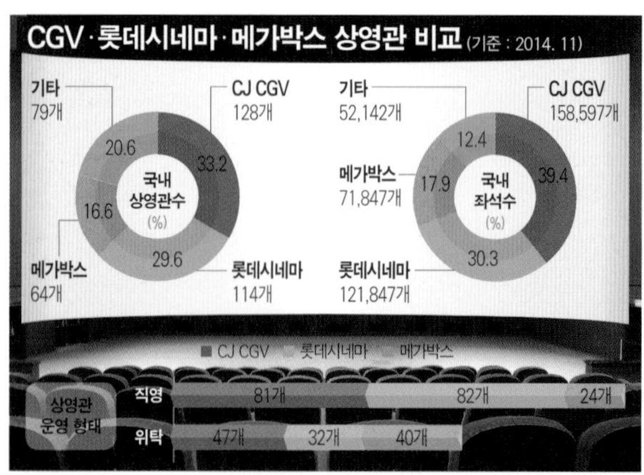

CGV·롯데시네마·메가박스 상영관 비교 (기준 : 2014. 11)
기타 79개
CJ CGV 128개
20.6
33.2
국내 상영관수 (%)
16.6
29.6
메가박스 64개
롯데시네마 114개
기타 52,142개
CJ CGV 158,597개
12.4
메가박스 71,847개
17.9
국내 좌석수 (%)
39.4
30.3
롯데시네마 121,847개
CJ CGV 롯데시네마 메가박스
상영관 운영 형태
직영 81개 82개 24개
위탁 47개 32개 40개

자료 : 영화진흥위원회 자료 등을 토대로 재구성

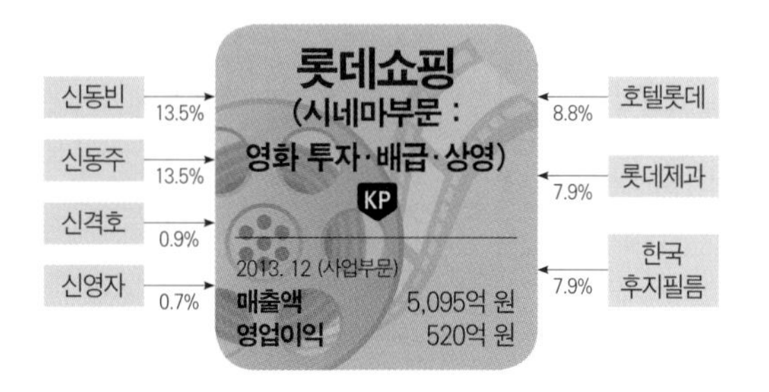

롯데쇼핑
(시네마부문 :
영화 투자·배급·상영)
KP
신동빈 13.5%
신동주 13.5%
신격호 0.9%
신영자 0.7%
호텔롯데 8.8%
롯데제과 7.9%
한국 후지필름 7.9%
2013. 12 (사업부문)
매출액 5,095억 원
영업이익 520억 원

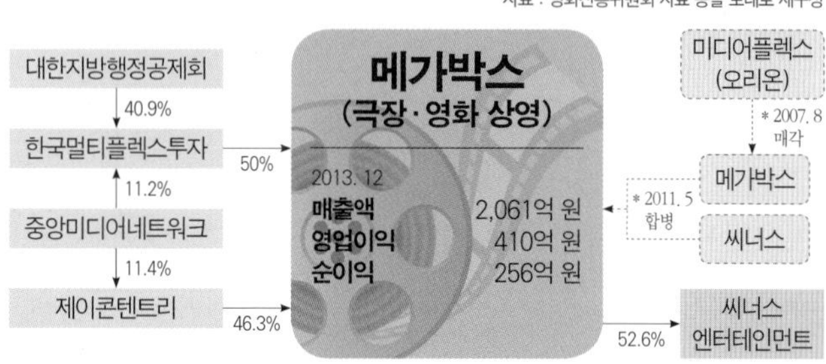

대한지방행정공제회
40.9%
한국멀티플렉스투자
50%
11.2%
중앙미디어네트워크
11.4%
제이콘텐트리
46.3%
메가박스
(극장·영화 상영)
2013. 12
매출액 2,061억 원
영업이익 410억 원
순이익 256억 원
미디어플렉스 (오리온)
* 2007. 8 매각
메가박스
* 2011. 5 합병
씨너스
씨너스 엔터테인먼트
52.6%
* 2013. 3 메가박스씨너스에서 상호 변경

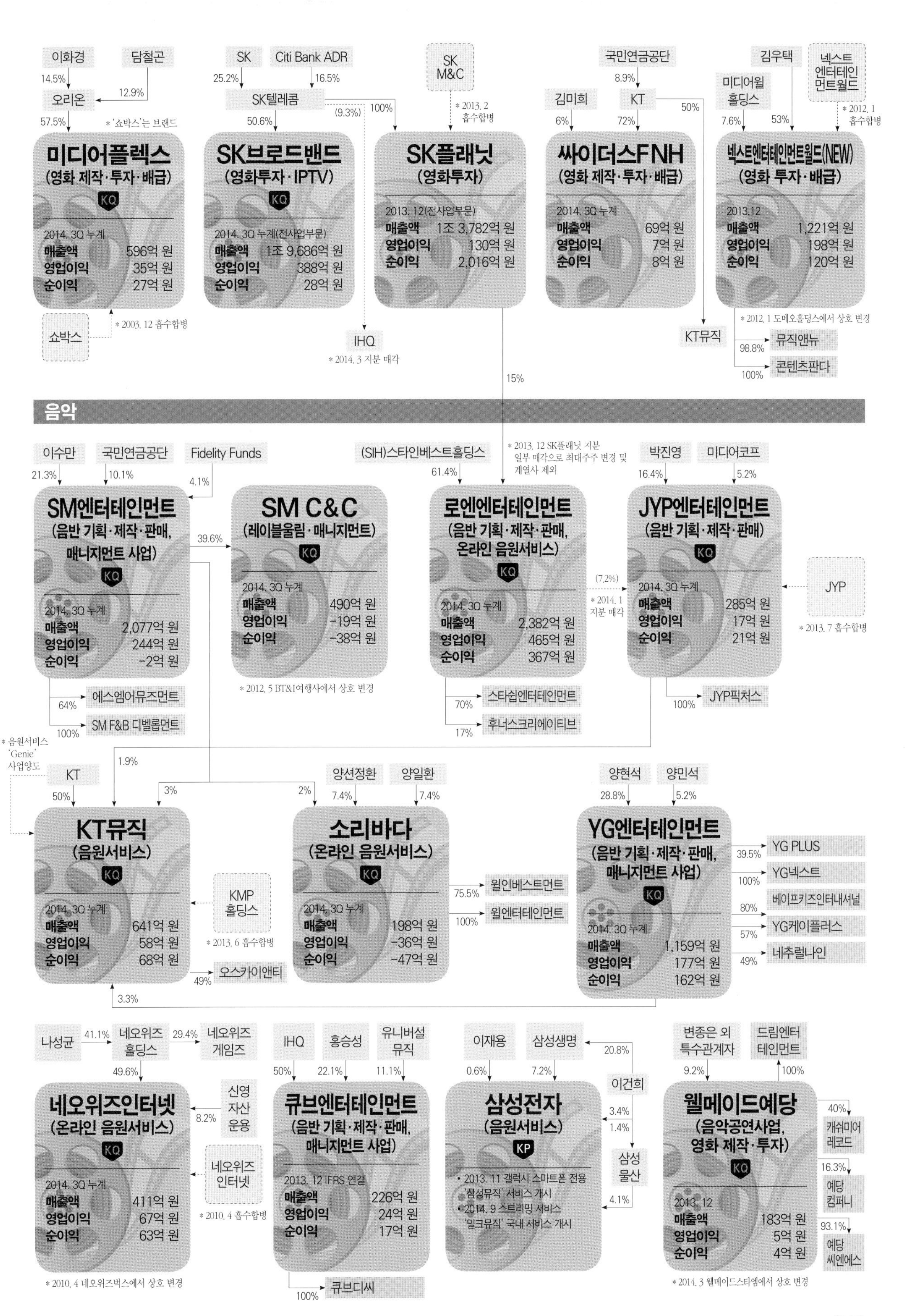
이화경
담철곤
14.5%
12.9%
오리온
57.5%
* '쇼박스'는 브랜드
미디어플렉스
(영화 제작·투자·배급)
KQ
2014. 3Q 누계
매출액 596억 원
영업이익 35억 원
순이익 27억 원
쇼박스
* 2003. 12 흡수합병
SK
Citi Bank ADR
25.2%
16.5%
SK텔레콤
50.6%
(9.3%)
100%
SK브로드밴드
(영화투자·IPTV)
KQ
2014. 3Q 누계(전사업부문)
매출액 1조 9,686억 원
영업이익 388억 원
순이익 28억 원
IHQ
* 2014. 3 지분 매각
SK M&C
* 2013. 2 흡수합병
SK플래닛
(영화투자)
2013. 12(전사업부문)
매출액 1조 3,782억 원
영업이익 130억 원
순이익 2,016억 원
15%
국민연금공단
8.9%
김미희
KT
6%
72%
50%
싸이더스FNH
(영화 제작·투자·배급)
2014. 3Q 누계
매출액 69억 원
영업이익 7억 원
순이익 8억 원
KT뮤직
김우택
미디어윌 홀딩스
넥스트 엔터테인먼트월드
7.6%
53%
* 2012. 1 흡수합병
넥스트엔터테인먼트월드(NEW)
(영화 투자·배급)
2013. 12
매출액 1,221억 원
영업이익 198억 원
순이익 120억 원
* 2012. 1 도메오홀딩스에서 상호 변경
98.8%
뮤직앤뉴
100%
콘텐츠판다
음악
이수만
국민연금공단
Fidelity Funds
21.3%
10.1%
4.1%
SM엔터테인먼트
(음반 기획·제작·판매, 매니지먼트 사업)
KQ
2014. 3Q 누계
매출액 2,077억 원
영업이익 244억 원
순이익 -2억 원
64%
에스엠어뮤즈먼트
100%
SM F&B 디벨롭먼트
39.6%
SM C&C
(레이블울림·매니지먼트)
KQ
2014. 3Q 누계
매출액 490억 원
영업이익 -19억 원
순이익 -38억 원
* 2012. 5 BT&I여행사에서 상호 변경
(SIH)스타인베스트홀딩스
61.4%
* 2013. 12 SK플래닛 지분 일부 매각으로 최대주주 변경 및 계열사 제외
로엔엔터테인먼트
(음반 기획·제작·판매, 온라인 음원서비스)
KQ
2014. 3Q 누계
매출액 2,382억 원
영업이익 465억 원
순이익 367억 원
70%
스타쉽엔터테인먼트
17%
후너스크리에이티브
(7.2%)
* 2014. 1 지분 매각
박진영
미디어코프
16.4%
5.2%
JYP엔터테인먼트
(음반 기획·제작·판매)
KQ
2014. 3Q 누계
매출액 285억 원
영업이익 17억 원
순이익 21억 원
JYP
* 2013. 7 흡수합병
100%
JYP픽처스
* 음원서비스 'Genie' 사업양도
KT
50%
1.9%
3%
2%
KT뮤직
(음원서비스)
KQ
2014. 3Q 누계
매출액 641억 원
영업이익 58억 원
순이익 68억 원
KMP 홀딩스
* 2013. 6 흡수합병
49%
오스카이앤티
3.3%
양선정환
양일환
7.4%
7.4%
소리바다
(온라인 음원서비스)
KQ
2014. 3Q 누계
매출액 198억 원
영업이익 -36억 원
순이익 -47억 원
75.5%
윌인베스트먼트
100%
윌엔터테인먼트
양현석
양민석
28.8%
5.2%
YG엔터테인먼트
(음반 기획·제작·판매, 매니지먼트 사업)
KQ
2014. 3Q 누계
매출액 1,159억 원
영업이익 177억 원
순이익 162억 원
39.5%
YG PLUS
100%
YG넥스트
80%
베이프키즈인터내셔널
57%
YG케이플러스
49%
네추럴나인
나성균
41.1%
네오위즈 홀딩스
29.4%
네오위즈 게임즈
49.6%
네오위즈인터넷
(온라인 음원서비스)
KQ
2014. 3Q 누계
매출액 411억 원
영업이익 67억 원
순이익 63억 원
신영 자산 운용
8.2%
네오위즈 인터넷
* 2010. 4 흡수합병
* 2010. 4 네오위즈벅스에서 상호 변경
IHQ
홍승성
유니버설 뮤직
50%
22.1%
11.1%
큐브엔터테인먼트
(음반 기획·제작·판매, 매니지먼트 사업)
2013. 12 IFRS 연결
매출액 226억 원
영업이익 24억 원
순이익 17억 원
100%
큐브디씨
이재용
삼성생명
0.6%
7.2%
20.8%
이건희
3.4%
1.4%
삼성 물산
4.1%
삼성전자
(음원서비스)
KP
• 2013. 11 갤럭시 스마트폰 전용 '삼성뮤직' 서비스 개시
• 2014. 9 스트리밍 서비스 '밀크뮤직' 국내 서비스 개시
변종은 외 특수관계자
드림엔터 테인먼트
9.2%
100%
웰메이드예당
(음악공연사업, 영화 제작·투자)
KQ
2013. 12
매출액 183억 원
영업이익 5억 원
순이익 4억 원
40%
캐쉬미어 레코드
16.3%
예당 컴퍼니
93.1%
예당 씨엔에스
* 2014. 3 웰메이드스타엠에서 상호 변경

영화산업 매출 추이
■ 극장매출
■ 부가시장매출
■ 해외수출*
* 해외수출액 원화 환산 시 적용환율은 1USD=1,094.7원
(2013년 평균 매매기준율 적용)
25,000
20,000
15,000
10,000
5,000
0
(억 원)
2008 12,248 230 2,224 9,794
2009 11,984 155 888 10,941
2010 13,255 462 1,109 11,684
2011 14,449 382 1,709 12,358
2012 17,123 414 2,158 14,551
2013 18,839 651 2,676 15,512

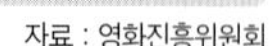
자료 : 영화진흥위원회

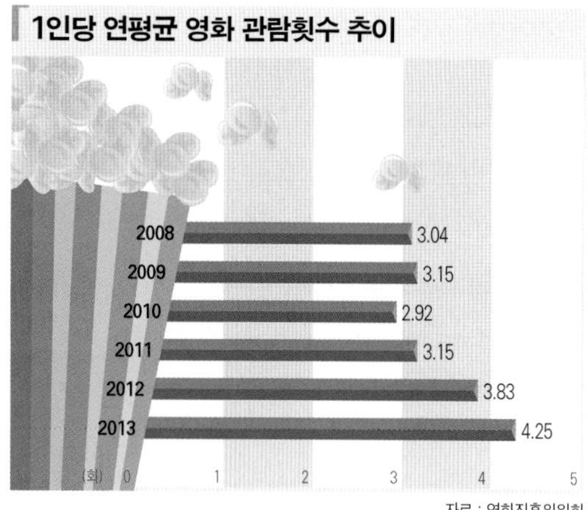
1인당 연평균 영화 관람횟수 추이
2008 3.04
2009 3.15
2010 2.92
2011 3.15
2012 3.83
2013 4.25
(회) 0 1 2 3 4 5

자료 : 영화진흥위원회

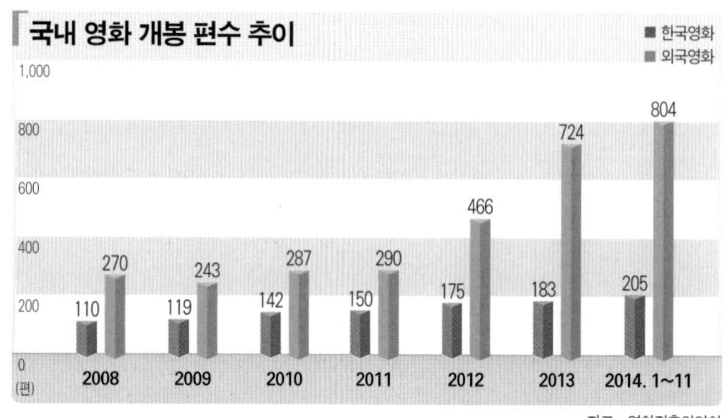
국내 영화 개봉 편수 추이
■ 한국영화
■ 외국영화
1,000
800
600
400
200
0
(편)
2008 110 270
2009 119 243
2010 142 287
2011 150 290
2012 175 466
2013 183 724
2014. 1~11 205 804

자료 : 영화진흥위원회

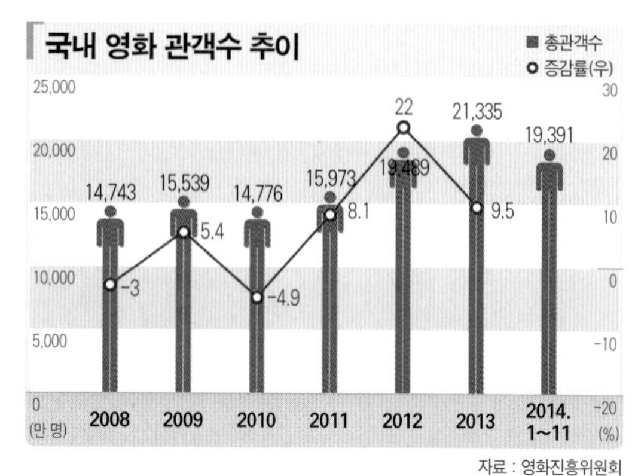
국내 영화 관객수 추이
■ 총관객수
○ 증감률(우)
25,000
20,000
15,000
10,000
5,000
0
(만 명)
30
20
10
0
-10
-20
(%)
2008 14,743 -3
2009 15,539 5.4
2010 14,776 -4.9
2011 15,973 8.1
2012 19,489 22
2013 21,335 9.5
2014. 1~11 19,391

자료 : 영화진흥위원회

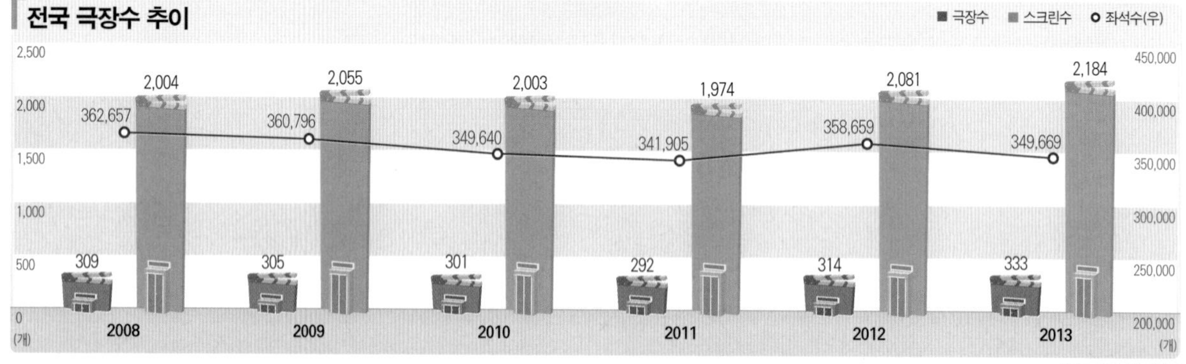
전국 극장수 추이
■ 극장수
■ 스크린수
○ 좌석수(우)
2,500
2,000
1,500
1,000
500
0
(개)
450,000
400,000
350,000
300,000
250,000
200,000
(개)
2008 309 2,004 362,657
2009 305 2,055 360,796
2010 301 2,003 349,640
2011 292 1,974 341,905
2012 314 2,081 358,659
2013 333 2,184 349,669

자료 : 영화진흥위원회

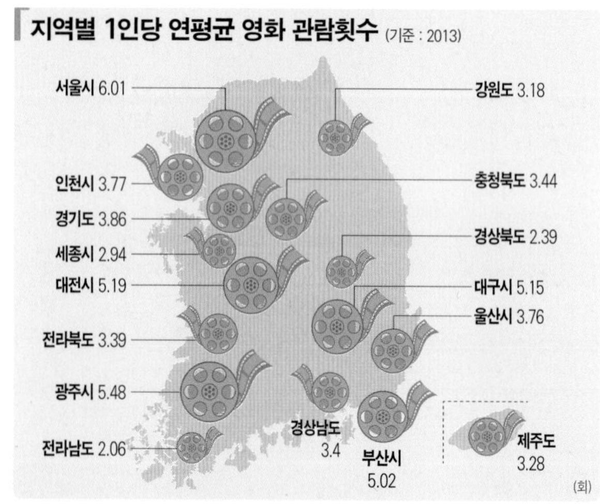
지역별 1인당 연평균 영화 관람횟수 (기준 : 2013)
서울시 6.01
강원도 3.18
인천시 3.77
충청북도 3.44
경기도 3.86
경상북도 2.39
세종시 2.94
대전시 5.19
대구시 5.15
울산시 3.76
전라북도 3.39
광주시 5.48
경상남도 3.4
부산시 5.02
제주도 3.28
전라남도 2.06
(회)

자료 : 영화진흥위원회

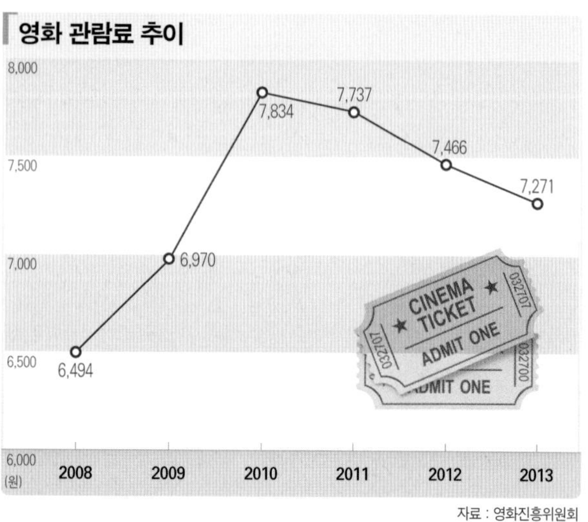
영화 관람료 추이
8,000
7,500
7,000
6,500
6,000
(원)
2008 6,494
2009 6,970
2010 7,834
2011 7,737
2012 7,466
2013 7,271
CINEMA TICKET
ADMIT ONE
0327007

자료 : 영화진흥위원회

한국영화 관객 점유율 추이

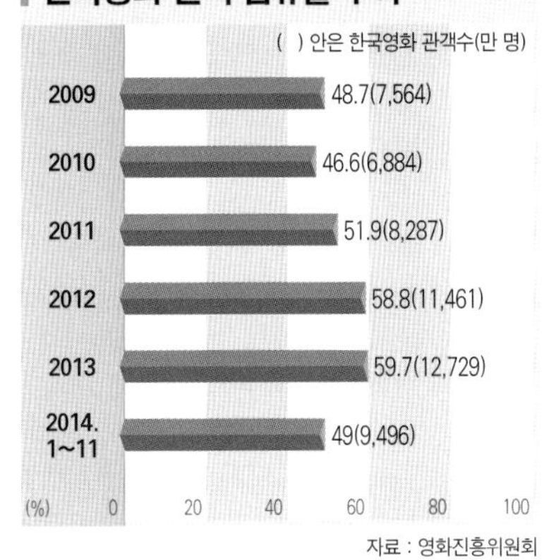

( ) 안은 한국영화 관객수(만 명)
2009 48.7(7,564)
2010 46.6(6,884)
2011 51.9(8,287)
2012 58.8(11,461)
2013 59.7(12,729)
2014. 1~11 49(9,496)
(%) 0 20 40 60 80 100

자료 : 영화진흥위원회

한국영화 투자수익률 추이

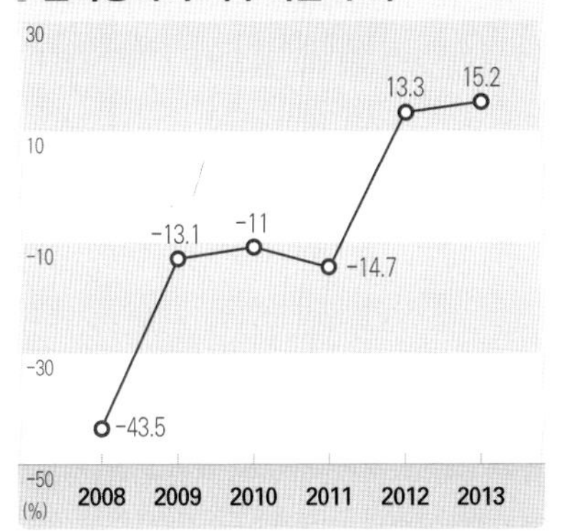

30
10
-10
-30
-50
(%)
-43.5
-13.1
-11
-14.7
13.3
15.2
2008 2009 2010 2011 2012 2013

자료 : 영화진흥위원회

한국영화 평균 제작비 추이

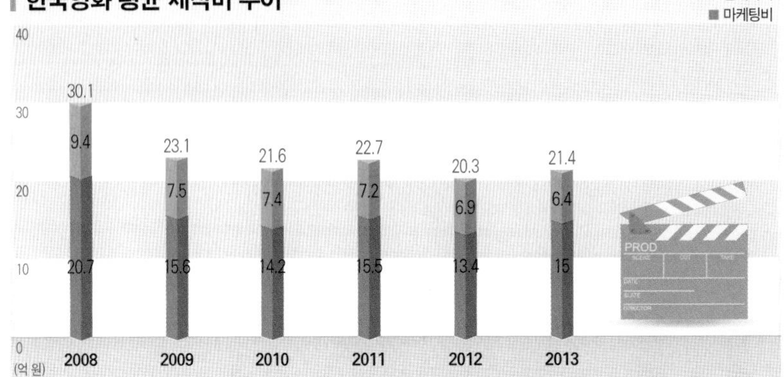

■ 순제작비
■ 마케팅비
40
30
20
10
0
(억 원)
30.1
9.4
20.7
23.1
7.5
15.6
21.6
7.4
14.2
22.7
7.2
15.5
20.3
6.9
13.4
21.4
6.4
15
2008 2009 2010 2011 2012 2013
PROD

자료 : 영화진흥위원회

IPTV·디지털케이블TV 영화 매출 추이

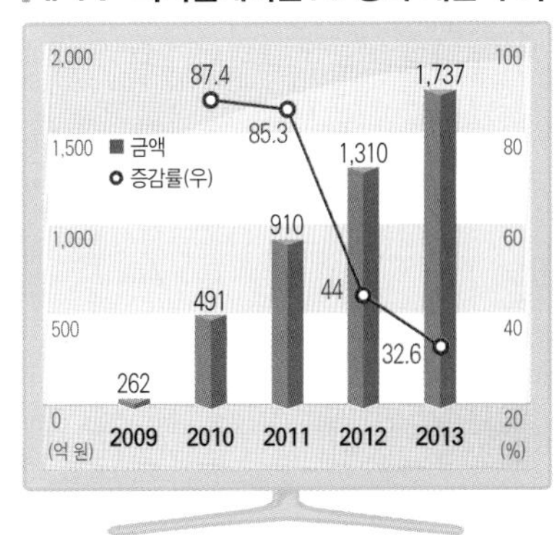

■ 금액
○ 증감률(우)
2,000
1,500
1,000
500
0
(억 원)
100
80
60
40
20
(%)
262
491
910
1,310
1,737
87.4
85.3
44
32.6
2009 2010 2011 2012 2013

자료 : 영화진흥위원회

인터넷 VOD시장 매출 추이

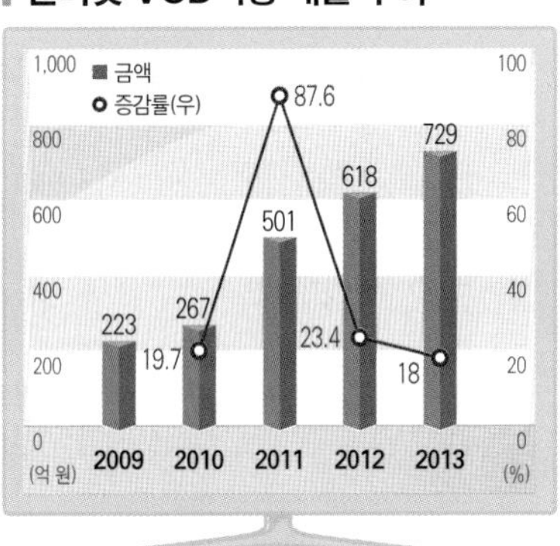

■ 금액
○ 증감률(우)
1,000
800
600
400
200
0
(억 원)
100
80
60
40
20
0
(%)
223
267
501
618
729
19.7
87.6
23.4
18
2009 2010 2011 2012 2013

자료 : 영화진흥위원회

한국영화 권역별 수출액 비중 (기준 : 2013 수출액)

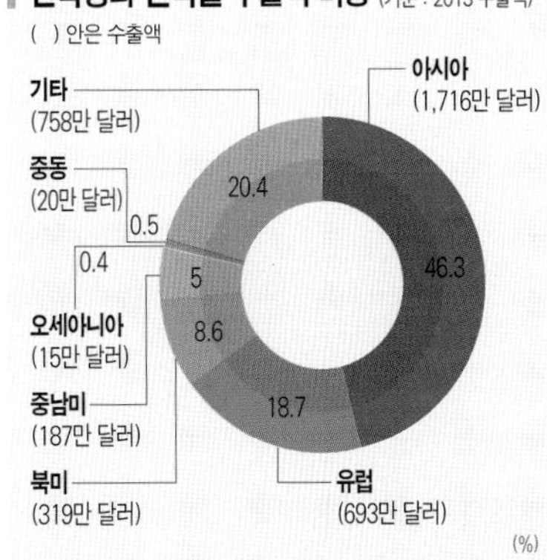

( ) 안은 수출액
아시아 (1,716만 달러)
기타 (758만 달러)
중동 (20만 달러)
오세아니아 (15만 달러)
중남미 (187만 달러)
북미 (319만 달러)
유럽 (693만 달러)
46.3
18.7
8.6
5
0.4
0.5
20.4
(%)

자료 : 영화진흥위원회

주요 10개국 한국영화 수출액 (기준 : 2013 수출액)

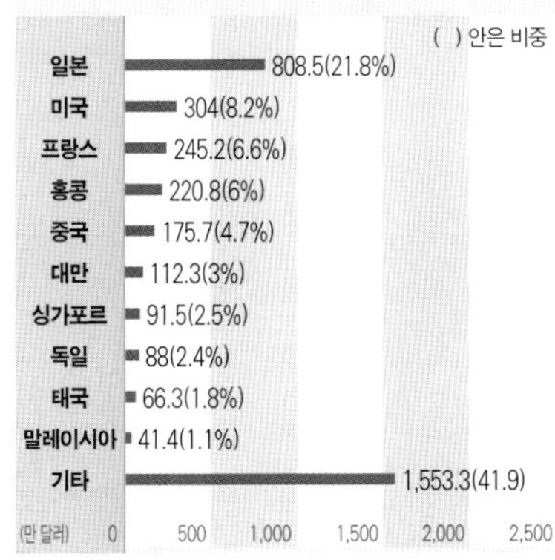

( ) 안은 비중
일본 808.5(21.8%)
미국 304(8.2%)
프랑스 245.2(6.6%)
홍콩 220.8(6%)
중국 175.7(4.7%)
대만 112.3(3%)
싱가포르 91.5(2.5%)
독일 88(2.4%)
태국 66.3(1.8%)
말레이시아 41.4(1.1%)
기타 1,553.3(41.9)
(만 달러) 0 500 1,000 1,500 2,000 2,500

자료 : 영화진흥위원회

4대 영화 배급사 2015년 한국영화 라인업

CJ E&M

영화 제목	감독	배우
쎄씨봉	김현석	김윤석, 김희애, 한효주
베테랑	류승완	황정민, 유아인
오늘의 연애	박진표	이승기, 문채원
장수상회	강제규	박근형, 윤여정, 한지민
손님	김광태	류승룡, 이성민, 천우희
나를 잊지 말아요	이윤정	정우성, 김하늘
순수의 시대	안상훈	신하균, 장혁
은밀한 유혹	윤재구	임수정, 유연석
악의 연대기	백운학	손현주, 마동석, 최다니엘
히말라야	이석훈	황정민, 정우
명탐정 홍길동	조성희	이제훈, 고아라, 김성균
행복이 가득한 집	이경미	김주혁, 손예진
도리화가	이종필	수지, 류승룡
시간 이탈자	곽재용	조정석, 임수정
성난 변호사	허종호	이선균, 김고은
남과여	이윤기	전도연, 공유

롯데 엔터테인먼트

영화 제목	감독	배우
소녀	이해영	박보영, 엄지원
저널리스트	노덕	조정석, 이하나, 김대명
해어화	박흥식	한효주
서부전선	천성일	설경구, 여진구
간신	민규동	주지훈, 김강우, 임지연
조선 마술사	김대승	유승호, 고아라
철원기행	김대환	문창길, 이영란, 김민혁
당신 거기 있어 줄래요	홍지영	미정
협녀: 칼의 기억	박흥식	이병헌, 전도연, 김고은

쇼박스

영화 제목	감독	배우
극비수사	곽경택	김윤석, 유해진
강남 1970	유하	이민호, 김래원, 정진영
조선명탐정2	김석윤	김명민, 오달수, 이연희
그날의 분위기	조규장	문채원, 유연석
내부자들	우민호	이병헌, 조승우, 백윤식
암살	최동훈	하정우, 이정재, 전지현
여름에 내리는 눈	전윤수	김성균, 성유리, 지진희
사도: 8일간의 기억	이준익	송강호, 유아인, 문근영
증거불충분	윤종석	고수, 백윤식
개미지옥	이명세	강동원, 김민희, 유지태
검사 외전	이일형	황정민

NEW

영화 제목	감독	배우
허삼관	하정우	하정우, 하지원
스물	이병헌	김우빈, 준호, 강하늘
연평해전(가제)	김학순	이현우, 진구, 김무열
뷰티인사이드(가제)	백승열	한효주, 김대명
널 기다리며(가제)	모홍진	심은경
열정같은 소리하고 있네(가제)	정기훈	박보영
부산행(가제)	연상호	공유
대호(가제)	박훈정	최민식

자료 : 각사, 언론기사 참고

극장 상영 형태별 관객 점유율 (기준 : 2014. 1~11)

- 2D 94.8(1억 8,387만 명)
- 3D 2.5(482만 명)
- 4D 1.4(264만 명)
- IMAX 0.9(171만 명)
- 필름 0.4(87만 명)

( ) 안은 관객수 (%)

자료 : 영화진흥위원회

관객 점유율 톱 10 배급사 (기준 : 2014. 1~11, 한국영화와 외국영화 상영작 기준)

순위	배급사	관객수(만 명)	관객 점유율(%)
1위	CJ E&M	4,766	24.7
2위	롯데쇼핑(주)롯데엔터테인먼트	2,380	12.4
3위	소니픽쳐스릴리징월트디즈니스튜디오스코리아(주)	2,373	12.3
4위	워너브라더스코리아(주)	1,885	9.8
5위	이십세기폭스코리아(주)	1,741	9
6위	쇼박스 (주)미디어플렉스	1,573	8.2
7위	(주)넥스트엔터테인먼트월드(NEW)	1,509	7.8
8위	유니버설픽쳐스인터내셔널코리아(유)	496	2.6
9위	판씨네마	389	2.0
10위	싸이더스픽쳐스	3151.6()	
	기타	9.6(1,840)	

( ) 안은 관객 점유율(%)

전체 관객수 1억 9,267만 명

(만 명)

자료 : 영화진흥위원회

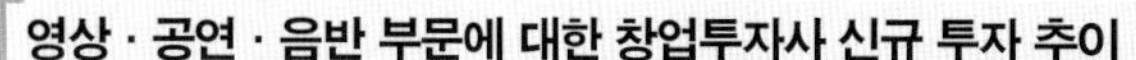

영상 · 공연 · 음반 부문에 대한 창업투자사 신규 투자 추이

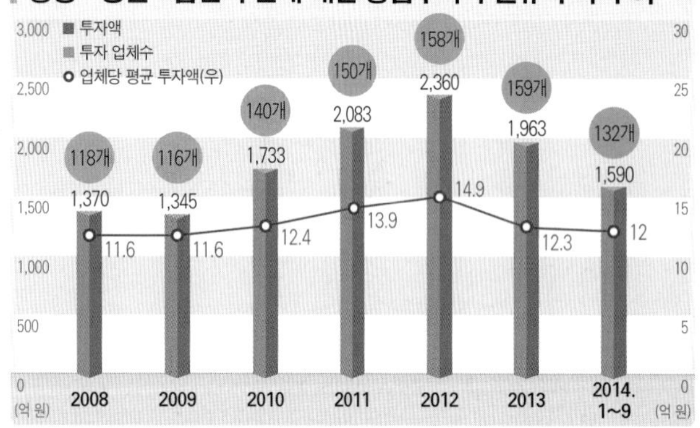

투자액
투자 업체수
업체당 평균 투자액(우)
118개 116개 140개 150개 158개 159개 132개
1,370 1,345 1,733 2,083 2,360 1,963 1,590
11.6 11.6 12.4 13.9 14.9 12.3 12
2008 2009 2010 2011 2012 2013 2014. 1~9
(억 원)

자료 : 한국벤처캐피탈협회

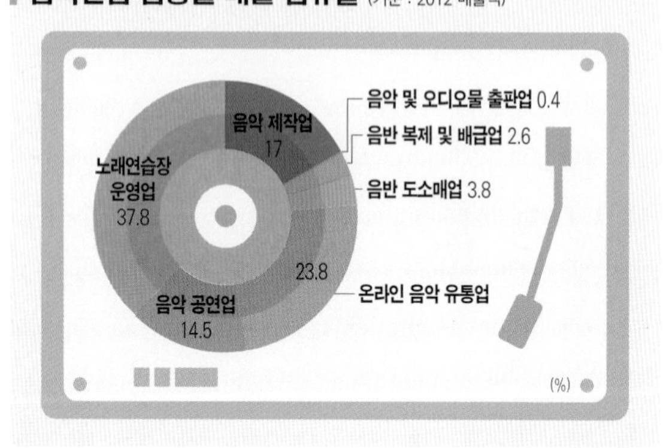

음악산업 업종별 매출 점유율 (기준 : 2012 매출액)
음악 제작업 17
음악 및 오디오물 출판업 0.4
음반 복제 및 배급업 2.6
음반 도소매업 3.8
온라인 음악 유통업 23.8
음악 공연업 14.5
노래연습장 운영업 37.8
(%)

자료 : 「2013 콘텐츠산업백서」

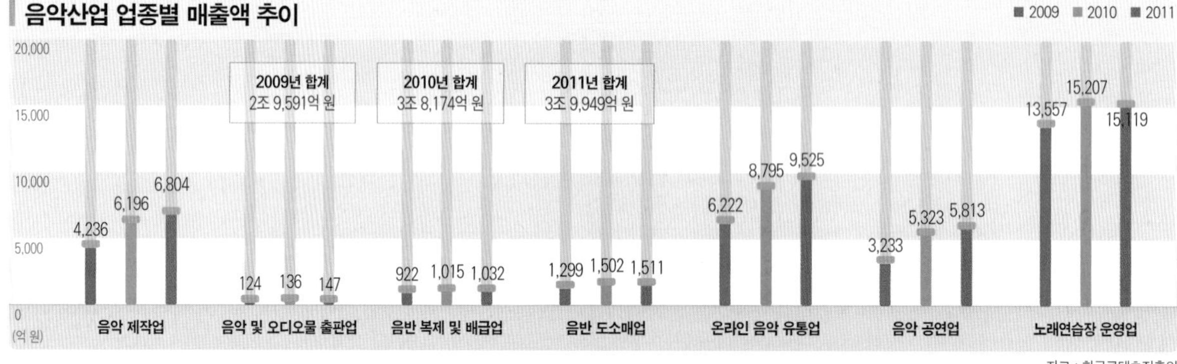

음악산업 업종별 매출액 추이
2009 2010 2011
2009년 합계 2조 9,591억 원
2010년 합계 3조 8,174억 원
2011년 합계 3조 9,949억 원
음악 제작업 4,236 6,196 6,804
음악 및 오디오물 출판업 124 136 147
음반 복제 및 배급업 922 1,015 1,032
음반 도소매업 1,299 1,502 1,511
온라인 음악 유통업 6,222 8,795 9,525
음악 공연업 3,233 5,323 5,813
노래연습장 운영업 13,557 15,207 15,119
(억 원)

자료 : 한국콘텐츠진흥원

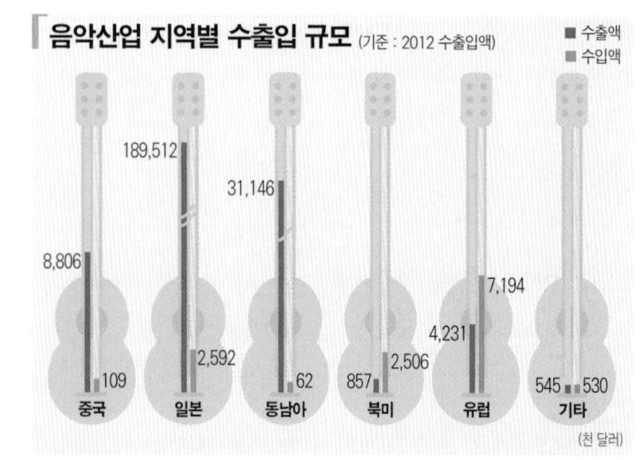

음악산업 지역별 수출입 규모 (기준 : 2012 수출입액)
수출액
수입액
중국 8,806 109
일본 189,512 2,592
동남아 31,146 62
북미 857 2,506
유럽 4,231 7,194
기타 545 530
(천 달러)

자료 : 문화체육관광부

디지털 음악서비스 제공 경로
제작사
지적재산권자
이용허락
서비스사업자
한국음악저작권협회(KOMCA)
한국음악실연자연합회(FKMP)
한국음원제작자협회(KAPP)
CJ E&M
로엔
KMP
직배사
SM
JYP
YG
저작권
실연권
저작인접권
멜론
엠넷닷컴
벅스
소리바다
올레뮤직
이용자

자료 : 「2013 음악산업백서」, 한국콘텐츠진흥원

음원산업 발달 과정

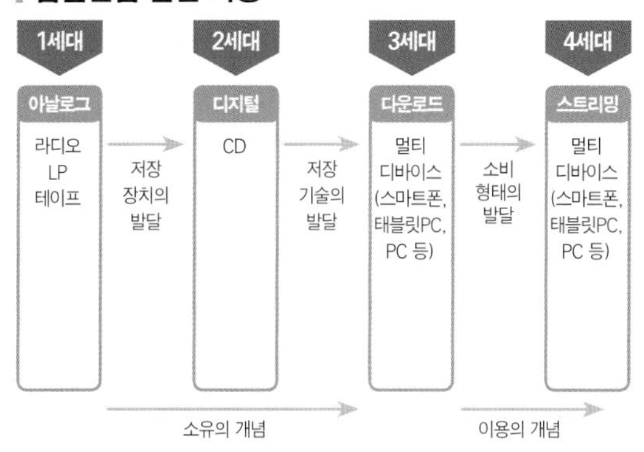

1세대
2세대
3세대
4세대
아날로그
라디오
LP
테이프
저장 장치의 발달
디지털
CD
저장 기술의 발달
다운로드
멀티 디바이스 (스마트폰, 태블릿PC, PC 등)
소비 형태의 발달
스트리밍
멀티 디바이스 (스마트폰, 태블릿PC, PC 등)
소유의 개념
이용의 개념

자료 : 하나대투증권

온라인 음악사이트 방문자수

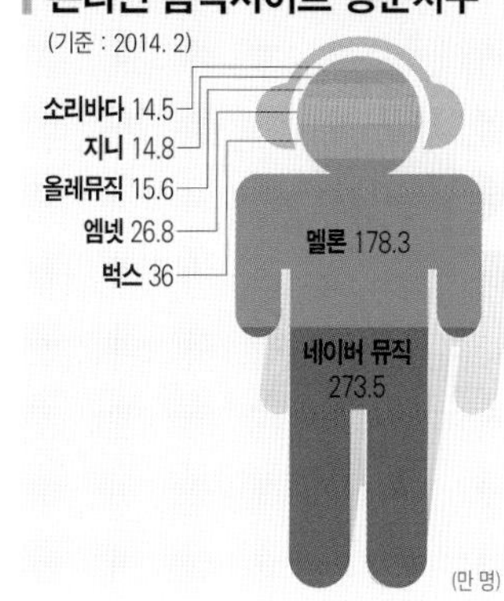

(기준 : 2014. 2)
소리바다 14.5
지니 14.8
올레뮤직 15.6
엠넷 26.8
벅스 36
멜론 178.3
네이버 뮤직 273.5
(만 명)

모바일 음악앱 이용자수

(기준 : 2014. 2)
소리바다 37.4
올레뮤직 65.3
벅스뮤직 139
삼성허브 185.2
지니뮤직 222.9
네이버뮤직 223.3
엠넷 224.2
카카오뮤직 344.7
멜론 883.2
(만 명)

이동통신사별 모바일 음악서비스 이용률

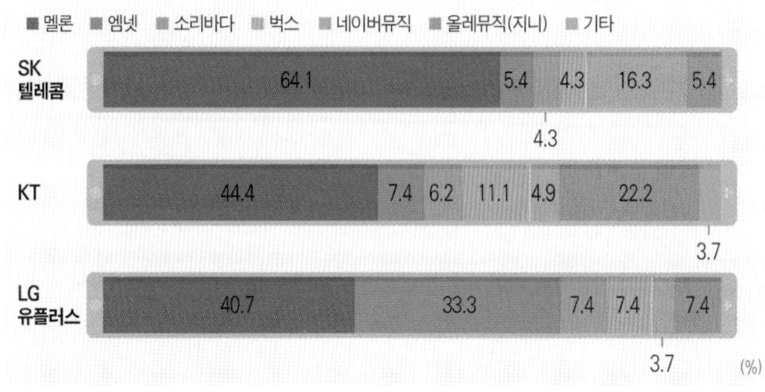

멜론
엠넷
소리바다
벅스
네이버뮤직
올레뮤직(지니)
기타
SK 텔레콤
64.1
5.4
4.3
16.3
5.4
4.3
KT
44.4
7.4
6.2
11.1
4.9
22.2
3.7
LG 유플러스
40.7
33.3
7.4
7.4
7.4
3.7
(%)

자료 : 한국방송통신진흥원

모바일 음악서비스 이용빈도

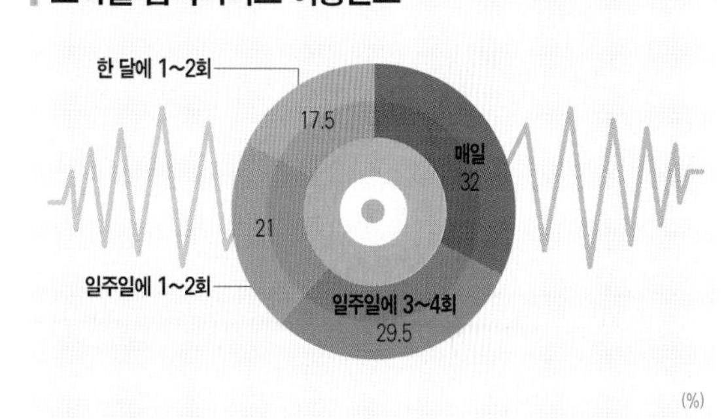

한 달에 1~2회
17.5
매일
32
21
일주일에 1~2회
일주일에 3~4회
29.5
(%)

자료 : 한국방송통신진흥원

모바일 음악서비스 인기 메뉴

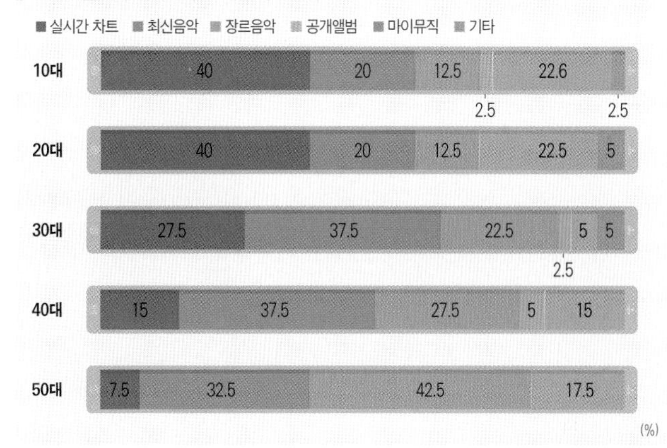

실시간 차트
최신음악
장르음악
공개앨범
마이뮤직
기타
10대
40
20
12.5
22.6
2.5
2.5
20대
40
20
12.5
22.5
5
30대
27.5
37.5
22.5
5
5
2.5
40대
15
37.5
27.5
5
15
50대
7.5
32.5
42.5
17.5
(%)

자료 : 한국방송통신진흥원

음악 공연업 장르별 매출 추이

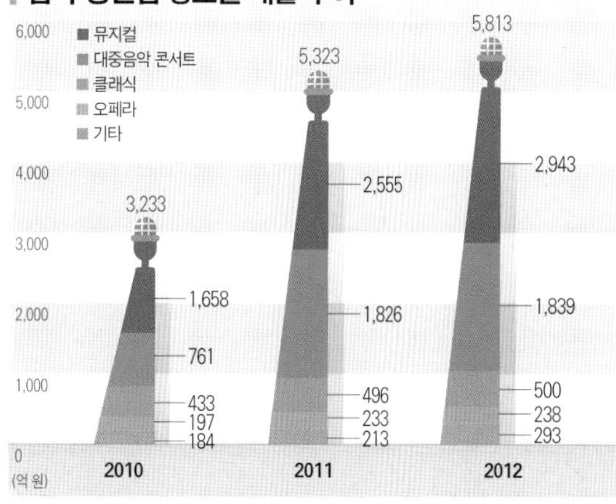

6,000
5,000
4,000
3,000
2,000
1,000
0
(억 원)
뮤지컬
대중음악 콘서트
클래식
오페라
기타
2010
3,233
1,658
761
433
197
184
2011
5,323
2,555
1,826
496
233
213
2012
5,813
2,943
1,839
500
238
293

자료 : 한국콘텐츠진흥원

SM엔터테인먼트 매출 구성 (기준 : 2013)

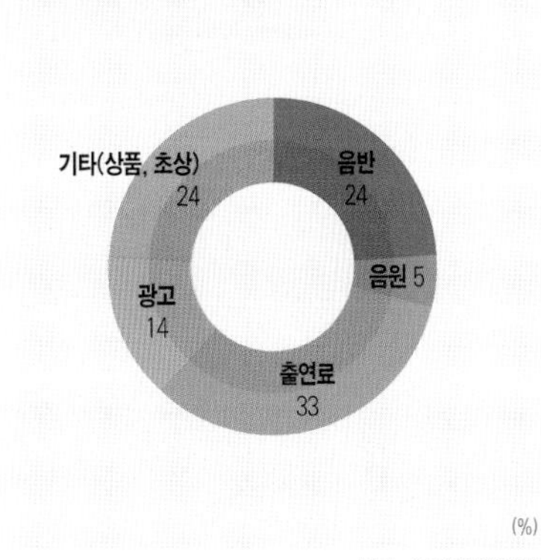

기타(상품, 초상)
24
음반
24
음원 5
광고
14
출연료
33
(%)

자료 : SM엔터테인먼트

YG엔터테인먼트 매출 구성 (기준 : 2013)

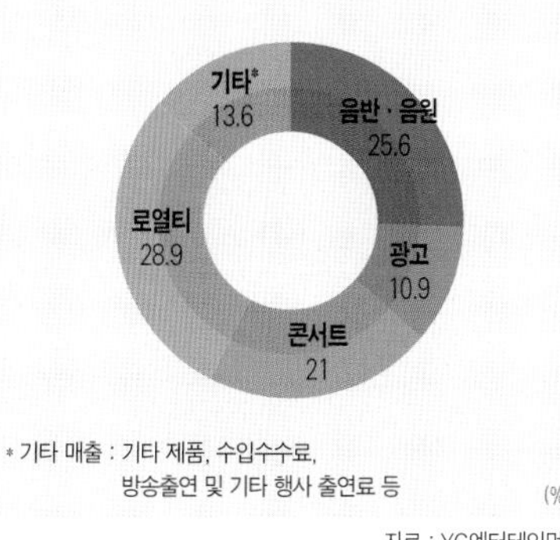

기타*
13.6
음반·음원
25.6
로열티
28.9
광고
10.9
콘서트
21
(%)

* 기타 매출 : 기타 제품, 수입수수료, 방송출연 및 기타 행사 출연료 등

자료 : YG엔터테인먼트

로엔엔터테인먼트 매출 구성

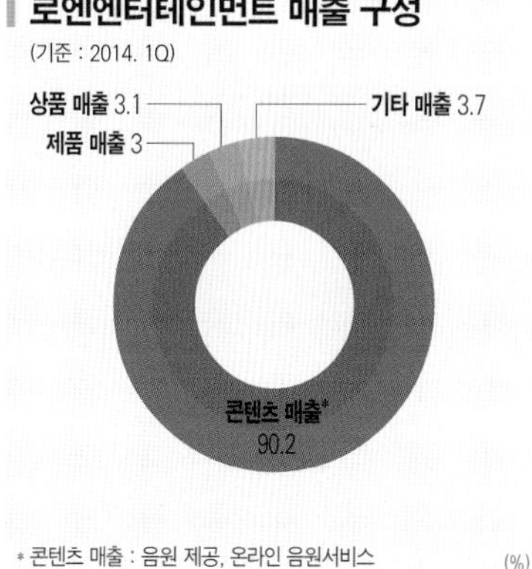

(기준 : 2014. 1Q)
상품 매출 3.1
제품 매출 3
기타 매출 3.7
콘텐츠 매출*
90.2
(%)

* 콘텐츠 매출 : 음원 제공, 온라인 음원서비스

자료 : 로엔엔터테인먼트

기획물을 만들 것인가, 작품을 만들 것인가

PROD. NO.
TAKE
ROLL
POP CORN

21세기 대중문화를 지탱하는 두 개의 심장은 단연 영화와 음악이다. 미국과 유럽을 넘어 아시아에서도 영화와 음악이 대중문화에서 차지하는 비중은 막대하다. 2000년대 전까지만 해도 한국 영화와 음악은 그야말로 딴따라 수준이었지만, 지금 한류와 케이팝은 아시아를 제패할 만큼 눈부시게 성장했다. 버라이어티 쇼 같은 이 거대 시장에는 수많은 프로그램과 빅 히트 콘텐츠와 콜라보-퍼포먼스가 횡행한다. 이들은 때로는 의미 있는 사업 아이템으로 진화해 막대한 수익을 내기도 하고, 때로는 소모적인 해프닝이자 스캔들로 휘발돼 사라지기도 한다. 그 일부만을 꼽아 아래와 같이 살짝 들여다봐도 흥미로운 스토리 일색이다.

화려한 성장 뒤 깊은 그늘

한국영화판에서 이제 천만 흥행은 그다지 놀랍지 않다. 2014년만 해도 '변호인' '겨울왕국' '명량' '인터스텔라'가 천만 고지를 밟았다. 이는 박스오피스의 엘도라도라 불리는 미국에서도 흔치 않는 일이다. 미국 할리우드 소속 배급업자들이 더 이상 한국 시장을 우습게 볼 수 없게 되었다.

외형으로 보면 한국 영화시장은 눈부시다. 하지만 속을 들여다보면 그늘이 깊다. 무엇보다도 투자 대비 흥행하지 못한 한국영화가 적지 않다. 장동건 주연의 '우는 남자'는 철저하게 실패했고, 기대를 모았던 '군도' '역린' '타짜' '해무' 등이 간신히 손익분기점에 그치는 등 초라한 성적을 냈다. '명량'과 '국제시장'이 천만 흥행 기록을 세웠지만 한국영화의 강점인 고른 흥행은 사라져 버렸다.

명량

가장 평범한 아버지의 가장 위대한 이야기
국제시장
2014.12

변호인

님아, 그 강을 건너지 마오

영화계에서는 이런 현상을 두고 공급 과잉을 지적한다. 2012년과 2013년 1억 관객을 돌파하면서 신생 투자배급사들이 급격히 늘었다. CJ E&M, 롯데엔터테인먼트, 쇼박스, NEW 등 기존 메이저 투자배급사 말고도 씨네그루, 메가박스플러스엠, 프레인글로벌, 이십세기폭스코리아, 리틀빅픽쳐스 등 신생 배급사들이 대거 등장한 것이다. 그 덕분에 한국영화 개봉 편수도 훌쩍 뛰었다. 2013년 한국영화 개봉작이 183편인데 비해 2014년은 200편을 훨씬 넘었다.

비록 관객 수가 늘고 IPTV 등 부가판권시장이 생기면서 양적 성장이 두드러졌지만 대자본이 투입된 영화 중 부익부 빈익빈 현상이 심화되면서 중급 흥행작은 크게 감소했다. 이를 두고 영화계에서는 구조조정의 시점이 도래했다고 분석한다. 영화사들은 녹록치 않은 상황을 타파하기 위해 중국 등 아시아 시장에서 새로운 기회를 찾으러 동분서주 한다. 한류 드라마 열풍을 감안하건대 그곳에서의 성공 가능성은 충분해 보인다.

블라인드 투자 관행 변화 조짐

국내 영화펀드는 정부가 종자돈을 내면 민간자본으로 나머지를 채운 뒤 투자 대상 영화를 선택하는 방식이다. 이와 반대로 투자 대상 영화를 확정 지은 뒤 순수 민간자본으로만 영화펀드를 만든 사례가 처음으로 나왔다. 티지씨케이파트너스는 투자배급사 쇼박스가

2015년 개봉하는 대작 영화 4편에 투자하는 'TGCK한국대표영화펀드1호'(이하 'TGCK펀드')를 국내 최초로 만들었다고 발표했다. 45억 원 규모의 이 펀드에는 싱가포르계 자본 4억 원, 중국계 자본 5억 원이 포함돼 있으며 순수 민간자본만 참여했다.

투자 대상작은 '도둑들'(1,298만 명)로 유명한 최동훈 감독의 '암살'(하정우·전지현·이정재 주연), 송강호와 유아인이 주연한 '사도'(이준익 감독), 이병헌이 주연하는 '내부자들'(우상호 감독), 중국에 100만 달러 이상 선판매된 이민호와 김래원 주연의 '강남 1970'(유하 감독) 등이다. TGCK펀드는 이들 작품의 제작비 가운데 10% 정도씩을 투자한다.

지금까지 국내 영화펀드는 투자 대상이 정해져 있지 않은 '블라인드 펀드'여서 해외 투자자들이 참여를 꺼려왔다. 해외 펀드들은 투자 대상과 포트폴리오가 정해져 있기 때문이다.

TGCK펀드는 국민 세금으로 이뤄진 정부의 모태자금을 받지 않고 국내 민간자본에다 외국 자본을 끌어들여 결성된 것이다. 이러한 민간 펀드는 투자자들의 자금을 한 발 빠르게 유치할 수 있어 좋은 작품을 선점해 수익률을 올릴 수 있는 선순환 구조를 가져다줄 수 있는 장점이 있다. TGCK펀드가 성공할 경우 향후 민간펀드가 좀 더 활성화될 전망이다.

연예기획사에서 토털 엔터테인먼트 컴퍼니로

아이돌과 걸그룹 중심 가수들이 주축을 이루던 연예기획사들이 종합 엔터테인먼트 업체로 탈바꿈하는 바람은 에스엠엔터테인먼트에서 촉발됐다. 에스엠은 2012년 5월 여행사 BT&I를 인수해 SM C&C로 사명을 바꿨다. SM C&C는 같은 해 11월 신동엽·강호동·장동건·김하늘 등을 거느린 에이엠이엔티와 방송 프로그램 및 영상 콘텐츠 제작사 훈미디어를 인수·합병했다. 또한 아이돌그룹 '샤이니'와 함께하는 '어느 멋진 날' 여행패키지를 선보였고, 음악교육을 전문으로 하는 에스엠아카데미를 설립해 종횡으로 사업 영토를 확장했다.

박진영의 제이와이피도 배우 이정진·송하윤·최우식 등을 영입했다. 제이와이피는 드라마 '드림하이' 시리

즈를 배용준의 키이스트와 공동 제작하면서 수지·택연 등 소속 가수들을 연기자로 데뷔시키기도 했다.

FT아일랜드 등이 소속된 FNC엔터테인먼트도 KBS 드라마 '미래의 선택'을 제작한 데 이어, 배우 이다해·이동건·윤진서를 영입했다. 아울러 '미래의 선택'과 '상속자들'의 OST(음반)도 제작했다.

YG엔터테인먼트는 소속 가수 빅뱅과 투애니원을 모델로 내세워 패션 사업에 뛰어 들면서 주목을 받았다.

연예 매니지먼트 업체가 음반 기획사와 음원 서비스 업체를 인수한 경우도 있다. iHQ는 가수 비·비스트·포미닛을 거느린 음악기획사 큐브엔터테인먼트의 경영권을 인수했다. 아울러 음원 서비스 업체 '몽키3'와 토털뷰티 회사 '두쏠뷰티' 등의 경영권도 인수해 사업 영역을 넓혔다.

이처럼 연예기획사들은 토털 엔터테인먼트 컴퍼니로 탈바꿈하면서 시너지 효과를 내고 있다. 배우나 가수 매니지먼트를 기반으로 콘텐츠 제작과 다른 사업 분야로 진출하고 있는 것이다. 연예기획사가 콘텐츠 제작 사업을 하면 소속 연예인의 스케줄을 조정해 드라마와 예능 프로그램에 투입하기 쉽다. 연관 사업이어서 리스크가 적은 대신 수익 창출이 용이하다. 아울러 연예기획사가 콘텐츠를 제작하면 회사로서의 매출이 커지면서 해당 작품에 캐스팅되는 소속 가수와 배우들의 활로도 넓어지는 것이다.

물론 이러한 경향이 콘텐츠의 질적 수준 향상을 담보하지는 않는다. 전문가들은 각기 다른 사업 간 콜라보레이션이 장기적으로 성공하기 위해서는 콘텐츠의 수준이 함께 올라가야 한다고 주장한다. 기획물은 단명하지만 작품은 오래 남는다는 게 대중문화산업을 관통해온 진리이기 때문이다.

48 | 교육업계

업계 규모

- ■ 국내 사교육 시장규모 18조 5,960억 원 (전년 대비 ▼2.3%)
- ■ 초중고생(학생) 1인당 월평균 사교육비 23만 9천 원 (전년 대비 ▲1.3%)
- ■ 국내 영어 사교육 시장규모 약 6.5조 원

교원그룹

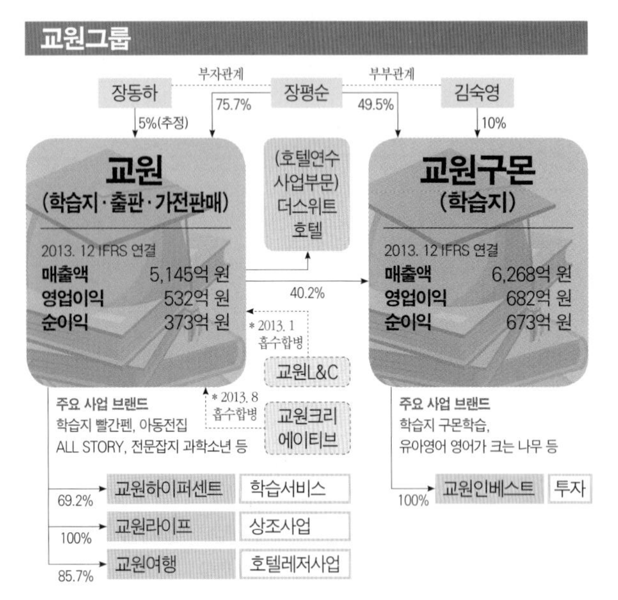

장동하
부자관계
장평순
부부관계
김숙영
5%(추정)
75.7%
49.5%
10%
교원
(학습지·출판·가전판매)
2013. 12 IFRS 연결
매출액 5,145억 원
영업이익 532억 원
순이익 373억 원
(호텔연수 사업부문)
더스위트 호텔
40.2%
* 2013. 1 흡수합병
교원L&C
* 2013. 8 흡수합병
교원크리에이티브
교원구몬
(학습지)
2013. 12 IFRS 연결
매출액 6,268억 원
영업이익 682억 원
순이익 673억 원
주요 사업 브랜드
학습지 빨간펜, 아동전집
ALL STORY, 전문잡지 과학소년 등
주요 사업 브랜드
학습지 구문학습,
유아영어 영어가 크는 나무 등
69.2% 교원하이퍼센트 학습서비스
100% 교원라이프 상조사업
85.7% 교원여행 호텔레저사업
100% 교원인베스트 투자

대교그룹

대교홀딩스 ← 82% ← 강영중

대교홀딩스 → 54.5% → 대교; 강영중 → 4.4% → 대교

대교
(교육서비스·총판)
KP

2014. 3Q 누계
- 매출액 6,108억 원
- 영업이익 258억 원
- 순이익 464억 원

주요 사업 브랜드
주간학습지 눈높이, 프리미엄 학습지
솔루니, 도서전집관 소빅스 등

대교그룹 계열사 (기준 : 2014. 9)

대교홀딩스 지분	계열사	사업
54.5%	대교	교육서비스
90.1%	대교 D&S	부동산개발 및 레저사업
66.9%	대교 C&S	정보시스템(IT)사업
62.2%	강원심층수	해양심층수 개발 및 제조
100%	대교 ENC	

대교 지분	계열사
98.4%	대교에듀캠프
97.4%	대교에듀피아
97.9%	대교문고
70%	대교CSA

교원 매출 추이

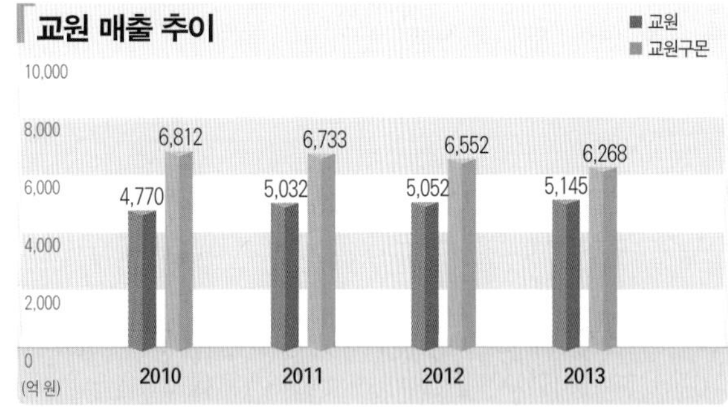

■ 교원
■ 교원구몬
10,000
8,000
6,000
4,000
2,000
0
(억 원)
4,770
6,812
5,032
6,733
5,052
6,552
5,145
6,268
2010
2011
2012
2013

대교 경영실적 추이

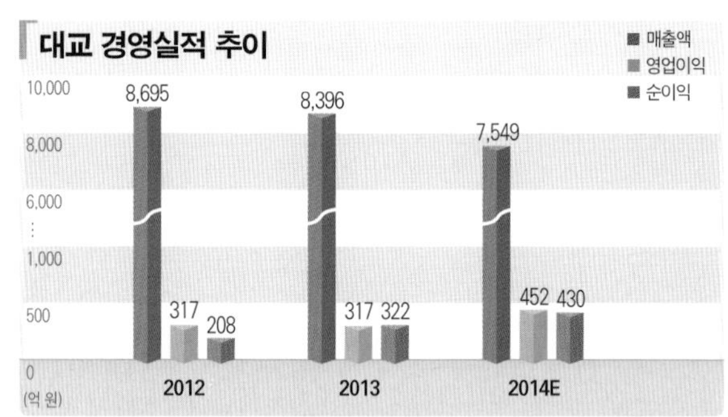

■ 매출액
■ 영업이익
■ 순이익
10,000
8,000
6,000
1,000
500
0
(억 원)
8,695
317
208
8,396
317
322
7,549
452
430
2012
2013
2014E

웅진그룹

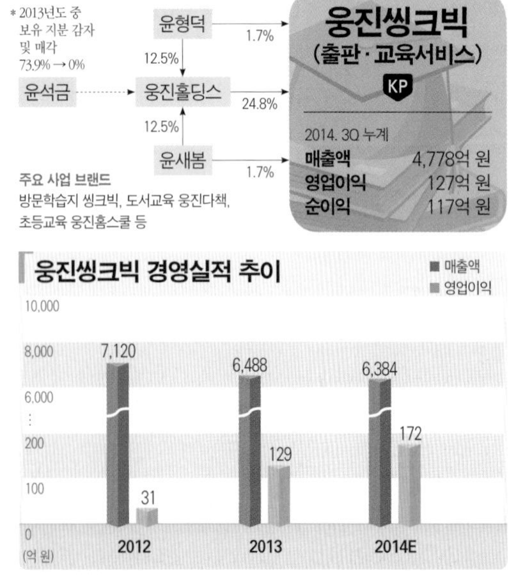

* 2013년도 중 보유 지분 감자 및 매각 73.9% → 0%
윤형덕
1.7%
12.5%
윤석금
웅진홀딩스
24.8%
12.5%
윤새봄
1.7%
웅진씽크빅
(출판·교육서비스)
KP
2014. 3Q 누계
매출액 4,778억 원
영업이익 127억 원
순이익 117억 원
주요 사업 브랜드
방문학습지 씽크빅, 도서교육 웅진다책,
초등교육 웅진홈스쿨 등
웅진씽크빅 경영실적 추이
■ 매출액
■ 영업이익
10,000
8,000
6,000
200
100
0
(억 원)
7,120
31
6,488
129
6,384
172
2012
2013
2014E

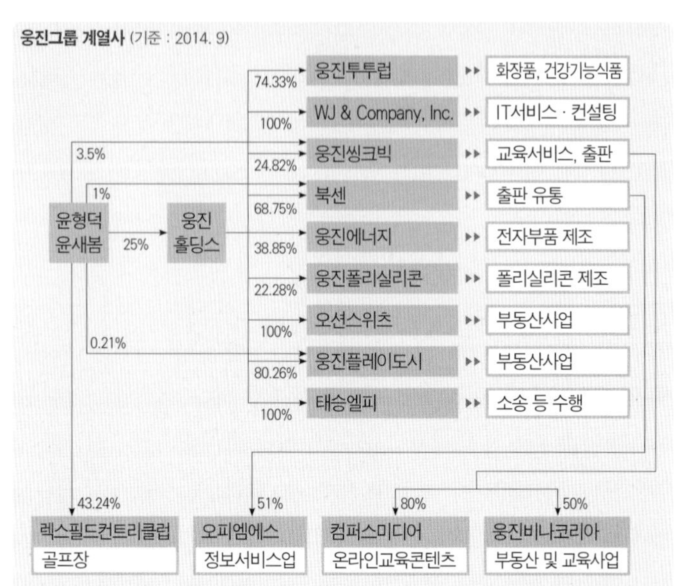

웅진그룹 계열사 (기준 : 2014. 9)
윤형덕 윤새봄
25%
웅진 홀딩스
3.5%
1%
0.21%
74.33% 웅진투투럽 화장품, 건강기능식품
100% WJ & Company, Inc. IT서비스·컨설팅
24.82% 웅진씽크빅 교육서비스, 출판
68.75% 북센 출판 유통
38.85% 웅진에너지 전자부품 제조
22.28% 웅진폴리실리콘 폴리실리콘 제조
100% 오션스위츠 부동산사업
80.26% 웅진플레이도시 부동산사업
100% 태승엘피 소송 등 수행
43.24% 렉스필드컨트리클럽 골프장
51% 오피엠에스 정보서비스업
80% 컴퍼스미디어 온라인교육콘텐츠
50% 웅진비나코리아 부동산 및 교육사업

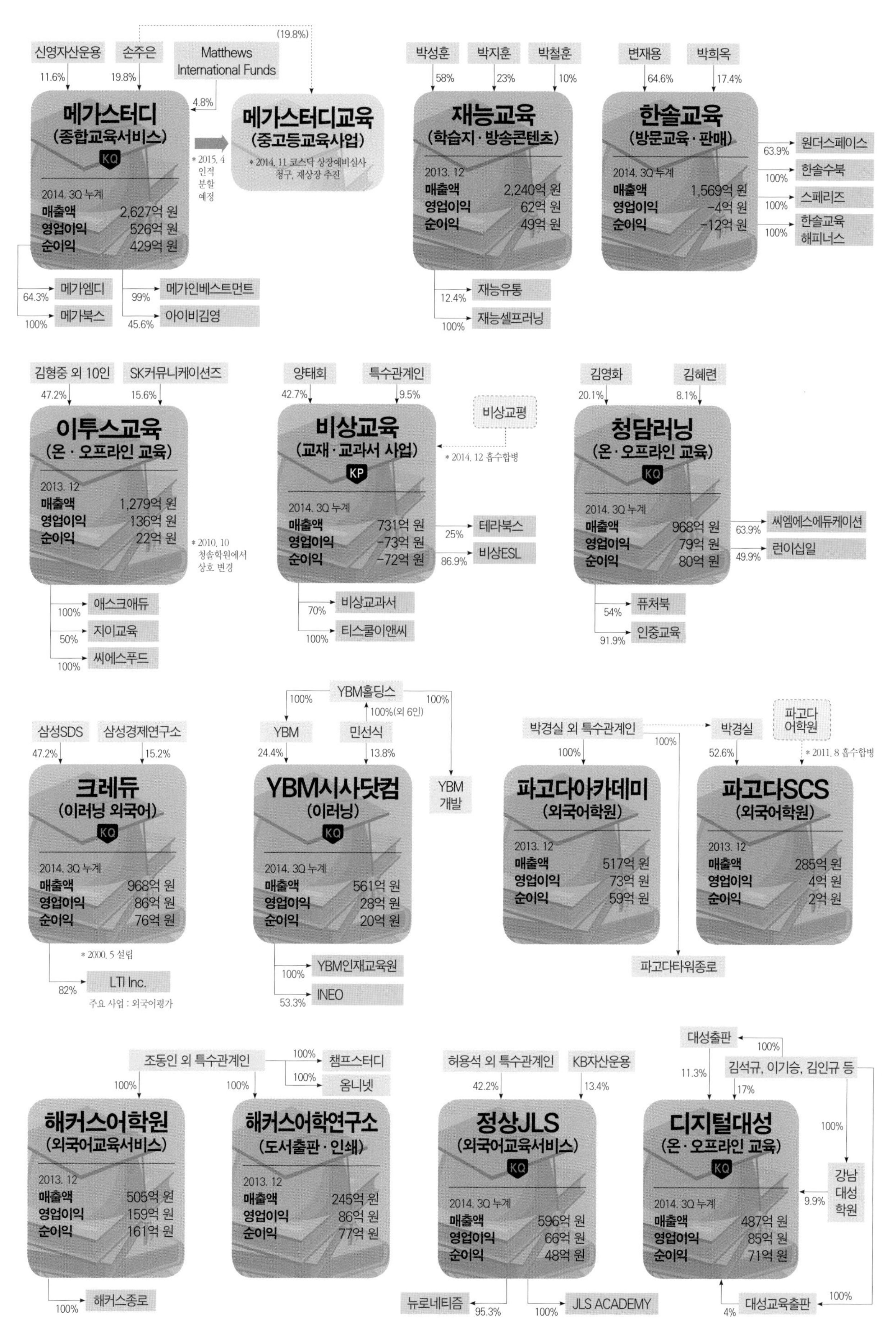

신영자산운용
손주은
Matthews International Funds
(19.8%)
11.6%
19.8%
4.8%
메가스터디
(종합교육서비스)
KQ
2014. 3Q 누계
매출액 2,627억 원
영업이익 526억 원
순이익 429억 원
* 2015. 4 인적 분할 예정
메가스터디교육
(중고등교육사업)
* 2014. 11 코스닥 상장예비심사 청구, 재상장 추진
64.3%
메가엠디
100%
메가북스
99%
메가인베스트먼트
45.6%
아이비김영
박성훈
박지훈
박철훈
58%
23%
10%
재능교육
(학습지·방송콘텐츠)
2013. 12
매출액 2,240억 원
영업이익 62억 원
순이익 49억 원
12.4%
재능유통
100%
재능셀프러닝
변재용
박희옥
64.6%
17.4%
한솔교육
(방문교육·판매)
2014. 3Q 누계
매출액 1,569억 원
영업이익 -4억 원
순이익 -12억 원
63.9%
원더스페이스
100%
한솔수북
100%
스페리즈
100%
한솔교육 해피너스
김형중 외 10인
SK커뮤니케이션즈
47.2%
15.6%
이투스교육
(온·오프라인 교육)
2013. 12
매출액 1,279억 원
영업이익 136억 원
순이익 22억 원
* 2010. 10 청솔학원에서 상호 변경
100%
애스크애듀
50%
지이교육
100%
씨에스푸드
양태회
특수관계인
42.7%
9.5%
비상교평
* 2014. 12 흡수합병
비상교육
(교재·교과서 사업)
KP
2014. 3Q 누계
매출액 731억 원
영업이익 -73억 원
순이익 -72억 원
25%
테라북스
86.9%
비상ESL
70%
비상교과서
100%
티스쿨이앤씨
김영화
김혜련
20.1%
8.1%
청담러닝
(온·오프라인 교육)
KQ
2014. 3Q 누계
매출액 968억 원
영업이익 79억 원
순이익 80억 원
63.9%
씨엠에스에듀케이션
49.9%
런이십일
54%
퓨처북
91.9%
인중교육
삼성SDS
삼성경제연구소
47.2%
15.2%
크레듀
(이러닝 외국어)
KQ
2014. 3Q 누계
매출액 968억 원
영업이익 86억 원
순이익 76억 원
* 2000. 5 설립
82%
LTI Inc.
주요 사업 : 외국어평가
YBM홀딩스
100%
100%
100%(외 6인)
YBM
민선식
24.4%
13.8%
YBM시사닷컴
(이러닝)
KQ
2014. 3Q 누계
매출액 561억 원
영업이익 28억 원
순이익 20억 원
YBM 개발
100%
YBM인재교육원
53.3%
INEO
박경실 외 특수관계인
100%
100%
파고다아카데미
(외국어학원)
2013. 12
매출액 517억 원
영업이익 73억 원
순이익 59억 원
파고다타워종로
박경실
파고다 어학원
52.6%
* 2011. 8 흡수합병
파고다SCS
(외국어학원)
2013. 12
매출액 285억 원
영업이익 4억 원
순이익 2억 원
조동인 외 특수관계인
100%
챔프스터디
100%
옴니넷
100%
100%
해커스어학원
(외국어교육서비스)
2013. 12
매출액 505억 원
영업이익 159억 원
순이익 161억 원
100%
해커스종로
해커스어학연구소
(도서출판·인쇄)
2013. 12
매출액 245억 원
영업이익 86억 원
순이익 77억 원
허용석 외 특수관계인
KB자산운용
42.2%
13.4%
정상JLS
(외국어교육서비스)
KQ
2014. 3Q 누계
매출액 596억 원
영업이익 66억 원
순이익 48억 원
뉴로네티즘
95.3%
100%
JLS ACADEMY
대성출판
100%
11.3%
김석규, 이기승, 김인규 등
17%
디지털대성
(온·오프라인 교육)
KQ
2014. 3Q 누계
매출액 487억 원
영업이익 85억 원
순이익 71억 원
100%
강남 대성 학원
9.9%
100%
4%
대성교육출판

가구당 월평균 교육비와 교육비 비중 추이

연도	교육비(원)	소비지출액 대비 교육비 비중(%)
2003	251,731	12
2004	257,705	12
2005	259,601	11.9
2006	259,748	11.8
2007	265,149	11.9
2008	283,929	12.7
2009	296,101	13.4
2010	296,802	13
2011	290,130	12.6
2012	266,471	11.5
2013	270,977	11.8

자료 : 산업연구원

가구당 교육비 지출 항목별 비중 (기준 : 2013)

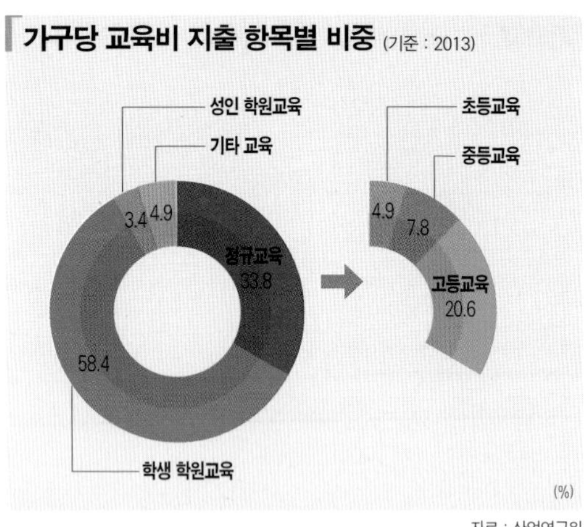

성인 학원교육
기타 교육
3.4
4.9
정규교육
33.8
58.4
학생 학원교육
초등교육
중등교육
4.9
7.8
고등교육
20.6
(%)

자료 : 산업연구원

학생수 추이 (기준 : 2013. 4, 전국 초·중·고교 학생수)

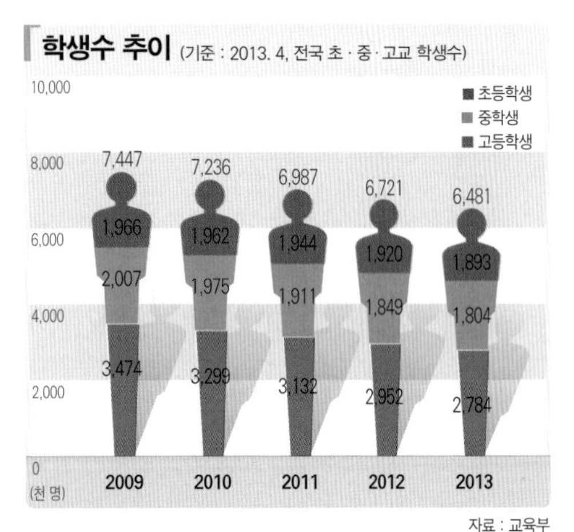

초등학생
중학생
고등학생
(천 명)
2009 7,447 1,966 2,007 3,474
2010 7,236 1,962 1,975 3,299
2011 6,987 1,944 1,911 3,132
2012 6,721 1,920 1,849 2,952
2013 6,481 1,893 1,804 2,784

자료 : 교육부

학생 1인당 월평균 사교육비와 사교육 참여율 추이

사교육비, 사교육 참여율

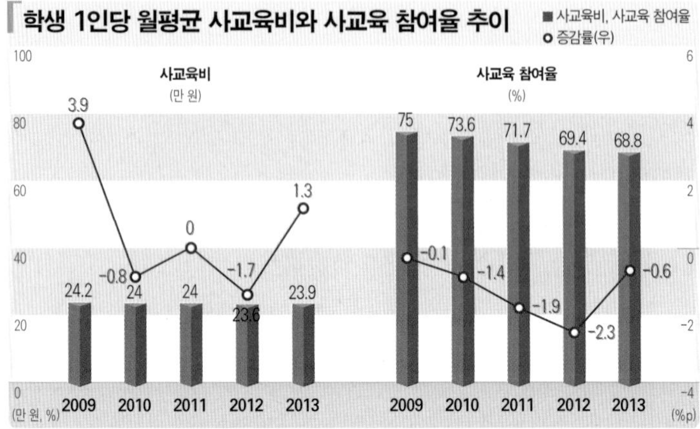

증감률(우)
사교육비
(만 원)
24.2 24 24 23.6 23.9
3.9 -0.8 0 -1.7 1.3
사교육 참여율
(%)
75 73.6 71.7 69.4 68.8
-0.1 -1.4 -1.9 -2.3 -0.6
(만 원, %)
2009 2010 2011 2012 2013
(%p)

사교육비 총액 추이

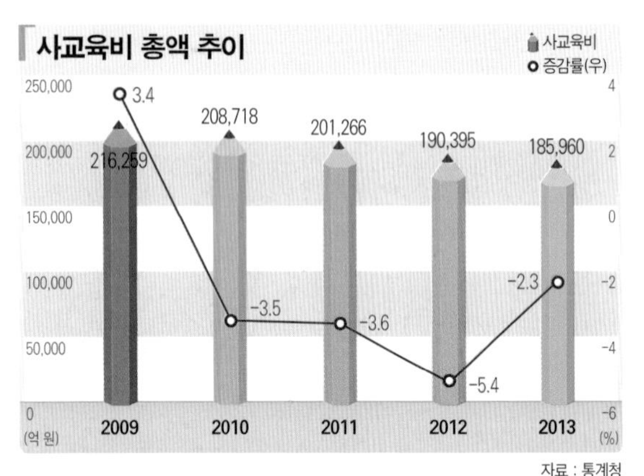

사교육비
증감률(우)
2009 216,259 3.4
2010 208,718 -3.5
2011 201,266 -3.6
2012 190,395 -5.4
2013 185,960 -2.3
(억 원)
(%)

과목별 1인당 월평균 사교육비와 사교육 참여율 (기준 : 2013)

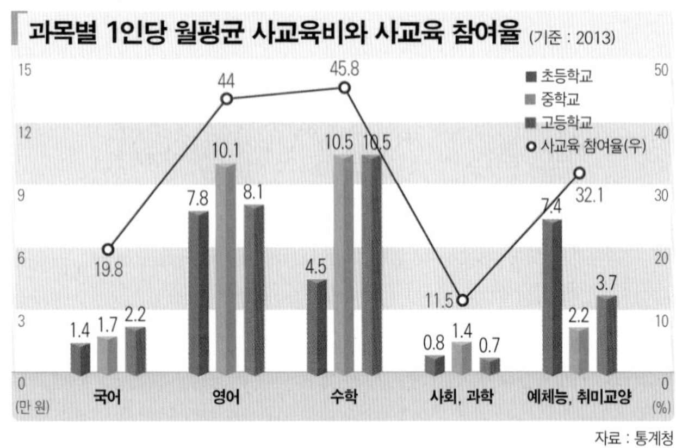

초등학교
중학교
고등학교
사교육 참여율(우)
국어 1.4 1.7 2.2 19.8
영어 7.8 10.1 8.1 44
수학 4.5 10.5 10.5 45.8
사회, 과학 0.8 1.4 0.7 11.5
예체능, 취미교양 7.4 2.2 3.7 32.1
(만 원)
(%)

자료 : 통계청

일반교과* 사교육 유형별 1인당 월평균 사교육비 (기준 : 2013)

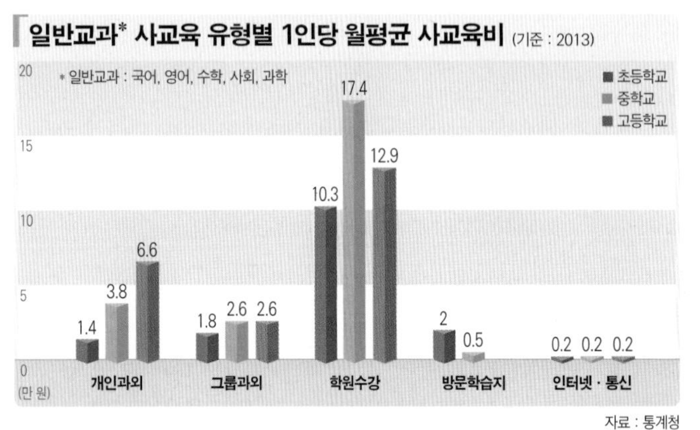

* 일반교과 : 국어, 영어, 수학, 사회, 과학
초등학교
중학교
고등학교
개인과외 1.4 3.8 6.6
그룹과외 1.8 2.6 2.6
학원수강 10.3 17.4 12.9
방문학습지 2 0.5
인터넷·통신 0.2 0.2 0.2
(만 원)

자료 : 통계청

권역별 학생 1인당 월평균 사교육비와 사교육 참여율 (기준 : 2013)

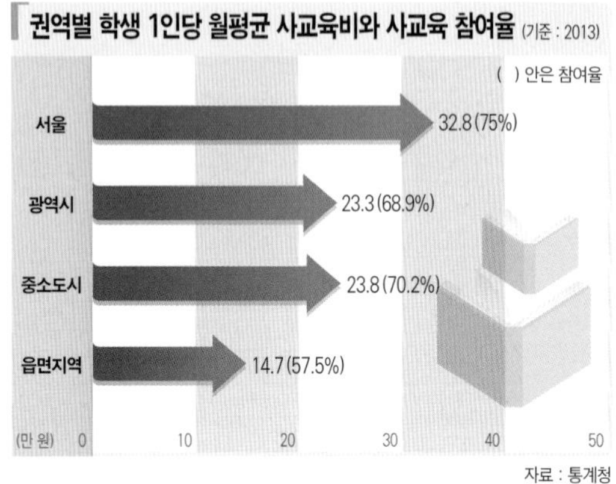

( ) 안은 참여율
서울 32.8(75%)
광역시 23.3(68.9%)
중소도시 23.8(70.2%)
읍면지역 14.7(57.5%)
(만 원)

자료 : 통계청

학년별 · 과목별 학생 1인당 월평균 사교육비 (기준 : 2013)

수학 · 영어 · 국어 · 논술 · 사회, 과학 · 제2외국어 등

(만 원)

초등학생 1 2 3 4 5 6 · 중학생 1 2 3 · 고등학생 1 2 3

자료 : 통계청

시도별 1인당 월평균 사교육비와 사교육 참여율 (기준 : 2013)

( ) 안은 사교육 참여율

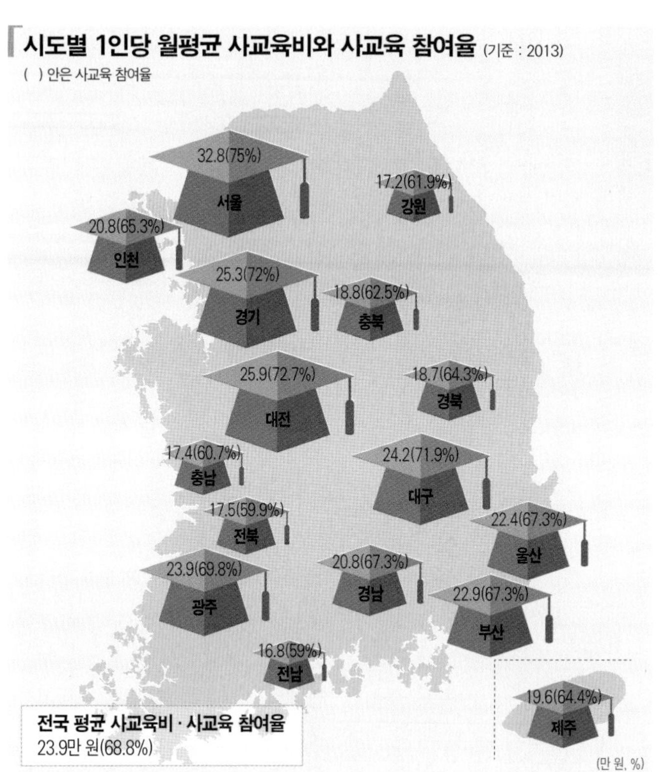

32.8(75%) 서울
17.2(61.9%) 강원
20.8(65.3%) 인천
25.3(72%) 경기
18.8(62.5%) 충북
25.9(72.7%) 대전
18.7(64.3%) 경북
17.4(60.7%) 충남
24.2(71.9%) 대구
17.5(59.9%) 전북
22.4(67.3%) 울산
23.9(69.8%) 광주
20.8(67.3%) 경남
22.9(67.3%) 부산
16.8(59%) 전남
19.6(64.4%) 제주
전국 평균 사교육비 · 사교육 참여율
23.9만 원(68.8%)
(만 원, %)

자료 : 통계청

이러닝 시장규모 추이

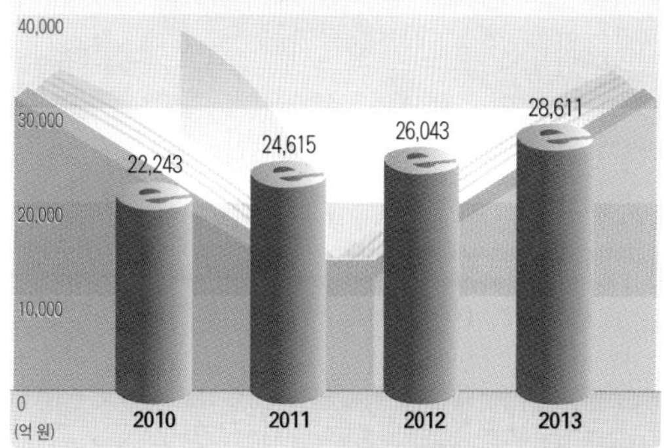

40,000
30,000
20,000
10,000
0
(억 원)
22,243
24,615
26,043
28,611
2010
2011
2012
2013

자료 : 산업통상자원부, 정보통신산업진흥원

대학입시 전형별 모집 비중 추이

수시
정시
100
80
60
40
20
0
(%)
38 37 34 36 33
62 63 66 64 67
2012
2013
2014
2015E
2016E

자료 : 한국대학교육협의회

고등부 온라인 사교육시장 스타강사 이적 및 소속 현황

과목	강사명	경력사항	현 소속
언어	권규호	비타에듀	이투스
	박담	이투스, 비상에듀, EBS	메가스터디
	최인호	메가스터디	메가스터디
	추경문	EBS	대성마이맥
수리	신승범	메가스터디	이투스
	정승재	MK 에듀, EBS	이투스
	삽자루	EBS, 비타에듀	이투스
	박승동	EBS	메가스터디
	한석원	디지털대성	비상에듀
	전준홍	이투스, EBS	대성마이맥
	송진규	스카이에듀, 메가스터디	대성마이맥
외국어	최원규	이투스	이투스
	심우철	메가스터디	이투스
	김기훈	메가스터디	메가스터디

과목	강사명	경력사항	현 소속
외국어	이충권	비타에듀	메가스터디
	이지민	비상에듀	메가스터디
	이명학	대성학원, EBS	대성마이맥
과학탐구	백호	이투스	이투스
	백인덕	이투스	이투스
	배기범	메가엠디	이투스
	박호진	코리아에듀	메가스터디
	김성재	메가스터디	메가스터디
	김지혁	대성학원, EBS	티치미
사회탐구	최진기	이투스	이투스
	설민석	메가스터디, EBS	이투스
	고종훈	솔빛위성스쿨	메가스터디
	이용재	EBS	메가스터디
	강민성	EBS	비상에듀
	한유민	비상에듀, 대성학원, 이투스	비상에듀

자료 : 언론 및 각 사이트

투자자들이 교육 관련 주를 버리지 않는 이유

한국인들이 살아가면서 가장 중요하게 여기는 3가지 키워드를 꼽으라면 어떤 것들이 있을까? (어느 정도 논란의 여지는 있겠지만) 대체로 '건강', '재산'(재테크), '교육' 정도가 아닐까?

3가지 중에 특히 눈에 띄는 것이 교육이다. 한국사회에서 교육이 핵심 키워드라는 의미는 학문의 발전이나 교육복지 하고는 차원을 달리 한다. 한국의 교육은 대학 진학과 취업·승진 등 스펙쌓기와 밀접한 관련이 있다. 좀 더 솔직히 말한다면, 한국의 교육이란, 대학입시를 위한 하나의 수단이라 해도 지나치지 않다. 교육이 하나의 산업으로 성장을 거듭할 수 있는 이유는, 교육을 향한 사람들의 현실적인 욕구(수요)가 대부분 비슷하기 때문이다.

말도 많고 탈도 많은 사교육시장, 투자처로서의 매력도는 어느 정도일까?

앞에서 언급했듯이 한국 교육의 맹아는 단연 대학입시다. 대학입시를 둘러싸고 팽창하는 사교육시장과 이를 억제하려는 정부의 정책은 전쟁을 방불케 한다. 정부의 강력한 규제 드라이브를 통해 미운오리새끼 취급을 받아온 사교육산업은 이제 시장에서도 투자자로부터 홀대를 받는 분위기다.

사교육시장은 2009년 21조 6,000만 원으로 정점을 찍은 뒤 하락세를 지속하면서 2013년에는 18조 6,000억 원으로 무려 3조 원 가량 규모가 줄었다. 좀 더 세부적으로 살펴보면, 초등교육시장은 2008년 10조 9,000억 원에서 2013년 8조 8,000억 원으로 규모가 감소한 반면, 중고등교육시장은 보합세를 유지하고 있다. 중고등교육시장에 비해 초등교육시장의 감소세가 두드러지는 것은 출산율 저하 때문이다. 초등교육시장의 쇠락이 몇 년 뒤 중고등교육시장에 직접적인 영향을 미칠 수밖에 없음은 당연하다.

사교육시장이 줄어드는 만큼 투자 매력까지 함께 사그라지는 건 인지상정 아닐까? 그런데 반드시 그렇지만은 않다는 게 증시 전문가들의 견해이다. 국내 사교육산업은 대체로 B2C 비즈니스의 형태를 띤다. 또 강의 등 교육 콘텐츠가 월별로 구성되어 있기 때문에 강의료 지불이 즉시 이루어진다. 다른 제조업처럼 재고가 존재하거나 대규모 생산시설을 필요로 하는 것도 아니다. 다시 말해 현금 흐름이 우수하다는 장점이 있다. 이는 곧 시장 대비 양호한 배당 성향으로 이어진다. 국내 주식 시

사교육 관련 주의 배당 성향 추이

(%)

	매가스터디	웅진씽크빅	대교	디지털대성	정상JLS	청담러닝	*MKF2000
2005	21.65		28.65	61.32	25.85		19.64
2006	21.56		36.68	52.07	25.67	0.33	25.00
2007	24.69	50.14	45.05			0.08	25.76
2008	12.11	50.21	39.66		46.77	20.28	35.60
2009	21.03	50.01	41.87		39.98	34.40	22.63
2010	23.64	43.47	37.95		43.51	35.40	15.86
2011	36.56	41.58	46.57		64.42	25.03	17.22
2012	36.89		85.89	58.35	68.96	24.32	15.60
2013	32.82		55.19	47.66	86.02	32.34	17.30

* 코스피, 코스닥 전체 상장 기업을 구성 종목으로 함.

장의 평균 배당 성향이 17% 내외인 반면, 사교육 업체들의 배당 성향은 50%를 상회한다. 심지어 정상제이엘에스 같은 업체의 배당 성향은 80%를 훌쩍 넘어선다.
말도 많고 탈도 많은 게 사교육업계라지만, 투자처로서의 매력도는 여전하다는 게 증시 전문가들의 분석이다.

교육업계에도 스마트 바람

업종을 불문하고 '스마트 테크놀로지'와 친하지 않으면 아예 투자 가치가 없는 것으로 간주되는 게 대한민국 산업계의 룰이다. 이러한 거대담론은 교육업계도 비켜갈 수 없는 모양이다. 최근 청담러닝이나 비상교육 같은 사교육 업체들이 정보통신기술(ICT)로 무장한 '스마트클래스 솔루션'을 경쟁적으로 선보이고 있다.
'스마트클래스 솔루션'이란 교실에서 교사와 학생이 쌍방향 소통하면서 수업하는 것으로, 스마트 기기(태블릿PC 등)를 통해 학생을 리드하고 실시간으로 피드백도 받는다.
청담러닝의 스마트클래스 솔루션 '크레오'(CREO)는 전문 지식이 부족한 교사들도 직접 디지털 교재를 제작할 수 있고, 수업시간에는 교사가 제작한 디지털 교재로 학생들과 쌍방향 수업을 진행한다. 과거에는 교사가 칠판에 문제를 적고 특정 학생을 지목해 문제를 풀도록 하는 방식이었다면, 이제는 학생 한 명 한 명의 답이 교사 태블릿PC로 모이고 TV에 출력되니 학생들은 교실에 있는 모든 친구 답을 실시간으로 보며 미처 생각하지 못한 것들을 습득하게 된다. 아울러 교사는 틀린 답을 적은 학생들을 즉각 알아차리고 학업 수준에 맞는 과제물을 내주는 등 맞춤 학습에 활용할 수 있다. 청담러닝은 크레오를 청담어학원에서 약 2만 명을 대상으로 상용화하고 있다.
비상교육의 어학 프로그램 'TReE'는 학습에 게임의 특성을 적용해 학업에 대한 학생들의 관심도를 증폭시킨다. 교사가 문제를 내면 학생들은 실시간으로 태블릿PC에 답을 쓸 수 있고 음성 인식 기능을 갖춰 학생들이 콘텐츠의 주인공과 대화하고 스토리 진행도 할 수 있다. 특히 교사가 학생이 가진 태블릿PC의 작동을 통제해 수업 집중도를 높일 수 있다.
정보통신산업진흥원에 따르면 2009년 2조 원이던 전체 스마트 교육 시장규모가 2016년에는 4조 원에 육박할 것으로 내다봤다. 상황이 이러하다보니 사교육 업체들은 물론 SK텔레콤 같은 거대 IT 업체들도 스마트러닝과 스마트클래스시장에 적극적으로 뛰어들고 있다. SK텔레콤은 최근 콘텐츠 개발 능력으로 교육업계에서 주목 받고 있는 아일랜드 피쉬트리사와 미국 및 중동지역 스마트러닝 사업 공동 추진을 위한 MOU를 체결하기도 했다.
전문가들은 교육업계에 불어 닥친 스마트 열풍이 정부의 규제로 주춤거리는 사교육시장에 숨통을 틔우는 촉매제가 될 수도 있다며 한껏 기대감을 드러내고 있다.

수능이 어려워져야 교육주가가 오른다?

과거 주식시장에서는 수능이 어렵게 출제되어야 그 해 교육 관련주가 오른다는 게 하나의 공식이었다. 수능이 어려워져야 사교육에 대한 의존도가 커지고 결국 주가에도 영향을 미친다는 것이다.
2015학년도 대학수학능력시험이 속칭 '물수능' 논란을 빚고 있는 가운데, 교육주(株)가 나란히 반등에 나서면서 교육 관련주에 대한 기존 통념이 흔들리고 있다. 물수능 논란 속에서도 메가스터디나 디지털대성 등의 입시 전문 교육 업체들의 주가가 상승세를 이어갔기 때문이다. 수능이 쉽게 출제돼 변별력에 실패하면 교육 관련주들이 재미를 보지 못할 것이란 분석을 보기 좋게 깨트린 것이다.
이에 대해, 수능이 쉽게 출제되면 한 문제 차이로 원하는 학교에 입학하지 못하는 사례가 많이 나올 수 있기 때문에, 수험생들이 자신의 실력과 별개로 '아깝다' '아쉽다'라고 생각하기 쉬워 오히려 재수생 숫자가 늘게 된다고 한다. 재수생 숫자가 늘어나면 당연히 입시 전문 업체들의 실적도 향상 될 수밖에 없다는 얘기다. 결과적으로 물수능이 사교육 관련 주가의 상승을 견인하게 된 것이다.

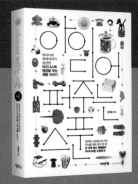